1⁰⁰ SS

This book may be kept

FOURTEEN DAYS

A fine will be charged for each day the book is kept overtime.

GAYLORD 142			PRINTED IN U.S.A.

CONCORDANCE

OF THE

DIVINA COMMEDIA

CONCORDANCE

OF THE

DIVINA COMMEDIA

BY

EDWARD ALLEN FAY, Ph. D. 1843-1923

PROFESSOR IN THE NATIONAL DEAF-MUTE COLLEGE

HASKELL HOUSE PUBLISHERS Ltd.
Publishers of Scarce Scholarly Books
NEW YORK, N. Y. 10012
1969

First Published 1888

HASKELL HOUSE PUBLISHERS Ltd.
Publishers of Scarce Scholarly Books
280 LAFAYETTE STREET
NEW YORK, N. Y. 10012

Library of Congress Catalog Card Number: **68-26352**

Standard Book Number 8383-0183-5

Printed in the United States of America

*Membri.	Aimè, che piaghe vidi ne' lor *membri!*	*Inf.* xvi. 10.
Membro.	Non avea *membro* che tenesse fermo	*Inf.* vi. 24.
	li piè diretro... Diventaron lo *membro* che l' uom cela	*Inf.* xxv. 116.
	E qual forato suo *membro*, e qual mozzo Mostrasse	*Inf.* xxviii. 19.
Membruto.	E l' altro è Cassio, che par sì *membruto*	*Inf.* xxxiv. 67.
	Quel che par sì *membruto*, e che s' accorda Cantando	*Purg.* vii. 112.
Memorar.	Ancor fia grave il *memorar* presente	*Purg.* xxiii. 117.
Memoria.	E cede la *memoria* a tanto oltraggio	*Par.* xxxiii. 57.
	Se la *memoria* mia in ciò non erra	*Purg.* xx. 147.
	si profonda tanto, Che retro la *memoria* non può ire	*Par.* i. 9.
	Così la mia *memoria* si ricorda Ch' io feci	*Par.* xxviii. 10.
	Qui vince la *memoria* mia lo ingegno	*Par.* xiv. 103.
	Memoria, intelligenza, e volontade... più che prima	*Purg.* xxv. 83.
	maggior cura, Che spesse volte la *memoria* priva	*Purg.* xxxiii. 125.
	Terra Santa, Che poco tocca al papa la *memoria*	*Par.* ix. 126.
	Se... non ti toglie *Memoria* o uso all' amoroso canto	*Purg.* ii. 107.
	a *memoria* m' ebbe Pier Pettingano in sue sante orazioni	*Purg.* xiii. 127.
	i tristi lai... Forse a *memoria* de' suoi primi guai	*Purg.* ix. 15.
	Chè, per tornare alquanto a mia *memoria*, E per sonare	*Par.* xxxiii. 73.
	cominciaron canti Da mia *memoria* labili e caduci	*Par.* xx. 12.
	con tal vergogna Ch' ancor per la *memoria* mi si gira	*Inf.* xxx. 135.
	Se la vostra *memoria* non s' imboli Nel primo mondo	*Inf.* xxix. 103.
	Che la *memoria* il sangue ancor mi scipa	*Inf.* xxiv. 84.
	Conforti la *memoria* mia, che giace Ancor del colpo	*Inf.* xiii. 77.
	Bontà non è che sua *memoria* fregi	*Inf.* viii. 47.
	Ed in terra lasciai la mia *memoria* Sì fatta	*Par.* xix. 16.
	virtù, Che toglie altrui *memoria* del peccato	*Purg.* xxviii. 128.
	Come, perchè di lor *memoria* sia, Sopra i sepolti	*Purg.* xii. 16.
Memorie.	le *memorie* triste In te non sono... offense	*Purg.* xxxi. 11.
1. Men.	Ancor *men* duol, pur ch' io me ne rimembri	*Inf.* xvi. 12.
2. Men (*avverbio*).	*Sovente.*	
	di pietade Io venni *men* così[1] com' io morisse	*Inf.* v. 141.
	ampi ed arti, Secondo il più e il *men* della virtute	*Par.* xxviii. 65.
3. Men (*combinazione di* me *e* ne).	*Sovente.*	
1. Mena.	Mi disse: or va, e vedi la lor *mena*	*Inf.* xvii. 39.
	terribile stipa Di serpenti, e di sì diversa *mena*	*Inf.* xxiv. 83.
2. Mena.	pianeta, Che *mena* dritto altrui per ogni calle	*Inf.* i. 18.
	il sole Dall' omero sinistro il carro *mena*	*Purg.* iv. 120.
	Chè quella voglia all' arbore ci *mena*, Che menò Cristo	*Purg.* xxiii. 73.
	Giuda... Che il capo ha dentro, e fuor le gambe *mena*	*Inf.* xxxiv. 63.
	santa greggia, Che Domenico *mena* per cammino	*Par.* x. 95.
	Nè morte il giunse ancor, nè colpa il *mena*	*Inf.* xxviii. 46.
	e tu allor li prega Per quell' amor che li *mena*	*Inf.* v. 78.
	Colui, che attende là, per qui mi *mena*	*Inf.* x. 62.
	Per altra via mi *mena* il savio Duca, Fuor della queta	*Inf.* iv. 149.
	Ma quel perch' io mori' qui non mi *mena*	*Inf.* xxix. 111.
	quei... Che *mena* il vento, e che batte la pioggia	*Inf.* xi. 71.
	La bufera infernal... *Mena* li spirti con la sua rapina	*Inf.* v. 32.
	Di qua, di là, di giù, di su gli *mena*	*Inf.* v. 43.
	Ma che ti *mena* a sì pungenti salse?	*Inf.* xviii. 51.
	qual fortuna... Anzi l' ultimo dì quaggiù ti *mena?*	*Inf.* xv. 47.
	Se la lucerna che ti *mena* in alto Trovi... tanta cera	*Purg.* viii. 112.
Menai.	e sì *menai* lor arte, Ch' al fine della terra il suono uscìe	*Inf.* xxvii. 77.
Menalippo.	Tideo si rose Le tempie a *Menalippo*	*Inf.* xxxii. 131.

[1] *meno sì.*

MENALO 410 MENSA

Menalo. vedi Eunoè che là deriva; *Menalo* ad esso . . . . . . *Purg.* xxxiii. 128.
Menando. Indi la cima qua e là *menando* . . . . *Inf.* xxvi. 88.
    rimovea quell' aer... *Menando* la sinistra innanzi spesso . . *Inf.* ix. 83.
Menane. *Menane* dunque, disse, là ove dici . . . . *Purg.* vii. 62.
Menar. mostrerolli Oltre, quanto il potrà *menar* mia scuola . . *Purg.* xxi. 33.
    anzi m' accorsi Dove volea *menar* mia professione . . . . . *Par.* xxvi. 54.
    perocchè sua malizia Non ti poria *menar* da me altrove . . . *Par.* iv. 66.
Menare. Chè l' occhio nol potea *menare* a lunga . . . . *Inf.* ix. 5.
    E non vidi giammai *menare* stregghia Da ragazzo . . . . *Inf.* xxix. 76.
Menarlo. A me, che morto son, convien *menarlo* . . . . *Inf.* xxviii. 49.
Menarmi. e poi Al petto del grifon seco *menarmi* . . . . . . *Purg.* xxxi. 113.
Menarvi. I' vegno per *menarvi* all' altra riva . . . . *Inf.* iii. 86.
Menato. per la profonda Notte *menato* m' ha da' veri morti . . *Purg.* xxiii. 122.
    E quel signor, che lì m' avea *menato*, Mi disse . . . . . . *Inf.* viii. 103.
Menava. Meco il *menava* in dritta parte volto . . . . *Purg.* xxx. 123.
    E quella Donna, ch' a Dio mi *menava*, Disse . . . . . . *Par.* xviii. 4.
    Come ciascun *menava* spesso il morso Dell' unghie . . . *Inf.* xxix. 79.
    Menava io gli occhi per li gradi, Mo su, mo giù . . . . . *Par.* xxxi. 47.
Menavano. disiri, Che ti *menavano* ad amar lo bene . . . . . *Purg.* xxxi. 23.
Mendaci. sigillo Ai[1] privilegi venduti e *mendaci* . . . . *Par.* xxvii. 53.
Mendicando. *Mendicando* sua vita a frusto a frusto . . . . . *Par.* vi. 141.
Mendici. Cambiando condizion ricchi e *mendici* . . . . *Par.* xvii. 90.
Meni. chi rincalzi Li moderni pastori, e chi li *meni* . . . . . *Par.* xxi. 131.
    io ti richieggio... Che tu mi *meni* là dov' or dicesti . . . *Inf.* i. 133.
Meno. Ma per la vista che non *meno* agogna . . . . *Purg.* vi. 66.
    E perchè *meno* ammiri la parola, Guarda il calor . . . . . *Purg.* xxv. 76.
    Non mi parean *meno* ampi nè maggiori, Che quei . . . . *Inf.* xix. 16.
    Nel tempo che... La faccia sua a noi tien *meno* ascosa . . . *Inf.* xxvi. 27.
    udii cantando, Che di volger mi fe' caler non *meno* . . . *Purg.* xxv. 123.
    mi rispose Con vista carca di stupor non *meno* . . . . . *Purg.* xxix. 57.
    Ver è che più e *meno* eran contratti . . . . *Purg.* x. 136.
    non è sine causa Intra sè[2] qui più e *meno* eccellente . . . *Par.* xxxii. 60.
    Senz'-esso fora la vergogna *meno* . . . . *Purg.* vi. 90.
    e risplende In una parte più, e *meno* altrove . . . . . . *Par.* i. 3.
    Quando li regi antichi venner *meno* Tutti . . . . *Purg.* xx. 53.
    di pietade Io venni *meno* sì[3] com' io morisse . . . . . . *Inf.* v. 141.
    Che molte volte al fatto il dir vien *meno* . . . . *Inf.* iv. 147.
    Sì ch' al volger del temo non vien *meno* . . . . *Par.* xiii. 9.
    Sì che tardi Per coltivare omai verrebber *meno* . . . . . *Purg.* xiv. 96.
    Ogni lingua per certo verria *meno* Per lo nostro sermone . . *Inf.* xxviii. 4.
    Nè hanno all' esser lor più o *meno* anni . . . . *Par.* iv. 33.
    Secondo ch' avean più e *meno* addosso . . . . *Purg.* x. 137.
    saria... vinto, Come dal suo maggiore è vinto il *meno* . . *Purg.* vii. 78.
    conseguenza, Di maggio a più, e di minore a *meno* . . . . *Par.* xxviii. 77.
    sì tosto... Che color non tornasser suso in *meno* . . . . . *Purg.* v. 40.
    consiglio per migliore approbo Che l' ha per *meno* . . . . *Par.* xxii. 137.
Menò. Le braccia ch' ei *menò*, giammai non move . . . . . . *Inf.* xxxi. 96.
    quanto disio *Menò* costoro al doloroso passo! . . . . . *Inf.* v. 114.
    quella voglia... Che *menò* Cristo lieto a dire: Elì . . . . *Purg.* xxiii. 74.
Menocci. *Menocci* ove la roccia era tagliata . . . . *Purg.* xii. 97.
Menommi. E *menommi* al cespuglio che piangea . . . . . . *Inf.* xiii. 131.
Menrenti. *Menrenti* agli occhi suoi; ma nel giocondo Lume . . *Purg.* xxxi. 109.
Mensa. Convieni ancor sedere un poco a *mensa* . . . . . . *Par.* v. 37.
    spiriti, parlando Alla *mensa* d' amor cortesi inviti . . . . *Purg.* xiii. 27.

[1] A.   [2] *Entrasi*.   [3] men così.

MENSA 411 MENTE

Mensa. Se... preliba Di quel che cade della vostra *mensa* . . . *Par.* xxiv. 5.
e si rimane Quasi alimento che di *mensa* leve . . . . *Purg.* xxv. 39.
Mensola. Per *mensola* talvolta una figura Si vede . . . . *Purg.* x. 131.
Mente. La *mente* innamorata, che donnea Con la mia Donna . . *Par.* xxvii. 88.
dello spavento La *mente* di sudore ancor mi bagna . . . . . *Inf.* iii. 132.
La *mente* tua conservi quel ch' udito Hai contra te . . . . *Inf.* x. 127.
Entro v' è l' alta *mente*[1] u' sì profondo Saper fu messo . . . *Par.* x. 112.
Per tanti rivi s' empie d' allegrezza La *mente* mia . . . . . *Par.* xvi. 20.
gli occhi... seguaci, Come la *mente* alle parole sue . . . . . *Purg.* xxiv. 102.
La *mente*, che qui luce, in terra fuma . . . . *Par.* xxi. 100.
se le parole mie, Figlio, la *mente* tua guarda e riceve . . . *Purg.* xxv. 35.
Di' quel che ell' è, e come se ne infiora La *mente* tua . . . *Par.* xxv. 47.
Ovver la *mente* dove altrove mira? . . . . *Inf.* xi. 78.
Così la *mente* mia, tutta sospesa, Mirava fissa . . . . *Par.* xxxiii. 97.
si mova La *mente*, amando, di ciascun che cerne Lo vero . . *Par.* xxvi. 35.
Se non che la mia *mente* fu percossa Da un fulgore . . . . . *Par.* xxxiii. 140.
ora... che la *mente* nostra peregrina Più dalla carne . . . . *Purg.* ix. 16.
fu repleta Sì la sua *mente* di viva virtute . . . . *Par.* xii. 59.
Che solo a ciò la mia *mente* rifiede . . . . *Inf.* xx. 105.
E se la *mente* tua ben si[2] riguarda, Non mi ti celerà . . . . *Par.* iii. 47.
La *mente* mia, che prima era ristretta . . . . *Purg.* iii. 12.
E qui fu la mia *mente* sì ristretta Dentro da sè . . . . . . *Purg.* xvii. 22.
la guerra... Che ritrarrà la *mente*, che non erra . . . . . *Inf.* ii. 6.
tra quelle[3] vedute Si vuol lasciar che non seguir la *mente* . . *Par.* xiv. 81.
cose, Di che la *mente* mia era sospesa . . . . *Par.* xxxi. 57.
giù s' abbuia L'ombra di fuor, come la *mente* è trista . . . *Par.* ix. 72.
La *mente* mia così, tra quelle dape Fatta più grande . . . . *Par.* xxiii. 43.
O *mente*, che scrivesti ciò ch' io vidi, Qui si parrà . . . . . *Inf.* ii. 8.
Apri la *mente* a quel ch' io ti paleso, E fermalvi entro . . . *Par.* v. 40.
fe' pasture Da pigliare occhi, per aver la *mente* . . . . . . *Par.* xxvii. 92.
Che non paresse aver la *mente* ingombra . . . . *Purg.* xxxi. 142.
quella cria La *mente* in voi, che il ciel non ha in sua cura . . *Purg.* xvi. 81.
La *mente* e gli occhi, ov' ella volle, diedi . . . . *Purg.* xxxii. 108.
lo splendor... Mia *mente* unita in più cose divise . . . . . . *Par.* x. 63.
Drizza la *mente* in Dio grata, mi disse, Che n' ha congiunti . *Par.* ii. 29.
mi ridoglio, Quand' io drizzo la *mente* a ciò ch' io vidi . . . *Inf.* xxvi. 20.
teneva 'l[4] viso basso, Esaminando[5] del cammin la *mente* . . *Purg.* iii. 56.
cura... Fatta ha la *mente* sua negli occhi oscura . . . . . . *Purg.* xxxiii. 126.
Tanto il dolor le fe' la *mente* torta . . . . *Inf.* xxx. 21.
Ficca diretro agli occhi tuoi la *mente* . . . . *Par.* xxi. 16.
aperse il vero Quella che imparadisa la mia *mente* . . . . . *Par.* xxviii. 3.
Si giran sì, che il primo, a chi pon *mente*, Quieto pare . . . *Par.* xxiv. 14.
Pon *mente*, se di là mi vedesti unque . . . . *Purg.* iii. 105.
Se non mi credi, pon *mente* alla spiga . . . . *Purg.* xvi. 113.
Vid' io molt' ombre, andando, poner *mente* . . . . *Purg.* xxvi. 9.
E, se il mondo laggiù ponesse *mente* Al fondamento . . . . *Purg.* viii. 142.
Ponete *mente* all' affezione[6] immensa, E roratelo . . . . . . *Par.* xxiv. 7.
Allor si volse a noi, e pose *mente*, Movendo il viso . . . . *Purg.* iv. 112.
posi *mente* All' altro polo, e vidi quattro stelle . . . . . . *Purg.* i. 22.
perocchè tu rificchi La *mente* pure alle cose terrene . . . . *Purg.* xv. 65.
lo rimembrar... La *mente* mia di[7] sè medesma scema . . . . *Par.* xxx. 27.
Ma io ti solverò tosto la *mente*; E tu ascolta . . . . *Par.* vii. 22.
Sì m' ha nostra ragion la *mente* stretta . . . . *Purg.* xiv. 126.
Non tener pure ad un loco la *mente*, Disse il dolce Maestro . *Purg.* x. 46.

[1] luce.   [2] mi.   [3] l' altre.   [4] tenendo il.   [5] Esaminava.   [6] alla sua voglia.   [7] da.

Mente. sì contenti, Come a nessun toccasse altro la *mente* . . . *Purg.* ii. 117.
Ma io veggi' or la tua *mente* ristretta Di pensier . . . . . *Par.* vii. 52.
Volgi la *mente* a me, e prenderai Alcun buon frutto . . . . *Purg.* xvii. 89.
Ed abbi a *mente*, quando tu le scrivi, Di non celar . . . . . *Purg.* xxxiii. 55.
però guarda Che l' abbi a *mente*, s' a parlar ten prende . . *Purg.* xviii. 75.
Ed altro disse, ma non l' ho a *mente* . . . . *Inf.* ix. 34.
E qual da lato gli si reca a *mente* . . . . *Purg.* vi. 6.
Recati a *mente* il nostro avaro seno . . . . *Inf.* xviii. 63.
se tu ti rechi a *mente* Lo Genesi dal principio . . . . . . *Inf.* xi. 106.
se ti riduci a *mente* Qual fosti meco e quale io teco . . . . *Purg.* xxiii. 115.
si ride, Non della colpa, ch' a *mente* non torna . . . . . . *Par.* ix. 104.
E quest' atto del ciel mi venne a *mente* . . . . *Par.* xx. 7.
Pregoti che alla *mente* altrui mi rechi . . . . *Inf.* vi. 89.
Se... rechiti alla *mente* chi son quelli... Tu vedrai ben . . *Inf.* xi. 86.
e che s' ingegna Indarno di ridurlasi alla *mente* . . . . . . *Par.* xxiii. 51.
la passione... Rimane, e l' altro alla *mente* non riede . . . *Par.* xxxiii. 60.
Se ciò ch' ho detto alla *mente* rivoche . . . . *Par.* xi. 135.
alla mia *mente* Ripresta un poco di quel che parevi . . . . *Par.* xxxiii. 68.
acqua d' Elsa Li pensier vani intorno alla tua *mente* . . . . *Purg.* xxxiii. 68.
se ben s' accoppia Principio e fine con la *mente* fissa . . . *Inf.* xxiii. 9.
la grazia che donnea Con la tua *mente* la bocca t' aperse . . *Par.* xxiv. 119.
non falla, Se ben si guarda con la *mente* sana . . . . . . *Purg.* vi. 36.
Che dove l' argomento della *mente* S' aggiunge al mal . . . *Inf.* xxxi. 55.
sì che chiaro Per essa scenda della *mente* il fiume . . . . *Purg.* xiii. 90.
Or, se tu l' occhio della *mente* trani Di luce in luce . . . *Par.* x. 121.
Al tornar della *mente*, che si chiuse Dinanzi alla pietà . . *Inf.* vi. 1.
della vista della *mente* infermi, Fidanza avete . . . . . . *Purg.* x. 122.
fur guerci Sì della *mente* in la vita primaia . . . . *Inf.* vii. 41.
mal del corpo intero, E della *mente* peggio, e che mal nacque.*Purg.* xviii. 125.
l' angoscia... Forse ti tira fuor della mia *mente* . . . . . *Inf.* vi. 44.
con sì dolci note, Che fece me a me uscir di *mente* . . . . *Purg.* viii. 15.
Chè in la *mente* m' è fitta, ed or mi accora . . . . *Inf.* xv. 82.
E più di dubbio nella *mente* aduno . . . . *Purg.* xv. 60.
Ahi quanto nella *mente* mi commossi, Quando mi volsi! . . *Par.* xxv. 136.
Io t' ho per certo nella *mente* messo, Ch' alma beata . . . *Par.* iv. 94.
Amor che nella *mente* mi ragiona, Cominciò egli . . . . . *Purg.* ii. 112.
il nome Che nella *mente* sempre mi rampolla . . . . *Purg.* xxvii. 42.
E porterai ne scritto nella *mente* Di lui, ma nol dirai . . *Par.* xvii. 91.
nella[1] *mente* mi sigilla Più volte l' evangelica dottrina . . *Par.* xxiv. 143.
le nature... Son nella *mente* ch' è da sè perfetta . . . . . *Par.* viii. 101.
quant' io... Nella mia *mente* potei far tesoro . . . . *Par.* i. 11.
Nella mia *mente* fe' subito caso Questo ch' io dico . . . . *Par.* xiv. 4.
E quella, che vedeva i pensier dubi Nella mia *mente* . . . . *Par.* xxviii. 98.
Quanto per *mente* o per loco[2] si gira Con tanto ordine fe'. . *Par.* x. 4.
Ma per la *mente* che non può reddire Sopra sè tanto . . . *Par.* xviii. 11.
verria meno Per lo nostro sermone e per la *mente* . . . . *Inf.* xxviii. 5.
Dalla *mente* profonda che lui volve Prende l' image . . . *Par.* ii. 131.
Per ch' io prego la *mente*, in che s' inizia Tuo moto . . . *Par.* xviii. 118.
alcun dei raggi della *mente* Di che tutte... son ripiene . . *Par.* xix. 53.
E questo cielo non ha altro dove Che la *mente* divina . . . *Par.* xxvii. 110.

1. **Menti.** come veggion le terrene *menti* Non capere . . . . . . *Par.* xvii. 14.
O terreni animali, o *menti* grosse! . . . . *Par.* xix. 85.
Le *menti* tutte nel suo lieto aspetto Creando... dota . . . *Par.* xxxii. 64.
Se... non s' imboli Nel primo mondo dall' umane *menti* . . *Inf.* xxix. 104.

---

[1] la.   [2] occhio.

Menti.	tanta allegrezza Piover, portata nelle *menti* sante	*Par.* xxxii. 89.
2. **Menti.**	per tre *menti* Gocciava il pianto e... bava	*Inf.* xxxiv. 53.
Mentì.	Di parecchi anni mi *mentì* lo scritto	*Inf.* xix. 54.
Mentire.	Ch' alma beata non poria *mentire*	*Par.* iv. 95.
Mento.	Ch' io non levai al suo comando il *mento*	*Purg.* xxxi. 73.
	Lo *mento*, a guisa d' orbo, in su levava	*Purg.* xiii. 102.
	Cerbero... Ne porta ancor pelato il *mento* e il gozzo	*Inf.* ix. 99.
	Allor surse... Un' ombra lungo questa infino al *mento*	*Inf.* x. 53.
	sen va... Alì, Fesso nel volto dal *mento* al ciuffetto	*Inf.* xxviii. 33.
	Perch' io... Mi posi il dito su dal *mento* al naso	*Inf.* xxv. 45.
	vidi un... Rotto dal *mento* infin dove si trulla	*Inf.* xxviii. 24.
	travolto Ciascun tral *mento* el principio del casso	*Inf.* xx. 12.
	per la sete L' un verso il *mento* e l' altro in su rinverte	*Inf.* xxx. 57.
Mentovato.	Se d' esser *mentovato* laggiù degni	*Purg.* i. 84.
Mentr'; mentre.	*Sovente.*	
Mentrechè.	*Mentrechè* detto fu: perchè t' abbagli?	*Par.* xxv. 122.
	Noi udiremo... *Mentrechè* il vento, come fa, si tace	*Inf.* v. 96.
Menzionando.	E divieto e consorto *menzionando*	*Purg.* xv. 45.
Menzogna.	t' assenno, che... La verità nulla *menzogna* frodi	*Inf.* xx. 99.
	Ma nondimen, rimossa ogni *menzogna*... fa manifesta	*Par.* xvii. 127.
	Lì cominciò con forza e con *menzogna* La sua rapina	*Purg.* xx. 64.
	Sempre a quel ver ch' ha faccia di *menzogna*	*Inf.* xvi. 124.
	udi' Ch' egli è bugiardo, e padre di *menzogna*	*Inf.* xxiii. 144.
Meos.	gli angeli cantaro... Ma oltre pedes *meos* non passaro	*Purg.* xxx. 84.
Mera.	scintilla, Come raggio di sole in acqua *mera*	*Par.* ix. 114.
	nulla luce è tanto *mera*, Che... non si fosser difesi	*Par.* xxx. 59.
	senti'... sorridendo Incominciar, facendosi più *mera*	*Par.* xi. 18.
Meravigliose.	ho io grazie... appo te? Anzi *meravigliose*	*Inf.* xviii. 135.
Merca.	Tal fatto è Fiorentino, e cambia e *merca*	*Par.* xvi. 61.
	ciò pensa Là dove Cristo tutto dì si *merca*	*Par.* xvii. 51.
Mercatante.	Nè *mercatante* in terra di Soldano	*Inf.* xxvii. 90.
Mercato.	Già era il Caponsacco nel *mercato* Disceso	*Par.* xvi. 121.
Merce.	Discerner puoi che buone *merce* carca	*Par.* xi. 123.
Mercè.	Cagion mi sprona, ch' io *mercè* ne chiami	*Purg.* xxix. 39.
	Non fia senza *mercè* la tua parola, S' io ritorni	*Purg.* xx. 37.
	mercè di colei Ch' all' alto volo ti vestì le piume	*Par.* xv. 53.
	Dunque, senza *mercè* di lor costume, Locati son	*Par.* xxxii. 73.
	mercè del loco Fatto per proprio dell' umana spece	*Par.* i. 56.
	non ti tocca, *Mercè* del popol tuo che s'¹ argomenta	*Purg.* vi. 129.
	Io son fatta da Dio, sua *mercè*, tale	*Inf.* ii. 91.
Mercede.	E del vedere è misura *mercede*	*Par.* xxviii. 112.
	la mia *mercede* Non mi fa degno della tua risposta	*Par.* xxi. 52.
	tornò all' ossa, E ciò di viva speme fu *mercede*	*Par.* xx. 108.
	Quando... Piacque di trarlo suso alla *mercede*	*Par.* xi. 110.
Mercedi.	e s' elli hanno *mercedi*, Non basta	*Inf.* iv. 34.
Mercurio.	Giove, *Mercurio*, e Marte a nominar trascorse	*Par.* iv. 63.
Merda.	sacco Che *merda* fa di quel che si trangugia	*Inf.* xxviii. 27.
	Vidi un col capo sì di *merda* lordo, Che non parea	*Inf.* xviii. 116.
Merdose.	fante, Che là si graffia con l' unghie *merdose*	*Inf.* xviii. 131.
Mere.	E vidi le sue luci tanto *mere*, Tanto gioconde	*Par.* xviii. 55.
Meretrice.	La *meretrice*, che mai dall' ospizio... non torse	*Inf.* xiii. 64.
Meridian.	Lo cui *meridian* cerchio coperchia Jerusalem	*Purg.* ii. 2.
	vienne omai, vedi ch' è tocco *Meridian* dal sole	*Purg.* iv. 138.
Meridiana.	Qui sei a noi *meridiana* face Di caritate	*Par.* xxxiii. 10.

¹ sì.

Meridiano. Tanto sen va che fa *meridiano* . . . . *Par.* ix. 86.
Merigge. il sole avea lo cerchio di *merigge* Lasciato . . . . . *Purg.* xxv. 2.
 più corrusco... Teneva il sole il cerchio di *merigge* . . . . . *Purg.* xxxiii. 104.
Meritai. S' io *meritai* di voi assai o poco . . . . *Inf.* xxvi. 81.
 S' io *meritai* di voi mentre ch' io vissi . . . . *Inf.* xxvi. 80.
Meritar. per qual ragione Di *meritar* mi scema la misura? . . . *Par.* iv. 21.
Meritare. onde si piglia Ragion[1] di *meritare* in voi . . . . . . *Purg.* xviii. 65.
Merito. Qual *merito*, o qual grazia mi ti mostra? . . . . *Purg.* vii. 19.
 Per nullo proprio *merito* si siede, Ma per l' altrui . . . . *Par.* xxxii. 42.
Meritò. mercede, Ch' ei *meritò*[2] nel suo farsi pusillo . . . . . *Par.* xi. 111.
Meritorio. Che ricever la grazia è *meritorio* . . . . *Par.* xxix. 65.
Merli. Come si va per muro stretto ai *merli* . . . . *Purg.* xx. 6.
Merlo. Come fa[3] il *merlo* per poca bonaccia . . . . *Purg.* xiii. 123.
Mero. E quanto il santo aspetto il facea[4] *mero* . . . . *Par.* xxiii. 60.
Merrò. Se 'l mi consenti, io ti *merrò* ad esse . . . . *Purg.* vii. 47.
Merse. Così giustizia qui a terra il *merse* . . . . *Purg.* xix. 120.
Merta. si porse, Se fede *merta* nostra maggior Musa . . . . . *Par.* xv. 26.
 d' ogni virtute, E d' ogni operazion che *merta* pene . . . . *Purg.* xvii. 105.
Mertai. Roma, Dove *mertai* le tempie ornar di mirto . . . . . *Purg.* xxi. 90.
Merti. Nel trono che i suoi *merti* le sortiro . . . . *Par.* xxxi. 69.
Merto. Se dritta o torta va, non è suo *merto* . . . . *Purg.* xviii. 45.
 Perfetta vita ed alto *merto* inciela Donna più su, mi disse . *Par.* iii. 97.
 il qual produce Grazia divina e precedente *merto* . . . . *Par.* xxv. 69.
 questa prima voglia *Merto* di lode o di biasmo non cape . . *Purg.* xviii. 60.
 Ora conosce il *merto* del suo canto... Per lo remunerar . . . *Par.* xx. 40.
 perdona Benigno, e non guardar lo[5] nostro *merto* . . . . *Purg.* xi. 18.
 tal melodia, Ch' ad ogni *merto* saria giusto muno . . . . . *Par.* xiv. 33.
 Ma, nel commensurar dei nostri gaggi Col *merto*, è parte . . *Par.* vi. 119.
 furo esaltate Con grazia illuminante, e con lor *merto* . . . *Par.* xxix. 62.
 Uscicci[6] mai alcuno, o per suo *merto*, O per altrui ? . . . . *Inf.* iv. 49.
 ei sarà detruso Là dove Simon mago è per suo *merto* . . . . *Par.* xxx. 147.
 voll' esser esperto... ond' egli ha cotal *merto* . . . . . . *Inf.* xxxi. 93.
Mesca. t' ausi A dir la sete, sì che l' uom ti *mesca* . . . . . *Par.* xvii. 12.
Meschine. le *meschine* Della regina dell' eterno pianto . . . . . *Inf.* ix. 43.
Meschini. Venir sen dee là giù tra' miei *meschini* . . . . *Inf.* xxvii. 115.
Meschite. già le sue *meschite* Là entro certo... cerno . . . . . *Inf.* viii. 70.
Mese. L' inverno avrebbe un *mese* d' un sol dì . . . . *Par.* xxv. 102.
 Un *mese* e poco più prova' io come Pesa il gran manto . . . *Purg.* xix. 103.
 luna per sereno Di mezza notte nel suo mezzo *mese* . . . . *Purg.* xxix. 54.
Mesi. Veramente da tre *mesi* egli ha tolto Chi ha voluto . . . *Purg.* ii. 98.
Messa. Quantunque gradi vuol che giù sua *messa* . . . . . . *Inf.* v. 12.
 in sì dolente Loco se' *messa*, ed a sì fatta pena . . . . . *Inf.* vi. 47.
Messaggi. E due di loro in forma di *messaggi* Corsero . . . . . *Purg.* v. 28.
 credenza, seminata Per li *messaggi* dell' eterno regno . . . *Purg.* xxii. 78.
Messaggier. E come a *messaggier*, che porti olivo . . . . *Purg.* ii. 70.
 Si levar... Ministri e *messaggier* di vita eterna . . . . . . *Purg.* xxx. 18.
Messe. almen tre Voci t' ho *messe*, dicea ; surgi . . . . *Purg.* xix. 35.
Messer. fa saper... a *messer* Guido ed anco ad Angiolello . . . *Inf.* xxviii. 77.
 Vidi *messer* Marchese, ch' ebbe spazio Già di bere . . . . . *Purg.* xxiv. 31.
Messi. Gualandi... S' avea *messi* dinanzi dalla fronte . . . . . *Inf.* xxxiii. 33.
Messo. non avresti in tanto tratto e *messo* Nel foco il dito . . *Par.* xxii. 109.
 Io t' ho per certo nella mente *messo*, Ch' alma beata . . . . *Par.* iv. 94.
 Messo t' ho innanzi ; omai per te ti ciba . . . . *Par.* x. 25.
 tal... Quale è colui che nella fossa è *messo* . . . . *Purg.* xxvii. 15.

[1] Cagion. [2] egli acquistò. [3] fe'. [4] aspetto facea. [5] al. [6] Uscinne.

| MESSO | 415 | METTE |

Messo. Io sarei *messo* già per lo sentiero, Cercando lui . . . *Inf.* xxx. 84.
In giù son *messo* tanto, perch' io fui Ladro alla sacrestia . . *Inf.* xxiv. 137.
il pastor... che alla caccia Di me fu *messo* per Clemente . . *Purg.* iii. 125.
Come un poco di raggio si fu *messo* Nel doloroso carcere . . *Inf.* xxxiii. 55.
Entro v' è l' alta mente[1] u' sì profondo Saper fu *messo* . . . *Par.* x. 113.
Per che il mio viso in lei tutto era *messo* . . . . *Par.* xxxiii. 132.
brama Ch' e' sia di sua grandezza in basso *messo* . . . . . *Purg.* xvii. 117.
altra via Che questa per la quale io mi son *messo* . . . . . *Purg.* i. 63.
indugio, Da voi per tepidezza in ben far *messo* . . . . . . *Purg.* xviii. 108.
Ed un di loro, quasi da ciel *messo*... Gridò tre volte . . . . *Purg.* xxx. 10.
Ben m' accors' io[2] ch' egli era del ciel *messo* . . . . . . *Inf.* ix. 85.
Nel quale un cinquecento diece e cinque, *Messo* da[3] Dio . . *Purg.* xxxiii. 44.
Messo è, che viene ad invitar ch' uom saglia . . . . *Purg.* xv. 30.
Ben parve *messo* e famigliar di Cristo . . . . *Par.* xii. 73.
il *messo* di Juno Intero a contenerlo sarebbe arto . . . . *Par.* xxviii. 32.
Mesta. tutto solo Andai, ove sedea la gente *mesta* . . . . . . *Inf.* xvii. 45.
per la *mesta* Selva saranno i nostri corpi appesi . . . . . *Inf.* xiii. 106.
Mesti. Sì ch' io vegga... color cui tu fai cotanto *mesti* . . . . *Inf.* i. 135.
Mestier. E non v' era *mestier* più che la dotta . . . . *Inf.* xxxi. 110.
se donna del ciel ti move... non c' è *mestier* lusinghe . . *Purg.* i. 92.
un tal sì... Al quale intender fur *mestier* le viste . . . . . . *Purg.* xxxi. 15.
se potuto aveste veder... *Mestier* non era partorir Maria . . *Purg.* iii. 39.
ed è *mestier* ch' ei senta... com' ei pesa pria . . . . *Inf.* xxiii. 119.
com' ei giunse... *Mestier* gli fu d' aver sicura fronte . . . *Inf.* xxi. 66.
poni il core Là 'v' è *mestier* di consorto divieto . . . . . *Purg.* xiv. 87.
La sua natura... avria *mestier* di tal milizia . . . . *Par.* viii. 83.
al vento di Focara Non farà lor *mestier* voto nè preco . . . *Inf.* xxviii. 90.
Mestiere. Ho io il braccio a tal *mestiere* sciolto . . . . . . *Inf.* xxx. 108.
Mestieri. E con ciò ch' è[4] *mestieri* al suo campare . . . . . . *Inf.* ii. 68.
Che... io fossi preso E poscia morto, dir non è *mestieri* . . *Inf.* xxxiii. 18.
A costui fa *mestieri*, e nol vi dice Nè con la voce . . . . . *Par.* xiv. 10.
Mestiero. Quant' è *mestiero* infino al sommo smalto . . . . . *Purg.* viii. 114.
Meta. duro camo, Che dovria l' uom tener dentro a sua *meta* . . *Purg.* xiv. 144.
folle Sì, che non può soffrir dentro a sua *meta* . . . . . . *Par.* xix. 123.
La natura... Quinci comincia come da sua *meta* . . . . . *Par.* xxvii. 108.
Metafisice. non ho io pur prove Fisiche e *metafisice* . . . . . *Par.* xxiv. 134.
Metalli. Che falsai li *metalli* con alchimia . . . . *Inf.* xxix. 137.
non si videro... Vetri o *metalli* sì lucenti e rossi . . . . . *Purg.* xxiv. 138.
Metallo. spigoli... Che di *metallo* son sonanti e forti . . . . *Purg.* ix. 135.
Metello. Tarpeia, come tolto le fu il buono *Metello* . . . . . *Purg.* ix. 137.
Metro. Tant' era ivi lo incendio senza *metro* . . . . *Purg.* xxvii. 51.
s' accorda Con esso, come nota con suo *metro* . . . . . . *Par.* xxviii. 9.
Già era (e con paura il metto in *metro*) Là . . . . *Inf.* xxxiv. 10.
Così tornavan... Gridandosi anche[5] loro ontoso *metro* . . *Inf.* vii. 33.
Ch' io pur risposi lui a questo *metro* . . . . *Inf.* xix. 89.
Metropolitano. il *metropolitano* Crisostomo, ed Anselmo . . . . *Par.* xii. 136.
Metta. Ch' io *metta* il nome tuo tra l' altre note . . . . . . *Inf.* xxxii. 93.
Acciocchè l' uom più oltre non si *metta* . . . . *Inf.* xxvi. 109.
Mette. Tosto che l' acqua a correr *mette* co . . . . *Inf.* xx. 76.
si volge... E piede innanzi piede a pena *mette* . . . . . . *Purg.* xxviii. 54.
Così l' aer vicin quivi si *mette* In quella forma . . . . . . *Purg.* xxv. 94.
quale aspetta prego... Malignamente già si *mette* al nego . . *Purg.* xvii. 60.
E qual più a riguardar[6] oltre si *mette*, Non vede più . . . *Purg.* xxiv. 61.
nostr' uso Di fare allor che fuori alcun si *mette* . . . . . *Inf.* xxii. 105.

[1] luce.   [2] m' accorsi.   [3] di.   [4] che ha.   [5] Gridando sempre in.   [6] gradire.

METTEA 416 MEZZO

Mettea. gravi tanto, Che Federico le *mettea* di paglia . . . . . *Inf.* xxiii. 66.
Mettean. E d' ogni parte si *mettean* nei fiori . . . . *Par.* xxx. 65.
Mettemmo. Quando noi ci *mettemmo* per un bosco . . . . *Inf.* xiii. 2.
Mettendo. *Mettendo* i denti in nota di cicogna . . . . *Inf.* xxxii. 36.
Metter. *Metter* potete ben per l' alto sale Vostro navigio . . . . *Par.* i. 13.
    Tragge cagion... A *metter* più li miei sospiri in fuga . . . . *Inf.* xxx. 72.
    metter la trama In quella tela ch' io le porsi ordita . . . . *Par.* xvii. 101.
Metteranno. Ma più vi *metteranno*[1] gli ammiragli . . . . *Purg.* xiii. 154.
Mettere. m' aiuti... Forti cose a pensar, *mettere* in versi . . . *Purg.* xxix. 42.
    Albero da Siena, Rispose l' un, mi fe' *mettere* al foco . . *Inf.* xxix. 110.
    tal milizia Che non curasse di *mettere* in arca . . . . . . *Par.* viii. 84.
Mettete. Tornate a riveder... Non vi *mettete* in pelago . . . . . *Par.* ii. 5.
Mettetel. *Mettetel* sotto, ch' io torno per anche . . . . *Inf.* xxi. 39.
Metti. l' altrui bene A te che fia, se il tuo *metti* in obblio? . . . *Purg.* x. 90.
    Deh *metti* al mio voler tosto compenso, Beato spirto . . . *Par.* ix. 19.
    E perchè non mi *metti* in piu sermoni, Sappi . . . . . . *Inf.* xxxii. 67.
    non *metti* Ancor li piedi nell' arena arsiccia . . . . *Inf.* xiv. 73.
    O Rubicante, fa che tu gli *metti* Gli unghioni addosso . . *Inf.* xxii. 40.
Mettine. *Mettine* giù, e non ten venga schifo . . . . *Inf.* xxxi. 122.
Metto. Già era (e con paura il *metto* in metro) Là . . . . . . *Inf.* xxxiv. 10.
Meus. O sanguis *meus*, o superinfusa Gratia Dei ! . . . . . . *Par.* xv. 28.
Mezza. O folle Aragne, sì vedea io te Già *mezza* aragna . . . *Purg.* xii. 44.
    se' venuto più che *mezza* lega Velando gli occhi . . . . *Purg.* xv. 121.
    Vespero là, e qui *mezza* notte era . . . . *Purg.* xv. 6.
    La luna, quasi a *mezza* notte tarda, Facea le stelle . . . . *Purg.* xviii. 76.
    luna per sereno Di *mezza* notte nel suo mezzo mese . . . *Purg.* xxix. 54.
    Un arbor che trovammo in *mezza* strada . . . . *Purg.* xxii. 131.
    E già il sole a *mezza* terza riede . . . . *Inf.* xxxiv. 96.
    Ed io: per *mezza* Toscana si spazia Un fiumicel . . . . . *Purg.* xiv. 16.
    Tal mi sentii un vento dar per *mezza* La fronte . . . . . *Purg.* xxiv. 148.
    Torreggiavan di *mezza* la persona Gli orribili giganti . . . *Inf.* xxxi. 43.
Mezzana. Tra la *mezzana* e le tre e tre liste . . . . *Purg.* xxix. 110.
1. Mezzo. Grand' arco tra la ripa secca e il *mezzo* . . . . . . *Inf.* vii. 128.
2. Mezzo. colui... Che fa di sè un *mezzo* arco di ponte . . . . *Purg.* xix. 42.
    Che il *mezzo* cerchio del moto superno... si parte . . . . *Purg.* iv. 79.
    O se del *mezzo* cerchio far si puote Triangol sì . . . . . . *Par.* xiii. 101.
    era giunto Per lo suo *mezzo* cerchio all' altra giostra . . . *Inf.* vii. 35.
    E già le notti al *mezzo* dì sen vanno . . . . *Inf.* xxiv. 3.
    Monta dinanzi, ch' io voglio esser *mezzo* . . . . *Inf.* xvii. 83.
    In *mezzo*[2] mar siede un paese guasto, Diss' egli . . . . . *Inf.* xiv. 94.
    Sirena, Che i marinari in *mezzo*[2] mar dismago . . . . . . *Purg.* xix. 20.
    luna per sereno Di mezza notte nel suo *mezzo* mese . . . *Purg.* xxix. 54.
    a *mezzo* novembre Non giunge quel che tu d' ottobre fili . . *Purg.* vi. 143.
    più assai, che *mezzo* quadrante a centro lista . . . . . . *Purg.* iv. 42.
    Fanno attuffare in *mezzo* la caldaia La carne . . . . . . *Inf.* xxi. 56.
    Lo sol ch' avea... Di *mezzo* il ciel cacciato capricorno . . . *Purg.* ii. 57.
    parte, Che appunto sopra *mezzo* il fosso piomba . . . . . *Inf.* xix. 9.
    E i raggi ne ferian per *mezzo* il naso . . . . *Purg.* xv. 7.
    Da *mezzo* il petto uscia fuor della ghiaccia . . . . *Inf.* xxxiv. 29.
    Quando il *mezzo* del cielo, a noi profondo, Comincia . . . . *Par.* xxx. 4.
    E seguì in[3] fin che il *mezzo*, per lo molto, Gli tolse . . . . *Par.* xxvii. 74.
    La natura del mondo,[4] che quieta Il *mezzo* . . . . *Par.* xxvii. 107.
    che fiede A *mezzo* il tratto le due discrezioni . . . . . . *Par.* xxxii. 41.
    ne condusse... Là dove più che a *mezzo* more il lembo . . . *Purg.* vii. 72.

[1] perderanno.　　　[2] mezzo il.　　　[3] seguì.　　　[4] moto.

MEZZO 417 MIGLIOR

Mezzo. Ed a quel *mezzo*, con le penne sparte, Vidi... Angeli . . *Par.* xxxi. 130.
E men[1] d' un *mezzo* di traverso non ci ha . . . . *Inf.* xxx. 87.
misurati da questo, Sì come dieci da *mezzo* e da quinto . . . *Par.* xxvii. 117.
Sì che la ripa, ch' era perizoma Dal *mezzo* in giù . . . . . *Inf.* xxxi. 62.
l' arco Che fa dal *mezzo* al fine il primo clima . . . . *Par.* xxvii. 81.
Dal *mezzo* in qua ci venian verso il volto . . . . *Inf.* xviii. 26.
Falsava nel parere il lungo tratto Del *mezzo* . . . . *Purg.* xxix. 45.
Che del suo *mezzo* fece il lume centro, Girando sè . . . . . *Par.* xxi. 80.
Coi piè di *mezzo* gli avvinse la pancia . . . . *Inf.* xxv. 52.
E quel di *mezzo*, che al petto si mira, È... Chirone . . . . . *Inf.* xii. 70.
opinione Ti fia chiavata in *mezzo* della testa . . . . *Purg.* viii. 137.
Sì che la gente in *mezzo* si contenne . . . . *Purg.* viii. 33.
Colui che luce in *mezzo* per pupilla Fu il cantor . . . . . . *Par.* xx. 37.
Così quella pacifica oriafiamma Nel *mezzo* s' avvivava . . . *Par.* xxxi. 128.
ed ambo e due Cadder nel *mezzo* del bogliente stagno . . . *Inf.* xxii. 141.
Loco è nel *mezzo* là, dove il Trentino Pastore . . . . *Inf.* xx. 67.
Tesifone è nel *mezzo;* e tacque a tanto . . . . *Inf.* ix. 48.
Nel *mezzo* del cammin di nostra vita Mi ritrovai . . . . . . *Inf.* i. 1.
Nel *mezzo* strinse potenza con atto Tal vime . . . . *Par.* xxix. 35.
Nel dritto *mezzo* del campo maligno Vaneggia . . . . *Inf.* xviii. 4.
la vergine cruda Vide terra nel *mezzo* del pantano . . . . . *Inf.* xx. 83.
chè sua effige Non discendeva a me per *mezzo* mista . . . . *Par.* xxxi. 78.
Chè per lo *mezzo* del cammino acceso Venia gente . . . . . *Purg.* xxvi. 28.
Ciò che da lei senza *mezzo* distilla Non ha poi fine . . . . . *Par.* vii. 67.
Chè dove Dio senza *mezzo* governa... nulla rileva . . . . . *Par.* xxx. 122.
Ciò che da essa senza *mezzo* piove Libero è tutto . . . . . *Par.* vii. 70.
Ma vostra[2] vita senza *mezzo* spira La somma beninanza . . *Par.* vii. 142.
s' aggiungieno... Sopr' esso il *mezzo* di ciascuna spalla . . . *Inf.* xxxiv. 41.
Lasciammo il muro, e gimmo in ver lo *mezzo* Per un sentier. *Inf.* x. 134.
E mentre che andavamo in ver lo *mezzo* . . . . *Inf.* xxxii. 73.
Mezzul. Già veggia per *mezzul* perdere o lulla . . . . *Inf.* xxviii. 22.
Mi; mia; mie; miei; mio. *Sovente.*
1. **Michel.** con aspetto umano Gabriel e *Michel* vi rappresenta . *Par.* iv. 47.
2. **Michel.** Non era giunto ancora *Michel* Zanche . . . . . . *Inf.* xxxiii. 144.
 Usa con esso donno *Michel* Zanche Di Logodoro . . . . *Inf.* xxii. 88.
1. **Michele.** *Michele* Fe' la vendetta del superbo strupo . . . *Inf.* vii. 11.
 Udi'... Gridar: *Michele*, e Pietro, e tutti i Santi . . . . . . *Purg.* xiii. 51.
2. **Michele.** *Michele* Scotto fu, che veramente... seppe il gioco . *Inf.* xx. 116.
Micol. ad una vista D' un gran palazzo *Micol* ammirava . . . *Purg.* x. 68.
 storia, Che dietro a *Micol* mi biancheggiava . . . . . . *Purg.* x. 72.
Mida. E la miseria dell' avaro *Mida*, Che seguì . . . . *Purg.* xx. 106.
Mieto. Di mia semente cotal paglia *mieto* . . . . *Purg.* xiv. 85.
Miglia. Con tutto ch' ella volge undici *miglia* . . . . *Inf.* xxx. 86.
 Pensa... Che *miglia* ventidue la valle volge . . . . *Inf.* xxix. 9.
 nasce in Falterona, E cento *miglia* di corso nol sazia . . . *Purg.* xiv. 18.
 sedere a scranna, Per giudicar da lungi mille *miglia* . . . *Par.* xix. 80.
 Forse se' milia *miglia* di lontano Ci ferve l' ora sesta . . . *Par.* xxx. 1.
Migliaia. dismisura *Migliaia* di lunari hanno punita . . . . . *Purg.* xxii. 36.
 vedrai che in sue *migliaia* Determinato numero si cela . . *Par.* xxix. 134.
 Vid' io, sopra *migliaia* di lucerne, Un sol . . . . *Par.* xxiii. 28.
Migliaio. Quanto di qua per un *migliaio* si conta . . . . . . *Purg.* xiii. 22.
Miglior. Per correr *miglior* acqua[3] alza le vele . . . . *Purg.* i. 1.
 Con *miglior* corso e con migliore stella Esce congiunta . . *Par.* i. 40.
 Sì che se stella buona o *miglior* cosa M' ha dato il ben . . *Inf.* xxvi. 23.

[1] più.   [2] nostra.   [3] *migliori acque.*

MIGLIOR 418 MILLE

Miglior. questi... Fu *miglior* fabbro del parlar materno . . . . *Purg.* xxvi. 117.
Poi si rivolse a me con *miglior* labbia, Dicendo . . . . . . *Inf.* xiv. 67.
A maggior forza ed a *miglior* natura Liberi soggiacete . . . *Purg.* xvi. 79.
Del retaggio *miglior* nessun possiede . . . . *Purg.* vii. 120.
pregando Che ne mostrasse la *miglior* salita . . . . . . *Purg.* vi. 68.
Sì vid' io lì, ma di *miglior* sembianza... figurato . . . . . *Purg.* xii. 22.
pur mo sentii Libera volontà di *miglior* soglia . . . . . . *Purg.* xxi. 69.
Forse retro da me con *miglior* voci Si pregherà . . . . . . *Par.* i. 35.
Contra *miglior* voler voler mal pugna . . . . *Purg.* xx. 1.
quel dì Nel qual mutasti mondo a *miglior* vita . . . . . . *Purg.* xxiii. 77.
e par lor tardo Che Dio a *miglior* vita li ripogna . . . . . *Purg.* xvi. 123.
E fa saper ai due *miglior* di Fano, A messer Guido . . . *Inf.* xxviii. 76.
il padre Mio, e degli altri miei *miglior* . . . . *Purg.* xxvi. 98.
Migliore. E quel consiglio per *migliore* approbo . . . . *Par.* xxii. 136.
Con miglior corso e con *migliore* stella Esce congiunta . . . *Par.* i. 40.
Questi ha ne' rami suoi *migliore* uscita . . . . *Purg.* vii. 132.
Migliori. Per correr *migliori* acque¹ alza le vele . . . . *Purg.* i. 1.
per far *migliori* spegli Ancor degli occhi . . . . *Par.* xxx. 85.
Milan. Barbarossa, Di cui dolente ancor *Milan* ragiona . . . *Purg.* xviii. 120.
Milanesi. La vipera che i *Milanesi*² accampa . . . . *Purg.* viii. 80.
1. Milia. Forse se' *milia*³ miglia di lontano Ci ferve . . . . . *Par.* xxx. 1.
O frati, dissi, che per cento *milia* Perigli siete giunti . . . *Inf.* xxvi. 112.
*2. Milia. Che rifulgean da più⁴ di mille *milia* . . . . *Par.* xxvi. 78.
Militante. La Chiesa *militante* alcun figliuolo Non ha . . . . . *Par.* xxv. 52.
Militar. Anzi che il *militar* gli sia prescritto . . . . *Par.* xxv. 57.
Militaro. com' elli ad una *militaro*, Così la gloria . . . . . . *Par.* xii. 35.
Milizia. La sua natura... avria mestier di tal *milizia* . . . . . *Par.* viii. 83.
seguitai... Corrado, Ed ei mi cinse della sua *milizia* . . . . *Par.* xv. 140.
Ciascun... Da esso ebbe *milizia* e privilegio . . . . *Par.* vi. 130.
son state cimiterio Alla *milizia* che Pietro seguette . . . . *Par.* ix. 141.
Provvide alla *milizia* ch' era in forse, Per sola grazia . . . *Par.* xii. 41.
veder li troni... Prima che la *milizia* s' abbandoni . . . . . *Par.* v. 117.
Quella *milizia* del celeste regno, Che precedeva . . . . . . *Purg.* xxxii. 22.
O *milizia* del ciel, cu' io contemplo, Adora per color . . . . *Par.* xviii. 124.
Qui vederai l' una e l' altra *milizia* Di Paradiso . . . . . . *Par.* xxx. 43.
In forma... di... rosa Mi si mostrava la *milizia* santa . . . . *Par.* xxxi. 2.
Mill'. Che fama avrai tu più... Pria che passin *mill'* anni? . . . *Purg.* xi. 106.
Lasciala tal, che di qui a *mill'* anni... non si rinselva . . . *Purg.* xiv. 65.
se dentro... Di questa fiamma stessi ben *mill'* anni . . . *Purg.* xxvii. 26.
Mille. Vidi più di *mille* Angeli festanti, Ciascun distinto . . . *Par.* xxxi. 131.
Mille cent'⁵ anni e più dispetta e scura... si stette . . . . *Par.* xi. 65.
Mille dugento con sessanta sei Anni compiè . . . . *Inf.* xxi. 113.
Vid' io più di *mille* anime distrutte Fuggir . . . . *Inf.* ix. 79.
D' intorno al fosso vanno a *mille* a *mille*, Saettando . . . . *Inf.* xii. 73.
Mille disiri più che fiamma caldi Strinsermi gli occhi . . . *Purg.* xxxii. 118.
nè mostrerolti, Se *mille* fiate in sul capo mi tomi . . . . *Inf.* xxxii. 102.
Per *mille* fonti, credo, e più si bagna... Apennino . . . . *Inf.* xx. 64.
O tu che... Recasti già *mille* leon per preda . . . . *Inf.* xxxi. 118.
Risurger parve quindi più di *mille* Luci . . . . *Par.* xviii. 103.
sedere a scranna, Per giudicar da lungi *mille* miglia . . . . *Par.* xix. 80.
raggio de' suoi, Che rifulgean da più⁴ di *mille* milia . . . . *Par.* xxvi. 78.
Ma di soavità di *mille* odori Vi facea un incognito . . . . *Purg.* vii. 80.
e più di *mille* Ombre mostrommi e nominolle . . . . . . *Inf.* v. 67.
era... lontano, Dico, dopo li nostri, *mille* passi . . . . . *Purg.* iii. 68.

¹ miglior acqua. ² che 'l Melanese. ³ semila. ⁴ rifulgeva più. ⁵ e cent'.

Mille. Ben *mille* passi e più ci portaro oltre, Contemplando . . *Purg.* xxiv. 131.
assai ten prego E riprego, che il prego vaglia *mille* . . . . *Inf.* xxvi. 66.
Io vidi più di *mille* in sulle porte Da' ciel piovuti . . . . . *Inf.* viii. 82.
una scesa, Ove dovea[1] per *mille* esser ricetto . . . . *Inf.* xvi. 102.
Vidi specchiarsi in più di *mille* soglie Quanto . . . . *Par.* xxx. 113.
Sì vid' io ben più di *mille* splendori Trarsi ver noi . . . *Par.* v. 103.
non s' accorge, Perchè d' intorno suonin *mille* tube . . . . *Purg.* xvii. 15.
Poscia vid' io *mille* visi, cagnazzi Fatti per freddo . . . . . *Inf.* xxxii. 70.
come natura... in foco, Se *mille* volte violenza il torza . . . *Par.* iv. 78.
Dissemi: qui con più di *mille* giaccio . . . . *Inf.* x. 118.
divina fiamma, Onde sono allumati più di *mille* . . . . . . *Purg.* xxi. 96.
Millesmo. Dinanzi al battezzar più d' un *millesmo* . . . . *Par.* xx. 129.
al *millesmo* del vero Non si verria, cantando il... riso . . *Par.* xxiii. 58.
Minacce. Ma vergogna mi fer le sue *minacce* . . . . *Inf.* xvii. 89.
Minacci. O Roboam, già non par che *minacci* . . . . *Purg.* xii. 46.
Minaccia. Gli orribili giganti, cui *minaccia* Giove del cielo . . . *Inf.* xxxi. 44.
Minaccian. E colle ciglia ne *minaccian* duoli . . . . *Inf.* xxi. 132.
Minacciar. Mostrarti, e *minacciar* forte col dito . . . . *Inf.* xxix. 26.
Mincio. Non più Benaco, ma *Mincio* si chiama . . . . . . *Inf.* xx. 77.
Minerva. *Minerva* spira, e conducemi Apollo . . . . *Par.* ii. 8.
il vel... Cerchiato dalla fronde di *Minerva* . . . . *Purg.* xxx. 68.
Minimo. non ardirei Lo *minimo* tentar di sua delizia . . . . . . *Par.* xxxi. 138.
Ministero. vide L' angelica natura e il *ministero* . . . . *Par.* x. 117.
1. Ministra. Ordinò general *ministra* e duce . . . . *Inf.* vii. 78.
Giù ver lo fondo, là 've la *ministra* Dell' alto Sire . . . . *Inf.* xxix. 55.
2. Ministra. Viene a veder la gente che *ministra* . . . . *Purg.* xxx. 59.
Ministri. *Ministri* e messaggier di vita eterna . . . . *Purg.* xxx. 18.
lor volle Porre *ministri* della fossa quinta . . . . *Inf.* xxiii. 56.
Ministro. non si converria... andar dinanzi al primo *Ministro* . . *Purg.* i. 99.
Lo *ministro* maggior della natura... si girava . . . . . . *Par.* x. 28.
*Minoi. Qual fece la figliuola di *Minoi* Allora . . . . *Par.* xiii. 14.
Minor. Ed io udi' nella luce più dia Del *minor* cerchio . . . . *Par.* xiv. 35.
ogni contento Da quel ciel che ha *minor* li[2] cerchi sui . . . *Inf.* ii. 78.
La faccia tua... Mi dà di pianger mo non *minor* doglia . . . *Purg.* xxiii. 56.
N' andavam... Come frati *minor* vanno per via . . . . . . *Inf.* xxiii. 3.
lo *minor* giron suggella Del segno suo e Sodoma . . . . *Inf.* xi. 49.
letizia, Perchè non li vedem *minor* nè maggi . . . . . . *Par.* vi. 120.
ogni *minor* natura È corto recettacolo a quel bene . . . . *Par.* xix. 49.
ci sprona, Ora a maggiore, ed ora a *minor* passo . . . . *Purg.* xx. 120.
Nulla speranza... Non che di posa, ma di *minor* pena . . . *Inf.* v. 45.
Tant' è del seme suo *minor* la pianta . . . . *Purg.* vii. 127.
Ed abbracciollo ove il *minor*[3] s' appiglia . . . . *Purg.* vii. 15.
Minore. la rota Che fe' l' orbita sua con *minore* arco . . . . *Purg.* xxxii. 30.
Onde nel cerchio *minore*... Qualunque trade... è consunto . *Inf.* xi. 64.
conseguenza, Di maggio a più, e di *minore* a meno . . . *Par.* xxviii. 77.
Minori. Come, distinta da *minori* e[4] maggi Lumi . . . . . . *Par.* xiv. 97.
Cresceranno ei... O fien *minori*, o saran sì cocenti? . . . . *Inf.* vi. 105.
Tu credi il vero; chè *minori* e grandi... miran . . . . . *Par.* xv. 61.
Minos. Me per alchimia... Dannò *Minos*, a cui fallar non lece . *Inf.* xxix. 120.
O tu che vieni al doloroso ospizio, Disse *Minos* . . . . . . *Inf.* v. 17.
Chè questi vive, e *Minos* me non lega . . . . *Purg.* i. 77.
Quando si parte... *Minos* la manda alla settima foce . . . . *Inf.* xiii. 96.
Stavvi *Minos* orribilmente e ringhia . . . . *Inf.* v. 4.
A *Minos* mi portò; e quegli attorse Otto volte la coda . . . *Inf.* xxvii. 124.

---

[1] dovria.   [2] minori i.   [3] ove 'l nutrir.   [4] in.

MINOS 420 MIRAR

Minos. E non restò di ruinare a valle Fino a *Minos* . . . . . . *Inf.* xx. 36.
Minotauro. Vid' io lo *Minotauro* far cotale . . . . *Inf.* xii. 25.
Minugia. Tra le gambe pendevan le *minugia* . . . . *Inf.* xxviii. 25.
Minuzie. Le *minuzie* dei corpi, lunghe e corte, Moversi . . . *Par.* xiv. 114.
1. **Mira.** Ma s' io fossi fuggito inver la *Mira* . . . . *Purg.* v. 79.
2. **Mira.** mostrar nuova gioia Nel tornear e nella *mira* nota . . . *Par.* xiv. 24.
3. **Mira.** *Mira* quel cerchio che più gli è congiunto . . . . . *Par.* xxviii. 43.
   Mira colui con quella spada in mano, Che vien dinanzi . . *Inf.* iv. 86.
   Or *mira* l' alto provveder divino, Chè l' uno e l' altro . . . *Par.* xxxii. 37.
   Mira, che ha fatto petto delle spalle . . . . *Inf.* xx. 37.
   mira Quanto è il convento delle bianche stole ! . . . . . . *Par.* xxx. 128.
   Ovver la mente dove altrove *mira?* . . . . *Inf.* xi. 78.
   E l' occhio vostro pure a terra *mira* . . . . *Purg.* xiv. 150.
   la mia Donna... Mi disse : *mira, mira,* ecco il Barone . . . *Par.* xxv. 17.
   or pur *mira,* Che per poco è che teco non mi risso . . . . *Inf.* xxx. 131.
   però dinanzi *mira,* Disse il Maestro mio, se tu il discerni . . *Inf.* xxxiv. 2.
   Però *mira* nei corni della croce . . . . *Par.* xviii. 34.
   Quale il falcon che prima ai piè si *mira,* Indi si volge . . . *Purg.* xix. 64.
   E quel di mezzo, che al petto si *mira,* E il gran Chirone . . *Inf.* xii. 70.
   a questo segno Molto si *mira,* e poco si discerne . . . . . *Par.* vii. 62.
   Quando si leva, che intorno si *mira* Tutto smarrito . . . *Inf.* xxiv. 115.
   Se in mano al terzo Cesare si *mira* Con occhio chiaro . . . *Par.* vi. 86.
Mirabil. Tu vederai *mirabil* conseguenza . . . . *Par.* xxviii. 76.
   Per che non dee parer *mirabil* cosa Ciò ch' io dirò . . . *Par.* xvi. 85.
   Mirabil cosa non mi sarà mai . . . . *Par.* xvi. 4.
   Giunto mi vidi ove *mirabil* cosa Mi torse il viso a sè . . . . *Par.* ii. 25.
   intra due rive Dipinte di *mirabil* primavera . . . . *Par.* xxx. 63.
   ogni abito destro Fatto averebbe in lui *mirabil* prova . . . *Purg.* xxx. 117.
   costui, la cui *mirabil* vita Meglio... si canterebbe . . . . *Par.* xi. 95.
   la luce, in cui[1] *mirabil* vita... narrata fumi . . . . *Par.* xiii. 32.
Mirabile. Vide nel sonno il *mirabile* frutto . . . . *Par.* xii. 65.
   Più fu... *Mirabile* a veder, che qui il soccorso . . . . . . *Par.* xxii. 96.
Mirabili. ne' *mirabili* aspetti Vostri risplende non so che . . . . *Par.* iii. 58.
Mirabilmente. cade *Mirabilmente* all' una delle rive . . . . . . *Purg.* xxv. 86.
   E vidila *mirabilmente* oscura . . . . *Inf.* xxi. 6.
   Mirabilmente apparve esser travolto Ciascun . . . . *Inf.* xx. 11.
Miracol. Veggendo quel *miracol*[2] più[3] adorno . . . . *Par.* xviii. 63.
Miracoli. si rivolse al Cristianesmo... senza *miracoli* . . . . . *Par.* xxiv. 107.
Miraglio. non si smaga Dal suo *miraglio* . . . . *Purg.* xxvii. 105.
Miran. Tutti lo *miran,* tutti onor gli fanno . . . . *Inf.* iv. 133.
   Ma per entro i pensier *miran* col senno . . . . *Inf.* xvi. 120.
   minori e grandi Di questa vita *miran* nello speglio . . . *Par.* xv. 62.
   aguzzeranno i tuoi Le tre di là, che *miran* più profondo . . *Purg.* xxxi. 111.
Mirando. Tale era io *mirando* la vivace Carità di colui . . . *Par.* xxxi. 109.
   mirando il punto A cui tutti li tempi son presenti . . . . *Par.* xvii. 17.
   occhi belli, Ne' quai *mirando* mio disio ha posa . . . . . *Par.* xiv. 132.
   Sì ruminando, e sì *mirando* in quelle, Mi prese . . . . . *Purg.* xviii. 91.
Mirar. Anna, Tanto contenta di *mirar* sua figlia . . . . . . *Par.* xxxii. 134.
   Vedea Timbreo... *Mirar* le membra de' Giganti sparte . . *Purg.* xii. 33.
   Ed io, che di *mirar*[4] mi stava inteso, Vidi genti . . . . . . *Inf.* vii. 109.
   vedovo sito, Poichè privato sei di *mirar* quelle . . . . . *Purg.* i. 27.
   i tratti, ch' ivi *Mirar* farieno ogn'[5] ingegno sottile . . . . . *Purg.* xii. 66.
   Gli occhi miei, ch' a *mirar* erano intenti,[6] Per veder novitadi.*Purg.* x. 103.
   Mirava... E sempre del[7] *mirar* faceasi accesa . . . . . . *Par.* xxxiii. 99.

[1] che.   [2] miracolo.   [3] si.   [4] a rimirar.   [5] un.   [6] *eran contenti.*   [7] di.

Mirare.	incominciai... a *mirare* una dell' alme Surta	*Purg.* viii. 8.
	per *mirare* La gran variazion dei freschi mai	*Purg.* xxviii. 35.
Mirate.	*Mirate* la dottrina che s' asconde Sotto il velame	*Inf.* ix. 62.
Mirava.	Mi venne in sogno una femmina... Io la *mirava*	*Purg.* xix. 10.
	A lui che ancor *mirava* sua ferita, Domandò il Duca	*Inf.* xxii. 77.
	un semplice sembiante Fosse nel vivo lume ch' io *mirava*	*Par.* xxxiii. 110.
	vidi un che *mirava* Pur me, come conoscer mi volesse	*Purg.* viii. 47.
	E quel *mirava* noi, e dicea : o me !	*Inf.* xxviii. 123.
	la mente mia... *Mirava* fissa immobile ed attenta	*Par.* xxxiii. 98.
	Mentr' io laggiù fisamente *mirava*... Mi trasse a sè	*Inf.* xxi. 22.
	Ed io *mirava* ancora all' alto muro	*Inf.* xxxii. 18.
	Ed io *mirava* suso intorno al sasso	*Purg.* iii. 57.
Miri.	quel confitto, che tu *miri*, Consigliò i Farisei	*Inf.* xxiii. 115.
	E questa è la cagion di che tu *miri*[1]	*Purg.* xxv. 108.
Miro.	le chiavi, Ch' ei portò giù, di questo gaudio *miro*	*Par.* xxiv. 36.
	come inebriate... Riprofondavan sè nel *miro* gurge	*Par.* xxx. 68.
	dee aver fine In questo *miro* ed angelico templo	*Par.* xxviii. 53.
Mirò.	Lo trafitto il *mirò*, ma nulla disse	*Inf.* xxv. 88.
1. Mirra.	E nardo e *mirra* son l' ultime fasce	*Inf.* xxiv. 111.
2. Mirra.	quell' è l' anima antica Di *Mirra* scellerata	*Inf.* xxx. 38.
***Mirro.**	e'[2] Fabi Ebber la fama che volontier *mirro*	*Par.* vi. 48.
Mirto.	Roma, Dove mertai le tempie ornar di *mirto*	*Purg.* xxi. 90.
Mischia.	pense Che la forza al voler si *mischia*	*Par.* iv. 107.
Mischiar.	Poi s' appiccar... e *mischiar* lor colore	*Inf.* xxv. 62.
Mischiata.	casca Giù la gran luce *mischiata* con quella	*Purg.* xxxii. 53.
Mischiate.	*Mischiate* sono a quel cattivo coro	*Inf.* iii. 37.
Mischiato.	sangue... Che, *mischiato* di lagrime, era ricolto	*Inf.* iii. 68.
Mischio.	il dolce *mischio*, Che si facea del suon	*Par.* xxv. 131.
Mise.	Poi le si *mise* innanzi tutte e sette	*Purg.* xxxiii. 13.
	Mi *mise* dentro alle segrete cose	*Inf.* iii. 21.
	Di ragionare ancor mi *mise* in cura	*Par.* xxvi. 21.
	un lustro... Tal che di balenar mi *mise* in forse	*Purg.* xxix. 18.
	Di viva speme, che *mise* la[3] possa Ne' preghi fatti	*Par.* xx. 109.
	tuo caro frate, Che *mise* Roma teco nel buon filo	*Par.* xxiv. 63.
	Alto sospir... *Mise* fuor prima, e poi cominciò	*Purg.* xvi. 65.
	il dificio santo *Mise* fuor teste per le parti sua	*Purg.* xxxii. 143.
	E sì tutto il mio amore in lui si *mise*, Che... eclissò	*Par.* x. 59.
	con tanto disio A contemplar questi ordini si *mise*	*Par.* xxviii. 131.
	la Donna mia... Come nel lume di quel ciel si *mise*	*Par.* v. 95.
	gran dottor si feo, Tal che si *mise* a circuir la vigna	*Par.* xii. 86.
	per la rota In che si *mise*, com' era davante	*Par.* ix. 66.
	Nuovo pensiero dentro a[4] me si *mise*	*Purg.* xviii. 141.
	Così si *mise*, e così mi fè entrare Nel primo cerchio	*Inf.* iv. 23.
	Poi dentro al foco innanzi mi *mise*	*Purg.* xxvii. 46.
Miseli.	E *miseli* la coda tr' ambe e due	*Inf.* xxv. 56.
1. Miser.	Ahi *miser* lasso ! e giovato sarebbe	*Inf.* xxvii. 84.
2. Miser.	In quel, che s' appiattò, *miser* li denti	*Inf.* xiii. 127.
Misera.	*misera* e partita Da Dio anima fui	*Purg.* xix. 112.
	Ecuba, trista, *misera* e cattiva... latrò sì come cane	*Inf.* xxx. 16.
	le bianche bende, Le quai convien che *misera* ancor brami	*Purg.* viii. 75.
	Ond' hanno sì mutata... Gli abitator della *misera* valle	*Purg.* xiv. 41.
	Cerca, *misera*, intorno dalle prode Le tue marine	*Purg.* vi. 85.
Miseramente.	Che piangean tutte assai *miseramente*	*Inf.* xiv. 20.
Misere.	tu ne vestisti Queste *misere* carni	*Inf.* xxxiii. 63.

[1] *ammiri*.   [2] e.   [3] sua.   [4] da.

MISERE 422 MISURA

Misere. Senza riposo mai era la tresca Delle *misere* mani . . . *Inf.* xiv. 41.
    suono di cui le Piche *misere* sentiro Lo colpo . . . . *Purg.* i. 11.
Miserella. La *miserella* intra tutti costoro Parea dicer . . . . . *Purg.* x. 82.
Miserere. *Miserere* di me, gridai a lui . . . . *Inf.* i. 65.
    Venivan... Cantando *Miserere* a verso a verso . . . . . . *Purg.* v. 24.
    per doglia Del fallo, disse : *miserere* mei . . . . *Par.* xxxii. 12.
Miseri. non calchi... Le teste de' fratei *miseri* lassi . . . . . . *Inf.* xxxii. 21.
    O superbi Cristian, *miseri* lassi, Che... Fidanza avete . . . *Purg.* x. 121.
    colpe della gola, Seguite già da *miseri* guadagni . . . . . . *Purg.* xxiv. 129.
    contro alla vita presente Dei *miseri* mortali aperse il vero . *Par.* xxviii. 2.
    Volgonsi spesso i *miseri* profani . . . . *Inf.* vi. 21.
    O Simon mago, o *miseri* seguaci, Che... adulterate . . . . *Inf.* xix. 1.
    sì duri lamenti, Che ben parean di *miseri* e d' offesi . . . . *Inf.* ix. 123.
Miseria. se *miseria* d' esto loco... Rende in dispetto noi . . . . *Inf.* xvi. 28.
    son fatta... tale, Che la vostra *miseria* non mi tange . . . . *Inf.* ii. 92.
    E la *miseria* dell' avaro Mida, Che seguì . . . . *Purg.* xx. 106.
    guardate ed attendete Alla *miseria* del maestro Adamo . . . *Inf.* xxx. 61.
    Che ricordarsi del tempo felice Nella *miseria* . . . . *Inf.* v. 123.
    più mi duol che tu m' hai colto Nella *miseria* . . . . *Inf.* xxiv. 134.
Misericordes. E, Beati *misericordes*, fue Cantato retro . . . . *Purg.* xv. 38.
Misericordia. In te *misericordia*, in te pietate . . . . *Par.* xxxiii. 19.
    Misericordia e giustizia gli sdegna . . . . *Inf.* iii. 50.
    Misericordia chiesi che[1] m' aprisse . . . . *Purg.* ix. 110.
    ciascuna pareva Pregar per pace e per *misericordia* . . . *Purg.* xvi. 17.
Misero. Nè quando Icaro *misero* le reni Sentì spennar . . . . *Inf.* xvii. 109.
    questo *misero* modo Tengon l' anime triste di coloro . . . . *Inf.* iii. 34.
    dov' ei tocca Del *misero* Sabello e di Nassidio . . . . . . *Inf.* xxv. 95.
    Riprese il teschio *misero* coi denti Che furo... forti . . . *Inf.* xxxiii. 77.
    Noi demmo il dosso al *misero* vallone Su per la ripa . . . *Inf.* xxxi. 7.
    E il *misero* del suo n' avea due porti . . . . *Inf.* xxv. 117.
Misesi. *Misesi* lì nel canto e nella nota . . . . *Par.* xxv. 109.
Misi. Cupido sì... Che su l' avere, e qui me *misi* in borsa . . *Inf.* xix. 72.
    Ma *misi* me per l' alto mare aperto Sol con un legno . . . . *Inf.* xxvi. 100.
    Quivi mi *misi* a far baratteria, Di che io rendo ragione . . *Inf.* xxii. 53.
***Miso.** Come... Vengiata[2] fosse, t' ha[3] in pensier *miso* . . . . *Par.* vii. 21.
    par surger della pira Ov' Eteòcle col fratel fu *miso* . . . . *Inf.* xxvi. 54.
Mista. Indi, tra l' altre luci mota e *mista*, Mostrommi l' alma . *Par.* xviii. 49.
    Lunga la barba e di pel bianco *mista* Portava . . . . *Purg.* i. 34.
    Ma la cittadinanza, ch' è or *mista* Di Campi, di Certaldo . *Par.* xvi. 49.
    E domanda ne fei con preghi *mista* . . . . *Purg.* xiv. 75.
    chè sua effige Non discendeva a me per mezzo *mista* . . . . *Par.* xxxi. 78.
    La virtù *mista* per lo corpo luce, Come letizia . . . . . . *Par.* ii. 143.
    mi parea Udir in voce *mista* al dolce suono . . . . *Purg.* ix. 141.
Miste. E bianche l' altre e di vermiglio *miste* . . . . *Purg.* xxix. 114.
    Confusione e paura insieme *miste* Mi pinsero un tal sì . . *Purg.* xxxi. 13.
    Quando n' apparver due figure *miste* In una faccia . . . . *Inf.* xxv. 71.
Misto. sì stretti, Che il pel del capo avieno insieme *misto* . . *Inf.* xxxii. 42.
    si lava Di Rodano, poi ch' è *misto* con Sorga . . . . . . *Par.* viii. 59.
    splendore, Che... Raggia mo *misto* giù del suo valore . . *Par.* xxi. 15.
Mistura. sozza *mistura* Dell' ombre e della pioggia . . . . . *Inf.* vi. 100.
    Tutte l' acque... Parrieno avere in sè *mistura* alcuna . . . *Purg.* xxviii. 29.
Misture. L' aer, e la terra, e tutte lor *misture* . . . . *Par.* vii. 125.
1. Misura. È del vedere è *misura* mercede . . . . *Par.* xxviii. 112.
    Per che, se tu alla virtù circonde La tua *misura* . . . . . *Par.* xxviii. 74.

[1] e ch' ei.   [2] Punita.   [3] hai.

Misura. Compiè il cantare e il volger sua *misura*	. . . . . .	*Par.* xiii. 28.
il tempo e la dote Non fuggían quinci e quindi la *misura*	. .	*Par.* xv. 105.
per qual ragione Di meritar mi scema la *misura?*	. . . .	*Par.* iv. 21.
guerci Sì... Che con *misura* nullo spendio ferci	. . . . . .	*Inf.* vii. 42.
Perchè sia colpa e duol d' una *misura*	. . . .	*Purg.* xxx. 108.
Per seguitar la gola oltra *misura*... qui si rifà santa	. . .	*Purg.* xxiii. 65.
2. **Misura.** E ne' secondi sè stesso *misura*	. . . .	*Purg.* xvii. 98.
quel bene Che non ha fine, e sè con¹ sè *misura*	. . . . .	*Par.* xix. 51.
il mondo imprenta, E col suo lume il tempo ne *misura*	. . .	*Par.* x. 30.
S' alla natura assunta si *misura*, Nulla... sì giustamente	. .	*Par.* vii. 41.
Misurar. s' affige Per *misurar* lo cerchio, e non ritrova	. . . .	*Par.* xxxiii. 134.
Misuratamente. zelo, Che *misuratamente* in core avvampa	. . .	*Purg.* viii. 84.
Misurati. Ma gli altri son *misurati* da questo	. . . .	*Par.* xxvii. 116.
Misurrebbe. *Misurrebbe* in tre volte un corpo umano	. . . . .	*Purg.* x. 24.
Mite. E il signor mi parea benigno e *mite* Risponder	. . . . .	*Purg.* xv. 102.
*****Mitrio.** Perch' io te sopra te corono e *mitrio*	. . . .	*Purg.* xxvii. 142.
Mo. *Sovente.*		
Chè più non si pareggia *mo* ed issa	. . . .	*Inf.* xxiii. 7.
Mobile. L' animo... Ad ogni cosa è *mobile* che piace	. . . . .	*Purg.* xviii. 20.
visse di manna La gente ingrata, *mobile* e ritrosa	. . . .	*Par.* xxxii. 132.
raggio... Riflesso al sommo del *Mobile* primo	. . . . . .	*Par.* xxx. 107.
Modena. E *Modena* e Perugia fe'² dolente	. . . .	*Par.* vi. 75.
Modern'. Per modo tutto fuor del *modern'* uso	. . . . . .	*Purg.* xvi. 42.
Moderna. Ma non con questa *moderna* favella, Dissemi	. . .	*Par.* xvi. 33.
Moderni. chi rincalzi Li *moderni* pastori, e chi li meni	. . . .	*Par.* xxi. 131.
Moderno. Che, quanto durerà l' uso *moderno*	. . . .	*Purg.* xxvi. 113.
Modesta. Ed io udi'... una voce *modesta*... Risponder	. . . .	*Par.* xiv. 35.
Modesti. Quelli... furon *modesti* A riconoscer sè	. . . .	*Par.* xxix. 58.
Modi. E tutti gli altri *modi* erano scarsi Alla giustizia	. . . .	*Par.* vii. 118.
Poi Fiorenza rinnuova genti e *modi*	. . . .	*Inf.* xxiv. 144.
esso Amor nasce in tre *modi* in vostro limo	. . . . . .	*Purg.* xvii. 114.
La prima luce... Per tanti *modi* in essa si recepe	. . . . .	*Par.* xxix. 137.
m' hai... tratto... Per tutte quelle vie, per tutti i *modi*	. . .	*Par.* xxxi. 86.
Modicum. Rispose... *Modicum*, et non videbitis me	. . . . . .	*Purg.* xxxiii. 10.
Et iterum... *Modicum*, et vos videbitis me	. . . .	*Purg.* xxxiii. 12.
Modo. E questo *modo* credo che lor basti	. . . .	*Purg.* xxv. 136.
Una parola in tutte era, ed un *modo*	. . . .	*Purg.* xvi. 20.
Così facevan... Salvo che il *modo* v' era più amaro	. . . .	*Inf.* ix. 117.
Non avean penne, ma di vipistrello Era lor *modo*	. . . . .	*Inf.* xxxiv. 50.
Veramente... Dirò perchè tal *modo* fu più degno	. . . . .	*Par.* vii. 63.
Le sue parole e il *modo* della pena M' avevan... letto	. . .	*Inf.* x. 64.
persona, Che mi fu tolta, e il *modo* ancor m' offende	. . .	*Inf.* v. 102.
Questo *modo* di retro par che uccida Pur lo vinco³ d' amor	.	*Inf.* xi. 55.
Tal *modo* parve a me che quivi fosse	. . . .	*Par.* xxi. 40.
su per lo ponte Hanno a passar la gente *modo* colto⁴	. . .	*Inf.* xviii. 30.
attendi tu iscorta, O pur lo *modo* usato t' hai ripriso?	. . .	*Purg.* iv. 126.
veggiate... Dinanzi... E nel presente tenete altro *modo*	. . .	*Inf.* x. 99.
questo misero *modo* Tengon l' anime triste di coloro	. . .	*Inf.* iii. 34.
perchè Dio volesse... A nostra redenzion pur questo *modo*	.	*Par.* vii. 57.
men ti persuade, Perch' a lor *modo* lo intelletto attuia	. . .	*Purg.* xxxiii. 48.
a quel *modo* Che ditta dentro, vo significando	. . . . . .	*Purg.* xxiv. 53.
tutto, il ciel volle Ridur lo mondo a suo *modo* sereno	. . .	*Par.* vi. 56.
e la mondana cera Più a suo *modo* tempera e suggella	. . .	*Par.* i. 42.
Ed a tal *modo* il suocero si stenta In questa fossa	. . . .	*Inf.* xxiii. 121.

¹ in.   ² fu.   ³ vincol.   ⁴ tolto.

Modo. da equar... Al *modo* della nona bolgia sozzo . . . . . . *Inf.* xxviii. 21.
facean festa... dietro al *modo* D' una di lor . . . . *Purg.* xxix. 131.
più e men correnti, Al *modo*, credo, di lor viste interne[1] . . *Par.* viii. 21.
Perocch' al nostro *modo* non adocchia . . . . *Purg.* xxi. 30.
Poscia che il foco alquanto ebbe rugghiato Al *modo* suo . . *Inf.* xxvii. 59.
Intra due cibi, distanti e moventi D' un *modo*... si morria . *Par.* iv. 2.
e sì la grazia Del sommo ben d' un *modo* non vi piove . . . *Par.* iii. 90.
Tre specchi prenderai, e due rimovi Da te d' un *modo* . . . *Par.* ii. 98.
mi tacea... Dalli miei dubbi d' un *modo* sospinto . . . . . . *Par.* iv. 8.
Non sta d' un *modo*, e però... più e men traluce . . . . . . *Par.* xiii. 68.
l' esemplo E l' esemplare non vanno d' un *modo* . . . . . . *Par.* xxviii. 56.
onranza, Che dal *modo* degli altri li diparte . . . . *Inf.* iv. 75.
ti fiammeggio... Di là dal *modo* che in terra si vede . . . . *Par.* v. 2.
Che mordendo correvan di quel *modo* Che il porco . . . . *Inf.* xxx. 26.
io udi'... Parlare in *modo* soave e benigno . . . . *Purg.* xix. 44.
mi rispose Nel *modo* che il seguente canto canta . . . . . *Par.* v. 139.
ch' io veggia... Per *modo* tutto fuor del modern' uso . . . . *Purg.* xvi. 42.
per *modo* Tal che diletto e doglia parturìe . . . . *Purg.* xxiii. 11.
Traggonsi i pesci... Per *modo* che lo stimin lor pastura . . . *Par.* v. 102.
dier volta, Per *modo* ch' a levante mi rendei . . . . *Purg.* xxix. 12.
Per l' altro *modo* quell' amor s' obblia Che fa natura . . . . *Inf.* xi. 61.
I' non so chi tu sei, nè per che *modo* Venuto se' quaggiù . . *Inf.* xxxiii. 10.
e d' ogni parte Per egual *modo* allentava la fiamma . . . . *Par.* xxxi. 129.
Salendo su per lo *modo* parecchio A quel che scende . . . *Purg.* xv. 18.
Quasi conflati insieme per tal *modo* . . . . *Par.* xxxiii. 89.
Moglie. veggendo la *moglie* con due figli Andar carcata . . . *Inf.* xxx. 5.
e certo La fiera *moglie* più ch' altro mi nuoce . . . . . . *Inf.* xvi. 45.
Moia. sonno... Che fratto guizza pria che *moia* tutto . . . . . *Purg.* xvii. 42.
pria che *moia*, Questo centesim' anno ancor s' incinqua . . *Par.* ix. 39.
Qual si lamenta perchè qui si *moia*... non vide . . . . . . *Par.* xiv. 25.
Moisè. Dei Serafin colui che più s' india, *Moisè*, Samuel . . . *Par.* iv. 29.
dice a *Moisè*, di sè parlando: Io ti farò vedere . . . . . *Par.* xxvi. 41.
Trasseci l' ombra... Di *Moisè* legista e ubbidiente . . . . . *Inf.* iv. 57.
videro scemata loro scuola, Così di *Moisè* come d' Elia . . *Purg.* xxxii. 80.
quinci piove Per *Moisè*, per profeti, e per salmi . . . . . *Par.* xxiv. 136.
Mola. A rotar cominciò la santa *mola* . . . . *Par.* xii. 3.
fece il lume centro, Girando sè, come veloce *mola* . . . . *Par.* xi. 81.
1. Molesta. Ciascuno al prun dell' ombra sua *molesta* . . . . *Inf.* xiii. 108.
le parole sue, Che furon: or vedi la pena *molesta* . . . . *Inf.* xxviii. 130.
Chè, se la voce tua sarà *molesta* Nel primo gusto . . . . . *Par.* xvii. 130.
2. Molesta. La bufera... Voltando e percotendo li *molesta* . . *Inf.* v. 33.
*Moleste. Se tu non vieni a crescer... perchè mi *moleste*? . . . *Inf.* xxxii. 81.
Molesti. In cosa che il *molesti*, o forse ancida . . . . *Purg.* xvi. 12.
Molesto. patria... Alla qual forse io fui[2] troppo *molesto* . . . . *Inf.* x. 27.
Molin. Par da lungi un *molin* che il vento gira . . . . *Inf.* xxxiv. 6.
acqua per doccia A volger rota di *molin* terragno . . . . *Inf.* xxiii. 47.
Molle. isoletta... Porta de' giunchi sopra il *molle* limo . . . . *Purg.* i. 102.
e la sua pelle Si facea *molle*, e quella di là dura . . . . . *Inf.* xxv. 111.
e come a quel fu *molle* Suo re, così fia a lui . . . . *Inf.* xix. 86.
Vedrassi la lussuria e il viver *molle* Di quel di Spagna . . . *Par.* xix. 124.
Molli. E degli Ebrei ch' al ber si mostrâr *molli* . . . . *Purg.* xxiv. 124.
Li ruscelletti... Facendo i lor canali freddi e *molli* . . . . *Inf.* xxx. 66.
Gli occhi lor, ch' eran pria pur dentro *molli*, Gocciar . . . *Inf.* xxxii. 46.
perchè... Parver gridare infino ai suoi piè *molli*? . . . . . *Purg.* xxi. 36.

---

[1] eterne.   [2] forse fui.

1. **Molt'.** L' un delli quali, ancor non è *molt'* anni, Rupp' io . . *Inf.* xix. 19.
   venne... col decreto Della *molt'* anni lagrimata pace . . . . *Purg.* x. 35.
   Vid' io *molt'* ombre, andando, poner mente . . . . *Purg.* xxvi. 9.
2. **Molt'.** Si leva un colle, e non surge *molt'* alto . . . . *Par.* ix. 28.
1. **Molta.** La *molta* gente e le diverse piaghe . . . . *Inf.* xxix. 1.
   gita se n' è... *molta* gente per non esser ria . . . . *Purg.* xiv. 114.
   Per lui fia trasmutata *molta* gente, Cambiando condizion . . *Par.* xvii. 89.
   Questa gente, che preme a noi, è *molta* . . . . *Purg.* v. 43.
   la tua preghiera è degna Di *molta* lode . . . . *Inf.* xxvi. 71.
   la parte selvaggia Caccerà l' altra con *molta* offensione . . . *Inf.* vi. 66.
   Quella che giva intorno era più *molta*, E quella men . . . . *Inf.* xiv. 25.
   Nè ancor fu così nostra via *molta*, Quando... si torse . . . . *Purg.* xxix. 13.
   Molta virtù nel ciel sarebbe in vano . . . . *Par.* x. 17.
2. **Molta.** Che *Molta*[1] in Albia, ed Albia in mar ne porta . . . . *Purg.* vii. 99.
Molte. mondo fallace, Il cui amor *molte* anime deturpa . . . . *Par.* xv. 147.
   Sempre dinanzi a lui ne stanno *molte* . . . . *Inf.* v. 13.
   Così un sol calor di *molte* brage Si fa sentir . . . . *Par.* xix. 19.
   Tu troverai, non dopo *molte* carte, Che l' arte vostra . . . *Inf.* xi. 102.
   E come giga ed arpa, in tempra tesa Di *molte* corde . . . . *Par.* xiv. 119.
   La prima... Fu imperatrice di *molte* favelle . . . . *Inf.* v. 54.
   forma non s' accorda *Molte* fiate alla intenzion dell' arte . . *Par.* i. 128.
   Molte fiate già, frate, addivenne Che... Si fe' di quel . . . . *Par.* iv. 100.
   viltate... La qual *molte* fiate l' uomo ingombra . . . . . . *Inf.* ii. 46.
   Molte fiate già pianser li figli Per la colpa del padre . . . . *Par.* vi. 109.
   ma *molte* fiate Liberamente al domandar precorre . . . . . *Par.* xxxiii. 17.
   Ecco di qua... Mormorava il Poeta, *molte* genti . . . . . . *Purg.* x. 101.
   Bonifazio Che pasturò col rocco *molte* genti . . . . *Purg.* xxiv. 30.
   una lupa che... *Molte* genti fe' già viver grame . . . . . . *Inf.* i. 51.
   Si trovan *molte* gioie care e belle Tanto . . . . *Par.* x. 71.
   D' anime nude vidi *molte* gregge, Che piangean . . . . . . *Inf.* xiv. 19.
   parvente Per *molte* luci, in che una risplende . . . . *Par.* xx. 6.
   per leccar... Non vorresti a invitar *molte* parole . . . . . *Inf.* xxx. 129.
   Da *molte* stelle mi vien questa luce . . . . *Par.* xxv. 70.
   E quella... Manto fu, che cercò per terre *molte* . . . . . . *Inf.* xx. 55.
   Che mi parve veder *molte* alte torri . . . . *Inf.* xxxi. 20.
   duol... Ch' avean le turbe, ch' eran *molte* e grandi . . . . . *Inf.* iv. 29.
   Maggiore aperta *molte* volte impruna... L' uom . . . . . . *Purg.* iv. 19.
   Onde lì *molte* volte se ne piagne Per la puntura . . . . . . *Purg.* xii. 19.
   molte volte taglia Più e meglio una che le cinque spade . . *Par.* xvi. 71.
   Che *molte* volte al fatto il dir vien meno . . . . *Inf.* iv. 147.
Molti. Trasseci... altri *molti* e fecegli beati . . . . *Inf.* iv. 61.
   Molti altri mi nomò[2] ad uno ad uno . . . . *Purg.* xxiv. 25.
   come di *molti* amori Usciva solo un suon di quella image . . *Par.* xix. 20.
   Molti son gli animali a cui s' ammoglia . . . . *Inf.* i. 100.
   Ravenna sta, come stata è *molti* anni . . . . *Inf.* xxvii. 40.
   Così fer *molti* antichi di Guittone... dando pregio . . . . . *Purg.* xxvi. 124.
   Io vidi Elettra con *molti* compagni . . . . *Inf.* iv. 121.
   Ma questo vero è scritto in *molti* lati Dagli scrittor . . . . *Par.* xxix. 40.
   La spera ottava vi dimostra *molti* Lumi . . . . *Par.* ii. 64.
   rispetto Ai regi, che son *molti*, e i buon son rari . . . . . *Par.* xiii. 108.
   giacque Giù per secoli *molti* in grande errore . . . . *Par.* vii. 29.
   Se... non s' imboli... Ma s' ella viva sotto *molti* soli . . . *Inf.* xxix. 105.
   Ma vedi, *molti* gridan Cristo, Cristo . . . . *Par.* xix. 106.
   Molti han giustizia in cor, ma tardi scocca . . . . *Purg.* vi. 130.

[1] *Multa*. [2] mostrò.

MOLTI 426 MONDANI

Molti. *Molti* rifiutan lo comune incarco . . . . *Purg.* vi. 133.
    Molti sarebbon lieti, che son tristi . . . . *Par.* xvi. 142.
    Parmenide, Melisso, Brisso, e *molti* I quali andavano . . . *Par.* xiii. 125.
    Molti di vita, e sè di pregio priva . . . . *Purg.* xiv. 63.
    s' io il ridico, A *molti* fia sapor di forte agrume . . . . . . *Par.* xvii. 117.
    Io dico d' Aristotele e di Plato, E di *molti* altri . . . . . . *Purg.* iii. 44.
1. **Molto.** i Roman, per l' esercito *molto*, L' anno del Giubbileo . *Inf.* xviii. 28.
    Calisto ed Urbano Sparser lo sangue dopo *molto* fleto . . . *Par.* xxvii. 45.
    Or son venuto Là dove *molto* pianto mi percote . . . . . . *Inf.* v. 27.
    Io dico al poco, per rispetto al *molto* Sensibile . . . . . . *Purg.* xxxii. 14.
    Perocchè genti[1] di *molto* valore Conobbi . . . . *Inf.* iv. 44.
    Molto è licito là, che qui non lece Alle nostre virtù . . . *Par.* i. 55.
    se più fosse stato, *Molto* sarà di mal, che non sarebbe . . . *Par.* viii. 51.
    lettere mozze, Che noteranno *molto* in parvo loco . . . . . *Par.* xix. 135.
    E seguì in[2] fin che il mezzo, per lo *molto*, Gli tolse . . . . . *Par.* xxvii. 74.
2. **Molto.** è... più diletta La vedovella mia, che *molto*[3] amai . . . *Purg.* xxiii. 92.
    Tempo futuro... Cui non sarà quest' ora *molto* antica . . . . *Purg.* xxiii. 99.
    Rispose: dicerolti *molto* breve . . . . *Inf.* iii. 45.
    discerna *Molto* di là, da quel che l'[4] è parvente . . . . . *Par.* xix. 57.
    surgon sassi, E non *molto* distanti alla tua patria . . . . . *Par.* xxi. 107.
    Tempo vegg' io, non *molto* dopo ancoi . . . . *Purg.* xx. 70.
    celasi in alcuna Che dura *molto*, e le vite son corte . . . . *Par.* xvi. 81.
    Non *molto* ha corso, che trova una lama . . . . *Inf.* xx. 79.
    Non hanno *molto* a volger quelle rote . . . . *Purg.* xxiv. 88.
    Non era ancor *molto* lontan dall' orto . . . . *Par.* xi. 55.
    Parvem' i rami gravidi e vivaci... non *molto* lontani . . . *Purg.* xxiv. 104.
    gli vidi venir... Non *molto* lungi, per volerne prendere . . . *Inf.* xxiii. 36.
    Non *molto* lungi al percoter dell' onde . . . . *Par.* xii. 49.
    a questo segno *Molto* si mira, e poco si discerne . . . . . *Par.* vii. 62.
    sì presso, Che *molto* poco tempo a volger era . . . . . . *Purg.* i. 60.
    Ed ecco... Una lonza leggiera e presta *molto* . . . . . . *Inf.* i. 32.
    Quel che tu vuoi veder, più là è *molto* . . . . *Inf.* xxxi. 103.
    molto Più[5] a sinistra giù calando al fondo . . . . *Inf.* xiv. 125.
    Memoria, intelligenza... In atto *molto* più che prima acute . *Purg.* xxv. 84.
    L' acqua era buia *molto*[6] più che persa . . . . *Inf.* vii. 103.
    e *molto* Più che non credi son le tombe carche . . . . . . *Inf.* ix. 128.
    A questo invito[7] vengon *molto* radi . . . . *Purg.* xii. 94.
    Io nol soffersi *molto*, nè sì poco, Ch' io nol vedessi . . . . *Par.* i. 58.
    Erano ignudi e stimolati *molto* Da mosconi . . . . *Inf.* iii. 65.
    Chè il nome mio ancor *molto* non suona . . . . *Purg.* xiv. 21.
    se si svegli *Molto* tardato dall' usanza sua . . . . *Par.* xxx. 84.
    molto sarei vago Di vederlo attuffare in questa broda . . . *Inf.* viii. 52.
Monaci. frutto Che fa il cor dei *monaci* sì folle . . . . *Par.* xxii. 81.
    della taglia Che in Clugnì[8] per li *monaci* fassi . . . . . . *Inf.* xxiii. 63.
Monaldi. Montecchi e Cappelletti, *Monaldi* e Filippeschi . . . *Purg.* vi. 107.
Monastero. Che tosto piangerà quel *monastero* . . . . *Purg.* xviii. 122.
Monche. Con le man *monche*, e di colore scialba . . . . . . *Purg.* xix. 9.
Moncherin. Levando i *moncherin* per l' aura fosca... Gridò . . *Inf.* xxviii. 104.
Monchi. Li pensier ch' hai si faran tutti *monchi* . . . . *Inf.* xiii. 30.
Monda. Tremaci quando alcuna anima *monda* Sentesi . . . . *Purg.* xxi. 58.
Mondan. Non è il *mondan* romore altro che un fiato Di vento . . *Purg.* xi. 100.
Mondana. e la *mondana* cera Più a suo modo tempera . . . . *Par.* i. 41.
Mondani. Similmente agli splendor *mondani* Ordinò . . . . . *Inf.* vii. 77.

    [1] gente.   [2] seguì.   [3] tanto.   [4] ch' egli.
    [5] Pur.   [6] *assai vie*.   [7] annunzio.   [8] Cologna.

Mondano.	assai sarebbe manco... dell' ordine *mondano*	*Par.* x. 21.
Monde.	Tutte l' acque che son di qua più *monde* Parrieno	*Purg.* xxviii. 28.
1. **Mondi.**	sì che *mondi* e lievi Possano uscire	*Purg.* xi. 35.
2. **Mondi.**	o creatura, che ti *mondi*, Per tornar bella	*Purg.* xvi. 31.
Mondiglia.	Che avean ben tre carati di *mondiglia*	*Inf.* xxx. 90.
Mondizia.	Della *mondizia* sol voler fa prova	*Purg.* xxi. 61.
Mondo.	Veggendo il *mondo* aver cangiata faccia	*Inf.* xxiv. 13.
	questo *mondo* China già l' ombra, quasi al letto piano	*Par.* xxx. 2.
	Avvegna che sia il *mondo* indi distrutto	*Par.* xx. 60.
	se il *mondo* presente disvia, In voi è la cagione	*Purg.* xvi. 82.
	La fama... dura, e durerà quanto 'l *mondo*[1] lontana	*Inf.* ii. 60.
	frate, Lo *mondo* è cieco, e tu vien ben da lui	*Purg.* xvi. 66.
	Lo *mondo* è ben così tutto diserto D' ogni virtute	*Purg.* xvi. 58.
	si rivolse... A quella parte ove il *mondo* è più vivo	*Par.* v. 87.
	Così fatta, mi disse : il *mondo* m' ebbe Giù poco tempo	*Par.* viii. 49.
	Già era il *mondo* tutto e quanto pregno Della vera credenza	*Purg.* xxii. 76.
	vedi quanto *mondo* Sotto li piedi già esser ti fei	*Par.* xxii. 128.
	l' ombra s' appunta, Che il vostro *mondo* face	*Par.* ix. 119.
	angeli, creati Anzi che l' altro *mondo* fosse fatto	*Par.* xxix. 39.
	la montagna Che drizza voi che il *mondo* fece torti	*Purg.* xxiii. 126.
	Creta, Sotto il cui rege fu già il *mondo* casto	*Inf.* xiv. 96.
	Spira di tale amor, che tutto il *mondo* Laggiù ne gola	*Par.* x. 110.
	Fama di loro il *mondo* esser non lassa	*Inf.* iii. 49.
	E, se il *mondo* laggiù ponesse mente Al fondamento	*Par.* viii. 142.
	se il *mondo* fosse posto Con l' ordine, ch' io veggio	*Par.* xxviii. 46.
	Ora conosce assai di quel che il *mondo* Veder non può	*Par.* xx. 70.
	Se il *mondo* si rivolse al Cristianesimo, Diss' io	*Par.* xxiv. 106.
	E siati reo, che tutto il *mondo* sallo	*Inf.* xxx. 120.
	E se il *mondo* sapesse il cor ch' egli ebbe Mendicando	*Par.* vi. 140.
	Solea creder lo *mondo* in suo periclo Che la... Ciprigna	*Par.* viii. 1.
	il bene Per che il[2] *mondo* di su quel di giù torna	*Par.* ix. 108.
	Quando colui che tutto il *mondo* alluma... sì discende	*Par.* xx. 1.
	Ecco colei che tutto il *mondo* appuzza	*Inf.* xvii. 3.
	Chè la vostra avarizia il *mondo* attrista	*Inf.* xix. 104.
	il vocabol porta, Cerchiando il *mondo*, del suo... duce	*Par.* xxi. 26.
	avria vinto Quel moto, che più tosto il *mondo* cigne	*Par.* xxviii. 27.
	è chi creda Più volte il *mondo* in Caos converso	*Inf.* xii. 43.
	Tu scaldi il *mondo*, tu sopr' esso luci	*Purg.* xiii. 19.
	L' anima santa, che il *mondo* fallace Fa manifesto	*Par.* x. 125.
	la mala condotta È la cagion che il *mondo* ha fatto reo	*Purg.* xvi. 104.
	Soleva Roma, che il buon *mondo* feo, Due Soli aver	*Purg.* xvi. 106.
	io m' appresi[3] Al pel del vermo reo che il *mondo* fora	*Inf.* xxxiv. 108.
	La provvidenza, che governa il *mondo* Con quel consiglio	*Par.* xi. 28.
	serve Pronte al consiglio che il *mondo* governa	*Par.* xxi. 71.
	Governò il *mondo* lì di mano in mano	*Par.* vi. 8.
	La divina bontà, che il *mondo* imprenta... fu contenta	*Par.* vii. 109.
	Lo ministro... Che del valor del cielo il *mondo* imprenta	*Par.* x. 29.
	quel dì Nel qual mutasti *mondo* a miglior vita	*Purg.* xxiii. 77.
	fonde... Per gli occhi il mal che tutto il *mondo* occupa	*Purg.* xx. 8.
	vidi... Democrito, che il *mondo* a caso pone	*Inf.* iv. 136.
	Con costui pose il *mondo* in tanta pace, Che fu serrato	*Par.* vi. 80.
	La vista che riceve il vostro *mondo*... dentro s' interna	*Par.* xix. 59.
	tutto, il ciel volle Ridur lo *mondo* a suo modo sereno	*Par.* vi. 56.
	Nel tempo che colui che il *mondo* schiara	*Inf.* xxvi. 26.

[1] *il moto.*   [2] Perchè al.   [3] mi presi.

MONDO — 428 — MONDO

Mondo. ritrassi... Dall' impio culto che il *mondo* sedusse . . . *Par.* xxii. 45.
visitando... Noi che tignemmo il *mondo* di sanguigno . . . *Inf.* v. 90.
Mal dare e mal tener lo *mondo* pulcro Ha tolto loro . . . . *Inf.* vii. 58.
perchè il capo reo lo *mondo* torca, Sola va dritta . . . . . . *Purg.* viii. 131.
Questo principio... torse Già tutto il *mondo* quasi . . . . . *Par.* iv. 62.
la bella guancia, Il cui palato a tutto il *mondo* costa . . . . *Par.* xiii. 39.
Colui ch' a tutto il *mondo* fe' paura . . . . *Par.* xi. 69.
Pria che Beatrice discendesse al *mondo*, Fummo ordinate . . *Purg.* xxxi. 107.
Quei fu al *mondo* persona orgogliosa . . . . *Inf.* viii. 46.
Al *mondo* non fur mai persone ratte A far lor pro . . . . . *Inf.* ii. 109.
S' accorser... Però moralità lasciaro al *mondo* . . . . *Purg.* xviii. 69.
D' un peccato medesmo al *mondo* lerci . . . . *Inf.* xv. 108.
Di questa costa... nacque al *mondo* un sole . . . . *Par.* xi. 50.
Non disse... Andate, e predicate al *mondo* ciance . . . . . *Par.* xxix. 110.
Ed al *mondo* mortal, quando tu riedi, Questo rapporta . . . *Par.* xxi. 97.
ancor nel segno Che fe' i Romani al *mondo* reverendi . . . *Par.* xix. 102.
Ma poi che pur al *mondo* fu rivolta Contra suo grato . . . . *Par.* iii. 115.
si dirama... Per satisfare al *mondo* che li chiama . . . . . . *Par.* x. 15.
E di ciò sono al *mondo* aperte prove Parmenide . . . . . . *Par.* xiii. 124.
che... fosse A persona che mai tornasse al *mondo* . . . . *Inf.* xxvii. 62.
Deh, quando tu sarai tornato al *mondo*... Ricorditi di me . . *Purg.* v. 130.
Se la gente, ch' al *mondo* più traligna, Non fosse . . . . . *Par.* xvi. 58.
ma contro al *mondo* errante Licenza di combatter . . . . . *Par.* xii. 94.
fu' io... Disviluppato dal *mondo* fallace . . . . *Par.* xv. 146.
Dal *mondo*, per seguirla, giovinetta Fuggi'mi . . . . *Par.* iii. 103.
ringrazio lui Lo qual dal mortal *mondo* m' ha remoto . . . *Par.* ii. 48.
Chè ciò che vien quassù dal[1] mortal *mondo*... si maturi . . *Par.* xxv. 35.
Che è, che i ben del *mondo* ha sì tra branche? . . . . . . *Inf.* vii. 69.
andavan... Purgando le caligini del *mondo* . . . . *Purg.* xi. 30.
Chè l' essere del *mondo*, e l' esser mio . . . . *Par.* xxvi. 58.
l' esperienza, Diretro al sol, del *mondo* senza gente . . . . *Inf.* xxvi. 117.
colui che volse il sesto All' estremo del *mondo* . . . . . . *Par.* xix. 41.
con Scipio Difese a Roma la gloria del *mondo* . . . . *Par.* xxvii. 62.
Surge ai mortali per diverse foci La lucerna del *mondo* . . . *Par.* i. 38.
esso i due, Che fur del *mondo* sì gran maliscalchi . . . . . *Purg.* xxiv. 99.
La natura del *mondo*,[2] che quieta Il mezzo . . . . *Par.* xxvii. 106.
Questi organi del *mondo* così vanno... di grado in grado . . *Par.* ii. 121.
che tu vedesti Da tutti i pesi del *mondo* costretto . . . . . *Par.* xxix. 57.
biancheggia tra i poli del *mondo* Galassia sì . . . . *Par.* xiv. 98.
Però, in pro del *mondo* che mal vive, Al carro tieni . . . . *Purg.* xxxii. 103.
Come il segno del *mondo* e de' suoi duci... fu tacente . . . *Par.* xx. 8.
strada Facean vedere, e del *mondo* e di Deo . . . . *Purg.* xvi. 108.
principi celesti... Ai quali tu del[3] *mondo* già dicesti . . . *Par.* viii. 36.
Lo real manto di tutti i volumi Del *mondo* . . . . *Par.* xxiii. 113.
l' ardore Ch' i' ebbi a divenir del *mondo* esperto . . . . . *Inf.* xxvi. 98.
Perchè non siete voi del *mondo* spersi? . . . . *Inf.* xxxiii. 153.
presaga... Del *mondo* che giammai più non si allaga . . . *Par.* xii. 18.
se il... rigagno Si deriva così del[4] nostro *mondo* . . . . . *Inf.* xiv. 122.
senza pro si penta Qualunque priva sè del vostro *mondo* . . *Inf.* xi. 43.
Del *mondo* seppi, e quel valore amai[5] . . . . *Purg.* xvi. 47.
favella, Che mi fa sovvenir del *mondo* antico . . . . *Inf.* xviii. 54.
Quanto bisogna a noi di questo *mondo* . . . . *Purg.* xxvi. 131.
pace Che... Di *mondo* in *mondo* cercar mi si face . . . . *Purg.* v. 63.
Se tu pur mo in questo *mondo* cieco Caduto sei . . . . . . *Inf.* xxvii. 25.

[1] del. [2] moto. [3] nel. [4] dal. [5] usai.

MONDO 429 MONTA

Mondo. al passo, Che fan le letanìe in questo *mondo* . . . . . . *Inf.* xx. 9.
in questo *mondo*, Contemplando, gustò di quella pace . . . *Par.* xxxi. 110.
Centauri... Come solean nel *mondo* andare a caccia . . . . *Inf.* xii. 57.
E questo apporterai nel *mondo* vostro . . . . *Par.* xxv. 129.
convegno, Che... Nel *mondo* suso ancor io te ne cangi . . . *Inf.* xxxii. 138.
Vecchia fama nel *mondo* li chiama orbi . . . . *Inf.* xv. 67.
Chi crederebbe giù nel *mondo* errante? . . . . *Par.* xx. 67.
Su per lo monte... E discendendo nel *mondo* defunto . . . . *Par.* xvii. 21.
Or discendiam quaggiù nel cieco *mondo*, Cominciò . . . *Inf.* iv. 13.
O anima... Di cui la fama ancor nel *mondo* dura . . . . . . *Inf.* ii. 59.
la cui voce Nel *mondo* su dovria[1] esser gradita . . . . *Inf.* xvi. 42.
ben ch'io fossi Presso di lei, e nel *mondo* felice . . . . . *Par.* xxv. 139.
Io fui nel *mondo* vergine sorella . . . . *Par.* iii. 46.
furon cima Nel[2] *mondo*, in che puro atto fu produtto . . . *Par.* xxix. 33.
Se... non s'imboli Nel primo *mondo* dall'umane menti . . *Inf.* xxix. 104.
quando nel *mondo* ad ora ad ora M'insegnavate . . . . . . *Inf.* xv. 84.
Ch'io non ti lascerò nel *mondo* basso . . . . *Inf.* viii. 108.
l'arte Che mostri in cielo, in terra e nel mal *mondo* . . . *Inf.* xix. 11.
il duca d'Atene, Che su nel *mondo* la morte ti porse . . . *Inf.* xii. 18.
E se tu mai nel dolce *mondo* regge, Dimmi . . . . *Inf.* x. 82.
Ancor ti può nel *mondo* render fama . . . . *Inf.* xxxi. 127.
E se di voi alcun nel *mondo* riede, Conforti la memoria . . *Inf.* xiii. 76.
fama rinfreschi Nel *mondo* su, dove tornar gli lece . . . . . *Inf.* xiii. 54.
Entrammo a ritornar nel chiaro *mondo* . . . . *Inf.* xxxiv. 134.
Ma quando tu sarai nel dolce *mondo*, Pregoti . . . . *Inf.* vi. 88.
Quando nel *mondo* gli alti versi scrissi . . . . *Inf.* xxvi. 82.
Non vi si pensa quanto sangue costa Seminarla nel *mondo* . *Par.* xxix. 92.
senza... pena siete, E non so io perchè, nel *mondo* gramo . *Inf.* xxx. 59.
Opizzo... Fu spento dal figliastro su nel *mondo* . . . . . . *Inf.* xii. 112.
come il mio corpo stea Nel *mondo* su, nulla scienza porto . . *Inf.* xxxiii. 123.
Se il nome tuo nel *mondo* tegna fronte . . . . *Inf.* xxvii. 57.
Pure un linguaggio nel *mondo* non s'usa . . . . *Inf.* xxxi. 78.
Me, per alchimia che nel *mondo* usai, Dannò Minos . . . . *Inf.* xxix. 119.
nè rispos'io... Infin che l'altro sol nel *mondo* uscio . . . *Inf.* xxxiii. 54.
Ma nel *mondo* sensibile si puote Veder le volte . . . . . . *Par.* xxviii. 49.
alla cui norma Nel vostro *mondo* giù si veste e vela . . . *Par.* iii. 99.
grazia, Per che il mortal pel vostro *mondo* reco . . . . . *Purg.* xxvi. 60.
Questa gran tempo per lo *mondo* giò . . . . *Inf.* xx. 60.
Non per lo *mondo*, per cui mo s'affanna . . . . *Par.* xii. 82.
Giù per lo *mondo* senza fine amaro, E per lo monte . . . . *Par.* xvii. 112.
Moneta. il duol, che... Induce, falseggiando la *moneta* . . . . . *Par.* xix. 119.
Legge, *moneta*, offizio, e costume Hai tu mutato . . . . . *Purg.* vi. 146.
Pagando di *moneta* senza conio . . . . *Par.* xxix. 126.
E guarda ben la mal tolta *moneta* . . . . *Inf.* xix. 98.
cotal *moneta* rende A satisfar chi è di là tropp'oso . . . *Purg.* xi. 125.
è trascorsa D'esta *moneta* già la lega e il peso . . . . . *Par.* xxiv. 84.
Monetier. Allora il *monetier:* così si squarcia . . . . *Inf.* xxx. 124.
Monferrato. Fa pianger *Monferrato* e Canavese . . . . *Purg.* vii. 136.
Mongibello. In *Mongibello* alla fucina negra . . . . *Inf.* xiv. 56.
Monimenti. E i *monimenti* son più e men caldi . . . . *Inf.* ix. 131.
Monito. crucciasse Lui che di poco star m'avea *monito*[3] . . . *Inf.* xvii. 77.
Mont'. a crescer la vendetta Di *Mont'* Aperti . . . . *Inf.* xxxii. 81.
Monta. *Monta* dinanzi, ch'io voglio esser mezzo . . . . . . *Inf.* xvii. 83.
Io mi volgea... Quand'una voce disse: qui si *monta* . . . *Purg.* xvii. 47.

[1] dovrebbe.   [2] Del.   [3] ammonito.

Monta.	quaggiù, dove si *monta* e cala Naturalmente	*Par.* xxii. 103.
1. Montagna.	Quando n' apparve una *montagna* bruna	*Inf.* xxvi. 133.
	Una *montagna* v' è, che già fu lieta D' acqua	*Inf.* xiv. 97.
	questa *montagna* è tale, Che... al cominciar... è grave	*Purg.* iv. 88.
	per quella pace... Ditene dove la *montagna* giace	*Purg.* iii. 76.
	Salendo e rigirando la *montagna* Che drizza voi	*Purg.* xxiii. 125.
	gridavan piangendo: Maria corse con fretta alla *montagna*	*Purg.* xviii. 100.
	non... sanza Ordine senta la religione Della *montagna*	*Purg.* xxi. 42.
	Chi m' avria tratto su per la *montagna*?	*Purg.* iii. 6.
2. Montagna.	Che fecer di *Montagna* il mal governo	*Inf.* xxvii. 47.
Montagne.	Poi come gru, ch' alle *montagne* Rife Volasser	*Purg.* xxvi. 43.
Montai.	tosto ch' io *montai*, Con le braccia m' avvinse	*Inf.* xvii. 95.
Montana.	Venimmo fuor là dove si *montana*	*Purg.* xxvii. 57.
Montanaro.	si turba Lo *montanaro*, e rimirando ammuta	*Purg.* xxvi. 68.
Montando.	Perchè si fa, *montando*, più sincero	*Par.* xiv. 139.
Montar.	a pena... Potevam su *montar* di chiappa in chiappa	*Inf.* xxiv. 33.
	Montar potrete su per la ruina, Che giace in costa	*Inf.* xxiii. 137.
	t' acconcerà lo sguardo Più al *montar* per lo raggio divino	*Par.* xxxi. 99.
	Chè questi... Al *montar* su, contra sua voglia, è parco	*Purg.* xi. 45.
	Si rompe del *montar* l' ardita foga Per le scalee	*Purg.* xii. 103.
	com' è vinto Nel *montar* su, così sarà nel calo	*Par.* xv. 111.
	Per *montar* su dirittamente vai	*Purg.* xvi. 49.
Montare.	s' a voi piace *Montare* in su	*Purg.* xxiv. 140.
	non ci basta Loco[1] a veder senza *montare* al dosso	*Inf.* xviii. 110.
Montasi.	*Montasi* su Bismantova in cacume Con esso i piè	*Purg.* iv. 26.
Montati.	Già eravamo alla seguente tomba *Montati*	*Inf.* xix. 8.
Montava.	E il sol *montava* su[2] con quelle stelle	*Inf.* i. 38.
Montavam.	Già *montavam* su per li scaglion santi	*Purg.* xii. 115.
	Noi *montavam*, già partiti da linci	*Purg.* xv. 37.
Monte.	Così, quasi di valle andando a *monte*... vidi parte	*Par.* xxxi. 121.
	come d' un rivo Se d' alto *monte* scende giuso ad imo	*Par.* i. 138.
	Sicura, quasi rocca in alto *monte*... una puttana	*Purg.* xxxii. 148.
	Perchè non sali del dilettoso *monte* Ch' è principio	*Inf.* i. 77.
	fiera... Che del bel *monte* il corto andar ti tolse	*Inf.* ii. 120.
	quel piglio Dolce, ch' io vidi prima a piè del *monte*	*Inf.* xxiv. 21.
	è sì pregno L' alpestro *monte*, ond' è tronco Peloro	*Purg.* xiv. 32.
	E tiene ancor del *monte* e del macigno	*Inf.* xv. 63.
	Così com' ella sie' tra il piano e il *monte*	*Inf.* xxvii. 53.
	Tra il Po e il *monte*, e la marina e il Reno	*Purg.* xiv. 92.
	Caco, Che sotto il sasso di *monte* Aventino Di sangue	*Inf.* xxv. 26.
	Quel *monte*, a cui Casino è nella costa, Fu frequentato	*Par.* xxii. 37.
	Dentro dal *monte* sta dritto un gran veglio	*Inf.* xiv. 103.
	Dall' altra sponda vanno verso il *monte*	*Inf.* xviii. 33.
	Spesse fiate ragioniam del *monte*	*Purg.* xxii. 104.
	Che da cima del *monte*, onde si mosse, Al piano	*Inf.* xii. 7.
	beata Navarra, Se s' armasse del *monte* che la fascia!	*Par.* xix. 144.
	pareva... donno, Cacciando il lupo e i lupicini al *monte*	*Inf.* xxxiii. 29.
	Intra Tupino... Fertile costa d' alto *monte* pende	*Par.* xi. 45.
	ha... cammino Prima da *monte* Veso in ver levante	*Inf.* xvi. 95.
	Ma dinne... perchè tai crolli Die' dianzi il *monte*	*Purg.* xxi. 35.
	Quand' io m' accorsi che il *monte* era scemo	*Purg.* vii. 65.
	E nulla pena il *monte* ha più amara	*Purg.* xix. 117.
	Perchè per noi girato era sì il *monte*	*Purg.* xv. 8.
	parte U' la prim' ombra gitta il santo *monte*	*Purg.* xxviii. 12.

[1] L' occhio.

[2] 'n su.

Monte.	quando fummo... Su, dove il *monte* indietro si rauna	. . *Purg.* x. 18.
	si risega Lo *monte*, che salendo altrui dismala	*Purg.* xiii. 3.
	Questo *monte* salìo verso 'l ciel tanto	*Purg.* xxviii. 101.
	io senti'... Tremar lo *monte*; onde mi prese un gielo	*Purg.* xx. 128.
	Chi è costui che il nostro *monte* cerchia?	*Purg.* xiv. 1.
	Ed in infamia tutto il *monte* gira Polinestor	*Purg.* xx. 114.
	volger ci convegna, Girando il *monte* come far solemo . . .	*Purg.* xxii. 123.
	cent' anni e piùe Girato ha il *monte* in la prima cornice . . .	*Par.* xv. 93.
	Lo sol vi mostrerà... Prender lo *monte* a più lieve salita . .	*Purg.* i. 108.
	Prima che a questo *monte* fosser volte L' anime	*Purg.* vii. 4.
	Come degnasti d' accedere al *monte*?	*Purg.* xxx. 74.
	Correte al *monte* a spogliarvi lo scoglio	*Purg.* ii. 122.
	se voi sapete, Mostratene la via di gire al *monte*	*Purg.* ii. 60.
	Rivolti al *monte* ove ragion ne fruga	*Purg.* iii. 3.
	Come a man destra, per salire al *monte*, Dove siede la chiesa.*Purg.* xii. 100.
	Pur su al *monte* retro a me acquista	*Purg.* iv. 38.
	quel disio Si compia che ti tragge all' alto *monte*	*Purg.* v. 86.
	immagina Sion Con questo *monte* in sulla terra stare	*Purg.* iv. 69.
	Quanto per via di fuor dal *monte* avanza	*Purg.* xii. 24.
	eran già pieni Dell' alto dì i giron del sacro *monte*	*Purg.* xix. 38.
	Chè la natura del *monte* ci affranse La possa	*Purg.* xxvii. 74.
	Noi divenimmo intanto al piè del *monte*	*Purg.* iii. 46.
	Poi domandò: quant' è, che tu venisti Appiè del *monte?* . .	*Purg.* viii. 57.
	Più era già per noi del *monte* volto	*Purg.* xii. 73.
	Tu la vedrai di sopra, in sulla vetta Di questo *monte*	*Purg.* vi. 48.
	Nel *monte*, che si leva più dall' onda, Fu' io	*Par.* xxvi. 139.
	in queste rote, Nel *monte*, e nella valle dolorosa	*Par.* xvii. 137.
	dell' oriente Prima raggiò nel *monte* Citerea	*Purg.* xxvii. 95.
	a Virgilio congiunto Su per lo *monte* che l' anime cura . . .	*Par.* xvii. 20.
	Giù per lo mondo senza fine amaro, E per lo *monte*	*Par.* xvii. 113.
	sentisti... li pii Spiriti per lo *monte* render lode	*Purg.* xxi. 71.
	i sospiri Che per lo *monte* aver sentiti puoi	*Purg.* xxv. 105.
Montecchi.	Vieni a veder *Montecchi* e Cappelletti	*Purg.* vi. 106.
Montefeltro.	Io fui di *Montefeltro*, io son Buonconte	*Purg.* v. 88.
Montemalo.	Non era vinto ancora *Montemalo*	*Par.* xv. 109.
Montemurlo.	Sariasi *Montemurlo* ancor dei Conti	*Par.* xvi. 64.
Montereggion.	come... *Montereggion* di torri si corona	*Inf.* xxxi. 41.
Monti.	Che passa i *monti*, e rompe muri[1] ed armi	*Inf.* xvii. 2.
	si ritenne, Vicino ai *monti* de' quai prima uscio	*Par.* vi. 6.
	ond' io levai gli occhi ai *monti*, Che gl' incurvaron	*Par.* xxv. 38.
	Ch' io fui de' *monti* là intra Urbino E il giogo	*Inf.* xxvii. 29.
	nei *monti* di Luni, dove ronca Lo Carrarese	*Inf.* xx. 47.
Monton.	Jason,[2] che... Li Colchi del *monton* privati fene . . .	*Inf.* xviii. 87.
Montone.	nel letto che il *Montone*... copre ed inforca	*Purg.* viii. 134.
	i figli di Latona, Coperti del *Montone* e della Libra . . .	*Par.* xxix. 2.
1. Mora.	Sotto la guardia della grave *mora*	*Purg.* iii. 129.
2. Mora.	avesse Mosso Palermo a gridar: *mora, mora*	*Par.* viii. 75.
Morale.	Orfeo, Tullio e Lino e Seneca *morale*	*Inf.* iv. 141.
Moralità.	Però *moralità* lasciaro al mondo	*Purg.* xviii. 69.
Moralmente.	Conosceresti all' arbor *moralmente*	*Purg.* xxxiii. 72.
Morda.	l' ira Di Josuè qui par ch' ancor lo *morda*	*Purg.* xx. 111.
	sembiante D' uomo cui altra cura stringa e *morda*	*Inf.* ix. 102.
Morde.	cane che... si racqueta poi che il pasto *morde*	*Inf.* vi. 29.
	tu suone Con quanti denti questo amor ti *morde*	*Par.* xxvi. 51.

[1] mura.   [2] Giason.

Morde. più non si va, se pria non *morde*, Anime sante, il foco . *Purg.* xxvii. 10.
Mordendo. Che *mordendo* correvan di quel modo . . . . . . *Inf.* xxx. 26.
Morder. Per *morder* quella, in pena ed in disio . . . . *Purg.* xxxiii. 61.
Mordere. A quel dinanzi il *mordere* era nulla Verso il graffiar . *Inf.* xxxiv. 58.
Mordesse. O ira o coscienza che il *mordesse* . . . . *Inf.* xix. 119.
More. si confessa Che la Fenice *more* e poi rinasce . . . . . *Inf.* xxiv. 107.
    Ver è che quale in contumacia *more* Di santa Chiesa . . . *Purg.* iii. 136.
    More non battezzato e senza fede . . . . *Par.* xix. 76.
    Ciò che non *more*, e ciò che può morire, Non è se non . . . *Par.* xiii. 52.
    squilla... Che paia il giorno pianger che si *more* . . . . . *Purg.* viii. 6.
    un color bruno, Che non è nero ancora, e il bianco *more* . . *Inf.* xxv. 66.
    ne condusse... Là dove più che a mezzo *more* il lembo . . . *Purg.* vii. 72.
Morì. Chè Branca d' Oria non *morì* unquanche . . . . *Inf.* xxxiii. 140.
    Italia... Per cui *morì* la vergine Cammilla . . . . *Inf.* i. 107.
    Quivi *morì* ; e come tu mi vedi, Vid' io . . . . *Inf.* xxxiii. 70.
    quel Nasuto... *Morì* fuggendo e disfiorando il giglio . . . . *Purg.* vii. 105.
    quegli è Nesso, Che *morì* per la bella Deianira . . . . . . *Inf.* xii. 68.
    e cominciò dall' ora Che Pallante *morì* per dargli regno . . *Par.* vi. 36.
    Ito è così, e va senza riposo, Poi che *morì* . . . . *Purg.* xi. 125.
Mori'. Ma quel perch' io *mori'* qui non mi mena . . . . . . *Inf.* xxix. 111.
    Ogni uomo ebbi in dispetto tanto avante Ch' io ne *mori'* . . *Purg.* xi. 65.
Moria. fiero Nella sua vista, e cotal si *moria* . . . . *Purg.* xvii. 27.
Morii. Io non *morii*, e non rimasi vivo . . . . *Inf.* xxxiv. 25.
Morir. il veltro Verrà che la farà *morir* con doglia . . . . . *Inf.* i. 102.
    l' un di voi dica Dove per lui perduto a *morir* gissi . . . . *Inf.* xxvi. 84.
    in pensieri Gravi, a *morir* gli parve venir[1] tardo . . . . . *Par.* x. 135.
    Perchè in fino al *morir* si vegghi e dorma Con quello sposo . *Par.* iii. 100.
    L' animo mio... Credendo col *morir* fuggir disdegno . . . . *Inf.* xiii. 71.
    Per *morir*[2] meglio esperienza imbarche . . . . *Purg.* xxvi. 75.
Morire. Ciò che non more, e ciò che può *morire* . . . . . . *Par.* xiii. 52
Moriro. Pietro e Polo,[3] che *moriro* Per la vigna . . . . . . *Par.* xviii. 131.
Morisse. vide tutt' i tempi gravi, Pria che *morisse* . . . . . *Par.* xxxii. 128.
*****Morisse.** di pietade Io venni meno sì[4] com' io *morisse* . . . . *Inf.* v. 141.
Mormorando. pande, Girando e *mormorando*, l' affezione . . . *Par.* xxv. 21.
    Lo maggior corno... Cominciò a crollarsi *mormorando* . . . *Inf.* xxvi. 86.
Mormorar. Udir mi parve un *mormorar* di fiume . . . . . . *Par.* xx. 19.
    Quel *mormorar* dell'[5] aquila salissi Su per lo collo . . . . *Par.* xx. 26.
    Se nel mio *mormorar* prendesti errore, Dichiariranti . . . . *Purg.* xxiv. 47.
Mormorare. Io sentii *mormorare* a tutti : Adamo ! . . . . . *Purg.* xxxii. 37.
Mormorava. Ecco di qua... *Mormorava* il Poeta . . . . . . *Purg.* x. 101.
    Ei *mormorava*, e non so che Gentucca Sentiva io là . . . *Purg.* xxiv. 37.
Moronto. *Moronto* fu mio frate ed Eliseo . . . . *Par.* xv. 136.
Morrà. Quei che *morrà* di colpo di cotenna . . . . *Par.* xix. 120.
Morria. Intra due cibi... prima si *morria* di fame . . . . . . *Par.* iv. 2.
Morrocco. Fin nel *Morrocco*,[6] e l' isola de' Sardi . . . . . *Inf.* xxvi. 104.
    e dalla riva Copre la notte già col piè *Morrocco*[6] . . . . . *Purg.* iv. 139.
Morsa. La frode, ond' ogni coscienza è *morsa* . . . . *Inf.* xi. 52.
Morse. il dente Longobardo *morse* La santa Chiesa . . . . . *Par.* vi. 94.
    Tanta riconoscenza il cor mi *morse*, Ch' io caddi vinto . . . *Purg.* xxxi. 88.
    E, poi che per gran rabbia la si *morse*, Disse . . . . . . *Inf.* xxvii. 126.
    Una medesma lingua pria mi *morse* . . . . *Inf.* xxxi. 1.
    La pena... Nulla giammai sì giustamente *morse* . . . . . *Par.* vii. 42.
    E quando vide noi, sè stesso *morse* Sì come quei . . . . *Inf.* xii. 14.
1. **Morsi.** Ambo le man per lo dolor mi *morsi* . . . . *Inf.* xxxiii. 58.

---

[1] esser.   [2] viver.   [3] Paolo.   [4] men così.   [5] per l'.   [6] Marrocco.

MORSI 433 MORTALI

Morsi. i cani... quando son *morsi* O da pulci o da mosche . . . *Inf.* xvii. 50.
parvoli innocenti, Dai denti *morsi* della morte . . . . *Purg.* vii. 32.
2. **Morsi.** quei *morsi*... Alla mia caritate son concorsi . . . . . *Par.* xxvi. 55.
1. **Morso.** Legno è più su che fu *morso* da Eva . . . . *Purg.* xxiv. 116.
2. **Morso.** Bramò Colui che il *morso* in sè punio . . . . *Purg.* xxxiii. 63.
Come ciascun menava spesso il *morso* Dell' unghie . . . . *Inf.* xxix. 79.
Come t' è picciol fallo amaro *morso*! . . . . *Purg.* iii. 9.
vedine duo Venire, dando all' accidia di *morso* . . . . . *Purg.* xviii. 132.
Morta. potea Sanar le piaghe ch' hanno Italia *morta* . . . . . *Purg.* vii. 95.
Con Epicuro... seguaci, Che l' anima col corpo *morta* fanno . *Inf.* x. 15.
Tosto ch' i' uscii fuor dell' aura *morta* . . . . *Purg.* i. 17.
tutta *morta* Fia nostra conoscenza da quel punto . . . . . *Inf.* x. 106.
Piangevisi entro l' arte, per che *morta* Deidamìa... si duol . *Inf.* xxvi. 61.
La faccia tua, ch' io lagrimai già *morta*, Mi dà di pianger . *Purg.* xxiii. 55.
prima fue *Morta* la gente, a cui il mar s' aperse . . . . . *Purg.* xviii. 134.
senza morte Va per lo regno della *morta* gente . . . . . *Inf.* viii. 85.
Mentre noi corravam[1] la *morta* gora . . . . *Inf.* viii. 31.
duce, Sotto cui giacque ogni malizia *morta* . . . . *Par.* xxi. 27.
Qui vive la pietà quando è ben *morta* . . . . *Inf.* xx. 28.
Ma qui la *morta* poesì risurga, O sante Muse! . . . . *Purg.* i. 7.
Ecuba trista... Poscia che vide Polissena *morta* . . . . . *Inf.* xxx. 17.
sarebbe in vano, E quasi ogni potenza quaggiù *morta* . . . *Par.* x. 18.
Sopr' essa vedestù la scritta *morta* . . . . *Inf.* viii. 127.
Ogni viltà convien che qui sia *morta* . . . . *Inf.* iii. 15.
Mortai. ch' io mova Di là per te ancor li *mortai* piedi . . . . . *Purg.* xiii. 144.
1. **Mortal.** natura, ch' è suggello Alla cera *mortal* . . . . . . *Par.* viii. 128.
mai non fu loquela, Nè concetto *mortal*, che tanto vada . . *Par.* xxix. 132.
t' amai Nel *mortal* corpo, così t' amo sciolta . . . . . . *Purg.* ii. 89.
Briareo... Grave alla terra per lo *mortal* gelo . . . . . . *Purg.* xii. 30.
Ond' io, che son *mortal*, mi sento in questa Disagguaglianza.*Par.* xv. 82.
modo... Qual non si sente in questa *mortal* marca . . . . . *Purg.* xix. 45.
Ed al mondo *mortal*, quando tu riedi, Questo rapporta . . . *Par.* xxi. 97.
Chè ciò che vien quassù dal[2] *mortal* mondo... si maturi . . . *Par.* xxv. 35.
ringrazio lui Lo qual dal *mortal* mondo m' ha remoto . . . *Par.* ii. 48.
il poderoso tema, E l' omero *mortal* che se ne carca . . . . *Par.* xxiii. 65.
penne, Che non si mutan come *mortal* pelo . . . . *Purg.* ii. 36.
E tu... che per lo *mortal* pondo Ancor giù tornerai . . . . *Par.* xxvii. 64.
il tuo *mortal* potere, al suo fulgore, Sarebbe[3] fronda . . . *Par.* xxi. 11.
era fatturo Per lo regno *mortal*, ch' a lui soggiace . . . . *Par.* vi. 84.
Tu hai l' udir *mortal*, sì come il viso, Rispose a me . . . . *Par.* xxi. 61.
Poca vita *mortal* m' era rimasa, Quando fui chiesto . . . . *Par.* xxi. 124.
Quegli ch' è padre d' ogni *mortal* vita . . . . *Par.* xxii. 116.
2. **Mortal.** grazia, Per che il *mortal* pel vostro mondo reco . . . *Purg.* xxvi. 60.
spera, Che si vela ai *mortal* con[4] altrui raggi . . . . . . *Par.* v. 129.
il suo concetto Al segno dei *mortal* si soprappose . . . . . *Par.* xv. 42.
Cor di *mortal* non fu mai sì digesto A devozione . . . . . . *Par.* xv. 55.
1. **Mortale.** quella Che ha ricevuto già 'l colpo *mortale* . . . . *Inf.* xii. 23.
qual cosa *mortale* Dovea poi trarre te nel suo disio? . . . . *Purg.* xxxi. 53.
Occhio *mortale* alcun tanto non dista . . . . *Par.* xxxi. 74.
2. **Mortale.** E se tanto segreto ver proferse *Mortale* . . . . . . *Par.* xxviii. 137.
1. **Mortali.** La parte... che vede... Nell' aquile *mortali* . . . . *Par.* xx. 32.
O somma luce, che tanto ti levi Dai concetti *mortali* . . . . *Par.* xxxiii. 68.
quando Laterano Alle cose *mortali* andò di sopra . . . . . *Par.* xxxi. 36.
Questi nei cor *mortali* è permotore . . . . *Par.* i. 116.

[1] correvam.   [2] del.   [3] Parrebbe.   [4] con gli.

Mortali. i' ebbi rotta la persona Di due punte *mortali* . . . . . *Purg.* iii. 119.
2. **Mortali.** Non prendan li *mortali* il voto a ciancia . . . . . . *Par.* v. 64.
E voi, *mortali*, tenetevi stretti A giudicar . . . . *Par.* xx. 133.
Tal è il giudizio eterno a voi *mortali* . . . . *Par.* xix. 99.
O cupidigia, che i *mortali* affonde Sì sotto te! . . . . *Par.* xxvii. 121.
Surge ai *mortali* per diverse foci La lucerna del mondo . . *Par.* i. 37.
Per che non reggi tu... l' appetito dei *mortali*? . . . . . . *Purg.* xxii. 41.
La carne dei *mortali* è tanto blanda, Che giù non basta . . *Par.* xxii. 85.
O insensata cura dei *mortali*, Quanto son difettivi . . . . . *Par.* xi. 1.
dolce pome, che... Cercando va la cura dei *mortali* . . . . *Purg.* xxvii. 116.
Negli occhi dei *mortali* è argomento Di fede . . . . *Par.* iv. 68.
s' egli erra L' opinion, mi disse, dei *mortali* . . . . *Par.* ii. 53.
Chè l' uso de' *mortali* è come fronda In ramo . . . . . . *Par.* xxvi. 137.
contro alla vita presente Dei miseri *mortali* aperse . . . . *Par.* xxviii. 2.
e giuso, intra i *mortali*, Sei di speranza fontana . . . . . *Par.* xxxiii. 11.
Ma voglia ed argomento nei *mortali*... Diversamente . . . . *Par.* xv. 79.
Mortalità. ogni nube gli disleghi Di sua *mortalità* . . . . . *Par.* xxxiii. 32.
1. **Morte.** Richiama lui, per che la *morte* cessa . . . . *Inf.* xix. 51.
Morte per forza e ferute dogliose Nel prossimo si danno . . *Inf.* xi. 34.
monte cerchia, Prima che *morte* gli abbia dato il volo . . . *Purg.* xiv. 2.
non avrei mai creduto Che *morte* tanta n' avesse disfatta . . *Inf.* iii. 57.
con quella fascia Che la *morte* dissolve men vo suso . . . . *Purg.* xvi. 38.
Tanto è amara, che poco è più *morte* . . . . *Inf.* i. 7.
la violenta *morte* Che non gli è vendicata ancor . . . . . *Inf.* xxix. 31.
chè non ti fu per lei amara In Utica la *morte* . . . . . . *Purg.* i. 74.
Ciò è come la *morte* mia fu cruda . . . . *Inf.* xxxiii. 20.
Ed io gli aggiunsi: e *morte* di tua schiatta . . . . *Inf.* xxviii. 109.
Nè *morte* il giunse ancor, nè colpa il mena . . . . *Inf.* xxviii. 46.
La meretrice... *Morte* comune, e delle corti vizio . . . . *Inf.* xiii. 66.
Ch' a Dio ed ai Giudei piacque una *morte* . . . . *Par.* vii. 47.
preliba... Prima che *morte* tempo gli prescriba . . . . . *Par.* xxiv. 6.
figliuol mio, Qui può esser tormento, ma non *morte* . . . *Purg.* xxvii. 21.
La *morte* ch' ei sostenne perch' io viva . . . . *Par.* xxvi. 59.
Quel dinanzi: ora accorri, accorri, *morte* . . . . *Inf.* xiii. 118.
dalle braccia Fiere di Ghin di Tacco ebbe la *morte* . . . *Purg.* vi. 14.
spiriti dolenti, Che la seconda *morte* ciascun grida . . . . *Inf.* i. 117.
Le vostre cose tutte hanno lor *morte* Sì come voi . . . . *Par.* xvi. 79.
E quel... *Morte* indugiò per vera penitenza . . . . *Par.* xx. 51.
il duca d' Atene, Che su nel mondo la *morte* ti porse . . . *Inf.* xii. 18.
dal colubro La *morte* prese subitana ed atra . . . . *Par.* vi. 78.
Allor temett' io più che mai la *morte* . . . . *Inf.* xxxi. 109.
Non vedi tu la *morte* che il combatte Su la fiumana? . . . *Inf.* ii. 107.
femmine... Tutti li maschi loro a *morte* dienno . . . . . *Inf.* xviii. 90.
un gielo, Qual prender suol colui che a *morte* vada . . . . *Purg.* xx. 129.
Amor condusse noi ad una *morte* . . . . *Inf.* v. 106.
segna ai vivi Del viver ch' è un correre alla *morte* . . . *Purg.* xxxiii. 54.
donna... a cui, com' alla *morte*... nessun disserra . . . . *Par.* xi. 59.
alla *morte* seconda Fu degna di venire a questo gioco . . *Par.* xx. 116.
Non mi celar chi fosti anzi la *morte*, Ma dilmi . . . . . . *Purg.* xvi. 43.
che tu t' affronti... anzi la *morte*... co' suoi Conti . . . . *Par.* xxv. 41.
parvoli innocenti, Dai denti morsi della *morte* . . . . . *Purg.* vii. 32.
la figliuola di Minoi, Allora che sentì di *morte* il gielo . . *Par.* xiii. 15.
ancora Di *morte* entrato dentro dalla rete . . . . *Purg.* xxvi. 24.
Questi non hanno speranza di *morte* . . . . *Inf.* iii. 46.
E lui vedea chinarsi per la *morte*... in ver la terra . . . . *Purg.* xv. 109.

MORTE   435   MOSSE

Morte. E se il sommo piacer sì ti fallio Per la mia *morte* . . . . *Purg.* xxxi. 53.
    aperse il ciglio Piramo, in sulla *morte*, e riguardolla . . . . *Purg.* xxvii. 38.
    senza *morte* Va per lo regno della morta gente . . . . . . *Inf.* viii. 84.
2. **Morte.** Fer la città sopra quell' ossa *morte* . . . . *Inf.* xx. 91.
Morti. nacque... fleto, Per lo giusto disdegno che v' ha *morti* . *Par.* xvi. 137.
    Noi fummo già tutti per forza *morti*, E peccatori . . . . . *Purg.* v. 52.
    E due dì li chiamai poi che fur *morti* . . . . *Inf.* xxxiii. 74.
    anima viva, Partiti da cotesti che son *morti* . . . . *Inf.* iii. 89.
    E s' ei son *morti*, per qual privilegio Vanno scoperti? . . . *Inf.* xxiii. 89.
    Tanto... Che ben mostrar disio dei corpi *morti* . . . . . . *Par.* xiv. 63.
    uscii fuor... Ai raggi, *morti* già nei bassi lidi . . . . *Purg.* xvii. 12.
    Morti li *morti*, e i vivi parean vivi . . . . *Purg.* xii. 67.
    or vedi... Tu che, spirando, vai veggendo i *morti* . . . . . *Inf.* xxviii. 131.
    per la profonda Notte menato m' ha da' veri *morti* . . . . *Purg.* xxiii. 122.
    Così non soglion fare i piè de' *morti* . . . . *Inf.* xii. 82.
    Per questo visitai l' uscio dei *morti* . . . . *Purg.* xxx. 139.
    peso porti... Poi ch' io nol fei tra' vivi, qui tra' *morti* . . . . *Purg.* xi. 72.
Morto. Che... io fossi preso E poscia *morto* . . . . *Inf.* xxxiii. 18.
    E s' io non fossi sì per tempo *morto*... Dato t' avrei . . . . *Inf.* xv. 58.
    fammi vendetta Di mio figliuol ch' è *morto*, ond' io m' accoro.*Purg.* x. 84.
    E quel... Gridò: qual io fui[1] vivo, tal son *morto* . . . . . *Inf.* xiv. 51.
    A me, che *morto* son, convien menarlo Per lo Inferno . . . *Inf.* xxviii. 49.
    Francesco venne poi, com' io fui *morto*, Per me . . . . . . *Inf.* xxvii. 112.
    si fuggiro Gli Assiri, poi che fu *morto* Oloferne . . . . . *Purg.* xii. 59.
    O Saul come... Quivi parevi *morto* in Gelboè! . . . . . . *Purg.* xii. 41.
    O, diss' io lui, or sei tu ancor *morto*? . . . . *Inf.* xxxiii. 121.
    perchè tanta Grazia in te luce prima che sii *morto* . . . . *Purg.* xx. 42.
    più... che se fossi *morto* Innanzi che lasciassi il pappo . . *Purg.* xi. 104.
    Mostrava come i figli... *morto* lui, quivi il lasciaro . . . . *Purg.* xii. 54.
    E caddi, come corpo *morto* cade . . . . *Inf.* v. 142.
1. **Mosca.** Come la *mosca* cede alla zenzara, Vede lucciole . . . *Inf.* xxvi. 28.
2. **Mosca.** Jacopo Rusticucci, Arrigo e il *Mosca* . . . . *Inf.* vi. 80.
    Gridò: ricordera' ti anche del *Mosca*, Che dissi, lasso! . . *Inf.* xxviii. 106.
Mosche. morsi O da pulci o da *mosche* o da tafani . . . . . . *Inf.* xvii. 51.
Mosconi. Erano... stimolati molto Da *mosconi* e da vespe . . . *Inf.* iii. 66.
1. **Mossa.** L' anima... *mossa* da lieto fattore . . . . *Purg.* xvi. 89.
    volgeva... Sì come rota ch' egualmente è *mossa* . . . . . *Par.* xxxiii. 144.
    La terza parea neve testè *mossa* . . . . *Purg.* xxix. 126.
    Sì che potesse sua voglia esser *mossa* . . . . *Par.* xx. 111.
2. **Mossa.** ci cade Innanzi ch' Atropòs *mossa* le dea . . . . . . *Inf.* xxxiii. 126.
Mosse. E il grifon *mosse* il benedetto carco . . . . *Purg.* xxxii. 26.
    quell' altro... Nè *mosse* collo, nè piegò sua costa . . . . . *Inf.* x. 75.
    quando l' amor divino *Mosse* da prima quelle cose belle . . *Inf.* i. 40.
    e *mosse* il fummo e il vento Per la virtù . . . . *Purg.* v. 113.
    E dopo sè, solo accennando, *mosse* Me e la Donna . . . . *Par.* xxxiii. 14.
    a terminar lo tuo disiro *Mosse* Beatrice me del loco mio . . *Par.* xxxi. 66.
    Mosse le penne poi e ventilonne . . . . *Purg.* xix. 49.
    l' acuta punta *mosse* Di qua, di là . . . . *Inf.* xxvii. 59.
    la coda rivolse, E quella tesa, come anguilla, *mosse* . . . . *Inf.* xvii. 104.
    Quindi, onde *mosse* tua Donna Virgilio... desiderai . . . . *Par.* xxvi. 118.
    nè però piùe *Mosse*[2] la vista sua di stare attenta . . . . . *Par.* xxv. 116.
    E contro... Siede Lucia, che *mosse* la tua Donna . . . . . *Par.* xxxii. 137.
    Giustizia *mosse* il mio alto Fattore . . . . *Inf.* iii. 4.
    roman principato, il cui valore *Mosse* Gregorio . . . . . . *Purg.* x. 75.

[1] qual fui.   [2] Mosser.

Mosse. Pensa chi era, e la cagion che il *mosse*, Quando fu detto . *Par.* xiii. 92.
Che *mosse* me a far lo simigliante . . . . *Purg.* ii. 78.
Amor mi *mosse*, che mi fa parlare . . . . *Inf.* ii. 72.
Mi *mosse* la infiammata cortesia Di fra Tommaso . . . . . . *Par.* xii. 143.
E *mosse* meco questa compagnia . . . . *Par.* xii. 145.
Virtù del ciel mi *mosse*, e con lei vegno . . . . *Purg.* vii. 24.
Per occulta virtù che da lei *mosse*... sentì la gran potenza . . *Purg.* xxx. 38.
Però si *mosse*, e gridò: tu se' giunto . . . . *Inf.* xxii. 126.
Antandro e Simoenta, onde si *mosse*, Rivide . . . . *Par.* vi. 67.
Con l'offizio apostolico si *mosse*, Quasi torrente . . . . . . *Par.* xii. 98.
Allor si *mosse* contra il fiume, andando Su per la riva . . . *Purg.* xxix. 7.
Mossimi; e il Duca mio si *mosse* per li Lochi spediti . . . . *Purg.* xx. 4.
su per lo balzo Si *mosse*, ed io diretro inver l'altura . . . . *Purg.* ix. 69.
Egli si *mosse*; e poi così andando, Mi disse . . . . *Inf.* x. 124.
Discende lasso, onde si *mosse*[1] snello, Per cento rote . . . . *Inf.* xvii. 130.
La sua famiglia, che si *mosse* dritta... è tanto volta . . . . . *Par.* xii. 115.
Lucìa, nimica di ciascun crudele, Si *mosse* . . . . *Inf.* ii. 101.
Indi si *mosse* un lume verso noi Di quella spera[2] . . . . . . *Par.* xxv. 13.
Che da cima del monte, onde si *mosse*, Al piano . . . . . . *Inf.* xii. 7.
Quinci si *mosse* spirito a nomarlo Del possessivo . . . . . . *Par.* xii. 68.
Perchè un si *mosse*, e gli altri stetter fermi . . . . *Inf.* xxi. 77.
Allor si *mosse*, ed io li tenni retro . . . . *Inf.* i. 136.
Da sè, che è sommo ben, mai non si *mosse* . . . . *Par.* xix. 87.
la voce si *mosse*, e pria si spense, Che... fosse dischiusa . . *Purg.* xxxi. 8.
Del cor dell'una delle luci nuove Si *mosse* voce . . . . . . *Par.* xii. 29.
altre vanno via... Altre rivolgon sè, onde son *mosse* . . . . *Par.* xxi. 38.
Mosser. E poi il *mosser* le parole biece A domandar ragione . . *Par.* vi. 136.
Io non vidi... Come *mosser* gli astor celestiali . . . . *Purg.* viii. 104.
Mossero. Ed essa e l'altre *mossero* a sua danza . . . . *Par.* vii. 7.
Mossesi. La bella Donna *mossesi*, ed a Stazio... disse . . . . . *Purg.* xxxiii. 134.
Mossi. Io *mossi*[3] gli occhi, e il buon Virgilio... dicea . . . . . *Purg.* xix. 34.
E l'occhio riposato intorno *mossi*, Dritto levato . . . . . . *Inf.* iv. 4.
tuo fedele, Che, per vederti, ha *mossi* passi tanti . . . . *Purg.* xxxi. 135.
Io *mossi* i piè del loco dov' io stava, Per avvisar . . . . . *Purg.* x. 70.
Tosto che con la chiesa *mossi* i piedi, A Dio... piacque . . *Par.* vi. 22.
Mossi la voce: o anime affannate, Venite a noi parlar . . *Inf.* v. 80.
ch'io t'impetri Cosa di là ond'io vivendo *mossi* . . . . *Purg.* xix. 96.
Già ogni stella cade che saliva Quando mi *mossi* . . . . . *Inf.* vii. 99.
e il Poeta Tenne a sinistra, ed io retro mi *mossi* . . . . . *Inf.* xviii. 21.
Perch'io mi *mossi*, ed a lui venni ratto . . . . *Inf.* xxi. 91.
Perch'io mi *mossi* col viso, e vedea Diretro da Maria . . . *Purg.* x. 49.
Lassù non eran *mossi* i piè nostri anco . . . . *Purg.* x. 28.
Mossimi. *Mossimi*; e il Duca mio si mosse . . . . *Purg.* xx. 4.
Mosso. Poi ch'ebbe sospirando il capo *mosso*[4]... disse . . . . *Inf.* x. 88.
poichè *mosso* fue, Entrai per lo cammino alto e silvestro . . *Inf.* ii. 141.
nè certo Senza cagion con gli altri sarei *mosso* . . . . . . *Inf.* x. 90.
Che è quel... Diss' io, e pare in ver noi esser *mosso*? . . . *Purg.* xv. 27.
sterco, Che dagli uman privati parea *mosso* . . . . *Inf.* xviii. 114.
Io vidi *mosso* me per tutto l'arco Che fa dal mezzo . . . *Par.* xxvii. 80.
Ma vidi bene l'uno e l'altro *mosso* . . . . *Purg.* viii. 105.
Io m'era *mosso*, e seguia volentieri... i passi . . . . . . *Purg.* xii. 10.
Se... non avesse *Mosso* Palermo a gridar: mora, mora . . . *Par.* viii. 75.
mi fa chiaro, Poichè, parlando, a dubitar m'hai *mosso* . . . *Par.* viii. 92.
pensar lo puoi, Poscia che il grido t'ha *mosso* cotanto . . . *Par.* xxii. 12.

[1] muove.   [2] schiera.   [3] volsi.   [4] scosso.

Mosso.	Ma chi parlava ad ira parea *mosso*	*Inf.* xxiv. 69.
Mosson.	*Mosson* le labbra mie un poco a riso	*Purg.* iv. 122.
1. Mostra.	Io vidi già cavalier... far lor *mostra*	*Inf.* xxii. 2.
2. Mostra.	E chi è questi che *mostra* il cammino?	*Inf.* xv. 48.
	a chi *mostra* il dente O ver la borsa com' agnel si placa	*Par.* xvi. 116.
	la plaga Sotto la quale il sol *mostra* men fretta	*Par.* xxiii. 12.
	Tal si movea ciascuna... chè nessuna *mostra* il furto	*Inf.* xxvi. 41.
	Qual merito, o qual grazia mi ti *mostra?*	*Purg.* vii. 19.
	loco primo Che dello scoglio l' altra valle *mostra*	*Inf.* xxix. 38.
	Sì come *mostra* esperienza ed arte	*Purg.* xv. 21.
	il mio veder fu maggio Che il parlar *mostra*[1]	*Par.* xxxiii. 56.
	E come l' aer... Di diversi color si *mostra*[2] adorno	*Purg.* xxv. 93.
	adocchia Colui che *mostra* sè più negligente	*Purg.* iv. 110.
	Chè se il Gorgon si *mostra*, e tu il vedessi	*Inf.* ix. 56.
	Tragge la gente... E di calcar nessun si *mostra* schivo	*Purg.* ii. 72.
	E quest' altro splendor, che ti si *mostra*	*Par.* iii. 109.
	non si sazia, Ma dice nel pensier, fin che si *mostra*	*Par.* xxxi. 106.
Mostrai.	si mostrò la suora di colui ; E il sol *mostrai*	*Purg.* xxiii. 121.
Mostrando.	*Mostrando* gli occhi giovinetti a lui	*Purg.* xxx. 122.
	chiuso cristian... Lungamente *mostrando* paganesmo	*Purg.* xxii. 91.
	L' andar *mostrando* con le poppe il petto	*Purg.* xxiii. 102.
	fiume... *Mostrando* l' ubertà del suo cacume	*Par.* xx. 21.
	Move la testa... Voglia *mostrando*, e facendosi bello	*Par.* xix. 36.
	la sazia, *Mostrando* come spira e come figlia	*Par.* x. 51.
Mostrandomi.	Leva' mi allor, *mostrandomi* fornito	*Inf.* xxiv. 58.
	l' apria Fendendo i drappi, e *mostrandomi*[3] il ventre	*Purg.* xix. 32.
Mostrandovi.	*Mostrandovi* le sue bellezze eterne	*Purg.* xiv. 149.
Mostrar.	A *mostrar* ciò che in camera si puote	*Par.* xv. 108.
	Tanto... Che ben *mostrar* disio dei corpi morti	*Par.* xiv. 63.
	Ristetti, e vidi due *mostrar* gran fretta Dell' animo	*Inf.* xxiii. 82.
	Li santi cerchi *mostrar* nuova gioia Nel tornear	*Par.* xiv. 23.
	E di *mostrar* l' Inferno a lui intendo	*Inf.* xxix. 96.
	Li colombi... Queti senza *mostrar* l' usato orgoglio	*Purg.* ii. 126.
	Ed ora intendo *mostrar* quegli spirti Che purgan sè	*Purg.* i. 65.
	E degli Ebrei ch' al ber si *mostrar* molli	*Purg.* xxiv. 124.
Mostrare.	un' altra... *Mostrare* un' oca bianca più che burro	*Inf.* xvii. 63.
Mostrargli.	fui tratto fuor... D' Inferno per *mostrargli*	*Purg.* xxi. 32.
	tutti argomenti... Fuor che *mostrargli* le perdute genti	*Purg.* xxx. 138.
Mostrarli.	soletto *Mostrarli* mi convien la valle buia	*Inf.* xii. 86.
Mostrarmi.	al mio Maestro piacque di *mostrarmi* La creatura	*Inf.* xxxiv. 17.
Mostraro.	quali avanzi Nella fronte degli altri si *mostraro?*	*Purg.* xxxi. 29.
Mostraron.	Qui si *mostraron*, non perchè sortita Sia	*Par.* iv. 37.
Mostrarsi.	ho veduto... Il prun *mostrarsi* rigido e feroce	*Purg.* iii. 134.
	il sangue... Che donerà... Per *mostrarsi* di parte	*Par.* ix. 59.
	Mostrarsi dunque in cinque volte sette Vocali	*Par.* xviii. 88.
Mostrarti.	s' io posso *Mostrarti* un vero... Terrai il viso	*Par.* viii. 95.
	vidi lui... *Mostrarti*, e minacciar forte col dito	*Inf.* xxix. 26.
Mostrasse.	E qual forato suo membro, e qual mozzo *Mostrasse*	*Inf.* xxviii. 20.
	pregando Che ne *mostrasse* la miglior salita	*Purg.* vi. 68.
Mostrassi.	E quei... Volle ch' io gli *mostrassi* l' arte	*Inf.* xxix. 115.
Mostrate.	*Mostrate* da qual mano in ver la scala Si va	*Purg.* xi. 40.
	Però ti son *mostrate* in queste rote, Nel monte	*Par.* xvii. 136.
Mostratene.	*Mostratene* la via di gire al monte	*Purg.* ii. 60.
Mostrati.	T' hanno *mostrati*[4] i Serafi e i Cherubi	*Par.* xxviii. 99.

[1] nostro. [2] *diventa*. [3] mostravami. [4] mostrato.

Mostrati. Colà diritto... Mi fur *mostrati* gli spiriti magni . . . . *Inf.* iv. 119.
Mostrato. *Mostrato* ho lui tutta la gente ria . . . . *Purg.* i. 64.
    i cerchi primi T' hanno *mostrato*[1] i Serafi e i Cherubi . . . . *Par.* xxviii. 99.
    M' avea *mostrato* per lo suo forame Più lune già . . . . . . *Inf.* xxxiii. 25.
    Io mi feci al *mostrato* innanzi un poco, E dissi . . . . *Purg.* xxvi. 136.
Mostrava. *Mostrava* l' altro la contraria cura Con una spada . . *Purg.* xxix. 139.
    Talor così... *Mostrava* alcun dei peccatori il dosso . . . . . *Inf.* xxii. 23.
    io ti *mostrava* Di mio amor più oltre che le fronde . . . . . *Par.* viii. 56.
    Sì che la ripa... ne *mostrava* ben tanto Di sopra . . . . . . *Inf.* xxxi. 62.
    Mostrava ancor lo duro pavimento Come Almeon . . . . . *Purg.* xii. 49.
    Mostrava come i figli si gittaro Sopra Sennacherib . . . . . *Purg.* xii. 52.
    Mostrava la ruina e il crudo scempio Che fe' Tamiri . . . . *Purg.* xii. 55.
    Mostrava come in rotta si fuggiro Gli Assiri . . . . *Purg.* xii. 58.
    te basso... *Mostrava* il segno che lì si discerne . . . . *Purg.* xii. 63.
    L' un si *mostrava* alcun de' famigliari Di... Ippocrate . . . *Purg.* xxix. 136.
    In forma... di... rosa Mi si *mostrava* la milizia santa . . . . *Par.* xxxi. 2.
Mostravam. ed ambo e due Già *mostravam* come eravam leggieri.*Purg.* xii. 12.
Mostravami. l' apriva[2]... e *mostravami*[3] il ventre . . . . *Purg.* xix. 32.
Mostrerà. Lo sol vi *mostrerà*, che surge omai . . . . *Purg.* i. 107.
Mostrerolli. e *mostrerolli* Oltre, quanto il potrà . . . . *Purg.* xxi. 32.
Mostrerolti. Nè ti dirò ch' io sia, nè *mostrerolti* . . . . *Inf.* xxxii. 101.
Mostri. l' arte Che *mostri* in cielo, in terra e nel mal mondo . . *Inf.* xix. 11.
    è voluto Ch' io *mostri* altrui questo cammin silvestro . . . *Inf.* xxi. 84.
    Sì ch' io la veggia, e ch' io la *mostri* altrui . . . . *Purg.* xvi. 62.
    O tu che *mostri* per sì bestial segno Odio . . . . *Inf.* xxxii. 133.
Mostro. Simile *mostro* visto ancor[4] non fue . . . . *Purg.* xxxii. 147.
    Disciolse il *mostro*, e trassel per la selva Tanto . . . . . . *Purg.* xxxii. 158.
    Per che divenne *mostro* e poscia preda . . . . *Purg.* xxxiii. 39.
Mostrò. Molti altri mi *mostrò*[5] ad uno ad uno . . . . *Purg.* xxiv. 25.
    per cui *Mostrò* ciò che potea la lingua nostra . . . . . . *Purg.* vii. 17.
    Vedesi quella che *mostrò* Langia . . . . *Purg.* xxii. 112.
    non mi sospese, Nè mi *mostrò* di Dio tanto sembiante . . *Par.* xxxii. 93.
    Nè tante... *Mostrò* giammai con tutta l' Etiopia . . . . . *Inf.* xxiv. 89.
    Poi che tacendo si *mostrò* spedita L' anima santa . . . . *Par.* xvii. 100.
    Ma Beatrice sì bella e ridente Mi si *mostrò* . . . . *Par.* xiv. 80.
    quando tonda Vi si *mostrò* la suora di colui . . . . *Purg.* xxiii. 120.
    Non rugghiò sì, nè si *mostrò* sì acra Tarpeia . . . . *Purg.* ix. 136.
    era crucciata... Come *mostrò* una ed altra fiata . . . . . . *Inf.* xxx. 3.
    Questi (e *mostrò* col dito) è Bonagiunta... da Lucca . . . . *Purg.* xxiv. 19.
Mostrocci. *Mostrocci* un' ombra dall' un canto sola . . . . . *Inf.* xii. 118.
    Le bocche aperse e *mostrocci* le sanne . . . . *Inf.* vi. 23.
Mostrommi. e più di mille Ombre *mostrommi* . . . . *Inf.* v. 68.
    E *mostrommi* una piaga a sommo il petto . . . . *Purg.* iii. 111.
    Indi... *Mostrommi* l' alma che m' avea parlato . . . . . . *Par.* xviii. 50.
Mota. Indi, tra l' altre luci mota e mista, *Mostrommi* l' alma . . *Par.* xviii. 49.
    Così diretro a noi, più tosto *mota*, Venendo . . . . *Purg.* xxiii. 19.
1. **Moto.** Non è suo *moto* per altro distinto . . . . *Par.* xxvii. 115.
    La fama... dura, E durerà quanto il *moto*[6] lontano . . . . . *Inf.* ii. 60.
    disire, Ch' è *moto* spirituale, e mai non posa . . . . *Purg.* xviii. 32.
    Nè mai quaggiù, dove si monta... fu sì ratto *moto* . . . . . *Par.* xxii. 104.
    la mente, in che s' inizia Tuo *moto* e tua virtute . . . . . *Par.* xviii. 119.
    tal *moto* percote, E fa suonar la selva perch' è folta . . . . *Purg.* xxviii. 107.
    quella parte Dove l' un *moto* e l'[7] altro si percote . . . . *Par.* x. 9.
    Lo *moto* e la virtù dei santi giri... Dai beati motor . . . . . *Par.* ii. 127.

[1] *mostrati*. [2] *apria*. [3] *mostrandomi*. [4] in vista mai. [5] *nomò*. [6] 'l mondo. [7] all'.

Moto.	E *moto* a *moto*, e canto a canto colse	*Par.* xii. 6.
	L' anima... tira Lo raggio e il *moto* delle luci sante	*Par.* vii. 141.
	avria vinto Quel *moto*, che più tosto il mondo cigne	*Par.* xxviii. 27.
	L' altra beatitudo... Con poco *moto* seguitò la imprenta	*Par.* xviii. 114.
	Non scese mai con sì veloce *moto* Foco di spessa nube	*Purg.* xxxii. 109.
	Che il mezzo cerchio del *moto* superno... si parte	*Purg.* iv. 79.
	La natura del *moto*,[1] che quieta Il mezzo	*Par.* xxvii. 106.
2. **Moto.**	il ciel move, Non *moto*, con amore e con disio	*Par.* xxiv. 132.
Motor.	Lo *Motor* primo a lui si volge lieto	*Purg.* xxv. 70.
	saper lo numero in che enno Li *motor* di quassù	*Par.* xiii. 98.
	Lo moto e la virtù... Dai beati *motor* convien che spiri	*Par.* ii. 129.
Motori.	non concederebbe che i *motori*... fosser cotanto	*Par.* xxix. 44.
Motti.	Ora si va con *motti* e con iscede A predicare	*Par.* xxix. 115.
Motto.	O qual che se'... se puoi, fa *motto*	*Inf.* xix. 48.
	Vedi come si storce, e non fa *motto*	*Inf.* xxxiv. 66.
	Ed io: costui ch' è meco, e non fa *motto*; E vivo sono	*Purg.* xiii. 141.
	Ed un portier che ancor non facea *motto*	*Purg.* ix. 78.
	ond' io guardai Nel viso a' miei figliuoi senza far *motto*	*Inf.* xxxiii. 48.
	Poi si rivolse per la strada... E non fe' *motto* a noi	*Inf.* ix. 101.
	Lo mio Maestro ancor non fece *motto*	*Purg.* ii. 25.
	Cagnazzo a cotal *motto* levò il muso... e disse	*Inf.* xxii. 106.
	Gli occhi rivolsi al suon di questo *motto*	*Purg.* v. 7.
Motum.	Non, si est dare primum *motum* esse	*Par.* xiii. 100.
Mova.	come ch' io mi *mova*, E ch' io[2] mi volga	*Inf.* vi. 5.
	ch' io *mova* Di là per te ancor li mortai piedi	*Purg.* xiii. 143.
	conviene Ch' io solva il mio dovere, anzi ch' io *mova*	*Purg.* x. 92.
	Più che in altra convien che si *mova* La mente	*Par.* xxvi. 34.
	monda Sentesi, sì che surga, o che si *mova* Per salir su	*Purg.* xxi. 59.
	Avvegna che si *mova* bruna bruna Sotto l' ombra	*Purg.* xxviii. 31.
Movasi.	*Movasi* la Caprara e la Gorgona	*Inf.* xxxiii. 82.
Move.	quieta Il mezzo, e tutto l' altro intorno *move*	*Par.* xxvii. 107.
	E che non *move* bocca agli altrui canti	*Purg.* vii. 93.
	Le braccia ch' ei menò, giammai non *move*	*Inf.* xxxi. 96.
	uno Iddio Solo ed eterno, che tutto il ciel *move*	*Par.* xxiv. 131.
	siete voi accorti, Che quel... *move* ciò ch' ei tocca?	*Inf.* xii. 81.
	Or le bagna la pioggia e *move* il vento	*Purg.* iii. 130.
	quetarsi Cantando, credo, il ben ch' a sè le *move*	*Par.* xviii. 99.
	Tanto contenta... Che non *move* occhi per cantare Osanna	*Par.* xxxii. 135.
	come apprende, Così nel bene appreso[3] *move* il piede	*Par.* v. 6.
	Perch' io: Maestro mio, questo chi *move*?	*Inf.* xxxiii. 104.
	volgeva... L' amor che *move* il sole e l' altre stelle	*Par.* xxxiii. 145.
	uscendo del cappello *Move* la testa, e coll' ali si plaude	*Par.* xix. 35.
	La gloria di Colui che tutto *move* Per l' universo penetra	*Par.* i. 1.
	Invidia *move* il mantaco ai sospiri	*Purg.* xv. 51.
	Pur come gli occhi ch' al piacer che i *move* Conviene	*Par.* xii. 26.
	O immaginativa... Chi *move* te, se il senso non ti porge?	*Purg.* xvii. 16.
	Ma se donna del ciel ti *move* e regge Come tu di'	*Purg.* i. 91.
	E se nulla di noi pietà ti *move*, A vergognar ti vien	*Purg.* vi. 116.
	Si *move* il ciel che tutti gli altri avanza	*Par.* xiii. 24.
	indarno... Perchè non torna tal qual ei si *move*	*Par.* xiii. 122.
	Non ha poi fine, perchè non si *move* La sua imprenta	*Par.* vii. 68.
	e vidi com' si *move* Circa e vicino a lui Maia e Dione	*Par.* xxii. 143.
	Tanto opra poi, che già si *move* e sente, Come fungo	*Purg.* xxv. 55.
	S' appressa un sasso, che dalla gran cerchia Si *move*	*Inf.* xxiii. 135.

[1] *mondo.* [2] come ch' io. [3] *appresso.*

MOVE 440 MOVETE

Move. Ella è quel mare al qual tutto si *move* Ciò ch' ella crea . *Par.* iii. 86.
con quanta ragione Si *move* contra il sacrosanto segno . . . *Par.* vi. 32.
Movea. l' ali *Movea* sospinta da tanti consigli . . . . *Par.* xix. 96.
costa, Onde m' era colui che mi *movea* . . . . *Purg.* x. 51.
e ciascheduno Più tardo si *movea*, secondo ch' era . . . . . *Par.* xxiii. 35.
Tal si *movea* ciascuna per la gola Del fosso . . . . *Inf.* xxvi. 40.
L' esercito... Si *movea* tardo, suspiccioso, e raro . . . . . . *Par.* xii. 39.
correndo, Si *movea* tutta quella turba magna . . . . *Purg.* xviii. 98.
Movean. Si *movean* lumi, scintillando forte Nel congiungersi . . *Par.* xiv. 110.
e quelle svolazzava, Sì che tre venti si *movean* da ello . . . *Inf.* xxxiv. 51.
Moveano. cose, Che si *moveano*[1] incontro a noi sì tardi . . . . *Purg.* xxix. 59.
Movemmo. E noi *movemmo* i piedi in ver la terra . . . . *Inf.* ix. 104.
Noi ci *movemmo* colla scorta fida Lungo la proda . . . . . . *Inf.* xii. 100.
Movendo. *Movendo* l' ali tue, credendo oltrarti . . . . *Par.* xxxii. 146.
produce Con seme, e senza seme, il ciel *movendo* . . . . *Par.* xiii. 66.
io mi son Lia, e vo *movendo* intorno Le belle mani . . . . *Purg.* xxvii. 101.
Discorre... foco, *Movendo* gli occhi che stavan sicuri . . . *Par.* xv. 15.
Chi siete voi... Diss' ei, *movendo* quell' oneste piume . . *Purg.* i. 42.
pose mente, *Movendo* il viso pur su per la coscia . . . . . . *Purg.* iv. 113.
Moventi. Intra due cibi, distanti e *moventi* D' un modo . . . . *Par.* iv. 1.
Mover. vi disgrevi Tosto, sì che possiate *mover* l' ala . . . . . *Purg.* xi. 38.
in contraria parte *Mover* doveati mia carne sepolta . . . . . *Purg.* xxxi. 48.
le due luci... Con le parole *mover* le fiammette . . . . . *Par.* xx. 148.
Più *mover* non mi può per quella legge Che fatta fu . . . . *Purg.* i. 89.
non presuma A tanto segno più *mover* li piedi . . . . *Par.* xxi. 99.
e ben senti' *mover* la piuma, Che fe' sentir . . . . *Purg.* xxiv. 149.
Queste parole Stazio *mover* fenno Un poco a riso pria . . . *Purg.* xxii. 25.
l' anima preclara *Mover* si volle, tornando al suo regno . . *Par.* xi. 116.
Nè già con sì diversa cennamella Cavalier vidi *mover* . . . *Inf.* xxii. 11.
quel ch' io veggio *Mover* a noi, non mi sembran persone . . *Purg.* x. 113.
ti sia sempre piombo ai piedi, Per farti *mover* lento . . . . *Par.* xiii. 113.
più corto Spazio all' eterno, che un *mover* di ciglia . . . . . *Purg.* xi. 107.
sì ratto, Che il *mover* suo nessun volar pareggia . . . . . . *Purg.* ii. 18.
Senti'mi presso quasi un *mover* d' ala, E ventarmi . . . . . *Purg.* xvii. 67.
ancor che mi sia tolto Lo *mover*, per le membra . . . . . . *Inf.* xxx. 107.
eravam nuovi Di compagnia ad ogni *mover* d' anca . . . *Inf.* xxiii. 72.
Fece del destro lato al *mover* centro . . . . *Purg.* xiii. 14.
Quanto di là dal *mover* della Chiana Si move il ciel . . . . *Par.* xiii. 23.
E nel *mover* degli occhi onesta e tarda . . . . *Purg.* vi. 63.
Moverà. Lì si vedrà... Quella che tosto *moverà* la penna . . . . *Par.* xix. 116.
Moverci. Noi siam di voglia a *moverci* sì pieni . . . . *Purg.* xviii. 115.
Movere. Sì vid' io *movere* a venir la testa . . . . *Purg.* iii. 85.
E sappi che il suo *movere* è sì tosto Per l'... amore . . . . *Par.* xxviii. 44.
Moversi. suole... *Moversi* pur su per l' estrema buccia . . . . . *Inf.* xix. 29.
Le minuzie dei corpi... *Moversi* per lo raggio . . . . *Par.* xiv. 115.
Così vid' io la gloriosa rota *Moversi* . . . . *Par.* x. 146.
Ed al nome... Vidi *moversi* un altro roteando . . . . . . *Par.* xviii. 41.
altre lucerne *Moversi* in giro più e men correnti . . . . . *Par.* viii. 20.
Movervi. Siate, Cristiani, a *movervi* più gravi . . . . *Par.* v. 73.
Movesi. Dal centro... *Movesi* l' acqua in un ritondo vaso . . . . *Par.* xiv. 2.
• E quale... L' aura di maggio *movesi*, ed olezza . . . . . . *Purg.* xxiv. 146.
Poi come il foco *movesi* in altura... Così l' animo . . . . . *Purg.* xviii. 28.
Movesse. come se tutto *Movesse* seco di necessitate . . . . . . *Purg.* xvi. 69.
Movete. Voi che intendendo il terzo ciel *movete* . . . . *Par.* viii. 37.

[1] movieno.

Movete.	Non vi *movete ;* ma l' un di voi dica Dove... gissi	*Inf.* xxvi. 83.
Moveti.	*Moveti* lume, che nel ciel s' informa Per sè	*Purg.* xvii. 17.
Moveva.	pietra fessa, Che si *moveva* d' una e d' altra parte	*Purg.* x. 8.
Movi.	E gli occhi sì andando intorno *movi*	*Inf.* xxiii. 75.
Movien.	Così da imo della roccia scogli *Movien*	*Inf.* xviii. 17.
Movieno.	una gente D' anime, che *movieno* i piè ver noi	*Purg.* iii. 59.
	l' aquile... Sopr' esso in vista al vento si *movieno*	*Purg.* x. 81.
	cose, Che si *movieno*[1] incontro a noi sì tardi	*Purg.* xxix. 59.
Moviensi.	Prima cantando a sua nota *moviensi*	*Par.* xviii. 79.
	pietre, che spesso *moviensi* Sotto i miei piedi	*Inf.* xii. 29.
Movimenti.	Lo cielo i vostri *movimenti* inizia	*Purg.* xvi. 73.
	Vinca tua guardia i *movimenti* umani	*Par.* xxxiii. 37.
Moviti.	E disse: Gerion, *moviti* omai	*Inf.* xvii. 97.
Movo.	Ma per quella virtù, per cui io *movo* Li passi miei	*Inf.* xii. 91.
Movon.	se gl' intelletti Che *movon* queste stelle	*Par.* viii. 110.
Movono.	Onde si *movono* a diversi porti Per lo gran mar	*Par.* i. 112.
	Le pole... Si *movono* a scaldar le fredde piume	*Par.* xxi. 36.
Mozza.	Ed un, ch' avea l' una e l' altra man *mozza*	*Inf.* xxviii. 103.
Mozze.	La sua scrittura fien lettere *mozze*, Che noteranno	*Par.* xix. 134.
Mozzi.	Questi... Col pugno chiuso, e questi co' crin *mozzi*	*Inf.* vii. 57.
Mozzo.	E qual forato suo membro, e qual *mozzo* Mostrasse	*Inf.* xxviii. 19.
	quella voglia, A cui non puote il fin mai esser *mozzo*	*Inf.* ix. 95.
	diceva Pur: guarda, che da me tu non sie *mozzo*	*Purg.* xvi. 15.
'Mperchè.	Semplici e quete, e lo *'mperchè* non sanno	*Purg.* iii. 84.
Mucchio.	La terra che fe'... de' Franceschi sanguinoso *mucchio.*	*Inf.* xxvii. 44.
Mucci.	Ed io al Duca: digli che non *mucci*	*Inf.* xxiv. 127.
Muda.	Breve pertugio dentro dalla *muda*	*Inf.* xxxiii. 22.
Muffa.	è derelitta, Sì ch' è la *muffa* dov' era la gromma	*Par.* xii. 114.
	Le ripe eran grommate d' una *muffa* Per l' alito	*Inf.* xviii. 106.
Mugghia.	loco... Che *mugghia* come fa mar per tempesta	*Inf.* v. 29.
Mugghiava.	*Mugghiava* con la voce dell' afflitto	*Inf.* xxvii. 10.
Mugghiò.	Come il bue Ciciliano che *mugghiò* prima Col pianto	*Inf.* xxvii. 7.
Mul.	Vita bestial mi piacque... Sì come a *mul* ch' io fui	*Inf.* xxiv. 125.
Multa.	l' acqua... Che *Multa*[2] in Albia, ed Albia in mar ne porta.	*Purg.* vii. 99.
Multiplicata.	sua bontate *Multiplicata* per le stelle	*Par.* ii. 137.
Multiplicato.	e che poi cresce amando *Multiplicato*	*Par.* x. 85.
Mundo.	E cantava: beati *mundo* corde, In voce... viva	*Purg.* xxvii. 8.
Munge.	in eterno *munge* Le lagrime che... disserra	*Inf.* xii. 135.
Muno.	tal melodia, Ch' ad ogni merto saria giusto *muno*	*Par.* xiv. 33.
Munta.	La lena m' era del polmon sì *munta*	*Inf.* xxiv. 43.
	veggio La somma essenza della quale è *munta*	*Par.* xxi. 87.
	da ch' è sì *munta* Nostra sembianza via per la dieta	*Purg.* xxiv. 17.
Munto.	Per gli occhi fui di grave dolor *munto*	*Purg.* xiii. 57.
Muoi.	la vendetta, Che tu[3] vedrai innanzi che tu *muoi*	*Par.* xxii. 15.
Muoion.	Quelli che *muoion* nell' ira di Dio	*Inf.* iii. 122.
Muor.	fantolino, Che *muor* di fame, e caccia via la balia	*Par.* xxx. 141.
Muove.	Discende lasso, onde si *muove*[4] snello	*Inf.* xvii. 130.
Muover.	Io vidi già cavalier *muover* campo	*Inf.* xxii. 1.
Muovi.	Or *muovi* e con la tua parola ornata... L' aiuta	*Inf.* ii. 67.
Mura.	Le *mura*, che soleano esser badia, Fatte sono spelonche	*Par.* xxii. 76.
	Le *mura* mi parean che ferro fosse	*Inf.* viii. 78.
	un nobile castello, Sette volte cerchiato d' alte *mura*	*Inf.* iv. 107.
	Quale, dove per guardia delle *mura*... fossi cingon	*Inf.* xviii. 10.
Muri.	Non quel che cadde a Tebe giù da' *muri*	*Inf.* xxv. 15.

---

[1] *moveano.*   [2] Molta.   [3] La qual.   [4] *mosse.*

Muri. la fiera... Che passa i monti, e rompe *muri*[1] ed armi . . . *Inf.* xvii. 2.
Muro. si rode Di quei che un *muro* ed una fossa serra . . . . . *Purg.* vi. 84.
    un rotto, Pur come un fesso che *muro* diparte . . . . *Purg.* ix. 75.
    arrivi Dal altro cinghio, e dismontiam lo *muro* . . . . . . *Inf.* xxiv. 73.
    Lasciammo il *muro*, e gimmo in ver lo mezzo Per un sentier . *Inf.* x. 134.
    Ch' ella mi fece entrar dentro a quel *muro* . . . . *Inf.* ix. 26.
    Ed io mirava ancora all' alto *muro* . . . . *Inf.* xxxii. 18.
    Come si va per *muro* stretto ai merli . . . . *Purg.* xx. 6.
    un secreto calle Tra il *muro* della terra e li martiri . . . . . *Inf.* x. 2.
    or vedi, figlio, Tra Beatrice e te è questo *muro* . . . . . *Purg.* xxvii. 36.
    queste sono il *muro* A che si sparton le sacre scalee . . . *Par.* xxxii. 20.
Murò. al templo, Che si *murò* di segni[2] e di martiri . . . . . . *Par.* xviii. 123.
Musa. si porse, Se fede merta nostra maggior *Musa* . . . . . . *Par.* xv. 26.
    di gran voce, Sì ch' ogni *Musa* ne sarebbe opima . . . . *Par.* xviii. 33.
1. Muse. E nove[3] *Muse* mi dimostran l' Orse . . . . *Par.* ii. 9.
    quel Greco Che le *Muse* lattar più ch' altro mai . . . . . *Purg.* xxii. 102.
    O *Muse*, o alto ingegno, or m' aiutate . . . . *Inf.* ii. 7.
    poesì risurga, O sante *Muse*, poichè vostro sono . . . . . *Purg.* i. 8.
    Canto, che tanto vince nostre *Muse*, Nostre Sirene . . . . *Par.* xii. 7.
*2. Muse. Ma tu chi se' che in sullo scoglio *muse?* . . . . *Inf.* xxviii. 43.
Muso. stanno Timidette atterrando l' occhio e il *muso* . . . . *Purg.* iii. 81.
    Quel che giacea il *muso* innanzi caccia . . . . *Inf.* xxv. 130.
    lucerne empie, Sotto le quai ciascun cambiava *muso* . . . *Inf.* xxv. 123.
    a gracidar si sta la rana Col *muso* fuor dell' acqua . . . . *Inf.* xxxii. 32.
    E come... Stanno i ranocchi pur col *muso* fuori . . . . . *Inf.* xxii. 26.
    Quindi sentimmo gente... che col *muso* isbuffa . . . . . *Inf.* xviii. 104.
    Cagnazzo a cotal motto levò il *muso*... e disse . . . . . . *Inf.* xxii. 106.
    Ed a lor, disdegnosa, torce il *muso* . . . . *Purg.* xiv. 48.
1. Muta. O s' egli stanchi gli altri a *muta* a *muta* . . . . . . *Inf.* xiv. 55.
2. Muta. E *muta* nome, perchè *muta* lato . . . . *Purg.* xi. 102.
    il leoncel... Che *muta* parte dalla state al verno . . . . . *Inf.* xxvii. 51.
    A guisa d' uom... che *muta*[4] in conforto sua paura . . . . *Purg.* ix. 65.
    muta pensier, pensa ch' io sono Presso a colui . . . . . . *Par.* xviii. 5.
    è seconda, Come il sol *muta* quadra, l'[5] ora sesta . . . . *Par.* xxvi. 142.
    fiammella Che segue il foco là 'vunque si *muta* . . . . . *Purg.* xxv. 98.
    volume, U' non si *muta* mai bianco nè bruno . . . . . . *Par.* xv. 51.
Mutai. in sulla soglia fui Di mia... etade, e *mutai* vita . . . . *Purg.* xxx. 125.
Mutamento. Un' aura dolce, senza *mutamento* Avere . . . . *Purg.* xxviii. 7.
Mutan. penne, Che non si *mutan* come mortal pelo . . . . . *Purg.* ii. 36.
Mutandom'. *Mutandom'* io, a me si travagliava . . . . *Par.* xxxiii. 114.
Mutar. *Mutar* lor canto in un O! lungo e roco . . . . *Purg.* v. 27.
    tutta libera[6] a *mutar* convento, L' alma sorprende . . . . *Purg.* xxi. 62.
Mutare. Così vid' io la settima zavorra *Mutare* e trasmutare . . *Inf.* xxv. 143.
Mutarsi. Prima che possa tutta in sè *mutarsi* . . . . *Purg.* xxxii. 21.
Mutasti. dì Nel qual *mutasti* mondo a miglior vita . . . . . . *Purg.* xxiii. 77.
Mutata. Ond' hanno sì *mutata* lor natura Gli abitator . . . . *Purg.* xiv. 40.
Mutato. lampa Che pria per me avea *mutato* sito . . . . . . *Par.* xvii. 6.
    Legge, moneta, offizio, e costume Hai tu *mutato* . . . . . *Purg.* vi. 147.
    sol, de' tre compagni Che venner prima, non era *mutato* . . *Inf.* xxv. 150.
    O è *mutato* in ciel nuovo consiglio, Che dannati venite? . . *Purg.* i. 47.
Mutava. l' occidente *Mutava* in bianco aspetto di cilestro . . . *Purg.* xxvi. 6.
Mute. i suoi nimici Non ne potran tener le lingue *mute* . . . *Par.* xvii. 87.
    L' altre potenze tutte quante *mute* . . . . *Purg.* xxv. 82.
1. Muti. Quali i fanciulli vergognando *muti*... stannosi . . . . *Purg.* xxxi. 64.

---

[1] mura.   [2] sangue.   [3] nuove.   [4] muti.   [5] all'.   [6] tutto libero.

Muti. Lo dì e l' altro stemmo tutti *muti* . . . . *Inf.* xxxiii. 65.
2. **Muti.** A guisa d' uom... che *muti*[1] in conforto sua paura . . . *Purg.* ix. 65.
  e ciascuno Gridava : o me, Agnel, come ti *muti* . . . . . . *Inf.* xxv. 68.
Muto. Dal *muto* aspetti quindi le novelle . . . . *Par.* x. 75.
  E s' io fui innanzi alla risposta *muto*, Fat' ei saper . . . . . *Inf.* x. 112.
  mi facea Libito il[2] non udire, e starmi *muto* . . . . *Par.* xxxi. 42.
  Io venni in loco d' ogni luce *muto*, Che mugghia . . . . . . *Inf.* v. 28.
  Ben sapev' ei, che volea dir lo *muto* . . . . *Purg.* xiii. 76.
Mutò. Ma quell' altro magnanimo... non *mutò* aspetto . . . . . *Inf.* x. 74.
  Dell' empiezza di lei, che *mutò* forma Nell' uccel . . . . *Purg.* xvii. 19.
  fui della città che nel Batista *Mutò*[3] 'l primo patrone . . . . *Inf.* xiii. 144.
  Vedi Tiresia, che *mutò* sembiante, Quando... femmina divenne.*Inf.* xx. 40.
  tanto... trasmutata, Che la sembianza non si *mutò* piùe . . . *Par.* xxvii. 39.
Mutua. le sponsalizie... U' si dotar di *mutua* salute . . . . . . *Par.* xii. 63.
Mutui. insieme Più s' abbellivan coi[4] *mutui* rai . . . . *Par.* xxii. 24.
Muzio. E fece *Muzio* alla sua man severo . . . . *Par.* iv. 84.

'N. Ma '*n* palese[5] nessuna or vi lasciai . . . . *Inf.* xxvii. 39.
N'. *Sovente.*
Nabuccodonosor. *Nabuccodonosor* levando d' ira . . . . *Par.* iv. 14.
Nacqu'. Manto... Poscia si pose là dove *nacqu'* io . . . . . . *Inf.* xx. 56.
Nacque. Dentro vi *nacque* l' amoroso drudo Della fede . . . . *Par.* xii. 55.
  mal del corpo intero, E della mente peggio, e che mal *nacque*.*Purg.* xviii. 125.
  Quella che con le sette teste *nacque* . . . . *Inf.* xix. 109.
  consunto Fu l' uom che *nacque* e visse senza pecca . . . . *Inf.* xxxiv. 115.
  quell' uom che non *nacque*... dannò tutta sua prole . . . . *Par.* vii. 26.
  Di questa costa... *nacque* al mondo un sole . . . . *Par.* xi. 50.
  Così *nacque* di quello un altro poi . . . . *Inf.* xxiii. 11.
  ancor mi distilla Nel cor lo dolce che *nacque* da essa . . . . *Par.* xxxiii. 63.
  il dolor... Quando di[6] gran dispetto in altrui *nacque* . . . *Purg.* xv. 96.
  La casa di che *nacque* vostro fleto... Era onorata . . . . . . *Par.* xvi. 136.
  Per la similitudine che *nacque* Del suo parlare . . . . . . *Par.* xiv. 7.
  Chè dalla nuova terra un turbo *nacque* . . . . *Inf.* xxvi. 137.
Nacquero. Lo ceppo, di che *nacquero* i Calfucci . . . . *Par.* xvi. 106.
  pensiero... Del qual più altri *nacquero* e diversi . . . . . . *Purg.* xviii. 142.
Nacqui. *Nacqui* sub Julio, ancorchè fosse tardi . . . . *Inf.* i. 70.
  D' una radice *nacqui* ed io ed ella ; Cunizza fui chiamata. . *Par.* ix. 31.
  Gli antichi miei ed io *nacqui* nel loco Dove si trova . . . . *Par.* xvi. 40.
Naiade. Ma tosto fien li fatti le *Naiade*, Che solveranno . . . *Purg.* xxxiii. 49.
Nanna. Colui che mo si consola con *nanna* . . . . *Purg.* xxiii. 111.
Napoli. *Napoli* l' a, e da Brandizio è tolto . . . . *Purg.* iii. 27.
Narcisso. E per leccar lo specchio di *Narcisso*, Non vorresti . . *Inf.* xxx. 128.
Nardo. E *nardo* e mirra son l' ultime fasce . . . . *Inf.* xxiv. 111.
Narrai. Quando *narrai* che non ebbe il secondo Lo ben . . . *Par.* xiii. 47.
Narrar. Chi poria mai... Dicer... per *narrar* più volte ? . . . . *Inf.* xxviii. 3.
Narrata. mirabil vita Del poverel di Dio *narrata* fumi . . . . *Par.* xiii. 33.
Narrate. Ciò che *narrate* di mio corso scrivo . . . . *Inf.* xv. 88.
Narrazion. E forse che la mia *narrazion* buia . . . . *Purg.* xxxiii. 46.
Narro. Ch' io veggio certamente, e però il *narro* . . . . . . *Purg.* xxxiii. 40.
  Quivi il lasciammo, chè più non ne *narro* . . . . *Inf.* viii. 64.
Narrò. mi *narrò* gl' inganni Che ricever dovea . . . . *Par.* ix. 2.
Nasca. aspetta, Fiso guardando, pur che l' alba *nasca* . . . . *Par.* xxiii. 9.
Nasce. Per che un *nasce* Solone, ed altro Xerse . . . . *Par.* viii. 124.
  Chè tu dicevi : un uom *nasce* alla riva Dell' Indo . . . . . *Par.* xix. 70.

[1] *muta.* [2] Libito. [3] Cangiò. [4] con. [5] Ma palese. [6] per.

Nasce. un' acqua... Che sopra l' Ermo *nasce* in Apennino . . . *Purg.* v. 96.
L' altro... Resse la terra dove l' acqua *nasce* . . . . *Purg.* vii. 98.
si spazia Un fiumicel che *nasce* in Falterona . . . . *Purg.* xiv. 17.
esso Amor *nasce* in tre modi in vostro limo . . . . *Purg.* xvii. 114.
Nasce per quello, a guisa di rampollo... il dubbio . . . . . *Par.* iv. 130.
Nascendo. Non faceva, *nascendo*, ancor paura La figlia . . ., *Par.* xv. 103.
impresso fue, *Nascendo*, sì da questa stella forte . . . . . . *Par.* xvii. 77.
Due archi... *Nascendo* di quel d' entro quel di fuori . . . . *Par.* xii. 13.
Nascente. caliga... Non per Tifeo, ma per *nascente* solfo . . . . *Par.* viii. 70.
Nascer. caldo Che fa *nascer* li[1] fiori e i frutti santi . . . . *Par.* xxii. 48.
Dal *nascer* della quercia al far la ghianda . . , ... *Par.* xxii. 87.
Nascere. E la faccia del sol *nascere* ombrata . . . . *Purg.* xxx. 25.
Ed ecco... *Nascere* un lustro sopra quel che v' era . . . . . *Par.* xiv. 68.
fa del non ver vera rancura *Nascere* a chi la vede . . . . . *Purg.* x. 134.
Nascesti. vai... Con quelle membra, con le quai *nascesti* . . . . *Purg.* v. 47.
a quel colle, Sotto il qual tu *nascesti*, parve amaro . . . . . *Par.* vi. 54.
Nascete. E voi *nascete* con diverso ingegno . . . . *Par.* xiii. 72.
Nasceva. Con voi *nasceva* e s' ascondeva vosco Quegli . . . . . *Par.* xxii. 115.
Nascimenti. seme Di lor semenza e di lor *nascimenti* . . . . *Inf.* iii. 105.
Nasconda. Ma, per vento che in terra si *nasconda* . . . . . . *Purg.* xxi. 56.
Nasconde. La notte, che le cose ci *nasconde* . . . . *Par.* xxiii. 3.
Tien alto lor disio e nol *nasconde* . . . . *Purg.* xxiv. 111.
Se il fummo del pantan nol ti *nasconde* . . . . *Inf.* viii. 12.
e mi *nasconde* Quasi animal di sua seta fasciato . . . . *Par.* viii. 53.
Tutte l' acque... Verso di quella che nulla *nasconde* . . . *Purg.* xxviii. 30.
sì *nasconde* Lo suo primo perchè, che non gli è guado . . . *Purg.* viii. 68.
vetro, Lo qual diretro a sè piombo *nasconde* . . . . *Par.* ii. 90.
S' io dico 'l ver, l' effetto nol *nasconde* . . . . *Purg.* vi. 138.
non volser viso Da essa, da cui nulla si *nasconde* . . . . . *Par.* xxix. 78.
Lo sol tal volta ad ogni uom si *nasconde* . . . . *Par.* xii. 51.
Nascondesse. Da gente che per noi si *nascondesse* . . . . . . *Inf.* xiii. 27.
Nascondeva. E *nascondeva* in men che non balena . . . . . . *Inf.* xxii. 24.
Nascosa. Fiorentini, Onde la fama nel tempo è *nascosa* . . . *Par.* xvi. 87.
esemplo ch' haia La sua radice incognita e *nascosa* . . . . . *Par.* xvii. 141.
vendetta, che, *nascosa*, Fa dolce l' ira tua nel tuo segreto . . *Purg.* xx. 95.
Or ti puote apparer quant' è *nascosa* La veritade . . . . . . *Purg.* xviii. 34.
Nascosamente. Sì che, se puoi, *nascosamente* accaffi . . . . . *Inf.* xxi. 54.
Nascose. Quel color che l' inferno mi *nascose* . . . . *Purg.* i. 129.
e son sicura Che l' acqua di Letè non gniel *nascose* . . . . . *Purg.* xxxiii. 123.
perchè *nascose* Questi il vocabol di quella riviera ? . . . . . *Purg.* xiv. 25.
Per più letizia sì mi si *nascose*... la figura santa . . . . . . *Par.* v. 136.
Ed altri che la luce si *nascose* Da sè . . . . *Par.* xxix. 100.
Nè per elezion mi si *nascose*, Ma per necessità . . . . *Par.* xv. 40.
Tosto che il vostro viso si *nascose* . . . . *Purg.* xxxi. 36.
falsa matera, Per le vere cagion[2] che son *nascose*[3] . . . . *Purg.* xxii. 30.
le profonde cose... Agli occhi di laggiù son sì *nascose*[4] . . . *Par.* xxiv. 72.
ecco le insidie Che dietro a pochi giri son *nascose* . . . . . *Par.* xvii. 96.
Nascosta. O anima, che se' laggiù *nascosta*, Romagna tua . . *Inf.* xxvii. 36.
ti stai *nascosta* Dentro alla tua letizia . . . . *Par.* xxi. 55.
Nascosto. io Nel parlare avvisai l' altro *nascosto* . . . . . . *Purg.* xix. 84.
non tegno *nascosto*[5] A te mio cor, se non per dicer poco . . . *Inf.* x. 19.
Nasetto. E quel *Nasetto*, che stretto a consiglio Par . . . . . *Purg.* vii. 103.
Naso. E tronco il *naso* infin sotto le ciglia . . . . *Inf.* xxviii. 65.
gli occhi e il *naso* Ed al sì ed al no discordi fensi . . . . *Purg.* x. 62.

[1] nascere i. [2] ragion. [3] sono ascose. [4] ascose. [5] riposto.

NASO 445 NATURA

Naso. Di quel soperchio fe' *naso* alla faccia . . . . *Inf.* xxv. 128.
    trasse La lingua, come 'l bue che il *naso* lecchi . . . . . *Inf.* xvii. 75.
    Perch' io... Mi posi il dito su dal mento al *naso* . . . . . *Inf.* xxv. 45.
    l' alito... Che con gli occhi e col *naso* facea zuffa . . . . *Inf.* xviii. 108.
    s' accorda Cantando con colui del maschio *naso* . . . . . *Purg.* vii. 113.
    E i raggi ne ferian per mezzo il *naso* . . . . *Purg.* xv. 7.
Nassidio. tocca Del misero Sabello e di *Nassidio* . . . . . . *Inf.* xxv. 95.
Nastro. Nè si partì la gemma dal suo *nastro* . . . . *Par.* xv. 22.
Nasuto. Anche al *Nasuto* vanno mie parole . . . . *Purg.* vii. 124.
    E quel *Nasuto*, che stretto a consiglio Par con colui . . . *Purg.* vii. 103.
Nata. quando l' anima mal *nata* Li vien dinanzi . . . . *Inf.* v. 7.
    Femmina è *nata*, e non porta ancor benda, Cominciò ei . . *Purg.* xxiv. 43.
    il foco movesi... Per la sua forma ch' è *nata* a salire . . . *Purg.* xviii. 29.
    Siede la terra, dove *nata* fui, Sulla marina . . . . *Inf.* v. 97.
    O gente umana, per volar su *nata*, Perchè... così cadi? . . . *Purg.* xii. 95.
Natan. *Natan* profeta, e il metropolitano Crisostomo . . . . . *Par.* xii. 136.
Nate. Verdi, come fogliette pur mo *nate*, Erano in veste . . . . *Purg.* viii. 28.
    le tue voglie... Ten porti, che son *nate* in questa spera . . . *Par.* ix. 110.
1. Nati. Di me son *nati* i Filippi e i Luigi . . . . *Purg.* xx. 50.
    li suoi regi... *Nati* per me di Carlo e di Ridolfo . . . . . *Par.* viii. 72.
    ma se a voi piace... spiriti ben *nati*, Voi dite . . . . . . *Purg.* v. 60.
    fa che feggia Lo viso in te di questi altri mal *nati* . . . . *Inf.* xviii. 76.
    Rivolsilo a guardar gli altri mal *nati* . . . . *Inf.* xxx. 48.
    siam vermi *Nati* a formar l' angelica farfalla . . . . *Purg.* x. 125.
2. Nati. Trasseci... Israel con lo[1] padre e co' suoi *nati* . . . . *Inf.* iv. 59.
    Posato al nido dei suoi dolci *nati* La notte . . . . . . *Par.* xxiii. 2.
Natiche. il pianto... Le *natiche* bagnava per lo fesso . . . . . *Inf.* xx. 24.
Natio. Poichè la carità del *natio* loco Mi strinse . . . . *Inf.* xiv. 1.
    ti fa manifesto Di quella nobil patria *natio* . . . . *Inf.* x. 26.
1. Nato. e forse è *nato* Chi l' uno e l' altro caccerà . . . . . *Purg.* xi. 98.
    e quei rispose: Io fui del regno di Navarra *nato* . . . . . *Inf.* xxii. 48.
    io fui *nato* e cresciuto Sopra il bel fiume d' Arno . . . . . *Inf.* xxiii. 94.
    Io fui Latino, e *nato* d' un gran Tosco . . . . *Purg.* xi. 58.
    torcete... Tal che fia[2] *nato* a cingersi la spada . . . . . . *Par.* viii. 146.
    O bene *nato*, a cui veder li troni... concede grazia . . . . *Par.* v. 115.
2. Nato. direte... Che il suo *nato* è co' vivi ancor congiunto . . *Inf.* x. 111.
    L' aspetto del tuo *nato*, Iperione, Quivi sostenni . . . . . *Par.* xxii. 142.
Natura. da quel punto Dipende il cielo, e tutta la *natura* . . . *Par.* xxviii. 42.
    Lo ministro maggior della *natura*... si girava . . . . . . *Par.* x. 28.
    Mai non t' appresentò *natura* o[3] arte Piacer . . . . *Purg.* xxxi. 49.
    non pur Policreto, Ma la *natura* lì avrebbe scorno . . . . *Purg.* x. 33.
    La *natura* del mondo,[4] che quieta Il mezzo . . . . *Par.* xxvii. 106.
    Ma la *natura* la dà sempre scema, Similmente operando . . *Par.* xiii. 76.
    esser decisa, Quando *natura* per forma la diede . . . . . *Par.* iv. 54.
    Non avea pur *natura* ivi dipinto . . . . *Purg.* vii. 79.
    fiati diletto, Quanto *natura* a sentir ti dispose . . . . . . *Purg.* xv. 33.
    par che uccida Pur lo vinco d' amor che fa *natura* . . . . *Inf.* xi. 56.
    Per l' altro modo quell' amor s' obblia Che fa *natura* . . . *Inf.* xi. 62.
    Sempre *natura*, se fortuna trova Discorde a sè . . . . . . *Par.* viii. 139.
    tutto si move Ciò ch' ella crea e[5] che *natura* face . . . . *Par.* iii. 87.
    non si ammorza, Ma fa come *natura* face in foco . . . . . *Par.* iv. 77.
    Natura certo, quando lasciò l' arte... assai fe' bene . . . *Inf.* xxxi. 49.
    Ippocrate, che *natura* Agli animali fe' ch' ell' ha . . . . . *Purg.* xxix. 137.
    E se *natura* od arte fe' pasture Da pigliare occhi . . . . *Par.* xxvii. 91.

[1] suo.   [2] fu.   [3] ed.   [4] moto.   [5] cria o.

Natura. se... ponesse mente Al fondamento che *natura* pone	*Par.* viii. 143.
Come *natura* lo suo corso prende Dal divino intelletto	*Inf.* xi. 99.
l' opere seguite, a che *natura* Non scaldò ferro mai	*Par.* xxiv. 101.
impossibil veggio Che la *natura*, in quel ch' è uopo, stanchi.	*Par.* viii. 114.
Per sè *natura*, e per la sua seguace, Dispregia	*Inf.* xi. 110.
E spregiando *natura* e sua bontade	*Inf.* xi. 48.
ti dei ricordar... Com' io fui di *natura* buona scimia	*Inf.* xxix. 139.
si volge lieto Sopra tanta arte di *natura*	*Purg.* xxv. 71.
vedrai non capere... se la sua *natura* ben rimiri	*Par.* iii. 78.
E fuor di sua *natura* in giù s' atterra	*Par.* xxiii. 42.
E se non fosse il foco che saetta La *natura* del loco	*Inf.* xvi. 17.
Chè la *natura* del monte ci affranse La possa	*Purg.* xxvii. 74.
Ed ha *natura* sì malvagia e ria, Che mai non empie	*Inf.* i. 97.
Che l' umana *natura* mai non fue, Nè fia, qual fu	*Par.* xiii. 86.
Tu se' colei che l' umana *natura* Nobilitasti sì	*Par.* xxxiii. 4.
tu esclame, Crucciato quasi all' umana *natura*	*Purg.* xxii. 39.
questo loco eletto All' umana *natura* per suo nido	*Purg.* xxviii. 78.
Quantunque alla *natura* umana lece Aver di lume	*Par.* xiii. 43.
non sareste ancora Dell' umana *natura* posto in bando	*Inf.* xv. 81.
essenza, in che si vede Come nostra *natura* e Dio s' unio	*Par.* ii. 42.
Vostra *natura*, quando peccò tota Nel seme suo	*Par.* vii. 85.
Una *natura* in Cristo esser, non piùe, Credeva	*Par.* vi. 14.
U' la *natura*, che dal suo fattore S' era allungata, unio	*Par.* vii. 31.
S' alla *natura* assunta si misura, Nulla... sì giustamente	*Par.* vii. 41.
persona che sofferse, In che era contratta tal *natura*	*Par.* vii. 45.
Questa *natura* al suo Fattore unita... fu sincera	*Par.* vii. 35.
ogni minor *natura* È corto recettacolo a quel bene	*Par.* xix. 49.
è *natura*, Ch' al sommo pinge noi di collo in collo	*Par.* iv. 131.
la mala condotta... E non *natura* che in voi sia corrotta	*Purg.* xvi. 105.
quello è *natura* Che per piacer di nuovo in voi si lega	*Purg.* xviii. 26.
Natura generata il suo cammino Simil farebbe sempre	*Par.* viii. 133.
cor del generante, Ove *natura* a tutte membra intende	*Purg.* xxv. 60.
Ma, così o così, *natura* lascia Poi fare a voi	*Par.* xxvi. 131.
Uso e *natura* sì la privilegia, Che... Sola va dritta	*Purg.* viii. 130.
Qual mi fec' io, che pur di mia *natura* Trasmutabile son!	*Par.* v. 98.
Sì sua virtù la mia *natura* vinse	*Par.* xxii. 102.
Ond' hanno sì mutata lor *natura* Gli abitator	*Purg.* xiv. 40.
e mosse... Per la virtù, che sua *natura* diede	*Purg.* v. 114.
La sua *natura*, che di larga parca Discese, avria mestier	*Par.* viii. 82.
Non può da[1] sua *natura* esser possente Tanto	*Par.* xix. 55.
perchè... Si legge che l' angelica *natura* E tal	*Par.* xxix. 71.
Questa *natura* sì oltre s' ingrada In numero	*Par.* xxix. 130.
piu addentro vide L' angelica *natura* e il ministero	*Par.* x. 117.
non Peana, Ma tre Persone in divina *natura*	*Par.* xiii. 26.
La circular *natura*, ch' è suggello Alla cera mortal	*Par.* viii. 127.
A maggior forza ed a miglior *natura* Liberi soggiacete	*Purg.* xvi. 79.
Per la *natura* lieta onde deriva, La virtù mista... luce	*Par.* ii. 142.
Natural. Lo *natural* è[2] sempre senza errore	*Purg.* xvii. 94.
ma *natural* burella Ch' avea mal suolo e... disagio	*Inf.* xxxiv. 98.
E come, per lo *natural* costume, Le pole insieme	*Par.* xxi. 34.
dove Dio... governa, La legge *natural* nulla rileva	*Par.* xxx. 123.
La sete *natural* che mai non sazia... Mi travagliava	*Purg.* xxi. 1.
poscia geme Sopr' altrui sangue in *natural* vasello	*Purg.* xxv. 45.
Naturale. senza amore, O *naturale*, o d' animo	*Purg.* xvii. 93.

[1] di.   [2] fu.

Naturale. Opera *naturale* è ch' uom favella . . . . *Par.* xxvi. 130.
Naturalmente. dove si monta e cala *Naturalmente* . . . . *Par.* xxii. 104.
Nature. Nell' ordine ch' io dico sono accline Tutte *nature* . . . *Par.* i. 110.
    E non pur le *nature* provvedute Son nella mente . . . . . . *Par.* viii. 100.
    al petto, Dove[1] le duo *nature* son consorti . . . . *Inf.* xii. 84.
    Chè due *nature* mai a fronte a fronte Non trasmutò . . . . *Inf.* xxv. 100.
    la fiera, Ch' è sola una persona in due *nature* . . . . . . *Purg.* xxxi. 81.
Navarra. rispose : Io fui del regno di *Navarra* nato . . . . . . *Inf.* xxii. 48.
    E beata *Navarra*, Se s' armasse del monte che la fascia ! . . *Par.* xix. 143.
Navarrese. Lo *Navarrese* ben suo tempo colse . . . . *Inf.* xxii. 121.
Nave. affissi, Pur come *nave* ch' alla piaggia arriva . . . . . *Purg.* xvii. 78.
    andavam forte, Sì come *nave* pinta da buon vento . . . . *Purg.* xxiv. 3.
    ferì il carro... Ond' ei piegò, come *nave* in fortuna . . . . . *Purg.* xxxii. 116.
    Se non come... *Nave* che per corrente[2] giù discende . . . . *Par.* xvii. 42.
    nè pedoni, Nè *nave* a segno di terra o di stella . . . . . *Inf.* xxii. 12.
    snella, Com' io vidi una *nave* piccioletta Venir . . . . . . *Inf.* viii. 15.
    Nave senza nocchiere in gran tempesta . . . . *Purg.* vi. 77.
    L' altro, che già uscì preso di *nave*, Veggio vender . . . *Purg.* xx. 79.
    Nè... fece dimora, E come albero in *nave* si levò . . . . . . *Inf.* xxxi. 145.
    Ed ecco verso noi venir per *nave* Un vecchio . . . . . . *Inf.* iii. 82.
    leggiero, Come a seconda giuso andar per *nave* . . . . . . *Purg.* iv. 93.
Navicar. Che *navicar* non ponno, e in quella vece Chi fa . . . . *Inf.* xxi. 10.
    lito... Che mai non vide *navicar* sue acque Uomo . . . . *Purg.* i. 131.
Navicella. Come la *navicella* esce del[3] loco . . . . *Inf.* xvii. 100.
    alza le vele Omai la *navicella* del mio ingegno . . . . . . *Purg.* i. 2.
    e cotal disse : O *navicella* mia, com' mal sei carca ! . . . . *Purg.* xxxii. 129.
Naviganti. l' ora che volge il disio Ai *naviganti* . . . . *Purg.* viii. 2.
Navigio. Metter... per l' alto sale Vostro *navigio* . . . . . . *Par.* ii. 14.
Nazion. E sua *nazion* sarà tra Feltro e Feltro . . . . *Inf.* i. 105.
Nazione. egregia *Nazione*, e due corone han fatte bozze . . . . *Par.* xix. 138.
Nazzarette. Non vanno i lor pensieri a *Nazzarette* . . . . . . *Par.* ix. 137.
'Ncontro. Poscia che 'ncontro[4] alla vita presente . . . . . *Par.* xxviii. 1.
'Ndietro. Che di fuor torna chi *'ndietro* si guata . . . . *Purg.* ix. 132.
1. **Ne** (*pronome*). *Sovente.*
2. **Ne.** Questi è divino spirito, che *ne* la Via... ne drizza . . . *Purg.* xvii. 55.
    Poi che ciascuno fu tornato *ne* lo Punto del cerchio . . . *Par.* xi. 13.
Nè ; Ne'. *Sovente.*
Nebbia. Ricorditi... se mai nell' alpe Ti colse *nebbia* . . . . *Purg.* xvii. 2.
    Come, quando la *nebbia* si dissipa, Lo sguardo... raffigura . *Inf.* xxxi. 34.
    Come quando una grossa *nebbia* spira . . . . *Inf.* xxxiv. 4.
    Ond' ei repente spezzerà la *nebbia* . . . . *Inf.* xxiv. 149.
    seppe nè orto, Nè d' altra *nebbia*, che di colpa velo . . . *Purg.* xxx. 3.
    Chè non si converria l' occhio sorpriso D' alcuna *nebbia* . . *Purg.* i. 98.
    Indi la valle... Da Pratomagno... coperse Di *nebbia* . . . *Purg.* v. 117.
    nol potea menare... Per l' aer nero e per la *nebbia* folta . . *Inf.* ix. 6.
    io dicerò... E purgherò la *nebbia* che ti fiede . . . . . . *Purg.* xxviii. 90.
Nebulosa. Oscura, profond' era, e *nebulosa* . . . . *Inf.* iv. 10.
Necessario. me non riprendo... Poich' era *necessario* . . . . . *Par.* iv. 9.
†**Necesse.** vedrai non capere... S' essere in carità è qui *necesse* . *Par.* iii. 77.
    o se *necesse* Con contingente mai *necesse* fenno . . . . . . *Par.* iii. 99.
Necessità. *Necessità* le fa esser veloce . . . . *Inf.* vii. 89.
    Però *necessità*[5] fu agli Ebrei Pur l' offerere . . . . *Par.* v. 49.
    Necessità 'l c' induce, e non diletto . . . . *Inf.* xii. 87.
    Necessità però quindi non prende, Se non come dal viso . . *Par.* xvii. 40.

[1] Ove.   [2] torrente.   [3] di.   [4] contro.   [5] necessitato.

Necessità. nome mio, Che di *necessità* qui si registra . . . . . *Purg.* xxx. 63.
  Nè per elezion mi si nascose, Ma per *necessità* . . . . *Par.* xv. 41.
*Necessitate. tutto Movesse seco di *necessitate* . . . . *Purg.* xvi. 69.
  Onde pognam che di *necessitate* Surga ogni amor . . . . . . *Purg.* xviii. 70.
Necessitato. Però *necessitato*[1] fu agli Ebrei Pur l' offerere . . . *Par.* v. 49.
Nega. è... bene abbasso, Che senza distinzion afferma o *nega* . *Par.* xiii. 116.
Negando. Col cor *negando* e bestemmiando quella . . . . *Inf.* xi. 47.
Negar. Non vogliate *negar* l' esperienza... del mondo . . . . . *Inf.* xxvi. 116.
  Io non posso *negar* quel che tu chiedi . . . . *Inf.* xxiv. 136.
Negasse. Qual ti *negasse* il vin della sua fiala . . . . *Par.* x. 88.
Negassi. se tacessi, o se *negassi* Ciò che confessi . . . . *Purg.* xxxi. 37.
Negate. dicea... Chi m' ha *negate* le dolenti case ? . . . . . . *Inf.* viii. 120.
Negato. Se quei... Più volte m' ha *negato* esto passaggio . . . *Purg.* ii. 96.
  E se 'l passar[2] più oltre c' è *negato*, Ritroviam . . . . *Inf.* viii. 101.
  la porta, Lo cui sogliare a nessuno è *negato* . . . . *Inf.* xiv. 87.
Neghi. tu mi *neghi*... Che decreto del ciel orazion pieghi . . . *Purg.* vi. 28.
  Esser non puote il mio che a te si *neghi* . . . . *Purg.* i. 57.
Negletta. Per la centesma ch' è laggiù *negletta* . . . . *Par.* xxvii. 143.
Negletti. Però n' è data, perchè fur *negletti*... voti . . . . . . *Par.* iii. 56.
Negletto. sembianti D' aver *negletto* ciò che far dovea . . . . *Purg.* vii. 92.
  e Quinzio che dal cirro *Negletto* fu nomato . . . . *Par.* vi. 47.
Negli. *Sovente.*
Negligente. Colui che mostra sè più *negligente* . . . . *Purg.* iv. 110.
Negligenza. Qual *negligenza*, quale stare è questo ? . . . . . . *Purg.* ii. 121.
  fervore acuto... Ricompie forse *negligenza* e indugio . . . *Purg.* xviii. 107.
  stavano... Com' uom per *negligenza* a star si pone . . . . . *Purg.* iv. 105.
Nego. E riprego... Che non mi facci dell' attender *nego* . . . *Inf.* xxvi. 67.
  Discolpi me non poterti' io far *nego* . . . . *Purg.* xxv. 33.
  quale aspetta prego... Malignamente già si mette al *nego* . . *Purg.* xvii. 60.
Negozio. E chi rubare, e chi civil *negozio* . . . . *Par.* xi. 7.
Negra. Or ci attristiam nella belletta *negra* . . . . *Inf.* vii. 124.
  O s' egli stanchi... In Mongibello alla fucina *negra* . . . . *Inf.* xiv. 56.
Negri. Pistoia in pria di *Negri*[3] si dimagra . . . . *Inf.* xxiv. 143.
Nei; nel; nell'; nella; nello. *Sovente.*
Nella. La *Nella* mia col suo pianger dirotto . . . . *Purg.* xxiii. 87.
Nembrot. Vedea *Nembrot* appiè del gran lavoro . . . . *Purg.* xii. 34.
  Innanzi... ch'... Fosse la gente di *Nembrot*[4] attenta . . . . *Par.* xxvi. 126.
Nembrotto. Questi è *Nembrotto*, per lo cui mal coto . . . . . *Inf.* xxxi. 77.
Nemici. dei cattivi A Dio spiacenti ed ai *nemici* sui . . . . . *Inf.* iii. 63.
  il santo atleta, Benigno ai suoi, ed ai *nemici* crudo . . . . *Par.* xii. 57.
Nemico. Quivi trovammo Pluto il gran *nemico* . . . . *Inf.* vi. 115.
Nepote. *Nepote* fu della buona Gualdrada . . . . *Inf.* xvi. 37.
  io son Manfredi, *Nepote* di Constanza Imperadrice . . . . *Purg.* iii. 113.
  Nepote ho io di là ch' ha nome Alagia . . . . *Purg.* xix. 142.
  Vedi **Nipote.**
Neque. suono, Che dice *neque* nubent, intendesti . . . . . . *Purg.* xix. 137.
Nequizia. non... Torcer giammai ad alcuna *nequizia* . . . . . *Par.* vi. 123.
  Dietro gli andai incontro alla *nequizia* Di quella legge . . . *Par.* xv. 142.
  è argomento Di fede, e non d' eretica *nequizia* . . . . . . *Par.* iv. 69.
Nera. era là bianco... e l' altra parte *nera* . . . . *Par.* i. 45.
  Così si fa la pelle bianca, *nera*, Nel primo aspetto . . . . . *Par.* xxvii. 136.
  chi son quelle Genti, che l' aura *nera*[5] sì gastiga ? . . . . . *Inf.* v. 51.
  della profonda notte Che sempre *nera* fa la valle inferna . . *Purg.* i. 45.
Nerbo. drizza il *nerbo* Del viso su per quella schiuma . . . . *Inf.* ix. 73.

---

[1] *necessità.*   [2] l' andar.   [3] Neri.   [4] Nembrotte.   [5] aer nero.

Nerbo.	E quei tenea de' piè ghermito il *nerbo*	*Inf.* xxi. 36.
Nere.	selva piena Di *nere* cagne, bramose e correnti	*Inf.* xiii. 125.
	E quegli: ei son tra le anime più *nere*	*Inf.* vi. 85.
1. **Neri.**	uscirci, Senza costringer degli angeli *neri*	*Inf.* xxiii. 131.
	ma un de' *neri* Cherubini Gli disse: nol portar	*Inf.* xxvii. 113.
2. **Neri.**	Pistoia in pria di *Neri*[1] si dimagra	*Inf.* xxiv. 143.
Nerli.	E vidi quel de' *Nerli* e quel del Vecchio	*Par.* xv. 115.
Nero.	Quei che pende dal *nero* ceffo è Bruto	*Inf.* xxxiv. 65.
	color bruno, Che non è *nero* ancora, e il bianco more	*Inf.* xxv. 66.
	E vidi dietro a noi un diavol *nero* Correndo... venire	*Inf.* xxi. 29.
	E quella fronte ch' ha il pel così *nero* E Azzolino	*Inf.* xii. 109.
	un serpentello... Livido e *nero* come gran di pepe	*Inf.* xxv. 84.
	nol potea menare... Per l' aer *nero* e per la nebbia folta	*Inf.* ix. 6.
	chi son quelle Genti che l' aer *nero*[2] sì gastiga?	*Inf.* v. 51.
Nervi.	Bacchiglione, Dove[3] lasciò li mal protesi *nervi*	*Inf.* xv. 114.
Nescia.	Sì *nescia* è la sua subita vigilia	*Par.* xxvi. 74.
Nesso.	quegli è *Nesso*, Che morì per la bella Deianira	*Inf.* xii. 67.
	Chiron si volse... E disse a *Nesso:* torna, e sì li guida	*Inf.* xii. 98.
	Non era ancor di là *Nesso* arrivato	*Inf.* xiii. 1.
Nessun.	Come a *nessun* toccasse altro la mente	*Purg.* ii. 117.
	nessun maggior dolore Che ricordarsi del tempo felice	*Inf.* v. 121.
	Ed egli a me: *nessun* m' è fatto oltraggio	*Purg.* ii. 94.
	Ed egli a me: *nessun* tuo passo caggia	*Purg.* iv. 37.
	Nessun riparo vi può far la gente	*Inf.* xxxi. 57.
	un bosco, Che da *nessun* sentiero era segnato	*Inf.* xiii. 3.
	sì ratto, Che il mover suo *nessun* volar pareggia	*Purg.* ii. 18.
	il ver... Di fuor dal qual *nessun* vero si spazia	*Par.* iv. 126.
	Ma per salirla mo *nessun* diparte Da terra i piedi	*Par.* xxii. 73.
	quella scala, U' senza risalir *nessun* discende	*Par.* x. 87.
	a cui... La porta del piacer *nessun* disserra	*Par.* xi. 60.
	già son levati Tutti i coperchi, e *nessun* guardia face	*Inf.* x. 9.
	E di calcar *nessun* si mostra schivo	*Purg.* ii. 72.
	Due e *nessun* l' imagine perversa Parea	*Inf.* xxv. 77.
	Del retaggio miglior *nessun* possiede	*Purg.* vii. 120.
	Ma ei gridò: *nessun* di voi sia fello	*Inf.* xxi. 72.
	Lo pan che il pio padre a *nessun* serra	*Par.* xviii. 129.
Nessuna.	Tal si movea... chè *nessuna* mostra il furto	*Inf.* xxvi. 41.
	Ma 'n palese *nessuna* or vi lasciai	*Inf.* xxvii. 39.
Nessuno.	*nessuno* Le seconde aspettava nè le terze	*Inf.* xviii. 38.
	nessuno ha potere Di trarre gli occhi fuor	*Par.* xxvii. 122.
	la porta, Lo cui sogliare a *nessuno* è negato	*Inf.* xiv. 87.
Netta.	O dignitosa coscienza e *netta!*	*Purg.* iii. 8.
Nettare.	*Nettare* è questo di che ciascun dice	*Purg.* xxviii. 144.
	Fe' saporose... ghiande, E... *nettare* con sete ogni ruscello	*Purg.* xxii. 150.
Nette.	Nè... Valse alle guance *nette* di rugiada	*Purg.* xxx. 53.
Nettuno.	Non vide mai sì gran fallo *Nettuno*	*Inf.* xxviii. 83.
	alla impresa, Che fe' *Nettuno* ammirar l' ombra d' Argo	*Par.* xxxiii. 96.
Neve.	tanto bianco, Che nulla *neve* a quel termine arriva	*Par.* xxxi. 15.
	Perchè non pioggia, non grando, non *neve*... più su cade	*Purg.* xxi. 46.
	Sì come *neve*, tra le vive travi... si congela	*Purg.* xxx. 85.
	Così la *neve* al sol si disigilla, Così al vento	*Par.* xxxiii. 64.
	La terza parea *neve* testè mossa	*Purg.* xxix. 126.
	Grandine grossa, e acqua tinta, e *neve*... si riversa	*Inf.* vi. 10.
	dilatate falde, Come di *neve* in alpe senza vento	*Inf.* xiv. 30.

[1] *Negri.*   [2] *aura nera.*   [3] Ove.

Neve. che stretta di *neve* Non rechi la vittoria al Noarese . . . *Inf.* xxviii. 58.
Della *neve* riman nudo il suggetto E dal colore . . . . . . *Par.* ii. 107.
Nicchia. Quindi sentimmo gente che si *nicchia* Nell' altra bolgia.*Inf.* xviii. 103.
Niccolao. larghezza Che fece *Niccolao* alle pulcelle . . . . . . *Purg.* xx. 32.
Niccolò. E *Niccolò*, che la costuma ricca... discoperse . . . . *Inf.* xxix. 127.
Nicosia. *Nicosia* e Famagosta... si lamenti . . . . *Par.* xix. 146.
Nidi. Quivi le brutte Arpíe lor *nidi*[1] fanno . . . . *Inf.* xiii. 10.
si rammenta Quella virtù ch' è[2] forma per li *nidi* . . . . . *Par.* xviii. 111.
Nido. Posato al *nido* dei suoi dolci nati La notte . . . . . . *Par.* xxiii. 2.
Quali colombe... al dolce *nido* Volan per l' aer . . . . . . *Inf.* v. 83.
Quale sopr' esso il *nido* si rigira . . . . *Par.* xix. 91.
rimaser, quando Fu fatto il *nido* di malizia tanta . . . . . . *Inf.* xv. 78.
questo loco eletto All' umana natura per suo *nido* . . . . *Purg.* xxviii. 78.
Delo, Pria che Latona in lei facesse il *nido* . . . . *Purg.* xx. 131.
E la virtù... Del bel *nido* di Leda mi divelse . . . . *Par.* xxvii. 98.
Le città... Conduce il leoncel dal *nido* bianco . . . . *Inf.* xxvii. 50.
e forse è nato Chi l' uno e l' altro caccerà di *nido* . . . . . *Purg.* xi. 99.
Niega. Venite a noi parlar, s' altri nol *niega* . . . . *Inf.* v. 81.
Niente. Così giù veggio, e *niente* affiguro . . . . *Inf.* xxiv. 75.
quel che pate *Niente* conferisce a quel che isforza . . . . *Par.* iv. 74.
Ma però di levarsi era *niente*, Sì aveano inviscate l' ale . . . *Inf.* xxii. 143.
Tutte adunate parrebber *niente* Ver lo piacer divin . . . . *Par.* xxvii. 94.
*****Nigri.** ombra... Qual sotto foglie verdi e rami *nigri* . . . . . . *Purg.* xxxiii. 110.
Nil. percosse Sì, ch' al *Nil* caldo si sentì del duolo . . . . . *Par.* vi. 66.
Nilo. tal, quali Vengon di là, onde il *Nilo* s' avvalla . . . . . *Inf.* xxxiv. 45.
Come gli augei che vernan lungo il *Nilo*... fanno schiera . . *Purg.* xxiv. 64.
Ni-m. Qu' ieu no-m puesc, *ni-m* vueil a vos cobrire . . . . . *Purg.* xxvi. 141.
Nimica. Quando verrà la *nimica* podesta, Ciascun ritroverà . . *Inf.* vi. 96.
Come le rane innanzi alla *nimica* Biscia . . . . *Inf.* ix. 76.
qual mi torse Più nel suo amor, più mi si fe' *nimica* . . . *Purg.* xxxi. 87.
Lucìa, *nimica* di ciascun crudele, Si mosse . . . . *Inf.* ii. 100.
Virtù così per *nimica* si fuga Da tutti . . . . *Purg.* xiv. 37.
Nimici. i suoi *nimici* Non ne potran tener le lingue . . . . . *Par.* xvii. 86.
frate Gomita... Ch' ebbe i *nimici* di suo donno in mano . . *Inf.* xxii. 83.
li fanti... Veggendo sè tra *nimici* cotanti . . . . *Inf.* xxi. 96.
Nimico. agnello *Nimico* ai lupi, che gli danno guerra . . . . *Par.* xxv. 6.
quell' ingrato popolo... Ti si farà, per tuo ben far, *nimico* . *Inf.* xv. 64.
ripensando A quel parlar che mi parea *nimico* . . . . *Inf.* x. 123.
Chè ciascun suo *nimico* era Cristiano . . . . *Inf.* xxvii. 88.
Nin. Giudice *Nin* gentil, quanto mi piacque Quando ti vidi ! . . *Purg.* viii. 53.
Ninfe. E come *ninfe* che si givan sole Per le... ombre . . . . *Purg.* xxix. 4.
In cerchio le facevan di sè claustro Le sette *ninfe* . . . . *Purg.* xxxii. 98.
Noi siam[3] qui *ninfe*, e nel ciel siamo[4] stelle . . . . *Purg.* xxxi. 106.
Quale... Trivia ride tra le *ninfe* eterne . . . . *Par.* xxiii'. 26.
Nino. si legge, Che succedette[5] a *Nino* e fu sua sposa . . . . *Inf.* v. 59.
Niobè. O *Niobè*, con che occhi dolenti Vedeva io te ! . . . . *Purg.* xii. 37.
Nipote. Io veggio tuo *nipote*, che diventa Cacciator . . . . . *Purg.* xiv. 58.
Segue... Sì che vostr' arte a Dio quasi e *nipote* . . . . . *Inf.* xi. 105.
Vedi **Nepote.**
Niso. Per cui morì... Eurialo, e Turno, e *Niso* di ferute . . . *Inf.* i. 108.
Nitide. O ver per acque *nitide* e tranquille . . . . *Par.* iii. 11.
No. Dell' altre *no*, che non son paurose . . . . *Inf.* ii. 90.
No, se il maestro vostro ben vi scrive . . . . *Par.* viii. 120.
non disceser venti, O visibili o *no*, tanto festini . . . . . *Par.* viii. 23.

[1] nido. [2] ei. [3] sem. [4] semo. [5] sugger dette.

No.	Che crede e *no*, dicendo : ell' è, non è	*Purg.* vii. 12.
	Che or sì or *no* s' intendon le parole	*Purg.* ix. 145.
	a' due miei sensi Faceva dir l' un : *no* ; l' altro : sì, canta	*Purg.* x. 60.
	Temendo *no* 'l mio dir gli fusse grave	*Inf.* iii. 80.
	Chè 'l sì e 'l *no*[1] nel capo mi tenzona	*Inf.* viii. 111.
	gli occhi e il naso Ed al sì ed al *no* discordi fensi	*Purg.* x. 63.
	lento... Ed al sì ed al *no*, che tu non vedi	*Par.* xiii. 114.
	Del *no*, per li denar, vi si fa ita	*Inf.* xxi. 42.
No'.	Per che *no'* i volle[2] Gedeon compagni	*Purg.* xxiv. 125.
Noarese.	che stretta di neve Non rechi la vittoria al *Noarese*	*Inf.* xxviii. 59.
Nobil.	Vedea colui che fu *nobil* creato	*Purg.* xii. 25.
	ti fa manifesto Di quella *nobil* patria natio	*Inf.* x. 26.
Nobile.	Venimmo al piè d' un *nobile* castello	*Inf.* iv. 106.
	La *nobile* virtù Beatrice intende Per lo libero arbitrio	*Purg.* xviii. 73.
Nobiltà.	Di sua *nobiltà* convien che caggia	*Par.* vii. 78.
Nobilitasti.	Tu se' colei che l' umana natura *Nobilitasti*	*Par.* xxxiii. 5.
*****Nobilitate.**	Quì si parrà la tua *nobilitate*	*Inf.* ii. 9.
Nobiltà.	O poca nostra *nobiltà* di sangue !	*Par.* xvi. 1.
Nocchi.	come l' anima si lega In questi *nocchi*	*Inf.* xiii. 89.
Nocchier.	il *nocchier* forte : Uscite, ci gridò	*Inf.* viii. 80.
	le lanose gote Al *nocchier* della livida palude	*Inf.* iii. 98.
	Nè da *nocchier* ch' a sè medesmo parca	*Par.* xxiii. 69.
Nocchiere.	Nave senza *nocchiere* in gran tempesta	*Purg.* vi. 77.
*****Nocchiero.**	Da poppa stava il celestial *nocchiero*	*Purg.* ii. 43.
Noccia.	Disse per confortarmi : non ti *noccia* La tua paura	*Inf.* vii. 4.
	bolle Qual che per violenza in altrui *noccia*	*Inf.* xii. 48.
Noce.	posa, E vola, e dalla *noce* si dischiava	*Par.* ii. 24.
Nocera.	piange Per grave giogo *Nocera* con Gualdo	*Par.* xi. 48.
Nocivo.	dedutto Dal suo bene operar, non gli è *nocivo*	*Par.* xx. 59.
Nocque.	Ben ten dee ricordar, che non ti *nocque*	*Inf.* xx. 128.
Nodi.	Lo dosso e il petto... Dipinte avea di *nodi* e di rotelle	*Inf.* xvii. 15.
Nodo.	Perch' ell' è quella che il *nodo* disgroppa	*Purg.* ix. 126.
	E d' iracondia van solvendo il *nodo*	*Purg.* xvi. 24.
	ombre che vanno, Forse di lor dover solvendo il *nodo*	*Purg.* xxiii. 15.
	Deh... Prega' io lui, solvetemi quel *nodo*	*Inf.* x. 95.
	il *nodo* Che il Notaro, e Guittone, e me ritenne	*Purg.* xxiv. 55.
	Se li tuoi diti non sono a tal *nodo* Sufficienti	*Par.* xxviii. 58.
	mente ristretta Di pensier in pensier dentro ad un *nodo*	*Par.* vii. 53.
	Appresso tutto ii pertrattato *nodo*, Vidi due vecchi	*Purg.* xxix. 133.
	La forma universal di questo *nodo* Credo ch' io vidi	*Par.* xxxiii. 91.
	giunse a Capocchio, ed in sul *nodo* Del collo l' assannò	*Inf.* xxx. 28.
Nodosi.	Non rami schietti, ma *nodosi* e involti	*Inf.* xiii. 5.
Noè.	esser presaga, Per lo patto che Dio con *Noè* pose	*Par.* xii. 17.
	Trasseci l' ombra... D' Abel suo figlio, e quella di *Noè*	*Inf.* iv. 56.
1. Noi.	*Sovente.*	
	Io e Mio, Quand' era nel concetto *Noi* e Nostro	*Par.* xix. 12.
2. Noi.	con beffa Sì fatta, ch' assai credo che lor *noi*	*Inf.* xxiii. 15.
	Guardate che il venir su non vi *noi*	*Purg.* ix. 87.
	dite come... Esser potrà ch' al veder non vi *noi*	*Par.* xiv. 18.
1. Noia.	Ma tu perchè ritorni a tanta *noia?*	*Inf.* i. 76.
	l' argomento... Che t' avria fatto *noia* ancor più volte	*Par.* iv. 90.
	si recò a *noia* Forse d' esser nomato sì oscuro	*Inf.* xxx. 100.
2. Noia.	indulgo La cagion di mia sorte, e non mi *noia*	*Par.* ix. 35.
Noiando.	*Noiando* ed a Sicheo ed a Creusa	*Par.* ix. 98.

[1] Chè sì e no.   [2] non gli ebbe.

Nol. *Sovente.*
Noli. Vassi in Sanleo, e discendesi in *Noli* . . . . *Purg.* iv. 25.
No-m. Qu' ieu *no-m* puesc, ni-m vueil a vos cobrire . . . . . *Purg.* xxvi. 141.
Noma. Stazio la gente ancor di là mi *noma* . . . . *Purg.* xxi. 91.
    E Guido da Castel, che me' si *noma*... Lombardo . . . . *Purg.* xvi. 125.
    Cotesti che ancor vive, e non si *noma*, Guardare' io . . . *Purg.* xi. 55.
    si *noma* Pietola più che villa Mantovana . . . . *Purg.* xviii. 82.
Nomar. Quand' i' odo *nomar* sè stesso il padre Mio . . . . . *Purg.* xxvi. 97.
    ebbi... udito *Nomar* le donne antiche e i cavalieri . . . . *Inf.* v. 71.
    un lume tratto Dal *nomar* Josuè, com' ei si feo . . . . . . *Par.* xviii. 38.
    altri mi nomò... E del *nomar* parean tutti contenti . . . . *Purg.* xxiv. 26.
Nomare. Che l' un *nomare* un[1] altro convenette . . . . *Inf.* xxv. 42.
Nomarlo. Quinci si mosse spirito a *nomarlo* . . . . *Par.* xii. 68.
Nomati. Ma gli elementi che tu hai *nomati* . . . . *Par.* vii. 133.
    Io Catalano, e questi Loderingo *Nomati* . . . . *Inf.* xxiii. 105.
Nomato. si recò a noia Forse d' esser *nomato* sì oscuro . . . *Inf.* xxx. 101.
    e Quinzio che dal cirro Negletto fu *nomato* . . . . *Par.* vi. 47.
    non questi che... fu *nomato* Sassol Mascheroni . . . . . . *Inf.* xxxii. 65.
Nomava. porta, Che si *nomava* da quei della Pera . . . . . . *Par.* xvi. 126.
Nome. O Ugolin de' Fantolin, sicuro E il *nome* tuo . . . . . *Purg.* xiv. 122.
    Non so se il *nome* suo giammai fu vosco . . . . *Purg.* xi. 60.
    primai Fur verbo e *nome* di tutto il dipinto . . . . *Par.* xviii. 92.
    Laudato sia il tuo *nome* e il tuo valore Da ogni creatura . . *Purg.* xi. 4.
    si legge, Quando partiamci, il *nome* di colei . . . . *Purg.* xxvi. 86.
    Folco mi disse quella gente, a cui Fu noto il *nome* mio . . . *Par.* ix. 95.
    degno Ben è che il *nome* di tal valle pera . . . . *Purg.* xiv. 30.
    Il *nome* del bel fior, ch' io sempre invoco . . . . *Par.* xxiii. 88.
    e tutti gli altri lumi Facean sonar lo *nome* di Maria . . . *Par.* xxiii. 111.
    E per l' Inferno il tuo *nome* si spande . . . . *Inf.* xxvi. 3.
    Chè il *nome* mio ancor molto non suona . . . . *Purg.* xiv. 21.
    Se il *nome* tuo nel mondo tegna fronte . . . . *Inf.* xxvii. 57.
    Prendendo l' un che avea *nome* Learco . . . . *Inf.* xxx. 10.
    dicea: Sappia, qualunque il mio *nome* domanda . . . . . . *Purg.* xxvii. 100.
    Euripilo ebbe *nome*, e così il canta... mia Tragedía . . . *Inf.* xx. 112.
    Guido Guerra ebbe *nome*, ed in sua vita Fece... assai . . . *Inf.* xvi. 38.
    Otacchero ebbe *nome*, e nelle fasce Fu meglio assai . . . . *Purg.* vii. 100.
    Nepote ho io di là ch' ha *nome* Alagia . . . . *Purg.* xix. 142.
    Traversa un' acqua che ha *nome* l' Archiano . . . . *Purg.* v. 95.
    in Italia bella giace un laco... ch' ha *nome* Benaco . . . . *Inf.* xx. 63.
    omai, figliuolo, S' appressa la città che ha *nome* Dite . . *Inf.* viii. 68.
    Fialte ha *nome;* e' fece le gran prove . . . . *Inf.* xxxi. 94.
    Una palude fa, che ha *nome* Stige . . . . *Inf.* vii. 106.
    parole e... pena M' avevan di costui già letto il *nome* . . *Inf.* x. 65.
    Ch' io metta il *nome* tuo tra l' altre note . . . . *Inf.* xxxii. 93.
    E muta *nome*, perchè muta lato . . . . *Purg.* xi. 102.
    E quel son io che su vi portai prima Lo *nome* di colui . . *Par.* xxii. 41.
    barone, il cui *nome* e cui pregio La festa... riconforta . . *Par.* xvi. 128.
    Sperent in te... color che sanno il *nome* tuo . . . . *Par.* xxv. 74.
    Io sapea già di tutti e quanti il *nome*, Sì li notai . . . . *Inf.* xxii. 37.
    Mi volsi al savio Duca, udendo il *nome* . . . . *Purg.* xxvii. 41.
    Se forse a *nome* vuoi saper chi semo, Tempo non è . . . . . *Purg.* xxvi. 89.
    com' io ch' a proprio *nome* Vo per la rosa . . . . *Par.* xxxii. 14.
    Come al *nome* di Tisbe aperse il ciglio Piramo . . . . . . *Purg.* xxvii. 37.
    E dissi ch' al suo *nome* il mio disire Apparecchiava . . . *Purg.* xxvi. 137.

[1] all'.

NOME 453 NOTA

Nome. trovi Alcun, ch' al fatto o al *nome* si conosca . . . . . *Inf.* xxiii. 74.
    Ed al *nome* dell' alto Maccabeo Vidi moversi . . . . *Par.* xviii. 40.
    Col *nome* che più dura e più onora Era io di là . . . . . *Purg.* xxi. 85.
    villa, Del cui *nome* ne' Dei fu tanta lite . . . . *Purg.* xv. 98.
    Quando mi volsi al suon del *nome* mio... Vidi la Donna . . *Purg.* xxx. 62.
    supplico... Perchè mi facci del tuo *nome* sazio . . . . . . *Par.* xv. 87.
    se mi contenti Del *nome* tuo e della vostra sorte . . . . . *Par.* iii. 41.
    del suo *nome* Lo titol del mio sangue fa sua cima . . . . *Purg.* xix. 101.
    qualunque del *nome* Dell' alto Bellincion ha poscia preso . . *Par.* xvi. 98.
    Ed a Forlì di quel *nome* è vacante . . . . *Inf.* xvi. 99.
    Perocchè ciascun meco sì conviene Nel *nome* . . . . . . *Inf.* iv. 92.
    e la parola Nel *nome* di Maria finii, e quivi Caddi . . . . *Purg.* v. 101.
    Fai come quei che la cosa per *nome* Apprende ben . . . . *Par.* xx. 91.
    Spirto... Fammiti conto o per loco o per *nome* . . . . . . *Purg.* xiii. 105.
Nomerò. Quello ch' io[1] *nomerò* lì farà l' atto . . . . *Par.* xviii. 35.
1. Nomi. L' opre[2] di voi e gli onorati *nomi*... ritrassi . . . . . *Inf.* xvi. 59.
    la vista Mi fe' voglioso di saper lor *nomi* . . . . *Purg.* xiv. 74.
2. Nomi. E dissi : E' converrà che tu ti *nomi* . . . . *Inf.* xxxii. 98.
Nominanza. l' onrata *nominanza* Che di lor suona . . . . . *Inf.* iv. 76.
    La vostra *nominanza* è color d' erba, Che viene e va . . . *Purg.* xi. 115.
Nominar. qui non si vieta Di *nominar* ciascun . . . . *Purg.* xxiv. 17.
    Ed udi 'l *nominar* Geri del Bello . . . . *Inf.* xxix. 27.
    sì che Giove, Mercurio, e Marte a *nominar* trascorse . . . *Par.* iv. 63.
Nominasse. Prima che sì Enea la *nominasse* . . . . *Inf.* xxvi. 93.
Nominolle. Ombre mostrommi, e *nominolle* a dito . . . . . *Inf.* v. 68.
Nomò. Molti altri mi *nomò*[3] ad uno ad uno . . . . *Purg.* xxiv. 25.
    con tanto disio... Che li *nomò* e distinse com' io . . . . . *Par.* xxviii. 132.
Non. *Sovente.*
1. Nona. da equar... Al modo della *nona* bolgia sozzo . . . . *Inf.* xxviii. 21.
2. Nona. E l' onde in Gange da *nona* riarse . . . . *Purg.* xxvii. 4.
    cerchia antica, Ond' ella toglie ancora e terza e *nona* . . . *Par.* xv. 98.
Nondimen. Ma *nondimen* paura il suo dir dienne . . . . . . *Inf.* ix. 13.
    Ma *nondimen*, rimossa ogni menzogna... fa manifesta . . . *Par.* xvii. 127.
Nondimeno. *nondimeno* È lì,[4] ma cela lui . . . . *Par.* xix. 62.
Nono. Così l' ottavo e il *nono* ; e ciascheduno Più tardo . . . . *Par.* xxviii. 34.
Nonpossa. Pur che il voler *nonpossa* non ricida . . . . . . *Purg.* v. 66.
Norma. è fine, Al quale è fatta la toccata *norma* . . . . . . *Par.* i. 108.
    Donna... alla cui *norma* Nel vostro mondo giù si veste . . . *Par.* iii. 98.
    Testando, e dando al testamento *norma* . . . . *Inf.* xxx. 45.
Normandia. Ponti e *Normandia* prese, e Guascogna . . . . . *Purg.* xx. 66.
Norme. Insieme si risposero a tai *norme* . . . . *Inf.* xxv. 103.
Norvegia. E quel di Portogallo, e di *Norvegia* . . . . *Par.* xix. 139.
Nosco. rimembro... Ugolin d' Azzo, che vivette *nosco* . . . . *Purg.* xiv. 105.
    Euripide v' è *nosco*, ed Antifonte, Simonide, Agatone . . . *Purg.* xxii. 106.
Nostr'; nostre ; nostri. *Sovente.*
Nostral. si dibarba Robusto cerro, o vero al *nostral* vento . . . *Purg.* xxxi. 71.
Nostrali. E con cose *nostrali* e con istrane . . . . *Inf.* xxii. 9.
Nostro. *Sovente.*
    Io e Mio, Quand' era nel concetto Noi e *Nostro* . . . . . *Par.* xix. 12.
    per quanti si dice più lì *nostro*, Tanto possiede più . . . . *Purg.* xv. 55.
1. Nota. dimmi... Se tu ne vedi alcun degno di *nota* . . . . . *Inf.* xx. 104.
    qui non[5] si canta... Nè la *nota* soffersi tutta quanta . . . . *Purg.* xxxii. 63.
    Sì passeggiando... Temprava i passi un'[6] angelica *nota* . . . *Purg.* xxxii. 33.
    fa dolce tintinno A tal da cui la *nota* non è intesa . . . . *Par.* xiv. 120.

    [1] Quel ch' i' or.   [2] ovra.   [3] mostrò.   [4] Egli è.   [5] nè quaggiù.   [6] in.

Nota.	s' accorda Con esso, come *nota* con suo metro	*Par.* xxviii. 9.
	Prima cantando a sua *nota* moviensi	*Par.* xviii. 79.
	Così, volgendosi alla *nota*[1] sua, Fu viso a me cantare	*Par.* vii. 4.
	tira ed urge, Tin tin sonando con sì dolce *nota*	*Par.* x. 143.
	l' ombre... Mettendo i denti in *nota* di cicogna	*Inf.* xxxii. 36.
	Misesi lì nel canto e nella *nota*	*Par.* xxv. 109.
	mostrar nuova gioia Nel tornear e nella mira *nota*	*Par.* xiv. 24.
2. Nota.	fammi *nota* La cagion che sì presso mi t' ha posta[2]	*Par.* xxi. 56.
	se negassi... non fora men *nota* La colpa tua	*Purg.* xxxi. 38.
	tanto rossa, Ch' a pena fora dentro al foco *nota*	*Purg.* xxix. 123.
	in tempra Ed in dolcezza, ch' esser non può *nota*	*Par.* x. 147.
	i peregrin... Giugnendo per cammin gente non *nota*	*Purg.* xxiii. 17.
	L' altra letizia, che m' era già *nota* Preclara cosa	*Par.* ix. 67.
	se inteso avessi... Già ti sarebbe *nota* la vendetta	*Par.* xxii. 14.
3. Nota.	Se bene intendi ciò che Dio ti *nota*	*Purg.* vi. 93.
	Poi disse: bene ascolta chi la *nota*	*Inf.* xv. 99.
	e *nota* i gran patrici Di questo imperio giustissimo	*Par.* xxxii. 116.
	Filosofia... *Nota* non pure in una sola parte	*Inf.* xi. 98.
	Tu *nota*; e, sì come da me son porte... queste parole	*Purg.* xxxiii. 52.
	E ciò espresso e chiaro vi si *nota* Nella Scrittura	*Par.* xxxii. 67.
Notabile.	Cosa non fu... *Notabile* come lo[3] presente rio	*Inf.* xiv. 89.
Notabili.	sì... Che *notabili* fien l' opere sue	*Par.* xvii. 78.
Notai.	Sì li *notai*, quando furono eletti	*Inf.* xxii. 38.
	ed io *notai* Le parti sì come mi parver dette	*Par.* xviii. 89.
	Di quella ch' io *notai* di più bellezza Vid' io uscire	*Par.* xxiv. 19.
Notaio.	il nodo Che il *Notaio*,[4] e Guittone, e me ritenne	*Purg.* xxiv. 56.
Notan.	Anzi il cantar di quei che *notan* sempre	*Purg.* xxx. 92.
Notando.	io vidi... Venir *notando* una figura in suso	*Inf.* xvi. 131.
	Vedi **Nuotando.**	
Notar.	creatura, Le cui parole pria *notar* mi fenno	*Purg.* xix. 90.
	Dimmi s' io veggio da *notar* persona Tra questa gente	*Purg.* xxiv. 11.
	Lumi, li quali... *Notar* si posson di diversi volti	*Par.* ii. 66.
Notaro.	il nodo Che il *Notaro*,[5] e Guittone, e me ritenne	*Purg.* xxiv. 56.
1. Note.	Ch' io metta il nome tuo tra l' altre *note*	*Inf.* xxxii. 93.
	Ben si dee loro aitar lavar le *note*, Che portar quinci	*Purg.* xi. 34.
	Diverse voci fan giù dolci *note*; Così diversi scanni	*Par.* vi. 124.
	Ora incomincian le dolenti *note* A farmisi sentire	*Inf.* v. 25.
	ascoltando Fin che le nuove *note* hanno ricolte	*Par.* x. 81.
	notan sempre Dietro alle *note* degli eterni giri	*Purg.* xxx. 93.
	Noi andavam[6] tutti fissi ed attenti Alle sue *note*	*Purg.* ii. 119.
	con sì dolci *note*, Che fece me a me uscir di mente	*Purg.* viii. 14.
	quali Son le mie *note* a te, che non le intendi	*Par.* xix. 98.
	E mentre io gli cantava cotai *note*... Forte spingava	*Inf.* xix. 118.
	e per le *note* Di questa commedìa, lettor, ti giuro	*Inf.* xvi. 127.
2. Note.	Pur l' anime che son per[7] fama *note*	*Par.* xvii. 138.
	ti merrò ad esse, E non senza diletto ti fien *note*	*Purg.* vii. 48.
***3. Note.**	E se tu ben la tua Fisica *note*	*Inf.* xi. 101.
	Onde, se ciò ch' io dissi e questo *note*	*Par.* xiii. 103.
Noteranno.	Che *noteranno* molto in parvo loco	*Par.* xix. 135.
Noti.	Li suoi compagni più *noti* e più sommi	*Inf.* xv. 102.
Notizia.	D' aver *notizia* di ciò che tu vei	*Par.* xxx. 71.
Notizie.	vegna lo intelletto Delle prime *notizie*	*Purg.* xviii. 56.
1. Noto.	si vedrà... Non dimostrato, ma fia per sè *noto*	*Par.* ii. 44.
	Nè mi fu *noto* il dir prima che il fatto	*Par.* xviii. 39.

[1] rota. [2] t' accosta. [3] com' è il. [4] *Notaro*. [5] Notaio. [6] eravam. [7] di.

Noto.	Folco mi disse quella gente, a cui Fu *noto* il nome mio	*Par.* ix. 95.
	Come il suo ad altrui, ch' a nullo è *noto*	*Inf.* xxxi. 81.
	Loco... Che nor per vista, ma per suono è *noto*	*Inf.* xxxiv. 129.
	non ti sarà *noto* Tenendo gli occhi pur quaggiù al fondo	*Par.* xxxi. 113.
2. **Noto.**	son un che, quando Amor mi spira, *noto*	*Purg.* xxiv. 53.
	sembianza Ch' io veggio e *noto* in tutti gli ardor vostri	*Par.* xxii. 54.
Notte.	conforta Le fredde membra che la *notte* aggrava	*Purg.* xix. 11.
	pria che... *notte* avesse tutte sue dispense	*Purg.* xxvii. 72.
	e dalla riva Copre la *notte* già col piè Morrocco	*Purg.* iv. 139.
	Quivi era men che *notte* e men che giorno	*Inf.* xxxi. 10.
	un fummo farsi Verso di noi, come la *notte*, oscuro	*Purg.* xv. 143.
	Vespero là, e qui mezza *notte* era	*Purg.* xv. 6.
	E la *notte* de' passi, con che sale, Fatti avea due	*Purg.* ix. 7.
	Ma la *notte* risurge; ed oramai È da partir	*Inf.* xxxiv. 68.
	Già eran... levati Gli ultimi raggi che la *notte* segue	*Purg.* xvii. 71.
	Sì che *notte* nè sonno a voi non fura Passo	*Purg.* xxx. 104.
	E la *notte* che opposita a lui cerchia Uscìa	*Purg.* ii. 4.
	merigge Lasciato al Tauro e la *notte* allo Scorpio	*Purg.* xxv. 3.
	era durata La *notte* Ch' i' passai con tanta pieta	*Inf.* i. 21.
	Posato al nido... La *notte*, che le cose ci nasconde	*Par.* xxiii. 3.
	Tutte le stelle già dell' altro polo Vedea la *notte*	*Inf.* xxvi. 128.
	nè rispos' io Tutto quel giorno, nè la *notte* appresso	*Inf.* xxxiii. 53.
	il seno Basta del nostro cielo e *notte* e giorno	*Par.* xiii. 8.
	Roma che piagne, Vedova e sola, e dì e *notte* chiama	*Purg.* vi. 113.
	Ma perchè lei che dì e *notte* fila Non gli avea tratta	*Purg.* xxi. 25.
	La luna, quasi a mezza *notte* tarda, Facea le stelle	*Purg.* xviii. 76.
	chi vi fu lucerna, Uscendo fuor della profonda *notte*?	*Purg.* i. 44.
	Buio d' inferno, e di *notte* privata D' ogni pianeta	*Purg.* xvi. 1.
	dichina il giorno, Ed andar su di *notte* non si puote	*Purg.* vii. 44.
	chi volesse Salir di *notte*, fora egli impedito?	*Purg.* vii. 50.
	Facesti come quei che va di *notte*, Che porta il lume	*Purg.* xxii. 67.
	Vapori accesi non vid' io sì tosto Di prima[1] *notte*	*Purg.* v. 38.
	già vide... Lungo di sè di *notte* furia e calca	*Purg.* xviii. 92.
	luna per sereno Di mezza *notte* nel suo mezzo mese	*Purg.* xxix. 54.
	costui per la profonda *Notte* menato m' ha da' veri morti	*Purg.* xxiii. 122.
	Nè tra l' ultima *notte* e il primo die Sì alto... processo	*Par.* vii. 112.
Notti.	E già le *notti* al mezzo dì sen vanno	*Inf.* xxiv. 3.
Notturna.	Non... altra cosa... Che la *notturna* tenebra	*Purg.* vii. 56.
Notturno.	così... Che *notturno* Ariete non dispoglia	*Par.* xxviii. 117.
	Quali i fioretti dal *notturno* gelo Chinati e chiusi	*Inf.* ii. 127.
Nove.	pur *nove* anni Son queste rote intorno di lui torte	*Par.* xvii. 80.
	conducemi Apollo, E *nove*[2] Muse mi dimostran l' Orse	*Par.* ii. 9.
	raggiare aduna, Quasi specchiato, in *nove*[2] sussistenze	*Par.* xiii. 59.
Novecento.	tornare... *novecento* trenta Fiate	*Par.* xxvi. 122.
1. **Novella.**	Innocenti facea l' età *novella*, *Novella* Tebe	*Inf.* xxxiii. 89.
	Non se ne son... ancora accorte, Per la *novella* età	*Par.* xvii. 80.
	Impugna dentro a me *novella* fede Di cosa	*Purg.* xxviii. 86.
	Segue allo spirto sua forma *novella*	*Purg.* xxv. 99.
	piante novelle Rinnovellate di *novella* fronda	*Purg.* xxxiii. 144.
	regno, Frequente in gente antica ed in *novella*	*Par.* xxxi. 26.
	feci olocausto, Qual conveniasi alla grazia *novella*	*Par.* xiv. 90.
	Io udii poi: l' antica e la *novella* Proposizion	*Par.* xxiv. 97.
	fa irmi *Novella* vision ch' a sè mi piega	*Purg.* xix. 56.
	E di *novella* vista mi raccesi Tale	*Par.* xxx. 58.

[1] mezza. [2] nuove.

2. **Novella.**	Per che nostra *novella* si ristette	*Inf.* xxv. 38.
	Come che suoni la sconcia *novella*	*Inf.* xviii. 57.
	dichiara, Se vuoi ch' io porti su di te *novella*	*Inf.* xxviii. 92.
	E perchè tu di me *novella* porti, Sappi	*Inf.* xxviii. 133.
	se *novella* vera di Valdimacra,[1] o di parte vicina Sai	*Purg.* viii. 115.
	tutto il mondo Laggiù ne[2] gola di saper *novella*	*Par.* x. 111.
	Da indi abbraccia il servo, gratulando Per la *novella*	*Par.* xxiv. 150.
Novellamente.	S' io era... di me quel che creasti *Novellamente*	*Par.* i. 74.
	i Luigi, Per cui *novellamente* Francia è retta	*Purg.* xx. 51.
1. **Novelle.**	surge ad aprire... le *novelle* fronde	*Par.* xii. 47.
	Rifatto sì, come piante *novelle* Rinnovellate	*Purg.* xxxiii. 143.
	Poscia gli volse le *novelle* spalle, E disse all' altro	*Inf.* xxv. 139.
	sì tardi, Che foran vinte da *novelle* spose	*Purg.* xxix. 60.
	Parvemi lì *novelle* sussistenze Cominciar a vedere	*Par.* xiv. 73.
2. **Novelle.**	Dal muto aspetti quindi le *novelle*	*Par.* x. 75.
	alla tua onta Io porterò di te vere *novelle*	*Inf.* xxxii. 111.
	Guarda... Sì che di lui di là *novelle* porti	*Purg.* v. 50.
	il sonno che... Anzi che il fatto sia, sa le *novelle*	*Purg.* xxvii. 93.
	La prima di color di cui *novelle* Tu vuoi saper	*Inf.* v. 52.
	a messaggier... Tragge la gente per udir *novelle*	*Purg.* ii. 71.
1. **Novello.**	E non l' abbatta esto Carlo *novello*	*Par.* vi. 106.
	Produsse esto visibile parlare, *Novello* a noi	*Purg.* x. 96.
2. **Novello.**	pregava con le mani sporte Federico *Novello*	*Purg.* vi. 17.
Novembre.	a mezzo *novembre* Non giunge quel che tu fili	*Purg.* vi. 143.
Noverca.	si partì... Per la spietata e perfida *noverca*	*Par.* xvii. 47.
	Se la gente... Non fosse stata a Cesare *noverca*	*Par.* xvi. 59.
Novissimo.	Quali i beati al *novissimo* bando	*Purg.* xxx. 13.
Novità.	La *novità* del suono e il grande lume... m' accesero	*Par.* i. 82.
	E' pur convien che *novità* risponda, Dicea	*Inf.* xvi. 115.
	e qui mi scusi La *novità*, se fior la penna abborra	*Inf.* xxv. 144.
	S' io non fossi atteso Ad altra *novità* ch' apparve	*Purg.* xxvi. 27.
Novitadi.	Per veder *novitadi*, onde son vaghi	*Purg.* x. 104.
Novitate.	s' affigge... Se trova *novitate*, o[3] sue vestigge	*Purg.* xxxiii. 108.
Novizia.	sol per fare onore Alla *novizia*	*Par.* xxv. 105.
Nozze.	pensava... onde Fosser le *nozze* orrevoli ed intere	*Purg.* xxii. 143.
	mal fuggisti Le *nozze* sue per gli altrui conforti	*Par.* xvi. 141.
	gli Angeli fa ghiotti, E perpetue *nozze* fa nel cielo	*Purg.* xxxii. 74.
	Prima che tu a queste *nozze* ceni, Sederà l' alma	*Par.* xxx. 135.
Nube.	Pareva a me che *nube* ne coprisse Lucida, spessa	*Par.* ii. 31.
	melodia... Parrebbe *nube* che squarciata tuona	*Par.* xxiii. 99.
	quel color, che... *Nube* dipinge da sera e da mane	*Par.* xxvii. 29.
	Perchè tu ogni *nube* gli disleghi Di sua mortalità	*Par.* xxxiii. 31.
	li vide... Venir con vento, con *nube*, e con igne	*Purg.* xxix. 102.
	E sì come veder si può cadere Foco di *nube*	*Par.* i. 134.
	Come foco di *nube* si disserra Per dilatarsi sì	*Par.* xxiii. 40.
	Non scese mai con sì veloce moto Foco di spessa *nube*	*Purg.* xxxii. 110.
	Di fredda *nube* non disceser venti... tanto festini	*Par.* viii. 22.
	uscii fuor di tal *nube* Ai raggi, morti già	*Purg.* xvii. 11.
	l' atto Che fa in *nube* il suo foco veloce	*Par.* xviii. 36.
	Come a raggio di sol, che puro mei Per fratta *nube*	*Par.* xxiii. 80.
	Come si volgon per tenera *nube* Due archi paralleli	*Par.* xii. 10.
Nubent.	Se mai... suono, Che dice neque *nubent*, intendesti	*Purg.* xix. 137.
Nuca.	pose Là 've il cervel si giunge colla *nuca*	*Inf.* xxxii. 129.
Nuda.	Ed una spada *nuda* aveva in mano	*Purg.* ix. 82.

---

[1] Valdimagra. [2] n' ha. [3] in.

Nuda.	terra... Senza cultura e d' abitanti *nuda*	*Inf.* xx. 84.
	Di poco era di me la carne *nuda*	*Inf.* ix. 25.
Nude.	Ma quell' anime, ch' eran lasse e *nude*, Cangiar colore	*Inf.* iii. 100.
	D' anime *nude* vidi molte gregge, Che piangean	*Inf.* xiv. 19.
	Tra questa... copia Correvan genti *nude* e spaventate	*Inf.* xxiv. 92.
	Quant' io vidi in due ombre smorte e *nude*	*Inf.* xxx. 25.
	Veramente oramai saranno *nude* Le mie parole	*Purg.* xxxiii. 100.
Nudi.	Qual soleano i campion far *nudi* ed unti	*Inf.* xvi. 22.
	ecco duo... *Nudi* e graffiati, fuggendo sì forte	*Inf.* xiii. 116.
	Attraversato e *nudo* è nella via, Come tu vedi	*Inf.* xxiii. 118.
	Della neve riman *nudo* il suggetto E dal colore	*Par.* ïi. 107.
Nudrì.	quel... È il gran Chirone, il qual *nudrì* Achille	*Inf.* xii. 71.
***Nui.**	di rado Incontra... che di *nui* Faccia il cammino alcun	*Inf.* ix. 20.
Null'; nulla; nullo.	*Sovente.*	
Numerando.	Nè giugneriesi, *numerando*, al venti	*Par.* xxix. 49.
Numero.	in sue migliaia Determinato *numero* si cela	*Par.* xxix. 135.
	che il *numero* nostro Con l' eterno proposito s' agguagli	*Par.* xxv. 125.
	Ed eran tante, che il *numero* loro Più che il doppiar	*Par.* xxviii. 92.
	Non per saper lo *numero* in che enno Li motor	*Par.* xiii. 97.
	secondo ch' era In *numero* distante più dall' uno	*Par.* xxviii. 36.
	Questa natura sì oltre s' ingrada In *numero*	*Par.* xxix. 131.
Numi.	Ruppe il silenzio nei concordi *numi* Poscia la luce	*Par.* xiii. 31.
Nuoce.	e certo La fiera moglie più ch' altro mi *nuoce*	*Inf.* xvi. 45.
Nuota.	Qui si *nuota* altrimenti che nel Serchio	*Inf.* xxi. 49.
Nuotando.	Ella sen va *nuotando* lenta lenta	*Inf.* xvii. 115.
	Vedi **Notando.**	
Nuova.	far piùe Per allegrezza *nuova* che s' accrebbe	*Par.* viii. 47.
	Non è *nuova* agli orecchi miei tale arra	*Inf.* xv. 94.
	mi fece scudo Alla puttana ed alla *nuova* belva	*Purg.* xxxii. 160.
	se cosa n' apparisce *nuova*, Non dee addur maraviglia	*Inf.* xiv. 128.
	Udir... Non ti parrà *nuova* cosa, nè forte	*Par.* xvi. 77.
	Or questa è ad udir sì cosa *nuova*, Rispose	*Purg.* xiii. 145.
	Colui, che mai non vide cosa *nuova*, Produsse esto	*Purg.* x. 94.
	tre vecchi... in cui rampogna L' antica età la *nuova*	*Purg.* xvi. 122.
	è carca Di *nuova* fellonia di tanto peso	*Par.* xvi. 95.
	Ond' ella : vedi lei sotto la fronda *Nuova* sedere	*Purg.* xxxii. 87.
	Quando la *nuova* gente alzò la fronte Ver noi	*Purg.* ii. 58.
	La gente *nuova* e i subiti guadagni Orgoglio... han generata.	*Inf.* xvi. 73.
	Sopragridar... La *nuova* gente : Soddoma e Gomorra	*Purg.* xxvi. 40.
	Li santi cerchi mostrar *nuova* gioia Nel tornear	*Par.* xiv. 23.
	Ed io: se *nuova* legge non ti toglie Memoria	*Purg.* ii. 106.
	di butto *Nuova* luce percote il viso chiuso	*Purg.* xvii. 41.
	Onde la luce che m' era ancor *nuova*... Seguette	*Par.* ix. 22.
	come suol... Guardar l' un l' altro sotto *nuova* luna	*Inf.* xv. 19.
	Di *nuova* pena mi convien far versi	*Inf.* xx. 1.
	vidi *nuova* pieta, Nuovi tormenti e nuovi frustatori	*Inf.* xviii. 22.
	Torna giustizia... E progenie discende dal ciel *nuova*	*Purg.* xxii. 72.
	Regola e qualità mai non l' è *nuova*	*Inf.* vi. 9.
	Anche di qua *nuova* schiera s' aduna	*Inf.* ïii. 120.
	Ed io, cui *nuova* sete ancor frugava, Di fuor taceva	*Purg.* xviii. 4.
	Pensa la *nuova* soma che tu hai	*Inf.* xvii. 99.
	Chè dalla *nuova* terra un turbo nacque, E percosse	*Inf.* xxvi. 137.
	Questa lor tracotanza non è *nuova*, Chè già l' usaro	*Inf.* viii. 124.
	Tale era io a quella vista *nuova*	*Par.* xxxiii. 136.
	Questi fu tal nella sua vita *nuova* Virtualmente	*Purg.* xxx. 115.

Nuova. Ma il suo peculio di *nuova* vivanda E fatto ghiotto sì	. .	*Par.* xi. 124.
Nuove. Come colui che *nuove* cose assaggia		*Purg.* ii. 54.
A ben manifestar le cose *nuove*, Dico che arrivammo . . .	.	*Inf.* xiv. 7.
non soggiace Alla virtute delle cose *nuove*		*Par.* vii. 72.
è diffusa In sulle vecchie, e in sulle *nuove* cuoia	.	*Par.* xxiv. 93.
Non che dei fiori e delle foglie *nuove*		*Purg.* xxxii. 114.
Del cor dell' una delle luci *nuove* Si mosse voce	.	*Par.* xii. 28.
conducemi Apollo, E *nuove*[1] Muse mi dimostran l' Orse	. .	*Par.* ii. 9.
ascoltando Fin che le *nuove* note hanno ricolte	.	*Par.* x. 81.
E sì come... Comincian per lo ciel *nuove* parvenze	.	*Par.* xiv. 71.
ingegno, Che già *nuove* questioni avea davante	.	*Par.* v. 90.
Per le *nuove* radici d' esto legno Vi giuro		*Inf.* xiii. 73.
fuore Trasse le *nuove* rime, cominciando : Donne	.	*Purg.* xxiv. 50.
le *nuove* e le scritture antiche Pongono il segno	.	*Par.* xxv. 88.
raggiare aduna, Quasi specchiato, in *nuove*[1] sussistenze	. .	*Par.* xiii. 59.
tante chi stipa *Nuove* travaglie e pene ?		*Inf.* vii. 20.
Nuovi. S' aperse in *nuovi*[2] amor l' eterno amore		*Par.* xxix. 18.
Lo Principe de' *nuovi* Farisei, Avendo guerra		*Inf.* xxvii. 85.
eravam *nuovi* Di compagnia ad ogni mover d' anca . . .	.	*Inf.* xxiii. 71.
E per *nuovi* pensier cangia proposta		*Inf.* ii. 38.
la parola tua... Sì consonava ai *nuovi* predicanti	.	*Purg.* xxii. 80.
vidi nuova pieta, *Nuovi* tormenti e *nuovi* frustatori . . .	.	*Inf.* xviii. 23.
Nuovi tormenti e *nuovi* tormentati Mi veggio intorno . .	. .	*Inf.* vi. 4.
saria... più quieto, Se di *nuovi* vicin fosser digiuni . . .	. .	*Par.* xvi. 135.
Voi siete *nuovi*, e forse perch' io rido, Cominciò	. .	*Purg.* xxviii. 76.
Nuovo. e tanta possa Di *nuovo* acquisto		*Purg.* xx. 57.
Nuovo augelletto due o tre aspetta		*Purg.* xxxi. 61.
Dentro ad un *nuovo* più fui irretito		*Par.* i. 96.
lume, a cui fidanza i' entro Per lo *nuovo* cammin	.	*Purg.* xiii. 17.
pietre... moviensi Sotto i miei piedi per lo *nuovo* carco .	. .	*Inf.* xii. 30.
E' pur convien che novità risponda... al *nuovo* cenno . .	.	*Inf.* xvi. 116.
il fummo l' uno e l' altro vela Di color *nuovo*	.	*Inf.* xxv. 119.
Quel color... Più tosto dentro il suo *nuovo* ristrinse . . .	.	*Inf.* ix. 3.
Quivi trionfa... con l' antico e col *nuovo* concilio . . .	.	*Par.* xxiii. 138.
O è mutato in ciel *nuovo* consiglio, Che dannati venite ?	. .	*Purg.* i. 47.
io veggio Là surger *nuovo* fummo del[3] sabbione	.	*Inf.* xv. 117.
E quivi il *nuovo* giorno attenderemo		*Purg.* vii. 69.
foresta... Ch' agli occhi temperava il *nuovo* giorno	.	*Purg.* xxviii. 3.
s' io udissi Alcuna cosa nel *nuovo* girone		*Purg.* xvii. 80.
Giusto giudizio... caggia... e sia *nuovo* ed aperto		*Purg.* vi. 101.
Nuovo Iason sarà, di cui si legge Ne' Maccabei	.	*Inf.* xix. 85.
E quei... Rispose : io era *nuovo* in questo stato	.	*Inf.* iv. 52.
Chi fa suo legno *nuovo*, e chi ristoppa Le coste	.	*Inf.* xxi. 11.
O tu, che leggi, udirai *nuovo* ludo !		*Inf.* xxii. 118.
Il Mastin vecchio, e il *nuovo* da Verrucchio	.	*Inf.* xxvii. 46.
Però non hanno vedere interciso Da *nuovo* obbietto . . .	.	*Par.* xxix. 80.
Veggio il *nuovo* Pilato sì crudele, Che ciò nol sazia . . .	.	*Purg.* xx. 91.
Nuovo pensiero dentro a[4] me si mise		*Purg.* xviii. 141.
Era già l' ora... che lo *nuovo* peregrin d' amore Punge .	. .	*Purg.* viii. 4.
Ed andavam col sol *nuovo* alle reni		*Purg.* xix. 39.
e spira Spirito *nuovo* di virtù repleto		*Purg.* xxv. 72.
me ritenne Di qua dal dolce stil *nuovo* ch' i' odo	.	*Purg.* xxiv. 57.
Avete il vecchio e il *nuovo* Testamento, E il pastor . . .	.	*Par.* v. 76.
Tal si partì... Che mi commise quest' uficio *nuovo* . . .	.	*Inf.* xii. 89.

[1] *nove*.   [2] nove.   [3] dal.   [4] da.

| NUOVO | 459 | OCCHI |

Nuovo. li poeti, Di *nuovo* attenti a riguardare intorno . . . . . *Purg.* xxii. 116.
    quello è natura Che per piacer di *nuovo* in voi si lega . . . *Purg.* xviii. 27.
*Nuro. padre... A cui ciascuna sposa è figlia e *nuro* . . . . . . *Par.* xxvi. 93.
Nutrica. libero voler... Poi vince tutto, se ben si *nutrica* . . . *Purg.* xvi. 78.
Nutrice. fu... desto Trovato in terra dalla sua *nutrice* . . . . . *Par.* xii. 77.
    Eneida... mamma Fummi, e fummi *nutrice* poetando . . . . *Purg.* xxi. 98.
Nutrici. monte, Che sempre ha le *nutrici* nostre seco . . . . . *Purg.* xxii. 105.
Nutrimento. vital *nutrimento* Lascerà poi . . . . *Par.* xvii. 131.
Nutrir. far magro Là dove l' uopo di *nutrir* non tocca . . . . . *Purg.* xxv. 21.
Nutriro. le vivande, Che *nutriro* il Batista nel diserto . . . . . *Purg.* xxii. 152.
Nuvol. la Carisenda... quando un *nuvol* vada Sopr' essa . . . *Inf.* xxxi. 137.
    notte... Quant' esser può di *nuvol* tenebrata . . . . *Purg.* xvi. 3.
Nuvola. si dilegua, Se subito la *nuvola* scoscende . . . . . . *Purg.* xiv. 135.
    Così dentro una *nuvola* di fiori... Donna m' apparve . . . *Purg.* xxx. 28.
Nuvole. Nè, sol calando, *nuvole* d' agosto . . . . *Purg.* v. 39.
    Nuvole spesse non paion, nè rade, Nè corruscar . . . . . *Purg.* xxi. 49.
Nuvoletta. la fiamma sola, Sì come *nuvoletta* . . . . *Inf.* xxvi. 39.
Nuvoli. vapor... Ch' è di torbidi *nuvoli* involuto . . . . *Inf.* xxiv. 146.
    Ricordivi, dicea, de' maledetti Nei *nuvoli* formati . . . . . *Purg.* xxiv. 122.

1. O. Nè *O* sì tosto mai, nè I si scrisse, Com' ei s' accese . . . *Inf.* xxiv. 100.
    Alfa ed O^1 è di quanta scrittura Mi legge Amore . . . . . *Par.* xxvi. 17.
2. O (*interjezione*). *Sovente.*
    Mutar lor canto in un *O!* lungo e roco . . . . *Purg.* v. 27.
    O me! Maestro, che è quel che io veggio? Diss' io . . . . *Inf.* xxi. 127.
    O me! vedete l' altro che digrigna . . . . *Inf.* xxii. 91.
    e ciascuno Gridava: *o* me, Agnèl, come ti muti! . . . . . *Inf.* xxv. 68.
    O me dolente! come mi riscossi, Quando mi prese! . . . . *Inf.* xxvii. 121.
    E quel mirava noi, e dicea: *o* me! . . . . *Inf.* xxviii. 123.
    Vedi **Oimè** *e* **Omè.**
3. O (*congiunzione*). *Sovente.*
Obbediendo. *obbediendo* poi, Quanto disobbediendo . . . . . . *Par.* vii. 99.
Obbediente. *Vedi* **Ubbidiente.**
Obbietti. priva Dell' atto l' occhio di più forti *obbietti* . . . . . *Par.* xxx. 48.
Obbietto. l' *obbietto* comun, che il senso inganna . . . . *Purg.* xxix. 47.
    il ben, ch' è del volere *obbietto*, Tutto s' accoglie in lei . . . *Par.* xxxiii. 103.
    Però non hanno vedere interciso Da nuovo *obbietto* . . . . . *Par.* xxix. 80.
    Ma l' altro puote errar per malo *obbietto* . . . . *Purg.* xvii. 95.
Obblia. Per l' altro modo quell' amor s' *obblia* Che fa natura . . *Inf.* xi. 61.
Obbliando. Per maraviglia *obbliando* il martiro . . . . *Inf.* xxviii. 54.
    s' affissar quelle Anime... Quasi *obbliando* d' ire a farsi belle. *Purg.* ii. 75.
Obblio. A te che fia, se il tuo metti in *obblio?* . . . . *Purg.* x. 90.
    sì tutto... Che Beatrice eclissò nell' *obblio* . . . . *Par.* x. 60.
Obbliquo. si dirama L' *obbliquo* cerchio che i pianeti porta . . . *Par.* x. 14.
Obblita. Io era come quei, che si risente Di vision *obblita* . . . *Par.* xxiii. 50.
Obbrobrio. In *obbrobrio* di noi, per noi si legge . . . . *Purg.* xxvi. 85.
Obizzo. quell' altro ch' è biondo È *Obizzo*² da Esti . . . . . . *Inf.* xii. 111.
Oblivion. Cotesta *oblivion* chiaro conchiude Colpa . . . . . . *Purg.* xxxiii. 98.
Oca. Vidine un' altra... Mostrare un' *oca* bianca più che burro . *Inf.* xvii. 63.
Occaso. il settentrion... Che nè *occaso* mai seppe nè orto . . . *Purg.* xxx. 2.
    Ad un *occaso* quasi e ad un orto Buggea siede e la terra . . *Par.* ix. 91.
    Che già dritti andavamo in ver l' *occaso* . . . . *Purg.* xv. 9.
Occhi. Gli *occhi* miei ghiotti andavan pure al cielo . . . . . . *Purg.* viii. 85.
    vorrei Che... Esperienza avesser gli *occhi* miei . . . . . *Inf.* xxxi. 99.

[1] Omega.   [2] Opizzo.

Occhi. sarei smarrito, Se gli *occhi* miei da lui fossero avversi . . *Par.* xxxiii. 78.
Gli *occhi* mi cadder giù nel chiaro fonte . . . . *Purg.* xxx. 76.
Ed avvegnachè gli *occhi* miei confusi Fossero . . . . *Inf.* xxv. 145.
tanto mera, Che gli *occhi* miei non si fosser difesi . . . . . *Par.* xxx. 60.
Però non ebber gli *occhi* miei potenza Di seguitar . . . . . *Par.* xxiii. 118.
innanzi... Che gli *occhi* miei si fero a lui seguaci . . . . . . *Purg.* xxiv. 101.
Tanto eran gli *occhi* miei fissi ed attenti A disbramarsi . . . *Purg.* xxxii. 1.
Gli *occhi* miei, ch' a mirar erano intenti,[1] Per veder . . . . *Purg.* x. 103.
Poscia che gli *occhi* miei si furo offerti Alla mia Donna . . . *Par.* viii. 40.
sale Più che salir non posson gli *occhi* miei . . . . *Purg.* iv. 87.
ma gli *occhi* vivi Non potean ire al fondo . . . . *Inf.* xxiv. 70.
Già eran gli *occhi* miei rifissi al volto Della mia Donna . . . *Par.* xxi. 1.
Quindi ripreser gli *occhi* miei virtute A rilevarsi . . . . . . *Par.* xiv. 82.
Mentr' io andava, gli *occhi* miei in uno Furo scontrati . . . *Inf.* xviii. 40.
Gli *occhi*, diss' io, mi fieno ancor qui tolti . . . . *Purg.* xiii. 133.
prato di fiori Vider, coperti[2] d' ombra, gli *occhi* miei . . . . *Par.* xxiii. 81.
Allora più che prima gli *occhi* apersi . . . . *Purg.* xiii. 46.
aura morta, Che m' avea contristati gli *occhi* e il petto . . . *Purg.* i. 18.
La mente e gli *occhi*, ov' ella volle, diedi . . . . *Purg.* xxxii. 108.
Com' a lei piacque gli *occhi* dirizzai, E vidi . . . . *Par.* xxii. 22.
corno... Che... Dirizzò gli *occhi* miei tutti ad un loco . . . . *Inf.* xxxi. 15.
tutto mi ritrassi Al Duca mio, e gli *occhi* a lui drizzai . . . *Purg.* i. 111.
Gli *occhi* prima drizzai a' bassi liti . . . . *Purg.* iv. 55.
Ed io... Ficcai gli *occhi* per lo cotto aspetto Sì . . . . *Inf.* xv. 26.
Mentre che gli *occhi* per la fronda verde Ficcava io . . . . *Purg.* xxiii. 1.
E fissi gli *occhi* al sole oltre a nostr' uso . . . . *Par.* i. 54.
Questi, che guida in alto gli *occhi* miei, E... Virgilio . . . . *Par.* xxi. 124.
Io levai gli *occhi*, e credetti vedere Lucifero . . . . *Inf.* xxxiv. 88.
ond' io levai gli *occhi* ai monti, Che gl' incurvaron . . . . . *Par.* xxv. 38.
Io levai gli *occhi*; e come da mattina Le parti oriental . . . *Par.* xxxi. 118.
Senza risponder gli *occhi* su levai, E vidi lei . . . . *Par.* xxxi. 70.
Menava io gli *occhi* per li gradi, Mo su, mo giù . . . . . . *Par.* xxxi. 47.
Io mossi[3] gli *occhi*, e il buon Virgilio: almen tre Voci . . . *Purg.* xix. 34.
E gli *occhi* sì andando intorno movi . . . . *Inf.* xxiii. 75.
Quando con gli occhi gli *occhi* mi percosse . . . . *Purg.* xxxiii. 18.
Poi che nel viso a certi gli *occhi* porsi . . . . *Inf.* xvii. 52.
tanto... Che gli *occhi* per vaghezza ricopersi . . . . *Purg.* xviii. 144.
di ridure Ad essa gli *occhi* più che mai ardea . . . . *Par.* xxvii. 90.
Gli *occhi* rivolsi al suon di questo motto, E vidile . . . . . *Purg.* v. 7.
Poscia rivolsi gli *occhi* agli occhi belli . . . . *Par.* xxii. 154.
Gli *occhi* mi sciolse, e disse: or drizza il nerbo Del viso . . *Inf.* ix. 73.
Mille disiri... Strinsermi gli *occhi* agli occhi rilucenti . . . . *Purg.* xxxi. 119.
cava, Dov' io teneva gli *occhi*[4] sì a posta . . . . *Inf.* xxix. 19.
e non torceva gli *occhi* Dalla sembianza lor . . . . *Inf.* xxii. 98.
Per veder di cui fosser, gli *occhi* torsi . . . . *Par.* iii. 21.
Bernardo, come vide gli *occhi* miei... fissi ed attenti . . . . *Par.* xxxi. 139.
E volsi gli *occhi* allora[5] al Signor mio . . . . *Purg.* xix. 85.
E s' io avessi gli *occhi* volti ad essa, Qual fora... scusa? . . *Purg.* x. 5.
Tu vuoi saper... quanto fu diletto agli *occhi* miei . . . . . *Par.* xxvi. 112.
Dolce color... Agli *occhi* miei ricominciò diletto . . . . . . *Purg.* i. 16.
femmi presso, Acciocchè fosse agli *occhi* miei disposta . . *Purg.* x. 54.
E come agli *occhi* miei si fe' più bella... Dissemi . . . . . . *Par.* xvi. 31.
Come si fece subito e candente Agli *occhi* miei . . . . . . *Par.* xiv. 78.
per largirmi loco Agli *occhi* lì, che non eran possenti . . . . *Par.* xxiii. 87.

---

[1] *eran contenti.* [2] coperto. [3] volsi. [4] *or l' occhio.* [5] agli occhi.

Occhi. ciascun che legge Ciò che fu manifesto agli *occhi* miei . . *Inf.* xiv. 18.
lor condizioni, Sì come agli *occhi* mi fur manifesti . . . . . *Par.* v. 114.
al suo piacere... Vegna rimedio agli *occhi* che fur porte . . *Par.* xxvi. 14.
Lo sfavillar... Segnare agli *occhi* miei nostra favella . . . . *Par.* xviii. 72.
Dinanzi agli *occhi* mi si fu offerto Chi... parea fioco . . . *Inf.* i. 62.
Dinanzi agli *occhi* miei le quattro face Stavano accese . . . *Par.* xxvii. 10.
E quasi mi perdei con gli *occhi* chini . . . . *Par.* iv. 142.
con gli *occhi* passai Di là dal fiumicello, per mirare . . . . *Purg.* xxviii. 34.
Per che con gli *occhi* in giù la testa sporgo . . . . *Inf.* xvii. 120.
Per che tornar con gli *occhi* a Beatrice... mi costrinse . . *Par.* xxx. 14.
Allor con gli *occhi* vergognosi e bassi... mi trassi . . . . *Inf.* iii. 79.
Con gli *occhi* vidi parte nello estremo Vincer . . . . *Par.* xxxi. 122.
Quella circulazion... Dagli *occhi* miei alquanto circonspetta . *Par.* xxxiii. 129.
Senza degli *occhi* aver più conoscenza . . . . *Purg.* xxx. 37.
Così degli *occhi* miei ogni quisquilia Fugò Beatrice . . . . *Par.* xxvi. 76.
Così mi disse il sol degli *occhi* miei . . . . *Par.* xxx. 75.
per far migliori spegli Ancor degli *occhi* . . . . *Par.* xxx. 86.
sì acceso, Che ne' miei *occhi* rifrangesse lui . . . . *Par.* xix. 6.
Non so, perocchè già negli *occhi* m' era Quella . . . . . *Purg.* xxxii. 92.
Tal fu negli *occhi* miei, quando fui volto . . . . *Par.* xviii. 67.
riguardommi Negli *occhi*, ove il sembiante più si ficca . . . *Purg.* xxi. 111.
Così dell' atto suo, per gli *occhi* infuso Nell' imagine mia . . *Par.* i. 52.
Per gli *occhi* fui di grave dolor munto . . . . *Purg.* xiii. 57.
Ma non sì, che tra gli *occhi* suoi e i miei Non dichiarisse . *Purg.* viii. 50.
Ora apri gli *occhi* a quel ch' io ti rispondo . . . . *Par.* xiii. 49.
Apri gli *occhi* e riguarda qual son io . . . . *Par.* xxiii. 46.
E, se al Surse drizzi gli *occhi* chiari, Vedrai . . . . *Par.* xiii. 106.
Ma ficca gli *occhi* a valle ; chè s' approccia La riviera . . . *Inf.* xii. 46.
Ma ficca gli *occhi* per l' aer ben fiso . . . . *Purg.* xiii. 43.
e porti gli *occhi* sciolti, Sì com' io credo . . . . *Purg.* xiii. 131.
ritorci Gli *occhi* oramai verso la dritta strada . . . . . . *Par.* xxix. 128.
e l' altro... Tr' ambo li primi gli *occhi* tuoi ritrovi . . . . *Par.* ii. 99.
Gli *occhi* rivolgi al logoro, che gira Lo Rege . . . . . . *Purg.* xix. 62.
non ti sarà noto Tenendo gli *occhi* pur quaggiù al fondo . *Par.* xxxi. 114.
Al carro tieni or gli *occhi*, e quel che vedi... scrive . . . . *Purg.* xxxii. 104.
In quel gran seggio, a che tu gli *occhi* tieni . . . . *Par.* xxx. 133.
se' venuto più che mezza lega Velando gli *occhi* . . . . . *Purg.* xv. 122.
Quando mi disse : volgi gli *occhi* in giue . . . . *Purg.* xii. 13.
Ma or ti s' attraversa un altro passo Dinanzi agli *occhi* . . . *Par.* iv. 92.
Ficca diretro agli *occhi* tuoi la mente . . . . *Par.* xxi. 16.
Sì che la faccia ben con gli *occhi* attinghe . . . . *Inf.* xviii. 129.
di virtute Tanto che possa con gli *occhi* levarsi . . . . . *Par.* xxxiii. 26.
Ma vieni omai con gli *occhi*, sì com' io Andrò parlando . . *Par.* xxxii. 115.
Vola con gli *occhi* per questo giardino . . . . *Par.* xxxi. 97.
Cosa non fu dagli tuoi *occhi* scorta Notabile . . . . *Inf.* xiv. 88.
ti fiammeggio... Sì che degli *occhi* tuoi vinco il valore . . . *Par.* v. 3.
Gli *occhi* di Beatrice, ch' eran fermi Sopra me, come pria . *Par.* ix. 16.
Gli *occhi* da Dio diletti e venerati, Fissi nell' orator . . . . *Par.* xxxiii. 40.
del cui bel cacume Gli *occhi* della mia Donna mi levaro . . *Par.* xvii. 114.
Mentre che vegnan lieti gli *occhi* belli . . . . *Purg.* xxvii. 136.
Lucevan gli *occhi* suoi più che la Stella . . . . *Inf.* ii. 55.
E gli *occhi* avea di letizia sì pieni . . . . *Par.* xxiii. 23.
Vidi la Donna... Drizzar gli *occhi* ver me di qua dal rio . . *Purg.* xxx. 66.
Mostrando gli *occhi* giovinetti a lui, Meco il menava . . . *Purg.* xxx. 122.
andava, Dicendo : gli *occhi* suoi già veder parmi . . . . . *Purg.* xxvii. 54.

OCCHI   OCCHI

Occhi. Volgi, Beatrice, volgi gli *occhi* santi . . . . *Purg.* xxxi. 133.
Gli *occhi* lucenti lagrimando volse . . . . *Inf.* ii. 116.
Menrenti agli *occhi* suoi; ma nel giocondo Lume . . . . . . *Purg.* xxxi. 109.
Poscia rivolsi gli occhi agli *occhi* belli . . . . *Par.* xxii. 154.
Mille disiri... Strinsermi gli occhi agli *occhi* rilucenti . . . . *Purg.* xxxi. 119.
Chè dentro agli *occhi* suoi ardeva un riso Tal . . . . *Par.* xv. 34.
Beatrice mi guardò con gli *occhi* pieni Di faville d' amor . . *Par.* iv. 139.
Quando con gli *occhi* gli occhi mi percosse . . . . *Purg.* xxxiii. 18.
Beatrice... nell' eterne rote Fissa con gli *occhi* stava . . . . *Par.* i. 65.
Posponendo il piacer degli *occhi* belli . . . . *Par.* xiv. 131.
lo splendor degli *occhi* suoi ridenti Mia mente... divise . . . *Par.* x. 62.
volgiti... Chè non pur ne' miei *occhi* è Paradiso . . . . . . *Par.* xviii. 21.
si ricorda Ch' io feci, riguardando nei begli *occhi* . . . . . *Par.* xxviii. 11.
guida, Che sorridendo ardea negli *occhi* santi . . . . *Par.* iii. 24.
quale io allor vidi Negli *occhi* santi amor . . . . *Par.* xviii. 9.
Gli *occhi* nostri n' andar suso alla cima . . . . *Inf.* viii. 3.
come assonnaro Gli *occhi* spietati, udendo di Siringa . . . . *Purg.* xxxii. 65.
Gli *occhi* a cui più[1] vegghiar costò sì caro . . . . *Purg.* xxxii. 66.
Pur come gli *occhi* ch' al piacer che i move Conviene . . . . *Par.* xii. 26.
mi dimostraro Gli *occhi* suoi belli quell' entrata aperta . . . *Purg.* ix. 62.
gli *occhi* e il naso Ed al sì ed al no discordi fensi . . . . . *Purg.* x. 62.
Gli *occhi* lor, ch' eran pria pur dentro molli, Gocciar . . . . *Inf.* xxxii. 46.
attenti Oltre, quanto potean gli *occhi* allungarsi . . . . . . *Purg.* xv. 140.
Son li giusti *occhi* tuoi rivolti altrove? . . . . *Purg.* vi. 120.
e gli *occhi* d' Argo, Se fosser vivi, sarebber cotali . . . . . *Purg.* xxix. 95.
son del cerchio ove son gli *occhi* casti Di Marzia tua . . . . *Purg.* i. 78.
Aguzza qui, Lettor, ben gli *occhi* al vero . . . . *Purg.* viii. 19.
Onde, sì tosto come gli *occhi*[2] aperse In questo ciel . . . *Par.* xxviii. 134.
Ed apre gli *occhi* a sua voglia e coperchia . . . . *Purg.* xiv. 3.
Aprimi gli *occhi*; ed io non gliele apersi . . . . *Inf.* xxxiii. 149.
al modo D' una lor, ch' avea tre *occhi* in testa . . . . . . *Purg.* xxix. 132.
Seguitar lei... Avendo gli *occhi* alle superne rote . . . . . *Purg.* viii. 18.
non altrimenti Che vergine, che gli *occhi* onesti avvalli . . . *Purg.* xxviii. 57.
E drizzeremo gli *occhi* al primo amore . . . . *Par.* xxxii. 142.
Non hanno... quelle rote; (E drizzò gli *occhi* al ciel) . . . . *Purg.* xxiv. 89.
Gli *occhi* drizzò ver me con quel sembiante, Che madre fa . *Par.* i. 101.
li rannicchia Sì, che i miei *occhi* pria n' ebber tenzone . . . *Purg.* x. 117.
levò... le palme, Ficcando gli *occhi* verso l' oriente . . . . . *Purg.* viii. 11.
In me ficcò Virgilio gli *occhi* suoi, E disse . . . . *Purg.* xxvii. 126.
Non fiere gli *occhi* suoi lo dolce lome? . . . . *Inf.* x. 69.
Gli *occhi* ha vermigli, la barba unta ed atra . . . . *Inf.* vi. 16.
Leva, diss' io,[3] Maestro, gli *occhi* tuoi; Ecco di qua . . . . *Purg.* iii. 61.
Di levar gli *occhi* suoi mi fece dono . . . . *Purg.* xxviii. 63.
Tanto contenta... Che non move *occhi*[4] per cantare Osanna . *Par.* xxxii. 135.
Discorre... foco, Movendo gli *occhi* che stavan sicuri . . . . *Par.* xv. 15.
fe' pasture Da pigliare *occhi*, per aver la mente . . . . . . *Par.* xxvii. 92.
Poi fisamente al sole gli *occhi* porse . . . . *Purg.* xxxii. 13.
Gli *occhi* alla terra, e le ciglia avea rase D' ogni baldanza . . *Inf.* viii. 118.
si riscosse, Gli *occhi* svegliati rivolgendo in giro . . . . . . *Purg.* ix. 35.
Per più fiate gli *occhi* ci sospinse Quella lettura . . . . . *Inf.* v. 130.
Farfarello, Che stralunava gli *occhi* per ferire . . . . *Inf.* xxii. 95.
Tenendo gli *occhi* con fatica fisi A me . . . . *Purg.* xi. 77.
Questo ne tolse gli *occhi* e l' aer puro . . . . *Purg.* xv. 145.
Gli diritti *occhi* torse allora in biechi . . . . *Inf.* vi. 91.

[1] pur.   [2] l' occhio.   [3] dissi al.   [4] occhio.

Occhi. dall' ospizio Di Cesare non torse gli *occhi* putti		*Inf.* xiii. 65.

Occhi. dall' ospizio Di Cesare non torse gli *occhi* putti . . . . . *Inf.* xiii. 65.
potere Di trarre gli *occhi* fuor delle tue onde . . . . *Par.* xxvii. 123.
un' altra... Ne fece volger gli *occhi* alla sua cima . . . . . . *Inf.* xxvii. 5.
Ciascun dall' altra costa gli *occhi* volse . . . . *Inf.* xxii. 119.
Volse a me gli *occhi* un' ombra, e guardò fiso . . . . *Purg.* xxiii. 41.
vedi a cui S' aperse agli *occhi* de' Teban la terra . . . . . . *Inf.* xx. 32.
le profonde cose... Agli *occhi* di laggiù son sì ascose . . . . *Par.* xxiv. 72.
Marzia piacque tanto agli *occhi* miei . . . . *Purg.* i. 85.
Questo decreto, frate, sta sepulto Agli *occhi* di ciascuno . . *Par.* vii. 59.
foresta... Ch' agli *occhi* temperava il nuovo giorno . . . . . *Purg.* xxviii. 3.
Si vuol tenere agli *occhi* stretto il freno . . . . *Purg.* xxv. 119.
Egli avean cappe con cappucci bassi Dinanzi agli *occhi* . . . *Inf.* xxiii. 62.
nocchier... Che intorno agli *occhi* avea di fiamme rote . . . . *Inf.* iii. 99.
Caron dimonio, con *occhi* di bragia... tutte le raccoglie . . . *Inf.* iii. 109.
conobbi... Cesare armato con gli *occhi* grifagni . . . . . . *Inf.* iv. 123.
Genti v' eran con *occhi* tardi e gravi, Di grande autorità . . *Inf.* iv. 112.
O Niobè, con che *occhi* dolenti Vedeva io te! . . . . *Purg.* xii. 37.
Ond' ella pronta e con *occhi* ridenti . . . . *Par.* iii. 42.
l' alito... Che con gli *occhi* e col naso facea zuffa . . . . . . *Inf.* xviii. 108.
Con gli *occhi* volti a chi del fango ingozza . . . . *Inf.* vii. 129.
Latrando lui con gli *occhi* in giù raccolti . . . . *Inf.* xxxii. 105.
Con sei *occhi* piangea, e per tre menti Gocciava il pianto . *Inf.* xxxiv. 53.
con gli *occhi* torti, Riprese il teschio misero coi denti . . . . *Inf.* xxxiii. 76.
Chè nol potea sì con gli *occhi* seguire, Ch' ei vedesse . . . *Inf.* xxvi. 37.
fanciulli... Con gli *occhi* a terra, stannosi ascoltando . . . . *Purg.* xxxi. 65.
ed ei venia Con gli *occhi* fitti pure in quella onesta . . . . . *Purg.* xix. 30.
Pur come batter d' *occhi* si concorda . . . . *Par.* xx. 147.
Ognuno era pennuto di sei ali, Le penne piene d' *occhi* . . *Purg.* xxix. 95.
dagli *occhi* il cor tristo... testimonianza si procaccia . . . *Inf.* xxxii. 38.
t' annidi Nel proprio lume, e che dagli *occhi* il traggi . . . *Par.* v. 125.
Ma dinanzi dagli *occhi* dei pennuti Rete si spiega . . . . . *Purg.* xxxi. 62.
Ell' è de' suoi begli *occhi* veder vaga . . . . *Purg.* xxvii. 106.
Per le fosse degli *occhi* ammirazione Traean di me . . . . . *Purg.* xxiv. 5.
disdegnosa, E nel mover degli *occhi* onesta e tarda . . . . *Purg.* vi. 63.
che il pianto degli *occhi* Le natiche bagnava . . . . *Inf.* xx. 23.
Ma degli *occhi* facea sempre al ciel porte . . . . *Purg.* xv. 111.
l' acqua marcia Che il ventre innanzi gli *occhi* sì t' assiepa . *Inf.* xxx. 123.
la disposizion... Negli *occhi* pur testè dal sol percossi . . . *Purg.* xxxii. 11.
Parere ingiusta... Negli *occhi* dei mortali è argomento Di fede.*Par.* iv. 68.
letizia Era negli *occhi* a tutti gli altri Santi . . . . *Par.* xxxi. 135.
con tanto gioco Guarda negli *occhi* la nostra Regina . . . . *Par.* xxxii. 104.
una femmina... Negli[1] *occhi* guercia,[2] e sopra i piè distorta . *Purg.* xix. 8.
Negli *occhi* era ciascuna oscura e cava, Pallida . . . . . . *Purg.* xxiii. 22.
cura... Fatta ha la mente sua negli *occhi* oscura . . . . . . *Purg.* xxxiii. 126.
Diffuso era per gli *occhi* e per le gene Di benigna letizia . . *Par.* xxxi. 61.
fonde a goccia a goccia Per gli *occhi* 'l mal . . . . *Purg.* xx. 8.
Per gli *occhi* fuori scoppiava lor duolo . . . . *Inf.* xvii. 46.
con angoscia Per la bocca e per gli *occhi* uscì del petto . . *Purg.* xxx. 99.
E il duol, che trova in sugli *occhi* rintoppo, Si volve . . . . *Inf.* xxxiii. 95.
il nido, A partorir li due *occhi* del cielo . . . . *Purg.* xx. 132.
Occhiaie. Parean l' *occhiaie* anella senza gemme . . . . . . *Purg.* xxiii. 31.
Occhio. Posarsi quelle prime[3] creature... l' *occhio* comprese . . *Purg.* xxxi. 78.
E quanto l' *occhio* mio potea trar d' ale... parea cotale . . *Purg.* x. 25.
Chè l' *occhio* stare aperto non sofferse . . . . *Purg.* xvi. 7.

---

[1] Con gli.   [2] guerci.   [3] belle.

OCCHIO   464   OCCIDENTE

Occhio. ombrata, Sì che... L' *occhio* la sostenea lunga fiata . . . *Purg.* xxx. 27.
Per che l' *occhio* da presso nol sostenne . . . . *Purg.* ii. 39.
Perocchè l' *occhio* m' avea tutto tratto Ver l' alta torre . . . *Inf.* ix. 35.
E come l' *occhio* più e più v' apersi, Vidil seder . . . . . . *Purg.* ix. 79.
Com' io fui dentro, l' *occhio* intorno invio . . . . *Inf.* ix. 109.
E l' *occhio* riposato intorno mossi, Dritto levato . . . . . . *Inf.* iv. 4.
Dal qual, com' io un poco ebbi ritratto L' *occhio* . . . . . . *Purg.* ii. 20.
Perch' io avanti l' *occhio* intento[1] sbarro . . . . *Inf.* viii. 66.
quella cava, Dov' io teneva or l' *occhio* sì a posta . . . . . *Inf.* xxix. 19.
i due rabbiosi... Sopra cu' io avea l' *occhio* tenuto . . . . *Inf.* xxx. 47.
Ma più non dissi; ch' all' *occhio* mi corse Un . . . . . . *Inf.* xxiii. 110.
E mentre ch' io là giù con l' *occhio* cerco, Vidi un . . . . *Inf.* xviii. 115.
Come l' *occhio* ti dice, u' che s' aggira . . . . *Inf.* vii. 120.
Di ciò ti farà l' *occhio* la risposta . . . . *Inf.* xxxiii. 107.
aguzza ver me l' *occhio* Sì che la faccia... risponda . . . . . *Inf.* xxix. 134.
Ficca mo l' *occhio* per entro l' abisso Dell' eterno consiglio . *Par.* vii. 94.
Or, se tu l' *occhio* della mente trani Di luce in luce . . . . . *Par.* x. 121.
raggio Di quella, il cui bell' *occhio* tutto vede . . . . *Par.* x. 131.
Quanto... dura, Se l' *occhio* o il tatto spesso non l' accende[2] . *Purg.* viii. 78.
Sì come l' *occhio* nostro non s' aderse In alto . . . . . . *Purg.* xix. 118.
non ci basta L' *occhio*[3] a veder senza montare al dosso . . . *Inf.* xviii. 110.
Chè non si converria l' *occhio* sorpriso D' alcuna nebbia . . *Purg.* i. 97.
Occhio mortale alcun tanto non dista . . . . *Par.* xxxi. 74.
Chè sopra il sol non fu *occhio* ch' andasse . . . . *Par.* x. 48.
La vista... Com' *occhio* per lo mar, dentro s' interna . . . *Par.* xix. 60.
che s' invii Per creatura l' *occhio* tanto chiaro . . . . . . *Par.* xxxiii. 45.
E l' *occhio* vostro pure a terra mira . . . . *Purg.* xiv. 150.
l' ama Tanto che mai da lei l' *occhio* non parte . . . . . . *Par.* x. 12.
E quindi par che il loro *occhio* si pasca . . . . *Inf.* xvii. 57.
da lungi... Tanto, ch' a pena il potea l' *occhio* torre . . . *Inf.* viii. 6.
Chè l' *occhio* nol potea menare a lunga Per l' aer nero . . . *Inf.* ix. 5.
Ma, perchè l' *occhio* cupido e vagante A me rivolse . . . . . *Purg.* xxxii. 154.
Quelli, onde l' *occhio* in testa mi scintilla . . . . *Par.* xx. 35.
Due ne seguì... Com' *occhio* segue suo falcon volando . . . *Par.* xviii. 45.
Ma nelle faccie l' *occhio* si smarria . . . . *Purg.* viii. 35.
gli aperse L' *occhio* alla nostra redenzion futura . . . . . *Par.* xx. 123.
Onde, sì tosto come l' *occhio*[4] aperse In questo ciel . . . . *Par.* xxviii. 134.
stanno Timidette atterrando l' *occhio* e il muso . . . . . . *Purg.* iii. 81.
Ch' io dissi: o tu[5] che l' *occhio* a terra gette ! . . . . . . *Inf.* xviii. 48.
quel... Che già per barattar ha l' *occhio* aguzzo . . . . . *Par.* xvi. 57.
Quel Serafin che in Dio più l' *occhio* ha fisso . . . . . . *Par.* xxi. 92.
Tanto contenta... Che non move *occhio*[6] per cantare Osanna . *Par.* xxxii. 135.
mai creatura Non pinse l' *occhio* infino alla prim' onda . . . *Par.* xx. 120.
priva Dell' atto l' *occhio* di più forti obbietti . . . . *Par.* xxx. 48.
Chi guarda pur con l' *occhio*, che non vede . . . . *Purg.* xv. 134.
si mira Con *occhio* chiaro e con affetto puro . . . . *Par.* vi. 87.
assai con l' *occhio* bieco Mi rimiraron senza far parola . . . *Inf.* xxiii. 85.
Poi appresso con l' *occhio* più acceso... mi rispose . . . . . *Par.* xx. 85.
cenno Che il Maestro con l' *occhio* sì seconda . . . . . . *Inf.* xvi. 117.
Quanto per mente o per *occhio*[7] si gira Con tanto ordine fe' . *Par.* x. 4.
Occidente. Mentre che l' *occidente* non s' annera . . . . *Purg.* xxvii. 63.
il sole... Che già, raggiando, tutto l' *occidente* Mutava . . . *Purg.* xxvi. 5.
per cento milia Perigli siete giunti all' *occidente* . . . . . *Inf.* xxvi. 113.

[1] intento l' occhio.   [2] nol raccende.   [3] *Loco.*   [4] gli occhi.
[5] dissi: tu.   [6] occhi.   [7] *loco.*

Occidente. Poscia si volse[1] nel vostro *occidente*		*Par.* vi. 71.
Occulta. Per *occulta* virtù che da lei mosse		*Purg.* xxx. 38.
Occulto. giudizio... Che è *occulto*, come in erba l' angue		*Inf.* vii. 84.
dentro ad esso Distinse tanto *occulto* e manifesto		*Par.* xix. 42.
Non t' è *occulto*, perchè il viso hai quivi		*Par.* xxiv. 41.
Ma, perchè Dio volesse, m' è *occulto*... pur questo modo		*Par.* vii. 56.
Occupa. fonde... il mal che tutto il mondo *occupa*		*Purg.* xx. 8.
Occupi. Che non temono ingegno che le *occupi*		*Purg.* xiv. 54.
Od. *Sovente.*		
Od'. Così *od'* io, che soleva la lancia D' Achille... esser cagione.		*Inf.* xxxi. 4.
Oda. Traggasi avanti alcun di voi che m' *oda*		*Inf.* xxi. 74.
Nè lascerò di dir, perch' altri m' *oda*		*Purg.* xiv. 55.
Ode. colui... Ch' *ode* le bestie e le frasche stormire		*Inf.* xiii. 114.
Ma ella s' è beata, e ciò non *ode*		*Inf.* vii. 94.
d' amore Punge, se *ode* squilla di lontano		*Purg.* viii. 5.
Chè l' animo di quel ch' *ode* non posa, Nè ferma fede		*Par.* xvii. 139.
il mondo fallace Fa manifesto a chi di lei ben *ode*		*Par.* x. 126.
a me venia... Com' a colui che non intende ed *ode*		*Par.* xiv. 126.
E però, quando s' *ode* cosa o vede... Vassene il tempo		*Purg.* iv. 7.
Oderisi. non sei tu *Oderisi*, L' onor d' Agobbio?		*Purg.* xi. 79.
Odi. Cagnazzo... disse: *odi* malizia Ch' egli ha pensata		*Inf.* xxii. 107.
Non *odi* tu la pieta del suo pianto, Non vedi tu?		*Inf.* ii. 106.
se tu mai *odi* Originar la mia terra altrimenti		*Inf.* xx. 97.
Odi se fui, com' io ti dico, folle		*Purg.* xiii. 113.
Apri gli orecchi al mio annunzio, ed *odi*		*Inf.* xxiv. 142.
Però parla con esse, ed *odi*, e credi		*Par.* iii. 31.
Odiare. Da quello *odiare* ogni affetto è deciso		*Purg.* xvii. 111.
Odierno. degno preco Fa crastino laggiù dell' *odierno*		*Par.* xx. 54.
Odio. D' ogni malizia ch' *odio* in cielo acquista, Ingiuria è il fine.		*Inf.* xi. 22.
mostri... *Odio* sopra colui cui tu ti mangi		*Inf.* xxxii. 134.
Ellesponto... Più *odio* da Leandro non sofferse		*Purg.* xxviii. 73.
Dall' *odio* proprio son le cose tute		*Purg.* xvii. 108.
Quelle fiere selvagge, che in *odio* hanno... i luoghi colti		*Inf.* xiii. 8.
Odo. Tu dici: ben discerno ciò ch' i' *odo*		*Par.* vii. 55.
Ed io... Dissi: Maestro, che è quel ch' i' *odo*?		*Inf.* iii. 32.
O dolce Padre, che è quel ch' i' *odo*? Comincia' io		*Purg.* xxiii. 13.
tu lasci tal vestigio, Per quel ch' i' *odo*		*Purg.* xxvi. 107.
Quei sono spirti, Maestro, ch' i' *odo*? Diss' io		*Purg.* xvi. 22.
me ritenne Di qua dal dolce stil nuovo ch' i' *odo*		*Purg.* xxiv. 57.
ma Fiorentino Mi sembri veramente, quand' io t' *odo*		*Inf.* xxxiii. 12.
giammai... Non tornò vivo alcun, s' i' *odo* il vero		*Inf.* xxvii. 65.
Quand' i' *odo*[2] nomar sè stesso il padre Mio		*Purg.* xxvi. 97.
Chè com' i' *odo* quinci e non intendo, Così giù veggio		*Inf.* xxiv. 74.
E' par che voi veggiate, se ben *odo*, Dinanzi quel		*Inf.* x. 97.
Odono. Dicono, e *odono*, e poi son giù volte		*Inf.* v. 15.
Odor. n' accende cura L' *odor* ch' esce del pomo		*Purg.* xxiii. 68.
Chi crederebbe che l' *odor* d' un pomo Sì governasse?		*Purg.* xxiii. 34.
si dilata, digrada, e redole *Odor* di lode		*Par.* xxx. 126.
li gigli, Al cui *odor* si prese il buon cammino		*Par.* xxiii. 75.
Odorar. Un arbor... Con pomi ad *odorar* soavi e buoni		*Purg.* xxii. 132.
Odori. pur uno Parer[3] mi fate tutti i vostri *odori*		*Par.* xix. 24.
Poi, come inebriate dagli *odori*, Riprofondavan sè		*Par.* xxx. 67.
Ma di soavità di mille *odori* Vi facea un incognito		*Purg.* vii. 80.
Offende. di' che usura *offende* La divina bontade		*Inf.* xi. 95.

[1] Poi si rivolse. [2] udi'. [3] Sentir.

Offende. e come incontinenza Men Dio *offende* . . . . *Inf.* xi. 84.
persona, Che mi fu tolta, e il modo ancor m' *offende* . . . . *Inf.* v. 102.
Quanta ignoranza è quella che vi *offende* . . . . *Inf.* vii. 71.
Con bestemmia di fatto *offende* a Dio . . . . *Purg.* xxxiii. 59.
Offendesse. Già fuggiria, perchè non gli *offendesse* . . . . . . *Par.* viii. 78.
*****Offensa.** La colpa seguirà la parte *offensa* In grido . . . . . . *Par.* xvii. 52.
***1. Offense.** Da che io intesi quelle anime *offense* . . . . *Inf.* v. 109.
le memorie triste In te non sono ancor dall' acqua *offense* . . *Purg.* xxxi. 12.
***2. Offense.** e fanno Sì che scusar non si posson l' *offense* . . . . *Par.* iv. 108.
Offension. E per nulla *offension* che mi sia fatta . . . . *Inf.* xxi. 61.
Offensione. quale *offensione* Si purga qui nel giro? . . . . . . *Purg.* xvii. 82.
la parte selvaggia Caccerà l' altra con molta *offensione* . . . *Inf.* vi. 66.
Offerere. Per vedere un furare, altro *offerere* . . . . *Par.* xiii. 140.
Però necessità fu agli Ebrei Pur l' *offerere* . . . . *Par.* v. 50.
Offerse. e bagnato m' *offerse* Dentro alla danza . . . . *Purg.* xxxi. 103.
la Scorta mia... Mi s' accostò, e l' omero m' *offerse* . . . . *Purg.* xvi. 9.
con la poverella, *Offerse* a Santa Chiesa suo¹ tesoro . . . *Par.* x. 108.
E quella... Sè stessa a vita senza gloria *offerse* . . . . . . *Purg.* xviii. 138.
a noi converrà vincer... se non :—tal ne s' *offerse* . . . . . *Inf.* ix. 8.
Ed onde alla credenza tua s' *offerse* . . . . *Par.* xxiv. 123.
Offersi. Tutto m' *offersi* pronto al suo servigio . . . . *Purg.* xxvi. 104.
1. Offerta. Quel che rimase... della piuma *offerta*... Si ricoperse . *Purg.* xxxii. 137.
2. Offerta. ancor che alcuna *offerta* Si permutasse . . . . . . *Par.* v. 50.
Offerti. gli occhi miei si furo *offerti* Alla mia Donna . . . . . *Par.* viii. 40.
Offerto. Se credi bene usar quel ch' hai *offerto* . . . . *Par.* v. 32.
Chè s' amore è di fuori a noi *offerto* . . . . *Purg.* xviii. 43.
Dinanzi agli occhi mi si fu *offerto* Chi... parea fioco . . . *Inf.* i. 62.
1. Offesa. Sì che in poc' ora avria l' orecchie² *offesa* . . . . . *Inf.* xvi. 105.
L' anima tua è da viltate *offesa* . . . . *Inf.* ii. 45.
2. Offesa. poca è l' *offesa* Fatta per esser con invidia volti . . . *Purg.* xiii. 134.
1. Offese. La gente, che non vien con noi, *offese* Di ciò . . . . . *Purg.* xxvi. 76.
2. Offese. Perch'³ io possa purgar le gravi *offese* . . . . *Purg.* v. 72.
Offesi. sol di tanto *offesi*, Che... vivemo in disio . . . . *Inf.* iv. 41.
Che ben parean di miseri e d' *offesi* . . . . *Inf.* ix. 123.
Offeso. Però quel... Udirai, e saprai se m' ha *offeso* . . . . . *Inf.* xxxiii. 21.
genti fangose... Ignude tutte e con sembiante *offeso* . . . *Inf.* vii. 111.
Offici. si vive Diversamente per diversi *offici* . . . . *Par.* viii. 119.
nei grandi *offici* Sempre posposi la sinistra cura . . . . . . *Par.* xii. 128.
Offizi. e negli altri *offizi* anche Barattier fu non picciol . . . . *Inf.* xxii. 86.
Offiziali. Omai vedrai di sì fatti *offiziali* . . . . *Purg.* ii. 30.
Offizio. Per che si teme *offizio* non commesso . . . . *Purg.* x. 57.
quell' *offizio* adempie Che non si può fornir per la veduta . . *Purg.* xii. 131.
quel contemplante Libero *offizio* di dottore assunse . . . . . *Purg.* xxxii. 2.
La provvidenza, che quivi comparte Vice ed *offizio* . . . *Par.* xxvii. 17.
Nè sommo *offizio*, nè ordini sacri Guardò in sè . . . . . . *Inf.* xxvii. 91.
Legge, moneta, *offizio*, e costume Hai tu mutato . . . . . . *Purg.* vi. 146.
Per che predestinata fosti sola A questo *offizio* . . . . . . *Par.* xxi. 78.
questi fue D' in sulla⁴ croce al grande *offizio* eletto . . . . *Par.* xxv. 114.
Fede portai al glorioso *offizio* Tanto ch' io ne perdei . . . *Inf.* xiii. 62.
Con l' *offizio* apostolico si mosse, Quasi torrente . . . . . *Par.* xii. 98.
Ma poco poi sarà da Dio sofferto Nel santo *offizio* . . . . *Par.* xxx. 146.
Vedi **Uficio** *e* **Ufizio.**
Oggi. Dà *oggi* a noi la cotidiana manna . . . . *Purg.* xi. 13.
Quel dolce pome... *Oggi* porrà in pace le tue fami . . . . *Purg.* xxvii. 117.

¹ il suo.   ² orecchia.   ³ *Pur, ch'.*   ⁴ Di su la.

Oggi. si raduni *Oggi* colui che la fascia col fregio . . . . *Par.* xvi. 132.
Oggimai. Di' *oggimai* che la Chiesa di Roma... Cade . . . . . *Purg.* xvi. 127.
 Vedi *oggimai*[1] quant' esser dee quel tutto . . . . *Inf.* xxxiv. 32.
Ogn'; ogni. *Sovente.*
Ognora. le spire In che più tosto *ognora*[2] s' appresenta . . . . *Par.* x. 33.
Ognun. *Ognun* v' è barattier, fuor che Bonturo . . . . *Inf.* xxi. 41.
 i beati... Surgeran presti *ognun* di sua caverna . . . . . . *Purg.* xxx. 14.
Ognuna. *Ognuna* in giù tenea volta la faccia . . . . *Inf.* xxxii. 37.
Ognuno. *Ognuno* era pennuto di sei ali . . . . *Purg.* xxix. 94.
Oh. *Sovente.*
Oimè. il falcon... Fa dire al falconiere : *oimè* tu cali . . . . . *Inf.* xvii. 129.
 Vedi **O** e **Omè**.
Olezza. L' aura di maggio movesi, ed *olezza* . . . . *Purg.* xxiv. 146.
Olimpo. trionfa lieta Nell' alto *Olimpo* già di sua corona . . . . *Purg.* xxiv. 15.
1. Oliva. Sopra candido vel cinta d' *oliva* . . . . *Purg.* xxx. 31.
2. Oliva. lento Su per lo suol che d' ogni parte *oliva* . . . . . . *Purg.* xxviii. 6.
Olivo. E come a messaggier, che porti *olivo* . . . . *Purg.* ii. 70.
Olocausto. con quella favella... a Dio feci *olocausto* . . . . . . *Par.* xiv. 89.
Oloferne. si fuggiro Gli Assiri, poi che fu morto *Oloferne* . . . *Purg.* xii. 59.
Oltra; oltre. *Sovente.*
Oltracotanza. Ond' esta *oltracotanza* in voi s' alletta? . . . . . *Inf.* ix. 93.
Oltracotata. L' *oltracotata* schiatta, che s' indraca . . . . *Par.* xvi. 115.
Oltraggio. Ed egli a me : nessun m' è fatto *oltraggio* . . . . *Purg.* ii. 94.
 A me pareva andando fare *oltraggio*, Veggendo altrui . . . *Purg.* xiii. 73.
 a tal vista cede, E cede la memoria a tanto *oltraggio* . . . . *Par.* xxxiii. 57.
***Oltrarti.** Movendo l' ali tue, credendo *oltrarti* . . . . : *Par.* xxxii. 146.
Omai. *Sovente.*
Omberto. Io sono *Omberto ;* e non pure a me danno Superbia fa. *Purg.* xi. 67.
1. Ombra. Ma giù s' abbuia L' *ombra* di fuor, come... è trista . *Par.* ix. 72.
 Da questo cielo, in cui l' *ombra* s' appunta . . . . *Par.* ix. 118.
 Perocchè quindi ha poscia sua paruta, E chiamat' *ombra* . . *Purg.* xxv. 101.
 anzi è tenebra, Od *ombra* della carne, o suo veleno . . . . *Par.* xix. 66.
 Sì che l' *ombra* era da me alla grotta . . . . *Purg.* iii. 90.
 lo raggio, onde si lista Tal volta l' *ombra* . . . . *Par.* xiv. 116.
 fu rotto il petto e l' *ombra* Con esso un colpo . . . . . . *Inf.* xxxii. 61.
 le fu tolta Di capo l' *ombra* delle sacre bende . . . . *Par.* iii. 114.
 alla impresa, Che fe' Nettuno ammirar l' *ombra* d' Argo . . *Par.* xxxiii. 96.
 questo mondo China già l' *ombra*, quasi al letto piano . . . *Par.* xxx. 3.
 Lo corpo, dentro al quale io facea *ombra* . . . . *Purg.* iii. 26.
 E vedi omai che il poggio l' *ombra* getta . . . . *Purg.* vi. 51.
 parte U' la prim' *ombra* gitta il santo monte . . . . *Purg.* xxviii. 12.
 Pur che la terra, che perde *ombra*, spiri . . . . *Purg.* xxx. 89.
 Se per veder la sua *ombra* restaro, Com' io avviso . . . . *Purg.* v. 34.
 Le capre... Tacite all' *ombra*, mentre che il sol ferve . . . *Purg.* xxvii. 79.
 persone Che si stavano all' *ombra* dietro al sasso . . . . . *Purg.* iv. 104.
 Ed io facea con l' *ombra* più rovente Parer la fiamma . . . *Purg.* xxvi. 7.
 s' affisser... Le sette donne al fin d' un' *ombra* smorta . . . *Purg.* xxxiii. 109.
 prato di fiori Vider, coperti[3] d' *ombra*, gli occhi miei . . . . *Par.* xxiii. 81.
 il sol corcar, per l' *ombra* che si spense, Sentimmo . . . . *Purg.* xxvii. 68.
 Chi pallido si fece sotto l' *ombra* Sì di Parnaso . . . . . . *Purg.* xxxi. 140.
 E sotto l' *ombra* delle sacre penne Governò il mondo . . . . *Par.* vi. 7.
 si mova bruna bruna Sotto l' *ombra* perpetua . . . . *Purg.* xxviii. 32.
 Vidi la figlia di Latona incensa Senza quell' *ombra* . . . *Par.* xxii. 140.
 Ci apparve un' *ombra*, e retro a noi venia . . . . *Purg.* xxi. 10.

[1] *oramai.* [2] *ogni ora.* [3] *coperto.*

| OMBRA | 468 | OMBRE |

Ombra. E quell' *ombra* gentil, per cui si noma Pietola . . . . . *Purg.* xviii. 82.
Colà, disse quell' *ombra*, n' anderemo . . . . *Purg.* vii. 67.
e quest' altro è quell' *ombra* Per cui scosse dianzi . . . . . *Purg.* xxiii. 131.
Così s' è[1] l' *ombra* sua qui furiosa . . . . *Inf.* viii. 48.
Lì veggio d' ogni parte farsi presta Ciascun' *ombra* . . . . *Purg.* xxvi. 32.
Non altrimenti... Che ciascun' *ombra* fece in sua paruta . . *Purg.* xxvi. 70.
Secondo che ci affliggono... l' *ombra* si figura . . . . *Purg.* xxv. 107.
Sì pia l' *ombra* d' Anchise si porse . . . . *Par.* xv. 25.
Se io ho ben... Rispose del magnanimo quell' *ombra* . . . . *Inf.* ii. 44.
L' *ombra* che s' era al Giudice raccolta, Quando chiamò . . *Purg.* viii. 109.
E l' *ombra* che di ciò domandata era, Si sdebitò così . . . . *Purg.* xiv. 28.
frate, Non far, chè tu se' *ombra*, ed ombra vedi . . . . . *Purg.* xxi. 132.
Qual che tu sii, od *ombra*, od uomo certo . . . . *Inf.* i. 66.
Sì vedrai ch' io son l' *ombra* di Capocchio . . . . *Inf.* xxix. 136.
Per che l' *ombra* sorrise e si ritrasse . . . . *Purg.* ii. 83.
Allor surse... Un' *ombra* lungo questa infino al mento . . . *Inf.* x. 53.
e l' *ombra*, tutta in sè romita, Surse ver lui . . . . *Purg.* vi. 72.
Perchè l' *ombra* si tacque, e riguardommi Negli occhi . . . *Purg.* xxi. 110.
L' *ombra* sua torna ch' era dipartita . . . . *Inf.* iv. 81.
Vedeasi l' *ombra* piena di letizia Nel folgor chiaro . . . . . *Par.* v. 107.
Volse a me gli occhi un' *ombra*, e guardò fiso . . . . *Purg.* xxiii. 41.
Mostrocci un' *ombra* dall' un canto sola, Dicendo . . . . . *Inf.* xii. 118.
Trasseci l' *ombra* del primo parente, D' Abel suo figlio . . . *Inf.* iv. 55.
non troverai *ombra* Degna più d' esser fitta in gelatina . . . *Inf.* xxxii. 59.
Vidi e conobbi[2] l' *ombra* di colui Che fece... rifiuto . . . . *Inf.* iii. 59.
Tra l' altre vidi un' *ombra* che aspettava In vista . . . . . *Purg.* xiii. 100.
Ed io all' *ombra*, che parea più vaga Di ragionar, drizza'mi . *Par.* iii. 34.
lo corpo... Dell' *ombra* che di qua retro[3] mi verna . . . . . *Inf.* xxxiii. 135.
Ciascuno al prun dell' *ombra* sua molesta . . . . *Inf.* xiii. 108.
Tanto, che l' *ombra* del beato regno Segnata... manifesti . . *Par.* i. 23.
Ed avrà quasi l' *ombra* della vera Costellazion . . . . . . *Par.* xiii. 19.
Ombra non lì[4] è, nè segno che si paia . . . . *Purg.* xiii. 7.
2. Ombra. Come falso veder bestia, quand' *ombra* . . . . *Inf.* ii. 48.
Ombrata. E la faccia del sol nascere *ombrata* . . . . *Purg.* xxx. 25.
Ombre. ninfe che si givan sole Per le salvatiche *ombre* . . . . *Purg.* xxix. 5.
Qual... fu maestro... Che ritraesse l' *ombre* e i tratti[5] ? . . . *Purg.* xii. 65.
Già era... Là, dove l' *ombre* eran tutte coperte . . . . . . *Inf.* xxxiv. 11.
se l' arrabbiate *Ombre* che van dintorno dicon vero . . . . *Inf.* xxx. 80.
fur... tanto divise Quell' *ombre*, che veder più non potersi . *Purg.* xviii. 140.
Dall' altra parte m' eran le devote *Ombre* . . . . *Purg.* xiii. 83.
Livide... Eran l' *ombre* dolenti nella ghiaccia . . . . *Inf.* xxxii. 35.
Così a sè e noi buona ramogna Quell' *ombre* orando . . . . *Purg.* xi. 26.
Vid' io molt' *ombre*, andando, poner mente . . . . *Purg.* xxvi. 9.
Quando tre *ombre* insieme si partiro, Correndo . . . . . . *Inf.* xvi. 4.
Se voi siete *ombre* che Dio su non degni . . . . *Purg.* xxi. 20.
E l' *ombre*, che parean cose rimorte... ammirazione Traean . *Purg.* xxiv. 4.
ombre che vanno, Forse di lor dover solvendo il nodo . . . *Purg.* xxiii. 14.
vid' io venir... *Ombre* portate dalla detta briga . . . . . . *Inf.* v. 49.
Vidi quattro grand' *ombre* a noi venire . . . . *Inf.* iv. 83.
O *ombre* vane, fuor che nell' aspetto ! . . . . *Purg.* ii. 79.
Guardando l' *ombre* che giacean per terra, Tornate già . . . *Purg.* xx. 143.
Eriton cruda, Che richiamava l' *ombre* a' corpi sui . . . . *Inf.* ix. 24.
dismento nostra vanitate, Trattando l' *ombre* come cosa salda. *Purg.* xxi. 136.
Guarda'mi innanzi, e vidi *ombre* con manti . . . . *Purg.* xiii. 47.

[1] Così è.   [2] Guardai e vidi.   [3] dietro.   [4] gli.   [5] gli atti.

Ombre. Così all' *ombre*, là v'¹ io parlav' ora, Luce... non vuole . *Purg.* xiii. 68.
Ed io attento all' *ombre* ch' io sentia... piangere . . . . . . *Purg.* xx. 17.
Con quell' altr' *ombre* pria sorrise un poco . . . . *Par.* iii. 67.
Come libero fui da tutte e quante Quell' *ombre* . . . . . . *Purg.* vi. 26.
Io era già da quell' *ombre* partito, E seguitava . . . . . . *Purg.* v. 1.
per sozza mistura Dell' *ombre* e della pioggia . . . . . . *Inf.* vi. 101.
e più di mille *Ombre* mostrommi e nominolle . . . . . . *Inf.* v. 68.
Quant' io vidi in due *ombre* smorte e nude . . . . *Inf.* xxx. 25.
Noi passavam su per l' *ombre* che adona La greve pioggia . *Inf.* vi. 34.
avvalliamo... Tra le grandi *ombre*, e parleremo ad esse . . . *Purg.* viii. 44.
si soffolge Laggiù tra l' *ombre* triste smozzicate . . . . . *Inf.* xxix. 6.
Ombriferi. Son di lor vero *ombriferi* prefazii . . . . *Par.* xxx. 78.
Omè. La mia conversione, *omè!* fu tarda . . . . *Purg.* xix. 106.
Vedi **O** *e* **Oimè.**
Omega. Alfa ed *Omega*² è di quanta scrittura . . . . *Par.* xxvi. 17.
Omeri. parlerò con questa, Che ne conceda i suoi *omeri* forti . . *Inf.* xvii. 42.
1. **Omero.** L' *omero* suo, ch' era acuto e superbo, Carcava . . *Inf.* xxi. 34.
la Scorta mia... Mi s' accostò, e l' *omero* m' offerse . . . *Purg.* xvi. 9.
il poderoso tema, E l' *omero* mortal che se ne carca . . . . *Par.* xxiii. 65.
Feriami il sole in sull' *omero* destro . . . . *Purg.* xxvi. 4.
il sole Dall' *omero* sinistro il carro mena . . . . *Purg.* iv. 120.
2. **Omero.** Quegli è *Omero*, poeta sovrano . . . . *Inf.* iv. 88.
Omicide. Onde *omicide*³ e ciascun che mal fiere . . . . *Inf.* xi. 37.
*****Omo.** Chi nel viso degli uomini legge *omo* . . . . *Purg.* xxiii. 32.
Oncia. E stanco chi il pesasse ad *oncia* ad *oncia* . . . . *Par.* ix. 57.
Ch' io potessi in cent' anni andare un' *oncia* . . . . *Inf.* xxx. 83.
Ond'; onde. *Sovente.*
Onda. Laggiù colà dove la batte l' *onda*, Porta de' giunchi . . *Purg.* i. 101.
Come fa l' *onda* là sovra Cariddi, Che si frange . . . . . *Inf.* vii. 22.
si moveva... Sì come l' *onda* che fugge e s' appressa . . . . *Purg.* x. 9.
e tocca l' *onda* Sotto Sibilia Caino e le spine . . . . . . *Inf.* xx. 125.
chinandomi all' *onda* Che si deriva, perchè vi s' immegli . . *Par.* xxx. 86.
mai creatura Non pinse l' occhio infino alla prim' *onda* . . *Par.* xx. 120.
Nel monte, che si leva più dall' *onda*, Fu' io . . . . *Par.* xxvi. 139.
nave... Vinta dall' *onda*,⁴ or da poggia or da orza . . . . *Purg.* xxxii. 117.
Io ritornai dalla santissim' *onda* Rifatto sì . . . . *Purg.* xxxiii. 142.
Così sen vanno su per l' *onda* bruna . . . . *Inf.* iii. 118.
1. **Onde.** Cadendo Ibero... E l' *onde* in Gange da nona⁵ riarse . . *Purg.* xxvii. 4.
un rio, Che inver sinistra con sue picciole *onde* . . . . . *Purg.* xxviii. 26.
l' erbe sono Bagnate già dall' *onde* del bel fiume . . . . . *Purg.* xxviii. 62.
Quando sarai di là dalle larghe *onde*, Di' a Giovanna mia . . *Purg.* viii. 70.
E noi, in compagnia dell' *onde* bige, Entrammo . . . . . . *Inf.* vii. 104.
Non molto lungi al percoter dell' *onde* . . . . *Par.* xii. 49.
potere Di trarre gli occhi fuor delle tue *onde* . . . . . . *Par.* xxvii. 123.
su per le sucide *onde* Già puoi scorger quello . . . . . . *Inf.* viii. 10.
E già venia su per le torbid' *onde* Un fracasso . . . . . . *Inf.* ix. 64.
2. **Onde** (*avverbio*). *Sovente.*
Ondeggiar. Cotal fu l' *ondeggiar* del santo rio . . . . *Par.* iv. 115.
Onesta. E nel mover degli occhi *onesta* e tarda . . . . *Purg.* vi. 63.
la domanda *onesta* Si dee seguir coll' opera tacendo . . . *Inf.* xxiv. 77.
E come donna *onesta*, che permane Di sè sicura . . . . . *Par.* xxvii. 31.
Pudica in faccia, e nell' andare *onesta* . . . . *Purg.* iii. 87.
ed ei venia Con gli occhi fitti pure in quella *onesta* . . . . *Purg.* xix. 30.
Onestade. fretta, Che l' *onestade* ad ogni atto dismaga . . . . . *Purg.* iii. 11.

¹ dov'. ² O. ³ omicidi. ⁴ onde. ⁵ nuovo.

ONESTADI 470 OPERA

Onestadi. Ed atti ornati di tutte *onestadi* . . . . *Par.* xxxi. 51.
Onestato. Ma pari in atto, ed *onestato*[1] e sodo . . . . *Purg.* xxix. 135.
Oneste. l' accoglienze *oneste* e liete Furo iterate . . . . *Purg.* vii. 1.
    Chi siete voi... Diss' ei, movendo quell' *oneste* piume . . . . *Purg.* i. 42.
Onesti. Che vergine, che gli occhi *onesti* avvalli . . . . *Purg.* xxviii. 57.
Onesto. Fidandomi del[2] tuo parlare *onesto* . . . . *Inf.* ii. 113.
    in affanno Cambiò *onesto* riso e dolce gioco . . . . *Purg.* xxviii. 96.
    in abito dispari, Ma pari in atto, ed *onesto*[3] e sodo . . . . . *Purg.* xxix. 135.
    ed ecco il veglio *onesto*, Gridando : che è ciò ? . . . . . . *Purg.* ii. 119.
    Chi ei si furo... Più è tacer che ragionare *onesto* . . . . . . *Par.* xvi. 45.
    O Tosco, che... Vivo ten vai, così parlando *onesto* . . . . . *Inf.* x. 23.
Onor. S' egl' intende tornare... L' *onor* dell' influenza e il biasmo.*Par.* iv. 59.
    Che i lieti *onor* tornaro in tristi lutti . . . . *Inf.* xiii. 69.
    Tutti lo miran,[4] tutti *onor* gli fanno . . . . *Inf.* iv. 133.
    esce... E va per farsi *onor* del primo intoppo . . . . *Purg.* xxiv. 96.
    La tua fortuna tanto *onor* ti serba . . . . *Inf.* xv. 70.
    E ciò non fia[5] d' *onor* poco argomento . . . . *Par.* xvii. 135.
    non ruppi fede Al mio signor, che fu d' *onor* sì degno . . . *Inf.* xiii. 75.
    larghezza Che fece... Per condurre ad *onor* lor giovinezza . *Purg.* xx. 33.
    genitrice Dell' *onor* di Sicilia e d' Aragona . . . . *Purg.* iii. 116.
    O, dissi lui, non sei tu Oderisi, L' *onor* d' Agobbio ? . . . . *Purg.* xi. 80.
    e l' *onor* di quell' arte Che alluminare chiamata è . . . . . *Purg.* xi. 80.
Onora. La fama, che la vostra casa *onora*, Grida i signori . . *Purg.* viii. 124.
    parlare onesto, Che *onora* te e quei che udito l' hanno . . . *Inf.* ii. 114.
    Col nome che più dura e più *onora* Era io di là . . . . . . *Purg.* xxi. 85.
Onorata. La casa... Era *onorata*, ed essa, e suoi consorti . . *Par.* xvi. 139.
Onorate. voce fu per me udita : *Onorate* l' altissimo poeta . . . *Inf.* iv. 80.
Onorati. L' opre di voi e gli *onorati* nomi Con affezion ritrassi . *Inf.* xvi. 59.
Onoravano. Ma Dione *onoravano* e Cupido . . . . *Par.* viii. 7.
Onore. L' *onore* è tutto or suo, e mio in parte . . . . *Purg.* xi. 84.
    son stati attivi Perchè *onore* e fama li succeda . . . . . . *Par.* vi. 114.
    Facciangli *onore*, ed esser può lor caro . . . . *Purg.* v. 36.
    Per che non pure a lei facean *onore* Di sacrificio . . . . . *Par.* viii. 4.
    Fannomi *onore*, e di ciò fanno bene . . . . *Inf.* iv. 93.
    sol per fare *onore* Alla novizia, e non per alcun fallo . . . *Par.* xxv. 104.
    da cui io tolsi Lo bello stile che m' ha fatto *onore* . . . . *Inf.* i. 87.
    E più d' *onore* ancora assai mi fenno . . . . *Inf.* iv. 100.
    È chi podere, grazia, *onore*, e fama Teme di perder . . . *Purg.* xvii. 118.
    O degli altri poeti *onore* e lume, Vagliami . . . . *Inf.* i. 82.
    quest' è il pregio e l' *onore* Della casa da Calboli . . . . *Purg.* xiv. 88.
Onori. O tu che *onori* e[6] scienza ed arte, Questi chi son ? . . . *Inf.* iv. 73.
Onorio. redimita Fu per *Onorio* dall' eterno spiro . . . . *Par.* xi. 98.
Onranza. Questi chi son, ch' hanno cotanta *onranza*[7] ? . . . . . *Inf.* iv. 74.
    E tu in grande *onranza* non ne sali . . . . *Inf.* xxvi. 6.
Onrata. Che vostra gente *onrata* non si sfregia Del pregio . . . *Purg.* viii. 128.
    l' uomo ingombra, Sì che d' *onrata* impresa lo rivolve . . *Inf.* ii. 47.
    l' *onrata* nominanza Che di lor suona su nella tua vita . . *Inf.* iv. 76.
Onrevol. Che *onrevol*[b] gente possedea quel loco . . . . *Inf.* iv. 72.
Onta. Quindi non terra, ma peccato ed *onta* Guadagnerà . . . *Purg.* xx. 76.
    alla tua *onta* Io porterò di te vere novelle . . . . *Inf.* xxxii. 110.
    non gli è vendicata... Per alcun che dell' *onta* sia consorte . *Inf.* xxix. 33.
Ontoso. tornavan... Gridandosi anche[9] loro *ontoso* metro . . . *Inf.* vii. 33.
Opera. *Opera* naturale è ch' uom favella . . . . *Par.* xxvi. 130.

    [1] *onesto.*   [2] nel.   [3] onestato.   [4] l' ammiran.   [5] fa.
    [6] ogni.   [7] orranza.   [b] orrevol.   [9] Gridando sempre in.

Opera. t' aspetta Pure a Beatrice ; ch' *opera* è[1] di fede . . . . . *Purg.* xviii. 48.
Quest' *opera* gli tolse quei confini . . . . *Purg.* xi. 142.
E s' io non fossi... Dato t' avrei all' *opera* conforto . . . . . *Inf.* xv. 60.
la domanda onesta Si dee seguir coll' *opera* tacendo . . . . *Inf.* xxiv. 78.
gli stracci Dell' *opera* che mal per te si fe' . . . . *Purg.* xii. 45.
Operando. per sentir più dilettanza, Bene *operando* . . . . . . *Par.* xviii. 59.
Similemente *operando* all' artista, Ch' ha l' abito . . . . . . *Par.* xiii. 77.
Operante. l' opra è tanto più gradita Dell' *operante* . . . . . . *Par.* vii. 107.
Operar. spense... Lo nostro amore, onde *operar* perde' si . . . . *Purg.* xix. 122.
il mal, dedutto Dal suo bene *operar*, non gli è nocivo . . . . *Par.* xx. 59.
virtù... La qual senza *operar* non è sentita . . . . *Purg.* xviii. 52.
Operare. Lasciasser d' *operare* ogni lor arte . . . . *Purg.* xxviii. 15.
E, giunto lui, comincia ad *operare*, Coagulando prima . . . *Purg.* xxv. 49.
amore, a cui riduci Ogni buono *operare* e il suo contraro . . *Purg.* xviii. 15.
Tant' è... più cara... Quanto in bene *operare* è più soletta . . *Purg.* xxiii. 93.
Operazion. E d' ogni *operazion* che merta pene . . . . *Purg.* xvii. 105.
Opere. Onde cessar le sue *opere* biece Sotto la mazza . . . . *Inf.* xxv. 31.
L' antico sangue e l' *opere* leggiadre De' miei maggior . . . *Purg.* xi. 61.
impresso... sì... Che notabili fien l' *opere* sue . . . . . . *Par.* xvii. 78.
di', chi t' assicura Che quell' *opere* fosser ? . . . . *Par.* xxiv. 104.
d' ambo e due... Perchè ad un fine fur l' *opere* sue . . . . *Par.* xi. 42.
l' *opere* mie Non furon leonine, ma di volpe . . . . *Inf.* xxvii. 74.
E parranno a ciascun l' *opere* sozze Del barba . . . . *Par.* xix. 136.
la prova che il ver mi dischiude Son l' *opere* seguite . . . . *Par.* xxiv. 101.
la lunga fatica Tu gli raccorci con l' *opere* tue . . . . *Par.* xv. 96.
Lì si vedrà tra l' *opere* d' Alberto Quella . . . . *Par.* xix. 115.
Opima. Sì ch' ogni Musa ne sarebbe *opima* . . . . *Par.* xviii. 33.
Opimo. Quanto è nell' erbe e nei fioretti *opimo* . . . . *Par.* xxx. 111.
Opinion. s' egli erra L' *opinion*, mi disse, dei mortali . . . . *Par.* ii. 53.
più volte piega L' *opinion* corrente in falsa parte . . . . . . *Par.* xiii. 119.
Opinione. cotesta cortese *opinione* Ti fia chiavata . . . . . . *Purg.* viii. 136.
Sì ch' io commendo tua *opinione* . . . . *Par.* xiii. 85.
E così ferman sua *opinione* Prima che l' arte... s' ascolti . . *Purg.* xxvi. 122.
Opizzo. quell' altro ch' è biondo È *Opizzo*[2] da Esti . . . . . . *Inf.* xii. 111.
Oppilazion. O d' altra *oppilazion* che lega l' uomo . . . . . . *Inf.* xxiv. 114.
Oppone. L' uno al pubblico segno i gigli gialli *Oppone* . . . . *Par.* vi. 101.
E chi 'l s' appropria, e chi a lui s' *oppone* . . . . *Par.* vi. 33.
Opposita. E la notte che *opposita* a lui cerchia . . . . *Purg.* ii. 4.
dallo specchio Salta lo raggio all' *opposita* parte . . . . . *Purg.* xv. 17.
E l' altro scese in l' *opposita* sponda . . . . *Purg.* viii. 32.
Opposito. tornavan... Da ogni mano all' *opposito* punto . . . . . *Inf.* vii. 32.
Opposizione. rimbecca Per dritta *opposizione* alcun peccato . . . *Purg.* xxii. 50.
Opposta. Di questa dolce vita, e dell' *opposta* . . . . *Par.* xx. 48.
Oppresso. *Oppresso* di stupore alla mia guida Mi volsi . . . . *Par.* xxii. 1.
1. **Opra.** t' aspetta Pure a Beatrice ; ch' è *opra*[3] di fede . . . *Purg.* xviii. 48.
Ma perchè l' *opra* è tanto più gradita Dell' operante . . . *Par.* vii. 106.
Romeo, di cui Fu l' *opra* bella e grande mal gradita . . . . *Par.* vi. 129.
quella, Cui non potea mia *opra*[4] essere ascosa . . . . *Par.* ii. 27.
Vedendo Roma e l' ardua sua *opra* Stupeface'nsi . . . . . *Par.* xxxi. 34.
color, che non veggon pur l' *opra*, Ma per entro . . . . . *Inf.* xvi. 119.
mi fece Indurlo ad *opra*, che a me stesso pesa . . . . . . *Inf.* xiii. 51.
Innanzi assai ch'[5] all' *opra* inconsumabile Fosse... attenta . *Par.* xxvi. 125.
E, prima ch' io all' *opra* fossi attento... Credeva . . . . *Par.* vi. 13.
Chè dopo lui verrà, di più laid' *opra*... un pastor . . . . . *Inf.* xix. 82.

---
[1] ch' è opra.   [2] Obizzo.   [3] *ch' opera è.*   [4] cura.   [5] Innanzi che.

Opra.	per sua *opra* In anima in Cocito già si bagna	*Inf.* xxxiii. 155.
	Non pur per *opra* delle rote magne, Che drizzan	*Purg.* xxx. 109.
2. **Opra.**	Tanto *opra* poi, che già si move e sente	*Purg.* xxv. 55.
Oprar.	Tanto per bene *oprar* gli venni in grado	*Par.* xv. 141.
Oprare.	Lei lo vedere, e me l' *oprare* appaga	*Purg.* xxvii. 108.
Opre.	e sempre mai L' *opre*[1] di voi... Con affezion ritrassi	*Inf.* xvi. 59.
1. **Or.**	Lo secol primo, che quant' *or* fu bello	*Purg.* xxii. 148.
2. **Or** (*avverbio*).	*Sovente.*	
1. **Ora.**	Dalla prim' *ora* a quella ch' è[2] seconda	*Par.* xxvi. 141.
	è seconda, Come il sol muta quadra, l'[3] *ora* sesta	*Par.* xxvi. 142.
	Quanto tra l' ultimar dell' *ora* terza, E il principio	*Purg.* xv. 1.
	Forse se' milia miglia di lontano Ci ferve l' *ora* sesta	*Par.* xxx. 2.
	le spire In che più tosto o'gni *ora*[4] s' appresenta	*Par.* x. 33.
	l' *ora* s' appressava Che il cibo ne soleva essere addotto	*Inf.* xxxiii. 43.
	Era già l' *ora* che volge il disio Ai naviganti	*Purg.* viii. 1.
	Ora era onde il salir non volea storpio	*Purg.* xxv. 1.
	m' era cagione... L' *ora* del tempo e la dolce stagione	*Inf.* i. 43.
	fu tal' *ora* Ch' io avrei volut' ir per altra strada	*Inf.* xxxi. 140.
	Tempo futuro... Cui non sarà quest' *ora* molto antica	*Purg.* xxiii. 99.
	prima... che sorvenisse l' *ora* Del buon dolor	*Purg.* xxiii. 80.
	Casella mio... Diss' io; ma a te com' è tanta *ora*[5] tolta?	*Purg.* ii. 93.
	da ch' ei si tace, Disse il Poeta a me, non perder l' *ora*	*Inf.* xiii. 80.
	L' alba vinceva l' *ora* mattutina Che fuggia innanzi	*Purg.* i. 115.
	quando nel mondo ad *ora* ad *ora* M' insegnavate	*Inf.* xv. 84.
	Quale per li seren... Discorre ad *ora* ad or subito foco	*Par.* xv. 14.
	Noi fummo... morti, E peccatori infino all' ultim' *ora*	*Purg.* v. 53.
	E disse: chi se' tu che vieni anzi *ora?*	*Inf.* viii. 33.
	Veggendo il mondo aver cangiata faccia In poco d' *ora*	*Inf.* xxiv. 14.
	e poscia tutta la drizzava In poco d' *ora*	*Purg.* xix. 14.
	e cominciò dall' *ora* Che Pallante morì per dargli regno	*Par.* vi. 35.
	Onde, dall' *ora* che tra noi discese... Juvenale	*Purg.* xxii. 13.
	Dall' *ora* ch' io avea guardato prima, Io vidi	*Par.* xxvii. 79.
	e come in sì poc' *ora* Da sera... ha fatto il sol tragitto?	*Inf.* xxxiv. 104.
	Sì che in poc' *ora* avria l' orecchie[6] offesa	*Inf.* xvi. 105.
	Fresco smeraldo in l' *ora* che si fiacca	*Purg.* vii. 75.
	Nell' *ora* che comincia i tristi lai La rondinella	*Purg.* ix. 13.
	Nell' *ora* che non può il calor diurno Intepidar	*Purg.* xix. 1.
	Nell' *ora* credo, che dell' oriente Prima raggiò	*Purg.* xxvii. 94.
	ne chiami Nell' *ora* che la sposa di Dio surge	*Par.* x. 140.
2. **Ora.**	Udi' gridar: Maria, *ora* per noi; Gridar: Michele	*Purg.* xiii. 50.
3. **Ora** (*avverbio*).	*Sovente.*	
Orai.	Così *orai*; ed ella[7] sì lontana, Come parea, sorrise	*Par.* xxxi. 91.
Oramai.	Non ti dee *oramai* parer più forte	*Par.* vii. 49.
	Ma distendi *oramai* in qua la mano, Aprimi gli occhi	*Inf.* xxxiii. 148.
	Ma la notte risurge; ed *oramai* È da partir	*Inf.* xxxiv. 68.
	Pensa *oramai* per te, s' hai fior d' ingegno	*Inf.* xxxiv. 26.
	Pensa *oramai* qual fu colui, che degno Collega fu	*Par.* xi. 118.
	Francesco... Prendi *oramai* nel mio parlar diffuso	*Par.* xi. 75.
	ritorci Gli occhi *oramai* verso la dritta strada	*Par.* xxix. 128.
	Veramente *oramai* saranno nude Le mie parole	*Purg.* xxxiii. 100.
	Ma seguimi *oramai*, chè il gir mi piace	*Inf.* xi. 112.
	Vedi *oramai* quant' esser dee quel tutto	*Inf.* xxxiv. 32.
	Vedi *oramai* se tu mi puoi far lieto, Rivelando	*Purg.* iii. 142.
	Lo più che padre mi dicea: figliuole, Vienne *oramai*	*Purg.* xxiii. 5.

[1] ovra. [2] che. [3] all'. [4] ognora. [5] terra. [6] orecchia. [7] e quella.

Orando. a sè e noi buona ramogna Quell' ombre *orando* . . . . *Purg.* xi. 26.
  Orando all' alto Sire in tanta guerra, Che perdonasse . . . . *Purg.* xv. 112.
  Veramente... *Orando*, grazia convien che s' impetri . . . . *Par.* xxxii. 147.
Orate. Se non ch' egli uno, e voi n' *orate* cento . . . . *Inf.* xix. 114.
Orator. Gli occhi... Fissi nell' *orator*, ne dimostraro . . . . . . *Par.* xxxiii. 41.
Orazio. L' altro è *Orazio* satiro, che viene . . . . *Inf.* iv. 89.
Orazion. non ascende, Se buona *orazion* lui non aita . . . . . . *Purg.* xi. 130.
  tu mi neghi... Che decreto del cielo *orazion* pieghi . . . . . *Purg.* vi. 30.
  strazio e... scempio... Tale *orazion* fa far nel nostro tempio . *Inf.* x. 87.
  Così all' *orazion* pronta e devota... mostrar... gioia . . . . . *Par.* xiv. 22.
  fu combusto Per l' *orazion* della Terra devota . . . . *Purg.* xxix. 119.
  compagni fec' io sì acuti, Con questa *orazion* picciola . . . *Inf.* xxvi. 122.
Orazione. Se *orazione* in prima non m' aita... L' altra che val? . *Purg.* iv. 133.
  E cominciò questa santa *orazione* . . . . *Par.* xxxii. 151.
Orazioni. Pier cominciò... Ed io con *orazioni*[1] e con digiuno . *Par.* xxii. 89.
  a memoria m' ebbe Pier Pettinagno in sue sante *orazioni* . . *Purg.* xiii. 128.
Orbi. Vecchia fama nel mondo li chiama *orbi* . . . . *Inf.* xv. 67.
  E come agli *orbi* non approda il sole, Così all' ombre . . . . *Purg.* xiii. 67.
Orbita. la rota Che fe' l' *orbita* sua con minore arco . . . . . *Purg.* xxxii. 30.
  Ma l' *orbita*, che fe' la parte somma Di sua circonferenza . . *Par.* xii. 112.
Orbo. Lo mento, a guisa d' *orbo*, in su levava . . . . *Purg.* xiii. 102.
Ordigno. un pozzo... Di cui in[2] suo loco dicerò[3] l' *ordigno* . . . *Inf.* xviii. 6.
Ordinate. Fummo *ordinate* a lei per sue ancelle . . . . *Purg.* xxxi. 108.
  Poscia nell' M del vocabol quinto Rimasero *ordinate* . . . . *Par.* xviii. 95.
Ordine. Concreato fu *ordine* e costrutto Alle sustanzie . . . . *Par.* xxix. 31.
  le cose tutte e quante Hann' *ordine* tra loro . . . . *Par.* i. 104.
  assai sarebbe manco, E giù e su, dell' *ordine* mondano . . . *Par.* x. 21.
  amor... Che corre al ben con *ordine* corrotto . . . . *Purg.* xvii. 126.
  Quanto per mente o per loco si gira Con tanto *ordine* fe' . . *Par.* x. 5.
  Nell' *ordine* ch' io dico sono accline Tutte nature . . . . . *Par.* i. 109.
  cosa non è che sanza *Ordine* senta la religione . . . . *Purg.* xxi. 41.
  L' *ordine* terzo di Podestadi ee . . . . *Par.* xxviii. 123.
  ed a nostr' *ordine* congiunta Di lei... si sigilla . . . . . . *Par.* ix. 116.
  Li nostri affetti... Letizian del su' *ordine* informati[4] . . . *Par.* iii. 54.
  posto Con l' *ordine*, ch' io veggio in quelle rote . . . . . . *Par.* xxviii. 47.
  Nell' *ordine*, che fanno i terzi sedi, Siede Rachel . . . . . *Par.* xxxii. 7.
Ordini. Nè sommo offizio, nè *ordini* sacri Guardò . . . . *Inf.* xxvii. 91.
  Questi *ordini* di su tutti rimirano, E di giù vincon sì . . . *Par.* xxviii. 127.
  con tanto disio A contemplar questi *ordini* si mise . . . . . *Par.* xxviii. 131.
  suonano in tree *Ordini* di letizia, onde s' interna . . . . . *Par.* xxviii. 120.
Ordinò. Similemente... *Ordinò* general ministra e duce . . . . *Inf.* vii. 78.
  Due Principi *ordinò* in suo favore... per guida . . . . *Par.* xi. 35.
  Non della colpa... Ma del valore ch' *ordinò* e provide . . . *Par.* ix. 105.
Ordita. In quella tela ch' io le porsi *ordita* . . . . *Par.* xvii. 102.
Ordite. tutte le carte *Ordite* a questa Cantica . . . . *Purg.* xxxiii. 140.
Ore. E il sole er' alto già più che due *ore* . . . . *Purg.* ix. 44.
  Ier, più oltre cinqu' *ore* che quest' otta . . . . *Inf.* xxi. 112.
  Ma con piena letizia l' *ore* prime, Cantando, ricevièno . . *Purg.* xxviii. 16.
Orecchi. Uscir gli *orecchi* delle gote scempie . . . . *Inf.* xxv. 126.
  Apri gli *orecchi* al mio annunzio, ed odi . . . . *Inf.* xxiv. 142.
  Ond' io gli *orecchi* colle man copersi . . . . *Inf.* xxix. 45.
  Spesse fiate m' intronan gli *orecchi*, Gridando . . . . . . *Inf.* xvii. 71.
  un ch' avea perduti ambo gli *orecchi* Per la freddura . . . *Inf.* xxxii. 52.
  Quel che giacea... gli *orecchi* ritira per la testa . . . . . *Inf.* xxv. 131.

---

[1] orazione.   [2] cui.   [3] dicerà.   [4] formati.

ORECCHI 474 ORLO

Orecchi. Non è nuova agli *orecchi* miei tale arra . . . . *Inf.* xv. 94.
Ma negli *orecchi* mi percosse un duolo . . . . *Inf.* viii. 65.
Orecchia. E non avea ma' ch' un' *orecchia* sola . . . . *Inf.* xxviii. 66.
sì come viene ad *orecchia* Dolce armonia da organo . . . . . *Par.* xvii. 43.
Orecchie. Sì che in poc' ora avria l' *orecchie*[1] offesa . . . . . . *Inf.* xvi. 105.
Oreste. un' altra : io sono *Oreste*, Passò gridando . . . . *Purg.* xiii. 32.
Orezza. Che fe' sentir d' ambrosia l' *orezza* . . . . *Purg.* xxiv. 150.
Orfeo. e vidi *Orfeo*, Tullio e Lino . . . . *Inf.* iv. 140.
Organa. e quindi *organa* poi Ciascun sentire . . . . *Purg.* xxv. 101.
Organar. imprende Ad *organar* le posse ond' è semente . . . . *Purg.* xxv. 57.
Organi. Chè gli *organi* del corpo saran forti A tutto ciò . . . . *Par.* xiv. 59.
pria si spense, Che dagli *organi* suoi fosse dischiusa . . . . *Purg.* xxxi. 9.
Questi *organi* del mondo così vanno... di grado in grado . . *Par.* ii. 121.
qual prender si suole Quando a cantar con *organi* si stea . . *Purg.* ix. 144.
Organo. Perchè da lui non vide *organo* assunto . . . . *Purg.* xxv. 66.
come viene ad orecchia Dolce armonia da *organo* . . . . . . *Par.* xvii. 44.
Orgogli. Ellesponto... Ancora freno a tutti *orgogli* umani . . . . *Purg.* xxviii. 72.
Orgoglio. Allor gli fu l' *orgoglio* sì caduto . . . . *Inf.* xxi. 85.
Orgoglio e dismisura han generata, Fiorenza, in te . . . . . *Inf.* xvi. 74.
Esso atterrò l' *orgoglio* degli Arabi . . . . *Par.* vi. 49.
Li colombi... Queti senza mostrar l' usato *orgoglio* . . . . *Purg.* ii. 126.
Orgogliosa. Quei fu al mondo persona *orgogliosa* . . . . *Inf.* viii. 46.
Oria. Egli è Ser Branca d' *Oria*, e son più anni Poscia passati . *Inf.* xxxiii. 137.
Chè Branca d' *Oria* non morì unquanche, E mangia e bee . *Inf.* xxxiii. 140.
Oriafiamma. Così quella pacifica *oriafiamma*... s' avvivava . . . *Par.* xxxi. 127.
Oriago. Quando fui sopraggiunto ad *Oriago* . . . . *Purg.* v. 80.
Oriental. vidi... La parte *oriental* tutta rosata . . . . *Purg.* xxx. 23.
da mattina Le parti *oriental* dell' orizzonte Soperchian . . . *Par.* xxxi. 119.
Dolce color d' *oriental* zaffiro, Che s' accoglieva . . . . . . *Purg.* i. 13.
Oriente. Lo bel pianeta... Faceva tutto rider l' *oriente* . . . . . *Purg.* i. 20.
Non dica Ascesi... Ma *Oriente*, se proprio dir vuole . . . *Par.* xi. 54.
La concubina... Già s' imbiancava al balco[2] d' *oriente* . . . *Purg.* ix. 2.
Nell' ora credo, che dell' *oriente* Prima raggiò . . . . . . *Purg.* xxvii. 94.
i geomanti... Veggiono in *oriente*, innanzi all' alba . . . . . *Purg.* xix. 5.
levò... le palme, Ficcando gli occhi verso l' *oriente* . . . *Purg.* viii. 11.
Originar. se tu mai odi *Originar* la mia terra altrimenti . . . . *Inf.* xx. 98.
Oriuoli. cerchi in tempra d' *oriuoli* Si giran . . . . *Par.* xxiv. 13.
*****Orizzon.** stare Sì, che ambo e due hanno un solo *orizzon* . . *Purg.* iv. 70.
*****Orizzonta.** Chè i Pesci guizzan su per l' *orizzonta* . . . . . *Inf.* xi. 113.
Orizzonte. pria che... Fosse *orizzonte* fatto d' un aspetto . . . . *Purg.* xxvii. 71.
Mentre che l' *orizzonte* il dì tien chiuso . . . . *Purg.* vii. 60.
fa meridiano Là dove l' *orizzonte* pria far suole . . . . . . *Par.* ix. 87.
Già era il sole all' *orizzonte* giunto . . . . *Purg.* ii. 1.
un lustro... Per[3] guisa d' *orizzonte* che rischiari . . . . . . *Par.* xiv. 69.
da mattina Le parti oriental dell' *orizzonte* Soperchian . . . *Par.* xxxi. 119.
i figli di Latona... Fanno dell' *orizzonte* insieme zona . . . *Par.* xxix. 3.
Orlando. Non sonò sì terribilmente *Orlando* . . . . *Inf.* xxxi. 18.
Così per Carlo Magno e per *Orlando* Due ne seguì . . . . *Par.* xviii. 43.
Orlo. E come all' *orlo* dell' acqua d' un fosso Stanno i ranocchi . *Inf.* xxii. 25.
Non avria pur dall' *orlo* fatto cric[4] . . . . *Inf.* xxxii. 30.
Mentre che sì per l' *orlo*, uno innanzi altro, Ce n' andavamo. *Purg.* xxvi. 1.
si stava Sull' *orlo* che, di pietra, il sabbion serra . . . . . *Inf.* xvii. 24.
Poi uscì fuor... E pose me in sull' *orlo* a sedere . . . . . *Inf.* xxxiv. 86.
Poichè noi fummo in sull' *orlo* supremo Dell' alta ripa . . . *Purg.* iv. 34.

[1] orecchia.   [2] balzo.   [3] A.   [4] cricch.

ORLO	475	ORRIBILI

Orlo. attende, Pria che si penta, l' *orlo* della vita . . . . *Purg.* xi. 128.
Orma. Qui veggion... l' *orma* Dell' eterno valore . . . . . . *Par.* i. 106.
    Dell' empiezza... Nell' imagine mia apparve l' *orma* . . . . *Purg.* xvii. 21.
Ormanni. vidi i... Filippi, Greci, *Ormanni*, ed Alberichi . . . *Par.* xvi. 89.
Orme. Questi, l' *orme* di cui pestar mi vedi... Fu di grado . . . *Inf.* xvi. 34.
    Ritroviam l' *orme* nostre insieme ratto . . . . *Inf.* viii. 102.
    E seguitava l' *orme* del mio Duca . . . . *Purg.* v. 2.
    Sen venne suso, ed io per le sue *orme* . . . . *Purg.* ix. 60.
    E il feruto ristrinse insieme l' *orme* . . . . *Inf.* xxv. 105.
    famiglia, Che si mosse dritta Coi piedi alle sue *orme* . . . . *Par.* xii. 116.
Ornar. Roma, Dove mertai le tempie *ornar* di mirto . . . . . . *Purg.* xxi. 90.
    altri piùe Greci che già di lauro *ornar* la fronte . . . . . *Purg.* xxii. 108.
Ornata. Or muovi, e con la tua parola *ornata*... L' aiuta . . . . *Inf.* ii. 67.
Ornate. Ivi con segni e con parole *ornate* Isifile ingannò . . . . *Inf.* xviii. 91.
Ornati. visi suadi... Ed atti *ornati* di tutte onestadi . . . . . . *Par.* xxxi. 51.
Oro. si mettean nei fiori, Quasi rubin che *oro* circonscrive . . . *Par.* xxx. 66.
    Crasso, Dicci, chè il sai, di che sapore è l' *oro* . . . . . *Purg.* xx. 117.
    nell' esilio Di Babilon, dove si lasciò l' *oro* . . . . *Par.* xxiii. 135.
    chè tutto l' *oro* ch' è sotto la luna, O che già fu . . . . . *Inf.* vii. 64.
    Oro ed argento fino, cocco e biacca, Indico legno . . . . *Purg.* vii. 73.
    Nè Pier nè gli altri chiesero a Mattia *Oro* od argento . . . *Inf.* xix. 95.
    allevata... Per essere ad acquisto d' *oro* usata . . . . . . *Par.* xxvii. 42.
    Poco più oltre sette arbori d' *oro* Falsava nel parere . . . *Purg.* xxix. 43.
    Di color d' *oro*, in che raggio traluce . . . . *Par.* xxi. 28.
    sospesa Un' aquila nel ciel con penne d' *oro* . . . . . . *Purg.* ix. 20.
    corrusca, Quale a raggio di sole specchio d' *oro* . . . . . *Par.* xvii. 123.
    Le membra d' *oro* avea, quanto era uccello . . . . *Purg.* xxix. 113.
    Le facce tutte avean di fiamma viva, E l' ali d' *oro* . . . . *Par.* xxxi. 14.
    Fatto v' avete Dio d' *oro* e d' argento . . . . *Inf.* xix. 112.
    L' una era d' *oro*, e l' altra era d' argento . . . . *Purg.* ix. 118.
    La sua testa è di fin' *oro* formata, E puro argento . . . . *Inf.* xiv. 106.
    sì che Giove Pareva argento lì d' *oro* distinto . . . . . . *Par.* xviii. 96.
    poetaro L' età dell' *oro* e suo stato felice . . . . *Purg.* xxviii. 140.
    Per che[1] non reggi tu, o sacra fame Dell' *oro* ? . . . . . . *Purg.* xxii. 41.
    e le palle dell' *oro* Fiorian Fiorenza in... gran fatti . . . . *Par.* xvi. 110.
    patricida Fece la voglia sua dell' *oro* ghiotta . . . . . . *Purg.* xx. 105.
    Ciascuna parte, fuor che l' *oro*, è rotta D' una fessura . . . *Inf.* xiv. 112.
    l' aquile nell' *oro* Sopr' esso... al vento si movieno . . . . *Purg.* x. 80.
    voi rapaci Per *oro* e per argento adulterate . . . . *Inf.* xix. 4.
    Pier cominciò senz' *oro* e senza argento . . . . *Par.* xviii. 88.
Orologio. Indi come *orologio*, che ne chiami . . . . *Par.* x. 139.
Orranza. Questi che son, ch' hanno cotanta *orranza*[2] ? . . . . . *Inf.* iv. 74.
Orrevol. che *orrevol*[3] gente possedea quel loco . . . . *Inf.* iv. 72.
Orrevoli. onde Fosser le nozze *orrevoli* ed intere . . . . . . *Purg.* xxii. 143.
Orribil. e dove Si vede di giustizia *orribil* arte . . . . *Inf.* xiv. 6.
    Ellera abbarbicata mai non fue... come l' *orribil* fiera . . *Inf.* xxv. 59.
    Orribil furon li peccati miei . . . . *Purg.* iii. 121.
    e sarai, mentre Che tu verrai nell' *orribil* sabbione . . . *Inf.* xiii. 19.
    O cacciati del ciel... Cominciò egli in su l' *orribil* soglia . . *Inf.* ix. 92.
Orribile. Ombre, che per l' *orribile* costura Premevan sì . . . *Purg.* xiii. 83.
    E quivi, per l' *orribile* soperchio Del puzzo . . . . . . *Inf.* xi. 4.
    il gorgo Far sotto noi un *orribile* stroscio . . . . *Inf.* xvii. 119.
    Ed io sentii chiavar l' uscio di sotto All' *orribile* torre . . . *Inf.* xxxiii. 47.
Orribili. Pur com' uom fa dell' *orribili* cose . . . . *Purg.* xiv. 27.

[1] Perchè; A che.   [2] *onranza.*   [3] *onrevol.*

Orribili. qui staranno... Di sè lasciando *orribili* dispregi . . . . *Inf.* viii. 51.
Diverse lingue, *orribili* favelle, Parole di dolore . . . . . . *Inf.* iii. 25.
Torreggiavan... Gli *orribili* giganti, cui minaccia Giove . . *Inf.* xxxi. 44.
Orribilmente. Stavvi Minos *orribilmente* e ringhia . . . . *Inf.* v. 4.
Orror. Ed io, ch' avea d' *orror*[1] la testa cinta, Dissi . . . . . . *Inf.* iii. 31.
Orsa. E veramente fui figliuol dell' *orsa*, Cupido sì . . . . . . *Inf.* xix. 70.
Orsatti. Cupido sì, per avanzar gli *orsatti* . . . . *Inf.* xix. 71.
Orse. vederesti... Ancora all' *Orse* più stretto rotare . . . . . . *Purg.* iv. 65.
conducemi Apollo, E nove[2] Muse mi dimostran l' *Orse* . . . *Par.* ii. 9.
Orsi. E qual colui che si vengiò con gli *orsi* Vide il carro . . . *Inf.* xxvi. 34.
Orso. Vidi Cont' *Orso*, e l' anima divisa Dal corpo suo . . . . *Purg.* vi. 19.
Ortica. Di penter sì mi punse ivi l' *ortica* . . . . *Purg.* xxxi. 85.
1. Orto. Io son quel delle frutte del mal *orto* . . . . *Inf.* xxxiii. 119.
agricola, che Cristo Elesse all' *orto* suo per aiutarlo . . . . *Par.* xii. 72.
diversi rivi, Onde l' *orto* cattolico si riga . . . . *Par.* xii. 104.
fronde, onde s' infronda tutto l' *orto* Dell' ortolano . . . *Par.* xxvi. 64.
discoperse Nell' *orto*, dove tal seme s' appicca . . . . . *Inf.* xxix. 129.
2. Orto. il settentrion... Che nè occaso mai seppe nè *orto* . . . . *Purg.* xxx. 2.
Ad un occaso quasi e ad un *orto* Buggea siede e la terra . . *Par.* ix. 91.
Non era ancor molto lontan dall' *orto*, Ch' ei cominciò . . . *Par.* xi. 55.
Ortolano. s' infronda tutto l' orto Dell' *ortolano* eterno . . . . . *Par.* xxvi. 65.
Orza. nave... Vinta dall' onda, or da poggia or da *orza* . . . . *Purg.* xxxii. 117.
*Osa. Forse la mia parola par tropp' *osa* . . . . *Par.* xiv. 130.
Osanna. gli angeli tuoi Fan sacrificio a te, cantando *Osanna* . . *Purg.* xi. 11.
E nelle voci del cantare, *Osanna* . . . . *Purg.* xxix. 51.
Tanto contenta... Che non move occhi per cantare *Osanna* . *Par.* xxxii. 135.
Osanna sanctus Deus Sabaoth, Superillustrans claritate . . *Par.* vii. 1.
Sonava *Osanna* sì, che unque poi Di riudir non fui . . . . . *Par.* viii. 29.
Perpetualmente *Osanna* sverna Con tre melode . . . . . *Par.* xxviii. 118.
†Osannar. Io sentiva *osannar* di coro in coro . . . . *Par.* xxviii. 94.
Osava. Io non *osava* scender della strada Per andar . . . . . . *Inf.* xv. 43.
Osbergo. l' uom francheggia Sotto l' *osbergo*[3] del sentirsi pura . *Inf.* xxviii. 117.
Oscura. Negli occhi era ciascuna *oscura* e cava . . . . *Purg.* xxiii. 22.
Tal mi fec' io in quella *oscura* costa . . . . *Inf.* ii. 40.
ha Giotto il grido, Sì che la fama di colui è *oscura* . . . . *Purg.* xi. 96.
E vidila mirabilmente *oscura* . . . . *Inf.* xxi. 6.
cura... Fatta ha la mente sua negli occhi *oscura* . . . . . *Purg.* xxxiii. 126.
E vedrai Santafior com' è *oscura*[4] . . . . *Purg.* vi. 111.
Nel mezzo del cammin... Mi ritrovai per una selva *oscura* . . *Inf.* i. 2.
vidi Solo dinanzi a me la terra *oscura* . . . . *Purg.* iii. 21.
Ch' era a veder per quella *oscura* valle Languir gli spirti . . *Inf.* xxix. 65.
Oscura, profond' era, e nebulosa Tanto . . . . *Inf.* iv. 10.
a domandarvi D' un' altra verità che m' è *oscura* . . . . *Par.* iv. 135.
Oscuri. Per tutti i cerchi dell' inferno *oscuri* Non vidi . . . . . *Inf.* xxv. 13.
Oscuro. Queste parole di colore *oscuro* Vid' io scritte . . . . . *Inf.* iii. 10.
un fummo farsi Verso di noi, come la notte, *oscuro* . . . . *Purg.* xv. 143.
non s' aspetta Chi far lo possa tralignando *oscuro* . . . . *Purg.* xiv. 123.
Quell' è il più basso loco e il più *oscuro* . . . . *Inf.* ix. 28.
si recò a noia Forse d' esser nomato sì *oscuro* . . . . . . *Inf.* xxx. 101.
gli occhi... Non potean ire al fondo per l' *oscuro* . . . . . *Inf.* xxiv. 71.
*Oso. Nè per la fretta domandarn' er' *oso* . . . . *Purg.* xv. 149.
cotal moneta rende A satisfar chi è di là tropp' *oso* . . . *Purg.* xi. 126.
Ospizio. mai dall' *ospizio* Di Cesare non torse gli occhi . . . *Inf.* xiii. 64.
tanto, Quanto veder si può per quell' *ospizio* . . . . *Purg.* xx. 23.

---

[1] error.   [2] nuove.   [3] asbergo.   [4] sicura; come si cura.

Ospizio.	O tu che vieni al doloroso *ospizio*, Disse[1] Minos	*Inf.* v. 16.
Ossa.	dal quale Cominciar di costor le sacrate *ossa*	*Purg.* xx. 60.
	Ed a sua proporzione eran l' altr' *ossa*	*Inf.* xxxi. 60.
	L' altr' era, come se le carni e l' *ossa* Fossero	*Purg.* xxix. 124.
	L' *ossa* del corpo mio sarieno ancora In co del ponte	*Purg.* iii. 127.
	Prima... Fur l' *ossa* mie per Ottavian sepolte	*Purg.* vii. 6.
	tanta futa, Quanto sofferson l' *ossa* senza polpe	*Purg.* xxxii. 123.
	l' una dello[2] Inferno, u' non si riede... tornò all' *ossa*	*Par.* xx. 107.
	Mentre ch' io forma fui d' *ossa* e di polpe	*Inf.* xxvii. 73.
	tanto scema, Che dall' *ossa* la pelle s' informava	*Purg.* xxiii. 24.
	Fer la città sopra quell' *ossa* morte	*Inf.* xx. 91.
Ossame.	E l' altra, il cui *ossame* ancor s' accoglie A Ceperan . .	*Inf.* xxviii. 15.
Osserva.	Così s' *osserva* in me lo contrapasso	*Inf.* xxviii. 142.
*Osserve.	carità... Sorteggia qui, sì come tu *osserve*	*Par.* xxi. 72.
Osso.	denti, Che furo all' *osso*, come d' un can, forti	*Inf.* xxxiii. 78.
	Bellincion Berti vid' io andar cinto Di cuoio e d' *osso* . . .	*Par.* xv. 113.
Ostante.	Sì, che nulla le puote essere *ostante*[3]	*Par.* xxxi. 24.
Ostello.	Ahi serva Italia, di dolore *ostello*, Nave senza nocchiere !	*Purg.* vi. 76.
	Lo primo tuo rifugio e il primo *ostello* Sarà la cortesia . . .	*Par.* xvii. 70.
	a così fida Cittadinanza, a così dolce *ostello*	*Par.* xv. 132.
	Venne... Prendendo il cibo di qualunque *ostello*	*Par.* xxi. 129.
	fa ben... Ma non distingue l' un dall' altro *ostello*	*Par.* viii. 129.
Ostendali.	Questi *ostendali*[4] dietro eran maggiori	*Purg.* xxix. 79.
Osteric.	Non fece... sì grosso velo... la Danoia in *Osteric*[5] . .	*Inf.* xxxii. 26.
Ostiense.	s' affanna Dietro ad *Ostiense* ed a Taddeo	*Par.* xii. 83.
Otacchero.	*Otacchero* ebbe nome, e nelle fasce Fu meglio . . .	*Purg.* vii. 100.
*Otta.	Ier, più oltre cinqu' ore che quest' *otta*	*Inf.* xxi. 112,
Ottava.	Di tante fiamme tutta risplendea L' *ottava* bolgia . . .	*Inf.* xxvi. 32.
	Già dell' *ottava* con sete rimani	*Par.* x. 123.
	il ponte dalla testa, Dove si giunge coll' *ottava* ripa	*Inf.* xxiv. 80.
	La spera *ottava* vi dimostra molti Lumi	*Par.* ii. 64.
Ottavian.	Fur l' ossa mie per *Ottavian* sepolte	*Purg.* vii. 6.
Ottavo.	Così l' *ottavo* e il nono	*Par.* xxviii. 34.
Otto.	e quegli attorse *Otto* volte la coda al dosso duro	*Inf.* xxvii. 125.
Ottobre.	Non giunge quel che tu d' *ottobre* fili	*Purg.* vi. 144.
Ottusa.	in verso d' ella Ogni dimostrazion mi pare *ottusa* . . .	*Par.* xxiv. 96.
Ottusi.	veggion... Non capere in triangolo due *ottusi*	*Par.* xvii. 15.
Ov'; ove.	*Sovente.*	
Ovidio.	*Ovidio* è il terzo, e l' ultimo Lucano[6]	*Inf.* iv. 90.
	Taccia di Cadmo e d' Aretusa *Ovidio*	*Inf.* xxv. 97.
Ovil.	Più tornano all' *ovil* di latte vote	*Par.* xi. 129.
	Ditemi dell' *ovil* di San Giovanni Quanto era allora	*Par.* xvi. 25.
	la crudeltà, che fuor mi serra Del bello *ovil*[7]	*Par.* xxv. 5.
Ovra.	e sempre mai L' *ovra*[8] di voi... Con affezion ritrassi . . .	*Inf.* xvi. 59.
Ovver.	*Ovver* la mente dove altrove mira ?	*Inf.* xi. 78.
	Quando per dilettanze *ovver* per doglie... si raccoglie . . .	*Purg.* iv. 1.
	fora egli impedito D' altrui ? *ovver* saría[9] che non potesse ?	*Purg.* vii. 51.
Ozio.	Vincislao suo figlio Barbuto, cui lussuria ed *ozio* pasce . .	*Purg.* vii. 102.
	Chi... S' affaticava, e chi si dava all' *ozio*	*Par.* xi. 9.
P.	Sette *P* nella fronte mi descrisse Col punton della spada . .	*Purg.* ix. 112.
	Rispose : quando i *P*, che son rimasi Ancor nel volto . . .	*Purg.* xii. 121.
Pace.	E la sua volontate è nostra *pace*	*Par.* iii. 85.

[1] Gridò. [2] dallo. [3] davante. [4] stendali. [5] Austericch.
[6] è Lucano. [7] ovile. [8] *opre*. [9] o non sarria.

Pace. Vegna ver noi la *pace* del tuo regno, Chè noi... non potem *Purg.* xi. 7.
il Po discende Per aver *pace* co' seguaci sui . . . . *Inf.* v. 99.
suole esser tolto un uom solingo Per conservar sua *pace* . . . *Inf.* xxiii. 107.
parlò... Dicendo: frati miei, Dio vi dea *pace* . . . . *Purg.* xxi. 13.
quella creatura, Che solo in lui vedere ha la sua *pace* . . . . *Par.* xxx. 102.
Dimmi se i Romagnuoli han *pace* o guerra . . . . *Inf.* xxvii. 28.
Pace volli con Dio in sull' estremo Della mia vita . . . . . *Purg.* xiii. 124.
Bernardo Si scalzò prima, e dietro a tanta *pace* Corse . . . *Par.* xi. 80.
ed essa da martiro E da esilio venne a questa *pace* . . . . . *Par.* xi. 129.
E venni dal martiro a questa *pace* . . . . *Par.* xv. 148.
la gente... Al carro volse sè, come a sua *pace* . . . . *Purg.* xxx. 9.
egli ha tolto Chi ha voluto entrar con tutta *pace* . . . . . . *Purg.* ii. 99.
Tu ricca, tu con *pace*, tu con senno . . . . *Purg.* vi. 137.
e questo loco Diede per arra a lui d' eterna *pace* . . . . . . *Purg.* xxviii. 93.
non scuse D' aprir lo core all' acque della *pace* . . . . . . *Purg.* xv. 131.
di banco in banco Porgevan della *pace* e dell' ardore . . . . *Par.* xxxi. 17.
Dentro dal ciel della divina *pace* Si gira un corpo . . . . . *Par.* ii. 112.
venne... col decreto Della molt' anni lagrimata *pace* . . . . *Purg.* x. 35.
sicure D' aver, quando che sia, di *pace* stato . . . . *Purg.* xxvi. 54.
O vita intera d' amore e di *pace!* O... sicura ricchezza ! . . *Par.* xxvii. 8.
ti guarda in seno Se alcuna parte in te di *pace* gode . . . . *Purg.* vi. 87.
in questo mondo, Contemplando, gustò di quella *pace* . . . *Par.* xxxi. 111.
Nel beato concilio Ti ponga in *pace* la verace corte . . . . *Purg.* xxi. 17.
Quel dolce pome... Oggi porrà in *pace* le tue fami . . . . *Purg.* xxvii. 117.
Tal pose in *pace* uno ed altro disio . . . . *Par.* iv. 117.
Con costui pose il mondo in tanta *pace*, Che fu serrato . . . *Par.* vi. 80.
Fiorenza... Si stava in *pace*, sobria e pudica . . . . *Par.* xv. 99.
nell' eterna *pace* Così è germinato questo fiore . . . . . . *Par.* xxxiii. 8.
che Fiorenza fesse Vittima nella sua *pace* postrema . . . . *Par.* xvi. 147.
Quinci si va chi vuole andar per *pace* . . . . *Purg.* xxiv. 141.
per quella *pace*... Ditene dove la montagna giace . . . . . *Purg.* iii. 74.
Voi dite, ed io farò per quella *pace* . . . . *Purg.* v. 61.
ciascuna pareva Pregar per *pace* e per misericordia . . . . *Purg.* xvii. 17.
Se fosse amico... Noi pregheremmo lui per la tua *pace* . . . *Inf.* v. 92.
Tal mi fece la bestia senza *pace*, Che... Mi ripingeva . . . *Inf.* i. 58.
Pachino. Trinacria, che caliga Tra *Pachino* e Peloro . . . . . *Par.* viii. 68.
Pacifica. Così quella *pacifica* oriafiamma... s' avvivava . . . . *Par.* xxxi. 127.
Pacificati. fuora Di vita uscimmo a Dio *pacificati* . . . . . . *Purg.* v. 56.
Pacifici. beati *Pacifici*, che son senza ira mala . . . . *Purg.* xvii. 69.
***Pado.** Mia donna venne a me di val di *Pado* . . . . *Par.* xv. 137.
Padova. fia che *Padova* al palude Cangerà l' acqua . . . . . *Par.* ix. 46.
Padovan. E quale i *Padovan* lungo la Brenta . . . . *Inf.* xv. 7.
Padovano. Con questi Fiorentin son *Padovano* . . . . . . *Inf.* xvii. 70.
Padre. Chè avete tu e il tuo *padre* sofferto... Che il giardin . . *Purg.* vi. 103.
Ecco dolenti lo tuo *padre* ed io Ti cercavamo . . . . *Purg.* xv. 91.
Guglielmo Aldobrandesco fu mio *padre* . . . . *Purg.* xi. 59.
Icaro... Gridando il *padre* a lui: mala via tieni . . . . . . *Inf.* xvii. 111.
Padre e suocero son del mal di Francia . . . . *Purg.* vii. 109.
Poscia che il *padre* suo di vita uscìo... per lo mondo giò . . *Inf.* xx. 58.
O *padre* suo veramente Felice! O madre sua... Giovanna ! . *Par.* xii. 79.
Io feci il *padre* e il figlio in sè ribelli . . . . *Inf.* xxviii. 136.
in atto pio, Quale a tenero *padre* si conviene . . . . *Par.* xxxi. 63.
riverenza... Che più non dee a *padre* alcun figliuolo . . . . *Purg.* i. 33.
che divenne Al *padre*, fuor del dritto amore, amica . . . . *Inf.* xxx. 39.
Non faceva, nascendo, ancor paura La figlia al *padre* . . . *Par.* xv. 104.

Padre.	Pallade e Marte, Armati ancora, intorno al *padre* loro	*Purg.* xii. 32.
	Israel con lo[1] *padre*, e co' suoi nati, E con Rachele	*Inf.* iv. 59.
	e vien Quirino Da sì vil *padre* che si rende a Marte	*Par.* viii. 132.
	Come Almeone, che di ciò pregato Dal *padre* suo	*Par.* iv. 104.
	Molte fiate già pianser li figli Per la colpa del *padre*	*Par.* vi. 110.
	Chè per tal donna giovinetto in guerra Del *padre* corse	*Par.* xi. 59.
	soleva la lancia D' Achille e del suo *padre* esser cagione	*Inf.* xxxi. 5.
	Nè dolcezza di figlio, nè la pieta Del vecchio *padre*	*Inf.* xxvi. 95.
	La valle... Del *padre* loro Alberto e di lor fue	*Inf.* xxxii. 57.
	m' apparve il temperar di Giove Tra il *padre* e il figlio	*Par.* xxii. 146.
	In picciol corso mi pareano stanchi Lo *padre* e i figli	*Inf.* xxxiii. 35.
	Anselmuccio mio Disse : tu guardi sì, *padre;* che hai?	*Inf.* xxxiii. 51.
	padre, assai ci fia men doglia, Se tu mangi di noi	*Inf.* xxxiii. 61.
	Gaddo... Dicendo : *padre* mio, che non m' aiuti ?	*Inf.* xxxiii. 69.
	Io cominciai : voi siete il *padre* mio, Voi mi date	*Par.* xvi. 16.
	Ben veggio, *padre* mio, sì come sprona Lo tempo verso me	*Par.* xvii. 106.
	Virgilio n' avea lasciati... Virgilio dolcissimo *Padre*[2]	*Purg.* xxx. 50.
	O, diss' io, *Padre*, che voci son queste ?	*Purg.* xiii. 34.
	Che è quel, dolce *Padre*, a che non posso... Diss' io	*Purg.* xv. 25.
	O dolce *Padre*, volgiti, e rimira Com' io rimango sol	*Purg.* iv. 44.
	O dolce *Padre*, che è quel ch' i' odo? Comincia' io	*Purg.* xxiii. 13.
	Così sen va, e quivi m' abbandona Lo dolce *Padre*	*Inf.* viii. 110.
	ti prego, dolce *Padre* caro, Che mi dimostri amore	*Purg.* xviii. 13.
	O dolce *Padre* mio, se tu m' ascolte, Io ti dirò	*Purg.* xv. 124.
	Lo dolce *Padre* mio, per confortarmi... ragionando	*Purg.* xxvii. 52.
	Non lasciò... Lo dolce *Padre* mio, ma disse : scocca	*Purg.* xxv. 17.
	Dolce mio *Padre*, di', quale offensione Si purga?	*Purg.* xvii. 82.
	Ma quel *Padre* verace, che s' accorse Del timido voler	*Purg.* xviii. 7.
	Lo più che *Padre* mi dicea : figliuole, Vienne oramai	*Purg.* xxiii. 4.
	quel che credi Del primo *padre* e del nostro diletto	*Par.* xiii. 111.
	o pomo, che maturo Solo prodotto fosti, o *padre* antico	*Par.* xxvi. 92.
	È il *padre*, per lo cui ardito gusto... tanto amaro gusta	*Par.* xxxii. 122.
	E contro al maggior *padre* di famiglia Siede Lucia	*Par.* xxxii. 136.
	Sì rade volte, *padre*, se ne coglie, Per trionfare	*Par.* i. 28.
	Però ti prego, e tu, *padre*, m' accerta S' io posso	*Par.* xxii. 58.
	O santo *padre*, che per me comporte L' esser quaggiù	*Par.* xxxii. 100.
	E dissi : *padre*, da che tu mi lavi Da quel peccato	*Inf.* xxvii. 108.
	Ch' ei fu dell' alma Roma e di suo impero... per *padre* eletto.	*Inf.* ii. 21.
	Indi sen va quel *padre* e quel maestro Con la sua donna	*Par.* xi. 85.
	Quand' i' odo nomar sè stesso il *padre* Mio	*Purg.* xxvi. 97.
	il verace stilo Ne scrisse, *padre*,[3] del tuo caro frate	*Par.* xxiv. 62.
	O santo *padre*,[3] spirito che vedi Ciò che credesti sì	*Par.* xxiv. 124.
	Dal destro vedi quel *padre* vetusto Di santa Chiesa	*Par.* xxxii. 124.
	udi' Ch' egli è bugiardo, e *padre* di menzogna	*Inf.* xxiii. 144.
	Con voi nasceva... Quegli ch' è *padre* d' ogni mortal vita	*Par.* xxii. 116.
	Lo pan che il pio *Padre* a nessun serra	*Par.* xviii. 129.
	O *Padre* nostro, che nei cieli stai, Non circonscritto	*Purg.* xi. 1.
	Al *Padre*, al Figlio, allo Spirito Santo Cominciò	*Par.* xxvii. 1.
	la quarta famiglia Dell' alto *Padre* che sempre la sazia	*Par.* x. 50.
Padri.	Così facean li *padri* di coloro Che... Si fanno grassi	*Par.* xvi. 112.
	venne... Quei ch' ancor fa li *padri* a' figli scarsi	*Par.* xvii. 3.
	l' idioma Che prima i *padri* e le madri trastulla	*Par.* xv. 123.
	per le mamme, Per li *padri*, e per gli altri che fur cari	*Par.* xiv. 65.
Paese.	In mezzo[4] mar siede un *paese* guasto	*Inf.* xiv. 94.

[1] suo.   [2] *Patre.*   [3] *patre.*   [4] mezzo il.

Paese. quel *paese* Che siede tra Romagna e quel di Carlo . . . *Purg.* v. 68.
Quelli che muoion... Tutti convegnon qui d' ogni *paese* . . . *Inf.* iii. 123.
vituperio delle genti Del bel *paese* là, dove il sì suona . . . *Inf.* xxxiii. 80.
e cotai doni Conformi fieno al viver del *paese* . . . . *Par.* ix. 60.
Ma di nostro *paese* e della vita C' inchiese . . . . *Purg.* vi. 70.
In sul *paese* ch' Adice e Po riga, Solea valore . . . . . . *Purg.* xvi. 115.
Gli Angeli, frate, e il *paese* sincero Nel qual tu sei . . . . . *Par.* vii. 130.
Paesi. O, diss' io lui, per li vostri *paesi* Giammai non fui . . . . *Purg.* viii. 121.
Paga. arco Che copre il fosso, in che si *paga* il fio . . . . . . *Inf.* xxvii. 135.
Di tal superbia qui si *paga* il fio . . . . *Purg.* xi. 88.
Pagan. Ben faranno i *Pagan*, dacchè il Demonio Lor sen girà . *Purg.* xiv. 118.
Pagando. *Pagando* di moneta senza conio . . . . *Par.* xxix. 126.
Paganesmo. non sofferse... il puzzo più del *paganesmo* . . . *Par.* xx. 125.
chiuso cristian fu' mi, Lungamente mostrando *paganesmo* . . *Purg.* xxii. 91.
Paghi. per udire Come Dio vuol che il debito si *paghi* . . . . *Purg.* x. 108.
Paglia. gravi tanto, Che Federico le mettea di *paglia* . . . . *Inf.* xxiii. 66.
E disse : quando l' una *paglia* è trita . . . . *Par.* xiii. 34.
Di mia semente cotal *paglia* mieto . . . . *Purg.* xiv. 85.
Paia. Nè per altro argomento che non *paia* . . . . *Par.* xvii. 142.
Ma, perchè *paia* ben ciò che non pare, Pensa chi era . . . . *Par.* xiii. 91.
Me convien partirmi, L' angelo è ivi, prima ch' egli *paia*[1] . . *Purg.* xvi. 144.
Acciocchè il fatto men ti *paia* strano, Sappi . . . . *Inf.* xxxi. 30.
E però chi io mi sia, e perch' io *paia* Più gaudioso . . . . . *Par.* xv. 58.
Perchè men *paia* il mal futuro e il fatto . . . . *Purg.* xx. 85.
O diva Pegasea... *Paia* tua possa in questi versi brevi . . . *Par.* xviii. 87.
squilla... Che *paia* il giorno pianger che si more . . . . . *Purg.* viii. 6.
broglia Sì, che l' affetto convien che si *paia* . . . . *Par.* xxvi. 98.
acciocchè non si *paia* Che tu ci sii... giù t' acquatta . . . *Inf.* xxi. 58.
Ombra non lì[2] è, nè segno che si *paia* . . . . *Purg.* xiii. 7.
Paio. sì pulito... Ch' io mi specchiai in esso quale io *paio* . . *Purg.* ix. 96.
Paion. insieme vanno, E *paion* sì al vento esser leggieri . . . *Inf.* v. 75.
Nuvole spesse non *paion*, nè rade, Nè corruscar . . . . . . *Purg.* xxi. 49.
rifulge a noi Dio... Sì che questi parlar ne *paion* buoni . . . *Par.* ix. 63.
Pal. O qual che se'... Anima trista, come *pal* commessa . . . *Inf.* xix. 47.
Paladino. Ad inveggiar cotanto *paladino* Mi mosse la... cortesia. *Par.* xii. 142.
Palafreni. Copron dei manti loro i[3] *palafreni* . . . . *Par.* xxi. 133.
Palagio. Non era camminata di *palagio* Là 'v' eravam . . . . *Inf.* xxxiv. 97.
Palato. guancia, Il cui *palato* a tutto il mondo costa . . . . *Par.* xviii. 39.
1. Palazzo. ad una vista D' un gran *palazzo* Micol ammirava . . *Purg.* x. 68.
per le scale Dell' eterno *palazzo* più s' accende . . . . . *Par.* xxi. 8.
2. Palazzo. Corrado da *Palazzo*, e il buon Gherardo . . . . . *Purg.* xvi. 124.
Pale. acqua... Quand ella più verso le *pale* approccia . . . . *Inf.* xxiii. 48.
Paleo. E letizia era ferza del *paleo* . . . . *Par.* xviii. 42.
Palermo. Se... non avesse Mosso *Palermo* a gridar . . . . . *Par.* viii. 75.
Palesarvi. La vostra... pena Di *palesarvi* a me non vi spaventi . *Inf.* xxix. 108.
Palese. l' alto affetto Ch' egli aveano... mi fu *palese* . . . . . *Par.* xxiii. 126.
discese... Juvenale, Che la tua affezion mi fe' *palese* . . . *Purg.* xxii. 15.
Ma nella voce sua mi fu *palese* Ciò . . . . *Purg.* xxiii. 44.
ti dovrebbe... esser *palese* L' eccellenza dell' altra . . . . . *Par.* xii. 109.
palese e coperto Non anderà con lui per un cammino . . . . *Par.* xxx. 143.
quando alcuna pianta Senza seme *palese* vi s' appiglia . . . *Purg.* xxviii. 117.
Ma 'n *palese* nessuna or vi lasciai . . . . *Inf.* xxvii. 39.
Palesi. dove si dimora... ch' ei non sien *palesi*? . . . . *Purg.* viii. 123.
Paleso. Apri la mente a quel ch' io ti *paleso* . . . . *Par.* v. 40.

[1] *ch' io gli appaia.* [2] gli. [3] lor gli.

| PALI | 481 | PAPI |

Pali. all' occhio mi corse Un, crocifisso in terra con tre *pali* . . *Inf.* xxiii. 111.
Pallade. Vedea Timbreo, vedea *Pallade* e Marte . . . . *Purg.* xii. 31.
Palladio. E del *Palladio* pena vi si porta . . . . *Inf.* xxvi. 63.
Pallante. ora Che *Pallante* morì per dargli regno . . . . . . *Par.* vi. 36.
Palle. e le *palle* dell' oro Fiorian Fiorenza in... gran fatti . . . *Par.* xvi. 110.
Pallida. oscura e cava, *Pallida* nella faccia, e tanto scema . . . *Purg.* xxiii. 23.
Pallido. Chi *pallido* si fece sotto l' ombra Sì di Parnaso . . . . *Purg.* xxxi. 140.
    riguardare in sue, Quasi aspettando *pallido*[1] ed umile . . . *Purg.* viii. 24.
    madre che soccorre Subito al figlio *pallido* ed anelo . . . . *Par.* xxii. 5.
1. **Palma.** quello Che si reca il bordon di *palma* cinto . . . . . *Purg.* xxxii. 78.
    Perch' egli è quegli che portò la *palma* Giù a Maria . . . . *Par.* xxxii. 112.
    Ben si convenne lei lasciar per *palma* In alcun cielo . . . . *Par.* ix. 121.
    mi seguette Infin la *palma*, ed all' uscir del campo . . . . . *Par.* xxv. 84.
2. **Palma.** ha fatto alla guancia Della sua *palma*... letto . . . . *Purg.* vii. 108.
    vittoria Che s' acquistò con l' una e l' altra *palma* . . '. . . *Par.* ix. 123.
Palme. Batteansi a *palme* e gridavan sì alto . . . . *Inf.* ix. 50.
    col muso isbuffa, E sè medesma con le *palme* picchia . . *Inf.* xviii. 105.
    Ella giunse e levò ambo le *palme*, Ficcando gli occhi . . *Purg.* viii. 10.
Palmi. Perocch' io ne vedea trenta gran *palmi* . . . . *Inf.* xxxi. 65.
Palpebre. di lei bevve la gronda Delle *palpebre* mie . . . . . . *Par.* xxx. 89.
Palude. Questa *palude*, che il gran puzzo spira, Cinge . . . . . *Inf.* ix. 31.
    Una *palude* fa, che ha nome Stige, Questo tristo ruscel . . . *Inf.* vii. 106.
    Ma tosto fia che Padova al *palude* Cangerà l' acqua . . . *Par.* ix. 46.
    Corsi al *palude*, e le cannucce e il brago M' impigliar . . *Purg.* v. 82.
    le lanose gote Al nocchier della livida *palude* . . . . . . *Inf.* iii. 98.
    quei della *palude* pingue, Che mena il vento . . . . *Inf.* xi. 70.
Pan. E come il *pan* per fame si manduca, Così il sopran . . . . *Inf.* xxxii. 127.
    drizzaste il collo Per tempo al *pan* degli Angeli . . . . . *Par.* ii. 11.
    Lo *pan* che il pio Padre a nessun serra . . . . *Par.* xviii. 129.
Pancia. Coi piè di mezzo gli avvinse la *pancia* . . . . *Inf.* xxv. 52.
    ponta Sì, ch' a Fiorenza fa scoppiar la *pancia* . . . . . . *Purg.* xx. 75.
***Pande.** *pande*, Girando e mormorando, l' affezione . . . . . *Par.* xxv. 20.
***Pandi.** speglio, In cui, prima che pensi, il pensier *pandi* . . . *Par.* xv. 63.
1. **Pane.** Pianger senti'... i miei figliuoli, e domandar del *pane* . *Inf.* xxxiii. 39.
    Tu proverai sì come sa di sale Lo *pane* altrui . . . . . . *Par.* xvii. 59.
*2. **Pane.** Cercate intorno alle boglienti *pane* . . . . *Inf.* xxi. 124.
Panni. E mangia e bee e dorme e veste *panni* . . . . *Inf.* xxxiii. 141.
    venner meno Tutti, fuor ch' un, renduto in *panni* bigi . . . *Purg.* xx. 54.
    far... Con le tue mani al lembo de' tuoi *panni* . . . . . . *Purg.* xxvii. 30.
    Però va oltre; io ti verrò a' *panni*, E poi rigiugnerò . . . *Inf.* xv. 40.
Panno. sì poche, Che le cappe fornisce poco. *panno* . . . . . *Par.* xi. 132.
    sartore Che, com' egli ha del *panno*, fa la gonna . . . . . *Par.* xxxii. 141.
Pantan. Se il fummo del *pantan* nol ti nasconde . . . . *Inf.* viii. 12.
    era forte Per lo *pantan* che avea da tutte parti . . . . . *Inf.* xx. 90.
Pantano. Vidi genti fangose in quel *pantano*, Ignude tutte . . . *Inf.* vii. 110.
    la vergine cruda Vide terra nel mezzo del *pantano* . . . . *Inf.* xx. 83.
Paolo. Io non Enea, io non *Paolo* sono . . . . *Inf.* ii. 32.
    Pensa che Pietro e *Paolo*[2]... ancor son vivi . . . . . . *Par.* xviii. 131.
Papa. A questo intende il *papa* e i cardinali . . . . *Par.* ix. 136.
    io vidi una scritta Che diceva: Anastasio *papa* guardo . . *Inf.* xi. 8.
    Terra Santa, Che poco tocca al *papa* la memoria . . . . . *Par.* ix. 126.
Papale. Intese cose che furon cagione... del *papale* ammanto . . *Inf.* ii. 27.
Pape. *Pape* Satan, *pape* Satan aleppe, Cominciò Pluto . . . . *Inf.* vii. 1.
Papi. Questi fur cherci... e *papi* e cardinali . . . . *Inf.* vii. 47.

---

[1] pavido.   [2] *Polo*.

PAPIRO 482 PAR

Papiro. Come procede... Per lo *papiro* suso un color bruno . . . *Inf.* xxv. 65.
Pappo. Innanzi che lasciassi il *pappo* e il dindi . . . . *Purg.* xi. 105.
1. Par. Io non osava scender... Per andar *par* di lui . . . . . . *Inf.* xv. 44.
   Cadde con essa a *par* degli altri ciechi . . . . *Inf.* vi. 93.
2. Par. quell' Angel... Innamorato sì, che *par* di foco . . . . . *Par.* xxxii. 105.
   O anima, diss' io, che *par* sì vaga Di parlar meco . . . . *Purg.* xxiv. 40.
   già si bagna, Ed in corpo *par* vivo ancor di sopra . . . . . *Inf.* xxxiii. 157.
   par ch' egli abbia Dio in disdegno, e poco *par* che il pregi . *Inf.* xiv. 70.
   E l' altro è Cassio, che *par* sì membruto . . . . *Inf.* xxxiv. 67.
   par surger della pira Ov' Eteòcle col fratel fu miso . . . . . *Inf.* xxvi. 53.
   Ed è chi per ingiuria *par* ch' adonti Sì . . . . *Purg.* xvii. 121.
   Da essa vien ciò che da luce a luce *Par* differente . . . . . *Par.* ii. 146.
   se pensassi... Ciò che *par* duro ti parrebbe vizzo . . . . . *Purg.* xxv. 27.
   in ciò dispensa, Che *par* contra lo ver ch' io t' ho scoperto . *Par.* v. 36.
   Citerea, Che di foco d' amor *par* sempre ardente . . . . *Purg.* xxvii. 96.
   e cominciarsi A dir : colui non *par* corpo fittizio . . . . . . *Purg.* xxvi. 12.
   e dicean seco : Costui *par* vivo all' atto della gola . . . . . *Inf.* xxiii. 88.
   Sì ch' ella *par* qui meco contradire . . . . *Par.* iv. 99.
   spiri, Sì che *par* foco fonder la candela . . . . *Purg.* xxx. 90.
   E che gent' è che *par* nel duol sì vinta? . . . . *Inf.* iii. 33.
   Chi è quel grande, che non *par* che curi L' incendio ? . . . *Inf.* xiv. 46.
   guarda quel grande... E, per dolor, non *par* lagrima spanda . *Inf.* xviii. 84.
   l' ira Di Josuè qui *par* ch' ancor lo morda . . . . *Purg.* xx. 111.
   di ben si spolpa, Ed a trista ruina *par* disposto . . . . . . *Purg.* xxiv. 81.
   Così la madre al figlio *par* superba, Com' ella parve a me . *Purg.* xxx. 79.
   Questo modo... *par* che uccida Pur lo vinco[1] d' amor . . . *Inf.* xi. 55.
   stretto a consiglio *Par* con colui ch' ha sì benigno aspetto . *Purg.* vii. 104.
   Forse la mia parola *par* tropp' osa, Posponendo il piacer . . *Par.* xiv. 130.
   Sì che la pioggia non *par* che il maturi . . . . *Inf.* xiv. 48.
   Quanto... *par* della spera, Che sempre... scherza . . . . . *Purg.* xv. 2.
   come quei... Che sempre *par* che innanzi si proveggia . . . *Inf.* xxiv. 26.
   Quel che *par* sì membruto, e che s' accorda Cantando . . . *Purg.* vii. 112.
   è... come questo, Salvo che più feroce *par* nel volto . . . . *Inf.* xxxi. 105.
   Ma quest' è quel, ch' a cerner mi *par* forte . . . . *Par.* xxi. 76.
   Come il ramarro... Folgore *par*, se la via attraversa . . . . *Inf.* xxv. 81.
   Par sì la ripa, e *par* sì la via schietta Col livido color . . . *Purg.* xiii. 8.
   E questa sorte, che *par* giù cotanto, Però n' è data . . . . *Par.* iii. 55.
   nella faccia quale *Par* tremolando mattutina stella . . . . . *Purg.* xii. 90.
   E quale stella *par* quinci più poca, Parrebbe luna . . . . . *Par.* xxviii. 19.
   Com' uom... Che infino ad essa gli *par* ire in vano . . . . *Purg.* i. 120.
   ponevam le piante Sopra lor vanità che *par* persona . . . . *Inf.* vi. 36.
   nuove parvenze, Sì che la vista[2] pare e non *par* vera . . . *Par.* xiv. 72.
   Che *par* che Circe gli avesse in pastura . . . . *Purg.* xiv. 42.
   non par che luca... E come vivo *par* che si conduca . . . *Purg.* v. 6.
   ancor *par* ch' e' si creda Che avrebber vinto i figli . . . . . *Inf.* xxxi. 120.
   O ciel, nel cui girar *par* che si creda . . . . *Purg.* xx. 13.
   Non *par* che ti facesse ancor fedele La fè . . . . *Purg.* xxii. 59.
   Par che a nulla potenza più intenda . . . . *Purg.* iv. 4.
   non *par* che luca Lo raggio da sinistra a quel . . . . . . *Purg.* v. 4.
   O Roboam, già non *par* che minacci Quivi il tuo segno . . . *Purg.* xii. 46.
   Io cominciai : e' *par* che tu mi neghi, O luce mia . . . . . *Purg.* vi. 28.
   E quindi *par* che il loro occhio si pasca . . . . *Inf.* xvii. 57.
   e *par* lor tardo Che Dio a miglior vita li ripogna . . . . . *Purg.* xvi. 122.
   parlandomi Tosco, *Par* che del buon Gherardo nulla senta . *Purg.* xvi. 138.

[1] vincol. [2] cosa.

Par. Non è simile... Però che, come dice, *par* che senta . . . . *Par.* iv. 51.
ti tira fuor... Sì che non *par* ch' io ti vedessi mai . . . . . *Inf.* vi. 45.
Io vidi certo, ed ancor *par* ch' io 'l veggia, Un busto . . . . *Inf.* xxviii. 118.
E' *par* che voi veggiate, se ben odo, Dinanzi . . . . *Inf.* x. 97.
Vedi là il balzo... Vedi l' entrata là 've *par* disgiunto . . . *Purg.* ix. 51.
Par da lungi un molin che il vento gira . . . . *Inf.* xxxiv. 6.
ch' ogni lume Che *par* nel ciel quindi fosse diffuso . . . . *Par.* xxi. 33.
Paradiso. per sè stessa fu[1] ella sbandita Di *Paradiso* . . . . . *Par.* vii. 38.
da queste dignitadi, Come da[2] *Paradiso*, fu remota . . . . . *Par.* vii. 87.
ogni dove In cielo è *Paradiso*, e sì[3]... d' un modo non . . . *Par.* iii. 89.
E così, figurando il *Paradiso*, Convien saltar . . . . *Par.* xxiii. 61.
quanto fia lunga la festa Di *Paradiso*, tanto... Si raggerà . . *Par.* xiv. 38.
La forma general di *Paradiso*... mio sguardo avea compresa . *Par.* xxxi. 52.
Qui vederai l' una e l' altra milizia Di *Paradiso* . . . . . . *Par.* xxx. 44.
dinanzi al primo Ministro, ch' è di quei di *Paradiso* . . . . *Purg.* i. 99.
si tace in questa rota La dolce sinfonia di *Paradiso* . . . . *Par.* xxi. 59.
l' uno e l' altro foro Aiutò sì che piace in *Paradiso* . . . . . *Par.* x. 105.
Al Padre... Cominciò: Gloria, tutto il *Paradiso* . . . . . . *Par.* xxvii. 2.
lo fondo Della mia grazia e del mio *Paradiso* . . . . *Par.* xv. 36.
volgiti... Chè non pur ne' miei occhi è *Paradiso* . . . . . . *Par.* xviii. 21.
Paralleli. Due archi *paralleli* e concolori . . . . *Par.* xii. 11.
1. Parca. La sua natura, che di larga *parca* Discese . . . . . *Par.* viii. 82.
*2. **Parca.** Nè da nocchier ch' a sè medesmo *parca* . . . . . *Par.* xxiii. 69.
Parco. Al montar su, contra sua voglia, è *parco* . . . . *Purg.* xi. 45.
*1. **Pare.** Dunque, come costui fu senza *pare?* . . . . *Par.* xiii. 89.
2. **Pare.** Ogni dimostrazion mi *pare* ottusa . . . . *Par.* xxiv. 96.
Discorre... foco... E *pare* stella che tramuti loco . . . . . . *Par.* xv. 16.
gente stata sotto larve, Che *pare* altro che prima . . . . . . *Par.* xxx. 92.
sì che il primo... Quieto *pare*, e l' ultimo che voli . . . . *Par.* xxiv. 15.
E questo[4] *pare* a me sua quiditate . . . . *Par.* xxiv. 66.
nuove parvenze, Sì che la vista[5] *pare* e non par vera . . . . *Par.* xiv. 72.
Non *pare* indegno ad uomo d' intelletto . . . . *Inf.* ii. 19.
Forse cotanto, quanto *pare* appresso Alo[6] cinger la luce . *Par.* xxviii. 22.
Che è quel... Diss' io, e *pare* in ver noi esser mosso? . . . *Purg.* xv. 27.
Qual *pare* a riguardar la Carisenda Sotto il chinato . . . *Inf.* xxxi. 136.
Ma, perchè paia ben ciò che non *pare*, Pensa chi era . . . . *Par.* xiii. 91.
furon tocchi Li miei da ciò che *pare* in quel volume . . . . *Par.* xxviii. 14.
E forse *pare* ancor lo corpo suso Dell' ombra . . . . *Inf.* xxxiii. 134.
solo ai Decretali Si studia sì, che *pare* ai lor vivagni . . . . *Par.* ix. 135.
Per che il ciel, come *pare* ancor, si cosse . . . . *Inf.* xvii. 108.
e fummo tali, Ch' ancor si *pare* intorno dal Gardingo . . . . *Inf.* xxiii. 108.
Parea. tanto lieta, Ch' arder *parea* d' amor nel primo foco . . . *Par.* iii. 69.
mi si fu offerto Chi per lungo silenzio *parea* fioco . . . . *Inf.* i. 63.
Ma chi parlava ad ira *parea* mosso . . . . *Inf.* xxiv. 69.
Parea ciascuna rubinetto, in cui Raggio di sole ardesse . . *Par.* xix. 4.
Questo cornice mi *parea* cotale . . . . *Purg.* x. 27.
E quanto mi *parea* nell' atto acerbo, Con l' ale aperte! . . . *Inf.* xxi. 32.
tanto lieta, Che Dio *parea* nel suo volto gioire . . . . . . *Par.* xxvii. 105.
Ei mi *parea* da sè stesso rimorso; O dignitosa coscienza! . *Purg.* iii. 7.
La faccia sua mi *parea* lunga e grossa Come la pina . . . . *Inf.* xxxi. 58.
E la destra *parea* tra bianca e gialla . . . . *Inf.* xxxiv. 43.
Parea dinanzi a me con l' ali aperte La bella image . . . *Par.* xix. 1.
Due e nessun l' imagine perversa *Parea*, e tal sen gìa . . . *Inf.* xxv. 78.
discerno, Là dove mio ingegno *parea* manco . . . . *Purg.* iv. 78.

[1] pur fu. [2] di. [3] etsi. [4] questa. [5] cosa. [6] Halo; Allo.

Parea. attento guardava Nella mia vista s' io *parea* contento . . *Purg.* xviii. 3.
E *parea* posta lor diversa legge . . . . *Inf.* xiv. 21.
Ed io all' ombra, che *parea* più vaga Di ragionar, drizza'mi. *Par.* iii. 34.
ripensando A quel parlar che mi *parea* nimico . . . . *Inf.* x. 123.
E sol di quell' angoscia *parea* lasso . . . . *Inf.* ix. 84.
Ahi quanto mi *parea* pien di disdegno! . . . . *Inf.* ix. 88.
La miserella intra tutti costoro *Parea* dicer . . . . *Purg.* x. 83.
Piangendo *parea* dicer : più non posso . . . . *Purg.* x. 139.
Nè l' un nè l' altro già *parea* quel ch' era . . . . *Inf.* xxv. 63.
quel da Lucca, Che più *parea* di me aver[1] contezza . . . *Purg.* xxiv. 36.
Questi *parea* che contra me venesse Con la test' alta . . . *Inf.* i. 46.
riso della stella, Che mi *parea* più roggio che l' usato . . *Par.* xiv. 87.
E il signor mi *parea* benigno e mite Risponder . . . . . . *Purg.* xv. 102.
in uno sterco, Che dagli uman privati *parea* mosso . . . . *Inf.* xviii. 114.
La terza *parea* neve testè mossa . . . . *Purg.* xxix. 126.
Lo terzo... Porfido mi *parea* sì fiammeggiante . . . . . . *Purg.* ix. 101.
il terzo *parea* foco Che quinci e quindi... si spiri . . . *Par.* xxxiii. 119.
La turba, che rimase lì, selvaggia *Parea* del loco . . . . *Purg.* ii. 53.
E l' un dall' altro, come Iri da Iri, *Parea* riflesso . . . *Par.* xxxiii. 119.
una volpe, Che d' ogni pasto buon *parea* digiuna . . . . . *Purg.* xxxii. 120.
Intorno a lui *parea* calcato e pieno Di cavalieri . . . . . *Purg.* x. 79.
sì lontana, Come *parea*, sorrise, e riguardommi . . . . . . *Par.* xxxi. 92.
Ed esser mi *parea* là dove foro Abbandonati i suoi . . . . *Purg.* ix. 22.
Ed esser mi *parea* troppo più lieve, Che,.. davanti . . . . *Purg.* xii. 116.
Già mi *parea* sentire alquanto vento . . . . *Inf.* xxxiii. 103.
E Te Deum laudamus mi *parea* Udir in voce mista . . . . . *Purg.* ix. 140.
con l' acute scane Mi *parea* lor veder fender li fianchi . *Inf.* xxxiii. 36.
In sogno mi *parea* veder sospesa Un' aquila nel ciel . . . *Purg.* ix. 19.
Giovane e bella in sogno mi *parea* Donna vedere andar . . *Purg.* xxvii. 97.
Poi mi *parea* che, roteata[2] un poco... discendesse . . . *Purg.* ix. 28.
Sì che *parea* che l' aer ne temesse . . . . *Inf.* i. 48.
infino alla gola *Parea* che di quel bulicame uscisse . . . *Inf.* xii. 117.
un modo, Sì che *parea* tra esse ogni concordia . . . . . . *Purg.* xvi. 21.
io m'° accorsi, Tosto ch' io fui là 've il fondo *parea* . . *Inf.* xxvi. 33.
Dinanzi *parea* gente : e tutta e quanta Partita . . . . . . *Purg.* x. 58.
Così *parea*, venendo verso l' epe... un serpentello . . . . *Inf.* xxv. 82.
sì di merda lordo, Che non *parea* s' era laico o cherco . . *Inf.* xviii. 117.
Pareami. Che là, dove *pareami* prima un rotto,.. Vidi una porta. *Purg.* ix. 74.
Vincer *pareami* più sè stessa antica,... che l' altre qui . *Purg.* xxxi. 83.
Pareami che il suo viso ardesse tutto . . . . *Par.* xxiii. 22.
Parean. Con l' ali aperte che *parean* di cigno, Volsesi . . . *Purg.* xix. 46.
altri mi nomò... E del nomar *parean* tutti contenti . . . *Purg.* xxiv. 26.
anime vidi, Che per la valle non *parean* di fuori . . . . *Purg.* vii. 84.
Non mi *parean* meno ampi nè maggiori Che quei . . . . . . *Inf.* xix. 16.
Di vil cilicio mi *parean* coperti, E l' un sofferia l' altro . . *Purg.* xiii. 58.
sì duri lamenti, Che ben *parean* di miseri e d' offesi . . *Inf.* ix. 123.
Le mura mi *parean* che ferro fosse . . . . *Inf.* viii. 78.
Parean l' occhiaie anella senza gemme . . . . *Purg.* xxiii. 31.
E l' ombre, che *parean* cose rimorte... ammirazione Traean . *Purg.* xxiv. 4.
contezza Di quello spirto, onde *parean* venute . . . . . . *Purg.* xx. 30.
Morti li morti, e i vivi *parean* vivi . . . . *Purg.* xii. 67.
Pareano. In picciol corso mi *pareano* stanchi Lo padre e i figli . *Inf.* xxxiii. 34.
Parecchi. Di *parecchi* anni mi mentì lo scritto . . . . *Inf.* xix. 54.
Parecchio. Salendo su per lo modo *parecchio* A quel che scende . *Purg.* xv. 18.

[1] voler.   [2] più rotata.

Pareggia.	sì ratto, Che il mover suo nessun volar *pareggia* . . .	*Purg.* ii. 18.
	Chè più non si *pareggia* mo ed issa	*Inf.* xxiii. 7.
Pareggiando.	*pareggiando* i miei co' passi fidi	*Purg.* xvii. 10.
Pareggio.	alla[1] vista mia... La chiarità della fiamma *pareggio* . .	*Par.* xxi. 90.
Pareglio.	verace speglio Che fa di sè *pareglio* all'[2] altre cose . .	*Par.* xxvi. 107.
	E nulla face lui di sè *pareglio*	*Par.* xxvi. 108.
Pare'mi.	tanta guerra... Quanta *pare'mi* allor pensando avere . .	*Purg.* xx. 148.
Parendo.	*Parendo* inchiuso da quel ch' egl' inchiude	*Par.* xxx. 12.
	Vennermi poi *parendo* tanto santi	*Purg.* xxii. 82.
Parente.	di Silvio lo *parente*... ad immortale Secolo andò . . .	*Inf.* ii. 13.
	Trasseci l' ombra del primo *parente*, D' Abel suo figlio . . .	*Inf.* iv. 55.
	non piacque... Che poi il suocero il fe' lor *parente*	*Par.* xvi. 120.
Parenti.	E li *parenti* miei furon Lombardi, Mantovani per patria.	*Inf.* i. 68.
	allora, Che li primi *parenti* intrambo fensi	*Par.* vii. 148.
	Bestemmiavano Iddio e lor[3] *parenti*, L' umana specie . . .	*Inf.* iii. 103.
	Bastava... Solamente la fede dei *parenti*	*Par.* xxxii. 78.
	Non di *parenti*,[4] nè d' altro più brutto	*Par.* xxii. 84.
Parer.	ti da cagione *Parer* tornarsi l' anime alle stelle	*Par.* iv. 23.
	Per che non dee *parer* mirabil cosa Ciò ch' io dirò	*Par.* xvi. 85.
	Non ti dee oramai *parer* più forte, Quando si dice	*Par.* vii. 49.
	qual costume Le fa di trapassar *parer*[5] sì pronte	*Inf.* iii. 74.
	malo amor... Perchè fa *parer* dritta la via torta	*Purg.* x. 3.
	Ed io facea con l' ombra più rovente *Parer* la fiamma . .	*Purg.* xxvi. 8.
	La luna... Facea le stelle a noi *parer* più rade	*Purg.* xviii. 77.
	pur uno *Parer*[6] mi fate tutti i vostri odori	*Par.* xix. 23.
	quel da Pisa Che fe' *parer* lo buon Marzucco forte	*Purg.* vi. 18.
	Almeon... fe' caro *Parer* lo sventurato adornamento . . .	*Purg.* xii. 51.
	l' ago... *Parer* mi fece in volgermi al suo dove	*Par.* xii. 30.
	Tutto che il vel... Non la lasciasse *parer* manifesta . . .	*Purg.* xxx. 69.
	Poco potea *parer* lì del dì[7] fuori	*Purg.* xxvii. 88.
	Parlando andava per non *parer* fievole	*Inf.* xxiv. 64.
	Per esser fi'... Nè per *parer* dispetto a maraviglia	*Par.* xi. 90.
	non... in fretta, Nè tardo, ma' che al *parer* di colui . . .	*Par.* xxii. 17.
Parere.	*Parere* ingiusta la nostra giustizia... è argomento di fede.	*Par.* iv. 67.
	sì che i suoi conversi Potean *parere* alla veduta nostra . . .	*Inf.* xxix. 42.
	ch' io l' altro cassi, Falsificato fia lo tuo *parere*	*Par.* ii. 84.
	alcuna stella Perde il *parere* infino a questo fondo	*Par.* xxx. 6.
	Falsava nel *parere* il lungo tratto Del mezzo	*Purg.* xxix. 44.
Paresse.	altro accese, Pur che la fiamma sua *paresse* fuore . . .	*Purg.* xxii. 12.
	Che non *paresse* aver la mente ingombra	*Purg.* xxxi. 142.
	la giuntura Non facea segno alcun che si *paresse*	*Inf.* xxv. 108.
Paressero.	tanto festini, Che non *paressero* impediti e lenti . . .	*Inf.* viii. 24.
Paresti.	Tentando a render te qual tu *paresti* Là	*Purg.* xxxi. 143.
Parete.	Dinne com' è che fai di te *parete* Al sol	*Purg.* xxvi. 22.
	Ed essi quinci e quindi avean *parete* Di non caler	*Purg.* xxxii. 4.
	non senza virtù... Cerchi[8] di soperchiar questa *parete* . . .	*Purg.* iii. 99.
Pareti.	Volseci in su... Tra' due *pareti* del duro macigno . . .	*Purg.* xix. 48.
	Tacevansi... li poeti... Liberi dal salire e dai *pareti* . . .	*Purg.* xxii. 117.
Pareva.	Dinanzi a noi *pareva* sì verace Quivi intagliato . . .	*Purg.* x. 37.
	contenta *Pareva* prima[9] d' ingigliarsi all' emme	*Purg.* xviii. 113.
	Io sentia voci, e ciascuna *pareva* Pregar	*Purg.* xvi. 16.
	Goder *pareva* il ciel di lor fiammelle	*Purg.* i. 25.
	O quanto mi *pareva* sbigottito... Curio !	*Inf.* xxviii. 100.

[1] *la.* [2] pareglie l'. [3] e i lor. [4] parente. [5] parer di trapassar.
[6] Sentir. [7] dì di. [8] Cerca. [9] imprima.

Pareva. Mugghiava... Sì che... Pure e' *pareva* dal dolor trafitto . *Inf.* xxvii. 12.
tanto ratta, Che d' ogni posa mi *pareva* indegna . . . . . . *Inf.* iii. 54.
sì che Giove *Pareva* argento lì d' oro distinto . . . . . . *Par.* xviii. 96.
Questi *pareva* a me maestro e donno, Cacciando il lupo . . . *Inf.* xxxiii. 28.
Tanto *pareva* già in ver la sera Essere al sol... rimaso . . . *Purg.* xv. 4.
E l' altro, a cui *pareva* tardar troppo, Gridava . . . . *Inf.* xiii. 119.
A me *pareva* andando fare oltraggio, Veggendo altrui . . . *Purg.* xiii. 73.
Ivi *pareva* ch' ella ed io ardesse, E sì l' incendio... cosse . . *Purg.* ix. 31.
Pareva a me che nube ne coprisse Lucida, spessa . . . . . *Par.* ii. 31.
sì concetta *Pareva* in tre,[1] come lume riflesso . . . . *Par.* xxxiii. 128.
come qui si tacque, Ciò, che *pareva* prima, disparìo . . . . *Purg.* xv. 93.
La corata[2] *pareva*, e il tristo sacco Che merda fa . . . . . . *Inf.* xxviii. 26.
Parevan. Ed or-*parevan* dalla bianca tratte, Or dalla rossa . . . *Purg.* xxix. 127.
Lo mio Maestro... e quella gente... *parevan* sì contenti . . . *Purg.* ii. 116.
movieno i piè... E non *parevan*,[3] sì venivan lente . . . . . *Purg.* iii. 60.
Parevi. O dolce amor... Quanto *parevi* ardente in quei flailli[4]! . *Par.* xx. 14.
O Saul come... Quivi *parevi* morto in Gelboè ! . . . . *Purg.* xii. 41.
alla mia mente Ripresta un poco di quel che *parevi* . . . . *Par.* xxxiii. 69.
Pargoleggia. Che piangendo e ridendo *pargoleggia* . . . . . . *Purg.* xvi. 87.
Pargoletta. Ad aspettar più colpi, o *pargoletta* . . . . *Purg.* xxxi. 59.
Pari. Ed ecco intorno, di chiarezza *pari*, Nascere un lustro . . *Par.* xiv. 67.
Vidi due vecchi in abito dispari, Ma *pari* in atto . . . . . *Purg.* xxix. 135.
andando Su per la riva, ed io *pari* di lei . . . . *Purg.* xxix. 8.
Di *pari*, come buoi che vanno a giogo, M' andava . . . . . *Purg.* xii. 1.
Parigi. Figlio fu' io d' un beccaio di *Parigi* . . . . *Purg.* xx. 52.
Paris. Vidi[5] *Paris*, Tristano; e più di mille Ombre mostrommi . *Inf.* v. 67.
***Parisi.** arte Che alluminare chiamata è in *Parisi* . . . . . *Purg.* xi. 81.
Parla. tu vedrai Anteo Presso di qui, che *parla*, ed è disciolto . *Inf.* xxxi. 101.
Sì come il baccellier s' arma, e non *parla* . . . . *Par.* xxiv. 46.
Talor *parla*[6] l' un alto, e l' altro basso . . . . *Purg.* xx. 118.
il mio Duca... Dicendo: *parla* tu, questi è Latino . . . . . *Inf.* xxvii. 33.
Ma *parla*, e chiedi a lui se più ti piace . . . . *Inf.* xiii. 81.
Ma disse: *parla*, e sii breve ed arguto . . . . *Purg.* xiii. 78.
non aver paura, Mi disse, di parlar: ma *parla* . . . . . . *Purg.* xxi. 119.
Però *parla* con esse, ed odi, e credi . . . . *Par.* iii. 31.
L' anima gloriosa, onde si *parla*... Credette in Lui . . . . . *Par.* xx. 112.
Parla'. Poi mi rivolsi a loro, e *parla'* io, E cominciai . . . . . *Inf.* v. 115.
Parlai. più avante Ch' al sommo dei tre gradi ch' io *parlai* . . . *Purg.* xxi. 53.
La lingua ch' io *parlai* fu tutta spenta Innanzi assai . . . . *Par.* xxvi. 124.
s' accrebbe, Quand' io *parlai*, all' allegrezze sue . . . . . . *Par.* viii. 48.
Parlamento. Quel traditor... Farà venirli a *parlamento* seco . . *Inf.* xxviii. 88.
Parlami. *Parlami*, e satisfammi a' miei desiri . . . . *Inf.* x. 6.
Parlammo. Così *parlammo* infino al loco primo . . . . *Inf.* xxix. 37.
Parlando. E l' altro dietro a lui *parlando* sputa . . . . *Inf.* xxv. 138.
Ed io a lui: l' affetto che dimostri Meco *parlando* . . . . . *Par.* xxii. 53.
Così *parlando* il percosse un demonio Della sua scuriada . . *Inf.* xviii. 64.
O Tosco, che... Vivo ten vai, così *parlando* onesto . . . . *Inf.* x. 23.
Nè per tanto di men *parlando* vommi Con ser Brunetto . . . *Inf.* xv. 100.
Parlando andava per non parer fievole . . . . *Inf.* xxiv. 64.
dice a Moisè, di sè *parlando*: Io ti farò vedere . . . . . . *Par.* xxvi. 41.
Ver è ch' io dissi a lui, *parlando* a gioco, Io mi saprei levar. *Inf.* xxix. 112.
Ma vieni omai con gli occhi, sì com' io Andrò *parlando* . . *Par.* xxxii. 116.
mi fa chiaro, Poichè, *parlando*, a dubitar m' hai mosso . . . *Par.* viii. 92.
Così n' andammo... *Parlando* cose, che il tacere è bello . . *Inf.* iv. 104.

[1] te. [2] *curata*. [3] pareva. [4] favilli. [5] Vedi. [6] parliam.

Parlando. Noi aggirammo... *Parlando* più assai ch' io non ridico *Inf.* vi. 113.
altro *parlando* Che la mia commedía cantar non cura . . . . *Inf.* xxi. 1.
troppo reverenti, Dinanzi a' suoi maggior *parlando*, sono . . *Purg.* xxxiii. 26.
spiriti, *parlando* Alla mensa d' amor cortesi inviti . . . . . *Purg.* xiii. 26.
quel padre verace... *Parlando*, di parlare ardir mi porse . . *Purg.* xviii. 9.
Parlandomi. *parlandomi* Tosco, Par che... nulla senta . . . . . *Purg.* xvi. 137.
Parlar. Così *parlar* conviensi al vostro ingegno . . . . *Par.* iv. 40.
Ma ciò che il segno che *parlar* mi face Fatto avea prima . . *Par.* vi. 82.
Di quel che udire e che *parlar* ti piace Noi udiremo . . . . *Inf.* v. 94.
S' ei posson... *Parlar*, diss' io, Maestro, assai ten prego . . *Inf.* xxvi. 65.
Quand' io 'l senti' a me *parlar* con ira, Volsimi verso lui . . *Inf.* xxx. 133.
i savi, Ch' udir *parlar* di così fatto colto . . . . *Par.* v. 72.
Ch' io vidi, ed anco udii *parlar* lo rostro . . . . *Par.* xix. 10.
mio Maestro fece segno Di voler lor *parlar* segretamente . . *Inf.* viii. 87.
Voi mi date a *parlar* tutta baldezza, Voi mi levate sì . . . *Par.* xvi. 17.
Questa fu la cagion che diede inizio Loro a *parlar* di me . . *Purg.* xxvi. 11.
E la lingua, che avea unita e presta Prima a *parlar* . . . . *Inf.* xxv. 134.
Tali vid' io più facce a *parlar* pronte . . . . *Par.* iii. 16.
però guarda Che l' abbi a mente, s' a *parlar* ten prende . . *Purg.* xviii. 75.
Non t' incresca restare a *parlar* meco . . . . *Inf.* xxvii. 23.
o anime affannate, Venite a noi *parlar*, s' altri nol niega . . *Inf.* v. 81.
non aver paura, Mi disse, di *parlar;* ma parla . . . . . *Purg.* xxi. 119.
O anima, diss' io, che par sì vaga Di *parlar* meco . . . . *Purg.* xxiv. 41.
il domandar... Più caldo assai, che per *parlar* distinto . . . *Par.* iv. 12.
sì vicino, Che, per *parlar*, saremmo appena uditi . . . . . *Inf.* xvi. 93.
il *parlar* discese Inver lo segno del nostro intelletto . . . . *Par.* xv. 44.
il tacere è bello, Sì com' era il *parlar* colà dov' era . . . . *Inf.* iv. 105. .
E se più fu lo suo *parlar* diffuso Non so . . . . *Purg.* xxxii. 91.
E il mio *parlar* tanto ben t' impromette[1] . . . . *Inf.* ii. 126.
l' alta letizia Che il tuo *parlar* m' infonde, signor mio . . . *Par.* viii. 86.
O tuo *parlar* m' inganna o e' mi tenta, Rispose a me . . . *Purg.* xvi. 136.
o diva, Diss' io appresso, il cui *parlar* m' inonda . . . . . *Par.* iv. 119.
Da quinci... il mio veder fu maggio Che il *parlar* mostra . . *Par.* xxxiii. 56.
rifulge a noi Dio... Sì che questi *parlar* ne paion buoni . . *Par.* ix. 63.
non lo scrivo, Però ch' ogni *parlar* sarebbe poco . . . . . *Inf.* xxxiv. 24.
Poi ch' ell' avea il *parlar* così disciolto, Cominciava . . . . *Purg.* xix. 16.
E quei, che intese il mio *parlar* coperto, Rispose . . . . . *Inf.* iv. 51.
dice, E il più caldo *parlar* diretro serva[2] . . . . *Purg.* xxx. 72.
E, sì com' uom che suo *parlar* non spezza, Continuò così . . *Par.* v. 17.
ripensando A quel *parlar* che mi parea nimico . . . . . *Inf.* x. 123.
quanto puoi Al mio *parlar* distrettamente fisso . . . . . *Par.* vii. 96.
Diretro al mio *parlar* ten vien col viso Girando su . . . . . *Par.* x. 101.
questi... Fu miglior fabbro del *parlar* materno . . . . . . *Purg.* xxvi. 117.
Nascendo... A guisa del *parlar* di quella vaga . . . . . . *Par.* xii. 14.
Non perch' io pur del mio *parlar* diffidi . . . ◄ . . . *Par.* xviii. 10.
vo' che m' insegni, E che di più *parlar* mi facci dono . . . *Inf.* vi. 78.
Allor... Infino al fiume di *parlar* mi trassi . . . . *Inf.* iii. 81.
e quella fonte, Che spande di *parlar* sì largo fiume . . . . *Inf.* i. 80.
Francesco... Prendi oramai nel mio *parlar* diffuso . . . . . *Par.* xi. 75.
Parlare. In questa forma lui *parlare* audivi : O voi . . . . . *Inf.* xxvi. 78.
Amor mi mosse, che mi fa *parlare* . . . . , *Inf.* ii. 72.
Lascia *parlare* a me ; ch' io ho concetto Ciò che tu vuoi . . *Inf.* xxvi. 73.
Tal mi fec' io, non potendo *parlare;* Chè desiava scusarmi . *Inf.* xxx. 139.
Quand' io udi'... *Parlare* in modo soave e benigno . . . . . *Purg.* xix. 44.

---

[1] ti promette. [2] si serva ; riserva.

PARLARE   488   PARLIAM

Parlare. *Parlare* e lagrimar vedrai insieme . . . . *Inf.* xxxiii. 9.
    quel padre verace... Parlando, di *parlare* ardir mi porse . . *Purg.* xviii. 9.
    mi diletta Troppo di pianger più che di *parlare* . . . . . . *Purg.* xiv. 125.
    mi rifece sicuro Un disio di *parlare*, ond' io ardeva . . . . *Par.* xxvi. 90.
    Ed io... Senza indugio a *parlare* incominciai . . . . . . *Inf.* xxvii. 35.
    dovere, O per *parlare*,[1] o per atto, segnato . . . . *Par.* xviii. 54.
    Così sparì ; ed io su mi levai Senza *parlare* . . . . *Purg.* i. 110.
    l' immaginar... Non che il *parlare*, è troppo color vivo . . . *Par.* xxiv. 27.
    a gloriarla, Di lei *parlare* è buon ch' a lui arrivi . . . . . . *Par.* xxiv. 45.
    plebe, Che stai nel loco, onde 'l *parlare* è duro . . . . . . *Inf.* xxxii. 14.
    Dirvi ch' io sia, saria *parlare* indarno . . . . *Purg.* xiv. 20.
    Colui... Produsse esto visibile *parlare*, Novello a noi . . *Purg.* x. 95.
    Volgendo suo *parlare* a me per punta... Ricominciò . . . *Purg.* xxxi. 2.
    fa sì ch' io t' intenda, E te e me col tuo *parlare* appaga . . *Purg.* xxiv. 42.
    Venni quaggiù... Fidandomi del[2] tuo *parlare* onesto . . . . *Inf.* ii. 113.
    nacque Del suo *parlare* e di quel di Beatrice . . . . . . *Par.* xiv. 8.
    perch' io Nel *parlare* avvisai l' altro nascosto . . . . *Purg.* xix. 84.
    Non perchè nostra conoscenza cresca Per tuo *parlare* . . *Par.* xvii. 11.
Parlarmi. in quella Materia non potea *parlarmi* chiuso . . . *Purg.* xii. 87.
    Sì cominciò lo mio Duca a *parlarmi*, Ed accennolle . . . *Inf.* xvii. 4.
    e 'l pregai Che per *parlarmi* un poco s' arrestasse . . . . *Purg.* ii. 87.
    ond' ei sen gìo Senza *parlarmi*, sì com' io estimo . . . . *Inf.* xxix. 35.
Parlasia. Forse per forza già di *parlasia* Si travolse . . . . . *Inf.* xx. 16.
Parlasse. Come fosse la lingua che *parlasse* . . . . *Inf.* xxvi. 89.
Parlassi. e quella udio Pria ch' io *parlassi* . . . . *Par.* xv. 71.
Parlato. Indi... Mostrommi l' alma che m' avea *parlato* . . . *Par.* xviii. 50.
    diritto alla lumiera Che pria m' avea *parlato* . . . . . . *Par.* v. 131.
    dentro a quella lumiera Che pria m' avea *parlato* . . . . *Par.* xi. 17.
    quella luce stessa Che pria m' avea *parlato* . . . . . . *Par.* xvii. 29.
    Non ho *parlato* sì, che tu non posse Ben veder . . . . . . *Par.* xiii. 94.
Parlav'. Così all' ombre, là v'[3] io *parlav'* ora . . . . *Purg.* xiii. 68.
Parlava. Ma chi *parlava* ad ira parea mosso . . . . *Inf.* xxiv. 69.
    tanto pronta Di riguardar chi era che *parlava* . . . . . . *Purg.* xvii. 50.
    Esso *parlava* ancor della larghezza Che fece Niccolao . . *Purg.* xx. 31.
    Com' io[4] *parlava*, e Sordello a sè il trasse, Dicendo . . . *Purg.* viii. 94.
    Ed un di lor (non questi che *parlava*) Si torse . . . . . . *Purg.* xi. 74.
    Sì mi *parlava* un d' essi, ed io mi fora Già manifesto . . *Purg.* xxvi. 25.
    Sì mi *parlava*, ed andavamo introcque . . . . *Inf.* xx. 130.
    Mentre che sì *parlava*, ed ei trascorse . . . . *Inf.* xxv. 34.
Parlavan. *Parlavan* rado, con voci soavi . . . . *Inf.* iv. 114.
    Io volsi il viso... Appresso ai savi, che *parlavan* sìe . . . *Purg.* xxiii. 8.
Parlavi. Ma chi è quei di cui tu *parlavi* ora ? . . . . *Purg.* xi. 120.
    o tu... che *parlavi* mo Lombardo, Dicendo : ista[5] ten va . : *Inf.* xxvii. 20.
Parlerei. Poeta, volentieri *Parlerei* a que' due . . . . *Inf.* v. 74.
Parleremo. Di quel... Noi udiremo e *parleremo* a vui . . . *Inf.* v. 95.
    avvalliamo... Tra le grandi ombre, e *parleremo* ad esse . . *Purg.* viii. 44.
Parlerò. Mentre che torni *parlerò* con questa . . . . *Inf.* xvii. 41.
Parli. Felice te, se[6] sì *parli* a tua posta . . . . *Inf.* xvi. 81.
    Domandal tu... E dolcemente, sì che *parli*, acco' lo . . . *Purg.* xiv. 6.
    Se ben lo intendimento tuo accarno... tu *parli* d' Arno . . *Purg.* xiv. 24.
    E di noi *parli* pur, come se tue Partissi ancor . . . . . . *Purg.* xvi. 26.
    Sì che non *parli* più com' uom che sogna . . . . *Purg.* xxxiii. 33.
    Devoto, quanto posso, a te supplico, Perchè mi *parli* . . . *Par.* xxvi. 95.
Parliam. Talor *parliam*[7] l' un alto, e l' altro basso . . . . . *Purg.* xx. 118.

[1] parole.   [2] nel.   [3] dov'; quivi ond'.   [4] ei.   [5] *istra ;* issa.   [6] che.   [7] *parla.*

Parliamo. Lasciamlo stare, e non *parliamo* a voto . . . . *Inf.* xxxi. 79.
Quindi *parliamo*, e quindi ridiam noi, Quindi facciam . . . *Purg.* xxv. 103.
Parlo. E questo è ver così com' io ti *parlo* . . . . *Inf.* xxviii. 51.
Se quella con ch' io *parlo* non si secca . . . . *Inf.* xxxii. 139.
Ond' io, che solo innanzi agli altri *parlo*, Ti prego . . . . . *Purg.* v. 67.
Più non dirò, e scuro so che *parlo* . . . . *Purg.* xi. 139.
vien più tosto, Mi disse, tanto che s' io *parlo* teco . . . . . *Purg.* xxxiii. 20.
ne *parlo* Sì come dell' agricola, che Cristo Elesse . . . . . *Par.* xii. 70.
Soluto hai... dentro a questo lume In ch' io ti *parlo* . . . . *Par.* xv. 53.
Parlò. Sì, mentre che *parlò*, sì mi[1] ricorda Ch' io vidi . . . . . *Par.* xx. 145.
Giunse... cose Ch' io non intesi, sì *parlò* profondo . . . . . *Par.* xv. 39.
Ei si fuggì, che non *parlò* più verbo . . . . *Inf.* xxv. 16.
Allora il Duca mio *parlò* di forza Tanto . . . . *Inf.* xiv. 61.
favola di Esopo... Dov' ei *parlò* della rana e del topo . . . *Inf.* xxiii. 6.
Così *parlò*,[2] e più non volle udirmi . . . . *Purg.* xvi. 145.
Nè ci addemmo di lei, sì *parlò* pria, Dicendo . . . . *Purg.* xxi. 12.
*****Parlòmi.** Per che lo spirto, che di pria *parlòmi* . . . . *Purg.* xiv. 76.
Parlommi. Così *parlommi*, e poi cominciò: ave, Maria, cantando. *Par.* iii. 121.
Parlonne. Volseci in su colui che sì *parlonne* . . . . *Purg.* xix. 47.
Parmenide. *Parmenide*, Melisso, Brisso, e molti . . . . *Par.* xiii. 125.
Parmi. andava, Dicendo: gli occhi suoi già veder *parmi* . . . *Purg.* xxvii. 54.
Parnaso. Infino a qui l' un giogo di *Parnaso* Assai mi fu . . . *Par.* i. 16.
Chi pallido si fece sotto l' ombra Sì di *Parnaso* . . . . . *Purg.* xxxi. 141.
Quelli... Forse in *Parnaso* esto loco sognaro . . . . *Purg.* xxviii. 141.
m' inviasti Verso *Parnaso* a ber nelle sue grotte . . . . . *Purg.* xxii. 65.
Paro. io perdo troppo Venendo teco sì a *paro* a *paro* . . . . . *Purg.* xxiv. 93.
Parola. E la *parola* tua sopra toccata Sì consonava . . . . . *Purg.* xxii. 79.
Una *parola* in tutte era, ed un modo . . . . *Purg.* xvi. 20.
Non fia senza mercè la tua *parola*, S' io ritorni . . . . . *Purg.* xx. 37.
sì alti sospiri, Che la *parola* appena s' intendea . . . . . *Purg.* xix. 75.
Forse la mia *parola* par tropp' osa, Posponendo il piacer . . *Par.* xiv. 130.
tanto sopra mia veduta Vostra *parola* disiata vola . . . . *Purg.* xxxiii. 83.
E perchè meno ammiri la *parola*, Guarda il calor . . . . . *Purg.* xxv. 76.
E, com' egli ebbe sua *parola* detta, Una voce... sonò . . . . *Purg.* iv. 97.
Maometto mi disse esta *parola*, Indi a partirsi . . . . . . *Inf.* xxviii. 62.
con l' occhio bieco Mi rimiraron senza far *parola* . . . . *Inf.* xxiii. 86.
a simil pena stanno Per simil colpa; e più non fe' *parola* . . *Inf.* vi. 57.
e la *parola* Nel nome di Maria finii, e quivi Caddi . . . . *Purg.* v. 100.
Se io ho ben la tua *parola* intesa, Rispose... quell' ombra . *Inf.* ii. 43.
Ed un, che intese la *parola* Tosca, Diretro a noi gridò . . . *Inf.* xxiii. 76.
trista, Poi ch' ebbe la *parola* a sè raccolta . . . . *Purg.* xiv. 72.
e veggi sua dottrina Come può seguitar la mia *parola* . . . *Purg.* xxxiii. 87.
coscienza fusca... Pur sentirà la tua *parola* brusca . . . . *Par.* xvii. 126.
Sì tosto come l' ultima *parola*... per dir tolse . . . . . . *Par.* xii. 1.
io traea la *parola* tronca Forse a peggior sentenza . . . *Inf.* ix. 14.
Nè[3] venni prima all' ultima *parola* . . . . *Par.* xxi. 79.
Pietro e Giovanni e Jacopo... vinti ritornaro alla *parola* . . *Purg.* xxxii. 77.
Or muovi, e con la tua *parola* ornata... L' aiuta . . . . . *Inf.* ii. 67.
Così fec' io con atto e con *parola*, Per apprender . . . . . *Par.* iii. 94.
Chè dir non posson con *parola* integra . . . . *Inf.* vii. 126.
ci portaro oltre, Contemplando ciascun senza *parola* . . . *Purg.* xxiv. 132.
Parole. come... fu senza pare? Comincerebber le *parole* tue . *Par.* xiii. 90.
in suo linguaggio Si convertivan le *parole* grame . . . . . *Inf.* xxvii. 15.
Ma se le mie *parole* esser den seme Che frutti infamia . . *Inf.* xxxiii. 7.

---

[1] mi si.   [2] tornò.   [3] Non.

Parole. Dette mi fur di mia vita futura *Parole* gravi . . . . *Par.* xvii. 23.
Le tue *parole* e il mio seguace ingegno, Risposi lui . . . . *Purg.* xviii. 40.
Queste *parole* m' eran sì piaciute, Ch' io mi trassi . . . . . *Purg.* xx. 28.
Parole di dolore, accenti d' ira, Voci alte e fiocche . . . . . *Inf.* iii. 26.
le mie *parole* Di gran sentenza ti faran presente . . . . . . *Par.* vii. 23.
Queste *parole* Stazio mover fenno Un poco a riso pria . . . *Purg.* xxii. 25.
quella creatura, Le cui *parole* pria notar mi fenno . . . . . *Purg.* xix. 90.
E tue *parole* fien le nostre scorte . . . . *Purg.* xvi. 45.
Queste *parole* fur del Duca mio; Perchè il pregai . . . . . *Inf.* xiv. 91.
Io vidi ben... Che fur *parole* alle prime diverse . . . . . . *Inf.* ix. 12.
Le lor *parole*, che rendero a queste... Non fur... manifeste . *Purg.* xi. 46.
Parole furon queste del mio Duca . . . . *Purg.* xviii. 112.
Ma, se le tue *parole* or ver giuraro, Dimmi . . . . *Purg.* xxvi. 109.
La maggior valle... Incominciaro allor le sue *parole* . . . . *Par.* ix. 83.
Che or sì or no s' intendon le *parole* . . . . *Purg.* ix. 145.
Le sue *parole* e il modo della pena M' avevan... letto il nome. *Inf.* x. 64.
E poi il mosser le *parole* biece A domandar ragione . . . *Par.* vi. 136.
Gli atti suoi pigri, e le corte *parole* Mosson... a riso . . . . *Purg.* iv. 121.
io tacetti, Perchè le sue *parole* parver ebbre . . . . *Inf.* xxvii. 99.
Queste *parole* da lor ci fur porte . . . . *Inf.* v. 108.
Sì mi prescrisser le *parole* sue, Ch' io lasciai . . . . *Par.* xxi. 103.
Poi procedetter le *parole* sue Con voce... trasmutata . . . . *Par.* xxvii. 37.
E poi che le *parole* sue restaro... i cerchi sfavillaro . . . *Par.* xxviii. 88.
se le *parole* Mie son ricolte, senz' altro aiutorio . . . . . . *Par.* xxix. 68.
Dal Voi... Ricominciaron le *parole* mie . . . . *Par.* xvi. 12.
Veramente oramai saranno nude Le mie *parole* . . . . . . *Purg.* xxxiii. 101.
Mi pinser... Dicendo: le *parole* tue sien conte . . . . *Inf.* x. 39.
Or, se le mie *parole* non son fioche . . . . *Par.* xi. 133.
Sì mi spronaron le *parole* sue, Ch' io mi sforzai . . . . . . *Purg.* iv. 49.
Sì della[1] scheggia... usciva insieme *Parole* e sangue . . . *Inf.* xiii. 44.
Anche al Nasuto vanno mie *parole*, Non men ch' all' altro . *Purg.* vii. 124.
Non fur più tosto... venute Queste *parole* brevi . . . . . . *Par.* xxx. 56.
Volser Virgilio a me queste *parole* Con viso . . . . *Purg.* xxi. 103.
Levò il braccio... Per appressarne le *parole* sue . . . . . . *Inf.* xxviii. 129.
Qual ella sia, *parole* non ci appulcro . . . . *Inf.* vii. 60.
quel contemplante... cominciò queste *parole* sante . . . . . *Par.* xxxii. 3.
e credi Quelle che di lui dicesti . . . . *Purg.* xxi. 129.
Tosto che questo mio Signor mi disse *Parole* . . . . *Inf.* xvi. 56.
Però chi d' esso loco fa *parole* Non dica Ascesi . . . . . . *Par.* xi. 52.
una voce uscìo... A *parole* formar disconvenevole . . . . . *Inf.* xxiv. 66.
se le *parole* mie, Figlio, la mente tua guarda e riceve . . . *Purg.* xxv. 34.
Cangiar colore... Ratto che inteser le *parole* crude . . . . . *Inf.* iii. 102.
Così queste *parole* segna ai vivi Del viver . . . . *Purg.* xxxiii. 53.
S' io son d' udir le tue *parole* degno, Dimmi . . . . *Purg.* vii. 20.
E se non fosse... I' userei *parole* ancor più gravi . . . . . *Inf.* xix. 103.
Virgilio inverso me queste cotali *Parole* usò . . . . *Purg.* xxvii. 119.
Queste *parole* di colore oscuro Vid' io scritte . . . . *Inf.* iii. 10.
alle sustanzie pie Volse le sue *parole* così poscia . . . . *Purg.* xxx. 102.
per leccar... Non vorresti a invitar molte *parole* . . . . . *Inf.* xxx. 129.
cotanto presto, Com' a quelle *parole* mi fec' io . . . . . . *Par.* x. 58.
Qual è colui... Tal divenn' io alle *parole* porte . . . . . . *Inf.* xvii. 88.
gli occhi... seguaci, Come la mente alle *parole* sue . . . . *Purg.* xxiv. 102.
nè... piùe Mosse... Poscia, che prima, alle *parole* sue . . . *Par.* xxv. 117.
E tu cortese, che ubbidisti tosto Alle vere *parole* . . . . *Inf.* ii. 135.

[1] Così di quella.

Parole. movemmo i piedi... Sicuri appresso le *parole* sante . . . *Inf.* ix. 105.
Borsiere... Assai ne cruccia con le sue *parole* . . . . *Inf.* xvi. 72.
Chi poria mai pur con *parole* sciolte Dicer? . . . . *Inf.* xxviii. 1.
alla fede sincera Mi dirizzò con le *parole* sue . . . . *Par.* vi. 18.
Tu m' hai con desiderio il cor disposto... con le *parole* tue . *Inf.* ii. 137.
E con *parole* e con mano e con cenni . . . . *Purg.* i. 50.
Ivi con segni e con *parole* ornate Isifile ingannò . . . . . . *Inf.* xviii. 91.
le due luci... Con le *parole* mover le fiammette . . . . . . *Par.* xx. 148.
E prima, appresso al fin d' este *parole*... s' udì . . . . . . *Par.* xxv. 97.
Al fine delle sue *parole* il ladro Le mani alzò . . . . *Inf.* xxv. 1.
si pogna, Non pur per lo sonar delle *parole* . . . . *Purg.* xiii. 65.
sempre attese Lo suon delle *parole* vere espresse . . . . . *Inf.* xix. 123.
io mi sconfortai Nel suon delle *parole* maledette . . . . . *Inf.* viii. 95.
Continuò col fin di sue *parole*: Beati, quorum tecta . . . . *Purg.* xxix. 2.
uscissi Per lo suo becco in forma di *parole* . . . . *Par.* xx. 29.
Non ti rimembra di quelle *parole* colle quai... pertratta? . . *Inf.* xi. 79.
Com' io, dopo cotai *parole* fatte, Venni quaggiù . . . . . . *Inf.* ii. 111.
pensai, andando, Prode acquistar nelle *parole* sue . . . . . *Purg.* xv. 42.
perchè... Qui sei, nelle *parole* tue mi cappia . . . . *Purg.* xxi. 81.
E per queste *parole*, se ricolte L' hai come devi . . . . . . *Par.* iv. 88.
Ma per chiare *parole*, e con preciso Latin, rispose . . . . . *Par.* xvii. 34.
dovere, O per *parole*,¹ o per atto, segnato . . . . *Par.* xviii. 54.
Parolette. S' io fui... disvestito Per le sorrise *parolette* brevi . . *Par.* i. 95.
Parrà. Però quand' ella ti *parrà* soave Tanto . . . . *Purg.* iv. 91.
sì aspra e forte, Che lo salire omai ne *parrà* gioco . . . . *Purg.* ii. 66.
Udir... Non ti *parrà* nuova cosa, nè forte . . . . *Par.* xvi. 77.
O mente... Qui si *parrà* la tua nobilitate . . . . *Inf.* ii. 9.
Or ti *parrà*, se tu quinci argomenti, L' alto valor . . . . *Par.* v. 25.
Parran. Sì ch' or mi *parran* corte queste scale . . . . *Purg.* xxii. 18.
Parran faville della sua virtute In non curar . . . . . . *Par.* xvii. 83.
Parranno. E *parranno* a ciascun l' opere sozze Del barba . . . *Par.* xix. 136.
Parrebbe. se pensassi... Ciò che par duro ti *parrebbe* vizzo . . *Purg.* xxv. 27.
melodia... *Parrebbe* nube che squarciata tuona . . . . . . *Par.* xxiii. 99.
E quale stella... poca *Parrebbe* luna locata con esso . . . *Par.* xxviii. 20.
Non *parrebbe* di là poi maraviglia, Udito questo . . . . . *Purg.* xxviii. 115.
Se fosse a punto... La luce del suggel *parrebbe* tutta . . . *Par.* xiii. 75.
Parrebber. Tutte adunate *parrebber* niente Ver lo piacer divin . *Par.* xxvii. 94.
Parria. Che *parria* forse forte al vostro vulgo . . . . *Par.* ix. 36.
Parrieno. l' acque... *Parrieno* avere in sè mistura alcuna . . . *Purg.* xxviii. 29.
*****Parroffia.** Con le bellezze d' ogni sua *parroffia* . . . . *Par.* xxviii. 84.
1. Parte. battesmo, Ch' è *parte*² della fede che tu credi . . . *Inf.* iv. 36.
Ma nel commensurar... è *parte* di nostra letizia . . . . . *Par.* vi. 119.
in quella sola È ogni *parte* là dove sempr' era . . . . . . *Par.* xxii. 66.
Ma l' orbita, che fe' la *parte* somma Di sua circonferenza . *Par.* xii. 112.
ti guarda in seno Se alcuna *parte* in te di pace gode . . . *Purg.* vi. 87.
Ciascuna *parte*, fuor che l' oro, è rotta D' una fessura . . *Inf.* xiv. 112.
s' appuntan... disiri, Dove per compagnia *parte* si scema . . *Purg.* xv. 50.
parte sedesse, Parte dall' altra, del popol cristiano . . . *Par.* xxvii. 48.
Sì che ogni *parte* ad ogni parte splende . . . . *Inf.* vii. 75.
Che l' una *parte* l'³ altra tira ed urge, Tin tin sonando . . *Par.* x. 142.
degli Angeli *parte* Turbò il suggetto dei vostri elementi . *Par.* xxix. 50.
alle montagne... Volasser *parte*, e *parte* inver l' arene . . *Purg.* xxvi. 44.
La *parte* in me che vede, e pate il sole Nell' aquile . . . *Par.* xx. 31.
la vide il patriarca Jacob porgere la superna *parte* . . . . *Par.* xxii. 71.

¹ *parlare*.   ² *porta*.   ³ e l'.

Parte. scorgeva... Le spalle e il petto e del ventre gran *parte* . . *Inf.* xxxi. 47.
Pura potenza tenne la *parte* ima . . . . *Par.* xxix. 34.
Con quella *parte* che su si rammenta Congiunto . . . . . . *Par.* x. 31.
In quella *parte* del giovinetto anno . . . . *Inf.* xxiv. 1.
Quando mi vidi giunto in quella *parte* Di mia etade . . . . *Inf.* xxvii. 79.
eravamo... Montati dello scoglio in quella *parte* . . . . . . *Inf.* xix. 8.
In quella *parte* della terra prava Italica . . . . *Par.* ix. 25.
E in[1] nulla *parte* ancor fermato il viso[2] . . . . *Par.* xxxi. 54.
io pur canterei in *parte* Lo dolce ber . . . . *Purg.* xxxiii. 137.
Ma non sì ch' io non discernessi in *parte* . . . . *Inf.* iv. 71.
L' onore è tutto or suo, e mio in *parte* . . . . *Purg.* xi. 84.
In *parte* fia la tua voglia contenta, Perchè vedrai . . . . . *Par.* xi. 136.
od oltre in *parte* Fora di sua materia sì digiuno . . . . . . *Par.* ii. 74.
i burchi, Che *parte* sono in acqua e *parte* in terra . . . . . *Inf.* xvii. 20.
E quella *parte*, donde prima è preso Nostro alimento . . . *Inf.* xxv. 85.
era là bianco Quello emisperio, e l' altra *parte* nera . . . . *Par.* i. 45.
da mattina La *parte*[3] oriental dell' orizzonte Soperchia[4] . . *Par.* xxxi. 119.
Fece... al mover centro, E la sinistra *parte* di sè torse . . . *Purg.* xiii. 15.
Con gli occhi vidi *parte* nello estremo Vincer . . . . *Par.* xxxi. 122.
Io vidi già... La *parte* oriental tutta rosata . . . . *Purg.* xxx. 23.
Leva... Meco la vista dritto a quella *parte* . . . . *Par.* x. 8.
si rivolse... A quella *parte* ove il mondo è più vivo . . . . . *Par.* v. 87.
dallo specchio Salta lo raggio all' opposita *parte* . . . . . . *Purg.* xv. 17.
le fronde... Tutte e quante piegavano alla *parte* . . . . . . *Purg.* xxviii. 11.
e d' ogni *parte* Per egual modo allentava la fiamma . . . . . *Par.* xxxi. 128.
Poi d' ogni *parte*[5] ad esso m' apparìo Un... bianco . . . . . *Purg.* ii. 22.
sì discende, Che il giorno d' ogni *parte* si consuma . . . *Par.* xx. 3.
quando vidi ch' i' era Nell' aer d' ogni *parte* . . . . *Inf.* xvii. 113.
la canna, Ch' era di fuor d' ogni *parte* vermiglia . . . . . . *Inf.* xxviii. 69.
Già era l' aura d' ogni *parte* queta . . . . *Purg.* xiv. 142.
Così facevan quivi d' ogni *parte* . . . . *Inf.* ix. 116.
Lì veggio d' ogni *parte* farsi presta Ciascun' ombra . . . *Purg.* xxvi. 31.
uscian faville... E d' ogni *parte* si mettean nei fiori . . . . . *Par.* xxx. 65.
lento Su per lo suol che d' ogni *parte* oliva . . . . *Purg.* xxviii. 6.
Sì stavan d' ogni *parte* i peccatori . . . . *Inf.* xxii. 28.
S' ei fur cacciati, ei tornar d' ogni *parte*, Rispos' io[6] lui . . *Inf.* x. 49.
il punto Al qual si traggon d' ogni *parte* i pesi . . . . . *Inf.* xxxiv. 111.
di bocca uscia D' ogni *parte* una sanna come a porco . . . *Inf.* xxii. 56.
pietra fessa, Che si moveva d' una e d' altra *parte* . . . . . *Purg.* x. 8.
Or son io d' una *parte* e d' altra preso . . . . *Purg.* xxi. 115.
E d' una *parte* e d' altra, con grand' urli, Voltando pesi . . *Inf.* vii. 26.
una pegola spessa Che inviscava la ripa da ogni *parte* . . *Inf.* xxi. 18.
nel beato coro Silenzio posto avea da ogni *parte* . . . . . *Par.* xxvii. 18.
Io sentia da ogni *parte* traer[7] guai, E non vedea . . . . . *Inf.* xiii. 22.
Si turba... Da qual che[8] *parte* il periglio lo assanni . . . . . *Purg.* xiv. 69.
m' avea Da quella *parte*, onde il core ha la gente . . . . *Purg.* x. 48.
Da quella *parte*, onde non ha riparo... era una biscia . . . *Purg.* viii. 97.
Da questa *parte*, onde il fior è maturo Di tutte . . . . . . *Par.* xxxii. 22.
Da questa *parte* cadde giù dal cielo . . . . *Inf.* xxxiv. 121.
Da questa *parte* con virtù discende, Che toglie . . . . . *Purg.* xxviii. 127.
Suo cimitero da questa *parte* hanno Con Epicuro . . . . *Inf.* x. 13.
Sì come tu da questa *parte* vedi Lo bulicame . . . . . . *Inf.* xii. 127.
la gente... Dall' altra *parte* in fuor troppo s' approccia . . . *Purg.* xx. 9.

[1] In. [2] fermato fiso. [3] *Le parti.* [4] *Soperchian.*
[5] *lato.* [6] Risposi. [7] tragger. [8] qualche.

Parte. Dall' altra *parte* m' eran le devote Ombre . . . . *Purg.* xiii. 82.
Vedeva Briareo... giacer dall' altra *parte* . . . . *Purg.* xii. 29.
Dall' altra *parte*, onde sono intercisi Di voti . . . . . . *Par.* xxxii. 25.
Vidi Cammilla e la Pentesilea Dall' altra *parte* . . . . . . *Inf.* iv. 125.
Ma è difetto dalla *parte* tua, Che non hai viste . . . . . . *Par.* xxx. 80.
splendor, che ti si mostra Dalla mia destra *parte* . . . . . *Par.* iii. 110.
Se non che dalla *parte* ond' ei[1] s' accende Nulla sen perde . *Par.* xv. 17.
li dipigne Come li vide dalla fredda *parte* Venir . . . . . . *Purg.* xxix. 101.
Meco il menava in dritta *parte* volto . . . . *Purg.* xxx. 123.
Sì udirai come in contraria *parte* Mover doveati . . . . . . *Purg.* xxxi. 47.
più volte piega L' opinion cortente in falsa *parte* . . . . . *Par.* xiii. 119.
ha potere Di piegar, così pinta, in altra *parte* . . . . *Par.* i. 132.
e risplende In una *parte* più, e meno altrove . . . . *Par.* i. 3.
Vidi quel Bruto... E solo in *parte* vidi il Saladino . . . . *Inf.* iv. 129.
genera il pel suso Per l' una *parte*, e dall' altra il dipela . . *Inf.* xxv. 120.
Verso tal *parte*, ch' io toglieva i raggi Dinanzi a me . . . . *Purg.* xxvii. 65.
gli Ebrei Vedevan lui verso la calda *parte* . . . . *Purg.* iv. 84.
Cade in la selva, e non l' è *parte* scelta . . . . *Inf.* xiii. 97.
Quale... La *parte* dov' ei son rende figura[2] . . . . *Inf.* xviii. 12.
se novella vera Di Valdimacra,[3] o di *parte* vicina Sai . . . *Purg.* viii. 116.
Noi ci appressammo, ed eravamo in *parte* . . . . *Purg.* ix. 73.
per essere in *parte* Dove adorezza, poco si dirada . . . . . *Purg.* i. 122.
In quella *parte*, ove surge ad aprire Zeffiro... fronde . . . . *Par.* xii. 46.
Filosofia... Nota non pure in una sola *parte* . . . . *Inf.* xi. 98.
E vengo in *parte* ove non è che luca . . . . *Inf.* iv. 151.
Venimmo in *parte* dove il nocchier... Uscite, ci gridò . . . *Inf.* viii. 80.
sei venuto in *parte* Dov' io per me più oltre non discerno . *Purg.* xxvii. 128.
Che l' una *parte* e l' altra avranno fame Di te . . . . *Inf.* xv. 71.
e la *parte* selvaggia Caccerà l' altra con... offensione . . . . *Inf.* vi. 65.
a te fia bello L' averti fatta *parte* per te stesso . . . . *Par.* xvii. 69.
il leoncel... Che muta *parte* dalla state al verno . . . . . . *Inf.* xxvii. 51.
La colpa seguirà la *parte* offensa In grido, come suol . . . . *Par.* xvii. 52.
L' uno... Oppone, e l' altro appropria quello a *parte* . . . . *Par.* vi. 101.
furo avversi A me ed a' miei primi ed a mia *parte* . . . . . *Inf.* x. 47.
il sangue... Che donerà... Per mostrarsi di *parte* . . . . . . *Par.* ix. 59.
Con lui sen va chi da tal *parte* inganna . . . . *Inf.* xviii. 97.
Come, diss' egli, e *parte* andavam forte . . . . *Purg.* xxi. 19.
Parte sen gìa, ed io retro gli andava, Lo Duca . . . . *Inf.* xxix. 16.
2. Parte. Lo ciel... Quell' esser *parte* per diverse essenze . . . *Par.* ii. 116.
per cammin corto Lo Genovese *parte* dal Toscano . . . . . *Par.* ix. 90.
l' ama Tanto che mai da lei l' occhio non *parte* . . . . . . *Par.* x. 12.
Quando si *parte* l' anima feroce Dal corpo . . . . *Inf.* xiii. 94.
il mezzo cerchio... quinci si *parte* Verso settentrion . . . . *Purg.* iv. 82.
Vie più che indarno da riva si *parte*... Chi pesca . . . . . *Par.* xiii. 121.
Indi venimmo al fine, ove si *parte* Lo secondo giron . . . . *Inf.* xiv. 4.
Quando si *parte* il giuoco della zara . . . . *Purg.* vi. 1.
in accostarsi Or quinci or quindi al lato che si *parte* . . . . *Purg.* x. 12.
qual meco si ausa Rado sen *parte*, sì tutto l' appago . . . . *Purg.* xix. 24.
Parteggiando. Ogni villan che *parteggiando* viene . . . . . . *Purg.* vi. 126.
1. Parti. Ma Vaticano, e l' altre *parti* elette Di Roma . . . . *Par.* ix. 139.
Le *parti* sue vivissime[4] ed eccelse Sì uniformi son . . . . . *Par.* xxvii. 100.
da mattina Le *parti*[5] oriental dell' orizzonte Soperchian[6] . . *Par.* xxxi. 119.
S' egli ha le *parti* egualmente compiute . . . . *Par.* xxviii. 69.
ed io notai Le *parti* sì come mi parver dette . . . . *Par.* xviii. 90.

---

[1] onde.   [2] sicura.   [3] Valdimagra.   [4] *vicissime*.   [5] La parte.   [6] Soperchia.

Parti. quel tutto Ch' a così fatte *parti* si confaccia . . . . *Inf.* xxxiv. 33.
si dimostra tetro Quivi lo raggio più che in altre *parti* . . . *Par.* ii. 92.
E pria che in tutte le sue *parti* immense Fosse orizzonte . . *Purg.* xxvii. 70.
In tutte *parti* impera, e quivi regge . . . . *Inf.* i. 127.
Quali Alessandro in quelle *parti* calde D' India . . . . . . *Inf.* xiv. 31.
virtute, Che si distende per tutte lor *parti* . . . . *Par.* xxviii. 66.
il dificio santo Mise fuor teste per le *parti* sue . . . . *Purg.* xxxii. 143.
tanto... Quant' ella versa, da due *parti* aperta . . . . . . *Purg.* xxviii. 126.
era forte Per lo pantan che avea da tutte *parti* . . . . . . *Inf.* xx. 90.
Poi cominciò da tutte *parti* un grido Tal . . . . *Purg.* xx. 133.
Rispose... Da tutte *parti* la beata Corte . . . . *Par.* xxxii. 98.
Da tutte *parti* saettava il giorno Lo sol . . . . *Purg.* ii. 55.
lustro... trascorse Da tutte *parti* per la gran foresta . . . . *Purg.* xxix. 17.
Da tutte *parti* l' alta valle feda Tremò sì . . . . *Inf.* xii. 40.
2. **Parti.** Sì che dal dicer mio lo cor non *parti* . . . . *Par.* xxxii. 150.
Partì. sì dolce, Che mai da me non si *partì* il diletto . . . . . *Par.* xxiii. 129.
Nè si *partì* la gemma dal suo nastro, Ma... trascorse . . . *Par.* xv. 22.
Poi si *partì* sì come ricreduta, E noi venimmo . . . . . . *Purg.* xxiv. 112.
Qual si *partì* Ippolito d' Atene Per la... noverca . . . . . . *Par.* xvii. 46.
Tal si *partì* da noi con maggior valchi, Ed io rimasi . . . *Purg.* xxiv. 97.
Tal si *partì* da¹ cantare alleluia, Che mi commise . . . . *Inf.* xii. 88.
Parti'. Ond' io dagl' incarcati mi *parti'* Dietro alle poste . . . *Inf.* xxiii. 147.
Partia. E non mi si *partia* dinanzi al volto . . . . *Inf.* i. 34.
Partiamci. si legge, Quando *partiamci*, il nome di colei . . . *Purg.* xxvi. 86.
Partii. Perch' io *partii* così giunte persone, Partito porto . . *Inf.* xxviii. 139.
io mi *partii* Poco è da un, che fu di là vicino . . . . . . *Inf.* xxii. 66.
Partimmo. Da quelle cerchie eterne ci *partimmo* . . . . . . *Inf.* xviii. 72.
Noi ci *partimmo*, e su per le scalee... Rimontò il Duca . . *Inf.* xxvi. 13.
***Partìne.** saline... Come da noi la schiera si *partìne* . . . . . *Purg.* iv. 24.
Partio. La fiamma dolorando si *partio*, Torcendo e dibattendo . *Inf.* xxvii. 131.
Partir. Qual si partì... Tal di Fiorenza *partir* ti conviene . . . *Par.* xvii. 48.
Io vidi già cavalier... talvolta *partir* per loro scampo . . . *Inf.* xxii. 3.
ed oramai È da *partir*, che tutto avèm veduto . . . . . . *Inf.* xxxiv. 69.
Partiranno. Quando si *partiranno* i due collegi . . . . *Par.* xix. 110.
Partire. da¹ dritto più o men lontano Fosse il *partire* . . . . *Par.* x. 20.
come l' uom... Che, per veder, non indugia il *partire* . . . *Inf.* xxi. 28.
Anima fia... più degna; Con lei ti lascerò nel mio *partire* . *Inf.* i. 123.
Partirmi. me convien *partirmi*, L' angelo è ivi . . . . *Purg.* xvi. 143.
Sì ch' io non posso dal pensar *partirmi* . . . . *Purg.* xix. 57.
Partiro. Quando tre ombre insieme si *partiro*, Correndo . . . *Inf.* xvi. 4.
Partirs'. provvidenza... Poder di *partirs'* indi a tutti tolle . . *Inf.* xxiii. 57.
Partirsi. Indi a *partirsi* in terra lo distese . . . . *Inf.* xxviii. 63.
Perchè al Maestro parve di *partirsi* . . . . *Inf.* xvi. 90.
1. **Partissi.** Indi *partissi* povero e vetusto . . . . *Par.* vi. 139.
2. **Partissi.** come se tue *Partissi* ancor lo tempo per calendi . . *Purg.* xvi. 27.
1. **Partita.** a che verranno Li cittadin della città *partita*? . . . *Inf.* vi. 61.
parea gente; e tutta e quanta *Partita* in sette cori . . . . *Purg.* x. 59.
Or sappi ch' avarizia fu *partita* Troppo da me . . . . . . *Purg.* xxii. 34.
Fino a quel punto misera e *partita* Da Dio anima fui . . *Purg.* xix. 112.
2. **Partita.** Nè la nostra *partita* fu men tosta . . . . *Purg.* ii. 133.
colui, da cui mala *partita* Di' che facesti . . . . *Inf.* xxii. 79.
1. **Partiti.** anima viva, *Partiti* da cotesti che son morti . . . . *Inf.* iii. 89.
Partiti, bestia, chè questi non viene Ammaestrato . . . . . *Inf.* xii. 19.
2. **Partiti.** Noi eravam *partiti* già da ello, Ch' io vidi due . . . *Inf.* xxxii. 124.

¹ dal.

Partiti. Noi eravam *partiti* già da esso, E brigavam di soperchiar *Purg.* xx. 124.
Noi montavam, già *partiti* da linci . . . . *Purg.* xv. 37.
Partito. *Partito* porto il mio cerebro, lasso ! Dal suo principio . *Inf.* xxviii. 140.
Io era già da quell' ombre *partito*, E seguitava . . . . *Purg.* v. 1.
Com' io dal loro sguardo fui *partito*... Vidi presso di me . . *Purg.* i. 28.
Non basta da costoro esser *partito* . . . . *Inf.* xxiv. 56.
Che non guardasti in là ; sì fu *partito* . . . . . . ′ . . . . *Inf.* xxix. 30.
sola questa riga Non varcheresti dopo il sol *partito* . . . . *Purg.* vii. 54.
il sol procedea Sotto i miei piedi, un segno e più *partito* . . *Par.* xxvii. 87.
Partiva. Ma poi ch' ei vide ch' io non mi *partiva*, Disse . . . . *Inf.* iii. 90.
1. **Parto.** Al *parto* in che mia madre... S' alleviò . . . . *Par.* xvi. 35.
2. **Parto.** e sai ch' io non mi *parto* Dal tuo volere . . . . . . *Inf.* xix. 38.
Parton. un[1] ruscello, Che *parton* poi tra lor le peccatrici . . . . *Inf.* xiv. 80.
Tosto che *parton* l' accoglienza amica . . . . *Purg.* xxvi. 37.
queste sono il muro A che si *parton* le sacre scalee . . . . . *Par.* xxxii. 21.
Però si *parton* Soddoma gridando, Rimproverando a sè . . *Purg.* xxvi. 79.
Partorir. *partorir* letizia in sulla lieta Delfica deità . . . . . . *Par.* i. 31.
il nido, A *partorir* li due occhi del cielo . . . . *Purg.* xx. 132.
se potuto aveste veder... Mestier non era *partorir* Maria . . *Purg.* iii. 39.
chiamar... Come fa donna che in *partorir* sia . . . . . . *Purg.* xx. 21.
Partorisce. Che grazia *partorisce* e buona voglia . . . . *Par.* xxviii. 113.
quella idea Che *partorisce*, amando, il nostro Sire . . . . . *Par.* xiii. 54.
*****Parturie.** per modo Tal che diletto e doglia *parturie* . . . . *Purg.* xxiii. 12.
Paruta. Poi vidi quattro in umile *paruta* . . . . *Purg.* xxix. 142.
Non altrimenti... Che ciascun' ombra fece in sua *paruta* . . *Purg.* xxvi. 70.
Perocchè quindi ha poscia sua *paruta*, E chiamat' ombra . . *Purg.* xxv. 100.
Paruto. parlare... Che pur per taglio m' era *paruto* acro . . . . *Purg.* xxxi. 3.
Parv'. dietro... Corse, e correndo gli *parv'* esser tardo . . . . . *Par.* xi. 81.
1. **Parve.** Le tue cogitazion, quantunque *parve* . . . . *Purg.* xv. 129.
2. **Parve.** Tal *parve* Anteo a me che stava a bada Di vederlo . . *Inf.* xxxi. 139.
E sol quand' io fui dentro, *parve* carca . . . . *Inf.* viii. 27.
Beatrice... Ridendo, *parve* quella che tossio . . . . *Par.* xvi. 14.
Ben *parve* messo e famigliar di Cristo . . . . *Par.* xii. 73.
percosse... Col braccio suo che non *parve* men duro . . . . *Inf.* xxx. 105.
e *parve* di coloro Che corrono a Verona . . . . *Inf.* xv. 121.
e *parve* di costoro Quegli che vince e non colui che perde . *Inf.* xv. 123.
E Graffiacan... trassel su, che mi *parve* una lontra . . . . . *Inf.* xxii. 36.
circulazion... Mi *parve* pinta della nostra effige . . . . . . *Par.* xxxiii. 131.
la gemma... Che *parve* foco retro ad alabastro . . . . . . *Par.* xv. 24.
Così la madre al figlio par superba, Com' ella *parve* a me . *Purg.* xxx. 80.
così mi *parve* Di sua lunghezza divenuta tonda . . . . . . *Par.* xxx. 89.
Tal *parve* quegli, e poi chinò le ciglia, Ed... ritornò . . . . *Purg.* vii. 13.
a quel colle, Sotto il qual tu nascesti, *parve* amaro . . . . . *Par.* vi. 54.
Folgore *parve*, quando l' aer fende, Voce . . . . *Purg.* xiv. 131.
O quanto *parve* a me gran maraviglia, Quando vidi! . . . . *Inf.* xxxiv. 37.
quivi, Dove *parve* al mio Duca tempo e loco . . . . . . *Inf.* xxvi. 77.
E di subito *parve* giorno a giorno Essere aggiunto . . . . . *Par.* i. 61.
Perchè al Maestro *parve* di partirsi . . . . *Inf.* xvi. 90.
Così mi *parve* da luce rifratta... esser percosso . . . . . . *Purg.* xv. 22.
Risurger *parve* quindi più di mille Luci . . . . *Par.* xviii. 103.
Ivi mi *parve* in una visione Estatica... esser tratto . . . . *Purg.* xv. 85.
Udir mi *parve* un mormorar di fiume, Che scende chiaro . . *Par.* xx. 19.
Questo mi *parve* per risposta udire Più là alquanto . . . . *Purg.* xiii. 97.
Veder mi *parve* un tal dificio allotta . . . . *Inf.* xxxiv. 7.

[1] il.

PARVE 496 PASSA

Parve. Poco portai... Che mi *parve* veder molte alte torri . . . *Inf.* xxxi. 20.
Eufrates e Tigri Veder mi *parve* uscir d' una fontana . . . *Purg.* xxxiii. 113.
in pensieri Gravi, a morir gli *parve* venir[1] tardo . . . . . . *Par.* x. 135.
Poi *parve* a me che la terra s' aprisse Tr' ambo le rote . . . *Purg.* xxxii. 130.
Tal modo *parve* a me che quivi fosse In quello sfavillar . . *Par.* xxi. 40.
Quando s' accorse... Supin ricadde, e più non *parve* fuora . *Inf.* x. 72.
Parvem'. *Parvem'*[2] i rami gravidi e vivaci D' un altro pomo . . *Purg.* xxiv. 103.
Parvemi. *parvemi* tre giri Di tre colori e d' una continenza . . . *Par.* xxxiii. 116.
n' apparve una montagna bruna... e *parvemi* alta tanto . . . *Inf.* xxvi. 134.
Parvemi tanto allor del cielo acceso Dalla fiamma del sol . *Par.* i. 79.
Parvemi lì novelle sussistenze Cominciar a vedere . . . . . *Par.* xiv. 73.
Parvente. amor paterno, Chiuso e *parvente* del suo proprio riso . *Par.* xvii. 36.
Subitamente si rifà *parvente* Per molte luci . . . . *Par.* xx. 5.
alla figura, Che in questo specchio ti sarà *parvente* . . . . . *Par.* xxi. 18.
lucente... Non per color, ma per lume *parvente* . . . . . . *Par.* x. 42.
discerna Molto di là, da quel che l'[3] è *parvente* . . . . . . *Par.* xix. 57.
Parventi. Fede è... argomento delle non *parventi* . . . . *Par.* xxiv. 65.
Parvenza. Fassi di raggio tutta sua *parvenza* Riflesso al sommo. *Par.* xxx. 106.
una sola *parvenza*, Mutandom' io, a me si travagliava . . . *Par.* xxxiii. 113.
non alla *parvenza* Delle sustanzie che t' appaion tonde . . . *Par.* xxviii. 74.
la sua *parvenza* Là dov' io era ancor non m' appariva . . . *Par.* xxiii. 116.
quella soperchia Sì, che la sua *parvenza* si difende . . . *Par.* xiv. 54.
le profonde cose, Che mi largiscon qui la lor *parvenza* . . . *Par.* xxiv. 71.
Parvenze. Comincian per lo ciel nuove *parvenze* . . . . *Par.* xiv. 71.
Parver. Tanto mi *parver* subito ed accorti... a dicer: amme . . *Par.* xiv. 61.
io tacetti, Perchè le sue parole *parver* ebbre . . . . *Inf.* xxvii. 99.
ed io notai Le parti sì come mi *parver* dette . . . . *Par.* xxviii. 90.
Donne mi *parver*, non da ballo sciolte, Ma che s' arrestin *Par.* x. 79.
perchè... *Parver* gridare infino ai suoi piè molli? . . . . *Purg.* xxi. 36.
Parvero. quelle genti... *Parvero* aver l' andar più interdetto . . *Purg.* xxix. 153.
Parvi. Ch' alla vostra statera non sien *parvi* . . . . *Par.* iv. 138.
Parvo. lettere mozze, Che noteranno molto in *parvo* loco . . *Par.* xix. 135.
Parvol. alla mia guida Mi volsi, come *parvol*, che ricorre . . . . *Par.* xxii. 2.
Parvoletti. son reperte Solo nei *parvoletti* . . . . *Par.* xxvii. 128.
Parvoli. Quivi sto io coi *parvoli* innocenti, Dai denti morsi . . . *Purg.* vii. 31.
Pasca. E per trovar lo cibo onde li *pasca* . . . . *Par.* xxiii. 5.
E quindi par che il loro occhio si *pasca* . . . . *Inf.* xvii. 57.
Pasce. Erba nè biado in sua vita non *pasce* . . . . *Inf.* xxiv. 109.
Vincislao suo figlio... cui lussuria ed ozio *pasce* . . . . . *Purg.* vii. 102.
la gente... Di quel si *pasce*, e più oltre non chiede . . . . . *Purg.* xvi. 102.
Pascendo. L' Arpíe, *pascendo* poi delle sue foglie, Fanno dolore. *Inf.* xiii. 101.
Pascer. E fuor le pecorelle a *pascer* caccia . . . . *Inf.* xxiv. 15.
Paschi. E fassi fiume giù pei verdi *paschi* . . . . *Inf.* xx. 75.
lupi rapaci Si veggion di quassù per tutti i *paschi* . . . . *Par.* xxvii. 56.
Pasciute. le pecorelle... Tornan dal pasco *pasciute* di vento . . *Par.* xxix. 107.
Pasciuto. si rigira, Poi che ha *pasciuto* la cicogna i figli . . . *Par.* xix. 92.
Poichè di riguardar *pasciuto* fui, Tutto m' offersi . . . . *Purg.* xxvi. 103.
Pasco. le pecorelle... Tornan dal *pasco* pasciute di vento . . . *Par.* xxix. 107.
Pasife. E l' altra: nella vacca entra *Pasife* . . . . *Purg.* xxvi. 41.
Passa. Non ragioniam di lor, ma guarda e *passa* . . . . . . *Inf.* iii. 51.
ch' ei senta Qualunque *passa* com' ei pesa pria . . . . . *Inf.* xxiii. 120.
sì pregno... Che in pochi lochi *passa* oltra quel segno . . *Purg.* xiv. 33.
Quinci non *passa* mai anima buona . . . . *Inf.* iii. 127.
la fiera... Che *passa* i monti, e rompe muri[4] ed armi . . . *Inf.* xvii. 2.

[1] esser.   [2] Parvermi.   [3] ch' egli.   [4] mura.

Passada. Consiros vei la *passada* folor . . . . *Purg.* xxvi. 143.
Passaggio. Più volte m' ha negato esto *passaggio* . . . . *Purg.* ii. 96.
quel guizzo Che dato avea la lingua in lor *passaggio* . . . . *Inf.* xxvii. 18.
Passai. con gli occhi *passai* Di là dal fiumicello, per mirare . . *Purg.* xxviii. 34.
La notte ch' i' *passai* con tanta pieta . . . . *Inf.* i. 21.
Passamm'. Noi *passamm'* oltre, là 've la gelata... fascia . . . . *Inf.* xxxiii. 91.
Passammo. Questo *passammo*, come terra dura . . . . *Inf.* iv. 109.
Passammo tra i martìri e gli alti spaldi . . . . *Inf.* ix. 133.
Sì, accostati... *Passammo*, udendo colpe della gola . . . . . *Purg.* xxiv. 128.
Noi *passammo* oltre, ed io e il Duca mio, Su per lo scoglio . *Inf.* xxvii. 133.
Passando. Più non ci avrai, che sol[1] *passando* il loto . . . . . . *Inf.* viii. 21.
discende l' erta, *Passando* per li cerchi senza scorta . . . . *Inf.* viii. 129.
Quindi *passando* la vergine cruda Vide terra . . . . *Inf.* xx. 82.
Passar. sì pieni, Che *passar* mel[2] convien senza costrutto . . . *Par.* xiii. 24.
questa bestia... Non lascia altrui *passar* per la sua via . . . *Inf.* i. 95.
termine, da onde Lo suo contrario più *passar* non lassi . . . *Par.* ii. 87.
su per lo ponte Hanno a *passar* la gente modo colto[3] . . . . *Inf.* xviii. 30.
Nè ricovrar... Senza *passar* per l' un[4] di questi guadi . . . . *Par.* vii. 90.
E se 'l *passar*[5] più oltre c' è negato, Ritroviam l' orme . . . *Inf.* viii. 101.
Passare. per altri porti Verrai... non qui, per *passare* . . . . . *Inf.* iii. 92.
del *passare* innanzi Dovessiti così spogliar la spene . . . *Purg.* xxxi. 26.
Passaro. diretro ad Annibale *passaro* L' alpestre rocce . . . . *Par.* vi. 50.
Quei gloriosi che *passaro* a Colco Non s' ammiraron . . . . *Par.* ii. 16.
gli angeli cantaro... Ma oltre pedes meos non *passaro* . . . *Purg.* xxx. 84.
Passarsi. Or può sicuramente indi *passarsi* . . . . *Purg.* xvi. 118.
si levò, ratto Ch' ella ci vide *passarsi* davante . . . . *Inf.* vi. 39.
Passasse. Se Lete si *passasse*, e tal vivanda Fosse . . . . . . *Purg.* xxx. 143.
Passasti. Quando mi volsi, tu *passasti* il punto . . . . *Inf.* xxxiv. 110.
Passati. E poi che i due rabbiosi fur *passati*... Rivolsilo . . . *Inf.* xxx. 46.
son più anni Poscia *passati*, ch' ei fu sì racchiuso . . . . *Inf.* xxxiii. 138.
Passato. non vede Qual è quel punto ch' io avea *passato* . . . *Inf.* xxxiv. 93.
Passava. un, che al passo *Passava* Stige colle piante asciutte . *Inf.* ix. 81.
una torma che *passava* Sotto la pioggia dell' aspro martiro . *Inf.* xvi. 5.
Lievemente *passava* caldi e gieli, Contento . . . . *Par.* xxi. 116.
Passavam. Non lasciavam... Ma *passavam* la selva tuttavia . . *Inf.* iv. 65.
Noi *passavam* su per l' ombre che adona La... pioggia . . . *Inf.* vi. 34.
Passeggia. Lascia andar li compagni, e si *passeggia* . . . . . *Purg.* xxiv. 71.
Passeggiando. ma *passeggiando* tra le teste, Forte percossi . . *Inf.* xxxii. 77.
Sì *passeggiando* l' alta selva vota, Colpa di quella . . . . *Purg.* xxxii. 31.
Sì per la viva luce *passeggiando*, Menava io gli occhi . . . *Par.* xxxi. 46.
Passeggiar. si poría... *passeggiar* la costa intorno errando . . *Purg.* vii. 59.
Passeggiare. Per che dovessi lor *passeggiare* anzi ? . . . . . *Purg.* xxxi. 30.
Passeggiati. Vicino al fin de' *passeggiati* marmi . . . . *Inf.* xvii. 6.
1. Passi. E ciò fecer[6] li nostri *passi*, scarsi Tanto . . . . . *Purg.* x. 13.
Già m' avean trasportato i lenti *passi* Dentro . . . . . . *Purg.* xxviii. 22.
Ed ella i *passi* vostri in bene avanzi, Ricominciò . . . . . *Purg.* ix. 91.
Ecco di qua, ma fanno i *passi* radi... molte genti . . . . . *Purg.* x. 100.
scendemmo... E dieci *passi* femmo in sullo stremo . . . . *Inf.* xvii. 32.
Quivi fermammo i *passi*[7] a randa a randa . . . . *Inf.* xiv. 12.
quando noi fermerem li nostri *passi* Sulla trista riviera . . . *Inf.* iii. 77.
tuo fedele, Che, per vederti, ha mossi *passi* tanti . . . . *Purg.* xxxi. 135.
per cui io movo Li *passi* miei per sì selvaggia strada . . . *Inf.* xii. 92.
e seguia volentieri Del mio Maestro i *passi* . . . . *Purg.* xii. 11.

[1] se non. [2] mi. [3] tolto. [4] per un.
[5] andar. [6] fece. [7] piedi.

PASSI 498 PASSO

Passi. Ei cominciò: seguisci li[1] miei *passi;* Volgiamci indietro . *Purg.* i. 112.
Sì passeggiando... Temprava i *passi* un'[2] angelica nota . . . *Purg.* xxxii. 33.
io con lui Volgemmo i nostri *passi* ad una scala . . . . . . *Purg.* xvii. 65.
E volse i *passi* suoi per via non vera . . . . *Purg.* xxx. 130.
le presenti cose Col falso lor piacer volser miei *passi* . . . . *Purg.* xxxi. 35.
ed io in ver l' antico Poeta volsi i *passi* . . . . *Inf.* x. 122.
Appresso il Duca a gran *passi* sen gì, Turbato un poco . . . *Inf.* xxiii. 145.
Sì trapassammo per sozza mistura... a *passi* lenti . . . . . *Inf.* vi. 101.
Perch' io guardava loro, ed a' miei *passi* . . . . *Purg.* xxv. 125.
Per veder meglio ai *passi* diedi sosta, E vidi . . . . *Purg.* xxix. 72.
Noi andavam con *passi* lenti e scarsi, Ed io attento . . . *Purg.* xx. 16.
Poscia con pochi *passi* divenimmo Là dove... uscia . . . *Inf.* xviii. 68.
una gente dipinta, Che giva intorno assai con lenti *passi* . . *Inf.* xxiii. 59.
pareggiando i miei co' *passi* fidi Del mio Maestro . . . . . *Purg.* xvii. 10.
fuor rimase, E rivolsesi a me con *passi* rari . . . . *Inf.* viii. 117.
E più corrusco, e con più lenti *passi*, Teneva il sole . . . . *Purg.* xxxiii. 103.
Di là con noi, ma con *passi* maggiori . . . . *Inf.* xviii. 27.
conducitrice Fu de' miei *passi* lungo il fiume pria . . . . *Purg.* xxxii. 84.
E la notte de' *passi*, con che sale, Fatti avea due . . . . *Purg.* ix. 7.
O superbi Cristian... Fidanza avete ne' ritrosi *passi* . . . *Purg.* x. 123.
Rotti fur quivi, e volti negli amari *Passi* di fuga . . . . . *Purg.* xiii. 119.
Non eran cento tra i suo' *passi* e i miei . . . . *Purg.* xxix. 10.
Questi ostendali... Dieci *passi* distavan quei di fuori . . . *Purg.* xxix. 81.
Tre *passi* ci facea il fiume lontani . . . . *Purg.* xxviii. 70.
era... lontano, Dico, dopo li nostri, mille *passi* . . . . . *Purg.* iii. 68.
Ben mille *passi* e più ci portaro oltre . . . . *Purg.* xxiv. 131.
Solo tre *passi* credo ch' io scendesse, E fui di sotto . . . *Purg.* viii. 46.
2. **Passi.** Dicere udimmi: guarda, come *passi* . . . . *Inf.* xxxii. 19.
non ascende... Prima che *passi* tempo, quanto visse . . . *Purg.* xi. 131.
alcun compenso... trova, che il tempo non *passi* Perduto . . *Inf.* xi. 14.
3. **Passi.** Quel dei passuri, e quel dei *passi* piedi . . . . . . *Par.* xx. 105.
Passin. Che fama avrai tu più... Pria che *passin* mill' anni? . . *Purg.* xi. 106.
Passion. Un dice che la luna si ritorse Nella *passion* di Cristo . *Par.* xxix. 98.
con quel ti disfoga, Quand' ira o altra *passion* ti tocca . . *Inf.* xxxi. 72.
son tanto seguaci Alla *passion* da che ciascun si spicca . . *Purg.* xxi. 107.
colui, Che al giudizio divin *passion*[3] porta . . . . *Inf.* xx. 30.
Passione. Chè[4] dopo il sogno la *passione* impressa Rimane . . . *Par.* xxxiii. 59.
Passo. Ed egli a me: nessun tuo *passo* caggia . . . . *Purg.* iv. 37.
non credo che fosse Lo decimo suo *passo* in terra posto . . *Purg.* xxxiii. 17.
Prima che il primo *passo* lì trascorra . . . . *Purg.* xxvi. 38.
Cotal[5] per quel giron suo *passo* falca... venendo . . . . . *Purg.* xviii. 94.
per ristringermi... Indietro feci e non innanzi il *passo* . . *Purg.* xiv. 141.
Or chi sa... Disse il Maestro mio, fermando il *passo* . . . . *Purg.* iii. 53.
Sì che notte nè sonno a voi non fura *Passo* . . . . *Purg.* xxx. 105.
Appresso porse a me l' accorto *passo* . . . . *Inf.* xxxiv. 87.
O anima... Venian gridando, un poco il *passo* queta . . . *Purg.* v. 48.
Volgendo il viso, raffrettò suo *passo* . . . . *Purg.* xxiv. 68.
io pari di lei, Picciol *passo* con picciol seguitando . . . . *Purg.* xxix. 9.
Non v' arrestate, ma studiate il *passo* . . . . *Purg.* xxvii. 62.
Io volsi il viso, e il *passo* non men tosto . . . . *Purg.* xxiii. 7.
Passo passo andavam senza sermone, Guardando . . . . . *Inf.* xxix. 70.
ci sprona, Ora a maggiore, ed ora a minor *passo* . . . . . *Purg.* xx. 120.
ad ogni *passo* poi Al volo mi sentia crescer le penne . . . *Purg.* xxvii. 122.
La bestia ad ogni *passo* va più ratto, Crescendo sempre . . *Purg.* xxiv. 85.

---

[1] figliuol, segui i.   [2] in.   [3] *compassion.*   [4] E.   [5] Tale.

Passo. al *passo*, Che fanno le letanìe in questo mondo	. . . . .	*Inf.* xx. 8.
Due e nessun... Parea, e tal sen gìa con lento *passo*	. . .	*Inf.* xxv. 78.
aspetta, E poi secondo il suo *passo* procedi	. . . .	*Inf.* xxiii. 81.
Perch' io m' accorsi che il *passo* era lici	. . . .	*Inf.* xiv. 84.
E quivi fu del fosso il nostro *passo*	. . . .	*Inf.* xii. 126.
vaneggia Di sotto, per dar *passo* agli sferzati	. . . . . .	*Inf.* xviii. 74.
non temer, chè il nostro *passo* Non ci può torre alcun	. . . .	*Inf.* viii. 104.
Con noi venite, e troverete il *passo* Possibile	. . . . . .	*Purg.* xi. 50.
Così l' animo mio... Si volse indietro a rimirar lo *passo*	. . .	*Inf.* i. 26.
un, che al *passo* Passava Stige colle piante asciutte	. . . .	*Inf.* ix. 80.
E se non fosse che in sul *passo* d' Arno Rimane	. . . . . .	*Inf.* xiii. 146.
Guarda la mia virtù... Prima che all' alto *passo* tu mi fidi	. .	*Inf.* ii. 12.
Poi ch' entrati eravam nell' alto *passo*	. . . .	*Inf.* xxvi. 132.
Ma or ti s' attraversa un altro *passo* Dinanzi agli occhi	. . .	*Par.* iv. 91.
Da questo *passo* vinto mi concedo	. . . .	*Par.* xxx. 22.
quanto disio Menò costoro al doloroso *passo!*	. . . . . .	*Inf.* v. 114.
acquistar virtute Al *passo* forte, che a sè la tira	. . . . .	*Par.* xxii. 123.
afferma o nega, Nell' un così come nell' altro *passo*	. . . .	*Par.* xiii. 117.
l' udirai... Prima che giunghi al *passo* del perdono	. . . . .	*Purg.* xiii. 42.
Passò. un' altra : io sono Oreste, *Passò* gridando	. . . . . .	*Purg.* xiii. 33.
Egli *passò* per l' isola di Lenno	. . . .	*Inf.* xviii. 88.
La prima voce che *passò* volando... altamente disse	. . . .	*Purg.* xiii. 28.
Ma Ellesponto, dove *passò* Xerse, Ancora freno	. . . . . .	*Purg.* xxviii. 71.
Poscia *passò* di là dal co del ponte	. . . .	*Inf.* xxi. 64.
Passuri. Quel dei *passuri*, e quel dei passi piedi	. . . . . .	*Par.* xx. 105.
Pasti. Con tal cura conviene, con cotai *pasti* Che... si ricucia	. .	*Purg.* xxv. 138.
1. **Pasto.** abbaiando agugna, E si racqueta poi che il *pasto* morde.		*Inf.* vi. 29.
una volpe, Che d' ogni *pasto* buon parea digiuna	. . . . . .	*Purg.* xxxii. 120.
La bocca sollevò dal fiero *pasto* Quel peccator	. . . . . .	*Inf.* xxxiii. 1.
e si protende Per lo disio del *pasto* che là il tira	. . . . .	*Purg.* xix. 66.
mai non empie... E dopo il *pasto* ha più fame che pria	. . .	*Inf.* i. 99.
Perchè il pregai, che mi largisse il *pasto*	. . . .	*Inf.* xiv. 92.
2. **Pasto.** E come quei ch' è *pasto* la rimira	. . . .	*Par.* xix. 93.
Pastor. Noi stavamo... Come i *pastor* che prima udir quel canto.		*Purg.* xx. 140.
son di quelle che temono il danno, E stringonsi al *pastor*	. .	*Par.* xi. 131.
In vesta di *pastor* lupi rapaci Si veggion di quassù	. . . . .	*Par.* xxvii. 55.
Guardate dal *pastor*, che in sulla verga Poggiato s' è	. . . .	*Purg.* xxvii. 80.
perocchè il *pastor* che precede Ruminar può	. . . . . .	*Purg.* xvi. 98.
verrà... Di ver ponente un *pastor* senza legge	. . . . . .	*Inf.* xix. 83.
il... Testamento, E il *pastor* della Chiesa che vi guida	. . .	*Par.* v. 77.
L' altro... Per cedere al *pastor* si fece Greco	. . . . . .	*Par.* xx. 57.
usurpa, Per colpa dei[1] *pastor*, vostra giustizia	. . . . . .	*Par.* xv. 144.
Di voi *pastor* s' accorse il Vangelista, Quando colei... fu vista.		*Inf.* xix. 106.
Se il *pastor* di Cosenza... Avesse in Dio ben letta	. . . .	*Purg.* iii. 124.
Piangerà Feltro... la diffalta Dell' empio suo *pastor*	. . .	*Par.* ix. 53.
suo figlio... Ha posto in loco di suo *pastor* vero	. . . . .	*Purg.* xviii. 126.
Pastorale. ed è giunta la spada Col *pastorale*	. . . .	*Purg.* xvi. 110.
Pastore. Perocchè fatto ha lupo del *pastore*	. . . .	*Par.* ix. 132.
Ma, come fatto fui Roman *pastore*, Così scopersi	. . . . .	*Purg.* xix. 107.
Ma il benedetto Agapito, che fue Sommo *pastore*	. . . . .	*Par.* vi. 17.
Loco... dove il Trentino *Pastore* e quel di Brescia	. . . . .	*Inf.* xx. 68.
Pastori. E fa fuggir le fiere e li *pastori*	. . . .	*Inf.* ix. 72.
Io come capra, ed ei come *pastori*, Fasciati quinci	. . . . .	*Purg.* xxvii. 86.
chi rincalzi Li moderni *pastori*, e chi li meni	. . . .	*Par.* xxi. 131.

1 del.

PASTURA 500 PAURA

Pastura. Per modo che lo stimin lor *pastura* . . . . *Par.* v. 102.
Come... Li colombi adunati alla *pastura* . . . . *Purg.* ii. 125.
Che par che Circe gli avesse in *pastura* . . . . *Purg.* xiv. 42.
Chi[1] sapesse qual era la *pastura* Del viso mio . . . . *Par.* xxi. 19.
Pasture. augelli... Quasi congratulando a lor *pasture* . . . . *Par.* xviii. 74.
E se natura od arte fe' *pasture* Da pigliare occhi . . . . . *Par.* xxvii. 91.
Pasturò. Bonifazio Che *pasturò* col rocco molte genti . . . . . *Purg.* xxiv. 30.
Pate. parte... che vede, e *pate* il sole Nell' aquile mortali . . . *Par.* xx. 31.
Regnum coelorum violenza *pate* Da caldo amore . . . . . . *Par.* xx. 94.
Se violenza è quando quel che *pate* Niente conferisce . . . *Par.* iv. 73.
Paterna. non ringrazio, Se non col core, alla *paterna* festa . . . *Par.* xv. 84.
La cara e buona imagine *paterna* Di voi . . . . *Inf.* xv. 83.
Paterno. con preciso Latin rispose quell' amor *paterno* . . . . *Par.* xvii. 35.
Paternostro. Fagli per me un dir di un *paternostro* . . . . . . *Purg.* xxvi. 130.
Patì. tal eclissi... Quando *patì* la suprema possanza . . . . . . *Par.* xxvii. 36.
Patio. non si concepe Com' una dimension altra *patio* . . . . . *Par.* ii. 38.
Tempo aspettar tacendo non *patio*, Ma della bocca . . . . . *Par.* xx. 81.
Patire. L' un disposto a *patire* e l' altro a fare . . . . *Purg.* xxv. 47.
Patre. Virgilio n' avea lasciati... Virgilio dolcissimo *patre* . . . *Purg.* xxx. 50.
quella dote, Che da te prese il primo ricco *patre* . . . . . . *Inf.* xix. 117.
il verace stilo Ne scrisse, *patre*,[2] del tuo caro frate . . . . . *Par.* xxiv. 62.
O santo *patre*,[2] spirito che vedi Ciò che credesti sì . . . . . *Par.* xxiv. 124.
Ed innanzi alla... corte, Et coram *patre* le si fece unito . . . *Par.* xi. 62.
Patria. E non molto distanti alla tua *patria* . . . . *Par.* xxi. 107.
loquela ti fa manifesto Di quella nobil *patria* natio . . . . *Inf.* x. 26.
furon Lombardi, E Mantovani per *patria* ambo e dui . . . . *Inf.* i. 69.
Patriarca. Abraam *patriarca* e David re, Israel con lo padre . . *Inf.* iv. 58.
Infin lassù la vide il *patriarca* Jacob porgere . . . . . . *Par.* xxii. 70.
E questi fu il nostro *patriarca* . . . . *Par.* xi. 121.
Patrici. e nota i gran *patrici* Di questo imperio giustissimo . . . *Par.* xxxii. 116.
Patricida. Cui traditore e ladro e *patricida* Fece . . . . *Purg.* xx. 104.
Patris. Venite, benedicti *patris* mei, Sonò dentro ad un lume . . *Purg.* xxvii. 58.
Patrone. fui della città che nel Batista Mutò[3] 'l primo *patrone* . *Inf.* xiii. 144.
Patteggiarne. Veggio vender sua figlia, e *patteggiarne* . . . . . *Purg.* xx. 80.
Patteggiati. li fanti Ch' uscivan *patteggiati* di Caprona . . . . *Inf.* xxi. 95.
Patto. Sì ch' io temetti non tenesser *patto* . . . . *Inf.* xxi. 93.
Chè, nel fermar tra Dio e l' uomo il *patto*, Vittima fassi . . *Par.* v. 28.
esser presaga, Per lo *patto* che Dio con Noè pose . . . . *Par.* xii. 17.
Pauperes. Beati *pauperes* spiritu, voci Cantaron . . . . *Purg.* xii. 110.
Pauperum. Non decimas quae sunt *pauperum* Dei, Addomandò . *Par.* xii. 93.
Paura. Fuggiemi errore e cresci'mi[4] *paura* . . . . *Inf.* xxxi. 39.
Troppa è più la *paura*... del tormento di sotto . . . . . . *Purg.* xiii. 136.
Maggior *paura* non credo che fosse, Quando Fetòn . . . . *Inf.* xvii. 106.
Allor fu la *paura* un poco queta, Che... m' era durata . . *Inf.* i. 19.
Disse per confortarmi : non ti noccia La tua *paura* . . . . *Inf.* vii. 5.
Confusione e *paura* insieme miste Mi pinsero un tal sì . . . *Purg.* xxxi. 13.
mi volsi come l' uom... cui *paura* subita sgagliarda . . . . *Inf.* xxi. 27.
Vinse *paura* la mia buona voglia . . . . *Inf.* xvi. 50.
Se cosa appare ond' elli abbian *paura*... lasciano star . . *Purg.* ii. 127.
non aver *paura*, Mi disse, di parlar; ma parla . . . . . . *Purg.* xxi. 118.
E vidi cosa ch' io avrei *paura*... di contarla solo . . . . . *Inf.* xxviii. 113.
Ma non sì, che *paura* non mi desse La vista . . . . *Inf.* i. 44.
Ma nondimen *paura* il suo dir dienne . . . . *Inf.* ix. 13.
Non faceva, nascendo, ancor *paura* La figlia al padre . . . *Par.* xv. 103.

[1] Qual.   [2] padre.   [3] Cangiò.   [4] giugnémi.

Paura. un altro... Che la prima *paura* mi fe' doppia	. . . . .	*Inf.* xxiii. 12.
una spada... Tal che di qua dal rio mi fe' *paura*	. . . . .	*Purg.* xxix. 141.
Colui ch' a tutto il mondo fe' *paura*	. . . .	*Par.* xi. 69.
fece le gran prove, Quando i giganti fer *paura* ai Dei	. . .	*Inf.* xxxi. 95.
il fantolin... Quando ha *paura* o quando egli è afflitto	. . .	*Purg.* xxx. 45.
A guisa d' uom... che muta[1] in conforto sua *paura*	. . . .	*Purg.* ix. 65.
Questa selva... Che nel pensier rinnuova la *paura*	. . . . .	*Inf.* i. 6.
Quella medesma voce, che *paura* Tolta m' avea	. . . . . .	*Par.* xxvi. 19.
Già era (e con *paura* il metto in metro) Là	. . . .	*Inf.* xxxiv. 10.
Questa mi porse tanto di gravezza Con la *paura*	. . . . .	*Inf.* i. 53.
mi volsi dallato con *paura* D' esser abbandonato	. . . . . .	*Purg.* iii. 19.
Già mi sentia tutti arricciar li peli Della *paura*	. . . . .	*Inf.* xxiii. 20.
quella valle, Che m' avea di *paura* il cor compunto	. . .	*Inf.* i. 15.
la terra... Per *paura* di lui fe' del mar velo	. . . .	*Inf.* xxxiv. 123.
Ma per *paura* chiuso cristian fu'mi	. . . .	*Purg.* xxii. 90.
L' amico mio... è impedito Sì... che volto è per *paura*	. . .	*Inf.* ii. 63.
Paurose. Dell' altre no, che non son *paurose*	. . . .	*Inf.* ii. 90.
Pausa. Lo Rege, per cui questo regno *pausa* In tanto amore	. .	*Par.* xxxii. 61.
Paventi. Ed io... Dissi: come verrò se tu *paventi?*	. . . . .	*Inf.* iv. 17.
Ed egli a me: non vo' che tu *paventi*	. . . .	*Inf.* xxi. 133.
Pavento. se non celi Te e me... i' ho *pavento* Di Malebranche	.	*Inf.* xxiii. 22.
Pavimento. Mostrava ancor lo duro *pavimento*	. . . .	*Purg.* xii. 49.
Adhaesit *pavimento* anima mea, Senti' dir lor	. . . . . .	*Purg.* xix. 73.
Pazienza. O *pazienza*, che tanto sostieni!	. . . .	*Par.* xxi. 135.
E qual più *pazienza* avea negli atti... parea dicer	. . . . .	*Purg.* x. 138.
Pazzi. Sappi ch' io fui[2] il Camicion de' *Pazzi*	. . . .	*Inf.* xxxii. 68.
1. Pazzo. Graffiacane, E Farfarello, e Rubicante il *pazzo*	. . .	*Inf.* xxi. 123.
2. Pazzo. Le lagrime, che col bollor disserra... a Rinier *Pazzo*	.	*Inf.* xii. 137.
Pe'. Lascio lo fele, e vo *pe'*[3] dolci pomi Promessi a me	. . . .	*Inf.* xvi. 61.
Peana. Lì si cantò non Bacco, non *Peana*, Ma tre Persone	. . .	*Par.* xiii. 25.
Pecca. ignoranza, che di questa *pecca* Toglie il penter	. . . . .	*Purg.* xxii. 47.
consunto Fu l' uom che nacque e visse senza *pecca*	. . . .	*Inf.* xxxiv. 115.
Sappiendo chi voi siete, e la sua *pecca*	. . . .	*Inf.* xxxii. 137.
Peccai. giustizia... Tragge cagion del loco ov' io *peccai*	. . .	*Inf.* xxx. 71.
Peccar. se non fosse Che, possendo *peccar*, mi volsi a Dio	. . .	*Purg.* xi. 90.
questo mondo, Dove poter *peccar* non è più nostro	. . . .	*Purg.* xxvi. 132.
Questa a *peccar* con esso così venne, Falsificando sè	. . .	*Inf.* xxx. 40.
Se prima fu la possa in te finita Di *peccar* più	. . . . . .	*Purg.* xxiii. 80.
il talento... Come fu al *peccar*, pone al tormento	. . . . .	*Purg.* xxi. 66.
Peccaro. Or vo' che sappi... Ch' ei non *peccaro*	. . . .	*Inf.* iv. 34.
Peccata. per lo quale io piango spesso Le mie *peccata*	. . . .	*Par.* xxii. 108.
pareva Pregar... L' Agnel di Dio, che le *peccata* leva	. . .	*Purg.* xvi. 18.
pria che fosse anciso L' Agnel di Dio che le *peccata* tolle	. .	*Par.* xvii. 33.
E quel conoscitor delle *peccata* Vede qual loco	. . . . . .	*Inf.* v. 9.
Continuò col fin... Beati, quorum tecta sunt *peccata*	. . . .	*Purg.* xxix. 3.
Peccati. Orribil furon li *peccati* miei	. . . .	*Purg.* iii. 121.
Peccato. Solo il *peccato* è quel che la disfranca	. . . .	*Par.* vii. 79.
Nostro *peccato* fu ermafrodito	. . . .	*Purg.* xxvi. 82.
Quindi non terra, ma *peccato* ed onta Guadagnerà	. . . .	*Purg.* xx. 76.
rimbecca Per dritta opposizione alcun *peccato*	. . . . . .	*Purg.* xxii. 50.
fur cherci... D' un *peccato* medesmo al mondo lerci	. . . .	*Inf.* xv. 108.
quando scoppia della[4] propria gota L' accusa del *peccato*	. .	*Purg.* xxxi. 41.
virtù, Che toglie altrui memoria del *peccato*	. . . .	*Purg.* xxviii. 128.
a far vendetta corse Della vendetta del *peccato* antico	. . .	*Par.* vi. 93.

[1] muti.   [2] sono.   [3] per.   [4] dalla.

PECCATO 502 PEGOLA

Peccato. mi lavi Di quel *peccato*, ov' io mo cader deggio . . . . *Inf.* xxvii. 109.
 nello intelletto Fatto di pietra ed in *peccato*[1] tinto . . . . . *Purg.* xxxiii. 74.
 buoni Sono... Senza *peccato* in vita o in sermoni . . . . . . *Par.* xix. 75.
Peccator. a... tormento Enno[2] dannati i *peccator* carnali . . . *Inf.* v. 38.
 E Pietro *peccator* fui[3] nella casa Di Nostra Donna . . . . . *Par.* xxi. 122.
 E il *peccator*, che intese, non s' infinse . . . . *Inf.* xxiv. 130.
 Tal era il *peccator* levato poscia . . . . *Inf.* xxiv. 118.
 La bocca sollevò dal fiero pasto Quel *peccator* . . . . *Inf.* xxxiii. 2.
 L' omero suo... Carcava un *peccator* con ambo l' anche . . . *Inf.* xxi. 35.
 Mal contava... Colui che i *peccator* di là uncina . . . . . *Inf.* xxiii. 141.
 Fuor della bocca... soperchiava D' un *peccator* li piedi . . . *Inf.* xix. 23.
Peccatore. Da ogni bocca dirompea coi denti Un *peccatore* . . . *Inf.* xxxiv. 56.
 Ed ogni fiamma un *peccatore* invola . . . . *Inf.* xxvi. 42.
Peccatori. Nel fondo erano ignudi i *peccatori* . . . . *Inf.* xviii. 25.
 Noi fummo... *peccatori* infino all' ultim' ora . . . . *Purg.* v. 53.
 Io vidi... quel... Là dove i *peccatori* stanno freschi . . . . . *Inf.* xxxii. 117.
 Sì stavan d' ogni parti i *peccatori* . . . . *Inf.* xxii. 28.
 Talor così... Mostrava alcun dei *peccatori* il dosso . . . . . *Inf.* xxii. 23.
Peccatrici. ruscello, Che parton poi tra lor le *peccatrici* . . . *Inf.* xiv. 80.
Peccò. Vostra natura, quando *peccò* tota Nel seme suo . . . . *Par.* vii. 85.
Pece. nell' Arzanà... Bolle l' inverno la tenace *pece* . . . . . . *Inf.* xxi. 8.
 Nel fosso su... Là dove bolle la tenace *pece* . . . . *Inf.* xxxiii. 143.
 non... di galoppo, Ma batterò sopra la *pece* l' ali . . . . . . *Inf.* xxii. 115.
 Conosci tu alcun che sia Latino Sotto la *pece*? . . . . . . *Inf.* xxii. 66.
Pecore. Uomini siate, e non *pecore* matte . . . . *Par.* v. 80.
 Me' foste state qui *pecore* o zebe . . . . *Inf.* xxxiii. 15.
 solveranno... Senza danno di *pecore* o di biade . . . . *Purg.* xxxiii. 51.
 E quanto le sue *pecore* remote E vagabonde... vanno . . . . *Par.* xi. 127.
 fiore Ch' ha disviate le *pecore* e gli agni . . . . *Par.* ix. 131.
Pecorelle. Come le *pecorelle* escon del chiuso Ad una . . . . *Purg.* iii. 79.
 prende suo vincastro, E fuor le *pecorelle* a pascer caccia . . *Inf.* xxiv. 15.
 Sì che le *pecorelle*, che non sanno, Tornan . . . . *Par.* xxix. 106.
Peculio. il mandrian... Lungo il *peculio* suo queto pernotta . . *Purg.* xxvii. 83.
 Ma il suo *peculio* di nuova vivanda È fatto ghiotto sì . . . *Par.* xi. 124.
Pedagogo. M' andava... Fin che il sofferse il dolce *pedagogo* . . *Purg.* xii. 3.
Pedes. gli angeli cantaro... Ma oltre *pedes* meos non passaro . . *Purg.* xxx. 84.
Pedoni. Nè già... Cavalier vidi mover, nè *pedoni* . . . . . . *Inf.* xxii. 11.
Pegasea. O diva *Pegasea*, che gl' ingegni Fai gloriosi . . . . . *Par.* xviii. 82.
Peggio. Là 've il tacer mi fu avviso il *peggio* . . . . *Inf.* xxvii. 107.
 sarebbe il *peggio* Per l' uomo in terra se non fosse cive? . . *Par.* viii. 115.
 al *peggio*, Oltre la gran sentenza non può ire . . . . *Purg.* x. 110.
 quel cappello, Che pur di male in *peggio* si travasa . . . . *Par.* xxi. 126.
 il porco... Ed altri assai,[4] che son *peggio* che[5] porci . . . . *Par.* xxix. 125.
 mal del corpo intero, E della mente *peggio*, e che mal nacque. *Purg.* xviii. 125.
 Acciocch' io fugga questo male e *peggio* . . . . *Inf.* i. 132.
 E mal fa Castrocaro, e *peggio* Conio . . . . *Purg.* xiv. 116.
 più si convenia dicer: mal feci, Che, servando, far *peggio* . *Par.* v. 68.
 legno, Secondo specie, meglio e *peggio* frutta . . . . . . *Par.* xiii. 71.
Peggior. Sì che però non sia di *peggior* greggia . . . . *Purg.* vi. 24.
 traeva la parola... Forse a *peggior* sentenza ch' ei non tenne. *Inf.* ix. 15.
Peggiore. Chè col *peggiore* spirto di Romagna Trovai un tal . . *Inf.* xxxiii. 154.
Pegola. per divina arte Bollia laggiuso una *pegola* spessa . . *Inf.* xxi. 17.
 Pure alla *pegola* era la mia intesa, Per veder . . . . . . *Inf.* xxii. 16.
 Però... Non far sopra la *pegola* soperchio . . . . *Inf.* xxi. 51.

---

[1] *impietrato*.   [2] Eran.   [3] fu.   [4] *ancor*.   [5] *assai più*.

Pei. E fassi fiume giù *pei* verdi paschi		*Inf.* xx. 75.
1. Pel. sì stretti Che il *pel* del capo avieno insieme misto		*Inf.* xxxii. 42.
il fummo... genera il *pel* suso Per l' una parte		*Inf.* xxv. 119.
E quella fronte ch' ha il *pel* così nero È Azzolino		*Inf.* xii. 109.
Ed aggrappossi al *pel* come uom che sale		*Inf.* xxxiv. 80.
io m' appresi Al *pel* del vermo reo che il mondo fora		*Inf.* xxxiv. 108.
Una lonza... Che di *pel* maculato era coperta		*Inf.* i. 33.
Lunga la barba e di *pel* bianco mista Portava		*Purg.* i. 34.
2. Pel. gràzia, Per che il mortal *pel* vostro mondo reco		*Purg.* xxvi. 60.
Pelaghi. Discesa poi per più *pelaghi* cupi, Trova le volpi		*Purg.* xiv. 52.
Pelago. con lena affannata Uscito fuor del *pelago* alla riva		*Inf.* i. 23.
Tornate a riveder... Non vi mettete in *pelago*		*Par.* ii. 5.
benchè dalla proda veggia il fondo, In *pelago* nol vede		*Par.* xix. 62.
Pelato. Cerbero... Ne porta ancor *pelato* il mento e il gozzo		*Inf.* ix. 99.
Peli. Già mi sentia tutti arricciar li *peli* Della paura		*Inf.* xxiii. 19.
Pelle. Così si fa la *pelle* bianca, nera, Nel primo aspetto		*Par.* xxvii. 136.
e la sua *pelle* Si facea molle, e quella di là dura		*Inf.* xxv. 110.
tanto scema, Che dall' ossa la *pelle* s' informava		*Purg.* xxiii. 24.
Tanto benigna avea di fuor la *pelle*		*Inf.* xvii. 11.
E quella che... ha di là ogni pilosa *pelle*		*Inf.* xx. 54.
asciutta scabbia, Che mi scolora... la *pelle*		*Purg.* xxiii. 50.
E vidi... Esser contenti alla *pelle* scoperta		*Par.* xv. 116.
a bene sperar... Di quella fera alla gaietta *pelle*		*Inf.* i. 42.
con essa pensai... Prender la lonza alla *pelle* dipinta		*Inf.* xvi. 108.
la schiena Rimanea della *pelle* tutta brulla		*Inf.* xxxiv. 60.
vedessi Non altrimenti, che per *pelle* talpe		*Purg.* xvii. 3.
Sì che due bestie van sott' una *pelle*		*Par.* xxi. 134.
Pellegrina. la mente nostra *pellegrina*[1] Più dalla carne		*Purg.* ix. 16.
Pellicano. giacque sopra il petto Del nostro *Pellicano*		*Par.* xxv. 113.
Pelo. penne, Che non si mutan come mortal *pelo*		*Purg.* ii. 36.
più non arse... Di me, infin che si convenne al *pelo*		*Par.* ix. 99.
E questi, che ne fe' scala col *pelo*, Fitto è ancora		*Inf.* xxxiv. 119.
Non... sì grosso velo... Nè a sentir di così aspro *pelo*		*Purg.* xvi. 6.
Un vecchio bianco per antico *pelo*, Gridando		*Inf.* iii. 83.
discese poscia Tra il folto *pelo* e le gelate croste		*Inf.* xxxiv. 75.
Peloro. L' alpestro monte, ond' è tronco *Peloro*		*Purg.* xiv. 32.
E la bella Trinacria, che caliga Tra Pachino e *Peloro*		*Par.* viii. 68.
Peltro. Questi non ciberà terra nè *peltro*, Ma sapienza		*Inf.* i. 103.
Pena. E che *pena* è in voi che sì sfavilla?		*Inf.* xxiii. 99.
La *pena* dunque che la croce porse, S' alla natura		*Par.* vii. 40.
Piangevisi entro... E del Palladio *pena* vi si porta		*Inf.* xxvi. 63.
E non pure una volta... si rinfresca nostra *pena*		*Purg.* xxiii. 71.
La vostra sconcia e fastidiosa *pena*... non vi spaventi		*Inf.* xxix. 107.
Talor così ad alleggiar la *pena* Mostrava alcun il dosso		*Inf.* xxii. 22.
Io dico *pena*, e dovrei dir sollazzo		*Purg.* xxiii. 72.
Quell' anima lassù che ha maggior *pena*... è Giuda		*Inf.* xxxiv. 61.
E nulla *pena* il monte ha più amara		*Purg.* xix. 117.
le parole sue, Che furon: or vedi la *pena* molesta Tu		*Inf.* xxxiii. 130.
in sì dolente Loco se' messa, ed a sì fatta *pena*		*Inf.* vi. 47.
Chè tutte queste a simil *pena* stanno Per simil colpa		*Inf.* vi. 56.
in sullo scoglio muse, Forse per indugiar d' ire alla *pena*		*Inf.* xxviii. 44.
parole e il modo della *pena* M' avevan... già letto il nome		*Inf.* x. 64.
Nulla speranza... Non che di posa, ma di minor *pena*		*Inf.* v. 45.
Di nuova *pena* mi convien far versi, E dar materia		*Inf.* xx. 1.

[1] *peregrina*.

Pena. E lì, per trar l' amico suo di *pena*... Si condusse	....	*Purg.* xi. 136.
in *pena* ed in disio Cinquemili' anni e più... Bramò	....	*Purg.* xxxiii. 61.
primo grado, Che sol per *pena* ha la speranza cionca	....	*Inf.* ix. 18.
O voi, che senza alcuna *pena* siete... nel mondo gramo	...	*Inf.* xxx. 58.
A *pena* ebbi la voce che rispose, E le labbra a fatica	....	*Purg.* xxxi. 32.
si volge... E piede innanzi piede a *pena* mette	....	*Purg.* xxviii. 54.
tanto rossa, Ch' a *pena* fora dentro al foco nota	......	*Purg.* xxix. 123.
Ed ora a *pena* in Siena sen pispiglia, Ond' era sire	.....	*Purg.* xi. 111.
da lungi... Tanto, ch' a *pena* il potea l' occhio torre	....	*Inf.* viii. 6.
Chè noi a *pena*, ei lieve, ed io sospinto, Potevam su montar	.	*Inf.* xxiv. 32.
con *pena* Da lei avrei mio intento rivolto	....	*Purg.* xix. 17.
Penda. vada Sopr' essa sì, che ella incontro *penda*	....	*Inf.* xxxi. 138.
Pende. Quei che *pende* dal nero ceffo è Bruto	....	*Inf.* xxxiv. 65.
in ver la porta Del bassissimo pozzo tutta *pende*	......	*Inf.* xxiv. 38.
D' un ruscelletto che quivi discende... e poco *pende*	....	*Inf.* xxxiv. 132.
Intra Tupino... Fertile costa d' alto monte *pende*	......	*Par.* xi. 45.
Pendea. m' accorsi Che dal collo a ciascun *pendea* una tasca	..	*Inf.* xvii. 55.
Pendente. E giù... Supin si diede alla *pendente* roccia	.....	*Inf.* xxiii. 45.
Pendevan. Tra le gambe *pendevan* le minugia	....	*Inf.* xxviii. 25.
Pendice. ombra Per cui scosse dianzi ogni *pendice*	....	*Purg.* xxiii. 132.
Pendici. Lo fondo suo ed ambo le *pendici* Fatt' eran pietra	...	*Inf.* xiv. 82.
Pene. d' ogni virtute, E d' ogni operazion che merta *pene*	..	*Purg.* xvii. 105.
tante chi stipa Nuove travaglie e *pene*, quante io viddi?	..	*Inf.* vii. 20.
Ma vassi per veder le vostre *pene*	....	*Inf.* xii. 21.
Se non riempie... Contra mal dilettar, con giuste *pene*	...	*Par.* vii. 84.
Peneia. Che partorir letizia... dovria la fronda *Peneia*	.....	*Par.* i. 33.
Penelope. amore, Lo qual dovea *Penelope* far lieta	....	*Inf.* xxvi. 96.
Penestrino. fare Sì come *Penestrino* in terra getti	....	*Inf.* xxvii. 102.
Penetra. al pertugio Della sampogna vento che *penetra*	...	*Par.* xx. 24.
La gloria di Colui che tutto move Per l' universo *penetra*	..	*Par.* i. 2.
Penetrando. *Penetrando* per questa ond' io m' inventro	....	*Par.* xxi. 84.
Penetrante. la luce divina è *penetrante* Per l' universo	.....	*Par.* xxxi. 22.
Penetrare. puote... Ben *penetrare* a questa veritate	......	*Par.* iv. 71.
Penetri. Sì che, guardando verso lui, *penetri*	....	*Par.* xxxii. 143.
Penitenza. E quel... Morte indugiò per vera *penitenza*	.....	*Par.* xx. 51.
ancor non sarebbe Lo mio dover per *penitenza* scemo	....	*Purg.* xiii. 126.
quelli, Che su di fuor sostengon *penitenza*	....	*Inf.* xi. 87.
Penna. Non siate come *penna* ad ogni vento	....	*Par.* v. 74.
e qui mi scusi La novità, se fior la *penna*[1] abborra	....	*Inf.* xxv. 144.
Però salta la *penna*, e non lo scrivo	....	*Par.* xxiv. 25.
fu di tal volo Che nol seguiteria lingua nè *penna*	......	*Par.* vi. 63.
Lì si vedrà... Quella che tosto moverà la *penna*	......	*Par.* xix. 116.
Ma poco dura alla sua *penna* tempra	....	*Inf.* xxiv. 6.
mosse il... carco, Sì che però nulla *penna* crollonne	....	*Purg.* xxxii. 27.
Penne. Io veggio ben come le vostre *penne*... sen vanno	....	*Purg.* xix. 58.
Non avean *penne*, ma di vipistrello Era lor modo	....	*Inf.* xxxiv. 49.
s' egli e Marte Fossero augelli, e cambiassersi *penne*	...	*Par.* xxvii. 15.
Non sarà... L' aquila che lasciò le *penne* al carro	......	*Purg.* xxxiii. 38.
ad ogni passo poi Al volo mi sentia crescer le *penne*	....	*Purg.* xxvii. 123.
Ma non eran da ciò le proprie *penne*	....	*Par.* xxxiii. 139.
Ognuno era pennuto di sei ali, Le *penne* piene d' occhi	...	*Purg.* xxix. 95.
Non ti dovean gravar le *penne* in giuso	....	*Purg.* xxxi. 58.
guidò le *penne* Delle mie ali a così alto volo	....	*Par.* xxv. 49.
Mosse le *penne* poi e ventilonne, Qui lugent affermando	..	*Purg.* xix. 49.

[1] lingua.

Penne. Convenne... all' innocenti *penne*... acquistar virtute . . *Par.* xxxii. 80.
Tali eran quivi, salvo ch' alle *penne* Giovanni è meco . . . *Purg.* xxix. 104.
Ed a quel mezzo, con le *penne* sparte, Vidi... Angeli . . . . *Par.* xxxi. 130.
sospesa Un' aquila nel ciel con *penne* d' oro . . . . *Purg.* ix. 20.
Trattando l' aere con l' eterne *penne*, Che non si mutan . . *Purg.* ii. 35.
veste, che da verdi *penne* Percosse traean dietro . . . . . . *Purg.* viii. 29.
E sotto l' ombra delle sacre *penne* Governò il mondo . . . . *Par.* vi. 7.
prima... Che riavesse le maschili *penne* . . . . *Inf.* xx. 45.
Pennecchio. E le sue donne al fuso ed al *pennecchio* . . . . . *Par.* xv. 117.
Pennel. Qual di *pennel* fu maestro, o di stile, Che ritraesse . . *Purg.* xii. 64.
Pennelleggia. le carte Che *pennelleggia* Franco Bolognese . . . *Purg.* xi. 83.
Pennelli. E di tratti *pennelli* avean sembiante . . . . *Purg.* xxix. 75.
Pennuta. scender giù... e lasciar lei di sè *pennuta* . . . . . . *Purg.* xxxii. 126.
Pennuti. Diversamente son *pennuti* in ali . . . . *Par.* xv. 81.
Ma dinanzi dagli occhi dei *pennuti* Rete si spiega . . . . . *Purg.* xxxi. 62.
Pennuto. hanno... Piè con artigli, e *pennuto* il gran ventre . . . *Inf.* xiii. 14.
Ognuno era *pennuto* di sei ali, Le penne piene d' occhi . . . *Purg.* xxix. 94.
Pensa. E ciò non *pensa* la turba presente . . . . *Par.* ix. 43.
E tosto verrà fatto a chi ciò *pensa* . . . . *Par.* xvii. 50.
voi bevete Sempre del fonte onde vien quel ch' ei *pensa* . . *Par.* xxiv. 9.
Pensa la nuova soma che tu hai . . . . *Inf.* xvii. 99.
Non attender la forma del martire ; *Pensa* la succession . . *Purg.* x. 110.
Come gente che *pensa* a suo cammino, Che va col core . . . *Purg.* ii. 11.
chi ad altro *pensa* Chiamar si può veracemente probo . . . *Par.* xxii. 137.
Pensa che in terra non è chi governi . . . . *Par.* xxvii. 140.
pensa che... Oltre la gran sentenza non può ire . . . . . *Purg.* x. 110.
Pensa che questo dì mai non raggiorna . . . . *Purg.* xii. 84.
Pensa che Pietro e Polo[1]... ancor son vivi . . . . *Par.* xviii. 131.
muta pensier, *pensa* ch' io sono Presso a colui . . . . . . *Par.* xviii. 5.
Pensa, se tu annoverar le credi, Che miglia ventidue . . . *Inf.* xxix. 8.
Pensa chi era, e la cagion che il mosse, Quando fu detto . . *Par.* xiii. 92.
or *pensa* per te stesso, Com' io potea tener lo viso . . . . *Inf.* xx. 20.
Pensa, lettor, se quel che qui s' inizia Non procedesse . . . *Par.* v. 109.
Pensa oramai qual fu colui, che degno Collega fu . . . . . *Par.* xi. 118.
Pensa oramai per te, s' hai fior d' ingegno . . . . *Inf.* xxxiv. 26.
Pensa, Lettor, s' io mi maravigliava, Quando vedea . . . *Purg.* xxxi. 124.
Pensa, Lettor, se io mi sconfortai Nel suon delle parole . . *Inf.* viii. 94.
Non vi si *pensa* quanto sangue costa Seminarla nel mondo . *Par.* xxix. 91.
Pensai. *pensai*, andando, Prode acquistar nelle parole sue . . . *Purg.* xv. 41.
E con essa *pensai* alcuna volta Prender la lonza . . . . . *Inf.* xvi. 107.
un riso Tal, ch' io *pensai* co' miei toccar lo fondo . . . . *Par.* xv. 35.
Tanti splendor, ch' io *pensai* ch' ogni lume... fosse diffuso . *Par.* xxi. 32.
Tremò sì, ch' io *pensai* che l' universo Sentisse amor . . . *Inf.* xii. 41.
Parole, per le quali io mi *pensai* Che... tal gente venisse . . *Inf.* xvi. 56.
Pensamento. E il *pensamento* in sogno trasmutai . . . . . . *Purg.* xviii. 145.
Pensando. *pensando* l' alto effetto Che uscir dovea di lui . . . *Inf.* ii. 17.
nol vi dice Nè con la voce, nè *pensando* ancora . . . . . . *Par.* xiv. 11.
Ed ei, *pensando* ch' io 'l fessi per voglia Di manicar . . . *Inf.* xxxiii. 59.
non ritrova, *Pensando*, quel principio ond' egli indige . . . *Par.* xxxiii. 135.
Perchè, *pensando*, consumai la impresa . . . . *Inf.* ii. 41.
Io dicea fra me stesso *pensando*: ecco la gente . . . . . . *Purg.* xxiii. 28.
Si fe' sì chiaro, ch' io dicea *pensando*: Io veggio ben . . . . *Par.* xxi. 44.
sì arrogante, Che non *pensando* alla comune madre . . . . . *Purg.* xi. 63.
Io già *pensando*; e quei disse: tu pensi Forse . . . . *Inf.* xii. 31.

[1] Paolo.

Pensando. tanta guerra... Quanta pare'mi allor *pensando* avere . *Purg.* xx. 148.
Disperato dolor che il cor mi preme Già pur *pensando* . . . *Inf.* xxxiii. 6.
Pensando ciò ch' il[1] mio cor s' annunziava . . . . *Inf.* xxxiii. 41.
Or ti riman... Dietro *pensando* a ciò che si preliba . . . . . *Par.* x. 23.
Che andate *pensando* sì voi sol tre ? Subita voce disse . . . *Purg.* xxiv. 133.
Pensar. Però è buon *pensar* di bel soggiorno . . . . *Purg.* vii. 45.
Come t' avrebbe trasmutato... mo *pensar* lo puoi . . . . . . *Par.* xxii. 11.
m' aiuti... Forti cose a *pensar*, mettere in versi . . . . . . *Purg.* xxix. 42.
Sì ch' io non posso dal *pensar* partirmi . . . . *Purg.* xix. 57.
Nel mio *pensar* dicea : che cosa è questa ? . . . . *Purg.* xxix. 21.
Pensare. Come ciò sia, se il vuoi poter *pensare* . . . . *Purg.* iv. 67.
cosa che disvia Per maraviglia tutt' altro *pensare* . . . . . *Purg.* xxviii. 39.
Pensasse. Ma chi *pensasse* il poderoso tema . . . . *Par.* xxiii. 64.
Pensassi. E se *pensassi* come al vostro guizzo Guizza . . . . . *Purg.* xxv. 25.
Pensata. odi malizia Ch' egli ha *pensata* per gittarsi giuso . . . *Inf.* xxii. 108.
Pensava. il fei, perchè *pensava* Già nell' error . . . . *Inf.* x. 113.
pensava,[2] andando, Prode acquistar nelle parole sue . . . . *Purg.* xv. 41.
Poi disse : più *pensava* Maria, onde Fosser le nozze . . . . *Purg.* xxii. 142.
Io *pensava* così : questi per noi Sono scherniti . . . . *Inf.* xxiii. 13.
Fra me *pensava :* forse questa fiede Pur qui per uso . . . *Purg.* ix. 25.
Pensavi. forse Tu non *pensavi* ch' io loico fossi ! . . . . *Inf.* xxvii. 123.
*****Pense.** A questo punto voglio che tu *pense* Che la forza . . . . *Inf.* v. 106.
il tenni basso, Finchè il poeta mi disse : che *pense ?* . . . . *Inf.* v. 111.
Poco sofferse, poi disse : che *pense ?* Rispondi a me . . . *Purg.* xxxi. 10.
Pensi. La gente grossa il *pensi*, che non vede Qual è . . . . . *Inf.* xxxiv. 92.
Ma dimmi quel che tu da te ne *pensi* . . . . *Par.* ii. 58.
tu *pensi* Forse a questa rovina ch' è guardata . . . . *Inf.* xii. 31.
speglio, In che, prima che *pensi*, il pensier pandi . . . . . *Par.* xv. 63.
Pensier. Li *pensier* ch' hai si faran tutti monchi . . . . *Inf.* xiii. 30.
non si franga Lo tuo *pensier* da qui innanzi sopr' ello . . . . *Inf.* xxix. 23.
Tu credi che a me tuo *pensier* mei Da quel ch' è primo . . . *Par.* xv. 55.
Quanti dolci *pensier*, quanto disio Menò costoro ! . . . . . *Inf.* v. 113.
l' uomo, in cui *pensier* rampolla Sopra pensier . . . . . . *Purg.* v. 16.
E come l' un *pensier* dell' altro scoppia, Così nacque . . . . *Inf.* xxiii. 10.
Ciò ch' io attendo, e che il tuo *pensier* sogna . . . . *Inf.* xvi. 122.
E, se stati non fossero acqua d' Elsa Li *pensier* vani . . . . *Purg.* xxxiii. 68.
legame, In che ti stringon li *pensier* sottili . . . . *Par.* xxxii. 51.
Pur mo venian li tuoi *pensier* tra i miei . . . . *Inf.* xxiii. 28.
Volto era in sulla favola di Esopo Lo mio *pensier* . . . . . *Inf.* xxiii. 4.
muta *pensier*, pensa ch' io sono Presso a colui . . . . . . *Par.* xviii. 5.
speglio, In che, prima che pensi, il *pensier* pandi . . . . . *Par.* xv. 63.
E quella, che vedeva i *pensier* dubi Nella mia mente . . . . *Par.* xxviii. 97.
farò risposta Pure al *pensier* di che sì ti riguarde . . . . . . *Par.* xxii. 36.
s' accorge, Anzi il primo *pensier*, del suo venire . . . . . . *Par.* x. 36.
peregrina Più dalla carne, e men da' *pensier* presa . . . . *Purg.* ix. 17.
La lor concordia... Facean esser cagion di[3] *pensier* santi . . *Par.* xi. 78.
portava... fronte Come colui che l' ha di *pensier* carca . . . *Purg.* xix. 41.
flailli, Ch' ave'no spirto sol di *pensier* santi . . . . *Par.* xx. 15.
mente ristretta Di *pensier* in *pensier* dentro ad un nodo . . . *Par.* vii. 53.
Ma per entro i *pensier* miran col senno . . . . *Inf.* xvi. 120.
Come... vendetta... Vengiata[4] fosse, t' ha[5] in *pensier* miso . *Par.* vii. 21.
Che in tutt' i suoi *pensier* piange e s' attrista . . . . *Inf.* i. 57.
passava caldi... Contento nei *pensier* contemplativi . . . . . *Par.* xxi. 117.
non si sazia, Ma dice nel *pensier*, fin che si mostra . . . . *Par.* xxxi. 106.

[1] al.   [2] *pensai.*   [3] de'.   [4] Punita.   [5] hai.

| PENSIER | 507 | PERCOSSE |

Pensier. Questa selva... Che nel *pensier* rinnuova la paura . . . *Inf.* i. 6.
E per nuovi *pensier* cangia proposta . . . . *Inf.* ii. 38.
Pensieri. avvegna che i *pensieri* Mi rimanessero . . . . *Purg.* xii. 8.
Non vanno i lor *pensieri* a Nazzarette . . . . *Par.* ix. 137.
Li tuoi *pensieri*, onde cagioni, apprendo . . . . *Par.* xi. 21.
Che per l' effetto de' suo' ma' *pensieri*... io fossi preso . . . *Inf.* xxxiii. 16.
È il lume d' uno spirto che in *pensieri* Gravi... parve . . . . *Par.* x. 134.
Pensiero. Nuovo *pensiero* dentro a[1] me si mise . . . . *Purg.* xviii. 141.
vi trasporta L' amor dell' apparenza e il suo *pensiero* . . . . *Par.* xxix. 87.
Ed egli a me: vano *pensiero* aduni . . . . *Inf.* vii. 52.
Vede... Prima che l' abbia in vista o in *pensiero* . . . . . . *Par.* xxviii. 6.
Penso. prova Ch' io possa in te rifletter quel ch' io *penso* . . . *Par.* ix. 21.
alcun compenso... trova... ed egli: vedi che a ciò *penso* . . *Inf.* xi. 15.
Ond' io per lo tuo me' *penso* e discerno Che tu mi segui . . *Inf.* i. 112.
Pensosi. Sì come i peregrin *pensosi* fanno . . . . *Purg.* xxiii. 16.
Pensoso. Così m' andava timido e *pensoso* . . . . *Purg.* xx. 151.
E senza udire e dir *pensoso* andai... rimirando lui . . . . *Purg.* xxvi. 100.
Penta. nel secondo Giron convien che senza pro si *penta* . . . . *Inf.* xi. 42.
ancor che al fin si *penta*, Star gli convien . . . . *Purg.* iii. 137.
attende, Pria che si *penta*, l' orlo della vita . . . . *Purg.* xi. 128.
Pente. avere inteso... Ora vorrebbe, ma tardi si *pente* . . . . . *Inf.* xx. 120.
Ch' assolver non si può, chi non si *pente* . . . . *Inf.* xxvii. 118.
E s' ella d' elefanti e di balene Non si *pente* . . . . *Inf.* xxxi. 53.
non pensa... Nè per esser battuta ancor si *pente* . . . . . *Par.* ix. 45.
Non però qui si *pente*, ma si ride, Non della colpa . . . . *Par.* ix. 103.
Pente'mi. e *pente'mi* Così di quel come degli altri . . . . . . *Purg.* xxii. 44.
Pentendo. *pentendo* e perdonando, fuora Di vita uscimmo . . . *Purg.* v. 55.
Penter. Di *penter* sì mi punse ivi l' ortica . . . . *Purg.* xxxi. 85.
ignoranza, che di questa pecca Toglie il *penter* . . . . . *Purg.* xxii. 48.
questa cornice, Dopo giusto *penter*, ve ne martira . . . . *Purg.* xvii. 132.
Pentere. Nè *pentere* e volere insieme puossi . . . . *Inf.* xxvii. 119.
Pentesilea. Vidi Cammilla e la *Pentesilea* Dall' altra parte . . . *Inf.* iv. 124.
Pentimento. senza alcuno scotto Di *pentimento* . . . . *Purg.* xxx. 145.
Pentuta. vanno... a lavarsi, Quando la colpa *pentuta* è rimossa . *Inf.* xiv. 138.
Pentuto. m' increbbe, E *pentuto* e confesso mi rendei . . . . . *Inf.* xxvii. 83.
Penultimi. Poscia nei due *penultimi* tripudi Principati . . . . *Par.* xxviii. 124.
Pepe. serpentello... Livido e nero come gran di *pepe* . . . . . *Inf.* xxv. 84.
Per. *Sovente.*
*1. **Pera.** degno Ben è che il nome di tal valle *pera* . . . . . . *Purg.* xiv. 30.
2. **Pera.** per porta, Che si nomava da quei della *Pera* . . . . *Par.* xvi. 126.
Perch'; perchè. *Sovente.*
sì nasconde Lo suo primo *perchè*, che non gli è guado . . . *Purg.* viii. 69.
Dimmi il *perchè*, diss' io, per tal convegno . . . . *Inf.* xxxii. 135.
gli altri... Non sapendo il *perchè*, fenno[2] altrettanto . . . . *Purg.* iii. 93.
Perciò. *Perciò*[3] ricominciò: se l' uom ti faccia Liberamente . . *Inf.* xiii. 85.
Perciò a figurarlo i piedi affissi . . . . *Inf.* xviii. 43.
Perciocchè. *perciocchè*[4] il vapore Me' si stingeva . . . . *Inf.* xiv. 35.
Ma *perciocchè* giammai di questo fondo Non tornò . . . . *Inf.* xxvii. 64.
Percossa. la mia mente fu *percossa* Da un fulgore . . . . . . *Par.* xxxiii. 140.
E la *percossa* pianta tanto puote, Che... l' aura impregna . . *Purg.* xxviii. 109.
Movesi... Secondo ch' è *percossa* fuori o dentro . . . . . *Par.* xiv. 3.
1. Percosse. nel fianco Di qua da Trento l' Adice *percosse* . . . *Inf.* xii. 5.
un turbo nacque, E *percosse* del legno il primo canto . . . . *Inf.* xxvi. 138.
E l' un di lor... Col pugno gli *percosse* l' epa croia . . . . *Inf.* xxx. 102.

[1] da.   [2] fero.   [3] Però.   [4] *acciocchè*.

Percosse. Poi ver Durazzo, e Farsalia *percosse* Sì . . . . *Par.* vi. 65.
   Così parlando il *percosse* un demonio Della sua scuriada . . *Inf.* xviii. 64.
   E mastro Adamo gli *percosse* il volto Col braccio suo . . . . *Inf.* xxx. 104.
   E negli sterpi eretici *percosse* L' impeto suo . . . . *Par.* xii. 100.
   cadde giuso, Tosto ch' un lume il volto mi *percosse* . . . . . *Purg.* xvii. 44.
   Quando con gli occhi gli occhi mi *percosse* . . . . *Purg.* xxxiii. 18.
   Tosto che nella vista mi *percosse* L' alta virtù . . . . *Purg.* xxx. 40.
   Ma negli orecchi mi *percosse* un duolo . . . . *Inf.* viii. 65.
   insieme venne, Sì come in certo grado si *percosse* . . . . . *Par.* xxi. 42.
   veste, che... *Percosse* traean dietro e ventilate . . . . *Purg.* viii. 30.
2. Percosse. Perocchè alle *percosse* non seconda . . . . *Purg.* i. 105.
   Ahi come facean lor levar le berze Alle prime *percosse!* . . *Inf.* xviii. 38.
Percosselo. E rotollo, e *percosselo* ad un sasso . . . . *Inf.* xxx. 11.
Percossi. Forte *percossi* il piè nel visò ad una . . . . *Inf.* xxxii. 78.
   a veder ee Negli occhi pur testè dal sol *percossi* . . . . . . *Purg.* xxxii. 11.
Percosso. la folgore acuta, Onde l' ultimo dì *percosso* fui . . . . *Inf.* xiv. 54.
   da luce rifratta Ivi dinanzi a me esser *percosso* . . . . *Purg.* xv. 23.
Percota. Qual fin balascio in che lo sol *percota* . . . . *Par.* ix. 69.
Percote. il vento, Che le più alte cime più *percote* . . . . *Par.* xvii. 134.
   freddo animale, Che con la coda *percote* la gente . . . . . . *Purg.* ix. 6.
   tal moto *percote*, E fa suonar la selva perch' è folta . . . . *Purg.* xxviii. 107.
   di butto Nuova luce *percote* il viso chiuso . . . . *Purg.* xvii. 41.
   Or son venuto Là dove molto pianto mi *percote* . . . . . *Inf.* v. 27.
   forse In alcun vero suo arco *percote* . . . . *Par.* iv. 60.
   nel segno *Percote* pria che sia la corda queta . . . . . . *Par.* v. 92.
   quel vedere... In che lo stral di mia intenzion *percote* . . . *Par.* xiii. 105.
   quella parte Dove l' un moto e l'[1] altro si *percote* . . . . . *Par.* x. 9.
Percotean. Questi si *percotean*, non pur con mano . . . . *Inf.* vii. 112.
Percotendo. vai... *Percotendo*, rispose, altrui le gote . . . . . . *Inf.* xxxii. 89.
   La bufera infernal... Voltando e *percotendo* li molesta . . *Inf.* v. 33.
Percoter. Non pur lungi al *percoter* dell' onde . . . . *Par.* xii. 49.
   Poi, come nel *percoter* dei ciocchi arsi Surgono . . . . . *Par.* xviii. 100.
Percotevansi. *Percotevansi* incontro, e poscia pur li . . . . . *Inf.* vii. 28.
Percoto. piango spesso Le mie peccata, e il petto mi *percoto* . . *Par.* xxii. 108.
Percuote. Crescendo sempre, fin ch' ella il *percuote* . . . . . *Purg.* xxiv. 86.
Perda. ratto, che il tempo non si *perda* Per poco amor . . . . *Purg.* xviii. 103.
Perde. vive... E frutta sempre, e mai non *perde* foglia . . . . *Par.* xviii. 30.
   Che più la *perde* quanto più s' aiuta . . . . *Purg.* xxxiii. 84.
   non surge... Come fiume ch' acquista e *perde* lena . . . . *Purg.* xxviii. 123.
   Pur che la terra, che *perde* ombra, spiri . . . . *Purg.* xxix. 89.
   alcuna stella *Perde* il parere infino a questo fondo . . . . *Par.* xxx. 6.
   come far suole Chi retro agli uccellin sua vita *perde* . . . *Purg.* xxiii. 3.
   Colui che *perde* si riman dolente, Ripetendo le volte . . . . *Purg.* vi. 2.
   e parve... Quegli che vince e non colui che *perde* . . . . *Inf.* xv. 124.
   Per lor maledizion sì non si *perde*, Che non possa tornar . . *Purg.* iii. 133.
   Se non che dalla parte ond' ei[2] s' accende Nulla sen *perde* . *Par.* xv. 18.
Perdè. quando Carlo Magno *perdè* la santa gesta . . . . . . *Inf.* xxxi. 17.
   Io dicea... ecco La gente che *perdè* Jerusalemme . . . . . *Purg.* xxiii. 29.
   quando fu sortito Al loco che *perdè* l' anima ria . . . . . *Inf.* xix. 96.
   Nè quantunque *perdè* l' antica matre Valse . . . . *Purg.* xxx. 52.
Perdea. Non *perdea* per distanza alcun suo atto . . . . *Purg.* xxix. 48.
   nelle foglie lievi Si *perdea* la sentenza di Sibilla . . . . . . *Par.* xxxiii. 66.
Perdei. e per null' altro rio Lo ciel *perdei* . . . . *Purg.* vii. 8.
   Ch' io *perdei* la speranza dell' altezza . . . . *Inf.* i. 54.

[1] all'.   [2] onde.

PERDEI 509 PEREGRINA

Perdei. Fede portai... Tanto ch' io ne *perdei* le vene[1] e i polsi . *Inf.* xiii. 63.
Quivi *perdei* la vista, e la parola Nel nome... finii . . . . . *Purg.* v. 100.
E quasi mi *perdei* con gli occhi chini . . . . *Par.* iv. 142.
Perdendo. chè forse, *Perdendo* me, rimarreste smarriti . . . . . *Par.* ii. 6.
Perder. Ancisa t' hai per non *perder* Lavina . . . . *Purg.* xvii. 37.
da ch' ei si tace... non *perder* l' ora . . . . *Inf.* xiii. 80.
Almeone che... Per non *perder* pietà si fe' spietato . . . . . *Par.* iv. 105.
Chè[2] *perder* tempo a chi più sa più spiace . . . . *Purg.* iii. 78.
Io era ben del suo ammonir uso, Pur di non *perder* tempo . *Purg.* xii. 86.
Temo di *perder* vita[3] tra coloro Che questo tempo . . . . . *Par.* xvii. 119.
E giugne il tempo che *perder* lo face . . . . *Inf.* i. 56.
fama Teme di *perder* perch' altri sormonti . . . . *Purg.* xvii. 119.
*****Perderagli.** e *perderagli* Più di speranza . . . . *Purg.* xiii. 152.
Perderanno. Ma più vi *perderanno*[4] gli ammiragli . . . . *Purg.* xiii. 154.
Perdere. Già veggia per mezzul *perdere* o lulla . . . . *Inf.* xxviii. 22.
Perde'si. avarizia spense... amore, onde operar *perde'si* . . . . *Purg.* xix. 122.
Perdessi. Sì che... Io non *perdessi* gli altri per miei carmi . . . *Par.* xvii. 111.
Perdette. che *perdette* La madre lei, ed ella primavera . . . . . *Purg.* xxviii. 50.
Perdeva. Togliea la coda fessa la figura Che si *perdeva* là . . . *Inf.* xxv. 110.
Perdo. il tempo è caro... sì, ch' io *perdo* troppo . . . . *Purg.* xxiv. 92.
Perdon. color... Che fa l' uom di *perdon* tal volta degno . . . . *Purg.* v. 21.
Perdona. mi rendei Piangendo a quei che volentier *perdona* . . *Purg.* iii. 120.
come noi... Perdoniamo a ciascuno, e tu *perdona* . . . . . . *Purg.* xi. 17.
però *perdona*, Se villania nostra giustizia tieni . . . . *Purg.* xviii. 116.
Ma dimmi, e come amico mi *perdona* . . . . *Purg.* xxii. 19.
Amor, che a nullo amato amar *perdona*, Mi prese . . . . . *Inf.* v. 103.
Perdonando. pentendo. e *perdonando*, fuora Di vita uscimmo . . *Purg.* v. 55.
Perdonanza. vederebbe La *perdonanza* di che si confida . . . . *Par.* xxix. 120.
Perdonasse. Orando... Che *perdonasse* a' suoi persecutori . . *Purg.* xv. 113.
Perdoni. li ciechi... Stanno ai *perdoni* a chieder lor bisogna . . *Purg.* xiii. 62.
Perdoniamo. lo mal che avem sofferto *Perdoniamo* . . . . . *Purg.* xi. 17.
Perdono. sentiro Lo colpo tal, che disperar *perdono* . . . . . *Purg.* i. 12.
l' udirai... Prima che giunghi al passo del *perdono* . . . . . *Purg.* xiii. 42.
Perduta. Ancisa t' hai per non perder Lavina; Or m' hai *perduta*.*Purg.* xvii. 38.
Per me si va tra la *perduta* gente . . . . *Inf.* iii. 3.
andavam... Com' uom che torna alla *perduta*[5] strada . . *Purg.* i. 119.
Perdute. Fuor che mostrargli le *perdute* genti . . . . *Purg.* xxx. 138.
Perduti. un ch' avea *perduti* ambo gli orecchi Per la freddura . . *Inf.* xxxii. 52.
due figure miste In una faccia, ov' eran due *perduti* . . . *Inf.* xxv. 72.
Per tai difetti, non per altro rio, Semo *perduti* . . . . . . : *Inf.* iv. 41.
Perduto. le genti... Ch' hanno *perduto* il ben dello intelletto . . *Inf.* iii. 18.
Non per far, ma per non fare, ho i' *perduto* Di veder . . . . *Purg.* vii. 25.
Perch' io là dove vedi son *perduto*, E... mi rancuro . . . . *Inf.* xxvii. 128.
l' un di voi dica Dove per lui *perduto* a morir gissi . . . . *Inf.* xxvi. 84.
alcun compenso... trova, che il tempo non passi *Perduto* . . *Inf.* xi. 15.
Peregrin. Ma noi siam *peregrin*, come voi siete . . . . *Purg.* ii. 63.
Sì come i *peregrin* pensosi fanno, Giugnendo... gente . . *Purg.* xxiii. 16.
E quasi *peregrin*, che si ricrea Nel tempio . . . . *Par.* xxxi. 43.
risalire insuso, Pur come *peregrin* che tornar vuole . . . . *Par.* i. 51.
Era già l' ora... che lo nuovo *peregrin* d' amore Punge . . . *Purg.* viii. 4.
splendori... Che tanto ai *peregrin* surgon più grati . . . . . *Purg.* xxvii. 110.
Peregrina. ma tu vuoi dire, Che vivesse in Italia *peregrina* . . . *Purg.* xiii. 96.
Nell' ora... che la mente nostra, *peregrina* Più dalla carne . *Purg.* ix. 16.
e ciò gli fece Romeo persona umile e *peregrina* . . . . . . *Par.* vi. 135.

[1] lo sonno.   [2] Chè 'l.   [3] viver.   [4] *metteranno*.   [5] smarrita.

Perfetta. quanto la cosa è più *perfetta*, Più senta il bene . . . . *Inf.* vi. 107.
  Ivi è *perfetta*, matura ed intera Ciascuna disianza . . . . . *Par.* xxii. 64.
  le nature provvedute Son nella mente ch' è da sè *perfetta* . . *Par.* viii. 101.
  Perfetta vita ed alto merto inciela Donna più su, mi disse . *Par.* iii. 97.
Perfettamente. tu assommi *Perfettamente*... il tuo cammino . . . *Par.* xxxi. 95.
Perfetti. E manco il primo che non gli ha *perfetti* . . . . . . *Par.* viii. 111.
Perfetto. L' articular del cerebro è *perfetto* . . . . *Purg.* xxv. 69.
  Senza battesmo *perfetto* di Cristo... laggiù si ritenne . . . . *Par.* xxxii. 83.
  e fuor di quella È difettivo ciò che lì è *perfetto* . . . . . . *Par.* xxxiii. 105.
  Ivi s' accoglie... Per lo *perfetto* loco onde si preme . . . . . *Purg.* xxv. 48.
  Sangue *perfetto*, che mai non si beve Dall' assetate vene . . *Purg.* xxv. 37.
  Non ti maravigliar ; chè ciò procede Da *perfetto* veder . . . *Par.* v. 5.
Perfezion. Tutta la *perfezion* quivi s' acquista . . . . *Par.* xiii. 81.
  questa gente... In vera *perfezion* giammai non vada . . . . . *Inf.* vi. 110.
  che i motori Senza sua *perfezion* fosser cotanto . . . . . . *Par.* xxix. 45.
Perfezione. la terra degna Di tutta l' animal *perfezione* . . . *Par.* xiii. 83.
Perfida. si partì... Per la spietata e *perfida* noverca . . . . . *Par.* xvii. 47.
Perfidie. Vie più là che il punir di lor *perfidie* . . . . *Par.* xvii. 99.
Perfido. come il frate che confessa Lo *perfido* assassin . . . . . *Inf.* xix. 50.
Pergamo. Tempo... Nel qual sarà in *pergamo* interdetto . . . . *Purg.* xxiii. 100.
  favole... In *pergamo* si gridan quinci e quindi . . . . . . *Par.* xxix. 105.
*****Periclo.** Solea creder lo mondo in suo *periclo* . . . . *Par.* viii. 1.
Perigli. per cento milia *Perigli* siete giunti all' occidente . . . *Inf.* xxvi. 113.
Periglio. Da qual che¹ parte il *periglio* lo assanni . . . . . . *Purg.* xiv. 69.
  addivenne Che, per fuggir *periglio*, contro a grato Si fe' . *Par.* iv. 101.
  m' hai tratto... D' alto *periglio* che incontra mi stette . . . . *Inf.* viii. 99.
Perigliosa. Si volge all' acqua *perigliosa*, e guata . . . . . . *Inf.* i. 24.
Perire. legno vidi... *Perire* al fine all' entrar della foce . . . . *Par.* xiii. 138.
*****Perizoma.** Sì che la ripa, ch' era *perizoma* . . . . *Inf.* xxxi. 61.
Perla. *perla* in bianca fronte Non vien men tosto² . . . . . . *Par.* iii. 14.
Permane. donna onesta, che *permane* Di sè sicura . . . . . . *Par.* xxvii. 31.
Permanendo. acqua recepe Raggio di luce, *permanendo* unita . . *Par.* ii. 36.
Permesso. brigavam... Tanto, quanto al poter n' era *permesso* . *Purg.* xx. 126.
*†**Permotore.** Questi nei cor mortali è *permotore*³ . . . . *Par.* i. 116.
Permutanza. Ed ogni *permutanza* creda⁴ stolta . . . . *Par.* v. 58.
Permutasse. duce, Che *permutasse* a tempo li ben vani . . . . *Inf.* vii. 79.
  ancor che alcuna offerta Si *permutasse*, come saper dei . . *Par.* v. 51.
Permutazion. Le sue *permutazion* non hanno triegue . . . . . *Inf.* vii. 88.
Pernotta. il mandrian... Lungo il peculio suo queto *pernotta* . *Purg.* xxvii. 83.
Però ; Perocch'; perocchè. *Sovente*.
Perpetua. si mova bruna bruna Sotto l' ombra *perpetua* . . . . *Purg.* xxviii. 32.
  La concreata e *perpetua* sete Del deiforme regno . . . . . *Par.* ii. 19.
  il sacro amore, in che io veglio Con *perpetua* vista . . . . *Par.* xv. 65.
Perpetualemente. *Perpetualemente* Osanna sverna Con tre melode. *Par.* xxviii. 118.
Perpetue. E *perpetue* nozze fa nel cielo . . . . *Purg.* xxxii. 74.
Perpetui. o *perpetui* fiori Dell' eterna letizia ! . . . . *Par.* xix. 22.
Persa. L' acqua era buia assai vie⁵ più che *persa* . . . . . . *Inf.* vii. 103.
*****Perse.** La vista mia... poi che la *perse*, Volsesi al segno . . . *Par.* iii. 125.
  quello Che, volando per l' aere, il figlio *perse* . . . . . . *Par.* viii. 126.
Persecutori. Orando... Che perdonasse a' suoi *persecutori* . . . *Purg.* xv. 113.
Persegue. Ella provvede, giudica, e *persegue* Suo regno . . . *Inf.* vii. 86.
*****Perseguette.** quando Domizian li *perseguette* . . . . *Purg.* xxii. 83.
*****Persevra.** voi... In che la sua famiglia men *persevra* . . . . *Par.* xvi. 11.
1. Persi. acque... Non sì profonde che i fondi sien *persi* . . . . *Par.* iii. 12.

¹ qualche.   ² forte.   ³ promotore.   ⁴ credi.   ⁵ molto.

2. **Persi.** Che potran dir li *Persi* ai vostri regi? . . . . *Par.* xix. 112.
Persio. Costoro, e *Persio*, ed io, ed altri assai . . . . *Purg.* xxii. 100.
Perso. O animal... Che visitando vai per l' aer *perso* Noi . . . . *Inf.* v. 89.
Era il secondo, tinto più che *perso*, D' una petrina . . . . . *Purg.* ix. 97.
Persona. qui da presso Non alzava la voce altra *persona* . . . . *Purg.* xx. 123.
Ch' io cominciai come *persona* franca: O pietosa colei . . . *Inf.* ii. 132.
Ed egli a me, come *persona* accorta: Qui si convien . . . . *Inf.* iii. 13.
E quella... Come *persona* in cui dolor s' affretta . . . . . . *Purg.* x. 87.
e ciò gli fece Romeo *persona* umile e peregrina . . . . . . *Par.* vi. 135.
Quei fu al mondo *persona* orgogliosa; Bontà non è . . . . . *Inf.* viii. 46.
la nostra *persona* Più grata fia per esser tutta e quanta . . . *Par.* xiv. 44.
Sen gìo come *persona* trista e matta . . . . *Inf.* xxviii. 111.
ponevam le piante Sopra lor vanita che par *persona* . . . . *Inf.* vi. 36.
io mi riscossi, Come *persona* che per forza è desta . . . . . *Inf.* iv. 3.
troverete il passo Possibile a salir *persona* viva . . . . . . *Purg.* xi. 51.
Sì ch' egli anneghi in te ogni *persona* . . . . *Inf.* xxxiii. 84.
Dimmi s' io veggio da notar *persona* Tra questa gente . . . *Purg.* xxiv. 11.
S' io credessi che... fosse A *persona* che mai tornasse . . . *Inf.* xxvii. 62.
brama, Dubitando, consiglio da *persona* Che vede . . . . . *Par.* xvii. 104.
quale Più strinse mai di non vista *persona* . . . . *Purg.* xxii. 17.
lo passo, Che non lasciò giammai *persona* viva . . . . . . *Inf.* i. 27.
si digrada... Cred' io perchè *persona* su non vada . . . . *Purg.* xxii. 135.
Io sentia... guai, E non vedea *persona* che il facesse . . . *Inf.* xiii. 23.
la fiera, Ch' è sola una *persona* in due nature . . . . . . *Purg.* xxxi. 81.
tre Persone... Ed in una *persona* essa e l' umana . . . . . *Par.* xiii. 27.
la natura, che... S' era allungata, unio a sè in *persona* . . *Par.* vii. 32.
di tanta ingiura, Guardando alla *persona* che sofferse . . . *Par.* vii. 44.
L' anima mia, che con la sua *persona* Venendo qui . . . . *Purg.* ii. 110.
non cintura Che fosse a veder più che la *persona* . . . . . *Par.* xv. 102.
Di sopr' esso rech' io questa *persona* . . . . *Purg.* xiv. 19.
Poscia ch' i' ebbi rotta la *persona* Di due punte . . . . . *Purg.* iii. 118.
Torreggiavan di mezza la *persona* Gli orribili giganti . . . *Inf.* xxxi. 43.
Io m' accostai con tutta la *persona* Lungo il mio Duca . . . *Inf.* xxi. 97.
Dritto sì, come andar vuolsi, rife' mi Con la *persona* . . . *Purg.* xii. 8.
Amor... Prese costui della bella *persona* Che mi fu tolta . . *Inf.* v. 101.
Persone. Là ci traemmo: ed ivi eran *persone* Che si stavano . *Purg.* iv. 103.
Al mondo non fur mai *persone* ratte A far lor pro . . . . . *Inf.* ii. 109.
quel ch' io veggio Mover a noi non mi sembran *persone* . . *Purg.* x. 113.
sè non giova, Ma dopo sè le *persone* dotte . . . . *Purg.* xxii. 69.
Perch' io partii così giunte *persone*, Partito porto . . . . . *Inf.* xxviii. 139.
Ivi mi parve... vedere in un tempio più *persone* . . . . . *Purg.* xv. 87.
Ma perchè si fa forza a tre *persone* . . . . *Inf.* xi. 29.
Fin che l' ha vinto il ver con più *persone* . . . . *Purg.* xxvi. 126.
Sempre la confusion delle *persone* Principio fu del mal . . . *Par.* xvi. 67.
mai non fue, Nè fia, qual fu in quelle due *persone* . . . . *Par.* xiii. 87.
non Peana, Ma tre *Persone* in divina natura . . . . *Par.* xiii. 26.
E credo in tre *persone* eterne, e queste Credo una essenza . *Par.* xxiv. 139.
via, Che tiene una sustanzia in tre *persone* . . . . *Purg.* iii. 36.
E discarcate le nostre *persone*, Si dileguò . . . . *Inf.* xvii. 135.
gli ammalati, Che non potean levar le lor *persone* . . . . *Inf.* xxix. 72.
Noi volgendo ivi le nostre *persone*... voci Cantaron . . . . *Purg.* xii. 109.
Persuade. la mia narrazion buia... men ti *persuade* . . . . . *Purg.* xxxiii. 47.
Pertratta. parole Colle quai la tua Etica *pertratta* . . . . . *Inf.* xi. 80.
Pertrattato. Appresso tutto il *pertrattato* nodo . . . . *Purg.* xxix. 133.
Pertugia. Già veggia... Com' io vidi un, così non si *pertugia* . . *Inf.* xxviii. 23.

Pertugio. Però ne dite ov' è presso il *pertugio*	. . . .	*Purg.* xviii. 111.
io vidi delle cose belle... per un *pertugio* tondo	. . . . .	*Inf.* xxxiv. 138.
Breve *pertugio* dentro dalla muda... M' avea mostrato	. . .	*Inf.* xxxiii. 22.
Correvan genti... Senza sperar *pertugio* o elitropia	. . . .	*Inf.* xxiv. 93.
come al *pertugio* Della sampogna vento che penetra	. . . .	*Par.* xx. 23.
Perugia. E Modena e *Perugia* fe'[1] dolente	. . . .	*Par.* vi. 75.
Onde *Perugia* sente freddo e caldo Da porta Sole	. . . . .	*Par.* xi. 46.
Pervenne. E, sì cangiando, in sulla mia *pervenne*	. . . .	*Par.* vi. 9.
Perversa. Due e nessun l' imagine *perversa* Parea	. . . .	*Inf.* xxv. 77.
Perverse. E riprendiene le genti *perverse*	. . . .	*Par.* xx. 126.
Perverso. Poichè hai pietà del nostro mal *perverso*	. . . . .	*Inf.* v. 93.
onde il *perverso*, Che cadde di quassù, laggiù si placa	. .	*Par.* xxvii. 26.
Pesa. ch' ei senta Qualunque passa com' ei *pesa* pria	. . . .	*Inf.* xxiii. 120.
Un mese e poco più prova' io come *Pesa* il gran manto	. . .	*Purg.* xix. 104.
Però qualunque cosa tanto *pesa* Per suo valor	. . . .	*Par.* v. 61.
Che già lo incarco di laggiù mi *pesa*	. . . .	*Purg.* xiii. 138.
Che tu saprai quanto quell' arte *pesa*	. . . .	*Inf.* x. 81.
affanno Mi *pesa* sì che a lagrimar m' invita	. . . .	*Inf.* vi. 59.
mi fece Indurlo ad opra, che a me stesso *pesa*	. . . . . .	*Inf.* xiii. 51.
Pesasse. E stanco chi il *pesasse* ad oncia ad oncia	. . . . . .	*Par.* ix. 57.
Pesca. indarno... Chi *pesca* per lo vero e non ha l' arte	. . .	*Par.* xiii. 123.
Pescator. tu drizzasti Poscia diretro al *pescator* le vele	. . . . .	*Purg.* xxii. 63.
Ch' io non conosco il *Pescator* nè Polo	. . . .	*Par.* xviii. 136.
Pesce. disparve... Come per l' acqua *pesce* andando al fondo	. .	*Purg.* xxvi. 135.
O d' altro *pesce* che più larghe l' abbia	. . . .	*Inf.* xxix. 84.
1. **Peschiera.** Come in *peschiera*, ch' è tranquilla	. . . .	*Par.* v. 100.
2. **Peschiera.** Siede *Peschiera*, bello e forte arnese	. . . . . .	*Inf.* xx. 70.
Pesci. Traggonsi i *pesci* a ciò che vien di fuori	. . . . . .	*Par.* v. 101.
Chè i *Pesci* guizzan su per l' orizzonta	. . . .	*Inf.* xi. 113.
Velando i *Pesci* ch' erano in sua scorta	. . . .	*Purg.* i. 21.
Pesi. li *pesi* Fan così cigolar le lor bilance	. . . .	*Inf.* xxiii. 101.
il punto Al qual si traggon d' ogni parte i *pesi*	. . . . . .	*Inf.* xxxiv. 111.
vid' io gente... Voltando *pesi* per forza di poppa	. . . . .	*Inf.* vii. 27.
che tu vedesti Da tutti i *pesi* del mondo costretto	. . . .	*Par.* xxix. 57.
Tenendo l' altra sotto gravi *pesi*	. . . .	*Inf.* vi. 71.
Peso. E qui convien ch' io questo *peso* porti Per lei	. . . . .	*Purg.* xi. 70.
è trascorsa D' esta moneta già la lega e il *peso*	. . . . . .	*Par.* xxiv. 84.
Ma per lo *peso* quella gente stanca Venìa sì pian	. . . . .	*Inf.* xxiii. 70.
Ed un di lor... Si torse sotto il *peso* che lo impaccia	. . .	*Purg.* xi. 75.
Senz' essa non fermai *peso* di dramma	. . . .	*Purg.* xxi. 99.
è carca Di nuova fellonia di tanto *peso*	. . . .	*Par.* xvi. 95.
D' un *peso* per ciascun di voi si fenno	. . . .	*Par.* xv. 75.
della bocca... Mi pinse con la forza del suo *peso*	. . . . .	*Par.* xx. 83.
Pesol. *Pesol* con mano a guisa di lanterna	. . . .	*Inf.* xxviii. 122.
Pessima. Così la fiera *pessima* si stava Sull' orlo	. . . . . .	*Inf.* xvii. 23.
Pestar. Questi, l' orme di cui *pestar* mi vedi	. . . .	*Inf.* xvi. 34.
***Peste.** Piangendo mi sgridò: perche mi *peste*?	. . . .	*Inf.* xxxii. 79.
Pestilenzie. Nè tante *pestilenzie* nè sì ree	. . . .	*Inf.* xxiv. 88.
Petraia. la via schietta Col livido color della *petraia*	. . . .	*Purg.* xiii. 9.
Petri. ma prima, Scias quod ego fui successor *Petri*	. . . . .	*Purg.* xix. 99.
Petrina. Era il secondo... D' una *petrina* ruvida ed arsiccia	. .	*Purg.* ix. 98.
Petrone. E vedemmo a mancina un gran *petrone*	. . . .	*Purg.* iv. 101.
Petti. Ditemi voi, che sì stringete i *petti*... chi siete	. . . .	*Inf.* xxxii. 43.
satolli Teseo combattér co' doppi *petti*	. . . .	*Purg.* xxiv. 123.

[1] fu.

Pettinagno. a memoria m' ebbe Pier *Pettinagno*	*Purg.* xiii. 128.
Petto. Là ov' era il *petto*, la coda rivolse	*Inf.* xvii. 103.
E puro argento son le braccia e il *petto*	*Inf.* xiv. 107.
fu rotto il *petto* e l' ombra Con esso un colpo	*Inf.* xxxii. 61.
Guardommi, e con le man s' aperse il *petto*, Dicendo	*Inf.* xxviii. 29.
Guardate là, come si batte il *petto*	*Purg.* vii. 106.
Lo dosso e il *petto*... Dipinte avea di nodi e di rotelle	*Inf.* xvii. 14.
E vedi lui che il gran *petto* ti doga	*Inf.* xxxi. 75.
quegli andò sotto, E quei drizzò, volando, suso il *petto*	*Inf.* xxii. 129.
Mira, che ha fatto *petto* delle spalle	*Inf.* xx. 37.
Con l' unghie si fendea ciascuna il *petto*	*Inf.* ix. 49.
L' andar mostrando con le poppe il *petto*	*Purg.* xxiii. 102.
piango spesso Le mie peccata, e il *petto* mi percoto	*Par.* xxii. 108.
scorgeva... Le spalle e il *petto* e del ventre gran parte	*Inf.* xxxi. 47.
capegli... De' quai cadeva al *petto* doppia lista	*Purg.* i. 36.
E poi che tutto su mi s' ebbe al *petto*, Rimontò	*Inf.* xix. 125.
E il mio buon Duca, che già gli era al *petto*... Rispose	*Inf.* xii. 83.
una figura Si vede giunger le ginocchia al *petto*	*Purg.* x. 132.
e poi Al *petto* del grifon seco menarmi	*Purg.* xxxi. 113.
E quel di mezzo, che al *petto* si mira, È... Chirone	*Inf.* xii. 70.
Non vi sarebbe al *petto* quella tema	*Purg.* xv. 54.
l' Archian rubesto... sciolse al mio *petto* la croce	*Purg.* v. 126.
E tante mi tornai con esse al *petto*	*Purg.* ii. 81.
Ed ei s' ergea col *petto* e colla fronte	*Inf.* x. 35.
Questi si percotean... con la testa, col[1] *petto* e co' piedi	*Inf.* vii. 113.
con angoscia Per la bocca e per gli occhi uscì del *petto*	*Purg.* xxx. 99.
Lo imperador... Da mezzo il *petto* uscia fuor della ghiaccia	*Inf.* xxxiv. 29.
Ma pria nel *petto* tre fiate mi diedi	*Purg.* ix. 111.
Chiuser le porte... Nel *petto* al mio signor	*Inf.* viii. 116.
E mostrommi una piaga a sommo il *petto*	*Purg.* iii. 111.
colui che giacque sopra il *petto* Del nostro Pellicano	*Par.* xxv. 112.
il Maestro... Portandosene me sopra il suo *petto*	*Inf.* xxiii. 50.
sotto il *petto* del Leone ardente Raggia mo misto giù	*Par.* xxi. 14.
Apri alla verità che viene il *petto*, E sappi	*Purg.* xxv. 67.
aura morta, Che m' avea contristati gli occhi e il *petto*	*Purg.* i. 18.
Quel sol, che pria d' amor mi scaldò il *petto*	*Par.* iii. 1.
li suoi dispetti Sono al suo *petto* assai debiti fregi	*Inf.* xiv. 72.
E non er' anco del mio *petto* esausto L' ardor	*Par.* xiv. 91.
Entra nel *petto* mio, e spira tue Sì	*Par.* i. 19.
l' amor del gusto Nel *petto* lor troppo disir non fuma	*Purg.* xxiv. 153.
Tu credi che nel *petto*, onde la costa Si trasse	*Par.* xiii. 37.
ti prega, O santo *petto*, che per tua la tegni	*Purg.* i. 80.
1. **Pia.** E Beatrice sospirosa e *pia* Quelle ascoltava	*Purg.* xxxiii. 4.
Ben dovrebb' esser la tua man più *pia*	*Inf.* xiii. 38.
Sì *pia* l' ombra d' Anchise si porse	*Par.* xv. 25.
Tal torna' io, e vidi quella *pia* Sopra me starsi	*Purg.* xxxii. 82.
E quella *pia*, che guidò le penne Delle mie ali	*Par.* xxv. 49.
2. **Pia.** Deh... Ricorditi di me, che son la *Pia*	*Purg.* v. 133.
Piaccia. Di ciò ti *piaccia* consolare alquanto L' anima mia	*Purg.* ii. 109.
ti *piaccia* Di dirne come l' anima si lega	*Inf.* xiii. 87.
Or ti *piaccia* gradir la sua venuta ; Libertà va cercando	*Purg.* i. 70.
Piacciati. O Tosco... *Piacciati* di restare in questo loco	*Inf.* x. 24.
Ora chi fosti *piacciati* ch' io sappia	*Purg.* xxi. 79.
Piace. Lo sommo Ben, che solo esso a sè *piace*	*Purg.* xxviii. 91.

[1] e col.

Piace. quanto *piace* Chi umilmente con essa s' accosta . . . . . *Par.* xxix. 92.
ma se a voi *piace* Cosa ch' io possa... Voi dite . . . . *Purg.* v. 59.
L' animo... Ad ogni cosa è mobile che *piace* . . . . *Purg.* xviii. 20.
Se quei, che leva e quando e cui gli *piace*... m' ha negato . . *Purg.* ii. 95.
L' alto disio... Tanto mi *piace* più, quanto più turge . . . . *Par.* xxx. 72.
Ma parla, e chiedi a lui se più ti *piace* . . . . *Inf.* xiii. 81.
Ed io: tanto m' è bel, quanto a te *piace* . . . . *Inf.* xix. 37.
Come il signor ch' ascolta quel che i *piace* . . . . *Par.* xxiv. 148.
E se l' andare avanti pur vi *piace*, Andatevene . . . . *Inf.* xxi. 109.
Ma seguimi oramai, chè il gir mi *piace* . . . . *Inf.* xi. 112.
vidi un che dicea: s' a voi *piace* Montare in su . . . . *Purg.* xxiv. 139.
Di quel che udire e che parlar ti *piace* Noi udiremo . . . . *Inf.* v. 94.
Onde un poco mi *piace* che m' ascolte . . . . *Inf.* xx. 57.
come noi sem... Per questo regno, A tutto il regno *piace* . . *Par.* iii. 83.
Però giri fortuna la sua rota, Come le *piace* . . . . *Inf.* xv. 96.
Tenta costui dei punti lievi e gravi, Come ti *piace* . . . . . *Par.* xxiv. 38.
O virtù somma... cominciai, com' a te *piace* Parlami . . . . *Inf.* x. 5.
se volete... Faròl, se *piace* a costui, chè vo seco . . . . . . *Inf.* xv. 36.
Ma se a te *piace*, volentier saprei Quanto avemo . . . . . . *Purg.* iv. 85.
Più l' è conforme, e però più le *piace* . . . . *Par.* vii. 73.
foro Aiutò sì che *piace* in Paradiso . . . . *Par.* x. 105.
scalzasi Silvestro Dietro allo sposo; sì la sposa *piace* . . . . *Par.* xi. 84.
Piacente. l' anima mia... *Piacente* a te dal corpo si disnodi . . . *Par.* xxxi. 90.
Piacer. Sì che il sommo *piacer* gli si dispieghi . . . . *Par.* xxxiii. 33.
Chè il *piacer* santo non è qui dischiuso . . . . *Par.* xiv. 138.
E se il sommo *piacer* sì ti fallio Per la mia morte . . . . . *Purg.* xxxi. 52.
E quanto fia *piacer* del giusto Sire, Tanto staremo . . . . . *Purg.* xix. 125.
E il *piacer* loro un Piramo alla gelsa . . . . *Purg.* xxxiii. 69.
Mai non t' apprentò natura o[1] arte *Piacer* . . . . *Purg.* xxxi. 50.
Posponendo il *piacer* degli occhi belli . . . . *Par.* xiv. 131.
Affetto al suo *piacer*, quel contemplante... assunse . . . . . *Par.* xxxii. 1.
usura tanto non si tolle Contra il *piacer* di Dio . . . . . . *Par.* xxii. 80.
Amor... Mi prese del costui *piacer* sì forte . . . . *Inf.* v. 104.
parrebber niente Ver lo *piacer* divin che mi rifulse . . . . . *Par.* xxvii. 95.
Pur come gli occhi ch' al *piacer* che i move Conviene . . . . *Par.* xii. 26.
e semplice e lascivo Seco medesmo a suo *piacer* combatte . . *Par.* v. 84.
le presenti cose Col falso lor *piacer* volser miei passi . . . . *Purg.* xxxi. 35.
m' andava tra tante primizie Dell' eterno *piacer* . . . . . . *Purg.* xxix. 32.
a cui... La porta del *piacer* nessun disserra . . . . *Par.* xi. 60.
In che più di *piacer* lo canto acquista . . . . *Par.* xx. 144.
solo infiammati Son nel *piacer* dello Spirito Santo . . . . . *Par.* iii. 53.
se disii Di[2] noi chiarirti, a tuo *piacer* ti sazia . . . . *Par.* v. 120.
tutti sem presti Al tuo *piacer*, perchè di noi ti gioi . . . . . *Par.* viii. 33.
ogni voto accetta, Che caritate a suo *piacer* conforma . . . . *Par.* iii. 102.
Le menti... a suo *piacer* di grazia dota Diversamente . . . . *Par.* xxxii. 65.
quello è natura Che per *piacer* di nuovo in voi si lega . . . *Purg.* xviii. 27.
Onde contra il *piacer* mio, per piacerli, Trassi . . . . *Purg.* xx. 2.
Piacere. Femmina... che ti farà *piacere* La mia città . . . . . *Purg.* xxiv. 44.
il *piacere* eterno, che diretto Raggiava in Beatrice . . . . . *Par.* xviii. 16.
Lo tuo *piacere* omai prendi per duce . . . . *Purg.* xxvii. 131.
Io dissi: al suo *piacere* e tosto e tardo Vegna rimedio . . . *Par.* xxvi. 13.
se l' impeto primo L' atterra, torto[3] da falso *piacere* . . . . *Par.* i. 135.
è mobile... Tosto che dal *piacere* in atto è desto . . . . . . *Purg.* xviii. 21.
l' imago della imprenta Dell' eterno *piacere* . . . . *Par.* xx. 77.

[1] ed.   [2] Da.   [3] A terra è torto.

Piacere.	strenne Che fosser di *piacere* a queste eguali	*Purg.* xxvii. 120.
Tanto son di *piacere* a sentir piena		*Purg.* xix. 21.
ma perchè[1] rapporti Quanto questa virtù t'[2] è in *piacere*		*Par.* xxv. 60.
Per lo *piacere* uman, che rinnovella, Seguendo il cielo		*Par.* xxvi. 128.
Piacerli.	Onde contra il piacer mio, per *piacerli*, Trassi	*Purg.* xx. 2.
Piacermi.	e il suo voler *piacermi* Significava	*Par.* ix. 14.
Per *piacermi* allo specchio qui m' adorno		*Purg.* xxvii. 103.
Piacerti.	per *piacerti*, Non fia men dolce	*Par.* viii. 38.
Piacesse.	Io credo ben che al mio Duca *piacesse*	*Inf.* xix. 121.
Piaceva.	Ciò che pria mi *piaceva*, allor m' increbbe	*Inf.* xxvii. 82.
Piaci.	In tutte tue question certo mi *piaci*, Rispose	*Inf.* xiv. 133.
Piaciute.	Queste parole m' eran sì *piaciute*	*Purg.* xx. 28.
Piacque.	Marzia *piacque* tanto agli occhi miei	*Purg.* i. 85.
Ch' a Dio ed ai Giudei *piacque* una morte		*Par.* vii. 47.
Fin che virtute al suo marito *piacque*		*Inf.* xix. 111.
Vita bestial mi *piacque*, e non umana, Sì come a mul		*Inf.* xxiv. 124.
Beatrice, A cui sì cominciar, dopo lui, *piacque*		*Par.* xiv. 9.
A Dio per grazia *piacque* d' inspirarmi L' alto lavoro		*Par.* vi. 23.
Ch' al mio Maestro *piacque* di mostrarmi La creatura		*Inf.* xxxiv. 17.
Ma questo intesi, e ritener mi *piacque*		*Purg.* xviii. 129.
Fin ch' al Verbo di Dio di scender *piacque*		*Par.* vii. 30.
Quando... *Piacque* di trarlo suso alla mercede		*Par.* xi. 110.
Giudice Nin gentil, quanto mi *piacque* Quando ti vidi!		*Purg.* viii. 53.
Sì che non *piacque* ad Ubertin Donato		*Par.* xvi. 119.
Quivi mi cinse sì come altrui *piacque*		*Purg.* i. 133.
E la prora ire in giù, com' altrui *piacque*		*Inf.* xxvi. 141.
Fuor d' ogni altro comprender, come i *piacque*		*Par.* xxix. 17.
Com' a lei *piacque* gli occhi dirizzai, E vidi		*Par.* xxii. 22.
Com' a lui *piacque*, il collo gli avvinghiai		*Inf.* xxxiv. 70.
Piacqui.	Tre volte cinse me... sì nel dir gli *piacqui*	*Par.* xxiv. 154.
Piaga.	E mostrommi una *piaga* a sommo il petto	*Purg.* iii. 111.
L' un per la *piaga*, e l' altro per la bocca Fumavan		*Inf.* xxv. 92.
conviene... Che la *piaga* dassezzo si ricucia		*Purg.* xxv. 139.
La *piaga*, che Maria richiuse ed unse, Quella... punse		*Par.* xxxii. 4.
sentia la *piaga* Della giustizia che sì li pilucca		*Purg.* xxiv. 38.
*****Piage.**	prego, Che sia or sanator delle tue *piage*	*Purg.* xxv. 30.
1. Piaggia.	Nella diserta *piaggia* è impedito	*Inf.* ii. 62.
Ripresi via per la *piaggia* diserta		*Inf.* i. 29.
sull' orlo... Dell' alta ripa, alla scoperta *piaggia*		*Purg.* iv. 35.
per altri porti Verrai a *piaggia*, non qui, per passare		*Inf.* iii. 92.
eravamo affissi, Pur come nave ch' alla *piaggia* arriva		*Purg.* xvii. 78.
Ond' ei si gittar tutti in sulla *piaggia*		*Purg.* ii. 50.
2. Piaggia.	Con la forza di tal che testè *piaggia*	*Inf.* vi. 69.
Piaggie.	disceso Al piè delle maligne *piaggie* grige	*Inf.* vii. 108.
Piaghe.	La molta gente e le diverse *piaghe*	*Inf.* xxix. 1.
tosto sieno spente, Come son già le due, le cinque *piaghe*		*Purg.* xv. 80.
fa che lavi, Quando sei dentro, queste *piaghe*, disse		*Purg.* ix. 114.
Aimè, che *piaghe* vidi ne' lor membri Recenti e vecchie!		*Inf.* xvi. 10.
Chi poria... Dicer del sangue e delle *piaghe* appieno?		*Inf.* xxviii. 2.
potea Sanar le *piaghe* ch' hanno Italia morta		*Purg.* vii. 95.
Piagna.	Se ne riprende, perchè men sen *piagna*	*Purg.* xv. 48.
Piagne.	veder la tua Roma che *piagne*, Vedova e sola	*Purg.* vi. 112.
Che m' intenda colui che di là *piagne*		*Purg.* xxx. 107.
strega, Che sola sopra noi omai si *piagne*		*Purg.* xix. 59.

[1] perch' ei.   [2] c'.

Piagne. se ne *piagne* Per la puntura della rimembranza	. . . .	*Purg.* xii. 19.
Piagni. L' altro era quel che tu, Gaville, *piagni*	. . . .	*Inf.* xxv. 151.
Orgoglio e dismisura... sì che tu già ten *piagni*	. . . . . .	*Inf.* xvi. 75.
Pian. Ma per lo peso quella gente stanca Venia sì *pian*	. . . .	*Inf.* xxiii. 71.
più lieve, Che per lo *pian* non mi parea davanti	. . . . . .	*Purg.* xii. 117.
Piana. la ragione aperta e *piana...* avea ricolta	. . . .	*Purg.* xviii. 85.
Ed egli a me : la mia scrittura è *piana*	. . . .	*Purg.* vi. 34.
E cominciommi a dir soave e *piana*, Con angelica voce	. . .	*Inf.* ii. 56.
Pianeta. Lo bel *pianeta* che ad amar conforta	. . . .	*Purg.* i. 19.
sì lieta... Che più lucente se ne fe' il *pianeta*	. . . .	*Par.* v. 96.
Fora di sua materia sì digiuno Esto *pianeta*	. . . .	*Par.* ii. 76.
vidi le sue spalle Vestite già de' raggi del *pianeta*	. . . . .	*Inf.* i. 17.
notte privata D' ogni *pianeta* sotto pover cielo	. . . .	*Purg.* xvi. 2.
Pianeti. si dirama L' obbliquo cerchio che i *pianeti* porta	. . .	*Par.* x. 14.
Pianga. Come che di ciò *pianga*, e che ne adonti	. . . .	*Inf.* vi. 72.
Credo che un spirto del mio sangue *pianga* La colpa	. . . .	*Inf.* xxix. 20.
Piange. Ei *piange* qui l' argento de' Franceschi	. . . .	*Inf.* xxxii. 115.
son tra quella gente stato Che *piange* l' avarizia	. . . . . .	*Purg.* xxii. 53.
quella terra... Che *piange* Carlo e Federico vivo	. . . . . .	*Par.* xx. 63.
Farò come colui che *piange* e dice	. . . .	*Inf.* v. 126.
e diretro le *piange* Per grave giogo Nocera	. . . .	*Par.* xi. 47.
Che in tutt' i suoi pensier *piange* e s' attrista	. . . .	*Inf.* i. 57.
Quella, che *piange* dal destro, è Aletto	. . . .	*Inf.* ix. 47.
l' amor... Di sopra noi si *piange* per tre cerchi	. . . . . .	*Purg.* xvii. 137.
Questo triforme amor quaggiù disotto Si *piange*	. . . . .	*Purg.* xvii. 125.
Biscazza e fonde... E *piange* là dove esser dee giocondo	. .	*Inf.* xi. 45.
Piangea. Presemi... E menommi al cespuglio che *piangea*	. . .	*Inf.* xiii. 131.
Vidi gente per esso che *piangea*, Giacendo a terra	. . . . .	*Purg.* xix. 71.
Certo i' *piangea*, poggiato ad un de' rocchi	. . . .	*Inf.* xx. 25.
Quando *piangea*, vi facea far le grida	. . . .	*Inf.* xiv. 102.
Piangean. molte gregge, Che *piangean* tutte assai miseramente	.	*Inf.* xiv. 20.
Piangendo. tesoro Che s' acquistò *piangendo* nell' esilio	. . . .	*Par.* xxiii. 134.
Tutta esta gente che *piangendo* canta... si rifà santa	. . . .	*Purg.* xxiii. 64.
Piangendo parea dicer : più non posso	. . . .	*Purg.* x. 139.
una fanciulla, *Piangendo* forte, e diceva : o regina	. . . . .	*Purg.* xvii. 35.
Piangendo disse : se per questo cieco Carcere vai	. . . . .	*Inf.* x. 58.
Piangendo dissi : le presenti cose... volser miei passi	. . .	*Purg.* xxxi. 34.
gente... Che giva intorno assai con lenti passi *Piangendo*	.	*Inf.* xxiii. 60.
Ed a colui... Li preghi miei, *piangendo*, furon porti	. . .	*Purg.* xxx. 141.
E due dinanzi gridavan *piangendo* : Maria corse	. . . . .	*Purg.* xviii. 99.
fanciulla, Che *piangendo* e ridendo pargoleggia	. . . . .	*Purg.* xvi. 87.
mi rendei *Piangendo* a quei che volentier perdona	. . . .	*Purg.* iii. 120.
Latin sem noi... ambo e due, rispose l' un *piangendo*	. . . .	*Inf.* xxix. 92.
Poi si ritrasser... Forte *piangendo*, alla riva malvagia	. . .	*Inf.* iii. 107.
Piangendo mi sgridò : perchè mi peste ?	. . . .	*Inf.* xxxii. 79.
Dinanzi a me sen va *piangendo* Alì	. . . .	*Inf.* xxviii. 32.
masnada, Che va *piangendo* i suoi eterni danni	. . . . . .	*Inf.* xv. 42.
Piangene. *Piangene* ancor La trista Cleopatra	. . . .	*Par.* vi. 76.
Pianger. squilla... Che paia il giorno *pianger* che si more	. . .	*Purg.* viii. 6.
Alessandria... Fa *pianger* Monferrato e Canavese	. . . .	*Purg.* vii. 136.
Chè *pianger* ti convien per altra spada	. . . .	*Purg.* xxx. 57.
pianse Ifigenia... E fe' *pianger* di sè li[1] folli e i savi	. . . .	*Par.* v. 71.
Lo pianto stesso lì *pianger* non lascia	. . . .	*Inf.* xxxiii. 94.
Pianger senti' fra 'l sonno i miei figliuoli	. . . .	*Inf.* xxxiii. 38.

[1] e i.

Pianger. E se non piangi, di che *pianger* suoli? . . . . *Inf.* xxxiii. 42.
La faccia tua... Mi dà di *pianger* mo non minor doglia . . . *Purg.* xxiii. 56.
mi diletta Troppo di *pianger* più che di parlare . . . . . . *Purg.* xiv. 125.
Dante... Non *pianger* anco, non *pianger* ancora . . . . . *Purg.* xxx. 56.
pianger matura Quel senza il quale a Dio tornar non puossi . *Purg.* xix. 91.
Chè la tua stanza mio *pianger* disagia . . . . *Purg.* xix. 140.
m' ha condotto... La Nella mia col suo *pianger* dirotto . . . *Purg.* xxiii. 87.
Piangerà. Che tosto *piangerà* quel monastero . . . . *Purg.* xviii. 122.
Piangerà Feltro ancora la diffalta Dell' empio suo pastor . *Par.* ix. 52.
Piangere. io sentia Pietosamente *piangere* e lagnarsi . . . . *Purg.* xx. 18.
Che dello stare a *piangere* eran vaghe . . . . *Inf.* xxix. 3.
Ed ecco *piangere* e cantar s' udìe : Labia mea, Domine . . . *Purg.* xxiii. 10.
con *piangere* e con lutto, Spirito maledetto, ti rimani . . . . *Inf.* viii. 37.
Pon giù il seme del *piangere*, ed ascolta . . . . *Purg.* xxxi. 46.
Piangesse. Che non avea cagion onde *piangesse* . . . . *Par.* xvi. 150.
Piangeva. L' altro *piangeva* sì, che di pietade Io venni meno . . *Inf.* v. 140.
Io non *piangeva*, sì dentro impietrai ; Piangevan elli . . . *Inf.* xxxiii. 49.
al rotto Di quei che sì *piangeva* con la zanca . . . . . . *Inf.* xix. 45.
Con sei occhi *piangeva*, e per tre menti Gocciava il pianto . *Inf.* xxxiv. 53.
Piangevan. *Piangevan* elli ; ed Anselmuccio mio Disse . . . *Inf.* xxxiii. 50.
Piangevisi. *Piangevisi* entro l' arte, per che... si duol . . . . . *Inf.* xxvi. 61.
Piangi. E se non *piangi*, di che pianger suoli ? . . . . *Inf.* xxxiii. 42.
convegno, Che se tu a ragion di lui ti *piangi* . . . . . . *Inf.* xxxii. 136.
Piango. per lo quale io *piango* spesso Le mie peccata . . . . *Par.* xxii. 107.
E non pur io qui *piango* Bolognese . . . . *Inf.* xviii. 58.
Non ti maravigliar, s' io *piango*, Tosco, Quando rimembro . *Purg.* xiv. 103.
Rispose : vedi che son un che *piango* . . . . *Inf.* viii. 36.
Piangon. Quivi si *piangon* li spietati danni . . . . *Inf.* xii. 106.
Piano. questo mondo China già l' ombra, quasi al letto *piano* . . *Par.* xxx. 3.
Tra erto e *piano* era un sentiero sghembo[1] . . . . *Purg.* vii. 70.
Rispose : andiamo in là, ch' ei vegnon *piano* . . . . . . *Purg.* iii. 65.
Denar si tolse, e lasciolli di *piano*, Sì com' ei dice . . . . . *Inf.* xxii. 85.
fossa... Come quella che tutto il *piano* abbraccia . . . . . *Inf.* xii. 53.
Arriva' io... Fuggendo a piede e sanguinando il *piano* . . . *Purg.* v. 99.
Rimembriti... Se mai torni a veder lo dolce *piano* . . . . *Inf.* xxviii. 74.
Che da cima del monte, onde si mosse, Al *piano* . . . . . *Inf.* xii. 8.
ristemmo su in un *piano* Solingo più che strade . . . . . *Purg.* x. 20.
Noi andavam per lo solingo *piano* Com' uom che torna . . . *Purg.* i. 118.
Così com' ella sie' tra il *piano* e il monte . . . . *Inf.* xxvii. 53.
Pianse. Onde *pianse* Ifigenia il suo bel volto . . . . *Par.* v. 70.
Ella con Cristo *pianse*[2] in sulla croce . . . . *Par.* xi. 72.
Pianser. Molte fiate già *pianser* li figli Per la colpa . . . . . *Par.* vi. 109.
1. Pianta. quando alcuna *pianta*... vi s' appiglia . . . . . . *Purg.* xxviii. 116.
Tant' è del seme suo minor la *pianta* . . . . *Purg.* vii. 127.
Legno è più su... E questa *pianta* si levò da esso . . . . *Purg.* xxiv. 117.
E la percossa *pianta* tanto puote, Che... l' aura impregna . . *Purg.* xxviii. 109.
Null' altra *pianta* che facesse fronda, O indurasse . . . . . *Purg.* i. 103.
una landa Che dal suo letto ogni *pianta* rimove . . . . . *Inf.* xiv. 9.
qual egli scelse L' umile *pianta*, cotal si rinacque . . . . *Purg.* i. 135.
tu entrasti povero... a seminar la buona *pianta* . . . . . . *Par.* xxiv. 110.
e non tocchin la *pianta*, S' alcuna surge ancora . . . . . *Inf.* xv. 74.
Perchè vedrai la *pianta* onde si scheggia . . . . *Par.* xi. 137.
Anima fatta la virtute attiva, Qual d' una *pianta* . . . . . *Purg.* xxv. 53.
Io fui radice della mala *pianta* Che... aduggia . . . . . . *Purg.* xx. 43.

[1] *schembo.* [2] *salse.*

PIANTA	518	PIATTI

Pianta. Surge in vermena, ed in *pianta* silvestra . . . . *Inf.* xiii. 100.
Come per verdi fronde in *pianta* vita . . . . *Purg.* xviii. 54.
Cade virtù nell' acqua, e nella *pianta* Rimasa retro . . . . *Purg.* xxiii. 62.
s' innovò la *pianta*, Che prima avea le ramora sì sole . . . *Purg.* xxxii. 59.
Poi cerchiaro una *pianta* dispogliata Di fiori . . . . *Purg.* xxxii. 38.
abbi a mente... Di non celar qual hai vista la *pianta* . . . . *Purg.* xxxiii. 56.
O cara *pianta*[1] mia, che sì t' insusi Che... vedi le cose . . . *Par.* xvii. 13.
La tua città, che di colui è *pianta* Che pria volse . . . . . *Par.* ix. 127.
2. **Pianta.** venne... A rinfiammarsi sotto la sua *pianta* . . . . . *Par.* xvi. 39.
3. **Pianta.** città... di cui è la invidia tanto *pianta*[2] . . . . *Par.* ix. 129.
Piantato. più... Ch' ei non starà *piantato* coi piè rossi . . . . . *Inf.* xix. 81.
1. **Piante.** Come le nostre *piante*, quando casca Giù . . . . . . *Purg.* xxxii. 52.
Rifatto sì, come *piante* novelle Rinnovellate . . . . *Purg.* xxxiii. 143.
se tu tronchi Qualche fraschetta d' una d' este *piante* . . . . *Inf.* xiii. 29.
L' anima d' ogni bruto e delle *piante*... tira Lo raggio . . . *Par.* vii. 139.
Tu vuoi saper di quai *piante* s' infiora Questa ghirlanda . . *Par.* x. 91.
lo seme, Del qual ti fascian ventiquattro *piante* . . . . . . *Par.* xii. 96.
2. **Piante.** Le *piante* erano a tutti accese intrambe . . . . *Inf.* xix. 25.
Fermò le *piante* a terra, ed in un punto Saltò . . . . *Inf.* xxii. 122.
tre gradi... Ov' ha il vicario di Pietro le *piante* . . . . . . *Purg.* xxi. 54.
e ponevam le *piante* Sopra lor vanità . . . . *Inf.* vi. 35.
Sopra questo teneva ambo le *piante* L' Angel di Dio . . . . *Purg.* ix. 103.
un, che... Passava Stige colle *piante* asciutte . . . . *Inf.* ix. 81.
Fa sì, che tu non calchi con le *piante* Le teste . . . . *Inf.* xxxii. 20.
stanno erte, Quella col capo, e quella con le *piante* . . . . *Inf.* xxxiv. 14.
Come si volge con le *piante* strette A terra . . . . *Purg.* xxviii. 52.
Buon ti sarà... Veder lo letto delle *piante* tue . . . . *Purg.* xii. 15.
mi parti' Dietro alle poste delle care *piante* . . . . *Inf.* xxiii. 148.
quel feroce drudo La flagellò dal capo infin le *piante* . . . . *Purg.* xxxii. 156.
Pianti. Senza mio lagrimar non fur lor *pianti* . . . . *Purg.* xxii. 84.
Quivi sospiri, *pianti* ed alti guai Risonavan . . . . *Inf.* iii. 22.
Ristemmo per veder... gli altri *pianti* vani . . . . *Inf.* xxi. 5.
Perocch' io vidi fochi, e sentii *pianti* . . . . *Inf.* xvii. 122.
Pianto. Quivi... Non avea *pianto* ma' che di sospiri . . . . . *Inf.* iv. 26.
che il *pianto* degli occhi Le natiche bagnava . . . . *Inf.* xx. 23.
per tre menti Gocciava il *pianto* e sanguinosa bava . . . . . *Inf.* xxxiv. 54.
Lo *pianto* stesso lì pianger non lascia . . . . *Inf.* xxxiii. 94.
Or son venuto Là dove molto *pianto* mi percote . . . . . . *Inf.* v. 27.
Sì ch' io sfoghi il dolor... pria che il *pianto* si raggeli . . *Inf.* xxxiii. 114.
Chè riso e *pianto* son tanto seguaci Alla passion . . . . . . *Purg.* xxi. 106.
pianto Giusto verrà diretro ai vostri danni . . . . *Par.* ix. 5.
Noi ci volgemmo ancor... intenti al tristo *pianto* . . . . . . *Inf.* xxiii. 69.
mugghiò prima Col *pianto* di colui... Che l' avea temperato . *Inf.* xxvii. 8.
nello scoperto fondo, Che si bagnava d' angoscioso *pianto* . *Inf.* xx. 6.
Non odi tu la pieta del suo *pianto*? Non vedi tu? . . . . . *Inf.* ii. 106.
ben conobbe le meschine Della regina dell' eterno *pianto* . . *Inf.* ix. 44.
Poi sospirando, e con voce di *pianto*, Mi disse . . . . *Inf.* xix. 65.
Per sua diffalta in *pianto* ed in affanno Cambiò . . . . . . *Purg.* xxviii. 95.
Noi ci allegrammo, e tosto tornò in *pianto* . . . . *Inf.* xxvi. 136.
udi'... Dinanzi a noi chiamar così nel *pianto* . . . . *Purg.* xx. 20.
l' ombre... Tornate già in sull' usato *pianto* . . . . *Purg.* xx. 144.
Pianura. dichina Questa *pianura* a' suoi termini bassi . . . . . *Purg.* i. 114.
Piato. t' accoglia, Ove sia gente in simigliante *piato* . . . . . *Inf.* xxx. 147.
Piatti. gli altri... Per le fessure della pietra *piatti* . . . . . . *Inf.* xix. 75.

[1] *piota.* [2] tutta quanta.

Piava. tra Rialto E le fontane di Brenta e di *Piava*	*Par.*	ix. 27.
Piccarda. Ma dimmi, se tu 'l sai, ov' è *Piccarda*	*Purg.*	xxiv. 10.
Ma riconoscerai ch' io son *Piccarda*, Che... Beata sono	*Par.*	iii. 49.
E poi potesti da *Piccarda* udire, Che l' affezion	*Par.*	iv. 97.
Però, quando *Piccarda* quello espreme... intende	*Par.*	iv. 112.
Picchia. E sè medesma con le palme *picchia*	*Inf.*	xviii. 105.
Già scorger puoi come ciascun si *picchia*	*Purg.*	x. 120.
Picciol. Barattier fu non *picciol*, ma soprano	*Inf.*	xxii. 87.
Di *picciol* bene in pria sente sapore	*Purg.*	xvi. 91.
Fecero al viver bene un *picciol* cenno Verso di te	*Purg.*	vi. 141.
Nel *picciol* cerchio s' entrava per porta	*Par.*	xvi. 125.
In *picciol* corso mi pareano stanchi Lo padre e i figli	*Inf.*	xxxiii. 34.
Come t' è *picciol* fallo amaro morso!	*Purg.*	iii. 9.
spiccia Fuor della selva un *picciol* fiumicello	*Inf.*	xiv. 77.
io pari di lei, *Picciol* passo con *picciol* seguitando	*Purg.*	xxix. 9.
Ma *picciol* tempo, chè poca è l' offesa Fatta	*Purg.*	xiii. 134.
Tu sentirai di qua da *picciol* tempo Di quel che Prato	*Inf.*	xxvi. 8.
In *picciol* tempo gran dottor si feo, Tal che si mise	*Par.*	xii. 85.
E quale è il trasmutare in *picciol* varco Di tempo	*Par.*	xviii. 64.
Che gli animali infino al *picciol* vermo Cascaron tutti	*Inf.*	xxix. 61.
Picciola. Non è pileggio da *picciola* barca	*Par.*	xxiii. 67.
con quella compagna *Picciola*, dalla qual non fui deserto	*Inf.*	xxvi. 102.
schiatta... Già venia su, ma di *picciola*[1] gente	*Par.*	xvi. 118.
Bernardin di Fosco, Verga gentil di *picciola* gramigna	*Purg.*	xiv. 102.
compagni fec' io sì acuti, Con questa orazion *picciola*	*Inf.*	xxvi. 122.
Tu hai li piedi in su *picciola* spera	*Inf.*	xxxiv. 116.
Questa *picciola* stella si correda Dei buoni spirti	*Par.*	vi. 112.
Da quella parte, onde non ha riparo La *picciola* vallea	*Purg.*	viii. 98.
A questa tanto *picciola* vigilia De' vostri sensi	*Inf.*	xxvi. 114.
Picciole. rio, Che inver sinistra con sue *picciole* onde	*Purg.*	xxviii. 26.
Piccioletta. O voi che siete in *piccioletta* barca!	*Par.*	ii. 1.
Nell' altra *piccioletta* luce ride Quell' avvocato	*Par.*	x. 118.
snella, Com' io vidi una nave *piccioletta* Venir	*Inf.*	viii. 15.
Piccola. schiatta... Già venia su, ma di *piccola*[2] gente	*Par.*	xvi. 118.
Picen. E con tempesta... Sopra campo *Picen* fia combattuto	*Inf.*	xxiv. 148.
Piche. suono di cui le *Piche* misere sentiro Lo colpo	*Purg.*	i. 11.
Pie. alle sustanzie *pie* Volse le sue parole così poscia	*Purg.*	xxx. 101.
Piè. E i due *piè* della fiera, ch' eran corti, Tanto allungar	*Inf.*	xxv. 113.
Poscia li *piè* diretro, insieme attorti, Diventaron lo membro	*Inf.*	xxv. 115.
Sì che il *piè* fermo sempre era il più basso	*Inf.*	i. 30.
Appena fur li *piè* suoi giunti al letto Del fondo giù	*Inf.*	xxiii. 52.
Lassù non eran mossi i *piè* nostri anco	*Purg.*	x. 28.
Così non soglion fare i *piè* de' morti	*Inf.*	xii. 82.
E proseguendo... Lo *piè* senza la man non si spedìa	*Inf.*	xxvi. 18.
Se i *piè* si stanno, non stea tuo sermone	*Purg.*	xvii. 84.
Fien li tuoi *piè* dal buon voler sì vinti	*Purg.*	xii. 124.
Ma più è il tempo già che i *piè* mi cossi	*Inf.*	xix. 79.
Poi sopra il vero ancor lo *piè* non fida	*Par.*	iii. 27.
E tale ha già l' un *piè* dentro la fossa	*Purg.*	xviii. 121.
Ale hanno... *Piè* con artigli, e pennuto il gran ventre	*Inf.*	xiii. 14.
Io mossi i *piè* del loco dov' io stava	*Purg.*	x. 70.
m' apparì una gente D' anime, che movieno i *piè* ver noi	*Purg.*	iii. 59.
passeggiando... Forte percossi il *piè* nel viso ad una	*Inf.*	xxxii. 78.
Poi che l' un *piè* per girsene sospese, Maometto mi disse	*Inf.*	xxviii. 61.

[1] piccola.   [2] picciola.

Piè. quel piglio Dolce, ch' io vidi prima a *piè* del monte . . . . *Inf.* xxiv. 21.
Ch' io vidi lui a *piè* del ponticello Mostrarti . . . . *Inf.* xxix. 25.
Così ne pose... A *piè*[1] a *piè* della stagliata rocca . . . . . . *Inf.* xvii. 134.
in contrario il collo Faceva a' *piè* continuo viaggio . . . . . *Inf.* xvi. 27.
Quale il falcon che prima ai *piè* si mira, Indi si volge . . . *Purg.* xix. 64.
perchè... Parver gridare infino ai suoi *piè* molli? . . . . . . *Purg.* xxi. 36.
Al *piè* di quella croce corse un astro Della costellazion . . . *Par.* xv. 20.
quando è disceso Al *piè* delle maligne piaggie grige . . . . *Inf.* vii. 108.
Quando diritto al *piè* del ponte fue, Levò il braccio . . . . *Inf.* xxviii. 127.
Ma poi che[2] fui al *piè* d' un colle giunto... Guardai . . . . . *Inf.* i. 13.
Com' io[3] al *piè* della sua tomba fui, Guardommi un poco . . *Inf.* x. 40.
assai prima Che noi fussimo al *piè* dell' alta torre . . . . . *Inf.* viii. 2.
Io vidi due... Dal capo al *piè* di schianze maculati . . . . . *Inf.* xxix. 75.
Al *piè* dell' alta ripa, che pur sale, Misurrebbe . . . . . . *Purg.* x. 23.
o anime... Raccoglietele al *piè* del tristo cesto . . . . *Inf.* xiii. 142.
E volto al temo... Trasselo al *piè* della vedova frasca . . . *Purg.* xxxii. 50.
Venimmo al *piè* d' un nobile castello, Sette volte cerchiato . *Inf.* iv. 106.
Noi divenimmo intanto al *piè*[4] del monte . . . . *Purg.* iii. 46.
Coi *piè* di mezzo gli avvinse la pancia . . . . *Inf.* xxv. 52.
Coi *piè* ristetti e con gli occhi passai Di là . . . . *Purg.* xxviii. 34.
più... Ch' ei non starà piantato coi *piè* rossi . . . . *Inf.* xix. 81.
nulla disse; Anzi coi *piè* fermati sbadigliava . . . . *Inf.* xxv. 89.
e dalla riva Copre la notte già col *piè* Morrocco . . . . . . *Purg.* iv. 139.
Non altrimenti fan di state i cani, Or col ceffo or coi[5] *piè* . . *Inf.* xvii. 50.
il Montone Con tutti e quattro i *piè* copre ed inforca . . . . *Purg.* viii. 135.
Ed un serpente con sei *piè* si lancia Dinanzi all' uno . . . . *Inf.* xxv. 50.
Montasi su Bismantova in cacume Con esso i *piè* . . . . . . *Purg.* iv. 27.
Che in su si stende, e da *piè* si rattrappa . . . . *Inf.* xvi. 136.
colei, Che fu da' *piè* di Caton già[6] soppressa . . . . *Inf.* xiv. 15.
venia Da *piè* guardando la turba che giace . . . . *Purg.* xxi. 11.
E quei tenea de' *piè* ghermito il nerbo . . . . *Inf.* xxi. 36.
levata dritta in *piè*, Rispose, colorata come foco . . . . . . *Purg.* xxxiii. 8.
una femmina... Negli[7] occhi guercia,[8] e sopra i *piè* distorta . *Purg.* xix. 8.
Con l' ale aperte, e sopra il *piè* leggiero . . . . *Inf.* xxi. 33.
Tanto che il cinghio sotto i *piè* mi fue . . . . *Purg.* iv. 51.
giù nel pozzo scuro Sotto i *piè* del gigante . . . . *Inf.* xxxii. 17.
E tra il *piè* della ripa ed essa in traccia Correan Centauri . *Inf.* xii. 55.
Tra il pozzo e il *piè* dell' alta ripa dura . . . . *Inf.* xviii. 8.
Piede. Salvo che il destro *piede* è terra cotta . . . . *Inf.* xiv. 110.
Ora accordiamo a tanto invito il *piede* . . . . *Purg.* xvii. 61.
si volge... E *piede* innanzi *piede* a pena mette . . . . . . *Purg.* xxviii. 54.
come apprende, Così nel bene appreso[9] move il *piede* . . . . *Par.* v. 6.
Appresso volse a man sinistra il *piede* . . . . *Inf.* x. 133.
Arriva' io... Fuggendo a *piede* e sanguinando il piano . . . *Purg.* v. 99.
Così ne pose... A *piede*[10] a piè della stagliata rocca . . . . *Inf.* xvii. 134.
Ma domandai per darti forza al *piede* . . . . *Purg.* xv. 136.
E l' anima non va con altro *piede* . . . . *Purg.* xviii. 44.
Ed or s' accoscia, ed ora è in *piede* stante . . . . *Inf.* xviii. 132.
Levati su, disse il Maestro, in *piede* . . . . *Inf.* xxxiv. 94.
d' altro loco Disdegna di portarne suso in *piede* . . . . . *Purg.* ix. 27.
Piedi. Quando li *piedi* suoi lasciar la fretta . . . . *Purg.* iii. 10.
Fuor della bocca... soperchiava D' un peccator li *piedi* . . *Inf.* xix. 23.
Già si chinava ad abbracciar li *piedi* Al mio Dottor . . . . *Purg.* xxi. 130.

[1] piede. [2] ch' i'. [3] Tosto ch'. [4] appiè. [5] col. [6] piedi di Caton.
[7] Con gli. [8] guerci. [9] *appresso*. [10] *piè*.

Piedi. Perciò a figurarlo i *piedi* affissi . . . . *Inf.* xviii. 43.
e *piedi* e mano Attribuisce a Dio, ed altro intende . . . . . *Par.* iv. 44.
Stanno i ranocchi... Sì che celano i *piedi* e l' altro grosso . . *Inf.* xxii. 27.
si facea basso Quel sangue sì che cocea[1] pur li *piedi* . . . . *Inf.* xii. 125.
Ma per salirla mo nessun diparte Da terra i *piedi* . . . . . *Par.* xxii. 74.
Quivi fermammo i *piedi*[2] a randa a randa . . . . *Inf.* xiv. 12.
dentro ai chiostri Fermar li *piedi* e tennero il cor saldo . . . *Par.* xxii. 51.
che i vivi *piedi* Così sicuro per lo Inferno freghi . . . . . . *Inf.* xvi. 32.
Tu hai li *piedi* in su picciola spera . . . . *Inf.* xxxiv. 116.
non metti Ancor li *piedi* nell' arena arsiccia . . . . *Inf.* xiv. 74.
Tosto che con la chiesa mossi i *piedi*, A Dio... piacque . . . *Par.* vi. 22.
ch' io mova Di là per te ancor li mortai *piedi* . . . . *Purg.* xiii. 144.
E noi movemmo i *piedi* in ver la terra, Sicuri . . . . *Inf.* ix. 104.
non presuma A tanto segno più mover li *piedi* . . . . *Par.* xxi. 99.
Per che lo spirto tutto storse i *piedi* . . . . *Inf.* xix. 64.
Ed un... Diretro a noi gridò : tenete i *piedi* . . . . *Inf.* xxiii. 77.
la verace luce... Da sè non lascia lor torcer li *piedi* . . . . . *Par.* iii. 33.
tu vincesti Ver lo sepolcro i più giovani *piedi* . . . . *Par.* xxiv. 126.
E *piedi* e man voleva il suol di sotto . . . . *Purg.* iv. 33.
Pur che la gente a' *piedi* mi s' atterri . . . . *Purg.* ix. 129.
Divoto mi gittai a' santi *piedi* ; Misericordia chiesi . . . . *Purg.* ix. 109.
Gaddo mi si gittò disteso a' *piedi*, Dicendo . . . . *Inf.* xxxiii. 68.
Altra, com' arco, il volto a' *piedi* inverte . . . . *Inf.* xxxiv. 15.
Volsimi a' *piedi*, e vidi due sì stretti . . . . *Inf.* xxxii. 41.
fu... sì caduto, Che si lasciò cascar l' uncino ai *piedi* . . . *Inf.* xxi. 86.
tutto ai *piedi* De' suoi comandamenti era devoto . . . . . *Purg.* xxxii. 106.
ai lor *piedi* Da fastidiosi vermi era ricolto . . . . *Inf.* iii. 68.
E questo ti sia[3] sempre piombo ai *piedi* . . . . *Par.* xiii. 112.
pace, Che retro ai *piedi* di sì fatta guida . . . . *Purg.* v. 62.
Questi si percotean... con la testa, col[4] petto e co' *piedi* . . *Inf.* vii. 113.
si mosse dritta Coi *piedi* alle sue orme . . . . *Par.* xii. 116.
Quella ch' è tanto bella da' suoi *piedi* È colei . . . . *Par.* xxxii. 5.
in... fede, Quel dei passuri, e quel dei passi *piedi* . . . . . *Par.* xx. 105.
ne tiene, Ne' *piedi* e nelle man legati e presi . . . . *Purg.* xxiv. 124.
E già la luna è sotto i nostri *piedi* . . . . *Inf.* xxix. 10.
vedi quanto mondo Sotto li *piedi* già esser ti fei . . . . . . *Par.* xxii. 129.
pietre, che spesso moviensi Sotto i miei *piedi* . . . . *Inf.* xii. 30.
procedea Sotto i miei *piedi*, un segno e più partito . . . . . *Par.* xxvii. 87.
mi volsi, e vidimi davante E sotto i *piedi* un lago . . . . . *Inf.* xxxii. 23.
Piega. Ecco l' angel di Dio ; *piega* le mani . . . . *Purg.* ii. 29.
come la primaia, Se non che l' arco suo più tosto *piega* . . . *Purg.* xiii. 6.
Perch' egl' incontra che più volte *piega* L' opinion . . . . . *Par.* viii. 118.
Sì tosto come il vento a noi li *piega*, Mossi la voce . . . . . *Inf.* v. 79.
le gambe avvolte A guisa di cui vino o sonno *piega* . . . . . *Purg.* xv. 123.
fa irmi Novella vision ch' a sè mi *piega* . . . . *Purg.* xix. 56.
Perchè, s' ella si *piega* assai o poco, Segue la forza . . . . *Par.* iv. 79.
E se, rivolto, in ver di lei si *piega*... è amor . . . . *Purg.* xviii. 25.
Per lo suo amore adunque a noi ti *piega* . . . . *Purg.* i. 81.
Piegar. potere Di *piegar*, così pinta, in altra parte . . . . *Par.* i. 132.
Piegare. Quel *piegare* è amor ; quello è natura . . . . *Purg.* viii. 26.
Piegaro. Ditemi... Diss' io, chi siete. E quei *piegaro* i colli . . *Inf.* xxxii. 44.
Piegasse. Pria che *piegasse* il carro il primo legno . . . . . . *Purg.* xxxii. 24.
Piegava. *Piegava* l' erba che in sua riva uscìo . . . . *Purg.* xxviii. 27.
Piegavano. Tutte e quante *piegavano* alla parte . . . . *Purg.* xxviii. 11.

[1] copría.   [2] *passi.*   [3] fia.   [4] e col.

Pieghe. Chè l' immaginar nostro a cotai *pieghe*... è troppo . . . *Par.* xxiv. 26.
Pieghi. La fama nostra il tuo animo *pieghi* A dirne . . . . . . *Inf.* xvi. 31.
   tu mi neghi... Che decreto del cielo orazion *pieghi* . . . . . *Purg.* vi. 30.
Piego. Vedi che del disio ver lei mi *piego* . . . . *Inf.* xxvi. 69.
Piegò. quell' altro... Nè mosse collo, nè *piegò* sua costa . . . . *Inf.* x. 75.
   ferì il carro... Ond' ei *piegò*, come nave in fortuna . . . . . *Purg.* xxxii. 116.
Pien. in Egina... Quando fu l' aer sì *pien* di malizia . . . . . . *Inf.* xxix. 60.
   Amor di vero ben *pien* di letizia, Letizia che trascende . . . *Par.* xxx. 41.
   Ed io vidi un Centauro *pien* di rabbia Venir . . . . *Inf.* xxv. 17.
   il ciel... Ch' è *pien* d' amore e più ampio si spazia . . . . . *Purg.* xxvi. 63.
   Chè mal può dir chi è *pien* d' altra voglia . . . . *Purg.* xxiii. 60.
   Quell' altro è Folo, che fu sì *pien* d' ira . . . . *Inf.* xii. 72.
   diversi D' ogni costume, e *pien* d' ogni magagna . . . . . *Inf.* xxxiii. 152.
   Tant' era *pien* di sonno in su quel punto . . . . *Inf.* i. 11.
   Ahi quanto mi parea *pien* di disdegno! . . . . *Inf.* ix. 88.
   E sem sì *pien* d' amor che, per piacerti, Non fia men dolce . *Par.* viii. 38.
   pien di spavento Nel porta un carro . . . . *Purg.* xii. 47.
   E già venia... Un fracasso d' un suon *pien* di spavento . . . *Inf.* ix. 65.
   Tutti son *pien* di spirti maledetti . . . . *Inf.* xi. 19.
   Dinanzi mi si fece un *pien* di fango, E disse . . . . *Inf.* viii. 32.
Piena. *piena* di stupore e lieta, L' anima mia gustava . . . . . *Purg.* xxxi. 127.
   grande campagna *Piena* di duolo e di tormento rio . . . . . *Inf.* ix. 111.
   la campagna... Ove tu sei, d' ogni semenza è *piena* . . . *Purg.* xxviii. 119.
   la tua città, ch' è *piena* D' invidia sì . . . . *Inf.* vi. 49.
   E la mia Donna *piena* di letizia Mi disse . . . . *Par.* xxv. 16.
   acciocchè tutta *piena* Esperienza d' esto giron porti . . . *Inf.* xvii. 37.
   Ma per dar lui esperienza *piena*... convien menarlo . . . . *Inf.* xxviii. 48.
   mi smarri'... Avanti che l' età mia fosse *piena* . . . . . . *Inf.* xv. 51.
   Tanto son di piacere a sentir *piena* . . . . *Purg.* xix. 21.
   Ma con *piena* letizia l' ore prime... ricevièno . . . . . . *Purg.* xxviii. 16.
   Luce intellettual *piena* d' amore, Amor di vero . . . . . . *Par.* xxx. 40.
   Vedeasi l' ombra *piena* di letizia Nel folgor chiaro . . . . *Par.* v. 107.
   Io vidi... *Piena* la pietra livida di fori . . . . *Inf.* xix. 14.
   M' avevan... letto il nome; Però fu la risposta così *piena* . *Inf.* x. 66.
   Diretro a loro era la selva *piena* Di nere cagne . . . . . *Inf.* xiii. 124.
   E come gli stornei... a schiera larga e *piena* . . . . . . *Inf.* v. 41.
   vi ciba Sì, che la vostra voglia è sempre *piena* . . . . . . *Par.* xxiv. 3.
   furo esaltate... Sì ch' hanno *piena* e ferma volontate . . . *Par.* xxix. 63.
Pienamente. Io premerei... il suco Più *pienamente* . . . . . . *Inf.* xxxii. 5.
   ella *pienamente* Ti torrà questa e ciascun' altra brama . . . *Purg.* xv. 77.
Piene. Ma perchè *piene* son tutte le carte Ordite . . . . *Purg.* xxxiii. 139.
   Chè le città[1] d' Italia tutte *piene* Son di tiranni . . . . *Purg.* vi. 124.
   Ognuno era pennuto di sei ali, Le penne *piene* d' occhi . . . *Purg.* xxix. 95.
   Prese la terra, e con *piene* le pugna La gittò dentro . . . *Inf.* vi. 26.
   e le cocolle Sacca son *piene* di farina ria . . . . *Par.* xxii. 78.
   Ma perchè le tue voglie tutte *piene* Ten porti . . . . . . *Par.* ix. 109.
   Trova le volpi sì *piene* di froda, Che non temono . . . . . *Purg.* xiv. 53.
Pieni. Su mi levai, e tutti eran già *pieni*... i giron . . . . . *Purg.* xix. 37.
   di voglia a moverci sì *pieni*, Che ristar non potem . . . . *Purg.* xviii. 115.
   E gli occhi avea di letizia sì *pieni* . . . . *Par.* xxiii. 23.
   Beatrice mi guardò con gli occhi *pieni* Di faville d' amor . . *Par.* iv. 139.
Pieno. Se fosse tutto *pieno*[2] il mio dimando, Risposi lui . . . *Inf.* xv. 79.
   Poi, di sospetto *pieno* e d' ira crudo, Disciolse . . . . . *Purg.* xxxii. 157.
   Io mi rivolsi d' ammirazion *pieno* Al buon Virgilio . . . . *Purg.* xxix. 55.

[1] terre.   [2] pieno tutto.

Pieno.	mi stillasti con lo stillar suo... sì ch' io son *pieno*	*Par.* xxv. 77.
	Anzi n' è questo loco tanto *pieno*, Che tante lingue	*Inf.* xviii. 59.
	tanta possa Di nuovo acquisto, e sì d' amici *pieno*	*Purg.* xx. 57.
	vide Senna, Ed ogni valle onde Rodano[1] è *pieno*	*Par.* vi. 60.
	tra cotanto senno Di quanto, per tua cura, fosti *pieno*	*Purg.* xxii. 24.
	Intorno a lui parea calcato e *pieno* Di cavalieri	*Purg.* x. 79.
1. **Pier.**	Nè *Pier* nè gli altri chiesero a Mattia Oro	*Inf.* xix. 94.
	Pier cominciò senz' oro e senza argento	*Par.* xxii. 88.
	Da *Pier* le tengo; e dissemi, ch' io erri Anzi ad aprir	*Purg.* ix. 127.
2. **Pier.**	Non men ch' all' altro, *Pier* che con lui canta	*Purg.* vii. 125.
3. **Pier.**	*Pier* dalla Broccia dico; e qui provveggia	*Purg.* vi. 22.
4. **Pier.**	In quel loco fu' io *Pier* Damiano	*Par.* xxi. 121.
5. **Pier.**	Rimembriti di *Pier* da Medicina	*Inf.* xxviii. 73.
6. **Pier.**	a memoria m' ebbe *Pier* Pettinagno	*Purg.* xiii. 128.
7. **Pier.**	Ov' è... *Pier* Traversaro, e Guido di Carpigna?	*Purg.* xiv. 98.
Piero.	U' siede il successor del maggior *Piero*	*Inf.* ii. 24.
Pieta.	Nè dolcezza di figlio, nè la *pieta* del vecchio padre	*Inf.* xxvi. 94.
	Non odi tu la *pieta* del suo pianto? Non vedi tu?	*Inf.* ii. 106.
	Alla man destra vidi nuova *pieta*, Nuovi tormenti	*Inf.* xviii. 22.
	Or discendiamo omai a maggior *pieta*	*Inf.* vii. 97.
	era durata La notte ch' i' passai con tanta *pieta*	*Inf.* i. 21.
Pietà.	Ch' io non potrei; tanta *pietà* m' accora	*Inf.* xiii. 84.
	Deh! se giustizia e *pietà* vi disgrevi Tosto	*Purg.* xi. 37.
	Orando... Con quell' aspetto che *pietà* disserra	*Purg.* xv. 114.
	Pietà mi giunse,[2] e fui quasi smarrito	*Inf.* v 72.
	E se nulla di noi *pietà* ti move, A vergognar ti vien	*Purg.* vi. 116.
	Perchè in altrui *pietà* tosto si pogna	*Purg.* xiii. 64.
	Giustizia vuole, e *pietà* mi ritiene	*Purg.* x. 93.
	Qui vive la *pietà* quando è ben morta	*Inf.* xx. 28.
	nel viso mi dipigne Quella *pietà* che tu per tema senti	*Inf.* iv. 21.
	Poichè hai *pietà* del nostro mal perverso	*Inf.* v. 93.
	Almeone che... Per non perder *pietà* si fe' spietato	*Par.* iv. 105.
	si chiuse Dinanzi alla *pietà* de' due[3] cognati	*Inf.* vi. 2.
	Lamenti... Che di *pietà* ferrati avean gli strali	*Inf.* xxix. 44.
Pietade.	L' altro piangeva sì, che di *pietade* Io venni meno	*Inf.* v. 140.
Pietate.	In te misericordia, in te *pietate*	*Par.* xxxiii. 19.
	Con buona *pietate* aiuta il mio	*Purg.* v. 87.
	la guerra Sì del cammino e sì della *pietate*	*Inf.* ii. 5.
	per che d' amaro Sentì[4] 'l sapor della *pietate* acerba	*Purg.* xxx. 81.
	Non hai tu spirto di *pietate* alcuno?	*Inf.* xiii. 36.
Pietola.	si noma *Pietola* più che villa Mantovana	*Purg.* xviii. 83.
Pietosa.	O *pietosa* colei che mi soccorse, E tu cortese!	*Inf.* ii. 133.
Pietosamente.	io sentia *Pietosamente* piangere e lagnarsi	*Purg.* xx. 18.
Pietoso.	per veder... E per farlo *pietoso* a questa soma	*Purg.* xi. 57.
Pietra.	Lo fondo suo ed ambo le pendici Fatt' eran *pietra*	*Inf.* xiv. 83.
	Ma quinci e quindi l' alta *pietra* rade	*Purg.* xii. 108.
	in sulla punta, Onde l' ultima *pietra* si scoscende	*Inf.* xxiv. 42.
	soglia, Che mi sembiava *pietra* di diamante	*Purg.* ix. 105.
	Io vidi... Piena la *pietra* livida di fori	*Inf.* xix. 14.
	Ma conveniasi a quella *pietra* scema Che guarda il ponte	*Par.* xvi. 145.
	tanto si diparte Dal cader della *pietra* in egual tratta	*Purg.* xv. 20.
	ombre con manti Ai color della *pietra* non diversi	*Purg.* xiii. 48.
	gli altri... Per le fessure della *pietra* piatti	*Inf.* xix. 75.
	Loco... Tutto di *pietra* di[5] color ferrigno	*Inf.* xviii. 2.

[1] il Rodano.   [2] vinse.   [3] duo.   [4] Sente.   [5] e di.

Pietra. nello intelletto Fatto di *pietra* ed, impietrato,[1] tinto . . . *Purg.* xxxiii. 74.
fiume, Che scende chiaro giù di *pietra* in *pietra* . . . . . . *Par.* xx. 20.
si stava Sull' orlo che, di *pietra*, il sabbion serra . . . . . . *Inf.* xvii. 24.
Noi salivam per una *pietra* fessa, Che si moveva . . . . . . *Purg.* x. 7.
Pietrapana. se Tambernic[2] Vi fosse su caduto, o *Pietrapana* . . *Inf.* xxxii. 29.
Pietre. ripa, Che facevan gran *pietre* rotte in cerchio . . . . . *Inf.* xi. 2.
Poi vidi genti... Con *pietre* un giovinetto ancider . . . . *Purg.* xv. 107.
Così prendemmo via giù per lo scarco Di quelle *pietre* . . . *Inf.* xii. 29.
1. Pietro. e poi *Pietro* per lei sì mi girò la fronte . . . . *Par.* xxv. 12.
Pietro e Giovanni e Iacopo condotti E vinti ritornaro . . . . *Purg.* xxxii. 76.
son state cimiterio Alla milizia che *Pietro* seguette . . . . *Par.* ix. 141.
Pensa che *Pietro* e Polo[3]... ancor son vivi . . . . *Par.* xviii. 131.
Udi'... Gridar: Michele, e *Pietro*, e tutti i Santi . . . . . *Purg.* xiii. 51.
Di contro a *Pietro* vedi sedere Anna, Tanto contenta . . . . *Par.* xxxii. 133.
quanto tesoro volle Nostro Signore in prima da san *Pietro?* . *Inf.* xix. 91.
a mantener la barca Di *Pietro* in alto mar . . . . *Par.* xi. 120.
Sì ch' io vegga la porta di san *Pietro* . . . . *Inf.* i. 134.
tre gradi... Ov' ha il vicario di *Pietro* le piante . . . . . . *Purg.* xxi. 54.
Che dall' un lato tutti... vanno a santo *Pietro* . . . . *Inf.* xviii. 32.
lunga e grossa Come la pina di san *Pietro* a Roma . . . . . *Inf.* xxxi. 59.
2. Pietro. Per esser fi' di *Pietro* Bernardone . . . . *Par.* xi. 89.
3. Pietro. E *Pietro* peccator fui[4] nella casa . . . . *Par.* xxi. 122.
4. Pietro. e *Pietro* Ispano, Lo qual giù luce . . . . *Par.* xii. 134.
5. Pietro. Quel *Pietro* fu che... Offerse... tesoro . . . . *Par.* x. 107.
6. Pietro. E *Pietro* Mangiadore, e Pietro Ispano . . . . *Par.* xii. 134.
Pigli. Ma più d' ammirazion vo' che ti *pigli* . . . . *Purg.* xxi. 123.
Gridò : tendiam le reti, sì ch' io *pigli* La leonessa . . . . *Inf.* xxx. 7.
Innanzi che l' uncin vostro mi *pigli*, Traggasi avanti alcun . *Inf.* xxi. 73.
Piglia. Colui che del cammin sì poco *piglia* Dinanzi a me . . . *Purg.* xi. 109.
veggio la rete Che qui vi *piglia*, e come si scalappia . . . . *Purg.* xxi. 77.
E caddi, come l' uom cui sonno *piglia* . . . . *Inf.* iii. 136.
piglia Quel ch' io ti dicerò, se vuoi saziarti . . . . *Par.* xxviii. 61.
là onde si *piglia* Ragion[5] di meritare in voi . . . . *Purg.* xviii. 64.
Pigliar. Lasciatemi *pigliar* costui che dorme . . . . *Purg.* ix. 56.
Pigliare. Chè non è impresa da *pigliare* a gabbo . . . . *Inf.* xxxii. 7.
fe' pasture Da *pigliare* occhi, per aver la mente . . . . . . *Par.* xxvii. 92.
Pigliarmi. Onde a *pigliarmi* fece Amor la corda . . . . . . *Par.* xxviii. 12.
Pigliavano. *Pigliavano* il vocabol della stella . . . . *Par.* viii. 11.
1. Piglio. Draghignazzo anco i volle dar di *piglio* . . . . . . *Inf.* xxii. 73.
Lo Duca mio allor mi diè di *piglio* . . . . *Purg.* i. 49.
Le braccia aperse dopo alcun consiglio... e diedemi di *piglio*.*Inf.* xxiv. 24.
tiranni, Che dier nel sangue e nell' aver di *piglio* . . . . . *Inf.* xii. 105.
2. Piglio. Guardò a loro,[6] e con libero *piglio* Rispose . . . . *Purg.* iii. 64.
Lo Duca a me si volse con quel *piglio* Dolce . . . . . . *Inf.* xxiv. 20.
il decurio loro Si volse intorno intorno con mal *piglio* . . *Inf.* xxii. 75.
3. Piglio. E da costei, ond' io principio *piglio* . . . . *Par.* viii. 10.
Pigmalion. Noi ripetiam *Pigmalion* allotta . . . . *Purg.* xx. 103.
Pigri. Eufrates e Tigri... quasi amici dipartirsi *pigri* . . . . *Purg.* xxxiii. 114.
Gli atti suoi *pigri*, e le corte parole Mosson... a riso . . . *Purg.* iv. 121.
Così frugar conviensi i *pigri*, lenti Ad usar . . . . *Purg.* xv. 137.
Pigrizia. Che se *pigrizia* fosse sua sirocchia . . . . *Purg.* iv. 111.
Pii. sentisti... li *pii* Spiriti per lo monte render lode . . . . . *Purg.* xxi. 70.
Così da un di quegli spirti *pii* Detto mi fu . . . . *Par.* v. 121.

---

[1] in peccato.　　[2] Tabernicch.　　[3] Paolo.　　[4] fu.
[5] Cagion.　　[6] Guardommi allora.

Pii.	il ciel trastulla Sempre col canto di quei fochi *pii*	*Par.* ix. 77.
	rimembranza, Che solo ai *pii* dà delle calcagne	*Purg.* xii. 21.
Pila.	Vidi per fame a vôto usar li denti Ubaldin dalla *Pila*	*Purg.* xxiv. 29.
Pilato.	Veggio il nuovo *Pilato* sì crudele	*Purg.* xx. 91.
Pileggio.	Non è *pileggio* da picciola barca	*Par.* xxiii. 67.
Pilosa.	E quella che... ha di là ogni *pilosa* pelle	*Inf.* xx. 54.
Pilose.	Due[1] branche avea *pilose* infin l' ascelle	*Inf.* xvii. 13.
Piloso.	Questi fur cherci che non han coperchio *Piloso*	*Inf.* vii. 47.
Pilucca.	la piaga Della giustizia che sì li *pilucca*	*Purg.* xxiv. 39.
Pina.	lunga e grossa Come la *pina* di san Pietro a Roma	*Inf.* xxxi. 59.
Pinamonte.	la mattìa da Casalodi Da *Pinamonte*	*Inf.* xx. 96.
Pineta.	si raccoglie Per la *pineta*, in sul lito di Chiassi	*Purg.* xxviii. 20.
Pinga.	Come pittor che con esemplo *pinga*, Disegnerei	*Purg.* xxxii. 67.
Pinge.	è natura, Ch' al sommo *pinge* noi di collo in collo	*Par.* iv. 132.
Pinger.	è buon... Quantunque può ciascun, *pinger* sua barca	*Purg.* xii. 6.
*Pinghe.	fa che *pinghe*, Mi disse, il viso un poco più avante	*Inf.* xviii. 127.
Pingue.	quei della palude *pingue* Che mena il vento	*Inf.* xi. 70.
*Pingue.	lingue Che... fero Del latte lor dolcissimo più *pingue*	*Par.* xxiii. 57.
Pinse.	Poi *pinse* l' uscio alla porta sacrata	*Purg.* ix. 130.
	E domanda qual colpa quaggiù il *pinse*	*Inf.* xxiv. 128.
	Corda non *pinse* mai da sè saetta, Che sì corresse via	*Inf.* viii. 13.
	mai creatura Non *pinse* l' occhio infino alla prim' onda	*Par.* xx. 120.
	La dolce Donna dietro a lor mi *pinse*... su	*Par.* xxii. 100.
	della bocca... Mi *pinse* con la forza del suo peso	*Par.* xx. 83.
	Quel color che viltà di fuor mi *pinse*	*Inf.* ix. 1.
Pinser.	Allor mi *pinser* gli argomenti gravi Là	*Inf.* xxvii. 106.
	E l' animose man... Mi *pinser* tra le sepolture a lui	*Inf.* x. 38.
Pinsero.	Mi *pinsero* un tal sì fuor della bocca	*Purg.* xxxi. 14.
Pinsi.	Ed io, seguendo lei, oltre mi *pinsi*	*Purg.* ii. 84.
1. Pinta.	Mi parve *pinta* della nostra effige	*Par.* xxxiii. 131.
	fiore, Ond' era *pinta* tutta la sua via	*Purg.* xxviii. 42.
2. Pinta.	potere Di piegar, così *pinta*, in altra parte	*Par.* i. 132.
	andavan forte, Sì come nave *pinta* da buon vento	*Purg.* xxiv. 3.
Pinti.	Ma fia diletto loro esser su *pinti*	*Purg.* xii. 126.
	Come da più letizia *pinti* e tratti Alla fiata	*Par.* xiv. 19.
Pintor; Pintura; Pinture.	*Vedi* **Pittor, ecc.**	
1. Pio.	in atto *pio*, Quale a tenero padre si conviene	*Par.* xxxi. 62.
	i gran patrici Di questo imperio giustissimo e *pio*	*Par.* xxxii. 117.
	per esser giusto e *pio* Son io qui esaltato	*Par.* xix. 13.
	i tuoi martiri Al[2] lagrimar mi fanno tristo e *pio*	*Inf.* v. 117.
	Ed in cio m' ha e' fatto a sè più *pio*	*Inf.* xxix. 36.
	Lo pan che il *pio* Padre a nessun serra	*Par.* xviii. 129.
	Ond' ella, appresso d' un *pio* sospiro, Gli occhi drizzò	*Par.* i. 100.
2. Pio.	E Sisto e *Pio* e Calisto ed Urbano Sparser lo sangue	*Par.* xxvii. 44.
Pioggia.	su per l' ombre che adona La greve *pioggia*	*Inf.* vi. 35.
	Or le bagna la *pioggia* e move il vento Di fuor del regno	*Purg.* iii. 130.
	quei... Che mena il vento, e che batte la *pioggia*	*Inf.* xi. 71.
	La *pioggia* cadde, ed ai fossati venne Di lei ciò	*Purg.* v. 119.
	Perchè non *pioggia*, non grando, non neve... più su cade	*Purg.* xxi. 46.
	Urlar gli fa la *pioggia* come cani	*Inf.* vi. 19.
	pioggia o fiume Lago non fece mai tanto disteso	*Par.* i. 80.
	Gelboè, Che poi non sentì *pioggia* nè rugiada	*Purg.* xii. 42.
	Come tu vedi, alla *pioggia* mi fiacco	*Inf.* vi. 54.
	Sì trapassammo per sozza mistura Dell' ombre e della *pioggia*.	*Inf.* vi. 101.

[1] Duo.   [2] A.

Pioggia. giace... torto, Sì che la *pioggia* non par che il maturi . *Inf.* xiv. 48.
passava Sotto la *pioggia* dell' aspro martiro . . . . *Inf.* xvi. 6.
son pieno, Ed in altrui vostra *pioggia* repluo . . . . *Par.* xxv. 78.
Ma la *pioggia* continua converte In bozzacchioni . . . . . . *Par.* xxvii. 125.
Piomba. quella parte, Che appunto sopra mezzo il fosso *piomba* . *Inf.* xix. 9.
Piombo. vetro, Lo qual diretro a sè *piombo* nasconde . . . . . . *Par.* ii. 90.
Ma dentro tutte *piombo*, e gravi tanto . . . . *Inf.* xxiii. 65.
Son di *piombo* sì grosse, che li pesi Fan così cigolar . . . *Inf.* xxiii. 101.
E questo ti sia[1] sempre *piombo* ai piedi . . . . *Par.* xiii. 112.
*†Piorno. E come l' aer, quand' è ben *piorno* . . . . *Purg.* xxv. 91.
Piota. O cara *piota*[2] mia, che sì t' insusi . . . . *Par.* xvii. 13.
Piote. Forte spingava con ambo le *piote* . . . . *Inf.* xix. 120.
*Piova. Io sono al terzo cerchio della *piova* Eterna, maledetta . *Inf.* vi. 7.
dell' un taci, E l' altro di' che si fa d' esta *piova* . . . . . . *Inf.* xiv. 132.
grazie divine, Che sì alti vapori hanno a lor *piova* . . . . . *Purg.* xxx. 113.
Piove. quando *piove* Da quel confine che più va[3] remoto . . . *Purg.* xxxii. 110.
Ciò che da essa senza mezzo *piove* Libero è tutto . . . . . *Par.* vii. 70.
s' accende L' amor che il volge e la virtù ch' ei *piove* . . . *Par.* xxvii. 111.
e sì la grazia Del sommo ben d' un modo non vi *piove* . . . *Par.* iii. 90.
ma dalmi Anco la verità che quinci *piove* Per Moisè . . . . *Par.* xxiv. 135.
Veggendo la cagion che il fiato *piove* . . . . *Inf.* xxxiii. 108.
Piovean. d' un cader lento *Piovean* di foco dilatate falde . . . . *Inf.* xiv. 29.
Piover. Io vidi sopra lei tanta allegrezza *Piover* . . . . *Par.* xxxii. 89.
Piovuti. Io vidi più di mille... Da'[4] ciel *piovuti* . . . . *Inf.* viii. 83.
Piovve. Poi *piovve* dentro all' alta fantasia Un crocifisso . . . *Purg.* xvii. 25.
Piovvi. io *piovvi* di Toscana, Poco tempo è, in questa gola . . . *Inf.* xxiv. 122.
Qui li trovai... quand' io *piovvi* in questo greppo . . . . . . *Inf.* xxx. 95.
Pira. surger della *pira* Ov' Eteòcle col fratel fu miso . . . . . *Inf.* xxvi. 53.
Piramo. aperse il ciglio *Piramo*, in sulla morte . . . . *Purg.* xxvii. 38.
E il piacer loro un *Piramo* alla gelsa . . . . *Purg.* xxxiii. 69.
Pirati. Non da *pirati*, non da gente Argolica . . . . *Inf.* xxviii. 84.
Pirro. La divina giustizia di qua punge... E *Pirro* e Sesto . . . *Inf.* xii. 135.
portato... incontro a Brenno, incontro a *Pirro* . . . . *Par.* vi. 44.
Pisa. Ahi *Pisa*, vituperio delle genti Del bel paese ! . . . . . . *Inf.* xxxiii. 79.
quel da *Pisa* Che fe' parer lo buon Marzucco forte . . . . *Purg.* vi. 17.
Pisan. monte, Per che i *Pisan* veder Lucca non ponno . . . . *Inf.* xxxiii. 30.
Pisistrato. Che abbracciar nostra figlia, o *Pisistrato* . . . . . *Purg.* xv. 101.
Pispiglia. Che ti fa ciò che quivi si *pispiglia?* . . . . *Purg.* v. 12.
Ed ora a pena in Siena sen *pispiglia*, Ond' era sire . . . *Purg.* xi. 111.
Pistoia. *Pistoia* in pria di Negri si dimagra . . . . *Inf.* xxiv. 143.
son Vanni Fucci Bestia, e *Pistoia* mi fu degna tana . . . *Inf.* xxiv. 126.
Ahi *Pistoia*, *Pistoia*, chè non stanzi D' incenerarti ? . . . *Inf.* xxv. 10.
Pistola. Tu mi stillasti con lo stillar suo Nella *pistola*[5] . . . . *Par.* xxv. 77.
Pittor. Come *pittor*[6] che con esemplo pinga, Disegnerei . . . *Purg.* xxxii. 67.
Pittura. Credette Cimabue nella *pittura*[7] Tener lo campo . . *Purg.* xi. 94.
Pitture. fe' pasture... In carne umana, o nelle sue *pitture*[8] . . . *Par.* xxvii. 93.
Più. *Sovente.*
*Piùe. Simonide, Agatone, ed altri *piùe* Greci . . . . *Purg.* xxii. 107.
Una natura in Cristo esser, non *piùe*, Credeva . . . . . . *Par.* vi. 14.
far *piùe* Per allegrezza nuova che s' accrebbe . . . . . . *Par.* viii. 46.
Or, s' io non procedessi avanti *piùe* . . . . *Par.* xiii. 88.
cent' anni e *piùe* Girato ha il monte in la prima cornice . . *Par.* xv. 92.
La Donna mia così; nè però *piùe* Mosse la vista . . . . . *Par.* xxv. 115.

---

[1] fia. [2] pianta. [3] è. [4] Dal. [5] *Nell' epistola.*
[6] pintor. [7] pintura. [8] pinture.

PIÙE 527 POCHI

Piùe. tanto... trasmutata, Che la sembianza non si mutò *piùe* . . *Par.* xxvii. 39.
Piuma. della *piuma* offerta... Si ricoperse . . . . *Purg.* xxxii. 137.
    e ben senti' mover la *piuma*, Che fe' sentir . . . . *Purg.* xxiv. 149.
    Che *piuma* sembran tutte l' altre some . . . . *Purg.* xix. 105.
    sedendo in *piuma*, In fama non si vien, nè sotto coltre . . . *Inf.* xxiv. 47.
Piume. Le pole... Si movono a scaldar le fredde *piume* . . . . *Par.* xxi. 36.
    Dico con l' ali snelle e con le *piume* Del gran disio . . . . *Purg.* iv. 28.
    mercè di colei Ch' all' alto volo ti vestì le *piume* . . . . . *Par.* xv. 54.
    inferma, Che non può trovar posa in sulle *piume* . . . . . . *Purg.* vi. 150.
    Chi siete voi... Diss' ei, movendo quell' oneste *piume* . . . *Purg.* i. 42.
Pivier. Sariansi i Cerchi nel *pivier* d' Acone . . . . *Par.* xvi. 65.
Pizzicor. la gran rabbia Del *pizzicor*, che non ha più soccorso . *Inf.* xxix. 81.
Placa. a chi mostra il dente... com' agnel si *placa* . . . . . . *Par.* xvi. 117.
    il perverso, Che cadde di quassù, laggiù si *placa* . . . . . *Par.* xxvii. 27.
Plaga. Se i Barbari, venendo da tal *plaga*... Stupeface'nsi . . . *Par.* xxxi. 31.
    eretta Ed attenta, rivolta inver la *plaga* . . . . *Par.* xxiii. 11.
*Plage. stelle che in diverse *plage* Lo cielo avvivan . . . . . . *Par.* xiii. 4.
*Plato. Io dico d' Aristotele e di *Plato*, E di molti altri . . . . *Purg.* iii. 43.
Platone. Quivi vid' io Socrate[1] e *Platone* . . . . *Inf.* iv. 134.
    tornarsi... alle stelle, Secondo la sentenza di *Platone* . . . . *Par.* iv. 24.
Plaude. Move la testa, e coll' ali si *plaude* . . . . *Par.* xix. 35.
*Plaustro. Come guardia lasciata lì del *plaustro* . . . . *Purg.* xxxii. 95.
Plauto. Dimmi dov' è... Cecilio, *Plauto* e Varro . . . . *Purg.* xxii. 98.
Plebe. Oh sopra tutte mal creata *plebe*! . . . . *Inf.* xxxii. 13.
Plena. lì discese, Cantando: ave, Maria, gratia *plena* . . . . *Par.* xxxii. 95.
Plenilunii. Quale nei *plenilunii* sereni Trivia ride . . . . . . *Par.* xxiii. 25.
Plenis. Tutti dicean... Manibus o date lilia *plenis* . . . . . . *Purg.* xxx. 21.
Plenitudine. Di tanta *plenitudine*[2] volante . . . . *Par.* xxxi. 20.
*†Ploia. Lo refrigerio dell' eterna *ploia* . . . . *Par.* xiv. 27.
    la larga *ploia* Dello Spirito Santo... È sillogismo . . . . . *Par.* xxiv. 91.
Plor. Je sui Arnaut, que *plor*, e vai cantan . . . . *Purg.* xxvi. 142.
Plora. Guiglielmo fu, cui quella terra *plora* . . . . *Par.* xx. 62.
Pluto. Quivi trovammo *Pluto* il gran nemico . . . . *Inf.* vi. 115.
    Pape Satan... Cominciò *Pluto* colla voce chioccia . . . . . *Inf.* vii. 2.
Po. dove il *Po* discende Per aver pace co' seguaci sui . . . . *Inf.* v. 98.
    In sul paese ch' Adice e *Po* riga, Solea valore . . . . *Purg.* xvi. 115.
    passaro L' alpestre rocce di che, *Po*, tu labi . . . . *Par.* vi. 51.
    Mincio... Fino a Governo, dove cade in *Po* . . . . *Inf.* xx. 78.
    Tra il *Po* e il monte, e la marina e il Reno . . . . *Purg.* xiv. 92.
Poc'. Sì che in *poc'* ora avria l' orecchie[3] offesa . . . . . . *Inf.* xvi. 105.
    e come in sì *poc'* ora Da sera... ha fatto il sol tragitto? . . . *Inf.* xxxiv. 104.
Poca. Come fa[4] il merlo per *poca* bonaccia . . . . *Purg.* xiii. 123.
    Poca favilla gran fiamma seconda . . . . *Par.* i. 34.
    scanni sì ripieni, Che *poca* gente omai ci si disira . . . . . *Par.* xxx. 132.
    Poca[5] sarebbe a fornir questa vice . . . . *Par.* xxx. 18.
    O *poca* nostra nobiltà di sangue! . . . . *Par.* xvi. 1.
    Ma picciol tempo, chè *poca* è l' offesa Fatta . . . . *Purg.* xiii. 134.
    E quale stella par quinci più *poca*, Parrebbe luna . . . . . *Par.* xxviii. 19.
    Poca vita mortal m' era rimasa, Quando fui chiesto . . . . *Par.* xxi. 124.
Poche. son sì *poche*, Che le cappe fornisce poco panno . . . . *Par.* xi. 131.
Pochi. ecco le insidie Che dietro a *pochi* giri son nascose . . . *Par.* xvii. 96.
    sì pregno... Che in *pochi* lochi passa oltra quel segno . . . *Purg.* xiv. 33.
    Poscia con *pochi* passi divenimmo Là . . . . *Inf.* xviii. 68.
    E di *pochi* scaglion levammo i saggi . . . . *Purg.* xxvii. 67.

[1] e Socrate.   [2] moltitudine.   [3] orecchia.   [4] fe'.   [5] Poco.

Pochi. Voi altri *pochi*, che drizzaste il collo Per tempo . . . . . *Par.* ii. 10.
più ricchi Di sè, che se da *pochi* è posseduto . . . . *Purg.* xv. 63.
Poco. che il tempo non si perda Per *poco* amor . . . . *Purg.* xviii. 104.
E ciò non fia[1] d' onor *poco* argomento . . . . *Par.* xvii. 135.
Ma ciò... Diventa in apparenza *poco* e scuro . . . . *Par.* vi. 85.
L' altra beatitudo... Con *poco* moto seguitò la imprenta . . . *Par.* xviii. 114.
ma son sì poche, Che le cappe fornisce *poco* panno . . . . . *Par.* xi. 132.
non lo scrivo, Però ch' ogni parlar sarebbe *poco* . . . . . *Inf.* xxxiv. 24.
Ed, a dare ad intender quanto è *poco* . . . . *Par.* xix. 133.
Quell' altro, che ne' fianchi è così *poco*, Michele Scotto fu . *Inf.* xx. 115.
e questo... È tanto, che non basta a dicer *poco* . . . . . . *Par.* xxxiii. 123.
Le rote larghe, e lo scender sia *poco* . . . . *Inf.* xvii. 98.
Ch' hanno a tanto comprender *poco* senno . . . . *Inf.* xxviii. 6.
E quei, che avea vaghezza e senno *poco*, Volle . . . . . . *Inf.* xxix. 114.
Io dico al *poco*, per rispetto al molto Sensibile . . . . *Purg.* xxxii. 14.
Prima che il *poco* sole omai s' annidi, Cominciò . . . . . . *Purg.* vii. 85.
crucciasse Lui che di *poco* star m' avea monito[2] . . . . . *Inf.* xvii. 77.
Ma *poco* tempo andrà che i tuoi vicini Faranno sì . . . . *Purg.* xi. 140.
io piovvi di Toscana, *Poco* tempo è, in questa gola fera . . . *Inf.* xxiv. 123.
Lo tempo è *poco* omai che n' è concesso . . . . *Inf.* xxix. 11.
Così fatta, mi disse: il mondo m' ebbe Giù *poco* tempo . . . *Par.* viii. 50.
sì presso, Che molto *poco* tempo a volger era . . . . *Purg.* i. 60.
Qui sarai tu *poco* tempo silvano, E sarai meco... cive . . . . *Purg.* xxxii. 100.
Tanto... iti, Con *poco* tempo, per la voglia pronta . . . . . *Purg.* xiii. 24.
O gente umana... Perchè a *poco* vento così cadi? . . . . . *Purg.* xii. 96.
Qui si convien usare un *poco* d' arte, Cominciò il Duca . . . *Purg.* x. 10.
alla mia mente Ripresta un *poco* di quel che parevi . . . . . *Par.* xxxiii. 69.
per piacerti, Non fia men dolce un *poco* di quiete . . . . . . *Par.* viii. 39.
Come un *poco* di raggio si fu messo Nel doloroso carcere . . *Inf.* xxxiii. 55.
però m' accostai, Temendo, un *poco* più al Duca mio . . . . *Inf.* x. 30.
e 'l pregai Che per parlarmi un *poco* s' arrestasse . . . . . *Purg.* ii. 87.
Poi... Un *poco* s' arrestavano e tace'nsi . . . . *Par.* xviii. 81.
Onde un *poco* mi piace che m' ascolte . . . . *Inf.* xx. 57.
Un *poco* attese, e poi: da ch' ei si tace, Disse il Poeta . . . *Inf.* xiii. 79.
Ed io attesi un *poco* s' io udissi Alcuna cosa . . . . *Purg.* xvii. 79.
Sì che s' ausi un *poco* prima[3] il senso Al tristo fiato . . . *Inf.* xi. 11.
fa che pinghe, Mi disse, il viso un *poco*[4] più avante . . . . *Inf.* xviii. 128.
Allor porsi la mano un *poco* avante, E colsi . . . . *Inf.* xiii. 31.
angoscia, Che m' avacciava un *poco* ancor la lena . . . . *Purg.* iv. 116.
Allor chiusero un *poco* il gran disdegno, E disser . . . . . *Inf.* viii. 88.
Maestro mio... A trarmi d' erro un *poco* mi favella . . . . *Inf.* xxxiv. 102.
Guardommi un *poco*, e poi chinò la testa . . . . *Inf.* vi. 92.
Guardommi un *poco*, e poi quasi sdegnoso Mi dimandò . . . *Inf.* x. 41.
Ancora un *poco* indietro ti rivolvi, Diss' io . . . . *Inf.* xi. 94.
Poi che innalzai un *poco* più le ciglia, Vidi il maestro . . . *Inf.* iv. 130.
Dianzi venimmo innanzi a voi un *poco*, Per altra via . . . . *Purg.* ii. 64.
E intanto... Venivan genti innanzi a noi un *poco* . . . . . *Purg.* v. 23.
Io mi feci al mostrato innanzi un *poco*, E dissi . . . . . . *Purg.* xxvi. 136.
voi non gravi Perch' io un *poco* a ragionar m' inveschi . . . *Inf.* xiii. 57.
Ond' ei levò le ciglia un *poco* in soso; Poi disse . . . . . *Inf.* x. 45.
Di lungi v' eravamo ancora un *poco*, Ma non sì . . . . . *Inf.* iv. 70.
Queste parole Stazio mover fenno Un *poco* a riso pria . . . *Purg.* xxii. 26.
le corte parole Mosson le labbra mie un *poco* a riso . . . . *Purg.* iv. 122.
Poi ch' ei posato un *poco* il corpo lasso, Ripresi via . . . . *Inf.* i. 28.

[1] fa.   [2] ammonito.   [3] prima un poco.   [4] un poco il viso.

Poco. O anima... Venian gridando, un *poco* il passo queta . . . *Purg.* v. 48.
Allor fu la paura un *poco* queta, Che... m' era durata . . . . *Inf.* i. 19.
Quand' elli un *poco* rappaciati foro... Domandò il Duca . . . *Inf.* xxii. 76.
Se Brunetto Latini un *poco* teco Ritorna indietro . . . . . . *Inf.* xv. 32.
Dal qual, com' io un *poco* ebbi ritratto L' occhio . . . . . *Purg.* ii. 19.
Poi mi parea che, roteata[1] un *poco*... discendesse . . . . . . *Purg.* ix. 28.
Onde Beatrice, ch' era un *poco* scevra, Ridendo, parve . . . *Par.* xvi. 13.
Convienti ancor sedere un *poco* a mensa . . . . *Par.* v. 37.
Sì ch' io sfoghi il dolor che il cor m' impregna, Un *poco* . . *Inf.* xxxiii. 114.
E per sonare un *poco* in questi versi, Più si conceperà . . . *Par.* xxxiii. 74.
Con quell' altr' ombre pria sorrise un *poco* . . . . *Par.* iii. 67.
spirto... Sosta un *poco* per me tua maggior cura . . . . . *Purg.* xix. 93.
Lo Duca stette un *poco* a testa china, Poi disse . . . . . . *Inf.* xxiii. 139.
Ma stien le male branche un *poco* in cesso . . . . *Inf.* xxii. 100.
Sì trapassammo... Toccando un *poco* la vita futura . . . . *Inf.* vi. 102.
si torca La nostra via un *poco* infino a quella Bestia . . . *Inf.* xvii. 29.
sen gì, Turbato un *poco* d' ira nel sembiante . . . . *Inf.* xxiii. 146.
Turbato un *poco*, disse : or vedi, figlio . . . . *Purg.* xxvii. 35.
s' argomenta Di vedere eclissar lo sole un *poco* . . . . . *Par.* xxv. 119.
Com' io... fui partito, Un *poco* me volgendo all' altro polo . *Purg.* i. 29.
A *poco* a *poco* al mio veder si estinse . . . . *Par.* xxx. 13.
Ed ecco a *poco* a *poco* un fummo farsi Verso di noi . . . . . *Purg.* xv. 142.
Lo sguardo a *poco* a *poco* raffigura Ciò che cela . . . . . . *Inf.* xxxi. 35.
venendomi incontro, a *poco* a *poco* Mi ripingeva là . . . . *Inf.* j. 59.
e di sotto A *poco* a *poco* un altro a lui uscio . . . . *Purg.* ii. 24.
Ma poi che al *poco* il viso riformossi, Io dico al *poco* . . . *Purg.* xxxii. 13.
Di *poco* era di me la carne nuda . . . . *Inf.* ix. 25.
Veggendo il mondo aver cangiata faccia In *poco* d' ora . . . *Inf.* xxiv. 14.
e poscia tutta la drizzava In *poco* d' ora . . . . *Purg.* xix. 14.
S' appiccar sì, che in *poco* la giuntura Non facea segno . . . *Inf.* xxv. 107.
per malo obbietto, O per *poco*,[2] o per troppo[3] di vigore . . . *Purg.* xvii. 96.
Guglielmo Borsiere, il qual si duole Con noi per *poco* . . . *Inf.* xvi. 71.
Ma per quel *poco* vedev' io le stelle... piu chiare . . . . . *Purg.* xxvii. 89.
or pur mira, Che per *poco* è che teco non mi risso . . . . *Inf.* xxx. 132.
Si vuol tenere... Perocch' errar potrebbesi per *poco* . . . *Purg.* xxv. 120.
Poco allungati c' eravam di lici, Quand' io m' accorsi . . . . *Purg.* vii. 64.
Nè... mi valse... sì *poco* a lui ne calse . . . . *Purg.* xxx. 135.
Se l' altre volte sì *poco* ti costa... il satisfare altrui . . . . *Inf.* xvi. 79.
non tegno riposto[4] A te mio cor, se non per dicer *poco* . . *Inf.* x. 20.
e sì risposto *Poco* dinanzi a noi ne fu . . . . *Purg.* xix. 83.
per essere in parte Dove adorezza, *poco* si dirada . . . . . *Purg.* i. 123.
a questo segno Molto si sale, e *poco* si discerne . . . . . *Par.* vii. 62.
Per che del lume suo *poco* s' imbianca . . . . *Par.* vii. 81.
Sì che il viso m' andava innanzi *poco* . . . . *Inf.* xxxi. 11.
poco eravam iti, Che il suon dell' acqua n' era sì vicino . . *Inf.* xvi. 91.
Giurato avria *poco* lontano aspetto, Che tutti ardesser . . . *Purg.* xxix. 149.
S' io meritai di voi assai o *poco*, Quando... versi scrissi . . . *Inf.* xxvi. 81.
D' un ruscelletto che quivi discende... e *poco* pende . . . . *Inf.* xxxiv. 132.
Perchè, s' ella si piega assai o *poco*, Segue la forza . . . . *Par.* iv. 79.
Colui che del cammin sì *poco* piglia Dinanzi a me . . . . . *Purg.* xi. 109.
ascoltava sì fatta, che *poco* Più... si cambiò Maria . . . . . *Purg.* xxxiii. 5.
Tanto è amara, che *poco* è più morte . . . . *Inf.* i. 7.
Un mese e *poco* più prova' io come Pesa il gran manto . . . *Purg.* xix. 103.
Poco più oltre il Centauro s' affisse Sopra una gente . . . . *Inf.* xii. 115.

[1] più rotata.   [2] troppo.   [3] poco.   [4] nascosto.

Poco. *Poco* più oltre sette arbori d' oro Falsava nel parei,e . . . *Purg.* xxix. 43.
Poco più oltre veggio in sulla rena Gente seder . . . . . . *Inf.* xvii. 35.
Poco potea parer lì del di[1] fuori . . . . *Purg.* xxvii. 88.
par ch' egli abbia Dio in disdegno, e *poco* par che il pregi . *Inf.* xiv. 70.
Risurger... Luci, e salir quali assai, e quai[2] *poco* . . . . . . *Par.* xviii. 104.
Poco[3] sarebbe a fornir questa vice . . . . *Par.* xxx. 18.
E le mie luci, ancor *poco* sicure, Vider Beatrice . . . . . . *Purg.* xxxi. 79.
L' un *poco* sopra noi a star si venne, E l' altro scese . . . . *Purg.* viii. 31.
Poco ambo e due dall' angel sormontati . . . . *Purg.* xix. 54.
Figliuol mio, disse... Additandomi un balzo *poco* in sue . . . *Purg.* iv. 47.
Terra Santa, Che *poco* tocca al papa la memoria . . . . . . *Par.* ix. 126.
Trema forse più giù *poco* od assai . . . . *Purg.* xxi. 55.
E però *poco* val freno o richiamo . . . . *Purg.* xiv. 147.
Poco valea, ma pur non facea male . . . . *Purg.* xx. 63.
celar si credette Bassando il viso ; ma *poco* gli valse . . . . *Inf.* xviii. 47.
Ma *poco* i valse ; chè l' ale al sospetto Non potero avanzar . *Inf.* xxii. 127.
ma *poco* appresso Ella, non tu, n' avrà rossa la tempia . . . *Par.* xvii. 65.
Per sua diffalta qui dimorò *poco* . . . . *Purg.* xxviii. 94.
Dopo ciò *poco* vidi quello strazio Far di costui . . . . . . *Inf.* viii. 58.
Se non che... Nulla sen perde, ed esso dura *poco* . . . . . *Par.* xv. 18.
Ma *poco* dura alla sua penna tempra . . . . *Inf.* xxiv. 6.
Com' *poco* verde in sulla cima dura, Se non è giunta ! . . . *Purg.* xi. 92.
io veggio l' acqua... Venire a corruzione, e durar *poco* . . . *Par.* vii. 126.
io mi partii *Poco* è da un, che fu di là vicino . . . . . , . . *Inf.* xxii. 67.
Ma *poco* fu tra uno ed altro quando, Del mio attender . . . *Par.* xxiii. 16.
L' anima... Tornata nella carne, in che fu *poco* . . . . . . *Par.* xx. 113.
Ma *poco* poi sarà da Dio sofferto Nel santo offizio . . . . . *Par.* xxx. 145.
Poco portai in là volta la testa, Che mi parve veder . . . . *Inf.* xxxi. 19.
Ma certo *poco* pria s' io ben discerno, Che venisse Colui . . *Inf.* xii. 37.
Poco sofferse me cotal Beatrice, E cominciò, raggiandomi . . *Par.* vii. 16.
Poco sofferse, poi disse : che pense ? Rispondi a me . . . *Purg.* xxxi. 10.
Io nol soffersi molto, nè sì *poco*, Ch' io nol vedessi . . . . . *Par.* i. 58.
Veggiono... Surger per via che *poco* le sta bruna . . . . . . *Purg.* xix. 6.
Poder. provvidenza... *Poder* di partirs' indi a tutti tolle . . . . *Inf.* xxiii. 57.
E brigavam... Tanto, quanto al *poder*[4] n' era permesso . . . *Purg.* xx. 126.
Podere. *podere*, grazia, onore, e fama Teme di perder . . . . . *Purg.* xvii. 118.
Poderoso. Ma chi pensasse il *poderoso*[5] tema . . . . *Par.* xxiii. 64.
Podesta. Quando verrà la nimica *podesta*, Ciascun ritroverà . . *Inf.* vi. 96.
Podestadi. L' ordine terzo di *Podestadi* ee . . . . *Par.* xxviii. 123.
Poema. che il *poema* sacro... Vinca la crudeltà . . . . *Par.* xxv. 1.
E così... Convien saltar lo sacrato *poema* . . . . *Par.* xxiii. 62.
Poesì. Ma qui la morta *poesì*[6] risurga, O sante Muse . . . . . *Purg.* i. 7.
Poeta. se ne coglie, Per trionfare o Cesare o *poeta* . . . . . . *Par.* i. 29.
Con altra voce omai, con altro vello Ritornerò *poeta* . . . . *Par.* xxv. 8.
Quegli è Omero, *poeta* sovrano ; L' altro è Orazio satiro . . *Inf.* iv. 88.
Per te *poeta* fui, per te cristiano . . . . *Purg.* xxii. 73.
Ben s' avvide il *Poeta*, ch' io stava Stupido . . . . *Purg.* iv. 58.
Or discendiam quaggiù... Cominciò[7] il *Poeta* tutto smorto . *Inf.* iv. 14.
il tenni basso, Finchè il *Poeta* mi disse : che pense ? . . . . *Inf.* v. 111.
Un poco attese, e poi... Disse il *Poeta* a me . . . . *Inf.* xiii. 80.
E vengonti a pregar, disse il *Poeta* . . . . *Purg.* v. 44.
Poeta fui, e cantai di quel giusto Figliuol d' Anchise . . . . *Inf.* i. 73.
Ecco di qua... Mormorava il *Poeta*, molte genti . . . . . . *Purg.* xix. 101.
Così pregò il *Poeta*, e sì risposto... a noi ne fu . . . . *Purg.* xix. 82.

[1] di di. [2] qual. [3] *Poca*. [4] *poter*. [5] ponderoso. [6] poesia. [7] Incominciò.

POETA 531 POLINNIA

Poeta. Se qui per domandar gente s' aspetta, Ragionava il *Poeta* . . *Purg.* xiii. 11.
E già il *Poeta* innanzi mi saliva, E dicea . . . . *Purg.* iv. 136.
e il *Poeta* Tenne a sinistra, ed io retro[1] mi mossi . . . . . . *Inf.* xviii. 20.
Ed io a lui : *Poeta*, io ti richieggio Per quello Dio[2] . . . . . *Inf.* i. 130.
Io cominciai : *Poeta* che mi guidi, Guarda la mia virtù . . . *Inf.* ii. 10.
Io cominciai : *Poeta*, volentieri Parlerei a que' due[3] . . . . *Inf.* v. 73.
Intanto voce fu per me udita : Onorate l' altissimo *Poeta* . . *Inf.* iv. 80.
Ed io dissi al *Poeta:* or fu giammai Gente sì vana ? . . . . *Inf.* xxix. 121.
Ed allor per ristringermi al *Poeta*, Indietro feci . . . . . . *Purg.* xiv. 140.
gridavan sì alto, Ch' io mi strinsi al *Poeta* per sospetto . . . *Inf.* ix. 51.
Allor mi volsi al *Poeta*, e quei disse : Questi ti sia . . . . . *Inf.* xii. 113.
da noi sen gìa Con la licenza del dolce *Poeta* . . . . *Inf.* xxvii. 3.
ed io in ver l' artico *Poeta* volsi i passi . . . . *Inf.* x. 122.
Poetando. E pria ch' io conducessi i Greci... *poetando* . . . . . *Purg.* xxii. 89.
se... quella in fonte Converte *poetando*, io non l' invidio . . *Inf.* xxv. 99.
Ma or convien che mio seguir desista Più... *poetando* . . . . *Par.* xxx. 32.
Eneida... mamma Fummi, e fummi nutrice *poetando* . . . *Purg.* xxi. 98.
Poetar. i lor sermoni Ch' a *poetar* mi davano intelletto . . . . . *Purg.* xxii. 129.
Poetaro. Quelli che anticamente *poetaro* L' età dell' oro . . . *Purg.* xxviii. 139.
Poeti. Secondo che i *poeti* hanno per fermo . . . . *Inf.* xxix. 63.
O degli altri *poeti* onore e lume, Vagliami ! . . . . *Inf.* i. 82.
Tacevansi ambo e due già li *poeti*, Di nuovo attenti . . . *Purg.* xxii. 115.
Li due *poeti* all' arbor s' appressaro . . . . *Purg.* xxii. 139.
Io mi volsi diretro[3] allora tutto A' miei *poeti* . . . . . . *Purg.* xxviii. 146.
1. **Poggia.** Vinta dall' onda, or da *poggia* or da orza . . . . . *Purg.* xxxii. 117.
2. **Poggia.** Come a scaldar si *poggia* tegghia a tegghia . . . . *Inf.* xxix. 74.
Poggian. E quando li disiri *poggian* quivi Sì disviando . . . *Par.* vi. 115.
Poggiati. Io vidi due sedere a sè *poggiati* . . . . *Inf.* xxix. 73.
Poggiato. Certo i' piangea, *poggiato* ad un de' rocchi . . . . *Inf.* xx. 25.
in sulla verga *Poggiato* s' è, e lor *poggiato*[5] serve . . . . . *Purg.* xxvii. 81.
Poggin. i raggi Del vero amore in su *poggin* men vivi . . . . *Par.* vi. 117.
Poggio. E vedi omai che il *poggio* l' ombra getta . . . . . *Purg.* vi. 51.
chè il *poggio* sale Più che... gli occhi miei . . . . *Purg.* iv. 86.
un balzo... Che da quel lato il *poggio* tutto gira . . . . . *Purg.* iv. 48.
Quante il villan, ch' al *poggio* si riposa... Vede lucciole . . *Inf.* xxvi. 25.
E diedi il viso mio incontro al *poggio* . . . . *Purg.* iii. 14.
Ivi così una cornice lega Dintorno il *poggio* . . . . *Purg.* xiii. 5.
*Pogna. Perchè in altrui pietà tosto si *pogna* . . . . *Purg.* xiii. 64.
a sua barca Carcata[6] più di carco non si *pogna* . . . . . *Par.* viii. 81.
Pognam. Onde *pognam* che di necessitate Surga ogni amor . . *Purg.* xviii. 70.
Poi. *Sovente.*
Che l' uno andasse al prima e l' altro al *poi* . . . . *Par.* xiii. 18.
Poichè. *Sovente.*
Pola. Sì com' a *Pola* presso del Quarnaro, Che Italia chiude . . *Inf.* ix. 113.
Pole. Le *pole* insieme, al cominciar del giorno, Si movono . . . *Par.* xxi. 35.
Polenta. L' aquila da *Polenta* la[7] si cova . . . . *Inf.* xxvii. 41.
Poli. Si fur girati... Come stelle vicine ai fermi *poli* . . . . . *Par.* x. 78.
anime liete Si fero spere sopra fissi *poli* . . . . *Par.* xxiv. 11.
biancheggia tra i *poli* del mondo Galassia sì . . . . . . *Par.* xiv. 98.
Policreto. non pur *Policreto*, Ma la natura . . . . *Purg.* x. 32.
Polidoro. gira Polinestor ch' ancise *Polidoro* . . . . *Purg.* xx. 115.
E del suo *Polidoro* in sulla riva Del mar si fu... accorta . . *Inf.* xxx. 18.
Polinestor. Ed in infamia tutto il monte gira *Polinestor* . . . *Purg.* xx. 115.
Polinnia. lingue Che *Polinnia* con le suore fero... più pingue . *Par.* xxiii. 56.

[1] dietro. [2] Iddio. [3] duo. [4] rivolsi addietro. [5] di posa. [6] Carica. [7] là.

| POLISSENA | 532 | PONER |

Polissena. Ecuba... Poscia che vide *Polissena* morta . . . . . . *Inf.* xxx. 17.
Polita. nube... Lucida, spessa, solida, e *polita* . . . . *Par.* ii. 32.
Polluce. se Castore e *Polluce* Fossero in compagnia . . . . . . *Purg.* iv. 61.
Polmon. La lena m' era del *polmon* sì munta . . . . *Inf.* xxiv. 43.
1. **Polo.** facelle, Di che il *polo* di qua tutto quanto arde . . . . . *Purg.* viii. 90.
    posi mente All' altro *polo*, e vidi quattro stelle . . . . . . *Purg.* i. 23.
    Com' io... fui partito, Un poco me volgendo all' altro *polo* . *Purg.* i. 29.
    Tutte le stelle già dell' altro *polo* Vedea la notte . . . . . . *Inf.* xxvi. 127.
2. **Polo.** Pensa che Pietro e *Polo*[1]... ancor son vivi . . . . . . *Par.* xviii. 131.
    Ch' io non conosco il Pescator nè *Polo* . . . . *Par.* xviii. 136.
Polpe. Mentre ch' io forma fui d' ossa e di *polpe* . . . . *Inf.* xxvii. 73.
    tanta futa, Quanto sofferson l' ossa senza *polpe* . . . . . *Purg.* xxxii. 123.
Polsi. Ch' ella mi fa tremar le vene e i *polsi* . . . . *Inf.* i. 90.
    Fede portai... Tanto ch' io ne perdei le vene[2] e i *polsi* . . . *Inf.* xiii. 63.
Poltre. io mi scossi, Come fan bestie spaventate e *poltre* . . . . *Purg.* xxiv. 135.
Polve. E come l' alma dentro a vostra *polve*... si risolve . . . . *Par.* ii. 133.
Polver. La *polver*[3] si raccolse per sè stessa . . . . *Inf.* xxiv. 104.
Polveroso. Dinanzi *polveroso* va superbo, E fa fuggir . . . . . *Inf.* ix. 71.
Pome. Quel dolce *pome*, che per tanti rami Cercando va . . . . *Purg.* xxvii. 115.
    avea Galigaio Dorata in casa sua già l' elsa e il *pome* . . . *Par.* xvi. 102.
Pomi. Non *pomi* v' eran, ma stecchi con tosco . . . . *Inf.* xiii. 6.
    Un arbor... Con *pomi* ad odorar soavi e buoni . . . . . . *Purg.* xxii. 132.
    Lascio lo fele, e vo per[4] dolci *pomi* Promessi a me . . . . *Inf.* xvi. 61.
Pomo. Chi crederebbe che l' odor d' un *pomo* Sì governasse? . . *Purg.* xxiii. 34.
    E cominciai: o *pomo*, che maturo Solo prodotto fosti . . . *Par.* xxvi. 91.
    sorrise, Come al fanciul si fa ch' è vinto al *pomo* . . . . . *Purg.* xxvii. 45.
    del melo, Che del suo *pomo* gli Angeli fa ghiotti . . . . . *Purg.* xxxii. 74.
    Parvem' i rami gravidi e vivaci D' un altro *pomo* . . . . *Purg.* xxiv. 104.
    n' accende cura L' odor ch' esce del *pomo* e dello sprazzo . *Purg.* xxiii. 68.
Pompeiana. Dove sentia la *Pompeiana* tuba . . . . *Par.* vi. 72.
Pompeio. Sott' esso giovinetti trionfaro Scipione e *Pompeio* . . *Par.* vi. 53.
Pon. Le leggi son, ma chi *pon* mano ad esse? Nullo . . . . *Purg.* xvi. 97.
    chiunque Tu se'... *Pon* mente, se di là mi vedesti unque . . *Purg.* iii. 105.
    Se non mi credi, *pon* mente alla spiga . . . . *Purg.* xvi. 113.
    Si giran sì, che il primo, a chi *pon* mente, Quieto pare . . . *Par.* xxiv. 14.
    Pon giù il seme del piangere, ed ascolta . . . . *Purg.* xxxi. 46.
    natura... Dispregia, poichè in altro *pon* la spene . . . . . *Inf.* xi. 111.
    Pon giù omai, *pon* giù ogni temenza, Volgiti in qua . . . *Purg.* xxvii. 31.
    Presso e lontano lì, nè *pon* nè leva . . . . *Par.* xxx. 121.
Pondo. ai monti, Che gl' incurvaron pria col troppo *pondo* . . . *Par.* xxv. 39.
    E tu... che per lo mortal *pondo* Ancor giù tornerai . . . . *Par.* xxvii. 64.
    Quell' ombre orando andavan sotto il *pondo* . . . . *Purg.* xi. 26.
Pone. Chè nel cielo uno, ed un quaggiù la *pone* . . . . . . *Purg.* xvi. 63.
    se... ponesse mente Al fondamento che natura *pone* . . . . *Par.* viii. 143.
    Democrito, che il mondo a caso *pone*, Diogenes . . . . . *Inf.* iv. 136.
    il talento... Come fu al peccar, *pone* al tormento . . . . . *Purg.* xxi. 66.
    Sì come quando il colombo si *pone* Presso al compagno . . . *Par.* xxv. 19.
    da lungi si *pone* Dal suo maestro, disdegnoso e fello . . . *Inf.* xvii. 131.
    stavano... Com' uom per negligenza a star si *pone* . . . . *Purg.* iv. 105.
Ponemmo. A seder ci *ponemmo* ivi ambo e dui . . . . *Purg.* vi. 53.
Ponente. Marte rosseggia Giù nel *ponente* sopra il suol marino . *Purg.* ii. 15.
    verrà... Di ver *ponente* un pastor senza legge . . . . . . *Inf.* xix. 83.
Poner. quel Donato Ch' alla prim' arte degnò *poner*[5] mano . . . *Par.* xii. 138.
    Vid' io molt' ombre andando *poner* mente . . . . *Purg.* xxvi. 9.

---

[1] Paolo.   [2] lo sonno.   [3] cener.   [4] pe'.   [5] *por la*.

Ponesse. Che gli *ponesse* le chiavi in balìa . . . . *Inf.* xix. 92.
E, se il mondo laggiù *ponesse* mente Al fondamento . . . . *Par.* viii. 142.
Ponesti. è fatta fella... Poi che *ponesti* mano alla predella . . . *Purg.* vi. 96.
Ponete. *Ponete* mente all' affezione[1] immensa, E roratelo . . . . *Par.* xxiv. 7.
Ponevam. e *ponevam* le piante Sopra lor vanità che par persona . *Inf.* vi. 35.
Ponga. Nel beato concilio Ti *ponga* in pace la verace corte . . *Purg.* xxi. 17.
Pongono. le scritture antiche *Pongono* il segno . . . . *Par.* xxv. 89.
Poni. O gente umana, perchè *poni* il core Là ? . . . . *Purg.* xiv. 86.
Ponno. Che navicar non *ponno*, e in quella vece Chi fa . . . . *Inf.* xxi. 10.
monte, Per che i Pisan veder Lucca non *ponno* . . . . *Inf.* xxxiii. 30.
seguono... Per simigliarsi al punto quanto *ponno* . . . . . . *Par.* xxviii. 101.
Ponta. *ponta* Sì, ch' a Fiorenza fa scoppiar la pancia . . . . . *Purg.* xx. 74.
Pontan. buco, Sopra il qual *pontan* tutte l' altre rocce . . . . . *Inf.* xxxii. 3.
Pontano. question che nel tuo velle *Pontano* egualmente . . . *Par.* iv. 26.
Ponte. Come colui... Che fa di sè un mezzo arco di *ponte* . . . *Purg.* xix. 42.
su per lo *ponte* Hanno a passar la gente modo colto . . . . . *Inf.* xviii. 29.
sarieno ancora In co del *ponte* presso a Benevento . . . . . *Purg.* iii. 128.
conveniasi a quella pietra scema Che guarda il *ponte* . . . . *Par.* xvi. 146.
Noi discendemmo il *ponte* dalla testa, Dove si giunge . . . *Inf.* xxiv. 79.
Chè come noi venimmo al guasto *ponte* . . . . *Inf.* xxiv. 19.
Dal[2] vecchio *ponte* guardavam la traccia Che venia . . . . . *Inf.* xviii. 79.
Poscia passò di là dal co del *ponte* . . . . *Inf.* xxi. 64.
Ma i demon, che del *ponte* avean coperchio, Gridar . . . *Inf.* xxi. 47.
Quando diritto al piè del *ponte* fue, Levò il braccio . . . . . *Inf.* xxviii. 127.
o tu, che siedi Tra li scheggion del *ponte* quatto quatto . . . *Inf.* xxi. 89.
Del nostro *ponte* disse : o Malebranche, Ecco un . . . . . *Inf.* xxi. 37.
Così, di *ponte* in *ponte*, altro parlando... Venimmo . . . . . *Inf.* xxi. 1.
Io stava sopra il *ponte* a veder surto . . . . *Inf.* xxvi. 43.
Ponti. per ammenda, *Ponti* e Normandia prese, e Guascogna . . *Purg.* xx. 66.
Ponticelli. Alla ripa di fuor son *ponticelli* . . . . *Inf.* xviii. 15.
Ponticello. Ch' io vidi lui a piè del *ponticello* Mostrarti . . . *Inf.* xxix. 25.
Usciron quei di sotto il *ponticello*, E volser . . . . *Inf.* xxi. 70.
Popol. Ancora era quel *popol* di lontano... mille passi . . . . *Purg.* iii. 67.
Ma il *popol* tuo l' ha in sommo della bocca . . . . *Purg.* vi. 132.
al cui dire Lo *popol* disviato si raccorse . . . . *Par.* xii. 45.
Ma il *popol* tuo sollecito risponde Senza chiamare . . . . . *Purg.* vi. 134.
ben distingue Questo baratro e il *popol* che il possiede . . . *Inf.* xi. 69.
Non... maggior tristizia Fosse in Egina il *popol* tutto infermo. *Inf.* xxix. 59.
vid' io glorioso E giusto il *popol* suo tanto . . . . *Par.* xvi. 152.
Avvenga che col *popol* si raduni Oggi colui . . . . *Par.* xvi. 131.
parte sedesse, Parte dall' altra, del *popol* cristiano . . . . . *Par.* xxvii. 48.
non ti tocca, Mercè del *popol* tuo che s'[3] argomenta . . . . *Purg.* vi. 129.
era venuto, E di Fiorenza in *popol* giusto e sano . . . . . *Par.* xxxi. 39.
Popoli. mala signoria, che sempre accora Li *popoli* suggetti . . . *Par.* viii. 74.
Popolo. perchè quel *popolo* è sì empio Incontro a' miei ? . . . . *Inf.* x. 83.
Ma quell' ingrato *popolo* maligno Che discese di Fiesole . . *Inf.* xv. 61.
quella legge, il cui *popolo* usurpa... vostra giustizia . . . . . *Par.* xv. 143.
convenia Porre un uom per lo *popolo* a' martiri . . . . . . *Inf.* xxiii. 117.
1. **Poppa.** gente... Voltando pesi per forza di *poppa* . . . . . *Inf.* vii. 27.
Chiron si volse in sulla destra *poppa*, E disse . . . . . . *Inf.* xii. 97.
2. **Poppa.** E, volta nostra *poppa* nel mattino . . . . *Inf.* xxvi. 124.
il fe'... Alla quarta levar la *poppa* in suso . . . . *Inf.* xxvi. 140.
Chi ribatte da proda e chi da *poppa* . . . . *Inf.* xxi. 13.
Da *poppa* stava il celestial nocchiero, Tal che faria beato . . *Purg.* ii. 43.

---

[1] alla sua voglia. [2] *Del.* [3] sì.

Poppa.	Quasi ammiraglio, che in *poppa* ed in prora Viene	*Purg.* xxx. 58.
1. **Poppe.**	L' andar mostrando con le *poppe* il petto	*Purg.* xxiii. 102.
2. **Poppe.**	la fortuna... Le *poppe* volgerà in sulle[1] prore	*Par.* xxvii. 146.
Por.	quel Donato Ch' alla prim' arte degnò *por* la[2] mano	*Par.* xii. 138.
Porci.	il porco... Ed altri ancor,[3] che son assai più[4] *porci*	*Par.* xxix. 125.
	gran regi, Che qui staranno come *porci* in brago	*Inf.* viii. 50.
	Tra brutti *porci*, più degni di galle Che d' altro cibo	*Purg.* xiv. 43.
Porcil.	modo Che il porco quando del *porcil* si schiude	*Inf.* xxx. 27.
Porco.	modo Che il *porco* quando del porcil si schiude	*Inf.* xxx. 27.
	Di questo ingrassa il *porco* sant' Antonio	*Par.* xxix. 124.
	che venire Sente il *porco* e la caccia alla sua posta	*Inf.* xiii. 113.
	di bocca uscia D' ogni parte una sanna come a *porco*	*Inf.* xxii. 56.
Porfido.	Lo terzo... *Porfido* mi parea sì fiammeggiante	*Purg.* ix. 101.
Porge.	dalla gota *Porge* la barba in sulle spalle brune	*Inf.* xx. 107.
	A cui *porge* la man più non fa pressa	*Purg.* vi. 8.
	O immaginativa... Chi move te, se il senso non ti *porge*?	*Purg.* xvii. 16.
Porgere.	la vide il patriarca Jacob *porgere*[5] la superna parte	*Par.* xxii. 71.
Porgevan.	*Porgevan* della pace e dell' ardore	*Par.* xxxi. 17.
Porgo.	tutti i miei preghi Ti *porgo*, e prego	*Par.* xxxiii. 30.
Poria.	Chi *poria* mai pur con parole sciolte Dicer?	*Inf.* xxviii. 1.
	perocchè sua malizia Non ti *poria*[6] menar da me altrove	*Par.* iv. 66.
	Io t' ho... messo Ch' alma beata non *poria* mentire	*Par.* iv. 95.
	Chè poi non si *poria*, se il dì non riede	*Purg.* xvii. 63.
	Ben si *poria* con lei tornare in giuso	*Purg.* vii. 58.
	Trasumanar significar per verba Non si *poria*	*Par.* i. 71.
Porpora.	quattro facean festa, In *porpora* vestite	*Purg.* xxix. 131.
Porrà.	Anteo... Che ne *porrà* nel fondo d' ogni reo	*Inf.* xxxi. 102.
	Quel dolce pome... Oggi *porrà* in pace le tue fami	*Purg.* xxvii. 117.
Porre.	Per due fiammette che i' vedemmo *porre*	*Inf.* viii. 4.
	Non dovei tu i figliuoi *porre* a tal croce	*Inf.* xxxiii. 87.
	Onde convenne legge per fren *porre*	*Purg.* xvi. 94.
	provvidenza, che lor volle *Porre* ministri della fossa quinta	*Inf.* xxiii. 56.
	convenia *Porre* un uom per lo popolo a' martiri	*Inf.* xxiii. 117.
Porse.	Parlando, di parlare ardir mi *porse*	*Purg.* xviii. 9.
	quale allora femmi, Salsi colei che la cagion mi *porse*	*Purg.* xxxi. 90.
	Questa mi *porse* tanto di gravezza Con la paura	*Inf.* i. 52.
	il duca d' Atene, Che su nel mondo la morte ti *porse*	*Inf.* xii. 18.
	Poi fisamente al sole gli occhi *porse*	*Purg.* xiii. 13.
	che ubbidisti tosto Alle vere parole che ti *porse*	*Inf.* ii. 135.
	Appresso *porse* a me l' accorto passo	*Inf.* xxxiv. 87.
	La pena dunque che la croce *porse*, S' alla natura	*Par.* vii. 40.
	Per che il lume del sol giù non si *porse*	*Par.* xxix. 99.
	Sì pia l' ombra d' Anchise si *porse*	*Par.* xv. 25.
	Udir non pote' quel ch' a lor si *porse*	*Inf.* viii. 112.
Porser.	*Porser* gli uncini verso gl' impaniati	*Inf.* xxii. 149.
Porsi.	Ond' io... *Porsi* ver lui le guance lagrimose	*Purg.* i. 127.
	Allor *porsi* la mano un poco avante, E colsi	*Inf.* xiii. 31.
	Poi che nel viso a certi gli occhi *porsi*	*Inf.* xvii. 52.
	metter la trama In quella tela ch' io le *porsi* ordita	*Par.* xvii. 102.
Porsila.	*Porsila* a lui aggroppata e ravvolta	*Inf.* xvi. 111.
1. **Porta.**	da quel punto Che del futuro fia chiusa la *porta*	*Inf.* x. 108.
	pur dianzi Ne disse: andate là, quivi è la *porta*	*Purg.* ix. 90.
	battesmo, Ch' è *porta*[7] della fede che tu credi	*Inf.* iv. 36.
	a cui... La *porta* del piacer nessun disserra	*Par.* xi. 60.

[1] u' son le. [2] poner. [3] assai. [4] peggio che. [5] isporger. [6] potria. [7] *parte*.

Porta. la *porta*, Ond' uscì de' Romani il gentil seme . . . . . *Inf.* xxvi. 59.
vieni, Troviam la *porta*[1] per la qual tu entre . . . . *Purg.* xix. 36.
Sì ch' io vegga la *porta* di san Pietro, E color . . . . *Inf.* i. 134.
Vidi una *porta*, e tre gradi di sotto Per gire ad essa . . . . *Purg.* ix. 76.
Chè già l' usaro a men segreta *porta* . . . . *Inf.* viii. 125.
con la gialla Fece alla *porta* sì ch' io fui contento . . . . . *Purg.* ix. 120.
Poi pinse l' uscio alla *porta* sacrata, Dicendo : intrate . . . *Purg.* ix. 130.
Venne[2] alla *porta*, e con una verghetta L' aperse . . . . . *Inf.* ix. 89.
Queste parole... Vid' io scritte al sommo d' una *porta* . . . *Inf.* iii. 11.
Onde Perugia sente freddo e caldo Da *porta* Sole . . . . . *Par.* xi. 47.
i demon... Che all' entrar della *porta* incontra uscinci . . . *Inf.* xiv. 45.
Poi fummo dentro al soglio della *porta* . . . . *Purg.* x. 1.
Posciachè noi entrammo per la *porta* . . . . *Inf.* xiv. 86.
Nel picciol cerchio s' entrava per *porta* . . . . *Par.* xvi. 125
Sopra la *porta*, che al presente è carca Di... fellonia . . . . *Par.* xvi. 94.
L' uccel[3] di Dio che siede in sulla *porta* . . . . *Purg.* iv. 129.
Ma perchè Malebolge in ver la *porta*... tutta pende . . . . *Inf.* xxiv. 37.
2. Porta. Femmina è nata, e non *porta* ancor benda . . . . . . *Purg.* xxiv. 43.
Ed ei : frate, l' andare in su che *porta*? . . . . *Purg.* iv. 127.
colui Che al giudizio divin compassion[4] *porta* . . . . *Inf.* xx. 30.
Tanto ch' io vidi delle cose belle Che *porta* il ciel . . . . . *Inf.* xxxiv. 138.
Questa isoletta... *Porta* de' giunchi sopra il molle limo . . . *Purg.* i. 102.
Quando il vapor, che il *porta*, più è spesso . . . . *Par.* xxviii. 24.
Ciascun che della bella insegna *porta* Del gran barone . . . *Par.* xvi. 127.
Che *porta* il lume retro, e sè non giova . . . . *Purg.* xxii. 68.
Cerbero... Ne *porta* ancor pelato il mento e il gozzo . . . . *Inf.* ix. 99.
E come a messaggier, che *porta*[5] olivo, Tragge la gente . . . *Purg.* ii. 70.
ombra... Qual... Sopra suoi freddi rivi l' Alpe *porta* . . . . *Purg.* xxxiii. 111.
si dirama L' obbliquo cerchio che i pianeti *porta* . . . . . *Par.* x. 14.
vento... Che... Li rami schianta, abbatte, e *porta* fiori[6] . . . *Inf.* ix. 70.
i segni Che questi *porta* e che l' angel profila . . . . *Purg.* xxi. 23.
Lombardo, Che in sulla Scala *porta* il santo uccello . . . *Par.* xvii. 72.
senza decreto *Porta* nel tempio le cupide vele . . . . *Purg.* xx. 93.
cristallo, che il vocabol *porta*... del suo chiaro[7] duce . . . . *Par.* xxi. 25.
Lo sito di ciascuna valle *porta* Che l' una costa surge . . *Inf.* xxiv. 39.
l' acqua... Che Multa[8] in Albia, ed Albia in mar ne *porta* . . *Purg.* vii. 99.
Ora cen *porta* l' un de' duri margini . . . . *Inf.* xv. 1.
Ed ora lì... Cen *porta* la virtù di quella corda . . . . . . *Par.* i. 125.
Questi ne *porta* il foco inver la luna . . . . *Par.* i. 115.
pien di spavento Nel *porta* un carro prima che altri il cacci . *Purg.* xii. 48.
in virtute Ne *porta* seco e l' umano e il divino . . . . . . *Purg.* xxv. 81.
si duol d' Achille, E del Palladio pena vi si *porta* . . . . . *Inf.* xxvi. 63.
Portai. A' miei *portai* l' amor che qui raffina . . . . *Purg.* viii. 120.
Fede *portai* al glorioso offizio, Tanto ch' io ne perdei . . . *Inf.* xiii. 62.
E quel son io che su vi *portai* prima Lo nome di colui . . . *Par.* xxii. 40.
Poco *portai* in là volta la testa, Che mi parve veder . . . . *Inf.* xxxi. 19.
Portammo. Ben mille passi e più ci *portammo*[9] oltre . . . . . *Purg.* xxiv. 131.
Portan. le tombe terragne *Portan* segnato quel ch' elli eran pria. *Purg.* xii. 18.
E come gli stornei ne *portan* l' ali Nel freddo tempo . . . . *Inf.* v. 40.
Portando. tristi fummo... *Portando* dentro accidioso fummo . . *Inf.* vii. 123.
Portandosene. *Portandosene* me sopra il suo petto . . . . . . *Inf.* xxiii. 50.
Portar. Gli disse : noi *portar* ; non mi far torto . . . . *Inf.* xxvii. 114.
Il prun... Poscia *portar* la rosa in sulla cima . . . . *Par.* xiii. 135.

[1] *l' aperta.* [2] Giunse. [3] angel. [4] passion. [5] *porti.*
[6] fori. [7] caro. [8] Molta. [9] *portaro.*

Portar.	Onde *portar* convienmi il viso basso	*Purg.* xi. 54.
	Ben si dee loro aitar lavar le note, Che *portar* quinci	*Purg.* xi. 35.
	Poi sen *portar* quelle membra dolenti	*Inf.* xiii. 129.
Portarne.	d' altro loco Disdegna di *portarne* suso in piede	*Purg.* ix. 27.
Portarno.	sigillo, Che le sue membra due anni *portarno*	*Par.* xi. 108.
Portaro.	Ben mille passi e più ci *portaro*[1] oltre	*Purg.* xxiv. 131.
Portata.	tanta allegrezza... *portata* nelle menti sante	*Par.* xxxii. 89.
Portate.	Quali colombe... Volan per l' aer, dal voler *portate*	*Inf.* v. 84.
	vid' io venir... Ombre *portate* dalla detta briga	*Inf.* v. 49.
1. **Portato.**	quel ch' ei[2] fe', *portato* dagli egregi Romani	*Par.* vi. 43.
2. **Portato.**	ospizio, Ove sponesti il tuo *portato* santo	*Purg.* xx. 24.
Portava.	Lunga la barba e di pel bianco mista *Portava*	*Purg.* i. 35.
	Seguendo lui, *portava* la mia fronte Come colui	*Purg.* xix. 40.
	La concreata... sete Del deiforme regno cen *portava* Veloci	*Par.* ii. 20.
1. **Porte.**	Vegna rimedio agli occhi che fur *porte*	*Par.* xxvi. 14.
	Chiuser le *porte* que' nostri avversari Nel petto	*Inf.* viii. 115.
	Ma degli occhi facea sempre al ciel *porte*	*Purg.* xv. 111.
	La nostra carità non serra *porte* A giusta voglia	*Par.* iii. 43.
	Per sette *porte* intrai con questi savi	*Inf.* iv. 110.
	Io vidi più di mille in sulle *porte* Da' ciel piovuti	*Inf.* viii. 82.
*2. **Porte.**	perchè mo[3] vergogna *porte* Del tuo errore	*Purg.* xxxi. 43.
3. **Porte.**	Queste parole da lor ci fur *porte*	*Inf.* v. 108.
	Tu nota; e, sì come da me son *porte*... queste parole	*Purg.* xxxiii. 52.
	Qual è colui... Tal divenn' io alle parole *porte*	*Inf.* xvii. 88.
Porteraine.	E *porteraine* scritto nella mente Di lui	*Par.* xvii. 91.
Porterò.	alla tua onta Io *porterò* di te vere novelle	*Inf.* xxxii. 111.
1. **Porti.**	si movono a diversi *porti* Per lo gran mar	*Par.* i. 112.
	per altra via,[4] per altri *porti* Verrai a piaggia	*Inf.* iii. 91.
2. **Porti.**	Danne un... che *porti* costui in su la groppa	*Inf.* xii. 95.
	Acciocchè tutta piena Esperienza d' esto giron *porti*	*Inf.* xvii. 38.
	Se le fazion che *porti* non son false, Venedico se'	*Inf.* xviii. 49.
	e ciascuna Con istinto a lei dato che la *porti*	*Par.* i. 114.
	dichiara, Se vuoi ch' io *porti* su di te novella	*Inf.* xxviii. 92.
	E perchè tu di me novella *porti*, Sappi	*Inf.* xxviii. 133.
	Guarda... Sì che di lui di là novelle *porti*	*Purg.* v. 50.
	e *porti* gli occhi sciolti, Sì com' io credo	*Purg.* xiii. 131.
	E come a messaggier, che *porti*[5] olivo, Tragge la gente	*Purg.* ii. 70.
	E qui convien ch' io questo peso *porti* Per lei	*Purg.* xi. 70.
	discerno chiaro Quanto la tua ragion *porti* o descriva	*Purg.* xviii. 12.
	Più lieve legno convien che ti *porti*	*Inf.* iii. 93.
	se tu vuoi ch' io ti *porti* Laggiù per quella ripa	*Inf.* xix. 34.
	Tu te ne *porti* di costui l' eterno Per una lagrimetta	*Purg.* v. 106.
	se non scritto, almen dipinto, Che il te ne *porti* dentro	*Purg.* xxxiii. 77.
	Ma perchè le tue voglie tutte piene Ten *porti*	*Par.* ix. 110.
3. **Porti.**	E il misero del suo n' avea due *porti*	*Inf.* xxv. 117.
	Ed a colui... Li preghi miei, piangendo, furon *porti*	*Purg.* xxx. 141.
Portier.	Ed un *portier* che ancor non facea motto	*Purg.* ix. 78.
Portinaio.	Ed ella... Ricominciò il cortese *portinaio*	*Purg.* ix. 92.
1. **Porto.**	terra... Che fe' del sangue suo già caldo il *porto*	*Par.* ix. 93.
	il più basso face Qual timon gira per venire a *porto*	*Purg.* xxx. 6.
	Non puoi fallire al[6] glorioso *porto*, Se ben m' accorsi	*Inf.* xv. 56.
2. **Porto.**	Partito *porto* il mio cerebro, lasso!	*Inf.* xxviii. 140.
	come il mio corpo stea Nel mondo su, nulla scienza *porto*	*Inf.* xxxiii. 123.
3. **Porto.**	cotanto, Quanto da lui a lor di bene è *porto*	*Par.* xxvi. 66.

[1] portammo.   [2] che.   [3] me'.   [4] altre vie.   [5] porta.   [6] a.

Portò. le chiavi, Ch' ei *portò* giù, di questo gaudio . . . . . . *Par.* xxiv. 36.
Quel... D' ogni valor *portò* cinta la corda . . . . *Purg.* vii. 114.
presegli... Sì che, stracciando, ne *portò* un lacerto . . . . . *Inf.* xxii. 72.
Sì mi *portò* sopra il colmo dell' arco . . . . *Inf.* xix. 128.
A Mincs mi *portò;* e quegli attorse Otto volte la coda . . . *Inf.* xxvii. 124.
Perch' egli è quegli che *portò* la palma Giù a Maria . . . . *Par.* xxxii. 112.
E quel... Non *portò* voce mai, nè scrisse inchiostro . . . . . *Par.* xix. 8.
Portogallo. E quel di *Portogallo*, e di Norvegia . . . . *Par.* xix. 139.
1. **Posa.** occhi belli, Ne' quai mirando mio disio ha *posa* . . . . *Par.* xiv. 132.
inferma, Che non può trovar *posa* in sulle piume . . . . . . *Purg.* vi. 150.
tanto ratta, Che d' ogni *posa* mi pareva indegna . . . . . . *Inf.* iii. 54.
Nulla speranza... Non che di *posa*, ma di minor pena . . . *Inf.* v. 45.
in sulla verga Poggiato s' è, e lor di *posa*[1] serve . . . . . . *Purg.* xxvii. 81.
il volger del ciel... Copre ed iscopre i liti senza *posa* . . . . *Par.* xvi. 83.
2. **Posa.** Chè l' animo di quel ch' ode non *posa* . . . . *Par.* xvii. 139.
disire, Ch' è moto spiritale, e mai non *posa* . . . . *Purg.* xviii. 32.
Siede lungh' esso; e lungo l' altro *posa* Quel Duca . . . . . *Par.* xxxii. 130.
E forse in tanto, in quanto un quadrel *posa*, E vola . . . . . *Par.* ii. 23.
tanto pronta... Che mai non *posa*, se non si raffronta . . . *Purg.* xvii. 51.
Ma quel demonio... disse : *posa*, *posa*, Scarmiglione . . . *Inf.* xxi. 105.
sguardando A guisa di leon quando si *posa* . . . . *Purg.* vi. 66.
Posan. Li remi... Tutti si *posan* al sonar d' un fischio . . . . . *Par.* xxv. 135.
Posar. di queste anime... Non poterebbe farne *posar* una . . . . *Inf.* vii. 66.
Posarmi. fu sì congiunta, Che segno fu ch' io dovessi *posarmi* . *Par.* vi. 27.
Posarsi. *Posarsi* quelle prime[2] creature Da loro aspersion[3] . . . *Purg.* xxxi. 77.
Posasi. *Posasi* in esso, come fiera in lustra . . . . *Par.* iv. 127.
*****Posasse.** Soavemente disse ch' io *posasse* . . . . *Purg.* ii. 85.
Posato. Poi ch' ei *posato* un poco il corpo lasso, Ripresi via . . *Inf.* i. 28.
Posato al nido dei suoi dolci nati La notte . . . . *Par.* xxiii. 2.
Poscia. *Poscia* gli alzai al sole, ed ammirava . . . . *Purg.* iv. 56.
Poscia di dì in dì l' amò più forte . . . . *Par.* xi. 63.
Poscia gli ancide come antica belva . . . . *Purg.* xiv. 62.
E *poscia* per lo ciel di lume in lume Ho io appreso . . . . *Par.* xvii. 115.
Poscia conchiuse : dunque esser diverse Convien . . . . . *Par.* viii. 122.
Poscia con Tito a far vendetta corse Della vendetta . . . . *Par.* vi. 92.
Poscia, fermato il foco benedetto... dirizzò lo spiro . . . . . *Par.* xxiv. 31.
Di vello in vello giù discese *poscia* Tra il folto pelo . . . . *Inf.* xxxiv. 74.
Poscia mi disse : quel, da cui si dice Tua cognazion . . . . *Par.* xv. 91.
Poscia: più non si va, se pria non morde... Ci disse . . . . *Purg.* xxvii. 10.
Poscia con pochi passi divenimmo Là . . . . *Inf.* xviii. 68.
Per che divenne mostro e *poscia* preda . . . . *Purg.* xxxiii. 39.
Poscia li piè diretro, insieme attorti, Diventaron lo membro . *Inf.* xxv. 115.
tu drizzasti *Poscia* diretro al pescator le vele . . . . *Purg.* xxii. 63.
e *poscia* tutta la drizzava In poco d' ora . . . . *Purg.* xix. 13.
Poscia drizzò al frate cotal voce : Non vi dispiaccia . . . *Inf.* xxiii. 127.
mai non vide... Uomo, che di tornar sia *poscia* esperto . . . *Purg.* i. 132.
da sensato apprende Ciò che fa *poscia* d' intelletto degno . . *Par.* iv. 42.
Pria con la bianca, e *poscia* con la gialla Fece alla porta . . *Purg.* ix. 119.
e quindi *poscia* geme Sopr' altrui sangue in... vasello . . . *Purg.* xxv. 44.
Poscia nei due penultimi tripudi Principati . . . . *Par.* xxviii. 124.
poscia il governa Mentre che il tempo suo tutto sia volto . . *Inf.* xxxiii. 131.
Perocchè quindi ha *poscia* sua paruta, È chiamat' ombra . . *Purg.* xxv. 100.
E qual è quei... Tal era il peccator levato *poscia* . . . . . *Inf.* xxiv. 118.
Che... io fossi preso E *poscia* morto, dir non è mestieri . . . *Inf.* xxxiii. 18.

[1] poggiato.   [2] belle.   [3] apparsion.

Poscia. nè... piùe Mosse... *Poscia*, che prima, alle parole sue . . *Par.* xxv. 117.
son più anni *Poscia* passati, ch' ei fu sì racchiuso . . . . . *Inf.* xxxiii. 138.
Poscia passò di là dal co del ponte . . . . *Inf.* xxi. 64.
Il prun... *Poscia* portar la rosa in sulla cima . . . . *Par.* xiii. 135.
Manto fu, che... *Poscia* si pose là dove nacqu' io . . . . . . *Inf.* xx. 56.
Poscia, più che il dolor, potè il digiuno . . . . *Inf.* xxxiii. 75.
e *poscia*, per ammenda, Ponti e Normandia prese . . . . . *Purg.* xx. 65.
qualunque del nome Dell' alto Bellincion ha *poscia* preso . . *Par.* xvi. 99.
Chè nè prima nè *poscia* procedette Lo discorrer . . . . . . *Par.* xxix. 20.
vidi quello esercito... Tacito *poscia* riguardare in sue . . . . *Purg.* viii. 23.
se guardi... *Poscia* riguardi là dov' è trascorso . . . . *Par.* xxii. 92.
Poscia nell' M del vocabol quinto Rimasero ordinate . . . . *Par.* xviii. 94.
Poscia rispose lui : da me non venni ; Donna scese . . . . . *Purg.* i. 52.
poscia rispose : Ogni tuo dir d' amor m' è caro cenno . . . *Purg.* xxii. 26.
sì acuti... Che appena *poscia* gli avrei ritenuti . . . . *Inf.* xxvi. 123.
Percotevansi incontro, e *poscia* pur li Si rivolgea ciascun . . *Inf.* vii. 28.
Poscia rivolsi alla mia Donna il viso . . . . *Par.* xv. 32.
Poscia rivolsi gli occhi agli occhi belli . . . . *Par.* xxii. 154.
Ruppe il silenzio nei concordi numi *Poscia* la luce . . . . . *Par.* xiii. 32.
quel che, forato... E *poscia* e prima tanto satisfece . . . . . *Par.* xiii. 41.
Poscia tra esse un lume si schiarì . . . . *Par.* xxv. 100.
In exitu... Con quanto di quel salmo è *poscia* scritto . . . . *Purg.* ii. 48.
Non in quel ch' ama, che *poscia* seconda . . . . *Par.* xxviii. 111.
Poscia non sia di qua vostra reddita . . . . *Purg.* i. 106.
Poscia trasse Guiglielmo, e Rinoardo, E il duca Gottifredi . *Par.* xviii. 46.
giusta vendetta *Poscia* vengiata fu da giusta corte . . . . . *Par.* vii. 51.
Poscia vid' io mille visi, cagnazzi Fatti per freddo . . . . . *Inf.* xxxii. 70.
Poscia vidi avventarsi nella cuna... una volpe . . . . *Purg.* xxxii. 118.
Poscia, per indi ond' era pria venuta, L' aquila vidi . . . . *Purg.* xxxii. 124.
Poscia gli volse le novelle spalle, E disse all' altro . . . . . *Inf.* xxv. 139.
alle sustanzie pie Volse le sue parole così *poscia* . . . . . *Purg.* xxx. 102.
Poscia si volse[1] nel vostro occidente, Dove sentia . . . . . *Par.* vi. 71.
Poscia che contro alla vita presente Dei miseri . . . . *Par.* xxviii. 1.
Ma *poscia* ch' ebber colto lor viaggio Su per la punta . . . *Inf.* xxvii. 16.
Poscia che tai tre donne benedette Curan di te . . . . . . *Inf.* ii. 124.
Poscia ch' i' ebbi rotta la persona Di due punte . . . . . . *Purg.* iii. 118.
poscia che tanti Speculi fatti s' ha, in che si spezza . . . . *Par.* xxix. 143.
Poscia che i fiori e l' altre fresche erbette . . . . *Purg.* xxix. 88.
e *poscia* Che a lui fui giunto, alzò la testa appena . . . . *Purg.* iv. 117.
nè forte, *Poscia* che le cittadi termine hanno . . . . *Par.* xvi. 78.
Poscia che s' infutura la tua vita Vie più là . . . . *Par.* xvii. 98.
Poscia che l' accoglienze oneste e liete Furo iterate . . . . *Purg.* vii. 1.
pensar lo puoi, *Poscia* che il grido t' ha mosso cotanto . . . *Par.* xxii. 12.
Poscia che gli occhi miei si furo offerti Alla mia Donna . . *Par.* viii. 40.
Poscia che i cari e lucidi lapilli... Poser silenzio . . . . . . *Par.* xx. 16.
Poscia che m' ebbe ragionato questo, Gli occhi... volse . . . *Inf.* ii. 115.
Poscia ch' io v' ebbi alcun riconosciuto, Vidi e conobbi . . . *Inf.* iii. 58.
Poscia che il foco alquanto ebbe rugghiato Al modo suo . . *Inf.* xxvii. 58.
Poscia che l' ebbi tutta da me sciolta... Porsila a lui . . . *Inf.* xvi. 109.
Poscia che trasmutò le bianche bende . . . . *Purg.* viii. 74.
Poscia[2] ch' hai lo mio sangue a te sì tratto . . . . *Purg.* xx. 83.
Poscia ch' io ebbi il mio dottore udito Nomar le donne . . *Inf.* v. 70.
Poscia che il padre suo di vita uscìo... per lo mondo giò . . *Inf.* xx. 58.
Ecuba trista... *Poscia* che vide Polissena morta . . . . . . *Inf.* xxx. 17.

[1] Poi si rivolse.   [2] Poi.

POSCIACHÈ 539 POSSA

Posciachè. *Posciachè* noi entrammo per la porta . . . . *Inf.* xiv. 86.
 Posciachè fummo al quarto dì venuti, Gaddo mi si gittò . . . *Inf.* xxxiii. 67.
 Posciachè mal si torce il ventre quindi . . . . *Purg.* xxxii. 45.
 Posciachè Constantin l' aquila volse Contra il corso . . . . *Par.* vi. 1.
Pose. Tutto suo amor laggiù *pose* a drittura . . . . *Par.* xx. 121.
 Così il sopran li denti all' altro *pose* Là 've il cervel . . . . *Inf.* xxxii. 128.
 Tal *pose* in pace uno ed altro disio . . . . *Par.* iv. 117.
 Qui *pose* fine al lagrimabil suono . . . . *Inf.* vi. 76.
 Ambo le mani... Soavemente il mio Maestro *pose* . . . . . *Purg.* i. 125.
 E poichè la sua mano alla mia *pose* Con lieto volto . . . . . *Inf.* iii. 19.
 Allor *pose* la mano alla mascella D' un suo compagno . . . *Inf.* xxviii. 94.
 Allor si volse a noi, e *pose* mente . . . . *Purg.* iv. 112.
 Mia madre a servo d' un signor mi *pose* . . . . *Inf.* xxii. 49.
 Poi uscì fuor... E *pose* me in sull' orlo a sedere . . . . . . *Inf.* xxxiv. 86.
 quant' è che Dio mi *pose* Nell' eccelso giardino . . . . . . *Par.* xxvi. 109.
 Con costui *pose* il mondo in tanta pace, Che fu serrato . . . *Par.* vi. 80.
 Così ne *pose* al fondo Gerione A piè[1] a piè . . . . *Inf.* xvii. 133.
 esser presaga, Per lo patto che Dio con Noè *pose* . . . . . *Par.* xii. 17.
 Benigna volontade... Silenzio *pose* a quella dolce lira . . . . *Par.* xv. 4.
 Manto fu, che... Poscia si *pose* là dove nacqu' io . . . . . . *Inf.* xx. 56.
Poser. E gli altri che a ben far *poser* gl' ingegni . . . . *Inf.* vi. 81.
 Poser silenzio al mio cupido ingegno . . . . *Par.* v. 89.
 lucidi lapilli... *Poser* silenzio agli angelici squilli . . . . . *Par.* xx. 18.
Posi. così fatti Vid' io color, quando *posi* ben cura . . . . . *Purg.* x. 135.
 Perch' io... Mi *posi* il dito su dal mento al naso . . . . . *Inf.* xxv. 45.
 posi mente All' altro polo, e vidi quattro stelle . . . . . . *Purg.* i. 22.
Posò. al fondo, che divora Lucifero con Giuda, ci *posò*[2] . . . *Inf.* xxxi. 143.
 Qui ti *posò*; e pria mi dimostraro Gli occhi suoi . . . . . *Purg.* ix. 61.
Posponendo. *Posponendo* il piacer degli occhi belli . . . . *Par.* xiv. 131.
Posposi. nei... offici Sempre *posposi* la sinistra cura . . . . . . *Par.* xii. 129.
Posposta. Con men disdegno, che quando è *posposta* . . . . . . *Par.* xxix. 89.
Poss'. quanto ragion qui vede Dirti *poss'* io . . . . *Purg.* xviii. 47.
 Tanto *poss'* io di quel punto ridire . . . . *Par.* xviii. 13.
 Lo ciel *poss'* io serrare e disserrare, Come tu sai . . . . . . *Inf.* xxvii. 103.
1. **Possa.** mi sentiva La *possa* delle gambe posta in tregue . . . *Purg.* xvii. 75.
 Se prima fu la *possa* in te finita Di peccar più . . . . . . *Purg.* xxiii. 79.
 Paia tua *possa* in questi versi brevi . . . . *Par.* xviii. 87.
 ci affranse La *possa* del salir più che il diletto . . . . . . *Purg.* xxvii. 75.
 All' alta fantasia qui mancò *possa* . . . . *Par.* xxxiii. 142.
 Di viva speme, che mise la[3] *possa* Ne' preghi fatti . . . . . *Par.* xx. 109.
 dove... S' aggiunge al mal volere ed alla *possa* . . . . . . *Inf.* xxxi. 56.
 Botoli... Ringhiosi più che non chiede lor *possa* . . . . . *Purg.* xiv. 47.
 E tristo fia d' averne avuto *possa* . . . . *Purg.* xviii. 123.
 tanta *possa* Di nuovo acquisto, e sì d' amici pieno . . . . *Purg.* xx. 56.
2. **Possa.** Ed avvegna ch' assai *possa* esser sazia La sete tua . . *Purg.* xxviii. 134.
 Monta dinanzi... Sì che la coda non *possa* far male . . . . . *Inf.* xvii. 84.
 non s' aspetta Chi far lo *possa* tralignando oscuro . . . . . *Purg.* xiv. 123.
 Vegnati... Tanto ch' io *possa* intender che tu canti . . . . . *Purg.* xxviii. 48.
 una favilla sol... *Possa* lasciare alla futura gente . . . . . *Par.* xxxiii. 72.
 di virtute Tanto che *possa* con gli occhi levarsi . . . . . . *Par.* xxxiii. 26.
 sè gira col segno, Prima che *possa* tutta in sè mutarsi . . . *Purg.* xxxii. 21.
 per me s' adori, Perch'[4] io *possa* purgar le gravi offese . . . *Purg.* v. 72.
 prova Ch' io *possa* in te rifletter quel ch' io penso . . . . *Par.* ix. 21.
 la costa cala... Sì che *possa* salir chi va senz' ala . . . . *Purg.* iii. 54.

[1] piede. [2] *sposò*. [3] sua. [4] *Pur, ch'*.

Possa.	sì non si perde, Che non *possa* tornar l' eterno amore	*Purg.* iii. 134.
	che nostra ragione *Possa* trascorrer la infinita via	*Purg.* iii. 35.
	ma se a voi piace Cosa ch' io *possa*... Voi dite	*Purg.* v. 60.
Possano.	sì che... *Possano* uscire alle stellate rote	*Purg.* xi. 36.
Possanza.	Quivi è la sapienza e la *possanza*	*Par.* xxiii. 37.
	aperta Tanto divien quant' ell' ha di *possanza*	*Par.* xxii. 57.
	del secondo vento... Generò il terzo, e l' ultima *possanza*	*Par.* iii. 120.
	tal eclissi... Quando patì la suprema *possanza*	*Par.* xxvii. 36.
1. **Posse.**	O vanagloria dell' umane *posse!*	*Purg.* xi. 91.
	indi imprende Ad organar le *posse* ond' è semente	*Purg.* xxv. 57.
*2. **Posse.**	Non ho parlato sì, che tu non *posse* Ben veder	*Par.* xiii. 94.
Possedea.	Che onrevol gente *possedea* quel loco	*Inf.* iv. 72.
Posseder.	volesti anzi virtute, Che gran ricchezza *posseder*	*Purg.* xx. 27.
Posseditor.	I più *posseditor* faccia più ricchi Di se	*Purg.* xv. 62.
Posseduto.	più ricchi Di sè, che se da pochi è *posseduto*	*Purg.* xv. 63.
Possendo.	se non fosse Che, *possendo* peccar, mi volsi a Dio	*Purg.* xi. 90.
	e così queste fero, *Possendo*[1] ritornare al santo loco	*Par.* iv. 81.
Possente.	E fa la lingua mia tanto *possente*	*Par.* xxxiii. 70.
	Tu hai vedute cose, che *possente* Sei fatto	*Par.* xxiii. 47.
	Non può da[2] sua natura esser *possente* Tanto	*Par.* xix. 55.
	Poeta... Guarda la mia virtù, s' ella è *possente*	*Inf.* ii. 11.
	io era nuovo... Quando ci vidi venire un *possente*	*Inf.* iv. 53.
Possenti.	loco Agli occhi lì, che non eran *possenti*	*Par.* xxiii. 87.
Possessivo.	Del *possessivo* di cui era tutto	*Par.* xii. 69.
Possiam.	Che noi *possiam* nell' altra bolgia scendere	*Inf.* xxiii. 32.
	alcuno indizio Dà noi, perchè venir *possiam* più tosto	*Purg.* vii. 38.
Possiamo.	foce, Onde noi ambo e due *possiamo* uscirci	*Inf.* xxiii. 130.
Possiate.	vi disgrevi Tosto, sì che *possiate* mover l' ala	*Purg.* xi. 38.
Possibil.	Sì che *possibil* sia l' andare in suso	*Purg.* iii. 77.
	Sì che... penetri, Quant' è *possibil*, per lo suo fulgore	*Par.* xxxii. 144.
	La vista mia, che tanto la seguio, Quanto *possibil* fu	*Par.* iii. 125.
Possibile.	fe' disgiunto Dall' anima il *possibile* intelletto	*Purg.* xxv. 65.
	troverete il passo *Possibile* a salir persona viva	*Purg.* xi. 51.
Possiede.	Questo baratro e il popol che il *possiede*	*Inf.* xi. 69.
	Del retaggio miglior nessun *possiede*	*Purg.* vii. 120.
	Tanto *possiede* più di ben ciascuno	*Purg.* xv. 56.
Posso.	Io non[3] vidi, e però dicer non[3] *posso*, Come mosser	*Purg.* viii. 103.
	Sì ch' io non *posso* dir, se non che pianto Giusto verrà	*Par.* ix. 5.
	mi strigne Tanto, che a questa non *posso* esser largo	*Purg.* xxix. 99.
	Madonna, sì devoto, Quant' esser *posso* più, ringrazio lui	*Par.* ii. 47.
	Per quanto ir *posso*, a guida mi t' accosto	*Purg.* vii. 42.
	s' io *posso* Mostrarti un vero, a quel... Terrai il viso	*Par.* viii. 94.
	Io non *posso* negar quel che tu chiedi	*Inf.* xxiv. 136.
	Sì ch' io non *posso* dal pensar partirmi	*Purg.* xix. 57.
	tu, padre, m' accerta S' io *posso* prender tanta grazia	*Par.* xxii. 59.
	Io non *posso* ritrar di tutti appieno	*Inf.* iv. 145.
	Che è quel... a che non *posso* Schermar lo viso tanto?	*Purg.* xv. 25.
	Ma qui tacer nol *posso*; e per le note Di questa commedia	*Inf.* xvi. 127.
	sì con[4] dolce dir m' adeschi Ch' io non *posso* tacere	*Inf.* xiii. 56.
	Piangendo parea dicer: più non *posso*	*Purg.* x. 139.
	Io dissi a lui[5]: quanto *posso* ven preco	*Inf.* xv. 34.
	Devoto, quanto *posso*, a te supplico, Perchè mi parli	*Par.* xxvi. 94.
Posson.	Chè dir non *posson* con parola integra	*Inf.* vii. 126.
	quei morsi, Che *posson* far lo cor volger a Dio	*Par.* xxvi. 56.

[1] Potendo.   [2] di.   [3] nol.   [4] col.   [5] dissi lui.

Posson.	S' ei *posson* dentro da quelle faville Parlar	*Inf.* xxvi. 64.
	sale Più che salir non *posson* gli occhi miei	*Purg.* iv. 87.
	L' esalazion... Che, quanto *posson*, retro al calor vanno	*Purg.* xxviii. 99.
	E *posson* quanto a veder son sublimi	*Par.* xxviii. 102.
	dir si *posson* creati, Sì come sono, in loro essere intero	*Par.* vii. 131.
	Lumi, li quali... Notar si *posson* di diversi volti	*Par.* ii. 66.
	e fanno Sì che scusar non si *posson* l' offense	*Par.* iv. 108.
	gioie care... Tanto, che non si *posson* trar del regno	*Par.* x. 72.
1. Posta.	o anime crudeli Tanto, che data v' è l' ultima *posta*	*Inf.* xxxiii. 111.
	Quand' io dalla mia riva ebbi tal *posta*	*Purg.* xxix. 70.
	ed assai prestamente Di qua, di là discesero alla *posta*	*Inf.* xxii. 148.
	che venire Sente il porco e la caccia alla sua *posta*	*Inf.* xiii. 113.
	Ma quell' altro magnanimo, a cui *posta* Restato m' era	*Inf.* x. 73.
	quella cava, Dov' io teneva or l' occhio sì a *posta*	*Inf.* xxix. 19.
	Felice te, se[1] sì parli a tua *posta!*	*Inf.* xvi. 81.
2. Posta.	fammi nota La cagion che sì presso mi t' ha *posta*	*Par.* xxi. 57.
	posta[2] Sola soletta, verso noi riguarda	*Purg.* vi. 58.
	Quest' è colei, ch' è tanto *posta* in croce Pur da color	*Inf.* vii. 91.
	Per la corona che già v' è su *posta*	*Par.* xxx. 134.
	piangean tutte... E parea *posta* lor diversa legge	*Inf.* xiv. 21.
	Piccarda, Che, *posta* qui con questi altri beati, Beata sono	*Par.* iii. 50.
	mi sentiva La possa delle gambe *posta* in tregue	*Purg.* xvii. 75.
1. Poste.	Ed ei prese di tempo e loco *poste*	*Inf.* xxxiv. 71.
	dier volta Suso alle *poste* rivolando eguali	*Purg.* viii. 108.
	mi parti' Dietro alle *poste* delle care piante	*Inf.* xxiii. 148.
2. Poste.	gemme... *Poste* in figura del freddo animale	*Purg.* ix. 5.
Posti.	lo mondo pulcro Ha tolto loro, e *posti* a questa zuffa	*Inf.* vii. 59.
	Dall' erba e dalli fior dentro a quel seno *Posti*	*Purg.* vii. 77.
Postille.	Tornan dei nostri visi le *postille* Debili sì	*Par.* iii. 13.
1. Posto.	suo figlio... Ha *posto* in loco di suo pastor vero	*Purg.* xviii. 126.
	Posto avea fine al suo ragionamento L' alto Dottore	*Purg.* xviii. 1.
	v' ha morti, E *posto*[3] fine al vostro viver lieto	*Par.* xvi. 138.
	E del diritto m' han *posto* alla riva	*Par.* xxvi. 63.
	il poema sacro, Al quale ha *posto* mano e cielo e terra	*Par.* xxv. 2.
	nel beato coro Silenzio *posto* avea da ogni parte	*Par.* xxvii. 18.
	Posto t' avem dinanzi agli smeraldi, Ond' Amor	*Purg.* xxxi. 116.
	il giglio Non era ad asta mai *posto* a ritroso	*Par.* xvi. 153.
	Ed io, che *posto* son con loro in croce, Jacopo Rusticucci fui.	*Inf.* xvi. 43.
	Perocchè il loco, u' fui a viver *posto*... di ben si spolpa	*Purg.* xxiv. 79.
	Rispose: loco certo non c' è *posto*	*Purg.* vii. 40.
	se il mondo fosse *posto* Con l' ordine, ch' io veggio	*Par.* xxviii. 46.
	non credo che fosse Lo decimo suo passo in terra *posto*	*Purg.* xxxiii. 17.
	non sareste ancora Dell' umana natura *posto* in bando	*Inf.* xv. 81.
2. Posto.	ma, *posto* ch' io il dica, Lume v' è dato	*Purg.* xvi. 74.
Postrema.	Fiorenza fesse Vittima nella sua pace *postrema*	*Par.* xvi. 147.
Potè.	Non *potè*[4] suo valor sì fare impresso In tutto	*Par.* xix. 43.
	Come *potè* trovar dentro al tuo seno Loco avarizia?	*Purg.* xxii. 22.
	Poscia, più che il dolor, *potè* il digiuno	*Inf.* xxxiii. 75.
Pote'.	Udir non *pote'* quel ch' a lor si porse	*Inf.* viii. 112.
Potea.	Che non *potea* con esse dare un crollo	*Inf.* xxv. 9.
	quella, Cui non *potea* mia opra[5] essere ascosa	*Par.* ii. 27.
	Chè l' occhio nol *potea* menare a lunga Per l' aer nero	*Inf.* ix. 5.
	Poco *potea* parer lì del dì[6] fuori	*Purg.* xxvii. 88.
	in quella Materia non *potea* parlarmi chiuso	*Purg.* xii. 87.

[1] che. [2] a posta. [3] pose. [4] poteo. [5] cura. [6] dì di.

Potea.	tanto, ch' io Non *potea* rivedere, ond' io m' entrassi . . .	*Purg.* xxviii. 24.
	Ridolfo imperador fu, che *potea* Sanar le piaghe	*Purg.* vii. 94.
	Non *potea* l' uomo nei termini suoi Mai satisfar	*Par.* vii. 97.
	Chè nol *potea* sì con gli occhi seguire Ch' ei vedesse	*Inf.* xxvi. 37.
	pensa per te stesso, Com' io *potea* tener lo viso asciutto . . .	*Inf.* xx. 21.
	da lungi... Tanto, ch' a pena il *potea* l' occhio torre	*Inf.* viii. 6.
	E quanto l' occhio mio *potea* trar d' ale... parea cotale . . .	*Purg.* x. 25.
	Nè per me lì *potea* cosa vedere	*Purg.* xx. 150.
	Lo Duca mio, che mi *potea* vedere Far sì	*Purg.* xv. 118.
	L' anima sua... Venendo su, non *potea* venir sola	*Purg.* xxi. 29.
	per cui Mostrò ciò che *potea* la lingua nostra	*Purg.* vii. 17.
	La lena m' era... sì munta... ch' io non *potea* più oltre . . .	*Inf.* xxiv. 44.
Potean.	attenti Oltre, quanto *potean* gli occhi allungarsi	*Purg.* xv. 140.
	troppo aprir l' ali *Potean* le mani a spendere	*Purg.* xxii. 44.
	gli occhi... Non *potean* ire al fondo per l' oscuro	*Inf.* xxiv. 71.
	gli ammalati, Che non *potean* levar le lor persone	*Inf.* xxix. 72.
	sì che i suoi conversi *Potean* parere alla veduta nostra . . .	*Inf.* xxix. 42.
Poteansi.	Nè ricovrar *poteansi*,[1] se tu badi	*Par.* vii. 88.
	loco aperto... Sì che veder *poteansi* tutti e quanti	*Inf.* iv. 117.
Poteasi.	Nè più salir *poteasi* in quella vita	*Purg.* xix. 110.
Potei.	quant' io... Nella mia mente *potei* far tesoro	*Par.* i. 11.
	Poi ch' io *potei* di me fare a mio senno, Trassimi	*Purg.* xix. 88.
	un lume... Tal, che mi vinse, e guardar nol *potei*	*Purg.* xxvii. 60.
	vedervi... Colui *potei* che... Fu trasmutato d' Arno	*Inf.* xv. 112.
Potem.	di voglia a moverci sì pieni, Che ristar non *potem* . . .	*Purg.* xviii. 116.
	Chè noi ad essa non *potem* da noi, S' ella non vien	*Purg.* xi. 8.
Potemo.	la città dolente, U' non *potemo* entrare omai senz' ira .	*Inf.* ix. 33.
Potendo.	Tal mi fec' io, non *potendo* parlare	*Inf.* xxx. 139.
	e così queste fero, *Potendo*[2] ritornare al santo loco	*Par.* iv. 81.
Potenza.	Però non ebber gli occhi miei *potenza* Di seguitar . . .	*Par.* xxiii. 118.
	cose Ch' hanno *potenza* di fare altrui male	*Inf.* ii. 89.
	Mobile primo, Che prende quindi vivere e *potenza*	*Par.* xxx. 108.
	lo spirito mio... D' antico amor sentì la gran *potenza* . . .	*Purg.* xxx. 39.
	esser esperto Di sua *potenza* contra il sommo Giove . . .	*Inf.* xxxi. 92.
	sarebbe in vano, E quasi ogni *potenza* quaggiù morta . . .	*Par.* x. 18.
	Par che a nulla *potenza* più intenda	*Purg.* iv. 4.
	Ch' altra *potenza* è quella che l' ascolta	*Purg.* iv. 10.
	Pura *potenza* tenne la parte ima	*Par.* xxix. 34.
	Nel mezzo strinse *potenza* con atto Tal vime	*Par.* xxix. 35.
Potenze.	Per differenti membra, e conformate A diverse *potenze*.	*Par.* ii. 135.
	L' altre *potenze* tutte quante mute	*Purg.* xxv. 82.
	Quindi discende all' ultime *potenze* Giù... divenendo	*Par.* xiii. 61.
Potenzia.	O *potenzia*[3] di Dio quanto se' vera[4]!	*Inf.* xxiv. 119.
Potenziata.	Da[5] complession *potenziata* tira Lo raggio	*Par.* vii. 140.
Poteo.	da vicin... Onde intender lo grido si *poteo*	*Purg.* xx. 138.
Poter.	Non *poter* quei fuggirsi tanto chiusi	*Inf.* xxv. 147.
	Non potea... satisfar, per non *poter* ir giuso Con umiltate . .	*Par.* vii. 98.
	questo mondo, Dove *poter* peccar non è più nostro	*Purg.* xxvi. 132.
	Come ciò sia, se il vuoi *poter* pensare	*Purg.* iv. 67.
	nella mente mi commossi... Per non *poter* vedere[6]	*Par.* xxv. 138.
	nè... Vincer *poter*[7] dentro da me l' ardore Ch' i' ebbi . . .	*Inf.* xxvi. 97.
	poter ch' egli abbia, Non ti torrà lo scender questa roccia .	*Inf.* vii. 5.
	brigavam... Tanto, quanto al *poter* n' era permesso	*Purg.* xx. 126.
	Quella col non *poter* la voglia intriga	*Purg.* vii. 57.

poteasi.   [2]*Possendo*.   [3]giustizia.   [4]è severa.   [5]Di.   [6]vederla.   [7]potero.

Poter. l' uom fue Da *poter* satisfar per sè dischiuso . . . . . . *Par.* vii. 102.
Tutti color ch' a quel tempo eran ivi Da *poter* arme . . . . *Par.* xvi. 47.
Potere. il tuo mortal *potere*, al suo fulgore, Sarebbe[1] fronda . . *Par.* xxi. 11.
la creatura, ch' ha *potere* Di piegar... in altra parte . . . . *Par.* i. 131.
nessuno ha *potere* Di trarre gli occhi fuor . . . . *Par.* xxvii. 122.
Dal tuo *potere* e dalla tua bontate Riconosco . . . . . . *Par.* xxxi. 83.
Poterebbe. di queste anime... Non *poterebbe* farne posar una . . *Inf.* vii. 66.
Potero. chè l' ale al sospetto Non *potero* avanzar . . . . . . *Inf.* xxii. 128.
nè... Vincer *potero*[2] dentro da me l' ardore Ch' i' ebbi . . . *Inf.* xxvi. 97.
Potersi. tanto divise Quell' ombre, che veder più non *potersi* . . *Purg.* xviii. 140.
Potert'. Discolpi me non *potert'* io far nego . . . . *Purg.* xxv. 33.
Potesse. moto, Ch' agguagliar si *potesse* alla mia ala . . . . . . *Par.* xxii. 105.
suo splendore *Potesse*, risplendendo, dir : subsisto . . . . . *Par.* xxix. 15.
Sì che *potesse* sua voglia esser mossa . . . . *Par.* xx. 111.
fora egli impedito D' altrui ? ovver saría[3] che non *potesse?* . *Purg.* vii. 51.
Potesser. Ma, se Doagio, Lilla, Guanto, e Bruggia *Potesser* . . *Purg.* xx. 47.
Potessi. Ch' io *potessi* in cent' anni andare un' oncia . . . . . . *Inf.* xxx. 83.
S' io *potessi* ritrar come assonnaro Gli occhi spietati , . . . *Purg.* xxxii. 64.
Potestate. Di ritenerlo è in voi la *potestate* . . . . *Purg.* xviii. 72:
Fecemi la divina *potestate*, La somma sapienza . . . . . *Inf.* iii. 5.
per tutti i modi, Che di ciò fare avei[4] la *potestate* . . . . . . *Par.* xxxi. 87.
conservo sono Teco e con gli altri ad una *potestate* . . . . *Purg.* xix. 135.
Potesti. E poi *potesti* da Piccarda udire, Che l' affezion . . . . *Par.* iv. 97.
Potete. E il mio Maestro : voi *potete* andarne . . . . *Purg.* v. 31.
Metter *potete* ben per l' alto sale Vostro navigio . . . . . . *Par.* i. 13.
Poteva. L' anima... Credette in Lui che *poteva* aiutarla . . . . *Par.* xx. 114.
Che *poteva* io ridir, se non : io vegno ? . . . . *Purg.* v. 19.
Potevam. a pena... *Potevam* su montar di chiappa in chiappa . . *Inf.* xxiv. 33.
Potevan. Poi verso me, quanto *potevan* farsi, Certi si feron . . . *Purg.* xxvi. 13.
Potrà. Nè *potrà* tanta luce affaticarne, Chè... saran forti . . . *Par.* viii. 58.
saran forti A tutto ciò che *potrà* dilettarne . . . . *Par.* xiv. 60.
dite come... Esser *potrà* ch' al veder non vi noi . . . . . . *Par.* xiv. 18.
e mostrerolli Oltre, quanto il *potrà* menar mia scuola . . . . *Purg.* xxi. 33.
più oltre andar per questo Scoglio[5] non si *potrà*[6] . . . . . . *Inf.* xxi. 107.
Potrai. tutta la Caina *Potrai* cercare, e non troverai ombra . . . *Inf.* xxxii. 59.
i tuoi vicini Faranno sì, che tu *potrai* chiosarlo . . . . . . *Purg.* xi. 141.
Io vidi, *potrai* dir, quel da Duera Là dove... stanno . . . *Inf.* xxxii. 116.
Se tanto scendi, li *potrai* vedere . . . . *Inf.* vi. 87.
Potran. Che *potran* dir li Persi ai vostri regi ? . . . . *Par.* xix. 112.
i suoi nimici Non ne *potran* tener le lingue mute . . . . . . *Par.* xvii. 87.
Potrebbe. sì alto suono, Che non *potrebbe* qui assimigliarsi . . . *Par.* xxi. 141.
Non ne *potrebbe* aver vendetta allegra . . . . *Inf.* xiv. 60.
Non ti *potrebbe* far d' un capel calvo . . . . *Purg.* xxvii. 27.
Potrebbesi. Perocch' errar *potrebbesi* per poco . . . . *Purg.* xxv. 120.
La gente, che per li sepolcri giace, *Potrebbesi* veder ? . . . . *Inf.* x. 8.
Potrei. Domandal tu... Ch' io non *potrei ;* tanta pietà m' accora . *Inf.* xiii. 84.
Potremo. Noi anderem... Rispose, quanto più *potremo* omai . . *Purg.* vi. 53.
Potrete. Montar *potrete* su per la ruina, Che giace in costa . . *Inf.* xxiii. 137.
Potria. sua malizia Non ti *potria*[7] menar da me altrove . . . . *Par.* iv. 66.
il Trentino... e quel di Brescia e il Veronese Segnar *potria* . *Inf.* xx. 69.
Potuto. S' egli avesse *potuto* creder prima . . . . *Inf.* xiii. 46.
Un ammen non saria *potuto* dirsi Tosto così . . . . *Inf.* xvi. 88.
Chè se *potuto* aveste veder tutto, Mestier non era . . . . *Purg.* iii. 38.
Pover. notte privata D' ogni pianeta sotto *pover* cielo . . . . *Purg.* xvi. 2.

[1] Parrebbe. [2] *poter*. [3] o non sarria. [4] avean. [5] *Iscoglio*. [6] *può*. [7] *poria*.

Pover. Ma quel del Sol saria *pover* con ello . . . . *Purg.* xxix. 117.
Povera. *povera* fosti tanto, Quanto... si può . . . . *Purg.* xx. 22.
Poverel. mirabil vita Del *poverel* di Dio narrata fumi . . . . . *Par.* xiii. 33.
Poverella. Poi che la gente *poverella* crebbe . . . . *Par.* xi. 94.
    Quel Pietro fu che, con la *poverella*, Offerse... tesoro . . . . *Par.* x. 107.
Poverelli. Che fur dei primi scalzi *poverelli* . . . . *Par.* xii. 131.
Poverello. Ch' escono i cani addosso al *poverello* . . . . . . *Inf.* xxi. 68.
Poveri. sedia, che già fu benigna Più ai *poveri* giusti . . . . . *Par.* xii. 89.
Povero. Tra brutti porci... Dirizza prima il suo *povero* calle . . . *Purg.* xiv. 45.
    Indi partissi *povero* e vetusto . . . . *Par.* vi. 139.
    Chè tu entrasti *povero* e digiuno In campo . . . . *Par.* xxiv. 109.
Povertà. L' avara *povertà* di Catalogna Già fuggiria . . . . . . *Par.* viii. 77.
    Fabbrizio, Con *povertà* volesti anzi virtute . . . . *Purg.* xx. 26.
    Francesco e *Povertà* per questi amanti Prendi oramai . . . *Par.* xi. 74.
Pozza. Così girammo della lorda *pozza* Grand' arco . . . . . . *Inf.* vii. 127.
Pozzo. Vaneggia un *pozzo* assai largo e profondo . . . . *Inf.* xviii. 5.
    Così la proda, che il *pozzo* circonda, Torreggiavan . . . . . *Inf.* xxxi. 42.
    che recidean gli argini e[1] fossi Infino al *pozzo* . . . . . . *Inf.* xviii. 18.
    in ver la porta Del bassissimo *pozzo* tutta pende . . . . . *Inf.* xxiv. 38.
    Come noi fummo giù nel *pozzo* scuro Sotto i piè . . . . . . *Inf.* xxxii. 16.
    E son nel *pozzo* intorno dalla ripa... tutti e quanti . . . . . *Inf.* xxxi. 32.
    Tra il *pozzo* e il piè dell'[2] alta ripa dura . . . . *Inf.* xviii. 8.
Praga. la penna, Per che il regno di *Praga* fia deserto . . . . . *Par.* xix. 117.
*Prande. Laudando il cibo che lassù li[2] *prande* . . . . *Par.* xxv. 24.
*Pranse. Le capre... Sopra le cime, avanti che sien *pranse* . . . *Purg.* xxvii. 78.
Prata. rimembro con Guido da *Prata* Ugolin d' Azzo . . . . . *Purg.* xiv. 104.
1. Prato. già *prato* di fiori Vider, coperti[3] d' ombra, gli occhi . . *Par.* xxiii. 80.
    Giugnemmo in *prato* di fresca verdura . . . . *Inf.* iv. 111.
2. Prato. Di quel che *Prato*, non ch' altri, t' agogna . . . . . . *Inf.* xxvi. 9.
Pratomagno. Indi la valle... Da *Pratomagno*... coperse . . . *Purg.* v. 116.
Prava. ne sembri Essere alcun di nostra terra *prava* . . . . . . *Inf.* xvi. 9.
    In quella parte della terra *prava* Italica . . . . *Par.* ix. 25.
Prave. Un vecchio bianco... Gridando: guai a voi, anime *prave! Inf.* iii. 84.
Pravi. avarizia... Calcando i buoni e sollevando i *pravi* . . . *Inf.* xix. 105.
Prec. Ara vos *prec* per aquella valor, Que vos guida . . . . . *Purg.* xxvi. 145.
*Prece. Tanto è risposta[4] a tutte nostre *prece* . . . . *Purg.* xx. 100.
Precede. perocchè il pastor che *precede* Ruminar può . . . . *Purg.* xvi. 98.
    nell' alba che *precede* al giorno... Venne una donna . . . *Purg.* ix. 52.
Precedente. Grazia divina e *precedente* merto . . . . *Par.* xxv. 69.
Precedetter. gli altri... Che *precedetter* me simoneggiando . . *Inf.* xix. 74.
Precedeva. Quella milizia... Che *precedeva*, tutta trapassonne . . *Purg.* xxxii. 23.
    Lì *precedeva* al benedetto vaso... l' umile Salmista . . . . *Purg.* x. 64.
Precinto. e quel *precinto* Colui che il cinge solamente intende . *Par.* xxvii. 113.
    E se non fosse, che da quel *precinto*[5]... era la costa corta . *Inf.* xxiv. 34.
Preciso. Ma per chiare parole, e con *preciso* Latin, rispose . . . *Par.* xvii. 34.
    Non m'[6] è il seguir al mio cantar *preciso* . . . . *Par.* xxx. 30.
    ed intorno di lei Sì *preciso* di sopra si favella . . . . . . *Par.* v. 48.
Preclara. E del suo grembo l' anima *preclara* Mover si volle . . *Par.* xi. 115.
    L' altra letizia, che m' era già nota *Preclara* cosa . . . . . *Par.* ix. 68.
*1. Preco. Non si trasmuta, quando degno *preco* Fa crastino . . *Par.* xx. 53.
    al vento di Focara Non farà lor mestier voto nè *preco* . . . *Inf.* xxviii. 90.
*2. Preco. Io dissi a lui[7]: quanto posso ven *preco* . . . . . . *Inf.* xv. 34.
Preconio. L' alto *preconio*, che grida l' arcano . . . . *Par.* xxvi. 44.
Precorre. molte fiate Liberamente al domandar *precorre* . . . . *Par.* xxxiii. 18.

[1] e i.   [2] si.   [3] coperto.   [4] disposto.   [5] *procinto*.   [6] Non.   [7] dissi lui.

PREDA 545 PREGHI

Preda. Per che divenne mostro e poscia *preda* . . . . *Purg.* xxxiii. 39.
lupa, Che più che tutte l' altre bestie hai *preda* . . . . . . *Purg.* xx. 11.
la gran *preda* Levò a Dite del cerchio superno . . . . *Inf.* xii. 38.
O tu che... Recasti già mille leon per *preda* . . . . *Inf.* xxxi. 118.
l' Archian... Poi di sua *preda* mi coperse e cinse . . . . . . *Purg.* v. 129.
Predella. Poi che ponesti mano alla *predella* . . . . *Purg.* vi. 96.
Predestinata. Per che *predestinata* fosti sola . . . . *Par.* xxi. 77.
Predestinazion. O *predestinazion*, quanto remota E ! . . . . . . *Par.* xx. 130.
Predetta. quel che spera... Con la *predetta* conoscenza viva . . *Par.* xxvi. 61.
Predicanti. Sì consonava ai nuovi *predicanti* . . . . *Purg.* xxii. 80.
son trascorse Dai *predicanti*, e il Vangelio si tace . . . . . *Par.* xxix. 96.
Predicare. con motti e con iscede A *predicare* . . . . *Par.* xxix. 116.
Predicate. Andate, e *predicate* al mondo ciance . . . . *Par.* xxix. 110.
Predicò. *Predicò* Cristo e gli altri che il seguiro . . . . *Par.* xi. 102.
Predon. Guastatori e *predon*, tutti tormenta Lo giron primo . . *Inf.* xi. 38.
Prefazii. Son di lor vero ombriferi *prefazii* . . . . *Par.* xxx. 78.
Prefetto. E fia *prefetto* nel foro divino Allora tal . . . . *Par.* xxx. 142.
Prega. ti faccia Liberamente ciò che il tuo dir *prega* . . . . . . *Inf.* xiii. 86.
E questa gente *prega* pur di questo . . . . *Purg.* vi. 31.
Marzia tua, che in vista ancor ti *prega*, O santo petto . . . *Purg.* i. 79.
detto mi fu : *prega* Matelda che il ti dica . . . . *Purg.* xxxiii. 118.
E tu allor li *prega* Per quell' amor che i mena . . . . *Inf.* v. 77.
Prega'. Deh... *Prega*' io lui, solvetemi quel nodo . . . . *Inf.* x. 95.
Pregai. Ed io *pregai* Iddio di quel ch' ei volle . . . . *Purg.* xiii. 117.
Perchè il *pregai*, che mi largisse il pasto . . . . *Inf.* xiv. 92.
Conobbi allor chi era, e 'l *pregai* Che... s' arrestasse . . . . *Purg.* ii. 86.
Perch' io *pregai* lo spirto[1] più avaccio Che mi dicesse . . *Inf.* x. 116.
Pregando. *pregando* Che ne mostrasse la miglior salita . . . . *Purg.* vi. 67.
Pregando Stazio che venisse retro, Che... ci divise . . . . . *Purg.* xxvii. 47.
Pregano. fantolini... Che *pregano*, e il pregato non risponde . . *Purg.* xxiv. 109.
Pregar. ciascuna pareva *Pregar* per pace e per misericordia . . *Purg.* xvi. 17.
E vengonti a *pregar*, disse il Poeta . . . . *Purg.* v. 44.
E là... Non si ammendava, per *pregar*, difetto . . . . . . *Purg.* vi. 41.
Quell' ombre che *pregar* pur ch' altri preghi . . . . . . *Purg.* vi. 26.
Pregassi. per darmi voglia Ch' io le *pregassi* . . . . *Par.* xv. 9.
Pregasti. E tu, che sei dinanzi, e mi *pregasti* . . . . *Purg.* xxviii. 82.
Pregato. Essi medesmi che m' avean *pregato* . . . . *Purg.* xxvi. 50.
Come Almeone, che di ciò *pregato* Dal padre suo . . . . *Par.* iv. 103.
fantolini... Che pregano, e il *pregato* non risponde . . . . *Purg.* xxiv. 109.
Pregava. Quivi *pregava* con le mani sporte Federico . . . . . *Purg.* vi. 16.
Deh non contendere all' asciutta scabbia... *pregava* . . . *Purg.* xxiii. 50.
Ed io *pregava* Dio[2] di quel ch' ei volle . . . . *Purg.* xiii. 117.
***Preghe.** O santa suora mia, che sì ne *preghe* Devota ! . . . . *Par.* xxiv. 28.
Pregherà. con miglior voci Si *pregherà* perchè Cirra risponda . *Par.* i. 36.
Pregheremmo. Noi *pregheremmo* lui per la tua pace . . . . . *Inf.* v. 92.
1. **Preghi.** E fece i *preghi* miei esser contenti . . . . *Purg.* xxviii. 58.
Ed a colui... Li *preghi* miei, piangendo, furon porti . . . *Purg.* xxx. 141.
ne dimostraro Quanto i devoti *preghi* le son grati . . . . *Par.* xxxiii. 42.
Nel quale, se inteso avessi i *preghi* suoi . . . . *Par.* xxii. 13.
tutti i miei *preghi* Ti porgo, e prego . . . . *Par.* xxxiii. 29.
se miseria... Rende in dispetto noi e nostri *preghi* . . . . *Inf.* xvi. 29.
grande arbore... Che tanti *preghi* e lagrime rifiuta . . . . *Purg.* xxiv. 114.
Come saranno ai giusti *preghi* sorde Quelle sustanzie ? . . . *Par.* xv. 7.
Perchè tu ogni nube gli disleghi... coi *preghi* tuoi . . . . *Par.* xxxiii. 32.

[1] spirito. [2] *pregai Iddio.*

Preghi. E domanda ne fei con *preghi* mista . . . . *Purg.* xiv. 75.
Con suoi *preghi* devoti e con sospiri Tratto m' ha . . . . . *Purg.* xxiii. 88.
prego... Che tu mi sie de' tuoi *preghi* cortese In Fano . . . *Purg.* v. 70.
mise la[1] possa Ne' *preghi* fatti a Dio per suscitarla . . . . . *Par.* xx. 110.
Per li miei *preghi* ti chiudon le mani . . . . *Par.* xxxiii. 39.
se... Più corto per buon *preghi* non diventa . . . . *Purg.* iii. 141.
Donna scese del ciel, per li cui *preghi*... costui sovvenni . . *Purg.* i. 53.
2. Preghi. Quell' ombre che pregar pur ch' altri *preghi* . . . . *Purg.* vi. 26.
io ti prego Che per me *preghi*, quando su sarai . . . . . . *Purg.* xvi. 51.
Preghiera. la tua *preghiera* è degna Di molta lode . . . . *Inf.* xxvi. 70.
Quest' ultima *preghiera*, Signor caro, Già non si fa per noi . *Purg.* xi. 22.
Pregi. abbia Dio in disdegno, e poco par che il *pregi* . . . . . *Inf.* xiv. 70.
Pregiando. d' ambo... Si dice l' un *pregiando* . . . . *Par.* xi. 41.
Pregio. il *pregio* e l' onore Della casa da Calboli . . . . *Purg.* xiv. 88.
barone, il cui nome e il cui *pregio* La festa... riconforta . . . *Par.* xvi. 128.
Così fer... Di grido in grido pur lui dando *pregio* . . . . . *Purg.* xxvi. 125.
O *pregio* eterno del loco ond' io fui ! . . . . *Purg.* vii. 18.
Molti di vita, e sè di *pregio* priva . . . . *Purg.* xiv. 63.
non si sfregia Del *pregio* della borsa e della spada . . . . . *Purg.* viii. 129.
Pregna. Così fu fatta la Vergine *pregna* . . . . *Par.* xiii. 84.
Pregno. intento Sì, che il *pregno* aere in acqua si converse . . . *Par.* v. 118.
quando l' aere è *pregno* Sì, che ritenga il fil . . . . *Par.* x. 68.
è sì *pregno* L' alpestro monte, ond' è tronco Peloro . . . *Purg.* xiv. 31.
O gloriose stelle, o lume *pregno* Di gran virtù ! . . . . . . *Par.* xxii. 112.
Ma ciò m' ha fatto di dubbiar più *pregno* . . . . *Purg.* xviii. 42.
Già era il mondo tutto e quanto *pregno* Della vera credenza . *Purg.* xxii. 76.
1. Prego. Perchè il *prego* da Dio era disgiunto . . . . *Purg.* vi. 42.
A che *prego* ed amor santo mandommi . . . . *Par.* xxxi. 96.
assai ten prego E riprego, che il *prego* vaglia mille . . . *Inf.* xxvi. 66.
Chè quale aspetta *prego*, e l' uopo vede... si mette al nego . *Purg.* xvii. 59.
che Dio t' ami ; Però col *prego* tuo talor mi giova . . . . *Purg.* xiii. 147.
Per cotal *prego* detto mi fu : prega Matelda . . . . *Purg.* xxxiii. 118.
ne la Via d' andar su ne drizza senza *prego* . . . . *Purg.* xvii. 56.
2. Prego. Ma *prego* che m' additi la cagione . . . . *Purg.* xvi. 61.
Ora chi sei ti *prego* che ne conte . . . . *Inf.* xxvii. 55.
ti *prego*, dolce Padre caro, Che mi dimostri amore . . . . . *Purg.* xviii. 13.
io ti *prego* Che per me preghi, quando su sarai . . . . . *Purg.* xvi. 50.
prego... Che tu mi sie de' tuoi preghi cortese In Fano . . . *Purg.* v. 68.
preghi Ti porgo, e *prego* che non sieno scarsi . . . . *Par.* xxxiii. 30.
Ond' io ti *prego* che, quando tu riedi, Vadi . . . . *Purg.* iii. 114.
assai ten *prego* E riprego, che il prego vaglia mille . . . . . *Inf.* xxvi. 65.
Per ch' io *prego* la mente, in che s' inizia Tuo moto . . . . *Par.* xviii. 118.
Ecco qui Stazio, ed io lui chiamo e *prego* . . . . *Purg.* xxv. 29.
Però ti *prego*, e tu, padre, m' accerta S' io posso . . . . *Par.* xxii. 58.
Ancor ti *prego*, Regina, che puoi Ciò che tu vuoli . . . . *Par.* xxxiii. 34.
Pregò. Così *pregò* il Poeta, e sì risposto... a noi ne fu . . . . *Purg.* xix. 82.
Pregoti. *Pregoti* che alla mente altrui mi rechi . . . . *Inf.* vi. 89.
*Preliba. Se per grazia di Dio questi *preliba* Di quel . . . . . *Par.* xxiv. 4.
Or ti riman... Dietro pensando a ciò che si *preliba* . . . . . *Par.* x. 23.
Prema. credi Che... più a[2] più giù *prema* Lo fondo suo . . . . *Inf.* xii. 130.
Preme. Disperato dolor che il cor mi *preme* . . . . *Inf.* xxxiii. 5.
si mosse, Quasi torrente ch' alta vena *preme* . . . . . . *Par.* xii. 99.
Questa gente, che *preme* a noi, è molta . . . . *Purg.* v. 43.
Ivi s' accoglie... Per lo perfetto loco onde si *preme* . . . *Purg.* xxv. 48.

---

[1] sua.   [2] e.

PREMEREI	547	PREPARAZION

Premerei. . Io *premerei* di mio concetto il suco Più pienamente . *Inf.* xxxii. 4.
Premevan. Ombre, che per l' orribile costura *Premevan* sì . . . *Purg.* xiii. 84.
Prenda. Disse a me : fatti in qua, sì ch' io ti *prenda* . . . . . . *Inf.* xxxi. 134.
    Se non fosse il gran prete, a cui mal *prenda* . . . . *Inf.* xxvii. 70.
Prendan. Non *prendan* li mortali il voto a ciancia . . . . *Par.* v. 64.
Prende. ha sì gran braccia, Che *prende* ciò che si rivolge a lei . *Purg.* iii. 123.
    Come natura lo suo corso *prende* Dal divino intelletto . . . *Inf.* xi. 99.
    Ma chi *prende* sua croce e segue Cristo... mi scuserà . . . . *Par.* xiv. 106.
    la madre... Che *prende* il figlio e fugge e non s' arresta . . . *Inf.* xxiii. 40.
    E come suono al collo della cetra *Prende* sua forma . . . . *Par.* xx. 23.
    Qual va dinanzi, e qual di retro il *prende* . . . . *Purg.* vi. 5.
    Dalla mente profonda... *Prende* l' image, e fassene suggello. *Par.* ii. 132.
    E però di sustanzia *prende* intenza . . . . *Par.* xxiv. 75.
    Necessità però quindi non *prende*, Se non come dal viso . . *Par.* xvii. 40.
    Nel ciel che più della sua luce *prende* Fu' io . . . . . . *Par.* i. 4.
    d' ambo... Si dice l' un pregiando, qual ch' uom *prende* . . *Par.* xi. 41.
    Poi riede... e *prende* suo vincastro, E fuor... caccia . . . . *Inf.* xxiv. 14.
    Prende nel core a tutte membra umane Virtute . . . . . . *Purg.* xxv. 40.
    Mobile primo, Che *prende* quindi vivere e potenza . . . . . *Par.* xxx. 108.
    però guarda Che l' abbi a mente, s' a parlar ten *prende* . . *Purg.* xviii. 75.
    N' andai infino ove il cerchiar si *prende* . . . . *Purg.* xix. 69.
Prendemmo. Così *prendemmo* via giù per lo scarco . . . . . *Inf.* xii. 28.
    Su per lo scoglio *prendemmo* la via, Ch' era ronchioso . . . *Inf.* xxiv. 61.
    E *prendemmo* la via con men sospetto Per l' assentir . . . *Purg.* xxii. 125.
Prendemo. quand' e' s' annotta, Contrario suon *prendemo* . . *Purg.* xx. 102.
Prendendo. *Prendendo* la campagna lento lento Su per lo suol . *Purg.* xxviii. 5.
    Venne... *Prendendo* il cibo di qualunque ostello . . . . . . *Par.* xxi. 129.
    Prendendo l' un che avea nome Learco . . . . *Inf.* xxx. 10.
    Così scendemmo... *Prendendo* più della dolente ripa . . . . *Inf.* vii. 17.
    prendendo la scala Che per artezza i salitor dispaia . . . . . *Purg.* xxv. 8.
Prender. Se Dio ti lasci, Lettor, *prender* frutto Di tua lezione . *Inf.* xx. 19.
    un gielo, Qual *prender* suol colui che a morte vada . . . . *Purg.* xx. 129.
    tu, padre, m' accerta S' io posso *prender* tanta grazia . . . *Par.* xxii. 59.
    Tale imagine... qual *prender* si suole Quando a cantar . . . *Purg.* ix. 143.
    con essa pensai... *Prender* la lonza alla pelle dipinta . . . . *Inf.* xvi. 108.
    Lo sol vi mostrerà... *Prender* lo monte a più lieve salita . . *Purg.* i. 108.
    Moisè, Samuel, e quel Giovanni, Qual *prender* vuoli . . . . *Par.* iv. 30.
    conviene *Prender* sua vita ed avanzar la gente . . . . . . *Inf.* xi. 108.
    Virgilio, quando *prender* si sentio, Disse a me . . . . . . *Inf.* xxxi. 133.
Prenderai. E *prenderai* più doglia riguardando . . . . *Purg.* xxxi. 69.
    Volgi la mente a me, e *prenderai* Alcun buon frutto . . . *Purg.* xvii. 89.
    Tre specchi *prenderai*, e due rimovi Da te d' un modo . . *Par.* ii. 97.
Prendere. gli vidi venir... Non molto lungi, per volerne *prendere*. *Inf.* xxiii. 36.
Prenderò. in sul fonte Del mio battesmo *prenderò* il cappello . . *Par.* xxv. 9.
Prendesti. Se nel mio mormorar *prendesti* errore . . . . . . *Purg.* xxiv. 47.
Prendete. Ma voi *prendete* l' esca, sì che l' amo... vi tira . . . . *Purg.* xiv. 145.
Prendeva. L' altra *prendeva*, e dinanzi l' apria Fendendo . . . *Purg.* xix. 31.
    tutto *prendeva* Il quanto e il quale di... allegrezza . . . . . *Par.* xxx. 119.
Prendi. Con questa distinzion *prendi* il mio detto . . . . . . *Par.* xiii. 109.
    Francesco... *Prendi* oramai nel mio parlar diffuso . . . . . *Par.* xi. 75.
    Lo tuo piacere omai *prendi* per duce . . . . *Purg.* xxvii. 131.
Prendo. L' acqua ch' io *prendo* giammai non si corse . . . . *Par.* ii. 7.
Prendon. i tuoi ragionamenti... *prendon* sì mia fede . . . . . *Inf.* xx. 101.
Prendono. così vanno... Che di su *prendono*, e di sotto fanno . . *Par.* ii. 123.
Preparazion. O è *preparazion*, che nell' abisso... fai? . . . . . *Purg.* vi. 121.

1. **Presa.**	peregrina Più dalla carne, e men da' pensier *presa*	*Purg.* ix. 17.
2. **Presa.**	i campion... Avvisando lor *presa* e lor vantaggio	*Inf.* xvi. 23.
Presaga.	E fanno qui la gente esser *presaga*, Per lo patto	*Par.* xii. 16.
*Prescriba.	preliba... Prima che morte tempo gli *prescriba*	*Par.* xxiv. 6.
Prescrisser.	Sì mi *prescrisser* le parole sue, Ch' io lasciai	*Par.* xxi. 103.
Prescritto.	Anzi che il militar gli sia *prescritto*	*Par.* xxv. 57.
Prese.	E con gli anterior le braccia *prese*	*Inf.* xxv. 53.

Amor... *Prese* costui della bella persona . . . . *Inf.* v. 101.
quella dote, Che da te *prese* il primo ricco patre . . . . . . *Inf.* xix. 117.
in fretta Le man distese, e *prese* il Duca mio . . . . *Inf.* xxxi. 131.
fabbro, da cui Crucciato *prese* la folgore acuta . . . . . . *Inf.* xiv. 53.
in ver la mamma Tende le braccia poi che il latte *prese* . . *Par.* xxiii. 122.
L' Angel di Dio mi *prese*, e quel d' Inferno Gridava . . . . *Purg.* v. 104.
Lo Duca mio di subito mi *prese*, Come la madre . . . . . *Inf.* xxiii. 37.
Però con ambo le braccia mi *prese*, E... Rimontò . . . . *Inf.* xix. 124.
Poi caramente mi *prese* per mano, E disse . . . . *Inf.* xxxi. 28.
Gran duol mi *prese* al cor quando lo intesi . . . . *Inf.* iv. 43.
io senti'... Tremar lo monte ; onde mi *prese* un gielo . . . . *Purg.* xx. 128.
Amor... Mi *prese* del costui piacer sì forte . . . . *Inf.* v. 104.
e sì mirando in quelle, Mi *prese* il sonno . . . . *Purg.* xxvii. 92.
Fui conosciuto da un, che mi *prese* Per lo lembo . . . . . *Inf.* xv. 23.
O me dolente ! come mi riscossi, Quando mi *prese* . . . . *Inf.* xxvii. 122.
dal colubro La morte *prese* subitana ed atra . . . . *Par.* vi. 78.
per ammenda, Ponti e Normandia *prese*, e Guascogna . . . *Purg.* xx. 66.
Ed ei *prese* di tempo e loco poste . . . . *Inf.* xxxiv. 71.
Nel crudo sasso... Da Cristo *prese* l' ultimo sigillo . . . . . *Par.* xi. 107.
Forse in tre voli tanto spazio *prese* Disfrenata saetta . . . . *Purg.* xxxii. 34.
Chiron *prese* uno strale, e con la cocca Fece la barba . . . . *Inf.* xii. 77.
Prese la terra, e con piene le pugna La gittò . . . . *Inf.* vi. 26.
li gigli, Al cui odor si *prese* il buon cammino . . . . *Par.* xxiii. 75.

Presegli.	E Libicocco... *presegli* il braccio col ronciglio	*Inf.* xxii. 71.
Presemi.	*Presemi* allor la mia scorta per mano	*Inf.* xiii. 130.
1. **Presente.**	E dentro alla *presente* margarita Luce la luce	*Par.* vi. 127.

Ancor fia grave il memorar *presente* . . . . *Purg.* xxiii. 117.
se il mondo *presente* disvia, In voi è la cagione . . . . . *Purg.* xvi. 82.
e disse cose Incredibili a quei che fien *presente* . . . . . . *Par.* xvii. 93.
se il *presente* rigagno Si deriva così del[1] nostro mondo . . *Inf.* xiv. 121.
Cosa non fu... scorta Notabile come lo[2] *presente* rio . . . *Inf.* xiv. 89.
Volto era... Lo mio pensier per la *presente* rissa . . . . . *Inf.* xxiii. 5.
E ciò non pensa la turba *presente* . . . . *Par.* ix. 43.
Poscia che contro alla vita *presente* Dei miseri . . . . . . *Par.* xxviii. 1.
Sopra la porta, che al *presente* è carca Di... fellonia . . . *Purg.* iv. 94.
veggiate... Dinanzi... E nel *presente* tenete altro modo . . *Inf.* x. 99.

2. **Presente.**	le mie parole Di gran sentenza ti faran *presente*	*Par.* vii. 24.
Presenti.	le *presenti* cose Col falso lor piacer	*Purg.* xxxi. 34.
	mirando il punto A cui tutti li tempi son *presenti*	*Par.* xvii. 18.
Presenza.	alla sua *presenza* Non era di stupor... affranto	*Purg.* xxx. 35.
	loco mio, che vaca Nella *presenza* del Figliuol di Dio	*Par.* xxvii. 24.
	Nella *presenza* del Soldan superba Predicò Cristo	*Par.* xi. 101.
Presi.	veggendo la caccia, Letizia *presi* a tutte altre[3] dispari	*Purg.* xiii. 120.

Allor lo *presi* per la cuticagna, E dissi . . . . *Inf.* xxxii. 97.
consonava ai... predicanti, Ond' io a visitarli *presi* usata . . *Purg.* xxii. 81.
io mi *presi*[4] Al pel del vermo reo che il mondo fora . . . . *Inf.* xxxiv. 108.
Frati Godenti fummo... e da tua terra insieme *presi* . . . *Inf.* xxiii. 105.

---

[1] dal.   [2] com' è il.   [3] ad ogni altra.   [4] m' appresi.

PRESI 549 PRESSO

Presi. ne tiene, Ne' piedi e nelle man legati e *presi* . . . . *Purg.* xix. 124.
Preso. Perocchè il cibo rigido ch' hai *preso* Richiede... aiuto . . *Par.* v. 38.
 qualunque del nome Dell' alto Bellincion ha poscia *preso* . . *Par.* xvi. 99.
 s' io non avessi un ronchion *preso*, Caduto sarei giù . . . . *Inf.* xxvi. 44.
 E quella parte, donde prima è *preso* Nostro alimento . . . . *Inf.* xxv. 85.
 L' altro, che già uscì *preso* di nave, Veggio vender . . . . *Purg.* xx. 79.
 Così l' animo *preso* entra in disire, Ch' è moto . . . . . . *Purg.* xviii. 31.
 Che... Fidandomi di lui, io fossi *preso* . . . . *Inf.* xxxiii. 17.
 Or son io d' una parte e d' altra *preso* . . . . *Purg.* xxi. 115.
 Così, poi che da essa *preso* fui, La... Donna mossesi . . . . *Purg.* xxxiii. 133.
1. **Pressa.** A cui porge la man più non fa *pressa* . . . . *Purg.* vi. 8.
2. **Pressa.** Quel della *Pressa* sapeva già come Regger si vuole . *Par.* xvi. 100.
Presso. per dar loco altrui secondo, Che *presso* avea . . . . . . *Purg.* xxvi. 134.
 Però ne dite ov' è *presso* il pertugio . . . . *Purg.* xviii. 111.
 Presso è un altro scoglio che via face . . . . *Inf.* xxi. 111.
 Trapassate oltre senza farvi *presso* . . . . *Purg.* xxiv. 115.
 Perch' io varcai Virgilio, e femmi *presso* . . . . *Purg.* x. 53.
 Qual è colui, ch' ha sì *presso* il riprezzo Della quartana . . *Inf.* xvii. 85.
 Disse: venite; qui son *presso* i gradi . . . . *Purg.* xii. 92.
 e di qua *presso* il lito Nel qual si fece Europa . . . . *Par.* xxvii. 83.
 qui da *presso* Non alzava la voce altra persona . . . . *Purg.* xx. 122.
 mossi i piè... Per avvisar da *presso* un' altra storia . . . . *Purg.* x. 71.
 Per che l' occhio da *presso* nol sostenne . . . . *Purg.* ii. 39.
 Quando la nostra imagine da *presso* Vidi sì torta . . . . . . *Inf.* xx. 22.
 la risposta Farem noi a Chiron costà di *presso* . . . . *Inf.* xii. 65.
 Una voce di *presso* sonò: forse Che... avrai distretta . . . *Purg.* iv. 98.
 sarieno ancora In co del ponte *presso* a Benevento . . . . . *Purg.* iii. 128.
 Gittati saran fuor... E mazzerati *presso* alla Cattolica . . . *Inf.* xxviii. 80.
 Eran li cittadin miei *presso* a Colle In campo giunti . . . . *Purg.* xiii. 115.
 Ahi quanto cauti gli uomini esser denno *Presso* a color! . . *Inf.* xvi. 119.
 io sono *Presso* a colui ch' ogni torto disgrava . . . . *Par.* xviii. 6.
 si pone *Presso* al compagno, e l' uno all'[1] altro pande . . *Par.* xxv. 20.
 se io... ti guidai salvo, Che farò ora *presso* più a Dio? . . *Purg.* xxvii. 24.
 sottrasse Me più d' un anno là *presso* a Gaeta . . . . *Inf.* xxvi. 92.
 Lo Principe... Avendo guerra *presso* a Laterano . . . . . . *Inf.* xxvii. 86.
 Ma se *presso* al mattin il ver si sogna, Tu sentirai . . . . *Inf.* xxvi. 7.
 comincia i tristi lai La rondinella *presso* alla mattina . . . *Purg.* ix. 14.
 Indi si fece l' un più *presso* a noi, E solo incominciò . . . *Par.* viii. 31.
 Ed egli a me: vedrai quando saranno Più *presso* a noi . . *Inf.* v. 77.
 Quando fui *presso* alla beata riva, Asperges me... udissi . . *Purg.* xxxi. 97.
 Tu sei sì *presso* all' ultima salute, Cominciò Beatrice . . . *Par.* xxii. 124.
 Come la madre... vede *presso* a sè le fiamme accese . . . *Inf.* xxiii. 39.
 più tarde, Sì come rota più *presso* allo stelo . . . . . . *Purg.* viii. 87.
 Poi, *presso* al tempo che... il ciel volle Ridur lo mondo . . . *Par.* vi. 55.
 E prima e *presso* il[2] fin d' este parole... s' udi . . . . . *Par.* xxv. 97.
 E quel che *presso* più ci si ritenne, Si fe' sì chiaro . . . . *Par.* xxi. 43.
 Che innanzi agli altri più *presso* gli stanno . . . . *Inf.* iv. 135.
 entrate... Ci[3] disse, come noi gli fummo *presso* . . . . . *Purg.* xxvii. 13.
 Ma per la sua follia le fu sì *presso* . . . . *Purg.* i. 59.
 fammi nota La cagion che sì *presso* mi t' ha posta[4] . . . . *Par.* xxi. 57.
 Senti'mi *presso* quasi un mover d' ala . . . . *Purg.* xvii. 67.
 Sì com' a Pola *presso* del Quarnaro, Che Italia chiude . . . *Inf.* ix. 113.
 ben ch' io fossi *Presso* di lei, e nel mondo felice . . . . . *Par.* xxv. 139.
 Ma quando fui sì *presso* di lor fatto . . . . *Purg.* xxix. 46.

[1] e l'.   [2] *appresso al*.   [3] Sì.   [4] t' accosta.

PRESSO 550 PRIA

Presso. Chè quand' io fui sì *presso* di lor giunto . . . . *Purg.* xiii. 55.
Vidi *presso* di me un veglio solo, Degno di... riverenza . . . *Purg.* i. 31.
tu vedrai Anteo *Presso* di qui, che parla, ed è disciolto . . . *Inf.* xxxi. 101.
son rimasi Ancor nel volto tuo *presso* ch' estinti . . . . . . *Purg.* xii. 122.
Presso e lontano lì, nè pon nè leva . . . . *Par.* xxx. 121.
Ed ecco qual, sul *presso* del[1] mattino... Marte rosseggia . . *Purg.* ii. 13.
Pressura. vieni, e vedi la *pressura* De' tuoi gentili . . . . . . *Purg.* vi. 109.
Presta. Quell' anima gentil fu così *presta*... Di fare... festa . . . *Purg.* vi. 79.
una donna apparve santa e *presta* Lunghesso me . . . . . . *Purg.* xix. 26.
presta Ad ogni tua question, tanto che basti . . . . *Purg.* xxviii. 83.
E la lingua, che avea unita e *presta* Prima a parlar . . . . . *Inf.* xxv. 133.
Ed ecco... Una lonza leggiera e *presta* molto . . . . *Inf.* i. 32.
Nè più amor mi fece esser più *presta* . . . . *Par.* xxi. 67.
Lì veggio d' ogni parte farsi *presta* Ciascun' ombra . . . . *Purg.* xxvi. 31.
Prestamente. *prestamente* Di qua, di là discesero alla posta . . *Inf.* xxii. 147.
1. Presti. i beati... Surgeran *presti* ognun di sua caverna . . . . *Purg.* xxx. 14.
bontate, Che gli avea fatti a tanto intender *presti* . . . . . *Par.* xxix. 60.
E solo incominciò : tutti sem *presti* Al tuo piacer . . . . . . *Par.* viii. 32.
2. Presti. Lagrimando a colui, che sè ne *presti* . . . . *Purg.* xiii. 108.
O divina virtù, se[2] mi ti *presti* Tanto . . . . *Par.* i. 22.
Presto. L' animo, ch' è creato ad amar *presto*... è mobile . . . . *Purg.* xviii. 19.
a rendersi a Dio Con tutto il suo gradir cotanto *presto* . . . *Par.* x. 57.
Ma quel demonio... si volse tutto *presto*, E disse . . . . . . *Inf.* xxi. 104.
così forte, Come Fialte a scotersi fu *presto* . . . . *Inf.* xxxi. 108.
Che alla fortuna, come vuol, son *presto* . . . . *Inf.* xv. 93.
per esser *presto* A tal querente ed a tal professione . . . . *Par.* xxiv. 50.
quando tu andavi Al foco, non l' avei tu così *presto* . . . . *Inf.* xxx. 110.
Perchè mi fece del venir più *presto* . . . . . . , ... *Inf.* ii. 117.
Presuma. Questo rapporta, sì che non *presuma*[3]... mover li piedi.*Par.* xxi. 98.
Presunsi. O abbondante grazia, ond' io *presunsi* Ficcar lo viso ! . *Par.* xxxiii. 82.
Presuntuoso. Ed è qui, perchè fu *presuntuoso* A recar Siena . . *Purg.* xi. 122.
Presunzion. Per ogni tempo, ch' egli è stato... In sua *presunzion*. *Purg.* iii. 140.
Prete. il sangue Ferrarese... Che donerà questo *prete* cortese . . *Par.* ix. 58.
Se non fosse il gran *prete*, a cui mal prenda . . . . *Inf.* xxvii. 70.
Preterito. non si estingue Del libro che il *preterito* rassegna . . *Par.* xxiii. 54.
Prevenne. E quella pia... Alla risposta così mi *prevenne* . . . . *Par.* xxv. 51.
Previene. l' augello... *Previene* il tempo in sull' aperta frasca . . *Par.* xxiii. 7.
Previsa. Chè saetta *previsa* vien più lenta . . . . *Par.* xvii. 27.
Preziosa. vivo topazio, Che questa gioia *preziosa* ingemmi . . . *Par.* xv. 86.
Prezioso. Col *prezioso* corpo ch' ell'[4] avviva . . . . *Par.* ii. 140.
Prezza. guarda, e poi si[5] *prezza* Più d' un che d' altro . . . . *Purg.* xxiv. 34.
Pria. Vidi la Donna, che *pria* m' apparìo Velata . . . . . . *Purg.* xxx. 64.
Del suo profondo, ond' ella *pria* cantava, Seguette . . . *Par.* ix. 23.
lasciando il giro *Pria* cominciato in gli alti Serafini . . . *Par.* viii. 27.
Ma fino al centro *pria* convien ch' io torni . . . . *Inf.* xvi. 63.
Se ben... allora mi rispose Quei che diceva *pria* . . . . . *Purg.* xiv. 24.
Ma *pria* nel petto tre fiate mi diedi . . . . *Purg.* ix. 111.
Qui ti posò ; e *pria* mi dimostraro Gli occhi suoi . . . . . *Purg.* ix. 61.
Ma quei la distillò nel mio cor *pria*, Che fu sommo . . . *Par.* xxv. 71.
Stazio... Che *pria* per lunga strada ci divise . . . . *Purg.* xxvii. 48.
li rannicchia Sì, che i miei occhi *pria* n' ebber tenzone . . . *Purg.* x. 117.
Gli occhi lor, ch' eran *pria* pur dentro molli, Gocciar . . . *Inf.* xxxii. 46.
le tombe terragne Portan segnato quel ch' elli eran *pria* . . *Purg.* xii. 18.
Gli occhi di Beatrice, ch' eran fermi Sopra me, come *pria* . *Par.* ix. 17.

[1] *sorpreso dal.* [2] sì. [3] presumma. [4] che l'. [5] fa.

Pria. le scalee, Che n' avean fatte i borni a scender *pria* . . . . *Inf.* xxvi. 14.
Pria con la bianca, e poscia con la gialla Fece alla porta . . *Purg.* ix. 119.
Queste parole Stazio mover fenno Un poco a riso *pria* . . . *Purg.* xxii. 26.
quella creatura, Le cui parole *pria* notar mi fenno . . . . . *Purg.* xix. 90.
conducitrice Fu de' miei passi lungo il fiume *pria* . . . . . *Purg.* xxxii. 84.
non adopra, Se quinci e quindi *pria* non è gustato . .·. . . *Purg.* xxviii. 132.
mai·non empie... E dopo il pasto ha più fame che *pria* . . . *Inf.* i. 99.
Beato te... Ricominciò colei che *pria* m' inchiese . . . . . *Purg.* xxvi. 74.
ai monti, Che gl' incurvaron *pria* col troppo pondo . . ·. . *Par.* xxv. 39.
Salsi colui che innanellata *pria* Disposando m' avea . . . . *Purg.* v. 135.
Poscia: più non si va, se *pria* non morde... il foco . . . . . *Purg.* xxvii. 10.
Una medesma lingua *pria* mi morse . . . . *Inf.* xxxi. 1.
dalla santa lampa Che *pria* per me avea mutato sito . . . . *Par.* xvii. 6.
diritto alla lumiera Che *pria* m' avea parlato . . . . *Par.* v. 131.
dentro a quella lumiera, Che *pria* m' avea parlato . . . . . *Par.* xi. 17.
quella luce stessa Che *pria* m' avea parlato . . . . *Par.* xvii. 29.
Nè ci addemmo di lei, sì parlò *pria*, Dicendo . . . . *Purg.* xxi. 12.
Ciò che *pria* mi piaceva, allor m' increbbe . . . . *Inf.* xxvii. 82.
pria lo scemo¹ della luna Rigiunse al letto suo . . . . . . *Purg.* x. 14.
Li remi, *pria* nell' acqua ripercossi, Tutti si posan . . . . *Par.* xxv. 134.
quello strale Che l' arco dello esilio *pria* saetta . . . . . . *Par.* xvii. 57.
per te stesso Non usciresti, *pria* saresti lasso . . . . *Par.* iv. 93.
Quel sol, che *pria* d'.amor mi scaldò il petto . . . . *Par.* iii. 1.
ch' ei senta.Qualunque passa com' ei pesa *pria* . . . . . . *Inf.* xxiii. 120.
Ma non sì, che... Non dichiarisse ciò che *pria* serrava . . . *Purg.* viii. 51.
Con quell' altr' ombre *pria* sorrise un poco . . . . *Par.* iii. 67.
E la terra che *pria* di qua si sporse... fe' del mar velo . . . *Inf.* xxxiv. 122.
l' ombra... Surse ver lui del loco ove *pria* stava . . . . . . *Purg.* vi. 73.
fa meridiano Là dove l' orizzonte *pria* far suole . . . . . . *Par.* ix. 87.
più digiuno, Diss' io, che se mi fossi *pria* taciuto . . . . . *Purg.* xv. 59.
Ma tenta *pria* s' è tal ch' ella ti reggia . . . . *Inf.* xxiv. 30.
l' idioma Che *pria* li² padri e le madri trastulla . . . . . . *Par.* xv. 123.
e però *pria* Tratterò quella che più ha di felle . . . . *Par.* iv. 26.
nel loco Dove si trova *pria* l' ultimo sesto . . . . *Par.* xvi. 41.
Per che si purga e risolve la roffia Che *pria* turbava . . . . *Par.* xxviii. 83.
Poscia, per indi ond' era *pria* venuta, L' aquila vidi . . . . *Purg.* xxxii. 124.
colui... Che *pria* volse le spalle al suo fattore . . . . *Par.* ix. 128.
scoglio... malagevole, Ed erto più assai che quel di *pria* . . *Inf.* xxiv. 63.
Per che lo spirto, che di *pria* parlòmi, Ricominciò . . . . . *Purg.* xiv. 76.
Pistoia in *pria* di Negri si dimagra, Poi Fiorenza rinnuova . *Inf.* xxiv. 143.
rividi Lo sole in *pria*, che già nel corcare era . . . . *Purg.* xvii. 9.
Di picciol bene in *pria* sente sapore . . . . *Purg.* xvi. 91.
Procacciam di salir *pria* che s' abbui, Chè poi non si porìa . *Purg.* xvii. 62.
s' inviscava, *pria* che fosse anciso L' Agnel di Dio . . . . . *Par.* xvii. 32.
Pria ch' io a domandar, la bocca aprio, E cominciò . . . . *Par.* i. 87.
pria ch' altr' alma Del trionfo di Cristo fu assunta . . . . . *Par.* ix. 119.
Nè *pria*, nè poi ch' ei si chiavasse al legno . . . . *Par.* xix. 105.
E *pria* ch' io conducessi i Greci ai fiumi Di Tebe . . . . . *Purg.* xxii. 88.
poi ciascuna *Pria* fugge, che le guance sien coperte . . . . *Par.* xxvii. 129.
Pria che Beatrice discendesse al mondo, Fummo ordinate . *Purg.* xxxi. 107.
la voce si mosse, e *pria* si spense, Che... fosse dischiusa . . *Purg.* xxxi. 8.
Delo, *Pria* che Latona in lei facesse il nido . . . . *Purg.* xx. 131.
E *pria* che in tutte le sue parti immense . . . . *Purg.* xxvii. 70.
Già pur pensando, *pria* ch' io ne favelli . . . . *Inf.* xxxiii. 6.

¹ stremo.   ² prima i.

PRIA — PRIMA

Pria. *pria* che il sole Giunga li suoi corsier . . . . *Purg.* xxxii. 56.
Ma *pria* che il Guasco l' alto Enrico[1] inganni . . . . *Par.* xvii. 82.
lutto, Madre, alla tua *pria* ch' all' altrui ruina . . . . *Purg.* xvii. 39.
sonno... Che fratto guizza *pria* che moia tutto . . . . *Purg.* xvii. 42.
pria che moia, Questo centesim' anno ancor s' incinqua . . *Par.* ix. 39.
vide tutt' i tempi gravi, *Pria* che morisse . . . . *Par.* xxxii. 128.
mi volsi a Beatrice, e quella udio *Pria* ch' io parlassi . . . *Par.* xv. 71.
Che fama avrai tu più... *Pria* che passin mill' anni ? . . . . *Purg.* xi. 106.
attende, *Pria* che si penta, l' orlo della vita . . . . *Purg.* xi. 128.
trapassonne *Pria* che piegasse il carro il primo legno . . . *Purg.* xxxii. 24.
Levatemi... Un poco, *pria* che il pianto si raggeli . . . . . *Inf.* xxxiii. 114.
Pria ch' io scendessi all' infernale ambascia . . . . *Par.* xxvi. 133.
nel segno Percote *pria* che sia la corda queta . . . . *Par.* v. 92.
pria che noi siam più avanti... Sappi che non son torri . . *Inf.* xxxi. 29.
stima Le biade in campo *pria* che sien mature . . . . *Par.* xiii. 132.
non ti sia fatica A dir chi è, *pria* che di qui si spicchi . . . *Inf.* xxx. 36.
ogni aspetto Creato è vinto *pria* che vada al fondo . . . . . *Par.* xi. 30.
Ma certo poco *pria*, s' io ben discerno, Che venisse Colui . *Inf.* xii. 37.
Prigion. pena, Che sostenea nella *prigion* di Carlo . . . . . *Purg.* xi. 137.
Prigione. Fuggito avete la *prigione* eterna . . . . *Purg.* i. 41.
1. Prim'. Donato, Ch' alla *prim'* arte degnò por la mano . . . . *Par.* xii. 138.
parte U' la *prim'* ombra gitta il santo monte . . . . . . *Purg.* xxviii. 12.
mai creatura Non pinse l' occhio infino alla *prim'* onda . . . *Par.* xx. 120.
Dalla *prim'* ora a quella ch' è[2] seconda... l'[3] ora sesta . . . *Par.* xxvi. 141.
2. Prim'. E questi... Fitto è ancora, sì come *prim'* era . . . . . *Inf.* xxxiv. 120.
1. Prima. l' anima *prima* Bramò Colui che il morso in sè punio . *Purg.* xxxiii. 62.
Dentro da que' rai Vagheggia il suo fattor l'anima *prima* . *Par.* xxvi. 83.
La *prima* di color di cui novelle Tu vuoi saper . . . . . . *Inf.* v. 52.
Nuovi tormenti... Di che la *prima* bolgia era repleta . . . *Inf.* xviii. 24.
aspetti Che la *prima* cagion non veggion tota . . . . . . *Par.* xx. 132.
al ventesimo canto Della *prima* canzon, ch' è de' sommersi . *Inf.* xx. 3.
Disparmente angosciate... E lasse su per la *prima* cornice . *Purg.* xi. 29.
cent' anni e piùe Girato ha il monte in la *prima* cornice . . *Par.* xv. 93.
La *prima* cosa che per me s' intese, Benedetto sie tu, fu . . *Par.* xv. 46.
l' affetto e il senno, Come la *prima* equalità v' apparse . . . *Par.* xv. 74.
diede il punto... In Aulide a tagliar la *prima* fune . . . . . *Inf.* xx. 111.
quattro stelle Non viste mai fuor che alla *prima* gente . . . *Purg.* i. 24.
Perch' ella favorò la *prima* gloria Di Josuè . . . . *Par.* ix. 124.
non potea più oltre, Anzi mi assisi nella *prima* giunta . . . *Inf.* xxiv. 45.
La *prima* luce, che tutta la raia... in essa si recepe . . . . . *Par.* xxix. 136.
non bieci, Come[4] Jeptè alla sua *prima* mancia . . . . *Par.* v. 66.
Vapori accesi non vid' io sì tosto Di *prima* notte . . . . *Purg.* v. 38.
un altro... Che la *prima* paura mi fe' doppia . . . . *Inf.* xxiii. 12.
E ciò che fa la *prima*, e l' altre fanno . . . . *Purg.* iii. 82.
Or qui alla question *prima* s' appunta La mia risposta . . . *Par.* vi. 28.
Ma se a conoscer la *prima* radice Del nostro amor . . . . *Inf.* v. 124.
punta dello stelo A cui la *prima* rota va dintorno . . . . . *Par.* xiii. 12.
E sì come al salir di *prima* sera Comincian... parvenze . . . *Par.* xiv. 70.
in Dio grata... Che n' ha congiunti con la *prima* stella . . . *Par.* ii. 30.
Non la fortuna di *prima*[5] vacante... Addomandò . . . . . *Par.* xii. 92.
E questo basti della *prima* valle Sapere . . . . *Inf.* xviii. 98.
l' anima prima, Che la *prima* virtù creasse mai . . . . . . *Par.* xxvi. 84.
la chiara vista Della *prima* virtù dispone e segna . . . . *Par.* xiii. 80.
La *prima* vita del ciglio e la quinta Ti fa maravigliar . . . *Par.* xx. 100.

[1] Arrigo. [2] che. [3] all'. [4] Come fu. [5] primo.

Prima. sono in *prima* vita, Ancor che l' altra sì andando acquisti.*Purg.* viii. 59.
far si dee... eccellente, Sì ch' altra vita la *prima* relinqua . *Par.* ix. 42.
La *prima* voce che passò volando... altamente disse . . . . *Purg.* xiii. 28.
questa *prima* voglia Merto di lode o di biasmo non cape . . *Purg.* xviii. 59.
La *prima* volontà, ch' è per sè buona... non si mosse . . . . *Par.* xix. 86.
in circuito... L' aer si volge con la *prima* volta . . . . . . *Purg.* xxviii. 104.
La *prima* volta che a città venisti . . . . *Par.* xvi. 144.
2. **Prima.** Lo ciel, che sol di lui *prima* s' accende . . . . *Par.* xx. 4.
petrone, Del qual nè io nè ei *prima* s' accorse . . . . *Purg.* iv. 102.
m' inviasti... E *prima*,[1] appresso Dio, m' alluminasti . . . *Purg.* xxii. 66.
Allora più che *prima* gli occhi apersi . . . . *Purg.* xiii. 46.
Sì che s' ausi un poco *prima*[2] il senso Al tristo fiato . . . *Inf.* xi. 11.
Ma *prima* avea ciascun la lingua stretta Coi denti . . . . . *Inf.* xxi. 137.
E la lingua, che avea unita e presta *Prima* a parlar . . . *Inf.* xxv. 134.
s' innovò la pianta, Che *prima* avea le ramora sì sole . . . *Purg.* xxxii. 60.
in aere si spazia, *Prima* cantando, e poi tace . . . . *Par.* xx. 74.
E, giunto lui, comincia ad operare, Coagulando *prima* . . . *Purg.* xxv. 50.
Quivi conosce *prima* le sue strade . . . . *Purg.* xxv. 87.
Prima convien che tanto il ciel m' aggiri . . . . *Purg.* iv. 130.
Se ben... allora mi rispose Quei che *prima* dicea[3] . . . . . *Purg.* xiv. 24.
nello Inferno, Là onde invidia *prima* dipartilla . . . . . . *Inf.* i. 111.
Tra brutti porci... Dirizza *prima* il suo povero calle . . . *Purg.* xiv. 45.
la costuma ricca Del garofano *prima* discoperse . . . . . *Inf.* xxix. 128.
Sì disse *prima*, e poi: qui non si vieta Di nominar . . . . *Purg.* xxiv. 16.
Gli occhi *prima* drizzai a' bassi liti . . . . *Purg.* iv. 55.
E per colei, che il loco *prima* elesse, Mantova l' appellar . . *Inf.* xx. 92.
si dipartiro Con archi ed asticciuole *prima* elette . . . . . *Inf.* xii. 60.
Memoria, intelligenza... In atto molto più che *prima* acute . *Purg.* xxv. 84.
Prima era scempio, ed ora è fatto doppio Nella sentenza tua.*Purg.* xvi. 55.
esser cagione *Prima* di trista e poi di buona mancia . . . . *Inf.* xxxi. 6.
Non senza *prima* far grande aggirata, Venimmo in parte . . *Inf.* viii. 79.
il segno... Fatto avea *prima*, e poi era fatturo . . . . . . *Par.* vi. 83.
La luce in che rideva... si fe' *prima* corrusca . . . . . . *Par.* xvii. 122.
Fia *prima*[4] quel che tra gli altri è più tardo . . . . *Par.* xvii. 75.
Nè *prima* quasi torpente si giacque . . . . *Par.* xxix. 19.
Dall' ora ch' io avea guardato *prima*, Io vidi . . . . *Par.* xxvii. 79.
ha proprio cammino *Prima* da monte Veso in ver levante . *Inf.* xvi. 95.
Isifile... Che *prima* avea tutte l' altre ingannate . . . . . . *Inf.* xviii. 93.
Ed egli a lui: tu *prima* m' inviasti Verso Parnaso . . . . . *Purg.* xxii. 64.
Quale il falcon che *prima* ai piè si mira, Indi si volge . . . *Purg.* xix. 64.
Alto sospir... Mise fuor *prima*, e poi cominciò . . . . *Purg.* xvi. 65.
nè... piùe Mosse... Poscia, che *prima*, alle parole sue . . . *Par.* xxv. 117.
Ch' io ho veduto tutto il verno *prima* Il prun mostrarsi . . . *Par.* xiii. 133.
Prima cantando a sua nota moviensi . . . . *Par.* xviii. 79.
Come il bue Ciciliàn che mugghiò *prima* Col pianto . . . *Inf.* xxvii. 7.
gente stata sotto larve, Che pare altro che *prima* . . . . . *Par.* xxx. 92.
Che là, dove pareami *prima* un rotto... Vidi una porta . . . *Purg.* ix. 74.
e come qui si tacque, Ciò, che pareva *prima*, disparìo . . . *Purg.* xv. 93.
contenta Pareva *prima*[5] d' ingigliarsi all' emme . . . . . . *Par.* xviii. 113
E quel son io che su vi portai *prima* Lo nome di colui . . . *Par.* xxii. 40.
S' egli avesse potuto creder *prima*... Ciò ch' ha veduto . . . *Inf.* xiii. 46.
E quella parte, donde *prima* è preso Nostro alimento . . . *Inf.* xxv. 85.
Chè nè *prima* nè poscia procedette Lo discorrer . . . . . *Par.* xxix. 20.
Le braccia aperse... riguardando *prima* Ben la ruina . . . . *Inf.* xxiv. 23.

[1] *poi*.   [2] prima un poco.   [3] *diceva pria*.   [4] primo.   [5] imprima.

Prima. La mente mia, che *prima* era ristretta, Lo intento rallargò. *Purg.* iii. 12.
dell' oriente *Prima* raggiò nel monte Citerea . . . . *Purg.* xxvii. 95.
quel che, forato... E poscia e *prima* tanto satisfece . . . . . *Par.* xiii. 41.
Tanto che il venerabile Bernardo Si scalzò *prima* . . . . . *Par.* xi. 80.
ma *prima*, Scias quod ego fui successor Petri . . . . . . *Purg.* xix. 98.
Avrei... delizie Sentite *prima*, e più[1] lunga fiata . . . . . . *Purg.* xxix. 30.
non... tanto tosto, Ch' io non sia col voler *prima* alla riva . *Purg.* xxiv. 78.
Dal Voi, che *prima* Roma sofferie... Ricominciaron . . . . *Par.* xvi. 10.
le tre Dee, *Prima* Dominazioni, e poi Virtudi . . . . *Par.* xxviii. 122.
l' idioma Che *prima* i[2] padri e le madri trastulla . . . . . . *Par.* xv. 123.
E *prima*, appresso al fin d' este parole... s' udì . . . . . . *Par.* xxv. 97.
Come i pastor che *prima* udir quel canto . . . . *Purg.* x. 140.
si ritenne, Vicino ai monti de' quai *prima* uscio . . . . . *Par.* vi. 6.
e quella che *prima* venne Incominciò a farsi più vivace . . . *Par.* xxvii. 11.
sol, de' tre compagni Che venner *prima*, non era mutato . . *Inf.* xxv. 150.
la gente... Venuta *prima* tra il grifone ed esso . . . . *Purg.* xxx. 8.
quel piglio Dolce, ch' io vidi *prima*[3] a piè del monte . . . . *Inf.* xxiv. 21.
Quei *prima*, ch' a ciò fare era più crudo . . . . *Inf.* xxii. 120.
Prima vuol ben ; ma non lascia il talento . . . . *Purg.* xxi. 64.
Che l' uno andasse al *prima* e l' altro al poi . . . . *Par.* xiii. 18.
quando l' amor divino Mosse da *prima* quelle cose belle . . *Inf.* i. 40.
Quand' io senti' da *prima* l' aer Tosco . . . . *Par.* xxii. 117.
quella folgorò... Sì, che da *prima* il viso non sofferse . . . *Par.* iii. 129.
gravar la fronte Allo splendore assai più che di *prima* . . . *Purg.* xv. 11.
Se orazione in *prima* non m' aita... L' altra che val? . . . . *Purg.* iv. 133.
forse Che di sedere in *prima* avrai distretta . . . . *Purg.* iv. 99.
quanto tesoro volle Nostro Signore in *prima* da san Pietro?. *Inf.* xix. 91.
Verrà in *prima*, che ella sia disposta . . . . *Par.* xxx. 138.
veder li troni... *Prima* che la milizia s' abbandoni . . . . . *Par.* v. 117.
Vede... *Prima* che l' abbia in vista o in pensiero . . . . . *Par.* xxviii. 6.
Prima che il poco sole omai s' annidi, Cominciò . . . . . *Purg.* vii. 85.
me convien partirmi, L' angelo è ivi, *prima* ch' io gli appaia[4]*Purg.* xvi. 144.
Prima ch' arte o ragion per lor s' ascolti . . . . *Purg.* xxvi. 123.
Solea valore... *Prima* che Federico avesse briga . . . . . . *Purg.* xvi. 117.
spiriti assolti *Prima* ch' avesser vere elezioni . . . . . . *Par.* xxxii. 45.
i campion... *Prima* che sien tra lor battuti e punti . . . . *Inf.* xvi. 24.
Nel porta un carro *prima* che altri il cacci . . . . *Purg.* iii. 48.
Prima che tu a queste nozze ceni, Sederà l' alma . . . . *Par.* xxx. 135.
non si volse *Prima* ch' un' altra di[5] cerchio la chiuse . . . *Par.* xii. 5.
monte cerchia, *Prima* che morte gli abbia dato il volo . . . *Purg.* xiv. 2.
se più desii Saper da lui, *prima* ch' altri il disfaccia . . . *Inf.* xxii. 63.
Tu fosti, *prima* ch' io disfatto, fatto . . . . *Inf.* vi. 42.
Prima ch' io dell' abisso mi divella... mi favella . . . . . *Inf.* xxxiv. 100.
prima che più entre, Sappi che se' nel secondo girone . . *Inf.* xiii. 16.
Nè[6] venni *prima* all' ultima parola . . . . *Par.* xxi. 79.
Guarda la mia virtù... *Prima* che all' alto passo tu mi fidi . *Inf.* ii. 12.
m' avea trafitto *Prima* ch' io fuor di puerizia fosse . . . . *Purg.* xxx. 42.
E, *prima* ch' io all' opra fossi attento... Credeva . . . . *Par.* vi. 13.
assai *prima* Che noi fussimo al piè dell' alta torre . . . . *Inf.* viii. 1.
l' udirai... *Prima* che giunghi al passo del perdono . . . *Purg.* xiii. 42.
mi purgo Per ben dolermi *prima* ch' all' estremo . . . . *Purg.* xxvi. 93.
Prima fien triste che le guance impeli Colui . . . . *Purg.* xxiii. 110.
E però, *prima* che tu più t' inlei, Rimira in giù . . . . . *Par.* xxii. 127.
Gaeta, *Prima* che sì Enea la nominasse . . . . *Inf.* xxvi. 93.

[1] poi.   [2] pria li.   [3] imprima.   [4] ch' egli paia.   [5] d' un.   [6] Non.

Prima.	Nè mi fu noto il dir *prima* che il fatto	*Par.* xviii. 39.
	non ascende... *Prima* che passi tempo, quanto visse	*Purg.* xi. 131.
	speglio, In che, *prima* che pensi, il pensier pandi	*Par.* xv. 63.
	sè gira col segno, *Prima* che possa tutta in sè mutarsi	*Purg.* xxxii. 21.
	Le capre... Sopra le cime, *prima*[1] che sien pranse	*Purg.* xxvii. 78.
	preliba... *Prima*[2] che morte tempo gli prescriba	*Par.* xxiv. 6.
	Intra due cibi... D' un modo, *prima* si morria di fame	*Par.* iv. 2.
	E *prima* poi ribatter gli convenne Li due serpenti	*Inf.* xx. 43.
	Prima che la mattìa da Casalodi... inganno ricevesse	*Inf.* xx. 95.
	che tu bei, *Prima* che tanta sete in te si sazii	*Par.* xxx. 74.
	la vagheggia, *Prima* che sia, a guisa di fanciulla	*Purg.* xvi. 86.
	Prima che sii lassù, tornar vedrai Colui	*Purg.* vi. 55.
	perchè tanta Grazia in te luce *prima* che sii morto	*Purg.* xx. 42.
	Se *prima* fu la possa in te finita Di peccar più	*Purg.* xxiii. 79.
	Ma *prima* che gennaio tutto si[3] sverni Per la centesma	*Par.* xxvii. 142.
	Prima che il primo passo lì trascorra	*Purg.* xxvi. 38.
	E *prima* che del tutto non s' udisse Per allungarsi	*Purg.* xiii. 31.
	Di vederlo attuffare... *Prima* che noi uscissimo del lago	*Inf.* viii. 54.
	prima fue Morta la gente, a cui il mar s' aperse	*Purg.* xviii. 133.
	prima Che venissero al ciel, fur di gran voce	*Par.* xviii. 31.
	Prima che a questo monte fosser volte L' anime	*Purg.* vii. 4.
	S' esser vuoi lieto assai *prima* che stanco	*Par.* x. 24.
Primai.	E dal colore e dal freddo *primai*	*Par.* ii. 108.
	Diligite justitiam, *primai* Fur verbo e nome	*Par.* xviii. 91.
Primaia.	E similmente l' anima *primaia* Mi facea trasparer	*Par.* xxvi. 100.
	una cornice... Dintorno il peggio, come la *primaia*	*Purg.* xiii. 5.
	fur guerci Sì della mente in la vita *primaia*	*Inf.* vii. 41.
Primaio.	Ogni *primaio* aspetto ivi era casso	*Inf.* xxv. 76.
	Così discesi del cerchio *primaio* Giù nel secondo	*Inf.* v. 1.
	Là 've[4] venimmo, allo[5] scaglion *primaio*, Bianco marmo era	*Purg.* ix. 94.
	a mill' anni Nello stato *primaio* non si rinselva	*Purg.* xiv. 66.
	E questi sette col *primaio* stuolo Erano abituati	*Purg.* xxix. 145.
Primavera.	Qui *primavera* è sempre, ed ogni frutto	*Purg.* xxviii. 143.
	che perdette La madre lei, ed ella *primavera*	*Purg.* xxviii. 51.
	intra due rive Dipinte di mirabil *primavera*	*Par.* xxx. 63.
	così germoglia In questa *primavera* sempiterna	*Par.* xxviii. 116.
Prime.	se fatica Nelle *prime* battaglie col ciel dura	*Purg.* xvi. 77.
	Con l' altre *prime* creature lieta Volve sua spera	*Inf.* vii. 95.
	Posarsi quelle *prime*[6] creature Da loro aspersion[7]	*Purg.* xxxi. 77.
	il gran prete... Che mi rimise nelle *prime* colpe	*Inf.* xxvii. 71.
	Poichè le *prime* etadi fur compiute, Convenne	*Par.* xxxii. 79.
	quelle genti degne... Fermandos' ivi con le *prime* insegne	*Purg.* xxix. 154.
	Chè le lagrime *prime* fanno groppo, E... Riempion	*Inf.* xxxiii. 97.
	là onde vegna lo intelletto Delle *prime* notizie	*Purg.* xviii. 56.
	Ma con piena letizia l' ore *prime*... reciviéno	*Purg.* xxviii. 16.
	Io vidi ben... Che fur parole alle *prime* diverse	*Inf.* ix. 12.
	Ahi come facean lor levar le berze Alle *prime* percosse!	*Inf.* xviii. 38.
	Le *prime* eran cornute come bue	*Purg.* xxxii. 145.
Primi.	uomo non sape, Nè de' *primi* appetibili l' affetto	*Purg.* xviii. 57.
	Mentre ch' egli è ne' *primi* ben diretto	*Purg.* xvii. 97.
	non fece motto Mentre che i *primi* bianchi apparser ali	*Purg.* ii. 26.
	E tornan lagrimando ai *primi* canti Ed al gridar	*Purg.* xxvi. 47.
	i cerchi *primi* T' hanno mostrati i Serafi e i Cherubi	*Par.* xxviii. 98.
	non so che divino, Che vi trasmuta dai *primi* concetti	*Par.* iii. 60.

[1] *avanti.*   [2] Anzi.   [3] tutto.   [4] ne.   [5] e lo.   [6] belle.   [7] apparsion.

Primi. per più amore, Che ai *primi* effetti di lassù tu hai . . . *Purg.* xi. 3.
i tristi lai... Forse a memoria de' suoi *primi* guai . . . . . *Purg.* ix. 15.
allora, Che li *primi* parenti intrambo fensi . . . . *Par.* vii. 148.
Illuminati ed Augustin... Che fur dei *primi* scalzi poverelli . *Par.* xii. 131.
Sì come quando i *primi* raggi vibra... Sì stava il sole . . . *Purg.* xxvii. 1.
e l' altro... Tr' ambo li *primi* gli occhi tuoi ritrovi . . . . . *Par.* ii. 99.
fieramente furo avversi A me ed a' miei *primi* . . . . *Inf.* x. 47.
Primiero. Sol differendo nel *primiero* acume . . . . *Par.* xxxii. 75.
*****Primipilo.** io mi confessi... dall' alto *primipilo* . . . . *Par.* xxiv. 59.
Primizia. quella spera, ond' uscì la *primizia* . . . . *Par.* xxv. 14.
Ditemi dunque, cara mia *primizia*, Quai fur . . . . *Par.* xvi. 22.
Primizie. Mentr' io m' andava tra tante *primizie* . . . . *Purg.* xxix. 31.
Primo. O amanza del *primo* amante, o diva, Diss' io appresso . *Par.* iv. 118.
E quell' amor che *primo* lì discese, Cantando: ave . . . . . *Par.* xxxii. 94.
Giustiniano, Che, per voler del *primo* amor ch' io sento . . *Par.* vi. 11.
Chè il *primo* amor che in lui fu manifesto Fu al primo . . . *Par.* xii. 74.
Fecemi... La somma sapienza e il *primo* amore . . . . . . *Inf.* iii. 6.
Tal vero... sterne Colui che mi dimostra il *primo* amore . . *Par.* xxvi. 38.
E drizzeremo gli occhi al *primo* amore . . . . *Par.* xxxii. 142.
Così si fa la pelle bianca, nera, Nel *primo* aspetto . . . . . *Par.* xxvii. 137.
un turbo nacque, E percosse del legno il *primo* canto . . . . *Inf.* xxvi. 138.
De' violenti il *primo* cerchio è tutto . . . . *Inf.* xi. 28.
mi fe' entrare Nel *primo* cerchio che l' abisso cigne . . . *Inf.* iv. 24.
Si giran sì, che il *primo*, a chi pon mente, Quieto pare . . . *Par.* xxiv. 14.
Quando il settentrion del *primo* cielo... si affisse . . . . . *Purg.* xxx. 1.
siam... Nel *primo* cinghio del carcere cieco . . . . . . *Purg.* xxii. 103.
l' arco Che fa dal mezzo al fine il *primo* clima . . . . . . *Par.* xxvii. 81.
il primo amor... Fu al *primo* consiglio che diè Cristo . . . *Par.* xii. 75.
Non disse Cristo al suo *primo* convento: Andate . . . . . *Par.* xxix. 109.
E se, continuando al *primo* detto... disse . . . . *Inf.* x. 76.
Nè tra l' ultima notte e il *primo* die Sì alto... processo . . . *Par.* vii. 112.
S' io fui del *primo* dubbio disvestito Per le... parolette . . . *Par.* i. 94.
E senza cura... Salimmo suso, ei *primo* ed io secondo . . . *Inf.* xxxiv. 136.
divisa, E[1] per sè stante, alcuno esser dal *primo* . . . . . *Purg.* xii. 110.
quella che tossio Al *primo* fallo scritto di Ginevra . . . . . *Par.* xvi. 15.
tanto lieta, Ch' arder parea d' amor nel *primo* foco . . . . *Par.* iii. 69.
Dal *primo* giorno ch' io vidi il suo viso In questa vita . . . *Par.* xxx. 28.
color... Che s' accoglieva... infino al *primo* giro . . . . . . *Purg.* i. 15.
Ma tutti fanno bello il *primo* giro, E differentemente . . . . *Par.* iv. 34.
tutti tormenta Lo giron *primo* per diverse schiere . . . . . *Inf.* xi. 39.
In questo fondo... Discende mai alcun del *primo* grado? . . *Inf.* ix. 17.
E tosto ch' io al *primo* grado fui, Senti'mi presso . . . . . *Purg.* xvii. 66.
Chè, se la voce tua sarà molesta Nel *primo* gusto . . . . . *Par.* xvii. 131.
se l' impeto *primo* L' atterra, torto[2] da falso piacere . . . *Par.* i. 134.
esce... E va per farsi onor del *primo* intoppo . . . . . . *Purg.* xxiv. 96.
Or discendiam... Io sarò *primo* e tu sarai secondo . . . . . *Inf.* iv. 15.
trapassonne Pria che piegasse il carro il *primo* legno . . . *Purg.* xxxii. 24.
Così parlammo infino al loco *primo* Che... mostra . . . . . *Inf.* xxix. 37.
Questa, privata del *primo* marito... si stette . . . . *Par.* xi. 64.
non si converria... andar dinanzi al *primo* Ministro . . . . *Purg.* i. 98.
raggio... Riflesso al sommo del Mobile *primo* . . . . . . *Par.* xxx. 107.
Se... non s' imboli Nel *primo* mondo dall' umane menti . . *Inf.* xxix. 104.
Lo Motor *primo* a lui si volge lieto Sopra tanta arte . . . . *Purg.* xxv. 70.
Lo *primo* tuo rifugio e il *primo* ostello Sarà la cortesia . . . *Par.* xvii. 70.

[1] Nè. [2] A terra è torto.

Primo. quel che credi Del *primo* padre e del nostro diletto . . . *Par.* xiii. 111.
Trasseci l' ombra del *primo* parente, D' Abel suo figlio . . *Inf.* iv. 55.
Prima che il *primo* passo lì trascorra... s' affatica . . . . . *Purg.* xxvi. 38.
quella dote, Che da te prese il *primo* ricco patre . . . . . . *Inf.* xix. 117.
fui della città che nel Batista Mutò[1] 'l *primo* patrone . . . . *Inf.* xiii. 144.
s' accorge, Anzi il *primo* pensier, del suo venire . . . . . . *Par.* x. 36.
sì nasconde Lo suo *primo* perchè, che non gli è guado . . . *Purg.* viii. 69.
Ch' io son tornato nel *primo* proposto . . . . *Inf.* ii. 138.
quel che intesi Nel *primo* punto che di te mi dolve . . . . *Inf.* ii. 51.
Fia *primo*[2] quel che tra gli altri è più tardo . . . . *Par.* xvii. 75.
Tu credi che a me tuo pensier mei Da quel ch' è *primo* . . . *Par.* xv. 56.
quei disse : Questi ti sia or *primo*, ed io secondo . . . . . *Inf.* xii. 114.
E sì come 'l secondo raggio suole Uscir del *primo* . . . . . *Par.* i. 50.
Lo primo tuo *rifugio* e il *primo* ostello Sarà la cortesia . . . *Par.* xvii. 70.
Lo secol *primo*, che quant' or fu bello, Fe' saporose . . . . *Purg.* xxii. 148.
e da lui ebbe *Primo* sigillo a sua religione . . . . *Par.* xi. 93.
tanto vince... Quanto *primo* splendor quel ch' ei[3] refuse . . *Par.* xii. 9.
Ben ti dovevi, per lo *primo* strale Delle cose fallaci . . . . *Purg.* xxxi. 55.
E ciò fa certo che il *primo* superbo... cadde acerbo . . . . *Par.* xix. 46.
Torna giustizia, e *primo* tempo umano . . . . *Purg.* xxii. 71.
Si chiaman Troni... Perchè il *primo* ternaro terminonno . . *Par.* xxviii. 105.
Io mi rivolsi attento al *primo* tuono . . . . *Purg.* ix. 139.
Non la fortuna di *primo*[2] vacante... Addomandò . . . . . . *Par.* xii. 92.
Lo *primo* ed ineffabile valore... Con tanto ordine fe' . . . . *Par.* x. 3.
per sè noto, A guisa del ver *primo* che l' uom crede . . . . *Par.* ii. 45.
non poria mentire; Perocch' è sempre al *primo* vero appresso.*Par.* iv. 96.
Se il *primo* fosse, fora manifesto Nell' eclissi del sol . . . . *Par.* ii. 79.
E manco il *Primo* che non gli ha perfetti . . . . *Par.* viii. 111.
Primum. Non, si est dare *primum* motum esse . . . . *Par.* xiii. 100.
Prince. Quivi era storiata l' alta gloria Del roman *prince*[4] . . . *Purg.* x. 74.
Principati. Poscia... *Principati* ed Arcangeli si girano . . . . . *Par.* xxviii. 125.
Principato. Quivi era storiata l' alta gloria Del roman *principato*[5] *Purg.* x. 74.
Principe. vid' io l' un... *Principe* glorioso essere accolto . . . . *Par.* xxv. 23.
Lo *Principe* de' nuovi Farisei, Avendo guerra . . . . *Inf.* xxvii. 85.
Principi. E contra gli altri *principi* e collegi . . . . *Par.* vi. 95.
Due *principi* ordinò in suo favore... per guida . . . . . . *Par.* xi. 35.
Noi ci volgiam coi *principi* celesti D' un giro . . . . . . *Par.* viii. 34.
Principii. esser convengon frutti Di *principii* formali . . . . . *Par.* ii. 71.
Principio. se ben s' accoppia *Principio* e fine . . . . *Inf.* xxiii. 9.
quella fede Ch' è *principio* alla via di salvazione . . . . . *Inf.* ii. 30.
o buon *principio*, A che vil fine convien che tu caschi ! . . . *Par.* xxvii. 59.
Cotal *principio*, rispondendo, femmi . . . . *Par.* xv. 90.
E, se guardi il[6] *principio* di ciascuno... Tu vederai . . . . . *Par.* xv. 91.
E da costei, ond' io *principio* piglio, Pigliavano . . . . . . *Par.* viii. 10.
Giunse lo spirto al suo *principio* cose Ch' io non intesi . . . *Par.* xv. 38.
Tempo era dal *principio* del mattino . . . . *Inf.* i. 37.
Così, per non aver via nè forame Dal *principio* nel[7] foco . . *Inf.* xxvii. 14.
Partito... Dal suo *principio*, ch' è in questo troncone . . . . *Inf.* xxviii. 141.
se tu ti rechi a mente Lo Genesi dal *principio* . . . . . . *Inf.* xi. 107.
travolto Ciascun tral mento el *principio* del casso . . . . . *Inf.* xx. 12.
tra l' ultimar dell' ora terza E il *principio* del dì . . . . . *Purg.* xv. 2.
monte, Ch' è *principio* e cagion di tutta gioia . . . . . . *Inf.* i. 78.
Quest' è il *principio*, là onde si piglia Ragion[8] . . . . *Purg.* xviii. 64.
Quest' è il *principio*; quest' è la favilla . . . . *Par.* xxiv. 145.

[1] Cangiò.   [2] *prima.*   [3] che.   [4] *principato.*   [5] prince.   [6] al.   [7] del.   [8] Cagion.

Principio. *Principio* del cader fu il maledetto Superbir di colui . *Par.* xxix. 55.
    la confusion... *Principio* fu del mal della cittade . . . . . *Par.* xvi. 68.
    Tanto, che suo *principio* non discerna Molto di là . . . . *Par.* xix. 56.
    Vid' io... Senza veder *principio* dei[1] fulgori . . . . *Par.* xxiii. 84.
    Tutte nature... Più al *principio* loro e men vicine . . . . . *Par.* i. 111.
    si dispiega Da un *principio*, e sè da sè lontana . . . . . *Purg.* xxxiii. 117.
    Chè dal *principio* suo, dov' è sì pregno L' alpestro monte . . *Purg.* xiv. 31.
    Questo *principio* male inteso torse Già tutto il mondo . . . *Par.* iv. 61.
    non ritrova, Pensando, quel *principio* ond' egli indige . . . *Par.* xxxiii. 135.
    Essa è formal *principio* che produce... lo turbo . . . . . *Par.* ii. 147.
Priscian. *Priscian* sen va con quella turba grama . . . . . . *Inf.* xv. 109.
Priva. Molti di vita, e sè di pregio *priva* . . . . *Purg.* xiv. 63.
    priva Dell' atto l' occhio di più forti obbietti . . . . . . *Par.* xxx. 47.
    si penta Qualunque *priva* sè del vostro mondo . . . . . . *Inf.* xi. 43.
    maggior cura, Che spesse volte la memoria *priva* . . . . *Purg.* xxxiii. 125.
Privata. e di notte *privata* D' ogni pianeta . . . . *Purg.* xvi. 1.
    Questa, *privata* del primo marito... si stette . . . . *Par.* xi. 64.
Private. spade affocate, Tronche e *private* delle punte sue . . . *Purg.* viii. 27.
1. Privati. Jason,[2] che... Li Colchi del monton *privati* fene . . *Inf.* xviii. 87.
2. Privati. sterco, Che dagli uman *privati* parea mosso . . . . . *Inf.* xviii. 114.
Privato. vedovo sito, Poichè *privato* sei di mirar quelle . . . *Purg.* i. 27.
Privi. Gridava: o tu del ciel, perchè mi *privi*? . . . . *Purg.* v. 105.
Privilegi. sigillo Ai[3] *privilegi* venduti e mendaci . . . . *Par.* xxvii. 53.
Privilegia. Uso e natura sì la *privilegia* . . . . *Purg.* viii. 130.
Privilegio. Da esso ebbe milizia e *privilegio* . . . . *Par.* xvi. 130.
    Or, se tu hai sì ampio *privilegio*, Che licito ti sia . . . . *Purg.* xxvi. 127.
    per qual *privilegio* Vanno scoperti della grave stola? . . . . *Inf.* xxiii. 89.
Privo. Pensa... Qual io divenni, d' uno e d' altro *privo* . . . . *Inf.* xxxiv. 27.
    se *privo* D' impedimento giù ti fossi assiso . . . . *Par.* i. 139.
Pro. Al mondo non fur mai persone ratte A far lor *pro* . . . . *Inf.* ii. 110.
    Però, in *pro* del mondo che mal vive, Al carro tieni . . . . *Purg.* xxxii. 103.
    nel secondo Giron convien che senza *pro* si penta . . . . *Inf.* xi. 42.
Probitate. risurge per li rami L' umana *probitate* . . . . *Purg.* vii. 122.
Probo. chi ad altro pensa Chiamar si può veracemente *probo* . . *Par.* xxii. 138.
Procaccia. *Procaccia* pur, che tosto sieno spente . . . . *Purg.* xv. 79.
    il cor tristo Tra lor testimonianza si *procaccia* . . . . . . *Inf.* xxxii. 39.
Procacciam. *Procacciam* di salir pria che s' abbui . . . . *Purg.* xvii. 62.
Proceda. Ma perch' io non *proceda* troppo chiuso . . . . *Par.* xi. 73.
Procede. Non ti maravigliar; chè ciò *procede* Da perfetto veder . *Par.* v. 4.
    come *procede* Per sua cagion ciò ch' ammirar ti fece . . . . *Purg.* xxviii. 88.
    Come *procede* innanzi dall' ardore... un color bruno . . . *Inf.* xxv. 64.
    Ma dimmi della gente che *procede*, Se tu ne vedi alcun . . *Inf.* xx. 103.
    Maestro, assai chiaro *procede* La tua ragione . . . . *Inf.* xi. 67.
    Così di grado in grado si *procede* . . . . *Par.* xxviii. 114.
Procedea. ma il sol *procedea* Sotto i miei piedi . . . . *Par.* xxvii. 86.
Procedemmo. Noi *procedemmo* più avanti allotta . . . . *Inf.* xxxi. 112.
Procedendo. Poi *procedendo* di mio sguardo in curro . . . . . *Inf.* xvii. 61.
    Poi fummo fatti soli *procedendo*, Folgore parve... Voce . . . *Purg.* xiv. 130.
Proceder. Di *proceder* per tutte le sue vie... fu contenta . . . *Par.* vii. 110.
Procedere. *Procedere* ancor oltre mi conviene . . . . *Par.* ix. 111.
    Ben dee da lui *procedere* ogni lutto . . . . *Inf.* xxxiv. 36.
Procedesse. se quel che qui s' inizia Non *procedesse* . . . . . *Par.* v. 110.
Procedessi. Or, s' io non *procedessi* avanti piùe . . . . *Par.* xiii. 88.
Procedette. Chè nè prima nè poscia *procedette* . . . . *Par.* xxix. 20.

---

[1] di.   [2] Giason.   [3] A.

Procedetter.	Poi *procedetter* le parole sue Con voce	*Par.* xxvii. 37.
Procedi.	aspetta, E poi secondo il suo passo *procedi*	*Inf.* xxiii. 81.
Procella.	Guarda quaggiù alla nostra *procella!*	*Par.* xxxi. 30.
Processo.	Continuò così il *processo* santo : Lo màggior don	*Par.* v. 18.
	Di sua bestialitate il suo *processo* Farà la prova	*Par.* xvii. 67.
	Nè... Sì alto e sì magnifico *processo*... fu o fie	*Par.* vii. 113.
Procinto.	E se non fosse, che da quel *procinto*[1]	*Inf.* xxiv. 34.
Procuro.	Quand' io *procuro* a' miei maggior tristizia	*Inf.* xxii. 111.
1. **Proda.**	avanti che la *proda* Ti si lasci veder	*Inf.* viii. 55.
	Sì cominciò... Ed accennolle che venisse a *proda*	*Inf.* xvii. 5.
	mala partita Di' che facesti per venire a *proda*	*Inf.* xxii. 80.
	benchè dalla *proda* veggia il fondo, In pelago nol vede	*Par.* xix. 61.
	Noi ci movemmo... Lungo la *proda* del bollor vermiglio	*Inf.* xii. 101.
	Così la *proda*, che il pozzo circonda, Torreggiavan	*Inf.* xxxi. 42.
	Vero è che in su la *proda* mi trovai Della valle	*Inf.* iv. 7.
	ad un, ch' era da nostra *proda*, S' avventò un serpente	*Inf.* xxiv. 97.
2. **Proda.**	Chi ribatte da *proda* e chi da poppa	*Inf.* xxi. 13.
1. **Prode.**	pensai... *Prode* acquistar nelle parole sue	*Purg.* xv. 42.
	Non saprei dir quant' ei mi fece *prode*	*Purg.* xxi. 75.
	Per non soffrire alla virtù che vuole Freno a suo *prode*	*Par.* vii. 26.
2. **Prode.**	Cerca, misera, intorno dalle *prode* Le tue marine	*Purg.* vi. 85.
Prodeunt.	Vexilla Regis *prodeunt* Inferni Verso di noi	*Inf.* xxxiv. 1.
Prodotto.	o pomo, che maturo Solo *prodotto* fosti	*Par.* xxvi. 92.
Produce.	arbuscelli, Che qui la terra sol da sè *produce*	*Purg.* xxvii. 135.
	Chè se chelidri... *Produce*, e cencri con amfisibena	*Inf.* xxiv. 87.
	produce Con seme, e senza seme, il ciel movendo	*Par.* xiii. 65.
	La tua città... *Produce* e spande il maledetto fiore	*Par.* ix. 130.
	il qual *produce* Grazia divina e precedente merto	*Par.* xxv. 68.
	Essa è formal principio che *produce*... lo turbo	*Par.* ii. 147.
Producerebbe.	*Producerebbe* sì li suoi effetti	*Par.* viii. 107.
Produsse.	Colui... *Produsse* esto visibile parlare	*Purg.* x. 95.
*****Produtto.**	e quelle... in che puro atto fu *produtto*	*Par.* xxix. 33.
Profani.	Volgonsi spesso i miseri *profani*	*Inf.* vi. 21.
Proferer.	Levai lo capo a *proferer*[2] più erto	*Par.* iii. 6.
Proferse.	E l' Abbagliato il suo senno *proferse*	*Inf.* xxix. 132.
	E se tanto segreto ver *proferse* Mortale in terra	*Par.* xxviii. 136.
Professione.	Dove volea menar mia *professione*	*Par.* xxvi. 54.
	per esser presto A tal querente ed a tal *professione*	*Par.* xxiv. 51.
Profeta.	repleta Sì... Che nella madre lei fece *profeta*	*Par.* xii. 60.
	Natan *profeta*, e il metropolitano Crisostomo	*Par.* xii. 136.
Profeti.	quinci piove Per Moisè, per *profeti*, e per salmi	*Par.* xxiv. 136.
Profetico.	Gioacchino, Di spirito *profetico* dotato	*Par.* xii. 141.
Profferir.	Levai lo capo a *profferir*[3] più erto	*Par.* iii. 6.
Profferta.	Quando io udi' questa *profferta*	*Par.* xxiii. 52.
	Indi spirò : senz' essermi *prefferta*... la voglia tua	*Par.* xxvi. 103.
Profila.	i segni Che questi porta e che l' angel *profila*	*Purg.* xxi. 23.
Profond'.	Oscura, *profond'* era, e nebulosa	*Inf.* iv. 10.
1. **Profonda.**	Non è l' affezion mia tanto *profonda*, Che basti	*Par.* iv. 121.
	sen vanno suso, Con più dolce canzone e più *profonda*	*Purg.* xxxii. 90.
	Della *profonda* condizion divina Ch' io tocco[4]	*Par.* xxiv. 142.
	L' altra, per grazia, che da sì *profonda* Fontana stilla	*Par.* xx. 118.
	Appresso uscì della luce *profonda*, Che lì splendeva	*Par.* xxiv. 88.
	Dalla mente *profonda* che lui volve Prende l' image	*Par.* ii. 131.
	chi vi fu lucerna, Uscendo fuor della *profonda* notte ?	*Purg.* i. 44.

[1] precinto. [2] profferir. [3] *proferer.* [4] tocco mo.

Profonda. per la *profonda* Notte menato m' ha da' veri morti	. . *Purg.*	xxiii. 121.
Nella *profonda* e chiara sussistenza Dell' alto lume	. . . . *Par.*	xxxiii. 115.
2. **Profonda.** Nostro intelletto si *profonda* tanto	. . . . *Par.*	i. 8.
Quanto la sua veduta si *profonda* Nel vero	. . . . *Par.*	xxviii. 107.
Profonde. acque... Non sì *profonde* che i fondi sien persi	. . . *Par.*	iii. 12.
Ed io appresso: le *profonde* cose, Che mi largiscon qui	. . *Par.*	xxiv. 70.
Profondi. li *profondi* fori... Fatti mi furo in grembo	. . . . . *Purg.*	v. 73.
Profondo. soperchio Del puzzo, che il *profondo* abisso gitta	. . *Inf.*	xi. 5.
Quando il mezzo del cielo, a noi *profondo*, Comincia	. . . . *Par.*	xxx. 4.
nondimeno È lì,[1] ma cela lui l' esser *profondo*	. . . . . . *Par.*	xix. 63.
Caccianli i Ciel... Nè lo *profondo* Inferno gli riceve	. . . . *Inf.*	iii. 41.
Sì costellati facean nel *profondo* Marte quei rai	. . . . . *Par.*	xiv. 100.
Nel dritto mezzo... Vaneggia un pozzo assai largo e *profondo*.	*Inf.*	xviii. 5.
Entro v' è l' alta mente[2] u' sì *profondo* Saper fu messo	. . . *Par.*	x. 112.
Del suo *profondo*, ond' ella pria cantava, Seguette	. . . . . *Par.*	ix. 23.
Ed ecco del *profondo* della testa Volse a me gli occhi	. . . *Purg.*	xxiii. 40.
Nel suo *profondo* vidi che s' interna, Legato	. . . . *Par.*	xxxiii. 85.
aguzzeranno i tuoi Le tre di là, che miran più *profondo*	. . . *Purg.*	xxxi. 111.
Giunse... cose Ch.' io non intesi, sì parlò *profondo*	. . . . . *Par.*	xv. 39.
Progenie. E *progenie* discende dal ciel nuova	. . . . *Purg.*	xxii. 72.
***Prole.** Dannando sè, dannò tutta sua *prole*	. . . . *Par.*	vii. 27.
***Prome.** Veder non può, se altri non la *prome*	. . . . *Par.*	xx. 93.
1. **Promessa.** alla luce, che *promessa* Tanto s' avea	. . . . . *Par.*	viii. 43.
2. **Promessa.** Lunga *promessa* con l' attender corto	. . . . . *Inf.*	xxvii. 110.
Promessi. dolci pomi *Promessi* a me per lo verace Duca	. . . . *Inf.*	xvi. 62.
Promette. che tu diche Quello che la speranza ti *promette*	. . . *Par.*	xxv. 87.
Promettendo. E *promettendo* mi sciogliea da essa	. . . . *Purg.*	vi. 12.
Promise. Poi mi *promise* sicura l' andata	. . . . *Purg.*	xii. 99.
giovinetta Fuggi'mi... E *promisi* la via della sua setta	. . . *Par.*	iii. 105.
Promission. Imagini... Che nulla *promission* rendono intera	. . *Purg.*	xxx. 132.
Ad ogni *promission* si converrebbe	. . . . *Par.*	xxix. 123.
men caro, Se oltre *promission* teco si spazia	. . . . *Purg.*	xxviii. 138.
Promossa. alla corona vedova *promossa* La testa... fu	. . . . . *Purg.*	xx. 58.
Promotore. Questi nei cor mortali è *promotore*[3]	. . . . *Par.*	i. 116.
1. **Pronta.** Ond' ella *pronta* e con occhi ridenti	. . . . *Par.*	iii. 42.
non tacer... Di quei ch' ebbe or così la lingua *pronta*	. . . . *Inf.*	xxxii. 114.
Così all' orazion *pronta* e devota... mostrar... gioia	. . . *Par.*	xiv. 22.
Ed io, ch' avea già *pronta* la risposta... incominciai	. . . *Inf.*	xxvii. 34.
Tanto... iti, Con poco tempo, per la voglia *pronta*	. . . . *Purg.*	xiii. 24.
E fece la mia voglia tanto *pronta* Di riguardar	. . . . *Purg.*	xvii. 49.
2. **Pronta.** S' altra ragione[4] in contrario non *pronta*	. . . . . *Purg.*	xiii. 20.
Pronte. M' apparve con le ciglia intorno *pronte*	. . . . *Purg.*	xxxii. 150.
Tali vid' io più facce a parlar *pronte*	. . . . *Par.*	iii. 16.
le forme A cambiar lor materia fosser *pronte*	. . . . *Inf.*	xxv. 102.
Per cui le fronde, tremolando *pronte*... piegavano	. . . . *Purg.*	xxviii. 10.
sì erta, Che indarno vi sarien le gambe *pronte*	. . . . *Purg.*	iii. 48.
e qual costume Le fa di trapassar parer sì *pronte*	. . . *Inf.*	iii. 74.
E l' animose man del duca e *pronte* Mi pinser	. . . . *Inf.*	x. 37.
Poi mi volsi a Beatrice, ed essa[5] *pronte* Sembianze femmi	. *Par.*	xxiv. 55.
serve *Pronte* al consiglio che il mondo governa	. . . . . . *Par.*	xxi. 71.
Pronti. E *pronti* sono a trapassar lo rio	. . . . *Inf.*	iii. 124.
Pronto. La forma qui del *pronto* creder mio	. . . . *Par.*	xxiv. 128.
seconda, *Pronto* e libente, in quello ch' egli è sperto	. . . . *Par.*	xxv. 65.
Ed io, ch' a' suoi consigli Tutto era *pronto*	. . . . *Par.*	xxiii. 77.

[1] Egli è. [2] luce. [3] *permotore*. [4] cagione. [5] e quella.

| PRONTO | 561 | PROTESI |

Pronto. Tutto m' offersi *pronto* al suo servigio . . . . *Purg.* xxvi. 104.
*†Prope. Che saranno in giudizio assai men *prope* A lui . . . *Par.* xix. 107.
Propia. si leva Per la *propia*[1] virtù che la sublima . . . . . . *Par.* xxvi. 87.
Propinqua. veggio... Gente seder *propinqua* al loco scemo . . *Inf.* xvii. 36.
    questa... gioia Del nostro cielo, che più m' è *propinqua* . . *Par.* ix. 38.
Propinque. veggio... A darne tempo, già stelle *propinque* . . . *Purg.* xxxiii. 41.
Propinqui. Che a' miei *propinqui* tu ben mi rinfami . . . . . . *Purg.* xiii. 150.
Propinquissimi. Per esser *propinquissimi* ad Augusta . . . . . *Par.* xxxii. 119.
Propone. non parla, Fin che il maestro la question *propone* . . . *Par.* xxiv. 47.
Proponimento. che tu ti smaghi Di buon *proponimento* . . . . . *Purg.* x. 107.
Proporzione. Ed a sua *proporzione* eran l' altr' ossa . . . . . . *Inf.* xxxi. 60.
Proposito. Con l' eterno *proposito* s' agguagli . . . . *Par.* xxv. 126.
Proposizion. la novella *Proposizion* che così[2] ti conchiude . . . *Par.* xxiv. 98.
Proposta. E per nuovi pensier cangia *proposta* . . . . *Inf.* ii. 38.
1. Proposto. Sazio m' avrebbe ciò che m' è *proposto* . . . . . *Par.* xxviii. 48.
2. Proposto. Saltò, e dal *proposto* lor si sciolse . . . . *Inf.* xxii. 123.
    Ch? io son tornato nel primo *proposto* . . . . *Inf.* ii. 138.
3. Proposto. E il gran *proposto*, volto a Farfarello... Disse . . . *Inf.* xxii. 94.
Propria. E la *propria* cagion del gran disdegno . . . . *Par.* xxvi. 113.
    a te sì tratto, Che non si cura della *propria* carne . . . . *Purg.* xx. 84.
    Ma quando scoppia della[3] *propria* gota L' accusa del peccato . *Purg.* xxxi. 40.
    Come Almeone, che... la *propria* madre spense . . . . . . *Par.* iv. 104.
    O Saul, come in sulla *propria* spada Quivi parevi morto! . . *Purg.* xii. 40.
    coscïenza fusca O della *propria* o dell' altrui vergogna . . *Par.* xvii. 125.
    e poi si leva Per la *propria*[4] virtù che la sublima . . . . . *Par.* xxvi. 87.
Propriamente. impressa... *propriamente* Come figura in cera . . *Purg.* x. 44.
Proprie. Ma non eran da ciò le *proprie* penne . . . . *Par.* xxxiii. 139.
Proprio. fiume, ch' ha *proprio* cammino Prima da monte Veso . *Inf.* xvi. 94.
    t' annidi Nel *proprio* lume, e che dagli occhi il traggi . . *Par.* v. 125.
    Ma perchè frode è dell' uom *proprio* male, Più spiace . . *Inf.* xi. 25.
    Per nullo *proprio* merito si siede, Ma per l' altrui . . . . *Par.* xxxii. 42.
    com' io ch' a *proprio* nome Vo per la rosa . . . . *Par.* xxxii. 14.
    Dall' odio *proprio* son le cose tute . . . . *Purg.* xvii. 108.
    amor paterno, Chiuso e parvente del suo *proprio* riso . . . *Par.* xvii. 36.
    Ma folgore, fuggendo il *proprio* sito, Non corse come tu . . *Par.* i. 92.
    mercè del loco Fatto per *proprio* dell' umana spece . . . . *Par.* i. 57.
    Non dica Ascesi... Ma Oriente, se *proprio* dir vuole . . . *Par.* xi. 54.
Prora. E la *prora* ire in giù, com' altrui piacque . . . . *Inf.* xxvi. 141.
    Secando se ne va l' antica *prora* Dell' acqua più . . . . . *Inf.* viii. 29.
    Quel che fendendo va l' ardita *prora* . . . . *Par.* xxiii. 68.
    Quasi ammiraglio, che in poppa ed in *prora* Viene . . . . *Purg.* xxx. 58.
Prore. la fortuna... Le poppe volgerà in sulle[5] *prore* . . . . . *Par.* xxvii. 146.
Prose. Versi d' amore e *prose* di romanzi Soperchiò tutti . . . *Purg.* xxvi. 118.
Proseguendo. E *proseguendo* la solinga via . . . . *Inf.* xxvi. 16.
Proserpina. dove e qual era *Proserpina* . . . . *Purg.* xxviii. 50.
Prossimano. lasciò il diavolo... e d' un suo *prossimano* . . . . *Inf.* xxxiii. 146.
Prossimo. A Dio, a sè, al *prossimo* si puone Far forza . . . . *Inf.* xi. 31.
    Morte per forza e ferute dogliose Nel *prossimo* si danno . . *Inf.* xi. 35.
    Resta... Che il mal che s' ama è del *prossimo* . . . . . . *Purg.* xvii. 113.
Protende. Indi si volge al grido, e si *protende* . . . . *Purg.* xix. 65.
Proterva. Regalmente nell' atto ancor *proterva* Continuò . . . *Purg.* xxx. 70.
Proterve. Le capre, state rapide e *proterve* Sopra le cime . . . *Purg.* xxvii. 77.
Protesi. In sulle man commesse mi *protesi*, Guardando il foco . *Purg.* xxvii. 16.
    Bacchiglione, Dove[6] lasciò li mal *protesi* nervi . . . . . . *Inf.* xv. 114.

[1] *propria.* [2] ne che sì. [3] dalla. [4] propia. [5] u' son le. [6] Ove.

Protezion. Siede... Sotto la *protezion* del grande scudo . . . . . *Par.* xii. 53.
Prova. cerne Lo vero, in che si fonda questa *prova* . . . . . . *Par.* xxvi. 36.
    la *prova* che il ver mi dischiude Son l' opere seguite . . . . *Par.* xxiv. 100.
    Della mondizia sol voler fa *prova* . . . . *Purg.* xxi. 61.
    e fammi *prova* Ch' io possa in te rifletter quel . . . . . . *Par.* ix. 20.
    Di sua bestialitate il suo processo Farà la *prova* . . . . . *Par.* xvii. 68.
    ogni abito destro Fatto averebbe in lui mirabil *prova* . . . *Purg.* xxx. 117.
    avrei paura, Senza più *prova*, di contarla solo . . . . . . *Inf.* xxviii. 114.
    senza *prova* d' alcun testimonio... si converrebbe . . . . . *Par.* xxix. 122.
    La terra che fe' già la lunga *prova*... si ritrova . . . . . . *Inf.* xxvii. 43.
    tu... Non sbigottir, ch' io vincerò la *prova* . . . . *Inf.* viii. 122.
    se fortuna trova Discorde a sè... fa mala *prova* . . . . . . *Par.* viii. 141.
    Chè ciascun dentro a *prova* si ricorse . . . . *Inf.* viii. 114.
Prova'. Un mese... *prova'* io come Pesa il gran manto . . . . . *Purg.* xix. 103.
Provando. m' avea scoperto, *Provando* e riprovando . . . . . . *Par.* iii. 3.
Provarsi. quel medesmo Che vuol *provarsi*... il ti giura . . . . . *Par.* xxiv. 105.
Prove. E di ciò sono al mondo aperte *prove* Parmenide . . . . *Par.* xiii. 124.
    non ho io pur *prove* Fisiche e metafisice . . . . *Par.* xxiv. 133.
    Fialte ha nome : e' fece le gran *prove* . . . . *Inf.* xxxi. 94.
Provedenza. Per che di *provedenza* è buon ch' io m' armi . . . *Par.* xvii. 109.
    Vedi **Provvidenza.**
Provenza. Pier... Onde Puglia e *Provenza* già si duole . . . . . *Purg.* vii. 126.
Provenzale. Mentre che la gran dote *Provenzale*... non tolse . . *Purg.* xx. 61.
Provenzali. Ma i *Provenzali* che fer contra lui . . . . *Par.* vi. 130.
Proverai. Tu *proverai* sì come sa di sale Lo pane altrui . . . . *Par.* xvii. 58.
Provi. *Provi* se sa ; chè tu qui rimarrai . . . . *Inf.* viii. 92.
    può diliberarti Esperienza, se giammai la *provi* . . . . . . *Par.* ii. 95.
Provide. Non della colpa... Ma del valore ch' ordinò e *provide* . *Par.* ix. 105.
Provincie. Italia... Non donna di *provincie*, ma bordello ! . . . *Purg.* vi. 78.
Provinzan. Quegli è, rispose, *Provinzan*[1] Salvani . . . . . . *Purg.* xi. 121.
Provvede. Ella *provvede*, giudica, e persegue Suo regno . . . . *Inf.* vii. 86.
1. **Provveder.** Chè veramente *provveder* bisogna Per lui . . . . *Par.* viii. 79.
2. **Provveder.** Se non vincesse il *provveder* divino . . . . . . *Par.* viii. 135.
    Or mira l' alto *provveder* divino, Chè l' uno e l' altro . . . *Par.* xxxii. 37.
Provvedimenti. che fai tanto sottili *Provvedimenti* . . . . *Purg.* vi. 143.
Provvedute. E non pur le nature *provvedute* Son . . . . *Par.* viii. 100.
Provveduto. Disposto cade a *provveduto* fine . . . . *Par.* viii. 104.
Provveggia. qui *provveggia*... la donna di Brabante . . . . . *Purg.* vi. 22.
    Che sempre par che innanzi si *provveggia* . . . . *Inf.* xxiv. 26.
Provvide. mi *provvide* La Donna mia del suo risponder chiaro . *Par.* xxviii. 85.
    Provvide alla milizia ch' era in forse, Per sola grazia . . . . *Par.* xii. 41.
    Perch' ei *provvide* a scalpitar lo suolo Con le sue schiere . . *Inf.* xiv. 34.
    Quell' avvocato... Del cui latino Augustin si *provvide* . . . *Par.* x. 120.
Provvidenza. fa esser virtute Sua *provvidenza* . . . . *Par.* viii. 99.
    La *provvidenza*, che cotanto assetta... fa il ciel . . . . . . *Par.* i. 121.
    La *provvidenza*, che governa il mondo Con quel consiglio . . *Par.* xi. 28.
    La *provvidenza*,[2] che quivi comparte Vice ed offizio . . . *Par.* xxvii. 16.
    Ma l' alta *provvidenza*, che con Scipio Difese a Roma . . *Par.* xxvii. 61.
    Chè l' alta *provvidenza*, che lor volle Porre ministri . . . . *Inf.* xxiii. 55.
    amore... Basta a seguir la *provvidenza* eterna . . . . . . *Par.* xxi. 75.
Prudenza. Regal *prudenza* e[3] quel vedere impari . . . . . . *Par.* xiii. 104.
Prun. ho veduto... Il *prun* mostrarsi rigido e feroce . . . . . *Par.* xiii. 134.
    Ciascuno al *prun* dell' ombra sua molesta . . . . *Inf.* xiii. 108.
Pruno. E colsi un ramicel[4] da un gran *pruno* . . . . *Inf.* xiii. 32.

---

[1] Provenzan.   [2] provedenza.   [3] è.   [4] ramuscel.

Pruno. la buona pianta, Che fu già vite, ed ora è fatta *pruno* . . *Par.* xxiv. 111.
*†Pruovo. Danne un de' tuoi, a cui noi siamo a *pruovo* . . . . . *Inf.* xii. 93.
Pubblico. L' uno al *pubblico* segno i gigli gialli Oppone . . . . *Par.* vi. 100.
Puccio. Ch' io non scorgessi ben *Puccio* Sciancato . . . . . . *Inf.* xxv. 148.
Pudica. la Barbagia... Nelle femmine sue è più *pudica* . . . . . *Purg.* xxiii. 95.
    Fiorenza... Si stava in pace, sobria e *pudica* . . . . *Par.* xv. 99.
    mandria... *Pudica* in faccia, e nell' andare onesta . . . . . *Purg.* iii. 87.
Pueril. perch' io sorrida... appresso il tuo *pueril* coto[1] . . . . *Par.* iii. 26.
Puerili. per li volti, Ed anco per le voci *puerili* . . . . *Par.* xxxii. 47.
Puerizia. Prima ch' io fuor di *puerizia* fosse . . . . *Purg.* xxx. 42.
    quai fur gli anni Che si segnaro in vostra *puerizia* . . . . . *Par.* xvi. 24.
Puesc. 'Qu' ieu no-m *puesc*, ni-m vueil a vos cobrire . . . . . . *Purg.* xxvi. 141.
Puglia. Pier... Onde *Puglia* e Provenza già si duole . . . . . . *Purg.* vii. 126.
    gente Che già in sulla fortunata terra Di *Puglia* . . . . . . *Inf.* xxviii. 9.
Pugliese. A Ceperan, là dove fu bugiardo Ciascun *Pugliese* . . . *Inf.* xxviii. 17.
1. Pugna. Sì com' ei fece alla *pugna* di Flegra . . . . *Inf.* xiv. 58.
2. Pugna. Prese la terra, e con piene le *pugna* La gittò . . . *Inf.* vi. 26.
3. Pugna. Quando noi fummo dove la rugiada *Pugna* col sole . . *Purg.* i. 122.
    Contra miglior voler voler mal *pugna* . . . . *Purg.* xx. 1.
    cane... Che solo a divorarlo intende e *pugna* . . . . *Inf.* vi. 30.
Pugnar. Che i tre ai[2] tre *pugnar* per lui ancora . . · . . . . . *Par.* vi. 39.
    Sì ch' a *pugnar*, per accender la fede... fero scudo . . . . . *Par.* xxix. 113.
Pugne. E tanto più dolor, che *pugne* a guaio . . . . *Inf.* v. 3.
Pugno. Questi risurgeranno del sepulcro Col *pugno* chiuso . . . *Inf.* vii. 57.
    E l' un di lor... Col *pugno* gli percosse l' epa croia . . . . *Inf.* xxx. 102.
Pulcelle. larghezza Che fece Niccolao alle *pulcelle* . . . . . . *Purg.* xx. 32.
Pulci. cani... quando son morsi O da *pulci* o da mosche . . . *Inf.* xvii. 51.
*Pulcro. Mal dare e mal tener lo mondo *pulcro* Ha tolto loro . . *Inf.* vii. 58.
Pulito. Bianco marmo era sì *pulito* e terso, Ch' io mi specchiai . *Purg.* ix. 95.
Pullular. E fanno *pullular* quest' acqua al summo . . . . *Inf.* vii. 119.
*Punga. Pure a noi converrà vincer la *punga* . . . . *Inf.* ix. 7.
Punge. La divina giustizia di qua *punge* Quell' Attila . . . . *Inf.* xii. 133.
    Era già l' ora... che lo nuovo peregrin d' amore *Punge* . . . *Purg.* viii. 5.
Pungelli. Achitofel non fe' più... co' malvagi *pungelli* . . . . *Inf.* xxviii. 138.
Pungenti. Ma che ti mena a sì *pungenti* salse? . . . . *Inf.* xviii. 51.
Punger. Non *punger* bestie, non che membra umane . . . . . . *Inf.* xxx. 24.
    Certo non ti dovrien *punger* gli strali D' ammirazione . . . *Par.* ii. 55.
Pungi. Però alquanto più te stesso *pungi* . . . . *Inf.* xxxi. 27.
Pungiami. Mi travagliava, e *pungiami* la fretta . . . . *Purg.* xxi. 4.
Punio. Bramò Colui che il morso in sè *punio* . . . . *Purg.* xxxiii. 63.
Punir. Poi che i vicini a te *punir* son lenti . . . . *Inf.* xxxiii. 81.
    s' infutura... Vie più là che il *punir* di lor perfidie . . . . *Par.* vii. 99.
Punisce. giustizia *Punisce* i falsator che qui registra . . . . . *Inf.* xxix. 57.
Punita. questa dismisura Migliaia di lunari hanno *punita* . . . *Purg.* xxii. 36.
    Or, come vedi, qui ne son *punita* . . . . *Purg.* xix. 114.
    Come giusta vendetta giustamente *Punita*[3] fosse . . . . . . *Par.* vii. 21.
Puniti. Perchè non dentro dalla città roggia Son ei *puniti*? . . . *Inf.* xi. 74.
Punito. che non s' ammorza La tua superbia, se' tu più *punito* . *Inf.* xiv. 64.
    Però ti sta, chè tu se' ben *punito* . . . . *Inf.* xix. 97.
Punse. Quella... È colei che l' aperse e che la *punse* . . . . . *Par.* xxxii. 6.
    E Cesare... *Punse* Marsilia, e poi corse in Ispagna . . . . *Purg.* xviii. 102.
    Di penter sì mi *punse* ivi l' ortica . . . . *Purg.* xxxi. 85.
Punta. l' acuta *punta* mosse Di qua, di là . . . . *Inf.* xxvii. 59.
    forca Che, a guisa di scorpion, la *punta* armava . . . . . *Inf.* xvii. 27.

---

[1] quoto.   [2] a.   [3] *Vengiata*.

Punta.	quel corno, Che si comincia in *punta* dello stelo	*Par.* xiii. 11.
	Ma poscia ch' ebber colto lor viaggio Su per la *punta*	*Inf.* xxvii. 17.
	Volgendo suo parlare a me per *punta*... Ricominciò	*Purg.* xxxi. 2.
	Io stava come quei che in sè repreme La *punta* del disio	*Par.* xxii. 26.
	E in su la *punta* della rotta lacca... era distesa	*Inf.* xii. 11.
	Noi pur venimmo alfine in sulla *punta* Onde... si scoscende	*Inf.* xxiv. 41.
Punte.	Tal era lì da' calcagni alle *punte*	*Inf.* xix. 30.
	spade affocate, Tronche e private delle *punte* sue	*Purg.* viii. 27.
	ebbi rotta la persona Di due *punte* mortali	*Purg.* iii. 119.
	chi fusti, che per tante *punte* Soffi... doloroso sermo?	*Inf.* xiii. 137.
Punti.	i campion... Prima che sien tra lor battuti e *punti*	*Inf.* xvi. 24.
	l' abbaia, Quando vengono a' due *punti* del cerchio	*Inf.* vii. 44.
	Tenta costui dei *punti* lievi e gravi, Come ti piace	*Par.* xxiv. 37.
	Gli altri due *punti*, che non per sapere Son domandati	*Par.* xxv. 58.
1. Punto.	Per l' affocato amore, ond' egli è *punto*	*Par.* xxviii. 45.
	Uomo sì duro, che non fosse *punto* Per compassion	*Purg.* xiii. 53.
2. Punto.	nel cerchio minore, ov' è il *punto* Dell' universo	*Inf.* xi. 64.
	non vede Qual è quel *punto* ch' io avea passato	*Inf.* xxxiv. 93.
	Casual *punto* non puote aver sito, Se non come tristizia	*Par.* xxxii. 53.
	danza, Che circulava il *punto* dov' io era	*Par.* xiii. 21.
	mirando il *punto* A cui tutti li tempi son presenti	*Par.* xvii. 17.
	Quando mi volsi, tu passasti il *punto* Al qual si traggon	*Inf.* xxxiv. 110.
	Un *punto* vidi che raggiava lume Acuto sì	*Par.* xxviii. 16.
	Se fosse a *punto* la cera dedutta... La luce... parrebbe	*Par.* xiii. 73.
	Fatti sicur, chè noi siamo a buon *punto*	*Purg.* ix. 47.
	di coro in coro Al *punto* fisso che li tiene all' ubi	*Par.* xxviii. 95.
	seguono... Per simigliàrsi al *punto* quanto ponno	*Par.* xxviii. 101.
	Venimmo al *punto* dove si digrada	*Inf.* vi. 114.
	lude Sempre dintorno al *punto* che mi vinse	*Par.* xxx. 11.
	Forse cotanto... Distante intorno al *punto*... si girava	*Par.* xxviii. 25.
	tornavan... Da ogni mano all' opposito *punto*	*Inf.* vii. 32.
	coperchia Jerusalem col suo più alto *punto*	*Purg.* ii. 3.
	La Donna mia... disse: da quel *punto* Depende il cielo	*Par.* xxviii. 41.
	Quant' è dal *punto* che il zenit inlibra[1]	*Par.* xxix. 4.
	ne lo *Punto* del cerchio, in che avanti s' era	*Par.* xi. 14.
	riguardando Fisso nel *punto* che m' aveva vinto	*Par.* xxix. 9.
	Un *punto* solo m' è maggior letargo Che venticinque	*Par.* xxxiii. 94.
	Insieme a *punto* ed a voler quetarsi	*Par.* xii. 25.
	Fino a quel *punto* misera e partita Da Dio anima fui	*Purg.* xix. 112.
	tutta morta Fia nostra conoscenza da quel *punto*	*Inf.* x. 107.
	Perchè foco d' amor compia in un *punto* Ciò	*Purg.* vi. 38.
	Tant' era pien di sonno in su quel *punto*	*Inf.* i. 11.
	Ed in quel *punto* questa vecchia roccia... fece riverso	*Inf.* xii. 44.
	Dove[2] in un *punto* furon dritte ratto Tre furie	*Inf.* ix. 37.
	Fermò le piante a terra, ed in un *punto* Saltò	*Inf.* xxii. 122.
	quel che intesi Nel primo *punto* che di te mi dolve	*Inf.* ii. 51.
	qual... S' arresta *punto*, giace poi cent' anni	*Inf.* xv. 38.
	per tutto quell' assalto *Punto* non fu da me guardare sciolta	*Purg.* viii. 111.
	Qui farem *punto*, come buon sartore Che... fa la gonna	*Par.* xxxii. 140.
	Ma solo un *punto* fu quel che ci vinse	*Inf.* v. 132.
	e diede il *punto* con Calcanta In Aulide a tagliar	*Inf.* xx. 110.
	quest' è tal *punto* Che più savio di te fe' già errante	*Purg.* xxv. 62.
	E là dov' io fermai cotesto *punto*, Non si ammendava	*Purg.* vi. 40.
	A questo *punto* voglio che tu pense Che la forza	*Par.* iv. 106.

[1] che li tiene in libra.   [2] Ove.

Punto. Più che giammai da *punto* di suo tema Suprato fosse	. .	*Par.* xxx. 23.
Tu se' omai del maggior *punto* certo	. .	*Par.* v. 34.
Tanto poss' io di quel *punto* ridire	. .	*Par.* xviii. 13.
Punton. Sette P... mi descrisse Col *punton* della spada	. . . .	*Purg.* ix. 113.
Puntura. se ne piagne Per la *puntura* della rimembranza	. .	*Purg.* xii. 20.
Può. Grazia da quella che *può*[1] aiutarti	. .	*Par.* xxxii. 148.
più oltre andar per questo Iscoglio non si *può*	. .	*Inf.* xxi. 107.
il tuo cor, quantunque *può*, giocondo S' appresenti	. .	*Par.* xxii. 130.
Ch' assolver non si *può*, chi non si pente	. .	*Inf.* xxvii. 118.
là ove dici Che aver si *può* diletto dimorando	. .	*Purg.* vii. 63.
Chè quel *può* surgere, e quel *può* cadere	. .	*Par.* xiii. 142.
chi ad altro pensa Chiamar si *può* veracemente[2] probo	. . .	*Par.* xxii. 138.
Questi *può* dar di quel che qui si brama	. .	*Inf.* xxxi. 125.
Da questa instanzia *può* diliberarti Esperienza	. .	*Par.* ii. 94.
Chè mal *può* dir chi è pien d' altra voglia	. .	*Purg.* xxiii. 60.
la sua chiarezza Sola ti *può* disporre a veder Cristo	. . .	*Par.* xxxii. 87.
Esser non *può* cagion di mal diletto	. .	*Purg.* xvii. 99.
E ciò esser non *può*, se gl' intelletti... non son manchi	. . .	*Par.* viii. 109.
Qui *può* esser tormento, ma non morte	. .	*Purg.* xxvii. 21.
Facciangli onore, ed esser *può* lor caro	. .	*Purg.* v. 36.
ma il venir e il sermone Più lungo esser non *può*	. .	*Inf.* xv. 116.
notte... Quant' esser *può* di nuvol tenebrata	. .	*Purg.* xvi. 3.
leggiadria, Quanta esser *può*[1] in Angelo ed in alma	. . .	*Par.* xxxii. 110.
Non *può* da[3] sua natura esser possente Tanto	. .	*Par.* xix. 55.
Com' esser *può*, Quei sa che sì governa	. .	*Inf.* xxviii. 126.
Non per avere a sè di bene acquisto, Ch' esser non *può*	. .	*Par.* xxix. 14.
E *può* egli esser, se giù non si vive Diversamente?	. . .	*Par.* viii. 118.
Nessun riparo vi *può* far la gente	. .	*Inf.* xxxi. 57.
E cominciai: come si *può* far magro Là dove l' uopo?	. . .	*Purg.* xxv. 20.
offizio adempie Che non si *può* fornir per la veduta	. .	*Purg.* xii. 132.
intender non si *può* diviso... alcuno esser dal primo	. . .	*Purg.* xvii. 109.
Nell' ora che non *può* il calor diurno Intepidar	. .	*Purg.* xix. 1.
al peggio, Oltra la gran sentenza non *può* ire	. .	*Purg.* x. 111.
si profonda tanto, Che retro la memoria non *può* ire	. .	*Par.* i. 9.
Ciò che non more, e ciò che *può* morire, Non è se non	. .	*Par.* xiii. 52.
Più mover non mi *può* per quella legge Che fatta fu	. .	*Purg.* i. 89.
in tempra Ed in dolcezza, ch' esser non *può* nota	. .	*Par.* x. 147.
Or *può* sicuramente indi passarsi Per qualunque lasciasse	.	*Purg.* xvi. 118.
è buon... Quantunque *può* ciascun, pinger sua barca	. .	*Purg.* xii. 6.
Ma per la mente che non *può* reddire Sopra sè tanto	. .	*Par.* xviii. 11.
Ancor ti *può* nel mondo render fama	. .	*Inf.* xxxi. 127.
vuoi saper, se... Per manco voto, si *può* render tanto	. .	*Par.* v. 14.
cose che ridire Nè sa, nè *può* chi[4] di lassù discende	. .	*Par.* i. 6.
il pastor... Ruminar *può*, ma non ha l' unghie fesse	. .	*Purg.* vi. 99.
Satisfar non si *può* con altra spesa	. .	*Purg.* v. 63.
Io vo' saper se l' uom *può* satisfarvi Ai voti manchi	. .	*Par.* iv. 136.
e veggi sua dottrina Come *può* seguitar la mia parola	. .	*Purg.* xxxiii. 87.
folle Sì, che non *può* soffrir dentro a sua meta	. .	*Par.* xix. 123.
fa letizia, Perchè *può* sostener che non si spezza	. .	*Par.* xvi. 21.
Ciò che in grembo a Benaco star non *può*	. .	*Inf.* xx. 74.
Chè quel *può* surgere, e quel *può* cadere	. .	*Par.* xiii. 142.
tanto chiaro, Che Lete nol *può* tor, nè farlo bigio	. .	*Purg.* xxvi. 108.
non temer, chè il nostro passo Non ci *può* torre alcun	. .	*Inf.* viii. 105.
non *può* dalla salute Amor del suo suggetto torcer[5] viso	. .	*Purg.* xvii. 106.

[1] puote.   [2] puote veramente.   [3] di.   [4] qual.   [5] volger.

Può. inferma, Che non *può* trovar posa in sulle piume . . . . . *Purg.* vi. 150.
La frode... *Può* l' uomo usare in colui che 'n lui[1] fida . . . . *Inf.* xi. 53.
mi fa chiaro... Come uscir *può* di dolce seme amaro . . . . *Par.* viii. 93.
quel che il mondo Veder non *può* della divina grazia . . . . *Par.* xx. 71.
la sua quiditate Veder non *può*,[2] se altri non la prome . . . *Par.* xx. 93.
tanto, Quanto veder si *può* per quell' ospizio . . . . *Purg.* xx. 23.
E sì come veder si *può* cadere Foco di nube . . . . *Par.* i. 133.
Quinci si *può* veder come si fonda L' esser beato . . . . . *Par.* xxviii. 109.
Ma non *può* tutto la virtù che vuole . . . . *Purg.* xxi. 105.
Onde riguarda, come *può* laggiùe Quel che non puote . . . *Par.* xxi. 101.
Puoi. Sì che, se *puoi*, nascosamente accaffi . . . . *Inf.* xxi. 54.
Ben te ne *puoi* accorger per li volti . . . . *Par.* xxxii. 46.
Seder ti *puoi* e *puoi* andar tra elli . . . . *Purg.* xxvii. 138.
E quinci *puoi* argomentare ancora Vostra resurrezion . . . *Par.* vii. 145.
ne darà consiglio, Se tu da te medesmo aver nol *puoi* . . . *Purg.* iii. 63.
Ed ei surgendo: or *puoi* la quantitate Comprender . . . . . *Purg.* xxi. 133.
Però comprender *puoi*, che tutta morta Fia nostra conoscenza*Inf.* x. 106.
Quinci comprender *puoi* ch' esser conviene Amor sementa . *Par.* xvii. 103.
dintorno a questo consistorio *Puoi* contemplare assai . . . . *Par.* xxix. 68.
Ma se tu sai e *puoi*, alcuno indizio Dà noi . . . . *Purg.* vii. 37.
Ben *puoi* tu dire: i' ho fermo il disiro Sì a colui . . . . . *Par.* xviii. 133.
e dinne, se tu *puoi*, S' alcuna mai... si spiega . . . . . . *Inf.* xiii. 89.
qual segue lui... Discerner *puoi* che buone merce carca . . . *Par.* xi. 123.
Fiorenza mia, ben *puoi* esser contenta Di questa digression . *Purg.* vi. 127.
se tu segui tua stella, Non *puoi* fallire al[3] glorioso porto . . *Inf.* xv. 56.
Vedi oramai se tu mi *puoi* far lieto, Rivelando . . . . . *Purg.* iii. 142.
O qual che se'... Comincia' io a dir, se *puoi*, fa motto . . *Inf.* xix. 48.
fa, se tu *puoi*, Che tu sappi chi è lo sciagurato . . . . . . *Inf.* xxii. 43.
O avarizia, che *puoi* tu più farne? . . . . *Purg.* xx. 82.
quanto *puoi* Al mio parlar distrettamente fisso . . . . . . *Par.* vii. 95.
Omai *puoi* giudicar di quei cotali, Ch' io accusai . . . . . *Par.* vi. 97.
Però quel che non *puoi* avere inteso... Udirai . . . . *Inf.* xxxiii. 19.
Come t' avrebbe trasmutato... mo pensar lo *puoi* . . . . . *Par.* xxii. 11.
E, se tu ricordar non te ne *puoi*, Sorridendo rispose . . . . *Purg.* xxxiii. 94.
e così stolto Ritrovar *puoi* lo gran duca dei Greci . . . . . *Par.* v. 69.
Ben *puoi* saper omai che il suo dir suona . . . . *Inf.* iii. 129.
su per le... onde Già *puoi* scorger quello che s' aspetta . . . *Inf.* viii. 11.
Già scorger *puoi* come ciascun si picchia . . . . *Purg.* x. 120.
Seder ti *puoi* e *puoi* andar tra elli . . . . *Purg.* xxvii. 138.
i sospiri Che per lo monte aver sentiti *puoi* . . . . *Purg.* xxv. 105.
Lo Duca... Disse: che hai, che non ti *puoi* tenere? . . . . *Purg.* xv. 120.
Or *puoi*, figliuol, veder la corta buffa De' ben . . . . . . *Inf.* vii. 61.
Ben *puoi* veder che la mala condotta È la cagion . . . . . *Purg.* xvi. 103.
Ben *puoi* veder perch' io così ragiono . . . . *Purg.* xix. 138.
Puoi tu veder così di soglia in soglia Giù digradar . . . . *Par.* xxxii. 13.
Ancor ti prego, Regina, che *puoi* Ciò che tu vuoli . . . . *Par.* xxxiii. 34.
Puollo. Posasi... Tosto che giunto l' ha; e giugner *puollo* . . . *Par.* iv. 128.
Puommi. Escusar *puommi* di quel ch' io m' accuso . . . . . *Par.* xiv. 136.
***Puone.** A Dio, a sè, al prossimo si *puone* Far forza . . . . . *Inf.* xi. 31.
Puossi. Ma creder *puossi*, e di veder si brami . . . . *Par.* x. 45.
Puossi far forza nella Deitade, Col cor negando . . . . . *Inf.* xi. 46.
Nè pentere e volere insieme *puossi*, Per la contraddizion . . *Inf.* xxvii. 119.
Dunque che render *puossi* per ristoro? . . . . *Par.* v. 31.
pianger matura Quel senza il quale a Dio tornar non *puossi* . *Purg.* xix. 92.

---

[1] che si.   [2] puote.   [3] a.

Puot'. E come... Omai a te *puot'* esser manifesto . . . . *Par.* xxvii. 120.
Puote. come quei che *puote* Avesse il ciel... adorno . . . . . . *Par.* i. 62.
    Grazia da quella che *puote*[1] aiutarti . . . . *Par.* xxxii. 148.
    dichina il giorno, Ed andar su di notte non si *puote* . . . *Purg.* vii. 44.
    Or ti *puote* apparer quant' è nascosa La veritade . . . . . . *Purg.* xviii. 34.
    Casual punto non *puote* aver sito, Se non come tristizia . . *Par.* xxxii. 53.
    Null' altra pianta che facesse fronda... vi *puote* aver vita . . *Purg.* i. 104.
    Puote uomo avere in sè man violenta E ne' suoi beni . . . . *Inf.* xi. 40.
    quella banda Della cornice, onde cader si *puote* . . . . . . *Purg.* xiii. 80.
    chi ad altro pensa Chiamar si *puote* veramente[2] probo . . . *Par.* xxii. 138.
    Ciò che il mio dir più dichiarar non *puote* . . . . *Purg.* xxiv. 90.
    Che non si *puote* dir dell' altre erede . . . . *Purg.* vii. 118.
    Di qua che dire e far per lor si *puote* Da quei ? . . . . *Purg.* xi. 32.
    luce... Che *puote* disnebbiar vostro intelletto . . . . *Purg.* xxviii. 81.
    Ma l' altro *puote* errar per malo obbietto . . . . *Purg.* xvii. 95.
    Vivo son io, e caro esser ti *puote*, Fu mia risposta . . . . . *Inf.* xxxii. 91.
    sì che nulla Voglia di sè a te *puote* esser fuia . . . . . . *Par.* ix. 75.
    quella voglia, A cui non *puote* il fin mai esser mozzo . . . . *Inf.* ix. 95.
    L' altra... *Puote* bene esser tal, che non si falla . . . . . . *Par.* v. 53.
    Com' esser *puote* che un ben distributo... faccia più ricchi ? . *Purg.* xv. 61.
    ed esser *puote* Con intenzion da non esser derisa . . . . . . *Par.* iv. 56.
    leggiadria, Quanta esser *puote*[1] in Angelo ed in alma . . . . *Par.* xxxii. 110.
    s' esser *puote*, io vorrei Che dello ismisurato Briareo . . . . *Inf.* xxxi. 97.
    Esser non *puote* il mio che a te si neghi . . . . *Purg.* i. 57.
    esser non *puote* Che per diversi salti non si spanda . . . . . *Par.* xi. 125.
    esser non *puote* Senza gustar di lui chi ciò rimira . . . . . *Par.* x. 5.
    Di quel... Esserci *puote*, e non d' altro, cagione . . . . . . *Purg.* xxi. 45.
    penetrante... Sì, che nulla le *puote* essere ostante . . . . . *Par.* xxxi. 24.
    O se del mezzo cerchio far si *puote* Triangol sì . . . . *Par.* xiii. 101.
    Ma, perchè *puote* vostro accorgimento Ben penetrare . . . . *Par.* iv. 70.
    Ma quei che vede e *puote*, a ciò risponda . . . . *Par.* iv. 123.
    troverai... Che l' arte vostra quella, quanto *puote*, Segue . *Inf.* xi. 103.
    E così *puote* star con quel che credi Del primo padre . . . *Par.* xiii. 110.
    addolcisce... In noi l' affetto sì, che non si *puote* Torcer . *Par.* vi. 122.
    Ma nel mondo sensibile si *puote* Veder le volte . . . . . . *Par.* xxviii. 49.
    la sua quiditate Veder non *puote*,[1] s' altri non la promi . . *Par.* xx. 93.
    Quel che non *puote*, perchè il ciel l' assuma . . . . *Par.* xxi. 102.
    E la percossa pianta tanto *puote*, Che... l' aura impregna . . *Purg.* xxviii. 109.
    Vuolsi così colà, dove si *puote* Ciò che si vuole . . . . . . *Inf.* iii. 95; v. 23.
    Sardanapalo A mostrar ciò che in camera si *puote* . . . . . *Par.* xv. 108.
Pupilla. Colui che luce in mezzo per *pupilla* Fu il cantor . . . *Par.* xx. 37.
    per lo corpo luce, Come letizia per *pupilla* viva . . . . . . *Par.* ii. 144.
Pupille. perla... Non vien men tosto[3] alle nostre *pupille* . . . *Par.* iii. 15.
Pur ; pure. *Sovente.*
Pura. la cittadinanza... *Pura* vedeasi nell' ultimo artista . . . . *Par.* xvi. 51.
    E quello... Cui men distava la favilla *pura* . . . . *Par.* xxviii. 38.
    fuore Del maggior corpo al ciel, ch' è *pura* luce . . . . . . *Par.* xxx. 39.
    Come in peschiera, ch' è tranquilla e *pura*, Traggonsi . . . *Par.* v. 100.
    Pura potenza tenne la parte ima . . . . *Par.* xxix. 34.
    l' uom francheggia Sotto l' asbergo del sentirsi *pura* . . . *Inf.* xxviii. 117.
    veggi *pura* La verità che laggiù si confonde . . . . *Par.* xxix. 73.
    Nel monte... Fu' io, con vita *pura*, e disonesta . . . . . . *Par.* xxvi. 140.
Purchè. Vuole andar su, *purchè* il sol ne riluca . . . . *Purg.* xviii. 110.
Purette. Forma e materia congiunte e *purette* Usciro . . . . . . *Par.* xxix. 22.

---

[1] *può.*   [2] *può veracemente.*   [3] forte.

Purga. Dal Torso fu, e *purga* per digiuno L' anguille . . . . . *Purg.* xxiv. 23.
    quale offensione Si *purga* qui nel giro, dove semo? . . . . *Purg.* xvii. 83.
    Per che si *purga* e risolve la roffia Che pria turbava . . . . *Par.* xxviii. 82.
    quel secondo regno, Dove l' umano spirito si *purga* . . . . *Purg.* i. 5.
Purgan. quegli spirti Che *purgan* sè sotto la tua balìa . . . . . *Purg.* i. 66.
Purgando. andavan... *Purgando* le caligini del mondo . . . . . *Purg.* xi. 30.
Purgar. Perch'[1] io possa *purgar* le gravi offese . . . . *Purg.* v. 72.
Purgarmi. son tra quella gente stato... per *purgarmi* . . . . . *Purg.* xxii. 53.
Purgatorio. Là dove *Purgatorio* ha dritto inizio . . . . *Purg.* vii. 39.
    Tu se' omai al *Purgatorio* giunto . . . . *Purg.* ix. 49.
Purgazion. In *purgazion* dell' anime converse . . . . *Purg.* xix. 116.
Purgherò. E *purgherò* la nebbia che ti fiede . . . . *Purg.* xxviii. 90.
Purgo. Son Guido Guinizelli, e già mi *purgo* . . . . *Purg.* xxvi. 92.
Puri. Quale per li seren tranquilli e *puri* Discorre... foco . . . . *Par.* xv. 13.
Puro. s' accoglieva nel sereno aspetto Dell' aer *puro* . . . . . . *Purg.* i. 15.
    Questo ne tolse gli occhi e l' aer *puro* . . . . *Purg.* xv. 145.
    si mira Con occhio chiaro e con affetto *puro* . . . . *Par.* vi. 87.
    E *puro* argento son le braccia e il petto . . . . *Inf.* xiv. 107.
    e quelle furon cima... in che *puro* atto fu produtto . . . . . *Par.* xxix. 33.
    Io ritornai... *Puro* e disposto a salire alle stelle . . . . . *Purg.* xxxiii. 145.
    Come a raggio di sol, che *puro* mei Per fratta nube . . . . *Par.* xxiii. 79.
    ma non però che *puro* Giammai rimanga... testimonio . . . *Purg.* xiv. 119.
Pusillo. mercede, Ch' ei meritò[2] nel suo farsi *pusillo* . . . . . *Par.* xi. 111.
Pute. *Pute* la terra che questo riceve . . . . *Inf.* vi. 12.
Putta. superba Fu a quel tempo, sì com' ora è *putta* . . . . . *Purg.* xi. 114.
Puttana. Taide[3] è la *puttana*, che rispose Al drudo suo . . . *Inf.* xviii. 133.
    Seder sopr' esso una *puttana* sciolta M' apparve . . . . . . *Purg.* xxxii. 149.
    mi fece scudo Alla *puttana* ed alla nuova belva . . . . . . *Purg.* xxxii. 160.
Puttaneggiar. *Puttaneggiar* co' regi a lui fu vista . . . . . . *Inf.* xix. 108.
Putti. dall' ospizio Di Cesare non torse gli occhi *putti* . . . . *Inf.* xiii. 65.
Puzza. Fatto ha... cloaca Del sangue e della *puzza* . . . . . *Par.* xxvii. 26.
Puzzo. Tal era quivi, e tal *puzzo* n' usciva, Qual suol venir[4] . *Inf.* xxix. 50.
    non sofferse Da indi il *puzzo* più del paganesmo . . . . . . *Par.* xx. 125.
    e sostener lo *puzzo* Del villan d' Aguglion . . . . *Par.* xvi. 55.
    Questa palude, che il gran *puzzo* spira, Cinge d' intorno . . *Inf.* ix. 31.
    Quel mi svegliò col *puzzo* che n' uscia . . . . *Purg.* xix. 33.
    soperchio Del *puzzo*, che il profondo abisso gitta . . . . . *Inf.* xi. 5.

Qu'. *Qu'* ieu no-m puesc, ni-m vueil a vos cobrire . . . . . . *Purg.* xxvi. 141.
    E vei iauzen la ioi *qu'* esper, denan . . . . *Purg.* xxvi. 144.
Qua. *Sovente.*
Qua'. Alle *qua'* poi se tu vorrai salire . . . . *Inf.* i. 121.
Quaderno. etade Ch' era sicuro il *quaderno* e la doga . . . . *Purg.* xii. 105.
    fuor del *quaderno* Della vostra materia non si stende . . . *Par.* xvii. 37.
Quadra. Come il sol muta *quadra*, l'[5] ora sesta . . . . *Par.* xxvi. 142.
Quadrante. più assai, Che da mezzo *quadrante* a centro lista . . *Purg.* iv. 42.
Quadranti. segno, Che fan giunture di *quadranti* in tondo . . *Par.* xiv. 102.
Quadrel. in tanto, in quanto un *quadrel* posa, E vola . . . . . *Par.* ii. 23.
Quae. Non decimas *quae* sunt pauperum Dei, Addomandò . . . *Par.* xii. 93.
Quaggiù. Io non lo intesi, nè *quaggiù*[6] si canta L' inno . . . . . *Purg.* xxxii. 61.
    Or discendiam *quaggiù* nel cieco mondo, Cominciò il Poeta . *Inf.* iv. 13.
    l' altra fiata Ch' i' discesi *quaggiù* nel basso Inferno . . . *Inf.* xii. 35.
    O santo Padre, che per me comporte L' esser *quaggiù* . . . *Par.* xxxii. 101.
    Se gloriar di te la gente fai *Quaggiù* . . . . *Par.* xvi. 3.

[1] *Pur, ch'*.   [2] egli acquistò.   [3] Taida.   [4] suole uscir.   [5] all'.   [6] *e qui non*.

QUAGGIÙ — QUANDO

Quaggiù. Nè mai *quaggiù* dove si monta... fu sì ratto moto . . . *Par.* xxii. 103.
Ver' è ch' altra fiata *quaggiù* fui, Congiurato . . . . *Inf.* ix. 22.
O trina luce... Guarda *quaggiù*[1] alla nostra procella ! . . . . *Par.* xxxi. 30.
qual fortuna... Anzi l' ultimo dì *quaggiù* ti mena ? . . . . . *Inf.* xv. 47.
convien menarlo Per l' Inferno *quaggiù* di giro in giro . . . *Inf.* xxviii. 50.
Questo triforme amor *quaggiù* disotto Si piange . . . . . . *Purg.* xvii. 124.
E domanda qual colpa *quaggiù* il pinse . . . . *Inf.* xxiv. 128.
Chè nel cielo uno, ed un *quaggiù* la pone . . . . *Purg.* xvi. 63.
sarebbe in vano, E quasi ogni potenza *quaggiù* morta . . . . *Par.* x. 18.
arche... che foro A seminar *quaggiù* buone bobolce . . . . . *Par.* xxiii. 132.
Quaggiù m' hanno sommerso le lusinghe . . . . *Inf.* xviii. 125.
l' angoscia delle genti, Che son *quaggiù*, nel viso mi dipigne . *Inf.* iv. 20.
Non è *quaggiù*[1] ogni vapore spento ? . . . . *Inf.* xxxiii. 105.
Qualunque melodia più dolce suona *Quaggiù* . . . . *Par.* xxiii. 98.
non ti sarà noto Tenendo gli occhi pur *quaggiù*[1] al fondo . . *Par.* xxxi. 114.
Venni *quaggiù* dal mio beato scanno, Fidandomi . . . . . . *Inf.* ii. 112.
I' non so chi tu sei, nè per che modo Venuto se' *quaggiù* . . *Inf.* xxxiii. 11.
stella, Che lassù vince, come *quaggiù* vinse . . . . *Par.* xxiii. 93.
si creda Le condizion di *quaggiù* trasmutarsi . . . . *Purg.* xx. 14.
Ed altri sin *quaggiù* di giro in giro . . . . *Par.* xxxii. 36.
Quaggiuso. Dello scender *quaggiuso* in questo centro . . . . . *Inf.* ii. 83.
Vedi **Quaggiù.**
Quai; qual. *Sovente.*
Qual'. *Qual'* il falcon ch' uscendo[2] del cappello Muove . . . . . *Par.* xix. 34.
Qualche. se tu tronchi *Qualche* fraschetta d' una d' este piante . *Inf.* xiii. 29.
Quale; quali. *Sovente.*
effetto Che uscir dovea di lui, e il chi e il *quale* . . . . . . *Inf.* ii. 18.
E vidi il buono accoglitor del *quale*, Dioscoride . . . . . *Inf.* iv. 139.
mi dipinse Il *quale* e il quanto della viva stella . . . . . . *Par.* xxiii. 92.
prendeva Il quanto e il *quale* di quella allegrezza . . . . . *Par.* xxx. 120.
Lumi, li quali nel *quale* e nel quanto Notar si posson . . . *Par.* ii. 65.
Qualità. Regola e *qualità* mai non l' è nuova . . . . *Inf.* vi. 9.
Qualunque. divora... Qualunque cibo per *qualunque* luna . . . . *Par.* xxvii. 132.
Però *qualunque* cosa tanto pesa Per suo valor . . . . . . *Par.* v. 61.
discerno meglio Che tu *qualunque* cosa t' è più certa . . . *Par.* xxvi. 105.
Qualunque melodia più dolce suona Quaggiù . . . . . . *Par.* xxiii. 97.
Venne... Prendendo il cibo di *qualunque* ostello . . . . . *Par.* xxi. 129.
Qualunque in mare più giù s' abbandona . . . . *Par.* xxxi. 75.
Batte col remo *qualunque* s' adagia . . . . *Inf.* iii. 111.
dicendo: Anciderammi *qualunque* m' apprende . . . . . . *Purg.* xiv. 133.
dicea: Sappia, *qualunque* il mio nome domanda . . . . . *Purg.* xxvii. 100.
qualunque lasciasse, per vergogna, Di ragionar coi buoni . . *Purg.* xvi. 119.
ch' ei senta Qualunque passa com' ei pesa pria . . . . . *Inf.* xxiii. 120.
qualunque del nome Dell' alto Bellincion ha poscia preso . . *Par.* xvi. 98.
Qualunque priva sè del vostro mondo Biscazza e fonde . . . *Inf.* xi. 43.
Qualunque ruba quella, o quella schianta... offende . . . . . *Purg.* xxxiii. 58.
nel cerchio minore... Qualunque trade... è consunto . . . *Inf.* xi. 66.
giacea un draco, E quello affoca *qualunque* s' intoppa . . . *Inf.* xxv. 24.
Quand'; quando. *Sovente.*
soccorrien... Quando a' vapori, e *quando* al caldo suole . . *Inf.* xvii. 48.
Quando con trombe, e *quando* con campane . . . . *Inf.* xxii. 7.
Compartendo la vista a *quando* a *quando* . . . . *Purg.* xxv. 126.
Ma poco fu tra uno ed altro *quando* . . . . *Par.* xxiii. 16.
Ma quella, ond' io aspetto il come e il *quando* Del dire . . . *Par.* xxi. 46.

---

[1] quaggiuso.   [2] Quasi falcon ch' esce.

QUANDO 570 QUASI

Quando. l' ho visto Dove s' appunta ogni ubi ed ogni *quando* . . *Par.* xxix. 12.
Quandunque. *Quandunque* l' una d' este chiavi falla . . . . . . *Purg.* ix. 121.
    pare... *Quandunque* nel suo giro ben s' adocchi . . . . . . *Par.* xxviii. 15.
Quant'; quanta ; quante ; quanti. *Sovente.*
Quantitate. or puoi la *quantitate* Comprender dell' amor . . . . *Purg.* xxi. 133.
Quanto. *Sovente.*
    Benchè nel *quanto* tanto non si stenda La vista . . . . . . *Par.* ii. 103.
    mi dipinse Il quale e il *quanto* della viva stella . . . . . . *Par.* xxiii. 92.
    prendeva Il *quanto* e il quale di quella allegrezza . . . . . *Par.* xxx. 120.
    Lumi, li quali nel quale e nel *quanto* notar si posson . . . . *Par.* ii. 65.
Quantunque. *Quantunque* in creatura è di bontate . . . . *Par.* xxxiii. 21.
    Allora udii : se *quantunque* s' acquista Giù per dottrina . . *Par.* xxiv. 79.
    Quantunque alla natura umana lece Aver di lume . . . . *Par.* xiii. 43.
    Chè, *quantunque* la chiesa guarda, tutto È della gente . . . *Par.* xxii. 82.
    Nè *quantunque* perdè l' antica matre Valse . . . . *Purg.* xxx. 52.
    Per che *quantunque* questo arco saetta Disposto cade . . . *Par.* viii. 103.
    Chè per eterna legge è stabilito *Quantunque* vedi . . . . *Par.* xxxii. 56.
    Che *quantunque* io avea visto davante... non mi sospese . . *Par.* xxxii. 91.
    Sì che *quantunque* caità si estende, Cresce... valore . . . . *Purg.* xv. 71.
    è buon... *Quantunque* può ciascun, pinger sua barca . . . . *Purg.* xii. 6.
    Sì che il tuo cor, *quantunque* può, giocondo S' appresenti . . *Par.* xxii. 130.
    Poi mi farai, *quantunque* vorrai, fretta . . . . *Inf.* xxxii. 84.
    Cignesi... *Quantunque* gradi vuol che giù sia messa . . . . *Inf.* v. 12.
    non mi sarien chiuse Le tue cogitazion, *quantunque* parve . *Purg.* xv. 129.
Quare. E come e *quare* voglio che m' intenda . . . . *Inf.* xxvii. 72.
Quarnaro. Sì com' a Pola presso del *Quarnaro* . . . . . . *Inf.* ix. 113.
Quarta. Tal era quivi la *quarta* famiglia Dell' alto padre . . *Par.* x. 49.
    Così scendemmo nella *quarta* lacca, Prendendo più . . . *Inf.* vii. 16.
    il fe'... Alla *quarta* levar la poppa in suso . . . . *Inf.* xxvi. 140.
Quartana. colui, ch' ha sì presso il riprezzo Della *quartana* . . *Inf.* xvii. 86.
Quarto. Allor venimmo sull' argine *quarto* . . . . *Inf.* xix. 40.
    arco, Che dal *quarto* al quinto argine è tragetto . . . . . *Inf.* xix. 129.
    E questa tepidezza il *quarto* cerchio Cerchiar mi fe' . . . . *Purg.* xxii. 92.
    tepidezza... Cerchiar mi fe' più ch' al[1] *quarto* centesmo . . *Purg.* xxii. 93.
    E quel dal terzo, e il terzo poi dal *quarto* . . . . *Par.* xxviii. 29.
    Dal quinto il *quarto*, e poi dal sesto il quinto . . . . . . *Par.* xxviii. 30.
    Posciachè fummo al *quarto* dì venuti, Gaddo mi si gittò . . *Inf.* xxxiii. 67.
    domandai D' un *quarto* lume, ch' io vidi con noi . . . . . *Par.* xxvi. 81.
Quasi. solida e polita, *Quasi* adamante che lo sol ferisse . . . *Par.* ii. 33.
    e sì rimane *Quasi* alimento che di mensa leve . . . . . . *Purg.* xxv. 39.
    Eufrates e Tigri... *Quasi* amici dipartirsi pigri . . . . . . *Purg.* xxxiii. 114.
    Quasi ammiraglio, che in poppa ed in prora Viene . . . . *Purg.* xxx. 58.
    Allora il mio Signor, *quasi* ammirando... disse . . . . . *Purg.* vii. 61.
    e mi nasconde *Quasi* animal di sua seta fasciato . . . . . . *Par.* viii. 54.
    Così, *quasi* di valle andando a monte... vidi parte . . . . *Par.* xxxi. 121.
    riguardare in sue, *Quasi* aspettando pallido[2] ed umile . . *Purg.* viii. 24.
    Ed io, che avea lo cor quasi compunto, Dissi . . . . . . *Inf.* vii. 36.
    Quasi[3] conflati insieme per tal modo . . . . *Par.* xxxiii. 89.
    augelli... *Quasi* congratulando a lor pasture . . . . *Par.* xviii. 74.
    E *quasi* contentato si tacette . . . . *Purg.* xxiv. 63.
    tu esclame, Crucciato *quasi* all' umana natura . . . . . . *Purg.* xxii. 39.
    la mente nostra... Alle sue vision *quasi* è divina . . . . . *Purg.* ix. 18.
    Di che galla... Poi[4] siete *quasi* entomata[5] in difetto ? . . . *Purg.* x. 128.
    gridar... *Quasi* bramosi fantolini e vani, Che pregano . . . *Purg.* xxiv. 108.

[1] che il.   [2] pavido.   [3] Tutti.   [4] Voi.   [5] *antomata.*

| QUASI | 571 | QUATTRO |

Quasi. Fatto avea di là mane e di qua sera Tal foce *quasi* . . . *Par.* i. 44.
E, *quasi* velocissime faville, Mi si velar di... distanza . . . *Par.* vii. 8.
Questa è *quasi* legata, e quella è sciolta . . . . *Purg.* iv. 12.
Ed un di loro, *quasi* da ciel messo... Gridò tre volte . . . . *Purg.* xxx. 10.
Senti'mi presso *quasi* un mover d' ala, E ventarmi . . . . . *Purg.* xvii. 67.
Segue... Sì che vostr' arte a Dio *quasi* è nipote . . . . . . *Inf.* xi. 105.
nulla *quasi* Per me fatica andando si riceve . . . . *Purg.* xii. 119.
s' affissar Quelle anime... *Quasi* obbliando d' ire a farsi belle.*Purg.* ii. 75.
sarebbe in vano, E *quasi* ogni potenza quaggiù morta . . . *Par.* x. 18.
sì soavi, Che dal secreto suo *quasi* ogni uom tolsi . . . . . *Inf.* xiii. 61.
Ed avrà *quasi* l' ombra della vera Costellazion . . . . . . *Par.* xiii. 19.
E *quasi* mi perdei con gli occhi chini . . . . *Par.* iv. 142.
E *quasi* peregrin, che si ricrea Nel tempio del suo voto . . *Par.* xxxi. 43.
Quei due... Son d' esta rosa *quasi* due radici . . . . *Par.* xxxii. 120.
Sicura, *quasi* rocca in alto monte Seder... una puttana . . . *Purg.* xxxii. 148.
si mettean nei fiori, *Quasi* rubin che oro circonscrive . . *Par.* xxx. 66.
stanno... *Quasi* scornati, e risponder non sanno . . . . . . *Inf.* xix. 60.
quasi sdegnoso Mi dimandò : chi fur li maggior tui ? . . . . *Inf.* x. 41.
Pietà mi giunse, e fui *quasi* smarrito . . . . *Inf.* v. 72.
Vedea Nembrot appiè del gran lavoro, *Quasi* smarrito . . . *Purg.* xii. 35.
raggiare aduna, *Quasi* specchiato, in nove[1] sussistenze . . . *Par.* xiii. 59.
E *quasi* stupefatto domandai D' un quarto lume . . . . . . *Par.* xxvi. 80.
Nè prima *quasi* torpente si giacque . . . . *Par.* xxix. 19.
si mosse, *Quasi* torrente ch' alta vena preme . . . . *Par.* xii. 99.
Cotal son io, chè *quasi* tutta cessa Mia visione . . . . . . *Par.* xxxiii. 61.
Questo principio... torse Già tutto il mondo *quasi* . . . . *Par.* iv. 62.
cen portava Veloci, *quasi*, come il ciel vedete . . . . . . *Par.* ii. 21.
al dubbiar mio Lì *quasi* vetro allo color che il veste . . . *Par.* xx. 80.
La luna, *quasi* a mezza notte tarda, Facea le stelle . . . . *Purg.* xviii. 76.
Ad un occaso *quasi* e ad un orto Buggea siede e la terra . . *Par.* ix. 91.
Ed ecco, *quasi* al cominciar dell' erta, Una lonza . . . . . *Inf.* i. 31.
questo mondo China già l' ombra, *quasi* al letto piano . . . *Par.* xxx. 3.
Di fuor del regno, *quasi* lungo il Verde . . . . *Purg.* iii. 131.
clivo in acqua... Si specchia, *quasi* per vedersi adorno . . *Par.* xxx. 110.
cominciai, *Quasi* com' uom cui troppa voglia ismaga . . . . *Par.* iii. 36.
Quassù. Ed io : ciò che n' appar *quassù* diverso . . . . . . *Par.* ii. 59.
quello spirito... Laggiù dimora, e *quassù* non ascende . . . *Purg.* xi. 129.
Ed ancor questo *quassù* si comporta Con men disdegno . . . *Par.* xxix. 88.
chi t' ha dunque condotto *Quassù* tra noi ? . . . . *Purg.* xiii. 140.
Ed a colui che l' ha *quassù* condotto... furon porti . . . . *Purg.* xxx. 140.
Ma per vento... *quassù* non tremò mai . . . . *Purg.* xxi. 57.
Se prima fu la possa... Come se' tu *quassù* venuto ? . . . . *Purg.* xxiii. 82.
Chè chi il vide *quassù* glicl discoperse Con altro . . . . . *Par.* xxviii. 138.
Chè ciò che vien *quassù* dal[2] mortal mondo... si maturi . . *Par.* xxv. 35.
il perverso, Che cadde di *quassù*, laggiù si placa . . . . . *Par.* xxvii. 27.
saper lo numero in che enno Li motor di *quassù* . . . . . . *Par.* xiii. 98.
La spada di *quassù* non taglia in fretta, Nè tardo . . . . . *Par.* xxiii. 16.
lupi rapaci Si veggion di *quassù* per tutti i paschi . . . . *Par.* xxvii. 56.
Quatto. siedi Tra li scheggion del ponte *quatto quatto* . . . . *Inf.* xxi. 89.
Quattro. E già le *quattro* ancelle eran del giorno Rimase . . . . *Purg.* xxii. 118.
Vennero appresso lor *quattro* animali, Coronato ciascun . . *Purg.* xxix. 92.
Lo spazio dentro a lor *quattro* contenne Un carro . . . . . *Purg.* xxix. 106.
da quella, Che *quattro* cerchi giunge con tre croci . . . . *Par.* i. 39.
Barbariccia... *Quattro* ne fe' volar dall' altra costa . . . *Inf.* xxii. 146.

[1] nuove.   [2] del.

QUATTRO 572 QUETI

Quattro. Dalla sinistra *quattro* facean festa, In porpora . . . . *Purg.* xxix. 130.
m' offerse Dentro alla danza delle *quattro* belle . . . . . . *Purg.* xxxi. 104.
alternando, Or tre or *quattro*... Le donne incominciaro . . . *Purg.* xxxiii. 2.
Dinanzi agli occhi miei le *quattro* face Stavano accese . . . *Par.* xxvii. 10.
Quattro figlie ebbe, e ciascuna regina, Ramondo . . . . . . *Par.* vi. 133.
Fersi le braccia due di *quattro* liste . . . . *Inf.* xxv. 73.
Li raggi delle *quattro* luci sante Fregiavan... sua faccia . . *Purg.* i. 37.
Vidi *quattro* grand' ombre a noi venire . . . . *Inf.* iv. 83.
il Montone Con tutti e *quattro* i piè copre ed inforca . . . . *Purg.* viii. 135.
posi mente All' altro polo, e vidi *quattro* stelle . . . . . . *Purg.* i. 23.
le *quattro* chiare stelle Che vedevi staman . . . . *Purg.* viii. 91.
Ma le *quattro* un sol corno avean per fronte . . . . *Purg.* xxxii. 146.
ed io scorsi Per *quattro* visi il mio aspetto stesso . . . . . *Inf.* xxxiii. 57.
l' accoglienze... Furo iterate tre e *quattro* volte . . . . . . *Purg.* vii. 2.
Poi vidi *quattro* in umile paruta, E... un veglio solo . . . . *Purg.* xxix. 142.
se la cosa... Come il *quattro* nel sei, non è raccolta . . . . . *Par.* v. 60.
Quattromila. *Quattromila* trecento e due volumi Di sol . . . *Par.* xxvi. 119.
Que. Je sui Arnaut, *que* plor, e vai cantan . . . . *Purg.* xxvi. 142.
valor, *Que* vos guida al som de l' escalina . . . . *Purg.* xxvi. 146.
Que'; quegli; quei; quel; quell'; quella; quelle; quelli; quello. *Sovente.*
Quercia. Dal nascer della *quercia* al far la ghianda . . . . . . *Par.* xxii. 87.
†**Querente.** presto A tal *querente* ed a tal professione . . . . *Par.* xxiv. 51.
Quest'; questa; queste; questi; questo. *Sovente.*
Question. Queste son le *question* che nel tuo velle Pontano . . . *Par.* iv. 25.
giustizia viva, Di che facei *question* cotanto crebra . . . . *Par.* xix. 69.
Questa *question* fec' io; e quei: di rado Incontra, mi rispose.*Inf.* ix. 19.
non parla, Fin che il maestro la *question* propone . . . . *Par.* xxiv. 47.
presta Ad ogni tua *question*, tanto che basti . . . . *Purg.* xxviii. 84.
Or qui alla *question* prima s' appunta La mia risposta . . . *Par.* vi. 28.
In tutte tue *question* certo mi piaci, Rispose . . . . *Inf.* xiv. 133.
Questione. lasciai la *questione*, e mi ritrassi A domandarla . . . *Par.* xxi. 104.
Questioni. ingegno, Che già nuove *questioni* avea davante . . . *Par.* v. 90.
la ragione... Sopra le mie *questioni* avea ricolta . . . . . *Purg.* xviii. 86.
1. **Queta.** Già era l' aura d' ogni parte *queta* . . . . *Purg.* xiv. 142.
mi mena... Fuor della *queta* nell' aura che trema . . . . . *Inf.* iv. 150.
nel segno Percote pria che sia la corda *queta* . . . . . . *Par.* v. 92.
mi maravigliava, Quando vedea la cosa in sè star *queta* . . . *Purg.* xxxi. 125.
Già era dritta in su la fiamma e *queta*, Per non dir più . . . *Inf.* xxvii. 1.
Allor fu la paura un poco *queta*, Che... m' era durata . . . . *Inf.* i. 19.
Poichè la voce fu restata e *queta*, Vidi quattro . . . . . . *Inf.* iv. 82.
2. **Queta.** Sempre l' amor, che *queta* questo[1] cielo, Accoglie . . *Par.* xxx. 52.
O anima... Venian gridando, un poco il passo *queta* . . . . *Purg.* v. 48.
si profonda Nel vero, in che si *queta* ogn' intelletto . . . . *Par.* xxviii. 108.
Queta'. *Queta'* mi allor per non farli più tristi . . . . *Inf.* xxxiii. 64.
Quetar. canto, Che mi solea *quetar* tutte mie voglie . . . . . . *Purg.* ii. 108.
Quetaron. Poi si *quetaron* quei lucenti incendi . . . . *Par.* xix. 100.
Quetarsi. Insieme a punto ed a voler *quetarsi* . . . . *Par.* xii. 25.
e li *quetarsi* Cantando... il ben ch' a sè le move . . . . . *Par.* xviii. 98.
Quetato. Tai, che sarebbe lor disio *quetato* . . . . *Purg.* iii. 41.
Quetava. Vidi che lì non si *quetava* il core . . . . *Purg.* xix. 109.
Quete. Quinci fur *quete* le lanose gote Al nocchier . . . . . *Inf.* iii. 97.
Semplici e *quete*, e lo 'mperchè non sanno . . . . *Purg.* iii. 84.
1. **Queti.** *Queti* senza mostrar l' usato orgoglio . . . . *Purg.* ii. 126.
2. **Queti.** un bene apprende, Nel qual si *queti* l' animo . . . . *Purg.* xvii. 128.

[1] *amore, che quieta il.*

QUETO 573 QUINCI

Queto. il mandrian... Lungo il peculio suo *queto* pernotta . . . *Purg.* xxvii. 83.
   a sparvier... Si fa, però che *queto* non dimora . . . . *Purg.* xiii. 72.
1. **Qui** (*avverbio*). *Sovente*.
2. **Qui.** Tutti dicean : benedictus, *qui* venis . . . . *Purg.* xxx. 19.
   Qui judicatis terram, fur sezzai . . . . *Par.* xviii. 93.
   Qui lugent affermando esser beati . . . . *Purg.* xix. 50.
Quia. State contenti, umana gente, al *quia* . . . . *Purg.* iii. 37.
*__Quici.__ Illuminato ed Augustin son *quici* . . . . *Par.* xii. 130.
   era scemo A guisa che i vallon li sceman *quici* . . . . . . *Purg.* vii. 66.
   Sì venne deducendo infino a *quici ;* Poscia conchiuse . . . *Par.* viii. 121.
Quiditate. E questo[1] pare a me sua *quiditate* . . . . *Par.* xxiv. 66.
   la sua *quiditate* Veder non può, se altri non la prome . . . . *Par.* xx. 92.
Quieta. Sempre l' amore, che *quieta* il[2] cielo, Accoglie . . . . . *Par.* xxx. 52.
   La natura del mondo,[3] che *quieta* Il mezzo . . . . *Par.* xxvii. 106.
   Frate, la nostra volontà *quieta* Virtù di carità . . . . *Par.* iii. 70.
Quietar. Silenzio pose... E fece *quietar* le sante corde . . . . . *Par.* xv. 5.
Quietarmi. A *quietarmi*[4] l' animo commosso . . . . *Par.* i. 86.
Quietata. E, *quietata* ciascuna in suo loco . . . . *Par.* xviii. 106.
Quiete. Come in[5] terra *quiete* in[6] foco vivo . . . . *Par.* i. 141.
   per piacerti, Non fia men dolce un poco di *quiete* . . . . *Par.* viii. 39.
Quieto. Ed ancor saria Borgo più *quieto* . . . . *Par.* xvi. 134.
   sì che il primo... *Quieto* pare, e l' ultimo che voli . . . . *Par.* xxiv. 15.
   La provvidenza... Del suo lume fa il ciel sempre *quieto* . . . *Par.* i. 122.
Quietò. A questa voce l' infiammato giro Si *quietò* . . . . *Par.* xxv. 130.
Quinc'. tu ne conduci... come condur si vuol *quinc'* entro . . . *Purg.* xiii. 18.
   alla dimanda... *Quinc'* entro satisfatto sarai tosto . . . . *Inf.* x. 17.
   Dinne[7] s' alcun Latino è tra costoro Che son *quinc'* entro . . *Inf.* xxix. 89.
Quinci. *Quinci* addivien ch' Esaù si diparte Per seme da Jacob . *Par.* viii. 130.
   Quinci[8] addolcisce la viva giustizia In noi l' affetto . . . *Par.* vi. 121.
   E *quinci* appar ch' ogni minor natura E corto recettacolo . . *Par.* xix. 49.
   E *quinci* puoi argomentare ancora Vostra resurrezion . . . *Par.* vii. 145.
   Or ti parrà, se tu *quinci* argomenti, L' alto valor . . . . . . *Par.* v. 25.
   Quinci Letè, così dall' altro lato Eunoè si chiama . . . . *Purg.* xxviii. 130.
   La natura... *Quinci* comincia come da sua meta . . . . . *Par.* xxvii. 108.
   Quinci comprender puoi ch' esser conviene Amor sementa . *Purg.* xvii. 103.
   entrate *quinci* Ad un scaleo vie men che gli altri eretto . . *Purg.* xv. 35.
   E come *quinci* il glorioso scanno Della Donna del cielo . . *Par.* xxxii. 28.
   Chè più e tanto amor *quinci* su ferve . . . . *Par.* xxi. 68.
   Io m' innamorava tanto *quinci*, Che... non fu alcuna cosa . . *Par.* xiv. 127.
   Levati *quinci*, e non mi dar più lagna . . . . *Inf.* xxxii. 95.
   Quinci si mosse spirito a nomarlo Del possessivo . . . . . *Par.* xii. 68.
   Chè com' i' odo *quinci* e non intendo, Così giù veggio . . . *Inf.* xxiv. 74.
   E quale stella par *quinci* più poca, Parrebbe luna . . . . *Par.* xxviii. 19.
   il mezzo cerchio... *quinci* si parte Verso settentrion . . . *Purg.* iv. 82.
   Quinci non passa mai anima buona . . . . *Inf.* iii. 127.
   ma dalmi Anco la verità che *quinci* piove Per Moisè . . . . *Par.* xxiv. 135.
   Ben si dee loro aitar lavar le note, Che portar *quinci* . . . *Purg.* xi. 35.
   Quinci rivolse inver lo cielo il viso . . . . *Par.* i. 142.
   E *quinci* sien le nostre viste sazie . . . . *Inf.* xviii. 136.
   per... argomenti, E per autorità che *quinci* scende . . . . *Par.* xxvi. 26.
   rispondi, E domanda se *quinci* si va sue . . . . *Purg.* xvi. 30.
   Quinci si va chi vuole andar per pace . . . . *Purg.* xxiv. 141.
   Quinci si può veder come si fonda L' esser beato . . . . *Par.* xxviii. 109.

[1] questa.   [2] amor, che queta questo.   [3] moto.   [4] Ad acquetarmi.
[5] a.   [6] quieto.   [7] Dimmi.   [8] *Quindi*.

QUINCI 574 QUINDI

Quinci. *Quinci* vien l' allegrezza ond' io fiammeggio . . . . . . *Par.* xxi. 88.
Quinci su vo per non esser più cieco . . . . *Purg.* xxvi. 58.
Da *quinci* innanzi il mio veder fu maggio Che... mostra . . *Par.* xxxiii. 55.
in accostarsi Or *quinci* or quindi al lato che si parte . . . . *Purg.* x. 12.
Ed essi *quinci* e quindi avean parete Di non caler . . . . . *Purg.* xxxii. 4.
Fasciati *quinci* e quindi d' alta grotta . . . . *Purg.* xxvii. 87.
E *quinci* e quindi il lume è fatto scemo . . . . *Par.* xxxi. 126.
Due Principi... Che *quinci* e quindi le fosser per guida . . . *Par.* xi. 36.
il tempo e la dote Non fuggían *quinci* e quindi la misura . . *Par.* xv. 105.
favole... In pergamo si gridan *quinci* e quindi . . . . *Par.* xxix. 105.
non adopra, Se *quinci* e quindi pria non è gustato . . . . . *Purg.* xxviii. 132.
or quindi or *quinci* Iscotendo da sè l' arsura fresca . . . . *Inf.* xiv. 41.
Ma *quinci* e quindi l' alta pietra rade . . . . *Purg.* xii. 108.
Or voglion *quinci* e quindi chi rincalzi Li... pastori . . . . *Par.* xxi. 130.
parea foco Che *quinci* e quindi egualmente si spiri . . . . . *Par.* xxxiii. 120.
E *quinci* e quindi stupefatto fui . . . . *Par.* xv. 33.
ed io temeva il foco *Quinci*, e quindi temea cadere . . . . . *Purg.* xxv. 117.
un fiato Di vento, che or vien *quinci* ed or vien quindi . . . *Purg.* xi. 101.
Quindi. *Quindi*[1] addolcisce la viva giustizia In noi l' affetto . . *Par.* vi. 121.
Quindi Cocito tutto s' aggelava . . . . *Inf.* xxxiv. 52.
Quindi m' apparve il temperar di Giove . . . . *Par.* xxii. 145.
Chi non s' impenna... Dal muto aspetti *quindi* le novelle . . *Par.* x. 75.
Credendo quella *quindi* esser decisa, Quando... la diede . . *Par.* iv. 53.
Quindi, onde mosse tua Donna Virgilio... desiderai . . . . *Par.* xxvi. 118.
ch' ogni lume Che par nel ciel *quindi* fosse diffuso . . . . *Par.* xi. 33.
Quindi discende all' ultime potenze Giù... divenendo . . . *Par.* xiii. 61.
Quindi facciam le lagrime e i sospiri . . . . *Purg.* xxv. 104.
E *quindi* il soprannome tuo si feo . . . . *Par.* xv. 138.
Quindi fu' io ; ma li profondi fori... Fatti mi furo . . . . *Purg.* v. 73.
e *quindi*[2] mi fu chiaro Il variar che fanno di lor dove . . . *Par.* xxii. 146.
e *quindi* poscia geme Sopr' altrui sangue in... vasello . . . *Purg.* xxv. 44.
Quindi non terra, ma peccato ed onta Guadagnerà . . . . . *Purg.* xx. 76.
Perocchè *quindi* ha poscia sua paruta, È chiamat' ombra . . *Purg.* xxv. 100.
Quindi parliamo, e quindi ridiam noi, Quindi facciam . . . *Purg.* xxv. 103.
E *quindi* par che il loro occhio si pasca . . . . *Inf.* xvii. 57.
Quindi passando la vergine cruda Vide terra . . . . *Inf.* xx. 82.
Necessità però *quindi* non prende, Se non come dal viso . . *Par.* xvii. 40.
Mobile primo, Che prende *quindi* vivere e potenza . . . . . *Par.* xxx. 108.
Quindi parliamo, e *quindi* ridiam noi, Quindi facciam . . . *Purg.* xxv. 103.
Quindi ripreser gli occhi miei virtute A rilevarsi . . . . . *Par.* xiv. 82.
e *quindi* risaliva Là dove il suo amor... soggiorna . . . . . *Par.* xxxi. 11.
Risurger parve *quindi* più di mille Luci . . . . *Par.* xviii. 103.
Salve, Regina... *Quindi*[3] seder cantando anime vidi . . . *Purg.* vii. 83.
Quindi sentimmo gente che si nicchia . . . . *Inf.* xviii. 103.
e *quindi* organa poi Ciascun sentire infino alla veduta . . . *Purg.* xxv. 101.
gli lavi il viso, Sì che ogni sucidume *quindi* stinghe . . . . *Purg.* i. 96.
Quindi storse[4] la bocca, e di fuor trasse La lingua . . . . . *Inf.* xvii. 74.
Come la navicella... in dietro, sì *quindi* si tolse . . . . . *Inf.* xvii. 101.
Posciachè mal si torce[5] il ventre *quindi* . . . . *Purg.* xxxii. 45.
E *quindi* uscimmo a riveder le stelle . . . . *Inf.* xxxiv. 139.
Fecesi voce quivi, e *quindi* uscissi Per lo suo becco . . . . *Par.* xx. 28.
quindi giù nel fosso Vidi gente attuffata . . . . *Inf.* xviii. 112.
E *quindi* viene il duol che sì li lancia . . . . *Purg.* vii. 111.
Vedi **Quinci.**

[1] Quinci.   [2] *quivi.*   [3] *Quivi.*   [4] *Qui distorse.*   [5] torse.

Quindici.	*Quindici* stelle che in diverse plage Lo cielo avvivan	*Par.* xiii. 4.
Quinta.	le quattro... Rimase addietro, e la *quinta* era al temo	*Purg.* xxii. 119.
	lor volle Porre ministri della fossa *quinta*	*Inf.* xxiii. 56.
	La *quinta* luce, ch' è tra noi più bella, Spira di... amor	*Par.* x. 109.
	Lo ben che nella *quinta* luce è chiuso	*Par.* xiii. 48.
	Che Rifeo Troiano... Fosse la *quinta* delle luci sante	*Par.* xx. 69.
	Ei[1] cominciò: in questa *quinta* soglia Dell' arbore	*Par.* xviii. 28.
	La prima vita del ciglio e la *quinta* Ti fa maravigliar	*Par.* xx. 100.
Quinto.	arco, Che dal quarto al *quinto* argine è tragetto	*Inf.* xix. 129.
	Dal *quinto* il quarto, e poi dal sesto il quinto	*Par.* xxviii. 30.
	Vid' io cascar li tre... Tra il *quinto* dì e il sesto	*Inf.* xxxiii. 72.
	in sullo scoperto Si ravvolgeva infino al giro *quinto*	*Inf.* xxxi. 90.
	Com' io nel *quinto* giro fui dischiuso, Vidi gente	*Purg.* xix. 70.
	Poscia nell' M del vocabol *quinto* Rimasero ordinate	*Par.* xviii. 94.
	Tutti color... Erano il *quinto* di quei che son vivi	*Par.* xvi. 48.
	misurati da questo, Sì come dieci da mezzo e da *quinto*	*Par.* xxvii. 117.
Quinzio.	e *Quinzio* che dal cirro Negletto fu nomato	*Par.* vi. 46.
Quirino.	e vien *Quirino* Da sì vil padre che si rende	*Par.* viii. 131.
Quiritta.	ma dimmi, perchè assiso *Quiritta* sei?	*Purg.* iv. 125.
Quiritto.	l' amor del bene, scemo Di suo dover, *quiritto*[2] si ristora.	*Purg.* xvii. 86.
Quisquilia.	degli occhi miei ogni *quisquilia* Fugò	*Par.* xxvi. 76.
*****Quive.**	non vide *quive* Lo refrigerio dell' eterna ploia	*Par.* xiv. 27.
Quivi.	*Sovente.*	
Quod.	ma prima, Scias *quod* ego fui successor Petri	*Purg.* xix. 99.
Quorum.	Continuò... Beati, *quorum* tecta sunt peccata	*Purg.* xxix. 3.
Raab.	Or sappi che là entro si tranquilla *Raab*	*Par.* ix. 116.
Rabano.	*Rabano* è qui, e lucemi da lato Il Calabrese abate	*Par.* xii. 139.
Rabbia.	era sire, quando fu distrutta La *rabbia* fiorentina	*Purg.* xi. 113.
	taci, maledetto lupo; Consuma dentro te con la tua *rabbia*	*Inf.* vii. 9.
	Ed io vidi un Centauro pien di *rabbia* Venir	*Inf.* xxv. 17.
	Nullo martirio, fuor che la tua *rabbia*, Sarebbe... compito	*Inf.* xiv. 65.
	E, poi che per gran *rabbia* la si morse, Disse	*Inf.* xxvii. 126.
	per la gran *rabbia* Del pizzicor, che non ha più soccorso	*Inf.* xxix. 80.
Rabbiosa.	Con la test' alta e con *rabbiosa* fame	*Inf.* i. 47.
Rabbiosi.	E poi che i due *rabbiosi* fur passati... Rivolsilo	*Inf.* xxx. 46.
Rabbioso.	E va *rabbioso* altrui così conciando	*Inf.* xxx. 33.
Rabbuffa.	Perchè l' umana gente si *rabbuffa*	*Inf.* vii. 63.
Raccapriccia.	Lo cui rossore ancor mi *raccapriccia*	*Inf.* xiv. 78.
Raccende.	Se l' occhio o il tatto spesso nol *raccende*[3]	*Purg.* viii. 78.
Raccerta.	A guisa d' uom che in dubbio si *raccerta*	*Purg.* ix. 64.
Raccesa.	Ma non cinquanta volte fia *raccesa* La faccia	*Inf.* x. 79.
Raccese.	Questa favilla tutta mi *raccese* Mia conoscenza	*Purg.* xxiii. 46.
	Vergine madre... Nel ventre tuo si *raccese* l' amore	*Par.* xxxiii. 7.
Raccesi.	E di novella vista mi *raccesi* Tale	*Par.* xxx. 58.
Racceso.	Cinque volte *racceso* e tante casso Lo lume era	*Inf.* xxvi. 130.
Racchiuso.	son più anni Poscia passati, ch' ei fu sì *racchiuso*	*Inf.* xxxiii. 138.
*****Raccogli.**	Infino al pozzo, che i tronca e *raccogli*	*Inf.* xviii. 18.
Raccoglia.	Or, perchè a questa ogni altra si *raccoglia*	*Purg.* xviii. 61.
Raccoglie.	Caron... Loro accennando, tutte le *raccoglie*	*Inf.* iii. 110.
	E se l' infimo grado in sè *raccoglie* Sì grande lume	*Par.* xxx. 115.
	Quando... l' anima bene ad essa si *raccoglie*	*Purg.* iv. 3.
	bordone... Tal, qual di ramo in ramo si *raccoglie*	*Purg.* xxviii. 19.
	Ben sai come nell' aere si *raccoglie*... vapor	*Purg.* v. 109.

[1] E.   [2] qui ritta.   [3] *non l' accende.*

| RACCOGLIER | 576 | RADICI |

Raccoglier. dovrebbe Calar le vele e *raccoglier* le sarte . . . . *Inf.* xxvii. 81.
Raccoglietele. *Raccoglietele* al piè del tristo cesto . . . . *Inf.* xiii. 142.
Raccolse. E con le branche l' aria[1] a sè *raccolse* . . . . *Inf.* xvii. 105.
    La polver[2] si *raccolse* per sè stessa, E... ritornò . . . . . . *Inf.* xxiv. 104.
    Sordello ed egli indietro si *raccolse*, Come gente... smarrita . *Purg.* viii. 62.
Raccolta. la cosa... Come il quattro nel sei, non è *raccolta* . . . *Par.* v. 60.
    Alcuna si sedea tutta *raccolta*, Ed altra andava . . . . . . *Inf.* xiv. 23.
    L' ombra che s' era al Giudice *raccolta*, Quando chiamò . . *Purg.* viii. 109.
    trista, Poi ch' ebbe la parola a sè *raccolta* . . . . *Purg.* xiv. 72.
Raccolti. Latrando lui con gli occhi in giù *raccolti* . . . . *Inf.* xxxii. 105.
Raccolto. Dentro *raccolto* immagina Sion... stare Sì . . . . . . *Purg.* iv. 68.
Raccomandato. Siati *raccomandato* il mio Tesoro . . . . *Inf.* xv. 119.
Raccomando. or ha bisogno... Di te, ed io a te lo *raccomando* . *Inf.* ii. 99.
Raccomandò. *Raccomandò* la sua donna più cara . . . . *Par.* xi. 113.
    le chiavi *Raccomandò* di questo fior venusto . . . . *Par.* xxxii. 126.
Racconciasse. perchè ti *racconciasse* il freno Giustiniano . . . . *Purg.* vi. 88.
*Raccorce. Ben sei tu manto che tosto *raccorce* . . . . *Par.* xvi. 7.
Raccorci. la lunga fatica Tu gli *raccorci* . . . . *Par.* xv. 96.
    ritorci Gli occhi... Sì che la via col tempo si *raccorci* . . . . *Par.* xxix. 129.
Raccorse. al cui dire Lo popol disviato si *raccorse* . . . . *Par.* xii. 45.
Raccoscio. Ond' io tremando tutto mi *raccoscio* . . . . *Inf.* xvii. 123.
Raccostammo. Ci *raccostammo* dietro ad un coperchio . . . . . *Inf.* xi. 6.
Raccostarsi. E *raccostarsi* a me, come davanti . . . . *Purg.* xxvi. 49.
Rachel. Siede *Rachel* di sotto da[3] costei Con Beatrice . . . . . *Par.* xxxii. 8.
    Ma mia suora *Rachel* mai non si smaga . . . . *Purg.* xxvii. 104.
Rachele. io... Che mi sedea con l' antica *Rachele* . . . . . . *Inf.* ii. 102.
    Israel con lo padre... E con *Rachele*, per cui tanto fe' . . *Inf.* iv. 60.
Racqueta. cane che... si *racqueta* poi che il pasto morde . . . *Inf.* vi. 29.
Rada. Ma così salda voglia è troppo *rada* . . . . *Par.* iv. 87.
Raddoppiar. Onde l' arena s' accendea... a *raddoppiar*[4] dolore . *Inf.* xiv. 39.
1. Rade. Nuvole spesse non paion, nè *rade* . . . . *Purg.* xxi. 49.
    La luna... Facea le stelle a noi parer più *rade* . . . . . . *Purg.* xviii. 77.
    Sì *rade* volte, padre, se ne coglie, Per trionfare . . . . . . *Par.* i. 28.
    Rade volte risurge per li rami L' umana probitate . . . . *Purg.* vii. 121.
2. Rade. Ma quinci e quindi l' alta pietra *rade* . . . . *Purg.* xii. 108.
*3. Rade. E perchè tu più volentier mi *rade* Le... lagrime . . . *Inf.* xxxiii. 127.
Radi. Ecco di qua, ma fanno i passi *radi*... molte genti . . . . *Purg.* x. 100.
    A questo invito[5] vengon molto *radi* . . . . *Purg.* xii. 94.
Radial. Nè si partì... Ma per la lista *radial* trascorse . . . . *Par.* xv. 23.
Radiando. Nullo... la tira, Ma essa, *radiando*, lui cagiona . . *Par.* xix. 90.
Radice. sotto la fronda Nuova sedere in sulla sua *radice* . . . *Purg.* xxxii. 87.
    quanto remoto E la *radice* tua da quegli aspetti . . . . . *Par.* xx. 131.
    la buona Essenza, d' ogni buon frutto[6] *radice* . . . . *Purg.* xvii. 135.
    Ma se a conoscer la prima *radice* Del nostro amor . . . . . *Inf.* v. 124.
    esemplo ch' haia La sua *radice* incognita e nascosa . . . . *Par.* xvii. 141.
    che... si puote Da quei, ch' hanno al voler buona *radice*? . . *Purg.* xi. 33.
    fa mestieri... D' un altro vero andare alla *radice* . . . . . *Par.* xiv. 12.
    Io fui *radice* della mala pianta Che... aduggia . . . . . . *Purg.* xx. 43.
    O fronda mia, in cu' io compiacemmi... io fui la tua *radice* . *Par.* xv. 89.
    D' una *radice* nacqui ed io ed ella ; Cunizza fui chiamata . . *Par.* ix. 31.
    Qui fu innocente l' umana *radice* ; Qui primavera è . . . *Purg.* xxviii. 142.
Radici. Per le nuove *radici* d' esto legno Vi giuro . . . . . *Inf.* xiii. 73.
    Quei due... Son d' esta rosa quasi due *radici* . . . . . . *Par.* xxxii. 10.
    dunque esser diverse Convien dei vostri effetti le *radici* . . *Par.* viii. 123.

[1] aere.   [2] cener.   [3] di.   [4] *doppiar lo.*   [5] annunzio.   [6] ben frutto e.

Radici.	E come il tempo tenga in cotal testo Le sue *radici*	*Par.* xxvii. 119.
Rado.	Parlavan *rado*, con voci soavi	*Inf.* iv. 114.
	qual meco si ausa *Rado* sen parte, sì tutto l' appago	*Purg.* xix. 24.
	aduggia Sì, che buon frutto *rado* se ne schianta	*Purg.* xx. 45.
	di *rado* Incontra... che di nui Faccia il cammino alcun	*Inf.* ix. 19.
Raduna.	lo mezzo, Al quale ogni gravezza si *raduna*	*Inf.* xxxii. 74.
Raduni.	col popol si *raduni*[1] Oggi colui che la fascia	*Par.* xvi. 131.
Rafel.	*Rafel* mai amech zabi almi, Cominciò a gridar	*Inf.* xxxi. 67.
Raffi.	Poi l' addentar con più di cento *raffi*	*Inf.* xxi. 52.
	Ei chinavan gli *raffi* e... Diceva l' un con l' altro	*Inf.* xxi. 100.
	Quattro ne fe' volar dall' altra costa Con tutti i *raffi*	*Inf.* xxii. 147.
Raffigura.	poco a poco *raffigura* Ciò che cela	*Inf.* xxxi. 35.
Raffigurar.	Sì che *raffigurar* m' è più latino	*Par.* iii. 63.
Raffina.	A' miei portai l' amor che qui *raffina*	*Purg.* viii. 120.
Raffrettò.	Volgendo il viso, *raffrettò* suo passo	*Purg.* xxiv. 68.
Raffronta.	Che mai non posa, se non si *raffronta*	*Purg.* xvii. 51.
Ragazzo.	menare stregghia Da *ragazzo* aspettato dal signorso	*Inf.* xxix. 77.
Raggeli.	Sì ch' io sfoghi il dolor... pria che il pianto si *raggeli*	*Inf.* xxxiii. 114.
Raggerà.	il nostro amore Si *raggerà* dintorno cotal vesta	*Par.* xiv. 39.
Raggi.	Esser den sempre li tuoi *raggi* duci	*Purg.* xiii. 21.
	facean nel profondo Marte quei *raggi*[2] il venerabil segno	*Par.* xiv. 101.
	E i *raggi* ne ferian per mezzo il naso, Perchè... girato era	*Purg.* xv. 7.
	Li *raggi* delle quattro luci sante Fregiavan... sua faccia	*Purg.* i. 37.
	Già eran sopra noi tanto levati Gli ultimi *raggi*	*Purg.* xvii. 71.
	che i *raggi* Del vero amore in su poggin men vivi	*Par.* vi. 116.
	E l' un nell' altro aver li *raggi* suoi, Ed ambo... girarsi	*Par.* xiii. 16.
	una spada... Che rifletteva i *raggi* sì ver noi	*Purg.* ix. 83.
	si copre... Sì che i suoi *raggi* tu romper non fai	*Purg.* vi. 57.
	Verso tal parte, ch' io toglieva i *raggi* Dinanzi a me	*Purg.* xxvii. 65.
	Sì come quando i primi *raggi* vibra... Sì stava il sole	*Purg.* xxvii. 1.
	M' apparvero splendor dentro a due *raggi*	*Par.* xiv. 95.
	ciò che vien... Convien ch' ai nostri *raggi* si maturi	*Par.* xxv. 36.
	Deh, bella Donna, ch' ai *raggi* d' amore Ti scaldi	*Purg.* xxviii. 43.
	uscii fuor... Ai *raggi*, morti già nei bassi lidi	*Purg.* xvii. 12.
	spera, Che si vela ai mortal con[3] altrui *raggi*	*Par.* v. 129.
	Noi andavam... Contra i *raggi* serotini e lucenti	*Purg.* xv. 141.
	figura Ch' aveva in me de' suoi *raggi* l' appoggio	*Purg.* iii. 18.
	non dava loco, Per lo mio corpo, al trapassar de' *raggi*	*Purg.* v. 26.
	vidi le sue spalle Vestite già de' *raggi* del pianeta	*Inf.* i. 17.
	conviene Essere alcun dei *raggi* della mente	*Par.* xix. 53.
	splendori, Folgorati non da *raggi* ardenti	*Par.* xxiii. 83.
	giardino Che sotto i *raggi* di Cristo s' infiora	*Par.* xxiii. 72.
Raggia.	Chè l' ardor santo, ch' ogni cosa *raggia*	*Par.* vii. 74.
	com' è scritto Nel sol che *raggia* tutto nostro stuolo	*Par.* xxv. 54.
	letizia mi ti tien celato, Che mi *raggia* dintorno	*Par.* viii. 53.
	quella Che *raggia* retro alla celeste lasca	*Purg.* xxxii. 54.
	splendore, Che... *Raggia* mo misto giù del suo valore	*Par.* xxi. 15.
	Tosto... La virtù formativa *raggia* intorno	*Purg.* xxv. 89.
Raggiando.	già, *raggiando*, tutto l' occidente Mutava	*Purg.* xxvi. 5.
Raggiandomi.	E cominciò, *raggiandomi* d' un riso	*Par.* vii. 17.
Raggiar.	mai *Raggiar* non lascia sole ivi, nè luna	*Purg.* xxviii. 33.
Raggiare.	Per sua bontate il suo *raggiare* aduna	*Par.* xiii. 58.
Raggiasse.	la bella Ciprigna il folle amore *Raggiasse*	*Par.* viii. 3.
Raggiava.	Un punto vidi che *raggiava* lume Acuto	*Par.* xxviii. 16.

[1] rauni.   [2] rai.   [3] con gli.

| RAGGIAVA | 578 | RAGION |

Raggiava. non altrimenti La doppia fiera dentro vi *raggiava* . . *Purg.* xxxi. 122.
   il piacere eterno, che diretto *Raggiava* in Beatrice . . . . . *Par.* xviii. 17.
Raggio. rubinetto, in cui *Raggio* di sole ardesse sì acceso . . . *Par.* xix. 5.
   conviene... Crescer lo *raggio* che da esso viene . . . . . . *Par.* xiv. 51.
   si dimostra tetro Quivi lo *raggio* più che in altre parti . . . *Par.* ii. 92.
   non... luca Lo *raggio* da sinistra a quel di sotto . . . . . . *Purg.* v. 5.
   Ed indi.l' altrui *raggio* si rifonde Così, come color . . . . . *Par.* ii. 88.
   in ambra od in cristallo *Raggio* risplende sì . . . . *Par.* xxix. 26.
   Lo *raggio* della grazia, onde s' accende Verace amore . . . *Par.* x. 83.
   dallo specchio Salta lo *raggio* all' opposita parte . . . . . *Purg.* xv. 17.
   scintilla, Come *raggio* di sole in acqua mera . . . . *Par.* ix. 114.
   E sì come 'l secondo *raggio* suole Uscir del primo . . . . . *Par.* i. 49.
   Di color d' oro, in che *raggio* traluce . . . . *Par.* xxi. 28.
   corre ad amore Come a lucido corpo *raggio* viene . . . . . *Purg.* xv. 69.
   com' acqua recepe *Raggio* di luce, permanendo unita. . . . *Par.* ii. 36.
   L' anima... tira Lo *raggio* e il moto delle luci sante . . . . *Par.* vii. 141.
   rimiri Ond' esce il fummo che il tuo *raggio* vizia . . . . . . *Par.* xviii. 120.
   corrusca, Quale a *raggio* di sole specchio d' oro . . . . . . *Par.* xvii. 123.
   Come a *raggio* di sol, che puro mei Per fratta nube . . . . *Par.* xxiii. 79.
   mi si nascose Dentro al suo *raggio* la figura santa . . . . . *Par.* v. 137.
   Quando sarai dinanzi al dolce *raggio* Di quella . . . . . . *Inf.* x. 130.
   cieli, Che l' uno all' altro *raggio* non ingombra . . . . . . *Purg.* iii. 30.
   ogni quisquilia Fugò Beatrice col *raggio* de' suoi . . . . . *Par.* xxvi. 77.
   per l' acume ch' io soffersi Del vivo *raggio* . . . . *Par.* xxxiii. 77.
   Così com' io del suo *raggio* risplendo,[1] Sì... apprendo . . . *Par.* xi. 19.
   ciascun ben... Altro non è ch' un lume di suo[2] *raggio* . . . *Par.* xxvi. 33.
   Come un poco di *raggio* si fu messo Nel doloroso carcere . . *Inf.* xxxiii. 55.
   Fassi di *raggio* tutta sua parvenza Riflesso al sommo . . *Par.* xxx. 106.
   E più e più entrava per lo *raggio* Dell' alta luce . . . . . . *Par.* xxxiii. 53.
   t' acconcerà lo sguardo Più al montar per lo *raggio* divino . *Par.* xxxi. 99.
   Le minuzie dei corpi... Moversi per lo *raggio* . . . . . . *Par.* xiv. 115.
   l' aer... Per l' altrui *raggio* che in sè si riflette . . . . . *Purg.* xxv. 92.
Raggiò. dell' oriente Prima *raggiò* nel monte Citerea . . . . *Purg.* xxvii. 95.
   Nell' esser suo *raggiò* insieme tutto . . . . *Par.* xxix. 29.
Raggiorna. Pensa che questo dì mai non *raggiorna* . . . . . *Purg.* xii. 84.
Raggiunge. si *raggiunge* Ove la tirannia convien che gema . . *Inf.* xii. 131.
Raggiunsi. Io mi *raggiunsi* con la scorta mia . . . . *Inf.* xviii. 67.
Ragion. Prima ch' arte o *ragion* per lor s' ascolti . . . . . . *Purg.* xxvi. 123.
   E se la mia *ragion* non ti disfama, Vedrai Beatrice . . . *Purg.* xv. 76.
   Rivolti al monte ove *ragion* ne fruga . . . . *Purg.* iii. 3.
   Ed anche la *ragion* lo[3] vede alquanto . . . . *Par.* xxix. 43.
   quanto *ragion* qui vede Dirti poss' io . . . . *Purg.* xviii. 46.
   i peccator carnali, Che la *ragion* sommettono al talento . . *Inf.* v. 39.
   La virtù, ch' a *ragion* discorso ammanna... apprese . . . *Purg.* xxix. 49.
   quei, fuor ch' uno, Seguiterieno a tua *ragion* distrutti . . . *Par.* ii. 72.
   E questa è la *ragion*[4] per che l' uom fue... dischiuso . . . . *Par.* vii. 101.
   là onde si piglia *Ragion*[5] di meritare in voi . . . . *Purg.* xviii. 65.
   Sì, rispos' io, e qui *ragion* non cheggio . . . . *Par.* viii. 117.
   Per la *ragion* che di', quinci si parte Verso settentrion . . *Purg.* iv. 82.
   falsa matera... Per le vere *ragion*[6] che sono ascose[7] . . . *Purg.* xxii. 30.
   Ed è *ragion;* che tra li lazzi sorbi Si disconvien . . . . . *Inf.* xv. 65.
   per tal convegno, Che se tu a *ragion* di lui ti piangi . . . *Inf.* xxxii. 136.
   E fa *ragion* ch' io ti sia sempre allato, Se più avvien . . . *Inf.* xxx. 145.

[1] m' accendo.   [2] che di suo lume un.   [3] *ragione il.*   [4] *cagion.*
[5] Cagion.   [6] cagion.   [7] son nascose.

Ragion. e fa *ragion* che sia La vista in te smarrita		*Par.* xxvi. 8.
discerno chiaro Quanto la tua *ragion* porti o descriva		*Purg.* xviii. 12.
Sì m' ha nostra *ragion* la mente stretta		*Purg.* xiv. 126.
Ragiona. Amor che nella mente mi *ragiona*, Cominciò egli		*Purg.* ii. 112.
Barbarossa, Di cui dolente ancor Milan *ragiona*		*Purg.* xviii. 120.
Ma dimmi... E come amico omai meco *ragiona*		*Purg.* xxii. 21.
al ben che il dì ci si *ragiona*, Dianzi non er' io sol		*Purg.* xx. 121.
Or drizza il viso a quel ch' or si[1] *ragiona*		*Par.* vii. 34.
Ma, come tripartito, si *ragiona*, Tacciolo		*Purg.* xvii. 138.
Ragionamenti. i tuoi *ragionamenti* Mi son sì certi		*Inf.* xx. 100.
Li tuoi *ragionamenti* sian là corti		*Inf.* xvii. 40.
Ragionamento. Posto avea fine al suo *ragionamento*		*Purg.* xviii. 1.
Ragionando. Color che *ragionando* andaro al fondo		*Purg.* xviii. 67.
Pur di Beatrice *ragionando* andava, Dicendo		*Purg.* xxvii. 53.
ma *ragionando* andavam forte, Sì come nave pinta		*Purg.* xxiv. 2.
Ben è che *ragionando* la compense		*Par.* xxvi. 6.
Ragionar. Perch' io un poco a *ragionar* m' inveschi		*Inf.* xiii. 57.
L' amor... Mi tragge a *ragionar* dell' altro duca		*Par.* xii. 32.
lasciasse... Di *ragionar* coi buoni, o d' appressarsi		*Purg.* xvi. 120.
Ed io all' ombra, che parea più vaga Di *ragionar*, drizza'mi.		*Par.* iii. 35.
Ragionare. Di *ragionare* ancor mi mise in cura		*Par.* xxvi. 21.
Chi ei si furo... Più è tacer, che *ragionare* onesto		*Par.* xvi. 45.
Ragionarmi. la voglia... di *ragionarmi* ancora alquanto		*Par.* xviii. 27.
Ragionato. Poscia che m' ebbe *ragionato* questo		*Inf.* ii. 115.
Da ch' ebber *ragionato* insieme alquanto, Volsersi a me		*Inf.* iv. 97.
Ragionava. Se qui per domandar... *Ragionava* il Poeta		*Purg.* xiii. 11.
Ragionavan. due spiriti... *Ragionavan* di me ivi a man dritta		*Purg.* xiv. 8.
Ragione. Vedi che la *ragione* ha corte l' ali		*Par.* ii. 57.
Matto è chi spera che nostra *ragione* Possa trascorrer		*Purg.* iii. 34.
buoni Sono, quanto *ragione* umana vede		*Par.* xix. 74.
Ed anche la *ragione* il[2] vede alquanto		*Par.* xxix. 43.
S' altra *ragione*[3] in contrario non pronta		*Purg.* xiii. 20.
Perch' io, che la *ragione* aperta e piana... avea ricolta		*Purg.* xviii. 85.
Come udirai con aperta *ragione*		*Inf.* xi. 33.
Perchè tu veggi con quanta *ragione* Si move		*Par.* vi. 31.
Così m' armava io d' ogni *ragione*, Mentre ch' ella dicea		*Par.* xxiv. 49.
La violenza altrui per qual *ragione*... mi scema?		*Par.* iv. 20.
baratteria, Di che io rendo *ragione* in questo caldo		*Inf.* xxii. 54.
il mosser... A domandar *ragione* a questo giusto		*Par.* vi. 137.
Ed io : Maestro, assai chiaro procede La tua *ragione*		*Inf.* xi. 68.
1. **Ragioni.** Ma tosto ruppe le dolci *ragioni* Un arbor		*Purg.* xxii. 130.
2. **Ragioni.** e quivi non è chi *ragioni* Di Cristo		*Par.* xix. 71.
e porti gli occhi sciolti... e spirando *ragioni*		*Purg.* xiii. 132.
Ragioniam. Spesse fiate *ragioniam* del monte		*Purg.* xxii. 104.
Non *ragioniam* di lor, ma guarda e passa		*Inf.* iii. 51.
Ragiono. Ben puoi veder perch' io così *ragiono*		*Purg.* xix. 138.
E quel che segue in la circonferenza Di che *ragiono*		*Par.* xx. 50.
Se' savio, intendi[4] me' ch' io non *ragiono*		*Inf.* ii. 36.
Ragna. Tal signoreggia... Che già per lui carpir si fa la *ragna*		*Par.* ix. 51.
Rai. facean nel profondo Marte quei *rai*[5] il venerabil segno		*Par.* xiv. 101.
si facea corona, Riflettendo da sè gli eterni *rai*		*Par.* xxxi. 72.
O ben creato spirito, che a' *rai* Di vita eterna... senti		*Par.* iii. 37.
sperule, che insieme Più s' abbellivan coi[6] mutui *rai*		*Par.* xxii. 24.
E la mia Donna : dentro da que' *rai* Vagheggia		*Par.* xxvi. 82.

[1] che si.   [2] ragion lo.   [3] cagione.   [4] e 'ntendi.   [5] raggi.   [6] con.

Rai.	Or, come ai colpi delli caldi *rai*... riman nudo	*Par.* ii. 106.
***Raia.**	Vedi l' albòr che per lo fummo *raia* Già biancheggiare	*Purg.* xvi. 142.
	La prima luce, che tutta la *raia*... in essa si recepe	*Par.* xxix. 136.
	così come *raia* Dall' un, se si conosce, il cinque e il sei	*Par.* xv. 56.
Rallarga.	Non stringer, ma *rallarga* ogni vigore	*Purg.* ix. 48.
Rallargati.	Poi, *rallargati* per la strada sola... ci portaro oltre	*Purg.* xxiv. 130.
Rallargò.	La mente mia... Lo intento *rallargò*, sì come vaga	*Purg.* iii. 13.
Rallegrano.	Levan la voce, e *rallegrano* gli atti	*Par.* xiv. 21.
Rallegrasse.	Non che Roma... *Rallegrasse* Affricano	*Purg.* xxix. 116.
Ralligna.	Quando in Bologna un Fabbro si *ralligna?*	*Purg.* xiv. 100.
Ramarro.	Come il *ramarro*, sotto la gran fersa... Folgore par	*Inf.* xxv. 79.
Rame.	Poi è di *rame* infino alla forcata	*Inf.* xiv. 108.
	con tutto ch' ei fosse di *rame*, Pure e' pareva	*Inf.* xxvii. 11.
Rami.	Non *rami* schietti, ma nodosi e involti	*Inf.* xiii. 5.
	Parvem' i *rami* gravidi e vivaci D' un altro pomo	*Purg.* xxiv. 103.
	vento... Che... Li *rami* schianta, abbatte, e porta fiori[1]	*Inf.* ix. 70.
	Quel dolce pome, che per tanti *rami* Cercando va	*Purg.* xxvii. 115.
	tal... Ci si fe' l' aer, sotto i verdi *rami*	*Purg.* xxix. 35.
	Qual sotto foglie verdi e *rami* nigri... l' Alpe porta	*Purg.* xxxiii. 110.
	Questi ha ne' *rami* suoi migliore uscita	*Purg.* vii. 132.
	Rade volte risurge per li *rami* L' umana probitate	*Purg.* vii. 121.
Ramicel.	E colsi un *ramicel*[2] da un gran pruno	*Inf.* xiii. 32.
Rammarca.	grande inganno ascolta... e poi sè ne *rammarca*	*Inf.* viii. 23.
	E qual esce di cor che si *rammarca*, Tal voce uscì	*Purg.* xxxii. 127.
Rammenta.	or ti *rammenta* Come bevesti di Letè ancòi	*Purg.* xxxiii. 95.
	Con quella parte che su si *rammenta* Congiunto	*Par.* x. 31.
	da lui si *rammenta* Quella virtù ch' è[3] forma	*Par.* xviii. 110.
Ramo.	infin che il *ramo* Vede[4] alla terra tutte le sue spoglie	*Inf.* iii. 113.
	E come abete in alto si digrada Di *ramo* in *ramo*	*Purg.* xxii. 134.
	di *ramo* in *ramo*, Esaminando, già tratto m' avea	*Par.* xxiv. 115.
	bordone... Tal, qual di *ramo* in *ramo* si raccoglie	*Purg.* xxviii. 19.
	come fronda In *ramo*, che sen va, ed altra viene	*Par.* xxvi. 138.
	dispogliata Di fiori e d' altra fronda in ciascun *ramo*	*Purg.* xxxii. 39.
Ramogna.	a sè e noi buona *ramogna* Quell'ombre orando	*Purg.* xi. 25.
Ramondo.	Quattro figlie ebbe... *Ramondo* Beringhieri	*Par.* vi. 134.
Ramora.	la pianta, Che prima avea le *ramora* sì sole	*Purg.* xxxii. 60:
Rampogna.	in cui *rampogna* L' antica età la nuova	*Purg.* xvi. 121.
Rampogni.	Qual se' tu, che così *rampogni* altrui?	*Inf.* xxxii. 87.
Rampolla.	l' uomo, in cui pensier *rampolla* Sopra pensier	*Purg.* v. 16.
	il nome Che nella mente sempre mi *rampolla*	*Purg.* xxvii. 42.
Rampollo.	Nasce per quello, a guisa di *rampollo*... il dubbio	*Par.* iv. 130.
Ramuscel.	E colsi un *ramuscel*[5] da un gran pruno	*Inf.* xiii. 32.
Rana.	incontra Che una *rana* rimane ed altra spiccia	*Inf.* xxii. 33.
	E come a gracidar si sta la *rana* Col muso fuor	*Inf.* xxxii. 31.
	favola di Esopo... Dov' ei parlò della *rana* e del topo	*Inf.* xxiii. 6.
Rance.	le cappe *rance* Son di piombo sì grosse	*Inf.* xxiii. 100.
	le vermiglie guance... Per troppa etate divenivan *rance*	*Purg.* ii. 9.
Rancura.	fa del non ver vera *rancura* Nascere	*Purg.* x. 133.
Rancuro.	son perduto, E sì vestito andando mi *rancuro*	*Inf.* xxvii. 129.
Randa.	Quivi fermammo i passi[6] a *randa* a *randa*	*Inf.* xiv. 12.
Rane.	Come le *rane* innanzi alla nimica Biscia per l' acqua	*Inf.* ix. 76.
Rannicchia.	la grave condizione... a terra li *rannicchia*	*Purg.* x. 116.
Ranocchi.	E come... Stanno i *ranocchi* pur col muso fuori	*Inf.* xxii. 26.
Rapaci.	In vesta di pastor lupi *rapaci* Si veggion	*Par.* xxvii. 55.

[1] fori. [2] ramuscel. [3] ei. [4] Rende. [5] *ramicel*. [6] piedi.

Rapaci. voi *rapaci* Per oro e per argento adulterate . . . . . . *Inf.* xix. 3.
*Rape. tutto quanto *rape* L' altro universo seco . . . . *Par.* xxviii. 70.
Rapide. Le capre, state *rapide* e proterve Sopra le cime . . . *Purg.* xxvii. 77.
Rapina. La bufera infernal... Mena li spirti con la sua *rapina* . *Inf.* v. 32.
    Lì cominciò con forza e con menzogna La sua *rapina* . . . *Purg.* xx. 65.
Rapiron. Uomini poi... Fuor mi *rapiron* della dolce chiostra . . *Par.* iii. 107.
Rapisse. mi parea che... me *rapisse* suso infino al foco . . . . . *Purg.* ix. 30.
Rapiva. melode, Che mi *rapiva* senza intender l' inno . . . . . *Par.* xiv. 123.
Rappaciati. Quand' elli un poco *rappaciati* foro . . . . *Inf.* xxii. 76.
Rapporta. Questo *rapporta*, sì che non presuma... mover li piedi. *Par.* xxi. 98.
Rapporti. ma perchè[1] *rapporti* Quanto questa virtù t'[2] è . . . . *Par.* xxv. 59.
Rappresenta. con aspetto umano Gabriel... vi *rappresenta* . . . *Par.* iv. 47.
Rappresentare. vidi *Rappresentare* a quel distinto foco . . . . *Par.* xviii. 108.
Rara. mi fu cagione Per che già la credetti *rara* e densa . . . . *Par.* xxii. 141.
Rari. Credo che il fanno i corpi *rari* e densi . . . . *Par.* ii. 60.
    fuor rimase, E rivolsesi a me con passi *rari* . . . . *Inf.* viii. 117.
    rispetto Ai regi, che son molti, e i buon son *rari* . . . . . *Par.* xiii. 108.
Raro. L' esercito... Si movea tardo, suspiccioso, e *raro* . . . . *Par.* xii. 39.
    Se *raro* e denso ciò facesser tanto, Una sola virtù sarebbe . *Par.* ii. 67.
    Ancor, se *raro* fosse di quel bruno Cagion . . . . *Par.* ii. 73.
    per trasparere Lo lume, come in altro *raro*, ingesto . . . *Par.* ii. 81.
    S' egli è che questo *raro* non trapassi, Esser conviene . . . *Par.* ii. 85.
    Da essa vien ciò... non da denso e *raro* . . . . *Par.* ii. 146.
Rascia. quel di *Rascia* Che mal ha visto il conio di Vinegia . . *Par.* xix. 140.
Rase. e le ciglia avea *rase* D' ogni baldanza . . . . *Inf.* viii. 118.
Rasi. quando i P... Saranno, come l' un, del tutto *rasi* . . . . *Purg.* xii. 123.
Raso. L' angel... Avendomi dal viso un colpo *raso* . . . . . . *Purg.* xxii. 3.
Rassegna. si estingue Del libro che il preterito *rassegna* . . . . *Par.* xxiii. 54.
Ratta. una insegna, Che girando correva tanto *ratta* . . . . . *Inf.* iii. 53.
    la ripa che cade Quivi ben *ratta* dall' altro girone . . . . *Purg.* xii. 107.
    Perchè a fuggir la mia vista fu *ratta* . . . . *Purg.* xv. 24.
Ratte. L' altre togliean l' andare e tarde e *ratte* . . . . *Purg.* xxix. 129.
    Al mondo non fur mai persone *ratte* A far lor pro . . . . *Inf.* ii. 109.
*Rattento. senza alcun *rattento* Li rami schianta . . . . . . *Inf.* ix. 69.
Rattezza. là dov' ella frange Più sua *rattezza* . . . . *Par.* xi. 50.
1. Ratto. Non lasciò, per l' andar che fosse *ratto* . . . . . . *Purg.* xxv. 16.
    Nè mai quaggiù, dove si monta... fu sì *ratto* moto . . . . *Par.* xxii. 104.
    Amor, che al cor gentil *ratto* s' apprende, Prese costui . . . *Inf.* v. 100.
    Dove[3] in un punto furon dritte *ratto* Tre furie . . . . . . *Inf.* ix. 37.
    intorno al punto un cerchio d' igne Si girava sì *ratto* . . . *Par.* xxviii. 26.
    Ritroviam l' orme nostre insieme *ratto* . . . . *Inf.* viii. 102.
    La bestia ad ogni passo va più *ratto*, Crescendo sempre . . *Purg.* xxiv. 85.
    Perch' io mi mossi, ed a lui venni *ratto* . . . . *Inf.* xxi. 91.
    m' apparve... Un lume per lo mar venir sì *ratto* . . . . . *Purg.* ii. 17.
    Ratto, ratto, che il tempo non si perda Per poco amor . . . *Purg.* xviii. 103.
    Cangiar colore... *Ratto* che inteser le parole crude . . . . *Inf.* iii. 102.
    si levò, *ratto* Ch' ella ci vide passarsi davante . . . . . . *Inf.* vi. 38.
2. Ratto. Ganimede, Quando fu *ratto* al sommo consistoro . . . *Purg.* ix. 24.
Rattrappa. Che in su si stende, e da piè si *rattrappa* . . . . *Inf.* xvi. 137.
Rauna. lo mezzo, Al quale ogni gravezza si *rauna*[4] . . . . . *Inf.* xxxii. 74.
    quando fummo... Su, dove il monte indietro si *rauna* . . . *Purg.* x. 18.
Raunai. *raunai* le fronde sparte E rende' le a colui . . . . . *Inf.* xiv. 2.
Rauni. col popol si *rauni*[5] Oggi colui che la fascia col fregio . . *Par.* xvi. 131.
Ravenna. *Ravenna* sta, come stata è molti anni . . . . *Inf.* xxvii. 40.

---

[1] perch' ei.   [2] c'.   [3] Ove.   [4] *raduna*.   [5] *raduni*.

Ravenna. Quel che fe' poi ch' egli uscì di *Ravenna* . . . . . . *Par.* vi. 61.
Ravignani. Sopra la porta... Erano i *Ravignani* . . . . *Par.* xvi. 97.
Ravvisai. E *ravvisai* la faccia di Forese . . . . *Purg.* xxiii. 48.
Ravviva. La tramortita sua virtù *ravviva* . . . . *Purg.* xxxiii. 129.
Ravvolgeva. Si *ravvolgeva* infino al giro quinto . . . . *Inf.* xxxi. 90.
Ravvolta. Porsila a lui aggroppata e *ravvolta* . . . . *Inf.* xvi. 111.
Razionabile. Chè nullo effetto[1] mai *razionabile* . . . . *Par.* xxvi. 127.
Re. Sì che insieme col regno il *re* fu casso . . . . *Inf.* xxx. 15.
    E più e men che *re* era in quel caso . . . . *Purg.* x. 66.
    Se fosse amico il *re* dell' universo, Noi pregheremmo . . . *Inf.* v. 91.
    chiese senno, Acciocchè *re* sufficiente fosse . . . . *Par.* xiii. 96.
    posse Ben veder ch' ei fu *re*, che chiese senno . . . . *Par.* xiii. 95.
    e come a quel fu molle Suo *re*, così fia a lui . . . . *Inf.* xix. 87.
    E se *re* dopo lui fosse rimaso Lo giovinetto . . . . *Purg.* vii. 115.
    E fate *re* di tal ch' è da sermone . . . . *Par.* viii. 147.
    Abraam patriarca e David *re*, Israel con lo padre . . . . . *Inf.* iv. 58.
    Vedete il *re* della semplice vita Seder là solo . . . . *Purg.* vii. 130.
    e vidi il *re* Latino, Che con Lavinia sua figlia sedea . . . . *Inf.* iv. 125.
    io son... quelli Che diedi al *re* Giovanni[2] mai conforti . . . *Inf.* xxviii. 135.
    piace, Com' allo *re* ch' a suo voler ne invoglia . . . . *Par.* iii. 84.
    Poi fui famiglio del buon *re* Tebaldo . . . . *Inf.* xxii. 52.
1. **Rea.** E te sia *rea* la sete onde ti crepa, Disse il Greco . . . . *Inf.* xxx. 121.
    Che colpa ho io della tua vita *rea?* . . . . *Inf.* xiii. 135.
2. **Rea.** *Rea* la scelse già per cuna fida D' un[3] suo figliuolo . . . *Inf.* xiv. 100.
Real. Ver lo fiume *real* tanto veloce Si ruinò . . . . *Purg.* v. 122.
    Lo *real* manto di tutti i volumi Del mondo . . . . *Par.* xxiii. 112.
Reale. Quanto aspetto *reale* ancor ritiene ! . . . . *Inf.* xviii. 85.
Reame. altro *reame* La divina giustizia fa suo specchio . . . *Par.* xix. 28.
    Dentro all' ampiezza di questo *reame* Casual punto . . . . *Par.* xxxii. 52.
Reami. Jacomo e Federico hanno i *reami* . . . . *Purg.* vii. 119.
Rebecca. Sara, *Rebecca*, Judit, e colei Che fu bisava . . . . . *Par.* xxxii. 10.
Reca. E qual da lato gli si *reca* a mente . . . . *Purg.* vi. 6.
    per quello Che si *reca* il bordon di palma cinto . . . . . *Purg.* xxxiii. 78.
Recar. fu presuntuoso A *recar* Siena tutta alle sue mani . . . . *Purg.* xi. 123.
Recarne. Andovvi... Per *recarne* conforto a quella fede . . . *Inf.* ii. 29.
Recasse. prima... Che liber uomo l' un *recasse* ai denti . . . . *Par.* iv. 3.
Recasti. O tu, che... *Recasti* già mille leon per preda . . . . *Inf.* xxxi. 118.
Recate. Voi, che vivete, ogni cagion *recate* Pur suso al ciel . . . *Purg.* xvi. 67.
Recati. *Recati* a mente il nostro avaro seno . . . . *Inf.* xviii. 63.
Recenti. che piaghe... *Recenti* e vecchie dalle fiamme incese . . *Inf.* xvi. 11.
    Bastava sì nei secoli *recenti* Con l' innocenza . . . . . . *Par.* xxxii. 76.
*****Recepe.** Ne recepette, com' acqua *recepe* Raggio di luce . . . . *Par.* iii. 35.
    La prima luce... Per tanti modi in essa si *recepe* . . . . . *Par.* xxix. 137.
Recepette. Per entro sè l' eterna margarita Ne *recepette*[4] . . . . *Par.* ii. 34.
*****Recetta.** Cosa che fosse allor da lei *recetta* . . . . *Purg.* xvii. 24.
Recettacolo. E corto *recettacolo* a quel bene . . . . *Par.* xix. 50.
Rech'. Di sopr' esso *rech'* io questa persona . . . . *Purg.* xiv. 19.
Recherà. il cavalier... Che *recherà* la tasca con[5] tre becchi . . *Inf.* xvii. 73.
Rechi. che stretta di neve Non *rechi* la vittoria al Noarese . . *Inf.* xxviii. 59.
    Pregoti che alla mente altrui mi *rechi* . . . . *Inf.* vi. 89.
    se tu ti *rechi* a mente Lo Genesi dal principio . . . . . . *Inf.* xi. 106.
Rechiti. Se... *rechiti* alla mente, chi son quelli . . . . *Inf.* xi. 86.
Recidean. scogli Movien, che' *recidean* gli argini e[6] fossi . . . *Inf.* xviii. 17.
Reciso. Convien saltar... Come chi trova suo cammin *reciso* . . *Par.* xxiii. 63.

---

[1] affetto.   [2] Giovane.   [3] Del.   [4] ricevette.   [5] coi.   [6] e i.

Reclusa. sicut tibi, cui Bis unquam coeli janua *reclusa?* . . . . *Par.* xv. 30.
Reco. terra Latina, ond' io mia colpa tutta *reco* . . . . *Inf.* xxvii. 27.
    grazia, Per che il mortal pel vostro mondo *reco* . . . . . *Purg.* xxvi. 60.
Recò. si *recò* a noia Forse d' esser nomato sì oscuro . . . . . *Inf.* xxx. 100.
Reda; rede. *Vedi* **Ereda; erede.**
Reddire. Ma per la mente che non può *reddire* Sopra sè . . . *Par.* xviii. 11.
Reddissi. *Reddissi* al frutto dell' italica erba . . . . *Par.* xi. 105.
Reddita. Poscia non sia di qua vostra *reddita* . . . . *Purg.* i. 106.
Redenzion. volesse... A nostra *redenzion* pur questo modo . . . *Par.* vii. 57.
    gli aperse L' occhio alla nostra *redenzion* futura . . . . . . *Par.* xx. 123.
*****Redimita.** Di seconda corona *redimita* Fu per Onorio . . . . . *Par.* xi. 97.
*****Redole.** si dilata, digrada, e *redole* Odor di lode . . . . *Par.* xxx. 125.
Ree. Nè tante pestilenzie nè sì *ree* Mostrò giammai . . . . . . *Inf.* xxiv. 88.
Reflette. fiato... Che la *reflette*, e via da lei sequestra . . . . *Purg.* xxv. 114.
Refrigerio. Lo *refrigerio* dell' eterna ploia . . . . *Par.* xiv. 27.
Refulgo. Cunizza fui chiamata, e qui *refulgo* . . . . . , , . *Par.* ix. 32.
Refuse. tanto vinse... Quanto pi lino splendor quel ch' ei[1] *refuse*. *Par.* xii. 9.
Regal. *Regal* prudenza e[2] quel vedere impari . . . . *Par.* xiii. 104.
Regalmente. Ma *regalmente* sua dura intenzione... aperse . . . *Par.* xi. 91.
    Regalmente nell' atto ancor proterva Continuò . . . . *Purg.* xxx. 70.
Rege. Convenne *rege* aver, che discernesse... la torre . . . . . *Purg.* xvi. 95.
    Ora conosce come s' innamora Lo ciel del giusto *rege* . . . *Par.* xx. 65.
    Creta, Sotto il cui *rege* fu già il mondo casto . . . . . . *Inf.* xiv. 96.
    logoro, che gira Lo *Rege* eterno con le rote magne . . . . . *Purg.* xix. 63.
    Lo *Rege*, per cui questo regno pausa In tanto amore . . . . *Par.* xxxii. 61.
    Tito con l' aiuto Del sommo *Rege* vendicò le fora . . . . *Purg.* xxi. 83.
1. **Regge.** fur... distorti Gli spigoli di quella *regge* sacra . . . *Purg.* ix. 134.
2. **Regge.** In tutte parti impera, e quivi *regge* . . . . *Inf.* i. 127.
    fia raccesa La faccia della donna che qui *regge* . . . . . *Inf.* x. 80.
    Ma se donna del ciel ti move e *regge* Come tu di' . . . . . *Purg.* i. 91.
    come... fu molle Suo re, così fia a lui chi Francia *regge* . . . *Inf.* xix. 87.
*3. **Regge.** E se tu mai nel dolce mondo *regge*, Dimmi . . . . . *Inf.* x. 82.
Regger. Quel della Pressa sapeva già come *Regger* si vuole . . *Par.* xvi. 101.
Reggi. Per che[3] non *reggi* tu, o sacra fame Dell' oro? . . . . . *Purg.* xxii. 40.
*****Reggia.** Ma tenta pria s' è tal ch' ella ti *reggia* . . . . . . *Inf.* xxiv. 30.
Reggimenti. Per confondere in sè due *reggimenti*, Cade . . . . *Purg.* xvi. 128.
    Or con uni, or con altri *reggimenti* . . . . *Purg.* xxxi. 123.
Regi. Quanti si tengon or lassù gran *regi!* . . . . *Inf.* viii. 49.
    Quando li *regi* antichi venner meno Tutti . . . . *Purg.* xx. 53.
    Trinacria... Attesi avrebbe li suoi *regi* ancora . . . . . . *Par.* viii. 71.
    Che potran dir li Persi ai vostri *regi?* . . . . *Par.* xix. 112.
    rispetto Ai *regi*, che son molti, e i buon son rari . . . . . *Par.* xiii. 108.
    Quando colei... Puttanneggiar co' *regi* a lui fu vista . . . . *Inf.* xix. 108.
    quel fu l' un de' sette *regi* Ch' assiser Tebe . . . . *Inf.* xiv. 68.
    dal mal delle Sabine Al dolor di Lucrezia in sette *regi* . . . *Par.* vi. 41.
Regina. o *regina*, Perchè per ira hai voluto esser nulla? . . . . *Purg.* xvii. 35.
    Cesar... *Regina*, contra sè, chiamar s' intese . . . . . . *Purg.* xxvi. 78.
    Quattro figlie ebbe, e ciascuna *regina*,[4] Ramondo . . . . *Par.* vi. 133.
    conobbe le meschine Della *regina* dell' eterno pianto . . . *Inf.* ix. 44.
    E la *Regina* del cielo, ond' i' ardo Tutto d' amor . . . . *Par.* xxxi. 100.
    guarda i cerchi... Tanto che veggi seder la *Regina* . . . . *Par.* xxxi. 116.
    Ancor ti prego, *Regina*, che puoi Ciò che tu vuoi . . . . *Par.* xxxiii. 34.
    Salve, *Regina*... Quivi[5] seder cantando anime vidi . . . . *Purg.* vii. 82.
    Indi rimaser... *Regina* coeli cantando sì dolce . . . . . . *Par.* xxiii. 128.

[1] che.   [2] è.   [3] Perchè; A che.   [4] reina.   [5] Quindi.

Regina. con tanto gioco Guarda negli occhi la nostra *Regina* . . *Par.* xxxii. 104.
Region. come ogni altra seménte Fuor di sua *region* . . . . . . *Par.* viii. 141.
    E poi... La vostra *region* mi fu sortita . . . . *Par.* xxii. 120.
    perchè ne vedi La *region* degli Angeli dipinta . . . . *Par.* xx. 102.
    Da quella *region*, che più su tuona... tanto non dista . . . . *Par.* xxxi. 73.
    Perchè la Donna, che per questa dia *Region* ti conduce . . . *Par.* xxvi. 11.
Regis. Vexilla *Regis* prodeunt Inferni Verso di noi . . . . . . *Inf.* xxxiv. 1.
Registra. giustizia Punisce i falsator che qui *registra* . . . . . *Inf.* xxix. 57.
    nome mio, Che di necessità qui si *registra* . . . . *Purg.* xxx. 63.
Regna. Chè quello Imperador che lassù *regna*... Non vuol . . . *Inf.* i. 124.
    Quando lo imperador che sempre *regna*, Provvide . . . . . *Par.* xii. 40.
    sempre vive, E *regna* sempre in tre e due ed uno . . . . . *Par.* xiv. 29.
Regnar. E chi *regnar* per forza o[1] per sofismi . . . . *Par.* xi. 6.
1. Regni. Lasciane andar per li tuoi sette *regni* . . . . *Purg.* i. 82.
    ingegni Fai gloriosi... Ed essi teco le cittadi e i *regni* . . . *Par.* xviii. 84.
2. Regni. Ben vedrai che coi buon convien ch' ei *regni* . . . . *Purg.* xxi. 24.
Regno. la penna, Per che il *regno* di Praga fia deserto . . . . . *Par.* xix. 117.
    e cominciò dall' ora Che Pallante morì per dargli *regno* . . *Par.* vi. 36.
    persegue Suo *regno*, come il loro gli altri Dei . . . . *Inf.* vii. 87.
    Sì che insieme col *regno* il re fu casso . . . . *Inf.* xxx. 15.
    stretto nelle mani il freno Del governo del *regno* . . . . . . *Purg.* xx. 56.
    e quei rispose : Io fui del *regno* di Navarra nato . . . . . . *Inf.* xxii. 48.
    Di fuor del *regno*, quasi lungo il Verde . . . . *Purg.* iii. 131.
    era fatturo Per lo *regno* mortal, ch' a lui soggiace . . . . . *Par.* vi. 84.
    Per tutti i cerchi del dolente *regno*... son io di qua venuto . *Purg.* vii. 22.
    Lo imperador del doloroso *regno* Da mezzo il petto uscia . . *Inf.* xxxiv. 28.
    senza morte Va per lo *regno* della morta gente . . . . . . *Inf.* viii. 85.
    sen vada, Che sì ardito entrò per questo *regno* . . . . . . *Inf.* viii. 90.
    scosse... Lo vostro *regno*, che da sè lo[2] sgombra . . . . . . *Purg.* xxiii. 133.
    E canterò di quel secondo *regno*, Dove... si purga . . . . . *Purg.* i. 4.
    il tempo è caro In questo *regno* sì, ch' io perdo troppo . . . *Purg.* xxiv. 92.
    Questo sicuro e gaudioso *regno*... Viso ed amore avea . . . *Par.* xxxi. 25.
    la Regina, Cui questo *regno* è suddito e devoto . . . . . . *Par.* xxxi. 117.
    Ma perchè questo *regno* ha fatto civi Per la... fede . . . . . *Par.* xxiv. 43.
    Lo Rege, per cui questo *regno* pausa In tanto amore . . . . *Par.* xxxii. 61.
    Lo ben che tutto il *regno* che tu scandi Volge e contenta . . *Par.* viii. 97.
    a questo *regno* Non salì mai chi non credette in Cristo . . . *Par.* xix. 103.
    l' anima preclara Mover si volle, tornando al suo *regno* . . . *Par.* xi. 116.
    Quella milizia del celeste *regno*, Che precedeva . . . . . . *Purg.* xxxii. 22.
    Tanto, che l' ombra del beato *regno* Segnata... manifesti . . *Par.* i. 23.
    Veramente quant' io del *regno* santo... potei far tesoro . . . *Par.* i. 10.
    La concreata... sete Del deiforme *regno* cen portava Veloci . *Par.* ii. 20.
    io vidi L' alto trionfo del *regno* verace . . . . *Par.* xxx. 98.
    gioie care... Tanto, che non si posson trar del *regno* . . . . *Par.* x. 72.
    credenza, seminata Per li messaggi dell' eterno *regno* . . . *Purg.* xxii. 78.
    come noi sem... Per questo *regno*, A tutto il *regno* piace . . *Par.* iii. 83.
    Vegna ver noi la pace del tuo *regno* . . . . *Purg.* xi. 7.
    E sì come saetta... Così corremmo nel secondo *regno* . . . . *Par.* v. 93.
Regnum. *Regnum* coelorum violenza pate Da caldo amore . . . *Par.* xx. 94.
Regola. *Regola* e qualità mai non l' è nuova . . . . *Inf.* vi. 9.
    e la *regola* mia Rimasa è[3] per danno delle carte . . . . . *Par.* xxii. 74.
Rei. secondo Che buoni e *rei* amori accoglie e viglia . . . . . *Purg.* xviii. 66.
    Gite con lor, ch' ei non saranno *rei* . . . . *Inf.* xxi. 117.
    Or sai nostri atti, e di che fummo *rei* . . . . *Purg.* xxvi. 88.

[1] e.   [2] la.   [3] è giù.

| REI | 585 | RENDER |

Rei. Chè alcuna gloria i *rei* avrebber d' elli . . . . *Inf.* iii. 42.
Disse : questi è de' *rei* del foco furo . . . . *Inf.* xxvii. 127.
quanto mi piacque, Quando ti vidi non esser tra i *rei!* . . . *Purg.* viii. 54.
Reina. Quattro figlie ebbe, e ciascuna *reina*,[1] Ramondo . . . . *Par.* vi. 133.
Reiterando. E retro[2] a noi l' andò *reiterando* . . . . *Purg.* xiii. 30.
Religione. cosa non è che... senta la *religione* Della montagna . *Purg.* xxi. 41.
e da lui ebbe Primo sigillo a sua *religione* . . . . *Par.* xi. 93.
Ma voi torcete alla *religione* Tal che fia nato . . . . *Par.* viii. 145.
***Relinqua.** Sì ch' altra vita la prima *relinqua* . . . . *Par.* ix. 42.
Reliquie. Mostrava... anche le *reliquie* del martiro . . . . *Purg.* xii. 60.
Remi. Li *remi*, pria nell' acqua ripercossi, Tutti si posan . . . *Par.* xxv. 134.
Altri fa *remi*, ed altri volge sarte . . . . *Inf.* xxi. 14.
Chè qui è buon con la vela e coi *remi...* pinger sua barca . . *Purg.* xii. 5.
De' *remi* facemmo ale al folle volo . . . . *Inf.* xxvi. 125.
Remo. Qui si ribatte il mal tardato *remo* . . . . *Purg.* xvii. 87.
remo non vuol, nè altro velo Che l' ale sue . . . . *Purg.* ii. 32.
Caron... Batte col *remo* qualunque s' adagia . . . . *Inf.* iii. 111.
Remota. da queste dignitadi, Come da[3] Paradiso, fu *remota* . . *Par.* vii. 87.
O predestinazion, quanto *remota* E la radice tua! . . . . . *Par.* xx. 130.
Remote. ed io in lei Le luci fissi, di lassù *remote* . . . . . . *Par.* i. 66.
E quanto le sue pecore *remote* E vagabonde... vanno . . . . *Par.* xi. 127.
tanto più divine, Quant' elle son dal centro più *remote* . . . *Par.* xxviii. 51.
Remoto. ringrazio lui Lo qual dal mortal mondo m' ha *remoto*[4] . *Par.* ii. 48.
Ma guarda i cerchi fino al più *remoto*, Tanto che veggi . . . *Par.* xxxi. 115.
quando piove Da quel confine che più va[5] *remoto* . . . . . *Purg.* xxxii. 111.
Loco è laggiù da Belzebù *remoto* Tanto . . . . *Inf.* xxxiv. 127.
Remunerar. Per lo *remunerar*, ch' è altrettanto . . . . *Par.* xx. 42.
Ren. Quelle ficcavan per le *ren* la coda E il capo . . . . . . *Inf.* xxiv. 95.
E miseli la coda... E dietro per le *ren* su la ritese . . . . . *Inf.* xxv. 57.
Rena. s' aggira... Come la *rena* quando a[6] turbo spira . . . . *Inf.* iii. 30.
Per ben cessar la *rena* e la fiammella . . . . *Inf.* xvii. 33.
Più non si vanti Libia con sua *rena* . . . . *Inf.* xxiv. 85.
Poco più oltre veggio in sulla *rena* Gente seder . . . . . . *Inf.* xv. 35.
Rende. Ma sì come carbon che fiamma *rende*... Così questo fulgor.*Par.* xiv. 52.
Quale... La parte dov' ei son *rende* figura . . . . *Inf.* xviii. 12.
Dall' altra, d' ogni ben fatto la *rende* . . . . *Purg.* xxviii. 129.
Ma luce *rende* il salmo Delectasti, Che puote disnebbiar . . *Purg.* xxviii. 80.
cotal moneta *rende* A satisfar chi è di là tropp' oso . . . . . *Purg.* xi. 125.
se miseria... *Rende* in dispetto noi e nostri preghi . . . . . *Inf.* xvi. 29.
infin che il ramo *Rende*[7] alla terra tutte le sue spoglie . . . *Inf.* iii. 114.
E come specchio l' uno all' altro *rende* . . . . *Purg.* xv. 75.
e vien Quirino Da sì vil padre che si *rende* a Marte . . . . . *Par.* viii. 132.
Infin là, 've si *rende* per ristoro Di quel . . . . *Purg.* xiv. 34.
Rende'. E *rende'* le a colui ch' era già fioco[8] . . . . *Inf.* xiv. 3.
Virgilio *Rende'* gli il cenno ch' a ciò si conface . . . . . *Purg.* xxi. 15.
Rendea. E *rendea* a me la mia sinistra costa... come specchio . *Purg.* xxix. 68.
Tale imagine appunto mi *rendea* Ciò ch' io udiva . . . . . *Purg.* ix. 142.
Rendei. Indi *rendei* l' aspetto all' alte cose . . . . *Purg.* xxix. 58.
m' increbbe, E pentuto e confesso mi *rendei* . . . . *Inf.* xxvii. 83.
ancora mi *rendei* Alla battaglia dei debili cigli . . . . *Par.* xxiii. 77.
mi *rendei* Piangendo a quei che volentier perdona . . . . . *Purg.* iii. 119.
dier volta, Per modo ch' a levante mi *rendei* . . . . *Purg.* xxix. 12.
Rendemmi. Poi, quando il cor di fuor virtù *rendemmi* . . . . *Purg.* xxxi. 91.
Render. E un' altra da lungi *render* cenno Tanto . . . . *Inf.* viii. 5.

[1] *regina.* [2] dietro. [3] di. [4] rimoto. [5] è. [6] il. [7] *Vede.* [8] roco.

Render. Dunque che *render* puossi per ristoro? . . . . *Par.* v. 31.
Ancor ti può nel mondo *render* fama . . . . *Inf.* xxxi. 127.
tanto profonda, Che basti a *render* voi grazia per grazia . . *Par.* iv. 122.
è degno Di *render* grazie al tuo dolce[1] vapore . . . . *Purg.* xi. 6.
sentisti... li pii Spiriti per lo monte *render* lode . . . . . . *Purg.* xxi. 71.
vuoi saper, se... Per manco voto, si può *render* tanto . . . . *Par.* v. 14.
Tentando a *render* te qual tu paresti Là . . . . *Purg.* xxxi. 143.
Quand' io incominciai a *render* vano L' udire . . . . *Purg.* viii. 7.
e *render* voce a voce in tempra Ed in dolcezza . . . . *Par.* x. 146.
come spade... In *render* torti li diritti volti . . . . *Par.* xiii. 129.
Render solea quel chiostro a questi cieli Fertilemente . . . *Par.* xxi. 118.
Rendere. Già non compiè di tal consiglio *rendere* . . . . *Inf.* xxiii. 34.
Rendero. Le lor parole, che *rendero* a queste . . . . *Purg.* xi. 46.
Rendersi. a *rendersi* a Dio Con tutto il suo gradir . . . . *Par.* x. 56.
Rendili. gl' ingegni Fai gloriosi, e *rendili* longevi . . . . . . *Par.* xviii. 83.
Rendo. baratteria, Di che io *rendo* ragione in questo caldo . . . *Inf.* xxii. 54.
Altra risposta, disse, non ti *rendo*, Se non lo far . . . . . . *Inf.* xxiv. 76.
Rendon. diversi scanni... *Rendon* dolce armonia tra queste rote . *Par.* vi. 126.
Rendono. Imagini... false, Che nulla promission *rendono* intera . *Purg.* xxx. 132.
Renduta. più di sette Volte m' hai sicurtà *renduta* . . . . . . *Inf.* viii. 98.
Renduto. venner meno Tutti, fuor ch' un, *renduto* in panni bigi . *Purg.* xx. 54.
Reni. Nè quando Icaro misero le *reni* Sentì spennar . . . . . *Inf.* xvii. 109.
Ed andavam col sol nuovo alle *reni* . . . . *Purg.* xix. 39.
Chè dalle *reni* era tornato il volto . . . . *Inf.* xx. 13.
così divini, Che, vinta, mia virtù diede[2] le *reni* . . . . . . *Par.* iv. 141.
Reno. E quel che fe' da Varo infino al *Reno*, Isara vide . . . . *Par.* vi. 58.
Tra il Po e il monte, e la marina e il *Reno* . . . . *Purg.* xiv. 92.
non son ora apprese A dicer sipa tra Savena e[3] *Reno* . . . . *Inf.* xviii. 61.
Reo. perchè il capo *reo* lo mondo torca, Sola va dritta . . . . . *Purg.* viii. 131.
la mala condotta E la cagion che il mondo ha fatto *reo* . . *Purg.* xvi. 104.
Elena vidi, per cui tanto *reo* Tempo si volse . . . . *Inf.* v. 64.
io m' appresi[4] Al pel del vermo *reo* che il mondo fora . . . *Inf.* xxxiv. 108.
la vigna, Che tosto imbianca, se il vignaio è *reo* . . . . . . *Par.* xii. 87.
E siati *reo*, che tutto il mondo sallo . . . . *Inf.* xxx. 120.
Anteo... Che ne porrà nel fondo d' ogni *reo* . . . . *Inf.* xxxi. 102.
***Repe.** altra patio, Ch' esser convien se corpo in corpo *repe* . . *Par.* ii. 39.
Repente. Ond' ei *repente* spezzerà la nebbia . . . . *Inf.* xxiv. 149.
*†**Reperte.** Fede ed innocenza son *reperte* Solo nei parvoletti . . *Par.* xxvii. 127.
Repleta. Nuovi tormenti... Di che la prima bolgia era *repleta* . . *Inf.* xviii. 24.
E come fu creata, fu *repleta* Sì la sua mente . . . . *Par.* xii. 58.
Repleto. e spira Spirito nuovo di virtù *repleto* . . . . *Purg.* xxv. 72.
Replico. Or qui t' ammira in ciò ch' io ti *replico* . . . . *Par.* vi. 91.
*†**Repluo.** son pieno, Ed in altrui vostra pioggia *repluo* . . . *Par.* xxv. 78.
Repreme. come quei che in sè *repreme*[5] La punta del disio . . *Par.* xxii. 25.
***Requievi.** già contento *requievi* Di grande ammirazion . . . . *Par.* i. 97.
Resistenza. Con men di *resistenza* si dibarba . . . . *Purg.* xxxi. 70.
Resistenze. Dove le *resistenze* eran più grosse . . . . *Par.* xii. 102.
Respiri. Vuol ch' io *respiri* a te, che ti dilette Di lei . . . . . *Par.* xxv. 85.
Resse. L' altro... *Resse* la terra dove l' acqua nasce . . . . . *Purg.* vii. 98.
Resta. Ma perchè il balenar, come vien, *resta* . . . . *Purg.* xxix. 19.
La bufera infernal, che mai non *resta*, Mena gli spirti . . *Inf.* v. 31.
la forcuta Nell' altro si richiude, e il fummo *resta* . . . . *Inf.* xxv. 135.
Resta, se dividendo bene estimo, Che... nasce in tre modi . *Purg.* xvii. 112.
Restammo. Noi ci *restammo*[6] immobili e sospesi, Come i pastor. *Purg.* xx. 139.

[1] alto. [2] diedi; die'. [3] e 'l. [4] mi presi. [5] ripreme. [6] *Noi stavamo*.

Restar. baciarsi... Senza *restar*, contente a breve festa	. . . .	*Purg.* xxvi. 33.
Restare. Non t' incresca *restare* a parlar meco	. . . .	*Inf.* xxvii. 23.
O Tosco... Piacciati di *restare*[1] in questo loco	. . . .	*Inf.* x. 24.
Restarmi. Dinanzi mi si tolse, e fe' *restarmi*	. . . .	*Inf.* xxxiv. 19.
Restaro. non... per noi... Ma per color, che dietro a noi *restaro*	.	*Purg.* xi. 24.
Restaro, e trasser sè in retro alquanto	. . . .	*Purg.* iii. 91.
Se per veder la sua ombra *restaro*, Com' io avviso	. . . .	*Purg.* v. 34.
E poi che le parole sue *restaro*... i cerchi sfavillaro	. . . .	*Par.* xxviii. 88.
Restarsi. Senza *restarsi*,[2] per sè stessa cade Mirabilmente	. . .	*Purg.* xxv. 85.
Restata. Poichè la voce fu *restata* e queta	. . . .	*Inf.* iv. 82.
Restato. *Restato* a riguardar per maraviglia Con gli altri	. . . .	*Inf.* xxviii. 67.
Ma quell' altro magnanimo, a cui posta *Restato* m' era	. . .	*Inf.* x. 74.
Restò. E non *restò* di ruinare a valle Fino a Minòs	. . . . .	*Inf.* xx. 35.
Resurrezion. puoi argumentare ancora Vostra *resurrezion*	. . .	*Par.* vii. 146.
Retaggio. Del *retaggio* miglior nessun possiede	. . . .	*Purg.* vii. 120.
Ed or discerno, perchè da *retaggio*... furono esenti	. . . . .	*Purg.* xvi. 131.
Rete. dinanzi dagli occhi... *Rete* si spiega indarno o si saetta	. .	*Purg.* xxxi. 63.
veggio la *rete* Che qui vi piglia, e come si scalappia	. . . .	*Purg.* xxi. 76.
Così lo santo riso A sè traeali con l' antica *rete*	. . . . . .	*Purg.* xxxii. 6.
ancora Di morte entrato dentro dalla *rete*	. . . .	*Purg.* xxvi. 24.
Reti. Gridò: tendiam le *reti*, sì ch' io pigli La leonessa	. . . .	*Inf.* xxx. 7.
Retro. fiamma di doppiero Vede colui che se n' alluma *retro*[3]	. .	*Par.* xxviii. 5.
E, Beati misericordes, fue Cantato *retro*	. . . .	*Purg.* xv. 39.
il sol corcar... Sentimmo *retro*[3] ed io e li miei saggi	. . . .	*Purg.* xxvii. 69.
Lo sol, che *retro*[3] fiammeggiava roggio, Rotto m' era	. . . .	*Purg.* iii. 16.
si profonda tanto; Che *retro* la memoria non può ire	. . . .	*Par.* i. 9.
e il Poeta Tenne a sinistra, ed io *retro* mi mossi	. . . . . .	*Inf.* xviii. 21.
come quei... Che porta il lume *retro*,[3] e sè non giova	. . . .	*Purg.* xxii. 68.
Cade virtù nell' acqua, e nella pianta Rimasa *retro*[4]	. . .	*Purg.* xxiii. 63.
Certo non chiese se non: viemmi *retro*	. . . .	*Inf.* xix. 93.
Pregando Stazio che venisse *retro*, Che... ci divise	. . . .	*Purg.* xxvii. 47.
lasciò trapassar... Forese, e *retro*[3] meco sen veniva	. . . .	*Purg.* xxiv. 74.
si dimostra tetro... Per esser lì rifratto più a *retro*	. . . . .	*Par.* ii. 93.
A *retro* va chi più di gir s' affanna	. . . .	*Purg.* xi. 15.
pur li Si rivolgea ciascun, voltando a *retro*	. . . .	*Inf.* vii. 29.
Questo modo di *retro* par che uccida Pur lo vinco d' amor	.	*Inf.* xi. 55.
Siete voi accorti Che quel di *retro* move ciò ch' ei tocca?	. .	*Inf.* xii. 81.
Vidi demon... Che li battean crudelmente di *retro*	. . . .	*Inf.* xviii. 36.
Qual va dinanzi, e qual di *retro* il prende	. . . .	*Purg.* vi. 5.
Restaro, e trasser sè in *retro*[5] alquanto	. . . .	*Purg.* iii. 91.
Allor si mosse, ed io li tenni *retro*	. . . .	*Inf.* i. 136.
lo corpo... Dell' ombra che di qua *retro*[3] mi verna	. . . . .	*Inf.* xxxiii. 135.
Or quel che t' era *retro*[3] t' è davanti	. . . .	*Par.* viii. 136.
L' oltracotata schiatta, che s' indraca *Retro*[6] a chi fugge	. .	*Par.* xvi. 116.
Tre volte *retro*[3] a lei le mani avvinsi	. . . .	*Purg.* ii. 80.
se re... fosse rimaso Lo giovinetto che *retro* a lui siede	. . .	*Purg.* vii. 116.
Pur su al monte *retro*[3] a me acquista, Fin che n' appaia	. .	*Purg.* iv. 38.
Vien *retro*[3] a me, e lascia dir le genti	. . . .	*Purg.* v. 13.
altamente disse, E *retro*[3] a noi l' andò reiterando	. . . .	*Purg.* xiii. 30.
Già era l' angel *retro*[3] a noi rimaso	. . . .	*Purg.* xxii. 1.
Ci apparve un' ombra, che *retro*[3] a noi venia	. . . .	*Purg.* xxi. 10.
la navicella... Che lascia *retro*[3] a sè mar sì crudele	. . . .	*Purg.* i. 3.
le fiammelle... Lasciando *retro*[3] a sè l' aer dipinto	. . . .	*Purg.* xxix. 74.
Perch' io mi volsi *retro*[5] a' miei dottori	. . . .	*Purg.* xxiv. 143.

[1] ristare. [2] *Senz' arrestarsi*. [3] dietro. [4] addietro. [5] indietro. [6] Dietro.

Retro. la gemma... Che parve foco *retro*[1] ad alabastro . . . . . *Par.* xv. 24.
come far suole Chi *retro*[1] agli uccellin sua vita perde . . . . *Purg.* xxiii. 3.
pace, Che *retro*[1] ai piedi di sì fatta guida . . . . *Purg.* v. 62.
poi *retro*[1] ai sensi Vedi che la ragione ha corte l' ali . . . . *Par.* ii. 56.
L' esalazion... Che, quanto posson, *retro*[1] al calor vanno . . *Purg.* xxviii. 99.
pungiami... Per la impacciata via *retro* al mio Duca . . . . *Purg.* xxi. 5.
Poi per lo vento mi ristrinsi *retro* Al Duca mio . . . . . . *Inf.* xxxiv. 8.
seguiti *Retro*[2] al mio legno che cantando varca . . . . . . *Par.* ii. 3.
quella Che raggia *retro*[1] alla celeste lasca . . . . *Purg.* xxxii. 54.
Forse *retro* da[3] me con miglior voci Si pregherà . . . . . . *Par.* i. 35.
*Retrorso. Veramente Giordan volto è *retrorso* . . . . *Par.* xxii. 94.
Retroso. Diretro guarda, e fa *retroso* calle . . . . *Inf.* xx. 39.
Vedi **Ritroso.**
Retta. i Luigi, Per cui novellamente Francia è *retta* . . . . . . *Purg.* xx. 51.
Retto. far si puote Triangol sì, ch' un *retto* non avesse . . . . . *Par.* xiii. 102.
Reverendi. segno Che fe' i Romani al mondo *reverendi* . . . . *Par.* xix. 102.
Reverente. non per esser più tardo, Ma forse *reverente* . . . . . *Purg.* xxvi. 17.
il capo Tenea, come uom che *reverente* vada . . . . . *Inf.* xv. 45.
Reverenti. Come a color, che troppo *reverenti*... sono . . . . . *Purg.* xxxiii. 25.
Vedi **Riverenti.**
Rezzo. E trema tutto, pur guardando il *rezzo* . . . . *Inf.* xvii. 87.
Ed io tremava nell' eterno *rezzo* . . . . *Inf.* xxxii. 75.
Ria. quando fu sortito Al loco che perdè l' anima *ria* . . . . *Inf.* xix. 96.
O cieca cupidigia, e *ria* e[4] folle, Che sì ci sproni ! . . . . . *Inf.* xii. 49.
e le cocolle Sacca son piene di farina *ria* . . . . *Par.* xxii. 78.
Mostrato ho lui tutta la gente *ria* . . . . *Purg.* i. 64.
gita se n' è... molta gente per non esser *ria* . . . . *Purg.* xiv. 114.
Ed ha natura sì malvagia e *ria*, Che mai non empie . . . *Inf.* i. 97.
con questi Altri rimondo qui la vita *ria* . . . . *Purg.* xiii. 107.
Riaccesa. E volgeami con voglia *riaccesa* Per domandar . . . . *Par.* xxxi. 55.
Rialto. parte... che siede tra *Rialto* E le fontane di Brenta . . . *Par.* ix. 26.
Riarmar. L' esercito di Cristo, che sì caro Costò a *riarmar* . . *Par.* xii. 38.
Riarse. Cadendo Ibero... E l' onde in Gange da nona *riarse* . . *Purg.* xxvii. 4.
Riarso. Fu il sangue mio d' invidia sì *riarso* . . . . *Purg.* xiv. 82.
Riavesse. prima... Che *riavesse* le maschili penne . . . . *Inf.* xx. 45.
Ribadendo. e rilegollo, *Ribadendo* sè stessa sì dinanzi . . . . . *Inf.* xxv. 8.
Ribaldo. Chè m' avea generato d' un *ribaldo* Distruggitor . . . *Inf.* xxii. 50.
Ribatte. Chi *ribatte* da proda e chi da poppa . . . . *Inf.* xxi. 13.
quiritto si ristora, Qui si *ribatte* il mal tardato remo . . . *Purg.* xvii. 87.
Ribatter. E prima poi *ribatter* gli convenne Li due serpenti . . *Inf.* xx. 43.
Ribellante. Perch' io fui *ribellante* alla sua legge . . . . . . *Inf.* i. 125.
Ribelli. angeli non furon *ribelli*, Nè fur fedeli a Dio . . . . *Inf.* iii. 38.
Io feci il padre e il figlio in sè *ribelli* . . . . *Inf.* xxviii. 136.
Ricadde. Supin *ricadde*, e più non parve fuora . . . . *Inf.* x. 72.
Ricadea. saliva, E *ricadea* in giù dentro e di fuori . . . . . . *Purg.* xxx. 30.
Ricalcitrate. Perchè *ricalcitrate* a quella voglia ? . . . . *Inf.* ix. 94.
Ricca. E Niccolò, che la costuma *ricca* Del garofano... discoperse *Inf.* xxix. 127.
Tu *ricca*, tu con pace, tu con senno . . . . *Purg.* vi. 137.
Riccardo. l' ardente spiro D' Isidoro, di Beda, e di *Riccardo* . *Par.* x. 131.
Ricchezza. O ignota *ricchezza*, o ben ferace[5] ! . . . . *Par.* xi. 82.
O vita intera... O senza brama sicura *ricchezza* ! . . . . . *Par.* xxvii. 9.
anzi virtute, Che gran *ricchezza* posseder con vizio . . . . *Purg.* xx. 27.
della sua *ricchezza* Mi si facean stimar veloci e lente . . . . *Par.* xxiv. 17
Ricchi. Cambiando condizion *ricchi* e mendici . . . . *Par.* xvii. 90.

[1] dietro.   [2] Dietro.   [3] diretro a.   [4] o ira.   [5] verace.

Ricchi.	un ben distributo I più posseditor faccia più *ricchi* Di se	*Purg.* xv. 62.
Ricchissime.	si soffolce In quell' arche *ricchissime*	*Par.* xxiii. 131.
Ricco.	quella dote, Che da te prese il primo *ricco* patre	*Inf.* xix. 117.
	L' uno in eterno *ricco*, e l' altro inope	*Par.* xix. 111.
Ricerna.	Tu dubbi, ed hai voler che si *ricerna*[1]... Lo dicer mio	*Par.* xi. 22.
Ricetto.	una scesa, Ove dovea[2] per mille esser *ricetto*	*Inf.* xvi. 102.
Riceve.	Caccianli i Ciel... Nè lo profondo Inferno gli *riceve*	*Inf.* iii. 41.
	sopra il golfo Che *riceve* da Euro maggior briga	*Par.* viii. 69.
	se le parole mie, Figlio, la mente tua guarda e *riceve*	*Purg.* xxv. 35.
	Di quel che il ciel da sè in sè *riceve* Esserci puote	*Purg.* xxi. 44.
	Pute la terra che questo *riceve*	*Inf.* vi. 12.
	La vista che *riceve* il vostro mondo... dentro s' interna	*Par.* xix. 59.
	nulla quasi Per me fatica andando si *riceve*	*Purg.* xii. 120.
Ricever.	sie certo, Che *ricever* la grazia è meritorio	*Par.* xxix. 65.
	mi narrò gl' inganni Che *ricever* dovea la sua semenza	*Par.* ix. 3.
Ricevesse.	la bigoncia Che *ricevesse* il sangue Ferrarese	*Par.* ix. 56.
	la mattia da Casalodi Da Pinamonte inganno *ricevesse*	*Inf.* xx. 96.
Ricevette.	Per entro sè l' eterna margarita Ne *ricevette*[3]	*Par.* ii. 35.
Ricevièno.	l' ore prime... *ricevièno* intra le foglie	*Purg.* xxviii. 17.
Ricevuto.	in quella Che ha *ricevuto* già 'l colpo mortale	*Inf.* xii. 23.
***Richegge.**	Bastiti ben, che per lei mi *richegge*	*Purg.* i. 93.
Richiama.	Lo perfido assassin, che poi ch' è fitto, *Richiama* lui.	*Inf.* xix. 51.
Richiamava.	Eriton... Che *richiamava* l' ombre a' corpi sui	*Inf.* ix. 24.
	E già il Maestro mio mi *richiamava*	*Inf.* x. 115.
Richiamo.	E però poco val freno o *richiamo*	*Purg.* xiv. 147.
	Gittansi... Per cenni, come augel per suo *richiamo*	*Inf.* iii. 117.
Richiede.	cibo... *Richiede* ancora aiuto a tua dispensa	*Par.* v. 39.
	Gonfia il cappuccio, e più non si *richiede*	*Par.* xxix. 117.
Richiedi.	Mi disse: dunque che a me *richiedi?*	*Inf.* xix. 66.
	mi *richiedi*, Spirito eletto, se tu vuoi ch' io mova	*Purg.* xiii. 142.
Richieggio.	Poeta, io ti *richieggio* Per quello Dio	*Inf.* i. 130.
Richiesi.	Tal che di comandare io la *richiesi*	*Inf.* ii. 54.
Richiesto.	Là 've del ver a Troia fosti *richiesto*	*Inf.* xxx. 114.
	è fatto brullo... Del ben *richiesto* al vero ed al trastullo	*Purg.* xiv. 93.
Richinava.	Mi *richinava* come l' uom ch' assonna	*Par.* vii. 15.
Richiude.	turba... Che Tagliamento ed Adice *richiude*	*Par.* ix. 44.
	la forcuta Nell' altro si *richiude*, e il fummo resta	*Inf.* xxv. 135.
Richiudon.	piaghe, Che si *richiudon* per esser dolente	*Purg.* xv. 81.
Richiusa.	Ancor non era sua bocca *richiusa*	*Purg.* xix. 25.
	Suonando la sentii esser *richiusa*	*Purg.* x. 4.
	nè Alcide Quando Iole nel cor ebbe *richiusa*	*Par.* ix. 102.
Richiuse.	La piaga, che Maria *richiuse* ed unse	*Par.* xxxii. 4.
	Perocchè le ferite son *richiuse* Prima ch' altri... rivada	*Inf.* xxviii. 41.
Richiuso.	Infin che il mar fu sopra noi *richiuso*	*Inf.* xxvi. 142.
	E, se Dio m' ha in sua grazia *richiuso* Tanto	*Purg.* xvi. 40.
Ricida.	Ciascun si fida... Pur che il voler nonpossa non *ricida*	*Purg.* v. 66.
Ricidemmo.	Noi *ricidemmo* il cerchio all' altra riva	*Inf.* vii. 100.
***Ricinghe.**	e fa che tu costui *ricinghe* D' un giunco schietto	*Purg.* i. 94.
Ricirculando.	Mo su, mo giù, e mo *ricirculando*	*Par.* xxxi. 48.
Ricoglie.	sempre quivi si *ricoglie* Qual... non si cala	*Purg.* ii. 104.
Ricolse.	Così mi disse, ed indi si *ricolse* Al suo collegio	*Par.* xxii. 97.
1. **Ricolta.**	Sopra le mie questioni avea *ricolta*	*Purg.* xviii. 86.
2. **Ricolta.**	si vedrà della *ricolta* Della mala coltura	*Par.* xii. 118.
Ricolte.	E per queste parole, se *ricolte* L' hai come devi	*Par.* iv. 88.

[1] *discerna.*   [2] dovria.   [3] *recepette.*

Ricolte. ascoltando Fin che le nuove note hanno *ricolte* . . . . *Par.* x. 81.
   se le parole Mie son *ricolte*, senz' altro aiutorio . . . . . . *Par.* xxix. 69.
Ricolto. stella Sesta, che dentro a sè m' avea *ricolto* . . . . . . *Par.* xviii. 69.
   ai lor piedi Da fastidiosi vermi era *ricolto* . . . . *Inf.* iii. 69.
   Ond' io... Benignamente fui da lui *ricolto* . . . . *Purg.* ii. 102.
   e tutto il frutto *Ricolto* del girar di queste spere . . . . . . *Par.* xxiii. 21.
Ricominciai. Però *ricominciai:* tutti quei morsi . . . . *Par.* xxvi. 55.
Ricominciar. *Ricominciar*, come noi ristemmo, ei . . . . *Inf.* xvi. 19.
Ricominciaron. *Ricominciaron* le parole mie . . . . *Par.* xvi. 12.
Ricominciavan. Indi *ricominciavan* l' inno bassi . . . . *Purg.* xxv. 129.
Ricominciò. Esso *ricominciò:* a questo regno . . . . *Par.* xix. 103.
   Beato te... *Ricominciò* colei che pria m' inchiese . . . . . . *Purg.* xxvi. 74.
   Ed ella... *Ricominciò* il cortese portinaio . . . . *Purg.* ix. 92.
   quel Baron... *Ricominciò:* la grazia che donnea . . . . . . *Par.* xxiv. 118.
   O tu... *Ricominciò*, seguendo senza cunta . . . . *Purg.* xxxi. 4.
   Ricominciò[1] noi semo usciti fuore Del maggior corpo . . . *Par.* xxx. 38.
   Perciò[1] *ricominciò:* se l' uom ti faccia Liberamente ciò . . . *Inf.* xiii. 85.
   Se voi volete... *Ricominciò* lo spaurato appresso . . . . . . *Inf.* xxii. 98.
   Per che lo spirto, che di pria parlòmi, *Ricominciò* . . . . . *Purg.* xiv. 77.
   Dolce color... Agli occhi miei *ricominciò* diletto . . . . . . *Purg.* i. 16.
   Ricominciò a gridar: perchè mi scerpi ? . . . . *Inf.* xiii. 35.
Ricominciommi. Così *ricominciommi* il terzo sermo . . . . . . *Par.* xxi. 112.
Ricompie. fervore... *Ricompie* forse negligenza e indugio . . . *Purg.* xviii. 107.
Riconforta. La festa di Tommaso *riconforta* . . . . *Par.* xvi. 129.
Riconobb'. vidi gente... E di costoro assai *riconobb'* io . . . . *Inf.* xii. 123.
Riconobbi. Io *riconobbi* i miei non falsi errori . . . . *Purg.* xv. 117.
Riconoscendo. stannosi ascoltando, E sè *riconoscendo* . . . . *Purg.* xxxi. 66.
Riconoscenza. Tanta *riconoscenza* il cor mi morse . . . . . . *Purg.* xxxi. 88.
Riconoscer. modesti A *riconoscer* sè dalla[2] bontate . . . . . . *Par.* xxix. 59.
Riconoscerai. Ma *riconoscerai* ch' io son Piccarda . . . . . . *Par.* iii. 49.
Riconoscere. Dovre' io ben *riconoscere* alcuni . . . . *Inf.* vii. 50.
Riconoscimi. O tu... Mi disse, *riconoscimi* se sai . . . . *Inf.* vi. 41.
Riconosciuto. Poscia ch' io v' ebbi alcun *riconosciuto*, Vidi . . . *Inf.* iii. 58.
   Mai non l' avrei *riconosciuto* al viso . . . . *Purg.* xxiii. 43.
Riconosco. perchè... guati, Non *riconosco* alcun . . . . *Purg.* v. 59.
   dalla tua bontate *Riconosco* la grazia e la virtute . . . . . *Par.* xxxi. 84.
   virtù, dal quale io *riconosco* Tutto... lo[3] mio ingegno . . . . *Par.* xxii. 113.
Ricoperchia. carne Che tutto dì la terra *ricoperchia* . . . . . *Par.* xiv. 57.
Ricoperse. sì com' ei *ricoperse* Lo cominciar con l' altro . . . *Inf.* ix. 10.
   Quel che rimase... della piuma offerta... Si *ricoperse* . . . . *Purg.* xxxii. 139.
Ricopersi. tanto... Che gli occhi per vaghezza *ricopersi* . . . *Par.* xviii. 144.
Ricoperta. e funne *ricoperta* E l' una e l' altra rota . . . . . *Purg.* xxxii. 139.
Ricopra. un pastor... Tal che convien che lui e me *ricopra* . . *Inf.* xix. 84.
Ricopre. la[4] si cova, Sì che Cervia *ricopre* co' suoi vanni . . . *Inf.* xxvii. 42.
   E quella che *ricopre* le mammelle, Che tu non vedi . . . *Inf.* xx. 52.
Ricorca. il sol non si *ricorca* Sette volte nel letto . . . . . . *Purg.* viii. 133.
Ricorcarsi. Rigiunse al letto suo per *ricorcarsi* . . . . *Purg.* x. 15.
Ricorda. Del folle Acan ciascun poi si *ricorda*, Come furò . . *Purg.* xx. 109.
   Così la mia memoria si *ricorda* Ch' io feci . . . . *Purg.* xxviii. 10.
   E mi *ricorda* ch' io fui più ardito Per questo . . . . . . *Par.* xxxiii. 79.
   non mi *ricorda* Ch' io straniassi me giammai da voi . . . . *Purg.* xxxiii. 91.
   Sì, mentre che parlò, sì mi[5] *ricorda* Ch' io vidi . . . . . . *Par.* xx. 145.
   È tal, che intende, e si *ricorda*, e vuole . . . . *Par.* xxix. 72.
   Cerbero vostro, se ben vi *ricorda*, Ne porta ancor . . . . *Inf.* ix. 98.

[1] Però. [2] della. [3] il. [4] là. [5] mi si.

Ricordar. E, se tu *ricordar* non te ne puoi... rispose	. . . . . .	*Purg.* xxxiii. 94.
Ben ten dee *ricordar*, che non ti nocque Alcuna volta	. . .	*Inf.* xx. 128.
E ti dei *ricordar*, se ben t' adocchio, Com' io fui	. . . . .	*Inf.* xxix. 138.
Ricordarsi. nessun maggior dolore Che *ricordarsi* del tempo felice.		*Inf.* v. 122.
Ricordati. *Ricordati, ricordati ;*—e, se io... ti guidai	. . . . . .	*Purg.* xxvii. 22.
Ricordera'. Gridò : *ricordera'* ti anche del Mosca	. . . .	*Inf.* xxviii. 106.
Ricordi. E se ben ti *ricordi*, e vedi lume, Vedrai	. . . .	*Purg.* vi. 148.
Ricorditi. *Ricorditi*, spergiuro, del cavallo, Rispose quel	. . . .	*Inf.* xxx. 118.
Deh... *Ricorditi* di me, che son la Pia	. . . .	*Purg.* v. 133.
Ricorditi, lettor, se mai nell' alpe Ti colse nebbia	. . . . .	*Purg.* xvii. 1.
Ricordivi. *Ricordivi*, dicea, de' maledetti	. . . .	*Purg.* xxiv. 121.
Ricordo. perchè, se ben *ricordo*, Già t' ho veduto	. . . .	*Inf.* xviii. 120.
sarà più corta mia favella, Pure a quel ch' io *ricordo*	. . . .	*Par.* xxxiii. 107.
Ricorre. *ricorre* Sempre colà dove più si confida	. . . .	*Par.* xxii. 2.
qual vuol grazia, ed a te non *ricorre*... vuol volar	. . . . .	*Par.* xxxiii. 14.
si dissonna Per lo spirto visivo che *ricorre*	. . . .	*Par.* xxvi. 71.
Ricorse. lasciò qui il loco voto Quella... e su *ricorse*	. . . . . .	*Inf.* xxxiv. 126.
Chè ciascun dentro a prova si *ricorse*	. . . .	*Inf.* viii. 114.
Ricorsi. Così *ricorsi* ancora alla dottrina Di colui	. . . .	*Par.* xxxii. 106.
Ricovrar. Nè *ricovrar* poteansi, se tu badi Ben sottilmente	. . .	*Par.* vii. 88.
Ricrea. hanno Italia morta, Sì che tardi per altri si *ricrea*	. . .	*Purg.* vii. 96.
E quasi peregrin, che si *ricrea* Nel tempio	. . . .	*Par.* xxxi. 43.
Ricreduta. Poi si partì sì come *ricreduta*	. . . .	*Purg.* xxiv. 112.
Ricucia. conviene... Che la piaga dassezzo si *ricucia*	. . . .	*Purg.* xxv. 139.
Rida. Uomini siate... Sì che il Giudeo di voi tra voi non *rida*	.	*Par.* v. 81.
e pur che ben si *rida*, Gonfia il cappuccio	. . . .	*Par.* xxix. 116.
domanda... Per la qual sempre convien che si *rida*	. . . .	*Purg.* xx. 108.
Riddi. Così convien che qui la gente *riddi*	. . . .	*Inf.* vii. 24.
Ride. Quale... Trivia *ride* tra le ninfe eterne	. . . .	*Par.* xxiii. 26.
Nell' altra piccioletta luce *ride* Quell' avvocato	. . . . . .	*Par.* x. 118.
il ciel ne *ride* Con le bellezze d' ogni sua parroffia	. . . .	*Par.* xxviii. 83.
Non però qui si pente, ma si *ride*, Non della colpa	. . . . .	*Par.* ix. 103.
Ridea. Ella *ridea* dall' altra riva dritta, Traendo... color	. . .	*Purg.* xxviii. 67.
E quella[1] non *ridea*, ma : s' io ridessi, Mi cominciò	. . .	*Par.* xxi. 4.
Ridendo. Beatrice... *Ridendo*, parve quella che tossio	. . . .	*Par.* xvi. 14.
Ridendo allora Beatrice disse : Inclita vita	. . . .	*Par.* xxv. 28.
Ma ella... Incominciò, *ridendo*, tanto lieta	. . . .	*Par.* xxvii. 104.
Come t' avrebbe trasmutato il canto, Ed io *ridendo*	. . .	*Par.* xxii. 11.
fanciulla, Che piangendo e *ridendo* pargoleggia	. . . . .	*Purg.* xvi. 87.
Ridente. Ma Beatrice sì bella e *ridente* Mi si mostrò	. . . . .	*Par.* xiv. 79.
Tu la vedrai di sopra... *ridente*[2] e felice	. . . .	*Purg.* vi. 48.
mi rifulse, Quando mi volsi al suo viso *ridente*	. . . . . .	*Par.* xxvii. 96.
Ridenti. Ond' ella pronta e con occhi *ridenti*	. . . .	*Par.* iii. 42.
lo splendor degli occhi suoi *ridenti* Mia mente... divise	. .	*Par.* x. 62.
Rider. Lo bel pianeta... Faceva tutto *rider* l' oriente	. . . . .	*Purg.* i. 20.
il fiume, e li topazii... e il *rider* dell' erbe Son	. . . . .	*Par.* xxx. 77.
Se cagione altra al mio *rider* credesti, Lasciala	. . . . .	*Purg.* xxi. 127.
forse che tu ti maravigli... del *rider* ch' io fei	. . . . .	*Purg.* xxi. 122.
Ridere. Tu la vedrai di sopra... *ridere*[3] e felice	. . . .	*Purg.* vi. 48.
Vidi... *Ridere* una bellezza, che letizia Era	. . . . . .	*Par.* xxxi. 134.
Ridessi. E quella[1] non ridea, ma : s' io *ridessi*, Mi cominciò	.	*Par.* xxi. 4.
Rideva. La luce in che *rideva* il mio tesoro, Ch' io trovai lì	. .	*Par.* xvii. 121.
Ridi. dagli occhi... Perch' ei corruscan,[4] sì come tu *ridi*	. . .	*Par.* v. 126.
Ridi'. Io dirò il vero, e tu il *ridi'* tra i vivi	. . . .	*Purg.* v. 103.

[1] Ed ella.   [2] *ridere*.   [3] ridente.   [4] e' corrusca.

RIDIAM 592 RIFIUTA

Ridiam. Quindi parliamo, e quindi *ridiam* noi . . . . *Purg.* xxv. 103.
Ridice. canto tanto divo,[1] Che la mia fantasia nol mi *ridice* . . . *Par.* xxiv. 24.
Ridico. Noi aggirammo... Parlando più assai ch' io non *ridico* . *Inf.* vi. 113.
 Ho io appreso quel che, s' io il *ridico*[2]... fia sapor . . . . . *Par.* xvii. 116.
Ridir. Che poteva io *ridir*, se non: io vegno ? . . . . *Purg.* v. 19.
 I' non so ben *ridir* com' io v' entrai . . . . *Inf.* i. 10.
 si ricrea Nel tempio... E spera già *ridir* com' ello stea . . . *Par.* xxxi. 45.
Ridire. vidi cose che *ridire* Nè sa... chi[3] di lassù discende . . . *Par.* i. 5.
 Tanto poss' io di quel punto *ridire* . . . . *Par.* xviii. 13.
Rido. Voi siete nuovi, e forse perch' io *rido*, Cominciò . . . *Purg.* xxviii. 76.
Ridoglio. Allor mi dolsi, ed ora mi *ridoglio* . . . . *Inf.* xxvi. 19.
Ridolfo. *Ridolfo* imperador fu, che potea Sanar le piaghe . . . *Purg.* vii. 94.
 li suoi regi... Nati per me di Carlo e di *Ridolfo* . . . . . . *Par.* viii. 72.
Ridon. Frate, diss' egli, più *ridon* le carte . . . . *Purg.* xi. 82.
Riducemi. E *riducemi* a ca per questo calle . . . . *Inf.* xv. 54.
Riduci. se ti *riduci* a mente Qual fosti meco e quale io teco . . *Purg.* xxiii. 115.
 amore, a cui *riduci* Ogni buono operare e il suo contraro . . *Purg.* xviii. 14.
*Ridui. spiriti vedrai, Se com' io dico l' aspetto[4] *ridui* . . . *Par.* xxii. 21.
Ridur. tutto, il ciel volle *Ridur* lo mondo a suo modo sereno . . *Par.* vi. 56.
*Ridure. di *ridure* Ad essa gli occhi più che mai ardea . . . . . *Par.* xxvii. 89.
Ridurlasi. e che s' ingegna Indarno di *ridurlasi* alla mente . . *Par.* xxiii. 51.
Riede. E se di voi alcun nel mondo *riede*, Conforti . . . . . *Inf.* xiii. 76.
 Dice che l' alma alla sua stella *riede* . . . . *Par.* iv. 52.
 voce si discerna, Quando una è ferma e l' altra va e *riede* . . *Par.* viii. 18.
 la passione... Rimane, e l' altro alla mente non *riede* . . . . *Par.* xxxiii. 60.
 Chè poi non si porìa, se il dì non *riede* . . . . *Purg.* xvii. 63.
 E già il sole a mezza terza *riede* . . . . *Inf.* xxxiv. 96.
 si raccoglie Quell' umido vapor che in acqua *riede* . . . . *Purg.* v. 110.
 Poi *riede*, e la speranza ringavagna, Veggendo il mondo . . *Inf.* xxiv. 12.
 i pigri, lenti Ad usar lor vigilia quando *riede* . . . . . . *Purg.* xv. 138.
 dello[5] Inferno, u' non si *riede* Giammai a buon voler . . . *Par.* xx. 106.
Riedi. Sicuramente omai a me tu[6] *riedi* . . . . *Inf.* xxi. 90.
 Ond' io ti prego che quando tu *riedi*, Vadi . . . . *Purg.* iii. 114.
 Ed al mondo mortal, quando tu *riedi*, Questo rapporta . . . *Par.* xxi. 97.
 Ma folgore... Non corse, come tu ch' ad esso *riedi* . . . . *Par.* i. 93.
Riempie. la vita... Rivolta s' era al sol che la *riempie* . . . . *Par.* ix. 8.
 Se non *riempie* dove colpa vota... con giuste pene . . . . . *Par.* vii. 83.
Riempion. le lagrime... *Riempion* sotto il ciglio tutto il coppo . . *Inf.* xxxiii. 99.
Riesca. Come uom che va, nè sa dove *riesca* . . . . *Purg.* ii. 132.
Rifà. Tutta esta gente... In fame e in sete qui si *rifà* santa . . *Purg.* xxiii. 66.
 Subitamente si *rifà* parvente Per molte luci . . . . *Par.* xx. 5.
Rifatti. poi Che sarete visibili *rifatti*, Esser potrà . . . . . . *Par.* xiv. 17.
Rifatto. *Rifatto* sì, come piante novelle Rinnovellate . . . . . . *Purg.* xxxiii. 143.
*Rife. Poi come gru, ch' alle montagne *Rife* Volasser parte . . *Purg.* xxvi. 43.
Rife'. Dritto sì, come andar vuolsi, *rife'* mi Con la persona . . *Purg.* xii. 7.
Rifece. Gabriel e Michel... E l' altro che Tobia *rifece* sano . . . *Par.* iv. 48.
 e poi mi *rifece* sicuro Un disio di parlare . . . . *Par.* xxvi. 89.
Rifeo. Che *Rifeo* Troiano in questo tondo Fosse la quinta . . . *Par.* xx. 68.
Rificchi. tu *rificchi* La mente pure alle cose terrene . . . . . *Purg.* xv. 64.
Rifiede. Che solo a ciò la mia mente *rifiede* . . . . *Inf.* xx. 105.
Rifiglia. Ben fa Bagnacaval, che non *rifiglia* . . . . *Purg.* xiv. 115.
Rifissi. Già eran gli occhi miei *rifissi* al volto Della mia Donna . *Par.* xxi. 1.
Rifiuta. grande arbore... Che tanti preghi e lagrime *rifiuta* . . *Purg.* xxiv. 114.
 Libertà... è sì cara, Come sa chi per lei vita *rifiuta* . . . . *Purg.* i. 72.

[1] vivo.   [2] s' io ridico.   [3] qual.   [4] la vista.   [5] dallo.   [6] ti.

Rifiutan. Molti *rifiutan* lo comune incarco		*Purg.* vi. 133.
Rifiuto. colui Che fece per viltate il gran *rifiuto*		*Inf.* iii. 60.
Riflesso. sì concetta Pareva in tre,[1] come lume *riflesso*		*Par.* xxxiii. 128.
raggio... *Riflesso* al sommo del Mobile primo		*Par.* xxx. 107.
E l' un dall' altro, come Iri da Iri, Parea *riflesso*		*Par.* xxxiii. 119.
Riflette. l' aer... Per l' altrui raggio che in sè si *riflette*		*Purg.* xxv. 92.
Riflettendo. *Riflettendo* da sè gli eterni rai		*Par.* xxxi. 72.
Rifletter. Ch' io possa in te *rifletter* quel ch' io penso		*Par.* ix. 21.
Rifletteva. spada... Che *rifletteva* i raggi sì ver noi		*Purg.* ix. 83.
Rifondarno. Quei cittadin, che poi la *rifondarno*		*Inf.* xiii. 148.
Rifonde. Ed indi l' altrui raggio si *rifonde* Così		*Par.* ii. 88.
Riformossi. Ma poi che al poco il viso *riformossi*		*Purg.* xxxii. 13.
Rifrangesse. Che ne' miei occhi *rifrangesse* lui		*Par.* xix. 6.
Rifratta. Così mi parve da luce *rifratta*... esser percosso		*Purg.* xv. 22.
Rifratto. tetro... Per esser lì *rifratto* più a retro		*Par.* ii. 93.
Rifugio. Lo primo tuo *rifugio* e il primo ostello Sarà		*Par.* xvii. 70.
Rifulge. specchi... Onde *rifulge* a noi Dio giudicante		*Par.* ix. 62.
Rifulgean. Che *rifulgean* da[2] più di mille milia		*Par.* xxvi. 78.
Rifulse. parrebber niente Ver lo piacer divin che mi *rifulse*		*Par.* xxvii. 95.
1. Riga. i gru... Facendo in aer di se lunga *riga*		*Inf.* v. 47.
sola questa *riga* Non varcheresti dopo il sol partito		*Purg.* vii. 53.
2. Riga. In sul paese ch' Adice e Po *riga*		*Purg.* xvi. 115.
la corona Di quella terra che il Danubio *riga*		*Par.* viii. 65.
diversi rivi, Onde l' orto cattolico si *riga*		*Par.* xii. 104.
Rigagno. se il presente *rigagno* Si deriva così		*Inf.* xiv. 121.
Rigavan. Elle *rigavan* lor di sangue il volto		*Inf.* iii. 67.
Rigida. La *rigida* giustizia, che mi fruga, Tragge cagion		*Inf.* xxx. 70.
Rigido. Perocchè il cibo *rigido* ch' hai preso Richiede... aiuto		*Par.* v. 38.
ho veduto... Il prun mostrarsi *rigido* e feroce		*Par.* xiii. 134.
Rigira. Quale sopr' esso il nido si *rigira*		*Par.* xix. 91.
un' alma sola, Che vive e sente, e sè in sè *rigira*		*Purg.* xxv. 75.
Rigirando. Salendo e *rigirando* la montagna		*Purg.* xxiii. 125.
Rigiugnerò. E poi *rigiugnerò* la mia masnada		*Inf.* xv. 41.
Rigiunse. pria lo scemo[3] della luna *Rigiunse* al letto suo		*Purg.* x. 15.
Rigrada. si dilata, *rigrada*,[4] e redole Odor di lode		*Par.* xxx. 125.
Riguarda. notar persona Tra questa gente che sì mi *riguarda*		*Purg.* xxiv. 12.
Ma vedi là un' anima, che... verso noi *riguarda*		*Purg.* vi. 59.
Però *riguarda* bene, e sì vedrai Cose		*Inf.* xiii. 20.
Riguarda bene omai[5] sì com' io vado Per questo loco		*Par.* ii. 124.
E se la mente tua ben sì[6] *riguarda*, Non mi ti celerà		*Par.* iii. 47.
Onde *riguarda*, come può laggiùe Quel che non puote		*Par.* xxi. 101.
Apri gli occhi e *riguarda* qual son io		*Par.* xxiii. 46.
Riguarda omai nella faccia ch' a Cristo Più si somiglia		*Par.* xxxii. 85.
Riguardai. Ed io, che *riguardai*, vidi una insegna		*Inf.* iii. 52.
e fiso *riguardai* Per conoscer lo loco dov' io fossi		*Inf.* iv. 5.
Riguardando. *riguardando* prima Ben la ruina		*Inf.* xxiv. 23.
Sì, *riguardando* nella luce eterna... apprendo		*Par.* xi. 20.
sì 'l farem di smalto, Dicevan[7] tutte *riguardando* in giuso		*Inf.* ix. 53.
si ricorda Ch' io feci, *riguardando* nei begli occhi		*Par.* xxviii. 11.
alza la barba, E prenderai più doglia *riguardando*		*Purg.* xxxi. 69.
si ricrea Nel tempio del suo voto, *riguardando*		*Par.* xxxi. 44.
riguardando Fisso nel punto che m' aveva vinto		*Par.* xxix. 8.
E com' io *riguardando* tra lor vegno... vidi azzurro		*Inf.* xvii. 58.
Riguardar. Qual pare a *riguardar* la Carisenda Sotto il chinato		*Inf.* xxxi. 136.

[1] te.   [2] rifulgeva.   [3] stremo.   [4] *digrada*.   [5] a me.   [6] mi.   [7] Gridavan.

Riguardar. Vedea Nembrot...*riguardar* le genti	. . . .	*Purg.* xii. 35.
perchè se' tu sì ingordo Di *riguardar* più me?	. . . . . .	*Inf.* xviii. 119.
Ma io rimasi a *riguardar* lo stuolo, E vidi cosa	. . . . .	*Inf.* xxviii. 112.
pronta Di *riguardar* chi era che parlava	. . . .	*Purg.* xvii. 50.
Io mando... A *riguardar* s' alcun se ne sciorina	. . . . .	*Inf.* xxi. 116.
Beatrice... Vidi rivolta, e *riguardar* nel sole	. . . . . .	*Par.* i. 47.
Io era già disposto... A *riguardar* nello scoperto fondo	. .	*Inf.* xx. 5.
Chè suole a *riguardar* giovare altrui	. . . .	*Purg.* iv. 54.
E qual più a *riguardar*[1] oltre si mette, Non vede più	. . .	*Purg.* xxiv. 61.
Restato a *riguardar* per maraviglia Con gli altri	. . . . . .	*Inf.* xxviii. 67.
Ed io, ch' avea di *riguardar* disio La condizion	. . . . .	*Inf.* ix. 107.
Poichè di *riguardar* pasciuto fui, Tutto m' offersi	. . . .	*Purg.* xxvi. 103.
La parte... Or fisamente *riguardar* si vuole	. . . .	*Par.* xx. 33.
Riguardare. esercito... Tacito poscia *riguardare* in sue	. . . .	*Purg.* viii. 23.
li poeti, Di nuovo attenti a *riguardare* intorno	. . . .	*Purg.* xxii. 116.
E poi che a *riguardare* oltre mi diedi, Vidi gente	. . . . .	*Inf.* iii. 70.
Riguardarmi. S' arrestaron nel fosso a *riguardarmi*	. . . . . .	*Inf.* xxviii. 53.
Riguardava. ciascuna Ci *riguardava*, come suol da sera	. . .	*Inf.* xv. 18.
Egli il serpente, e quei lui *riguardava*	. . . .	*Inf.* xxv. 91.
rendea a me... S' io *riguardava* in lei, come specchio anco	.	*Purg.* xxix. 69.
Riguardavano. Gli altri due *riguardavano*	. . . .	*Inf.* xxv. 67.
*****Riguarde.** risposta Pure al pensier di che sì ti *riguarde*	. . . .	*Par.* xxii. 36.
1. Riguardi. Ov' Ercole segnò li suoi *riguardi*	. . . .	*Inf.* xxvi. 108.
2. Riguardi. Se tu *riguardi* Luni ed Urbisaglia	. . . .	*Par.* xvi. 73.
E il Dottor mio: se tu *riguardi* i segni Che questi porta	.	*Purg.* xxi. 22.
Se tu *riguardi* ben questa sentenza... Tu vedrai ben	. . .	*Inf.* xi. 85.
E se *riguardi* su nel terzo giro Del sommo grado	. . . .	*Par.* xxxi. 67.
se guardi... Poscia *riguardi* là dov' è trascorso	. . . . .	*Par.* xxii. 92.
Riguardo. Questi, onde a me ritorna il tuo *riguardo*	. . . . .	*Par.* x. 133.
Sì che s' ausi... Al tristo fiato, e poi non fia *riguardo*	. . .	*Inf.* xi. 12.
Lombardo... Che in te avrà sì benigno *riguardo*	. . . . .	*Par.* xvii. 73.
sempre con *riguardo* Di non uscir dove non fossero arsi	. .	*Purg.* xxvi. 14.
Riguardolla. aperse il ciglio Piramo... e *riguardolla*	. . . . .	*Purg.* xxvii. 38.
Riguardommi. si tacque, e *riguardommi* Negli occhi	. . . .	*Purg.* xxii. 110.
in sulla gota Destra si volse indietro, e *riguardommi*	. .	*Inf.* xv. 98.
sì lontana, Come parea, sorrise, e *riguardommi*	. . . . .	*Inf.* xxxi. 92.
Rii. Lo Duca: dunque or di' degli altri *rii*	. . . .	*Inf.* xxii. 64.
Rilega. la verace corte, Che mi *rilega* nell' eterno esilio	. . . .	*Purg.* xxi. 18.
Rilegate. sustanzie... Qui *rilegate* per manco di voto	. . . . .	*Par.* iii. 30.
Rilegollo. Ed un' altra alle braccia, e *rilegollo*	. . . .	*Inf.* xxv. 7.
Rileva. dove Dio... governa, La legge natural nulla *rileva*	. .	*Par.* xxx. 123.
Rilevarsi. A[2] far l' uom sufficiente a *rilevarsi*	. . . .	*Par.* vii. 116.
Quindi ripreser gli occhi miei virtute A *rilevarsi*	. . . .	*Par.* xiv. 83.
Rilevarvi. bontà... A *rilevarvi* suso fu contenta	. . . . . .	*Par.* vii. 111.
Rilevi. ch' io *rilevi* Le lor figure com' io l' ho concette	. . .	*Par.* xviii. 85.
Riluca. Questi... Vuole andar su, purchè il sol ne *riluca*	. . .	*Purg.* xviii. 110.
Riluce. Vedi là il sol che in fronte ti *riluce*	. . . .	*Purg.* xxvii. 133.
Rilucenti. Strinsermi gli occhi agli occhi *rilucenti*	. . . . . .	*Purg.* xxxi. 119.
Rilusse. E tanta grazia sopra me *rilusse*, Ch' io ritrassi	. . .	*Par.* xxii. 43.
Rima. creder... Ciò ch' ha veduto pur con la mia *rima*	. . .	*Inf.* xiii. 48.
*****Rimagna.** Quivi convien che senza lui *rimagna*	. . . . . .	*Inf.* xxiii. 129.
che tu ti nomi, O che capel qui su non ti *rimagna*	. . . .	*Inf.* xxxii. 99.
Riman. cerchio... che sempre *riman* tra il sole e il verno	. . .	*Purg.* iv. 81.
Della neve *riman* nudo il suggetto E dal colore	. . . . .	*Par.* ii. 107.

[1] gradire. [2] In.

Riman. Colui che perde si *riman* dolente, Ripetendo le volte	. .	*Purg.* vi. 2.
Or ti *riman*, lettor, sopra il tuo banco, Dietro pensando	. .	*Par.* x. 22.
Rimane. Quel cinghio che *rimane* adunque è tondo	. . . . .	*Inf.* xviii. 7.
Come *rimane* splendido e sereno L' emisperio dell' aer	. .	*Par.* xxviii. 79.
se un cibo sazia, E d' un altro *rimane* ancor la gola	. . . .	*Par.* iii. 92.
Chè[1] dopo il sogno la passione impressa *Rimane*	. . . . .	*Par.* xxxiii. 60.
com' egli incontra Che una rana *rimane* ed altra spiccia	. .	*Inf.* xxii. 33.
in sul passo d' Arno *Rimane* ancor di lui alcuna vista	. . . .	*Inf.* xiii. 147.
E, se *rimane*, dite come, poi Che sarete visibili	. . . . .	*Par.* xiv. 16.
e si *rimane* Quasi alimento che di mensa leve	. . . . . .	*Purg.* xxv. 38.
Rimanea. la schiena *Rimanea* della pelle tutta brulla	. . . .	*Inf.* xxxiv. 60.
Sì che lì[2] sopra *rimanea* distinto Di sette liste	. . . . .	*Purg.* xxix. 76.
Rimanendosi. Eternalmente *rimanendosi* una	. . . .	*Par.* xiii. 60.
Rimanente. vigilia De' vostri sensi, ch' è del *rimanente*	. . .	*Inf.* xxvi. 115.
Rimaner. Non *rimaner* che tu non mi favelle	. . . .	*Purg.* xxiii. 54.
Rimanesse. che il suo verbo Non *rimanesse*	. . . .	*Par.* xix. 45.
Rimanessero. i pensieri Mi *rimanessero* e chinati e scemi	. .	*Purg.* xii. 9.
Rimanga. ron... puro Giammai *rimanga* d' essi testimonio	. .	*Par.* xiv. 120.
Attendi ad altro, ed ei là si *rimanga*	. . . .	*Inf.* xxix. 24.
Rimango. Ed io a lui: s' io vegno, non *rimango*	. . . . .	*Inf.* viii. 34.
m' abbandona Lo dolce padre, ed io *rimango* in forse	. .	*Inf.* viii. 110.
rimira Com' io *rimango* sol, se non ristai	. . . .	*Purg.* iv. 45.
Rimani. con lutto, Spirito maledetto, ti *rimani*	. . . . . .	*Inf.* viii. 38.
Già dell' ottava con sete *rimani*	. . . .	*Par.* x. 123.
Tu ti *rimani* omai, chè il tempo è caro In questo regno	. .	*Purg.* xxiv. 91.
Rimarita. l' ora Del buon dolor ch' a Dio ne *rimarita*	. . . .	*Purg.* xxiii. 81.
Rimarrà. la luce... *rimarrà* con voi Eternalmente	. . . . .	*Par.* xiv. 14.
Rimarrai. Provi se sa; che tu qui *rimarrai*	. . . .	*Inf.* viii. 92.
Rimarreste. Perdendo me, *rimarreste* smarriti	. . . . . .	*Par.* ii. 6.
Rimasa. E questa sola di là m' è *rimasa*	. . . .	*Purg.* xix. 145.
e la regola mia *Rimasa* è[3] per danno delle carte	. . . . .	*Par.* xxii. 75.
Poca vita mortal m' era *rimasa*, Quando fui chiesto	. . .	*Par.* xxi. 124.
Cade virtù nell' acqua, e nella pianta *Rimasa* retro	. . .	*Purg.* xxiii. 63.
Rimase. L' altra *rimase*, e cominciò quest' arte	. . . . .	*Par.* xxix. 52.
E l' Aretin, che *rimase* tremando, Mi disse	. . . .	*Inf.* xxx. 31.
e quivi Caddi, e *rimase* la mia carne sola	. . . .	*Purg.* v. 102.
la rifondarno Sopra il cener che d' Attila *rimase*	. . . . .	*Inf.* xiii. 149.
Di questa luculenta... gioia... Grande fama *rimase*	. . . .	*Par.* ix. 39.
Sì che, dove Maria *rimase* giuso, Ella... pianse	. . . . .	*Par.* xi. 71.
Quel che *rimase*... della piuma offerta... Si ricoperse	. . .	*Purg.* xxxii. 136.
Chiuser le porte... Nel petto al mio Signor, che fuor *rimase*	.	*Inf.* viii. 116.
Sordel *rimase*, e l' altre gentil forme	. . . .	*Purg.* ix. 58.
tolto le fu... Metello, per che poi *rimase* macra	. . . . .	*Purg.* ix. 138.
La turba, che *rimase* lì, selvaggia Parea del loco	. . . .	*Purg.* ii. 52.
E più non disse, e *rimase* turbato	. . . .	*Purg.* iii. 45.
E già le quattro ancelle eran del giorno *Rimase*	. . . . .	*Purg.* xxii. 119.
Non son *rimase* acerbe nè mature Le membra mie di là	. .	*Purg.* xxvi. 55.
Rimaser. la semente[4] santa Di quei Roman che vi *rimaser*	. .	*Inf.* xv. 77.
di maschi vota Sì che appena *rimaser* per le cune	. . . .	*Inf.* xx. 109.
Indi *rimaser* lì nel mio cospetto, Regina coeli cantando	. .	*Par.* xviii. 127.
Rimasero. nell' M del vocabol quinto *Rimasero* ordinate	. . .	*Par.* xviii. 95.
Rimasi. Ma io *rimasi* a riguardar lo stuolo	. . . .	*Inf.* xxviii. 112.
Io non morii, e non *rimasi* vivo	. . . .	*Inf.* xxxiv. 25.
Ed io *rimasi* in via con esso i due, Che fur... maliscalchi	. .	*Purg.* xxiv. 98.

[1] E. [2] di. [3] è giù. [4] sementa.

Rimasi.	quando i P, che son *rimasi* Ancor nel volto tuo	*Purg.* xii. 121.
Rimaso.	Già era l' angel retro a noi *rimaso*	*Purg.* xxii. 1.
	quel che tu... Di' ch' è *rimaso* della gente spenta	*Purg.* xvi. 134.
	ma ei seguette... Dicendo: Cianfa dove fia *rimaso?*	*Inf.* xxv. 43.
	E se re dopo lui fosse *rimaso* Lo giovinetto	*Purg.* vii. 115.
	men che dramma Di sangue m' è *rimaso*, che non tremi	*Purg.* xxx. 47.
	Tanto pareva... Essere al sol del suo corso *rimaso*	*Purg.* xv. 5.
	con ambo e due M' è uopo entrar nell' aringo *rimaso*	*Par.* i. 18.
	Così *rimaso* te nello intelletto Voglio informar di luce	*Par.* ii. 109.
Rimbalzo.	si volse Con altri che l' udiron di *rimbalzo*	*Inf.* xxix. 99.
Rimbecca.	E sappi che la colpa, che *rimbecca*... alcun peccato	*Purg.* xxii. 49.
Rimbomba.	Ciascun... Udirà quel che in eterno *rimbomba*	*Inf.* vi. 99.
	Rimbomba là sopra san Benedetto Dell''[1] alpe	*Inf.* xvi. 100.
Rimbombo.	loco ove s' udia il *rimbombo* Dell' acqua	*Inf.* xvi. 1.
Rime.	S' io avessi le *rime* aspre e chiocce	*Inf.* xxxii. 1.
	A descriver lor forme più non spargo *Rime*, lettor	*Purg.* xxix. 98.
	fuore Trasse le nuove *rime*, cominciando: Donne	*Purg.* xxiv. 50.
	Rime d' amore usar dolci e leggiadre	*Purg.* xxvi. 99.
	le foglie, Che tenevan bordone alle sue *rime*	*Purg.* xxviii. 18.
Rimedio.	Vegna *rimedio* agli occhi che fur porte	*Par.* xxvi. 14.
Rimembra.	Non ti *rimembra* di quelle parole?	*Inf.* xi. 79.
Rimembranza.	Per la puntura della *rimembranza*	*Purg.* xii. 20.
Rimembrar.	Tu mi fai *rimembrar* dove e qual era	*Purg.* xxviii. 49.
	E, che si fesse, *rimembrar* non sape	*Par.* xxiii. 45.
	sì dolcemente... Ch' io nol so *rimembrar*, non ch' io lo scriva.	*Purg.* xxxi. 99.
	Però non fui a *rimembrar* festino, Ma or m' aiuta ciò	*Par.* iii. 61.
	Così lo *rimembrar* del dolce riso La mente... scema	*Par.* xxx. 26.
*****Rimembre.**	Quante volte del tempo che *rimembre*	*Purg.* vi. 145.
Rimembri.	Ancor men duol, pur ch' io me ne *rimembri*	*Inf.* xvi. 12.
Rimembriti.	*Rimembriti* di Pier da Medicina	*Inf.* xxviii. 73.
Rimembro.	*rimembro* con Guido da Prata Ugolin d' Azzo	*Purg.* xiv. 104.
Rimemorar.	non bisogna *Rimemorar* per concetto diviso	*Par.* xxix. 81.
Rimessa.	la caccerà... Fin che l' avrà *rimessa* nello Inferno	*Inf.* i. 110.
Rimettendo.	al taglio della spada *Rimettendo* ciascun	*Inf.* xxviii. 39.
Rimira.	esser non puote Senza gustar di lui chi ciò *rimira*	*Par.* x. 6.
	E come quei ch' è pasto la *rimira*... sì levai li cigli	*Par.* xix. 93.
	O dolce padre, volgiti, e *rimira* Com' io rimango sol	*Purg.* iv. 44.
	E però, prima che tu più t' inlei, *Rimira* in giù	*Par.* xxii. 128.
	ma questa gente Tutta *rimira* là dove il sol veli	*Purg.* xxiii. 114.
	Qui si *rimira* nell' arte che adorna Cotanto[2] effetto	*Par.* ix. 106.
Rimirando.	*rimirando* lei, lo mio affetto Libero fu	*Par.* xviii. 14.
	pensoso andai, Lunga fiata *rimirando* lui	*Purg.* xxvi. 101.
	si turba Lo montanaro, e *rimirando* ammuta	*Purg.* xxvi. 68.
	La turba... selvaggia Parea del loco, *rimirando* intorno	*Purg.* ii. 53.
	anco questo ho caro, Perchè il discerni *rimirando* in Dio	*Par.* viii. 90.
Rimirano.	Questi ordini di su tutti *rimirano*, E di giù vincon sì.	*Par.* xxviii. 127.
Rimirar.	Venia gente... La qual mi fece a *rimirar* sospeso	*Purg.* xxvi. 30.
	Ed io, che a *rimirar*[3] mi stava inteso, Vidi genti	*Inf.* vii. 109.
	Così l' animo mio... Si volse indietro a *rimirar* lo passo	*Inf.* i. 26.
	con tanto affetto... Che i miei di *rimirar* fe' più ardenti	*Par.* xxxi. 142.
Rimiraron.	Mi *rimiraron* senza far parola	*Inf.* xxiii. 86.
Rimiri.	vedrai non capere... se la sua natura ben *rimiri*	*Par.* iii. 78.
	che *rimiri* Ond' esce il fummo che il tuo raggio vizia	*Par.* xviii. 119.
Rimise.	il gran prete... Che mi *rimise* nelle prime colpe	*Inf.* xxvii. 71.

[1] Dall'.   [2] Con tanto.   [3] *di mirar.*

Rimondo.	con questi Altri *rimondo* qui la vita ria	*Purg.* xiii. 107.
Rimontò.	*Rimontò* per la via onde discese	*Inf.* xix. 126.
	su per le scalee... *Rimontò* il Duca mio, e trasse mee	*Inf.* xxvi. 15.
Rimorda.	non mi ricorda... Nè honne coscienza che *rimorda* . .	*Purg.* xxxiii. 93.
Rimorse.	per vostra dignitate Mia coscienza dritto[1] mi *rimorse* .	*Purg.* xix. 132.
Rimorso.	Ei mi parea da sè stesso *rimorso*	*Purg.* iii. 7.
*†Rimorte.	E l' ombre, che parean cose *rimorte*	*Purg.* xxiv. 4.
Rimossa.	Quando la colpa pentuta è *rimossa*	*Inf.* xiv. 138.
	Ma nondimen, *rimossa* ogni menzogna... fa manifesta . . .	*Par.* xvii. 127.
Rimosse.	Che da ogni altro intento mi *rimosse*	*Purg.* xvii. 48.
Rimossi.	al molto Sensibile, onde a forza mi *rimossi*	*Purg.* xxxii. 15.
	Già eravam dalla selva *rimossi* Tanto	*Inf.* xv. 13.
	tanto spazio prese Disfrenata saetta, quanto eramo *Rimossi* .	*Purg.* xxxii. 36.
Rimosso.	l' altro, più *rimosso*, Tr' ambo li primi... ritrovi . . .	*Par.* ii. 98.
	Così, *rimosso* d' aspettare indugio, Quel mormorar . . .	*Par.* xx. 25.
Rimote.	Anime sono a destra qua *rimote*	*Purg.* vii. 46.
Rimoto.	ringrazio lui Lo qual dal mortal mondo m' ha *rimoto*[2] .	*Par.* ii. 48.
Rimove.	una landa Che dal suo letto ogni pianta *rimove* . . .	*Inf.* xiv. 9.
Rimovea.	Dal volto *rimovea* quell' aer grasso	*Inf.* ix. 82.
Rimovi.	Tre specchi prenderai, e due *rimovi* Da te	*Par.* ii. 97.
Rimpalmar.	pece A *rimpalmar* li lor legni non sani	*Inf.* xxi. 9.
Rimpetto.	i fiori... A *rimpetto* di me dall' altra sponda	*Purg.* xxix. 89.
	E quando il carro a me fu a *rimpetto*, Un tuon s' udì . . .	*Purg.* xxix. 151.
Rimproverando.	*Rimproverando* a sè, com' hai udito	*Purg.* xxvi. 80.
Rimproverio.	In *rimproverio* del secol selvaggio	*Purg.* xvi. 135.
Rinacque.	si *rinacque* Subitamente là onde la svelse	*Purg.* i. 135.
Rinasce.	si confessa Che la Fenice more e poi *rinasce*	*Inf.* xxiv. 107.
Rincalzi.	Or voglion quinci e quindi chi *rincalzi* Li... pastori .	*Par.* xxi. 130.
1. Rincalzo.	Non ti maravigliar s' io la *rincalzo*	*Purg.* ix. 72.
2. Rincalzo.	Allor si ruppe lo comun *rincalzo*	*Inf.* xxix. 97.
Rinchiusa.	le belle membra in ch' io *Rinchiusa* fui	*Purg.* xxxi. 51.
Rinfami.	Che a' miei propinqui tu ben mi *rinfami*	*Purg.* xiii. 150.
*†Rinfarcia.	Chè s' i' ho sete, ed umor mi *rinfarcia*	*Inf.* xxx. 126.
Rinfiammarsi.	A *rinfiammarsi* sotto la sua pianta	*Par.* xvi. 39.
Rinfresca.	E non pure una volta... si *rinfresca* nostra pena . . .	*Purg.* xxiii. 71.
Rinfrescarmi.	Gittato mi sarei per *rinfrescarmi*	*Purg.* xxvii. 50.
Rinfreschi.	sì che... tua fama *rinfreschi* Nel mondo su	*Inf.* xiii. 53.
*†Ringavagna.	Poi riede, e la speranza *ringavagna*	*Inf.* xxiv. 12.
Ringhia.	Stavvi Minos orribilmente e *ringhia*	*Inf.* v. 4.
Ringhiosi.	*Ringhiosi* più che non chiede lor possa	*Purg.* xiv. 47.
Ringrazia.	*ringrazia*, *Ringrazia* il sol degli Angeli	*Par.* x. 53.
	avvien... Che quel si chiede, e di quel si *ringrazia*	*Par.* iii. 93.
Ringrazio.	Che Dio ancor ne lodo e ne *ringrazio*	*Inf.* viii. 60.
	sì devoto, Quant' esser posso più, *ringrazio* lui	*Par.* ii. 47.
	non *ringrazio*, Se non col core, alla paterna festa	*Par.* xv. 83.
1, 2. Rinier.	disserra A *Rinier* da Corneto, a *Rinier* Pazzo . . .	*Inf.* xii. 137.
3. Rinier.	Questi è *Rinier*; quest' è il pregio e l' onore	*Purg.* xiv. 88.
Rinnovando.	Veloci e tarde, *rinnovando* vista	*Par.* xiv. 113.
Rinnovato.	Hai tu mutato, e *rinnovato* membre!	*Purg.* vi. 147.
Rinnovella.	Per lo piacere uman, che *rinnovella*	*Par.* xxvi. 128.
	Turgide fansi, e poi si *rinnovella* Di suo color ciascuna . .	*Purg.* xxxii. 55.
Rinnovellar.	Veggio *rinnovellar* l' aceto e il fele	*Purg.* xx. 89.
Rinnovellate.	*Rinnovellate* di novella fronda	*Purg.* xxxiii. 144.
*†Rinnovelle.	sola Tu queste degne lode *rinnovelle*	*Purg.* xx. 36.

[1] dritta. [2] remote.

Rinnovelli.	tu vuoi ch' io *rinnovelli* Disperato dolor	*Inf.* xxxiii. 4.
Rinnuova.	Poi Fiorenza *rinnuova* genti e modi	*Inf.* xxiv. 144.
	Questa selva... Che nel pensier *rinnuova* la paura	*Inf.* i. 6.
	Quando dicesti: secol si *rinnuova;* Torna giustizia	*Purg.* xxii. 70.
Rinoardo.	Poscia trasse Guiglielmo, e *Rinoardo*	*Par.* xviii. 46.
Rinselva.	a mill' anni Nello stato primaio non si *rinselva*	*Purg.* xiv. 66.
Rintoppa.	Chi terzeruolo ed artimon *rintoppa*	*Inf.* xxi. 15.
Rintoppo.	E il duol, che trova in sugli occhi *rintoppo*	*Inf.* xxxiii. 95.
	non si tenne, e di *rintoppo* Agli altri, disse	*Inf.* xxii. 112.
Rinverda.	Chè studio di ben far grazia *rinverda*	*Purg.* xviii. 105.
Rinverte.	per la sete L' un verso il mento e l' altro in su *rinverte*[1].	*Inf.* xxx. 57.
1. **Rio.**	E pronti sono a trapassar lo *rio*	*Inf.* iii. 124.
	Poi vidi gente che di fuor del *rio* Tenea la testa	*Inf.* xii. 121.
	Cosa non fu... scorta Notabile, come lo[2] presente *rio*	*Inf.* xiv. 89.
	Ed ecco il più[3] andar mi tolse un *rio*	*Purg.* xxviii. 25.
	una spada... Tal che di qua dal *rio* mi fe' paura	*Purg.* xxix. 141.
	Vidi la Donna... Drizzar gli occhi ver me di qua dal *rio*	*Purg.* xxx. 66.
	Cotal fu l' ondeggiar del santo *rio,* Ch' uscì del fonte	*Par.* iv. 115.
2. **Rio.**	grande campagna Piena di duolo e di tormento *rio*	*Inf.* ix. 111.
3. **Rio.**	Per tai difetti, non[4] per altro *rio,* Semo perduti	*Inf.* iv. 40.
	Io son Virgilio; e per null' altro *rio* Lo ciel perdei	*Purg.* vii. 7.
Ripa.	Così s' allenta la *ripa* che cade Quivi ben ratta	*Purg.* xii. 106.
	Quivi la *ripa* fiamma in fuor balestra	*Purg.* xxv. 112.
	Sì che la *ripa,* ch' era perizoma Dal mezzo in giù	*Inf.* xxxi. 61.
	Par sì la *ripa,* e par sì la via schietta Col livido color	*Purg.* xiii. 8.
	Lascisi il colle, e sia la *ripa* scudo A veder	*Inf.* xxii. 116.
	Quand' io conobbi quella *ripa* intorno... Esser di marmo	*Purg.* x. 29.
	ti cal cotanto, Che tu abbi però la *ripa* corsa[5]	*Inf.* xix. 68.
	una pegola spessa Che inviscava la *ripa* da ogni parte	*Inf.* xxi. 18.
	dai lor sogli Alla *ripa* di fuor son ponticelli	*Inf.* xviii. 15.
	il ponte dalla testa, Dove si giunge coll' ottava *ripa*	*Inf.* xxiv. 80.
	In su l' estremità d' un' alta *ripa*... Venimmo	*Inf.* xi. 1.
	Così, giù d' una *ripa* discoscesa, Trovammo risonar	*Inf.* xvi. 103.
	Star gli convien da questa *ripa* in fuore	*Purg.* iii. 138.
	E tutti dalla *ripa* eran sofferti	*Purg.* xiii. 60.
	E son nel pozzo intorno dalla *ripa*... tutti e quanti	*Inf.* xxxi. 32.
	si strinser tutti ai duri massi Dell' alta *ripa*	*Purg.* iii. 71.
	sull' orlo supremo Dell' alta *ripa,* alla scoperta piaggia	*Purg.* iv. 35.
	Tra il pozzo e il piè dell' alta *ripa* dura	*Inf.* xviii. 8.
	Al piè dell' alta *ripa,* che pur sale, Misurrebbe	*Purg.* x. 23.
	E giù dal colle della *ripa* dura Supin si diede	*Inf.* xxiii. 43.
	E tra il piè della *ripa* ed essa in traccia Correan Centauri	*Inf.* xii. 55.
	Così scendemmo... Prendendo più della dolente *ripa*	*Inf.* vii. 17.
	divenimmo Là, dove un[6] scoglio della *ripa* uscia	*Inf.* xviii. 69.
	Su per la *ripa* che il cinge dintorno, Attraversando	*Inf.* xxxi. 8.
	ti porti Laggiù per quella *ripa* che più giace	*Inf.* xix. 35.
	Così girammo... Grand' arco tra la *ripa* secca e il mezzo	*Inf.* vii. 128.
	E com' ei giunse in su la *ripa* sesta, Mestier gli fu	*Inf.* xxi. 65.
Ripara.	quel che ti sopranza È virtù, da cui nulla si *ripara*	*Par.* xxiii. 36.
Riparar.	convenia... *Riparar* l' uomo a sua intera vita	*Par.* vii. 104.
Riparo.	Nessun *riparo* vi può far la gente	*Inf.* xxxi. 57.
	Da quella parte, onde non ha *riparo* La picciola vallea	*Purg.* viii. 97.
	quanto son veloci, E come sono in distante *riparo*	*Par.* xxii. 150.
Ripassossi.	Poi si rivolse, e *ripassossi* il guazzo	*Inf.* xii. 139.

[1] riverte.   [2] com' è il.   [3] ecco più.   [4] e non.   [5] scorsa.   [6] Dove uno.

Ripe. Non eran cento... Quando le *ripe* igualmente dier volta . . *Purg.* xxix. 11.
Le *ripe* eran grommate d' una muffa Per l' alito . . . . . . *Inf.* xviii. 106.
il Danubio riga Poi che le *ripe* tedesche abbandona . . . . *Par.* viii. 66.
Voltommi per le *ripe* e per lo fondo, Poi... mi coperse . . . *Purg.* v. 128.
Ripensando. *ripensando* A quel parlar che mi parea nimico . . *Inf.* x. 122.
Ripensi. se tu *ripensi* Come l' umana carne fessi allora . . . . *Par.* vii. 146.
Ripentuti. E sè riconoscendo, e *ripentuti* . . . . *Purg.* xxxi. 66.
Ripercossi. Li remi, pria nell' acqua *ripercossi* . . . . *Par.* xxv. 134.
Ripercosso. E torni a te da tutti *ripercosso* . . . . *Par.* ii. 102.
Ripetendo. si riman dolente, *Ripetendo* le volte . . . . *Purg.* vi. 3.
Ripetiam. Noi *ripetiam* Pigmalion allotta . . . . *Purg.* xx. 103.
Ripiene. della mente Di che tutte le cose son *ripiene* . . . . . *Par.* xix. 54.
Ripieni. Vedi li nostri scanni sì *ripieni!* . . . . *Par.* xxx. 131.
Ripieno. Chè dentro... è *ripieno* Di venenosi sterpi . . . . . . *Purg.* xiv. 94.
Ripigliammo. Poi *ripigliammo* nostro cammin santo . . . . . . *Purg.* xx. 142.
Ripiglierà. Ciascun... *Ripiglierà* sua carne e sua figura . . . *Inf.* vi. 98.
Ripingeva. Mi *ripingeva* là, dove il Sol tace . . . . *Inf.* i. 60.
Ripinse. e poi *Ripinse* al ciel Tommaso, per ammenda . . . . *Purg.* xx. 69.
Ripinte. Così le avria *ripinte* per la strada Ond' eran tratte . . *Par.* iv. 85.
*****Ripogna.** par lor tardo Che Dio a miglior vita li *ripogna* . . . *Purg.* xvi. 123.
Riporse. pria mi morse... E poi la medicina mi *riporse* . . . *Inf.* xxxi. 3.
Riporterò. Grazie *riporterò* di te a lei . . . . *Purg.* i. 83.
Riposa. Quante il villan, ch' al poggio si *riposa* . . . . *Inf.* xxvi. 25.
Riposar. Quivi di *riposar* l' affanno aspetta . . . . *Purg.* iv. 95.
Riposato. Poi ch' ebbi *riposato*[1] il corpo lasso . . . . *Inf.* i. 28.
E l' occhio *riposato* intorno mossi, Dritto levato . . . . . . *Inf.* iv. 4.
quando tu sarai... *riposato* della lunga via . . . . *Purg.* v. 131.
A così *riposato*, a così bello Viver di cittadini . . . . . . *Par.* xv. 130.
Ripose. intendi per che la *ripose* Tra le sustanzie . . . . . . *Par.* xxiv. 68.
Riposi. Deh, se *riposi* mai vostra semenza, Prega' io lui . . . . *Inf.* x. 94.
Riposo. E senza cura aver d' alcun *riposo* Salimmo suso . . . *Inf.* xxxiv. 135.
Con queste genti... Vid' io Fiorenza in sì fatto *riposo* . . . *Par.* xvi. 149.
Senza *riposo* mai era la tresca Delle misere mani . . . . *Inf.* xiv. 40.
Ito è così, e va senza *riposo*, Poi che morì . . . . *Purg.* xi. 124.
Riposta. Quando la sua semenza è già *riposta* . . . . *Par.* xiii. 35.
Riposto. non tegno *riposto*[2] A te mio cor . . . . *Inf.* x. 19.
Riprego. assai ten prego E *riprego*, che il prego vaglia . . . *Inf.* xxvi. 66.
Ripreme. quei che in sè *ripreme*[3] La punta del disio . . . . . *Par.* xxii. 25.
Riprenda. La mia città, come ch' uom la *riprenda* . . . . . . *Purg.* xxiv. 45.
Riprende. fontana... Che tanto dal voler di Dio *riprende* . . . *Purg.* xxviii. 125.
non s' ammiri Se ne *riprende*, perchè men sen piagna . . . *Purg.* xv. 48.
Riprendeane. E *riprendeane*[4] le genti perverse . . . . *Par.* xx. 126.
Riprendendo. Ma, *riprendendo* lei di laide colpe . . . . . . *Purg.* xxxii. 121.
Riprender. buon zelo Mi fe' *riprender* l' ardimento d' Eva . . *Purg.* xxix. 24.
Riprendiene. E *riprendiene*[5] le genti perverse . . . . *Par.* xx. 126.
Riprendo. Io son quel... Che qui *riprendo* dattero per figo . . . *Inf.* xxxiii. 120.
Per che, s' io mi tacea, me non *riprendo*... nè commendo . . *Par.* iv. 7.
Riprese. *Riprese* il teschio misero coi denti . . . . *Inf.* xxxiii. 77.
Ripreser. Quindi *ripreser* gli occhi miei virtute A rilevarsi . . . *Par.* xiv. 82.
Ripresi. *Ripresi* via per la piaggia diserta . . . . *Inf.* i. 29.
Ripresta. alla mia mente *Ripresta* un poco di quel . . . . . . *Par.* xxxiii. 69.
Riprezzo. colui, ch' ha sì presso il *riprezzo* Della quartana . . . *Inf.* xvii. 85.
mi vien *riprezzo*, E verrà sempre, de' gelati guazzi . . . . *Inf.* xxxii. 71.
*****Ripriso.** O pur lo modo usato t' hai *ripriso?* . . . . *Purg.* iv. 126.

---

[1] *ei posato un poco.* [2] nascosto. [3] *repreme.* [4] *riprendiene.* [5] riprendeane.

Riprofondavan. *Riprofondavan* sè nel miro gurge . . . . *Par.* xxx. 68.
Riprovando. m' avea scoperto, Provando e *riprovando* . . . . . *Par.* iii. 3.
Risalir. quella scala, U' senza *risalir* nessun discende . . . . . *Par.* x. 87.
Risalire. suole Uscir del primo, e *risalire* insuso . . . . *Par.* i. 50.
Risaliva. *risaliva* Là dove il suo amor... soggiorna . . . . *Par.* xxxi. 11.
Rischiarando. Lo ciel venir più e più *rischiarando* . . . . *Par.* xxiii. 18.
Rischiari. Per[1] guisa d' orizzonte che *rischiari* . . . . *Par.* xiv. 69.
Rischio. Sì come, per cessar fatica o *rischio*, Li remi . . . . . . *Par.* xxv. 133.
Riscosse. Non altrimenti Achille si *riscosse* . . . . *Purg.* ix. 34.
E mal per Tolommeo poi si *riscosse* . . . . *Par.* vi. 69.
Riscossi. mi *riscossi*, Come persona che per forza è desta . . . *Inf.* iv. 2.
O me dolente! come mi *riscossi*, Quando mi prese . . . . . *Inf.* xxvii. 121.
Rise. sì tosto come l' occhio aperse... di sè medesmo *rise* . . . . *Par.* xxviii. 135.
Non le dispiacque; ma sì se ne *rise*, Che lo splendor . . . . *Par.* x. 61.
E se la stella si cambiò e *rise*, Qual mi fec' io! . . . . . . *Par.* v. 97.
Riseder. E gonfiar tutta, e *riseder* compressa . . . . *Inf.* xxi. 21.
Risega. al sommo... Ove secondamente si *risega* Lo monte . . . *Purg.* xiii. 2.
*****Risense.** tu ti *risense* Della vista che hai in me consunta . . . *Par.* xxvi. 4.
Risente. come quei, che si *risente* Di vision obblita . . . . . . *Par.* xxiii. 49.
Riserrolli. strinse Le lagrime tra essi, e *riserrolli* . . . . *Inf.* xxxii. 48.
Riserva. dice, E il più caldo parlar dietro *riserva*[2] . . . . *Purg.* xxx. 72.
Risguarda. disposto... A *risguardar*[3] nello scoperto fondo . . . *Inf.* xx. 5.
Risma. al taglio della spada Rimettendo ciascun di questa *risma. Inf.* xxviii. 39.
1. Riso. Chè dentro agli occhi suoi ardeva un *riso* Tal . . . . . *Par.* xv. 34.
così lo santo *riso* A sè traeali con l' antica rete . . . . *Purg.* xxxii. 5.
cantando il santo *riso*, E quanto il santo aspetto . . . . . . *Par.* xxiii. 59.
possente Sei fatto a sostener lo *riso* mio . . . . *Par.* xxiii. 48.
Tanto, col volto di *riso* dipinto, Si tacque Beatrice . . . . . *Par.* xxix. 7.
E cominciò, raggiandomi d' un *riso* Tal . . . . *Par.* vii. 17.
Così lo rimembrar del dolce *riso* La mente... scema . . . *Par.* xxx. 26.
Per letiziar lassù fulgor s' acquista, Sì come *riso* qui . . . . *Par.* ix. 71.
Chè *riso* e pianto son tanto seguaci Alla passion . . . . . . *Purg.* xxi. 106.
in affanno Cambiò onesto *riso* e dolce gioco . . . . *Purg.* xxviii. 96.
Quando leggemmo il disiato *riso* Esser baciato . . . . . . *Inf.* v. 133.
Queste parole Stazio mover fenno Un poco a *riso* pria . . . *Purg.* xxii. 26.
le corte parole Mosson le labbra mie un poco a *riso* . . . *Purg.* iv. 122.
e vidi che con *riso* Udito avevan l' ultimo costrutto . . . . . *Purg.* xxviii. 146.
Quell' altro fiammeggiare esce del *riso* Di Grazian . . . . . *Par.* x. 103.
amor paterno, Chiuso e parvente del suo proprio *riso* . . . *Par.* xvii. 36.
visi... D' altrui lume fregiati e del suo *riso* . . . . *Par.* xxxi. 50.
la tua faccia... Un lampeggiar di[4] *riso* dimostrommi . . . *Purg.* xxi. 114.
O dolce amor, che di *riso* t' ammanti, Quanto parevi! . . *Par.* xx. 13.
m' accors' io... Per l' affocato *riso* della stella . . . . . . *Par.* xiv. 86.
Ciò ch' io vedeva, mi sembiava un *riso* Dell' universo . . . *Par.* xxvii. 4.
non si canta Per quel che Beatrice non ha *riso* . . . . . . *Par.* xxi. 63.
2. Riso. Ma i Provenzali che fer contra lui Non hanno *riso* . . . *Par.* vi. 131.
Risolva. Se tosto grazia *risolva* le schiume Di vostra coscienza . *Purg.* xiii. 88.
Risolve. Per che si purga e *risolve* la roffia . . . . *Par.* xxviii. 82.
E come l' alma... Per differenti membra... si *risolve* . . . *Par.* ii. 135.
Risonar. Così... Trovammo *risonar* quell' acqua tinta . . . . . *Inf.* xvi. 104.
Inclita vita... Fa *risonar* la speme in questa altezza . . . . *Par.* xxv. 31.
Risonavan. guai *Risonavan* per l' aer senza stelle . . . . . . : *Inf.* iii. 23.
Risonò. l' alta Corte santa *Risonò* per le spere un: Dio laudamo *Par.* xxiv. 113.
Sì com' io tacqui, un dolcissimo canto *Risonò* per lo cielo . *Par.* xxvi. 68.

[1] A.   [2] *diretro serva*.   [3] *riguardar*.   [4] d' un.

Risparmi.	Disser : fa che le viste non *risparmi*	*Purg.* xxxi. 115.
Rispetto.	Vedrai aver solamente *rispetto* Ai regi	*Par.* xiii. 107.
	Io dico al poco, per *rispetto* al molto Sensibile	*Purg.* xxxii. 14.
***Rispitto.**	Volsimi... col *rispitto* Col quale il fantolin	*Purg.* xxx. 43.
Risplenda.	vedrai Come convien ch' egualmente *risplenda*	*Par.* ii. 105.
Risplende.	un astro Della costellazion che lì *risplende*	*Par.* xv. 21.
	ne' mirabili aspetti Vostri *risplende* non so che divino	*Par.* iii. 59.
	e *risplende* In una parte più, e meno altrove	*Par.* i. 2.
	Io veggio ben sì come già *risplende*... l' eterna luce	*Par.* v. 7.
	parvente Per molte luci, in che una *risplende*	*Par.* xx. 6.
	quando Lo raggio della grazia... in te tanto *risplende*	*Par.* x. 85.
	in ambra od in cristallo Raggio *risplende* sì	*Par.* xxix. 26.
Risplendea.	Di tante fiamme tutta *risplendea*	*Inf.* xxvi. 31.
Risplendendo.	suo splendore Potesse, *risplendendo*, dir	*Par.* xxix. 15.
Risplendere.	così vidi quella Luce *risplendere*	*Par.* xvi. 30.
Risplendo.	Così com' io del suo raggio *risplendo*[1]	*Par.* xi. 19.
Risponda.	con miglior voci Si pregherà perchè Cirra *risponda*	*Par.* i. 36.
	egli a ciò *risponda*, E la grazia di Dio ciò gli comporti	*Par.* xxv. 62.
	Sì che la faccia mia ben ti *risponda*	*Inf.* xxix. 135.
	E' pur convien che novità *risponda*, Dicea	*Inf.* xvi. 115.
	Ma quei che vede e puote, a ciò *risponda*	*Par.* iv. 123.
Risponde.	più... Ch' alla sua bocca, ch' or per voi *risponde*	*Purg.* xxii. 144.
	questo che dice ? e che *risponde* Quell' altro foco ?	*Inf.* viii. 8.
	Ma il popol tuo sollecito *risponde* Senza chiamare	*Purg.* vi. 134.
	fantolini... Che pregano, e il pregato non *risponde*	*Purg.* xxiv. 109.
	Che il viso non *risponde* alla ventraia	*Inf.* xxx. 54.
	per me chiami Là dove agl' innocenti si *risponde*	*Purg.* viii. 72.
	giustamente Ci si *risponde* dall' anello al dito	*Par.* xxxii. 57.
Rispondean.	E *rispondean :* sì, fa che gliele accocchi	*Inf.* xxi. 102.
Rispondendo.	Cotal principio, *rispondendo*, femmi	*Par.* xv. 90.
Risponder.	benigno e mite *Risponder* lei con viso temperato	*Purg.* xv. 103.
	stanno... Quasi scornati, e *risponder* non sanno	*Inf.* xix. 60.
	Ed io udi'... una voce modesta... *Risponder*	*Par.* xiv. 37.
	non s' accorda... Perch' a *risponder* la materia è sorda	*Par.* i. 129.
	Senza *risponder* gli occhi su levai, E vidi lei	*Par.* xxxi. 70.
	mi provvide La Donna mia del suo *risponder* chiaro	*Par.* xxviii. 86.
Rispondere.	Ed egli a lei *rispondere :* ora aspetta Tanto	*Purg.* x. 85.
Rispondesti.	Se tu se' quelli che mi *rispondesti*	*Purg.* xiii. 104.
Rispondi.	Onde il Maestro mio disse ; *rispondi*, E domanda	*Purg.* xvi. 19.
	Rispondi a me che in sete ed in foco ardo	*Purg.* xxvi. 18.
	Rispondi a me ; chè le memorie triste... non sono... offense	*Purg.* xxxi. 11.
Rispondo.	Ed io *rispondo :* io credo in uno Iddio Solo	*Par.* xxiv. 130.
	Senza tema d' infamia ti *rispondo*	*Inf.* xxvii. 66.
	Più non ti dico e più non ti *rispondo*	*Inf.* vi. 90.
	Ora apri gli occhi a quel ch' io ti *rispondo*	*Par.* xiii. 49.
	Più non *rispondo*, e questo so per vero	*Purg.* iv. 96.
Rispos'.	La faccia tua... *Rispos'* io lui, veggendola sì torta	*Purg.* xxiii. 57.
	Là su di sopra in la vita serena, *Rispos'* io lui	*Inf.* xv. 50.
	Maestro mio, *rispos'* io,[2] per udirti Son io più certo	*Inf.* xxvi. 49.
	Non so, *rispos'* io lui, quant' io mi viva	*Purg.* xxiv. 76.
	Oh, *rispos'* egli, appiè del Casentino Traversa un' acqua	*Purg.* v. 94.
	S' ei fur cacciati, ei tornar d' ogni parte, *Rispos'* io[3] lui	*Inf.* x. 50.
	Se tu avessi, *rispos'* io appresso, Atteso alla cagion	*Inf.* xxix. 13.
	Sì, *rispos'* io, e qui ragion non cheggio	*Par.* viii. 117.

[1] m' accendo.   [2] risposi.   [3] Risposi.

Rispos'. Però non lagrimai, nè *rispos'* io Tutto quel giorno	. . .	*Inf.* xxxiii. 52.
Rispose. A te convien tenere altro viaggio, *Rispose*	. . . . .	*Inf.* i. 92.
Albero da Siena, *Rispose* l' un, mi fe' mettere al foco	. . . .	*Inf.* xxix. 110.
Rispose: andiamo in là, ch' ei vegnon piano	. . . .	*Purg.* iii. 65.
Taide è la puttana, che *rispose* Al drudo suo	. . . .	*Inf.* xviii. 133.
E il mio buon Duca... *Rispose:* ben è vivo	. . . .	*Inf.* xii. 85.
Indi *rispose:* coscienza fusca O della propria... vergogna	. .	*Par.* xvii. 124.
Costoro... *Rispose* il Duca mio, siam con quel Greco	. . . .	*Purg.* xxii. 101.
Da che tu vuoi... Dirotti brevemente, mi *rispose*	. . . . . .	*Inf.* ii. 86.
Poscia *rispose* lui : da me non venni ; Donna scese	. . . . .	*Purg.* i. 52.
e quei : di rado Incontra, mi *rispose*, che di nui	. . . . . .	*Inf.* ix. 20.
Rispose: dicerolti molto breve	. . . .	*Inf.* iii. 45.
Donna del ciel... *Rispose* il mio Maestro a lui... Ne disse	. .	*Purg.* ix. 89.
Drizza le gambe, levati su, frate, *Rispose;* non errar	. . . .	*Purg.* xix. 134.
E, se tu ricordar non te ne puoi, Sorridendo *rispose*	. . .	*Purg.* xxxiii. 95.
Era io di là, *rispose* quello spirto, Famoso assai	. . . . . .	*Purg.* xxi. 86.
Da indi mi *rispose* tanto lieta, Ch' arder parea d' amor	. . .	*Par.* iii. 68.
Ed ei *rispose:* fu frate Gomita, Quel di Gallura	. . . . . .	*Inf.* xxii. 81.
In tutte tue question certo mi piaci, *Rispose*	. . . .	*Inf.* xiv. 134.
Lo benedetto segno mi *rispose...* Io veggio	. . . .	*Par.* xx. 86.
Io ti seguiterò quanto mi lece, *Rispose*	. . . .	*Purg.* xvi. 34.
I' fui Sanese, *rispose*, e con questi Altri rimondo	. . . . . .	*Purg.* xiii. 106.
Rispose adunque : io son Frate Alberigo	. . . .	*Inf.* xxxiii. 118.
Perch' ei *rispose:* io piovvi di Toscana, Poco tempo è	. . .	*Inf.* xxiv. 122.
e quei *rispose:* Io fui del regno di Navarra nato	. . . . . .	*Inf.* xxii. 48.
Rispose: io era nuovo in questo stato, Quando ci vidi	. . . .	*Inf.* iv. 52.
Latin sem noi... ambo e due, *rispose* l' un piangendo	. . .	*Inf.* xxix. 92.
E l' un *rispose* a me : le cappe rance Son di piombo	. . .	*Inf.* xxiii. 100.
Rispose: loco certo non c' è posto	. . . .	*Purg.* vii. 40.
Poi *rispose* l' amor che v' era dentro : Luce divina	. . . . .	*Par.* xxi. 82.
Ond' ei... *Rispose:* malizioso son io troppo	. . . .	*Inf.* xxii. 110.
Rispose... Modicum, et non videbitis me	. . . .	*Purg.* xxxiii. 9.
Nè morte il giunse ancor... *Rispose* il mio Maestro	. . . . .	*Inf.* xxviii. 47.
Noi anderem... *Rispose*, quanto più potremo omai	. . . . .	*Purg.* vi. 53.
Non ti maravigliar, se ancor t' abbaglia... a me *rispose*	. . .	*Purg.* xv. 29.
O tuo parlar m' inganna o e' mi tenta, *Rispose* a me	. . .	*Purg.* xvi. 137.
poscia *rispose:* Ogni tuo dir d' amor m' è caro cenno	. . . .	*Purg.* xxii. 26.
Or questa è ad udir sì cosa nuova, *Rispose*	. . . .	*Purg.* xiii. 146.
Or tu chi sei, che vai per l' Antenora... *rispose*	. . . . . .	*Inf.* xxxii. 89.
Per tutti i cerchi... *Rispose* lui, son io di qua venuto	. . . .	*Purg.* vii. 23.
Rispose adunque : più che tu non speri S' appressa	. . . .	*Inf.* xxiii. 133.
Rispose: quando i P, che son rimasi Ancor	. . . .	*Purg.* xii. 121.
Ond' ei *rispose:* quando tu andavi Al foco	. . . .	*Inf.* xxx. 109.
Quegli è, *rispose*, Provinzan Salvani	. . . .	*Purg.* xi. 121.
e qui *rispose...* La bella Donna : questo, ed altre cose	. . .	*Purg.* xxxiii. 119.
Qui li trovai, e poi volta non dierno, *Rispose*	. . . .	*Inf.* xxx. 95.
Ricorditi... *Rispose* quel ch' avea enfiata l' epa	. . . . . .	*Inf.* xxx. 119.
S' egli avesse potuto creder... *Rispose* il Savio mio	. . . .	*Inf.* xiii. 47.
Se ben... allora mi *rispose* Quei che diceva pria	. . . . .	*Purg.* xiv. 23.
Se io ho... intesa, *Rispose* del magnanimo quell' ombra	. . .	*Inf.* ii. 44.
Se la veduta eterna gli dislego, *Rispose* Stazio	. . . . . .	*Purg.* xxv. 32.
Se lungamente l' anima conduca... *rispose* quegli, ancora[1]	. .	*Inf.* xvi. 65.
Rispose al detto mio : Trammene Stricca	. . . .	*Inf.* xxix. 125.
Tu hai l' udir mortal, sì come il viso, *Rispose* a me	. . . . .	*Par.* xxi. 62.

[1] allora.

Rispose. Ond' ei *rispose:* tu vedrai Anteo Presso di qui	*Inf.* xxxi. 100.
Va via, *rispose*, e ciò che tu vuoi, conta	*Inf.* xxxii. 112.
Rispose: vedi che son un che piango	*Inf.* viii. 36.
E Virgilio *rispose:* voi credete Forse che siamo	*Purg.* ii. 61.
Uno intendea, ed altro mi *rispose*	*Par.* xxxi. 58.
con preciso Latin *rispose* quell' amor paterno	*Par.* xvii. 35.
Così *rispose* allora il Duca mio	*Purg.* vii. 9.
mi *rispose* Con vista carca di stupor non meno	*Purg.* xxix. 56.
E così chiusa chiusa mi *rispose* Nel modo che... canta	*Par.* v. 138.
Cosi *rispose;* e soggiunse: io ti prego Che per me preghi	*Purg.* xvi. 50.
E quella non *rispose* al suo domando	*Purg.* vi. 69.
A pena ebbi la voce che *rispose*, E le labbra a fatica	*Purg.* xxxi. 32.
Rispose alla divina cantilena... la beata Corte	*Par.* xxxii. 97.
Volgeansi... E sì l' estrema all' ultima[1] *rispose*	*Par.* xii. 21.
agl' Indi, Com' a' Giudei, tale eclissi *rispose*	*Par.* xxix. 102.
Risposemi. *Risposemi:* così com' io t' amai	*Purg.* ii. 88.
Risposemi: là entro si martira Ulisse e Diomede	*Inf.* xxvi. 55.
Risposemi: non uomo, uomo già fui	*Inf.* i. 67.
Risposer. A che *risposer* tutte le carole	*Par.* xxv. 99.
Se l' altre volte sì poco ti costa, *Risposer* tutti	*Inf.* xvi. 80.
Risposero. Insieme si *risposero* a tai norme	*Inf.* xxv. 103.
Risposi. Io gli *risposi:* Ciacco, il tuo affanno Mi pesa sì	*Inf.* vi. 58.
Le tue parole... *Risposi* lui, m' hanno amor discoperto	*Purg.* xviii. 41.
Io *risposi:* Madonna, sì devoto, Quant' esser posso più	*Par.* ii. 46.
Maestro mio, *risposi*,[2] per udirti Son io più certo	*Inf.* xxvi. 49.
Ond' io *risposi* lei: non mi ricorda Ch' io straniassi me	*Purg.* xxxiii. 91.
S' ei fur cacciati, ei tornar d' ogni parte, *Risposi*[3] lui	*Inf.* x. 50.
Se fosse tutto pieno il mio dimando, *Risposi* lui	*Inf.* xv. 80.
Risposi: siete voi qui, ser Brunetto?	*Inf.* xv. 30.
Or se' tu quel... *Risposi* lui con vergognosa fronte	*Inf.* i. 81.
Quando *risposi*, cominciai : o lasso, Quanti dolci pensier !	*Inf.* v. 112.
Ed io *risposi* come a me fu imposto	*Inf.* xix. 63.
Ch' io pur *risposi* lui a questo metro	*Inf.* xix. 89.
Risposta. alla question prima s' appunta La mia *risposta*	*Par.* vi. 69.
il disio, A che la mia *risposta* è già decreta	*Par.* xv. 69.
Onde la mia *risposta* è con più cura, Che m' intenda colui	*Purg.* xxx. 106.
Tanto è *risposta*[4] a tutte nostre prece, Quanto il dì dura	*Purg.* xx. 100.
Nè solo a me la tua *risposta* è uopo	*Purg.* xxvi. 19.
S' io credessi che mia *risposta* fosse A persona	*Inf.* xxvii. 61.
Vivo son io, e caro esser ti puote, Fu mia *risposta*	*Inf.* xxxii. 92.
M' avevan... letto il nome; Però fu la *risposta* così piena	*Inf.* x. 66.
E come fu la mia *risposta* udita, Sordello... si raccolse	*Purg.* viii. 61.
Ed io, ch' avea già pronta la *risposta*... incominciai	*Inf.* xxvii. 34.
Parte sen gìa... Lo Duca, già facendo la *risposta*	*Inf.* xxix. 17.
avaccio sarai, dove Di ciò ti farà l' occhio la *risposta*	*Inf.* xxxiii. 107.
la *risposta* Farem noi a Chiron costà di presso	*Inf.* xii. 64.
Ma perchè tu, aspettando, non tarde... ti farò *risposta*	*Par.* xxii. 35.
Altra *risposta*, disse, non ti rendo, Se non lo far	*Inf.* xxiv. 76.
alcuna dimora Ch' io faceva dinanzi alla *risposta*	*Inf.* x. 71.
E s' io fui innanzi alla *risposta* muto, Fat' ei saper	*Inf.* x. 112.
E quella pia... Alla *risposta* così mi prevenne	*Par.* xxv. 51.
la mia mercede Non mi fa degno della tua *risposta*	*Par.* xxi. 53.
E i tre, che ciò inteser per *risposta*, Guatar l' un l' altro	*Inf.* xvi. 77.
Questo mi parve per *risposta* udire Più là alquanto	*Purg.* xiii. 97.

[1] intima.   [2] *rispos' io*.   [3] *Rispos' io*.   [4] disposto.

Risposto. Se per veder... restaro... assai è lor *risposto*		*Purg.* v. 35.
Per non intender ciò ch' è lor *risposto*, Quasi scornati		*Inf.* xix. 59.
Com' è ciò? fu *risposto;* chi volesse Salir		*Purg.* vii. 49.
Così pregò il Poeta, e sì *risposto*... a noi ne fu		*Purg.* xix. 82.
Risposto fummi: di', chi t' assicura Che... fosser?		*Par.* xxiv. 103.
Brevemente sarà *risposto* a voi		*Inf.* xiii. 93.
Rissa. Volto era... Lo mio pensier per la presente *rissa*		*Inf.* xxiii. 5.
Risso. or pur mira, Che per poco è che teco non mi *risso*		*Inf.* xxx. 132.
Ristai. Dunque che è? perchè, perchè *ristai?*		*Inf.* ii. 121.
rimira Com' io rimango sol, se non *ristai*		*Purg.* iv. 45.
Ristanno. Che si volgono ad essa e non *ristanno*		*Purg.* xxiii. 18.
Ristar. di voglia a moverci sì pieni, Che *ristar* non potem		*Purg.* xviii. 116.
Ristare. O Tosco... Piacciati di *ristare*[1] in questo loco		*Inf.* x. 24.
Ristemmo. Ricominciar, come noi *ristemmo*, ei L' antico verso		*Inf.* xvi. 19.
Ristemmo per veder l' altra fessura Di Malebolge		*Inf.* xxi. 4.
ristemmo su in un piano Solingo più che strade		*Purg.* x. 20.
Ristette. suggella, Virtualmente, l' alma che *ristette*		*Purg.* xxv. 96.
Vedendoci calar ciascun *ristette*, E... tre si dipartiro		*Inf.* xii. 58.
Lì... *Ristette* co' suoi servi a far sue arti		*Inf.* xx. 86.
mosse Me e la Donna, e il Savio che *ristette*		*Purg.* xxxiii. 15.
E il dolce Duca meco si *ristette*, Ed assentì		*Inf.* xviii. 44.
Per che nostra novella si *ristette*, Ed intendemmo		*Inf.* xxv. 38.
Ristetti. Coi piè *ristetti* e con gli occhi passai Di là		*Purg.* xxviii. 34.
Ristetti, e vidi due mostrar gran fretta Dell' animo		*Inf.* xxiii. 82.
Ristoppa. *ristoppa* Le coste a quel che più viaggi fece		*Inf.* xxi. 11.
Ristora. l' amor del bene, scemo... quiritto[2] si *ristora*		*Purg.* xvii. 86.
laggiù di sotto, Dove tempo per tempo si *ristora*		*Purg.* xxiii. 84.
Ristorar. le genti antiche... Si *ristorar* di seme di formiche		*Inf.* xxix. 64.
Ristori. non surge di vena Che *ristori* vapor, che giel converta		*Purg.* xxviii. 122.
Ristoro. Dunque che render puossi per *ristoro?*		*Par.* v. 31.
per *ristoro* Di quel che il ciel della marina asciuga		*Purg.* xiv. 34.
Ristretta. La mente mia, che prima era *ristretta*		*Purg.* iii. 12.
E qui fu la mia mente sì *ristretta* Dentro da sè		*Purg.* xvii. 22.
Ma io veggi' or la tua mente *ristretta* Di pensier		*Par.* vii. 52.
Ristretti. Virgilio e Stazio ed io *ristretti* Oltre andavam		*Purg.* xxiv. 119.
Ristretto. Nè si stancò d' avermi a se *ristretto*[3]		*Inf.* xix. 127.
Lo giel che m' era intorno al cor *ristretto*... acqua fessi		*Purg.* xxx. 97.
Ristringermi. Ed allor per *ristringermi* al Poeta		*Purg.* xiv. 140.
Ristrinse. E il feruto *ristrinse* insieme l' orme		*Inf.* xxv. 105.
Quel color... Più tosto dentro il suo nuovo *ristrinse*		*Inf.* ix. 3.
Il nome del bel fior... tutto mi *ristrinse* L' animo		*Par.* xxiii. 89.
Ristrinsi. Poi per lo vento mi *ristrinsi* retro Al Duca mio		*Inf.* xxxiv. 8.
Io mi *ristrinsi* alla fida compagna		*Purg.* iii. 4.
Risurga. Ma qui la morta poesì *risurga*, O sante Muse!		*Purg.* i. 7.
Risurge. Ma la notte *risurge;* ed oramai È da partir		*Inf.* xxxiv. 68.
Rade volte *risurge* per li rami L' umana probitate		*Purg.* vii. 121.
Risurger. *Risurger* parve quindi più di mille Luci		*Par.* xviii. 103.
Risurgeran. Quanti *risurgeran* coi crini scemi!		*Purg.* xxii. 46.
Risurgeranno. Questi *risurgeranno* del sepulcro		*Inf.* vii. 56.
Risurgi. Perocchè a me venia: *risurgi* e vinci		*Par.* xiv. 125.
Ritegno. L' aperse, chè non ebbe[4] alcun *ritegno*		*Inf.* ix. 90.
Ritener. Ma questo intesi, e *ritener* mi piacque		*Purg.* xviii. 129.
Ritenere. non fa scienza, Senza lo *ritenere*, avere inteso		*Par.* v. 42.
Ritenerlo. Di *ritenerlo* è in voi la potestate		*Purg.* xviii. 72.

[1] *restare.*   [2] qui ritta.   [3] *distretto.*   [4] v' ebbe.

Ritenga.	è pregno Sì, che *ritenga* il fil che fa la zona	*Par.* x. 69.
	e *ritenga* l' image, Mentre ch' io dico, come ferma rupe	*Par.* xiii. 2.
Ritenne.	tanto veloce Si ruinò, che nulla la *ritenne*	*Purg.* v. 123.
	il nodo Che il Notaro, e Guittone, e me *ritenne*	*Purg.* xxiv. 56.
	vision... che *ritenne* A sè me tanto stretto per vedersi	*Par.* iii. 7.
	Ciò che non corse in dietro e si *ritenne*... fe' naso	*Inf.* xxv. 127.
	Senza battesmo... Tale innocenza laggiù si *ritenne*	*Inf.* xxxii. 84.
	E quel che presso più ci si *ritenne*, Si fe' sì chiaro	*Par.* xxi. 43.
	l' uccel di Dio Nell' estremo d' Europa si *ritenne*	*Par.* vi. 5.
Ritenuti.	sì acuti... Che appena poscia gli avrei *ritenuti*	*Inf.* xxvi. 123.
Ritese.	E dietro per le ren su la *ritese*	*Inf.* xxv. 57.
Ritiene.	Quanto aspetto reale ancor *ritiene*	*Inf.* xviii. 85.
	Giustizia vuole, e pietà mi *ritiene*	*Purg.* x. 93.
Ritieni.	Ma sempre al bosco li *ritieni* stretti	*Inf.* xiv. 75.
Ritira.	Quel che giacea... gli orecchi *ritira* per la testa	*Inf.* xxv. 131.
Ritondo.	Dal centro... Movesi l' acqua in un *ritondo* vaso	*Par.* xiv. 2.
Ritorce.	a sè *ritorce*[1] tutta la mia cura Quella materia	*Par.* x. 27.
Ritorci.	*ritorci* Gli occhi oramai verso la dritta strada	*Par.* xxix. 127.
Ritorna.	Dinanzi all' acqua che *ritorna* equale	*Par.* ii. 15.
	Se Brunetto Latini un poco teco *Ritorna* indietro	*Inf.* xv. 33.
	giù s' attuffa, Ed ei *ritorna* su crucciato e rotto	*Inf.* xxii. 132.
	Questi, onde a me *ritorna* il tuo riguardo, E il lume	*Par.* x. 133.
	Ritorna in casa, e qua e là si lagna, Come il tapin	*Inf.* xxiv. 10.
	Ed egli a me: *ritorna* a tua scienza, Che vuol	*Inf.* vi. 106.
	una si *ritorna* Là dove suo lavoro s' insapora	*Par.* xxxi. 8.
Ritornai.	Io *ritornai* dalla santissim' onda Rifatto sì	*Purg.* xxxiii. 142.
	Col viso *ritornai* per tutte e quante Le sette spere	*Par.* xxii. 133.
Ritornar.	chi t' ha dunque condotto... se giù *ritornar* credi?	*Purg.* xiii. 140.
	per quel cammino... Entrammo a *ritornar* nel chiaro mondo	*Inf.* xxxiv. 134.
	mai non vide... Uom, che di *ritornar*[2] sia poscia esperto	*Purg.* i. 132.
	impediva tanto... Ch' io fui per *ritornar* più volte volto	*Inf.* i. 36.
Ritornarci.	Ch' io non credetti *ritornarci* mai	*Inf.* viii. 96.
Ritornare.	Possendo *ritornare* al santo loco	*Par.* iv. 81.
Ritornaro.	E vinti *ritornaro* alla parola	*Purg.* xxxii. 77.
Ritornato.	e quel che vedi, *Ritornato* di là, fa che tu scrive	*Purg.* xxxii. 105.
Ritornerò.	Con altra voce omai, con altro vello *Ritornerò* poeta	*Par.* xxv. 8.
Ritorni.	S' io *ritorni*[3] a compier lo cammin corto Di quella vita	*Purg.* xx. 38.
	Ma tu perchè *ritorni* a tanta noia? Perchè non sali?	*Inf.* i. 76.
	Sol si *ritorni* per la folle strada; Provi se sa	*Inf.* viii. 91.
1. **Ritorno.**	Poi altre vanno via senza *ritorno*	*Par.* xxi. 37.
	Vidi specchiarsi... Quanto di noi lassù fatto ha *ritorno*	*Par.* xxx. 114.
2. **Ritorno.**	*Ritorno* a dichiarare in alcun loco	*Par.* vii. 122.
Ritornò.	si raccolse... E in quel medesmo *ritornò* di butto	*Inf.* xxiv. 105.
	chinò le ciglia, Ed umilmente *ritornò* ver lui	*Purg.* vii. 14.
Ritorse.	la luna si *ritorse* Nella passion di Cristo	*Par.* xxix. 97.
Ritorsili.	E nulla vidi, e *ritorsili* avanti	*Inf.* iii. 22.
Ritorte.	sì forte... Che spezzate averian *ritorte* e strambe	*Inf.* xix. 27.
	non v' era mestier più... S' io non avessi viste le *ritorte*	*Inf.* xxxi. 111.
Ritrae.	teme, Se si *ritrae*, cadere in più affanno	*Par.* iv. 111.
Ritraean.	Così si *ritraean* sotto i bollori	*Inf.* xxii. 30.
Ritraesse.	Che *ritraesse* l' ombre e i tratti[4]	*Purg.* xii. 65.
Ritragge.	E, come vespa che *ritragge* l' ago	*Purg.* xxxii. 133.
Ritrar.	E quel che mi convien *ritrar* testeso	*Par.* xix. 7.
	S' io potessi *ritrar* come assonnaro Gli occhi spietati	*Purg.* xxxii. 64.

[1] *torce.* [2] *tornar.* [3] *ritorno.* [4] gli atti.

Ritrar.	Io non posso *ritrar* di tutti appieno	*Inf.* iv. 145.
Ritrarrà.	la guerra... Che *ritrarrà* la mente, che non erra	*Inf.* ii. 6.
Ritrarre.	andarne, E *ritrarre* a color che vi mandaro	*Purg.* v. 32.
Ritrasse.	Per che l' ombra sorrise e si *ritrasse*	*Purg.* ii. 83.
Ritrasser.	Poi si *ritrasser* tutte quante insieme	*Inf.* iii. 106.
Ritrassi.	L' opre[1]... Con affezion *ritrassi* ed ascoltai	*Inf.* xvi. 60.
	ritrassi le ville circostanti Dall' impio culto	*Par.* xxii. 44.
	tutto mi *ritrassi* Al Duca mio, e gli occhi a lui drizzai	*Purg.* i. 110.
	lasciai la questione, e mi *ritrassi* A domandarla	*Par.* xxi. 104.
Ritratto.	com' io un poco ebbi *ritratto* L' occhio	*Purg.* ii. 19.
Ritrosa.	visse di manna La gente ingrata, mobile e *ritrosa*	*Par.* xxxii. 132.
Ritrosi.	O superbi... Fidanza avete ne' *ritrosi* passi	*Purg.* x. 123.
Ritroso.	il giglio Non era ad asta mai posto a *ritroso*	*Par.* xvi. 153.
	Vedi **Retroso.**	
Ritrova.	non *ritrova*, Pensando, quel principio	*Par.* xxxiii. 134.
	La terra... Sotto le branche verdi si *ritrova*	*Inf.* xxvii. 45.
Ritrovai.	Mi *ritrovai* per una selva oscura	*Inf.* i. 2.
Ritrovar.	e così stolto *Ritrovar* puoi lo gran duca dei Greci	*Par.* v. 69.
Ritroverà.	Ciascun *ritroverà* la trista tomba	*Inf.* vi. 97.
Ritrovi.	e l' altro... Tr' ambo li primi gli occhi tuoi *ritrovi*	*Par.* ii. 99.
Ritroviam.	*Ritroviam* l' orme nostre insieme ratto	*Inf.* viii. 102.
Ritta.	l' amor del bene scemo... qui *ritta*[2] si ristora	*Purg.* xvii. 86.
Ritto.	Sei tu già costì *ritto*, Bonifazio?	*Inf.* xix. 53.
Riudir.	unque poi Di *riudir* non fui senza disiro	*Par.* viii. 30.
Riva.	Quella sinistra *riva* che si lava Di Rodano	*Par.* viii. 58.
	Siede Peschiera... Ove la *riva* intorno più discese	*Inf.* xx. 72.
	Avea sopra di noi l' interna *riva* Tanto distante	*Par.* xxiii. 115.
	Senza più aspettar lasciai la *riva*, Prendendo la campagna	*Purg.* xxviii. 4.
	Era lo loco, ove a scender la *riva* Venimmo, alpestro	*Inf.* xii. 1.
	differente, Che quest' è in via, e quella è già a *riva*	*Purg.* xxv. 54.
	Come tal volta stanno a *riva* i burchi, Che parte sono	*Inf.* xvii. 19.
	e quei sen venne a *riva* Con un vasello snelletto	*Purg.* ii. 40.
	I' vegno per menarvi all' altra *riva*, Nelle tenebre	*Inf.* iii. 86.
	Noi ricidemmo il cerchio all' altra *riva* Sopra una fonte	*Inf.* vii. 100.
	Chè tu dicevi: un uom nasce alla *riva* Dell' Indo	*Par.* xix. 70.
	Poi si ritrasser... Forte piangendo, alla *riva* malvagia	*Inf.* iii. 107.
	E del diritto m' han posto alla *riva*	*Par.* xxvi. 63.
	Quando fui presso alla beata *riva*, Asperges me... udissi	*Purg.* xxxi. 97.
	non... tanto tosto, Ch' io non sia col voler prima alla *riva*	*Purg.* xxiv. 78.
	con lena affannata Uscito fuor del pelago alla *riva*	*Inf.* i. 23.
	Vidi gente alla *riva* d' un gran fiume	*Inf.* iii. 71.
	Vie più che indarno da *riva* si parte... Chi pesca	*Par.* xiii. 121.
	Ella ridea dall' altra *riva* dritta, Traendo... color	*Purg.* xxviii. 67.
	Quand' io dalla mia *riva* ebbi tal posta	*Purg.* xxix. 70.
	e dalla *riva* Copre la notte già col piè Morrocco	*Purg.* iv. 138.
	rio, Che... Piegava l' erba che in sua *riva* uscìo	*Purg.* xxviii. 27.
	Ma fu detto: a man destra per la *riva* Con noi venite	*Purg.* xi. 49.
	andando Su per la *riva*, ed io pari di lei	*Purg.* xxix. 8.
	Noi discendemmo in sull' ultima *riva* Del lungo scoglio	*Inf.* xxix. 52.
	E del suo Polidoro in sulla *riva* Del mar si fu... accorta	*Inf.* xxx. 18.
	Cacciator di quei lupi in sulla *riva* Del fiero fiume	*Purg.* xiv. 59.
	Fuor della fiamma stava in sulla *riva*, E cantava	*Purg.* xxvii. 7.
	Ma in sulla *riva* non trasse la coda	*Inf.* xvii. 9.
Rivada.	son richiuse, Prima ch' altri dinanzi gli *rivada*	*Inf.* xxviii. 42.

[1] ovra. [2] quiritto.

Rive. cade Mirabilmente all' una delle *rive* . . . . *Purg.* xxv. 86.
    intra due *rive* Dipinte di mirabil primavera . . . . *Par.* xxx. 62.
Riveder. Tornate a *riveder* li vostri liti, Non vi mettete . . . . *Par.* ii. 4.
    Quali... Si fer due figli a *riveder* la madre . . . . *Purg.* xxvi. 95.
    se campi... E torni a *riveder* le belle stelle . . . . *Inf.* xvi. 83.
    E quindi uscimmo a *riveder* le stelle . . . . *Inf.* xxxiv. 139.
Rivedere. Non potea *rivedere*, ond' io m' entrassi . . . . . . *Purg.* xxviii. 24.
Rivedrai. tu la *rivedrai* Nel trono che i suoi merti le sortiro . . *Par.* xxxi. 68.
Riveggia. Dicendo : quando fia ch' io ti *riveggia?* . . . . . . *Purg.* xxiv. 75.
Rivegno. Nella corte del ciel, ond' io *rivegno*, Si trovan . . . . *Par.* x. 70.
Rivela. E se tu guardi quel che si *rivela* Per Daniel . . . . . . *Par.* xxix. 133.
Rivelando. *Rivelando* alla mia buona Constanza . . . . *Purg.* iii. 143.
Rivelazion. Questa *rivelazion* ci manifesta . . . . *Par.* xxv. 96.
Riveli. è fatto vano, Sì che tosto convien che si *riveli* . . . . . *Par.* xxi. 120.
Riverenti. *Riverenti* mi fe' le gambe e il ciglio . . . . *Purg.* i. 51.
    gli occhi miei si furo offerti Alla mia Donna *riverenti* . . . *Par.* viii. 41.
    Vedi **Reverenti.**
Riverenza. Ma quella *riverenza* che s' indonna... me . . . . . . *Par.* vii. 13.
    anco lo mi vieta La *riverenza* delle somme chiavi . . . . . *Inf.* xix. 101.
    m' assicura, Con *riverenza*, donna, a domandarvi . . . . . . *Par.* iv. 134.
    un veglio... Degno di tanta *riverenza* in vista . . . . . . *Purg.* i. 32.
    Vedi quanta virtù l' ha fatto degno Di *riverenza* . . . . . . *Par.* vi. 35.
    Di *riverenza* gli atti e il viso adorna . . . . *Purg.* xii. 82.
Riverire. s' accorse, Solo ascoltando, del mio *riverire* . . . . *Purg.* xix. 129.
Riversa. *riversa* Per un fossato che da lei deriva . . . . *Inf.* vii. 101.
    e neve Per l' aer tenebroso si *riversa* . . . . *Inf.* vi. 11.
Riversata. gente... Non volta in giù, ma tutta *riversata* . . . . . *Inf.* xxxiii. 93.
Riverso. questa vecchia roccia Qui ed altrove tal fece *riverso* . . *Inf.* xii. 45.
Riverte. L' un verso il mento e l' altro in su *riverte*[1] . . . . . *Inf.* xxx. 57.
Rivesta. Ma non però ch' alcuna sen *rivesta* . . . . *Inf.* xiii. 104.
Rivestire. fronde, Di che si vede Europa *rivestire* . . . . *Par.* xii. 48.
Rivestita. La *rivestita* voce alleluiando[2] . . . . *Purg.* xxx. 15.
    Come la carne gloriosa e santa Fia *rivestita* . . . . *Par.* xiv. 44.
Rivi. Di lui si fecer poi diversi *rivi* . . . . *Par.* xii. 103.
    E come a' *rivi* grandi si convenne... Si ruinò . . . . *Purg.* v. 121.
    Esperienza... Ch' esser suol fonte ai *rivi* di vostr' arti . . . *Par.* ii. 96.
    Per tanti *rivi* s' empie d' allegrezza La mente mia . . . . . *Par.* xvi. 19.
    ombra... Qual... Sopra suoi freddi *rivi* l' Alpe porta . . . . *Purg.* xxxiii. 111.
Rivide. Antandro e Simoenta, onde si mosse, *Rivide* . . . . . . *Par.* vi. 68.
Rividi. *rividi* Lo sole in pria, che già nel corcare era . . . . . *Purg.* xvii. 8.
Rividil. *Rividil* più lucente e maggior fatto . . . . *Purg.* ii. 21.
Riviene. Ed in sua dignità mai non *riviene* . . . . *Par.* vii. 82.
Riviera. s' approccia La *riviera* del sangue . . . . *Inf.* xii. 47.
    E vidi lume in forma di *riviera* Fulgido di fulgore . . . . . *Par.* xxx. 61.
    perchè nascose Questi il vocabol di quella *riviera?* . . . . *Purg.* xiv. 26.
    E come augelli surti di *riviera*, Quasi congratulando . . . . *Par.* xviii. 73.
    Sotto suo velo, ed oltre la *riviera* Vincer[3] pareami . . . . *Purg.* xxxi. 82.
    fermerem li nostri passi Sulla trista *riviera* d' Acheronte . . *Inf.* iii. 78.
    Vegnati... Diss' io a lei, verso questa *riviera* . . . . . . *Purg.* xxviii. 47.
Riviva. In cui *riviva* la semente[4] santa Di quei Roman . . . . . *Inf.* xv. 76.
Rivo. un *rivo* Se d' alto monte scende giuso ad imo . . . . . . *Par.* i. 137.
Rivocai. ed in sogno ed altrimenti Lo *rivocai* . . . . *Purg.* xxx. 135.
***Rivoche.** Se ciò ch' ho detto alla mente *rivoche* . . . . *Par.* xi. 135.
Rivolando. Suso alle poste *rivolando* eguali . . . . *Purg.* viii. 108.

    [1] *rinverte.*   [2] carne allevianderia.   [3] Verde.   [4] sementa.

RIVOLGA 608 RIVOLVI

Rivolga. perchè i nostri diretri *Rivolga* il cielo a sè . . . . . . *Purg.* xix. 98.
Rivolge. Che prende ciò, che si *rivolge* a lei . . . . *Purg.* iii. 123.
  in nostra corte *Rivolge* sè contra il taglio la rota . . . . . . *Purg.* xxxi. 42.
  E sè *rivolge*,[1] per veder se il vetro Gli dice il vero . . . . . *Par.* xxviii. 7.
Rivolgea. e poscia pur li Si *rivolgea* ciascun . . . . *Inf.* vii. 29.
Rivolgendo. Gli occhi svegliati *rivolgendo* in giro . . . . . . *Purg.* ix. 35.
Rivolgi. Gli occhi *rivolgi* al logoro, che gira Lo Rege . . . . . *Purg.* xix. 62.
  Che tu non ti *rivolgi* al bel giardino . . . . *Par.* xxiii. 71.
Rivolgiti. Ma *rivolgiti* omai inverso altrui . . . . *Par.* xxii. 19.
Rivolgon. Altre *rivolgon* sè, onde son mosse . . . . *Par.* xxi. 38.
Rivolse. Là ov' era il petto, la coda *rivolse* . . . . *Inf.* xvii. 103.
  Ma, perchè l' occhio cupido e vagante A me *rivolse* . . . . . *Purg.* xxxii. 155.
  In ver la Spagna *rivolse* lo stuolo . . . . *Par.* vi. 64.
  Quinci *rivolse* inver lo cielo il viso . . . . *Par.* i. 142.
  Se il mondo si *rivolse* al Cristianesmo, Diss' io . . . . . . *Par.* xxiv. 106.
  Poi si *rivolse* a quell' enfiata[2] labbia, E disse . . . . *Inf.* vii. 7.
  Poi si *rivolse* per la strada lorda, E non fe' motto . . . . . *Inf.* ix. 100.
  Poi si *rivolse*, e ripassossi il guazzo . . . . *Inf.* xii. 139.
  Poi si *rivolse* a me con miglior labbia, Dicendo . . . . . *Inf.* xiv. 67.
  Poi si *rivolse*, e parve di coloro Che corrono . . . . *Inf.* xv. 121.
  Poi si *rivolse* tutta disiante A quella parte . . . . *Par.* v. 86.
  Poi si *rivolse*[3] nel vostro occidente . . . . *Par.* vi. 71.
Rivolsersi. *Rivolsersi* alla luce, che promessa... s' avea . . . *Par.* viii. 43.
Rivolsesi. E *rivolsesi* a me con passi rari . . . . *Inf.* viii. 117.
Rivolsi. Gli occhi *rivolsi* al suon di questo motto . . . . *Purg.* v. 7.
  Poscia *rivolsi* gli occhi agli occhi belli . . . . *Par.* xxii. 154.
  Poscia *rivolsi* alla mia Donna il viso . . . . *Par.* xv. 32.
  Poi mi *rivolsi* a loro, e parla' io, E cominciai . . . . *Inf.* v. 115.
  Io mi *rivolsi* attento al primo tuono, E... mi parea Udir . . *Purg.* ix. 139.
  Poi mi *rivolsi*[4] al Maestro mio, e dissi . . . . *Purg.* xvii. 81.
  Io mi *rivolsi* addietro[5] allora tutto A' miei Poeti . . . . . *Purg.* xxviii. 145.
  Io mi *rivolsi* d' ammirazion pieno Al buon Virgilio . . . *Purg.* xxix. 55.
  Io mi *rivolsi* all' amoroso suono Del mio conforto . . . . *Par.* xviii. 7.
  Io mi *rivolsi* dal mio destro lato Per vedere . . . . *Par.* xviii. 52.
  E com' io mi *rivolsi*, e furon tocchi Li miei da ciò . . . . *Par.* xxviii. 13.
Rivolsilo. *Rivolsilo* a guardar gli altri mal nati . . . . *Inf.* xxx. 48.
Rivolta. Quando Beatrice in sul sinistro fianco Vidi *rivolta* . . . *Par.* i. 47.
  eretta Ed attenta, *rivolta* inver la plaga . . . . *Par.* xxiii. 11.
  Ma poi che pur al mondo fu *rivolta* Contra suo grato . . . . *Par.* iii. 115.
  la vita... *Rivolta* s' era al sol che la riempie . . . . *Par.* ix. 8.
Rivolti. *Rivolti* al monte ove ragion ne fruga . . . . *Purg.* iii. 3.
  Son li giusti occhi tuoi *rivolti* altrove? . . . . *Purg.* vi. 120.
Rivolto. con pena Da lei avrei mio intento *rivolto* . . . . . . *Purg.* xix. 18.
  mio Conforto... A dir mi cominciò tutto *rivolto* . . . . . *Purg.* iii. 23.
  Vidi in sul braccio destro esser *rivolto* Lo... esercito . . . . *Purg.* xxxii. 16.
  Ed io, *rivolto*[6] al mar di tutto il senno, Dissi . . . . . . *Inf.* viii. 7.
  Perch' io indietro *rivolto* mi fossi . . . . *Inf.* xv. 15.
  E ch' io non m' era lì *rivolto* a quelli . . . . *Par.* xiv. 135.
  Rivolto ad essi fa che dopo il dosso Ti stea un lume . . . . *Par.* ii. 100.
  E se, *rivolto*, in ver di lei si piega... è amor . . . . *Purg.* xviii. 25.
Rivolve. l' uomo ingombra, Sì che d' onrata impresa lo *rivolve* . *Inf.* ii. 47.
  lo piè non fida, Ma ti *rivolve*, come suole, a voto . . . . . *Par.* iii. 28.
  E sè *rivolve*[7] per veder se il vetro Gli dice il vero . . . . . *Par.* xxviii. 7.
Rivolvi. Ancora un poco indietro ti *rivolvi*, Diss' io . . . . . *Inf.* xi. 94.

[1] rivolve.   [2] enfiate.   [3] *Poscia si volse.*   [4] *volsi.*   [5] *volsi diretro.*   [6] *io mi volsi.*   [7] *rivolge.*

ROBA 609 ROMA

Roba. Lo villanello, a cui la *roba* manca, Si leva . . . . *Inf.* xxiv. 7.
Così li ciechi, a cui la *roba* falla, Stanno . . . . *Purg.* xiii. 61.
*†Robbi. Chè con tanto lucore e tanto *robbi* M' apparvero . . . *Par.* xiv. 94.
Roberto. sentì... doglie, Per contrastare a *Roberto* Guiscardo . . *Inf.* xxviii. 14.
trasse... il duca Gottifredi... e *Roberto* Guiscardo . . . . . *Par.* xviii. 48.
Roboam. O *Roboam*, già non par che minacci Quivi il tuo segno . *Purg.* xii. 46.
Robusto. Così d' intorno all' arbore *robusto* Gridaron gli altri . *Purg.* xxxii. 46.
Con men di resistenza si dibarba *Robusto* cerro . . . . . . *Purg.* xxxi. 71.
1. Rocca. Sicura, quasi *rocca* in alto monte... una puttana . . . *Purg.* xxxii. 148.
ne pose... A piè¹ a piè della stagliata *rocca* . . . . *Inf.* xvii. 134.
2. Rocca. L' altra, traendo alla *rocca* la chioma . . . . *Par.* xv. 124.
Rocce. buco, Sopra il qual pontan tutte l' altre *rocce* . . . . . *Inf.* xxxii. 3.
passaro L' alpestre *rocce* di che, Po, tu labi . . . . *Par.* vi. 51.
Rocchi. poggiato ad un de' *rocchi* Del duro scoglio . . . . . *Inf.* xx. 25.
via Tra le schegge e tra' *rocchi* dello scoglio . . . . . . *Inf.* xxvi. 17.
Roccia. l' altra fiata... Questa *roccia* non era ancor cascata . . *Inf.* xii. 36.
da cima... Al piano è sì la *roccia* discoscesa . . . . *Inf.* xii. 8.
Ed in quel punto questa vecchia *roccia*... fece riverso . . *Inf.* xii. 44.
quanto si fende La *roccia* per dar via a chi va suso . . . . *Purg.* xix. 68.
Menocci ove la *roccia* era tagliata . . . . *Purg.* xii. 97.
poter ch' egli abbia, Non ti torrà lo scender questa *roccia* . *Inf.* vii. 6.
Quivi trovammo la *roccia* sì erta, Che indarno vi sarien . . *Purg.* iii. 47.
E giù... Supin si diede alla pendente *roccia* . . . . *Inf.* xxiii. 45.
Dal lato... Cadea dell' alta *roccia* un liquor chiaro . . . . . *Purg.* xxii. 137.
Così da imo della *roccia* scogli Movien . . . . *Inf.* xviii. 16.
si mosse per li Lochi spediti pur lungo la *roccia* . . . . . *Purg.* xx. 5.
vedea... Un' altra storia nella *roccia* imposta . . . . . . *Purg.* x. 52.
Rocco. Bonifazio Che pasturò col *rocco* molte genti . . . . . *Purg.* xxiv. 30.
Roco. Mutar lor canto in un O! lungo e *roco* . . . . *Purg.* v. 27.
Rodano. vide Senna, Ed ogni valle onde *Rodano*² è pieno . . . *Par.* vi. 60.
Sì come ad Arli, ove *Rodano*² stagna, Sì com' a Pola . . . *Inf.* ix. 112.
si lava Di *Rodano*, poi ch' è misto con Sorga . . . . . . *Par.* viii. 59.
Rode. l' un l' altro si *rode* Di quei che un muro... serra . . . *Purg.* vi. 83.
Rodo. seme, Che frutti infamia al traditor ch' io *rodo* . . . . *Inf.* xxxiii. 8.
Rodopeia. Nè quella *Rodopeia*, che delusa Fu . . . . *Par.* ix. 100.
*†Roffia. Per che si purga e risolve la *roffia* . . . . *Par.* xxviii. 82.
Roggia. Perchè non dentro dalla città *roggia* Son ei puniti? . . *Inf.* xi. 73.
Roggio. Lo sol, che retro fiammeggiava *roggio*, Rotto m' era . . *Purg.* iii. 16.
riso della stella, Che mi parea più *roggio* che l' usato . . . *Par.* xiv. 87.
Rogna. fa manifesta, E lascia pur grattar dov' è la *rogna* . . . *Par.* xvii. 129.
Roma. Dal Voi, che prima *Roma* sofferie... Ricominciaron . . . *Par.* xvi. 10.
Soleva *Roma*, che il buon mondo feo, Due Soli aver . . . . *Purg.* xvi. 106.
Tanto fu dolce... Che, Tolosano, a sè mi trasse *Roma* . . . *Purg.* xxi. 89.
veglio, Che... *Roma* guata³ sì come suo speglio . . . . . *Inf.* xiv. 105.
tuo caro frate, Che mise *Roma* teco nel buon filo . . . . . *Par.* xxiv. 63.
Non che *Roma* di carro così bello Ralìegrasse Affricano . . *Purg.* xxix. 115.
Vedendo *Roma* e l' ardua sua opra Stupeface'nsi . . . . . *Par.* xxxi. 34.
Vieni a veder la tua *Roma* che piagne, Vedova e sola . . . *Purg.* vi. 112.
lunga e grossa Come la pina di san Pietro a *Roma* . . . . *Inf.* xxxi. 59.
con Scipio Difese a *Roma* la gloria del mondo . . . . . . *Par.* xxvii. 62.
E vissi a *Roma* sotto il buono Augusto . . . . *Inf.* i. 71.
quel da *Roma* Tra i Sardi e i Corsi il vede quando cade . . *Purg.* xviii. 80.
Ch' ei fu dell' alma *Roma*... per padre eletto . . . . . . *Inf.* ii. 20.
Di' oggimai che la Chiesa di *Roma*... Cade nel fango . . . *Purg.* xvi. 127.

¹ piede.   ² il Rodano.   ³ guarda.

Roma.	Ma Vaticano, e l' altre parti elette Di *Roma*	*Par.* ix. 140.
	Poi... Cesare per voler di *Roma* il tolle	*Par.* vi. 57.
	Favoleggiava... De' Troiani, di Fiesole, e di *Roma*	*Par.* xv. 126.
	cive Di quella *Roma* onde Cristo è Romano	*Purg.* xxxii. 102.
Romagna.	*Romagna* tua non è, e non fu mai, Senza guerra	*Inf.* xxvii. 37.
	Chè col peggiore spirto di *Romagna* Trovai un tal di voi	*Inf.* xxxiii. 154.
	Che volle dir lo spirto di *Romagna?*	*Purg.* xv. 44.
	quel paese Che siede tra *Romagna* e quel di Carlo	*Purg.* v. 69.
Romagnuoli.	O *Romagnuoli* tornati in bastardi!	*Purg.* xiv. 99.
	Dimmi se i *Romagnuoli* han pace o guerra	*Inf.* xxvii. 28.
Roman.	Ma, come fatto fui *Roman* Pastore, Così scopersi	*Purg.* xix. 107.
	roman principato, il cui valore Mosse Gregorio	*Purg.* x. 74.
	Come i *Roman*, per l' esercito molto, L' anno del Giubbileo	*Inf.* xviii. 28.
	la semente[1] santa Di quei *Roman* che vi rimaser	*Inf.* xv. 77.
Romane.	E le *Romane* antiche per lor bere Contente furon	*Purg.* xxii. 145.
Romani.	ancor nel segno Che fe' i *Romani* al mondo reverendi	*Par.* xix. 102.
	portato dagli egregi *Romani* incontro a Brenno	*Par.* vi. 44.
	la porta, Ond' uscì de' *Romani* il gentil seme	*Inf.* xxvi. 60.
Romano.	cive Di quella Roma onde Cristo è *Romano*	*Purg.* xxxii. 102.
Romanzi.	Versi d' amore e prose di *romanzi* Soperchiò	*Purg.* xxvi. 118.
Rombo.	rimbombo... Simile a quel che l' arnie fanno *rombo*	*Inf.* xvi. 3.
Romena.	Ivi è *Romena*,là dov' io falsai La lega	*Inf.* xxx. 73.
Romeo.	dentro alla presente margarita Luce la luce di *Romeo*	*Par.* vi. 128.
	e ciò gli fece *Romeo* persona umile e peregrina	*Par.* vi. 135.
Romita.	l' ombra, tutta in sè *romita*, Surse ver lui	*Purg.* vi. 72.
	La più *romita* via[2] è una scala, Verso di quella	*Purg.* iii. 50.
Romoaldo.	Qui è Maccario, qui è *Romoaldo*	*Par.* xxii. 49.
Romor.	Quando noi fummo d' un *romor* sorpresi	*Inf.* xiii. 111.
Romore.	Come la madre ch' al *romore* è desta	*Inf.* xxiii. 38.
	Non è il mondan *romore* altro che un fiato Di vento	*Purg.* xi. 100.
Rompe.	la fiera... Che passa i monti, e *rompe* muri[3] ed armi	*Inf.* xvii. 2.
	Si *rompe* del montar l' ardita foga Per le scalee	*Purg.* xii. 103.
Rompendo.	*rompendo* della scorza, Non che dei fiori	*Purg.* xxxii. 113.
Rompeo.	E come questa imagine *rompeo* Sè per sè stessa	*Purg.* xvii. 31.
Romper.	Sì che i suoi raggi tu *romper* non fai	*Purg.* vi. 57.
Rompesse.	sì... cosse, Che convenne che il sonno si *rompesse*	*Purg.* ix. 33.
Rompièno.	Che della selva *rompièno* ogni rosta	*Inf.* xiii. 117.
Ronca.	nei monti di Luni, dove *ronca* Lo Carrarese	*Inf.* xx. 47.
Ronchion.	levando me su ver la cima D' un *ronchion*	*Inf.* xxiv. 28.
	s' io non avessi un *ronchion* preso, Caduto sarei giù	*Inf.* xxvi. 44.
Ronchioso.	scoglio... Ch' era *ronchioso*, stretto e malagevole	*Inf.* xxiv. 62.
Roncigli.	Usciron... E volser contra lui tutti i *roncigli*	*Inf.* xxi. 71.
Roncigliarmi.	E poi di *roncigliarmi*[4] si consigli	*Inf.* xxi. 75.
Ronciglio.	E Libicocco... presegli il braccio col *ronciglio*	*Inf.* xxii. 71.
Rondinella.	comincia i tristi lai La *rondinella*	*Purg.* ix. 14.
Roratelo.	Ponete mente all' affezione[5]... E *roratelo* alquanto	*Par.* xxiv. 8.
Rosa.	m' ha dilatata mia fidanza, Come il sol fa la *rosa*	*Par.* xxii. 56.
	Il prun... Poscia portar la *rosa* in sulla cima	*Par.* xiii. 135.
	Quivi è la *rosa* in che il Verbo Divino Carne si fece	*Par.* xxiii. 73.
	la larghezza Di questa *rosa* nell' estreme foglie	*Par.* xxx. 117.
	Nel giallo della *rosa* sempiterna, Che si dilata	*Par.* xxx. 124.
	In forma dunque di candida *rosa* Mi si mostrava	*Par.* xxxi. 1.
	a proprio nome Vo per la *rosa* giù di foglia in foglia	*Par.* xxxii. 15.
	Quei due... Son d' esta *rosa* quasi due radici	*Par.* xxxii. 120.

[1] sementa. [2] rotta ruina. [3] mura. [4] d' arronciglarmi. [5] alla sua voglia.

Rosata.	Io vidi già... La parte oriental tutta *rosata*	*Purg.* xxx. 23.
1. Rose.	Anzi di *rose* e d' altri fior vermigli	*Purg.* xxix. 148.
	Men che di *rose*, e più che di viole, Colore aprendo	*Purg.* xxxii. 58.
	Così di quelle sempiterne *rose* Volgeansi circa noi	*Par.* xii. 19.
2. Rose.	Non altrimenti Tideo si *rose* Le tempie	*Inf.* xxxii. 130.
	come[1] il caldo ha *rose* Le temperanze dei vapori spessi	*Par.* v. 134.
Roso.	discende Per la buca d' un sasso ch' egli ha *roso*	*Inf.* xxxiv. 131.
Rossa.	ma il bollor dell' acqua *rossa* Dovea ben solver	*Inf.* xiv. 134.
	tanto *rossa*, Ch' a pena fora dentro al foco nota	*Purg.* xxix. 122.
	Ed or parevan dalla bianca tratte, Or dalla *rossa*	*Purg.* xxix. 128.
	Chi è colui... cui più *rossa*[2] fiamma succia?	*Inf.* xix. 33.
	Vidine un' altra come[3] sangue *rossa* Mostrare	*Inf.* xvii. 62.
	ma poco appresso Ella, non tu, n' avrà *rossa* la tempia	*Par.* xvii. 66.
Rosse.	il foco eterno, Ch' entro l' affoca, le dimostra *rosse*	*Inf.* viii. 74.
Rosseggia.	Per li grossi vapor Marte *rosseggia*	*Purg.* ii. 14.
Rossi.	più... Ch' ei non starà piantato coi piè *rossi*	*Inf.* xix. 81.
	non si videro... Vetri o metalli sì lucenti e *rossi*	*Purg.* xxiv. 138.
Rosso.	Nè con ciò che di sopra il mar *rosso* ee	*Inf.* xxiv. 90.
	strazio e... scempio Che fece l' Arbia colorata in *rosso*	*Inf.* x. 86.
Rossore.	fiumicello, Lo cui *rossore* ancor mi raccapriccia	*Inf.* xiv. 78.
Rosta.	sì forte, Che della selva rompièno ogni *rosta*	*Inf.* xiii. 117.
Rostro.	Ch' io vidi, ed anco udii parlar lo *rostro*	*Par.* xix. 10.
	il segno del mondo... Nel benedetto *rostro* fu tacente	*Par.* xx. 9.
1. Rota.	Però giri fortuna la sua *rota*, Come le piace	*Inf.* xv. 95.
	volgeva... Sì come *rota* ch' egualmente è mossa	*Par.* xxxiii. 144.
	più tarde, Sì come *rota* più presso allo stelo	*Purg.* viii. 87.
	Tre donne in giro, dalla destra *rota*, Venian danzando	*Purg.* xxix. 121.
	La bella donna... E Stazio ed io seguitavam la *rota*	*Purg.* xxxii. 29.
	e funne ricoperta E l' una e l' altra *rota* e il temo	*Purg.* xxxii. 140.
	Quelle tre donne... Che tu vedesti dalla destra *rota*	*Par.* xx. 128.
	Se tal fu l' una *rota* della biga, In che la santa chiesa	*Par.* xii. 106.
	acqua per doccia A volger *rota* di molin terragno	*Inf.* xxiii. 47.
	in nostra corte Rivolge sè contra il taglio la *rota*	*Purg.* xxxi. 42.
	quando... fur giunti, Fenno una *rota* di sè tutti e trei	*Inf.* xvi. 21.
	Indi rupper la *rota*, ed a fuggirsi Ale sembiar le gambe	*Inf.* xvi. 86.
	per la *rota* In che si mise, com' era davante	*Par.* ix. 65.
	Così vid' io la gloriosa *rota* Moversi	*Par.* x. 145.
	Quando la *rota*, che tu sempiterni Desiderato	*Par.* i. 76.
	punta dello stelo A cui la prima *rota* va dintorno	*Par.* xiii. 12.
	E di' perchè si tace in questa *rota* La dolce sinfonia	*Par.* xxi. 58.
	grazia... D' entrar nell' alta *rota* che vi gira	*Par.* xiv. 119.
	pinti e tratti Alla fiata quei che vanno a *rota*	*Par.* xiv. 20.
	Io... splendore Venire ai due, che si volgeano a *rota*	*Par.* xxv. 107.
2. Rota.	*Rota* e discende, ma non me n' accorgo	*Inf.* xvii. 116.
Rotando.	Così, *rotando*, ciascuno il visaggio Drizzava a me	*Inf.* xvi. 25.
Rotante.	Elice... *Rotante* col suo figlio ond' ell' è vaga	*Par.* xxxi. 33.
Rotar.	A *rotar* cominciò la santa mola	*Par.* xii. 3.
Rotare.	vederesti... Ancora all' Orse più stretto *rotare*	*Purg.* iv. 65.
Rotata.	Poi mi parea che più *rotata*[4] un poco... discendesse	*Purg.* ix. 28.
Rote.	contenne Un carro, in su due *rote*, trionfale	*Purg.* xxix. 107.
	Indi alle *rote* si tornar le donne	*Purg.* xxxii. 25.
	parve... che la terra s' aprisse Tr' ambo le *rote*	*Purg.* xxxii. 131.
	nocchier... Che intorno agli occhi avea di fiamme *rote*	*Inf.* iii. 99.
	Le *rote* larghe, e lo scender sia poco	*Inf.* xvii. 98.

[1] quando. [2] rozza. [3] più che. [4] che roteata.

ROTE 612 RUBARE

Rote. Discende lasso, onde si mosse snello, Per cento *rote* . . . *Inf.* xvii. 131.
pur nove anni Son queste *rote* intorno di lui torte . . . . . *Par.* xvii. 81.
Non hanno molto a volger quelle *rote* . . . . *Purg.* xxiv. 88.
S' egl' intende tornare a queste *rote* L' onor . . . . *Par.* iv. 58.
Leva, dunque, lettor, all' alte *rote* Meco la vista . . . . . . *Par.* x. 7.
Seguitar lei... Avendo gli occhi alle superne *rote* . . . . . *Purg.* viii. 18.
sì che... Possano uscire alle stellate *rote* . . . . *Purg.* xi. 36.
logorò, che gira Lo Rege eterno con le *rote* magne . . . . . *Purg.* xix. 63.
Non pur per opra delle *rote* magne . . . . *Purg.* xxx. 109.
Però ti son mostrate in queste *rote*, Nel monte . . . . . . *Par.* xvii. 136.
posto Con l' ordine, ch' io veggio in quelle *rote* . . . . . . *Par.* xxviii. 47.
Beatrice tutta nell' eterne *rote* Fissa... stava . . . . *Par.* i. 64.
diversi scanni... Rendon dolce armonia tra queste *rote* . . . *Par.* vi. 126.
Roteando. *Roteando* cantava, e dicea: quali Son . . . . . . *Par.* xix. 97.
Altre rivolgon sè... Ed altre *roteando* fan soggiorno . . . . *Par.* xxi. 39.
Ed al nome... Vidi moversi un altro *roteando* . . . . *Par.* xviii. 41.
Roteata. Poi mi parea che, *roteata*[1] un poco... discendesse . . . *Purg.* ix. 28.
Rotelle. le coste Dipinte avea di nodi e di *rotelle* . . . . . . *Inf.* xvii. 15.
Rotollo. E *rotollo*, e percosselo ad un sasso . . . . *Inf.* xxx. 11.
1. **Rotta.** E in su la punta della *rotta* lacca . . . . *Inf.* xii. 11.
Come color dinanzi vider *rotta* La luce in terra . . . . . . *Purg.* iii. 88.
Ciascuna parte, fuor che l' oro, è *rotta* D' una fessura . . . *Inf.* xiv. 112.
Poscia ch' i' ebbi *rotta* la persona Di due punte . . . . . . *Purg.* iii. 118.
Sì della scheggia *rotta*[2] usciva insieme Parole e sangue . . *Inf.* xiii. 43.
Mille dugento... Anni compiè, che qui la via fu *rotta* . . . . *Inf.* xxi. 114.
A vizio di lussuria fu sì *rotta*, Che libito fe' licito . . . . *Inf.* v. 55.
2. **Rotta.** Dopo la dolorosa *rotta*, quando Carlo Magno perdè . . *Inf.* xxxi. 16.
Mostrava come in *rotta* si fuggiro Gli Assiri . . . . *Purg.* xii. 58.
Rotte. ripa, Che facevan gran pietre *rotte* in cerchio . . . . . *Inf.* xi. 2.
Son le leggi d' abisso così *rotte?* . . . . *Purg.* i. 46.
Rotti. alla parola, Dalla qual furon maggior sonni *rotti* . . . . *Purg.* xxxii. 78.
Rotti fur quivi, e volti negli amari Passi di fuga . . . . . *Purg.* xiii. 118.
1. **Rotto.** Se non gli è *rotto* il cerchio d' alcun canto . . . . . *Purg.* xxviii. 105.
giù s' attuffa, Ed ei ritorna su crucciato e *rotto* . . . . . *Inf.* xxii. 132.
Alto fato di Dio sarebbe *rotto*, Se Lete si passasse . . . . . *Purg.* xxx. 142.
vidile guardar... pur me, e il lume ch' era *rotto* . . . . . *Purg.* v. 9.
fu *rotto* il petto e l' ombra Con esso un colpo . . . . . . *Inf.* xxxii. 61.
Noi salivam per entro il sasso *rotto* . . . . *Purg.* iv. 31.
Salvo ch' a questo è *rotto*, e nol coperchia . . . . *Inf.* xxiii. 136.
Lo sol... *Rotto* m' era dinanzi alla figura . . . . *Purg.* iii. 17.
vidi un... *Rotto* dal mento infin dove si trulla . . . . . . *Inf.* xxviii. 24.
2. **Rotto.** sì mi giunse al *rotto* Di quei che sì piangeva . . . . *Inf.* xix. 44.
Che là, dove pareami prima un *rotto*... Vidi una porta . . . *Purg.* ix. 74.
Rotture. piangea Per le *rotture* sanguinenti invano . . . . . . *Inf.* xiii. 132.
Rovente. Ver l' alta torre alla cima *rovente* . . . . *Inf.* ix. 36.
Ed io facea con l' ombra più *rovente* Parer la fiamma . . . *Purg.* xxvi. 7.
Rovina. tu pensi Forse a questa *rovina* ch' è guardata . . . . *Inf.* xii. 32.
Rovinava. Mentre ch' io *rovinava* in loco basso . . . . *Inf.* i. 61.
Rozza. Chi è colui... cui più *rozza*[3] fiamma succia? . . . . . *Inf.* xix. 33.
Rozzo. ammuta, Quando *rozzo* e salvatico s' inurba . . . . . *Purg.* xxvi. 69.
*****Rua.** Non è fantin che sì subito *rua* Col volto verso il latte . . *Par.* xxx. 82.
Ruba. Qualunque *ruba* quella, o quella schianta... offende . . . *Purg.* xxxiii. 58.
Rubaconte. soggioga La ben guidata sopra *Rubaconte* . . . . . *Purg.* xii. 102.
Rubare. E chi *rubare*, e chi civil negozio... S' affaticava . . . . *Par.* xi. 7.

[1] più rotata. [2] Così di quella scheggia. [3] rossa.

Rube.	O immaginativa, che ne *rube* Tal volta sì di fuor!	*Purg.* xvii. 13.
*†Rubecchio.	Tu vederesti il Zodiaco *rubecchio*	*Purg.* iv. 64.
Rubesto.	Non fu tremoto già tanto *rubesto*	*Inf.* xxxi. 106.
	Lo corpo mio gelato... Trovò l' Archian *rubesto*	*Purg.* v. 125.
Rubicante.	Graffiacane, E Farfarello, e *Rubicante*	*Inf.* xxi. 123.
	O *Rubicante*, fa che tu gli metti Gli unghioni addosso	*Inf.* xxii. 40.
Rubicon.	poi ch' egli uscì di Ravenna, E saltò *Rubicon*[1]	*Par.* vi. 62.
Rubin.	si mettean nei fiori, Quasi *rubin* che oro circonscrive	*Par.* xxx. 66.
Rubinetto.	Parea ciascuna *rubinetto*, in cui... ardesse	*Par.* xix. 4.
*†Rubro.	Con costui corse infino al lito *rubro*	*Par.* vi. 79.
Rude.	quanto converrassi Quelle scoprire alla tua vista *rude*	*Purg.* xxxiii. 102.
Ruffian.	s' annida... *Ruffian*, baratti e simile lordura	*Inf.* xi. 60.
	via, *Ruffian*, qui non son femmine da conio	*Inf.* xviii. 66.
Ruggeran.	*Ruggeran*[2] sì questi cerchi superni	*Par.* xxvii. 144.
Rugghiato.	Poscia che il foco alquanto ebbe *rugghiato*	*Inf.* xxvii. 58.
Rugghiò.	Non *rugghiò*[3] sì, nè si mostrò sì acra Tarpeia	*Purg.* ix. 136.
Ruggieri.	E questi è l' Arcivescovo *Ruggieri*	*Inf.* xxxiii. 14.
Ruggio.	Non *ruggìo*[4] sì, nè si mostrò sì acra Tarpeia	*Purg.* ix. 136.
Ruggiran.	*Ruggiran*[5] sì questi cerchi superni	*Par.* xxvii. 144.
Rugiada.	Quando noi fummo dove la *rugiada* Pugna col sole	*Purg.* i. 121.
	non neve, Non *rugiada*, non brina più su cade	*Purg.* xxi. 47.
	Gelboè, Che poi non sentì pioggia nè *rugiada*	*Purg.* xii. 42.
	Nè... valse alle guance nette di *rugiada*	*Purg.* xxx. 53.
*Rui.	Per ch' ei gridavan tutti: dove *rui*, Anfiarao?	*Inf.* xx. 33.
1. Ruina.	riguardando prima Ben la *ruina*	*Inf.* xxiv. 24.
	Mostrava la *ruina* e il crudo scempio Che fe' Tamiri	*Purg.* xii. 55.
	lutto, Madre, alla tua pria ch' all' altrui *ruina*	*Purg.* xvii. 39.
	di ben si spolpa, Ed a trista *ruina* par disposto	*Purg.* xxiv. 81.
	Qual è quella *ruina*, che nel fianco Di qua da Trento	*Inf.* xii. 4.
	Montar potrete su per la *ruina*, Che giace in costa	*Inf.* xxiii. 137.
	Quando giungon davanti alla *ruina*, Quivi le strida	*Inf.* v. 34.
2. Ruina.	Ella *ruina* in sì fatta cisterna	*Inf.* xxxiii. 133.
Ruinar.	mosse... Quando chinavi, a *ruinar*, le ciglia	*Par.* xxxii. 138.
Ruinare.	E non restò di *ruinare* a valle	*Inf.* xx. 35.
Ruine.	*Ruine*, incendi e tollette dannose	*Inf.* xi. 36.
	Producerebbe sì... Che non sarebbero arti, ma *ruine*	*Par.* viii. 108.
Ruinò.	tanto veloce Si *ruinò*, che nulla la ritenne	*Purg.* v. 123.
Ruminando.	Quali si fanno *ruminando* manse Le capre	*Purg.* xxvii. 76.
	Sì *ruminando*, e sì mirando in quelle, Mi prese	*Purg.* xxvii. 91.
Ruminar.	*Ruminar* può, ma non ha l' unghie fesse	*Purg.* xvi. 99.
Runciglio.	Disse, e presegli il braccio col *runciglio*[6]	*Inf.* xxii. 71.
Rupe.	e ritenga l' image, Mentre ch' io dico, come ferma *rupe*	*Par.* xiii. 3.
Rupp'.	L' un'... *Rupp'* io per un che dentro vi annegava	*Inf.* xix. 20.
Ruppe.	s' ancise... E *ruppe* fede al cener di Sicheo	*Inf.* v. 62.
	Ma tosto *ruppe* le dolci ragioni Un arbor	*Purg.* xxii. 130.
	Sappi che il vaso che il serpente *ruppe*, Fu, e non è	*Purg.* xxxiii. 34.
	Ruppe il silenzio nei concordi numi Poscia la luce	*Par.* xiii. 31.
	Allor si *ruppe* lo comun rincalzo	*Inf.* xxix. 97.
Ruppemi.	*Ruppemi* l' alto sonno... Un greve tuono	*Inf.* iv. 1.
Rupper.	Indi *rupper* la rota, ed... Ale sembiar le gambe	*Inf.* xvi. 86.
Ruppi.	Vi giuro che giammai non *ruppi* fede Al mio signor	*Inf.* xiii. 74.
Ruscel.	palude... che ha nome Stige, Questo tristo *ruscel*	*Inf.* vii. 107.
	E il fummo del *ruscel* di sopra aduggia Sì	*Inf.* xv. 2.
Ruscelletti.	Li *ruscelletti*, che dei verdi colli	*Inf.* xxx. 64.

[1] il Rubicon. [2] *Ruggiran*. [3] ruggìo. [4] *rugghiò*. [5] Ruggeran. [6] ronciglio.

Ruscelletto.	per suono è noto D' un *ruscelletto*	*Inf.* xxxiv. 130.
Ruscello.	Quale del Bulicame esce un[1] *ruscello*	*Inf.* xiv. 79.
	Lo secol primo... Fe'... nettare con sete ogni *ruscello*	*Purg.* xxii. 150.
Rusticucci.	Jacopo *Rusticucci*, Arrigo e il Mosca	*Inf.* vi. 80.
	Ed io, che posto son con loro... Jacopo *Rusticucci* fui	*Inf.* xvi. 44.
Ruvida.	Era il secondo... D' una petrina *ruvida* ed arsiccia	*Purg.* ix. 98.
Ruvidamente.	*Ruvidamente* un' altra gente fascia	*Inf.* xxxiii. 92.

S'.	*Sovente.*	
Sa.	nessun maggior dolore... e ciò *sa* il tuo Dottore	*Inf.* v. 123.
	E chi nol *sa*, s' egli ha la fede mia?	*Par.* xxv. 75.
	il sonno che... Anzi che il fatto sia, *sa* le novelle	*Purg.* xxvii. 93.
	Esce di mano... L' anima semplicetta, che *sa* nulla	*Purg.* xvi. 88.
	Chè[2] perder tempo a chi più *sa* più spiace	*Purg.* iii. 78.
	grida la contrada, Sì che ne *sa* chi non vi fu ancora	*Purg.* viii. 126.
	toro... Che gir non *sa*, ma qua e là saltella	*Inf.* xii. 24.
	cose che ridire Nè *sa*, nè può chi[3] di lassù discende	*Par.* i. 6.
	Com' esser può, Quei *sa* che sì governa	*Inf.* xxviii. 126.
	si lagna, Come il tapin che non *sa* che si faccia	*Inf.* xxiv. 11.
	E qual è quei che cade, e non *sa* como, Per forza	*Inf.* xxiv. 112.
	Or chi *sa* da qual man la costa cala, Disse il Maestro	*Purg.* iii. 52.
	Come uom che va, nè *sa* dove riesca	*Purg.* ii. 132.
	Libertà... che è sì cara, Come *sa* chi per lei vita rifiuta	*Purg.* i. 72.
	Provi se *sa*; chè tu qui rimarrai, Che gli hai scorta	*Inf.* viii. 92.
	Fuor mi rapiron... E Dio si[4] *sa* qual poi mia vita fusi	*Par.* iii. 108.
	farsi... Con canti, quai si *sa* chi lassù gaude	*Par.* xix. 39.
	Tu proverai sì come *sa* di sale Lo pane altrui	*Par.* xvii. 58.
Sa'.	Se Tosco se', ben *sa'* omai chi fu	*Inf.* xxxii. 66.
Sabaoth.	Osanna sanctus Deus *Sabaoth*, Superillustrans claritate.	*Par.* vii. 1.
Sabbion.	Sull' orlo che, di pietra, il *sabbion* serra	*Inf.* xvii. 24.
	Sopra tutto il *sabbion*... Piovean di foco dilatate falde	*Inf.* xiv. 28.
Sabbione.	io veggio Là surger nuovo fummo del *sabbione*	*Inf.* xv. 117.
	e saṛai, mentre Che tu verrai nell' orribil *sabbione*	*Inf.* xiii. 19.
Sabellio.	Sì fe' *Sabellio*[5] ed Arrio, e quegli stolti	*Par.* xiii. 127.
Sabello.	dov' ei tocca Del misero *Sabello* e di Nassidio	*Inf.* xxv. 95.
Sabine.	E sai ch' ei[6] fe' dal mal delle *Sabine* Al dolor	*Par.* vi. 40.
Sacca.	e le cocolle *Sacca* son piene di farina ria	*Par.* xxii. 78.
Sacchetti.	Grandi eran... *Sacchetti*, Giuochi, Fifanti e Barucci	*Par.* xvi. 104.
Sacchetto.	d' una scrofa... Segnato avea lo suo *sacchetto* bianco	*Inf.* xvii. 65.
Sacco.	La corata[7] pareva, e il tristo *sacco* Che merda fa	*Inf.* xxviii. 26.
	è piena D' invidia sì, che già trabocca il *sacco*	*Inf.* vi. 50.
Sacerdozio.	Sen giva, e chi seguendo *sacerdozio*	*Par.* xi. 5.
Sacra.	Per che[8] non reggi tu, o *sacra* fame Dell' oro?	*Purg.* xxii. 40.
	Io veggio ben, diss' io, *sacra* lucerna, Come... Basta	*Par.* xxi. 73.
	fur... distorti Gli spigoli di quella regge *sacra*	*Purg.* ix. 134.
Sacrata.	Poi pinse l' uscio alla porta *sacrata*	*Purg.* ix. 130.
Sacrate.	dal quale Cominciar di costor le *sacrate* ossa	*Purg.* xx. 60.
Sacrato.	E così... Convien saltar lo *sacrato* poema	*Par.* xxiii. 62.
Sacre.	le fu tolta Di capo l' ombra delle *sacre* bende	*Par.* iii. 114.
	E sotto l' ombra delle *sacre* penne Governò il mondo	*Par.* vi. 7.
	queste sono il muro A che si parton le *sacre* scalee	*Par.* xxxii. 21.
Sacrestia.	fui Ladro alla *sacrestia* de' belli arredi	*Inf.* xxiv. 138.
Sacri.	Nè sommo offizio, nè ordini *sacri* Guardò in sè	*Inf.* xxvii. 91.

[1] il.   [2] Chè 'l.   [3] qual.   [4] lo si.   [5] Sabello.
[6] quel che.   [7] *curata.*   [8] Perchè; A che.

Sacrifici.	facean onore Di *sacrifici*[1] e di votivo grido	*Par.* viii. 5.
Sacrificio.	gli angeli tuoi Fan *sacrificio* a te	*Purg.* xi. 11.
	non... del mio petto esausto L' ardor del *sacrificio*	*Par.* xiv. 92.
	facean onore Di *sacrificio*[2] e di votivo grido	*Par.* viii. 5.
	Due cose si convengono all' essenza Di questo *sacrificio*	*Par.* v. 44.
Sacro.	Ma perchè il *sacro* amore... s' adempia meglio	*Par.* xv. 64.
	O tu, che sei di là dal fiume *sacro*... Ricominciò	*Purg.* xxxi. 1.
	le sponsalizie... Al *sacro* fonte intra lui e la fede	*Par.* xii. 62.
	eran già pieni Dell' alto dì i giron del *sacro* monte	*Purg.* xix. 38.
	Se mai continga che il poema *sacro*... Vinca la crudeltà	*Par.* xxv. 1.
Sacrosante.	O *sacrosante* Vergini, se fami... soffersi	*Purg.* xxix. 37.
Sacrosanto.	Si move contra il *sacrosanto* segno	*Par.* vi. 32.
Saetta.	E sì come *saetta*, che nel segno Percote pria	*Par.* v. 91.
	Forse in tre voli tanto spazio prese Disfrenata *saetta*	*Purg.* xxxii. 35.
	Chè *saetta* previsa vien più lenta	*Par.* xvii. 27.
	Corda non pinse mai da sè *saetta* Che sì corresse	*Inf.* viii. 13.
Saetta.	Nè pur le creature... quest' arco *saetta*	*Par.* i. 119.
	E se non fosse il foco che *saetta* La natura del loco	*Inf.* xvi. 16.
	Per che quantunque questo arco *saetta* Disposto cade	*Par.* viii. 103.
	quello strale Che l' arco dello esilio pria *saetta*	*Par.* xvii. 57.
	dinanzi dagli occhi... Rete si spiega indarno o si *saetta*	*Purg.* xxxi. 63.
Saettando.	*Saettando* quale anima si svelle	*Inf.* xii. 74.
Saettaron.	Lamenti *saettaron* me diversi	*Inf.* xxix. 43.
Saettava.	Da tutte parti *saettava* il giorno Lo sol	*Purg.* ii. 55.
Saette.	Usciro... Come d' arco tricorde tre *saette*	*Par.* xxix. 24.
	Lo sol, ch' avea colle *saette* conte... cacciato capricorno	*Purg.* ii. 56.
	in traccia Correan Centauri armati di *saette*	*Inf.* xii. 56.
Saetti.	Se Giove... me *saetti* di tutta sua forza	*Inf.* xiv. 59.
Safira.	Indi accusiam col marito *Safira*	*Par.* xx. 112.
1. **Saggi.**	E di pochi scaglion levammo i *saggi*	*Purg.* xxvii. 67.
2. **Saggi.**	e domandarne: Di vostra condizion fatene *saggi*	*Purg.* v. 30.
	biancheggia... Galassia sì, che fa dubbiar ben *saggi*	*Par.* xiv. 99.
	il sol corcar... Sentimmo retro ed io e li miei *saggi*	*Purg.* xxvii. 69.
Saggia.	acquista, Fin che n' appaia alcuna scorta *saggia*	*Purg.* iv. 39.
Saggio.	Perch' io mi volsi al mio consiglio *saggio*	*Purg.* xiii. 75.
	Ma qual Gherardo è quel che tu, per *saggio*, Di'?	*Purg.* xvi. 134.
	La mente tua conservi quel... mi comandò quel *Saggio*	*Inf.* x. 128.
	Aiutami da lei, famoso *Saggio*, Ch' ella mi fa tremar	*Inf.* i. 89.
*****Saglia.**	Messo è, che viene ad invitar ch' uom *saglia*	*Purg.* xv. 30.
	Più lunga scala convien che si *saglia*; Non basta	*Inf.* xxiv. 55.
Sai.	Or *sai* nostri atti, e di che fummo rei	*Purg.* xxvi. 88.
	Tu il *sai*; chè non ti fu per lei amara... la morte	*Purg.* i. 73.
	s' io era... Tu il *sai*, che col tuo lume mi levasti	*Par.* i. 75.
	nè creatura mai... fu senza amore... e tu il *sai*	*Purg.* xvii. 93.
	Crasso, Dicci, chè il *sai*, di che sapore è l' oro?	*Purg.* xx. 117.
	Ma dimmi, se tu 'l *sai*, ov' è Piccarda	*Purg.* xxiv. 10.
	Ben lo *sai* tu, che la *sai* tutta quanta	*Inf.* xx. 114.
	Dimmi dov' è... Cecilio, Plauto e Varro, se lo *sai*	*Purg.* xxii. 98.
	se novella vera Di Valdimacra,[3] o di parte vicina Sai	*Purg.* viii. 117.
	Sai quel ch' ei[4] fe', portato dagli egregi Romani	*Par.* vi. 43.
	non mi parto Dal tuo volere, e *sai* quel che si tace	*Inf.* xix. 39.
	deh! senza scorta andiamci soli, Se tu *sai* ir	*Inf.* xxi. 129.
	Chè mal *sai* lusingar per questa lama	*Inf.* xxxii. 96.
	E *sai* ch' ei[5] fe' dal mal delle Sabine Al dolor	*Par.* vi. 40.

[1] *sacrificio*. [2] sacrifici. [3] Valdimagra. [4] che. [5] quel che.

Sai.	Tu *sai* che[1] fece in Alba sua dimora Per trecent' anni	*Par.* vi. 37.
	Tu sei signore, e *sai* ch' io non mi parto Dal tuo volere	*Inf.* xix. 38.
	E non *sai* tu che il cielo è tutto santo?	*Par.* xxii. 8.
	Ed egli a me : tu *sai* che il luogo è tondo	*Inf.* xiv. 124.
	Tu *sai* che tante volte la figuri, Quanto Jesù	*Par.* xxv. 32.
	E quella... Mi disse : non *sai* tu che tu sei in cielo?	*Par.* xxii. 7.
	E non *sai* tu che il cielo è tutto santo?	*Par.* xxii. 8.
	Ben *sai* come nell' aere si raccoglie... vapor	*Purg.* v. 109.
	Or *sai* tu dove e quando questi amori Furon eletti[2]	*Par.* xxix. 46.
	Lo ciel poss' io serrare e disserare, Come tu *sai*	*Inf.* xxvii. 104.
	Ma dimmi, se tu *sai*, a che verranno Li cittadin	*Inf.* vi. 60.
	Ma dinne, se tu *sai*, perchè tai crolli Die'... il monte	*Purg.* xxi. 34.
	Ma se tu *sai* e puoi, alcuno indizio Dà noi	*Purg.* vii. 37.
	O tu... Mi disse, riconoscimi, se *sai*	*Inf.* vi. 41.
Saladino.	E solo in parte vidi il *Saladino*	*Inf.* iv. 129.
Salda.	dismento... Trattando l' ombre come cosa *salda*	*Purg.* xxi. 136.
	non surge di vena... Ma esce di fontana *salda* e certa	*Purg.* xxviii. 124.
	Ma così *salda* voglia è troppo rada	*Par.* iv. 87.
Salde.	vide... Fiamme cadere infino a terra *salde*	*Inf.* xiv. 33.
Saldi.	occhi... Che pur sopra il grifone stavan *saldi*	*Purg.* xxxi. 120.
Saldo.	dentro... Fermar li piedi e tennero il cor *saldo*	*Par.* xxii. 51.
1. Sale.	Tu proverai sì come sa di *sale* Lo pane altrui	*Par.* xvii. 58.
	Metter potete ben per l' alto *sale* Vostro navigio	*Par.* ii. 13.
2. Sale.	E la notte de' passi, con che *sale*	*Purg.* ix. 7.
	il poggio *sale* Più che salir non posson gli occhi miei	*Purg.* iv. 86.
	Al piè dell' alta ripa, che pur *sale*, Misurrebbe	*Purg.* x. 23.
	Ed aggrappossi al pel come uom che *sale*	*Inf.* xxxiv. 80.
	in acqua riede, Tosto che *sale* dove il freddo il coglie	*Purg.* v. 111.
	più s' accende, Com' hai veduto, quanto più si *sale*	*Par.* xxi. 9.
	qui son presso i gradi, Ed agevolmente omai si *sale*	*Purg.* xii. 93.
Salendo.	*Salendo* e rigirando la montagna Che drizza voi	*Purg.* xxiii. 125.
	si risega Lo monte, che *salendo* altrui dismala	*Purg.* xiii. 3.
	Salendo su per lo modo parecchio A quel che scende	*Purg.* xv. 18.
Sali.	Perchè non *sali* il dilettoso monte?	*Inf.* i. 77.
	E tu in grande onranza non ne *sali*	*Inf.* xxvi. 6.
Salì.	a questo regno Non *salì* mai chi non credette in Cristo	*Par.* xix. 104.
Salia.	Dritta *salia* la via per entro il sasso	*Purg.* xxvii. 64.
Salimmo.	Assai leggieramente quel *salimmo*	*Inf.* xviii. 70.
	Salimmo suso, ei primo ed io secondo, Tanto	*Inf.* xxxiv. 136.
*Saline.	Maggiore aperta... Che non era la calla onde *saline*	*Purg.* iv. 22.
Salio.	Questo monte *salio* verso 'l ciel tanto	*Purg.* xxviii. 101.
Salir.	la costa cala... Sì che possa *salir* chi va senz' ala	*Purg.* iii. 54.
	il poggio sale Più che *salir* non posson gli occhi miei	*Purg.* iv. 87.
	non si quetava... Nè più *salir* poteasi in quella vita	*Purg.* xix. 110.
	chi volesse *Salir* di notte, fora egli impedito?	*Purg.* vii. 50.
	Risurger... Luci, e *salir* quali assai, e quai[3] poco	*Par.* xviii. 104.
	troverete il passo Possibile a *salir* persona viva	*Purg.* xi. 51.
	Procacciam di *salir* pria che s' abbui	*Purg.* xvii. 62.
	Spirto, diss' io, che per *salir* ti dome... Fammiti conto	*Purg.* xiii. 103.
	monda Sentesi, sì che surga, o che si mova Per *salir* su	*Purg.* xxi. 60.
	Lo scendere e il *salir* per l' altrui scale	*Par.* xvii. 60.
	Ora era onde il *salir* non volea storpio	*Purg.* xxv. 1.
	Non dei più ammirar, se bene estimo, Lo tuo *salir*	*Par.* i. 137.
	E sì come al *salir* di prima sera Comincian... parvenze	*Par.* xiv. 70.

[1] ch' e'. [2] creati. [3] qual.

SALIR 617 SALTI

Salir. ci affranse La possa del *salir* più che il diletto . . . . . *Purg.* xxvii. 75.
Salire. Alle qua' poi se tu vorrai *salire* . . . . *Inf.* i. 121.
    la fiamma sola, Sì come nuvoletta, in su *salire* . . . . *Inf.* xxvi. 39.
    Io ritornai... Puro e disposto a *salire* alle stelle . . . . . *Purg.* xxxiii. 145.
    il foco movesi... Per la sua forma ch' è nata a *salire* . . . *Purg.* xviii. 29.
    si purga, E di *salire* al ciel diventa degno . . . . *Purg.* i. 6.
    Prima che... fosser volte L' anime degne di *salire* a Dio . . *Purg.* vii. 5.
    Come a man destra, per *salire* al monte . . . . *Purg.* xii. 100.
    sì aspra e forte, Che lo *salire* omai ne parrà gioco . . . . *Purg.* ii. 66.
    Tacevansi... li poeti... Liberi dal *salire* e dai pareti . . . . *Purg.* xxii. 117.
    Io non m' accorsi del *salire* in ella . . . . *Par.* viii. 13.
    Ed io era con lui; ma del *salire* Non m' accors' io . . . . *Par.* x. 34.
    Mentre che del *salire* avem soperchio, Dimmi . . . . . . *Purg.* xxii. 96.
*Saliri. O eletti... Drizzate noi verso gli alti *saliri* . . . . . . *Purg.* xix. 78.
Salirla. Ma per *salirla* mo nessun diparte Da terra i piedi . . . *Par.* xxii. 73.
Saliro. Con le due stole... Son le due luci sole che *saliro* . . . . *Par.* xxv. 128.
Salissi. Quel mormorar dell' aquila *salissi* Su . . . . *Par.* xx. 26.
1. Salita. Quando di carne a spirto era *salita* . . . . *Purg.* xxx. 127.
2. Salita. segno Della celestial[1] ch' ha men *salita* . . . . . . *Par.* iv. 39.
    pregando Che ne mostrasse la miglior *salita* . . . . *Purg.* vi. 68.
    Lo sol vi mostrerà... Prender lo monte a più lieve *salita* . . . *Purg.* i. 108.
    quella ripa... Che dritto di *salita* aveva manco . . . . . . *Purg.* x. 30.
Salite. E queste son *salite* ov' eran quelle . . . . *Purg.* viii. 93.
Saliti. A seder ci ponemmo... Volti a levante, ond' eravam *saliti*. *Purg.* iv. 53.
Salito. Trovai lo Duca mio ch' era *salito* Già . . . . *Inf.* xvii. 79.
    Chè ben cinquanta gradi *salito* era Lo sole . . . . *Purg.* iv. 15.
Salitor. la scala Che per artezza i *salitor* dispaia . . . . *Purg.* xxv. 9.
Saliva. nuvola di fiori, Che dalle mani angeliche *saliva* . . . . *Purg.* xxx. 29.
    E già il Poeta innanzi mi *saliva*, E dicea . . . . *Purg.* iv. 136.
    Noi eravam dove più non *saliva* La scala su . . . . . . *Purg.* viii. 76.
    Già ogni stella cade, che *saliva* Quando mi mossi . . . . . *Inf.* vii. 98.
Salivam. Noi *salivam* per entro il sasso rotto . . . . *Purg.* iv. 31.
    Noi *salivam* per una pietra fessa, Che si moveva . . . . . *Purg.* x. 7.
Salivan. Tanto *salivan*, che non eran viste . . . . *Purg.* xxix. 112.
Sallo. i Sanesi sanno, E *sallo* in Campagnatico ogni fante . . . *Purg.* xi. 66.
    E siati reo, che tutto il mondo *sallo* . . . . *Inf.* xxx. 120.
Salma. il Figliuol di Dio Carcar si volle della nostra *salma* . . . *Par.* xxxii. 114.
Salmi. bocca, Cui non si convenian più dolci *salmi* . . . . . *Inf.* xxxi. 69.
    quinci piove Per Moisè, per profeti, e per *salmi* . . . . . *Par.* xxiv. 136.
Salmista. Lì precedeva... Trescando alzato, l' umile *Salmista* . . *Purg.* x. 65.
Salmo. Ma luce rende il *salmo* Delectasti . . . . *Purg.* xxviii. 80.
    Con quanto di quel *salmo* è poscia scritto . . . . *Purg.* ii. 48.
Salmodia. dolce *salmodia* Le donne incominciaro . . . . . . *Purg.* xxxiii. 2.
1. Salse. Ma che ti mena a sì pungenti *salse?* . . . . *Inf.* xviii. 51.
2. Salse. Ella con Cristo *salse*[2] in sulla croce . . . . *Par.* xi. 72.
Salsi. quale allora femmi, *Salsi* colei che la cagion mi porse . . *Purg.* xxxi. 90.
    Salsi colui che innanellata pria Disposando[3] m' avea . . . . *Purg.* v. 135.
Salta. Però *salta* la penna, e non lo scrivo . . . . *Par.* xxiv. 25.
    dallo specchio *Salta* lo raggio all' opposita parte . . . . . *Purg.* xv. 17.
Saltar. E così... Convien *saltar* lo sacrato poema . . . . . . *Par.* xxiii. 62.
Saltella. toro... Che gir non sa, ma qua e là *saltella* . . . . . *Inf.* xii. 24.
Salterello. Una Cianghella, un Lapo *Salterello* . . . . *Par.* xv. 128.
Salti. colui... che per *salti* fu tratto al martiro . . . . *Par.* xviii. 135.
    esser non puote Che per diversi *salti* non si spanda . . . . *Par.* xi. 126.

---

[1] spiritual.   [2] *pianse.*   [3] Disposata.

SALTÒ 618 SANESE

Saltò. poi ch' egli uscì di Ravenna, E *saltò* Rubicon[1] . . . . . . *Par.* vi. 62.
ed in un punto *Saltò*, e dal proposto lor si sciolse . . . . . *Inf.* xxii. 123.
Salutar. Nullo bel *salutar* tra noi si tacque . . . . *Purg.* viii. 55.
Salute. Di quell' umile Italia fia *salute* . . . . *Inf.* i. 106.
Maggior *salute* maggior corpo cape . . . . *Par.* xxviii. 68.
Sempre l' amore... Accoglie in sè così[2] fatta *salute* . . . . . *Par.* xxx. 53.
Bastava... per aver *salute*, Solamente la fede . . . . *Par.* xxxii. 77.
Maggior bontà vuol far maggior *salute* . . . . *Par.* xxviii. 67.
tutti argomenti Alla *salute* sua eran già corti . . . . *Purg.* xxx. 137.
Tu sei sì presso all' ultima *salute*, Cominciò Beatrice . . . . *Par.* xxii. 124.
non pur le nature... Ma esse insieme con la lor *salute* . . . *Par.* viii. 102.
non può dalla *salute* Amor del suo suggetto torcer[3] viso . . . *Purg.* xvii. 106.
le sponsalizie... U' si dotar di mutua *salute* . . . . *Par.* xii. 63.
e vidimi translato Sol con mia Donna in[4] più alta *salute* . . *Par.* xiv. 84.
Virgilio... patre, Virgilio a cui per mia *salute* die' mi . . . *Purg.* xxx. 51.
soffristi per la mia *salute* In Inferno lasciar . . . . *Par.* xxxi. 80.
con gli occhi levarsi Più alto verso l' ultima *salute* . . . . . *Par.* xxxiii. 27.
Salutevol. Volsersi a me con *salutevol* cenno . . . . *Inf.* iv. 98.
Salva. aduggia Sì, che dal fuoco *salva* l' acqua e gli argini . . . *Inf.* xv. 3.
Salvamento. Questo vi basti a vostro *salvamento* . . . . *Par.* v. 78.
Salvani. Quegli è, rispose, Provinzan *Salvani* . . . . *Purg.* xi. 121.
Salvarsi. Come sotto gli scudi per *salvarsi* Volgesi schiera . . . *Purg.* xxxii. 19.
Salvati. dinanzi ad essi, Spiriti umani non eran *salvati* . . . *Inf.* iv. 63.
Salvatiche. si givan sole Per le *salvatiche* ombre . . . . . . *Purg.* xxix. 5.
Salvatico. ammuta, Quando rozzo e *salvatico* s' inurba . . . . . *Purg.* xxvi. 69.
Salvazione. Ch' è principio alla via di *salvazione* . . . . *Inf.* ii. 30.
Salve. *Salve*, Regina... Quivi[5] seder cantando anime vidi . . . . *Purg.* vii. 82.
Salvi. Costor sien *salvi* insino all' altro scheggio . . . . . . *Inf.* xxi. 125.
1. Salvo. se io Sopr' esso Gerion ti guidai *salvo* . . . . *Purg.* xxvii. 23.
2. Salvo. *salvo* ch' alle penne Giovanni è meco . . . . *Purg.* xxix. 104.
è tutto ferro, *Salvo* che il destro piede è terra cotta . . . *Inf.* xiv. 110.
Salvo ch' a questo è rotto, e nol coperchia . . . . . . *Inf.* xxiii. 136.
Così facevan... *Salvo* che il modo v' era più amaro . . . . . *Inf.* ix. 117.
è... come questo, *Salvo* che più feroce par nel volto . . . *Inf.* xxxi. 105.
sa nulla, *Salvo* che, mossa da lieto fattore... torna . . . . . *Purg.* xvi. 89.
Sammaritana. la femminetta *Sammaritana* domandò . . . . . . *Purg.* xxi. 3.
Sampogna. al pertugio Della *sampogna* vento che penetra . . . *Par.* xx. 24.
Samuel. Moisè, *Samuel*, e quel Giovanni, Qual prender vuoli . . *Par.* iv. 29.
San. Rimbomba là sopra *San* Benedetto Dell'[6] alpe . . . . . *Inf.* xvi. 100.
Ditemi dell' ovil di *San* Giovanni Quanto era allora . . . . *Par.* xvi. 25.
quei che son nel mio bel *San* Giovanni Fatti . . . . *Inf.* xix. 17.
quanto tesoro volle Nostro Signore in primo da *San* Pietro ?. *Inf.* xix. 91.
lunga e grossa, Come la pina di *San* Pietro a Roma . . . . *Inf.* xxxi. 59.
Sì ch' io vegga la porta di *San* Pietro, E color . . . . . . *Inf.* i. 134.
Ugo da *San* Vittore è qui con elli, E Pietro Mangiadore . . *Par.* xii. 133.
Io fui abate in *San* Zeno a Verona, Sotto lo imperio . . . . *Purg.* xviii. 118.
Sana. l' anima mia che fatta hai *sana*, Piacente... si disnodi . . *Par.* xxxi. 89.
Forse con intenzion *sana*[7] e benigna . . . . *Purg.* xxxii. 138.
non falla, Se ben si guarda con la mente *sana* . . . . . . *Purg.* vi. 36.
Sanar. potea *Sanar* le piaghe ch' hanno Italia morta . . . . . . *Purg.* vii. 95.
Sanator. prego, Che sia or *sanator* delle tue piage . . . . . . *Purg.* xxv. 30.
Sanctus. Osanna *sanctus* Deus Sabaoth, Superillustrans claritate.*Par.* vii. 1.
Sanese. or fu giammai Gente sì vana come la *Sanese*? . . . . . *Inf.* xxix. 122.
I' fui *Sanese*, rispose, e con questi Altri rimondo . . . . *Purg.* xiii. 106.

---
[1] il Rubicon. [2] con sì. [3] volger. [4] a. [5] Quindi. [6] Dall'. [7] casta.

Sanesi. come i *Sanesi* sanno, E sallo in Campagnatico . . . . . *Purg.* xi. 65.
Ma perchè sappi chi sì ti seconda Contra i *Sanesi* . . . . . *Inf.* xxix. 134.
Sangue. fiammeggiante, Come *sangue* che fuor di vena spiccia . *Purg.* ix. 102.
Vidine un' altra come[1] *sangue* rossa Mostrare un' oca . . . *Inf.* xvii. 62.
Sì che il *sangue* facea la faccia sozza . . . . *Inf.* xxviii. 105.
si facea basso Quel *sangue* sì che cocea[2] pur li piedi . . . . *Inf.* xii. 125.
Fu il *sangue* mio d' invidia sì riarso . . . . *Purg.* xiv. 82.
Sangue perfetto, che mai non si beve Dall' assetate vene . . *Purg.* xxv. 37.
le fora, Ond' uscì il *sangue* per Giuda venduto . . . . *Purg.* xxi. 84.
fori, Onde uscì il *sangue*, in sul qual io sedea . . . . . . *Purg.* v. 74.
Sì della scheggia rotta usciva insieme Parole e *sangue* . . . *Inf.* xiii. 44.
Non vi si pensa quanto *sangue* costa Seminarla nel mondo . . *Par.* xxix. 91.
la bigoncia Che ricevesse il *sangue* Ferrarese . . . . *Par.* ix. 56.
Che la memoria il *sangue* ancor mi scipa . . . . *Inf.* xxiv. 84.
disse a Ciro: *Sangue* sitisti, ed io di sangue t' empio . . . *Purg.* xii. 57.
raggi vibra Là dove il suo Fattore il *sangue* sparse . . . . . *Purg.* xxvii. 2.
Calisto ed Urbano Sparser lo *sangue* dopo molto fleto . . . *Par.* xxvii. 45.
Poscia ch' hai lo mio *sangue* a te sì tratto . . . . *Purg.* xx. 83.
dopo lunga tenzone Verranno al *sangue* . . . . *Inf.* vi. 65.
ad alte grida Disposò lei col *sangue* benedetto . . . . *Par.* xi. 33.
son qui meco Col *sangue* suo e con le sue giunture . . . . . *Purg.* xxvi. 57.
per tante punte Soffi con[3] *sangue* doloroso sermo . . . . . . *Inf.* xiii. 138.
s' approccia La riviera del *sangue*, in la qual bolle . . . . . *Inf.* xii. 47.
Non fu la sposa di Cristo allevata Del *sangue* mio . . . . . *Par.* xxvii. 41.
Del *sangue* nostro Caorsini e Guaschi S' apparecchian di bere. *Par.* xxvii. 58.
la terra... Che fe' del *sangue* suo già caldo il porto . . . . . *Par.* ix. 93.
Chi poria... Dicer del *sangue* e delle piaghe appieno? . . . *Inf.* xxviii. 2.
gente Che... fu del suo *sangue* dolente Per li Troiani . . . . *Inf.* xxviii. 9.
Fatto ha... cloaca Del *sangue* e della puzza . . . . *Par.* xxvii. 26.
Saettando quale anima si svelle Del *sangue* più . . . . . . *Inf.* xii. 75.
men che dramma Di *sangue* m' è rimaso, che non tremi . . . *Purg.* xxx. 47.
Caco, Che... Di *sangue* fece spesse volte laco . . . . *Inf.* xxv. 27.
Ch' io il vidi uomo di *sangue* e di crucci . . . . *Inf.* xxiv. 129.
Da che fatto fu poi di *sangue* bruno, Ricominciò . . . . . . *Inf.* xiii. 34.
disse a Ciro: Sangue sitisti, ed io di *sangue* t' empio . . . *Purg.* xii. 57.
Elle rigavan lor di *sangue* il volto . . . . *Inf.* iii. 67.
furon dritte ratto Tre furie infernal di *sangue* tinte . . . . . *Inf.* ix. 38.
tiranni, Che dier nel *sangue* e nell' aver di piglio . . . . . *Inf.* xii. 105.
la milizia santa, Che nel suo *sangue* Cristo fece sposa . . . *Par.* xxxi. 3.
poscia geme Sopr' altrui *sangue* in natural vasello . . . . . *Purg.* xxv. 45.
E non pur lo suo *sangue* è fatto brullo . . . . *Purg.* xiv. 91.
L' antico *sangue* e l' opere leggiadre De' miei maggior . . . *Purg.* xvi. 61.
Al *sangue* mio non tolse la vergogna . . . . *Purg.* xx. 62.
era crucciata Per Semelè contra il *sangue* tebano . . . . . . *Inf.* xxx. 2.
Credo che un spirto del mio *sangue* pianga La colpa . . . . *Inf.* xxix. 20.
del suo nome Lo titol del mio *sangue* fa[4] sua cima . . . . . *Purg.* xix. 102.
O poca nostra nobiltà di *sangue*! . . . . *Par.* xvi. 1.
Di gente in gente, e d' uno in altro *sangue* . . . . *Inf.* vii. 80.
Giusto giudizio dalle stelle caggia Sopra il tuo *sangue* . . . *Purg.* vi. 101.
Sanguigno. Noi che tignemmo il mondo di *sanguigno* . . . . *Inf.* v. 90.
Sanguinando. Fuggendo a piede e *sanguinando* il piano . . . *Purg.* v. 99.
Sanguinenti. piangea Per le rotture *sanguinenti* . . . . *Inf.* xiii. 132.
Sanguinosa. Gocciava il pianto e *sanguinosa* bava . . . . . . *Inf.* xxxiv. 54.
Sanguinoso. fe'... de' Franceschi *sanguinoso* mucchio . . . . *Inf.* xxvii. 44.

[1] più che. [2] copria. [3] col. [4] fe.

| SANGUINOSO | 620 | SANTA |

Sanguinoso. *Sanguinoso* esce della trista selva . . . . *Purg.* xiv. 64.
Sanguis. O *sanguis* meus, o superinfusa Gratia Dei . . . . . . *Par.* xv. 28.
1. Sani. conservi *sani*, Dopo tanto veder, gli affetti suoi . . . . *Par.* xxxiii. 35.
    O voi, che avete gl' intelletti *sani*, Mirate la dottrina . . . . *Inf.* ix. 61.
    Bolle... pece A rimpalmar li lor legni non *sani* . . . . . . *Inf.* xxi. 9.
2. Sani. O Sol che *sani* ogni vista turbata . . . . *Inf.* xi. 91.
Sanleo. Vassi in *Sanleo*, e discendesi in Noli . . . . *Purg.* iv. 25.
Sanna. uscia D' ogni parte una *sanna* come a porco . . . . . . *Inf.* xxii. 56.
Sanne. Cerbero... Le bocche aperse e mostrocci le *sanne* . . . . *Inf.* vi. 23.
Sannella. vidi... Con quel della *Sannella* quel dell' Arca . . . . *Par.* xvi. 92.
Sanno. Semplici e quete, e lo 'mperchè non *sanno* . . . . *Purg.* iii. 84.
    Sperent in te... color che *sanno* il nome tuo . . . . *Par.* xxv. 74.
    Sanno la vita sua viziata e lorda, E quindi viene . . . . . . *Purg.* vii. 110.
    stanno... Quasi scornati, e risponder non *sanno* . . . . . . *Inf.* xix. 60.
    Vidi il maestro di color che *sanno* Seder . . . . *Inf.* iv. 131.
    Sì che le pecorelle, che non *sanno*, Tornan . . . . *Par.* xxix. 106.
    come i Sanesi *sanno*, E sallo in Campagnatico ogni fante . . *Purg.* xi. 65.
Sannuto. Ciriatto *sannuto*, e Graffiacane, E Farfarello . . . . . *Inf.* xxi. 122.
Sano. Libero, dritto e *sano* è tuo arbitrio . . . . *Purg.* xxvii. 140.
    era venuto, E di Fiorenza in popol giusto e *sano* . . . . . . *Par.* xxxi. 39.
    Gabriel e Michel... E l' altro che Tobia rifece *sano* . . . . *Par.* iv. 48.
Sant'. O Jacomo, dicea, da *sant'* Andrea, che t' è giovato? . . . *Inf.* xiii. 133.
    Di questo ingrassa il porco *sant'* Antonio . . . . *Par.* xxix. 124.
Santa. Per vedere ogni ben dentro vi gode L' anima *santa* . . . *Par.* x. 125.
    si mostrò spedita L' anima *santa* di metter la trama . . . . *Par.* xvii. 101.
    Era intagliato... Lo carro e i buoi traendo l' arca *santa* . . . *Purg.* x. 56.
    E saper dei che la campagna *santa*... è piena . . . . . . *Purg.* xxviii. 118.
    Come la carne gloriosa e *santa* Fia rivestita . . . . *Par.* xiv. 43.
    una rota della biga, In che la *santa* Chiesa si difese . . . . *Par.* xii. 107.
    Ma, perchè *santa* Chiesa in ciò dispensa . . . . *Par.* v. 35.
    Ebbe la *santa* Chiesa in le sue braccia . . . . *Purg.* xxiv. 22.
    E quando il dente Longobardo morse La *santa* Chiesa . . . *Par.* vi. 95.
    E *santa* Chiesa con aspetto umano Gabriel... rappresenta . . *Par.* iv. 46.
    con la poverella, Offerse a *santa* Chiesa suo[1] tesoro . . . . *Par.* x. 108.
    Ver è che quale in contumacia more Di *santa* Chiesa . . . *Purg.* iii. 137.
    Dal destro vedi quel Padre vetusto Di *santa* Chiesa . . . . *Par.* xxxii. 125.
    Finito questo, l' alta Corte *santa* Risonò per le spere . . . *Par.* xxiv. 112.
    Poi fece il segno lor di *santa* croce . . . . *Purg.* ii. 49.
    una donna apparve *santa* e presta Lunghesso me . . . . . . *Purg.* xix. 26.
    mi si nascose Dentro al suo raggio la figura *santa* . . . . *Par.* v. 137.
    Tutta esta gente... In fame e in sete qui si rifà *santa* . . . *Purg.* xxiii. 66.
    quando Carlo Magno perdè la *santa* gesta . . . . *Inf.* xxxi. 17.
    Sì lasciò trapassar la *santa* greggia Forese . . . . *Purg.* xxiv. 73.
    Io fui degli agni della *santa* greggia Che Domenico mena . . *Par.* x. 94.
    Non fu latente la *santa* intenzione Dell' aquila . . . . *Par.* xxvi. 52.
    Dio, Che solo all' uso suo la creò *santa* . . . . *Purg.* xxxiii. 60.
    E da Beatrice, e dalla *santa* lampa Che... avea mutato sito . *Par.* xvii. 5.
    Al parto in che mia madre, ch' è or *santa*, S' alleviò . . . . *Par.* xvi. 35.
    In forma... di... rosa Mi si mostrava la milizia *santa* . . . *Par.* xxxi. 2.
    A rotar cominciò la *santa* mola . . . . *Par.* xii. 3.
    E cominciò questa *santa* orazione . . . . *Par.* xxxii. 151.
    Giù per li gradi della scala *santa* Discesi tanto . . . . . . *Par.* xxi. 64.
    si nota Nella Scrittura *santa* in quei gemelli . . . . *Par.* xxxii. 68.
    In cui riviva la semente[2] *santa* Di quei Roman . . . . . . *Inf.* xv. 76.

[1] il suo.   [2] sementa.

Santa. O *santa* suora mia, che sì ne preghe Devota!		*Par.* xxiv. 28.
la prima gloria Di Josuè in sulla Terra *Santa*		*Par.* ix. 125.
redimita Fu... La *santa* voglia d' esto archimandrita		*Par.* xi. 99.
Ecco un degli anzian di *santa* Zita		*Inf.* xxi. 38.
Santafior. E vedrai *Santafior* com' è oscura[1]		*Purg.* vi. 111.
Sante. non si va, se pria non morde, Anime *sante*, il foco		*Purg.* xxvii. 11.
Silenzio pose... E fece quietar le *sante* corde		*Par.* xv. 5.
Sì dentro ai lumi *sante* creature Volitando cantavano		*Par.* xviii. 76.
Sì che s' avacci il lor divenir *sante*		*Purg.* vi. 27.
L' anima... tira Lo raggio e il moto delle luci *sante*		*Par.* vii. 141.
Li raggi delle quattro luci *sante* Fregiavan... sua faccia		*Purg.* i. 37.
Che Rifeo Troiano... Fosse la quinta delle luci *sante*		*Par.* xx. 69.
tanta allegrezza Piover, portata nelle menti *sante*		*Par.* xxxii. 89.
la morta poesì risurga, O *sante* Muse, poichè vostro sono		*Purg.* i. 8.
a memoria m' ebbe Pier Pettinagno in sue *sante* orazioni		*Purg.* xiii. 128.
quel contemplante... cominciò queste parole *sante*		*Par.* xxxii. 3.
movemmo i piedi... Sicuri appresso le parole *sante*		*Inf.* ix. 105.
quel che le tre *sante* Virtù non si vestiro		*Purg.* vii. 34.
Santerno. Le città di Lamone e di *Santerno* Conduce il leoncel		*Inf.* xxvii. 49.
Santi. Li *santi* cerchi mostrar nuova gioia Nel tornear		*Par.* xiv. 23.
quel caldo Che fa nascer li fiori e i frutti *santi*		*Par.* xxii. 48.
Lo moto e la virtù dei *santi* giri... Dai beati motor		*Par.* ii. 127.
Ed attersersi a noi quei *santi* lumi, Felicitando sè		*Par.* xiii. 29.
La lor concordia... Facean esser cagion di[2] pensier *santi*		*Par.* xi. 78.
flailli, Ch' ave'no spirto sol di pensier *santi*		*Par.* xx. 15.
Divoto mi gittai a' *santi* piedi; Misericordia chiesi		*Purg.* ix. 109.
Vennermi poi parendo tanto *santi*		*Purg.* xxii. 82.
Volgi, Beatrice, volgi gli occhi *santi*		*Purg.* xxxi. 133.
quale io allor vidi Negli occhi *santi* amor		*Par.* xviii. 9.
guida, Che sorridendo ardea negli occhi *santi*		*Par.* iii. 24.
Già montavam su per li scaglion *santi*		*Purg.* xii. 115.
Udi'... Gridar: Michele, e Pietro, e tutti i *Santi*		*Purg.* xiii. 51.
letizia Era negli occhi a tutti gli altri *Santi*		*Par.* xxxi. 135.
ma nella chiesa Coi *santi*, ed in taverna coi ghiottoni		*Inf.* xxii. 15.
Santissim'. Io ritornai dalla *santissim'* onda		*Purg.* xxxiii. 142.
Santo. A che prego ed amor *santo* mandommi		*Par.* xxxi. 96.
Chè l' ardor *santo*, ch' ogni cosa raggia... è più vivace		*Par.* vii. 74.
E quanto il *santo* aspetto il facea[3] mero		*Par.* xxiii. 60.
l' amoroso drudo Della fede cristiana, il *santo* atleta		*Par.* xii. 56.
Poi ripigliammo nostro cammin *santo*		*Purg.* xx. 142.
E non sai tu che il cielo è tutto *santo*?		*Par.* xxii. 8.
Trasformato così il dificio *santo* Mise fuor teste		*Purg.* xxxii. 142.
Così nel fiammeggiar del fulgor *santo*, A ch' io[4] mi volsi		*Par.* xviii. 25.
sempre *santo*, il diserto e il martiro Sofferse		*Par.* xxxii. 32.
e così queste fero, Possendo ritornare al *santo* loco		*Par.* iv. 81.
La quale e il quale... Fur stabiliti per lo loco *santo*		*Inf.* ii. 23.
E già la vita di quel lume *santo* Rivolta s' era al sol		*Par.* ix. 7.
parte U' la prim' ombra gitta il *santo* monte		*Purg.* xxviii. 12.
Ma poco poi sarà da Dio sofferto Nel *santo* offizio		*Par.* xxx. 146.
O *santo* padre, che per me comporte L' esser quaggiù!		*Par.* xxxii. 100.
O *santo* patre, spirito che vedi Ciò che credesti sì!		*Par.* xxiv. 124.
ti prega, O *santo* petto, che per tua la tegni		*Par.* i. 80.
Chè il piacer *santo* non è qui dischiuso		*Par.* xiv. 138.
Che dall' un lato tutti... vanno a *santo* Pietro		*Inf.* xviii. 32.

[1] sicura. [2] de'. [3] aspetto facea. [4] cui.

Santo.	quell' ospizio, Ove sponesti il tuo portato *santo*	*Purg.* xx. 24.
	Continuò così il processo *santo:* Lo maggior don	*Par.* v. 18.
	Veramente quant' io del regno *santo*... potei far tesoro	*Par.* i. 10.
	Cotal fu l' ondeggiar del *santo* rio, Ch' uscì del fonte	*Par.* iv. 115.
	così lo *santo* riso A sè traeali con l' antica rete	*Purg.* xxxii. 5.
	cantando il *santo* riso, E quanto il santo aspetto	*Par.* xxiii. 59.
	E il *santo* Sene : acciocchè tu assommi Perfettamente	*Par.* xxxi. 94.
	Al Padre, al Figlio, allo Spirito *Santo* Cominciò	*Par.* xxvii. 1.
	Colui... Fu il cantor dello Spirito *Santo*	*Par.* xx. 38.
	Poi si quetaron quei lucenti incendi Dello Spirito *Santo*	*Par.* xix. 101.
	solo infiammati Son nel piacer dello Spirito *Santo*	*Par.* iii. 53.
	la larga ploia Dello Spirito *Santo*... È sillogismo	*Par.* xxiv. 92.
	è scritto in molti lati Dagli scrittor dello Spirito *Santo*	*Par.* xxix. 41.
	Ciò ch' io dicea di quell' unica sposa Dello Spirito *Santo*	*Purg.* xx. 98.
	e venne il gran vasello Dello Spirito *Santo*	*Par.* xxi. 128.
	O vero isfavillar del *santo* spiro !	*Par.* xiv. 76.
	Se mai quel *santo* evangelico suono... intendesti	*Purg.* xix. 136.
	Lombardo, Che in sulla Scala porta il *santo* uccello	*Par.* xvii. 72.
	Ma i demon... Gridar : qui non ha loco il *santo* volto	*Inf.* xxi. 48.
	la mia Donna Dicea con gli altri : *Santo, Santo, Santo*	*Par.* xxvi. 69.
*Sanza.	cosa non è che *sanza* Ordine senta la religione	*Purg.* xxi. 41.
*Sape.	corrisponde Al cerchio che più ama, e che più *sape*	*Par.* xxviii. 72.
	onde vegna lo intelletto... uomo non *sape*	*Purg.* xviii. 56.
	E, che si fesse, rimembrar non *sape*	*Par.* xxiii. 45.
Sapea.	Io *sapea* già di tutti e quanti il nome	*Inf.* xxii. 37.
Sapean.	molti I quali andavano, e non *sapean* dove	*Par.* xiii. 126.
Sapei.	Non *sapei* tu, che qui è l' uom felice ?	*Purg.* xxx. 75.
Sapem.	s' altri nol[1] ci apporta, Nulla *sapem* di vostro stato	*Inf.* x. 105.
Sapendo.	Non *sapendo* il perchè, fenno[2] altrettanto	*Purg.* iii. 93.
	E quel d' un' acqua, non *sapendo*[3] como	*Purg.* xxiii. 36.
	si riscosse... non *sapendo*[4] là dove si fosse	*Purg.* ix. 36.
Saper.	Tu il dei *saper*, se tu vien pur mo giuso	*Inf.* xxxiii. 131.
	la vista Mi fe' voglioso di *saper* lor nomi	*Purg.* xiv. 74.
	tutto il mondo Laggiù ne[5] gola di *saper* novella	*Par.* x. 111.
	La prima di color di cui novelle Tu vuoi *saper*	*Inf.* v. 53.
	Non per *saper* lo numero in che enno Li motor	*Par.* xiii. 97.
	E *saper* dei che la campagna santa... è piena	*Purg.* xxviii. 118.
	Fat' ei *saper* che il fei, perchè pensava Già nell' error	*Inf.* x. 113.
	Tu dei *saper* ch' io fui Conte Ugolino	*Inf.* xxxiii. 13.
	E fa *saper* ai due miglior di Fano, A messer Guido	*Inf.* xxviii. 76.
	E dei *saper* che tutti hanno diletto, Quanto... si profonda	*Par.* xxviii. 106.
	Tu vuoi *saper* chi è in questa lumiera, Che qui... scintilla	*Par.* ix. 112.
	Se di *saper* chi io sia ti cal cotanto, Sappi	*Inf.* xix. 67.
	E però... Ben puoi *saper* omai che il suo dir suona	*Inf.* iii. 129.
	Se forse a nome vuoi *saper* chi semo, Tempo non è	*Purg.* xxvi. 89.
	Se vuoi *saper* chi son cotesti due, La valle... di lor fue	*Inf.* xxxii. 55.
	Io vo' *saper* se l' uom può satisfarvi Ai voti manchi	*Par.* iv. 136.
	Tu vuoi *saper*, se con altro servigio, Per manco voto	*Par.* v. 13.
	Tu voi *saper*[6] quant' è che Dio mi pose Nell'... giardino	*Par.* xxvi. 109.
	Tu vuoi *saper* di quai piante s' infiora Questa ghirlanda	*Par.* x. 91.
	Domanda, disse, ancor se più desii *Saper* da lui	*Inf.* xxii. 63.
	Da che tu vuoi *saper* cotanto addentro, Dirotti	*Inf.* ii. 85.
	ancor che alcuna offerta Si permutasse, come *saper* dei	*Par.* v. 51.
	Che, non men che *saper* dubbiar m' aggrata	*Inf.* xi. 93.

[1] non.   [2] fero.   [3] sappiendo.   [4] *sappiendo*.   [5] n' ha.   [6] vuoi udir.

Saper. Ed egli a me: *saper* d' alcuno è buono . . . . *Inf.* xv. 103.
Entro v' è l' alta mente[1] u' sì profondo *Saper* fu messo . . . *Par.* x. 113.
Vostro *saper* non ha contrasto a lei . . . . *Inf.* vii. 85.
Colui, lo cui *saper* tutto trascende, Fece li cieli . . . . . . *Inf.* vii. 73.
Sapere. avresti Di più *sapere* angosciosa carizia . . . . *Par.* v. 111.
E questo basti della prima valle *Sapere* . . . . *Inf.* xviii. 99.
Chè gran desio mi stringe di *sapere* . . . . *Inf.* vi. 83.
Nulla ignoranza mai... Mi fe' disideroso di *sapere* . . . . . *Purg.* xx. 146.
Gli altri due punti, che non per *sapere* Son domandati . . . *Par.* xxv. 58.
e Daniello Dispregiò cibo, ed acquistò *sapere* . . . . *Purg.* xxii. 147.
Sapesse. E se il mondo *sapesse* il cor ch' egli ebbe . . . . *Par.* vi. 140.
Chi[2] *sapesse* qual era la pastura Del viso mio . . . . *Par.* xxi. 19.
Sapete. *Sapete* come attento io m' apparecchio Ad ascoltar . . . *Par.* xix. 31.
sapete quale è quello Dubbio, che m' è digiun . . . . *Par.* xix. 32.
se voi *sapete*, Mostratene la via di gire al monte . . . . . . *Purg.* ii. 59.
Sapev'. Ben *sapev'* ei, che volea dir lo muto . . . . *Purg.* xiii. 76.
Sapeva. ad esso m' apparìo Un non *sapeva* che bianco . . . . . *Purg.* ii. 23.
Quel della Pressa *sapeva* già come Regger si vuole . . . . . *Par.* xvi. 100.
Ond' io, che non *sapeva* per qual calle, Mi volsi intorno . . *Purg.* viii. 40.
Sapevam. Noi *sapevam* che quell' anime care Ci sentivano . . . *Purg.* xiv. 127.
Sapia. Savia non fui, avvegna che *Sapia* Fossi chiamata . . . . *Purg.* xiii. 109.
Sapienza. Quivi è la *sapienza* e la possanza . . . . *Par.* xxiii. 37.
Fecemi... La somma *sapienza* e il primo amore . . . . . . *Inf.* iii. 6.
O somma *sapienza*, quanta è l' arte Che mostri ! . . . . . . *Inf.* xix. 10.
non ciberà... peltro, Ma *sapienza* e amore e virtute . . . . . *Inf.* i. 104.
L' altro per *sapienza* in terra fue... uno splendore . . . . . *Par.* xi. 38.
Sapor. s' io il ridico, A molti fia *sapor* di forte agrume . . . . . *Par.* xvii. 117.
per che d' amaro Sentì[3] 'l *sapor* della pietate acerba . . . . *Purg.* xxx. 81.
Sapore. Di picciol bene in pria sente *sapore* . . . . *Purg.* xvi. 91.
Crasso, Dicci, chè il sai, di che *sapore* è l' oro . . . . . . *Purg.* xx. 106.
Sapori. A tutt' altri *sapori* esto è di sopra . . . . *Purg.* xxviii. 133.
Saporose. Fe' *saporose* con fame le ghiande . . . . *Purg.* xxii. 149.
Sappi. Riguarda bene... Sì che poi *sappi* sol tener lo guado . . . *Par.* ii. 126.
Or vuo' che *sappi*, che l' altra fiata Ch' ì' discesi . . . . . *Inf.* xii. 34.
E *sappi* che il suo movere è sì tosto Per l'... amore . . . . *Par.* xxviii. 44.
Sappi che il vaso che il serpente ruppe, Fu, e non è . . . . *Purg.* xxxiii. 34.
Sappi ch' io fui[4] il Camicion de' Pazzi . . . . *Inf.* xxxii. 68.
In somma *sappi* che tutti fur cherci, E letterati grandi . . . *Inf.* xv. 106.
Ma perchè *sappi* che di te mi giova, Un corollario voglio . . *Par.* viii. 137.
Or *sappi* ch' avarizia fu partita Troppo da me . . . . . . *Purg.* xxii. 34.
Or vo' che *sappi*, innanzi che più andi, Ch' ei non peccaro . *Inf.* iv. 33.
E vo' che *sappi* che, dinanzi ad essi... non eran salvati . . . *Inf.* iv. 62.
Sappi che se' nel secondo girone... e sarai . . . . *Inf.* xiii. 17.
E *sappi* che la colpa, che rimbecca... alcun peccato . . . . *Purg.* xxii. 49.
E *sappi* che dal grado in giù, che fiede A mezzo . . . . . . *Par.* xxxii. 40.
Sappi ch' io son Bertram dal Bornio, quelli Che diedi . . . *Inf.* xxviii. 134.
Però *sappi* ch' io son Guido del Duca . . . . *Purg.* xiv. 81.
Sappi che non son torri, ma giganti . . . . *Inf.* xxxi. 31.
Sappi che il mio vicin Vitaliano Sederà qui . . . . *Inf.* xvii. 68.
Sappi che tosto che l' anima trade, Come fec' io . . . . . . *Inf.* xxxiii. 129.
Or *sappi* che là entro si tranquilla Raab . . . . *Par.* ix. 115.
Sappi ch' io fui vestito del gran manto . . . . *Inf.* xix. 69.
E *sappi* che, sì tosto come al feto L' articular . . . . . . *Purg.* xxv. 68.
fa, se tu puoi, Che tu *sappi* chi è lo sciagurato . . . . . . *Inf.* xxii. 44.

[1] luce.   [2] Qual.   [3] Sente.   [4] sono.

Sappi.	Ma perchè *sappi* chi sì ti seconda Contra i Sanesi	*Inf.* xxix. 133.
Sappia.	dicea: *Sappia*, qualunque il mio nome domanda	*Purg.* xxvii. 100.
	Ora chi fosti piacciati ch' io *sappia*	*Purg.* xxi. 79.
	Maestro, or mi concedi Ch' io *sappia* quali sono	*Inf.* iii. 73.
Sappiendo.	*Sappiendo* chi voi siete, e la sua pecca	*Inf.* xxxii. 137.
	E quel d' un' acqua, non *sappiendo*[1] como	*Purg.* xxiii. 36.
	si riscosse... non *sappiendo*[2] là dove si fosse	*Purg.* ix. 36.
Saprà.	a chiosar... A donna che *saprà*, se a lui arrivo	*Inf.* xv. 90.
Saprai.	Da lei *saprai* di tua vita il viaggio	*Inf.* x. 132.
	perchè i nostri diretri Rivolga il cielo a sè, *saprai*	*Purg.* xix. 98.
	Che tu *saprai* quanto quell' arte pesa	*Inf.* x. 81.
	Però quel... Udirai, e *saprai* se m' ha offeso	*Inf.* xxxiii. 21.
	Da lui *saprai* di sè e de' suoi torti	*Inf.* xix. 36.
Saprei.	Non *saprei* dir quant' ei mi fece prode	*Purg.* xxi. 75.
	io dissi... Io mi *saprei* levar per l' aere a volo	*Inf.* xxix. 113.
	volentier *saprei* Quanto avemo ad andar	*Purg.* iv. 85.
	Tempo non è da dire, e non *saprei*	*Purg.* xxvi. 90.
Saputa.	vanno Con cosa in capo non da lor *saputa*	*Purg.* xii. 128.
	Onde la Scorta mia *saputa* e fida Mi s' accostò	*Purg.* xvi. 8.
Sara.	*Sara*, Rebecca, Judit, e colei Che fu bisava al cantor	*Par.* xxxii. 10.
Sarà; sarai; saran; saranno.	*Sovente.*	
Saracin.	guerra... E non con *Saracin* nè con Giudei	*Inf.* xxvii. 87.
Saracine.	Quai Barbare fur mai, quai *Saracine*?	*Purg.* xxiii. 103.
Saragli.	e *saragli* Tanto con gli altri che... s' agguagli	*Par.* xxv. 124.
Sardanapalo.	Non v' era giunto ancor *Sardanapalo*	*Par.* xv. 107.
Sardi.	Fin nel Morrocco, e l' isola de' *Sardi*	*Inf.* xxvi. 104.
	quel da Roma Tra i *Sardi* e i Corsi il vede quando cade	*Purg.* xviii. 81.
Sardigna.	Chè la Barbagia di *Sardigna*... è più pudica	*Purg.* xxiii. 94.
	a dir di *Sardigna* Le lingue lor non si sentono stanche	*Inf.* xxii. 89.
	se... di Maremma e di *Sardigna* i mali Fossero	*Inf.* xxix. 48.
Sare'; sarebbe; sarebber; sarebbero.	*Sovente.*	
Sarebbon.	Molti *sarebbon*[3] lieti, che son tristi	*Par.* xvi. 142.
Sarei; saremmo; sareste; saresti; sarete; saria.	*Sovente.*	
Sariansi.	*Sariansi* i Cerchi nel pivier d' Acone	*Par.* xvi. 65.
Sariasi.	*Sariasi* Montemurlo ancor dei Conti	*Par.* xvi. 64.
Sarien; sarieno; sarò.	*Sovente.*	
Sarria.	fora egli impedito... o non *sarria*[4] che non potesse?	*Purg.* vii. 51.
Sarte.	dovrebbe Calar le vele e raccoglier le *sarte*	*Inf.* xxvii. 81.
	Altri fa remi, ed altri volge *sarte*	*Inf.* xxi. 14.
Sartor.	Come 'l[5] vecchio *sartor* fa nella cruna	*Inf.* xv. 21.
Sartore.	Qui farem punto, come buon *sartore*	*Par.* xxxii. 140.
1. Sassi.	Tra due liti d' Italia surgon *sassi*... Tanto	*Par.* xxi. 106.
	disviticchia Col viso quel che vien sotto a quei *sassi*	*Purg.* x. 119.
	dentro da cotesti *sassi*... son tre cerchietti Di grado in grado.	*Inf.* xi. 16.
***2. Sassi.**	non fora men nota... da tal giudice *sassi*	*Purg.* xxxi. 39.
Sasso.	più che tu non speri S' appressa un *sasso*	*Inf.* xxiii. 134.
	Io sono Aglauro, che divenni *sasso*	*Purg.* xiv. 139.
	E rotollo, e percosselo ad un *sasso*	*Inf.* xxx. 11.
	persone Che si stavano all' ombra dietro al *sasso*	*Purg.* iv. 104.
	Ed io mirava suso intorno al *sasso*	*Purg.* iii. 57.
	discende Per la buca d' un *sasso*, ch' egli ha roso	*Inf.* xxxiv. 131.
	E s' io non fossi impedito dal *sasso*... Guardare' io	*Purg.* xi. 52.
	Poi uscì fuor per lo foro d' un *sasso*, E pose me	*Inf.* xxxiv. 85.
	Dritta salìa la via per entro il *sasso*	*Purg.* xxvii. 64.

[1] *sapendo*.   [2] sapendo.   [3] sarebber.   [4] *ovver saria*.   [5] Come.

Sasso.	Noi salivam per entro il *sasso* rotto	*Purg.* iv. 31.
	Nel crudo *sasso*, intra Tevero ed Arno, prese... sigillo	*Par.* xi. 106.
	su per lo *sasso* tetro Vidi demon cornuti	*Inf.* xviii. 34.
	Caco, Che sotto il *sasso* di monte Aventino	*Inf.* xxv. 26.
Sassol.	non questi che... fu nomato *Sassol* Mascheroni	*Inf.* xxxii. 65.
Satan.	Pape Satan, pape *Satan* aleppe, Cominciò Pluto	*Inf.* vii. 1.
Satiro.	L' altro è Orazio *satiro*, che viene	*Inf.* iv. 89.
Satisfaccia.	Di quel che credi che a me *satisfaccia*	*Inf.* xiii. 83.
	questo peso porti... tanto che a Dio si *satisfaccia*	*Purg.* xi. 71.
Satisface.	Perchè non *satisface* ai miei disii?	*Par.* ix. 79.
Satisfammi.	Parlami, e *satisfammi* a' miei desiri	*Inf.* x. 6.
Satisfar.	rende A *satisfar* chi è di là tropp' oso	*Purg.* xi. 126.
	compia... Ciò che dee *satisfar* chi qui si stalla	*Purg.* vi. 39.
	Non potea l' uomo nei termini suoi Mai *satisfar*	*Par.* vii. 98.
	l' uom fue Da poter *satisfar* per sè dischiuso	*Par.* vii. 102.
	Satisfar[1] non si può con altra spesa	*Par.* v. 63.
***Satisfara.**	Alla domanda tua non *satisfara*	*Par.* xxi. 93.
Satisfare.	Per *satisfare* al mondo che li chiama	*Par.* x. 15.
	Se l' altre volte sì poco ti costa... il *satisfare* altrui	*Inf.* xvi. 80.
Satisfarvi.	se l' uom può *satisfarvi*[2] Ai voti manchi	*Par.* iv. 136.
Satisfatto.	per sè isso Avesse *satisfatto* a sua follia	*Par.* vii. 93.
	alla dimanda... Quinc' entro *satisfatto* sarai tosto	*Inf.* x. 17.
Satisfece.	E poscia e prima tanto *satisfece*	*Par.* xiii. 41.
Satisfeci.	Ed io li *satisfeci* al suo dimando	*Inf.* x. 126.
Satolli.	*satolli* Teseo combattér co' doppi petti	*Purg.* xxiv. 122.
Satollo.	del quale Vivesi qui, ma non sen vien *satollo*	*Par.* ii. 12.
Saturno.	il calor... Vinto da terra o talor da *Saturno*	*Purg.* xix. 3.
Saul.	O *Saul*, come in sulla propria spada Quivi parevi morto!	*Purg.* xii. 40.
Savena.	apprese A dicer sipa tra *Savena* e[3] Reno	*Inf.* xviii. 61.
Savi.	pianse Ifigenia... E fe' pianger di sè li[4] folli e i *savi*	*Par.* v. 71.
	Io volsi... Appresso ai *savi*, che parlavan sie	*Purg.* xxiii. 8.
	Per sette porte intrai con questi *savi*	*Inf.* iv. 110.
	Così per li gran *savi* si confessa Che la Fenice more	*Inf.* xxiv. 106.
Savia.	*Savia* non fui, avvegna che Sapia Fossi chiamata	*Purg.* xiii. 109.
1. Savio.	Per altra via mi mena il *savio* Duca	*Inf.* iv. 149.
	E il *savio* Duca: omai veggio la rete Che qui vi piglia	*Purg.* xxi. 76.
	Mi volsi al *savio* Duca, udendo il nome Che... mi rampolla	*Purg.* xxvii. 41.
	E il *savio* mio Maestro fece segno[5] Di voler lor parlar	*Inf.* viii. 86.
	quest' è tal punto Che più *savio* di te fe' già errante	*Purg.* xxv. 63.
	Se' *savio*, intendi[6] me' ch' io non ragiono	*Inf.* ii. 36.
	Lo *Savio* mio inver lui gridò: forse Tu credi	*Inf.* xii. 16.
	S' egli avesse potuto creder prima, Rispose il *Savio* mio	*Inf.* xiii. 47.
	mosse Me e la Donna, e il *Savio* che ristette	*Purg.* xxxiii. 15.
	E quel *Savio* gentil, che tutto seppe, Disse	*Inf.* vii. 3.
2. Savio.	E quella a cui il *Savio* bagna il fianco	*Inf.* xxvii. 52.
1. Sazia.	Ed avvegna ch' assai possa esser *sazia* La sete tua	*Purg.* xxviii. 134.
	per piacerli, Trassi dell' acqua non *sazia* la spugna	*Purg.* xx. 3.
	Ma se la vostra maggior voglia *sazia* Tosto divenga	*Purg.* xxvi. 61.
2. Sazia.	contenta Dell' ultima dolcezza che la *sazia*	*Par.* xx. 75.
	la quarta famiglia Dell' alto padre che sempre la *sazia*	*Par.* x. 50.
	E cento miglia di corso nol *sazia*	*Purg.* xiv. 18.
	Veggio il nuovo Pilato sì crudele, Che ciò nol *sazia*	*Purg.* xx. 92.
	se disii Di[7] noi chiarirti, a tuo piacer ti *sazia*	*Par.* v. 120.
	se un cibo *sazia*, E d' un altro rimane ancor la gola	*Par.* iii. 91.

[1] Soddisfar.   [2] soddisfarvi.   [3] e 'l.   [4] e i.   [5] cenno.   [6] e 'ntendi.   [7] Da.

Sazia. La sete natural che mai non *sazia*... Mi travagliava	. . .	*Purg.* xxi. 1.
Io veggio ben che giammai non si *sazia* Nostro intelletto	. .	*Par.* iv. 124.
colui... Che per l' antica fama non si *sazia*	. . . .	*Par.* xxxi. 105.
Saziando. cibo, Che, *saziando* di sè, di sè asseta	. . . . . .	*Purg.* xxxi. 129.
Saziarti. piglia Quel ch' io ti dicerò, se vuoi *saziarti*	. . . . . .	*Par.* xxviii. 62.
Sazie. E quinci sien le nostre viste *sazie*	. . . .	*Inf.* xviii. 136.
Sazii. convien che tu bei, Prima che tanta sete in te si *sazii*	. .	*Par.* xxx. 74.
Sazio. E sì fu tal che non si sentì *sazio*	. . . .	*Purg.* xxiv. 33.
canterei... Lo dolce ber che mai non m' avria *sazio*	. . . .	*Purg.* xxxiii. 138.
supplico... Perchè mi facci del tuo nome *sazio*	. . . . . .	*Par.* xv. 87.
Sazio m' avrebbe ciò che m' è proposto	. . . .	*Par.* xxviii. 48.
avanti che la proda Ti si lasci veder, tu sarai *sazio*	. . . .	*Inf.* viii. 56.
Se' tu sì tosto di quell' aver *sazio?*	. . . .	*Inf.* xix. 55.
Sbadigliava. Anzi coi piè fermati *sbadigliava*	. . . .	*Inf.* xxv. 89.
Sbandita. Ma per sè stessa fu[1] ella *sbandita* Di Paradiso	. . . .	*Par.* vii. 37.
1. **Sbarro.** Sicure d' ogni intoppo e d' ogni *sbarro*	. . . . . .	*Purg.* xxxiii. 42.
2. **Sbarro.** Perch' io avanti l' occhio intento *sbarro*	. . . . . .	*Inf.* viii. 66.
Sbigottir. Così mi fece *sbigottir* lo Mastro	. . . .	*Inf.* xxiv. 16.
tu, perch' io m' adiri, Non *sbigottir;* ch' io vincerò	. . . .	*Inf.* viii. 122.
Sbigottito. O quanto mi pareva *sbigottito*... Curio!	. . . . . .	*Inf.* xxviii. 100.
Scabbia. E sì traevan giù l' unghie la *scabbia*	. . . .	*Inf.* xxix. 82.
Deh non contendere all' asciutta *scabbia*... pregava	. . .	*Purg.* xxiii. 49.
Scacchi. Più che il doppiar degli *scacchi* s' immilla	. . . . .	*Par.* xxviii. 93.
Scaccia. la traccia... che la ferza similmente *scaccia*	. . . . .	*Inf.* xviii. 81.
Scacciato. Questi, *scacciato*, il dubitar sommerse In Cesare	. . .	*Inf.* xxviii. 97.
Scagioni. Ed aspetto Carlin che mi *scagioni*	. . . .	*Inf.* xxxii. 69.
Scaglie. sì traevan giù... Come coltel di scardova le *scaglie*	. . .	*Inf.* xxix. 83.
Scaglion. Là 've[2] venimmo, allo[3] *scaglion* primaio... marmo era	.	*Purg.* ix. 94.
E di pochi *scaglion* levammo i saggi	. . . .	*Purg.* xxvii. 67.
Già montavam su per li *scaglion* santi	. . . .	*Purg.* xii. 115.
Scala. La più romita via[4] è una *scala*, Verso di quella	. . . .	*Purg.* iii. 50.
Come la *scala* tutta sotto noi Fu corsa	. . . .	*Purg.* xxvii. 124.
Più lunga *scala* convien che si saglia; Non basta	. . . .	*Inf.* xxiv. 55.
Noi eravam dove più non saliva La *scala* su	. . . .	*Purg.* xvii. 77.
E nostra *scala* infino ad essa varca, Onde... s' invola	. . .	*Par.* xxii. 68.
E questi, che ne fe' *scala* col pelo, Fitto è ancora	. . . .	*Inf.* xxxiv. 119.
prendendo la *scala* Che per artezza i salitor dispaia	. . .	*Purg.* xxv. 8.
ove costei A così lunga *scala* ti dispose	. . . .	*Par.* xxvi. 111.
io con lui Volgemmo i nostri passi ad una *scala*	. . . . .	*Purg.* xvii. 65.
Giù per li gradi della *scala* santa Discesi tanto	. . . . .	*Par.* xxi. 64.
Noi eravamo al sommo della *scala*, Ove... si risega	. . . .	*Purg.* xiii. 1.
Chi v' ha per la sua *scala* tanto scorte?	. . . .	*Purg.* xxi. 21.
tanto risplende, Che ti conduce su per quella *scala*	. . . .	*Par.* x. 86.
mi pinse Con un sol cenno su per quella *scala*	. . . . . .	*Par.* xxii. 101.
Lombardo, Che in sulla *Scala* porta il santo uccello	. . . .	*Par.* xvii. 72.
Mostrate da qual mano in ver la *scala* Si va più corto	. . .	*Purg.* xi. 40.
*****Scalappia.** veggio la rete... e come si *scalappia*	. . . .	*Purg.* xxi. 77.
Scalda. la quantitate... dell' amor ch' a te mi *scalda*	. . . . .	*Purg.* xxi. 134.
parlar m' inonda, E *scalda* sì, che più e più m' avviva	. .	*Par.* iv. 120.
Scaldar. Le pole... Si movono a *scaldar* le fredde piume	. . . .	*Par.* xxi. 36.
poggiati... Come a *scaldar* si poggia tegghia a tegghia	. .	*Inf.* xxix. 74.
le faville, Che mi *scaldar*, della divina fiamma	. . . . . .	*Purg.* xxi. 95.
Scaldata. le reni Sentì spennar per la *scaldata* cera	. . . . .	*Inf.* xvii. 110.
Scaldi. Tu *scaldi* il mondo, tu sopr' esso luci	. . . .	*Purg.* xiii. 19.

[1] pur fu.   [2] ne.   [3] e lo.   [4] rotta ruina.

Scaldi.	Deh, bella Donna, ch' ai raggi d' amore Ti *scaldi*	*Purg.* xxviii. 44.
Scaldò.	natura Non *scaldò* ferro mai, nè battè incude[1]	*Par.* xxiv. 102.
	Quel sol, che pria d' amor mi *scaldò* il petto	*Par.* iii. 1.
Scale.	Sì ch' or mi parran corte queste *scale*	*Purg.* xxii. 18.
	Chè la bellezza mia, che per le *scale*... più s' accende	*Par.* xxi. 7.
	è duro calle Lo scendere e il salir per l' altrui *scale*	*Par.* xvii. 60.
	per sì fatte *scale*... Conviensi dipartir da tanto male	*Inf.* xxxiv. 82.
	Omai si scende per sì fatte *scale*	*Inf.* xvii. 82.
Scalee.	queste sono il muro A che si parton le sacre *scalee*	*Par.* xxxii. 21.
	Noi ci partimmo, e su per le *scalee*... Rimontò il Duca	*Inf.* xxvi. 13.
	Si rompe... Per le *scalee* che si fero ad etade	*Purg.* xii. 104.
Scaleo.	Vid' io uno *scaleo* eretto in suso Tanto	*Par.* xxi. 29.
	entrate quinci Ad un *scaleo* vie men che gli altri eretto	*Purg.* xv. 36.
Scaletta.	Che la *scaletta* dei tre gradi breve	*Purg.* xxi. 48.
Scalpitar.	provvide a *scalpitar* lo suolo Con le sue schiere	*Inf.* xiv. 34.
Scaltro.	il... Maestro Diceva : guarda ; giovi ch' io ti *scaltro*	*Purg.* xxvi. 3.
Scalzasi.	*Scalzasi* Egidio, *scalzasi*[2] Silvestro	*Par.* xi. 83.
Scalzi.	Venne Cephas, e... il gran vasello... magri e *scalzi*	*Par.* xxi. 128.
	Che fur dei primi *scalzi* poverelli	*Par.* xii. 131.
Scalzò.	Tanto che il venerabile Bernardo Si *scalzò* prima	*Par.* xi. 80.
Scampo.	Io vidi già... talvolta partir per loro *scampo*	*Inf.* xxii. 3.
Scandalo.	Seminator di *scandalo* e di scisma Fur vivi	*Inf.* xxviii. 35.
*****Scandi.**	Lo ben che tutto il regno che tu *scandi* Volge	*Par.* viii. 97.
*****†Scane.**	con l' acute *scane*... lor veder fender li fianchi	*Inf.* xxxiii. 35.
Scanni.	gli altri *scanni* Di sotto lui cotanta cerna fanno	*Par.* xxxii. 29.
	Così diversi *scanni* in nostra vita Rendon dolce armonia	*Par.* vi. 125.
	Non hanno in altro cielo i loro *scanni*, Che quegli	*Par.* iv. 31.
	Vedi li nostri *scanni* sì ripieni, Che poca gente... si disira	*Par.* xxx. 131.
	chi eran le genti Tra esso degne di più alti *scanni*	*Par.* xvi. 27.
Scanno.	il glorioso *scanno* Della Donna del cielo	*Par.* xxxii. 28.
	Venni quaggiù dal mio beato *scanno*, Fidandomi	*Inf.* ii. 112.
Scapigliata.	Di quella sozza e[3] *scapigliata* fante	*Inf.* xviii. 130.
*****Scarche.**	Ma poichè furon di stupore *scarche*	*Purg.* xxvi. 71.
*****Scarco.**	prendemmo via giù per lo *scarco* Di quelle pietre	*Inf.* xii. 28.
Scardova.	sì traevan giù... Come coltel di *scardova* le scaglie	*Inf.* xxix. 83.
Scariotto.	Quell' anima lassù... è Giuda *Scariotto*	*Inf.* xxxiv. 62.
Scarmiglione.	Ma quel demonio... disse: posa, posa, *Scarmiglione*.	*Inf.* xxi. 105.
Scarse.	è sì iguali, Che tutte simiglianze sono *scarse*	*Par.* xv. 78.
Scarsi.	E tutti gli altri modi erano *scarsi* Alla giustizia	*Par.* vii. 118.
	venne... Quei ch' ancor fa li padri a' figli *scarsi*	*Par.* xvii. 3.
	Noi andavam con passi lenti e *scarsi*, Ed io attento	*Purg.* xx. 16.
	E ciò fecer[4] li nostri passi, *scarsi* Tanto	*Purg.* v. 13.
	preghi Ti porgo, e prego che non sieno *scarsi*	*Par.* xxxiii. 30.
Scarso.	da che... traluca Tanta sua grazia, non ti sarò *scarso*	*Purg.* xiv. 80.
Scellerata.	l' anima antica Di Mirra *scellerata*	*Inf.* xxx. 38.
Scellerato.	Chi è più *scellerato* che colui?	*Inf.* xx. 29.
Scelse.	Rea la *scelse* già per cuna fida D'[5] suo figliuolo	*Inf.* xiv. 100.
	non so dire Qual Beatrice per loco mi *scelse*	*Par.* xxvii. 102.
	qual egli *scelse* L' umile pianta, cotal si rinacque	*Purg.* i. 134.
Scelta.	Cade in la selva, e non l' è parte *scelta*	*Inf.* xiii. 97.
1. Scema.	oscura e cava, Pallida nella faccia, e tanto *scema*	*Purg.* xxiii. 23.
	Ma la natura la dà sempre *scema*, Similmente operando	*Par.* xiii. 76.
	Ma conveniasi a quella pietra *scema* Che guarda il ponte	*Par.* xvi. 145.
2. Scema.	lo rimembrar... La mente mia di[6] sè medesma *scema*	*Par.* xxx. 27.

[1] ancude. [2] e scalzasi. [3] sozza. [4] fece. [5] Del. [6] da.

Scema.	per qual ragione Di meritar mi *scema* la misura?	*Par.* iv. 21.
	da questa parte vedi Lo bulicame che sempre si *scema*	*Inf.* xii. 128.
	La sesta compagnia in due si *scema*	*Inf.* iv. 148.
	s' appuntan... disiri, Dove per compagnia parte si *scema*	*Purg.* xv. 50.
Sceman.	era scemo A guisa che i vallon li *sceman* quici	*Purg.* vii. 66.
Scemata.	E videro *scemata* loro scuola, Così di Moisè	*Purg.* xxxii. 79.
Scemi.	Quanti risurgeran coi crini *scemi* Per ignoranza	*Purg.* xxii. 46.
	Ma Virgilio n' avea lasciati *scemi* Di sè	*Purg.* xxx. 49.
	avvegna che i pensieri Mi rimanessero e chinati e *scemi*	*Purg.* xii. 9.
1. Scemo.	l' amor del bene, *scemo* Di suo dover	*Purg.* xvii. 85.
	ancor non sarebbe Lo mio dover per penitenza *scemo*	*Purg.* xiii. 126.
	veggio... Gente seder propinqua al loco *scemo*	*Inf.* xvii. 36.
	E quinci e quindi il lume è fatto *scemo*	*Par.* xxxi. 126.
	Quand' io m' accorsi che il monte era *scemo*	*Purg.* vii. 65.
	Farotti ben di me volere *scemo*	*Purg.* xxvi. 91.
2. Scemo.	Ed enne dolce così fatto *scemo*	*Par.* xx. 136.
	pria lo *scemo*[1] della luna Rigiunse al letto suo	*Purg.* x. 14.
Scempia.	Sarà la compagnia malvagia e *scempia*	*Par.* xvii. 62.
Scempie.	E con le dita della destra *scempie* Trovai pur sei	*Purg.* xii. 133.
	Uscir gli orecchi delle gote *scempie*	*Inf.* xxv. 126.
1. Scempio.	lo strazio e il grande *scempio*... Tale orazion fa far	*Inf.* x. 85.
	Mostrava la ruina e il crudo *scempio* Che fe' Tamiri	*Purg.* xii. 55.
2. Scempio.	Prima era *scempio*, ed ora è fatto doppio	*Purg.* xvi. 55.
Scenda.	sì che chiaro Per essa *scenda* della mente il fiume	*Purg.* xiii. 90.
Scende.	per... argomenti, E per autorità che quinci *scende*	*Par.* xxvi. 26.
	Lo sito... porta Che l' una costa surge e l' altra *scende*	*Inf.* xxiv. 40.
	fiume, Che *scende* chiaro giù di pietra in pietra	*Par.* xx. 20.
	Salendo su per lo modo parecchio A quel che *scende*	*Purg.* xv. 19.
	come d' un rivo Se d' alto monte *scende* giuso ad imo	*Par.* i. 138.
	Ancor digesto, *scende* ov' è più bello Tacer che dire	*Purg.* xxv. 43.
	Dell' alto *scende* virtù che m' aiuta Conducerlo	*Purg.* i. 68.
	Omai si *scende* per sì fatte scale	*Inf.* xvii. 82.
Scendea.	Tutto che il vel che le *scendea* di testa Cerchiato	*Purg.* xxx. 67.
Scendean.	Quando *scendean* nel fior, di banco in banco Porgevan.	*Par.* xxxi. 16.
Scendemmo.	Però *scendemmo* alla destra mammella	*Inf.* xvii. 31.
	Così *scendemmo* nella quarta lacca, Prendendo più	*Inf.* vii. 16.
Scender.	Era lo loco, ove a *scender* la riva Venimmo	*Inf.* xii. 1.
	le scalee, Che n' avean fatte i borni a *scender* pria	*Inf.* xxvi. 14.
	E vidi uscir dell' alto, e *scender* giue Due angeli	*Purg.* viii. 25.
	L' aquila vidi *scender* giù nell' arca Del carro	*Purg.* xxxii. 125.
	Vedea colui... giù dal cielo Folgoreggiando *scender*	*Purg.* xii. 27.
	Io non osava *scender* della strada Per andar	*Inf.* xv. 43.
	Vidi anco per li gradi *scender* giuso Tanti splendor	*Par.* xxi. 31.
	giacque... Fin ch' al Verbo di Dio di *scender* piacque	*Par.* vii. 30.
	Lo nostro *scender* conviene esser tardo	*Inf.* xi. 10.
	Le rote larghe, e lo *scender* sia poco	*Inf.* xvii. 98.
	poter ch' egli abbia, Non ti torrà[2] lo *scender* questa roccia	*Inf.* vii. 6.
	Dello *scender* quaggiuso in questo centro Dall' ampio loco	*Inf.* ii. 83.
Scendere.	fiammelle Di grado in grado *scendere* e girarsi	*Par.* xxi. 137.
	E vidi *scendere* altre luci dove Era il colmo dell' M	*Par.* xviii. 97.
	Che noi possiam nell' altra bolgia *scendere*	*Inf.* xxiii. 32.
	Lo *scendere* e il salir per l' altrui scale	*Par.* xvii. 60.
	vidi poi... Lo *scendere* e il girar,[3] per li gran mali	*Inf.* xvii. 125.
***Scendesse.**	Solo tre passi credo ch' io *scendesse*	*Purg.* viii. 46.

[1] stremo.   [2] terrà.   [3] gridar.

Scendessi.	Pria ch' io *scendessi* all' infernale ambascia	*Par.* xxvi. 133.
Scendete.	a qual martiro Venite voi, che *scendete* la costa?	*Inf.* xii. 62.
Scendeva.	Tale *scendeva* l' eternale ardore	*Inf.* xiv. 37.
Scendi.	Se tanto *scendi*, li potrai vedere	*Inf.* vi. 87.
Scerna.	Convien che nella mia lingua si *scerna*	*Inf.* xv. 87.
Scerno.	O frate, disse, questi ch' io ti *scerno* Col dito	*Purg.* xxvi. 115.
Scerpi.	Ricominciò a gridar: perchè mi *scerpi?*	*Inf.* xiii. 35.
Scesa.	Cotal di quel burrato era la *scesa*	*Inf.* xii. 10.
	per cadere ad una *scesa*, Ove dovea[1] per mille esser ricetto	*Inf.* xvi. 101.
Scese.	E l' altro *scese* in l' opposita sponda	*Purg.* viii. 32.
	tanto... quanto eramo Rimossi, quando Beatrice *scese*	*Purg.* xxxii. 36.
	Donna *scese* del ciel, per li cui preghi... costui sovvenni	*Purg.* i. 53.
	Per entro il cielo *scese* una facella	*Par.* xxiii. 94.
	Si leva un colle... Là donde *scese* già una facella	*Par.* ix. 29.
	Non *scese* mai con sì veloce moto Foco di spessa nube	*Purg.* xxxii. 109.
	Da indi *scese*[2] folgorando a Juba	*Par.* vi. 70.
	Come il viso mi *scese* in lor più basso... apparve	*Inf.* xx. 10.
Scesi.	Di là fosti cotanto, quant' io *scesi*	*Inf.* xxxiv. 109.
Scevra.	Beatrice, ch' era un poco *scevra*, Ridendo, parve	*Par.* xvi. 13.
Schegge.	colei Che s' imbestiò nell' imbestiate *schegge*	*Purg.* xxvi. 87.
	via Tra le *schegge* e tra' rocchi dello scoglio	*Inf.* xxvi. 17.
1. **Scheggia.**	levando me su... avvisava un' altra *scheggia*	*Inf.* xxiv. 28.
	Sì della *scheggia* rotta[3] usciva... Parole e sangue	*Inf.* xiii. 43.
	E volti a destra su per[4] la sua *scheggia*	*Inf.* xviii. 71.
2. **Scheggia.**	Perchè vedrai la pianta onde si *scheggia*	*Par.* xi. 137.
Scheggio.	Costor sien salvi insino all' altro *scheggio*	*Inf.* xxi. 125.
	giù t' acquatta Dopo uno *scheggio*, che alcun schermo t' haia.	*Inf.* xxi. 60.
Scheggion.	siedi Tra li *scheggion* del ponte quatto quatto	*Inf.* xxi. 89.
Schembo.	Tra erto e piano era un sentiero *schembo*[5]	*Purg.* vii. 70.
Scherma.	Ma con dar volta suo dolore *scherma*	*Purg.* vi. 151.
Schermar.	non posso *Schermar* lo viso tanto, che mi vaglia	*Purg.* xv. 26.
Schermi.	Sicuro già da tutti vostri *schermi*	*Inf.* xxi. 81.
	farfalla, Che vola alla giustizia senza *schermi*	*Purg.* x. 126.
Schermo.	Fanno lo *schermo*, perchè[6] il mar si fuggia	*Inf.* xv. 6.
	Dell' un de' lati fanno all' altro *schermo*	*Inf.* vi. 20.
	Che t' è giovato di me fare *schermo?*	*Inf.* xiii. 134.
	giù t' acquatta Dopo uno scheggio, che alcun *schermo* t' haia.	*Inf.* xxi. 60.
Scherniti.	per noi Sono *scherniti*, e con danno e con beffa	*Inf.* xxiii. 14.
Scherza.	spera, Che sempre a guisa di fanciullo *scherza*	*Purg.* xv. 3.
Schianta.	Qualunque ruba quella, o quella *schianta*	*Purg.* xxxiii. 58.
	vento... Che... Li rami *schianta*, abbatte, e porta fiori[7]	*Inf.* ix. 70.
	E frutto ha in sè, che di là non si *schianta*	*Purg.* xxviii. 120.
	aduggia Sì, che buon frutto rado se ne *schianta*	*Purg.* xx. 45.
*****Schiante.**	E il tronco suo gridò: perchè mi *schiante?*	*Inf.* xiii. 33.
Schianze.	Dal capo al piè di *schianze* maculati	*Inf.* xxix. 75.
Schiara.	Nel tempo che colui che il mondo *schiara*	*Inf.* xxvi. 26.
	Ma quell' alma nel ciel che più si *schiara*	*Par.* xxi. 91.
Schiarar.	a più angusto vaglio Ti conviene *schiarar*	*Par.* xxvi. 23.
Schiarato.	Così vid' io lo *schiarato* splendore	*Par.* xxv. 106.
Schiarì.	Poscia tra esse un lume si *schiarì*	*Par.* xxv. 100.
Schiatta.	L' oltracotata *schiatta*, che s' indraca Retro	*Par.* xvi. 115.
	Ed io gli aggiunsi: e morte di tua *schiatta*	*Inf.* xxviii. 109.
Schiatte.	Udir come le *schiatte* si disfanno, Non ti parrà	*Par.* xvi. 76.

[1] dovria. [2] onde venne. [3] Così di quella scheggia.
[4] sopra.   [5] sghembo.   [6] pur che.   [7] fori.

SCHIAVE   630   SCINTILLA

Schiave. Come fanno i corsar dell' altre *schiave* . . . . *Purg.* xx. 81.
Schiavi. si congela Soffiata e stretta dagli venti *schiavi* . . . . . *Purg.* xxx. 87.
Schicchi. quel folletto è Gianni *Schicchi*, E va rabbioso . . . *Inf.* xxx. 32.
Schiena. la *schiena* Rimanea della pelle tutta brulla . . . . . . *Inf.* xxxiv. 59.
    In questo loco, dalla *schiena* scossi Di Gerion . . . . . . *Inf.* xviii. 19.
    fanno segno Ai marinar con l' arco della *schiena* . . . . . . *Inf.* xxii. 20.
Schiera. Anche di qua nuova *schiera* s' aduna . . . . *Inf.* iii. 120.
    dier volta, Come *schiera* che scorre senza freno . . . . . . *Purg.* v. 42.
    Sì come *schiera* d' api, che s' infiora Una fiata . . . . *Par.* xxxi. 7.
    sì li guida, E fa cansar, s' altra *schiera* v' intoppa . . . . . *Inf.* xii. 99.
    saline... Come da noi la *schiera* si partìne . . . . *Purg.* iv. 24.
    per salvarsi Volgesi *schiera*, e sè gira col segno . . . . . . *Purg.* xxxii. 20.
    gli augei... Alcuna volta in aer fanno *schiera* . . . . *Purg.* xxiv. 65.
    augelli... Fanno di sè or tonda or lunga *schiera* . . . . . . *Par.* xviii. 75.
    Quando incontrammo d' anime una *schiera*, Che venia . . . *Inf.* xv. 16.
    E come gli stornei... a *schiera* larga e piena . . . . *Inf.* v. 41.
    come s' affigge Chi va dinanzi a *schiera*[1] per iscorta . . . . *Purg.* xxxiii. 107.
    Ch' esser[2] mi fecer della loro *schiera* . . . . *Inf.* iv. 101.
    E della *schiera* tre si dipartiro Con archi ed asticciuole . . *Inf.* xii. 59.
    t' amò tanto Che uscìo per te della volgare *schiera* . . . . *Inf.* ii. 105.
    Cotali uscir della *schiera* ov' è Dido, A noi venendo . . . *Inf.* v. 85.
    Qual esce... Lo cavalier di *schiera* che cavalchi . . . . . . *Purg.* xxiv. 95.
    Indi si mosse un lume verso noi Di quella *schiera*[3] . . . . . *Par.* xxv. 14.
    Così per entro loro *schiera* bruna S' ammusa... formica . . *Purg.* xxvi. 34.
Schiere. ecco le *schiere* Del trionfo di Cristo . . . . *Par.* xxiii. 19.
    provvide a scalpitar lo suolo Con le sue *schiere* . . . . . . *Inf.* xiv. 35.
    tutti tormenta Lo giron primo per diverse *schiere* . . . . . *Inf.* xi. 39.
Schietta. Par sì la ripa, e par sì la via *schietta* . . . . *Purg.* xiii. 8.
Schietti. Non rami *schietti*, ma nodosi e involti . . . . *Inf.* xiii. 5.
Schietto. fa che tu costui ricinghe D' un giunco *schietto* . . . . *Purg.* i. 95.
Schife. Volasser... Queste del giel, quelle del sole *schife* . . . *Purg.* xxvi. 45.
Schifo. Mettine giù, e non ten venga *schifo* . . . . *Inf.* xxxi. 122.
Schiro. Quando la madre da Chiron a *Schiro* Trafugò lui . . . *Purg.* ix. 37.
Schiude. modo Che il porco quando del porcil si *schiude* . . . *Inf.* xxx. 27.
Schiuma. Qual fummo in aer ed in acqua la *schiuma* . . . . . *Inf.* xxiv. 51.
    drizza il nerbo Del viso su per quella *schiuma* antica . . . *Inf.* ix. 74.
Schiume. Se tosto grazia risolva le *schiume* Di vostra coscienza . *Purg.* xiii. 88.
Schiuso. Onde ir ne convenia dal lato *schiuso* Ad uno ad uno . . *Purg.* xxv. 115.
Schiva. Era lo loco... Tal ch' ogni vista ne sarebbe *schiva* . . . *Inf.* xii. 3.
Schivi. sarebbero *schivi*, Perch' ei fur Greci, forse del tuo detto . *Inf.* xxvi. 74.
Schivo. E di calcar nessun si mostra *schivo* . . . . *Purg.* ii. 72.
Sciagurato. Che tu sappi chi è lo *sciagurato* . . . . *Inf.* xxii. 44.
Scialba. fémmina... Con le man monche, e di colore *scialba* . . . *Purg.* xix. 7.
Sciancato. Ch' io non scorgessi ben Puccio *Sciancato* . . . . . *Inf.* xxv. 148.
Scias. ma prima, *Scias* quod ego fui successor Petri . . . . . *Purg.* xix. 99.
Sciaurati. Questi *sciaurati*,[4] che mai non fur vivi . . . . *Inf.* iii. 64.
Scienza. sire della villa... onde ogni *scienza* disfavilla . . . . *Purg.* xv. 99.
    chè non fa *scienza*, Senza lo ritenere, avere inteso . . . . *Par.* v. 41.
    O tu che onori e[5] *scienza* ed arte, Questi chi son? . . . . . *Inf.* iv. 73.
    come il mio corpo stea Nel mondo su, nulla *scienza* porto . . *Inf.* xxxiii. 123.
    Ed egli a me: ritorna a tua *scienza*, che vuol . . . . *Inf.* vi. 106.
Scimia. Com' io fui di natura buona *scimia* . . . . *Inf.* xxix. 139.
Scindi. Che fama avrai... se vecchia *scindi* Da te la carne ? . . . *Purg.* xi. 103.
  1. **Scintilla.** Lo incendio lor seguiva ogni *scintilla* . . . . . . *Par.* xxviii. 91.

[1] *gente*.   [2] Ch' ei sì; Ch' essi.   [3] *spera*.   [4] sciagurati.   [5] ogni.

2. **Scintilla.**	La divina bontà... ardendo in sè *scintilla*[1] Sì	*Par.* vii. 65.
	si dilata... E, come stella in cielo, in me *scintilla*	*Par.* xxiv. 147.
	questa lumiera, Che qui appresso me così *scintilla*	*Par.* ix. 113.
	Quelli, onde l' occhio in testa mi *scintilla*	*Par.* xx. 35.
Scintillando.	lumi, *scintillando* forte Nel congiungersi	*Par.* xiv. 110.
	in unica stella *Scintillando* a lor vista sì gli appaga	*Par.* xxxi. 29.
Sciocca.	anima *sciocca*, Tienti col corno, e con quel ti disfoga	*Inf.* xxxi. 70.
Sciocche.	o creature *sciocche*, Quanta ignoranza è quella!	*Inf.* vii. 70.
Sciocchi.	Mi disse: ancor sei tu degli altri *sciocchi?*	*Inf.* xx. 27.
Scioglia.	chiedi Umilemente che il serrame *scioglia*	*Purg.* ix. 108.
Sciogliea.	E promettendo mi *sciogliea* da essa	*Purg.* vi. 12.
Sciolse.	l' Archian rubesto... *sciolse* al mio petto la croce	*Purg.* v. 126.
	Gli occhi mi *sciolse*, e disse: or drizza il nerbo Del viso	*Inf.* ix. 73.
	Saltò, e dal proposto lor si *sciolse*	*Inf.* xxii. 123.
Sciolta.	Poscia che l' ebbi tutta da me *sciolta*	*Inf.* xvi. 109.
	quella men... Ma più al duolo avea la lingua *sciolta*	*Inf.* xiv. 27.
	poi divora, con la lingua *sciolta*, Qualunque cibo	*Par.* xxvii. 131.
	per tutto quell' assalto Punto non fu da me guardare *sciolta*	*Purg.* viii. 111.
	Seder sopr' esso una puttana *sciolta* M' apparve	*Purg.* xxxii. 149.
	Questa è quasi legata, e quella è *sciolta*	*Purg.* iv. 12.
	t' amai Nel mortal corpo, così t' amo *sciolta*	*Purg.* ii. 89.
Sciolte.	Donne mi parver, non da ballo *sciolte*	*Par.* x. 79.
	Così le avria ripinte per la strada... come furo *sciolte*	*Par.* vi. 86.
	Chi poria mai pur con parole *sciolte* Dicer?	*Inf.* xxviii. 1.
	E quella che ricopre le mammelle... con le trecce *sciolte*	*Inf.* xx. 53.
Sciolti.	e porti gli occhi *sciolti*, Sì com' io credo	*Purg.* xiii. 131.
Sciolto.	più... Che non stimava l' animo non *sciolto*	*Purg.* xii. 75.
	Ho io il braccio a tal mestiere *sciolto*	*Inf.* xxx. 108.
	e mai non fu mastino *sciolto* Con tanta fretta	*Inf.* xxi. 44.
	Quando, da tutte queste cose *sciolto*, m' era... accolto	*Par.* xi. 10.
Sciorina.	Io mando... A riguardar s' alcun se ne *sciorina*	*Inf.* xxi. 116.
Scipa.	Che la memoria il sangue ancor mi *scipa*	*Inf.* xxiv. 84.
	E perchè nostra colpa sì ne *scipa?*	*Inf.* vii. 21.
*****Scipio.**	Ma l' alta provvidenza, che con *Scipio* Difese a Roma	*Par.* xxvii. 61.
Scipion.	nella fortunata valle, Che fece *Scipion* di gloria ereda	*Inf.* xxxi. 116.
Scipione.	Sott' esso giovinetti trionfaro *Scipione* e Pompeio	*Par.* vi. 53.
Scirocco.	bordone... Quand' Eolo *Scirocco* fuor discioglie	*Purg.* xxviii. 21.
Scisma.	Seminator di scandalo e di *scisma* Fur vivi	*Inf.* xxviii. 35.
Scisso.	alcun bene, In tutto dall' accorger nostro *scisso*	*Purg.* vi. 123.
	sì s' inoltra... Che da ogni creata vista è *scisso*	*Par.* xxi. 96.
Scocca.	Che ciò che *scocca* drizza in segno lieto	*Par.* i. 126.
	scocca L' arco del dir che infino al ferro hai tratto	*Purg.* xxv. 17.
	Come balestro frange, quando *scocca* Da troppa tesa	*Purg.* xxxi. 16.
	Molti han giustizia in cor, ma tardi *scocca*	*Purg.* vi. 130.
	Ed attenda ad udir quel ch' or si *scocca*	*Inf.* xxv. 96.
Scogli.	Così da imo della roccia *scogli* Movien	*Inf.* xviii. 16.
Scoglio.	Presso è un altro *scoglio* che via face	*Inf.* xxi. 111.
	al dosso Dell' arco, ove lo *scoglio* più soprasta	*Inf.* xviii. 111.
	divenimmo Là, dove un[2] *scoglio* della ripa uscia	*Inf.* xviii. 69.
	aggrappa O *scoglio* od altro che nel mare è chiuso	*Inf.* xvi. 135.
	Correte al monte a spogliarvi lo *scoglio*	*Purg.* ii. 122.
	Noi discendemmo in sull' ultima riva Del lungo *scoglio*	*Inf.* xxix. 53.
	i' piangea, poggiato ad un de' rocchi Del duro *scoglio*	*Inf.* xx. 26.
	via Tra le schegge e tra' rocchi dello *scoglio*	*Inf.* xxvi. 17.

[1] sfavilla.   [2] Dove uno.

Scoglio.	Già eravamo... Montati dello *scoglio* in quella parte	*Inf.* xix. 8.
	loco primo Che dello *scoglio* l' altra valle mostra	*Inf.* xxix. 38.
	il carco, Soave per lo *scoglio* sconcio ed erto	*Inf.* xix. 131.
	più oltre andar per questo *Scoglio*[1] non si può?[2]	*Inf.* xxi. 107.
	Laggiù il buttò, e per lo *scoglio* duro Si volse	*Inf.* xxi. 43.
	un diavol nero Correndo su per lo *scoglio* venire	*Inf.* xxi. 30.
	Noi passammo... Su per lo *scoglio* infino in sull' altr' arco	*Inf.* xxvii. 134.
	Su per lo *scoglio* prendemmo la via, Ch' era ronchioso	*Inf.* xxiv. 61.
	Ma tu chi se' che in sullo *scoglio* muse?	*Inf.* xxviii. 43.
Scolora.	asciutta scabbia, Che mi *scolora*... la pelle	*Purg.* xxiii. 50.
Scolorocci.	ci sospinse Quella lettura e *scolorocci* il viso	*Inf.* v. 131.
Scolpa.	tratto In ver la valle, ove mai non si *scolpa*	*Purg.* xxiv. 84.
Scommettendo.	A quei che *scommettendo* acquistan carco	*Inf.* xxvii. 136.
Sconcia.	la diffalta Dell' empio suo pastor, che sarà *sconcia*	*Par.* ix. 53.
	Cercando lui tra questa gente *sconcia*	*Inf.* xxx. 85.
	Come che suoni la *sconcia* novella	*Inf.* xviii. 57.
	La vostra *sconcia* e fastidiosa pena... non vi spaventi	*Inf.* xxix. 107.
Sconcio.	il carco, Soave per lo scoglio *sconcio* ed erto	*Inf.* xix. 131.
Sconfortai.	Pensa, Lettor, se io mi *sconfortai*[3]	*Inf.* viii. 94.
Scongiura.	L' una mi fa tacer, l' altra *scongiura* Ch' io dica	*Purg.* xxi. 116.
Sconoscente.	La *sconoscente* vita, che i fe' sozzi	*Inf.* vii. 53.
Sconsolata.	fosse, Che vallan quella terra *sconsolata*	*Inf.* viii. 77.
Scontrati.	gli occhi miei in uno Furo *scontrati*	*Inf.* xviii. 41.
Scontrava.	Fumavan forte, e il fummo si *scontrava*	*Inf.* xxv. 93.
Scoperchiata.	surse alla vista *scoperchiata* Un' ombra	*Inf.* x. 52.
Scopersi.	Così *scopersi* la vita bugiarda	*Purg.* xix. 108.
Scoperta.	Quando s' ebbe *scoperta* la gran bocca, Disse	*Inf.* xii. 79.
	ti prego... ch' io Ti veggia con imagine *scoperta*	*Par.* xxii. 60.
	E vidi... Esser contenti alla pelle *scoperta*	*Par.* xv. 116.
	sull' orlo supremo Dell' alta ripa, alla *scoperta* piaggia	*Purg.* iv. 35.
Scoperti.	per qual privilegio Vanno *scoperti* della grave stola?	*Inf.* xxiii. 90.
Scoperto.	Di bella verità m' avea *scoperto*... il dolce aspetto	*Par.* iii. 2.
	in ciò dispensa, Che par contra lo ver ch' io t' ho *scoperto*	*Par.* v. 36.
	Io era già disposto... A riguardar nello *scoperto* fondo	*Inf.* xx. 5.
	Indi un altro vallon mi fu *scoperto*	*Inf.* xix. 133.
	in sullo *scoperto* Si ravvolgeva infino al giro quinto	*Inf.* xxxi. 89.
Scoppia.	Ma quando *scoppia* della[4] propria gota L' accusa	*Purg.* xxxi. 40.
	E come l' un pensier dell' altro *scoppia*, Così nacque	*Inf.* xxiii. 10.
Scoppia'.	Sì *scoppia'* io sott' esso grave carco	*Purg.* xxxi. 19.
Scoppiar.	ponta Sì, ch' a Fiorenza fa *scoppiar* la pancia	*Purg.* xx. 75.
Scoppiava.	Per gli occhi fuori *scoppiava* lor duolo	*Inf.* xvii. 46.
Scoppio.	*scoppio* Dentro a un dubbio, s' io non me ne spiego	*Purg.* xvi. 53.
Scopra.	sazia La sete tua, perch' io più non ti *scopra*	*Purg.* xxviii. 135.
	Tosto convien ch' al tuo viso si *scopra*	*Inf.* xvi. 123.
Scoprire.	converrassi Quelle *scoprire* alla tua vista rude	*Purg.* xxxiii. 102.
Scorge.	s' informa Per sè, o per voler che giù lo *scorge*	*Purg.* xvii. 18.
	È[5] Beatrice, quella che sì[6] *scorge* Di bene in meglio	*Par.* x. 37.
Scorger.	Già puoi *scorger*[7] quello che s' aspetta	*Inf.* viii. 11.
	Già *scorger* puoi come ciascun si picchia	*Purg.* x. 120.
Scorgessi.	Ch' io non *scorgessi* ben Puccio Sciancato	*Inf.* xxv. 148.
Scorgeva.	Ed io *scorgeva* già d' alcun la faccia	*Inf.* xxxi. 46.
Scornati.	stanno... Quasi *scornati*, e risponder non sanno	*Inf.* xix. 60.
Scorno.	non pur Policreto, Ma la natura lì avrebbe *scorno*	*Purg.* x. 33.
***Scorpio.**	merigge Lasciato al Tauro e la notte allo *Scorpio*	*Purg.* xxv. 3.

[1]*Iscoglio.*   [2] potrà.   [3] s' io mi disconfortai.   [4] dalla.   [5] E; Oh.   [6] sì.   [7] scorger puoi.

Scorpion.	forca Che, a guisa di *scorpion*, la punta armava	*Inf.* xvii. 27.
Scorre.	dier volta, Come schiera che *scorre* senza freno	*Purg.* v. 42.
Scorsa.	ti cal cotanto, Che tu abbi però la ripa *scorsa*[1]	*Inf.* xix. 68.
Scorse.	Quando ci *scorse* Cerbero, il gran vermo	*Inf.* vi. 22.
Scorsi.	ed io *scorsi* Per quattro visi il mio aspetto stesso	*Inf.* xxxiii. 56.
1. **Scorta.**	Fin che n' appaia alcuna *scorta* saggia	*Purg.* iv. 39.
	che volete voi? Cominciò egli a dire: ov' è la *scorta*?	*Purg.* ix. 86.
	e chi son quelle Due anime che là ti fanno *scorta*	*Purg.* xxiii. 53.
	Velando i pesci ch' erano in sua *scorta*	*Purg.* i. 21.
	deh! senza *scorta* andiamci soli, Se tu sai ir	*Inf.* xxi. 128.
	discende l' erta, Passando per li cerchi senza *scorta*	*Inf.* viii. 129.
	Onde la *Scorta* mia saputa e fida Mi s' accostò	*Purg.* xvi. 8.
	Secondo ch' avea detto la mia *scorta*	*Inf.* xii. 54.
	Certo i' piangea... sì che la mia *scorta* Mi disse	*Inf.* xx. 26.
	Presemi allor la mia *scorta* per mano, E menommi	*Inf.* xiii. 130.
	Noi ci movemmo colla *scorta* fida Lungo la proda	*Inf.* xii. 100.
	Io mi raggiunsi con la *scorta* mia	*Inf.* xviii. 67.
	m' era a grato Ubbidire alla mia celeste *scorta*	*Par.* xxi. 23.
2. **Scorta.**	Cosa non fu dagli tuoi occhi *scorta* Notabile	*Inf.* xiv. 88.
	Così lo sguardo mio le facea *scorta* La lingua	*Purg.* xix. 12.
3. **Scorta.**	tu... Che gli hai *scorta*[2] sì buia contrada	*Inf.* viii. 93.
1. **Scorte.**	E tue parole fien le nostre *scorte*	*Purg.* xvi. 45.
	Volsersi verso me le buone *scorte*, E Virgilio mi disse	*Purg.* xxvii. 19.
2. **Scorte.**	Dirò dell' altre[3] cose, ch' io v' ho *scorte*	*Inf.* i. 9.
3. **Scorte.**	Chi v' ha per la sua scala tanto *scorte*?	*Purg.* xxi. 21.
Scorto.	tu... Che *scorto* l' hai per[4] sì buia contrada	*Inf.* viii. 93.
Scorza.	rompendo della *scorza*, Non che dei fiori	*Purg.* xxxii. 113.
Scoscende.	al suo fulgore Sarebbe[5] fronda che tuono *scoscende*	*Par.* xxi. 12.
	si dilegua, Se subito la nuvola *scoscende*	*Purg.* xiv. 135.
	in sulla punta, Onde l' ultima pietra si *scoscende*	*Inf.* xxiv. 42.
Scoscio.	Allor fu' io più timido allo *scoscio*	*Inf.* xvii. 121.
Scoss'.	Non altrimenti Achille si riscosse... Che mi *scoss'* io	*Purg.* ix. 40.
1. **Scosse.**	Questa fiamma staria senza più *scosse*	*Inf.* xxvii. 63.
2. **Scosse.**	ombra Per cui *scosse* dianzi ogni pendice	*Purg.* xxiii. 132.
Scossi.	io mi *scossi*, Come fan bestie spaventate e poltre	*Purg.* xxiv. 134.
	In questo loco, dalla schiena *scossi* Di Gerion	*Inf.* xviii. 19.
Scosso.	Poi ch' ebbe sospirando il capo *scosso*[6]... disse	*Inf.* x. 88.
	non vedi Ciò che vedresti, se l' avessi *scosso*	*Par.* i. 90.
Scosta.	lor bestia... Che dal fianco dell' altre non si *scosta*	*Par.* xix. 148.
Scostarsi.	omai è tempo da *scostarsi* Dal bosco	*Inf.* xiv. 139.
Scote.	l' aura impregna, E quella poi girando intorno *scote*	*Purg.* xxviii. 111.
Scotea.	Certo non si *scotea* sì forte Delo	*Purg.* xx. 130.
Scotersi.	così forte, Come Fialte a *scotersi* fu presto	*Inf.* xxxi. 108.
Scotesse.	tanto rubesto, Che *scotesse* una torre così forte	*Inf.* xxxi. 107.
1. **Scotto.**	Se... Fosse gustata senza alcuno *scotto*	*Purg.* xxx. 144.
2. **Scotto.**	superbia... Che fa lo *Scotto* e l' Inghilese folle	*Par.* xix. 122.
3. **Scotto.**	Michele *Scotto* fu, che veramente... seppe il gioco	*Inf.* xx. 116.
Scranna.	Or tu chi sei, che vuoi sedere a *scranna*?	*Par.* xix. 79.
Scriba.	a sè torce... Quella materia ond' io son fatto *scriba*	*Par.* x. 27.
Scrisse.	Galeotto fu il libro e chi lo *scrisse*	*Inf.* v. 137.
	E quel... Non portò voce mai, nè *scrisse* inchiostro	*Par.* xix. 8.
	Jeronimo vi *scrisse* lungo tratto Di[7] secoli	*Par.* xxix. 37.
	il verace stilo Ne *scrisse*, patre, del tuo caro frate	*Par.* xxiv. 62.

[1] *corsa*. [2] Che *scorto* l' hai per. [3] alte. [4] Che gli hai *scorta*.
[5] Parrebbe. [6] *mosso*. [7] De'.

Scrisse. l' allegrezza[1] Della nostra basilica si *scrisse* . . . . . . *Par.* xxv. 30.
Nè O sì tosto mai, nè I si *scrisse*, Com' ei s' accese . . . . *Inf.* xxiv. 100.
Scrissi. parole, Quali aspettava il core ov' io le *scrissi* . . . . . *Par.* xx. 30.
Quando nel mondo gli alti versi *scrissi* . . . . *Inf.* xxvi. 82.
Scritta. Sopr' essa vedestù la *scritta* morta . . . . *Inf.* viii. 127.
D' un grande avello, ov' io vidi una *scritta* Che diceva . . . *Inf.* xi. 7.
Scritte. parole... Vid' io *scritte* al sommo d' una porta . . . . . *Inf.* iii. 11.
Scritto. se non *scritto*, almen dipinto... porti dentro a te . . . . *Purg.* xxxiii. 76.
quella che tossio Al primo fallo *scritto* di Ginevra . . . . . *Par.* xvi. 15.
Con quanto di quel salmo è poscia *scritto* . . . . *Purg.* ii. 48.
Ma questo vero è *scritto* in molti lati Dagli scrittor . . . . . *Par.* xxix. 40.
E porteraine *scritto* nella mente Di lui, ma nol dirai . . . . *Par.* xvii. 91.
com' è *scritto* Nel sol che raggia tutto nostro stuolo . . . . *Par.* xxv. 53.
Di parecchi anni mi mentì lo *scritto* . . . . *Inf.* xix. 54.
Scrittor. è scritto... Dagli *scrittor* dello Spirito Santo . . . . . . *Par.* xxix. 41.
Scrittura. Ed egli a me : la mia *scrittura* è piana . . . . *Purg.* vi. 34.
La sua *scrittura* fien lettere mozze, Che noteranno . . . . . *Par.* xix. 134.
Alfa ed O[2] è di quanta *scrittura* Mi legge Amore . . . . . . *Par.* xxvi. 17.
Per questo la *Scrittura* condiscende A vostra facultate . . . *Par.* iv. 43.
Se la *Scrittura* sopra voi non fosse, Da dubitar sarebbe . . *Par.* xix. 83.
quando è posposta La divina *Scrittura*, o[3] quando è torta . . *Par.* xxix. 90.
Acquasparta, Là onde vegnon tali alla *Scrittura* . . . . . . *Par.* xii. 125.
si nota Nella *Scrittura* santa in quei gemelli . . . . *Par.* xxxii. 68.
Scritture. le nuove e le *Scritture* antiche Pongono il segno . . . *Par.* xxv. 88.
quegli stolti Che furon come spade alle *Scritture* . . . . . *Par.* xiii. 128.
Scriva. Ch' io nol so rimembrar, non ch' io lo *scriva* . . . . . *Purg.* xxxi. 99.
non è chi ragioni Di Cristo, nè chi legga, nè chi *scriva* . . *Par.* xix. 72.
1. Scrive. Come Livio *scrive*, che non erra . . . . *Inf.* xxviii. 12.
Ed ecco, sì come ne *scrive* Luca, Che Cristo apparve . . . . *Purg.* xxi. 7.
No, se il maestro vostro ben vi *scrive* . . . . *Par.* viii. 120.
*2. Scrive. quel che vedi, Ritornato di là, fa che tu *scrive* . . *Purg.* xxxii. 105.
Scrivere. S' io avessi, lettor, più lungo spazio Da *scrivere* . . *Purg.* xxxiii. 137.
Scriveste. per salmi, Per l' Evangelio, e per voi che *scriveste* . . *Par.* xxiv. 137.
Scrivesti. O mente, che *scrivesti* ciò ch' io vidi, Qui si parrà . . *Inf.* ii. 8.
Scrivi. Ed abbi a mente, quando tu le *scrivi*, Di non celar . . *Purg.* xxxiii. 55
Ma tu che, sol per cancellare, *scrivi*, Pensa . . . . *Par.* xviii. 130.
Scrivo. Ciò che narrate di mio corso *scrivo* . . . . *Inf.* xv. 88.
Nol domandar, Lettor, ch' io non lo *scrivo* . . . . *Inf.* xxxiv. 23.
Però salta la penna, e non lo *scrivo* . . . . *Par.* xxiv. 25.
Così Beatrice a me, com' io *scrivo ;* Poi si rivolse . . . . . *Par.* v. 85.
Scrivon. volume... Nel qual si *scrivon* tutti i suoi dispregi . . . *Par.* xix. 114.
Scrofa. Ed un, che d' una *scrofa* azzurra e grossa . . . . . . *Inf.* xvii. 64.
Scudi. a pugnar... Dell' Evangelio fero *scudi*[4] e lance . . . . . *Par.* xxix. 114.
Come sotto gli *scudi* per salvarsi Volgesi schiera . . . . . *Purg.* xxxii. 19.
Scudo. Lascisi il colle, e sia la ripa *scudo* A veder . . . . . . *Inf.* xxii. 116.
Tanto, che sol di lei mi fece *scudo* Alla puttana . . . . . *Purg.* xxxii. 159.
a pugnar... Dell' Evangelio fero *scudo*[5] e lance . . . . . . *Par.* xxix. 114.
Siede... Sotto la protezion del grande *scudo* . . . . *Par.* xii. 53.
Scuoi. metti Gli unghioni addosso sì che tu lo *scuoi* . . . . . *Inf.* xxii. 41.
Scuoia. Cerbero... Graffia gli spiriti, *scuoia*,[6] ed isquatra . . . . *Inf.* vi. 18.
Scuola. Così vidi adunar la bella *scuola* Di quei signor . . . . . *Inf.* iv. 94.
e mostrerolli Oltre, quanto il potrà menar mia *scuola* . . . *Purg.* xxi. 33.
Perchè conoschi, disse, quella *scuola* Ch' hai seguitata . . *Purg.* xxxiii. 85.
E videro scemata loro *scuola*, Così di Moisè . . . . *Purg.* xxxii. 79.

[1] la larghezza.   [2] Omega.   [3] e.   [4] scudo.   [5] scudi.   [6] spiriti, gli scuoia.

SCUOLE	635	SECOL

Scuole. Ma, perchè in terra per le vostre *scuole* Si legge . . . . *Par.* xxix. 70.
Scura. Così forando l' aura grossa e *scura*... Fuggiemi errore . . *Inf.* xxxi. 37.
    Mille cent' anni e più dispetta e *scura*... si stette . . . . . . *Par.* xi. 65.
Scuriada. il percosse un demonio Della sua *scuriada* . . . . . . *Inf.* xviii. 65.
Scuro. vidi per quell' aer grosso e *scuro* Venir notando . . . . . *Inf.* xvi. 130.
    Ma ciò... Diventa in apparenza poco e *scuro* . . . . *Par.* vi. 85.
    Come noi fummo giù nel pozzo *scuro* Sotto i piè . . . . . . *Inf.* xxxii. 16.
    Più non dirò, e *scuro* so che parlo . . . . *Purg.* xi. 139.
1. Scusa. Qual fora stata al fallo degna *scusa?* . . . . *Purg.* x. 6.
    Com' anima gentil che non fa *scusa*, Ma fa sua voglia . . . . *Purg.* xxxiii. 130.
2. Scusa. E non le *scusa* non veder lo[1] danno . . . . *Par.* xxix. 108.
Scusar. e fanno Sì che *scusar* non si posson l' offense . . . . . *Par.* iv. 108.
Scusarmi. Chè desiava *scusarmi*, e scusava Me tuttavia . . . *Inf.* xxx. 140.
Scusate. Non fur quest' alme per essa *scusate* . . . . *Par.* iv. 75.
Scusava. Chè desiava scusarmi, e *scusava* Me tuttavia . . . . *Inf.* xxx. 140.
***Scuse.** Ciò che vedesti fu, perchè non *scuse* D' aprir lo core . . *Purg.* xv. 130.
Scuserà. Ancor mi *scuserà* di quel ch' io lasso . . . . *Par.* xiv. 107.
Scusi. e qui mi *scusi* La novità, se fior la penna abborra . . . *Inf.* xxv. 143.
Sdebitò. E l' ombra che di ciò domandata era, Si *sdebitò* così . . *Purg.* xiv. 29.
Sdegna. Vedi che *sdegna* gli argomenti umani . . . . *Purg.* ii. 31.
    Misericordia e giustizia gli *sdegna* . . . . *Inf.* iii. 50.
Sdegnosa. alma *sdegnosa*, Benedetta colei che in te s' incinse . . *Inf.* viii. 44.
Sdegnoso. quasi *sdegnoso* Mi dimandò: chi fur li maggior tui ? . *Inf.* x. 41.
Sdrucia. E Ciriatto... Gli fe' sentir come l' una *sdrucia* . . . . . *Inf.* xxii. 57.
Se ; Sè. *Sovente.*
1. Se'. Forse *se'* milia[2] miglia di lontano Ci ferve l' ora sesta . . *Par.* xxx. 1.
2. Se' (*verbo*). *Sovente.*
Secando. *Secando* se ne va l' antica prora Dell' acqua più . . . *Inf.* viii. 29.
1. Secca. Cenere o terra che *secca* si cavi, D' un color fora . . . *Purg.* ix. 115.
    Così girammo... Grand' arco tra la ripa *secca* e il mezzo . . . *Inf.* vii. 128.
2. Secca. Ch' è contrapposto a quel che la gran *secca* Coperchia . *Inf.* xxxiv. 113.
3. Secca. la colpa... Con esso insieme qui suo verde *secca* . . . *Purg.* xxii. 51.
    Se quella con ch' io parlo non si *secca* . . . . *Inf.* xxxii. 139.
Secchezza. Già di bere a Forlì con men *secchezza* . . . . . . *Purg.* xxiv. 32.
Secchione. Fatta com' un *secchione* che tutto arda . . . . . . *Purg.* xviii. 78.
Secco. Non credo che così... Eresitone fosse fatto *secco* . . . *Purg.* xxiii. 26.
    Secco vapor non surge più avante Ch' al sommo . . . . . *Purg.* xxi. 52.
Seco. veggiate... Dinanzi quel che il tempo *seco* adduce . . . . *Inf.* x. 98.
    Le gambe con le cosce *seco* stesse S' appiccar sì . . . . . . *Inf.* xxv. 106.
    e semplice e lascivo *Seco* medesmo a suo piacer combatte . . *Par.* v. 84.
    Poi si volsero in sè, e dicean *seco :* Costui par vivo . . . . . *Inf.* xxiii. 87.
    Le braccia aperse, dopo alcun consiglio Eletto *seco* . . . . . *Inf.* xxiv. 23.
    Sì com' io fui, com' io doveva, *seco*, Dissemi . . . . . . *Purg.* xxxiii. 22.
    monte, Che sempre ha le nutrici nostre *seco* . . . . *Purg.* xxii. 105.
    e poi Al petto del grifon *seco* menarmi . . . . *Purg.* xxxi. 113.
    come se tutto Movesse *seco* di necessitate . . . . *Purg.* xvi. 69.
    ed in virtute Ne porta *seco* e l' umano e il divino . . . . . *Purg.* xxv. 81.
    costui, che tutto quanto rape L' altro universo *seco* . . . . *Par.* xxviii. 71.
    la tua città... *Seco* mi tenne in la vita serena . . . . *Inf.* vi. 51.
    chè tutti i miei consorti Ha ella tratti *seco* nel malanno . . . *Purg.* xi. 69.
    Quel traditor... Farà venirli a parlamento *seco* . . . . . . *Inf.* xxviii. 88.
    E se volete... Faròl, se piace a costui, chè vo *seco* . . . . *Inf.* xv. 36.
Secol. Lo *secol* primo, che quant'[3] or fu bello . . . . *Purg.* xxii. 148.
    Quando dicesti: *secol* si rinnuova; Torna giustizia . . . . . *Purg.* xxii. 70.

[1] lor.   [2] semila.   [3] primo quant'.

Secol. non fura Passo, che faccia il *secol* per sue vie	. . . . . .	*Purg.* xxx. 105.
è rimaso... In rimproverio del *secol* selvaggio	. . . . . .	*Purg.* xvi. 135.
Secoli. maggior letargo, Che venticinque *secoli* alla impresa	. . .	*Par.* xxxiii. 95.
E perchè tanti *secoli* giaciuto Qui sei	. . . .	*Purg.* xxi. 80.
scrisse lungo tratto Di[1] *secoli*, degli Angeli	. . . .	*Par.* xxix. 38.
Bastava sì nei *secoli* recenti Con l' innocenza	. . . .	*Par.* xxxii. 76.
giacque Giù per *secoli* molti in grande errore	. . . .	*Par.* vii. 29.
Secolo. di Silvio lo parente... ad immortale *Secolo* andò	. . . .	*Inf.* ii. 15.
1. **Seconda.** discerna La *seconda* bellezza che tu cele	. . . . . .	*Purg.* xxxi. 138.
tutte le carte Ordite a questa Cantica *seconda*	. . . . . .	*Purg.* xxxiii. 140.
Di *seconda* corona redimita Fu per Onorio	. . . .	*Par.* xi. 97.
in sulla soglia fui Di mia *seconda* etade, e mutai vita	. . . .	*Purg.* xxx. 125.
spiriti dolenti, Che la[2] *seconda* morte ciascun grida	. . . . .	*Inf.* i. 117.
alla morte *seconda* Fu degna di venire a questo gioco	. . . .	*Par.* xx. 116.
Dalla prim' ora a quella ch' è[3] *seconda*... l'[4] ora sesta	. . . .	*Par.* xxvi. 141.
Ma caddi in via con la *seconda* soma	. . . .	*Purg.* xxi. 93.
2. **Seconda.** Poca favilla gran fiamma *seconda*	. . . .	*Par.* i. 34.
menato m' ha... Con questa vera carne che il *seconda*	. . .	*Purg.* xxiii. 123.
Sì come luce luce in ciel *seconda*, Vennero appresso	. . . .	*Purg.* xxix. 91.
Ma perchè sappi chi sì ti *seconda* Contra i Sanesi	. . . . .	*Inf.* xxix. 133.
Come discente ch' a dottor *seconda*, Pronto e libente	. . . .	*Par.* xxv. 64.
Tremaci quando... Sentesi... e tal grido *seconda*	. . . . .	*Purg.* xxi. 60.
cenno Che il Maestro con l' occhio sì *seconda*	. . . . . .	*Inf.* xvi. 117.
Non in quel ch' ama, che poscia *seconda*	. . . .	*Par.* xxviii. 111.
Perocchè alle percosse non *seconda*	. . . .	*Purg.* i. 105.
3. **Seconda.** leggiero, Come a *seconda* giuso andar per nave	. . .	*Purg.* iv. 93.
Secondamente. Ove *secondamente* si risega Lo monte	. . . . . .	*Purg.* xiii. 2.
Seconde. già nessuno Le *seconde* aspettava nè le terze	. . . .	*Inf.* xviii. 39.
1. **Secondi.** E ne' *secondi* sè stesso misura	. . . .	*Purg.* xvii. 98.
2. **Secondi.** Maraviglia udirai se mi *secondi*	. . . .	*Purg.* xvi. 33.
1. **Secondo.** Poi, forse per dar loco altrui *secondo*	. . . .	*Purg.* xxvi. 133.
lo stretto calle Con l' argine *secondo* s' incrocicchia	. . . .	*Inf.* xviii. 101.
del[5] bel viso Mi contentava col *secondo* aspetto	. . . . . .	*Par.* xviii. 18.
Onde nel cerchio *secondo* s' annida Ipocrisia	. . . .	*Inf.* xi. 57.
Così discesi del cerchio primaio Giù nel *secondo*	. . . . .	*Inf.* v. 2.
Qua dentro[6] è lo *secondo* Federico, E il Cardinale	. . . .	*Inf.* x. 119.
Questo conforto dal[7] foco *secondo* Mi venne	. . . .	*Par.* xxv. 37.
al fine, ove si parte Lo *secondo* giron dal terzo	. . . . . .	*Inf.* xiv. 5.
nel *secondo* Giron convien che senza pro si penta	. . . . .	*Inf.* xi. 41.
Sappi che se' nel *secondo* girone... e sarai	. . . .	*Inf.* xiii. 17.
quei disse: Questi ti sia or primo, ed io *secondo*	. . . . .	*Inf.* xii. 114.
Salimmo suso, ei primo ed io *secondo*, Tanto ch' io vidi	. . .	*Inf.* xxxiv. 136.
Così seguì 'l *secondo* lume ancora	. . . .	*Par.* xxv. 48.
E sì come 'l *secondo* raggio suole Uscir del primo	. . . .	*Par.* i. 49.
E canterò di quel *secondo* regno, Dove... si purga	. . . .	*Purg.* i. 4.
E sì come saetta... Così corremmo nel *secondo* regno	. . .	*Par.* v. 93.
Era il *secondo*, tinto più che perso, D' una petrina	. . . . .	*Purg.* ix. 97.
Deh... Seguitò il terzo spirito al *secondo*	. . . .	*Purg.* v. 132.
Io sarò primo e tu sarai *secondo*	. . . .	*Inf.* iv. 15.
Constanza, Che del *secondo* vento di Suave Generò il terzo	.	*Par.* iii. 119.
se il vero è vero, A veder tanto non surse il *secondo*	. . .	*Par.* x. 114.
Quando narrai che non ebbe il *secondo* Lo ben	. . . . . .	*Par.* xiii. 47.
E là u' dissi: non surse il *secondo*	. . . .	*Par.* xi. 26.
2. **Secondo.** *Secondo* l' affezion ch' a dir ci sprona	. . . . . .	*Purg.* xx. 119.

[1] De'.   [2] alla.   [3] che.   [4] all'.   [5] dal.   [6] entro.   [7] del.

| SECONDO | 637 | SEDERE |

Secondo. di miglior sembianza, *Secondo* l' artificio, figurato . . . *Purg.* xii. 23.
    Secondo mio infallibile avviso, Come giusta vendetta . . . . *Par.* vii. 19.
    Però, *secondo* il color dei capelli Di cotal grazia . . . . . . *Par.* xxxii. 70.
    l' ala, Che *secondo* il disio vostro vi levi . . . . *Purg.* xi. 39.
    aspetta, E poi *secondo* il suo passo procedi . . . . *Inf.* xxiii. 81.
    ampi ed arti, *Secondo* il più e il men della virtute . . . . . *Par.* xxviii. 65.
    tornarsi... alle stelle, *Secondo* la sentenza di Platone . . . . *Par.* iv. 24.
    Perchè, *secondo* lo sguardo che fee La fede in Cristo . . . . *Par.* xxxii. 19.
    legno, *Secondo* specie, meglio e peggio frutta . . . . *Par.* xiii. 71.
3. **Secondo.** natura lascia Poi fare a voi *secondo* che v' abbella . . *Par.* xxvi. 132.
    secondo Che buoni e rei amori accoglie e viglia . . . . *Purg.* xviii. 65.
    Secondo che ci affliggono i disiri E gli altri affetti . . . . *Purg.* xxv. 106.
    mi volsi... Com' uom che va *secondo* ch' egli ascolta . . . . *Purg.* xxiv. 144.
    Quivi, *secondo* che per ascoltare, Non avea pianto . . . . . *Inf.* iv. 25.
    eran contratti, *Secondo* ch' avean più e meno addosso . . . . *Purg.* x. 137.
    Esamina... Giudica e manda, *secondo* che avvinghia . . . . *Inf.* v. 6.
    Io vidi... *Secondo* ch' avea detto la mia scorta . . . . . . *Inf.* xii. 54.
    è meritorio, *Secondo* che l' affetto l'[1] è aperto . . . . . . *Par.* xxix. 66.
    terra, *secondo* ch' è degna Per sè e[2] per suo ciel . . . . . *Purg.* xxviii. 112.
    è penetrante Per l' universo, *secondo* ch' è degno . . . . . *Par.* xxxi. 23.
    secondo ch' era In numero distante più dall' uno . . . . . . *Par.* xxviii. 35.
    Secondo che i poeti hanno per fermo, Si ristorar . . . . . . *Inf.* xxix. 63.
    Movesi l' acqua... *Secondo* ch' è percossa fuori o dentro . . *Par.* xiv. 3.
    drizzan ciascun seme... *Secondo* che le stelle son compagne . *Purg.* xxx. 111.
Secreto. Ora sen va per un *secreto* calle . . . . *Inf.* x. 1.
    sì soavi, Che dal *secreto* suo quasi ogni uom tolsi . . . . *Inf.* xiii. 61.
    Vedi **Segreto.**
Sedea. tutto solo Andai, ove *sedea* la gente mesta . . . . . . *Inf.* xvii. 45.
    fori, Onde uscì il sangue, in sul qual io *sedea* . . . . . . *Purg.* v. 74.
    il re Latino, Che con Lavinia sua figlia *sedea* . . . . . . *Inf.* iv. 126.
    ad un si volse Che *sedea* lì, gridando: su, Corrado . . . . *Purg.* viii. 65.
    io... Che mi *sedea* con l' antica Rachele . . . . *Inf.* ii. 102.
    Alcuna si *sedea* tutta raccolta, Ed altra andava . . . . . . *Inf.* xiv. 23.
Sedeasi. Sola *sedeasi* in sulla terra vera, Come guardia . . . . *Purg.* xxxii. 94.
Sedendo. L' Angel di Dio, *sedendo* in sulla soglia . . . . . . *Purg.* ix. 104.
    Ed io, *sedendo* in questo loco stesso... ne farò venir . . . *Inf.* xxii. 102.
    sedendo in piuma, In fama non si vien, nè sotto coltre . . . *Inf.* xxiv. 47.
Seder. A *seder* ci ponemmo ivi ambo e dui, Volti a levante . . *Purg.* iv. 53.
    Salve, Regina... Quivi[3] *seder* cantando anime vidi . . . . *Purg.* vii. 83.
    Vedete... *Seder* là solo Arrigo d' Inghilterra . . . . *Purg.* vii. 131.
    dovresti esser devota, E lasciar *seder* Cesare in la sella . . *Purg.* vi. 92.
    veggio in sulla rena Gente *seder* propinqua al loco scemo . . *Inf.* xvii. 36.
    Vidi *seder* sopra il grado soprano, Tal nella faccia . . . . *Purg.* ix. 80.
    Vidi il maestro... *Seder* tra filosofica famiglia . . . . . . *Inf.* iv. 132.
    Seder sopr' esso una puttana sciolta M' apparve . . . . . . *Purg.* xxxii. 149.
    guarda i cerchi... Tanto che veggi *seder* la Regina . . . . *Par.* xxxi. 116.
    Elle giacean... Fuor ch' una[4] che a *seder* si levò . . . . *Inf.* vi. 38.
    Seder ti puoi e puoi andar tra elli . . . . *Purg.* xxvii. 138.
Sederà. In quel... *Sederà* l' alma... Dell' alto Enrico . . . . *Par.* xxx. 136.
    Vitaliano *Sederà* qui dal mio sinistro fianco . . . . *Inf.* xvii. 69.
Sedere. Di contro a Pietro vedi *sedere* Anna, Tanto contenta . . *Par.* xxxii. 133.
    Io vidi due *sedere* a sè poggiati, Come... tegghia . . . . . *Inf.* xxix. 73.
    Poi uscì fuor... E pose me in sull' orlo a *sedere* . . . . . *Inf.* xxxiv. 86.
    forse Che di *sedere* in prima avrai distretta . . . . *Purg.* iv. 99.

[1] gli.   [2] o.   [3] Quindi.   [4] d' una.

Sedere.	Or tu chi sei, che vuoi *sedere* a scranna, Per giudicar?	*Par.* xix. 79.
	Convienti ancor *sedere* un poco a mensa	*Par.* v. 37.
	sotto la fronda Nuova *sedere*[1] in sulla sua radice	*Purg.* xxxii. 87.
Sedersi.	E vedrai gente innanzi a noi *sedersi*	*Purg.* xiii. 44.
Sedesse.	a destra mano Dei nostri successor parte *sedesse*	*Par.* xxvii. 47.
Sedette.	E dicean ch' ei *sedette* in grembo a Dido	*Par.* viii. 9.
Sedeva.	un di lor... *Sedeva* ed abbracciava le ginocchia	*Purg.* iv. 107.
Sedevamo.	Ove già tutti e cinque *sedevamo*	*Purg.* ix. 12.
Sedi.	Nell' ordine, che fanno i terzi *sedi*, Siede Rachel	*Par.* xxxii. 7.
Sedia.	Ed alla *sedia*, che già fu benigna Più ai poveri giusti	*Par.* xii. 88.
Sediero.	E più di cento spirti entro *sediero*	*Purg.* ii. 45.
Seduce.	E s' altra cosa vostro amor *seduce*, Non è	*Par.* v. 10.
Sedusse.	ritrassi... Dall' impio culto che il mondo *sedusse*	*Par.* xxii. 45.
Seggio.	Quivi è la sua città[2] e l' alto *seggio*	*Inf.* i. 128.
	In quel gran *seggio*, a che tu gli occhi tieni	*Par.* xxx. 133.
	Lunga promessa... Ti farà trionfar nell' alto *seggio*	*Inf.* xxvii. 111.
Seggon.	Quei due che *seggon* lassù più felici	*Par.* xxxii. 118.
Segna.	Così queste parole *segna*[3] ai vivi Del viver	*Purg.* xxxiii. 53.
	la chiara vista Della prima virtù dispone e *segna*	*Par.* xiii. 80.
Segnacolo.	Divenisser *segnacolo* in vessillo	*Par.* xxvii. 50.
Segnar.	e quel di Brescia e il Veronese *Segnar* potria	*Inf.* xx. 69.
Segnare.	*Segnare* agli occhi miei nostra favella	*Par.* xviii. 72.
Segnaro.	gli anni Che si *segnaro* in vostra puerizia	*Par.* xvi. 24.
Segnata.	Vedrassi... *Segnata* con un I la sua bontate	*Par.* xix. 128.
	sì ch' ella esca *Segnata* bene della interna stampa	*Par.* xvii. 9.
	che l' ombra... *Segnata* nel mio capo io manifesti	*Par.* i. 24.
	O Niobè... Vedeva io te *segnata* in sulla strada	*Purg.* xii. 38.
Segnato.	un bosco, Che da nessun sentiero era *segnato*	*Inf.* xiii. 3.
	come cera... *Segnato* è or da voi lo mio cervello	*Purg.* xxxiii. 81.
	dovere, O per parlare,[4] o per atto, *segnato*	*Par.* xviii. 54.
	le tombe terragne Portan *segnato* quel ch' elli eran pria	*Purg.* xii. 18.
	d' una scrofa... *Segnato* avea lo suo sacchetto bianco	*Inf.* xvii. 65.
	Così dicea, *segnato* della stampa... di quel dritto zelo	*Purg.* viii. 82.
Segnerà.	Quando il contrario *segnerà* un emme	*Par.* xix. 129.
Segni.	Ma ditemi, che son li *segni* bui Di questo corpo?	*Par.* ii. 49.
	Conosco i *segni* dell' antica fiamma	*Purg.* xxx. 48.
	la bocca... Aver fatto di sè due *segni* in cielo	*Par.* xiii. 13.
	E il Dottor mio: se tu riguardi i *segni*	*Purg.* xxi. 22.
	Ivi con *segni* e con parole ornate Isifile ingannò	*Inf.* xviii. 91.
	Poi, diventando l' un di questi *segni*... s' arrestavano	*Par.* xviii. 80.
	al templo, Che sn murò di *segni*[5] e di martiri	*Par.* xviii. 123.
Segno.	sì cosa nuova... che gran *segno* è che Dio t' ami	*Purg.* xiii. 146.
	non ciascun *segno* È buono, ancor che buona sia la cera	*Purg.* xviii. 38.
	Ombra non lì[6] è, nè *segno* che si paia	*Purg.* xiii. 7.
	Qual' il falcon... Vid' io farsi quel *segno*	*Par.* xix. 37.
	Ma ciò che il *segno* che parlar mi face Fatto avea prima	*Par.* vi. 82.
	fu sì congiunta, Che *segno* fu ch' io dovessi posarmi	*Par.* vi. 27.
	Come il *segno* del mondo e de' suoi duci... fu tacente	*Par.* xx. 8.
	O Roboam, già non par che minacci Quivi il tuo *segno*	*Purg.* xii. 47.
	te basso... Mostrava il *segno* che lì si discerne	*Purg.* xii. 63.
	Poi appresso... Lo benedetto *segno* mi rispose	*Par.* xx. 86.
	una tasca, Che avea certo colore e certo *segno*	*Inf.* xvii. 56.
	Chè sempre l' uomo... da sè dilunga il *segno*	*Purg.* v. 17.
	la giuntura Non facea *segno* alcun che si paresse	*Inf.* xxv. 108.

[1] sedersi.   [2] cittade.   [3] insegna.   [4] parole.   [5] sangue.   [6] gli.

SEGNO   639   SEGUE

Segno. facean nel profondo Marte quei rai il venerabil *segno* . . *Par.* xiv. 101.
Come i delfini, quando fanno *segno* Ai marinar . . . . *Inf.* xxii. 19.
ma per far *segno* Della celestial[1] ch' ha men salita . . . . . *Par.* iv. 38.
ed ei[2] fe' *segno* Ch' io stessi cheto, ed inchinassi . . . . . . *Inf.* ix. 86.
fece *segno* Di voler lor parlar segretamente . . . . *Inf.* viii. 86.
Poi fece il *segno* lor di santa croce . . . . *Purg.* ii. 49.
le scritture... Pongono il *segno*. Ed esso : lo[3] mi addita . . *Par.* xxv. 89.
E con men foga l' asta il *segno* tocca . . . . *Purg.* xxxi. 18.
in quanto io vidi il *segno* Che segue il Tauro . . . . *Par.* xxii. 110.
procedea Sotto i miei piedi, un *segno* e più partito . . . . . *Par.* xxvii. 87.
nè pedoni, Nè nave a *segno* di terra o di stella . . . . *Inf.* xxii. 12.
Veramente, però ch' a questo *segno* Molto si mira . . . . . *Par.* vii. 61.
non presuma A tanto *segno* più mover li piedi . . . . . . *Par.* xxi. 99.
Viso ed amore avea tutto ad un *segno* . . . . *Par.* xxxi. 27.
L' uno al pubblico *segno* i gigli gialli Oppone . . . . *Par.* vi. 100.
il suo concetto Al *segno* dei mortal si soprappose . . . . . . *Par.* xv. 42.
La vista mia... Volsesi al *segno* di maggior disio . . . . . . *Par.* iii. 126.
per salvarsi Volgesi schiera, e sè gira col *segno* . . . . . . *Purg.* xxxii. 20.
vidi venire un possente Con *segno* di vittoria coronato[4] . . . *Inf.* iv. 54.
con quanta ragione Si move contra il sacrosanto *segno* . . . *Par.* vi. 32.
non il gustar... Ma solamente il trapassar del *segno* . . . . . *Par.* xxvi. 117.
lo minor giron suggella Del *segno* suo e Sodoma . . . . . . *Inf.* xi. 50.
Disposto cade... Sì come cosa[5] in suo *segno* diretta . . . . . *Par.* viii. 105.
quella corda, Che ciò che scocca drizza in *segno* lieto . . . . *Par.* i. 126.
il parlar discese Inver lo *segno* del nostro intelletto . . . . . *Par.* xv. 45.
ancor nel *segno* Che fe' i Romani al mondo reverendi . . . *Par.* xix. 101.
E sì come saetta, che nel *segno* Percote pria . . . . *Par.* v. 91.
sì pregno... Che in pochi lochi passa oltra quel *segno* . . . . *Purg.* xiv. 33.
Tosto ch' ell' è per *segno* fuor dischiusa . . . . *Purg.* xxxiii. 132.
O tu che mostri per sì bestial *segno* Odio . . . . *Inf.* xxxii. 133.
a mantener la barca Di Pietro... per dritto *segno* . . . . . *Par.* xi. 120.
Faccian li Ghibellin, faccian lor arte Sott' altro *segno* . . . . *Par.* vi. 104.
sotto il *segno* Ideale poi più e men traluce . . . . *Par.* xiii. 68.
Segnò. quella foce stretta, Ov' Ercole *segnò* li suoi riguardi . . . *Inf.* xxvi. 108.
*****Sego.** Sì fa con noi, come l' uom si fa *sego* . . . . *Purg.* xvii. 58.
Segò. quel di Beccheria, Di cui *segò* Fiorenza la gorgiera . . . *Inf.* xxxii. 120.
Segreta. t' affronti... Nell' aula più *segreta*, co' suoi Conti . . . *Par.* xxv. 42.
non è nuova, Chè già l' usaro a men *segreta* porta . . . . *Inf.* viii. 125.
Segretamente. fece segno Di voler lor parlar *segretamente* . . *Inf.* viii. 87.
Segrete. Mi mise dentro alle *segrete* cose . . . . *Inf.* iii. 21.
Segreto. E se tanto *segreto* ver proferse Mortale in terra . . . *Par.* xxviii. 136.
vendetta, che, nascosa, Fa dolce l' ira tua nel tuo *segreto* . . *Purg.* xx. 96.
Vedi **Secreto.**
Segua. sì gran fracasso, Che somigliò tuonar che tosto *segua* . . *Purg.* xiv. 138.
Seguace. Le tue parole e il mio *seguace* ingegno . . . . *Purg.* xviii. 40.
Per sè natura, e per la sua *seguace*, Dispregia . . . . *Inf.* xi. 110.
Seguaci. innanzi... Che gli occhi miei si fero a lui *seguaci* . . . *Purg.* xxiv. 101.
Chè riso e pianto son tanto *seguaci* Alla passion . . . . . *Purg.* xxi. 106.
O Simon mago, o miseri *seguaci*, Che... adulterate . . . . . *Inf.* xix. 1.
Suo cimitero... hanno Con Epicuro tutti i suoi *seguaci* . . . *Inf.* x. 14.
Qui son gli eresiarche Co' lor *seguaci* d' ogni setta . . . . *Inf.* ix. 128.
dove il Po discende Per aver pace co' *seguaci* sui . . . . . *Inf.* v. 99.
Segue. Ma chi prende sua croce e *segue* Cristo... mi scuserà . . *Par.* xiv. 106.
Due ne seguì... Com' occhio *segue* suo falcon volando . . . *Par.* xviii. 45.

[1] spiritual.   [2] e quei.   [3] segno, ed esso lo.   [4] incoronato.   [5] cocca.

Segue. fiammella Che *segue* il foco là 'vunque si muta . . . . . *Purg.* xxv. 98.
s' ella si piega... *Segue* la forza; e così queste fero . . . . *Par.* iv. 80.
qual *segue* lui, com' ei comanda... buone merce carca . . . . *Par.* xi. 122.
troverai... Che l' arte vostra quella, quanto puote, *Segue* . . *Inf.* xi. 104.
mal *segue* quello Sempre chi la giustizia e lui diparte . . . . *Par.* vi. 104.
Già eran... levati Gli ultimi raggi che la notte *segue* . . . . *Purg.* xvii. 71.
in quanto io vidi il segno Che *segue* il Tauro . . . . *Par.* xxii. 111.
E simigliante... *Segue* allo spirto sua forma novella . . . . *Purg.* xxv. 99.
Onde, perocchè all' atto che concepe *Segue* l' affetto . . . . *Par.* xxix. 140.
E quel che *segue* in la circonferenza Di che ragiono . . . . *Par.* xx. 49.
L' altro che *segue*, con le leggi e meco... si fece Greco . . . *Par.* xx. 55.
Seguendo. *Seguendo* come bestie l' appetito . . . . *Purg.* xxvi. 84.
Per lo piacere uman, che rinnovella, *Seguendo* il cielo . . . *Par.* xxvi. 129.
Seguendo lo giudizio di costei, Che è occulto . . . . *Inf.* vii. 83.
E volse i passi... Imagini di ben *seguendo* false . . . . . . *Purg.* xxx. 131.
si ritrasse, Ed io, *seguendo* lei, oltre mi pinsi . . . . *Purg.* ii. 84.
Seguendo lui, avria buona la gente . . . . *Par.* viii. 144.
Seguendo lui, portava la mia fronte Come colui . . . . *Purg.* xix. 40.
chi ad aforismi Sen giva, e chi *seguendo* sacerdozio . . . . . *Par.* xi. 5.
O tu... Ricominciò, *seguendo* senza cunta . . . . *Purg.* xxxi. 4.
Seguente. Di quel ch' ei[1] fe' col baiulo *seguente* . . . . *Par.* vi. 73.
mi rispose Nel modo che il *seguente* canto canta . . . . . . *Par.* v. 139.
Lo ciel *seguente*, ch' ha tante vedute, Quell' esser parte . . *Par.* ii. 115.
Già eravamo alla *seguente* tomba Montati . . . . *Inf.* xix. 7.
Seguentemente. *Seguentemente* intesi : o buon Fabbrizio ! . . . *Purg.* xx. 25.
Seguette. la virtù, che mi *seguette* Infin la palma . . . . *Par.* xxv. 83.
son state cimiterio Alla milizia che Pietro *seguette* . . . . *Par.* ix. 141.
ma ei *seguette*... Che l' un nomare un altro convenette . . . *Inf.* xxv. 40.
la luce... *Seguette*, come a cui di ben far giova . . . . . . *Par.* ix. 24.
Segui. per lo tuo me' penso e discerno, Che tu mi *segui* . . . . . *Inf.* i. 113.
E tu mi *segui*[2] con l' affezione, Sì che... non parti . . . . . *Par.* xxxii. 149.
Ei cominciò : figliuol, *segui* i[3] miei passi . . . . *Purg.* i. 112.
se tu *segui* tua stella, Non puoi fallire al glorioso porto . . . *Inf.* xv. 55.
Seguì. Due ne *seguì* lo mio attento sguardo, Com' occhio segue'. *Par.* xviii. 44.
Così *seguì* 'l secondo lume ancora . . . . *Par.* xxv. 48.
la miseria... Che *seguì* alla sua domanda ingorda . . . . . . *Purg.* xx. 107.
E *seguì* in[4] fin che il mezzo, per lo molto, Gli tolse . . . . . *Par.* xxvii. 74.
Seguia. Io m' era mosso, e *seguia* volentieri... i passi . . . . *Purg.* xii. 10.
Seguimi. Ma *seguimi* oramai, chè il gir mi piace . . . . *Inf.* xi. 112.
Seguio. l' aquila volse Contra il corso del ciel, che la[5] *seguio* . . *Par.* vi. 2.
La vista mia, che tanto la *seguio*, Quanto possibil fu . . . *Par.* iii. 124.
Seguiò. E *seguiò*[6]*:* grato e lontan digiuno... Soluto hai . . . . *Par.* xv. 49.
Seguir. amore... Basta a *seguir* la provvidenza eterna . . . . . *Par.* xxi. 75.
senza vizio Conobber l' altre, e *seguir* tutte e quante . . . . *Purg.* vii. 36.
tra quelle[7] vedute Si vuol lasciar che non *seguir* la mente . . *Par.* xiv. 81.
Fatti non foste... Ma per *seguir* virtute e conoscenza . . . *Inf.* xxvi. 120.
la domanda onesta Si dee *seguir* coll' opera tacendo . . . . *Inf.* xxiv. 78.
Ora conosce quanto caro costa Non *seguir* Cristo . . . . . *Par.* xx. 47.
Ma or convien che mio[8] *seguir* desista Più dietro . . . . . *Par.* xxx. 31.
si paia Per lo *seguir* che face a lui l' invoglia . . . . . . *Par.* xxvi. 99.
Seguirà. La sua chiarezza *seguirà*[9] l' ardore . . . . *Par.* xiv. 40.
La colpa *seguirà* la parte offensa In grido, come suol . . . . *Par.* xvii. 52.
Seguirai. E girerommi... mentre Che *seguirai* tuo figlio . . . . . *Par.* xxiii. 107.

[1] che.   [2] seguirai.   [3] *cominciò: seguisci li.*   [4] segui.   [5] ch' ella.
[6] seguitò.   [7] l' altre.   [8] il mio.   [9] seguita.

Seguirai.	E tu mi *seguirai*[1] con l' affezione, Sì che... non parti	*Par.* xxxii. 150.
Seguire.	Chè nol potea sì con gli occhi *seguire*	*Inf.* xxvi. 37.
	Non m'[2] è il *seguire* al mio cantar preciso	*Par.* xxx. 30.
Seguirla.	Dal mondo, per *seguirla*, giovinetta Fuggi'mi	*Par.* iii. 103.
Seguiro.	Predicò Cristo e gli altri che il *seguiro*	*Par.* xi. 102.
Seguisci.	Ei cominciò: *seguisci*[3] li miei passi	*Purg.* i. 112.
Seguita.	La sua chiarezza *seguita*[4] l' ardore	*Par.* xiv. 40.
Seguitai.	Poi *seguitai* lo imperador Corrado	*Par.* xv. 139.
	E *seguitai:* come il verace stilo Ne scrisse, patre	*Par.* xxiv. 61.
Seguitando.	*Seguitando* il mio canto con quel suono	*Purg.* i. 10.
	corno... Che, contra sè la sua via *seguitando*	*Inf.* xxxi. 14.
	Io dico *seguitando*, ch' assai prima Che noi fussimo . . .	*Inf.* viii. 1.
	io pari di lei, Picciol passo con picciol *seguitando*	*Purg.* xxix. 9.
Seguitar.	potenza Di *seguitar* la coronata fiamma	*Par.* xxiii. 119.
	mastino sciolto Con tanta fretta a *seguitar* lo furo	*Inf.* xxi. 45.
	Per *seguitar* la gola oltra misura... qui si rifà santa	*Purg.* xxiii. 65.
	buon citarista Fa *seguitar* lo guizzo della corda	*Par.* xx. 143.
	E l' altre... *Seguitar* lei per tutto l' inno intero	*Purg.* viii. 17.
	e veggi sua dottrina Come può *seguitar* la mia parola	*Purg.* xxxiii. 87.
	E *seguitar:* povera fosti tanto, Quanto... si può	*Purg.* xx. 22.
	ma ei seguette, Come suol *seguitar* per alcun caso	*Inf.* xxv. 41.
Seguitare.	Mi stringe a *seguitare* alcuna giunta	*Par.* vi. 30.
Seguitarmi.	S' egli non vuol qui tosto *seguitarmi*	*Inf.* xxviii. 57.
Seguitata.	quella scuola Ch' hai *seguitata*	*Purg.* xxxiii. 86.
Seguitava.	E *seguitava* l' orme del mio Duca	*Purg.* v. 2.
Seguitavam.	E Stazio ed io *seguitavam* la rota	*Purg.* xxxii. 29.
Seguite.	colpe della gola, *Seguite* già da miseri guadagni	*Purg.* xxiv. 129.
	la prova che il ver mi dischiude Son l' opere *seguite*	*Par.* xxiv. 101.
Seguiteria.	Che nol *seguiteria* lingua nè penna	*Par.* vi. 63.
Seguiterieno.	*Seguiterieno* a tua ragion distrutti	*Par.* ii. 72.
Seguiterò.	Io ti *seguiterò* quanto mi lece	*Purg.* xvi. 34.
Seguiti.	*seguiti* Retro al mio legno che cantando varca	*Par.* ii. 2.
Seguitò.	L' altra... Con poco moto *seguitò* la imprenta	*Par.* xviii. 114.
	Deh... *Seguitò* il terzo spirito al secondo	*Purg.* v. 132.
	E *seguitò*[5]: grato e lontan digiuno... Soluto hai, figlio . . .	*Par.* xv. 49.
Seguiva.	queste, Che dette avea colui cu' io *seguiva*	*Purg.* xi. 47.
	Lo incendio lor *seguiva* ogni scintilla	*Par.* xxviii. 91.
	eretto in suso Tanto, che nol *seguiva* la mia luce	*Par.* xxi. 30.
	Io lo *seguiva*, e poco eravam iti, Che il suon	*Inf.* xvi. 91.
	Lo viso mio *seguiva* i suoi sembianti, E seguì in fin . . .	*Par.* xxvii. 73.
	senza alcun labore *Seguiva* in su gli spiriti veloci	*Purg.* xxii. 9.
	Sopra *seguiva*[6] il settimo sì sparto Già di larghezza	*Par.* xxviii. 31.
Seguon.	le genti... Commendan lei, ma non *seguon* la storia . .	*Par.* xix. 18.
	tanto... Che men *seguon* voler nei più veraci	*Purg.* xxi. 108.
Seguono.	Così veloci *seguono* i suoi vimi, Per simigliarsi . . .	*Par.* xxviii. 100.
1. Sei.	Ognuno era pennuto di *sei* ali, Le penne piene d' occhi	*Purg.* xxix. 94.
	quei fochi Pit Che di *sei* ali fannosi cuculla	*Par.* ix. 78.
	Mille dugento con sessanta *sei* Anni compiè	*Inf.* xxi. 113.
	Trovai pur *sei* le lettere, che incise Quel dalle chiavi . . .	*Purg.* xii. 134.
	Con *sei* occhi piangeva, e per tre menti Gocciava il pianto	*Inf.* xxxiv. 53.
	Ed un serpente con *sei* piè si lancia Dinanzi all' uno	*Inf.* xxv. 50.
	così come raia Dall' un, se si conosce, il cinque e il *sei* . . .	*Par.* xv. 57.
	se la cosa... Come il quattro nel *sei*, non è raccolta	*Par.* v. 60.
	Non dispensare o due o tre per *sei*... Addomandò	*Par.* xii. 91.

[1] segui. [2] Non. [3] figliuol, segui i. [4] seguirà. [5] seguiò. [6] sen giva.

2. Sei (*verbo*). *Sovente.*
Sella. Che val... Giustiniano, se la *sella* è vota? . . . . *Purg.* vi. 89.
   dovresti esser devota, E lasciar seder Cesare in la *sella* . . *Purg.* vi. 92.
Selva. La dolorosa *selva* l' è ghirlanda Intorno . . . . *Inf.* xiv. 10.
   Questa *selva* selvaggia aspra[1] e forte . . . . *Inf.* i. 5.
   Diretro a loro era la *selva* piena Di nere cagne . . . . . . *Inf.* xiii. 124.
   tal moto percote, E fa suonar la *selva* perch' è folta . . . . *Purg.* xxviii. 108.
   d' un vento Impetuoso... che fier la *selva* . . . . *Inf.* ix. 69.
   passavam la *selva*... La *selva* dico di spiriti spessi . . . . *Inf.* iv. 66.
   Sì passeggiando l' alta *selva* vota, Colpa di quella . . . . . *Purg.* xxxii. 31.
   m' avean trasportato... Dentro alla *selva* antica . . . . . . *Purg.* xxviii. 23.
   Già eravam dalla *selva* rimossi Tanto . . . . *Inf.* xv. 13.
   fuggendo sì forte, Che della *selva* rompièno ogni rosta . . . *Inf.* xiii. 117.
   Sanguinoso esce della trista *selva* . . . . *Purg.* xiv. 64.
   ove spiccia Fuor della *selva* un picciol fiumicello . . . . . *Inf.* xiv. 77.
   Cade in la *selva*, e non l' è parte scelta . . . . *Inf.* xiii. 97.
   non ti nocque Alcuna volta per la *selva* fonda . . . . *Inf.* xx. 129.
   Mi ritrovai per una *selva* oscura . . . . *Inf.* i. 2.
   per la mesta *Selva* saranno i nostri corpi appesi . . . . . . *Inf.* xiii. 107.
   Disciolse il mostro, e trassel per la *selva* Tanto . . . . . . *Purg.* xxxii. 158.
Selvagge. Quelle fiere *selvagge*, che in odio hanno... i luoghi . . *Inf.* xiii. 8.
Selvaggia. abbandoni Costei ch' è fatta indomita e *selvaggia* . . *Purg.* vi. 98.
   e la parte *selvaggia* Caccerà l' altra con... offensione . . . *Inf.* vi. 65.
   io movo Li passi miei per sì *selvaggia* strada . . . . *Inf.* xii. 92.
   Questa selva *selvaggia* aspra[1] e forte . . . . *Inf.* i. 5.
   La turba, che rimase lì, *selvaggia* Parea del loco . . . . . *Purg.* ii. 52.
Selvaggio. Se vuoi campar d' esto loco *selvaggio* . . . . *Inf.* i. 93.
   è rimaso... In rimproverio del secol *selvaggio* . . . . *Purg.* xvi. 135.
   E cuce sì, come a sparvier *selvaggio* Si fa . . . . *Purg.* xiii. 71.
Sem; semo. *Sovente.*
Sembiante. Negli occhi, ove il *sembiante* più si ficca . . . . . *Purg.* xxi. 111.
   Non perchè più ch' un semplice *sembiante* Fosse . . . . *Par.* xxxiii. 109.
   per gelo Avea di vetro e non d' acqua *sembiante* . . . . . . *Inf.* xxxii. 24.
   E di tratti pennelli avean *sembiante* . . . . '. *Purg.* xxix. 75.
   di mostrarmi La creatura ch' ebbe il bel *sembiante* . . . . . *Inf.* xxxiv. 18.
   fe' *sembiante* D' uomo cui altra cura stringa . . . . *Inf.* ix. 101.
   e fecemi *sembiante* Che fosse ad altro volta . . . . *Par.* ix. 64.
   non mi sospese, Nè mi mostrò di Dio tanto *sembiante* . . . . *Par.* xxxii. 93.
   Vedi Tiresia, che mutò *sembiante*, Quando... femmina divenne. *Inf.* xx. 40.
   Lo suo tacere[2] e il trasmutar *sembiante* Poser silenzio . . . *Par.* v. 88.
   ed al *sembiante* Del suo fulgore il fa vedere ancora . . . . *Par.* xx. 65.
   Gli occhi drizzò ver me con quel *sembiante*, Che madre fa . . *Par.* i. 101.
   genti fangose... Ignude tutte e con *sembiante* offeso . . . . *Inf.* vii. 111.
   questo globo Tal, ch' io sorrisi del suo vil *sembiante* . . . *Par.* xxii. 135.
   una gente dipinta... e nel *sembiante* stanca e vinta . . . . *Inf.* xxiii. 60.
   sen gì, Turbato un poco d' ira nel *sembiante* . . . . *Inf.* xxiii. 146.
Sembianti. La lor concordia e i lor lieti *sembianti* . . . . . . *Par.* xi. 76.
   fa *sembianti* D' aver negletto ciò che far dovea . . . . . . *Purg.* vii. 91.
   Lo viso mio seguiva i suoi *sembianti*, E seguì in fin . . . . *Par.* xxvii. 73.
   Quelle stimando specchiati *sembianti*... gli occhi torsi . . . *Par.* iii. 20.
   ai raggi... Ti scaldi, s' io vo' credere ai *sembianti* . . . . *Purg.* xxviii. 44.
   Genti v' eran... Di grande autorità ne' lor *sembianti* . . . . *Inf.* iv. 113.
   raccostarsi a me... Attenti ad ascoltar nei lor *sembianti* . . *Purg.* xxvi. 51.
Sembianza. la buona *sembianza* Ch' io veggio e noto . . . . . . *Par.* xxii. 53.

[1] ed aspra.   [2] piacere.

| SEMBIANZA | 643 | SEMENTE |

Sembianza. Dio verace, Or fu sì fatta la *sembianza* vostra? . . . *Par.* xxxi. 108.
da ch' è sì munta Nostra *sembianza* via per la dieta . . . . . *Purg.* xxiv. 18.
tanto... trasmutata, Che la *sembianza* non si mutò piùe . . . *Par.* xxvii. 39.
se si sveste La *sembianza* non sua in che disparve . . . . . *Par.* xxx. 93.
la sua *sembianza* Vinceva gli altri, e l' ultimo solere . . . . *Par.* xviii. 56.
Sembianza avevan nè trista nè lieta . . . . *Inf.* iv. 84.
come donna onesta... Così Beatrice trasmutò *sembianza* . . . *Par.* xxvii. 34.
e non torceva... Dalla *sembianza* lor, ch' era non buona . . . *Inf.* xxi. 99.
Sì vid' io lì, ma di miglior *sembianza*... figurato . . . . . . *Purg.* xii. 22.
E tal nella *sembianza* sua divenne, Qual... Giove . . . . . . *Par.* xxvii. 13.
Sembianze. essa[1] pronte *Sembianze* femmi, perch' io spandessi . *Par.* xxiv. 56.
Sembiar. a fuggirsi Ale *sembiar* le gambe loro[2] snelle . . . . . *Inf.* xvi. 87.
Sembiava. lupa che di tutte brame *Sembiava* carca . . . . *Inf.* i. 50.
sì verace... Che non *sembiava* imagine che tace . . . . . . *Purg.* x. 39.
soglia, Che mi *sembiava* pietra di diamante . . . . *Purg.* ix. 105.
Ciò ch' io vedeva, mi *sembiava* un riso Dell' universo . . . *Par.* xxvii. 4.
Sembiò. Tal mi *sembiò* l' imago della impronta . . . . *Par.* xx. 76.
Sembran. quel ch' io veggio Mover a noi, non mi *sembran* persone. *Purg.* x. 113.
Che piuma *sembran* tutte l' altre some . . . . *Purg.* xix. 105.
Sembrava. Ed un di lor, che mi *sembrava* lasso, Sedeva . . . . *Purg.* iv. 106.
Sembri. Fiorentino Mi *sembri* veramente, quand' io t' odo . . . *Inf.* xxxiii. 12.
all' abito ne *sembri* Essere alcun di nostra terra . . . . . . *Inf.* xvi. 8.
Seme. discoperse Nell' orto, dove tal *seme* s' appicca . . . . *Inf.* xxix. 129.
e l' animal binato : Sì si conserva il *seme* d' ogni giusto . . . *Purg.* xxxii. 48.
Ma se le mie parole esser den *seme* Che frutti infamia . . . *Inf.* xxxiii. 7.
Che fu il mal *seme* per la gente tosca . . . . *Inf.* xxviii. 108.
Al mio ardor fur *seme* le faville, Che mi scaldar . . . . . *Purg.* xxi. 94.
Similemente il mal *seme* d' Adamo . . . . *Inf.* iii. 115.
la porta, Ond' uscì de' Romani il gentil *seme* . . . . *Inf.* xxvi. 60.
Poi che in mal far lo *seme* tuo avanzi . . . . *Inf.* xxv. 12.
Bestemmiavano... il luogo, il tempo e il *seme* Di lor semenza. *Inf.* iii. 104.
rote magne, Che drizzan ciascun *seme* ad alcun fine . . . . . *Purg.* xxx. 110.
Pon giù il *seme* del piangere, ed ascolta . . . . *Purg.* xxxi. 46.
più silvestro Si fa il terren col mal *seme* e non colto . . . . *Purg.* xxx. 119.
produce Con *seme*, e senza seme, il ciel movendo . . . . . . *Par.* xiii. 66.
Tant' è del *seme* suo minor la pianta, Quanto più . . . . . *Purg.* vii. 127.
e poi le genti antiche... Si ristorar di *seme* di formiche . . . *Inf.* xxix. 64.
mi fa chiaro... Come uscir può di dolce *seme* amaro . . . . . *Par.* viii. 93.
Benedetto sie tu... Che nel mio *seme* sei tanto cortese . . . *Par.* xv. 48.
Vostra natura, quando peccò tota Nel *seme* suo . . . . *Par.* vii. 86.
contro al mondo... Licenza di combatter per lo *seme* . . . . *Par.* xii. 95.
Ch' ogni erba si conosce per lo *seme* . . . . *Purg.* xvi. 114.
Quinci addivien ch' Esaù si diparte Per *seme* da Jacob . . . *Par.* viii. 131.
quando alcuna pianta Senza *seme* palese vi s' appiglia . . . *Purg.* xxviii. 117.
color... Che l' alta terra senza *seme* gitta . . . . *Purg.* xxviii. 69.
produce Con seme, e senza *seme*, il ciel movendo . . . . . . *Par.* xiii. 66.
Semelè. quale Fu *Semelè*, quando di cener fessi . . . . *Par.* xxi. 6.
era crucciata Per *Semelè* contra il sangue tebano . . . . . . *Inf.* xxx. 2.
Sementa. esser conviene Amor *sementa* in voi d' ogni virtute . . *Purg.* xvii. 104.
concilio, Che fu per li Giudei mala *sementa* . . . . *Inf.* xxiii. 123.
Semente. imprende Ad organar le posse ond' è *semente* . . . . *Purg.* xxv. 57.
In cui riviva la *semente*[3] santa Di quei Roman . . . . . . *Inf.* xv. 76.
natura... come ogni altra *semente* Fuor di sua region . . . . *Par.* viii. 140.
Di mia *semente*[4] cotal paglia mieto . . . . *Purg.* xiv. 85.

[1] quella.   [2] sembiaron le lor gambe.   [3] sementa.   [4] semenza.

Semenza.	gl' inganni Che ricever dovea la sua *semenza*	*Par.* ix. 3.
	Deh, se riposi mai vostra *semenza*, Prega' io lui	*Inf.* x. 94.
	Quando la sua *semenza* è già riposta... amor m' invita	*Par.* xiii. 35.
	Considerate la vostra *semenza;* Fatti non foste	*Inf.* xxvi. 118.
	la coronata fiamma, Che si levò appresso sua *semenza*	*Par.* xxiii. 120.
	la campagna... Ove tu sei, d' ogni *semenza* è piena	*Purg.* xxviii. 119.
	Di mia *semenza*[1] cotal paglia mieto	*Purg.* xiv. 85.
	Bestemmiavano... Il seme Di lor *semenza* e di lor nascimenti.	*Inf.* iii. 105.
Semenze.	Dispongono a lor fini e lor *semenze*	*Par.* ii. 120.
Semicircoli.	in *semicircoli* si stanno Quei	*Par.* xxxii. 26.
Semila.	Forse *semila*[2] miglia di lontano Ci ferve l' ora sesta	*Par.* xxx. 1.
Seminar.	arche... che foro A *seminar* quaggiù buone bobolce	*Par.* xxiii. 132.
	tu entrasti povero... a *seminar* la buona pianta	*Par.* xxiv. 110.
Seminarla.	quanto sangue costa *Seminarla* nel mondo	*Par.* xxix. 92.
Seminata.	credenza, *seminata* Per li messaggi	*Purg.* xxii. 77.
Seminator.	*Seminator* di scandalo e di scisma Fur vivi	*Inf.* xxviii. 35.
Semiramis.	Ell' è *Semiramis* di cui si legge	*Inf.* v. 58.
Semo.	*Sovente.*	
Sempiterna.	Però nella giustizia *sempiterna*... s' interna	*Par.* xix. 58.
	così germoglia In questa primavera *sempiterna*	*Par.* xxviii. 116.
	Nel giallo della rosa *sempiterna*, Che si dilata	*Par.* xxx. 124.
Sempiterne.	Anzi che fosser *sempiterne* fiamme	*Par.* xiv. 66.
	Così di quelle *sempiterne* rose Volgeansi circa noi	*Par.* xii. 19.
	il primo amore Di tutte le sustanzie *sempiterne*	*Par.* xxvi. 39.
Sempiterni.	Quando la rota, che tu *sempiterni*	*Par.* i. 76.
Sempiterno.	E non credo che dieno in *sempiterno*	*Inf.* xxx. 96.
Semplice.	e *semplice* e lascivo Seco medesmo... combatte	*Par.* v. 83.
	me' si noma Francescamente il *semplice* Lombardo	*Purg.* xvi. 126.
	tal modo, Che ciò ch' io dico è un *semplice* lume	*Par.* xxxiii. 90.
	Non perchè più ch' un *semplice* sembiante Fosse	*Par.* xxxiii. 109.
	Vedete il re della *semplice* vita Seder là solo	*Purg.* vii. 130.
Semplicetta.	L' anima *semplicetta*, che sa nulla	*Purg.* xvi. 88.
Semplici.	*Semplici* e quete, e lo 'mperchè non sanno	*Purg.* iii. 84.
Sempr'.	Quand' ella entrò col foco ond' io *sempr'* ardo	*Par.* xxvi. 15.
	in quella sola È ogni parte là dove *sempr'* era	*Par.* xxii. 66.
	Perocchè forse appar la sua matera *Sempr'* esser buona	*Purg.* xviii. 38.
Sempre.	l' eterna luce, Che, vista sola, *sempre* amore accende	*Par.* v. 9.
	amore, Acceso di virtù, *sempre* altro accese	*Purg.* xxii. 11.
	Sempre l' amore, che quieta il cielo, Accoglie in sè	*Par.* xxx. 52.
	Se mala signoria, che *sempre* accora Li popoli suggetti	*Par.* viii. 73.
	Sempre acquistando dal lato mancino	*Inf.* xxvi. 126.
	Facevano un tumulto, il qual s' aggira *Sempre*	*Inf.* iii. 29.
	Quando colui che *sempre* innanzi atteso M' andava	*Purg.* xii. 76.
	Con sì contenta labbia *sempre* attese Lo suon	*Inf.* xix. 122.
	E son col corpo ch' i' ho *sempre* avuto	*Inf.* xxiii. 96.
	voi bevete *Sempre* del fonte onde vien quel ch' ei pensa	*Par.* xxiv. 9.
	domanda... Per la qual *sempre* convien che si rida	*Purg.* xx. 108.
	Crescendo *sempre*, fin ch' ella il percuote	*Purg.* xxiv. 86.
	Ma la natura la dà *sempre* scema, Similmente operando	*Par.* xiii. 76.
	Sempre a quel ver ch' ha faccia di menzogna	*Inf.* xvi. 124.
	Esser den *sempre* li tuoi raggi duci	*Purg.* xiii. 21.
	Se di là *sempre* ben per noi si dice	*Purg.* xi. 31.
	Chè *sempre* l' uomo... da sè dilunga il segno	*Purg.* v. 16.
	e la innamora Di sè, sì che poi *sempre* la disira	*Par.* vii. 144.

[1] *semente.*   [2] *se' milia.*

SEMPRE 645 SEMPRE

Sempre. La mente... che donnea Con la mia Donna *sempre* . . . *Par.* xxvii. 89.
Qui primavera è *sempre*, ed ogni frutto . . . . *Purg.* xxviii. 143.
non poria mentire, Perocch' è *sempre* al primo vero appresso.*Par.* iv. 96.
Esuriendo *sempre* quanto è giusto . . . . *Purg.* xxiv. 154.
montagna... Che *sempre* al cominciar di sotto è grave . . . *Purg.* iv. 89.
vi ciba Sì, che la vostra voglia è *sempre* piena . . . . *Par.* xxiv. 3.
nel vivo lume... Che tal è *sempre* qual era davante . . . . . *Par.* xxxiii. 111.
Lo natural è[1] *sempre* senza errore . . . . *Purg.* xvii. 94.
Sì che il piè fermo *sempre* era il più basso . . . . *Inf.* i. 30.
profonda notte, Che *sempre* nera fa la valle inferna . . . . *Purg.* i. 45.
La provvidenza... Del suo lume fa il ciel *sempre* quieto . . . *Par.* i. 122.
Sempre natura, se fortuna trova Discorde a sè . . . . . . *Par.* viii. 139.
Ma degli occhi facea *sempre* al ciel porte . . . . *Purg.* xv. 111.
Mirava... E *sempre* del mirar faceasi accesa . . . . *Par.* xxxiii. 99.
sempre che la vostra chiesa vaca, Si fanno grassi . . . . . *Par.* xvi. 113.
ei per questo *Sempre* con l' arte sua la farà trista . . . . . *Inf.* xiii. 145.
il suo cammino Simil farebbe *sempre* ai generanti . . . . . *Par.* viii. 134.
sempre con riguardo Di non uscir dove non fossero arsi . . . *Purg.* xxvi. 14.
li tiene all' ubi, E terrà sempre, nel qual *sempre* foro . . . . *Par.* xxviii. 96.
vive... E frutta *sempre*, e mai non perde foglia . . . . . . *Par.* xviii. 30.
Chè nullo effetto mai... *sempre* fu durabile . . . . *Par.* xxvi. 129.
Sempre la confusion delle persone Principio fu del mal . . . *Par.* xvi. 67.
Mal fu la voglia tua *sempre* sì tosta . . . . *Inf.* xii. 66.
monte, Che *sempre* ha le nutrici nostre seco . . . . *Purg.* xxii. 105.
del bel fior, ch' io *sempre* invoco E mane e sera . . . . . . *Par.* xxiii. 88.
si liqua *Sempre* l' amor che drittamente spira . . . . *Par.* xv. 2.
lude *Sempre* dintorno al punto che mi vinse . . . . *Par.* xxx. 11.
Anzi il cantar di quei che notan *sempre* . . . . *Purg.* xxx. 92.
Citerea, Che di foco d' amor par *sempre* ardente . . . . . . *Purg.* xxvii. 96.
come quei... Che *sempre* par che innanzi si proveggia . . . *Inf.* xxiv. 26.
nei grandi offici *Sempre* posposi la sinistra cura . . . . . . *Par.* xii. 129.
il nome Che nella mente *sempre* mi rampolla . . . . *Purg.* xxvii. 42.
Quando lo imperador che *sempre* regna, Provvide . . . . . *Par.* xii. 40.
sempre vive, E regna *sempre* in tre e due ed uno . . . . . *Par.* xiv. 29.
Perocchè *sempre* quivi si ricoglie Qual... non si cala . . . . *Purg.* ii. 104.
parvol, che ricorre *Sempre* colà dove più si confida . . . . *Par.* xxii. 3.
cerchio... che *sempre* riman tra il sole e il verno . . . . . *Purg.* iv. 81.
Ma *sempre* al bosco li ritieni stretti . . . . *Inf.* xiv. 75.
e *sempre* mai L' opre di voi... Con affezion ritrassi . . . . *Inf.* xvi. 58.
sempre santo, il diserto e il martiro Sofferse . . . . *Par.* xxxii. 32.
la quarta famiglia Dell' alto padre che *sempre* la sazia . . . *Par.* x. 50.
vedi Lo bulicame che *sempre* si scema . . . . *Inf.* xii. 128.
spera, Che *sempre* a guisa di fanciullo scherza . . . . *Purg.* xv. 3.
mal segue quello *Sempre* chi la giustizia e lui diparte . . . *Par.* vi. 105.
E fa ragion ch' io ti sia *sempre* allato . . . . *Inf.* xxx. 145.
E questo ti sia[2] *sempre* piombo ai piedi . . . . *Par.* xiii. 112.
Le vostre destre sien *sempre* di furi . . . . *Purg.* xix. 81.
il fornito *Sempre* con danno l' attender sofferse . . . . . . *Inf.* xxviii. 99.
risaliva Là dove il suo amor *sempre* soggiorna . . . . *Par.* xxxi. 12.
Sempre dinanzi a lui ne stanno molte . . . . *Inf.* v. 13.
Li ruscelletti... *Sempre* mi stanno innanzi, e non indarno . . *Inf.* xxx. 67.
li tiene all' ubi, E terrà *sempre*, nel qual sempre foro . . . . *Par.* xxviii. 96.
il ciel trastulla *Sempre* col canto di quei fochi pii . . . . . *Par.* ix. 77.
redole Odor di lode al sol che *sempre* verna . . . . *Par.* xxx. 126.

[1] fu. [2] fia.

Sempre. mi vien riprezzo, E verrà *sempre*, de' gelati guazzi . . . *Inf.* xxxii. 72.
Quell' uno e due e tre che *sempre* vive, E regna . . . . . . *Par.* xiv. 28.
Sen. *Sovente.*
Sene. E il santo *Sene :* acciocchè tu assommi Perfettamente . . . *Par.* xxxi. 94.
vidi un *Sene* Vestito con le genti gloriose . . . . *Par.* xxxi. 59.
Seneca. e vidi Orfeo, Tullio e Lino e *Seneca* morale . . . . . . *Inf.* iv. 141.
Senese. I' fui *Senese*,[1] rispose, e con questi Altri rimondo . . . . *Purg.* xiii. 106.
Senesi. come i *Senesi*[2] sanno, E sallo in Campagnatico . . . . *Purg.* xi. 65.
Seni. le ninfe eterne, Che dipingono il ciel per tutti i *seni* . . . *Par.* xxiii. 27.
Seniori. Ventiquattro *seniori*, a due a due, Coronati venian . . . *Purg.* xxix. 83.
Senis. Cotali... Si levar cento, ad vocem tanti *senis* . . . . . *Purg.* xxx. 17.
Senna. quel che fe'... Isara vide ed Era, e vide *Senna* . . . . *Par.* vi. 59.
Lì si vedrà il duol che sopra *Senna* Induce . . . . . . *Par.* xix. 118.
Sennaar. le genti Che in *Sennaar* con lui superbi foro . . . . . *Purg.* xii. 36.
Sennacherib. si gettaro Sopra *Sennacherib* dentro dal tempio . . *Purg.* xii. 53.
Senni. Oltre la difension de' *senni* umani . . . . *Inf.* vii. 81.
Senno. l' affetto e il *senno*... D' un peso... si fenno . . . . . . *Par.* xv. 73.
E quei che avea vaghezza e *senno* poco, Volle . . . . *Inf.* xxix. 114.
posse Ben veder ch' ei fu re, che chiese *senno* . . . . *Par.* xiii. 19.
Ch' hanno a tanto comprender poco *senno* . . . . *Inf.* xxviii. 6.
E l' Abbagliato il suo *senno* proferse . . . . *Inf.* xxix. 132.
Lasciali digrignar pure a lor *senno*, Ch' ei fanno ciò . . . *Inf.* xxi. 134.
Poi ch' io potei di me fare a mio *senno*, Trassimi . . . . *Purg.* xix. 88.
Libero... è tuo arbitrio, E fallo fora non fare a suo *senno* . . *Purg.* xxvii. 141.
in sua vita Fece col *senno* assai e con la spada . . . . . . *Inf.* xvi. 39.
Ma per entro i pensier miran col *senno* . . . . *Inf.* xvi. 120.
Tu ricca, tu con pace, tu con *senno* . . . . *Purg.* vi. 137.
Ed io mi volsi[3] al mar di tutto il *senno* . . . . *Inf.* viii. 7.
Quelli è Jason,[4] che per core e per *senno*... privati fene . *Inf.* xviii. 86.
Sì ch' io fui sesto tra cotanto *senno* . . . . *Inf.* iv. 102.
tra cotanto *senno* Di quanto, per tua cura, fosti pieno . . . . *Purg.* xxii. 23.
Seno. il *seno* Basta del nostro cielo e notte e giorno . . . . . *Par.* xiii. 7.
Recati a mente il nostro avaro *seno* . . . . *Inf.* xviii. 63.
Dall' erba e dalli fior dentro a quel *seno* Posti . . . . . . *Purg.* vii. 76.
dentro al vivo *seno* Di quello incendio tremolava . . . . . *Par.* xxv. 79.
Come potè trovar dentro al tuo *seno* Loco avarizia ? . . . *Purg.* xxii. 22.
ti guarda in *seno* Se alcuna parte in te di pace gode . . . *Purg.* vi. 86.
nel *seno* Al grande ardore allora udii cantando . . . . . . *Purg.* xxv. 121.
Sensato. solo da *sensato* apprende Ciò che fa poscia . . . . . *Par.* iv. 41.
Sensi. Che gli altri *sensi* m' eran tutti spenti . . . . *Purg.* xxxii. 3.
a' due miei *sensi* Faceva dir l' un : no ; l' altro : sì, canta . *Purg.* x. 59.
poi retro ai *sensi* Vedi che la ragione ha corte l' ali . . . *Par.* ii. 56.
picciola vigilia De' vostri *sensi*, ch' è del rimanente . . . . *Inf.* xxvi. 115.
Sensibil. a questo *Sensibil* t' ha levato per sua grazia . . . . *Par.* x. 54.
Sensibile. nel mondo *sensibile* si puote Veder . . . . *Par.* xxviii. 49.
Io dico al poco, per rispetto al molto *Sensibile* . . . . . . *Purg.* xxxii. 15.
Sensibilmente. ad immortale Secolo andò, e fu *sensibilmente* . . *Inf.* ii. 15.
Senso. Sì che s' ausi... prima il *senso* Al tristo fiato . . . . . *Inf.* xi. 11.
Perch' io : Maestro, il *senso* lor m' è duro . . . . *Inf.* iii. 12.
Tu vedrai ben... Quanto il *senso* s' inganna di lontano . . . *Inf.* xxxi. 26.
O immaginativa... Chi move te, se il *senso* non ti porge ? . . *Purg.* xvii. 16.
l' obbietto comun, che il *senso* inganna, Non perdea . . . . *Purg.* xxix. 47.
s' egli erra... Dove chiave di *senso* non disserra . . . . . *Par.* ii. 54.
Senta. Più *senta* il bene, e così la doglienza . . . . *Inf.* vi. 108.

[1]*Sanese.* [2]*Sanesi.* [3] io rivolto. [4] Giason.

Senta. Anzi che Chiarentana il caldo *senta* . . . . *Inf.* xv. 9.
   cosa non è che sanza Ordine *senta* la religione . . . . . . *Purg.* xxi. 41.
   parlandomi Tosco, Par che del buon Gherardo nulla *senta* . *Purg.* xvi. 138.
   avvenga ch' io mi *senta* Ben tetragono ai colpi di ventura . . *Par.* xvii. 23.
   è mestier ch' ei *senta* Qualunque passa com' ei pesa . . . *Inf.* xxiii. 119.
   Non è simile... Però che, come dice, par che *senta* . . . . . *Par.* iv. 51.
Sente. Onde Perugia *sente* freddo e caldo Da porta Sole . . . . *Par.* xi. 46.
   che venire *Sente* il porco e la caccia alla sua posta . . . . . *Inf.* xiii. 113.
   per che d' amaro *Sente*[1] 'l sapor della pietate acerba . . . . *Purg.* xxx. 81.
   Di picciol bene in pria *sente* sapore . . . . *Purg.* xvi. 91.
   un' alma sola, Che vive e *sente*, e sè in sè rigira . . . . . . *Purg.* xxv. 75.
   Tanto opra poi, che già si move e *sente*, Come fungo . . . . *Purg.* . 55.
   modo... Qual non si *sente* in questa mortal marca . . . . . . *Purg.* . 45.
Sentendo. *Sentendo* fender l' aere alle verdi ali . . . . *Purg.* viii. 106.
Sentenza. E forse sua *sentenza* è d' altra guisa . . . . *Par.* iv. 55.
   nelle foglie lievi Si perdea la *sentenza* di Sibilla . . . . . . *Par.* xxxiii. 66.
   Or vo' che tu mia *sentenza* ne imbocche . . . . *Inf.* vii. 72.
   quel nodo, Che qui ha inviluppata mia *sentenza* . . . . . . *Inf.* x. 96.
   Se tu riguardi ben questa *sentenza*... Tu vedrai ben . . . . *Inf.* xi. 85.
   traeva la parola... Forse a peggior *sentenza* ch' ei non tenne . *Inf.* ix. 15.
   le mie parole Di gran *sentenza* ti faran presente . . . . . . *Par.* vii. 24.
   esti tormenti Cresceranno ei dopo la gran *sentenza*? . . . . *Inf.* vi. 104.
   Prima era scempio, ed ora è fatto doppio Nella *sentenza* tua . *Purg.* xvi. 56.
   al peggio, Oltre la gran *sentenza* non può ire . . . . *Purg.* x. 111.
   tornarsi... alle stelle, Secondo la *sentenza* di Platone . . . . *Par.* iv. 24.
Sentesi. Tremaci quando alcuna anima monda *Sentesi* . . . . . *Purg.* xxi. 59.
Senti. Ma di' ancor, se tu *senti* altre corde Tirarti . . . . *Purg.* xxiv. 49.
   a' rai Di vita eterna la dolcezza *senti* . . . . *Par.* iii. 38.
   nel viso mi dipigne Quella pietà che tu per tema *senti* . . . *Inf.* iv. 21.
   Allora udii: dirittamente *senti*, Se bene intendi . . . . . . *Par.* xxiv. 67.
Senti. forse Gliene diè cento, e non *sentì* le diece . . . . . . *Inf.* xxv. 33.
   Con quella che *sentì*[2] di colpi doglie, Per contrastare . . . *Inf.* xxviii. 13.
   la figliuola di Minoi, Allora che *sentì* di morte il gielo . . . *Par.* xiii. 15.
   Gelboè, Che poi non *sentì* pioggia nè rugiada . . . . *Purg.* xii. 42.
   lo spirito mio... D' antico amor *sentì* la gran potenza . . . . *Purg.* xxx. 39.
   per che d' amaro *Sentì*[3] 'l sapor della pietate acerba . . . . *Purg.* xxx. 81.
   Le man... Ond' Ercole *sentì* già grande stretta . . . . *Inf.* xxxi. 132.
   le reni *Sentì* spennar per la scaldata cera . . . . *Inf.* xvii. 110.
   E sì fu tal che non si *sentì* sazio . . . . *Purg.* xxiv. 33.
   E poi ch' al tutto si *sentì* a giuoco... la coda rivolse . . . *Inf.* xvii. 102.
   Farsalia percosse Sì, ch' al Nil caldo si *sentì* del duolo . . . *Par.* vi. 66.
Senti'. Quand' io *senti'* da prima l' aer Tosco . . . . *Par.* xxii. 117.
   E dentro all' un *senti'* cominciar: quando Lo raggio . . . . *Par.* x. 82.
   Adhaesit... *Senti'* dir lor con sì alti sospiri . . . . *Purg.* xix. 74.
   E *senti'* dir: beati cui alluma Tanto di grazia . . . . *Purg.* xxiv. 151.
   Quand' io *senti'* a me gravar la fronte Allo splendore . . . . *Purg.* xv. 10.
   Ed io *senti'* dentro a quella lumiera... Incominciar . . . . . *Par.* xi. 16.
   e ben *senti'* mover la piuma, Che fe sentir . . . . *Purg.* xxiv. 149.
   Quand' io 'l *senti'* a me parlar con ira, Volsimi . . . . . . *Inf.* xxx. 133.
   Pianger *senti'* fra il sonno i miei figliuoli . . . . *Inf.* xxxiii. 38.
   Ma io *senti'* sonare un alto corno, Tanto . . . . *Inf.* xxxi. 12.
   Quand' io *senti'*, come cosa che cada, Tremar lo monte . . *Purg.* xx. 127.
Sentia. I' *sentia* già dalla man destra il gorgo Far... stroscio . . *Inf.* xvii. 118.
   Gentucca Sentiva io là ov' ei *sentia* la piaga . . . . *Purg.* xxiv. 38.

---
[1] *Sentì.*   [2] sentio.   [3] Sente.

Sentia. nel vostro occidente, Dove *sentia* la Pompeiana tuba . . *Par.* vi. 72.
Io *sentia* voci, e ciascuna pareva Pregar . . . . *Purg.* xvi. 16.
Già mi *sentia* tutti arricciar li peli Della paura . . . . *Inf.* xxiii. 19.
ad ogni passo poi Al volo mi *sentia* crescer le penne . . . . *Purg.* xxvii. 123.
Ed io attento all' ombre ch' io *sentia*... piangere . . . . . . *Purg.* xx. 17.
Io *sentia* da ogni parte traer[1] guai, E non vedea . . . . . . *Inf.* xiii. 22.
mostrandomi fornito Meglio di lena ch' io non mi *sentia* . . *Inf.* xxiv. 59.
Sentier. e gimmo... Per un *sentier* ch' ad una valle fiede . . . . *Inf.* x. 135.
Sentiero. Tra erto e piano era un *sentiero* sghembo[2] . . . . . . *Purg.* vii. 70.
non chinate... Sì che veggiate il vostro mal *sentiero* . . . . *Purg.* xii. 72.
Allor sarai al fin d' esto *sentiero* . . . . *Purg.* iv. 94.
un bosco, Che da nessun *sentiero* era segnato . . . . *Inf.* xiii. 3.
Voi non andate giù per un *sentiero* Filosofando . . . . . . *Par.* xxix. 85.
Io sarei messo già per lo *sentiero*, Cercando lui . . . . . . *Inf.* xxx. 84.
Sentii. Perocch' io vidi fochi, e *sentii* pianti . . . . *Inf.* xvii. 122.
Tal mi *sentii* un vento dar per mezza La fronte . . . . *Purg.* xxiv. 148.
pur mo *sentii* Libera volontà di miglior soglia . . . . *Purg.* xxi. 68.
Ed io *sentii* chiavar l' uscio di sotto All' orribile torre . . . *Inf.* xxxiii. 46.
Suonando la *sentii* esser richiusa . . . . *Purg.* x. 4.
Io *sentii* mormorare a tutti: Adamo! . . . . *Purg.* xxxiii. 37.
Sentimento. Per la freddura ciascun *sentimento* Cessato avesse . *Inf.* xxxiii. 101.
Una luce... La qual mi vinse ciascun *sentimento* . . . . . *Inf.* iii. 135.
Senti'mi. *Senti'mi* presso quasi un mover d' ala . . . . *Purg.* xvii. 67.
Sentimmo. Quindi *sentimmo* gente che si nicchia . . . . *Inf.* xviii. 103.
il sol corcar... *Sentimmo* retro ed io e li miei saggi . . . . . *Purg.* xxvii. 69.
Sentio. Con quella che *sentio*[3] di colpi doglie . . . . *Inf.* xxviii. 13.
Virgilio, quando prender sì *sentio*, Disse a me . . . . *Inf.* xxxi. 133.
Sentir. E come, per *sentir* più dilettanza, Bene operando . . . . *Par.* xviii. 58.
differentemente... Per *sentir* più e men l' eterno spiro . . . *Par.* iv. 36.
Ch' ei cominciò a far *sentir* la terra... alcun conforto . . . . *Par.* xi. 56.
pur uno *Sentir*[4] mi fate tutti i vostri odori . . . . *Par.* xix. 23.
E Ciriatto... Gli fe' *sentir* come l' una sdrucia . . . . *Inf.* xxii. 57.
Che fe' *sentir* d' ambrosia l' orezza . . . . *Purg.* xxiv. 150.
Nè a *sentir* di così aspro pelo . . . . *Purg.* xvi. 6.
Tanto son di piacere a *sentir* piena . . . . *Purg.* xix. 21.
fiati diletto, Quanto natura a *sentir* ti dispose . . . . *Purg.* xv. 33.
Così un sol calor di molte brage Si fa *sentir* . . . . *Par.* xix. 20.
genti, Che... Si fan *sentir* con gli sospir dolenti . . . . . . *Inf.* ix. 126.
in sì distesa lingua... ch' al tuo *sentir* si sterna . . . . *Par.* xi. 24.
Sentirà. coscienza... Pur *sentirà* la tua parola brusca . . . . . *Par.* xvii. 126.
Sentirai. Tu *sentirai* di qua da picciol tempo Di quel . . . . . . *Inf.* xxvi. 8.
Sentiranno. Che non pur non fatica *sentiranno* . . . . *Purg.* xii. 125.
Sentire. Ond' io mi feci ancor più là *sentire* . . . . *Purg.* xiii. 99.
Ora incominciar le dolenti note A farmisi *sentire* . . . . . *Inf.* v. 26.
organa poi Ciascun *sentire* infino alla veduta . . . . *Purg.* xxv. 102.
Già mi parea *sentire* alquanto vento . . . . *Inf.* xxxiii. 103.
Sentirei. Voltando *sentirei* le giostre grame . . . . *Purg.* xxii. 42.
Sentiro. suono di cui le Piche misere *sentiro* Lo colpo . . . . . *Purg.* i. 11.
Sentirsi. Sotto l' asbergo del *sentirsi* pura . . . . *Inf.* xxviii. 117.
Sentisse. ch' io pensai che l' universo *Sentisse* amor . . . . . *Inf.* xii. 42.
Sentisti. Però *sentisti* il tremoto, e li pii Spiriti . . . . *Purg.* xxi. 70.
Sentita. virtù... La qual senza operar non è *sentita* . . . . . . *Purg.* xviii. 52.
Sentite. delizie *Sentite* prima, e più[5] lunga fiata . . . . *Purg.* xxix. 30.
Sentiti. i sospiri Che per lo monte aver *sentiti* puoi . . . . . . *Purg.* xxv. 105.

[1] tragger. [2] schembo. [3] sentì. [4] Parer. [5] poi.

Sentiti. E verso noi volar furon *sentiti*... spiriti . . . . *Purg.* xiii. 25.
Sentito. Elice... Che di Venere avea *sentito* il tosco . . . . . . *Purg.* xxv. 132.
    un disio Mai non *sentito* di cotanto acume . . . . *Par.* i. 84.
    Tale era io, e tale era *sentito* E da Beatrice . . . . *Par.* xvii. 4.
Sentiva. Gentucca *Sentiva* io là ov' ei sentia la piaga . . . . . *Purg.* xxiv. 38.
    chè mi *sentiva* La possa delle gambe posta in tregue . . . . *Purg.* xvii. 74.
    Io *sentiva* osannar di coro in coro Al punto fisso . . . . . . *Par.* xxviii. 94.
Sentivano. quell' anime care Ci *sentivano* andar . . . . *Purg.* xiv. 128.
Sento. Giustiniano, Che, per voler del primo amor ch' io *sento* . *Par.* vi. 11.
    Io gl' immagino sì, che già gli *sento* . . . . *Inf.* xxiii. 24.
    Ond' io, che son mortal, mi *sento* in questa Disagguaglianza. *Par.* xv. 82.
    più di largo, Dicendo questo, mi *sento* ch' io godo . . . . . *Par.* xxxiii. 93.
Sentono. Le lingue lor non si *sentono* stanche . . . . *Inf.* xxii. 90.
Senz'; senza. *Sovente.*
Sepolcri. Fanno i *sepolcri* tutto il loco varo . . . . *Inf.* ix. 115.
    La gente, che per li *sepolcri* giace, Potrebbesi veder ? . . . *Inf.* x. 7.
Sepolcro. tu vincesti Ver lo *sepolcro* i più giovani piedi . . . . *Par.* xxiv. 126.
Sepolta. Mover doveati mia carne *sepolta* . . . . *Purg.* xxxi. 48.
    con loquela intera, Disira poi di vederla *sepolta* . . . . . *Par.* xxvii. 135.
Sepolte. Fur l' ossa mie per Ottavian *sepolte* . . . . *Purg.* vii. 6.
Sepolti. Sopra i *sepolti* le tombe terragne Portan segnato . . . . *Purg.* xii. 17.
Sepolto. Vespero è già colà, dov' è *sepolto* Lo corpo . . . . . . *Purg.* iii. 25.
    Simile qui con simile è *sepolto* . . . . *Inf.* ix. 130.
Sepoltura. Non le farà sì bella *sepoltura* La vipera . . . . . . *Purg.* viii. 79.
    sì fuor... Che non si seppe mai tua *sepoltura* . . . . *Purg.* v. 93.
    O fortunate ! ciascuna era certa Della sua *sepoltura* . . . . *Par.* xv. 119.
Sepolture. Mi pinser tra le *sepolture* a lui . . . . *Inf.* x. 38.
Seppe. veramente Delle magiche frode *seppe* il gioco . . . . . . *Inf.* xx. 117.
    il settentrion... Che nè occaso mai *seppe* nè orto . . . . . *Purg.* xxx. 2.
    sì fuor... Che non si *seppe* mai tua sepoltura . . . . *Purg.* v. 93.
    E quel Savio gentil, che tutto *seppe*, Disse . . . . *Inf.* vii. 3.
    onde la strada, Che mal non *seppe* carreggiar Feton . . . . *Purg.* iv. 72.
    trammene Stricca, Che *seppe* far le temperate spese . . . . *Inf.* xxix. 126.
Seppellite. genti, Che *seppellite* dentro da quell' arche . . . . *Inf.* ix. 125.
Seppi. Gli accorgimenti e le coperte vie Io *seppi* tutte . . . . *Inf.* xxvii. 77.
    Del mondo *seppi*, e quel valore amai[1] Al quale ha . . . . . *Purg.* xvi. 47.
Sepulcral. Già surto fuor della *sepulcral* buca Ci apparve . . . *Purg.* xxi. 9.
***Sepulcro.** Questi risurgeranno del *sepulcro* Col pugno chiuso . . *Inf.* vii. 56.
***Sepulto.** Questo decreto, frate, sta *sepulto* Agli occhi . . . . *Par.* vii. 58.
Sequestra. fiato... Che la reflette, e via da lei *sequestra* . . . . *Purg.* xxv. 114.
Ser. Egli è *ser* Branca d' Oria, e son più anni Poscia passati . . *Inf.* xxxiii. 137.
    chinando la mano... Risposi: siete voi qui, *ser* Brunetto ? . . *Inf.* xv. 30.
    Nè per tanto di men parlando vommi Con *ser* Brunetto . . . *Inf.* xv. 101.
    Non creda donna Berta o[2] *ser* Martino Per vedere . . . . . *Par.* xiii. 139.
Sera. Qui è da man, quando di là è *sera* . . . . *Inf.* xxxiv. 118.
    Lo sol sen va, soggiunse, e vien la *sera* . . . . *Purg.* xxvii. 61.
    Fatto avea di là mane e di qua *sera* Tal foce quasi . . . . *Par.* i. 43.
    bella figlia Di quei ch' apporta mane e lascia *sera* . . . . *Par.* xxvii. 138.
    Questi non vide mai l' ultima *sera* . . . . *Purg.* i. 58.
    del bel fior, ch' io sempre invoco E mane e *sera* . . . . . *Par.* xxiii. 89.
    quel color, che... Nube dipinge da *sera* e da mane . . . . *Par.* xxvii. 29.
    come suol da *sera* Guardar l' un l' altro sotto nuova luna . *Inf.* xv. 18.
    e come... Da *sera* a mane ha fatto il sol tragitto ? . . . . *Inf.* xxxiv. 105.
    E sì come al salir di prima *sera* Comincian... parvenze . . *Par.* xiv. 70.

[1] usai.   [2] e.

Sera.	Tanto pareva già in ver la *sera* Essere... rimaso	*Purg.* xv. 4.
Serafi.	i cerchi primi T' hanno mostrati i *Serafi* e i Cherubi	*Par.* xxviii. 99.
Serafico.	L' un fu tutto *serafico* in ardore	*Par.* xi. 37.
Serafin.	Quel *Serafin* che in Dio più l' occhio ha fisso	*Par.* xxi. 92.
	Dei *Serafin* colui che più s' india, Moisè, Samuel	*Par.* iv. 28.
Serafini.	il giro Pria cominciato in gli alti *Serafini*	*Par.* viii. 27.
Serba.	però l' esemplo basti A cui esperienza grazia *serba*	*Par.* i. 72.
	La tua fortuna tanto onor ti *serba*, Che... avranno fame Di te.	*Inf.* xv. 70.
Serbolo.	E *serbolo* a chiosar con altro testo A donna	*Inf.* xv. 89.
Serchio.	Qui si nuota altrimenti che nel *Serchio*	*Inf.* xxi. 49.
Seren.	Quale per li *seren* tranquilli e puri Discorre... foco	*Par.* xv. 13.
Serena.	Rispose... Sì ch' ogni vista sen fe' più *serena*	*Par.* xxxii. 99.
	la tua città... Seco mi tenne in la vita *serena*	*Inf.* vi. 51.
	Là su di sopra in la vita *serena*... mi smarri'	*Inf.* xv. 49.
Sereni.	Quale nei plenilunii *sereni* Trivia ride	*Par.* xxiii. 25.
Sereno.	Che s' accoglieva nel *sereno* aspetto Dell' aer	*Purg.* i. 14.
	Come rimane splendido e *sereno* L' emisperio dell' aer	*Par.* xxviii. 79.
	Indico legno lucido e *sereno*, Fresco smeraldo	*Purg.* vii. 74.
	tutto, il ciel volle Ridur lo mondo a suo modo *sereno*	*Par.* vi. 56.
	Vapori accesi non vid' io sì tosto... mai fender *sereno*	*Purg.* v. 38.
	Lume non è, se non vien dal *sereno* Che non si turba mai	*Par.* xix. 64.
	E l' altro ciel di bel *sereno* adorno	*Purg.* xxx. 24.
	in diverse plage Lo cielo avvivan di tanto *sereno*	*Par.* xiii. 5.
	Più chiaro assai, che luna per *sereno* Di mezza notte	*Purg.* xxix. 53.
***Sermo.**	Così ricominciommi il terzo *sermo*	*Par.* xxi. 112.
	per tante punte Soffi con[1] sangue doloroso *sermo*	*Inf.* xiii. 138.
Sermone.	voci Cantaron sì che nol diria *sermone*	*Purg.* xii. 111.
	ma il venir e il *sermone* Più lungo esser non può	*Inf.* xv. 115.
	Se i piè si stanno, non stea tuo *sermone*	*Purg.* xvii. 84.
	fia chiavata... Con maggior chiovi che d' altrui *sermone*	*Purg.* viii. 138.
	Ed io, continuando il mio *sermone*, Dissi	*Purg.* xxiv. 7.
	Ma quel demonio che tenea *sermone* Col Duca mio	*Inf.* xxi. 103.
	vedrai Cose che torrien[2] fede al mio *sermone*	*Inf.* xiii. 21.
	E fate re di tal ch' è da *sermone*	*Par.* viii. 147.
	verria meno Per lo nostro *sermone* e per la mente	*Inf.* xxviii. 5.
	Passo passo andavam senza *sermone*, Guardando	*Inf.* xxix. 70.
	Noi demmo il dosso... Attraversando senza alcun *sermone*	*Inf.* xxxi 9.
Sermoni.	ed io soletto Diretro, ed ascoltava i lor *sermoni*	*Purg.* xxii. 128.
	E perchè non mi metti in piu *sermoni*, Sappi	*Inf.* xxxii. 67.
	buoni Sono... Senza peccato in vita o in *sermoni*	*Par.* xix. 75.
Serotini.	Noi andavam... Contra i raggi *serotini* e lucenti	*Purg.* xxv. 141.
Serpente.	Ed ecco ad un... S' avventò un *serpente*	*Inf.* xxiv. 98.
	Che il *serpente* la coda in forca fesse	*Inf.* xxv. 104.
	Fuggì 'l *serpente*, e gli angeli dier volta	*Purg.* viii. 107.
	Ed un *serpente* con sei piè si lancia Dinanzi all' uno	*Inf.* xxv. 50.
	Sappi che il vaso che il *serpente* ruppe, Fu, e non è	*Purg.* xxxiii. 34.
	Egli il *serpente*, e quei lui riguardava	*Inf.* xxv. 91.
	selva vota, Colpa di quella ch' al *serpente* crese	*Purg.* xxxii. 32.
	E d' un *serpente* tutto l' altro fusto	*Inf.* xvii. 12.
	Chè se quello in *serpente* e quella in fonte Converte	*Inf.* xxv. 98.
	Ambo vegnon... Per lo *serpente* che verrà via via	*Purg.* viii. 38.
Serpentelli.	*Serpentelli* ceraste[3] avean per crine	*Inf.* ix. 41.
Serpentello.	un *serpentello* acceso, Livido e nero	*Inf.* xxv. 83.
Serpenti.	ribatter... Li due *serpenti* avvolti con la verga	*Inf.* xx. 44.

---

[1] col. [2] daran. [3] e ceraste.

Serpenti. E vidivi entro terribile stipa Di *serpenti* . . . . *Inf.* xxiv. 83.
Serpi. Da indi in qua mi fur le *serpi* amiche . . . . *Inf.* xxv. 4.
    dovrebb' esser più pia, Se state fossim' anime di *serpi* . . . *Inf.* xiii. 39.
    Con *serpi* le man dietro avean legate . . . . *Inf.* xxiv. 94.
Serra. Mettine giù... Dove Cocito la freddura *serra* . . . . . . *Inf.* xxxi. 123.
    di riguardar disio La condizion che tal fortezza *serra* . . . *Inf.* ix. 108.
    Appiè dell' alpe, che *serra* Lamagna Sopra Tiralli . . . . . *Inf.* xx. 62.
    la crudeltà, che fuor mi *serra* Del bello ovil . . . . *Par.* xxv. 4.
    Lo pan che il pio Padre a nessun *serra* . . . . *Par.* xviii. 129.
    La nostra carità non *serra* porte A giusta voglia . . . . . . *Par.* iii. 43.
    si rode Di quei che un muro ed una fossa *serra* . . . . . *Purg.* vi. 84.
    si stava Sull' orlo che, di pietra, il sabbion *serra* . . . . . . *Inf.* xvii. 24.
    Questo monte... libero n' è d' indi, ove si *serra* . . . . . . *Purg.* xxviii. 102.
Serrame. chiedi Umilemente che il *serrame* scioglia . . . . . . *Purg.* ix. 108.
    porta, La qual senza *serrame* ancor si trova . . . . *Inf.* viii. 126.
Serrando. le volsi *Serrando* e disserrando sì soavi . . . . *Inf.* xiii. 60.
Serrare. Lo ciel poss' io *serrare* e disserrare, Come tu sai . . . *Inf.* xxvii. 103.
Serrata. ch' io erri Anzi ad aprir, che a tenerla *serrata* . . . . *Purg.* ix. 128.
Serrati. tutti saran *serrati*, Quando di Josaffàt qui torneranno . *Inf.* x. 10.
Serrato. in tanta pace, Che fu *serrato* a Jano il suo delubro . . . *Par.* vi. 81.
Serrava. Non dichiarisse ciò che pria *serrava* . . . . *Purg.* viii. 51.
Serse. un nasce Solone, ed altro *Serse*,[1] Altro Melchisedech . . . *Par.* viii. 124.
Serto. ten vien col viso Girando su per lo beato *serto* . . . . . *Par.* x. 102.
1. Serva. E venne *serva* la città di Baco . . . . *Inf.* xx. 59.
    Ahi *serva* Italia, di dolore ostello, Nave senza nocchiere! . . *Purg.* vi. 76.
2. Serva. dice, E il più caldo parlar diretro *serva*[2] . . . . *Purg.* xxx. 72.
Servammo. Ma perchè non *servammo* umana legge . . . . . . *Purg.* xxvi. 83.
Servando. *servando* mio solco Dinanzi all' acqua che ritorna . . *Par.* ii. 14.
    più si convenia dicer: mal feci, Che, *servando*, far peggio . *Par.* v. 68.
Servata. giammai non si cancella, Se non *servata* . . . . *Par.* v. 47.
1. Serve. Ma l' alta carità, che ci fa *serve* Pronte . . . . *Par.* xxi. 70.
2. Serve. Poggiato s' è, e lor di posa *serve* . . . . *Purg.* xxvii. 81.
Servi. Lì... Ristette co' suoi *servi* a far sue arti . . . . *Inf.* xx. 86.
    Colui... che dal servo de' *servi* Fu trasmutato d' Arno . . . *Inf.* xv. 112.
Servigio. quivi Al *servigio* di Dio mi fei sì fermo . . . . *Par.* xxi. 114.
    Tutto m' offersi pronto al suo *servigio* . . . . *Purg.* xxvi. 104.
    Tu vuoi saper, se con altro *servigio*, Per manco voto . . . *Par.* v. 13.
    vedi che torna Dal *servigio* del dì l' ancella sesta . . . . *Purg.* xii. 81.
Servo. Da indi abbraccia il *servo*, gratulando Per la novella . . . *Par.* xxiv. 149.
    vergogna... Che innanzi a buon signor fa *servo* forte . . . . *Inf.* xvii. 90.
    Mia madre a *servo* d' un signor mi pose . . . . *Inf.* xxii. 49.
    Colui... che dal *servo* de' servi Fu trasmutato d' Arno . . . *Inf.* xv. 112.
    Tu m' hai di *servo* tratto a libertate Per tutte... vie . . . . *Par.* xxxi. 85.
Sessanta. Mille dugento con *sessanta* sei Anni compiè . . . . . *Inf.* xxi. 113.
Sesta. vedi che torna Dal servigio del dì l' ancella *sesta* . . . *Purg.* xii. 81.
    La *sesta* compagnia in due si scema . . . . *Inf.* iv. 148.
    è seconda, Come il sol muta quadra, l'[3] ora *sesta* . . . . . *Par.* xxvi. 142.
    Forse se' milia miglia di lontano Ci ferve l' ora *sesta* . . . *Par.* xxx. 2.
    E com' ei giunse in su la ripa *sesta*, Mestier gli fu . . . . . *Inf.* xxi. 65.
    Per lo candor della temprata stella *Sesta* . . . . *Par.* xviii. 69.
1. Sesto. giace Tutto spezzato al fondo l' arco *sesto* . . . . . *Inf.* xxi. 108.
    Vid' io cascar li tre... Tra il quinto dì e il *sesto* . . . . . *Inf.* xxxiii. 72.
    L' angel che n' avea volti al *sesto* giro . . . . *Purg.* xxii. 2.
    Sì ch' io fui *sesto* tra cotanto senno . . . . *Inf.* iv. 102.

---

[1] Xerse.   [2] si serva; riserva.   [3] all'.

SESTO	652	SETTE

Sesto. lapilli, Ond' io vidi ingemmato il *sesto* lume . . . . . . *Par.* xx. 17.
Dal quinto il quarto, e poi dal *sesto* il quinto . . . . *Par.* xxviii. 30.
2. **Sesto.** nel loco Dove si trova pria l' ultimo *sesto* . . . . . . *Par.* xvi. 41.
3. **Sesto.** colui che volse il *sesto* All' estremo del mondo . . . . *Par.* xix. 40.
4. **Sesto.** La divina giustizia di qua punge... *Sesto* . . . . *Inf.* xii. 135.
5. **Sesto.** odio... Per mareggiare intra *Sesto* ed Abido . . . . . . *Purg.* xxviii. 74.
Seta. e mi nasconde Quasi animal di sua *seta* fasciato . . . . . *Par.* viii. 54.
Sete. ei si gode Tanto del ber quant' è grande la *sete* . . . . . . *Purg.* xxi. 74.
    pur con la speranza Si fece la mia *sete* men digiuna . . . . *Purg.* xxi. 39.
    Ed io, cui nuova *sete* ancor frugava, Di fuor taceva . . . . . *Purg.* xviii. 4.
    La concreata e perpetua *sete* Del deiforme regno . . . . . . *Par.* ii. 19.
    Ed avvegna ch' assai possa esser sazia La *sete* tua . . . . . *Purg.* xxviii. 135.
    non puote... Se non come tristizia, o *sete*, o fame . . . . . . *Par.* xxxii. 54.
    convien che tu bei, Prima che tanta *sete* in te si sazii . . . . *Par.* xxx. 74.
    E te sia rea la *sete* onde ti crepa, Disse il Greco . . . . . . *Inf.* xxx. 121.
    La *sete* natural che mai non sazia... Mi travagliava . . . . . *Purg.* xxi. 1.
    perchè t' ausi A dir la *sete*, sì che l' uom ti mesca . . . . . *Par.* xvii. 12.
    fissi ed attenti A disbramarsi la decenne *sete* . . . . *Purg.* xxxii. 2.
    Chè tutti questi n' hanno maggior *sete* Che d' acqua . . . . *Purg.* xxvi. 20.
    Chè s' i' ho *sete*, ed umor mi rinfarcia, Tu hai l' arsura . . . *Inf.* xxx. 126.
    secol primo... Fe'... nettare con *sete* ogni ruscello . . . . . *Purg.* xxii. 150.
    Già dell' ottava con *sete* rimani . . . . *Par.* x. 123.
    ci volgiam... D' un giro, e d' un girare, e d' una *sete* . . . . *Par.* viii. 35.
    Rispondi a me che in *sete* ed in foco ardo . . . . *Purg.* xxvi. 18.
    Tutta esta gente... In fame e in *sete* qui si rifà santa . . . *Purg.* xxiii. 66.
    Come l' etico fa, che per la *sete* L' un verso il mento . . . . *Inf.* xxx. 56.
    E poi che, per la *sete* del martiro... Predicò Cristo . . . . . *Par.* xi. 100.
    Qual ti negasse il vin della sua fiala Per la tua *sete* . . . . . *Par.* x. 89.
*1. **Setta.** Ogni forma sustanzial, che *setta* E da materia . . . . *Purg.* xviii. 49.
2. **Setta.** certo fui Che quest' era la *setta* dei cattivi . . . . . . *Inf.* iii. 62.
    gli eresiarche Co' lor seguaci d' ogni *setta* . . . . *Inf.* ix. 128.
    giovinetta Fuggi'mi... E promisi la via della sua *setta* . . *Par.* iii. 105.
3. **Setta.** Dall' altra già m' avea lasciata *Setta* . . . . *Inf.* xxvi. 111.
1. **Sette.** Fer dispregiare a me tutte altre *sette* . . . . *Purg.* xxii. 87.
2. **Sette.** Poco più oltre *sette* arbori d' oro Falsava . . . . . . *Purg.* xxix. 43.
    e tutta e quanta Partita in *sette* cori . . . . *Purg.* x. 59.
    s' affisser... Le *sette* donne al fin d' un' ombra smorta . . . *Purg.* xxxiii. 109.
    e tornarsi Col sole e con le *sette* fiamme al volto . . . . . . *Purg.* xxxii. 18.
    segnata... Tra *sette* e *sette* tuoi figliuoli spenti . . . . . . *Purg.* xii. 39.
    rimanea distinto Di *sette* liste, tutte in quei colori . . . . *Purg.* xxix. 77.
    In cerchio le facevan di sè claustro Le *sette* ninfe . . . . . *Purg.* xxxii. 98.
    Sette P nella fronte mi descrisse Col punton della spada . . *Purg.* ix. 112.
    Per *sette* porte intrai con questi savi . . . . *Inf.* iv. 110.
    quel fu l' un de' *sette* regi Ch' assiser Tebe . . . . *Inf.* xiv. 68.
    dal mal delle Sabine Al dolor di Lucrezia in *sette* regi . . . *Par.* vi. 41.
    Lasciane andar per li tuoi *sette* regni . . . . *Purg.* i. 82.
    Col viso ritornai per tutte e quante Le *sette* spere . . . . . *Par.* xxii. 134.
    Quella che con le *sette* teste nacque, E... ebbe argomento . . *Inf.* xix. 109.
    Mostrarsi... in cinque volte *sette* Vocali e consonanti . . . *Par.* xviii. 88.
    un nobile castello, *Sette* volte cerchiato d' alte mura . . . *Inf.* iv. 107.
    il sol non si ricorca *Sette* volte nel letto . . . . *Purg.* viii. 134.
    O caro Duca mio, che più di *sette* Volte m' hai sicurtà . . . *Inf.* viii. 97.
    E questi *sette* col primaio stuolo Erano abituati . . . . . *Purg.* xxix. 145.
    Per un ch' io son, ne farò venir *sette*, Quand' io sufolerò . . *Inf.* xxii. 103.
    E tutti e *sette* mi si dimostraro Quanto son grandi . . . . . *Par.* xxii. 148.

Sette.	Poi le si mise innanzi tutte e *sette*	*Purg.* xxxiii. 13.
	questo giusto, Che gli assegnò *sette* e cinque per diece	*Par.* vi. 138.
Settembre.	se degli spedali... tra il luglio e il *settembre*	*Inf.* xxix. 47.
Settentrion.	Quando il *settentrion* del primo cielo	*Purg.* xxx. 1.
	il mezzo cerchio... quinci si parte Verso *settentrion*	*Purg.* iv. 83.
Settentrional.	O *settentrional* vedovo sito, Poichè privato sei!	*Purg.* i. 26.
Settima.	Minos la manda alla *settima* foce	*Inf.* xiii. 96.
	Così vid' io la *settima* zavorra Mutare e trasmutare	*Inf.* xxv. 142.
Settimo.	per la strema testa Di quel *settimo* cerchio	*Inf.* xvii. 44.
	Sopra seguiva[1] il *settimo* sì sparto Già di larghezza	*Par.* xxviii. 31.
	E dal *settimo* grado in giù, sì come Infino ad esso	*Par.* xxxii. 16.
	Noi sem levati al *settimo* splendore, Che... Raggia mo	*Par.* xxi. 13.
Severa.	O giustizia[2] di Dio quanto è *severa*[3]!	*Inf.* xxiv. 119.
Severo.	Come tenne Lorenzo... E fece Muzio alla sua man *severo*.	*Par.* iv. 84.
Sezzai.	Qui judicatis terram, fur *sezzai*	*Par.* xviii. 93.
Sfacciate.	interdetto Alle *sfacciate* donne fiorentine	*Purg.* xxiii. 101.
Sfavilla.	La divina bontè... ardendo in sè *sfavilla*[4] Sì	*Par.* vii. 65.
	E che pena è in voi che sì *sfavilla*?	*Inf.* xxiii. 99.
Sfavillar.	nè sì poco, Ch' io nol vedessi *sfavillar* dintorno	*Par.* i. 59.
	Io vidi... Lo *sfavillar* dell' amor che lì era	*Par.* xviii. 71.
	che quivi fosse In quello *sfavillar* che insieme venne	*Par.* xxi. 41.
Sfavillaro.	Non altrimenti ferro... come i cerchi *sfavillaro*	*Par.* xxviii. 90.
Sferza.	questo cinghio *sferza* La colpa della invidia	*Purg.* xiii. 37.
Sferzati.	vaneggia Di sotto, per dar passo agli *sferzati*	*Inf.* xviii. 74.
Sfinge.	E forse che... Qual Temi e *Sfinge*, men ti persuade	*Purg.* xxxiii. 47.
Sfocato.	l' arco dell' ardente affetto Fu sì *sfocato*	*Par.* xv. 44.
Sfoghi.	Sì ch' io *sfoghi* il dolor che il cor m' impregna	*Inf.* xxxiii. 113.
	si passeggia Fin che si *sfoghi* l' affollar del casso	*Purg.* xxiv. 72.
Sfoglia.	Però mi di', per Dio, che sì vi *sfoglia*	*Purg.* xxiii. 58.
Sforzai.	Ch' io mi *sforzai*, carpando appresso lui	*Purg.* iv. 50.
Sforzami.	Ma *sforzami* la tua chiara favella	*Inf.* xviii. 53.
Sfregia.	Che vostra gente onrata non si *sfregia* Del pregio	*Purg.* viii. 128.
Sgagliarda.	come l' uom... cui paura subita *sgagliarda*	*Inf.* xxi. 27.
Sganni.	E questo fia suggel ch' ogni uomo *sganni*	*Inf.* xix. 21.
Sghembo.	Tra erto e piano era un sentiero *sghembo*[5]	*Purg.* vii. 70.
Sghermitor.	Lo caldo *sghermitor* subito fue	*Inf.* xxii. 142.
Sgombra.	scosse... Lo vostro regno, che da sè lo[6] *sgombra*	*Purg.* xxiii. 133.
Sgomenta.	diventa Cacciator... e tutti gli *sgomenta*	*Purg.* xiv. 60.
Sgorga.	Da ove[7] Tronto e Verde in mare *sgorga*	*Par.* viii. 63.
Sgorgando.	Fuori *sgorgando* lagrime e sospiri	*Purg.* xxxi. 20.
Sgridò.	Piangendo mi *sgridò*: perchè mi peste?	*Inf.* xxxii. 79.
	La Donna mi *sgridò*: perchè pur ardi Sì nell' aspetto[8]?	*Purg.* xxix. 61.
	Quei mi *sgridò*: perchè se' tu sì ingordo Di riguardar?	*Inf.* xviii. 118.
Sguardando.	solo *sguardando* A guisa di leon	*Purg.* vi. 65.
Sguardo.	La forma... Già tutta mio[9] *sguardo* avea compresa	*Par.* xxxi. 53.
	Così lo *sguardo* mio le facea scorta La lingua	*Purg.* xix. 12.
	Amore e maraviglia e dolce *sguardo* Facean esser	*Par.* xi. 77.
	E la virtù, che lo *sguardo* m' indulse... mi divelse	*Par.* xxvii. 97.
	Lo *sguardo* a poco a poco raffigura Ciò che cela	*Inf.* xxxi. 35.
	Due ne seguì lo mio attento *sguardo*, Com' occhio segue	*Par.* xviii. 44.
	Chè veder lui t' acconcerà lo *sguardo* Più al montar	*Par.* xxxi. 98.
	Com' io dal loro *sguardo* fui partito, Un poco me volgendo	*Purg.* i. 28.
	Poi procedendo di mio *sguardo* il curro, Vidine un' altra	*Inf.* xvii. 61.

[1] sen giva. [2] potenzia. [3] quanto se' vera. [4] scintilla. [5] schembo.
[6] la. [7] Là dove. [8] affetto. [9] il mio.

Sguardo. Ma quella folgorò nello mio *sguardo* Sì . . . . *Par.* iii. 128.
  ha nello *sguardo* La virtù ch' ebbe la man d' Anania . . . . *Par.* xxvi. 11.
  Perchè, secondo lo *sguardo* che fee La fede in Cristo . . . . *Par.* xxxii. 19.
Si. *Sovente.*
Sì. *Sovente.*
  vituperio delle genti Del bel paese là, dove il *sì* suona . . . *Inf.* xxxiii. 80.
  Che 'l *sì* e 'l no nel capo mi tenzona . . . . *Inf.* viii. 111.
  Confusione e paura... Mi pinsero un tal *sì* fuor della bocca . *Purg.* xxxi. 14.
  mover lento... Ed al *sì* ed al no, che tu non vedi . . . . . . *Par.* xiii. 114.
Sia; siam; siamo; sian; siate. *Sovente.*
Siati. *Siati* raccomandato il mio Tesoro, Nel quale io vivo . . . *Inf.* xv. 119.
  E *siati* reo, che tutto il mondo sallo . . . . *Inf.* xxx. 120.
Sibilia. Dalla man destra mi lasciai *Sibilia* . . . . *Inf.* xxvi. 110.
  e tocca l' onda Sotto *Sibilia* Caino e le spine . . . . *Inf.* xx. 126.
Sibilla. nelle foglie lievi Si perdea la sentenza di *Sibilla* . . . . *Par.* xxxiii. 66.
Siccom'. *Siccom'* elli eran candelabri apprese . . . . *Purg.* xxix. 50.
Sicheo. la figlia di Belo, Noiando ed a *Sicheo* ed a Creusa . . . *Par.* ix. 98.
  s' ancise amorosa, E ruppe fede al cener di *Sicheo* . . . . . *Inf.* v. 62.
Sicilia. Dionisio fero, Che fe' *Sicilia*[1] aver dolorosi anni . . . . *Inf.* xii. 108.
  genitrice Dell' onor di *Sicilia* e d' Aragona . . . . *Purg.* iii. 116.
Sicur. Fatti *sicur*, chè noi siamo a buon punto . . . . *Purg.* ix. 47.
Sicura. Poi mi promise *sicura* l' andata . . . . *Purg.* xii. 99.
  E come donna onesta, che permane Di sè *sicura* . . . . . *Par.* xxvii. 32.
  E com' ei giunse... Mestier gli fu d' aver *sicura* fronte . . . *Inf.* xxi. 66.
  o gente *sicura*, Incominciai, di veder l' alto lume . . . . *Purg.* xiii. 85.
  e son *sicura* Che l' acqua di Letè non gliel nascose . . . . *Purg.* xxxiii. 122.
  Nè valse udir che la trovò *sicura* Con Amiclate . . . . . . *Par.* xi. 67.
  Sicura, quasi rocca in alto monte... una puttana . . . . . *Purg.* xxxii. 148.
  O vita intera d' amore... O senza brama *sicura* ricchezza! . *Par.* xxvii. 9.
  Vien, crudel, viene... E vedrai Santafior com' è *sicura*[2] . . *Purg.* vi. 111.
  La sposa... In sè *sicura* ed anco a lui più fida . . . . *Par.* xi. 34.
  La voce tua *sicura*, balda e lieta Suoni la volontà . . . . . *Par.* xv. 67.
Sicuramente. Allor *sicuramente* aprii la bocca . . . . *Purg.* xxv. 19.
  di', di' *Sicuramente*, e credi come a Dii . . . . *Par.* v. 123.
  Or può *sicuramente* indi passarsi Per qualunque lasciasse . *Purg.* xvi. 118.
  Sicuramente omai a me tu[3] riedi . . . . *Inf.* xxi. 90.
Sicure. Incominciai: o anime *sicure* D' aver... di pace stato . . *Purg.* xxvi. 53.
  se ciò... è stato vero, Esser dovrien da corruzion *sicure* . . *Par.* vii. 129.
  Non sien le genti ancor troppo *sicure* A giudicar . . . . . . *Par.* xiii. 130.
  E le mie luci, ancor poco *sicure*, Vider Beatrice . . . . . . *Purg.* xxix. 79.
  stelle... *Sicure*[4] d' ogni intoppo e d' ogni sbarro . . . . . *Purg.* xxxiii. 42.
1. Sicuri. lumi... Che son *sicuri* d' Aquilone e d' Austro . . . *Purg.* xxxii. 99.
  movemmo i piedi... *Sicuri* appresso le parole sante . . . *Inf.* ix. 105.
  Discorre... foco, Movendo gli occhi che stavan *sicuri* . . . *Par.* xv. 15.
  Se voi venite dal giacer *sicuri*, E volete trovar . . . . . . *Purg.* xix. 79.
2. Sicuri. render tanto, Che l' anima *sicuri* di litigio . . . . . *Par.* v. 15.
Sicuro. una figura... Maravigliosa ad ogni cor *sicuro* . . . . . *Inf.* xvi. 132.
  agli Antenori, Là dov' io più *sicuro* esser credea . . . . . . *Purg.* v. 76.
  e poi mi rifece *sicuro* Un disio di parlare . . . . *Par.* xxvi. 89.
  Esser venuto... *Sicuro* già da tutti vostri schermi . . . . *Inf.* xxi. 81.
  O Ugolin de' Fantolin, *sicuro* È il nome tuo . . . . *Purg.* xiv. 121.
  etade Ch' era *sicuro* il quaderno e la doga . . . . *Purg.* xii. 105.
  Questo *sicuro* e gaudioso regno... Viso ed amore avea . . . *Par.* xxxi. 25.
  che i vivi piedi Così *sicuro* per lo inferno freghi . . . . . *Inf.* xvi. 33.

[1] Cicilia.   [2] oscura.   [3] ti.   [4] Sicuro.

SICURO	655	SIGILLO

Sicuro.   Tempo... *Sicuro*[1] d' ogni intoppo e d' ogni sbarro . . . *Purg.* xxxiii. 42.
   Volgiti in qua, e vieni oltre *sicuro* . . . . *Purg.* xxvii. 32.
   Ben so il cammin; però ti fa *sicuro* . . . . *Inf.* ix. 30.
Sicurtà.   mi perdona Se troppa *sicurtà* m' allarga il freno . . . . *Purg.* xxii. 20.
   duca mio, che più di sette Volte m' hai *sicurtà* renduta . . . *Inf.* viii. 98.
Sicut.   *sicut* tibi, cui Bis unquam coeli janua reclusa? . . . . . . *Par.* xv. 29.
*Sidi.   O luce eterna, che sola in te *sidi*, Sola t' intendi! . . . . *Par.* xxxiii. 124.
Sie.   Ti prego... Che tu mi *sie* de' tuoi preghi cortese . . . . . . *Purg.* v. 70.
   Maledetta *sie* tu, antica lupa, Che più... hai preda . . . . . *Purg.* xx. 10.
   Se la veduta eterna gli dislego... là dove tu *sie* . . . . . *Purg.* xxv. 32.
   perchè altra volta Udendo le Sirene *sie* più forte . . . . . . *Purg.* xxxi. 45.
   E non voglio che dubbi, ma *sie* certo, Che... è meritorio . . *Par.* xxix. 64.
*Sie.   Io volsi... Appresso ai savi, che parlavan *sìe* . . . . *Purg.* xxiii. 8.
Sie'.   Così com' ella *sie'* tra il piano e il monte . . . . *Inf.* xxvii. 53.
Sied'.   Colui che più *sied'* alto... Ridolfo imperador fu . . . . *Purg.* vii. 91.
Siede.   ad un orto Buggea *siede* e la terra, ond' io fui . . . . . . *Par.* ix. 92.
   Siede la fortunata Calaroga, Sotto la protezion . . . . . . *Par.* xii. 52.
   Dove *siede* la Chiesa che soggioga La ben guidata . . . . . *Purg.* xii. 101.
   colei, che *siede* sopra l' acque, Puttaneggiar... fu vista . . . *Inf.* xix. 107.
   non per lei, Ma per colui che *siede*, che[2] traligna . . . . . . *Par.* xii. 90.
   il punto Dell' universo, in su che Dite *siede* . . . . *Inf.* xi. 65.
   se re... fosse rimaso Lo giovinetto che retro a lui *siede* . . . *Purg.* vii. 116.
   E contro... *Siede* Lucia, che mosse la tua Donna . . . . . . *Par.* xxxii. 137.
   parte... che *siede* tra Rialto E le fontane di Brenta . . . . . *Par.* ix. 26.
   In mezzo[3] mar *siede* un paese guasto, Diss' egli allora . . . *Inf.* xiv. 94.
   quel paese Che *siede* tra Romagna e quel di Carlo . . . . . *Purg.* v. 69.
   Siede Peschiera, bello e forte arnese Da fronteggiar . . . . *Inf.* xx. 70.
   E quei che vide tutt' i tempi... *Siede* lungh' esso . . . . . . *Par.* xxxii. 130.
   Siede Rachel di sotto da[4] costei Con Beatrice . . . . *Par.* xxxii. 8.
   non si smaga Dal suo miraglio, e *siede* tutto giorno . . . . . *Purg.* xxvii. 105.
   lo loco santo, U' *siede* il successor del maggior Piero . . . . *Inf.* ii. 24.
   Siede la terra, dove nata fui, Sulla marina . . . . *Inf.* v. 97.
   L' uccel[5] di Dio che *siede* in sulla porta . . . . *Purg.* iv. 129.
   Per nullo proprio merito si *siede*, Ma per l' altrui . . . . . . *Par.* xxxii. 42.
Siedi.   o tu, che *siedi* Tra li scheggion del ponte . . . . *Inf.* xxi. 88.
   il dolce loco Nel qual tu *siedi* per eterna sorte . . . . *Par.* xxxii. 102.
Sien; sieno.   *Sovente*.
Siena.   son la Pia; *Siena* mi fe', disfecemi Maremma . . . . . . *Purg.* v. 134.
   fu presuntuoso A recar *Siena* tutta alle sue mani . . . . . . *Purg.* xi. 123.
   Io fui d' Arezzo, ed Albero da *Siena*... mi fe' mettere . . *Inf.* xxix. 109.
   Ed ora a pena in *Siena* sen pispiglia, Ond' era sire . . . . *Purg.* xi. 111.
   Liberamente nel campo di *Siena*... s' affisse . . . . *Purg.* xi. 134.
Siepe.   Come il ramarro... cangiando *siepe*, Folgore par . . . . . *Inf.* xxv. 80.
   E faccian *siepe* ad Arno in sulla foce . . . . *Inf.* xxxiii. 83.
Siestri.   Intra *Siestri* e Chiaveri si adima Una fiumana . . . . *Purg.* xix. 100.
Siete.   *Sovente*.
Sifanti.   Grandi eran... Sacchetti, Giuochi, *Sifanti*[6] e Barucci . . *Par.* xvi. 104.
Sigieri.   Essa è la luce eterna di *Sigieri*, Che... Sillogizzò . . . . *Par.* x. 136.
Sigilla.   non si move La sua imprenta, quand' ella *sigilla* . . . . *Par.* vii. 69.
   nella[7] mente mi *sigilla*... l' evangelica dottrina . . . . . . *Par.* xxiv. 143.
   Di lei nel sommo grado si *sigilla* . . . . *Par.* ix. 117.
Sigillata.   falsai La lega *sigillata* del Batista . . . . *Inf.* xxx. 74.
Sigillava.   Così la circulata melodia Si *sigillava* . . . . *Par.* xxiii. 110.
Sigillo.   e da lui ebbe Primo *sigillo* a sua religione . . . . . . *Par.* xi. 93.

[1] *Sicure*.   [2] e che.   [3] mezzo il.   [4] di.   [5] angel.   [6] *Fifanti*.   [7] la.

Sigillo. Nel crudo sasso... Da Cristo prese l' ultimo *sigillo* . . . *Par.* xi. 107.
Nè ch' io fossi figura di *sigillo* Ai privilegi venduti . . . . . *Par.* xxvii. 52.
Signa. lo puzzo Del villan d' Aguglion, di quel da *Signa* . . . . *Par.* xvi. 56.
Significando. a quel modo Che ditta dentro, vo *significando* . . . *Purg.* xxiv. 54.
Significar. Trasumanar *significar* per verba Non si poria . . . . *Par.* i. 70.
Significava. il suo voler piacermi *Significava* . . . . *Par.* ix. 15.
Signor. Come il *signor* ch' ascolta quel che i piace . . . . . . *Par.* xxiv. 148.
E il *signor* mi parea benigno e mite Risponder . . . . . *Purg.* xv. 102.
Parea dicer : *signor*, fammi vendetta Di mio figliuol . . . . *Purg.* x. 83.
E quella : *signor* mio... Se tu non torni ? . . . . *Purg.* x. 86.
l' alta letizia Che il tuo parlar m' infonde, *signor* mio . . . *Par.* viii. 86.
vergogna... Che innanzi a buon *signor* fa servo forte . . . . *Inf.* xvii. 90.
Vi giuro che giammai non ruppi fede Al mio *signor* . . . . *Inf.* xiii. 75.
Mia madre a servo d'un *signor* mi pose . . . . *Inf.* xxii. 49.
la bella scuola Di quei[1] *signor* dell' altissimo canto . . . *Inf.* iv. 95.
E quel *Signor*, che lì m' avea menato, Mi disse . . . . . . *Inf.* viii. 103.
Tosto che questo mio *Signor* mi disse Parole . . . . . . *Inf.* xvi. 55.
Allora il mio *Signor*, quasi ammirando... disse . . . . . *Purg.* vii. 61.
O dolce *Signor* mio, diss' io, adocchia Colui . . . . . . *Purg.* iv. 109.
O *Signor* mio, quando sarò io lieto A veder la vendetta ? . . *Purg.* xx. 94.
Chiuser le porte... Nel petto al mio *Signor* . . . . *Inf.* viii. 116.
E volsi gli occhi allora[2] al *Signor* mio . . . . *Purg.* xix. 85.
del gran viro, A cui nostro *Signor* lasciò le chiavi . . . . . *Par.* xxiv. 35.
Signor mio Gesù Cristo, Dio verace, Or fu sì fatta ? . . . . *Par.* xxxi. 107.
Quest' ultima preghiera, *Signor* caro, Già non si fa per noi . *Purg.* xi. 22.
render lode A quel *Signor*, che tosto su gl' invii . . . . . *Purg.* xxi. 72.
Quando sarò dinanzi al *Signor* mio, di te mi loderò . . . *Inf.* ii. 73.
Signore. Quella... riva... Per suo *signore* a tempo m' aspettava . *Par.* viii. 60.
Flegiàs, Flegiàs, tu gridi a voto, Disse lo mio *Signore* . . . *Inf.* viii. 20.
Non aver tema, disse il mio *Signore ;* Fatti sicur . . . . . *Purg.* ix. 46.
Tu sei *Signore*, e sai ch' io non mi parto Dal tuo volere . . *Inf.* xix. 38.
Tu duca, tu *Signore* e tu maestro . . . . *Inf.* ii. 140.
Dimmi, Maestro mio, dimmi, *Signore*, Comincia' io . . . *Inf.* iv. 46.
Ed io : *Signore*,[3] andiamo a maggior fretta . . . . *Purg.* vi. 49.
quanto tesoro volle Nostro *Signore*... da san Pietro ? . . . . *Inf.* xix. 91.
Signoreggia. Tal *signoreggia* e va con la testa alta . . . . . . *Par.* ix. 50.
Signori. La fama... Grida i *signori*, e grida la contrada . . . . *Purg.* viii. 125.
Signoria. mala *signoria*, che sempre accora Li popoli . . . . *Par.* viii. 73.
***Signorso.** menare stregghia Da ragazzo aspettato dal *signorso* . *Inf.* xxix. 77.
Sii. *Sovente.*
Sile. E dove *Sile* e Cagnan s' accompagna, Tal signoreggia . . . *Par.* ix. 49.
Silenzio. *Silenzio* pose a quella dolce lira . . . . *Par.* xv. 4.
Poser *silenzio* al mio cupido ingegno . . . . *Par.* v. 89.
lucidi lapilli... Poser *silenzio* agli angelici squilli . . . . . *Par.* xx. 18.
nel beato coro *Silenzio* posto avea da ogni parte . . . . . *Par.* xxvii. 18.
Ruppe il *silenzio* nei concordi numi Poscia la luce . . . . *Par.* xiii. 31.
mi si fu offerto Chi per lungo *silenzio* parea fioco . . . . . *Inf.* i. 63.
Sili. Or dubbi tu, e dubitando *sili ;* Ma io ti solverò . . . . . *Par.* xxxiii. 49.
Sillogismi. Quanto son difettivi *sillogismi* Quei . . . . *Par.* xi. 2.
Sillogismo. È *sillogismo*, che la m' ha conchiusa . . . . . . *Par.* xxiv. 94.
Sillogizzar. da questa credenza ci conviene *Sillogizzar* . . . . *Par.* xxiv. 77.
Sillogizzò. Sigieri, Che... *Sillogizzò* invidiosi veri . . . . . . *Par.* x. 138.
Silvano. Qui sarai tu poco tempo *silvano*, E sarai meco... cive . *Purg.* xxxii. 100.
Silvestra. Surge in vermena, ed in pianta *silvestra* . . . . . . *Inf.* xiii. 100.

[1] quel.   [2] agli occhi.   [3] buon Duca.

1. **Silvestro.**	Entrai per lo cammino alto e *silvestro*	*Inf.* ii. 142.
	è voluto Ch' io mostri altrui questo cammin *silvestro*	*Inf.* xxi. 84.
	Ma tanto più maligno e più *silvestro* Si fa il terren	*Purg.* xxx. 118.
2. **Silvestro.**	Scalzasi Egidio, scalzasi *Silvestro*	*Par.* xi. 83.
	Ma come Constantin chiese *Silvestro* Dentro Siratti	*Inf.* xxvii. 94.
Silvio.	di *Silvio* lo parente... ad immortale Secolo andò	*Inf.* ii. 13.
*****Simifonti.**	Tal... Che si sarebbe volto a *Simifonti*	*Par.* xvi. 62.
Simigliante.	E *simigliante* poi alla fiammella	*Purg.* xxv. 97.
	Lunga la barba... e[1] i suoi capegli *simigliante*	*Purg.* i. 35.
	l' ardor santo... Nella più *simigliante* è più vivace	*Par.* vii. 75.
	che fortuna t' accoglia Ove sia gente in *simigliante* piato	*Inf.* xxx. 147.
	Vedrai te *simigliante* a quella inferma	*Purg.* v. 149.
	e questo è forma Che l' universo a Dio fa *simigliante*	*Par.* i. 105.
	Che mosse me a far lo *simigliante*	*Purg.* ii. 78.
Simiglianza.	Se troppa *simiglianza* non m' inganna	*Inf.* xxviii. 72.
Simiglianze.	Che tutte *simiglianze* sono scarse	*Par.* xv. 78.
Simigliarsi.	Per *simigliarsi* al punto quanto ponno	*Par.* xxviii. 101.
Simil.	il suo cammino *Simil* farebbe sempre ai generanti	*Par.* viii. 134.
	tanto più grave, Quanto più lieve *simil* danno conta	*Purg.* xx. 78.
	sarà sconcia Sì, che per *simil* non s' entrò in Malta	*Par.* ix. 54.
	Chè tutte queste a *simil* pena stanno Per simil colpa	*Inf.* vi. 56.
Simile.	Pur mo venian... Con *simile* atto e con simile faccia	*Inf.* xxiii. 29.
	come quella Che vuol *simile* a sè tutta sua corte	*Par.* iii. 45.
	s' annida... Ruffian, baratti e *simile* lordura	*Inf.* xi. 60.
	Simile mostro visto ancor[2] non fue	*Purg.* xxxii. 147.
	andavan... *Simile* a quel che talvolta si sogna	*Purg.* xi. 27.
	Quel che... argomenta Non è *simile* a ciò che qui si vede	*Par.* iv. 50.
	rimbombo... *Simile* a quel che l' arnie fanno-rombo	*Inf.* xvi. 3.
	Simile qui con *simile* è sepolto	*Inf.* ix. 130.
Similemente.	*Similemente* al fummo degl' incensi	*Purg.* x. 61.
	Similemente il mal seme d' Adamo	*Inf.* iii. 115.
	Similemente operando all' artista, Ch' ha l' abito	*Par.* xiii. 77.
	Similemente agli splendor mondani Ordinò general ministra	*Inf.* vii. 77.
	Similemente a colui che venire Sente il porco	*Inf.* xiii. 112.
Simili.	A sofferir tormenti... *Simili* corpi la virtù dispone	*Purg.* iii. 32.
	La cieca cupidigia... *Simili* fatti v' ha al fantolino	*Par.* xxx. 140.
Similitudine.	Per la *similitudine* che nacque	*Par.* xiv. 7.
Similmente.	E *similmente* l' anima primaia	*Par.* xxvi. 100.
	la traccia... che la ferza *similmente* scaccia	*Inf.* xviii. 81.
Simoenta.	Antandro e *Simoenta*, onde si mosse, Rivide	*Par.* vi. 67.
Simon.	sarà detruso Là dove *Simon* mago è per suo merto	*Par.* xxx. 147.
	O *Simon* mago, o miseri seguaci, Che... adulterate	*Inf.* xix. 1.
*†**Simoneggiando.**	Che precedetter me *simoneggiando*	*Inf.* xix. 74.
Simonia.	s' annida... Falsità, ladroneccio e *simonia*	*Inf.* xi. 59.
Simonide.	*Simonide*, Agatone, ed altri piùe Greci	*Purg.* xxii. 107.
Sin.	Ed altri *sin* quaggiù di giro in giro	*Par.* xxxii. 36.
Sincera.	alla fede *sincera* Mi dirizzò con le parole sue	*Par.* vi. 17.
	E quello avea la fiamma più *sincera*, Cui men distava	*Par.* xxviii. 37.
	Questa natura... Qual fu creata, fu *sincera* e buona	*Par.* vii. 36.
	Chè la mia vista, venendo *sincera*, E più e più entrava	*Par.* xxxiii. 52.
Sincero.	e il paese *sincero* Nel qual tu sei	*Par.* vii. 130.
	non... dischiuso, Perchè si fa, montando, più *sincero*	*Par.* xiv. 139.
Sine.	non è *sine* causa Intra sè[3] qui più e meno eccellente	*Par.* xxxii. 59.
Sinfonia.	si tace... La dolce *sinfonia* di Paradiso	*Par.* xxi. 59.

[1] a'.   [2] in vista mai.   [3] *Entrasi*.

Singular. Per *singular* cagione essere eccelsa Lei tanto . . . . *Purg.* xxxiii. 65.
per quel *singular* grado, Che tu dei a colui . . . . *Purg.* viii. 67.
Sinigaglia. Diretro ad esse Chiusi e *Sinigaglia* . . . . *Par.* xvi. 75.
Sinistra. E rendea a me la mia *sinistra* costa . . . . *Purg.* xxix. 68.
Ed ecco duo dalla *sinistra* costa, Nudi e graffiati . . . . . . *Inf.* xiii. 115.
ha proprio cammino... Dalla *sinistra* costa d' Apennino . . *Inf.* xvi. 96.
nei grandi offici Sempre posposi la *sinistra* cura . . . . . . *Par.* xii. 129.
Appresso volse a man *sinistra* il piede . . . . *Inf.* x. 133.
Noi discendemmo... pur da man *sinistra* . . . . *Inf.* xxix. 53.
Da man *sinistra* m' apparì una gente D' anime . . . . . . *Purg.* iii. 58.
Fece... al mover centro, E la *sinistra* parte di sè torse . . . *Purg.* xiii. 15.
Quella *sinistra* riva che si lava Di Rodano . . . . *Par.* viii. 58.
In sulla sponda del carro *sinistra*... Vidi la Donna . . . . . *Purg.* xxx. 61.
La *sinistra* a vedere era tal, quali Vengon di là . . . . . *Inf.* xxxiv. 44.
rimovea quell' aer... Menando la *sinistra* innanzi spesso . . *Inf.* ix. 83.
e il Poeta Tenne a *sinistra*, ed io retro mi mossi . . . . . . *Inf.* xviii. 21.
sii venuto... Più[1] a *sinistra* giù calando al fondo . . . . . . *Inf.* xiv. 126.
Facemmo adunque più lungo viaggio Volti a *sinistra* . . . . *Inf.* xxxi. 83.
se tutti fur cherci Questi chercuti alla *sinistra* nostra . . . . *Inf.* vii. 39.
Volsimi alla *sinistra* col rispitto Col quale il fantolin . . . . *Purg.* xxx. 43.
Colui che da *sinistra* le s' aggiusta E il Padre . . . . *Par.* xxxii. 121.
ammirava Che da *sinistra* n' eravam feriti . . . . *Purg.* iv. 57.
non... luca Lo raggio da *sinistra* a quel di sotto . . . . . *Purg.* v. 5.
Dalla *sinistra* quattro facean festa, In porpora . . . . *Purg.* xxix. 130.
un rio, Che inver *sinistra* con sue picciole onde . . . . . . *Purg.* xxviii. 26.
mi fu volto il viso Ver la *sinistra* mia da quelle Dee . . . . *Purg.* xxxii. 8.
Sinistro. Per l' argine *sinistro* volta dienno . . . . *Inf.* xxi. 136.
Questa è Megera dal *sinistro* canto . . . . *Inf.* ix. 46.
Vitaliano Sederà qui dal mio *sinistro* fianco . . . . *Inf.* xvii. 69.
L' acqua splendeva[2] dal *sinistro* fianco, E rendea . . . . . *Purg.* xxix. 67.
Or dal *sinistro* ed or dal destro fianco . . . . *Purg.* x. 26.
Quando Beatrice in sul *sinistro* fianco Vidi rivolta . . . . . *Par.* i. 46.
il sole Dall' omero *sinistro* il carro mena . . . . *Purg.* iv. 120.
Sinon. L' altro è il falso *Sinon* greco da Troia . . . . *Inf.* xxx. 98.
Sinone. S' io dissi 'l falso, tu falsasti il conio, Disse *Sinone* . . *Inf.* xxx. 116.
Sion. Dentro raccolto immagina *Sion*... stare Sì . . . . *Purg.* iv. 68.
Sipa. apprese A dicer *sipa* tra Savena e[3] Reno . . . . *Inf.* xviii. 61.
Siratti. chiese Silvestro Dentro *Siratti* a guarir della lebbre . . *Inf.* xxvii. 95.
Sire. Ed ora a pena in Siena sen pispiglia, Ond' era *sire* . . . *Purg.* xi. 112.
E dir: se tu se' *sire* della villa... Vendica te . . . . *Purg.* xv. 97.
Mira colui... Che vien dinanzi a' tre sì come *sire* . . . . *Inf.* iv. 87.
quella idea Che partorisce, amando, il nostro *Sire* . . . . . *Par.* xiii. 54.
Orando all' alto *Sire* in tanta guerra, Che perdonasse . . . *Purg.* xv. 112.
Così il triforme effetto del[4] suo *Sire*... raggiò . . . . *Par.* xxix. 28.
E quanto fia piacer del giusto *Sire*, Tanto staremo . . . . . *Purg.* xix. 125.
la ministra Dell' alto *Sire*, infallibil giustizia, Punisce . . . *Inf.* xxix. 56.
Sirena. Io son, cantava, io son dolce *Sirena* . . . . *Purg.* xix. 19.
Sirene. perchè altra volta Udendo le *Sirene* sie più forte . . . *Purg.* xxxi. 45.
tanto vince... Nostre *Sirene* in quelle dolci tube . . . . . . *Par.* xii. 8.
Siringa. Gli occhi spietati, udendo di *Siringa* . . . . *Purg.* xxxii. 65.
Sirocchia. L' anima sua, ch' è tua e mia *sirocchia* . . . . . . *Purg.* xxi. 28.
più negligente, Che se pigrizia fosse sua *sirocchia* . . . . *Purg.* iv. 111.
Sismondi. Gualandi con *Sismondi* e con Lanfranchi . . . . . *Inf.* xxxiii. 32.
Sisto. E *Sisto* e Pio e Calisto ed Urbano Sparser lo sangue . . *Par.* xxvii. 44.

[1] Pur.   [2] imprendea.   [3] e 'l.   [4] dal.

SITIO   659   SO

Sitio. e le sue voci Con *sitio*, e senz' altro, ciò forniro . . . . . *Purg.* xxii. 6.
Sitisti. Sangue *sitisti*, ed io di sangue t' empio . . . . *Purg.* xii. 57.
Sito. E più mi fora discoperto il *sito* Di questa aiuola . . . . . *Par.* xxvii. 85.
 Lo *sito* di ciascuna valle porta Che l' una costa surge . . . . *Inf.* xxiv. 39.
 O settentrional vedovo *sito*, Poichè privato sei . . . . . . *Purg.* i. 26.
 Casual punto non puote aver *sito*, Se non come tristizia . . . *Par.* xxxii. 53.
 Ma folgore, fuggendo il proprio *sito*, Non corse come tu . . *Par.* i. 92.
 santa lampa Che pria per me avea mutato *sito* . . . . *Par.* xvii. 6.
 Ed ora lì, com' a *sito* decreto, Cen porta la virtù . . . . . . *Par.* i. 124.
Sizii. già eran tratti Alle curule *Sizii* ed Arrigucci . . . . *Par.* xvi. 108.
Slaccia. Qual è quel toro che si *slaccia* in quella . . . . *Inf.* xii. 22.
Slega. Far sì com' uom che dal sonno si *slega* . . . . *Purg.* xv. 119.
 Vedesti come l' uom da lei si *slega?* . . . . *Purg.* xix. 60.
Smaga. non si *smaga* Dal suo miraglio . . . . *Purg.* xxvii. 104.
Smagato. gli occhi miei confusi... e l' animo *smagato* . . . . *Inf.* xxv. 146.
Smaghi. Non vo'... che tu ti *smaghi* Di buon proponimento . . . *Purg.* x. 106.
Smalto. tanta cera, Quant' è mestiero infino al sommo *smalto* . . *Purg.* viii. 114.
 Venga Medusa ; sì 'l farem di *smalto*, Dicevan tutte . . . . *Inf.* ix. 52.
 Colà diritto, sopra il verde *smalto*, Mi fur mostrati . . . . . *Inf.* iv. 118.
Smarrì'. Là su di sopra... mi *smarri'* in una valle . . . . . . *Inf.* xv. 50.
Smarria. Ma nelle faccie l' occhio si *smarria*, Come virtù . . . *Purg.* viii. 35.
Smarrirsi. Per non *smarrirsi*, e per non dar di cozzo . . . . . *Purg.* xvi. 11.
Smarrita. si raccolse, Come gente di subito *smarrita* . . . . . . *Purg.* viii. 63.
 andavam... Com' uom che torna alla *smarrita*[1] strada . . . . *Purg.* i. 119.
 Chè la diritta via era *smarrita* . . . . *Inf.* i. 3.
 che sia La vista in te *smarrita* e non defunta . . . . *Par.* xxvi. 9.
Smarriti. forse, Perdendo me, rimarreste *smarriti* . . . . *Par.* ii. 6.
Smarrito. E temo che non sia già sì *smarrito* . . . . *Inf.* ii. 64.
 Perch' io tutto *smarrito* m' arrestai . . . . *Inf.* xiii. 24.
 Pietà mi giunse,[2] e fui quasi *smarrito* . . . . *Inf.* v. 72.
 Io credo, per l' acume... ch' io sarei *smarrito* . . . . . . *Par.* xxxiii. 77.
 Vedea Nembrot appiè del gran lavoro, Quasi *smarrito* . . . *Purg.* xii. 35.
 intorno si mira Tutto *smarrito* dalla grande angoscia . . . . *Inf.* xxiv. 116.
 così andando, Mi disse: perchè sei tu sì *smarrito?* . . . . *Inf.* x. 125.
 lo *smarrito* volto, Come amor vuol, così lo[3] colorava . . . . *Purg.* xix. 14.
Smarriva. La vista mia nell' ampio... Non si *smarriva* . . . . *Par.* xxx. 119.
Smeraldi. Posto t' avem dinanzi agli *smeraldi* . . . . *Purg.* xxxi. 116.
Smeraldo. Fresco *smeraldo* in l' ora che si fiacca . . . . . . *Purg.* vii. 75.
 le carni e l' ossa Fossero state di *smeraldo* fatte . . . . . *Purg.* xxix. 125.
Smorta. s' affisser... Le sette donne al fin d' un' ombra *smorta* . *Purg.* xxxiii. 109.
Smorte. L' anime... Maravigliando diventaro *smorte* . . . . . *Purg.* ii. 69.
 Quant' io vidi in due ombre *smorte* e nude . . . . *Inf.* xxx. 25.
 ha sì presso il riprezzo... ch' ha già l' unghie *smorte* . . . . *Inf.* xvii. 86.
Smorto. dalla faccia Mi fuggì il sonno, e diventai *smorto*[4] . . . *Purg.* ix. 41.
 Or discendiam quaggiù... Cominciò[5] il Poeta tutto *smorto* . . *Inf.* iv. 14.
Smozzicate. Laggiù tra l' ombre triste *smozzicate* . . . . *Inf.* xxix. 6.
Snella. saetta, Che sì corresse via per l' aere *snella* . . . . . *Inf.* viii. 14.
Snelle. Dico con l' ali *snelle* e con le piume Del gran disio . . . *Purg.* iv. 28.
 Noi ci appressammo a quelle fiere *snelle* . . . . *Inf.* xii. 76.
 a fuggirsi Ale sembiar le gambe loro[6] *snelle* . . . . *Inf.* xvi. 87.
Snelletto. Con un vasello *snelletto* e leggiero . . . . *Purg.* ii. 41.
Snello. Discende lasso, onde si mosse[7] *snello*, Per cento rote . . *Inf.* xvii. 130.
So. Ben *so* il cammin ; però ti fa sicuro . . . . *Inf.* ix. 30.

[1] *perduta*. [2] vinse. [3] le; la. [4] *ismorto*.
[5] Incominciò. [6] sembiaron le lor gambe. [7] muove.

So. ne' mirabili aspetti Vostri risplende non *so* che divino	*Par.* iii. 59.
Più non rispondo, e questo *so* per vero	*Purg.* iv. 96.
A cinger lui, qual che fosse il maestro Non *so* io dir	*Inf.* xxxi. 86.
Sì uniformi son, ch' io non *so* dire Qual... mi scelse	*Par.* xxvii. 101.
I' non *so* ben ridir com' io v' entrai	*Inf.* i. 10.
sì dolcemente... Ch' io nol *so* rimembrar, non ch' io lo scriva.	*Purg.* xxxi. 99.
lampeggiava Cristo, Sì ch' io non *so* trovare esemplo degno	*Par.* xiv. 105.
Ben *so* io che, se in cielo altro reame... fa... specchio	*Par.* xix. 28.
Più non dirò, e scuro *so* che parlo	*Purg.* xi. 139.
Non *so* che disse, ancor che sopra il dosso Fossi	*Inf.* xxiv. 67.
Ei mormorava, e non *so* che Gentucca Sentiva io là	*Purg.* xxiv. 37.
E gridar, non *so* che, verso le fronde	*Purg.* xxiv. 107.
non... persone, E non *so* che, sì nel veder vaneggio	*Purg.* x. 114.
Sì tra le frasche non *so* chi diceva	*Purg.* xxiv. 118.
I' non *so* chi tu sei, nè per che modo Venuto se' quaggiù	*Inf.* xxxiii. 10.
Ma non *so* chi tu sei, nè perchè aggi... il grado	*Par.* v. 127.
Non *so* chi sia; ma *so* ch' ei non è solo	*Purg.* xiv. 4.
Ma, per vento che in terra si nasconda, Non *so* come	*Purg.* xxi. 57.
senza... pena siete (E non *so* io perchè) nel mondo gramo	*Inf.* xxx. 59.
tra bella e buona, Non *so* qual fosse più	*Purg.* xxiv. 14.
Non *so*, rispos' io lui, quant' io mi viva	*Purg.* xxiv. 76.
Io non *so* s' io mi fui qui troppo folle	*Inf.* xix. 88.
Io non *so* se più disse, o s' ei si tacque	*Purg.* xviii. 127.
Se voler fu, o destino, o fortuna, Non *so*	*Inf.* xxxii. 77.
Non *so* se il nome suo giammai fu vosco	*Purg.* xi. 60.
E se più fu lo suo parlar diffuso Non *so*	*Purg.* xxxii. 92.
Non *so* se intendi; io dico di Beatrice	*Purg.* vi. 46.
Non *so* di lui, ma io sarei ben vinto	*Inf.* xxiv. 36.
Non *so*, ma degno Ben è che il nome di tal valle pera	*Purg.* xiv. 29.
1. Soave. sì verace Quivi intagliato in un atto *soave*	*Purg.* x. 38.
Quivi soavemente spose il carco, *Soave* per lo scoglio	*Inf.* xix. 131.
Però quand' ella ti parrà *soave* Tanto	*Purg.* iv. 91.
da quella imagine... Data mi fu *soave* medicina	*Par.* xx. 141.
io udi'... Parlare in modo *soave* e benigno	*Purg.* xix. 44.
mi feria... Non di più colpo, che *soave* vento	*Purg.* xxviii. 9.
Così con voce più dolce e *soave*... Dissemi	*Par.* xvi. 32.
E cominciommi a dir *soave* e piana, Con angelica voce	*Inf.* ii. 56.
*2. Soave. del secondo vento di *Soave*[1] Generò il terzo	*Par.* iii. 119.
Soavemente. *Soavemente* disse ch' io posasse	*Purg.* ii. 85.
Ambo le mani... *Soavemente* il mio Maestro pose	*Purg.* i. 125.
Quivi *soavemente* spose il carco, Soave per lo scoglio	*Inf.* xix. 130.
Soavi. Un arbor... Con pomi ad odorar *soavi* e buoni	*Purg.* xxiv. 132.
le volsi Serrando e disserrando sì *soavi*	*Inf.* xiii. 60.
Genti v' eran... Parlavan rado, con voci *soavi*	*Inf.* iv. 114.
Soavità. Ma di *soavità* di mille odori Vi facea	*Purg.* vii. 80.
*†Sobbarco. risponde Senza chiamare, e grida: io mi *sobbarco*	*Purg.* vi. 135.
Sobranza. Ella mi disse: quel che ti *sobranza*[2] È virtù	*Par.* xxiii. 35.
Sobria. Fiorenza... Si stava in pace, *sobria* e pudica	*Par.* xv. 99.
Soccorrà. provvidenza... *Soccorrà* tosto, sì com' io concipio	*Par.* xxvii. 63.
Soccorre. La tua benignità non pur *soccorre*	*Par.* xxxiii. 16.
Fin che l' estimativa nol *soccorre*	*Par.* xxvi. 75.
E quella, come madre, che *soccorre* Subito al figlio	*Par.* xxii. 4.
Soccorri. Chè non *soccorri* quei che t' amò tanto?	*Inf.* ii. 104.
Soccorrien. Di qua, di là *soccorrien* con le mani	*Inf.* xvii. 47.

[1] *Suave.* [2] *sopranza.*

Soccorse. Carlo Magno, vincendo, la *soccorse* . . . . *Par.* vi. 96.
O pietosa colei che mi *soccorse*, E tu cortese ! . . . . *Inf.* ii. 133.
E, com' è detto, a sua sposa *soccorse* Con due campioni . . . *Par.* xii. 43.
Soccorso. E quei, che m' era ad ogni uopo *soccorso*, Disse . . . *Purg.* xviii. 130.
Più fu... Mirabile a veder, che qui il *soccorso* . . . . *Par.* xxii. 96.
per la gran rabbia Del pizzicor, che non ha più *soccorso* . . . *Inf.* xxix. 81.
sì smarrito, Ch' io mi sia tardi al *soccorso* levata . . . . . . *Inf.* ii. 65.
Socrate. Quivi vid' io *Socrate*[1] e Platone . . . . *Inf.* iv. 134.
Sodalizio. O *sodalizio* eletto alla gran cena Del... agnello ! . . . *Par.* xxiv. 1.
Soddisfaccia; soddisfar; soddisfarvi. *Vedi* **Satisfaccia**, *ecc.*
Soddoma. Sopragridar... La nuova gente : *Soddoma* e Gomorra . *Purg.* xxvi. 40.
Però si parton *Soddoma* gridando, Rimproverando a sè . . . *Purg.* xxvi. 79.
suggella Del segno suo e *Soddoma* e Caorsa . . . . *Inf.* xi. 50.
Sodo. tirando, Grattar gli fece il ventre al fondo *sodo* . . . . . *Inf.* xxx. 30.
Tanto, per non tentare, è fatto *sodo* . . . . *Par.* xxviii. 60.
in abito dispari, Ma pari in atto, ed onesto e *sodo* . . . . *Purg.* xxix. 135.
Soffera. Che *soffera* congiunto sono ed[2] este . . . . *Par.* xxiv. 141.
Sofferia. E l' un *sofferia* l' altro con la spalla . . . . *Purg.* xiii. 59.
*Sofferie. Dal Voi, che prima Roma *sofferie*... Ricominciaron . . *Par.* xvi. 10.
Sofferir. A *sofferir* tormenti, caldi e gieli... dispone . . . . . . *Purg.* iii. 31.
Sofferse. E quella, che l' affanno non *sofferse* . . . . *Purg.* xviii. 136.
il fornito Sempre con danno l' attender *sofferse* . . . . . *Inf.* xxviii. 99.
ai fossati venne Di lei ciò che la terra non *sofferse* . . . . *Purg.* v. 120.
M' andava... Fin che il *sofferse* il dolce pedagogo . . . . *Purg.* xii. 3.
il martiro *Sofferse*, e poi l' Inferno da due anni . . . . . . *Par.* xxxii. 33.
Poco *sofferse* me cotal Beatrice, E cominciò, raggiandomi . . *Par.* vii. 16.
Ellesponto... Più odio da Leandro non *sofferse* . . . . . . *Purg.* xxviii. 73.
e non *sofferse* Da indi il puzzo più del paganesmo . . . . *Par.* xx. 124.
Chè l' occhio stare aperto non *sofferse* . . . . *Purg.* xvi. 7.
quella folgorò... Sì, che da prima il viso non *sofferse* . . . *Par.* iii. 129.
Femmina sola... Non *sofferse* di star sotto alcun velo . . . *Purg.* xxix. 27.
di tanta ingiura, Guardando alla persona che *sofferse* . . . *Par.* vii. 44.
Poco *sofferse*, poi disse : che pense ? Rispondi a me . . . *Purg.* xxxi. 10.
Soffersi. Per l' acume ch' io *soffersi* Del vivo raggio . . . . . . *Par.* xxxiii. 76.
se fami, Freddi, o vigilie mai per voi *soffersi* . . . . . . *Purg.* xxix. 38.
Io nol *soffersi* molto, nè sì poco, Ch' io nol vedessi . . . . *Par.* i. 58.
Tal nella faccia, ch' io non lo *soffersi* . . . . *Purg.* ix. 81.
qui non[3] si canta... Nè la nota *soffersi* tutta quanta . . . . *Purg.* xxxii. 63.
Sofferson. Quanto *sofferson* l' ossa senza polpe . . . . *Purg.* xxxii. 123.
Sofferta. smarrito dalla grande angoscia Ch' egli ha *sofferta* . . *Inf.* xxiv. 117.
Sofferti. E tutti dalla ripa eran *sofferti* . . . . *Purg.* xiii. 60.
Sofferto. E credo che il Dottor l' avria *sofferto* . . . . *Inf.* xvi. 48.
E come noi lo mal che avem *sofferto* Perdoniamo . . . . *Purg.* xi. 16.
E Libicocco : troppo avem *sofferto*, Disse . . . . *Inf.* xxii. 70.
Chè avete tu e il tuo padre *sofferto*... Che... sia diserto . . *Purg.* xi. 103.
Ma poco poi sarà da Dio *sofferto* Nel santo offizio . . . . *Par.* xxx. 145.
Ma fu' io sol colà, dove *sofferto* Fu... di toglier[4] via . . . . *Inf.* x. 91.
Soffi. per tante punte *Soffi* con[5] sangue doloroso sermo . . . . *Inf.* xiii. 138.
Soffia. quando *soffia* Borea da quella guancia, ond' è più leno . . *Par.* xxviii. 80.
Soffiando. si distorse, *Soffiando* nella barba coi sospiri . . . . *Inf.* xxiii. 113.
Soffiar. non crolla Giammai la cima per *soffiar* de' venti . . . . *Purg.* v. 15.
Soffiata. *Soffiata* e stretta dagli venti schiavi . . . . *Purg.* xxx. 87.
Soffiò. Allor *soffiò* lo tronco forte, e poi Si convertì . . . . . . *Inf.* xiii. 91.
*Soffolce. l' ubertà che si *soffolce* In quell' arche . . . . *Par.* xxiii. 130.

---
[1] e Socrate.   [2] sunt et.   [3] ne quaggiù.   [4] torre.   [5] col.

*Soffolge. Perchè la vista tua pur si *soffolge* Laggiù? . . . . . . *Inf.* xxix. 5.
Soffrir. folle Sì, che non può *soffrir* dentro a sua meta . . . . . *Par.* xix. 123.
Soffrire. Per non *soffrire* alla virtù che vuole Freno . . . . . . *Par.* vii. 25.
*Soffriri. O eletti di Dio, li cui *soffriri*... fan men duri . . . . . *Purg.* xix. 76.
Soffriro. candente Agli occhi miei che vinti non[1] *soffriro* . . . . *Par.* xiv. 78.
Soffristi. *soffristi* per la mia salute In Inferno lasciar . . . . . . *Par.* xxxi. 80.
Sofismi. E chi regnar per forza o[2] per *sofismi*, E chi rubare . . . *Par.* xi. 6.
Sofista. Non gli[3] avria loco ingegno di *sofista* . . . . *Par.* xxiv. 81.
*Soga. Cercati al collo, e troverai la *soga* Che il tien legato . . . *Inf.* xxxi. 73.
Soggiace. scudo, In che *soggiace* il leone, e soggioga . . . . . . *Par.* xii. 54.
    era fatturo Per lo regno mortal, ch' a lui *soggiace* . . . . . *Par.* vi. 84.
    Libero è tutto, perchè non *soggiace* Alla virtute . . . . . . *Par.* vii. 71.
Soggiacete. a miglior natura Liberi *soggiacete* . . . . *Purg.* xvi. 80.
Soggioga. Dove siede la Chiesa che *soggioga* La ben guidata . . *Purg.* xii. 101.
    scudo, In che soggiace il leone, e *soggioga* . . . . *Par.* xii. 54.
Soggiogare. E Cesare, per *soggiogare* Ilerda . . . . *Purg.* xviii. 101.
Soggiorna. risaliva Là dove il suo amor sempre *soggiorna* . . . *Par.* xxxi. 12.
Soggiorno. Ed altre roteando fan *soggiorno* . . . . *Par.* xxi. 39.
    vapor trionfanti, Che fatto avean con noi quivi *soggiorno* . . *Par.* xxvii. 72.
    Però è buon pensar di bel *soggiorno* . . . . *Purg.* vii. 45.
Soggiungendo. E *soggiungendo*: dentro a quella cava . . . . . *Inf.* xxix. 18.
Soggiunse. Indi *soggiunse*: assai bene è trascorsa . . . . . . *Par.* xxiv. 83.
    Così rispose; e *soggiunse*: io ti prego Che per me preghi . *Purg.* xvi. 50.
    Lo sol sen va, *soggiunse*, e vien la sera . . . . *Purg.* xxvii. 61.
Sogli. dai lor *sogli* Alla ripa di fuor son ponticelli . . . . . . *Inf.* xviii. 14.
Soglia. virtù... Che[4] dell' assenso de' tener la *soglia* . . . . . *Purg.* xviii. 63.
    O cacciati del ciel... Cominciò egli in su l' orribil *soglia* . . *Inf.* ix. 92.
    L' Angel di Dio, sedendo in sulla *soglia* . . . . *Purg.* ix. 104.
    in sulla *soglia* fui Di mia seconda etade, e mutai vita . . . . *Purg.* xxx. 124.
    pur mo sentii Libera volontà di miglior *soglia* . . . . . . *Purg.* xxi. 69.
    Puoi tu veder così di *soglia* in *soglia* Giù digradar . . . . . *Par.* xxxii. 13.
    come noi sem di *soglia* in *soglia* Per questo regno . . . . *Par.* iii. 82.
    Ei[4] cominciò: in questa quinta *soglia* Dell' arbore . . . . . *Par.* xviii. 28.
Sogliare. la porta, Lo cui *sogliare* a nessuno è negato . . . . *Inf.* xiv. 87.
Soglie. Vidi specchiarsi in più di mille *soglie* . . . . *Par.* xxx. 113.
1. Soglio. Poi fummo dentro al *soglio* della porta . . . . *Purg.* x. 1.
2. Soglio. E più lo ingegno affreno ch' io non *soglio* . . . . . *Inf.* xxvi. 21.
    carta, U' leggerebbe: io mi son quel ch' io *soglio* . . . . . *Par.* xii. 123.
Soglion. Così non *soglion* fare i piè de' morti . . . . *Inf.* xii. 82.
    sembianti, Che *soglion* esser testimon del core . . . . . . *Purg.* xxviii. 45.
    Là dove *soglion*, fan de' denti succhio . . . . *Inf.* xxvii. 48.
Sogliono. faville, Onde gli stolti *sogliono* augurarsi . . . . . *Par.* xviii. 102.
Sogna. Ciò ch' io attendo, e che il tuo pensier *sogna* . . . . . *Inf.* xvi. 122.
    E quale è quei che suo dannaggio *sogna* . . . . *Inf.* xxx. 136.
    quando *sogna* Di spigolar sovente la villana . . . . *Inf.* xxxii. 32.
    Sì che non parli più com' uom che *sogna* . . . . *Purg.* xxxiii. 33.
    andavan... Simile a quel che talvolta si *sogna* . . . . . . *Purg.* xi. 27.
    Ma se presso al mattin il ver si *sogna*, Tu sentirai . . . . *Inf.* xxvi. 7.
    Sì che laggiù non dormendo si *sogna*, Credendo e non . . *Par.* xxix. 82.
Sognando. Qual è colui che *sognando* vede . . . . *Par.* xxxiii. 58.
    E quale è quei... Che *sognando* desidera sognare . . . . *Inf.* xxx. 137.
Sognare. E quale è quei... Che sognando desidera *sognare* . . *Inf.* xxx. 137.
Sognaro. Quelli... Forse in Parnaso esto loco *sognaro* . . . . *Purg.* xxviii. 141.
Sogno. Chè[4] dopo il *sogno* la passione impressa Rimane . . . *Par.* xxxiii. 59.

[1] nol. [2] e. [3] v'. [4] E.

Sogno. Con le quali ed in *sogno* ed altrimenti Lo rivocai . . . . *Purg.* xxx. 134.
gli occhi... ricopersi, E il pensamento in *sogno* trasmutai . . *Purg.* xviii. 145.
In *sogno* mi parea veder sospesa Un' aquila nel ciel . . . . *Purg.* ix. 19.
Giovane e bella in *sogno* mi parea Donna vedere andar . . . *Purg.* xxvii. 97.
Mi venne in *sogno* una femmina balba, Negli occhi guercia . *Purg.* xix. 7.
E per suo *sogno* ciascun dubitava . . . . *Inf.* xxxiii. 45.
1. **Sol.** Nè, *sol* calando, nuvole d' agosto . . . . *Purg.* v. 39.
il *sol* conforta Le fredde membra che la notte aggrava . . . *Purg.* xix. 10.
quella vaga, Ch' amor consunse come *sol* vapori . . . . . . *Par.* xii. 15.
il *sol* corcar, per l' ombra che si spense, Sentimmo . . . . . *Purg.* xxvii. 68.
parti oriental... Soperchian quella, dove il *sol* declina . . . *Par.* xxxi. 120.
m' ha dilatata mia fidanza, Come il *sol* fa la rosa . . . . . . *Par.* xxii. 56.
e come... Da sera a mane ha fatto il *sol* tragitto? . . . . . . *Inf.* xxxiv. 105.
solida e polita, Quasi adamante che lo *sol* ferisse . . . . . *Par.* ii. 33.
Le capre... Tacite all' ombra, mentre che il *sol* ferve . . . . *Purg.* xxvii. 79.
Ch' io 'l vedea come il *sol* fosse davante . . . . *Purg.* i. 39.
Quali i fioretti... poi che il *sol* gl' imbianca, Si drizzan . . . *Inf.* ii. 128.
E il *sol* montava su[1] con quelle stelle Ch' eran con lui . . . *Inf.* i. 38.
la plaga Sotto la quale il *sol* mostra men fretta . . . . *Par.* xxiii. 12.
Lo *sol* vi mostrerà, che surge omai, Prender lo monte . . . *Purg.* i. 107.
è seconda, Come il *sol* muta quadra, l'[2] ora sesta . . . . . . *Par.* xxvi. 142.
Lo *sol* tal volta ad ogni uom si nasconde . . . . *Par.* xii. 51.
Sì come il *sol*, che si cela egli stessi Per troppa luce . . . . *Par.* v. 133.
mi si fece... Qual fin balascio in che lo *sol* percota . . . . . *Par.* ix. 69.
ma il *sol* procedea Sotto i miei piedi . . . . *Par.* xxvii. 86.
Come in lo specchio il *sol*, non altrimenti... raggiava . . . . *Purg.* xxxi. 121.
il *sol* non si ricorca Sette volte nel letto . . . . *Purg.* viii. 133.
Questi... Vuole andar su, purchè il *sol* ne riluca . . . . . *Purg.* xviii. 110.
Lo *sol*, che retro fiammeggiava roggio, Rotto m' era . . . . *Purg.* iii. 16.
Da tutte parti saettava il giorno Lo *sol* . . . . *Purg.* ii. 56.
a poco a poco Mi ripingeva là, dove il *sol* tace . . . . *Inf.* i. 60.
nè rispos' io... Infin che l' altro *sol* nel mondo uscio . . . *Inf.* xxxiii. 54.
Lo *sol* sen va, soggiunse, e vien la sera . . . . *Purg.* xxvii. 61.
si mostrò la suora di colui; E il *sol* mostrai . . . . *Purg.* xxiii. 121.
la stella Che il *sol* vagheggia or da coppa or da ciglio . . . *Par.* viii. 12.
Vedi là il *sol* che in fronte ti riluce . . . . *Purg.* xxvii. 133.
Or di' a Fra Dolcin... Tu che forse vedrai il *sol*[3] in breve . . *Inf.* xxviii. 56.
ma questa gente Tutta rimira là dove il *sol* veli . . . . . . *Purg.* xxiii. 114.
la sua circonferenza Sarebbe al *sol* troppo larga cintura . . . *Par.* xxx. 105.
Dinne com' è che fai di te parete Al *sol* . . . . *Purg.* xxvi. 23.
Così la neve al *sol* si disigilla, Così al vento . . . . *Par.* xxxiii. 64.
Ma come al *sol*, che nostra vista grava . . . . *Purg.* xvii. 52.
Tanto pareva... Essere al *sol* del suo corso rimaso . . . . *Purg.* xv. 5.
Quel ch' era dentro al *sol* dov' io entra'mi . . . . *Par.* x. 41.
l' esperienza, Diretro al *sol*, del mondo senza gente . . . . *Inf.* xxvi. 117.
Ed andavam col *sol* nuovo alle reni . . . . *Purg.* xix. 39.
quando il corno Della Capra del ciel col *sol* si tocca . . . . *Par.* xxvii. 69.
tristi fummo Nell' aer dolce che dal *sol* s' allegra . . . . . *Inf.* vii. 122.
la disposizion... Negli occhi pur testè dal *sol* percossi . . . *Purg.* xxxii. 11.
E come vien la chiarissima ancella Del *sol* più oltre . . . . *Par.* xxx. 8.
Guarda il calor del *sol* che si fa vino . . . . *Purg.* xxv. 77.
Se il primo fosse, fora manifesto Nell' eclissi del *sol* . . . . *Par.* ii. 80.
E la faccia del *sol* nascere ombrata . . . . *Purg.* xxx. 25.
Parvemi tanto allor del cielo acceso Dalla fiamma del *sol* . . *Par.* i. 80.

[1] 'n su.   [2] all'.   [3] *lo sole.*

SOL 664 SOL

Sol. Per che il lume del *sol* giù non si porse . . . . *Par.* xxix. 99.
Ma quel del *sol* saria pover con ello . . . . *Purg.* xxix. 117.
Quel del *sol*, che sviando fu combusto, Per l' orazion . . . . *Purg.* xxix. 118.
i raggi Dinanzi a me del *sol* ch' era già basso . . . . . . *Purg.* xxvii. 66.
la spera Del *sol* debilemente entra per essi . . . . *Purg.* xvii. 6.
abbelliva di Maria, Come del *sol* la[1] stella mattutina . . . . *Par.* xxxii. 108.
Come a raggio di *sol*, che puro mei Per fratta nube . . . . . *Par.* xxiii. 79.
Quattromila trecento e due volumi Di *sol* desiderai . . . . . *Par.* xxvi. 120.
sola questa riga Non varcheresti dopo il *sol* partito . . . . . *Purg.* vii. 54.
Chè sopra il *sol* non fu occhio ch' andasse . . . . *Par.* x. 48.
Perocchè il[2] *sol*, che v' allumò ed arse Col caldo . . . . . . *Par.* xv. 76.
Sì come il *sol*, che l' accende, sortille[3] . . . . *Par.* xviii. 105.
ringrazia, Ringrazia il *sol* degli Angeli . . . . *Par.* x. 53.
ho i' perduto Di veder l' alto *sol* che tu disiri . . . . . . *Purg.* vii. 26.
redole Odor di lode al *sol* che sempre verna . . . . *Par.* xxvi. 126.
la vita... Rivolta s' era al *sol* che la riempie . . . . *Par.* ix. 8.
com' è scritto Nel *sol* che raggia tutto nostro stuolo . . . *Par.* xxv. 54.
Vid' io... Un *sol* che tutte quante l' accendea . . . . . . *Par.* xxiii. 29.
O *sol* che sani ogni vista turbata, Tu mi contenti sì . . . . . *Inf.* xi. 91.
Così mi disse il *sol* degli occhi miei . . . . *Par.* xxx. 75.
Quel *sol*, che pria d' amor mi scaldò il petto . . . . *Par.* iii. 1.
2. Sol. unio a sè... Con l' atto *sol* del suo eterno amore . . . . *Par.* vii. 33.
Così un *sol* calor di molte brage Si fa sentir . . . . *Par.* xix. 19.
mi pinse Con un *sol* cenno su per quella scala . . . . *Par.* xxii. 101.
Ed era quei che *sol* de' tre compagni... non era mutato . . *Inf.* xxv. 149.
Sì che d' intrambi un *sol* consiglio fei . . . . *Inf.* xxiii. 30.
Ma le quattro un *sol* corno avean per fronte . . . . *Purg.* xxxii. 146.
Sol si ritorni per la folle strada; Provi se sa . . . . . . *Inf.* viii. 91.
L' inverno avrebbe un mese d' un *sol* dì . . . . *Par.* xxv. 102.
Ch' una favilla *sol* della tua gloria Possa lasciare . . . . . *Par.* xxxiii. 71.
una nave... Sotto il governo d' un *sol* galeotto . . . . . . *Inf.* viii. 17.
io *sol* uno M' apparecchiava a sostener la guerra . . . . . . *Inf.* ii. 3.
al ben che il dì ci si ragiona, Dianzi non er' io *sol* . . . . *Purg.* xx. 122.
A ciò non fui io *sol*, disse, nè certo Senza cagion . . . . . *Inf.* x. 89.
Ma fu' io *sol* colà, dove sofferto Fu... di toglier[4] via . . . . *Inf.* x. 91.
rimira Com' io rimango *sol*, se non ristai . . . . *Purg.* iv. 45.
arbuscelli, Che qui la terra *sol* da sè produce . . . . *Purg.* xxvii. 135.
sia la ripa scudo A veder se tu *sol* più di noi vali . . . . . *Inf.* xxii. 117.
Riguarda bene... Sì che poi sappi *sol* tener lo guado . . . *Par.* ii. 126.
Che andate pensando sì voi *sol* tre? Subita voce disse . . . *Purg.* xxiv. 133.
Della mondizia *sol* voler fa prova . . . . *Purg.* xxi. 61.
Or va, chè un *sol* volere è d' ambo e due . . . . *Inf.* ii. 139.
3. Sol. e *sol* per questo brama Ch' e' sia... in basso messo . . . *Purg.* xvii. 116.
Lo ciel, che *sol* di lui prima s' accende... si rifà . . . . . *Par.* xx. 4.
flailli, Ch' ave'no spirto *sol* di pensier santi . . . . *Par.* xx. 15.
Locati son... *Sol* differendo nel primiero acume . . . . . . *Par.* xxxii. 75.
più largo... Che s' egli avesse *sol* da sè dimesso . . . . . *Par.* vii. 117.
Discesi tanto, *sol* per farti festa Col dire . . . . *Par.* xxi. 65.
S' io era *sol* di me quel che creasti Novellamente . . . . . *Par.* i. 73.
Tanto, che *sol* di lei mi fece scudo Alla puttana . . . . . *Purg.* xxxii. 159.
primo grado, Che *sol* per pena ha la speranza cionca . . . . *Inf.* ix. 18.
Sol con un legno e con quella compagna Picciola . . . . . . *Inf.* xxvi. 101.
E *sol* di quell' angoscia parea lasso . . . . *Inf.* ix. 84.
E *sol* quand' io fui dentro, parve carca . . . . *Inf.* viii. 27.

[1] *sole*. [2] al. [3] *accende e sortille*. [4] torre.

SOL	665	SOLE

Sol. Erba... non pasce, Ma *sol* d' incenso lagrime ed amomo . . *Inf.* xxiv. 110.
Più non ci avrai, che *sol*[1] passando il loto . . . . *Inf.* viii. 21.
presta, *Sol* per lo dolce suon della sua terra . . . . *Purg.* vi. 80.
sol di tanto offesi, Che senza speme vivemo in disio . . . . *Inf.* iv. 41.
Ma tu che, *sol* per cancellare, scrivi, Pensa . . . . *Par.* xviii. 130.
sol per fare onore Alla novizia, e non per alcun fallo . . . . *Par.* xxv. 104.
e vidimi translato *Sol* con mia Donna in[2] più alta salute . . *Par.* xiv. 84.
fa volerne *Sol* quel ch' avemo, e d' altro non ci asseta . . . *Par.* iii. 72.
Sola. ciò... tira In sua sustanzia, e fassi un' alma *sola* . . . . . *Purg.* xxv. 74.
Ed io anima trista non son *sola*, Chè tutte queste... stanno . *Inf.* vi. 55.
un anima che, posta[3] *Sola* soletta, verso noi riguarda . . . . *Purg.* vi. 59.
L' anima sua... Venendo su, non potea venir *sola* . . . . . *Purg.* xxi. 29.
Sola sedeasi in sulla terra vera, Come guardia . . . . *Purg.* xxxii. 94.
e quivi Caddi, e rimase la mia carne *sola* . . . . *Purg.* v. 102.
la sua chiarezza *Sola* ti può disporre a veder Cristo . . . . *Par.* xxxii. 87.
sì ascose, Che l' esser loro v' è in *sola* credenza . . . . . . *Par.* xxiv. 73.
O donna di virtù, *sola* per cui L' umana spezie eccede . . . *Inf.* ii. 76.
La Donna ch' io avea trovata *sola*, Sopra me vidi . . . . . *Purg.* xxxi. 92.
Ch' ei vedesse altro che la fiamma *sola*... in su salire . . . . *Inf.* xxvi. 38.
Femmina *sola*, e pur testè formata, Non sofferse . . . . . . *Purg.* xxix. 26.
Sola va dritta, e il mal cammin dispregia . . . . *Purg.* viii. 132.
Provvide... Per *sola* grazia, non per esser degna . . . . . . *Par.* xii. 42.
un ermo, Che suol esser disposto a *sola* latria . . . . *Par.* xxi. 111.
O luce eterna, che *sola* in te sidi, *Sola* t' intendi ! . . . . . *Par.* xxxiii. 124.
l' eterna luce Che, vista *sola*, sempre amore accende . . . . *Par.* v. 9.
Mostrocci un' ombra dall' un canto *sola*, Dicendo . . . . . *Inf.* xii. 118.
E non avea ma' ch' un' orecchia *sola* . . . . *Inf.* xxviii. 66.
Filosofia... Nota non pure in una *sola* parte . . . . *Inf.* xi. 98.
una *sola* parvenza, Mutandom' io, a me si travagliava . . . . *Par.* xxxiii. 113.
la fiera, Ch' è *sola* una persona in due nature . . . . *Purg.* xxxi. 81.
in quella *sola* È ogni parte là dove sempr' era . . . . *Par.* xxii. 65.
Dicendo: vedi, *sola* questa riga Non varcheresti . . . . . . *Purg.* vii. 53.
E questa *sola* di là m' è rimasa . . . . *Purg.* xix. 145.
Roma che piagne, Vedova e *sola*, e dì e notte chiama . . *Purg.* vi. 113.
Poi, rallargati per la strada *sola*... ci portaro oltre . . . . . *Purg.* xxiv. 130.
strega, Che *sola* sopra noi omai si piagne . . . . *Purg.* xix. 59.
e perchè *sola* Tu queste degne lode rinnovelle . . . . *Purg.* xx. 35.
Per che predestinata fosti *sola* A questo offizio . . . . *Par.* xxi. 77.
Una *sola* virtù sarebbe in tutti, Più e men distribuita . . . *Par.* ii. 68.
meco si conviene Nel nome che sonò la voce *sola* . . . . . *Inf.* iv. 92.
Solaio. Come per sostentar *solaio* o tetto . . . . *Purg.* x. 130.
Solamente. Vedrai aver *solamente* rispetto Ai regi . . . . . . *Par.* xiii. 107.
Bastava... *Solamente* la fede dei parenti . . . . *Par.* xxxii. 78.
Per tante circostanze *solamente*... Conosceresti . . . . *Purg.* xxxiii. 70.
e quel precinto Colui che il cinge *solamente* intende . . . *Par.* xxvii. 114.
non il gustar... Ma *solamente* il trapassar del segno . . . . . *Par.* xxvi. 117.
Solco. servando mio *solco* Dinanzi all' acqua che ritorna . . . *Par.* ii. 14.
Soldan. Tenne la terra che il *Soldan* corregge . . . . *Inf.* v. 60.
Nella presenza del *Soldan* superba Predicò Cristo . . . . . *Par.* xi. 101.
Soldanier. Gianni de' *Soldanier* credo che sia Più là . . . . . *Inf.* xxxii. 121.
Soldanieri. *Soldanieri*, ed Ardinghi, e Bostichi . . . . *Par.* xvi. 93.
Soldano. Nè mercatante in terra di *Soldano* . . . . *Inf.* xxvii. 90.
1. Sole. Prima che il poco *sole* omai s' annidi . . . . *Purg.* vii. 85.
E come agli orbi non approda il *sole*, Così all' ombre . . . *Purg.* xiii. 67.

[1] se non.   [2] a.   [3] che a posta.

Sole. E il *sole* er' alto già più che due ore . . . . *Purg.* ix. 44.
colori, Onde fa l' arco il *sole*, e Delia il cinto . . . . *Purg.* xxix. 78.
Feriami il *sole* in sull' omero destro, Che già, raggiando . . *Purg.* xxvi. 4.
pria che il *sole* Giunga li suoi corsier . . . . *Purg.* xxxii. 56.
Già era il *sole* all' orizzonte giunto, Lo cui meridian . . . . *Purg.* ii. 1.
E correa... per quelle strade Che il *sole* infiamma allor . . . *Purg.* xviii. 80.
Chè il *sole* avea lo cerchio di merigge Lasciato . . . . . . *Purg.* xxv. 2.
hai ben veduto, come il *sole*... il carro mena ? . . . . *Purg.* iv. 119.
mai Raggiar non lascia *sole* ivi, nè luna . . . . *Purg.* xxviii. 33.
E già il *sole* a mezza terza riede . . . . *Inf.* xxxiv. 96.
Chè ben cinquanta gradi salito era Lo *sole* . . . . *Purg.* iv. 16.
Chè, come *sole* in[1] viso che più trema, Così lo rimembrar . . *Par.* xxx. 25.
Sì stava il *sole* ; onde il giorno sen giva . . . . *Purg.* xxvii. 5.
qual *sole* o quai candele Ti stenebraron sì ? . . . . *Purg.* xxii. 61.
In quella parte... Che il *sole* i crin sotto l' Aquario tempra . *Inf.* xxiv. 2.
più corrusco... Teneva il *sole* il cerchio di merigge . . . . . *Purg.* xxxiii. 104.
E con ardente affetto il *sole* aspetta, Fiso guardando . . . . *Par.* xxiii. 8.
assentirei un *sole* Più che non deggio al mio uscir . . . . . *Purg.* xxi. 101.
s' argomenta Di vedere eclissar lo *sole* un poco . . . . . . *Par.* xxv. 119.
ninfe... disiando Qual di veder, qual di fuggir lo *sole* . . . . *Purg.* xxix. 6.
volgeva... L' amor che move il *sole* e l' altre stelle . . . . . *Par.* xxxiii. 145.
La parte... che vede, e pate il *sole* Nell' aquile mortali . . . *Par.* xx. 31.
rividi Lo *sole* in pria, che già nel corcare era . . . . *Purg.* xvii. 9.
Or di' a Fra Dolcin... Tu che forse vedrai lo *sole*[2] in breve . *Inf.* xxviii. 56.
Poscia gli alzai al *sole*, ed ammirava Che da sinistra . . . . *Purg.* iv. 56.
E fissi gli occhi al *sole* oltre a nostr' uso . . . . *Par.* i. 54.
Poi fisamente al *sole* gli occhi porse . . . . *Purg.* xiii. 13.
Quando noi fummo dove la rugiada Pugna col *sole* . . . . . *Purg.* i. 122.
e tornarsi Col *sole* e con le sette fiamme al volto . . . . . . *Purg.* xxxii. 18.
Tra i discordanti liti, contra il *sole* Tanto sen va . . . . . . *Par.* ix. 85.
come quei che puote Avesse il ciel d' un altro *sole* adorno . . *Par.* i. 63.
vienne omai, vedi ch' è tocco Meridian dal *sole* . . . . . . *Purg.* iv. 138.
era già per noi... del cammin del *sole* assai più speso . . . . *Purg.* xii. 74.
corpo uman... Per che il lume del *sole* in terra è fesso . . . . *Purg.* iii. 96.
abbelliva di Maria, Come del *sole*[3] stella mattutina . . . . . *Par.* xxxii. 108.
Volasser... Queste del giel, quelle del *sole* schife . . . . . . *Purg.* xxvi. 45.
rubinetto, in cui Raggio di *sole* ardesse sì acceso . . . . . . *Par.* xix. 5.
corrusca, Quale a raggio di *sole* specchio d' oro . . . . . . *Par.* xvii. 123.
scintilla, Come raggio di *sole* in acqua mera . . . . *Par.* ix. 114.
Beatrice... Vidi rivolta, e riguardar nel *sole* . . . . *Par.* i. 47.
Di quel color, che per lo *sole* avverso Nube dipinge . . . *Par.* xxvii. 28.
cerchio... che sempre riman tra il *sole* e il verno . . . . . . *Purg.* iv. 81.
Di questa costa... nacque al mondo un *sole* . . . . *Par.* xi. 50.
2. **Sole.** Onde Perugia sente freddo e caldo Da porta *Sole* . . . . *Par.* xi. 47.
3. **Sole.** Temer si dee di *sole* quelle cose . . . . *Inf.* ii. 88.
le creature intelligenti E tutte e *sole* furo e son dotate . . . *Par.* v. 24.
Con le due stole... Son ie due luci *sole* che saliro . . . . . . *Par.* xxv. 128.
E come ninfe che si givan *sole* Per le... ombre . . . . *Purg.* xxix. 4.
s' innovò la pianta, Che prima avea le ramora sì *sole* . . . . *Purg.* xxxii. 60.
Solea. *Solea* creder lo mondo in suo periclo . . . . *Par.* viii. 1.
quel capestro Che *solea* far li suoi cinti più macri . . . . . *Inf.* xxvii. 93.
Già si *solea* con le spade far guerra . . . . *Par.* xviii. 127.
canto, Che mi *solea* quetar tutte mie voglie . . . . *Purg.* ii. 108.
Render *solea* quel chiostro a questi cieli Fertilemente . . . *Par.* xxi. 118.

[1] il.   [2] il sol.   [3] sol la.

Solea. In sul paese... *Solea* valore e cortesia trovarsi . . . . . . *Purg.* xvi. 116.
Solean. Centauri... Come *solean* nel mondo andare a caccia . . . *Inf.* xii. 57.
Soleano. Le mura, che *soleano* esser badia . . . . *Par.* xxii. 76.
 Qual *soleano* i campion far nudi ed unti, Avvisando . . . . *Inf.* xvi. 22.
Solecchio. il *solecchio*, Che del soperchio visibile lima . . . . . *Purg.* xv. 14.
*Solemo. Girando il monte come far *solemo* . . . . *Purg.* xxii. 123.
Solere. Vinceva gli altri, e l' ultimo *solere* . . . . *Par.* xviii. 57.
 le stelle, Di lor *solere* e più chiare e maggiori . . . . . . *Purg.* xxvii. 90.
Soletta. posta[1] Sola *soletta*, verso noi riguarda . . . . *Purg.* vi. 59.
 Una Donna *soletta*, che si gia Cantando . . . . *Purg.* xxviii. 40.
 Lasciolla quivi gravida e *soletta* . . . . *Inf.* xviii. 94.
 più cara... Quanto in bene operare è più *soletta* . . . . . *Purg.* xxiii. 93.
Soletto. Elli givan dinanzi, ed io *soletto* Diretro . . . . *Purg.* xxii. 127.
 sì *soletto* Mostrarli mi convien la valle buia . . . . *Inf.* xii. 85.
Soleva. l' ora... Che il cibo ne *soleva* essere addotto . . . . . . *Inf.* xxxiii. 44.
 Soleva Roma, che il buon mondo feo, Due soli aver . . . . *Purg.* xvi. 106.
 Così od' io, che *soleva* la lancia D' Achille... esser cagione . *Inf.* xxxi. 4.
Solfo. caliga... Non per Tifeo, ma per nascente *solfo* . . . . . . *Par.* viii. 70.
1. Soli. Ma s' ella viva sotto molti *soli* . . . . *Inf.* xxix. 105.
 Poi appresso convien che questa caggia Infra tre *soli* . . . . *Inf.* vi. 68.
 Soleva Roma, che il buon mondo feo, Due *soli* aver . . . . *Purg.* xvi. 107.
 Poi, sì cantando, quegli ardenti *soli* Si fur girati . . . . . . *Par.* x. 76.
2. Soli. deh! senza scorta andiamci *soli* Se tu sai ir . . . . . . *Inf.* xxi. 128.
 Taciti, *soli*, e senza compagnia, N' andavam . . . . *Inf.* xxiii. 1.
 Soli eravamo, e senza alcun sospetto . . . . *Inf.* v. 129.
 Poi fummo fatti *soli* procedendo, Folgore parve... Voce . . *Purg.* xiv. 130.
 onde salìne Lo Duca mio ed io appresso *soli* . . . . *Purg.* iv. 23.
 Lo mio Maestro ed io *soli* ambo e due Suso andavamo . . . *Purg.* xv. 40.
Solida. nube... Lucida, spessa, *solida*, e polita . . . . *Par.* ii. 32.
Solinga. E proseguendo la *solinga* via Tra le schegge . . . . *Inf.* xxvi. 16.
Solingo. Noi andavam per lo *solingo* piano, Com' uom . . . . *Purg.* i. 118.
 un piano *Solingo* più che strade per diserti . . . . *Purg.* x. 21.
 insieme presi, Come suole esser tolto un uom *solingo* . . . *Inf.* xxiii. 106.
Solla. Così, la mia durezza fatta *solla*, Mi volsi . . . . *Purg.* xxvii. 40.
Sollazzo. Io dico pena, e dovrei dir *sollazzo* . . . . *Purg.* xxiii. 72.
Sollecito. Ma il popol tuo *sollecito* risponde . . . . *Purg.* vi. 134.
Sollevando. Calcando i buoni e *sollevando* i pravi . . . . *Inf.* xix. 105.
Sollevò. La bocca *sollevò* dal fiero pasto Quel peccator . . . . *Inf.* xxxiii. 1.
Sollo. se miseria d' esto loco *sollo* Rende in dispetto noi . . . *Inf.* xvi. 28.
1. Solo. Vedete... Seder là *solo* Arrigo d' Inghilterra . . . . . . *Purg.* vii. 131.
 Senz' arme n' esce *solo*, e con la lancia . . . . *Purg.* xx. 73.
 E *solo* incominciò: tutti sem presti Al tuo piacer . . . . . . *Par.* viii. 32.
 ho fermo il disiro Sì a colui che volle viver *solo* . . . . . . *Par.* xviii. 134.
 Dallato m' era *solo* il mio conforto . . . . *Purg.* ix. 43.
 Non so chi sia; ma so ch' ei non è *solo* . . . . *Purg.* xiv. 4.
 Lo sommo Ben, che *solo* esso a sè piace, Fece . . . . . . *Purg.* xxviii. 91.
 certo io credo Che *solo* il suo fattor tutta la goda . . . . . *Par.* xxx. 21.
 tal posta, Che *solo* il fiume mi facea distante . . . . *Purg.* xxix. 71.
 Ed io rispondo: io credo in uno Iddio *Solo* ed eterno . . . *Par.* xxiv. 131.
 Ond' io, che *solo* innanzi agli altri parlo, Ti prego . . . . . *Purg.* v. 67.
 per la strema testa Di quel... cerchio tutto *solo* Andai . . . *Inf.* xvii. 44.
 stare Sì, che ambo e due hanno un *solo* orizzon . . . . . . *Purg.* iv. 70.
 Solo il peccato è quel che la disfranca, E falla . . . . *Par.* vii. 79.
 E cominciai: o pomo, che maturo *Solo* prodotto fosti . . . . *Par.* xxvi. 92.

[1] a posta.

Solo. Ma *solo* un punto fu quel che ci vinse . . . . *Inf.* v. 132.
Un punto *solo* m' è maggior letargo Che venticinque . . . . *Par.* xxxiii. 94.
E *solo* in parte vidi il Saladino . . . . *Inf.* iv. 129.
di molti amori Usciva *solo* un suon di quella image . . . . . *Par.* xix. 21.
E disser : vien tu *solo*, e quei sen vada . . . . *Inf.* viii. 89.
Tu se' *solo* colui da cui io tolsi Lo bello stile . . . . . . *Inf.* i. 86.
il vapore Me' si stingeva[1] mentre ch' era *solo* . . . . . . *Inf.* xiv. 36.
E diretro da tutti un veglio *solo* Venir, dormendo . . . . . *Purg.* xxix. 143.
Vidi presso di me un veglio *solo*, Degno di... riverenza . . . *Purg.* i. 31.
2. Solo. *solo* accennando, mosse Me e la Donna . . . . *Purg.* xxxiii. 14.
Perocchè *solo* da sensato apprende Ciò che fa poscia . . . . *Par.* iv. 41.
s' accorse, *Solo* ascoltando, del mio riverire . . . . *Purg.* xix. 129.
avrei paura, Senza più prova, di contarla *solo* . . . . . . *Inf.* xxviii. 114.
Dio, Che *solo* all' uso suo la creò santa . . . . *Purg.* xxxiii. 60.
rimembranza, Che *solo* ai pii dà delle calcagne . . . . . . *Purg.* xii. 21.
O che Dio *solo* per sua cortesia Dimesso avesse . . . . . . *Par.* vii. 91.
Ch' è *solo*[2] in voi, sì come studio in ape Di far lo mele . . . *Purg.* xviii. 58.
Nè *solo* a me la tua risposta è uopo . . . . *Purg.* xxvi. 19.
e *solo* Perch' io nol feci Dedalo, mi fece Ardere . . . . . *Inf.* xxix. 115.
Già si godeva *solo* del suo verbo Quello specchio[3] beato . . *Par.* xviii. 1.
templo, Che *solo* amore e luce ha per confine . . . . *Par.* xxviii. 54.
lume Che il disio vostro *solo* ha in sua cura . . . . *Purg.* xiii. 87.
quella creatura, Che *solo* in lui vedere ha la sua pace . . . . *Par.* xxx. 102.
cane... Che *solo* a divorarlo intende e pugna . . . . *Inf.* vi. 30.
Li nostri affetti, che *solo* infiammati Son nel piacer . . . . *Par.* iii. 52.
Fede ed innocenza son reperte *Solo* nei parvoletti . . . . . *Par.* xxvii. 128.
Che *solo* a ciò la mia mente rifiede . . . . *Inf.* xx. 105.
Ma lasciavane gir, *solo* sguardando A guisa di leon . . . . . *Purg.* vi. 65.
solo ai Decretali Si studia sì, che pare ai lor vivagni . . . *Par.* ix. 134.
Solo tre passi credo ch' io scendesse, E fui di sotto . . . *Purg.* viii. 46.
Loco è laggiù, non tristo da martiri, Ma di tenebre *solo* . . *Purg.* vii. 29.
la madre... Tanto che *solo* una camicia vesta . . . . . . *Inf.* xxiii. 42.
quand' io vidi *Solo* dinanzi a me la terra oscura . . . . . *Purg.* iii. 21.
Solone. Per che un nasce *Solone*, ed altro Xerse . . . . *Par.* viii. 124.
Soluto. digiuno... *Soluto* hai, figlio, dentro a questo lume . . . . *Par.* xv. 52.
perchè pensava Già nell' error che m' avete *soluto* . . . . *Inf.* x. 114.
Solva. conviene Ch' io *solva* il mio dovere, anzi ch' io mova . . *Purg.* x. 92.
***Solve.** Da questa tema acciocchè tu ti *solve*, Dirotti . . . . . *Inf.* ii. 49.
Solvendo. E d' iracondia van *solvendo* il nodo . . . . *Purg.* xvi. 24.
ombre che vanno, Forse di lor dover *solvendo* il nodo . . . . *Purg.* xxiii. 15.
Solver. torna colui che va giuso Talora a *solver* ancora . . . . *Inf.* xvi. 134.
il bollor... Dovea ben *solver* l' una che tu faci . . . . . . *Inf.* xiv. 135.
un nodo, Del qual con gran disio *solver* s' aspetta . . . . . *Par.* vii. 54.
Solveranno. Che *solveranno* questo enigma forte . . . . *Purg.* xxxiii. 50.
Solverò. Ma io ti *solverò* 'l forte legame . . . . *Par.* xxxii. 50.
Ma io ti *solverò* tosto la mente ; E tu ascolta . . . . . . *Par.* vii. 22.
Solvesi. quando Lachesìs non ha più lino, *Solvesi* dalla carne . . *Purg.* xxv. 80.
Solvesti. Quando nell' aere aperto ti *solvesti* . . . . *Purg.* xxxi. 145.
Solvetemi. *Solvetemi*, spirando, il gran digiuno . . . . *Par.* xix. 25.
Deh... Prega' io lui, *solvetemi* quel nodo . . . . *Inf.* x. 95.
Solvi. Perch' ella... Mi disse : *solvi* il tuo caldo disio . . . . *Par.* xxi. 51.
Ancora un poco indietro ti rivolvi... e il gruppo *solvi*[4] . . . *Inf.* xi. 96.
O Sol... Tu mi contenti sì quando tu *solvi* . . . . *Inf.* xi. 92.
Som. valor, Que vos guida al *som* de l' escalina . . . . *Purg.* xxvi. 146.

---
[1] stingueva.   [2] Che sono.   [3] spirto.   [4] svolvi.

SOMA	669	SOMMO

Soma. la Chiesa... Cade nel fango, e sè brutta e la *soma* .... *Purg.* xvi. 129.
    E quell' ombra... Del mio carcar deposto avea la *soma* ... *Purg.* xviii. 84.
    Pensa la nuova *soma* che tu hai .... *Inf.* xvii. 99.
    per veder... E per farlo pietoso a questa *soma* .... *Purg.* xi. 57.
    Ma caddi in via con la seconda *soma* .... *Purg.* xxi. 93.
Some. Che piuma sembran tutte l' altre *some* .... *Purg.* xix. 105.
Somiglia. nella faccia ch' a Cristo Più si *somiglia*[1] ...... *Par.* xxxii. 86.
Somigliò. fracasso, Che *somigliò* tuonar che tosto segua .... *Purg.* xiv. 138.
1. Somma. vita senza mezzo spira La *somma* beninanza ... *Par.* vii. 143.
    veggio La *somma* essenza della quale è munta ...... *Par.* xxi. 87.
    O *somma* luce, che tanto ti levi Dai concetti mortali!.... *Par.* xxxiii. 67.
    Ma l' orbita, che fe' la parte *somma* Di sua circonferenza.. *Par.* xii. 112.
    Fecemi... La *somma* sapienza e il primo amore ...... *Inf.* iii. 6.
    O *somma* sapienza, quanta è l' arte Che mostri in cielo! .. *Inf.* xix. 10.
    O virtù *somma*, che per gli empi giri Mi volvi!....... *Inf.* x. 4.
2. Somma. il... superbo, Che fu la *somma* d' ogni creatura ... *Par.* xix. 47.
    In *somma* sappi che tutti fur cherci, E letterati grandi ... *Inf.* xv. 106.
Somme. Io mi vieta La riverenza delle *somme* chiavi ...... *Inf.* xix. 101.
Sommersa. latra Sopra la gente che quivi è *sommersa* ..... *Inf.* vi. 15.
Sommerse. Questi, scacciato, il dubitar *sommerse* In Cesare . *Inf.* xxviii. 97.
    La bella donna... Abbracciommi la testa, e mi *sommerse* .. *Purg.* xxxi. 101.
Sommersi. canto Della prima canzon, ch' è de' *sommersi* .... *Inf.* xx. 3.
Sommerso. vedrai *sommerso* Nel falso il creder tuo. ..... *Par.* ii. 61.
    Quaggiù m' hanno *sommerso* le lusinghe .... *Inf.* xviii. 125.
Sommesse. Con più color *sommesse* e soprapposte ...... *Inf.* xvii. 16.
Sommettono. peccator... Che la ragion *sommettono* al talento . *Inf.* v. 39.
Sommi. chi sono Li suoi compagni più noti e più *sommi* ... *Inf.* xv. 102.
    E[2] di tutti i lor gradi son li *sommi* .... *Par.* xx. 36.
Sommo. Lo *sommo* ben, che solo esso a sè piace .... *Purg.* xxviii. 91.
    Da sè, che è *sommo* ben, mai non si mosse .... *Par.* xix. 87.
    e sì la grazia Del *sommo* ben d' un modo non vi piove ... *Par.* iii. 90.
    L[3] s' appellava in terra il *sommo* bene .... *Par.* xxvi. 134.
    ciò che ne dona Di gratuito lume il *sommo* bene ...... *Par.* xiv. 47.
    la disfranca, E falla dissimile al *sommo* bene .... *Par.* vii. 80.
    Ganimede, Quando fu ratto al *sommo* consistoro ..... *Purg.* ix. 24.
    quei... Che fu *sommo* cantor del *sommo* Duce .... *Par.* xxv. 72.
    Cotanto ancor ne splende il *sommo* Duce .... *Inf.* x. 102.
    o *sommo* Giove, Che fosti in terra per noi crucifisso ... *Purg.* vi. 118.
    esser esperto Di sua potenza contra il *sommo* Giove .... *Inf.* xxxi. 92.
    E se riguardi su nel terzo giro Del *sommo* grado ...... *Par.* xxxi. 68.
    Di lei nel *sommo* grado si sigilla .... *Par.* ix. 117.
    alcun de' famigliari Di quel *sommo* Ippocrate .... *Purg.* xxix. 137.
    Nè *sommo* offizio, nè ordini sacri Guardò in sè ...... *Inf.* xxvii. 91.
    Ma il benedetto Agapito, che fue *Sommo* pastore ..... *Par.* vi. 17.
    Sì che il *sommo* piacer gli si dispieghi .... *Par.* xxxiii. 33.
    E se il *sommo* piacer sì ti fallio Per la mia morte ...... *Purg.* xxxi. 52.
    Tito con l' aiuto Del *sommo* Rege vendicò le fora .... *Purg.* xxi. 83.
    tanta cera, Quant' è mestiero infino al *sommo* smalto ... *Purg.* viii. 114.
    Lo *sommo* er' alto che vincea la vista .... *Purg.* iv. 40.
    E mostrommi una piaga a *sommo* il petto .... *Purg.* iii. 111.
    è natura, Ch' al *sommo* pinge noi di collo in collo ..... *Par.* iv. 132.
    non... più avante Ch' al *sommo* dei tre gradi ch' io parlai . *Purg.* xxi. 53.
    raggio... Riflesso al *sommo* del Mobile primo ...... *Par.* xxx. 107.
    Queste parole... Vid' io scritte al *sommo* d' una porta .... *Inf.* iii. 11.

      [1] s' assomiglia.   [2] E'.   [3] El; Un; I.

Sommo. Noi eravamo al *sommo* della scala, Ove... si risega . . . *Purg.* xiii. 1.
Ma il popol tuo l' ha in *sommo* della bocca . . . . *Purg.* vi. 132.
Non era lunga ancor la nostra via Di qua dal *sommo*[1] . . . . *Inf.* iv. 68.
Son. *Sovente.*
Sonando. Tin tin *sonando* con sì dolce nota . . . . *Par.* x. 143.
Sonanti. spigoli... Che di metallo son *sonanti* e forti . . . . . . *Purg.* ix. 135.
Sonar. gli altri lumi Facean *sonar* lo nome di Maria . . . . . . *Par.* xxiii. 111.
parlar lo rostro, E *sonar* nella voce ed Io e Mio . . . . . . *Par.* xix. 11.
Non ti basta *sonar* con le mascelle, Se tu non latri ? . . . . *Inf.* xxxii. 107.
Li remi... Tutti si posan al *sonar* d' un fischio . . . . . . *Par.* xxv. 135.
Parrebbe nube... Comparata al *sonar* di quella lira . . . . . *Par.* xxiii. 100.
si pogna, Non pur per lo *sonar* delle parole . . . . *Purg.* xiii. 65.
Sonare. Ma io senti' *sonare* un alto corno, Tanto . . . . *Inf.* xxxi. 12.
E per *sonare* un poco in questi versi, Più si conceperà . . . *Par.* xxxiii. 74.
Sonasser. Se mo *sonasser* tutte quelle lingue . . . . *Par.* xxiii. 55.
Sonava. *Sonava* Osanna sì, che unque poi Di riudir non fui . . . *Par.* viii. 29.
Sonni. alla parola, Dalla qual furon maggior *sonni* rotti . . . . *Purg.* xxxii. 78.
Sonno. Poi ella e il *sonno* ad una se n' andaro . . . . *Purg.* ix. 63.
sbadigliava, Pur come *sonno* o febbre l' assalisse . . . . . . *Inf.* xxv. 90.
si frange il *sonno*, ove di butto Nuova luce percote . . . . . *Purg.* xvii. 40.
dalla faccia Mi fuggì il *sonno*, e diventai ismorto . . . . . *Purg.* ix. 41.
Le tenebre fuggian... E il *sonno* mio con esse . . . . . . *Purg.* xxvii. 113.
Sì che notte nè *sonno* a voi non fura Passo . . . . *Purg.* xxx. 104.
con le gambe avvolte A guisa di cui vino o *sonno* piega . . . *Purg.* xv. 123.
E caddi, come l' uom cui *sonno* piglia . . . . *Inf.* iii. 136.
Sì ruminando, e sì mirando in quelle, Mi prese il *sonno* . . . *Purg.* xxvii. 92.
E sì... cosse, Che convenne che il *sonno* si rompesse . . . . *Purg.* ix. 33.
il *sonno* che sovente, Anzi che il fatto sia, sa . . . . *Purg.* xxvii. 92.
M' avea mostrato... Più lune già, quand' io feci il mal *sonno*. *Inf.* xxxiii. 26.
Fede... Tanto ch' io ne perdei lo *sonno*[2] e i polsi . . . . . . *Inf.* xiii. 63.
Ruppemi l' alto *sonno* nella testa Un greve tuono . . . . . *Inf.* iv. 1.
Non era lunga ancor la nostra via Di qua dal *sonno*[3] . . . *Inf.* iv. 68.
mi potea vedere Far sì com' uom che dal *sonno* si slega . . *Purg.* xv. 119.
Vinto dal *sonno*, in sull' erba inchinai, Ove... sedevamo . . *Purg.* ix. 11.
E dico ch' un splendor mi squarciò il velo Del *sonno* . . . . *Purg.* xxxii. 72.
Tant' era pien di *sonno* in su quel punto . . . . *Inf.* i. 11.
Pianger senti' fra il *sonno* i miei figliuoli . . . . *Inf.* xxxiii. 38.
Vide nel *sonno* il mirabile frutto Ch' uscir dovea . . . . . . *Par.* xii. 65.
Sonnolento. Stava com' uom che *sonnolento* vana . . . . *Purg.* xviii. 87.
Sonnolenza. Ma questa *sonnolenza* mi fu tolta . . . . *Purg.* xviii. 88.
Sono. *Sovente.*
Sonò. Una voce di presso *sonò :* forse Che... avrai distretta . . *Purg.* iv. 98.
Venite... *Sonò* dentro ad un lume, che lì era Tal . . . . . *Purg.* xxvii. 59.
Colui... Toscana *sonò* tutta, Ed ora a pena... sen pispiglia . *Purg.* xi. 110.
meco si conviene Nel nome che *sonò* la voce sola . . . . . . *Inf.* iv. 92.
E quel tanto *sonò* nelle sue guance, Sì ch' a pugnar . . . . *Par.* xxix. 112.
Quella *sonò*, come fosse un tamburo . . . . *Inf.* xxx. 103.
Dopo la dolorosa rotta... Non *sonò* sì terribilmente Orlando . *Inf.* xxxi. 18.
Soperchia. Che *soperchia* dell' aere ogni compage . . . . *Par.* xiii. 6.
da mattina La parte[4] oriental dell' orizzonte *Soperchia*[5] . . . *Par.* xxxi. 120.
fiamma rende, E per vivo candor quella *soperchia* Sì . . . . *Par.* xiv. 53.
bilance, Che le caggion di man quando *soperchia* . . . . . . *Purg.* ii. 6.
la ruina, Che giace in costa, e nel fondo *soperchia* . . . . . *Inf.* xxiii. 138.
Soperchian. Le parti[6] oriental dell' orizzonte *Soperchian*[7] . . . *Par.* xxxi. 120.

[1] *sonno;* sono. [2] *le vene.* [3] sono; sommo. [4] *Le parti.* [5] *Soperchian.* [6] La parte. [7] Soperchia.

Soperchiar. Cerchi[1] di *soperchiar* questa parete . . . . *Purg*. iii. 99.
 E brigavam di *soperchiar* la strada Tanto . . . . *Purg*. xx. 125.
Soperchiava. Fuor della bocca a ciascun *soperchiava* . . . . . . *Inf*. xix. 22.
Soperchio. Mentre che del salire avem *soperchio* . . . . *Purg*. xxii. 96.
 Però... Non far sopra la pegola *soperchio* . . . . *Inf*. xxi. 51.
 e Papi e Cardinali, In cui usa avarizia il suo *soperchio* . . . *Inf*. vii. 48.
 fecimi il solecchio, Che del *soperchio* visibile lima . . . . . *Purg*. xv. 15.
 Di quel *soperchio* fe' naso alla faccia . . . . *Inf*. xxv. 128.
 E quivi, per l' orribile *soperchio* Del puzzo . . . . *Inf*. xi. 4.
 sol, che... per *soperchio* sua figura vela . . . . *Purg*. xvii. 53.
Soperchiò. Versi d' amore... *Soperchiò* tutti . . . . *Purg*. xxvi. 119.
Soppressa. colei, Che fu da' piè di Caton già[2] *soppressa* . . . *Inf*. xiv. 15.
Soppresso. È chi, per esser suo vicin *soppresso*, Spera . . . . . *Purg*. xvii. 115.
Sopr'; sopra.[3] *Sovente*.
Sopraggiunto. Quando fui *sopraggiunto* ad Oriago . . . . *Purg*. v. 80.
†**Sopragridar.** *Sopragridar* ciascuna s' affatica . . . . *Purg*. xxvi. 39.
Sopran. Così il *sopran* li denti all' altro pose Là . . . . *Inf*. xxxii. 128.
Soprannome. E quindi il *soprannome* tuo si feo . . . . *Par*. xv. 138.
 Per altro *soprannome* io nol conosco . . . . *Purg*. xvi. 139.
Soprano. De' tuoi amori a Dio guarda il *soprano* . . . . *Par*. xxvi. 48.
 negli altri offizi... Barattier fu non picciol, ma *soprano* . . . *Inf*. xxii. 87.
 m' intronan gli orecchi, Gridando : vegna il cavalier *soprano*.*Inf*. xvii. 72.
 Vidil seder sopra il grado *soprano*, Tal nella faccia . . . . *Purg*. ix. 80.
Sopranza. Ella mi disse : quel che ti *sopranza*[4] E virtù . . . . . *Par*. xxiii. 35.
 Non a guisa che l' uomo all' uom *sopranza*,[4] Ma vince lei . . *Par*. xx. 97.
Soprappose. Al segno dei mortal si *soprappose* . . . . *Par*. xv. 42.
Soprapposte. Con più color sommesse e *soprapposte* . . . . . *Inf*. xvii. 16.
Soprasta. al dosso Dell' arco, ove lo scoglio più *soprasta* . . . *Inf*. xviii. 111.
Soprastando. Sì *soprastando* al lume intorno intorno . . . . . *Par*. xxx. 112.
Soprato. Più che giammai... *Soprato*[5] fosse comico o tragedo . . *Par*. xxx. 24.
Sopresso. ch' ei furono in[6] sul colle *Sopresso* noi . . . . *Inf*. xxiii. 54.
Sorbi. tra li lazzi *sorbi* Si disconvien fruttare al dolce fico . . *Inf*. xv. 65.
Sorco. Tra male gatte era venuto il *sorco* . . . . *Inf*. xxii. 58.
Sorda. non s' accorda... Perch' a risponder la materia è *sorda* . *Par*. i. 129.
Sorde. introna L' anime sì ch' esser vorrebber *sorde* . . . . . *Inf*. vi. 33.
 Come saranno ai giusti preghi *sorde* Quelle sustanzie ? . . . *Par*. xv. 7.
 entrate in esso, Ed al cantar di là non siate *sorde* . . . . *Purg*. xxvii. 12.
Sordel. *Sordel* rimase, e l' altre gentil forme . . . . *Purg*. ix. 58.
 Sordel si trasse, e disse : voi chi siete ? . . . . *Purg*. vii. 3.
Sordello. Ambo vegnon... Disse *Sordello*, a guardia della valle . *Purg*. viii. 38.
 E *Sordello* anco : ora avvalliamo omai Tra le grandi ombre . *Purg*. viii. 43.
 E il buon *Sordello* in terra fregò il dito, Dicendo . . . . . . *Purg*. vii. 52.
 Sordello ed egli indietro si raccolse, Come gente... smarrita . *Purg*. viii. 62.
 Dicendo : O Mantovano, io son *Sordello* Della tua terra . . *Purg*. vi. 74.
 Com' io[7] parlava, e *Sordello* a sè il trasse, Dicendo . . . . *Purg*. viii. 94.
Sorella. *Sorella* fu, e così le fu tolta Di capo l' ombra . . . . *Par*. iii. 113.
 Io fui nel mondo vergine *sorella* . . . . *Par*. iii. 46.
 La mia *sorella*, che tra bella e buona... trionfa lieta . . . . *Purg*. xxiv. 13.
 questi non viene Ammaestrato dalla tua *sorella* . . . . . . *Inf*. xii. 20.
 la brina... assempra L' imagine di sua *sorella* bianca . . . . *Inf*. xxiv. 5.
Sorelle. Et iterum, *Sorelle* mie dilette, Modicum . . . . *Purg*. xxxiii. 11.
Sorga. si lava Di Rodano, poi ch' è misto con *Sorga* . . . . . *Par*. viii. 59.
Sormontar. compresi Me *sormontar* di sopra a mia virtute . . . *Par*. xxx. 57.

[1] Cerca. [2] piedi di Caton. [3] Sovr'; sovra. [4] sobranza ; sovranza.
 [5] *Suprato*. [6] giunser. [7] ei.

Sormontati. Poco ambo e due dall'angel *sormontati*		*Purg.* xix. 54.
Sormonti. Poi appresso convien... che l'altra *sormonti*		*Inf.* vi. 68.
fama Teme di perder perch' altri *sormonti*		*Purg.* xvii. 119.
Sorprende. L'alma *sorprende*, e di volar[1] le giova		*Purg.* xxi. 63.
Sorpresa. Se la cosa dimessa in la *sorpresa*... non è raccolta		*Par.* v. 59.
Sorpresi. Quando noi fummo d'un romor *sorpresi*		*Inf.* xiii. 111.
Sorpreso. qual, *sorpreso*[2] dal mattino... Marte rosseggia		*Purg.* ii. 13.
***Sorpriso.** non si converria l'occhio *sorpriso* D'alcuna nebbia		*Purg.* i. 97.
Sorrida. Non ti maravigliar perch' io *sorrida*, Mi disse		*Par.* iii. 25.
Sorridea. Bernardo m'accennava, e *sorridea*[3]		*Par.* xxxiii. 49.
Sorridendo. Che *sorridendo* ardea negli occhi santi		*Par.* iii. 24.
Poi *sorridendo* disse : io son Manfredi, Nepote di Costanza		*Purg.* iii. 112.
senti'... *sorridendo* Incominciar, facendosi più mera		*Par.* xi. 17.
E, se tu ricordar non te ne puoi, *Sorridendo* rispose		*Purg.* xxxiii. 95.
Sorrise. sì lontana, Come parea, *sorrise*, e riguardommi		*Par.* xxxi. 92.
A che guardando il mio Duca *sorrise*		*Purg.* xii. 136.
Ella *sorrise* alquanto, e poi : s'egli erra... mi disse		*Par.* ii. 52.
Volsersi a me... Perchè 'l Maestro *sorrise* di tanto		*Inf.* iv. 99.
come ? Volemci star di qua ? indi *sorrise*		*Purg.* xxvii. 44.
Per che l'ombra *sorrise* e si ritrasse		*Purg.* ii. 83.
Con quell' altr' ombre pria *sorrise* un poco		*Par.* iii. 67.
del... dubbio disvestito Per le *sorrise* parolette brevi		*Par.* i. 95.
Sorrisi. Io pur *sorrisi*, come l'uom ch'ammicca		*Purg.* xxi. 109.
questo globo Tal, ch' io *sorrisi* del suo vil sembiante		*Par.* xxii. 135.
Sorriso. Vincendo me col lume d'un *sorriso*, Ella mi disse		*Par.* xviii. 19.
Sorte. E questa *sorte*, che par giù cotanto, Però n'è data		*Par.* iii. 55.
è tanto bassa, Che invidiosi son d'ogni altra *sorte*		*Inf.* iii. 48.
se mi contenti Del nome tuo e della vostra *sorte*		*Par.* iii. 41.
a me... indulgo La cagion di mia *sorte*, e non mi noia		*Par.* ix. 35.
il dolce loco Nel qual tu siedi per eterna *sorte*		*Par.* xxxii. 102.
per colei... Mantova l'appellar senz' altra *sorte*		*Inf.* xx. 93.
Sorteggia. *Sorteggia* qui, sì come tu osserve		*Par.* xxi. 72.
Sorti. Tutte nature, per diverse *sorti*, Più... e men vicine		*Par.* i. 110.
Sortille. si svelle Del sangue più che sua colpa *sortille*		*Inf.* xii. 75.
Sì come il sol, che l'accende, *sortille*[4]		*Par.* xviii. 105.
Sortillo. Quando a colui ch' a tanto ben *sortillo*, Piacque		*Par.* xi. 109.
Sortiro. la rivedrai Nel trono che i suoi merti le *sortiro*		*Par.* xxxi. 69.
E sotto lui così cerner *sortiro* Francesco, Benedetto		*Par.* xxxii. 34.
Sortita. La vostra region mi fu *sortita*		*Par.* xxii. 120.
Qui si mostraron, non perchè *sortita* Sia questa spera lor		*Par.* iv. 37.
Sortito. fu *sortito* Al loco che perdè l'anima ria		*Inf.* xix. 95.
Sorvenisse. prima... che *sorvenisse* l'ora Del buon dolor		*Purg.* xxiii. 80.
***Soso.** Ond' ei levò le ciglia un poco in *soso*; Poi disse		*Inf.* x. 45.
Sospeccioso. Si movea tardo, *sospeccioso*[5] e raro		*Par.* xii. 39.
Sospesa. Troppa è più la paura, ond' è *sospesa* L'anima mia		*Purg.* xiii. 136.
In sogno mi parea veder *sospesa* Un' aquila nel ciel		*Purg.* ix. 19.
Sì che veggendola io *sospesa* e vaga, Fecimi quale		*Par.* xxiii. 13.
Per domandar... di cose, Di che la mente mia era *sospesa*		*Par.* xxxi. 57.
Così la mente mia, tutta *sospesa*, Mirava fissa		*Par.* xxxiii. 97.
Sospese. Poi che l'un piè per girsene *sospese*, Maometto mi disse.		*Inf.* xxviii. 61.
Di tanta ammirazion non mi *sospese*, Nè mi mostrò		*Par.* xxxii. 92.
Sospesi. Tutti gli lor coperchi eran *sospesi*		*Inf.* ix. 121.
Io era tra color che son *sospesi*, E donna mi chiamò		*Inf.* ii. 52.
genti... Conobbi, che in quel limbo eran *sospesi*		*Inf.* iv. 45.

[1] voler.   [2] sul presso del.   [3] sorrideva.   [4] *accende e sortille*.   [5] *suspiccioso*.

Sospesi.	Noi stavamo[1] immobili e *sospesi*, Come i pastor	*Purg.* xx. 139.
Sospeso.	tutto *sospeso*, E disioso ancora a più letizie	*Purg.* xxix. 32.
	mi rispose, Per non tenermi in ammirar *sospeso*	*Par.* xx. 87.
	Venia gente... La qual mi fece a rimirar *sospeso*	*Purg.* xxvi. 30.
	La Donna mia, che mi vedeva in cura Forte *sospeso*, disse	*Par.* xxviii. 41.
	drizza la testa; Non è più tempo da gir sì *sospeso*	*Purg.* xii. 78.
1. Sospetti.	Color già tristi, e questi con *sospetti*	*Purg.* vi. 108.
2. Sospetti.	E poi mi disse : tuo cor non *sospetti*	*Inf.* xxvii. 100.
Sospetto.	furono... Sopresso noi ; ma non gli era *sospetto*	*Inf.* xxiii. 54.
	perch' io rido... Maravigliando tienvi alcun *sospetto*	*Purg.* xxviii. 79.
	Qui si convien lasciare ogni *sospetto*	*Inf.* iii. 14.
	Veramente a così alto *sospetto* Non ti fermar	*Purg.* vi. 43.
	Ma poco i valse ; chè l' ale al *sospetto* Non potero avanzar	*Inf.* xxii. 127.
	E prendemmo la via con men *sospetto* Per l' assentir	*Purg.* xxii. 125.
	Poi, di *sospetto* pieno e d' ira crudo, Disciolse	*Purg.* xxxii. 157.
	gridavan sì alto... Ch' io mi strinsi al poeta per *sospetto*	*Inf.* ix. 51.
	Soli eravamo e senza alcun *sospetto*	*Inf.* v. 129.
Sospicar.	Se non che i cenni altrui *sospicar* fanno	*Purg.* xii. 129.
	Ma poi che il *sospicar*[2] fu tutto spento, Piangendo disse	*Inf.* x. 57.
Sospigne.	Andiam, chè la via lunga ne *sospigne*	*Inf.* iv. 22.
Sospinse.	Per più fiate gli occhi ci *sospinse* Quella lettura	*Inf.* v. 130.
	Perchè il Maestro accorto lo *sospinse*, Dicendo : via costà	*Inf.* viii. 41.
	corpo... Trovò l' Archian rubesto, e quel *sospinse* Nell' Arno.	*Purg.* v. 125.
Sospinta.	l' ali Movea *sospinta* da tanti consigli	*Par.* xix. 96.
Sospinto.	Chè noi a pena, ei lieve, ed io *sospinto*, Potevam	*Inf.* xxiv. 32.
	mi tacea... Dalli miei dubbi d' un modo *sospinto*	*Par.* iv. 8.
Sospir.	in tanto Che più tiene un *sospir* la bocca aperta	*Purg.* xxxii. 141.
	Alto *sospir*, che duolo strinse in hui, Mise fuor prima	*Purg.* xvi. 64.
	genti, Che... Si fan sentir con gli *sospir* dolenti	*Inf.* ix. 126.
Sospira.	A voi devotamente ora *sospira* L' anima mia	*Par.* xxii. 121.
	credi, Che sotto l' acqua ha gente che *sospira*	*Inf.* vii. 118.
	intorno si mira Tutto smarrito... e guardando *sospira*	*Inf.* xxiv. 117.
Sospirando.	Poi *sospirando*, e con voce di pianto, Mi disse	*Inf.* xix. 65.
	ha fatto alla guancia Della sua palma, *sospirando*, letto	*Purg.* vii. 108.
	Poi ch' ebbe *sospirando* il capo scosso[3]... disse	*Inf.* x. 88.
Sospiri.	Quivi *sospiri*, pianti ed alti guai Risonavan	*Inf.* iii. 22.
	i lamenti Non suonan come guai, ma son *sospiri*	*Purg.* vii. 30.
	Quindi facciam le lagrime e i *sospiri* Che... aver sentiti puoi.	*Purg.* xxv. 104.
	Perch' io indugiai al fino i buon *sospiri*	*Purg.* iv. 132.
	Tragge cagion... A metter più li miei *sospiri* in fuga	*Inf.* xxx. 72.
	Sì scoppia' io... Fuori sgorgando lagrime e *sospiri*	*Purg.* xxxi. 20.
	Invidia move il mantaco ai *sospiri*	*Purg.* xv. 51.
	tutto si distorse, Soffiando nella barba coi *sospiri*	*Inf.* xxiii. 113.
	Con suoi preghi devoti e con *sospiri* Tratto m' ha	*Purg.* xxiii. 88.
	Adhaesit... Senti' dir lor con sì alti *sospiri*	*Purg.* xix. 74.
	al tempo de' dolci *sospiri*, A che e come concedette amore ?	*Inf.* v. 118.
	Quivi... Non avea pianto ma' che di *sospiri*	*Inf.* iv. 26.
	e dicea ne' *sospiri*: Chi m' ha negate le dolenti case ?	*Inf.* viii. 119.
	Così fui senza lagrime e *sospiri* Anzi il cantar	*Purg.* xxx. 91.
1. Sospiro.	Dopo la tratta d' un *sospiro* amaro	*Purg.* xxxi. 31.
	Ond' ella, appresso d' un pio *sospiro*, Gli occhi drizzò	*Par.* i. 100.
2. Sospiro.	ond' io *sospiro*, e sono inteso Dal mio Maestro	*Purg.* xxi. 117.
Sospirosa.	E Beatrice *sospirosa* e pia Quelle ascoltava	*Purg.* xxxiii. 4.
1. Sosta.	Per veder meglio ai passi diedi *sosta*	*Purg.* xxix. 72.

[1] ci restammo. [2] suspicar. [3] mosso.

2. Sosta.	spirto... *Sosta* un poco per me tua maggior cura	*Purg.* xix. 93.
Sostati.	*Sostati* tu, che all'abito ne sembri... di nostra terra	*Inf.* xvi. 8.
Sostegna.	Ma fa che la tua lingua si *sostegna*	*Inf.* xxvi. 72.
Sostegno.	percosse O per tremuoto o per *sostegno* manco	*Inf.* xii. 6.
Sostenea.	trasparea... Nel viso mio, che non la *sostenea*	*Par.* xxiii. 33.
	ombrata, Sì che... L' occhio la *sostenea* lunga fiata	*Purg.* xxx. 27.
	pena, Che *sostenea* nella prigion di Carlo	*Purg.* xi. 137.
Sostener.	io sol uno M' apparecchiava a *sostener* la guerra	*Inf.* ii. 4.
	e *sostener* lo puzzo Del villan d' Aguglion	*Par.* xvi. 55.
	possente Sei fatto a *sostener* lo riso mio	*Par.* xxiii. 48.
	io fui piu ardito Per questo a *sostener* tanto	*Par.* xxxiii. 80.
	fa letizia, Perchè può *sostener* che non si spezza	*Par.* xvi. 21.
Sostengon.	quelli, Che su di fuor *sostengon* penitenza	*Inf.* xi. 87.
Sostenne.	Per che l' occhio da presso nol *sostenne*	*Purg.* ii. 39.
	Con le braccia m' avvinse e mi *sostenne*	*Inf.* xvii. 96.
	La morte ch' ei *sostenne* perch' io viva	*Par.* xxvi. 59.
	Come l' altro, che là sen va, *sostenne*... Falsificare	*Inf.* xxx. 42.
Sostenni.	L' aspetto del tuo nato, Iperione, Quivi *sostenni*	*Par.* xxii. 143.
	Alcun tempo il *sostenni* col mio volto	*Purg.* xxx. 121.
Sostentar.	Come per *sostentar* solaio o tetto	*Purg.* x. 130.
Sostieni.	O pazienza, che tanto *sostieni!*	*Par.* xxi. 135.
Sott'.	*Sovente.*	
Sottiglio.	nell' acqua... ond' io sì mi *sottiglio*[1]	*Purg.* xxiii. 63.
Sottile.	i tratti, ch' ivi Mirar farieno ogn'[2] ingegno *sottile*	*Purg.* xii. 66.
	Chè il velo è ora ben tanto *sottile*, Certo	*Purg.* viii. 20.
Sottili.	legame, In che ti stringon li pensier *sottili*	*Par.* xxxii. 51.
	Verso di te, che fai tanto *sottili* Provvedimenti	*Purg.* vi. 142.
Sottilmente.	Nè ricovrar poteansi, se tu badi Ben *sottilmente*	*Par.* vii. 89.
	chi guarda *sottilmente*, Più giusta... la ne tiene	*Inf.* xxxi. 53.
Sotto.	*Sovente.*	
Sottosopra.	e questi com' è fitto Sì *sottosopra?*	*Inf.* xxxiv. 104.
	Ma più è il tempo... ch' io son stato così *sottosopra*	*Inf.* xix. 80.
Sottrasse.	quando Mi diparti' da Circe, che *sottrasse* Me	*Inf.* xxvi. 91.
Sovenha.	*Sovenha* vos a temps de ma dolor	*Purg.* xxvi. 147.
Sovente.	Ond' io *sovente* arrosso e disfavillo	*Par.* xxvii. 54.
	figlia di Taumante, Che di là cangia *sovente* contrade	*Purg.* xxi. 51.
	dinanzi al Signor mio, Di te mi loderò *sovente* a lui	*Inf.* ii. 74.
	il sonno che *sovente*, Anzi che il fatto sia, sa	*Purg.* xxvii. 92.
	quando sogna Di spigolar *sovente* la villana	*Inf.* xxxii. 33.
Sovra.	Come fa l' onda là *sovra* Cariddi, Che si frange	*Inf.* vii. 22.
Vedi **Sopra.**		
Sovrano.	Quegli è Omero, poeta *sovrano*, L' altro è Orazio	*Inf.* iv. 88.
Sovranza.	Non a guisa che l' uomo all' uom *sovranza*[3]	*Par.* xx. 97.
Sovvegna.	se vuoi ch' io ti *sovvegna*, Dimmi chi sei	*Inf.* xxxiii. 115.
Sovvenir.	favella, Che mi fa *sovvenir* del mondo antico	*Inf.* xviii. 54.
Sovvenne.	esso, che altra volta mi *sovvenne* Ad altro forse[4]	*Inf.* xvii. 94.
	ritenne... me tanto... Che di mia confession non mi *sovvenne*	*Par.* iii. 9.
Sovvenni.	Della mia compagnia costui *sovvenni*	*Purg.* i. 54.
	E mentre che di là per me si stette, Io li *sovvenni*	*Purg.* xxii. 86.
Sozza.	Sì che il sangue facea la faccia *sozza*	*Inf.* xxviii. 105.
	la faccia... Di quella *sozza* e[5] scapigliata fante	*Inf.* xviii. 130.
	E quella *sozza* imagine di froda Sen venne	*Inf.* xvii. 7.
	sozza mistura Dell' ombre e della pioggia	*Inf.* vi. 100.
Sozze.	E parranno a ciascun l' opere *sozze* Del barba	*Par.* xix. 136.

[1] m' assottiglio.   [2] un.   [3] sopranza.   [4] alto forte.   [5] sozza.

Sozzi. La sconoscente vita, che i fe' *sozzi*... li fa bruni . . . . . *Inf.* vii. 53.
Sozzo. M' andava io per l' aere amaro e *sozzo*, Ascoltando . . . *Purg.* xvi. 13.
    da equar sarebbe nulla Al modo della nona bolgia *sozzo* . . . *Inf.* xxviii. 21.
Spada. ed è giunta la *spada* Col pastorale . . . . *Purg.* xvi. 109.
    La *spada* di quassù non taglia in fretta, Nè tardo . . . . . . *Par.* xxii. 16.
    Ed una *spada* nuda aveva in mano, Che rifletteva i raggi . . *Purg.* ix. 82.
    torcete... Tal che fia[1] nato a cingersi la *spada* . . . . *Par.* viii. 146.
    in sua vita Fece col senno assai e con la *spada* . . . . *Inf.* xvi. 39.
    l' altro... Con una *spada* lucida ed acuta . . . . *Purg.* xxix. 140.
    mira colui con quella *spada* in mano, Che vien dinanzi . . . *Inf.* iv. 86.
    non si sfregia Del pregio della borsa e della *spada* . . . . . *Purg.* viii. 129.
    Sette P nella fronte mi descrisse Col punton della *spada* . . *Purg.* ix. 113.
    al taglio della *spada* Rimettendo ciascun di questa risma . . *Inf.* xxviii. 38.
    Chè pianger ti convien per altra *spada* . . . . *Purg.* xxx. 57.
    O Saul, come in sulla propria *spada* Quivi parevi morto! . . *Purg.* xii. 40.
Spade. quegli stolti Che furon come *spade* alle scritture . . . . . *Par.* xiii. 128.
    molte volte taglia Più e meglio una che le cinque *spade* . . . *Par.* xvi. 72.
    vidi... scender giue Due angeli con due *spade* affocate . . . *Purg.* viii. 26.
    Già si solea con le *spade* far guerra; Ma or si fa . . . . . . *Par.* xviii. 127.
Spagna. il viver molle Di quel di *Spagna*, e di quel di Buemme. *Par.* xix. 125.
    L' un lito e l' altro vidi infin la *Spagna*, Fin nel Morrocco . *Inf.* xxvi. 103.
    In ver la *Spagna* rivolse lo stuolo Poi ver Durazzo . . . . . *Par.* vi. 64.
Spago. avere inteso al cuoio ed allo *spago* Ora vorrebbe . . . . *Inf.* xx. 119.
Spaldi. Passammo tra i martiri e gli alti *spaldi* . . . . *Inf.* ix. 133.
Spalla. non trasmuti carco alla sua *spalla* Per suo arbitrio . . . *Par.* v. 55.
    E l' un sofferia l' altro con la *spalla*, E tutti... eran sofferti . *Purg.* xiii. 59.
    s' aggiungieno... Sopr' esso il mezzo di ciascuna *spalla* . . *Inf.* xxxiv. 41.
Spallacce. Io m' assettai in su quelle *spallacce* . . . . *Inf.* xvii. 91.
Spalle. Quando Annibal co' suoi diede le *spalle* . . . . *Inf.* xxxi. 117.
    E quel che più ti graverà le *spalle* Sarà la compagnia . . . . *Par.* xvii. 61.
    scorgeva... Le *spalle*, e il petto, e del ventre gran parte . . . *Inf.* xxxi. 47.
    veglio, Che tien volte le *spalle* inver Damiata . . . . . . *Inf.* xiv. 104.
    allo estremo Le destre *spalle* volger ci convegna . . . . . *Purg.* xxii. 122.
    Poscia gli volse le novelle *spalle*, E disse all' altro . . . . . *Inf.* xxv. 139.
    colui... Che pria volse le *spalle* al suo fattore . . . . . . *Par.* ix. 128.
    Pure ier mattina le volsi le *spalle* . . . . *Inf.* xv. 52.
    s' incrocicchia, E fa di quello ad un altro arco *spalle* . . . *Inf.* xviii. 102.
    vidi le sue *spalle* Vestite già de' raggi del pianeta . . . . . *Inf.* i. 16.
    stretto m' accostai Tutto gelato alle fidate *spalle* . . . . . . *Purg.* viii. 42.
    il trafisse Là dove il collo alle *spalle* s' annoda . . . . . . *Inf.* xxiv. 99.
    Mira, che ha fatto petto delle *spalle* . . . . *Inf.* xx. 37.
    Ora sen va... Lo mio Maestro, ed io dopo le *spalle* . . . . *Inf.* x. 3.
    gente, che dopo Le nostre *spalle* a noi era già volta . . . *Purg.* xviii. 90.
    Sopra le *spalle*, dietro dalla coppa... gli giacea un draco . *Inf.* xxv. 22.
    Qual sopra il ventre, e qual sopra le *spalle*... giacea . . . . *Inf.* xxix. 67.
    dalla gota Porge la barba in sulle *spalle* brune . . . . . . *Inf.* xx. 107.
Spanda. viene, E, per dolor, non par lagrima *spanda* . . . . . *Inf.* xviii. 84.
    senza alcuno scotto Di pentimento che lagrime *spanda* . . . *Purg.* xxx. 145.
    La maggior valle in che l' acqua si *spanda* . . . . *Par.* ix. 82.
    esser non puote Che per diversi salti non si *spanda* . . . . *Par.* xi. 126.
Spande. Produce e *spande* il maledetto fiore . . . . *Par.* ix. 130.
    e quella fonte Che *spande* di parlar sì largo fiume . . . . . *Inf.* i. 80.
    sei sì grande... E per l' Inferno il tuo nome si *spande* . . . *Inf.* xxvi. 3.
Spandessi. perch' io *spandessi* L' acqua di fuor . . . . *Par.* xxiv. 56.

---

[1] fu.

| SPANDEVA | 676 | SPECCHIO |

Spandeva. E si *spandeva* per le foglie suso . . . . *Purg.* xxii. 138.
Spanna. giudicar... Con la veduta corta d' una *spanna* . . . . . *Par.* xix. 81.
Spanne. E il Duca mio distese le sue *spanne* . . . . *Inf.* vi. 25.
Spargo. A descriver lor forme più non *spargo* Rime . . . . . . *Purg.* xxix. 97.
Sparì. Così *sparì*; ed io su mi levai Senza parlare . . . . *Purg.* i. 109.
Spariti. non... potuto dirsi Tosto così, com' ei furo *spariti* . . . *Inf.* xvi. 89.
Sparito. altro polo, Là onde il carro già era *sparito* . . . . . . *Purg.* i. 30.
Sparse. Là dove il suo Fattore il sangue *sparse* . . . . *Purg.* xxvii. 2.
Sparser. Calisto ed Urbano *Sparser* lo sangue . . . . *Par.* xxvii. 45.
Sparso. Visto m' avresti di livore *sparso* . . . . *Purg.* xiv. 84.
Sparte. Chè tra gli avelli fiamme erano *sparte* . . . . *Inf.* ix. 118.
 raunai le fronde *sparte* E rende' le a colui . . . . *Inf.* xiv. 2.
 Non però dal lor esser dritto *sparte* Tanto . . . . *Purg.* xxviii. 13.
 Ambo le mani in sull' erbetta *sparte*... il mio Maestro pose . *Purg.* i. 124.
 Vedea Timbreo... Mirar le membra de' Giganti *sparte* . . . *Purg.* xii. 33.
 membra in ch' io Rinchiusa fui, e sono in terra[1] *sparte* . . . *Purg.* xxxi. 51.
 Ed a quel mezzo, con le penne *sparte*, Vidi... Angeli . . . . *Par.* xxxi. 130.
Sparti. Gli uomini poi, che intorno erano *sparti*, S' accolsero . . *Inf.* xx. 88.
Sparto. Sopra seguiva il settimo sì *sparto* Già di larghezza . . . *Par.* xxviii. 31.
Sparvier. Ma l' altro fu bene *sparvier* grifagno . . . . *Inf.* xxii. 139.
 E cuce sì, come a *sparvier* selvaggio Si fa . . . . *Purg.* xiii. 71.
Spaurato. Se voi volete... Ricominciò lo *spaurato* appresso . . . *Inf.* xxii. 98.
Spaventate. Come fan bestie *spaventate* e poltre . . . . *Purg.* xxiv. 135.
 Tra questa... copia Correvan genti nude e *spaventate* . . . *Inf.* xxiv. 92.
Spaventato. Come fa l' uom che *spaventato* agghiaccia[2] . . . *Purg.* ix. 42.
Spaventi. La vostra... pena Di palesarvi a me non vi *spaventi* . *Inf.* xxix. 108.
Spavento. dello *spavento* La mente di sudore ancor mi bagna . . *Inf.* iii. 131.
 E già venia... Un fracasso d' un suon pien di *spavento* . . . *Inf.* ix. 65.
 pien di *spavento* Nel porta un carro . . . . *Purg.* xii. 47.
Spazia. Quale allodetta che in aere si *spazia* . . . . *Par.* xx. 73.
 il ciel... Ch' è pien d' amore e più ampio si *spazia* . . . . *Purg.* xxvi. 63.
 men caro, Se oltre promissíon teco si *spazia* . . . . *Purg.* xxviii. 138.
 Ed io : per mezza Toscana si *spazia* Un fiumicel . . . . . . *Purg.* xiv. 16.
 Del lume che per tutto il ciel si *spazia* Noi semo accesi . . *Par.* v. 118.
 il ver... Di fuor dal qual nessun vero si *spazia* . . . . . . *Par.* iv. 126.
Spazio. Lo *spazio* dentro a lor quattro contenne Un carro . . . . *Purg.* xxix. 106.
 mill' anni, ch' è più corto *Spazio* all' eterno . . . . *Purg.* xi. 107.
 S' io avessi, lettor, più lungo *spazio* Da scrivere . . . . . . *Purg.* xxxiii. 136.
 Vidi messer Marchese, ch' ebbe *spazio* Già di bere . . . . . *Purg.* xxiv. 31.
 Forse in tre voli tanto *spazio* prese Disfrenata saetta . . . . *Purg.* xxxii. 34.
Spazzo. Lo *spazzo* era un' arena arida e spessa . . . . *Inf.* xiv. 13.
 E non pure una volta, questo *spazzo* Girando . . . . *Purg.* xxiii. 70.
1. Specchi. Ti stea un lume che i tre *specchi* accenda . . . . . *Par.* ii. 101.
 Tre *specchi* prenderai, e due rimovi Da te d' un modo . . . *Par.* ii. 97.
 E fa di quegli *specchi*[3] alla figura, Che... sarà parvente . . . *Par.* xxi. 17.
 Su sono *specchi*, voi dicete Troni, Onde rifulge a noi Dio . . *Par.* ix. 61.
2. Specchi. Mi disse : perchè tanto in noi ti *specchi*? . . . . . *Inf.* xxxii. 54.
Specchia. E come clivo in acqua di suo imo Si *specchia* . . . . *Par.* xxx. 110.
 Se non come dal viso, in che si *specchia*, Nave . . . . . . *Par.* xvii. 41.
Specchiai. Ch' io mi *specchiai*[4] in esso quale io paio . . . . . *Purg.* ix. 96.
Specchiarsi. Vidi *specchiarsi* in più di mille soglie . . . . . . *Par.* xxx. 113.
Specchiati. Quelle stimando *specchiati* sembianti . . . . *Par.* iii. 20.
Specchiato. raggiare aduna, Quasi *specchiato* . . . . *Par.* xiii. 59.
Specchio. Quale a raggio di sole *specchio* d' oro . . . . *Par.* xvii. 123.

[1] e che son terra.   [2] accaccia; ha caccia.   [3] specchio.   [4] specchiava.

Specchio.	E come *specchio* l' uno all' altro rende	*Purg.* xv. 75.
	E fa di quegli *specchio*[1] alla figura, Che... sarà parvente	*Par.* xxi. 17.
	altro reame La divina giustizia fa suo *specchio*	*Par.* xix. 29.
	E per leccar lo *specchio* di Narcisso, Non vorresti	*Inf.* xxx. 128.
	Per piacermi allo *specchio* qui m' adorno	*Purg.* xxvii. 103.
	Guizza dentro allo *specchio* vostra image	*Purg.* xxv. 26.
	Come quando dall' acqua o dallo *specchio* Salta lo raggio	*Purg.* xv. 16.
	venir dallo *specchio* La donna sua senza il volto[2] dipinto	*Par.* xv. 113.
	Come in lo *specchio* il sol, non altrimenti... raggiava . . .	*Purg.* xxxi. 121.
	rendea... S' io riguardava in lei, come *specchio* anco . . .	*Purg.* xxix. 69.
	Come in lo *specchio*[3] fiamma di doppiero Vede colui . . .	*Par.* xxviii. 4.
	se... Fossero in compagnia di quello *specchio*	*Purg.* iv. 62.
	alla figura, Che in questo *specchio* ti sarà parvente . . .	*Par.* xxi. 18.
	Già si godeva solo del suo verbo Quello *specchio*[4] beato . .	*Par.* xviii. 2.
*****Spece.**	mercè del loco Fatto per proprio dell' umana *spece* . .	*Par.* i. 57.
Specie.	L' umana *specie* eccede ogni contento Da quel ciel . .	*Inf.* ii. 77.
	Onde l' umana *specie* inferma giacque Giù	*Par.* vii. 28.
	L' umana *specie* tanto amaro gusta	*Par.* xxxii. 123.
	Bestemmiavano Iddio e lor parenti, L' umana *specie* . . .	*Inf.* iii. 104.
	legno, Secondo *specie*, meglio e peggio frutta	*Par.* xiii. 71.
Specifica.	*Specifica* virtù ha in sè colletta	*Purg.* xviii. 51.
Speculi.	poscia che tanti *Speculi* fatti s' ha	*Par.* xxix. 144.
Spedali.	Qual dolor fora, se degli *spedali* Di Valdichiana . . .	*Inf.* xxix. 46.
Spedia.	Lo piè senza la man non si *spedia*	*Inf.* xxvi. 18.
Spedita.	si mostrò *spedita* L' anima santa di metter la trama	*Par.* xvii. 100.
Spediti.	si mosse per li Lochi *spediti* pur lungo la roccia	*Purg.* xx. 5.
Spedito.	Con atto e voce di *spedito*[5] duce Ricominciò	*Par.* xxx. 37.
*****Spegli.**	per far migliori *spegli* Ancor degli occhi	*Par.* xxx. 85.
*****Speglio.**	veglio, Che... Roma guata[6] sì come suo *speglio* . . .	*Inf.* xiv. 105.
	Perch' io la veggio nel verace *speglio* Che fa di sè	*Par.* xxvi. 106.
	minori e grandi Di questa vita miran nello *speglio*	*Par.* xv. 62.
Spegne.	E sopra loro ogni vapor si *spegne*	*Inf.* xiv. 142.
Spelonca.	Ebbe trai bianchi marmi la *spelonca* Per sua dimora	*Inf.* xx. 49.
Spelonche.	Le mura, che soleano esser badia, Fatte sono *spelonche*	*Par.* xxii. 77.
Spelta.	Quivi germoglia come gran di *spelta*	*Inf.* xiii. 99.
Speme.	*Speme*... è uno attender certo Della gloria futura	*Par.* xxv. 67.
	Inclita vita... Fa risonar la *speme* in questa altezza . . .	*Par.* xxv. 31.
	prega pur di questo; Sarebbe dunque loro *speme* vana? . .	*Purg.* vi. 32.
	La *speme* che laggiù bene innamora... conforte	*Par.* xxv. 44.
	E tu ferma la *speme*, dolce figlio	*Purg.* iii. 66.
	tornò all' ossa, E ciò di viva *speme* fu mercede	*Par.* xx. 108.
	Di viva *speme*, che mise la[7] possa Ne' preghi fatti	*Par.* xx. 109.
	sol di tanto offesi, Che senza *speme* vivemo in disio . . .	*Inf.* iv. 42.
Spendere.	troppo aprir l' ali Potean le mani a *spendere*	*Purg.* xxii. 44.
Spendio.	guerci Sì... Che con misura nullo *spendio* ferci . . .	*Inf.* vii. 42.
*****Spene.**	credenza, Sopra la qual si fonda l' alta *spene*	*Par.* xxiv. 74.
	natura... Dispregia, poichè in altro pon la *spene*	*Inf.* xi. 111.
	del passare innanzi Dovessiti così spogliar la *spene*	*Purg.* xxxi. 27.
Spennar.	le reni Sentì *spennar* per la scaldata cera	*Inf.* xvii. 110.
Spense.	avarizia *spense* a ciascun bene Lo nostro amore	*Purg.* xix. 121.
	Della fulgida fiamma che lo *spense* Uscì un spiro	*Par.* xxvi. 2.
	Come Almeone, che... la propria madre *spense*	*Par.* iv. 104.
	Caina attende chi[8] vita ci *spense*	*Inf.* v. 107.

[1] *specchi.* [2] viso. [3] in ispecchio. [4] spirto.
[5] *d' espedito.* [6] guarda. [7] sua. [8] chi 'n.

SPENSE	678	**SPERANZA**

Spense. il sol corcar, per l' ombra che si *spense*, Sentimmo . . . *Purg.* xxvii. 68.
la voce si mosse, e pria si *spense*, Che... fosse dischiusa . . *Purg.* xxxi. 8.
Spensi. guardata Da quell' ira bestial ch' io ora *spensi* . . . . . *Inf.* xii. 33.
Spenta. quel che tu... Di' ch' è rimaso della gente *spenta* . . . . *Purg.* xvi. 134.
La lingua ch' io parlai fu tutta *spenta* Innanzi assai . . . . *Par.* xxvi. 124.
e vidi *spenta* Ogni veduta, fuor che della fiera . . . . *Inf.* xvii. 113.
Tal era io, con voglia accesa e *spenta* Di domandar . . . . . *Purg.* xxv. 13.
Spente. che tosto sieno *spente*... le cinque piaghe . . . . *Purg.* xv. 79.
Spenti. sì che *spenti* Nel tuo disio già sono tre ardori . . . . . . *Par.* xxix. 47.
prendon sì... Che gli altri mi sarian carboni *spenti* . . . . . *Inf.* xx. 102.
segnata... Tra sette e sette tuoi figliuoli *spenti* . . . . *Purg.* xii. 39.
Tanto... attenti... Che gli altri sensi m' eran tutti *spenti* . . *Purg.* xxxii. 3.
Spento. L' un l' altro ha *spento*; ed è giunta la spada . . . . . *Purg.* xvi. 109.
Indi la valle, come il·dì fu *spento*... coperse Di nebbia . . . *Purg.* v. 115.
lungo il Verde, Dov' ei le trasmutò a lume *spento* . . . . . *Purg.* iii. 132.
il qual per vero Fu *spento* dal figliastro su nel mondo . . . . *Inf.* xii. 112.
Ma poi che il suspicar[1] fu tutto *spento*, Piangendo disse . . . *Inf.* x. 57.
questo chi move? Non è quaggiù ogni vapore *spento*? . . . *Inf.* xxxiii. 105.
Mentr' io dubbiava per lo viso *spento*... Uscì un spiro . . . . *Par.* xxvi. 1.
1. Spera. La *spera* ottava vi dimostra molti Lumi . . . . *Par.* ii. 64.
la *spera* Del sol debilemente entra per essi . . . . *Purg.* xvii. 5.
Qui si mostraron, non perchè sortita Sia questa *spera* lor . . *Par.* iv. 38.
e farai dia Più la *spera* suprema, perchè gli[2] entre . . . . . *Par.* xxiii. 108.
Con l' altre... lieta Volve sua *spera*, e beata si gode . . . *Inf.* vii. 96.
per lo tuo... affetto Da quella bella *spera* mi disleghe . . . . *Par.* xxiv. 30.
Ma se l' amor della *spera* suprema Torcesse... disiderio . . *Purg.* xv. 52.
nè perchè aggi, Anima degna, il grado della *spera* . . . . . *Par.* v. 128.
s' accende Di tutto il lume della *spera* nostra . . . . *Par.* iii. 111.
Quanto... par della *spera*, Che sempre... scherza . . . . . . *Purg.* xv. 2.
Indi si mosse un lume verso noi Di quella *spera*[3] . . . . . *Par.* xxv. 14.
le tue voglie... Ten porti, che son nate in questa *spera* . . . *Par.* ix. 110.
son Piccarda, Che... Beata sono in la *spera* più tarda . . . *Par.* iii. 51.
Tu hai li piedi in su picciola *spera* Che l' altra faccia fa . . . *Inf.* xxxiv. 116.
il tuo... disio S' adempierà in sull' ultima *spera* . . . . . . *Par.* xxii. 62.
2. Spera. per esser suo vicin soppresso, *Spera* eccellenza . . . . *Purg.* xvii. 116.
E quel che *spera* ogni fedel, com' io . . . . *Par.* xxvi. 60.
si ricrea Nel tempio... E *spera* già ridir com' ello stea . . . *Par.* xxxi. 45.
Matto è chi *spera* che nostra ragione Possa trascorrer . . . . *Purg.* iii. 34.
S' egli ama bene, e bene *spera*, e crede, Non t' è occulto . . *Par.* xxiv. 40.
Tu li vedrai tra quella gente vana Che *spera* in Talamone . *Purg.* xiii. 152.
Speran. son contenti Nel fuoco, perchè *speran* di venire . . . . *Inf.* i. 119.
Sperando. disiando Altro vorria, e *sperando* s' appaga . . . . . *Par.* xxiii. 15.
Speranza. Nulla *speranza* gli conforta mai, Non che di posa . . *Inf.* v. 44.
E la *speranza* di costor non falla, Se ben si guarda . . . . . *Purg.* vi. 35.
li cui soffriri E giustizia e *speranza* fan men duri . . . . . *Purg.* xix. 77.
Mentre che la *speranza* ha fior del verde . . . . *Purg.* iii. 135.
che tu diche Quello che la *speranza* ti promette . . . . . *Par.* xxv. 87.
Poi riede, e la *speranza* ringavagna, Veggendo il mondo . . *Inf.* xxiv. 12.
O Donna, in cui la mia *speranza* vige, E che soffristi . . . . *Par.* xxxi. 79.
diretro a quel condotto, Che *speranza* mi dava, e facea lume . *Purg.* iv. 30.
del primo grado, Che sol per pena ha la *speranza* cionca . . *Inf.* ix. 18.
Questi non hanno *speranza* di morte . . . . *Inf.* iii. 46.
Lasciate ogni *speranza*, voi ch' entrate . . . . *Inf.* iii. 9.
tanto di gravezza... Ch' io perdei la *speranza* dell' altezza . *Inf.* i. 54.

---

[1] sospicar. [2] li. [3] schiera.

Speranza.	violenza pate Da caldo amore, e da viva *speranza*	*Par.* xx. 95.
	pur con la *speranza* Si fece la mia sete men digiuna	*Purg.* xxi. 38.
	La Chiesa... alcun figliuolo Non ha con più *speranza*	*Par.* xxv. 53.
	e lo spirito lasso Conforta e ciba di *speranza* buona	*Inf.* viii. 107.
	e giuso... Sei di *speranza* fontana vivace	*Par.* xxxiii. 12.
	e perderagli Più di *speranza*, che a trovar la Diana	*Purg.* xiii. 153.
Sperar.	Sì che a bene *sperar* m' era cagione... L' ora del tempo	*Inf.* i. 41.
	Correvan genti... Senza *sperar* pertugio o elitropia	*Inf.* xxiv. 93.
Sperate.	Fede è sustanzia di cose *sperate*, Ed argomento	*Par.* xxiv. 64.
Speravi.	cantaro Di subito: in te, Domine, *speravi*	*Purg.* xxx. 83.
Spere.	anime liete Si fero *spere* sopra fissi poli	*Par.* xxiv. 11.
	e tutto il frutto Ricolto del girar di queste *spere*	*Par.* xxiii. 21.
	l' alta Corte santa Risonò per le *spere* un: Dio laudamo	*Par.* xxiv. 113.
	Col viso ritornai per tutte e quante Le sette *spere*	*Par.* xxii. 134.
Sperent.	*Sperent*[1] in te, nella sua[2] teodia Dice	*Par.* xxv. 73.
	E prima... *Sperent* in te, di sopra noi s' udì	*Par.* xxv. 98.
Sperga.	Guardando perchè fiera non lo *sperga*	*Purg.* xxvii. 84.
Spergiuro.	Ricorditi, *spergiuro*, del cavallo, Rispose quel	*Inf.* xxx. 118.
Speri.	più che tu non *speri* S' appressa un sasso	*Inf.* xxiii. 133.
Spermentar.	Nostra virtù... Non *spermentar*	*Purg.* xi. 20.
Sperne.	La divina bontà, che da sè *sperne* Ogni livore	*Par.* vii. 64.
Spersi.	Perchè non siete voi del mondo *spersi?*	*Inf.* xxxiii. 153.
Sperto.	seconda, Pronto e libente, in quello[3] ch' egli è *sperto*[4]	*Par.* xxv. 65.
Sperule.	E vidi cento *sperule*, che insieme Più s' abbellivan	*Par.* xxii. 23.
Spesa.	altra *spesa* mi strigne Tanto, che... non posso esser largo.	*Purg.* xxix. 98.
	Satisfar non si può con altra *spesa*	*Par.* v. 63.
Spese.	trammene Stricca, Che seppe far le temperate *spese*	*Inf.* xxix. 126.
Speso.	E del cammin del sole assai più *speso*	*Purg.* xii. 74.
Spessa.	Lo spazzo era un' arena arida e *spessa*	*Inf.* xiv. 13.
	dentro e dintorno La divina foresta *spessa* e viva	*Purg.* xxviii. 2.
	Non scese mai con sì veloce moto Foco di *spessa* nube	*Purg.* xxxii. 110.
	nube... Lucida, *spessa*, solida, e polita, Quasi adamante	*Par.* ii. 32.
	per divina arte Bollia laggiuso una pegola *spessa*	*Inf.* xxi. 17.
	Tal era io in quella turba *spessa*, Volgendo a loro	*Purg.* vi. 10.
Spesse.	*Spesse* fiate fu tacito e desto Trovato in terra	*Par.* xii. 76.
	Spesse.fiate m' intronan gli orecchi, Gridando	*Inf.* xvii. 71.
	Spesse fiate ragioniam del monte	*Purg.* xxii. 104.
	Già fur le genti sue dentro più *spesse*	*Inf.* xx. 94.
	Nuvole *spesse* non paion, nè rade, Nè coruscar	*Purg.* xxi. 49.
	Cotal vantaggio ha... Che *spesse* volte l' anima ci cade	*Inf.* xxxiii. 125.
	Caco, Che... Di sangue fece *spesse* volte laco	*Inf.* xxv. 27.
	maggior cura, Che *spesse* volte la memoria priva	*Purg.* xxxiii. 125.
Spessi.	passavam la selva... La selva dico di spiriti *spessi*	*Inf.* iv. 66.
	il caldo ha rose Le temperanze dei vapori *spessi*	*Par.* v. 135.
	quando i vapori umidi e *spessi* A diradar cominciansi	*Purg.* xvii. 4.
1. Spesso.	tremolava un lampo Subito e *spesso*	*Par.* xxv. 81.
	Quando il vapor, che il porta, più è *spesso*	*Par.* xxviii. 24.
2. Spesso.	Se l' occhio o il tatto *spesso* non l' accende[5]	*Purg.* viii. 78.
	e *spesso* il buon Maestro Diceva: guarda; giovi	*Purg.* xxvi. 2.
	sì ver noi, Ch' io dirizzava *spesso* il viso in vano	*Purg.* ix. 84.
	rimovea quel aer... Menando la sinistra innanzi *spesso*	*Inf.* ix. 83.
	Come ciascun menava *spesso* il morso Dell' unghie	*Inf.* xxix. 79.
	Di quelle pietre, che *spesso* moviensi Sotto i miei piedi	*Inf.* xii. 29.
	per lo quale io piango *spesso* Le mie peccata	*Par.* xxii. 107.

[1] Sperino.   [2] tua; nell' alta.   [3] quel.   [4] esperto.   [5] nol raccende.

Spesso.	Sì *spesso* vien chi vicenda consegue	*Inf.* vii. 90.
	fanno... schermo; Volgonsi *spesso* i miseri profani	*Inf.* vi. 21.
Spezial.	quell' amor... Di che la fede *spezial* si cria	*Inf.* xi. 63.
Spezie.	*Vedi* **Specie.**	
Spezza.	E, sì com' uom che suo parlar non *spezza*	*Par.* v. 17.
	poscia che tanti Speculi fatti s' ha, in che si *spezza*	*Par.* xxix. 144.
	fa letizia, Perchè puo sostener che non si *spezza*	*Par.* xvi. 21.
Spezzate.	sì forte... Che *spezzate* averian ritorte e strambe	*Inf.* xix. 27.
Spezzato.	perocchè giace Tutto *spezzato* al fondo l' arco sesto	*Inf.* xxi. 108.
Spezzerà.	Ond' ei repente *spezzerà* la nebbia	*Inf.* xxiv. 149.
Spia.	Ed io te ne sarò or vera *spia*	*Purg.* xvi. 84.
Spiace.	perchè frode è dell' uom proprio male, Più *spiace* a Dio	*Inf.* xi. 26.
	Chè[1] perder tempo a chi più sa più *spiace*	*Purg.* iii. 78.
Spiacente.	pena, Che s' altra è maggio, nulla è sì *spiacente*	*Inf.* vi. 48.
Spiacenti.	cattivi A Dio *spiacenti* ed ai nemici sui	*Inf.* iii. 63.
Spiacer.	una valle... Che infin lassù facea *spiacer* suo lezzo	*Inf.* x. 136.
Spiar.	Forse a *spiar*[2] lor via e lor fortuna	*Purg.* xxvi. 36.
Spicca.	seguaci Alla passion da che ciascun si *spicca*	*Purg.* xxi. 107.
Spicchi.	A dir chi è, pria che di qui si *spicchi*	*Inf.* xxx. 36.
Spiccia.	*spiccia* Fuor della selva un picciol fiumicello	*Inf.* xiv. 76.
	com' egli incontra Che una rana rimane ed altra *spiccia*	*Inf.* xxii. 33.
	fiammeggiante, Come sangue che fuor di vena *spiccia*	*Purg.* ix. 102.
Spiega.	sua bontate Multiplicata per le stelle *spiega*	*Par.* ii. 137.
	apprensiva... Tragge intenzione, e dentro a voi la *spiega*	*Purg.* xviii. 23.
	e dinne... S' alcuna mai da tai membra si *spiega*	*Inf.* xiii. 90.
	dinanzi dagli occhi Rete si *spiega* indarno o si saetta	*Purg.* xxxi. 63.
	Or si *spiega*, figliuolo, or si distende La virtù	*Purg.* xxv. 58.
Spieghi.	Ma da ch' è tuo voler che più si *spieghi*	*Purg.* i. 55.
Spiego.	scoppio Dentro a un dubbio, s' io non me ne *spiego*	*Purg.* xvi. 54.
Spietata.	si partì... Per la *spietata* e perfida noverca	*Par.* xvii. 47.
Spietate.	Poi che le ardite femmine *spietate*... a morte dienno	*Inf.* xviii. 89.
Spietati.	Quivi si piangon li *spietati* danni	*Inf.* xii. 106.
	come assonnaro Gli occhi *spietati*, udendo di Siringa	*Purg.* xxxii. 65.
Spietato.	Per non perder pietà si fe' *spietato*	*Par.* iv. 105.
Spiga.	Se non mi credi, pon mente alla *spiga*	*Purg.* xvi. 113.
Spigolar.	quando sogna Di *spigolar* sovente la villana	*Inf.* xxxii. 33.
Spigoli.	fur... distorti Gli *spigoli* di quella regge sacra	*Purg.* ix. 134.
Spine.	aperta... impruna Con una forcatella di sue *spine*	*Purg.* iv. 20.
	e tocca l' onda Sotto Sibilia Caino e le *spine*	*Inf.* xx. 126.
†Spingava.	Forte *spingava* con ambo le piote	*Inf.* xix. 120.
Spira.	E la cornice *spira* fiato in suso, Che la reflette	*Purg.* xxv. 113.
	Questa palude, che il gran puzzo *spira*, Cinge d' intorno	*Inf.* ix. 31.
	s' aggira... Come la rena quando a[3] turbo *spira*	*Inf.* iii. 30.
	Come quando una grossa nebbia *spira*	*Inf.* xxxiv. 4.
	tua cura Sè stessa lega sì, che fuor non *spira*	*Par.* iv. 18.
	Spira di tale amor, che tutto il mondo Laggiù ne gola	*Par.* x. 110.
	Ma vostra[4] vita senza mezzo *spira* La somma beninanza	*Par.* vii. 142.
	io mi son un che, quando Amor mi *spira*, noto	*Purg.* xxiv. 53.
	si liqua Sempre l' amor che drittamente *spira*	*Par.* xv. 2.
	Minerva *spira*, e conducemi Apollo, E nove[5] Muse	*Par.* ii. 8.
	e *spira* Spirito nuovo di virtù repleto	*Purg.* xxv. 71.
	Entra nel petto mio, e *spira* tue Sì	*Par.* i. 19.
	la sazia, Mostrando come *spira* e come figlia	*Par.* x. 51.
	l' amore Che l' uno e l' altro eternalmente *spira*	*Par.* x. 2.

[1] Chè 'l.   [2] *ad espiar.*   [3] 'l.   [4] nostra.   [5] nuove.

Spira.	Chè la viva giustizia che mi *spira* Gli concedette	*Par.* vi. 88.
	giro L' alta letizia che *spira* del ventre	*Par.* xxiii. 104.
	s' io fossi fuggito... Ancor sarei di là dove si *spira*	*Purg.* v. 81.
Spirando.	Tu che, *spirando*, vai veggendo i morti	*Inf.* xxviii. 131.
	e porti gli occhi sciolti... e *spirando* ragioni	*Purg.* xiii. 132.
	Solvetemi, *spirando*, il gran digiuno Che... m' ha tenuto	*Par.* xix. 25.
Spirar.	Come s' avviva allo *spirar* dei venti Carbone	*Par.* xvi. 28.
Spirare.	accorte, Per lo *spirare*, ch' io era ancor vivo	*Purg.* ii. 68.
Spirarmi.	A Dio... piacque di *spirarmi*[1] L' alto lavoro	*Par.* vi. 23.
Spirava.	In quella luce onde *spirava* questo	*Par.* xxiv. 54.
Spire.	Lo ministro maggior... si girava per le *spire*	*Par.* x. 32.
Spiri.	la virtù... Dai beati motor convien che *spiri*	*Par.* ii. 129.
	Pur che la terra, che perde ombra, *spiri*	*Purg.* xxx. 89.
	parea foco Che quinci e quindi egualmente si *spiri*	*Par.* xxxiii. 120.
Spirital.	Ed innanzi alla sua *spirital* corte	*Par.* xi. 61.
Spiritale.	Ch' è moto *spiritale*, e mai non posa	*Purg.* xviii. 32.
Spiritali.	O *spiritali* o altre discipline	*Purg.* xxiii. 105.
	ha vedute Le vite *spiritali* ad una ad una	*Par.* xxxiii. 24.
Spiriti.	dinanzi ad essi, *Spiriti* umani non eran salvati	*Inf.* iv. 63.
	Colà diritto... Mi fur mostrati gli *spiriti* magni	*Inf.* iv. 119.
	sentisti... li pii *Spiriti* per lo monte render lode	*Purg.* xxi. 71.
	volar furon sentiti, Non però visti, *spiriti*	*Purg.* xiii. 26.
	tu non dimandi Che *spiriti* son questi che tu vedi?	*Inf.* iv. 32.
	Chè tutti questi son *spiriti*[2] assolti Prima ch' avesser	*Par.* xxxii. 44.
	Spiriti son beati, che giù, prima Che venissero	*Par.* xviii. 31.
	Mentre che sì parlava... E tre *spiriti* venner sotto noi	*Inf.* xxv. 35.
	O ben finiti, o già *spiriti* eletti, Virgilio incominciò	*Purg.* iii. 73.
	il veglio... Gridando: che è ciò, *spiriti* lenti?	*Purg.* ii. 120.
	ma se a voi piace... *spiriti* ben nati, Voi dite	*Purg.* v. 60.
	Come subito lampo che discetti Gli *spiriti* visivi	*Par.* xxx. 47.
	Cerbero... Graffia gli *spiriti*,[2] scuoia,[3] ed isquatra	*Inf.* vi. 18.
	E come gli stornei ne portan... Così quel fiato gli *spiriti* mali.	*Inf.* v. 42.
	Vedrai gli antichi *spiriti* dolenti	*Inf.* i. 116.
	Ch' assai illustri *spiriti* vedrai, Se... l' aspetto[4] ridui	*Par.* xxii. 20.
	passavam la selva... La selva dico di *spiriti* spessi	*Inf.* iv. 66.
	senza alcun labore Seguiva in su gli *spiriti* veloci	*Purg.* xxii. 9.
Spirito.	quello *spirito* che attende... l' orlo della vita	*Purg.* xi. 127.
	Questi è divino *spirito*, che ne la Via... ne drizza	*Purg.* xvii. 55.
	Quinci si mosse *spirito* a nomarlo Del possessivo	*Par.* xii. 68.
	quel secondo regno, Dove l' umano *spirito* si purga	*Purg.* i. 5.
	Deh... Seguitò il terzo *spirito* al secondo	*Purg.* v. 132.
	E lo *spirito* mio, che già cotanto Tempo era stato	*Purg.* xxx. 34.
	E 'l fiorentino *spirito* bizzarro In se medesmo si volgea	*Inf.* viii. 62.
	O ben creato *spirito*, che a' rai Di vita eterna... senti	*Par.* iii. 37.
	mi richiedi, *Spirito* eletto, se tu vuoi ch' io mova	*Purg.* xiii. 143.
	Spirito incarcerato, ancor ti piaccia Di dirne	*Inf.* xiii. 87.
	con lutto, *Spirito* maledetto, ti rimani	*Inf.* viii. 38.
	O santo patre, *spirito* che vedi Ciò che credesti sì	*Par.* xxiv. 124.
	e lo *spirito* lasso Conforta e ciba di speranza buona	*Inf.* viii. 106.
	Lo giel... *Spirito* ed acqua fessi, e con angoscia... uscì	*Purg.* xxx. 98.
	Perch' io pregai lo *spirito*[5] più avaccio Che mi dicesse	*Inf.* x. 116.
	e spira *Spirito* nuovo di virtù repleto	*Purg.* xxv. 72.
	Al Padre, al Figlio, allo *Spirito* Santo Cominciò	*Par.* xxvii. 1.
	Colui... Fu il cantor dello *Spirito* Santo	*Par.* xx. 38.

[1] *d' inspirarmi*. [2] spirti. [3] gli scuoia. [4] la vista. [5] *spirto*.

Spirito. si quetaron quei lucenti incendi Dello *Spirito* Santo . . *Par.* xix. 101.
solo infiammati Son nel piacer dello *Spirito* Santo . . . . . *Par.* iii. 53.
la larga ploia Dello *Spirito* Santo... È sillogismo . . . . . *Par.* xxiv. 92.
è scritto in molti lati Dagli scrittor dello *Spirito* Santo . . . *Par.* xxix. 41.
Ciò ch' io dicea di quell' unica sposa Dello *Spirito* Santo . . *Purg.* xx. 98.
e venne il gran vasello Dello *Spirito* Santo . . . . *Par.* xxi. 128.
abate Gioacchino, Di *spirito* profetico dotato . . . . *Par.* xii. 141.
Spiritu. Beati pauperes *spiritu*, voci Cantaron sì . . . . *Purg.* xii. 110.
Spiro. Vedi oltre fiammeggiar l' ardente *spiro* D' Isidoro . . . . *Par.* x. 130.
Della fulgida fiamma... Uscì un *spiro* che mi fece attento . . *Par.* xxvi. 3.
Poscia... Alla mia Donna dirizzò lo *spiro* . . . . *Par.* xxiv. 32.
differentemente... Per sentir più e men l' eterno *spiro* . . . *Par.* iv. 36.
redimita Fu per Onorio dall' eterno *spiro* La... voglia . . *Par.* xi. 98.
O vero isfavillar del santo *spiro*, Come si fece subito! . . . *Par.* xiv. 76.
dolce mischio, Che si facea del¹ suon del trino *spiro* . . . . *Par.* xxv. 132.
Spirò. Indi *spirò*: l' amore ond' io avvampo Ancor . . . . . . *Par.* xxv. 82.
Indi *spirò*: senz' essermi profferta... la voglia tua . . . . . *Par.* xxvi. 103.
Così *spirò* da quell' amore acceso; Indi soggiunse . . . . . *Par.* xxiv. 82.
Spirti. Che quegli *spirti* che mo t' appariro . . . . *Par.* iv. 32.
Ch' era a veder... Languir gli *spirti* per diverse biche . . . *Inf.* xxix. 66.
Così due *spirti*, l' uno all' altro chini, Ragionavan . . . . . *Purg.* xiv. 7.
E il Duca... Disse: dentro da' fochi son gli *spirti* . . . . . *Inf.* xxvi. 47.
Quei sono *spirti*, Maestro, ch' i' odo? Diss' io . . . . . *Purg.* xvi. 22.
Chè tutti questi son *spirti*² assolti Prima ch' avesser . . . . *Par.* xxxii. 44.
Graffia gli *spirti*, gli scuoia,³ ed isquatra . . . . *Inf.* vi. 18.
La bufera infernal... Mena li *spirti* con la sua rapina . . . . *Inf.* v. 32.
Ed ora intendo mostrar quegli *spirti* Che purgan sè . . . *Purg.* i. 65.
E vidi *spirti* per la fiamma andando . . . . *Purg.* xxv. 124.
si correda Dei buoni *spirti*, che son stati attivi . . . . . *Par.* vi. 113.
cantato da ciascuno Di quegli *spirti* con tal melodia . . . . *Par.* xiv. 32.
E più di cento *spirti* entro sediero . . . . *Purg.* ii. 45.
Così da un di quegli *spirti* pii Detto mi fu . . . . *Par.* v. 121.
Ed un di quegli *spirti* disse: vieni Diretro a noi . . . . . *Purg.* xviii. 113.
Tutti son pien di *spirti* maledetti . . . . *Inf.* xi. 19.
Spirto. s' ammenta Di ciò, che vero *spirto* mi disnoda . . . . *Purg.* xiv. 57.
Mentre che l' uno *spirto* questo disse, L' altro piangeva . . *Inf.* v. 139.
Chè non è *spirto* che per l' aer vada . . . . *Inf.* xii. 96.
scriveste, Poichè l' ardente *Spirto* vi fece almi . . . . *Par.* xxiv. 138.
Tanto fu dolce mio vocale *spirto*, Che... mi trasse Roma . . *Purg.* xxi. 88.
Giunse lo *spirto* al suo principio cose Ch' io non intesi . . . *Par.* xv. 38.
Già si godeva solo del suo verbo Quello *spirto*⁴ beato . . . . *Par.* xviii. 2.
Credo che un *spirto* del mio sangue pianga La colpa . . . *Inf.* xxix. 20.
Per che lo *spirto*, che di pria parlòmi, Ricominciò . . . . . *Purg.* xiv. 76.
Era io di là, rispose quello *spirto*, Famoso assai . . . . . . *Purg.* xxi. 86.
Per che lo *spirto* tutto storse i piedi . . . . *Inf.* xix. 64.
sì dolce nota, Che il ben disposto *spirto* d' amor turge . . . *Par.* x. 144.
Che volle dir lo *spirto* di Romagna? . . . . *Purg.* xv. 44.
Dicendo: *spirto*, in cui pianger matura Quel . . . . *Purg.* xix. 91.
Spirto, diss' io, che per salir ti dome... Fammiti conto . . . *Purg.* xiii. 103.
e tuo veder s' inluia, Diss' io, beato *spirto* . . . . *Par.* ix. 74.
metti al mio voler tosto compenso, Beato *spirto*, dissi . . . *Par.* ix. 20.
forse che tu ti maravigli, Antico *spirto*, del rider . . . . . . *Purg.* xxi. 122.
questi ch' io ti scerno Col dito (ed additò un *spirto* innanzi). *Purg.* xxvi. 116.
flailli, Ch' ave'no *spirto* sol di pensier santi . . . . *Par.* xx. 15.

¹ nel.   ² *spiriti*.   ³ *spiriti, scuoia*.   ⁴ *specchio*.

SPIRTO 683 SPONDA

Spirto. perchè mi scerpi? Non hai tu *spirto* di pietate alcuno? . *Inf.* xiii. 36.
Perch' io pregai lo *spirto*[1] più avaccio Che mi dicesse . . . *Inf.* x. 116.
mi fece entrar... Per trarne un *spirto* del cerchio di Giuda . *Inf.* ix. 27.
ebb' io esperienza... Udendo quello *spirto* ed ammirando . . *Purg.* iv. 14.
Per tutti i cerchi... Non vidi *spirto* in Dio tanto superbo . . *Inf.* xxv. 14.
Quando di carne a *spirto* era salita . . . . *Purg.* xxx. 127.
E simigliante... Segue allo *spirto* sua forma novella . . . . *Purg.* xxv. 99.
Chè col peggiore *spirto* di Romagna Trovai un tal di voi . . *Inf.* xxxiii. 154.
E il lume d' uno *spirto* che in pensieri Gravi... parve . . . . *Par.* x. 134.
io mi trassi oltre per aver contezza Di quello *spirto* . . . . *Purg.* xx. 30.
si dissonna Per lo *spirto* visivo che ricorre . . . . *Par.* xxvi. 71.
Splende. Cotanto ancor ne *splende* il sommo Duce . . . . *Inf.* x. 102.
la bellezza mia... Se non si temperasse, tanto *splende* . . . . *Par.* xxi. 10.
Sì che ogni parte ad ogni parte *splende* . . . . *Inf.* vii. 75.
Splendesse. Non credo che *splendesse* tanto lume . . . . . . *Purg.* xxviii. 64.
Splendeva. L' acqua *splendeva*[2] dal sinistro fianco, E rendea . . *Purg.* xxix. 67.
Appresso uscì della luce profonda, Che lì *splendeva* . . . . *Par.* xxiv. 89.
E quel durando più e più *splendeva* . . . . *Purg.* xxix. 20.
Splendido. Come rimane *splendido* e sereno L' emisperio . . . . *Par.* xxviii. 79.
Splendor. Che lo *splendor* degli occhi suoi ridenti . . . . . . *Par.* x. 62.
Non è se non *splendor* di quella idea Che partorisce . . . . *Par.* xiii. 53.
E dico ch' un *splendor* mi squarciò il velo Del sonno . . . . *Purg.* xxxii. 71.
tanto vince... Quanto primo *splendor* quel ch' ei[3] refuse . . . *Par.* xii. 9.
ricorre Allo *splendor* che va di gonna in gonna . . . . . . *Par.* xxvi. 72.
Similemente agli *splendor* mondani Ordinò general ministra . *Inf.* vii. 77.
M' apparvero *splendor* dentro a due raggi . . . . *Par.* xiv. 95.
Vidi anco per li gradi scender giuso Tanti *splendor* . . . . *Par.* xxi. 32.
E quest' altro *splendor*, che ti si mostra . . . . *Par.* iii. 109.
Splendore. ma perchè suo *splendore* Potesse... dir . . . . . . *Par.* xxix. 14.
Nè lo interporsi... Impediva la vista e lo *splendore* . . . . . *Par.* xxxi. 21.
gravar la fronte Allo *splendore* assai più che di prima . . . *Purg.* xv. 11.
in terra fue Di cherubica luce uno *splendore* . . . . *Par.* xi. 39.
Così vid' io lo schiarato *splendore* Venire ai due . . . . . . *Par.* xxv. 106.
Noi sem levati al settimo *splendore* . . . . *Par.* xxi. 13.
Splendori. E già, per gli *splendori* antelucani... fuggian . . . *Purg.* xxvii. 109.
Sì vid' io ben più di mille *splendori* Trarsi ver. noi . . . . . *Par.* v. 103.
Ed ecco un altro di quegli *splendori* Ver me si fece . . . . . *Par.* ix. 13.
Vid' io così più turbe di *splendori*, Folgorati di su . . . . . *Par.* xxiii. 82.
tanti modi... Quanti son gli *splendori* a che s' appaia . . . *Par.* xxix. 138.
Spoglia. tu ne vestisti Queste misere carni, e tu le *spoglia* . . . *Inf.* xxxiii. 63.
senza termine si doglia Chi... quell' amor si *spoglia* . . . . *Par.* xv. 12.
Spogliar. del passare... Dovessiti così *spogliar* la spene . . . . *Purg.* xxxi. 27.
Spogliarvi. Correte al monte a *spogliarvi* lo scoglio . . . . . *Purg.* ii. 122.
Spoglie. la lunga guerra Che dell' anella fe' sì alte *spoglie* . . . *Inf.* xxviii. 11.
Del folle Acan... Come furò le *spoglie* . . . . *Purg.* xx. 110.
infin che il ramo Vede[4] alla terra tutte le sue *spoglie* . . . . *Inf.* iii. 114.
Come l' altre, verrem per nostre *spoglie* . . . . *Inf.* xiii. 103.
Spola. sen giva Sopr' esso l' acqua, lieve come *spola*[5] . . . . *Purg.* xxxi. 96.
la tela Onde non trasse infino a co la *spola* . . . . *Par.* iii. 96.
Spolpa. Di giorno in giorno più di ben si *spolpa* . . . . *Purg.* xxiv. 80.
*Spoltre. Omai convien che tu così ti *spoltre* . . . . *Inf.* xxiv. 46.
Sponda. cader si puote, Perchè da nulla *sponda* s' inghirlanda . *Purg.* xiii. 81.
i fiori... A rimpetto di me dall' altra *sponda* . . . . *Purg.* xxix. 89.
Dall' altra *sponda* vanno verso il monte . . . . *Inf.* xviii. 33.

[1] spirito.   [2] imprendea.   [3] che.   [4] Rende.   [5] scola; stola.

Sponda. Ed alquanto di lungi dalla *sponda* La gittò . . . . . . *Inf.* xvi. 113.
Dalla sua *sponda*, ove confina il vano, Al piè . . . . *Purg.* x. 22.
E l' altro scese in l' opposita *sponda* . . . . *Purg.* viii. 32.
In sulla *sponda* del carro sinistra... Vidi la Donna . . . . *Purg.* xxx. 61.
Più e più appressando in ver la *sponda*, Fuggiémi errore . . *Inf.* xxxi. 38.
Sponde. Un fracasso Per cui tremavano ambo e due le *sponde* . . *Inf.* ix. 66.
Sponesti. quell' ospizio, Ove *sponesti* il tuo portato santo . . . . *Purg.* xx. 24.
Sponsa. Veni, *sponsa*, de Libano, cantando, Gridò tre volte . . . *Purg.* xxx. 11.
Sponsalizie. Poichè le *sponsalizie* fur compiute . . . . *Par.* xii. 61.
Sporge. Che l' atto suo per tempo non si *sporge* . . . . *Par.* x. 39.
Sporgo. Per che con gli occhi in giù la testa *sporgo* . . . . . . *Inf.* xvii. 120.
Sporse. E la terra che pria di qua si *sporse* . . . . *Inf.* xxxiv. 122.
Sporte. Quivi pregava con le mani *sporte* Federico Novello . . . *Purg.* vi. 16.
Sposa. andasse ver lo suo diletto La *sposa* di colui . . . . . . *Par.* xi. 32.
o padre antico, A cui ciascuna *sposa* è figlia e nuro . . . . . *Par.* xxvi. 93.
Assuero, Ester sua *sposa* e il giusto Mardocheo . . . . . . *Purg.* xvii. 29.
di cui si legge, Che succedette[1] a Nino e fu sua *sposa* . . . . *Inf.* v. 59.
Non fu la *sposa* di Cristo allevata Del sangue mio . . . . . *Par.* xxvii. 40.
scalzasi Silvestro Dietro allo sposo; sì la *sposa* piace . . . . *Par.* xi. 84.
ne chiami Nell' ora che la *sposa* di Dio surge . . . . *Par.* x. 140.
tenne l' aspetto, Pur come *sposa*, tacita ed immota . . . . . *Par.* xxv. 111.
la milizia santa, Che nel suo sangue Cristo fece *sposa* . . . *Par.* xxxi. 3.
E, com' è detto, a sua *sposa* soccorse Con due campioni . . . *Par.* xii. 43.
vide tutt' i tempi gravi... della bella *sposa* . . . . *Par.* xxxii. 128.
Ciò ch' io dicea di quell' unica *sposa* Dello Spirito Santo . . *Purg.* xx. 97.
1. Spose. cose... che di bontate Deono essere *spose* . . . . *Inf.* xix. 3.
sì tardi, Che foran vinte da novelle *spose* . . . . *Purg.* xxix. 60.
2. Spose. Quivi soavemente *spose* il carco . . . . *Inf.* xix. 130.
Sposo. la sposa... surge A mattinar lo *sposo* perchè l' ami . . . *Par.* x. 141.
scalzasi Silvestro Dietro allo *sposo;* sì la sposa piace . . *Par.* xi. 84.
si veggh̀i e dorma Con quello *sposo* ch' ogni voto accetta . . *Par.* iii. 101.
Sposò. al fondo, che divora Lucifero con Guida, ci *sposò* . . . *Inf.* xxxi. 143.
Spranga. Con legno legno mai *spranga* non cinse Forte così . . *Inf.* xxxii. 49.
Sprazzo. dello *sprazzo* Che si distende su per la verdura . . . *Purg.* xxiii. 68.
Spregiando. E chi, *spregiando* Dio, col cor favella . . . . . . *Inf.* xi. 51.
bestemmiando quella, E *spregiando* natura e sua bontade . . *Inf.* xi. 48.
Sprona. Secondo l' affezion ch' a dir ci *sprona* . . . . *Purg.* xx. 119.
E pronti sono... Chè la divina giustizia gli *sprona* . . . . *Inf.* iii. 125.
Non spermentar... Ma libera da lui, che sì la *sprona* . . . *Purg.* xi. 21.
Cagion mi *sprona*, ch' io mercè ne chiami . . . . *Purg.* xxix. 39.
Ben veggio, padre mio, sì come *sprona* Lo tempo verso me . *Par.* xvii. 106.
Spronaron. Sì mi *spronaron* le parole sue . . . . *Purg.* iv. 49.
1. Sproni. fella, Per non esser corretta dagli *sproni* . . . . . . *Purg.* vi. 95.
2. Sproni. cupidigia... Che sì ci *sproni* nella vita corta . . . . *Inf.* xii. 50.
Spugna. Trassi dell' acqua non sazia la *spugna* . . . . *Purg.* xx. 3.
Spuola. le triste che lasciaron l' ago, La *spuola* e il fuso . . . *Inf.* xx. 122.
Sputa. E l' altro dietro a lui parlando *sputa* . . . . *Inf.* xxv. 138.
Squaderna. Ciò che per l' universo si *squaderna* . . . . *Par.* xxxiii. 87.
Squadro. Gridando: togli, Iddio, chè a te le *squadro* . . . . *Inf.* xxv. 3.
Squama. cagione... Di lor magrezza e di lor trista *squama* . . . *Purg.* xxiii. 39.
Squarcia. così si *squarcia* La bocca tua per suo[2] mal . . . . . *Inf.* xxx. 124.
Squarciata. Parrebbe nube che *squarciata* tuona . . . . *Par.* xxiii. 99.
Squarciò. sonno, Che del futuro mi *squarciò* il velame . . . . *Inf.* xxxiii. 27.
E dico ch' un splendor mi *squarciò* il velo Del sonno . . . *Purg.* xxxii. 71.

[1] sugger dette. [2] dir.

Squilla. d' amore Punge, se ode *squilla* di lontano . . . . *Purg.* viii. 5.
Squilli. Poser silenzio agli angelici *squilli* . . . . *Par.* xx. 18.
Sta. Non *sta* d' un modo, e però... più e men traluce . . . . . . *Par.* xiii. 68.
    Questo decreto, frate, *sta* sepulto Agli occhi di ciascuno . . *Par.* vii. 58.
    Ravenna *sta*, come stata è molti anni . . . . *Inf.* xxvii. 40.
    Sta come torre ferma,[1] che non crolla Giammai la cima . . . *Purg.* v. 14.
    Dentro dal monte *sta* dritto un gran veglio . . . . *Inf.* xiv. 103.
    E *sta* in su quel, più che in su l' altro, eretto . . . . *Inf.* xiv. 111.
    Veggiono... Surger per via che poco le *sta* bruna . . . . . . *Purg.* xix. 6.
    Però ti *sta*, chè tu se' ben punito . . . . *Inf.* xix. 97.
    E come a gracidar si *sta* la rana Col muso fuor . . . . *Inf.* xxxii. 31.
    Ma quella, ond' io aspetto il come e il quando... si *sta* . . . *Par.* xxi. 47.
Stabiliti. La quale e il quale... Fur *stabiliti* per lo loco santo . . *Inf.* ii. 23.
Stabilito. Chè per eterna legge è *stabilito* Quantunque vedi . . . *Par.* xxxii. 55.
Stadera. sì... Ch' alla vostra *stadera*[2] non sien parvi . . . . . . *Par.* iv. 138.
Stagione. L' ora del tempo e la dolce *stagione* . . . . *Inf.* i. 43.
Stagliata. A piè[3] a piè della *stagliata* rocca . . . . *Inf.* xvii. 134.
Stagna. si bagna... Dell' acqua che nel detto lago *stagna* . . . *Inf.* xx. 66.
    Sì come ad Arli, ove Rodano *stagna*, Sì come a Pola . . . . *Inf.* ix. 112.
Stagno. e qual sia quello *stagno*, Tu il vederai . . . . *Inf.* xiv. 119.
    ed ambo e due Cadder nel mezzo del bogliente *stagno* . . . *Inf.* xxii. 141.
Stai. O Padre nostro, che nei cieli *stai*, Non circonscritto! . . . *Purg.* xi. 1.
    mal creata plebe, Che *stai* nel loco, onde 'l parlare è duro! . *Inf.* xxxii. 14.
    ti *stai* nascosta Dentro alla tua letizia . . . . *Par.* xxi. 55.
Staio. E Galli, e quei che arrossan per lo *staio* . . . . *Par.* xvi. 105.
Stalla. compia... Ciò che dee satisfar chi qui si *stallo* . . . . . *Purg.* vi. 39.
Stallo. ciascun sentimento Cessato avesse del mio so *stallo* . *Inf.* xxxiii. 102.
Staman. le... stelle Che vedevi *staman* son di là basse . . . . . *Purg.* viii. 92.
Stamane. per entro i lochi tristi Venni *stamane* . . . . *Purg.* viii. 59.
Stampa. ella esca Segnata bene della interna *stampa* . . . . . . *Par.* xvii. 9.
    segnato della *stampa* Nel suo aspetto di quel dritto zelo . . *Purg.* viii. 82.
Stan. si riga, Sì che i suoi arbuscelli *stan* più vivi . . . . . . *Par.* xii. 105.
    frode... Più spiace a Dio; e però *stan* di sutto Gli frodolenti. *Inf.* xi. 26.
    E come... *Stan* li[4] ranocchi pur col muso fuori . . . . *Inf.* xxii. 26.
Stanca. Ma per lo peso quella gente *stanca* Venia sì pian . . . . *Inf.* xxiii. 70.
    una gente dipinta... e nel sembiante *stanca* e vinta . . . . . *Inf.* xxiii. 60.
    e discendemmo a mano *stanca* Laggiù nel fondo . . . . . . *Inf.* xix. 41.
    Tal mi fec' io, di mia virtute *stanca* . . . . *Inf.* ii. 130.
Stancato. Io *stancato*, ed ambo e due incerti Di nostra via . . . *Purg.* x. 19.
Stanche. di queste anime *stanche* Non poterebbe farne posar una.*Inf.* vii. 65.
    a dir di Sardigna Le lingue lor non si sentono *stanche* . . . *Inf.* xxii. 90.
1. **Stanchi.** In picciol corso mi pareano *stanchi* . . . . *Inf.* xxxiii. 34.
2. **Stanchi.** O s' egli *stanchi* gli altri a muta a muta . . . . . *Inf.* xiv. 55.
    Se Giove *stanchi* il suo fabbro, da cui... prese la folgore . . *Inf.* xiv. 52.
    impossibil veggio Che la natura, in quel ch' è uopo, *stanchi* . *Par.* viii. 114.
Stanco. E *stanco* chi il pesasse ad oncia ad oncia . . . . . . *Par.* ix. 57.
    S' esser vuoi lieto assai prima che *stanco* . . . . *Par.* x. 24.
Stancò. Nè si *stancò* d' avermi a se distretto . . . . *Inf.* xix. 127.
Stando. coloro Che... Si fanno grassi *stando* a consistoro . . . *Par.* xvi. 114.
    Ella, pur ferma in sulla detta[5] coscia Del carro *stando* . . . *Purg.* xxx. 101.
Stanno. Altre *stanno*[6] a giacere, altre *stanno* erte . . . . . . *Inf.* xxxiv. 13.
    escon... Ad una, a due, a tre, e l' altre *stanno* Timidette . . *Purg.* iii. 80.
    Come tal volta *stanno* a riva i burchi . . . . *Inf.* xvii. 19.
    li ciechi... *Stanno* ai perdoni a chieder lor bisogna . . . . . *Purg.* xiii. 62.

---

[1] fermo.   [2] *statera*.   [3] piede.   [4] *Stanno i*.   [5] destra.   [6] *sono*.

STANNO 686 STATE

Stanno. Tal mi fec' io... quai son color che *stanno*... scornati . . *Inf.* xix. 58.
Sempre dinanzi a lui ne *stanno* molte . . . . *Inf.* v. 13.
Io vidi... quel... Là dove i peccatori *stanno* freschi . . . . . *Inf.* xxxii. 117.
Socrate e Platone, Che innanzi agli altri più presso gli *stanno Inf.* iv. 135.
in semicircoli si *stanno* Quei ch' a Cristo venuto . . . . . . *Par.* xxxij. 26.
Chè tutte queste a simil pena *stanno* Per simil colpa . . . . *Inf.* vi. 56.
E come... *Stanno* i[1] ranocchi pur col muso fuori . . . . . . *Inf.* xxii. 26.
Li ruscelletti... Sempre mi *stanno* innanzi, e non indarno . . *Inf.* xxx. 67.
Ed ora in te non *stanno* senza guerra Li vivi tuoi . . . . . . *Purg.* vi. 82.
Se i piè si *stanno*, non stea tuo sermone . . . . *Purg.* xvii. 84.
Stannosi. Con gli occhi a terra, *stannosi* ascoltando . . . . . . *Purg.* xxxi. 65.
Stante. Ed or s' accoscia, ed ora è in piede *stante* . . . . *Inf.* xviii. 132.
diviso, E[2] per sè *stante*, alcuno esser dal primo . . . . . . *Purg.* xvii. 110.
Stanza. Chè la tua *stanza* mio pianger disagia . . . . *Purg.* xix. 140.
Stanzi. Ma il fatto è d' altra forma che non *stanzi* . . . . *Purg.* vi. 54.
Ahi Pistoia, Pistoia, chè non *stanzi* D' incenerarti ? . . . . *Inf.* xxv. 10.
Star. *Star* gli convien da questa ripa in fuore . . . . *Purg.* iii. 138.
Li colombi... Subitamente lasciano *star* l' esca . . . . *Purg.* ii. 128.
Ciò che in grembo a Benaco *star* non può . . . . *Inf.* xx. 74.
E così puote *star* con quel che credi Del primo padre . . . *Par.* xiii. 110.
mi maravigliava, Quando vedea la cosa in sè *star* queta . . *Purg.* xxvi. 125.
Quando mi vide *star* pur fermo e duro... disse . . . . *Purg.* xxvii. 34.
e disse : come ? Volemci *star* di qua ? indi sorrise . . . *Purg.* xxvii. 44.
stavano... Com' uom per negligenza a *star* si pone . . . . . *Purg.* iv. 105.
L' un poco sopra noi a *star* si venne . . . . *Purg.* viii. 31.
Femmina sola... Non sofferse di *star* sotto alcun velo . . . *Purg.* xxix. 27.
crucciasse Lui che di poco *star* m' avea monito[3] . . . . . . *Inf.* xvii. 77.
Ed io, temendo nol più *star* crucciasse Lui . . . . *Inf.* xvii. 76.
Già ogni stella cade... e il troppo *star* si vieta . . . . . . *Inf.* vii. 99.
Forse m' avresti ancor lo *star* dimesso . . . . *Inf.* xxix. 15.
Starà. più... Ch' ei non *starà* piantato coi piè rossi . . . . . . *Inf.* xix. 81.
Staranno. regi, Che qui *staranno* come porci in brago . . . . . *Inf.* viii. 50.
Stare. immagina Sion Con questo monte in sulla terra *stare* . . . *Purg.* iv. 69.
Lasciamlo *stare*, e non parliamo a voto . . . . *Inf.* xxxi. 79.
Chè l' occhio *stare* aperto non sofferse . . . . *Purg.* xvi. 7.
nè però piùe Mosse la vista sua di *stare* attenta . . . . . . *Par.* xxv. 116.
per non *stare* indarno, Reddissi al frutto dell'... erba . . . *Par.* xi. 104.
Qual negligenza, quale *stare* è questo ? Correte al monte . . *Purg.* ii. 121.
sì... Che dello *stare* a piangere eran vaghe . . . . *Inf.* xxix. 3.
Starebbe. Sì si *starebbe* un agno intra due brame . . . . *Par.* iv. 4.
Sì si *starebbe* un cane intra due dame . . . . *Par.* iv. 6.
Staremo. E quanto fia piacer... Tanto *staremo* immobili e distesi. *Purg.* xix. 126.
Staria. Questa fiamma *staria* senza più scosse . . . . *Inf.* xxvii. 63.
Starmi. mi facea Libito il[4] non udire, e *starmi* muto . . . . . *Par.* xxxi. 42.
Starsi. torna' io, e vidi quella pia Sopra me *starsi* . . . . *Purg.* xxxii. 83.
Stassi. Come a guardar, chi va dubbiando, *stassi* . . . . *Purg.* iii. 72.
Stata. Se la tua audienza è *stata* attenta . . . . *Par.* xi. 134.
Sotto il qual, se devota fosse *stata*, Avrei... sentite . . . . *Purg.* xxix. 28.
Poi, come gente *stata* sotto larve, Che pare altro . . . . . . *Par.* xxx. 91.
Se la gente... Non fosse *stata* a Cesare noverca . . . . . . *Par.* xvi. 59.
Ravenna sta, come *stata* è molti anni . . . . *Inf.* xxvii. 40.
Qual fora *stata* al fallo degna scusa ? . . . . *Purg.* x. 6.
1. **State.** Che muta parte dalla *state* al verno . . . . *Inf.* xxvii. 51.
E suol di *state* talora esser grama . . . . *Inf.* xx. 81.

[1] Stan li. [2] Nè. [3] ammonito. [4] Libito.

| STATE | 687 | STAVA |

State. Non altrimenti fan di *state* i cani, Or col ceffo or coi[1] piè . *Inf.* xvii. 49.
2. State. Perocchè nella terza bolgia *state* . . . . *Inf.* xix. 6.
    State contenti, umana gente, al quia . . . . *Purg.* iii. 37.
    Ma Barbariccia... disse : *state* in là, mentr' io lo inforco . . *Inf.* xxii. 60.
    dovrebb' esser... più pia, Se *state* fossim' anime di serpi . . *Inf.* xiii. 39.
    le carni e l' ossa Fossero *state* di smeraldo fatte . . . . . . *Purg.* xxix. 125.
    Le capre, *state* rapide e proterve Sopra le cime . . . . . . *Purg.* xxvii. 77.
    parti... che son *state* cimiterio Alla milizia . . . . *Par.* ix. 140.
Statera. sì... Ch' alla vostra *statera*[2] non sien parvi . . . . . . *Par.* iv. 138.
Stati. Poi s' appiccar, come di calda cera Fossero *stati* . . . . . *Inf.* xxv. 62.
    E, se *stati* non fossero acqua d' Elsa Li pensier vani . . . . *Purg.* xxxiii. 67.
    si correda Dei buoni spirti, che son *stati* attivi . . . . *Par.* vi. 113.
1. Stato. sicure D' aver, quando che sia, di pace *stato* . . . . . *Purg.* xxvi. 54.
    poetaro L' età dell' oro e suo *stato* felice . . . . *Purg.* xxviii. 140.
    s' altri nol ci apporta, Nulla sapem di vostro *stato* umano . . *Inf.* x. 105.
    Rispose : io era nuovo in questo *stato*, Quando ci vidi venire. *Inf.* iv. 52.
    a mill' anni Nello *stato* primaio non si rinselva . . . . *Purg.* xiv. 66.
    E quella... Tra tirannia si vive e *stato* franco . . . . *Inf.* xxvii. 54.
2. Stato. Non esser duro più ch' altri sia *stato* . . . . *Inf.* xxvii. 56.
    Per che, se ciò ch' ho detto è *stato* vero, Esser dovrien . . . *Par.* vii. 128.
    Come il falcon ch' è *stato* assai sull' ali... Discende lasso . . *Inf.* xvii. 127.
    Chè, s' io fossi giù *stato*, io ti mostrava Di mio amor . . . . *Par.* viii. 56.
    S' io fussi *stato* dal foco coperto, Gittato mi sarei . . . . . *Inf.* xvi. 46. .
    Però, s' io son tra quella gente *stato* Che piange . . . . . . *Purg.* xxii. 52.
    Dal quale in qua *stato* gli sono a' crini . . . . *Inf.* xxvii. 117.
    io conobbi Esso litare *stato* accetto e fausto . . . . *Par.* xiv. 93.
    E nessuno era *stato* a vincer Acri, Nè mercatante . . . . . *Inf.* xxvii. 89.
    cotanto Tempo era *stato* che alla sua presenza Non era . . . *Purg.* xxx. 35.
    se più fosse *stato*, Molto sarà di mal, che non sarebbe . . . *Par.* viii. 50.
    se fossi *stato* all' alta guerra De' tuoi fratelli . . . . *Inf.* xxxi. 119.
    Se fosse *stato* lor volere intero, Come tenne Lorenzo . . . . *Par.* iv. 82.
Statuto. sì s' inoltra nell' abisso Dell' eterno *statuto* . . . . . . *Par.* xxi. 95.
Stava. e delle gambe Infino al grosso, e l' altro dentro *stava* . . *Inf.* xix. 24.
    Fuor della fiamma *stava* in sulla riva, E cantava . . . . . . *Purg.* xxvii. 7.
    vid' io l' altr' anima, che volta *Stava* ad udir . . . . *Purg.* xiv. 71.
    Tal parve Anteo a me, che *stava* a bada Di vederlo . . . *Inf.* xxxi. 139.
    seco menarmi, Ove Beatrice *stava* volta a noi . . . . *Purg.* xxxi. 114.
    Beatrice... nell' eterne rote Fissa con gli occhi *stava* . . . . *Par.* i. 65.
    Così la Donna mia si *stava* eretta Ed attenta . . . . *Par.* xxiii. 10.
    Perch' io... *Stava* com' uom che sonnolento vana . . . . . . *Purg.* xviii. 87.
    Io *stava* come il frate che confessa Lo perfido assassin . . . *Inf.* xix. 49.
    Io *stava* come quei che in sè repreme La punta del disio . . *Par.* xxii. 25.
    e *stava* indietro intento, Quando io dissi : Maestro . . . . . *Inf.* xxiii. 20.
    Ben s' avvide il Poeta, ch' io *stava* Stupido . . . . *Purg.* iv. 58.
    Io *stava* sopra il ponte a veder surto . . . . *Inf.* xxvi. 43.
    Lo Duca mio... Mi trasse a sè del loco dov' io *stava* . . . *Inf.* xxi. 24.
    Io mossi i piè del loco dov' io *stava* . . . . *Purg.* x. 70.
    udire Più là alquanto,[3] che là dov' io *stava* . . . . *Purg.* xiii. 98.
    Ed io, che di mirar[4] mi *stava* inteso, Vidi genti . . . . . *Inf.* vii. 109.
    Quali i fanciulli vergognando muti... Tal mi *stava* io . . . . *Purg.* xxxi. 67.
    Da poppa *stava* il celestial nocchiero . . . . *Purg.* ii. 43.
    l' ombra... Surse ver lui del loco ove pria *stava* . . . . . . *Purg.* vi. 73.
    Sì *stava* il sole ; onde il giorno sen giva . . . . *Purg.* xxvii. 5.
    pregai lo spirto... Che mi dicesse chi con lui si *stava*[5] . . . *Inf.* x. 117.

[1] col.   [2] stadera.   [3] Più innanzi.   [4] a rimirar.   [5] *lui stava.*

Stava. Così la fiera pessima si *stava* Sull' orlo . . . . *Inf.* xvii. 23.
Fiorenza... Si *stava* in pace, sobria e pudica . . . . *Par.* xv. 99.
Stavamo. Noi *stavamo*[1] immobili e sospesi, Come i pastor . . . *Purg.* xx. 139.
Stavan. Movendo gli occhi che *stavan* sicuri . . . . *Par.* xv. 15.
occhi rilucenti, Che pur sopra il grifone *stavan* saldi . . . . *Purg.* xxxi. 120.
Sì *stavan* d' ogni parte i peccatori . . . . *Inf.* xxii. 28.
Stavano. Dinanzi agli occhi miei le quattro face *Stavano* accese . *Par.* xxvii. 11.
persone Che si *stavano* all' ombra dietro al sasso . . . . . *Purg.* iv. 104.
Stavi. o anima Lombarda, Come ti *stavi* altera e disdegnosa ! . . *Purg.* vi. 62.
Stavvi. *Stavvi* Minos orribilmente e ringhia . . . . *Inf.* v. 4.
Stazio. a *Stazio* Donnescamente disse : vien con lui . . . . . . *Purg.* xxxiii. 134.
Ecco qui *Stazio*, ed io lui chiamo e prego . . . . *Purg.* xxv. 29.
Se la veduta eterna gli dislego, Rispose *Stazio* . . . . *Purg.* xxv. 32.
Per che Virgilio e *Stazio* ed io ristretti Oltre andavam . . . *Purg.* xxiv. 119.
La bella donna... E *Stazio* ed io seguitavam la rota . . . *Purg.* xxxii. 29.
Queste parole *Stazio* mover fenno Un poco a riso pria . . . *Purg.* xxii. 25.
Stazio la gente ancor di là mi noma . . . . *Purg.* xxi. 91.
Pregando *Stazio* che venisse retro, Che... ci divise . . . . . *Purg.* xxvii. 47.
Stea. come il mio corpo *stea* Nel mondo su, nulla scienza porto . *Inf.* xxxiii. 122.
si ricrea Nel tempio... E spera già ridir com' ello *stea* . . . *Par.* xxxi. 45.
Rivolto ad essi fa che dopo il dosso Ti *stea* un lume . . . . *Par.* ii. 101.
Se i piè si stanno, non *stea* tuo sermone . . . . *Purg.* xvii. 84.
qual prender si suole Quando a cantar con organi si *stea* . . *Purg.* ix. 144.
Stecchi. Non pomi v' eran, ma *stecchi* con tosco . . . . *Inf.* xiii. 6.
Stella. abbelliva di Maria, Come del sole *stella* mattutina . . . *Par.* xxxii. 108.
Già ogni *stella* cade che saliva Quando mi mossi . . . . . . *Inf.* vii. 98.
E se la *stella* si cambiò e rise, Qual mi fec' io ! . . . . . . *Par.* v. 97.
locata con esso, Come *stella* con *stella* si colloca . . . . . *Par.* xxviii. 21.
Questa picciola *stella* si correda Dei buoni spirti . . . . . . *Par.* vi. 112.
Sì che se *stella* buona, o miglior cosa M' ha dato il ben . . . *Inf.* xxvi. 23.
Lucevan gli occhi suoi più che la *stella* . . . . *Inf.* ii. 55.
nella faccia quale Par tremolando mattutina *stella* . . . . *Purg.* xii. 90.
E quale *stella* par quinci più poca, Parrebbe luna . . . . *Par.* xxviii. 19.
Discorre... foco... E pare *stella* che tramuti loco . . . . . . *Par.* xv. 16.
Comincia a farsi tal, che alcuna *stella* Perde . . . . *Par.* xxx. 5.
si dilata... E, come *stella* in cielo, in me scintilla . . . . . . *Par.* xxiv. 147.
E, come *stella* in cielo, il ver si vide . . . . *Par.* xxviii. 87.
O dolce *stella*, quali e quante gemme Mi dimostraro ! . . . . *Par.* xviii. 115.
se tu segui tua *stella*, Non puoi fallire al[2] glorioso porto . . *Inf.* xv. 55.
voce, che l' ago alla *stella* Parer mi fece in volgermi . . . . *Par.* xii. 29.
Dice che l' alma alla sua *stella* riede . . . . *Par.* iv. 52.
Con miglior corso e con migliore *stella* Esce congiunta . . . *Par.* i. 40.
in Dio grata... Che n' ha congiunti con la prima *stella* . . . *Par.* ii. 30.
qui refulgo, Perchè mi vinse il lume d' esta *stella* . . . . . *Par.* ix. 33.
impresso fue, Nascendo, sì da questa *stella* forte . . . . . . *Par.* xvii. 77.
Per lo candor della temprata *stella* Sesta . . . . *Par.* xviii. 68.
mi dipinse Il quale e il quanto della viva *stella* . . . . . . *Par.* xxiii. 92.
m' accors' io... Per l' affocato riso della *stella* . . . . *Par.* xiv. 86.
E da costei... Pigliavano il vocabol della *stella* . . . . . . *Par.* viii. 11.
nè pedoni, Nè nave a segno di terra o di *stella* . . . . . . *Inf.* xxii. 12.
O trina luce, che in unica *stella* Scintillando . . . . *Par.* xxxi. 28.
il sole Giunga li suoi corsier sott' altra *stella* . . . . *Purg.* xxxii. 57.
Stellate. sì che... Possano uscire alle *stellate* rote . . . . . . *Purg.* xi. 36.
Stelle. tanto levati... Che le *stelle* apparivan da più lati . . . . *Purg.* xvii. 72.

[1] ci restammo.   [2] a.

STELLE   689   STESSI

Stelle. Si fur girati... Come *stelle* vicine ai fermi poli . . . . . . *Par.* x. 78.
La luna... Facea le *stelle* a noi parer più rade . . . . *Purg.* xviii. 77.
Noi siam[1] qui ninfe, e nel ciel siamo[2] *stelle* . . . . *Purg.* xxxi. 106.
le quattro chiare *stelle* Che vedevi staman . . . . *Purg.* viii. 91.
drizzan ciascun seme, Secondo che le *stelle* son compagne . *Purg.* xxx. 111.
al cielo, Pur là dove le *stelle* son più tarde . . . . *Purg.* viii. 86.
O gloriose *stelle*, o lume pregno Di gran virtù ! . . . . . . *Par.* xxii. 112.
onde a guardar le *stelle*... non gli era la veduta tronca . . . *Inf.* xx. 50.
Quindici *stelle* che in diverse plage Lo cielo avvivan . . . . *Par.* xiii. 4.
volgeva... L' amor che move il sole e l' altre *stelle* . . . . *Par.* xxxiii. 145.
se gl' intelletti Che movon queste *stelle* non son manchi . . *Par.* viii. 110.
se campi... E torni a riveder le belle *stelle* . . . . *Inf.* xvi. 83.
E quindi uscimmo a riveder le *stelle* . . . . *Inf.* xxxiv. 139.
Tutte le *stelle* già dell' altro polo Vedea la notte . . . . . *Inf.* xxvi. 127.
Ma per quel poco vedev' io le *stelle*... più chiare . . . . . *Purg.* xxvii. 89.
veggio... A darne tempo, già *stelle* propinque . . . . *Purg.* xxxiii. 41.
posi mente All' altro polo, e vidi quattro *stelle* . . . . . . *Purg.* i. 23.
Io ritornai... Puro e disposto a salire alle *stelle* . . . . . *Purg.* xxxiii. 145.
ti dà cagione Parer tornarsi l' anime alle *stelle* . . . . . . *Par.* iv. 23.
E il sol montava su[3] con quelle *stelle* Ch' eran con lui . . . . *Inf.* i. 38.
Da molte *stelle* mi vien questa luce . . . . *Par.* xxv. 70.
Giusto giudizio dalle *stelle* caggia Sopra il tuo sangue . . . *Purg.* vi. 100.
la virtù... In queste *stelle*, che intorno a lor vanno . . . . *Par.* vii. 138.
sua bontate Multiplicata per le *stelle* spiega . . . . *Par.* ii. 137.
pianti ed alti guai Risonavan per l' aer senza *stelle* . . . . *Inf.* iii. 23.
Stelo. più tarde, Sì come rota più presso allo *stelo* . . . . . . *Purg.* viii. 87.
quel corno, Che si comincia in punta dello *stelo* . . . . . *Par.* xiii. 11.
Quali i fioretti... Si drizzan tutti aperti in loro *stelo* . . . . *Inf.* ii. 129.
Stemmo. Lo dì e l' altro *stemmo* tutti muti . . . . *Inf.* xxxiii. 65.
***Stempre.** Donna, perchè sì lo *stempre* ? . . . . *Purg.* xxx. 96.
Stenda. Benchè nel quanto tanto non si *stenda* La vista . . . . *Par.* ii. 103.
Stendali. Questi *stendali*[4] dietro eran maggiori Che la mia vista . *Purg.* xxix. 79.
Stende. Che in su si *stende*, e da piè si rattrappa . . . . . . *Inf.* xvi. 136.
fuor del quaderno Della vostra materia non si *stende* . . . . *Par.* xvii. 38.
Tale, dal corno che in destro si *stende*... corse un astro . . *Par.* xv. 19.
Stenderò. A colorare *stenderò* la mano . . . . *Purg.* xxii. 75.
Stenebraron. o quai candele Ti *stenebraron* sì ? . . . . *Purg.* xxii. 62.
Stenta. Ed a tal modo il suocero si *stenta* In questa fossa . . *Inf.* xxiii. 121.
Sterco. giù nel fosso Vidi gente attuffata in uno *sterco* . . . . *Inf.* xviii. 113.
Sterna. in sì distesa lingua... ch' al tuo sentir si *sterna* . . . . *Par.* xi. 24.
Sterne. Tal vero allo intelletto mio *sterne* Colui . . . . *Par.* xxvi. 37.
Sternel. *Sternel* la voce del verace autore, Che dice a Moisè . . *Par.* xxvi. 40.
Sternilmi. *Sternilmi* tu ancora, cominciando L' alto preconio . . *Par.* xxvi. 43.
Sterpi. Uomini fummo, ed or sem fatti *sterpi* . . . . *Inf.* xiii. 37.
Non han sì aspri *sterpi* nè sì folti Quelle fiere . . . . . . *Inf.* xiii. 7.
Chè dentro a questi termini è ripieno Di venenosi *sterpi* . . *Purg.* xiv. 95.
E negli *sterpi* eretici percosse L' impeto suo . . . . *Par.* xii. 100.
Stese. Allora *stese* al legno ambo[5] le mani . . . . *Inf.* viii. 40.
Ciascun di quei candori in su si *stese* Con la sua fiamma[6] . . *Par.* xxiii. 124.
Stessa ; stesse ; stesso. *Sovente.*
Stesse. Perch' io, acciocchè il Duca *stesse* attento . . . . . . *Inf.* xxv. 44.
io dicerei Che meglio *stesse* a te, che a lor, la fretta . . . *Inf.* xv. 18.
***1. Stessi.** Così disse il Maestro ; ed egli *stessi* Mi volse . . . . *Inf.* ix. 58.
Sì come il sol, che si cela egli *stessi* Per troppa luce . . . . *Par.* v. 133.

[1] sem.   [2] semo.   [3] 'n su.   [4] ostendali.   [5] ambe.   [6] cima.

2. Stessi.	fe' segno Ch' io *stessi* cheto ed inchinassi ad esso	*Inf.* ix. 87.
	se dentro... Di questa fiamma *stessi* ben mill' anni	*Purg.* xxvii. 26.
Stette.	Lo Duca *stette* un poco a testa china, Poi disse	*Inf.* xxiii. 139.
	Lo Duca *stette*; ed io dissi a colui Che bestemmiava	*Inf.* xxxii. 85.
	Ma ei non *stette* là con essi guari	*Inf.* viii. 113.
	m' hai tratto... D' alto periglio che incontra mi *stette*	*Inf.* viii. 99.
	scura Fino a costui si *stette* senza invito	*Par.* xi. 66.
	E mentre che di là per me si *stette*, Io li sovvenni	*Purg.* xxii. 85.
Stetter.	Perchè un si mosse, e gli altri *stetter* fermi	*Inf.* xxi. 77.
	si strinser tutti... e *stetter* fermi e stretti	*Purg.* iii. 71.
Stetti.	lasciai la cima Cadere, e *stetti* come l' uom che teme	*Inf.* xiii. 45.
Stien.	Ma *stien* le male branche un poco in cesso	*Inf.* xxii. 100.
Stige.	Fanno Acheronte, *Stige* e Flegetonta	*Inf.* xiv. 116.
	Una palude fa, che ha nome *Stige*, Questo tristo ruscel	*Inf.* vii. 106.
	un, che al passo Passava *Stige* colle piante asciutte	*Inf.* ix. 81.
Stil.	me ritenne Di qua dal dolce *stil* nuovo ch' i' odo	*Purg.* xxiv. 57.
Stile.	da cui io tolsi Lo bello *stile* che m' ha fatto onore	*Inf.* i. 87.
	Qual di pennel fu maestro, o di *stile*, Che ritraesse	*Purg.* xii. 64.
Stilla.	per grazia, che da sì profonda Fontana *stilla*	*Par.* xx. 119.
Stillar.	Tu mi stillasti con lo *stillar* suo	*Par.* xxv. 76.
Stillasti.	Tu mi *stillasti* con lo stillar suo	*Par.* xxv. 76.
Stille.	mia donna, Che mi disseta con le dolci *stille*	*Par.* vii. 12.
*****Stilo.**	E seguitai: come il verace *stilo* Ne scrisse, patre	*Par.* xxiv. 61.
	Non vede più dall' uno all' altro *stilo*	*Purg.* xxiv. 62.
Stima.	sicure A giudicar, sì come quei che *stima* Le biade	*Par.* xiii. 131.
Stimando.	Quelle *stimando* specchiati sembianti	*Par.* iii. 20.
Stimar.	Mi si facean *stimar* veloci e lente	*Par.* xxiv. 18.
Stimativa.	Fin che la *stimativa*[1] nol soccorre	*Par.* xxvi. 75.
Stimava.	più... Che non *stimava* l' animo non sciolto	*Purg.* xii. 75.
Stimin.	Per modo che lo *stimin* lor pastura	*Par.* v. 102.
Stimo.	ond' ei sen gìo Senza parlarmi, sì com' io *stimo*[2]	*Inf.* xxix. 35.
Stimolati.	Erano ignudi e *stimolati* molto Da mosconi	*Inf.* iii. 65.
Stimolo.	Ma vassi... Se di bisogno *stimolo* il trafigge	*Purg.* xxv. 6.
Stingeva.	il vapore Me' si *stingeva*[3] mentre ch' era solo	*Inf.* xiv. 36.
*****Stinghe.**	Sì che ogni sucidume quindi *stinghe*	*Purg.* i. 96.
1. Stipa.	E vidivi entro terribile *stipa* Di serpenti	*Inf.* xxiv. 82.
	In su l' estremità... Venimmo sopra più crudele *stipa*	*Inf.* xi. 3.
2. Stipa.	tante chi *stipa* Nuove travaglie e pene?	*Inf.* vii. 19.
	raffigura Ciò che cela il vapor che l' aere *stipa*	*Inf.* xxxi. 36.
Stizzo.	Come d' un *stizzo* verde, che arso sia	*Inf.* xiii. 40.
	Meleagro Si consumò al consumar d' un *stizzo*[4]	*Purg.* xxv. 23.
Stizzosamente.	Da'[5] ciel piovuti, che *stizzosamente* Dicean	*Inf.* viii. 83.
Sto.	Quivi *sto* io coi parvoli innocenti, Dai denti morsi	*Purg.* vii. 31.
	Quivi *sto* io con quei che le tre sante Virtù non si vestiro	*Purg.* vii. 34.
Stola.	Ed al Maestro suo cangiata *stola*	*Purg.* xxxii. 81.
	per qual privilegio Vanno scoperti della grave *stola*?	*Inf.* xxiii. 90.
Stole.	Con le due *stole* nel beato chiostro Son le due luci	*Par.* xxv. 127.
	mira Quanto è il convento delle bianche *stole*!	*Par.* xxx. 129.
	Là dove tratta delle bianche *stole*... ci manifesta	*Par.* xxv. 95.
Stolta.	Ed ogni permutanza creda[6] *stolta*, Se la cosa dimessa	*Par.* v. 58.
Stoltezza.	Per cui tanta *stoltezza*[7] in terra crebbe	*Par.* xxix. 121.
Stolti.	lascia dir gli *stolti* Che quel di Lemosì credon	*Purg.* xxvi. 119.
	quegli *stolti* Che furon come spade alle scritture	*Par.* xiii. 127.
	faville, Onde gli *stolti* sogliono augurarsi	*Par.* xviii. 102.

[1] *l' estimativa.*   [2] *estimo.*   [3] *stingueva.*   [4] *tizzo.*   [5] *Dal.*   [6] *credi.*   [7] *stoltizia.*

STOLTI 691 STRANI

Stolti. Chè quegli è tra gli *stolti* bene abbasso . . . . *Par.* xiii. 115.
Stoltizia. Per cui tanta *stoltizia*[1] in terra crebbe . . . . *Par.* xxix. 121.
Stolto. e così *stolto* Ritrovar puoi lo gran duca dei Greci . . . . *Par.* v. 68.
Storce. Vedi come si *storce*, e non fa motto . . . . *Inf.* xxxiv. 66.
Storia. mossi i piè... Per avvisar da presso un' altra *storia* . . . *Purg.* x. 71.
    le genti... Commendan lei, ma non seguon la *storia* . . . . *Par.* xix. 18.
    vedea... Un' altra *storia* nella roccia imposta . . . . *Purg.* x. 52.
Storiata. Quivi era *storiata* l' alta gloria . . . . *Purg.* x. 73.
Stormire. Ch' ode le bestie e le frasche *stormire* . . . . *Inf.* xiii. 114.
Stormo. Io vidi già cavalier mover campo, E cominciare *stormo* . *Inf.* xxii. 2.
Stornei. E come gli *stornei* ne portan l' ali . . . . *Inf.* v. 40.
Storpiato. Vedi come *storpiato* è Maometto . . . . *Inf.* xxviii. 31.
Storpio. Ora era onde il salir non volea *storpio* . . . . *Purg.* xxv. 1.
Storse. Quindi *storse*[2] la bocca, e di fuor trasse La lingua . . . . *Inf.* xvii. 74.
    Per che lo spirto tutto *storse* i piedi . . . . *Inf.* xix. 64.
Stracci. Aragne... trista in su gli *stracci* Dell' opera . . . . . . *Purg.* xii. 44.
Stracciando. Sì che, *stracciando*, ne portò un lacerto . . . . . . *Inf.* xxii. 72.
Strada. E se la *strada* lor non fosse torta . . . . *Par.* x. 16.
    Noi aggirammo a tondo quella *strada*, Parlando più assai . . *Inf.* vi. 112.
    E brigavam di soperchiar la *strada* Tanto . . . . *Purg.* xx. 125.
    Due Soli... che l' una e l' altra *strada* Facean vedere . . . . *Purg.* xvi. 107.
    Quando avem volta la dolente *strada* . . . . *Inf.* xxviii. 40.
    la *strada*... Vedrai come a costui convien che vada . . . . . *Purg.* iv. 71.
    andavam... Com' uom che torna alla perduta[3] *strada* . . . *Purg.* i. 119.
    E vidi lui tornare a tutti i lumi Della sua *strada* . . . . . *Par.* xxvi. 122.
    Io non osava scender della *strada* Per andar . . . . *Inf.* xv. 43.
    Onde la traccia vostra è fuor di *strada* . . . . *Par.* viii. 148.
    Un arbor che trovammo in mezza *strada* . . . . *Purg.* xxii. 131.
    Stazio... Che pria per lunga *strada* ci divise . . . . *Purg.* xxvii. 48.
    e fu tal ora Ch' io avrei volut' ir per altra *strada* . . . . . *Inf.* xxxi. 141.
    io movo Li piedi miei per sì selvaggia *strada* . . . . . . *Inf.* xii. 92.
    Poi, rallargati per la *strada* sola... ci portaro oltre . . . . *Purg.* xxiv. 130.
    Così le avria ripinte per la *strada* Ond' eran tratte . . . . *Par.* iv. 85.
    Sol si ritorni per la folle *strada*; Provi se sa . . . . *Inf.* viii. 91.
    Poi si rivolse per la *strada* lorda, E non fe' motto a noi . . . *Inf.* ix. 100.
    O Niobè... Vedeva io te segnata in sulla *strada* . . . . . *Purg.* xii. 38.
    ritorci Gli occhi oramai verso la dritta *strada* . . . . . . *Par.* xxix. 128.
Strade. un piano Solingo più che *strade* per diserti . . . . . . *Purg.* x. 21.
    la possanza Ch' aprì le *strade* intra[4] il cielo e la terra . . . . *Par.* xxiii. 38.
    Quivi conosce prima le sue *strade* . . . . *Purg.* xxv. 87.
    Corneto... Pazzo, Che fecero alle *strade* tanta guerra . . . . *Inf.* xii. 138.
    E correa... per quelle *strade* Che il sole infiamma allor . . . *Purg.* xviii. 79.
Stral. In che lo *stral* di mia intenzion percote . . . . *Par.* xiii. 105.
Strale. è quello *strale* Che l' arco... pria saetta . . . . *Par.* xvii. 56.
    Chiron prese uno *strale*, e con la cocca Fece la barba . . . . *Inf.* xii. 77.
    Ben ti dovevi, per lo primo *strale* Delle cose fallaci . . . . *Purg.* xxxi. 55.
Strali. Lamenti... Che di pietà ferrati avean gli *strali* . . . . *Inf.* xxix. 44.
    Certo non ti dovrien punger gli *strali* D' ammirazione . . . *Par.* ii. 55.
Stralunava. Farfarello, Che *stralunava* gli occhi per ferire . . . *Inf.* xxii. 95.
Strambe. sì forte... Che spezzate averian ritorte e *strambe* . . *Inf.* xix. 27.
Strame. Faccian le bestie Fiesolane *strame* Di lor medesme . . *Inf.* xv. 73.
Strami. Sigieri, Che, leggendo nel vico degli *strami*, Sillogizzò . *Par.* x. 137.
Strani. Fanno lamenti in su gli alberi *strani* . . . . *Inf.* xiii. 15.
    la dottrina che s' asconde Sotto il velame degli versi *strani* . *Inf.* ix. 63.

[1] stoltezza.   [2] *Qui distorse.*   [3] smarrita.   [4] tra.

Straniassi. Ch' io *straniassi* me giammai da voi . . . . *Purg.* xxxiii. 92.
Strano. Acciocchè il fatto men ti paia *strano*, Sappi . . . . . . *Inf.* xxxi. 30.
Strascineremo. Qui le *strascineremo*, e per la mesta Selva . . . *Inf.* xiii. 106.
Strazio. lo *strazio* e il grande scempio... Tale orazion fa far . . *Inf.* x. 85.
    Dopo ciò poco vidi quello *strazio* Far di costui . . . . . . *Inf.* viii. 58.
    Per lo qual non temesti... poi di farne *strazio*? . . . . *Inf.* xix. 57.
    o anime, che giunte Siete a veder lo *strazio* disonesto . . . *Inf.* xiii. 140.
Strega. Vedesti, disse, quella antica *strega*? . . . . *Purg.* xix. 58.
Stregghia. E non vidi giammai menare *stregghia* Da ragazzo . . *Inf.* xxix. 76.
Strema. su per la *strema* testa Di quel settimo cerchio . . . . . *Inf.* xvii. 43.
Stremo. E d' ogni lato ne stringea lo *stremo* . . . . *Purg.* iv. 32.
    scendemmo... E dieci passi femmo in sullo *stremo* . . . . . *Inf.* xvii. 32.
    Vedi **Estremo.**
Strenne. mai non furo *strenne* Che fosser... a queste eguali . . . *Purg.* xxvii. 119.
1. Stretta. Poi sen va[1] giù per questa *stretta* doccia . . . . . . *Inf.* xiv. 117.
    eravam vecchi... Quando venimmo a quella foce *stretta* . . . *Inf.* xxvi. 107.
    Ma prima avea ciascun la lingua *stretta* Coi denti . . . . . *Inf.* xxi. 137.
    Sì m' ha nostra ragion[2] la mente *stretta* . . . . *Purg.* xiv. 126.
    si congela Soffiata e *stretta* dagli venti schiavi . . . . *Purg.* xxx. 87.
    Ma tardavagli il carco e la via *stretta* . . . . *Inf.* xxiii. 84.
2. Stretta. che *stretta* di neve Non rechi la vittoria al Noarese . *Inf.* xxviii. 58.
    Le man... Ond' Ercole sentì già grande *stretta* . . . . . . *Inf.* xxxi. 132.
Strette. le vostre penne Diretro al dittator sen vanno *strette* . . *Purg.* xxiv. 59.
    Come si volge con le piante *strette* A terra . . . . *Purg.* xxviii. 52.
Stretti. Volsimi a' piedi, e vidi due sì *stretti* . . . . *Inf.* xxxii. 41.
    Ma sempre al bosco li ritieni *stretti* . . . . *Inf.* xiv. 75.
    Così giustizia qui *stretti* ne tiene, Ne' piedi... legati . . . . *Purg.* xix. 123.
    li due tapini... Giacendo *stretti* a' tuoi destri confini . . . . *Inf.* xxx. 93.
    si strinser tutti... e stetter fermi e *stretti* . . . . *Purg.* iii. 71.
    E voi, mortali, tenetevi *stretti* A giudicar . . . . *Par.* xx. 133.
Stretto. lo *stretto* calle Con l' argine secondo s' incrocicchia . . *Inf.* xviii. 100.
    Trovaimi *stretto* nelle mani il freno Del governo . . . . . . *Purg.* xx. 55.
    Si vuol tenere agli occhi *stretto* il freno . . . . *Purg.* xxv. 119.
    Mi volsi intorno, e *stretto* m' accostai... alle fidate spalle . . *Purg.* viii. 41.
    vision... che ritenne A sè me tanto *stretto* per vedersi . . . *Par.* iii. 8.
    Come si va per muro *stretto* ai merli . . . . *Purg.* xx. 6.
    E quel Nasuto, che *stretto* a consiglio Par con colui . . . . *Purg.* vii. 103.
    lo scoglio... Ch' era ronchioso, *stretto* e malagevole . . . . *Inf.* xxiv. 62.
    vederesti... Ancora all' Orse più *stretto* rotare . . . . *Purg.* iv. 65.
Stricca. trammene *Stricca*, Che seppe far le temperate spese . . *Inf.* xxix. 125.
Strida. Quivi le *strida*, il compianto e il lamento . . . . *Inf.* v. 35.
    bollor vermiglio, Ove i bolliti facean alte *strida* . . . . . . *Inf.* xii. 102.
    per loco eterno, Ov' udirai le disperate *strida* . . . . *Inf.* i. 115.
Strigne. altra spesa mi *strigne* Tanto, che a questa non posso . . *Purg.* xxix. 98.
Stringa. sembiante D' uomo cui altra cura *stringa* e morda . . . *Inf.* ix. 102.
Stringe. sua[3] condizione Mi *stringe* a seguitare alcuna giunta . . *Par.* vi. 30.
    Chè gran desio mi *stringe* di sapere Se il ciel gli addolcia . . *Inf.* vi. 83.
    Questi la terra in sè *stringe* ed aduna . . . . *Par.* i. 117.
Stringea. Noi salivam... E d' ogni lato ne *stringea* lo stremo . . *Purg.* iv. 32.
Stringer. Non *stringer*, ma rallarga ogni vigore . . . . *Purg.* ix. 48.
Stringete. Ditemi voi, che sì *stringete* i petti... chi siete . . . . *Inf.* xxxii. 43.
Stringon. legame, In che ti *stringon* li pensier sottili . . . . . . *Par.* xxxii. 51.
Stringonsi. temono il danno, e *stringonsi* al pastor . . . . . . *Par.* xi. 131.
Strinse. il gielo *strinse* Le lagrime tra essi, e riserrolli . . . . . *Inf.* xxxii. 47.

[1] van.   [2] region.   [3] la.

Strinse.	Noi leggevamo... Di Lancelotto, come amor lo *strinse*	*Inf.* v. 128.
	Poichè la carità del natio loco Mi *strinse*	*Inf.* xiv. 2.
	Nel mezzo *strinse* potenza con atto Tal vime	*Par.* xxix. 35.
	Alto sospir, che duolo *strinse* in hui, Mise fuor prima	*Purg.* xvi. 64.
	quale Più *strinse* mai di non vista persona	*Purg.* xxii. 17.
	si ricolse Al suo collegio, e il collegio si *strinse*	*Par.* xxii. 98.
Strinser.	si *strinser* tutti ai duri massi Dell' alta ripa	*Purg.* iii. 70.
Strinsermi.	*Strinsermi* gli occhi agli occhi rilucenti	*Purg.* xxxi. 119.
Strinsi.	sì alto, Ch' io mi *strinsi* al poeta per sospetto	*Inf.* ix. 51.
Striscia.	Tra l' erba e i fior venia la mala *striscia*	*Purg.* viii. 100.
Strofade.	Arpíe... Che cacciar delle *Strofade* i Troiani	*Inf.* xiii. 11.
Stroscio.	il gorgo Far sotto noi un orribile *stroscio*	*Inf.* xvii. 119.
Strozza.	Quest' inno si gorgoglian nella *strozza*	*Inf.* vii. 125.
	pareva sbigottito Con la lingua tagliata nella *strozza*	*Inf.* xxviii. 101.
Strupo.	dove Michele Fe' la vendetta del superbo *strupo*	*Inf.* vii. 12.
Stucca.	Ond' io non ebbi mai la lingua *stucca*	*Inf.* xviii. 126.
Studia.	ai Decretali Si *studia* sì, che pare ai lor vivagni	*Par.* ix. 135.
Studiate.	Non v' arrestate, ma *studiate* il passo	*Purg.* xxvii. 62.
Studio.	è solo in voi, sì come *studio* in ape Di far lo mele	*Purg.* xviii. 58.
	Chè *studio* di ben far grazia rinverda	*Purg.* xviii. 105.
	Vagliami il lungo *studio* e il grande amore	*Inf.* i. 83.
	L' una vegghiava a *studio* della culla	*Par.* xv. 121.
Studiose.	Con cagne magre, *studiose* e conte	*Inf.* xxxiii. 31.
Stuolo.	è scritto Nel sol che raggia tutto nostro *stuolo*	*Par.* xxv. 54.
	Ma io rimasi a riguardar lo *stuolo*, E vidi cosa	*Inf.* xxviii. 112.
	In ver la Spagna rivolse lo *stuolo*, Poi ver Durazzo	*Par.* vi. 64.
	S' appressa la città... Co' gravi cittadin, col grande *stuolo*	*Inf.* viii. 69.
	E questi sette col primaio *stuolo* Erano abituati	*Purg.* xxix. 145.
	Alessandro... vide sopra lo suo *stuolo* Fiamme cadere	*Inf.* xiv. 32.
Stupeface'nsi.	Vedendo Roma e l' ardua sua opra, *Stupeface'nsi*	*Par.* xxxi. 35.
Stupefatto.	E quasi *stupefatto* domandai	*Par.* xxvi. 80.
	Poscia rivolsi... il viso, E quinci e quindi *stupefatto* fui	*Par.* xv. 33.
Stupendo.	Fec' io... in quanto ella diceva, *Stupendo*	*Par.* xxvi. 89.
Stupido.	io stava *Stupido* tutto al carro della luce	*Purg.* iv. 59.
	Non altrimenti *stupido* si turba Lo montanaro	*Purg.* xxvi. 67.
Stupor.	Io... Di che *stupor* dovea esser compiuto!	*Par.* xxxi. 40.
	E *stupor* m' eran le cose non conte	*Purg.* xv. 12.
	alla sua presenza Non era di *stupor*, tremando, affranto	*Purg.* xxx. 36.
	mi rispose Con vista carca di *stupor* non meno	*Purg.* xxix. 57.
Stupore.	Oppresso di *stupore* alla mia guida Mi volsi	*Par.* xxii. 1.
	piena di *stupore* e lieta, L' anima mia gustava	*Purg.* xxxi. 127.
	Ma poichè furon di *stupore* scarche... Ricominciò colei	*Purg.* xxvi. 71.
Su.	*Sovente.*	
Su'; sua.	*Sovente.*	
*†**Suadi.**	Vedea di carità visi[1] *suadi*, D' altrui lume fregiati	*Par.* xxxi. 49.
*****Suave.**	del secondo vento di *Suave*[2] Generò il terzo	*Par.* iii. 119.
Subita.	Qual è colui che cosa innanzi sè *Subita* vede	*Purg.* vii. 11.
	quasi... faville, Mi si velar di *subita* distanza	*Par.* vii. 9.
	mi volsi come l' uom... cui paura *subita* sgagliarda	*Inf.* xxi. 27.
	ciò che vede abborre, Sì nescia è la sua *subita* vigilia	*Par.* xxvi. 74.
	Che andate pensando sì voi sol tre? *Subita* voce disse	*Purg.* xxiv. 134.
Subitamente.	appare *Subitamente* cosa che disvia	*Purg.* xxviii. 38.
	Li colombi... *Subitamente* lasciano star l' esca	*Purg.* ii. 128.
	Subitamente si rifà parvente Per molte luci	*Par.* xx. 5.

[1] Vedeva visi a carità.   [2] Soave.

Subitamente. si rinacque *Subitamente* là onde la svelse	. . . .	*Purg.* i. 136.
si scorge Di bene in meglio sì *subitamente*	. . . .	*Par.* x. 38.
Ma questa sonnolenza mi fu tolta *Subitamente*	. . . . . .	*Purg.* xviii. 89.
Subitamente questo suono uscio D' una dell' arche	. . . . .	*Inf.* x. 28.
Subitana. Avvegnachè la *subitana* fuga Dispergesse color	. . .	*Purg.* iii. 1.
dal colubro La morte prese *subitana* ed atra	. . . .	*Par.* vi. 78.
Subiti. Tanto mi parver *subiti* ed accorti... a dicer	. . . .	*Par.* xiv. 61.
La gente nuova, e i *subiti* guadagni, Orgoglio... han generata.		*Inf.* xvi. 73.
1. Subito. paura Tolta m' avea del *subito* abbarbaglio	. . . . .	*Par.* xxvi. 20.
Nella mia mente fe' *subito* caso Questo ch' io dico	. . . . .	*Par.* xiv. 4.
io credea... Allor ch' io feci il *subito* domando	. . . .	*Inf.* xix. 78.
per li seren... Discorre ad ora ad or *subito* foco	. . . . . · .	*Par.* xv. 14.
Come si fece *subito* e candente Agli occhi miei	. . . . . .	*Par.* xiv. 77.
Come *subito* lampo che discetti Gli spiriti visivi	. . . . . .	*Par.* xxx. 46.
tremolava un lampo *Subito* e spesso, a guisa di baleno	. . .	*Par.* xxv. 81.
Ed ecco un lustro *subito* trascorse... per la... foresta	. . . .	*Purg.* xxix. 16.
Lo caldo sghermitor *subito* fue	. . . .	*Inf.* xxii. 142.
2. Subito. Non è fantin che sì *subito* rua	. . . .	*Par.* xxx. 82.
si dilegua, Se *subito* la nuvola scoscende	. . . .	*Purg.* xiv. 135.
soccorre *Subito* al figlio pallido ed anelo	. . . .	*Par.* xxii. 5.
Subito, sì com' io di lor m' accorsi... gli occhi torsi	. . .	*Par.* iii. 19.
Noi ci volgemmo *subito*, e Virgilio Rende' gli il cenno	. .	*Purg.* xxi. 14.
3. Subito. gli angeli cantaro Di *subito :* in te, Domine	. . . .	*Purg.* xxx. 83.
poverello, Che di *subito* chiede ove s' arresta	. . . . . .	*Inf.* xxi. 69.
Ed : ella ov' è ? di *subito* diss' io	. . . .	*Par.* xxxi. 64.
Di *subito* drizzato gridò : come Dicesti : egli ebbe ?	. . . .	*Inf.* x. 67.
Ed ei... di *subito* levorsi, E disser : Padre	. . . .	*Inf.* xxxiii. 60.
E di *subito* parve giorno a giorno Essere aggiunto	. . . .	*Par.* i. 61.
Lo Duca mio di *subito* mi prese, Come la madre	. . . . .	*Inf.* xxiii. 37.
si raccolse, Come gente di *subito* smarrita	. . . .	*Purg.* viii. 63.
in una visione Estatica di *subito* esser tratto	. . . . . .	*Purg.* xv. 86.
Sublima. in terra addusse La verità, che tanto ci *sublima*	. . .	*Par.* xxii. 42.
e poi si leva Per la propria virtù che la *sublima*	. . . . .	*Par.* xxvi. 87.
Sublimi. E posson quanto a veder son *sublimi*	. . . .	*Par.* xxviii. 102.
Subsisto. Potesse, risplendendo, dir : *subsisto*	. . . .	*Par.* xxix. 15.
Succeda. son stati attivi Perchè onore e fama li *succeda*	. . .	*Par.* vi. 114.
Succedette. Che *succedette*[1] a Nino e fu sua sposa	. . . . . .	*Inf.* v. 59.
Succedono. E dal settimo grado in giù... *succedono* Ebree	. . .	*Par.* xxxii. 17.
Succession. Non attender la forma... Pensa la *succession*	. . .	*Purg.* x. 110.
Successor... giudizio... Tal che il tuo *successor* temenza n' aggia	.	*Purg.* vi. 102.
lo loco santo, U' siede il *successor* del maggior Piero	. . .	*Inf.* ii. 24.
ch' a destra mano Dei nostri *successor* parte sedesse	. .	*Par.* xxvii. 47.
ma prima, Scias quod ego fui *successor* Petri	. . . .	*Purg.* xix. 99.
Succhio. Là dove soglion, fan de' denti *succhio*	. . . .	*Inf.* xxvii. 48.
Succia. Chi è colui... cui più rozza[2] fiamma *succia?*	. . . . . .	*Inf.* xix. 33.
Succinto. ma ei tenea *succinto* Dinanzi l' altro	. . . .	*Inf.* xxxi. 86.
Sucide. su per le *sucide* onde Già puoi scorger quello	. . . .	*Inf.* viii. 10.
Sucidume. Sì che ogni *sucidume* quindi stinghe	. . . .	*Purg.* i. 96.
Suco. Io premerei di mio concetto il *suco* Più pienamente	. . . .	*Inf.* xxxii. 4.
Suddito. la Regina, Cui questo regno è *suddito* e devoto	. . . .	*Par.* xxxi. 117.
Sudore. dello spavento La mente di *sudore* ancor mi bagna	. . .	*Inf.* iii. 132.
1. Sue (*pronome*). *Sovente.*		
***2. Sue.** Additandomi un balzo poco in *sue*	. . . .	*Purg.* iv. 47.
vidi quello esercito... Tacito poscia riguardare in *sue*	. . . .	*Purg.* viii. 23.

[1] sugger dette. [2] rossa.

SUE 695 SUOLE

Sue. rispondi, E domanda se quinci si va *sue* . . . . *Purg.* xvi. 30.
Sufficiente. chiese senno, Acciocchè re *sufficiente* fosse . . . . . *Par.* xiii. 96.
  dar sè stesso, A[1] far l' uom *sufficiente* a rilevarsi . . . . . . *Par.* vii. 116.
Sufficienti. Se li tuoi diti non sono a tal nodo *Sufficienti* . . . . *Par.* xxviii. 59.
Sufolando. L' anima... Si fuggì *sufolando* per la valle . . . . . *Inf.* xxv. 137.
Sufolerò. ne farò venir sette, Quand' io *sufolerò* . . . . *Inf.* xxii. 104.
Suggel. E questo fia *suggel* ch' ogni uomo sganni . . . . *Inf.* xix. 21.
  Se fosse a punto... La luce del *suggel* parrebbe tutta . . . . *Par.* xiii. 75.
Suggella. la mondana cera Più a suo modo tempera e *suggella* . *Par.* i. 42.
  si mette In quella forma che in lui *suggella*... l' alma . . . . *Purg.* xxv. 95.
  lo minor giron *suggella* Del segno suo e Sodoma . . . . . . *Inf.* xi. 49.
  impressa... propriamente Come figura in cera si *suggella* . . *Purg.* x. 45.
Suggellata. io falsai La lega *suggellata*[2] del Batista . . . . . . *Inf.* xxx. 74.
Suggelli. i vivi *suggelli* D' ogni bellezza più fanno più suso . . . *Par.* xiv. 133.
Suggello. La circular natura, ch' è *suggello* Alla cera mortal . . *Par.* viii. 127.
  Dalla mente profonda... Prende l' image, e fassene *suggello* . *Par.* ii. 132.
  sì come cera da *suggello*... Segnato è or da voi . . . . . . *Purg.* xxxiii. 79.
Suggetti. Se mala signoria, che sempre accora Li popoli *suggetti*. *Par.* viii. 74.
Suggetto. Della neve riman nudo il *suggetto* E dal colore . . . . *Par.* ii. 107.
  degli Angeli parte Turbò il *suggetto* dei vostri elementi . . . *Par.* xxix. 51.
  non può dalla salute Amor del suo *suggetto* torcer[3] viso . . . *Purg.* xvii. 107.
Sugli. *Sovente.*
1. Sui. ogni contento Da quel ciel, che ha minor li cerchi *sui* . . *Inf.* ii. 78.
  quella Eriton cruda, Che richiamava l' ombre a' corpi *sui* . . *Inf.* ix. 24.
  Volsesi in *sui* vermigli ed in *sui* gialli Fioretti verso me . . *Purg.* xxviii. 55.
  la setta dei cattivi, A Dio spiacenti ed ai nemici *sui* . . . *Inf.* iii. 63.
  dove il Po discende Per aver pace co' seguaci *sui* . . . . . *Inf.* v. 99.
2. Sui. Je *sui* Arnaut, que plor, e vai cantan . . . . *Purg.* xxvi. 142.
Sul; sull'; sulla; sulle; sullo. *Sovente.*
Summae. *Summae* Deus clementiae... allora udii cantando . . . *Purg.* xxv. 121.
Summo. E fanno pullular quest' acqua al *summo* . . . . *Inf.* vii. 119.
Sunt. Non decimas quae *sunt* pauperum Dei, Addomandò . . . *Par.* xii. 93.
  Continuò... Beati, quorum tecta *sunt* peccata . . . . *Purg.* xxix. 3.
  sì una e sì trina Che soffera congiunto *sunt* et[4] este . . . . *Par.* xxiv. 141.
Suo; suo'; suoi. *Sovente.*
Suocero. non piacque... Che poi il *suocero* il fe' lor parente . . . *Par.* xvi. 120.
  Padre e *suocero* son del mal di Francia . . . . *Purg.* vii. 109.
  Ed a tal modo il *suocero* si stenta In questa fossa . . . . . . *Inf.* xxiii. 121.
1. Suol. E piedi e man voleva il *suol* di sotto . . . . *Purg.* iv. 33.
  lento Su per lo *suol* che d' ogni parte oliva . . . . *Purg.* xxviii. 6.
  Marte rosseggia Giù nel ponente sopra il *suol* marino . . . . *Purg.* ii. 15.
2. Suol. Con la sua voce, che il *suol* ben disporre . . . . . . *Par.* xxii. 6.
  un ermo, Che *suol* esser disposto a sola latria . . . . *Par.* xxi. 111.
  Esperienza... Ch' esser *suol* fonte ai rivi di vostr' arti . . . *Par.* ii. 96.
  E *suol* di state talora esser grama . . . . *Inf.* xx. 81.
  come *suol* da sera Guardar l' un l' altro sotto nuova luna . . *Inf.* xv. 18.
  un gielo, Qual prender *suol* colui che a morte vada . . . . . *Purg.* xx. 129.
  Secando... Dell' acqua più che non *suol* con altrui . . . . . *Inf.* viii. 30.
  ma ei seguette, Come *suol* seguitar per alcun caso . . . . . *Inf.* xxv. 41.
  La colpa seguirà la parte offensa In grido, come *suol* . . . *Par.* xvii. 53.
  tal puzzo n' usciva, Qual *suol* venir[5] delle marcite membre . *Inf.* xxix. 51.
Suole. come far *suole* Chi retro agli uccellin sua vita perde . . . *Purg.* xxiii. 2.
  fa meridiano Là dove l' orizzonte pria far *suole* . . . . . . *Par.* ix. 87.
  Qual *suole* il fiammeggiar delle cose unte Moversi . . . . . *Inf.* xix. 28.

[1] In.   [2] *sigillata*.   [3] volger.   [4] *sono ed.*   [5] suole uscir.

Suole.	Chè *suole* a riguardar giovare altrui	*Purg.* iv. 54.
	Tale imagine... qual prender si *suole* Quando a cantar	*Purg.* ix. 143.
	insieme presi, Come *suole* esser tolto un uom solingo	*Inf.* xxiii. 106.
	E sì come 'l secondo raggio *suole* Uscir del primo	*Par.* i. 49.
	perchè tanto delira... lo ingegno tuo da quel che *suole?*	*Inf.* xi. 77.
	di', se dimora Nella nostra città, sì come *suole*	*Inf.* xvi. 68.
	lo piè non fida, Ma ti rivolve, come *suole*, a voto	*Par.* iii. 28.
	così si squarcia La tua bocca per suo[1] mal come *suole*	*Inf.* xxx. 125.
Suoli.	tu... Che *suoli* al mio dubbiare esser conforto	*Inf.* iv. 18.
	E se non piangi, di che pianger *suoli?*	*Inf.* xxxiii. 42.
	Se tu sei sì accorto come *suoli*, Non vedi tu?	*Inf.* xxi. 130.
Suolo.	burella, Ch' avea mal *suolo* e di lume disagio	*Inf.* xxxiv. 99.
	provvide a scalpitar lo *suolo* Con le sue schiere	*Inf.* xiv. 34.
	soccorrien... Quando a' vapori, quando al caldo *suolo*	*Inf.* xvii. 48.
	tanto basso, Che non surgeva fuor del marin *suolo*	*Inf.* xxvi. 129.
Suon.	poco eravam iti, Che il *suon* dell' acqua n' era sì vicino	*Inf.* xvi. 92.
	Voci alte e fioche, e *suon* di man con elle	*Inf.* iii. 27.
	L' acqua, diss' io, e il *suon* della foresta Impugna	*Purg.* xxviii. 85.
	E il dolce *suon* per canto era già inteso	*Purg.* xxix. 36.
	di molti amori Usciva solo un *suon* di quella image	*Par.* xix. 21.
	sempre attese Lo *suon* delle parole vere espresse	*Inf.* xix. 123.
	quand' e' s' annotta, Contrario *suon* prendemo	*Purg.* xx. 102.
	Gli occhi rivolsi al *suon* di questo motto	*Purg.* v. 7.
	la trovò sicura Con Amiclate, al *suon* della sua voce	*Par.* xi. 68.
	Al *suon* di lei ciascun di noi si torse	*Purg.* iv. 100.
	Quando mi volsi al *suon* del nome mio... Vidi la Donna	*Purg.* xxx. 62.
	E già venia su... Un fracasso d' un *suon* pien di spavento	*Inf.* ix. 65.
	più non si desta Di qua dal *suon* dell' angelica tromba	*Inf.* vi. 95.
	dolce mischio, Che si facea del[2] *suon* del trino spiro	*Par.* xxv. 132.
	io mi sconfortai[3] Nel *suon* delle parole maledette	*Inf.* viii. 95.
	volger gli occhi... Per un confuso *suon* che fuor n' uscìa	*Inf.* xxvii. 6.
	presta, Sol per lo dolce *suon* della sua terra	*Purg.* v. 80.
Suona.	Ben puoi saper omai che il suo dir *suona*	*Inf.* iii. 129.
	sì dolcemente, Che la dolcezza ancor dentro mi *suona*	*Purg.* ii. 114.
	Qualunque melodia più dolce *suona* Quaggiù	*Par.* xxiii. 97.
	Chè il nome mio ancor molto non *suona*	*Purg.* xiv. 21.
	l' onrata nominanza Che di lor *suona* su nella tua vita	*Inf.* iv. 77.
	vituperio delle genti Del bel paese là, dove il sì *suona*	*Inf.* xxxiii. 80.
	La dolce sinfonia... Che giù per l' altre *suona* sì devota	*Par.* xxi. 60.
	sua sentenza è d' altra guisa, Che la voce non *suona*	*Par.* iv. 56.
Suonan.	i lamenti Non *suonan* come guai, ma son sospiri	*Purg.* vii. 30.
	surgon... Tanto, che i tuoni assai *suonan* più bassi	*Par.* xxi. 108.
Suonando.	*Suonando* la sentii esser richiusa	*Purg.* x. 4.
Suonano.	tre melode, che *suonano* in tree Ordini	*Par.* xxviii. 119.
Suonar.	percote, E fa *suonar* la selva perch' è folta	*Purg.* xxviii. 108.
***Suone.**	tutto diserto D' ogni virtute, come tu mi *suone*	*Purg.* xvi. 59.
	sì che tu *suone* Con quanti denti... amor ti morde	*Par.* xxvi. 50.
Suoni.	La voce tua... *Suoni* la volontà, *suoni* il disio	*Par.* xv. 68.
	Come che *suoni* la sconcia novella	*Inf.* xviii. 57.
	Or convien che per voi *suoni* la tromba	*Inf.* xix. 5.
Suonin.	Perchè d' intorno *suonin* mille tube	*Purg.* xvii. 15.
Suono.	come *suono* al collo della cetra Prende sua forma	*Par.* xx. 22.
	sì menai... Ch' al fine della terra il *suono* uscìe	*Inf.* xxvii. 78.
	Subitamente questo *suono* uscìo D' una dell' arche	*Inf.* x. 28.

[1] dir. [2] nel. [3] disconfortai.

Suono. sì appressando sè, che il dolce *suono* Veniva a me . . . *Purg.* xxviii. 59.
    Se mai quel santo evangelico *suono*... intendesti . . . . . . *Purg.* xix. 136.
    Chè il tempo saria corto a tanto *suono* . . . . *Inf.* xv. 105.
    Te Deum... mi parea Udir in voce mista al dolce *suono* . . . *Purg.* ix. 141.
    Qui pose fine al lagrimabil *suono* . . . . *Inf.* vi 76.
    Io mi rivolsi all' amoroso *suono* Del mio conforto . . . . . *Par.* xviii. 7.
    Seguitando il mio canto con quel *suono* . . . . *Purg.* i. 10.
    La novità del *suono* e il grande lume... m' accesero . . . *Par.* i. 82.
    Lo fren vuol esser del contrario *suono* . . . . *Purg.* xiii. 40.
    e fermarsi, E fero un grido di sì alto *suono* . . . . *Par.* xxi. 140.
    Loco... Che non per vista, ma per *suono* è noto . . . . . . *Inf.* xxxiv. 129.
    Avvenne a me, che senza intero *suono* Incominciai . . . . . *Purg.* xxxiii. 28.
Suora. quando tonda Vi si mostrò la *suora* di colui . . . . . *Purg.* xxiii. 120.
    Ma mia *suora* Rachel mai non si smaga . . . . *Purg.* xxvii. 104.
    O santa *suora* mia, che sì ne preghe Devota . . . . *Par.* xxiv. 28.
Suore. Evvi la figlia... E con le *suore* sue Deidamia . . . . . *Purg.* xxii. 114.
    lingue Che Polinnia con le *suore* fero... più pingue . . . . *Par.* xxiii. 56.
Superba. sasso, Che la cervice mia *superba* doma . . . . . . *Purg.* xi. 53.
    E la costa *superba* più assai Che da mezzo . . . . *Purg.* iv. 41.
    Così mi chiese... A guarir della sua *superba* febbre . . . . *Inf.* xxvii. 97.
    Gent' è[1] avara, invidiosa e *superba* . . . . *Inf.* xv. 68.
    Così la madre al figlio par *superba*, Com' ella parve a me . . *Purg.* xxx. 79.
    Nella presenza del Soldan *superba* Predicò Cristo . . . . . *Par.* xi. 101.
    superba Fu a quel tempo, sì com' ora è putta . . . . . . *Purg.* xi. 113.
Superbe. è difetto... Che non hai viste ancor tanto *superbe* . . . *Par.* xxx. 81.
Superbi. O *superbi* Cristian, miseri lassi! . . . . *Purg.* x. 121.
    le genti Che in Sennaar con lui *superbi* foro . . . . *Purg.* xii. 36.
Superbia. in ciò che non s' ammorza La tua *superbia* . . . . . *Inf.* xiv. 64.
    Io sono Omberto; e non pure a me danno *Superbia* fa . . . *Purg.* xi. 68.
    Superbia, invidia ed avarizia sono Le tre faville . . . . . *Inf.* vi. 74.
    Lì si vedrà la *superbia* ch' asseta, Che fa lo Scotto... folle . *Par.* xix. 121.
    Di tal *superbia* qui si paga il fio . . . . *Purg.* xi. 88.
    O quali io vidi quei che son disfatti Per lor *superbia!* . . . *Par.* xvi. 110.
Superbir. Principio del cader fu il maledetto *Superbir* . . . . . *Par.* xxix. 56.
Superbite. Or *superbite*, e via col viso altiero . . . . *Purg.* xii. 70.
Superbo. venne da Troia, Poichè il *superbo* Ilion fu combusto . *Inf.* i. 75.
    L' omero suo, ch' era acuto e *superbo*, Carcava un peccator . *Inf.* xxi. 34.
    Non vidi spirto in Dio tanto *superbo* . . . . *Inf.* xxv. 14.
    dove Michele Fe' la vendetta del *superbo* strupo . . . . . *Inf.* vii. 12.
    Dinanzi polveroso va *superbo*, E fa fuggir le fiere . . . . . *Inf.* ix. 71.
    E ciò fa certo che il primo *superbo*... cadde acerbo . . . . *Par.* xix. 46.
    Questo *superbo* voll' esser esperto Di sua potenza . . . . . *Inf.* xxxi. 91.
Superillustrans. *Superillustrans* claritate tua Felices ignes . . . *Par.* vii. 2.
Superinfusa. O sanguis meus, o *superinfusa* Gratia Dei! . . . . *Par.* xv. 28.
Superna. la vide il patriarca Jacob porgere la *superna* parte . . *Par.* xxii. 71.
Superne. Se disiassimo esser più *superne*, Foran discordi . . . *Par.* iii. 73.
    Seguitar lei... Avendo gli occhi alle *superne* rote . . . . . *Purg.* viii. 18.
    l' accendea, Come fa il nostro le viste *superne* . . . . . . *Par.* xxiii. 30.
Superni. Ruggiran sì questi cerchi *superni* . . . . *Par.* xxvii. 144.
Superno. segue in la circonferenza... per l' arco *superno* . . . *Par.* xx. 50.
    la gran preda Levò a Dite del cerchio *superno* . . . . . . *Inf.* xii. 39.
    la scala... Fu corsa, e fummo in su il grado *superno* . . . *Purg.* xxvii. 125.
    Che il mezzo cerchio del moto *superno*... si parte . . . . *Purg.* iv. 79.
Supin. *Supin* ricadde, e più non parve fuora . . . . *Inf.* x. 72.

[1] Gente.

Supin. Supin giaceva in terra alcuna gente; Alcuna si sedea	. .	*Inf.* xiv. 22.
E giù dal colle della ripa dura *Supin* si diede	. . . . . .	*Inf.* xxiii. 44.
Supini. Poi fer li visi, per dirmi, *supini*	. . . .	*Purg.* xiv. 9.
Suppe. creda Che vendetta di Dio non teme *suppe*	. . . . . .	*Purg.* xxxiii. 36.
Supplica. *Supplica* a te, per grazia, di virtute Tanto	. . . . . .	*Par.* xxxiii. 25.
Supplico. Ben *supplico* io a te, vivo topazio	. . . .	*Par.* xv. 85.
Devoto, quanto posso, a te *supplico*, Perchè mi parli	. . .	*Par.* xxvi. 94.
Suprato. Più che... *Suprato*[1] fosse comico o tragedo	. . . . . .	*Par.* xxx. 24.
Suprema. Quando patì la *suprema* possanza	. . . .	*Par.* xxvii. 36.
Ma se l' amor della spera *suprema* Torcesse... disiderio	. .	*Purg.* xv. 52.
e farai dia Più la spera *suprema*, perchè gli[2] entre	. . . . .	*Par.* xxiii. 108.
E fosse il cielo in sua virtù *suprema*, La luce... parrebbe	. .	*Par.* xiii. 74.
Supremo. Poichè noi fummo in sull' orlo *supremo*	. . . .	*Purg.* iv. 34.
Surga. Onde pognam che di necessitate *Surga* ogni amor	. . . .	*Purg.* xviii. 71.
monda Sentesi, sì che *surga*, o che si mova Per salir su	. . .	*Purg.* xxi. 59.
E qui Calliope alquanto *surga*, Seguitando il mio canto	. .	*Purg.* i. 9.
orazione... Che *surga* su di cor che in grazia viva	. . . . .	*Purg.* iv. 134.
Surge. L' acqua... non *surge* di vena Che ristori vapor	. . . .	*Purg.* xxviii. 121.
non tocchin la pianta, S' alcuna *surge* ancora in lor letame	.	*Inf.* xv. 75.
Surge in vermena, ed in pianta silvestra	. . . .	*Inf.* xiii. 100.
Si leva un colle, e non *surge* molt' alto	. . . .	*Par.* ix. 28.
Lo sito... porta Che l' una costa *surge* e l' altro scende	. . .	*Inf.* xxiv. 40.
Surge ai mortali per diverse foci La lucerna del mondo	. . .	*Par.* i. 37.
Lo sol vi mostrerà, che *surge* omai, Prender lo monte	. . .	*Purg.* i. 107.
ne chiami Nell' ora che la sposa di Dio *surge*	. . . .	*Par.* x. 140.
Secco vapor non *surge* più avante Ch' al sommo	. . . . . .	*Purg.* xxi. 52.
E come *surge*, e va, ed entra in ballo Vergine lieta	. . . . .	*Par.* xxv. 103.
In quella parte, ove *surge* ad aprire Zeffiro... fronde	. . . .	*Par.* xii. 46.
Surgendo. Ed ei *surgendo*: or puoi la quantitate Comprender	. .	*Purg.* xxi. 133.
Surger. par *surger* della pira Ov' Eteòcle col fratel fu miso	. . .	*Inf.* xxvi. 53.
Veggiono... *Surger* per via che poco le sta bruna	. . . . .	*Purg.* xix. 6.
io veggio Là *surger* nuovo fummo del[3] sabbione	. . . . . .	*Inf.* xv. 117.
Surgeran. *Surgeran* presti ognun di sua caverna	. . . .	*Purg.* xxx. 14.
Surgere. Chè quel può *surgere*, e quel può cadere	. . . .	*Par.* xiii. 142.
Surgeva. tanto basso, Che non *surgeva* fuor del marin suolo	. .	*Inf.* xxvi. 129.
Surgi. un splendor... ed un chiamar: *surgi*, che fai?	. . . . .	*Purg.* xxxii. 72.
almen tre Voci t' ho messe, dicea; *surgi* e vieni	. . . . . .	*Purg.* xix. 35.
Surgon. Tra due liti d' Italia *surgon* sassi... Tanto	. . . .	*Par.* xxi. 106.
splendori... Che tanto ai peregrin *surgon* più grati	. . . .	*Purg.* xxvii. 110.
Surgono. nel percoter... *Surgono* innumerabili faville	. . . .	*Par.* xviii. 101.
Surse. *Surse* in mia visione una fanciulla, Piangendo forte	. . .	*Purg.* xvii. 34.
Allor *surse* alla vista scoperchiata Un' ombra	. . . . . .	*Inf.* x. 52.
l' ombra... *Surse* ver lui del loco ove pria stava	. . . . . .	*Purg.* vi. 73.
se il vero è vero, A veder tanto non *surse* il secondo	. . .	*Par.* x. 114.
E là u' dissi: non *surse* il secondo	. . . .	*Par.* xi. 26.
E, se al *Surse* drizzi gli occhi chiari, Vedrai	. . . .	*Par.* xiii. 106.
Surta. incominciai... a mirare una dell' alme *Surta*	. . . . .	*Purg.* viii. 9.
Surti. E come augelli *surti* di riviera, Quasi congratulando	. . .	*Par.* xviii. 73.
Surto. Già *surto* fuor della sepulcral buca Ci apparve	. . . . .	*Purg.* xxi. 9.
Io stava sopra il ponte a veder *surto*	. . . .	*Inf.* xxvi. 43.
Suscitarla. Ne' preghi fatti a Dio per *suscitarla*	. . . .	*Par.* xx. 110.
Susine. converte In bozzacchioni le *susine* vere	. . . . . .	*Par.* xxvii. 126.
Suso. *Sovente.*		
Suspicar. Ma poi che il *suspicar*[4] fu tutto spento	. . . .	*Inf.* x. 57.

[1] Soprato. [2] li. [3] dal. [4] sospicar.

Suspiccioso. Si movea tardo, *suspiccioso*,[1] e raro		*Par.* xii. 39.
Suspizion. con tanta *suspizion*[2] fa irmi Novella vision		*Purg.* xix. 55.
Sussistenza. Nella profonda e chiara *sussistenza*		*Par.* xxxiii. 115.
Sussistenze. lì novelle *sussistenze* Cominciar a vedere		*Par.* xiv. 73.
raggiare aduna, Quasi specchiato, in nove[3] *sussistenze*		*Par.* xiii. 59.
Sustanza. Fu viso a me cantare essa *sustanza*		*Par.* vii. 5.
Sustanzia. Fede è *sustanzia* di cose sperate		*Par.* xxiv. 64.
Ditegli se la luce, onde s' infiora Vostra *sustanzia*		*Par.* xiv. 14.
via, Che tiene una *sustanzia* in tre persone		*Purg.* iii. 36.
trasparea La lucente *sustanzia* tanto chiara Nel viso mio		*Par.* xxiii. 32.
Sustanzia ed accidenti, e lor costume, Quasi conflati		*Par.* xxxiii. 88.
E però di *sustanzia* prende intenza		*Par.* xxiv. 75.
ciò... tira In sua *sustanzia*, e fassi un' alma sola		*Purg.* xxv. 74.
Sustanzial. Ogni forma *sustanzial*, che setta È da materia		*Purg.* xviii. 49.
Sustanzie. Come saranno... sorde Quelle *sustanzie?*		*Par.* xv. 8.
Vere *sustanzie* son ciò che tu vedi, Qui rilegate		*Par.* iii. 29.
Queste *sustanzie*, poichè fur gioconde Della faccia di Dio		*Par.* xxix. 76.
Concreato fu ordine e costrutto Alle *sustanzie*		*Par.* xxix. 32.
alle *sustanzie* pie Volse le sue parole così poscia		*Purg.* xxx. 101.
il primo amore Di tutte le *sustanzie* sempiterne		*Par.* xxvi. 39.
non alla parvenza Delle *sustanzie* che t' appaion tonde		*Par.* xxviii. 75.
la ripose Tra le *sustanzie*, e poi tra gli argomenti		*Par.* xxiv. 69.
***Sutto.** Più spiace a Dio ; e però stan di *sutto* Gli frodolenti		*Inf.* xi. 26.
Svegli. se si *svegli* Molto tardato dall' usanza sua		*Par.* xxx. 83.
Svegliai. Però trascorro a quando mi *svegliai*		*Purg.* xxxii. 70.
Svegliati. Gli occhi *svegliati* rivolgendo in giro		*Purg.* ix. 35.
Svegliato. E lo *svegliato* ciò che vede abborre		*Par.* xxvi. 73.
Svegliò. Quel mi *svegliò* col puzzo che n' uscia		*Purg.* xix. 33.
Sveli. virtù... Che, come fa, non vuol che a noi si *sveli*		*Purg.* iii. 33.
Svelle. Saettando quale anima si *svelle* Del sangue più		*Inf.* xii. 74.
Svelse. si rinacque Subitamente là onde la *svelse*		*Purg.* i. 136.
Sventura. o per *sventura* Del loco, o per mal uso		*Purg.* xiv. 38.
Sventurata. La maledetta e *sventurata* fossa		*Purg.* xiv. 51.
Sventurato. fe' caro Parer lo *sventurato* adornamento		*Purg.* xii. 51.
Svergognate. Ma se le *svergognate* fosser certe		*Purg.* xxiii. 106.
Sverna. Perpetualmente Osanna *sverna* Con tre melode		*Par.* xxviii. 118.
Sverni. Ma prima che gennaio tutto si[4] *sverni*		*Par.* xxvii. 142.
Sveste. se si *sveste* La sembianza non sua in che disparve		*Par.* xxx. 92.
Svia. non è chi governi ; Onde sì[5] *svia* l' umana famiglia		*Par.* xxvii. 141.
Sviando. Quel del Sol, che *sviando* fu combusto		*Purg.* xxix. 118.
Sviati. sono in terra Tutti *sviati* dietro al malo esemplo		*Par.* xviii. 126.
Svolazzava. e quelle *svolazzava*, Sì che tre venti si movean		*Inf.* xxxiv. 50.
Svolvi. un poco indietro ti rivolvi... e il gruppo *svolvi*[6]		*Inf.* xi. 96.
T'. *Sovente.*		
Tabernicch. se *Tabernicch*[7] Vi fosse su caduto		*Inf.* xxxii. 28.
Taccia. *Taccia* Lucano omai, là dov' ei tocca Del misero Sabello.		*Inf.* xxv. 94.
Taccia di Cadmo e d' Aretusa Ovidio		*Inf.* xxv. 97.
Taccio. E il Cardinale, e degli altri mi *taccio*		*Inf.* x. 120.
Tacciolo. *Tacciolo*, acciocchè tu per te ne cerchi		*Purg.* xvii. 139.
Tacco. dalle braccia Fiere di Ghin di *Tacco* ebbe la morte		*Purg.* vi. 14.
Tace. in aere si spazia, Prima cantando, e poi *tace*		*Par.* xx. 74.
Qual è colui che *tace* e dicer vuole, Mi trasse Beatrice		*Par.* xxx. 127.
sì verace... Che non sembiava imagine che *tace*		*Purg.* x. 39.

[1] sospeccioso.   [2] sospension.   [3] nuove.   [4] tutto.   [5] si.   [6] solvi.   [7] Tambernic.

Tace. a poco a poco Mi ripingeva là, dove il Sol *tace* . . . . . . *Inf.* i. 60.
   da ch' ei si *tace*, Disse il Poeta a me, non perder l' ora . . . *Inf.* xiii. 79.
   Da indi abbraccia il servo... tosto ch' ei si *tace* . . . . *Par.* xxiv. 150.
   non mi parto Dal tuo volere, e sai quel che si *tace* . . . . . *Inf.* xix. 39.
   E di' perchè si *tace* in questa rota La dolce sinfonia . . . . *Par.* xxi. 58.
   son trascorse Dai predicanti, e il Vangelio si *tace* . . . . . *Par.* xxix. 96.
   Noi udiremo... Mentrechè il vento, come fa, si *tace* . . . . . *Inf.* v. 96.
Tacea. Per che, s' io mi *tacea*, me non riprendo . . . . *Par.* iv. 7.
   Io mi *tacea*, ma il mio disir dipinto M' era nel viso . . . . . *Par.* iv. 10.
Tacendo. Tempo aspettar *tacendo* non patio . . . . *Par.* xx. 81.
   Volser Virgilio... Con viso che, *tacendo*, disse[1]: taci . . . *Purg.* xxi. 104.
   Tacendo divenimmo[2] là ove spiccia... un picciol fiumicello . *Inf.* xiv. 76.
   però *tacendo* Facevan noi del cammin confidare . . . . . . *Purg.* xiv. 128.
   Poi che *tacendo* si mostrò spedita L' anima santa . . . . . . *Par.* xvii. 100.
   la domanda onesta Si dee seguir coll' opera *tacendo* . . . *Inf.* xxiv. 78.
   E vidi gente... Venir *tacendo* e lagrimando . . . . *Inf.* xx. 8.
Tace'nsi. Un poco s' arrestavano e *tace'nsi* . . . . *Par.* xviii. 81.
Tacente. il segno... Nel benedetto rostro fu *tacente* . . . . . . *Par.* xx. 9.
Tacer. Ma qui *tacer* nol posso; e per le note Di questa... commedia. *Inf.* xvi. 127.
   L' una mi fa *tacer*, l' altra scongiura Ch' io dica . . . . . *Purg.* xxi. 116.
   vidimi giunto... Sì che *tacer* mi fer le luci vaghe . . . . . *Purg.* xv. 84.
   per darmi voglia Ch' io le pregassi, a *tacer* fur concorde . . *Par.* xv. 9.
   Ma non *tacer*, se tu di qua entr' eschi, Di quei . . . . *Inf.* xxxii. 113.
   Ancor digesto, scende ov' è più bello *Tacer* che dire . . . . *Purg.* xxv. 44.
   Chi ei si furo... Più è *tacer*, che ragionare onesto . . . . . *Par.* xvi. 45.
   Allor mi pinser... Là 've il *tacer* mi fu avviso il peggio . . . *Inf.* xxvii. 107.
   Perch' ella, che vedeva il *tacer* mio Nel veder di colui . . . *Par.* xxi. 49.
   ond' io aspetto il come e il quando Del dire e del *tacer* . . . *Par.* xxi. 47.
Tacerci. Degli altri fia laudabile *tacerci*[3] . . . . *Inf.* xv. 104.
Tacere. sì... m' adeschi Ch' io non posso *tacere* . . . . *Inf.* xiii. 56.
   Così n' andammo... Parlando cose, che il *tacere* è bello . . . *Inf.* iv. 104.
   Lo suo *tacere*[4] e il trasmutar sembiante Poser silenzio . . . *Par.* v. 88.
Tacessi. se *tacessi*, o se negassi Ciò che confessi . . . . . . '. *Purg.* xxxi. 37.
Tacette. *Tacette* allora, e poi comincia' io: O donna di virtù! . *Inf.* ii. 75.
   Qui si *tacette*, e fecemi sembiante Che fosse... volta . . . . *Par.* ix. 64.
   E quasi contentato si *tacette* . . . . *Purg.* xxiv. 63.
Tacetti. Domandommi consiglio, ed io *tacetti* . . . . *Inf.* xxvii. 98.
Taceva. Ed io... Di fuor *taceva*, e dentro dicea . . . . *Purg.* xviii. 5.
Tacevansi. *Tacevansi* ambo e due già li poeti . . . . *Purg.* xxii. 115.
Taci. E disse: *taci*, maledetto lupo; Consuma dentro te . . . *Inf.* vii. 8.
   satisfatto sarai... Ed al disio ancor che tu mi *taci* . . . . *Inf.* x. 18.
   dell' un *taci*, E l' altro di' che si fa d' esta piova . . . . . *Inf.* xiv. 131.
   Volser Virgilio... Con viso che, tacendo, disse[1]: *taci* . . . . *Purg.* xxi. 104.
   Ma disse: *taci*, e lascia volger gli anni . . . . *Par.* ix. 4.
Tacita. tenne l' aspetto, Pur come sposa, *tacita* ed immota . . . *Par.* xxv. 111.
   ci ammirava D' anime turba *tacita* e devota . . . . *Purg.* xxiii. 21.
Tacite. capre... *Tacite* all' ombra, mentre che il sol ferve . . . . *Purg.* xxvii. 79.
   Donne... che s' arrestin *tacite*, ascoltando . . . . *Par.* x. 80.
Taciti. *Taciti*, soli, e senza compagnia, N' andavam . . . . . . *Inf.* xxiii. 1.
Tacito. *Tacito* coram me ciascun s' affisse, Ignito sì . . . . . . *Par.* xxv. 26.
   Spesse fiate fu *tacito* e desto Trovato in terra . . . . *Par.* xii. 76.
   vidi quello esercito... *Tacito* poscia riguardare in sue . . . . *Purg.* viii. 23.
Taciuto. più digiuno... che se mi fossi pria *taciuto* . . . . . . *Purg.* xv. 59.
Tacque. Tesifone è nel mezzo; e *tacque* a tanto . . . . *Inf.* ix. 48.

[1] dicea.   [2] ne venimmo.   [3] il tacerci.   [4] piacere.

Tacque. Tanto, col volto di riso dipinto, Si *tacque* Beatrice . . . *Par.* xxix. 8.
    Ella si *tacque*, e gli angeli cantaro Di subito . . . . *Purg.* xxx. 82.
    Perchè l' ombra si *tacque*, e riguardommi Negli occhi . . . . *Purg.* xxi. 110.
    Io non so se più disse, o s' ei si *tacque* . . . . *Purg.* xviii. 127.
    Nullo bel salutar tra noi si *tacque;* Poi domandò . . . . . . *Purg.* viii. 55.
    sì come si *tacque* La gloriosa vita di Tommaso . . . . *Par.* xiv. 5.
    e, come qui si *tacque*, Cio... disparìo . . . . *Purg.* xv. 92.
Tacqui. Tre volte cinse me, sì com' io *tacqui* . . . . *Par.* xxiv. 152.
    Sì com' io *tacqui*, un dolcissimo canto Risonò . . . . . . *Par.* xxvi. 67.
Taddeo. s' affanna Diretro ad Ostiense ed a *Taddeo* . . . . . . *Par.* xii. 83.
Tafani. morsi O da pulci o da mosche o da *tafani* . . . . . . *Inf.* xvii. 51.
1. Taglia. cappucci... fatti della *taglia* Che in Clugnì¹... fassi . . *Inf.* xxiii. 62.
2. Taglia. La spada di quassù non *taglia* in fretta . . . . . . *Par.* xxii. 16.
    molte volte *taglia* Più e meglio una che le cinque spade . . . *Par.* xvi. 71.
Tagliacozzo. e là da *Tagliacozzo*, Ove... vinse il vecchio Alardo . *Inf.* xxviii. 17.
Tagliamento. Che *Tagliamento* ed Adice richiude . . . . *Par.* ix. 44.
Tagliar. diede il punto... In Aulide a *tagliar* la prima fune . . . *Inf.* xx. 111.
Tagliata. Con la lingua *tagliata* nella strozza . . . . *Inf.* xxviii. 101.
    Menocci ove la roccia era *tagliata* . . . . *Purg.* xii. 97.
Taglio. al *taglio* della spada Rimettendo ciascun di questa risma. *Inf.* xxviii. 38.
    in nostra corte Rivolge sè contra il *taglio* la rota . . . . . *Purg.* xxxi. 42.
    suo parlare... Che pur per *taglio* m' era paruto acro . . . . *Purg.* xxxi. 3.
Tai; tal; tale; tali. *Sovente.*
Taide. *Taide*² è la puttana, che rispose Al drudo suo . . . . . *Inf.* xviii. 133.
Talamone. quella gente vana Che spera in *Talamone* . . . . *Purg.* xiii. 152.
*Tale. Diogenes, Anassagora e *Tale*, Empedocles . . . . . . *Inf.* iv. 137.
Talento. Prima vuol ben; ma non lascia il *talento* . . . . . . *Purg.* xxi. 64.
    Più non t' è uopo aprirmi il tuo *talento* . . . . *Inf.* ii. 81.
    D' intorno mi guardò, come *talento* Avesse di veder . . . . *Inf.* x. 55.
    peccator... Che la ragion sommettono al *talento* . . . . . *Inf.* v. 39.
Talor. Così da questo corso si diparte *Talor* la creatura . . . . *Par.* i. 131.
    che Dio t' ami; Però col prego tuo *talor* mi giova . . . . . *Purg.* xiii. 147.
    Talor così ad alleggiar la pena Mostrava alcun... il dosso . *Inf.* xxii. 22.
    Talor parla l' un alto, e l' altro basso . . . . *Purg.* xx. 118.
    il calor diurno... Vinto da terra o *talor* da Saturno . . . . *Purg.* xix. 3.
Talora. E suol di state *talora* esser grama . . . . *Inf.* xx. 81.
    Sì come torna colui che va giuso *Talora* a solver ancora . . *Inf.* xvi. 134.
Talpe. vedessi Non altrimenti, che per pelle *talpe* . . . . . . *Purg.* xvii. 3.
Talvolta. Simile a quel che *talvolta* si sogna . . . . *Purg.* xi. 27.
    Per mensola *talvolta* una figura Si vede . . . . *Purg.* x. 131.
    Io vidi già cavalier... *talvolta* partir per loro scampo . . . *Inf.* xxii. 3.
Tambernic. se *Tambernic*³ Vi fosse su caduto, o Pietrapana . . *Inf.* xxxii. 28.
Tamburi. Con *tamburi* e con cenni di castella . . . . *Inf.* xxii. 8.
Tamburo. Quella sonò, come fosse un *tamburo* . . . . *Inf.* xxx. 103.
Tamigi. fesse... Lo cor che in sul *Tamigi* ancor si cola . . . *Inf.* xii. 120.
Tamiri. Mostrava la ruina e il crudo scempio Che fe' *Tamiri* . . *Purg.* xii. 56.
Tan. *Tan* m' abelis vostre cortes deman, Qu' ieu no-m puesc . . *Purg.* xxvi. 140.
Tana. son Vanno Fucci Bestia, e Pistoia mi fu degna *tana* . . *Inf.* xxiv. 126.
Tanaglie. E che fai d' esse tal volta *tanaglie* . . . . *Inf.* xxix. 87.
Tanai. Non... la Danoia... Nè *Tanai* là sotto il freddo cielo . *Inf.* xxxii. 27.
Tane. scheggio, Che tutto intero va sopra le *tane* . . . . . . *Inf.* xxi. 126.
Tange. son fatta... tale, Che la vostra miseria non mi *tange* . *Inf.* ii. 92.
Tant'; tanta; tante; tanti; tanto. *Sovente.*
Tapin. si lagna, Come il *tapin* che non sa che si faccia . . . *Inf.* xxiv. 11.

---

¹ Cologna.   ² Taida.   ³ Tabernicch.

Tapini. chi son li due *tapini*, Che fuman come man bagnate?.. *Inf.* xxx. 91.
1. **Tarda.** E nel mover degli occhi onesta e *tarda* .... *Purg.* vi. 63.
   La mia conversione, omè! fu *tarda* .... *Purg.* xix. 106.
   Dissi : ella sen va su forse più *tarda* Che non farebbe .. *Purg.* xxiv. 8.
   La luna, quasi a mezza notte *tarda*, Facea le stelle ..... *Purg.* xviii. 76.
   son Piccarda, Che... Beata sono in la spera più *tarda* ... *Par.* iii. 51.
2. **Tarda.** Oh quanto *tarda* a me ch' altri qui giunga! ..... *Inf.* ix. 9.
   Allor mi volsi come l' uom cui *tarda* Di veder .... *Inf.* xxi. 25.
Tardar. E l' altro, a cui pareva *tardar* troppo, Gridava .... *Inf.* xiii. 119.
Tardato. Qui si ribatte il mal *tardato* remo .... *Purg.* xvii. 87.
   se si svegli Molto *tardato* dall' usanza sua......... *Par.* xxx. 84.
Tardavagli. Ma *tardavagli* il carco e la via stretta....... *Inf.* xxiii. 84.
1. **Tarde.** L' altre togliean l' andare e *tarde* e ratte ...... *Purg.* xxix. 129.
   Veloci e *tarde*, rinnovando vista, Le minuzie .... *Par.* xiv. 113.
   al cielo, Pur là dove le stelle son più *tarde* .... *Purg.* viii. 86.
*2. **Tarde.** Ma perchè tu, aspettando, non *tarde* .... *Par.* xxii. 34.
1. **Tardi.** Io e i compagni eravam vecchi e *tardi* .... *Inf.* xxvi. 106.
   Genti v' eran con occhi *tardi* e gravi, Di grande autorità .. *Inf.* iv. 112.
2. **Tardi.** l' alto Sol... che fu *tardi* da me conosciuto ..... *Purg.* vii. 27.
   doglia... fisse Tanto, che *tardi* tutta si dispoglia ..... *Inf.* xvi. 54.
   Nacqui sub Julio, ancorchè fosse *tardi*, E vissi a Roma ... *Inf.* i. 70.
   sì smarrito, Ch' io mi sia *tardi* al soccorso levata .... *Inf.* ii. 65.
   cose, Che si moveano incontro a noi sì *tardi* .... *Purg.* xxix. 59.
   avere inteso... Ora vorrebbe, ma *tardi* si pente ..... *Inf.* xx. 120.
   hanno Italia morta, Sì che *tardi* per altri si ricrea ..... *Purg.* vii. 96.
   Molti han giustizia in cor, ma *tardi* scocca .... *Purg.* vi. 130.
   un mover di ciglia, Al cerchio che *tardi* in cielo è torto . *Purg.* xi. 108.
   Tanto m' aggrada... Che l' ubbidir, se già fosse, m' è *tardi* . *Inf.* ii. 80.
   sì che *tardi* Per coltivare omai verrebber meno ...... *Purg.* xiv. 95.
1. **Tardo.** Corse, e correndo gli parv' esser *tardo* ...... *Par.* xi. 81.
   E ciò mi fece a domandar più *tardo*. .... *Par.* iii. 130.
   in pensieri Gravi, a morir gli parve venir[1] *tardo* ...... *Par.* x. 135.
   Fia prima quel che tra gli altri è più *tardo* .... *Par.* xvii. 75.
   Lo nostro scender conviene esser *tardo*, Sì che s' ausi ... *Inf.* xi. 10.
   O tu, che vai, non per esser più *tardo*... agli altri dopo ... *Purg.* xxvi. 16.
2. **Tardo.** Perch' io sia giunto forse alquanto *tardo* ...... *Inf.* xxvii. 22.
   L' esercito... Si movea *tardo*, suspiccioso, e raro ..... *Par.* xii. 39.
   e ciascheduno Più *tardo* si movea, secondo ch' era ..... *Par.* xxviii. 35.
   e par lor *tardo* Che Dio a miglior vita li ripogna ..... *Purg.* xvi. 122.
   non... in fretta, Nè *tardo*, ma' che al parer di colui ... *Par.* xxii. 17.
   Io dissi : al suo piacere e tosto e *tardo* Vegna rimedio ... *Par.* xxvi. 13.
Tarpeia. Non rugghiò sì, nè si mostrò sì acra *Tarpeia* ..... *Purg.* ix. 137.
Tarquino. Vidi quel Bruto che cacciò *Tarquino* ...... *Inf.* iv. 127.
Tartari. Con più color... Non fer mai[2] drappo *Tartari* nè Turchi.*Inf.* xvii. 17.
Tasca. m' accorsi Che dal collo a ciascun pendea una *tasca* .. *Inf.* xvii. 55.
   il cavalier... Che recherà la *tasca*, con[3] tre becchi .... *Inf.* xvii. 73.
Tasta. Per quello che Cliò teco li *tasta*, Non pai .... *Purg.* xxii. 58.
Tatto. Se l' occhio o il *tatto* spesso non l' accende[4] ..... *Purg.* viii. 78.
Taumante. non paion... Nè corruscar, nè figlia di *Taumante* .. *Purg.* xxi. 50.
Tauro. in quanto io vidi il segno Che segue il *Tauro* .... *Par.* xxii. 111.
   merigge Lasciato al *Tauro* e la notte allo Scorpio .... *Purg.* xxv. 3.
Taverna. nella chiesa Coi santi, ed in *taverna* Coi ghiottoni .. *Inf.* xxii. 15.
Te. *Sovente.*
Tebaldo. Poi fui famiglio del buon re *Tebaldo* .... *Inf.* xxii. 52.

[1] esser. [2] ma' in. [3] coi. [4] nol raccende.

Teban. vide... calca, Pur che i *Teban* di Bacco avesser uopo . . *Purg.* xviii. 93.
vedi a cui S' aperse agli occhi de' *Teban* la terra . . . . . *Inf.* xx. 32.
Tebano. era crucciata Per Semelè contra il sangue *tebano* . . . *Inf.* xxx. 2.
Tebe. Innocenti facea l' età novella, Novella *Tebe* . . . . *Inf.* xxxiii. 89.
quel fu l' un de' sette regi Ch' assiser *Tebe* . . . . *Inf.* xiv. 69.
quelle donne... Ch' aiutaro Amfion a chiuder *Tebe* . . . . . *Inf.* xxxii. 11.
Non quel che cadde a *Tebe* giù da' muri . . . . *Inf.* xxv. 15.
Ma nè di *Tebe* furie nè Troiane Si veder mai . . . . *Inf.* xxx. 22.
E pria ch' io conducessi i Greci ai fiumi Di *Tebe* . . . . . *Purg.* xxii. 89.
Cantai di *Tebe*, e poi del grande Achille . . . . *Purg.* xxi. 92.
Teco. Non credi tù me *teco*, e ch' io ti guidi? . . . . *Purg.* iii. 24.
Piangendo disse... Mio figlio ov' è, e perchè non è *teco*? . . *Inf.* x. 60.
ingegni Fai gloriosi... Ed essi *teco* le cittadi e i regni . . . *Par.* xviii. 84.
riduci a mente Qual fosti meco e quale io *teco* fui . . . . *Purg.* xxiii. 116.
tuo caro frate, Che mise Roma *teco* nel buon filo . . . . . . *Par.* xxiv. 63.
vien più tosto, Mi disse, tanto che s' io parlo *teco* . . . . *Purg.* xxxiii. 20.
or pur mira, Che per poco è che *teco* non mi risso . . . . . *Inf.* xxx. 132.
conservo sono *Teco* e con gli altri ad una potestate . . . . . *Purg.* xix. 135.
men caro, Se oltre promission *teco* si spazia . . . . *Purg.* xxviii. 138.
Per quello che Cliò *teco* lì tasta,[1] Non par . . . . *Purg.* xxii. 58.
perdo troppo Venendo *teco* sì a paro a paro . . . . *Purg.* xxiv. 93.
Tecta. Continuò... Beati, quorum *tecta* sunt peccata . . . . . *Purg.* xxix. 3.
Tedesche. il Danubio riga, Poi che le ripe *tedesche* abbandona . *Par.* viii. 66.
Tedeschi. E come là tra i *Tedeschi* lurchi Lo bevero s' assetta . *Inf.* xvii. 21.
Tedesco. O Alberto *Tedesco*, che abbandoni Costei! . . . . . . *Purg.* vi. 97.
Tegghia. poggiati... Come a scaldar si poggia *tegghia* a *tegghia* . *Inf.* xxix. 74.
Tegghiaio. L' altro che... l' arena trita E *Tegghiaio* Aldobrandi. *Inf.* xvi. 41.
Farinata e il *Tegghiaio*, che fur sì degni, Jacopo Rusticucci . *Inf.* vi. 79.
Tegna. Non esser duro... Se il nome tuo nel mondo *tegna* fronte.*Inf.* xxvii. 57.
Tegni. ti prega, O santo petto, che per tua la *tegni* . . . . . *Purg.* i. 80.
Tegno. buon Duca, non *tegno* riposto[2] A te mio cor . . . . . *Inf.* x. 19.
Tela. Così fec' io... Per apprender da lei qual fu la *tela* . . . . *Par.* iii. 95.
mettei la trama In quella *tela* ch' io le porsi ordita . . . . *Par.* xvii. 102.
Tele. Nè fur tai *tele* per Aragne imposte . . . . *Inf.* xvii. 18.
Telo. Vedeva Briareo, fitto dal *telo* Celestial . . . . *Purg.* xii. 28.
1. **Tema.** Non vi sarebbe al petto quella *tema* . . . . *Purg.* xv. 54.
giustizia gli sprona Sì, che la *tema* si volge in disio . . . *Inf.* iii. 126.
Non aver *tema*, disse il mio Signore; Fatti sicur . . . . . *Purg.* ix. 46.
fatto secco, Per digiunar, quando più n' ebbe *tema* . . . . . *Purg.* xxiii. 27.
da *tema* e da vergogna Voglio che... ti disviluppe . . . . . *Purg.* xxxiii. 31.
Da questa *tema* acciocchè tu ti solve, Dirotti . . . . *Inf.* ii. 49.
nel viso mi dipigne Quella pietà che tu per *tema* senti . . . *Inf.* iv. 21.
perch' io non l' abbo, Non senza *tema* a dicer mi conduco . *Inf.* xxxii. 6.
Senza *tema* d' infamia ti rispondo . . . . *Inf.* xxvii. 66.
2. **Tema.** Perocchè sì mi caccia il lungo *tema* . . . . *Inf.* iv. 146.
Ma chi pensasse il poderoso *tema*... Nol biasmerebbe . . . *Par.* xxiii. 64.
Più che giammai da punto di suo *tema* Suprato fosse . . . . *Par.* xxx. 23.
3. **Tema.** ma *tema* degli artigli Ch' a più alto leon trasser . . . *Par.* vi. 107.
Teman. Sì ch' ei non *teman* delle lor vendette . . . . *Inf.* xxii. 101.
Teme. Perocchè, giunti, l' un l' altro non *teme* . . . . *Purg.* xvi. 112.
riva malvagia, Che attende ciascun uom che Dio non *teme* . *Inf.* iii. 108.
creda Che vendetta di Dio non *teme* suppe . . . . *Purg.* xxxiii. 36.
fama *Teme* di perder perch' altri sormonti . . . . *Purg.* xvii. 119.
non consente... Ma consentevi in tanto, in quanto *teme* . . *Par.* iv. 110.

---

[1] li con teco tasta.   [2] nascosto.

Teme.	lasciai la cima Cadere, e stetti come l' uom che *teme*	*Inf.* xiii. 45.
	l' arca santa, Per che si *teme* offizio non commesso	*Purg.* x. 57.
	non s' attenta Del domandar, sì del troppo si *teme*	*Par.* xxii. 27.
Temea.	ed io temeva il foco Quinci, e quindi *temea* cadere	*Purg.* xxv. 117.
Temendo.	al parer di colui, Che disiando o *temendo* l' aspetta	*Par.* xxii. 18.
	i Fiamminghi... *Temendo* il fiotto che[1] ver lor s' avventa	*Inf.* xv. 5.
	con gli occhi... bassi, *Temendo* no 'l mio dir gli fusse grave	*Inf.* iii. 80.
	però m' accostai, *Temendo*, un poco più al Duca mio	*Inf.* x. 30.
	Ed io, *temendo* nol più star crucciasse Lui... Torna'mi	*Inf.* xvii. 76.
	Sì si starebbe un agno intra due brame... egualmente *temendo*.	*Par.* iv. 5.
Temenza.	Tal che il tuo successor *temenza* n' aggia	*Purg.* vi. 102.
	Pon giù omai, pon giù ogni *temenza*, Volgiti in qua	*Purg.* xxvii. 31.
Temer.	*Temer* si dee di sole quelle cose Ch' hanno potenza	*Inf.* ii. 88.
	E così vid' io già *temer* li fanti Ch' uscivan	*Inf.* xxi. 94.
	Non *temer* tu, ch' io ho le cose conte	*Inf.* xxi. 62.
	non *temer*, chè il nostro passo Non ci può torre alcun	*Inf.* viii. 104.
Temerei.	Così... coperto, Ch' io non *temerei* unghia nè uncino	*Inf.* xxii. 69.
Temesse.	Sì che parea che l' aer ne *temesse*[2]	*Inf.* i. 48.
Temesti.	Per lo qual non *temesti* torre a inganno La bella Donna.	*Inf.* xix. 56.
Temett'.	Allor *temett'* io[3] più che mai la morte	*Inf.* xxxi. 109.
Temetti.	Sì ch' io *temetti* non tenesser[4] patto	*Inf.* xxi. 93.
Temeva.	ed io *temeva* il foco Quinci, e quindi temea cadere	*Purg.* xxv. 116.
Temi.	E forse che... Qual *Temi* e Sfinge, men ti persuade	*Purg.* xxxiii. 47.
1. Temo.	ove s' aspetta il *temo* Che mal guidò Fetonte	*Par.* xxxi. 124.
	e funne ricoperta E l' una e l' altra rota e il *temo*	*Purg.* xxxii. 140.
	le quattro... Rimase addietro, e la quinta era al *temo*	*Purg.* xxii. 119.
	E volto al *temo* ch' egli avea tirato, Trasselo al piè	*Purg.* xxxii. 49.
	Sì ch' al volger del *temo* non vien meno	*Par.* xiii. 9.
	teste... Tre sopra il *temo*, ed una in ciascun canto	*Purg.* xxxii. 144.
2. Temo.	Gridando a Dio: omai più non ti *temo*	*Purg.* xiii. 122.
	io *temo* ch' ello Non s' apparecchi a grattarmi la tigna	*Inf.* xxii. 92.
	io *temo* forse Che troppo avrà d' indugio	*Purg.* xiii. 11.
	È *temo* che non sia già sì smarrito, Ch' io mi sia tardi	*Inf.* ii. 64.
	se... m' abbandono, *Temo* che la venuta non sia folle	*Inf.* ii. 35.
	Temo di perder vita tra coloro Che questo tempo	*Par.* xvii. 119.
	Dirotti... Perch' io non *temo* di venir qua entro	*Inf.* ii. 87.
Temono.	Ben son di quelle che *temono* il danno	*Par.* xi. 130.
	sì piene di froda, Che non *temono* ingegno che le occupi	*Purg.* xiv. 54.
Tempera.	mondana cera Più a suo modo *tempera* e suggella	*Par.* i. 42.
Temperanza.	per *temperanza* di vapori... la sostenea	*Purg.* xxx. 26.
Temperanze.	Le *temperanze* dei vapori spessi	*Par.* v. 135.
Temperar.	Quindi m' apparve il *temperar* di Giove	*Par.* xxii. 145.
Temperasse.	Se non si *temperasse*, tanto splende	*Par.* xxi. 10.
Temperate.	Stricca, Che seppe far le *temperate* spese	*Inf.* xxix. 126.
Temperato.	colui... Che l' avea *temperato* con sua lima	*Inf.* xxvii. 9.
	benigno e mite Risponder lei con viso *temperato*	*Purg.* xv. 103.
Temperava.	Ch' agli occhi *temperava* il nuovo giorno	*Purg.* xxviii. 3.
Temperi.	Con l' armonia che *temperi* e discerni	*Par.* i. 78.
Tempesta.	Con quel furor e con quella *tempesta* Ch' escono i cani.	*Inf.* xxi. 67.
	E con *tempesta* impetuosa ed agra... fia combattuto	*Inf.* xxiv. 147.
	Ahi serva Italia... Nave senza nocchiere in gran *tempesta!*	*Purg.* vi. 77.
	Io venni in loco... Che mugghia come fa mar per *tempesta*.	*Inf.* v. 29.
Tempi.	mirando il punto A cui tutti li *tempi* son presenti	*Par.* xvii. 18.
	E quei che vide tutt' i *tempi* gravi, Pria che morisse	*Par.* xxxii. 127.

[1] che in. [2] tremesse. [3] temetti. [4] ch' ei tenesser.

Tempi. ride Quell' avvocato dei *tempi*[1] cristiani . . . . *Par.* x. 119.
Tempia. poco appresso Ella, non tu, n' avrà rossa la *tempia* . . *Par.* xvii. 66.
Tempie. Serpentelli... Onde le fiere *tempie* eran avvinte . . . . *Inf.* ix. 42.
    torcete i cori, Drizzando in vanità le vostre *tempie* . . . . . *Par.* ix. 12.
    Roma, Dove mertai le *tempie* ornar di mirto . . . . *Purg.* xxi. 90.
    Tideo si rose Le *tempie* a Menalippo per disdegno . . . . . *Inf.* xxxii. 131.
    incise Quel dalle chiavi a me sopra le *tempie* . . . . *Purg.* xii. 135.
    Quel ch' era dritto, il trasse ver le *tempie* . . . . *Inf.* xxv. 124.
Tempio. si gettaro Sopra Sennacherib dentro dal *tempio* . . . . *Purg.* xii. 53.
    Ivi mi parve... vedere in un *tempio* più persone . . . . . . *Purg.* xv. 87.
    strazio e... scempio... Tale orazion fa far nel nostro *tempio* . *Inf.* x. 87.
    senza decreto Porta nel *tempio* le cupide vele . . . . *Purg.* xx. 93.
    si ricrea Nel *tempio* del suo voto, riguardando . . . . *Par.* xxxi. 44.
Templi. ride Quel avvocato dei *templi*[2] cristiani . . . . *Par.* x. 119.
*Templo. s' adiri Del comperare e vender dentro al *templo* . . . *Par.* xviii. 122.
    dee aver fine In questo miro ed angelico *templo* . . . . . . *Par.* xxviii. 53.
Tempo. veggiate... Dinanzi quel che il *tempo* seco adduce . . . *Inf.* x. 98.
    Ma poco *tempo* andrà che i tuoi vicini Faranno sì . . . . *Purg.* xi. 140.
    Poi disse : omai è *tempo* da scostarsi Dal bosco . . . . . . *Inf.* xiv. 139.
    se... vuoi saper chi semo, *Tempo* non è da dire, e non saprei.*Purg.* xxvi. 90.
    Tu ti rimani omai, chè il *tempo* è caro In questo regno . . . *Purg.* xxiv. 91.
    io piovvi di Toscana, Poco *tempo* è, in questa gola fera . . . *Inf.* xxiv. 123.
    Lo *tempo* è poco omai che n' è concesso, Ed altro è . . . . *Inf.* xxix. 11.
    Ma più è il *tempo* già che i piè mi cossi... Ch' ei non starà . *Inf.* xix. 79.
    drizza la testa ; Non è più *tempo* da gir sì sospeso . . . . . *Purg.* xii. 78.
    Tempo futuro m' è già nel cospetto . . . . *Purg.* xxiii. 98.
    Tempo era già che l' aer s' annerava, Ma non sì . . . . . . *Purg.* viii. 49.
    Tempo era dal principio del mattino ; E il sol montava su . *Inf.* i. 37.
    sì presso, Che molto poco *tempo* a volger era . . . . *Purg.* i. 60.
    Ma perchè il *tempo* fugge, che t' assonna... farem punto . . *Par.* xxxii. 139.
    il *tempo* e la dote Non fuggían quinci e quindi la misura . . *Par.* xv. 104.
    volontieri acquista, E giugne il *tempo* che perder lo face . . *Inf.* i. 56.
    fu venuta quivi, Dove parve al mio Duca *tempo* e loco . . . *Inf.* xxvi. 77.
    non ascende... Prima che passi *tempo*, quanto visse . . . . *Purg.* xi. 131.
    alcun compenso... trova, che il *tempo* non passi Perduto . . *Inf.* xi. 14.
    Ratto, ratto, che il *tempo* non si perda Per poco amor . . . *Purg.* xviii. 103.
    laggiù di sotto, Dove *tempo* per tempo si ristora . . . . . *Purg.* xxiii. 84.
    Chè il *tempo* saria corto a tanto suono . . . . *Inf.* xv. 105.
    sprona Lo *tempo* verso me, per colpo darmi Tal . . . . . *Par.* xvii. 107.
    E come il *tempo* tenga in cotal testo Le sue radici . . . . *Par.* xxvii. 118.
    Torna giustizia, e primo *tempo* umano . . . . *Purg.* xxii. 71.
    se non s' appon... Lo *tempo* va dintorno con le force . . . . *Par.* xvi. 9.
    Vassene il *tempo*, e l' uom non se n' avvede . . . . *Purg.* iv. 9.
    Ma, poichè il *tempo* della grazia venne... si ritenne . . . *Par.* xxxii. 82.
    mi viene A vista il *tempo* che ti s' apparecchia . . . . . . *Par.* xvii. 45.
    Elena vidi, per cui tanto reo *Tempo* si volse . . . . *Inf.* v. 65.
    il governa Mentre che il *tempo* suo tutto sia volto . . . . *Inf.* xxxiii. 132.
    Tempo aspettar tacendo non patio, Ma della bocca . . . . *Par.* xx. 81.
    Bestemmiavano... il luogo, il *tempo* e il seme Di lor semenza.*Inf.* iii. 104.
    coloro Che questo *tempo* chiameranno antico . . . . . . *Par.* xvii. 120.
    Lo Navarrese ben suo *tempo* colse, Fermò le piante a terra . *Inf.* xxii. 121.
    il *tempo* che c' è imposto Più utilmente compartir . . . . . *Purg.* xxiii. 5.
    veggio... A darne *tempo*, già stelle propinque . . . . *Purg.* xxxiii. 41.
    il mondo imprenta, E col suo lume il *tempo* ne misura . . . *Par.* x. 30.

[1] templi. [2] tempi.

TEMPO 706 TEMPRANDO

Tempo. come se tue Partissi ancor lo *tempo* per calendi . . . . *Purg.* xvi. 27.
Chè[1] perder *tempo* a chi più sa più spiace . . . . *Purg.* iii. 78.
Io era ben del suo ammonir uso, Pur di non perder *tempo* . . *Purg.* xii. 86.
preliba... Prima che morte *tempo* gli prescriba . . . . *Par.* xxiv. 6.
l' augello... Previene il *tempo* in sull' aperta frasca . . . . . *Par.* xxiii. 7.
Tempo vegg' io, non molto dopo ancoi, Che tragge . . . . . *Purg.* xx. 70.
Così fatta, mi disse : il mondo m' ebbe Giù poco *tempo* . . . *Par.* viii. 50.
Questa gran *tempo* per lo mondo giò . . . . .'. . . . . . *Inf.* xx. 60.
Non sarà tutto *tempo* senza ereda L' aquila . . . . *Purg.* xxxiii. 37.
Qui sarai tu poco *tempo* silvano, E sarai meco... cive . . . . *Purg.* xxxii. 100.
Alcun *tempo* il sostenni col mio volto . . . . *Purg.* xxx. 121.
cotanto *Tempo* era stato che alla sua presenza Non era . . . *Purg.* xxx. 35.
Alte[2] terrà lungo *tempo* le fronti, Tenendo l' altra . . . . . *Inf.* vi. 70.
Ma picciol *tempo*, chè poca è l' offesa Fatta . . . . *Purg.* xiii. 134.
Tutti color ch' a quel *tempo* eran ivi Da poter arme . . . . *Par.* xvi. 46.
superba Fu a quel *tempo*, sì com' ora è putta . . . . *Purg.* xi. 114.
Quella sinistra riva... Per suo signore a *tempo* m' aspettava . *Par.* viii. 60.
ministra e duce, Che permutasse a *tempo* li ben vani . . . . *Inf.* vii. 79.
al *tempo* de' dolci sospiri, A che e come concedette amore ? . *Inf.* v. 118.
E vissi a Roma... Al *tempo* degli dei falsi e bugiardi . . . . *Inf.* i. 72.
Poi, presso al *tempo* che... il ciel volle Ridur lo mondo . . . *Par.* vi. 55.
ritorci Gli occhi... Sì che la via col *tempo* si raccorci . . . . *Par.* xxix. 129.
Tanto... iti, Con poco *tempo*, per la voglia pronta . . . . . *Purg.* xiii. 24.
Tu sentirai di qua da picciol *tempo* Di quel che Prato . . . *Inf.* xxvi. 8.
al divino dall' umano, All' eterno dal *tempo* era venuto . . *Par.* xxxi. 38.
m' era cagione... L' ora del *tempo* e la dolce stagione . . . *Inf.* i. 43.
Che ricordarsi del *tempo* felice Nella miseria . . . . *Inf.* v. 122.
Quante volte del *tempo* che rimembre... Hai tu mutato . . . *Purg.* vi. 145.
Ed ei prese di *tempo* e loco poste . . . . *Inf.* xxxiv. 71.
il trasmutare in picciol varco Di *tempo* in bianca donna . . . *Par.* xviii. 65.
In sua eternità di *tempo* fuore, Fuor d' ogni altro . . . . . . *Par.* xxix. 16.
In picciol *tempo* gran dottor si feo, Tal che si mise . . . . . *Par.* xii. 85.
vita... aspetta, Se innanzi *tempo* grazia a sè nol chiama . . *Inf.* xxxi. 129.
Nel *tempo* che Giunone era crucciata Per Semelè . . . . . . *Inf.* xxx. 1.
dove e qual era Proserpina nel *tempo* che perdette . . . . . *Purg.* xxviii. 50.
Nel *tempo* che il buon Tito... Vendicò le fora . . . . *Purg.* xxi. 82.
alti Fiorentini, Onde la fama nel *tempo* è nascosa . . . . . *Par.* xvi. 87.
E come gli stornei ne portan l' ali Nel freddo *tempo* . . . . *Inf.* v. 41.
il villan... Nel *tempo* che colui che il mondo schiara . . . . . *Inf.* xxvi. 26.
lor basti Per tutto il *tempo* che il foco gli abbrucia . . . . . *Purg.* xxv. 137.
drizzaste il collo Per *tempo* al pan degli Angeli . . . . *Par.* ii. 11.
E s' io non fossi sì per *tempo* morto... Dato t' avrei... conforto.*Inf.* xv. 58.
laggiù di sotto, Dove tempo per *tempo* si ristora . . . . . . *Purg.* xiii. 84.
E se già fosse, non saria per *tempo* . . . . *Inf.* xxvi. 10.
sì subitamente Che l' atto suo per *tempo* non si sporge . . . *Par.* x. 39.
Per ogni *tempo*, ch' egli è stato, trenta, In sua presunzion . . *Purg.* iii. 139.
il qual s' aggira Sempre in quell' aria senza *tempo* tinta . . . *Inf.* iii. 29.
Temporal. il *temporal* foco e l' eterno Veduto hai . . . . *Purg.* xxvii. 127.
1. Tempra. Ma poco dura alla sua penna *tempra* . . . . *Inf.* xxiv. 6.
E come cerchi in *tempra* d' oriuoli Si giran sì . . . . . . *Par.* xxiv. 13.
e render voce a voce in *tempra* Ed in dolcezza . . . . . . *Par.* vi. 146.
E come giga ed arpa, in *tempra* tesa Di molte corde . . . . *Par.* xiv. 118.
2. Tempra. parte... Che il sole i crin sotto l' Aquario *tempra* . *Inf.* xxiv. 2.
Temprando. gustava Lo mio, *temprando* col dolce[3] l' acerbo . . *Par.* xviii. 3.

[1] Chè 'l. [2] Alto. [3] il dolce con.

Temprata.	Per lo candor della *temprata* stella Sesta	*Par.* xviii. 68.
Temprava.	*Temprava* i passi un'[1] angelica nota	*Purg.* xxxii. 33.
Tempre.	intesi nelle dolci *tempre* Lor compatire a me	*Purg.* xxx. 94.
Temps.	Sovenha vos a *temps* de ma dolor	*Purg.* xxvi. 147.
Temuta.	O vendetta di Dio, quanto tu dei Esser *temuta!*	*Inf.* xiv. 17.
Ten.	*Sovente.*	
Tenace.	nell' Arzanà... Bolle l' inverno la *tenace* pece	*Inf.* xxi. 8.
	Nel fosso su... Là dove bolle la *tenace* pece	*Inf.* xxxiii. 143.
Tenavamo.	*tenavamo* il colmo, quando Ristemmo per veder	*Inf.* xxi. 3.
Tende.	*Tende* le braccia poi che il latte prese	*Par.* xxiii. 122.
Tendea.	Esso *tendea* in su l' una e l' altr' ale	*Purg.* xxix. 109.
Tendiam.	Gridò : *tendiam* le reti, sì ch' io pigli La leonessa	*Inf.* xxx. 7.
Tenea.	E il capo tronco *tenea* per le chiome	*Inf.* xxviii. 121.
	il capo chino *Tenea*, come uom che reverente vada	*Inf.* xv. 45.
	Com' io *tenea* levate in lor le ciglia	*Inf.* xxv. 49.
	ei *tenea* succinto Dinanzi l' altro, e dietro il braccio destro	*Inf.* xxxi. 86.
	Ognuna in giù *tenea* volta la faccia	*Inf.* xxxii. 37.
	E quei *tenea* de' piè ghermito il nerbo	*Inf.* xxi. 36.
	Ma quel demonio che *tenea* sermone Col Duca mio	*Inf.* xxi. 103.
	di fuor... *Tenea*[2] la testa ed ancor tutto il casso	*Inf.* xii. 122.
Tenebra.	Non... altra cosa desse briga, Che la notturna *tenebra*	*Purg.* vii. 56.
	anzi è *tenebra*, Od ombra della carne, o suo veleno	*Par.* xix. 65.
Tenebrata.	notte... Quant' esser può di nuvol *tenebrata*	*Purg.* xvi. 3.
Tenebre.	Le *tenebre* fuggian da tutti i lati	*Purg.* xxvii. 112.
	perocchè tu rificchi La mente... Di vera luce *tenebre* dispicchi.	*Purg.* xv. 66.
	vidi un fuoco, Ch' emisperio di *tenebre* vincia	*Inf.* iv. 69.
	Loco è laggiù non tristo da martiri, Ma di *tenebre* solo	*Purg.* vii. 29.
	all' altra riva, Nelle *tenebre* eterne, in caldo e in gelo	*Inf.* iii. 87.
	però che tu trascorri Per le *tenebre* troppo dalla lungi	*Inf.* xxxi. 23.
Tenebroso.	e neve Per l' aer *tenebroso* si riversa	*Inf.* vi. 11.
Tenem.	Lì si vedrà ciò che *tenem* per fede, Non dimostrato	*Par.* ii. 43.
Tenendo.	*Tenendo* l' altra sotto gravi pesi	*Inf.* vi. 71.
	Tenendo gli occhi con fatica fisi A me	*Purg.* xi. 77.
	non ti sarà noto *Tenendo* gli occhi pur quaggiù al fondo	*Par.* xxxi. 114.
	Sedeva... *Tenendo* il viso giù tra esse basso	*Purg.* iv. 108.
Tener.	Credette... *Tener* lo campo, ed ora ha Giotto il grido	*Purg.* xi. 95.
	Riguarda bene... Sì che poi sappi sol *tener* lo guado	*Par.* ii. 126.
	La grave idropisì... Faceva a lui *tener* le labbra aperte	*Inf.* xxx. 55.
	i suoi nimici Non ne potran *tener* le lingue mute	*Par.* xvii. 87.
	Non *tener* pure ad un loco la mente, Disse il dolce Maestro	*Purg.* x. 46.
	virtù... Che[3] dell' assenso de' *tener* la sceglia	*Purg.* viii. 63.
	duro camo, Che dovria l' uom *tener* dentro a sua meta	*Purg.* xiv. 144.
	pensa per te stesso, Com' io potea *tener* lo viso asciutto	*Inf.* xx. 21.
	Mal dare e mal *tener* lo mondo pulcro Ha tolto loro	*Inf.* vii. 58.
Tenera.	Come si volgon per *tenera* nube Due archi parallelli	*Par.* xii. 10.
Tenere.	Si vuol *tenere* agli occhi stretto il freno	*Purg.* xxv. 119.
	credetti vedere Lucifero... E vidili le gambe in su *tenere*	*Inf.* xxxiv. 90.
	Lo Duca... Disse : che hai, che non ti puoi *tenere?*	*Purg.* xv. 120.
	A te convien *tenere* altro viaggio, Rispose	*Inf.* i. 91.
Tenerla.	ch' io erri Anzi ad aprir, che a *tenerla* serrata	*Purg.* ix. 128.
Tenermi.	mi rispose, Per non *tenermi* in ammirar sospeso	*Par.* xx. 87.
Tenero.	in atto pio, Quale a *tenero* padre si conviene	*Par.* xxxi. 63.
Tenersi.	è formale... *Tenersi* dentro alla divina voglia	*Par.* iii. 80.
Tenesse.	Non avea membro che *tenesse* fermo	*Inf.* vi. 24.

[1] in. [2] Tenean. [3] E.

Tenesser. Sì ch' io temetti non *tenesser*[1] patto . . . . *Inf.* xxi. 93.
Tenesti. chiavi, Che tu *tenesti* nella vita lieta . . . . *Inf.* xix. 102.
Tenete. E nel presente *tenete* altro modo . . . . *Inf.* x. 99.
   Ed un... Diretro a noi gridò: *tenete* i piedi . . . . *Inf.* xxiii. 77.
Tenetevi. E voi, mortali, *tenetevi* stretti A giudicar . . . . . *Par.* xx. 133.
Teneva. più corrusco... *Teneva* il sole il cerchio di merigge . . *Purg.* xxxiii. 104.
   succinto... D' una catena che il *teneva* avvinto . . . . . . *Inf.* xxxi. 88.
   quella cava, Dov' io *teneva* or l' occhio sì a posta . . . . . *Inf.* xxix. 19.
   Sopra questo *teneva* ambo le piante L' Angel di Dio . . . . *Purg.* ix. 103.
   E mentre ch' ei *teneva* 'l[2] viso basso, Esaminando . . . . . *Purg.* iii. 55.
Tenevan. le foglie, Che *tenevan* bordone alle sue rime . . . . . *Purg.* xxviii. 18.
Tenga. cosa... Che *tenga* forte a sè l' anima volta . . . . . . *Purg.* iv. 8.
   E come il tempo *tenga* in cotal testo Le sue radici . . . . . *Par.* xxvii. 118.
Tengo. Da Pier le *tengo*; e dissemi, ch' io erri Anzi ad aprir . *Purg.* ix. 127.
Tengon. questo misero modo *Tengon* l' anime triste di coloro . *Inf.* iii. 35.
   Quanti si *tengon* or lassù gran regi, Che qui staranno! . . . *Inf.* viii. 49.
Tenne. potesti... udire, Che l' affezion del vel Constanza *tenne* . *Par.* iv. 98.
   Tu eri... impedito Sopra colui che già *tenne* Altaforte . . . *Inf.* xxix. 29.
   E la mia Donna in lor *tenne* l' aspetto, Pur come sposa . . . *Par.* xxv. 110.
   Come *tenne* Lorenzo in sulla grada, E fece Muzio . . . . . *Par.* iv. 83.
   la tua città... Seco mi *tenne* in la vita serena . . . . . . *Inf.* vi. 51.
   Pura potenza *tenne* la parte ima . . . . *Par.* xxix. 34.
   traeva la parola... Forse a peggior sentenza ch' ei non *tenne*. *Inf.* ix. 15.
   Tenne la terra che il Soldan corregge . . . . *Inf.* v. 60.
   Volando dietro gli *tenne*... per aver la zuffa . . . . *Inf.* xxii. 134.
   e il Poeta *Tenne* a sinistra, ed io retro mi mossi . . . . . *Inf.* xviii. 21.
   Alichin non si *tenne*, e di rintoppo Agli altri . . . . . . *Inf.* xxii. 112.
   al bosco Si *tenne* Diana, ed Elice caccionne . . . . *Purg.* xxv. 131.
   egli stessi Mi volse, e non si *tenne* alle mie mani . . . . . *Inf.* ix. 59.
Tennero. Fermar li piedi e *tennero* il cor saldo . . . . *Par.* xxii. 51.
Tenni. Io son colui che *tenni* ambo le chiavi Del cor . . . . . *Inf.* xiii. 58.
   Da che io intesi... Chinai 'l viso, e tanto il *tenni* basso . . *Inf.* v. 110.
   Allor si mosse, ed io li *tenni* retro . . . . *Inf.* i. 136.
Tenta. *Tenta* costui dei punti lievi e gravi, Come ti piace . . *Par.* xxiv. 37.
   O tuo parlar m' inganna o e' mi *tenta*, Rispose a me . . . . *Purg.* xvi. 136.
   Ma *tenta* pria s' è tal ch' ella ti reggia . . . . *Inf.* xxiv. 30.
Tentando. *Tentando* a render te qual tu paresti Là . . . . . . *Purg.* xxxi. 143.
Tentar. non ardirei Lo minimo *tentar* di sua delizia . . . . . *Par.* xxxi. 138.
Tentare. Tanto, per non *tentare*, è fatto sodo . . . . *Par.* xxviii. 60.
Tentò. Poi mi *tentò*, e disse: quegli è Nesso . . . . *Inf.* xii. 67.
   Quando il mio Duca mi *tentò* di costa, Dicendo . . . . . *Inf.* xxvii. 32.
Tenuta. Saria *tenuta* allor tal maraviglia Una Cianghella . . . *Par.* xv. 127.
Tenuto. digiuno Che lungamente m' ha *tenuto* in fame . . . . *Par.* xix. 26.
   i due rabbiosi... Sopra cu' io avea l' occhio *tenuto* . . . . *Inf.* xxx. 47.
Tenzona. Chè 'l sì e 'l no[3] nel capo mi *tenzona* . . . . . . *Inf.* viii. 111.
Tenzone. Sì, che i miei occhi pria n' ebber *tenzone* . . . . . *Purg.* x. 117.
   Ed egli a me: dopo lunga *tenzone* Verranno al sangue . . . *Inf.* vi. 64.
*†**Teodia.** Sperent in te, nella sua[4] *teodia* Dice . . . . *Par.* xxv. 73.
*†**Tepe.** la dolcezza Diversamente in essa ferve e *tepe* . . . . *Par.* xxix. 141.
Tepidezza. Da voi per *tepidezza* in ben far messo . . . . . . *Purg.* xviii. 108.
   E questa *tepidezza* il quarto cerchio Cerchiar mi fe' . . . *Purg.* xxii. 92.
Terenzio. Dimmi dov' è *Terenzio* nostro antico, Cecilio . . . *Purg.* xxii. 97.
Terghi. turba Che se[5] ne va diretro ai vostri *terghi* . . . . *Purg.* xxvi. 66.
Termina. Là 've[6] ogni ben si *termina* e s' inizia . . . . . . *Par.* viii. 87.

    [1] ch' ei tenesser.   [2] che tenendo il.   [3] Chè sì e no.   [4] tua; nell' alta.   [5] sì.   [6] Ov'.

Terminando. deduce L' ardua sua materia *terminando*	. . . .	*Par.* xxx. 36.
Terminar. a *terminar* lo tuo disiro Mosse Beatrice me	. . . .	*Par.* xxxi. 65.
Terminarla. Per approvarla, e non per *terminarla*	. . . . .	*Par.* xxiv. 48.
Terminava. Là dove[1] *terminava* quella valle	. . . .	*Inf.* i. 14.
Termine. Esser conviene un *termine*, da onde Lo suo contrario	.	*Par.* ii. 86.
Vergine madre... *Termine* fisso d' eterno consiglio	. . . .	*Par.* xxxiii. 3.
nè forte, Poscia che le cittadi *termine* hanno	. . . . . .	*Par.* xvi. 78.
tanto bianco, Che nulla neve a quel *termine* arriva	. . . .	*Par.* xxxi. 15.
lo cammin corto Di quella vita che al *termine* vola	. . . .	*Purg.* xx. 39.
Ben è che senza *termine* si doglia Chi... si spoglia	. . . .	*Par.* xv. 10.
Termini. Quarnaro, Che Italia chiude e suoi[2] *termini* bagna	. .	*Inf.* ix. 114.
Chè dentro a questi *termini* è ripieno Di venenosi sterpi	. .	*Purg.* xiv. 94.
di qua dichina Questa pianura a' suoi *termini* bassi	. . .	*Purg.* i. 114.
Non potea l' uomo nei *termini* suoi Mai satisfar	. . . . .	*Par.* vii. 97.
*****Terminonno.** Perchè il primo ternaro *terminonno*	. . . . . .	*Par.* xxviii. 105.
Ternaro. L' altro *ternaro*, che così germoglia	. . . .	*Par.* xxviii. 115.
Si chiaman Troni... Perchè il primo *ternaro* terminonno	. .	*Par.* xxviii. 105.
Terra. vedi a cui S' aperse agli occhi de' Teban la *terra*	. . .	*Inf.* xx. 32.
discende l' erta... Tal che per lui ne fia la *terra* aperta	. .	*Inf.* viii. 130.
Poi parve a me che la *terra* s' aprisse	. . . .	*Purg.* xxxii. 130.
E l' altra *terra*, secondo ch' è degna Per sè	. . . .	*Purg.* xxviii. 112.
La *terra* lagrimosa diede vento, Che[3] balenò	. . . . . .	*Inf.* iii. 133.
In *terra* è *terra* il mio corpo, e saragli	. . . .	*Par.* xxv. 124.
è tutto ferro... Salvo che il destro piede è *terra* cotta	. . .	*Inf.* xiv. 110.
Ond' io : Maestro, di', che *terra* è questa ?	. . . .	*Inf.* xxxi. 21.
E la sua *terra* è questa dolce vita	. . . .	*Par.* xxv. 93.
Così fu fatta già la *terra* degna Di... perfezione	. . . .	*Par.* xiii. 82.
E la *terra* che pria di qua si sporse... fe' del mar velo	. .	*Inf.* xxxiv. 122.
Cenere o *terra* che secca si cavi, D' un color fora	. . . .	*Purg.* ix. 115.
color... Che l' alta *terra* senza seme gitta	. . . .	*Purg.* xxviii. 69.
Guiglielmo fu, cui quella *terra* plora Che piange Carlo	. .	*Par.* xx. 62.
il poema sacro, Al quale ha posto mano e cielo e *terra*	. .	*Par.* xxv. 2.
arbuscelli, Che qui la *terra* sol da sè produce	. . . . . .	*Purg.* xxvii. 135.
Pute la *terra* che questo riceve	. . . . :	*Inf.* vi. 12.
vinto... dalla carne Che tutto dì la *terra* ricoperchia	. . .	*Par.* xiv. 57.
come di gramigna Vivace *terra*... Si ricoperse	. . . . . .	*Purg.* xxxii. 137.
La *terra* che fe' già la lunga prova... si ritrova	. . . . .	*Inf.* xxvii. 43.
Ch' ei cominciò a far sentir la *terra*... alcun conforto	. . .	*Par.* xi. 56.
Siede la *terra*, dove nata fui, Sulla marina	. . . .	*Inf.* v. 97.
ad un orto Buggea siede e la *terra*, ond' io fui	. . . . . .	*Par.* ix. 92.
ai fossati venne Di lei ciò che la *terra* non sofferse	. . .	*Purg.* v. 120.
trapela, Pur che la *terra*, che perde ombra, spiri	. . . . .	*Purg.* xxx. 89.
Per lei tremò la *terra* e il ciel s' aperse	. . . .	*Par.* vii. 48.
Che, là dove ubbidia la *terra* e il cielo, Femmina sola	. .	*Purg.* xxix. 25.
L' aer, e la *terra*, e tutte lor misture Venire a corruzione	.	*Par.* vii. 125.
Ahi dura *terra*, perchè non t' apristi ?	. . . .	*Inf.* xxxiii. 66.
mala pianta, Che la *terra* cristiana tutta aduggia Sì	. . .	*Purg.* xx. 44.
E chieggioti... Se mai calchi la *terra* di Toscana	. . . . .	*Purg.* xiii. 149.
Questi non ciberà *terra* nè peltro, Ma sapienza e amore	. .	*Inf.* i. 103.
Quindi non *terra*, ma peccato ed onta Guadagnerà	. . . .	*Purg.* xx. 76.
La maggior valle... Fuor di quel mar che la *terra* inghirlanda.		*Par.* ix. 84.
se tu mai odi Originar la mia *terra* altrimenti	. . . . . .	*Inf.* xx. 98.
Questo passammo, come *terra* dura	. . . .	*Inf.* iv. 109.
Prese la *terra*, e con piene le pugna La gittò	. . . . . .	*Inf.* vi. 26.

[1] ove.   [2] e i suoi.   [3] E.

Terra. L' altro... Resse la *terra* dove l' acqua nasce	*Purg.* vii. 98.
Questi la *terra* in sè stringe ed aduna	*Par.* i. 117.
Tenne la *terra* che il Soldan corregge	*Inf.* v. 60.
E tien la *terra*, che tal è qui meco Vorrebbe di vedere	*Inf.* xxviii. 86.
dentro all' alte fosse, Che vallan quella *terra* sconsolata	*Inf.* viii. 77.
la vergine cruda Vide *terra* nel mezzo del pantano	*Inf.* xx. 83.
quand' io vidi Solo dinanzi a me la *terra* oscura	*Purg.* iii. 21.
Bastiti, e batti a *terra* le calcagne	*Purg.* xix. 61.
Tal cadde a *terra* la fiera crudele	*Inf.* vii. 15.
E poi che fu a *terra* sì distrutto, La polver si raccolse	*Inf.* xxiv. 103.
Fermò le piante a *terra*, ed in un punto Saltò	*Inf.* xxii. 122.
Ch' io dissi: o tu[1] che l' occhio a *terra* gette... Venedico se'.	*Inf.* xviii. 48.
gente... Giacendo a *terra* tutta volta in giuso	*Purg.* xix. 72.
Così giustizia qui a *terra* il merse	*Purg.* xix. 120.
Chiamavi il cielo... E l' occhio vostro pure a *terra* mira	*Purg.* xiv. 150.
la grave condizione Di lor tormento a *terra* li rannicchia	*Purg.* x. 116.
i fanciulli... Con gli occhi a *terra*, stannosi ascoltando	*Purg.* xxxi. 65.
Come si volge con le piante strette A *terra*	*Purg.* xxviii. 53.
cade... Per forza di demon ch' a *terra* il tira	*Inf.* xxiv. 113.
io torno per anche A quella *terra* ch' i' n' ho ben fornita	*Inf.* xxi. 40.
se l' impeto primo A *terra* è torto[2] da falso piacere	*Par.* i. 134.
Alessandro... vide... Fiamme cadere infino a *terra* salde	*Inf.* xiv. 33.
Come le rane... Fin che alla *terra* ciascuna s' abbica	*Inf.* ix. 78.
Briareo... Grave alla *terra* per lo mortal gelo	*Purg.* xii. 30.
Gli occhi alla *terra*, e le ciglia avea rase D' ogni baldanza	*Inf.* viii. 118.
infin che il ramo Vede[3] alla *terra* tutte le sue spoglie	*Inf.* iii. 114.
Ma per salirla mo nessun diparte Da *terra* i piedi	*Par.* xxii. 74.
quanto si discorda Da *terra* il ciel che più alto festina	*Purg.* xxxiii. 90.
Frati Godenti fummo... e da tua *terra* insieme presi	*Inf.* xxiii. 105.
il calor diurno... Vinto da *terra* o talor da Saturno	*Purg.* xix. 3.
Chè dalla nuova *terra* un turbo nacque, E percosse	*Inf.* xxvi. 137.
fanno L' esalazion dell' acqua e della *terra*	*Purg.* xxviii. 98.
par ch' e' si creda, Che avrebber vinto i figli della *terra*	*Inf.* xxxi. 121.
sì menai... Ch' al fine della *terra* il suono uscìe	*Inf.* xvii. 78.
un secreto calle Tra il muro della *terra* e li martìri	*Inf.* x. 2.
fu combusto Per l' orazion della *Terra* devota	*Purg.* xxix. 119.
In quella parte della *terra* prava Italica	*Par.* ix. 25.
al nostral vento, O vero a quel della *terra* di Iarba	*Purg.* xxxi. 72.
Dicendo: o Mantovano, io son Sordello Della tua *terra*	*Purg.* vi. 75.
presta, Sol per lo dolce suon della sua *terra*	*Purg.* vi. 80.
quei la discolora, Per cui ell' esce della *terra* acerba	*Purg.* xi. 117.
ne sembri Essere alcun di nostra *terra* prava	*Inf.* xvi. 9.
la corona Di quella *terra* che il Danubio riga	*Par.* viii. 65.
nè pedoni, Nè nave a segno di *terra* o di stella	*Inf.* xxii. 12.
Se tu... Caduto sei di quella dolce *terra* Latina	*Inf.* xxvii. 26.
Di vostra *terra* sono; e sempre mai L' opre[4] di voi	*Inf.* xvi. 58.
Lo nome di colui, che in *terra* addusse La Verità	*Par.* xxii. 41.
L[5] s' appellava in *terra* il sommo bene	*Par.* xxvi. 134.
Per cui tanta stoltizia in *terra* crebbe	*Par.* xxix. 121.
all' occhio mi corse Un, crocifisso in *terra* con tre pali	*Inf.* xxiii. 111.
o sommo Giove, Che fosti in *terra* per noi crucifisso!	*Purg.* vi. 119.
fu... desto Trovato in *terra* dalla sua nutrice	*Par.* xii. 77.
l' un piè... sospese... Indi a partirsi in *terra* lo distese	*Inf.* xxviii. 63.
In *terra* è *terra* il mio corpo, e saragli	*Par.* xxv. 124.

[1] dissi: tu. [2] *L' atterra, torto.* [3] Rende. [4] ovra. [5] El; Un; I.

Terra.	Pensa che in *terra* non è chi governi	*Par.* xxvii. 140.
	e lì vid' io Delle mie vene farsi in *terra* lago	*Purg.* v. 84.
	corpo, che laggiuso in *terra* Fan di Cain favoleggiare	*Par.* ii. 50.
	corpo uman... Per che il lume del sole in *terra* è fesso	*Purg.* iii. 96.
	E il buon Sordello in *terra* fregò il dito, Dicendo	*Purg.* vii. 52.
	punge Quell' Attila che fu flagello in *terra*	*Inf.* xii. 134.
	L' altro per sapienza in *terra* fue... uno splendore	*Par.* xi. 38.
	La mente che qui luce in *terra* fuma	*Par.* xxi. 100.
	novecento trenta Fiate, mentre ch' io in *terra* fu'mi	*Par.* xxvi. 123.
	m' insegna fare Sì come Penestrino in *terra* getti	*Inf.* xxvii. 102.
	Supin giaceva in *terra* alcuna gente; Alcuna si sedea	*Inf.* xiv. 22.
	Cotal vestigio in *terra* di sè lascia, Qual fummo in aer	*Inf.* xxiv. 50.
	Ed in *terra* lasciai la mia memoria Sì fatta	*Par.* xix. 16.
	Ma, perchè in *terra* per le vostre scuole Si legge	*Par.* xxix. 70.
	nessuno... a vincer Acri, Nè mercatante in *terra* di Soldano	*Inf.* xxvii. 90.
	l' arte Che mostri in cielo, in *terra* e nel mal mondo	*Inf.* xix. 11.
	Ma, per vento che in *terra* si nasconda, Non so come	*Purg.* xxi. 56.
	non credo che fosse Lo decimo suo passo in *terra* posto	*Purg.* xxxiii. 17.
	E se tanto segreto ver proferse Mortale in *terra*	*Par.* xxviii. 137.
	vider rotta La luce in *terra* dal mio destro canto	*Purg.* iii. 89.
	Maraviglia sarebbe... Come in[1] *terra* quiete in[2] foco vivo	*Par.* i. 141.
	sarebbe il peggio Per l' uomo in *terra* se non fosse cive?	*Par.* viii. 116.
	Tu non se' in *terra*, sì come tu credi	*Par.* i. 91.
	e l' aer bruno Toglieva gli animai che sono in *terra*	*Inf.* ii. 2.
	i burchi, Che parte sono in acqua e parte in *terra*	*Inf.* xvii. 20.
	Adora per color che sono in *terra* Tutti sviati	*Par.* xviii. 125.
	membra in ch' io Rinchiusa fui, e sono in *terra*[3] sparta	*Purg.* xxxi. 51.
	in fame, Non trovandogli in *terra* cibo alcuno	*Par.* xix. 27.
	Quegli ch' usurpa in *terra* il loco mio, Il loco mio	*Par.* xxvii. 22.
	ti fiammeggio... Di là dal modo che in *terra* si vede	*Par.* v. 2.
	tu... cui io vidi su in *terra* Latina... Rimembriti	*Inf.* xxviii. 71.
	L' angel che venne in *terra* col decreto Della... pace	*Purg.* x. 34.
	la possanza Ch' aprì le strade intra[4] il cielo e la *terra*	*Par.* xxiii. 38.
	ciascuna vestita Nella sua *terra* fia di doppia vesta	*Par.* xxv. 92.
	sei sì grande, Che per mare e per *terra* batti l' ali	*Inf.* xxvi. 2.
	Elle giacean per *terra* tutte e quante, Fuor ch' una	*Inf.* vi. 37.
	Guardando l' ombre che giacean per *terra*, Tornate già	*Purg.* xx. 143.
	Non credo che per *terra* vada ancoi Uomo sì duro	*Purg.* xiii. 52.
	Corridor vidi per la *terra* vostra, O Aretini	*Inf.* xxii. 4.
	Quando la brina in sulla *terra* assempra L' imagine	*Inf.* xxiv. 4.
	la prima gloria Di Josuè in sulla *Terra* Santa	*Par.* ix. 125.
	gente Che già in sulla fortunata *terra* Di Puglia	*Inf.* xxviii. 8.
	Sola sedeasi in sulla *terra* vera, Come guardia	*Purg.* xxxii. 94.
	immagina Sion Con questo monte in sulla *terra* stare	*Purg.* iv. 69.
	E lui vedea chinarsi per la morte... in ver la *terra*	*Purg.* xv. 110.
	Che hai, che pure in ver la *terra* guati?	*Purg.* xix. 52.
	E noi movemmo i piedi in ver la *terra*, Sicuri	*Inf.* ix. 104.
Terrà.	L' udir ci *terrà* giunti in quella vece	*Purg.* xvi. 36.
	Alte[5] *terrà* lungo tempo le fronti, Tenendo l' altra	*Inf.* vi. 70.
	li tiene all' ubi, E *terrà* sempre, nel qual sempre foro	*Par.* xxviii. 96.
Terragne.	Sopra i sepolti le tombe *terragne* Portan segnato	*Purg.* xii. 17.
Terragno.	acqua per doccia A volger rota di molin *terragno*	*Inf.* xxiii. 47.
Terrai.	a quel... *Terrai* il viso come tieni il dosso	*Par.* viii. 96.
Terram.	Qui judicatis *terram*, fur sezzai	*Par.* xviii. 93.

[1] a.   [2] quieto.   [3] e che son terra.   [4] tra.   [5] Alto.

Terre.	Chè le *terre*[1] d' Italia tutte piene Son di tiranni	*Purg.* vi. 124.
	E quella... Manto fu, che cercò per *terre* molte	*Inf.* xx. 55.
Terren.	più silvestro Si fa il *terren* col mal seme	*Purg.* xxx. 119.
Terrene.	l' occhio nostro... fisso alle cose *terrene*	*Purg.* xix. 119.
	perocchè tu rificchi La mente pure alle cose *terrene*	*Purg.* xv. 65.
	come veggion le *terrene* menti Non capere in triangolo	*Par.* xvii. 14.
Terreni.	O *terreni* animali, o menti grosse!	*Par.* xix. 85.
Terrestro.	Quant' egli ha più del buon vigor *terrestro*	*Purg.* xxx. 120.
Terribil.	parea che... *Terribil* come folgor discendesse	*Purg.* ix. 29.
Terribile.	E vidivi entro *terribile* stipa Di serpenti	*Inf.* xxiv. 82.
Terribilmente.	Non sonò sì *terribilmente* Orlando	*Inf.* xxxi. 18.
Tersi.	Quali per vetri trasparenti e *tersi*... Tornan	*Par.* iii. 10.
Terso.	Bianco marmo era sì pulito e *terso*	*Purg.* ix. 95.
Terza.	Perocchè nella *terza* bolgia state	*Inf.* xix. 6.
	La *terza* parea neve testè mossa	*Purg.* xxix. 126.
	Quanto tra l' ultimar dell' ora *terza*, E il principio	*Purg.* xv. 1.
	cerchia antica, Ond' ella toglie ancora e *terza* e nona	*Par.* xv. 98.
	La via è lunga... E già il sole a mezza *terza* riede	*Inf.* xxxiv. 96.
	E com' io domandava,[2] ecco la *terza* Dicendo: amate	*Purg.* xiii. 35.
Terze.	già nessuno Le seconde aspettava nè le *terze*	*Inf.* xviii. 39.
Terzeruolo.	Chi *terzeruolo* ed artimon rintoppa	*Inf.* xxi. 15.
Terzi.	Nell' ordine, che fanno i *terzi* sedi, Siede Rachel	*Par.* xxxii. 7.
Terzo.	Io sono al *terzo* cerchio della piova Eterna	*Inf.* vi. 7.
	E quel dal *terzo*, e il *terzo* poi dal quarto	*Par.* xxviii. 29.
	Se in mano al *terzo* Cesare si mira Con occhio chiaro	*Par.* vi. 86.
	già dicesti: Voi che intendendo il *terzo* ciel movete	*Par.* viii. 37.
	il folle amore Raggiasse, volta nel *terzo* epiciclo	*Par.* viii. 3.
	E se riguardi su nel *terzo* giro Del sommo grado	*Par.* xxxi. 67.
	al fine, ove si parte Lo secondo giron dal *terzo*	*Inf.* xiv. 5.
	il *terzo* parea foco Che quinci e quindi... si spiri	*Par.* xxxiii. 119.
	L' ordine *terzo* di Podestadi ee	*Par.* xxviii. 123.
	E il *terzo* già chinava in giuso l' ale	*Purg.* ix. 9.
	Lo *terzo*, che di sopra s' ammassiccia, Porfido mi parea	*Purg.* ix. 100.
	Così ricominciommi il *terzo* sermo; E poi... disse	*Par.* xxi. 112.
	Deh... Seguitò il *terzo* spirito al secondo	*Purg.* v. 132.
	del secondo vento... Generò il *terzo*, e l' ultima possanza	*Par.* iii. 120.
	Ovidio è il *terzo*, e l' ultimo Lucano[3]	*Inf.* iv. 90.
1. Tesa.	E come giga ed arpa, in tempra *tesa* Di molte corde	*Par.* xiv. 118.
	la coda rivolse, E quella *tesa*, come anguilla, mosse	*Inf.* xvii. 104.
2. Tesa.	Come balestro frange, quando scocca Da troppa *tesa*	*Purg.* xxxi. 17.
Teschio.	Che quei faceva il *teschio* e l' altre cose	*Inf.* xxxii. 132.
	con gli occhi torti Riprese il *teschio* misero coi denti	*Inf.* xxxiii. 77.
Tese.	non compiè... Ch' io gli vidi venir con l' ali *tese*	*Inf.* xxiii. 35.
Teseo.	satolli *Teseo* combattér co' doppi petti	*Purg.* xxiv. 123.
	Mal non vengiammo in *Teseo* l' assalto	*Inf.* ix. 54.
Tesifone.	*Tesifone* è nel mezzo; e tacque a tanto	*Inf.* ix. 48.
Tesoro.	La luce in che rideva il mio *tesoro*	*Par.* xvii. 121.
	quant' io... Nella mia mente potei far *tesoro*	*Par.* i. 11.
	con la poverella, Offerse a Santa Chiesa suo[4] *tesoro*	*Par.* x. 108.
	quanto *tesoro* volle Nostro Signore in prima da san Pietro?	*Inf.* xix. 90.
	Quivi si vive e gode del *tesoro* Che s' acquistò	*Par.* xxiii. 133.
	Vittima fassi di questo *tesoro*, Tal qual io dico	*Par.* v. 29.
	Siati raccomandato il mio *Tesoro*, Nel quale io vivo	*Inf.* xv. 119.
Test'.	contra me venesse Con la *test'* alta e con rabbiosa fame	*Inf.* i. 47.

[1] *citta.*   [2] dimandai.   [3] è Lucano.   [4] il suo.

Testa. La sua *testa* è di fin' oro formata	. . . .	*Inf.* xiv. 106.
Sì vid' io movere a venir la *testa* Di quella mandria	. . . .	*Purg.* iii. 85.
alla corona vedova promossa La *testa* di mio figlio fu	. . . .	*Purg.* xx. 59.
La bella Donna... Abbracciommi la *testa*, e mi sommerse	. .	*Purg.* xxxi. 101.
poscia Che a lui fui giunto, alzò la *testa* appena	. . . . .	*Purg.* iv. 118.
Sen venne, ed arrivò la *testa* e il busto	. . . .	*Inf.* xvii. 8.
Ed io, ch' avea d' orror[1] la *testa* cinta, Dissi	. . . .	*Inf.* iii. 31.
Guardommi un poco, e poi chinò la *testa* ; Cadde con essa	.	*Inf.* vi. 92.
Ond' ei crollò la *testa*,[2] e disse : come? Volemci star?	. .	*Purg.* xxvii. 43.
Ben discerneva in lor la *testa* bionda	. . . .	*Purg.* viii. 34.
Drizza la *testa*, drizza, e vedi a cui S' aperse	. . . . . .	*Inf.* xx. 31.
Drizza la *testa* ; Non è più tempo da gir sì sospeso	. . . .	*Purg.* xii. 77.
Drizzai la *testa* per veder chi fossi	. . . .	*Purg.* xxiv. 136.
Leva la *testa*, e fa che t' assicuri	. . . .	*Par.* xxv. 34.
uscendo del cappello Move la *testa*, e coll' ali si plaude	. .	*Par.* xix. 35.
Poco portai in là volta la *testa*, Che mi parve veder	. . . .	*Inf.* xxxi. 19.
La *testa* e il collo d' un' aquila vidi Rappresentare	. . . . .	*Par.* xviii. 107.
Per che con gli occhi in giù la *testa* sporgo	. . . .	*Inf.* xvii. 120.
di fuor... Tenea[3] la *testa* ed ancor tutto il casso	. . . . .	*Inf.* xii. 122.
venia... Volgendo ad or ad or la *testa* al[4] dosso	. . . . .	*Purg.* viii. 101.
Volse la *testa* ov' egli avea le zanche, Ed aggrappossi	. . .	*Inf.* xxxiv. 79.
Lo Duca stette un poco a *testa* china, Poi disse	. . . . .	*Inf.* xxiii. 139.
O quanto parve... Quando vidi tre facce alla sua *testa* !	. . .	*Inf.* xxxiv. 38.
Levò il braccio alto con tutta la *testa* Per appressarne	. . .	*Inf.* xxviii. 128.
si percotean... con la *testa*, col[5] petto e co' piedi	. . . . .	*Inf.* vii. 113.
Tal signoreggia e va con la *testa* alta	. . . .	*Par.* ix. 50.
Noi discendemmo il ponte dalla *testa*, Dove si giunge	. . . .	*Inf.* xxiv. 79.
opinione Ti fia chiavata in mezzo della *testa*	. . . .	*Purg.* viii. 137.
Ed ecco del profondo della *testa* Volse a me gli occhi	. . .	*Purg.* xxiii. 40.
Tutto che il vel che le scendea di *testa* Cerchiato	. . . . . .	*Purg.* xxx. 67.
al modo D' una di lor, ch' avea tre occhi in *testa*	. . . . .	*Purg.* xxix. 132.
Quelli, onde l' occhio in *testa* mi scintilla	. . . .	*Par.* xx. 35.
Ruppemi l' alto sonno nella *testa* Un greve tuono	. . . .	*Inf.* iv. 1.
Quel che giacea... gli orecchi ritira per la *testa*	. . . . . .	*Inf.* xxxi. 131.
Così ancor su per la strema *testa* Di quel... cerchio	. . . .	*Inf.* xvii. 43.
cinqu' alle, Senza la *testa*, uscia fuor della grotta	. . . . .	*Inf.* xxxi. 114.
Testamento. Testando, e dando al *testamento* norma	. . . . .	*Inf.* xxx. 45.
Avete il vecchio e il nuovo *Testamento*, E il pastor	. . . .	*Par.* v. 76.
Testando. *Testando*, e dando al testamento norma	. . . . . .	*Inf.* xxx. 45.
Teste. non calchi... Le *teste* de' fratei miseri lassi	. . . . . .	*Inf.* xxxii. 21.
il dificio santo Mise fuor *teste* per le parti sue	. . . . . .	*Purg.* xxxii. 143.
Quella che con le sette *teste* nacque, E... ebbe argomento	.	*Inf.* xix. 109.
passeggiando tra le *teste*, Forte percossi il piè	. . . . . .	*Inf.* xxxii. 77.
Testè. Femmina sola, e pur *testè* formata, Non sofferse	. . .	*Purg.* xxix. 26.
La terza parea neve *testè* mossa	. . . .	*Purg.* xxix. 126.
la disposizion... Negli occhi pur *testè* dal sol percossi	. . .	*Purg.* xxxii. 11.
che l' altra sormonti Con la forza di tal che *testè* piaggia	. .	*Inf.* vi. 69.
*****Testeso.** la tua faccia *testeso*... riso dimostrommi	. . . . . .	*Purg.* xxi. 113.
E quel che mi convien ritrar *testeso*, Non portò voce	. . . .	*Par.* xix. 7.
Testimon. sembianti, Che soglion esser *testimon* del core	. .	*Purg.* xxviii. 45.
Testimonianza. Tra lor *testimonianza* si procaccia	. . . . . .	*Inf.* xxxii. 39.
Testimonio. Fia *testimonio* al ver che la dispensa	. . . . .	*Par.* xvii. 54.
Ma tu non fosti sì ver *testimonio*... a Troia	. . . .	*Inf.* xxx. 113.
non... puro Giammai rimanga d' essi *testimonio*	. . . . . .	*Purg.* xiv. 120.

[1] error.   [2] *fronte*.   [3] Tenean.   [4] e 'l.   [5] e col.

Testimonio. E se di ciò vuoi fede o *testimonio*, Recati a mente . *Inf.* xviii. 62.
senza prova d' alcun *testimonio*... si converrebbe . . . . . . *Par.* xxix. 122.
1. **Testo.** E serbolo a chiosar con altro *testo* A donna . . . . . *Inf.* xv. 89.
tu mi neghi, O luce mia, espresso in alcun *testo* . . . . . . *Purg.* vi. 29.
2. **Testo.** il tempo tenga in cotal *testo* Le sue radici . . . . . . *Par.* xxvii. 118.
Teti. Evvi la figlia di Tiresia e *Teti*, E... Deidamia . . . . . . *Purg.* xxii. 113.
Tetragono. mi senta Ben *tetragono* ai colpi di ventura . . . . . *Par.* xvii. 24.
Tetro. Così tornavan per lo cerchio *tetro*, Da ogni man . . . *Inf.* vii. 31.
Or dirai tu ch' ei si dimostra *tetro* Quivi lo raggio . . . . . *Par.* ii. 91.
Di qua, di là, su per lo sasso *tetro* Vidi demon cornuti . . . *Inf.* xviii. 34.
Tetto. Come per sostentar solaio o *tetto*... una figura Si vede . . *Purg.* x. 130.
Tever. intra Urbino E il giogo di che 'l *Tever* si disserra . . . *Inf.* xxvii. 30.
Tevero. alla marina... Dove l' acqua di *Tevero* s' insala . . . . *Purg.* ii. 101.
Nel crudo sasso, intra *Tevero*[1] ed Arno, prese... sigillo . . . *Par.* xi. 106.
Thomas. esso Alberto Fu[2] di Colonia, ed io *Thomas* d' Aquino . *Par.* x. 99.
Ti. *Sovente.*
Tibi. sicut *tibi*, cui Bis unquam coeli janua reclusa ? . . . . . . *Par.* xv. 29.
Tideo. Non altrimenti *Tideo* si rose Le tempie . . . . *Inf.* xxxii. 130.
Tiemmi. La Donna... Sopra me vidi, e dicea: *tiemmi*, *tiemmi* . *Purg.* xxxi. 93.
Tien. Quivi trionfa... Colui che *tien* le chiavi di tal gloria . . . *Par.* xxiii. 139.
Mentre che l' orizzonte il dì *tien* chiuso . . . . *Purg.* vii. 60.
O qual che se', che 'l di su *tien* di sotto, Anima trista ! . . . *Inf.* xix. 46.
Tien alto lor disio e nol nasconde . . . . *Purg.* xxiv. 111.
Nel tempo che... La faccia sua a noi *tien* meno ascosa . . . *Inf.* xxvi. 27.
troverai la soga Che il *tien* legato, o anima confusa . . . . *Inf.* xxii. 74.
La mia letizia mi ti *tien* celato, Che mi raggia dintorno . . *Par.* viii. 52.
veglio, Che *tien* volte le spalle inver Damiata . . . . . . *Inf.* xiv. 104.
E *tien* la terra, che tal è qui meco Vorrebbe di vedere . . . *Inf.* xxviii. 86.
Volgiti indietro, e *tien* lo viso chiuso . . . . *Inf.* ix. 55.
Tiene. già *tiene* il confine D' amendue gli emisperi... Caino . . . *Inf.* xx. 124.
in tanto Che più *tiene* un sospir la bocca aperta . . . . . . *Purg.* xxxii. 141.
Però intenza di argomento *tiene* . . . . *Par.* xxiv. 78.
chi guarda sottilmente, Più giusta e più discreta la ne *tiene* . *Inf.* xxxi. 54.
di coro in coro Al punto fisso che li *tiene* all' ubi . . . . . . *Par.* xxviii. 95.
Così giustizia qui stretti ne *tiene*, Ne' piedi... legati . . . . *Purg.* xix. 123.
Ma[3] perchè l' usuriere altra via *tiene* . . . . *Inf.* xi. 109.
via, Che *tiene* una sustanzia in tre persone . . . . *Purg.* iii. 36.
E *tiene* ancor del monte e del macigno . . . . *Inf.* xv. 63.
Tieni. si rivolgea... Gridando: perchè *tieni* e perchè burli ? . . *Inf.* vii. 30.
a quel... Terrai il viso come *tieni* il dosso . . . . *Par.* viii. 96.
però perdona, Se villania nostra giustizia *tieni* . . . . . . *Purg.* xviii. 117.
Al carro *tieni* or gli occhi, e quel che vedi... scrive . . . *Purg.* xxxii. 104.
In quel gran seggio, a che tu gli occhi *tieni* . . . . *Par.* xxx. 133.
Icaro... Gridando il padre a lui : mala via *tieni* . . . . . . *Inf.* xvii. 111.
Tienti. anima sciocca, *Tienti* col corno, e con quel ti disfoga . . *Inf.* xxxi. 71.
Tienvi. perch' io rido... Maravigliando *tienvi* alcun sospetto . . *Purg.* xxviii. 79.
Tifeo. caliga... Non per *Tifeo*, ma per nascente solfo . . . . . *Par.* viii. 70.
***Tifo.** Non ci far ire a Tizio nè a *Tifo* . . . . *Inf.* xxxi. 124.
Tigna. Non s' apparecchi a grattarmi la *tigna* . . . . *Inf.* xxii. 93.
anco vedervi, S' avessi avuto di tal *tigna* brama . . . . . *Inf.* xv. 111.
Tignemmo. Noi che *tignemmo* il mondo di sanguigno . . . . . *Inf.* v. 90.
Tignoso. rimembro... Federico *Tignoso* e sua brigata . . . . . *Purg.* xiv. 106.
Tigri. Dinanzi ad esse Eufrates e *Tigri* Veder mi parve uscir . *Purg.* xxxiii. 112.
Timbreo. Vedea *Timbreo*, vedea Pallade e Marte, Armati ancora. *Purg.* xii. 31.

[1] Tevere. [2] È. [3] E.

TIMEO	715	TITOL

Timeo. Quel che *Timeo* dell' anime argomenta Non è simile . . *Par.* iv. 49.
Timida. Pure ascoltando, *timida* si fane . . . . *Par.* xxvii. 33.
Timidette. stanno *Timidette* atterrando l' occhio e il muso . . . *Purg.* iii. 81.
Timido. E, s' io al vero son *timido* amico, Temo di perder vita[1] . *Par.* xvii. 118.
   Allor fu' io più *timido* allo scoscio . . . . *Inf.* xvii. 121.
   Così m' andava *timido* e pensoso . . . . *Purg.* xx. 151.
   s' accorse Del *timido* voler che non s' apriva . . . . . . *Purg.* xviii. 8.
Timon. Qual *timon* gira per venire a porto . . . . *Purg.* xxx. 6.
Tin. tira ed urge, *Tin tin* sonando con sì dolce nota . . . . . . *Par.* x. 143.
Tinse. mi morse, Sì che mi *tinse* l' una e l' altra guancia . . . *Inf.* xxxi. 2.
Tinta. Grandine grossa, e acqua *tinta*, e neve... si riversa . . *Inf.* vi. 10.
   Così... Trovammo risonar quell' acqua *tinta* . . . . *Inf.* xvi. 104.
   s' aggira Sempre in quell' aria senza tempo *tinta* . . . . *Inf.* iii. 29.
Tinte. furon dritte ratto Tre furie infernal di sangue *tinte* . . *Inf.* ix. 38.
Tintinno. E come giga ed arpa... fa[2] dolce *tintinno* A tal . . . . *Par.* xiv. 119.
Tinto. miseria d' esto loco... e il *tinto*[3] aspetto e brollo . . . . *Inf.* xvi. 30.
   Era il secondo, *tinto* più che perso, D' una petrina . . . . *Purg.* ix. 97.
   nello intelletto Fatto di pietra ed, impietrato,[4] *tinto* . . . *Purg.* xxxiii. 74.
Tira. più dolce suona Quaggiù, e più a sè l' anima *tira* . . . *Par.* xxiii. 98.
   ciò che trova attivo quivi, *tira* In sua sustanzia . . . . . *Purg.* xxv. 73.
   corde, Che la destra del cielo allenta e *tira* . . . . *Par.* xv. 6.
   cade... Per forza di demon ch' a terra il *tira* . . . . *Inf.* xxiv. 113.
   e si protende Per lo disio del pasto che là il *tira* . . . . . *Purg.* xix. 66.
   Nullo creato bene a sè la *tira*, Ma essa... lui cagiona . . . . *Par.* xix. 89.
   acquistar virtute Al passo forte, che a sè la *tira* . . . . . *Par.* xxii. 123.
   Che l' una parte l'[5] altra *tira* ed urge, Tin tin sonando . . . *Par.* x. 142.
   Da[6] complession potenziata *tira* Lo raggio e il moto . . . *Par.* vii. 140.
   l' angoscia... Forse ti *tira* fuor della mia mente . . . . . . *Inf.* vi. 44.
   E disse: io veggio ben come ti *tira* Uno ed altro disio . . . *Par.* iv. 16.
   Figliuol mio, disse, infin quivi ti *tira* . . . . *Purg.* iv. 46.
   l' amo Dell' antico avversario a sè vi *tira* . . . . *Purg.* xiv. 146.
   Se lento amore in lui veder vi *tira*, O a lui acquistar . . . . *Purg.* xvii. 130.
Tiralli. Appiè dell' alpe, che serra Lamagna Sopra *Tiralli* . . . *Inf.* xx. 63.
Tirando. sì che, *tirando*, Grattar gli fece il ventre . . . . . . *Inf.* xxx. 29.
Tirandosi. E, *tirandosi* me dietro, sen giva . . . . *Purg.* xxxi. 95.
Tiranni. ei son *tiranni*, Che dier nel sangue . . . . *Inf.* xii. 104.
   non è... Senza guerra ne' cor de' suoi *tiranni* . . . . . . *Inf.* xxvii. 38.
   Chè le città[7] d' Italia tutte piene Son di *tiranni* . . . . . *Purg.* vi. 125.
Tirannia. si raggiunge Ove la *tirannia* convien che gema . . *Inf.* xii. 132.
   E quella... Tra *tirannia* si vive e stato franco . . . . *Inf.* xxvii. 54.
Tiranno. mazzerati... Per tradimento d' un *tiranno* fello . . . . *Inf.* xxviii. 81.
Tirano. verso Dio Tutti tirati sono, e tutti *tirano* . . . . . . *Par.* xxviii. 129.
Tirarti. se tu senti altre corde *Tirarti* verso lui . . . . *Par.* xxvi. 50.
Tirati. verso Dio Tutti *tirati* sono, e tutti tirano . . . . . . *Par.* xxviii. 129.
Tirato. E, volto al temo ch' egli avea *tirato*, Trasselo al piè . . *Purg.* xxxii. 49.
   Un carro... Ch' al collo d' un grifon *tirato* venne . . . . *Purg.* xxix. 108.
Tiresia. Vedi *Tiresia*, che mutò sembiante . . . . *Inf.* xx. 40.
   Evvi la figlia di *Tiresia* e Teti, E... Deidamia . . . . . . *Purg.* xxii. 113.
Tiro. Ditel costinci; se non, l' arco *tiro* . . . . *Inf.* xii. 63.
Tisbe. Come al nome di *Tisbe* aperse il ciglio Piramo . . . . *Purg.* xxvii. 37.
Tito. Nel tempo che il buon *Tito*... Vendicò le fora . . . . . *Purg.* xxi. 82.
   Poscia con *Tito* a far vendetta corse Della vendetta . . . . *Par.* vi. 92.
Titol. del suo nome Lo *titol* del mio sangue fa sua cima . . . *Purg.* xxix. 102.
   dentro dalla muda, La qual per me ha il *titol* della fame . . *Inf.* xxxiii. 23.

[1] viver.   [2] fan.   [3] tristo.   [4] in peccato.   [5] e l'.   [6] Di.   [7] terre.

TITONE	716	TOLSE

Titone. La concubina di *Titone* antico Già s' imbiancava . . . . *Purg.* ix. 1.
Tizio. Non ci far ire a *Tizio* nè a Tifo . . . . *Inf.* xxxi. 124.
Tizzo. Meleagro Si consumò al consumar d' un *tizzo*[1] . . . . . *Purg.* xxv. 22.
Tobia. Gabriel e Michel... E l' altro che *Tobia* rifece sano . . . *Par.* iv. 48.
Tocca. che hai tu, Bocca?... qual diavol ti *tocca?* . . . . . . *Inf.* xxxii. 108.
    siete voi accorti, Che quel di retro move ciò ch' ei *tocca?* . . *Inf.* xii. 81.
    Terra Santa, Che poco *tocca* al papa la memoria . . . . . . *Par.* ix. 126.
    e *tocca* l' onda Sotto Sibilia Caino e le spine . . . . *Inf.* xx. 125.
    E con men foga l' asta il segno *tocca* . . . . *Purg.* xxxi. 18.
    contenta Di questa digression che non ti *tocca* . . . . *Purg.* vi. 128.
    con quel ti disfoga, Quand' ira o altra passion ti *tocca* . . . *Inf.* xxxi. 72.
    far magro Là dove l' uopo di nutrir non *tocca* . . . . *Purg.* xxv. 21.
    Taccia Lucano omai, là dov' ei *tocca* Del misero Sabello . . *Inf.* xxv. 94.
    quando il corno Della Capra del ciel col sol si *tocca* . . . . *Par.* xxvii. 69.
Toccando. trapassammo... *Toccando* un poco la vita futura . . . *Inf.* vi. 102.
Toccar. Tal, ch' io pensai co' miei *toccar* lo fondo . . . . . *Par.* xv. 35.
Toccasse. Come a nessun *toccasse* altro la mente . . . . *Purg.* ii. 117.
Toccata. è fine, Al quale è fatta la *toccata* norma . . . . . . *Par.* i. 108.
    E la parola tua sopra *toccata* Sì consonava . . . . *Purg.* xxii. 79.
*****Tocche.** Questa Fortuna, di che tu mi *tocche*, Che è? . . . . . *Inf.* vii. 68.
Tocchi. vuoi che 'l *tocchi*, Diceva... in sul groppone? . . . . . *Inf.* xxi. 100.
    E com' io mi rivolsi, e furon *tocchi* Li miei da ciò . . . . *Par.* xxviii. 13.
Tocchin. e non *tocchin* la pianta, S' alcuna surge ancora . . . . *Inf.* xv. 74.
Tocco. Della profonda condizion divina Ch' io *tocco*[2] . . . . . *Par.* xxiv. 143.
    vienne omai, vedi ch' è *tocco* Meridian dal sole . . . . . . *Purg.* iv. 137.
Togli. Gridando *togli*, Iddio, chè a te lo squadro . . . . . . *Inf.* xxv. 3.
Toglie. Chè non è giusto aver ciò ch' uom si *toglie* . . . . . *Inf.* xiii. 105.
    ne porti... l' eterno Per una lagrimetta che il mi *toglie* . . *Purg.* v. 107.
    Ed io: se nuova legge non ti *toglie* Memoria . . . . *Purg.* ii. 106.
    virtù, Che *toglie* altrui memoria del peccato . . . . *Purg.* xxviii. 128.
    ignoranza, che di questa pecca *Toglie* il penter . . . . . . *Purg.* xxii. 48.
    cerchia antica, Ond' ella *toglie* ancora e terza e nona . . . *Par.* xv. 98.
Togliea. *Togliea* la coda fessa la figura Che si perdeva là . . *Inf.* xxv. 109.
Togliean. L' altre *togliean* l' andare e tarde e ratte . . . . . *Purg.* xxix. 129.
Togliendo. si fa *togliendo* or qui or quivi Lo pan . . . . . . *Par.* xviii. 128.
Toglier. sofferto Fu per ciascun di *toglier*[3] via Fiorenza . . . *Inf.* x. 92.
Togliessi. S' io nol *togliessi* da sua figlia Gaia . . . . *Purg.* xvi. 140.
Togliesti. Virgilio, dal qual tu *togliesti* Forza[4] . . . . *Purg.* xxi. 125.
Toglieva. l' aer bruno *Toglieva* gli animai... Dalle fatiche loro . *Inf.* ii. 2.
    Verso tal parte, ch' io *toglieva* i raggi Dinanzi a me . . . *Purg.* xxvii. 65.
*****Tolle.** Poi... Cesare per voler di Roma il *tolle* . . . . . . *Par.* vi. 57.
    pria che fosse anciso L' Agnel di Dio che lo peccata *tolle* . . *Par.* xvii. 33.
    l' alta provvidenza... Poder di partirs' indi a tutti *tolle* . . . *Inf.* xxiii. 57.
    cangia proposta, Sì che dal cominciar tutto si *tolle* . . . . *Inf.* ii. 39.
    Ma grave usura tanto non si *tolle* Contra il piacer . . . . *Par.* xxii. 79.
Tollette. Ruine, incendi e *tollette* dannose . . . . *Inf.* xi. 36.
Tolletto. Di mal *tolletto* vuoi far buon lavoro . . . . *Par.* v. 33.
Tolomea. Cotal vantaggio ha questa *Tolomea* . . . . *Inf.* xxxiii. 124.
1. Tolommeo. Euclide geometra e *Tolommeo*, Ippocrate . . . *Inf.* iv. 142.
2. Tolommeo. E mal per *Tolommeo* poi si riscosse . . . . . . *Par.* vi. 69.
Tolosano. Che, *Tolosano*, a sè mi trasse Roma . . . . *Purg.* xxi. 89.
Tolse. quella fiera... Che del bel monte il corto andar ti *tolse* . *Inf.* ii. 120.
    Ed ecco il più[5] andar mi *tolse* un rio . . . . *Purg.* xxviii. 25.
    Quest' opera gli *tolse* quei confini . . . . *Purg.* xi. 142.

---

[1] *stizzo.*   [2] tocco mo.   [3] torre.   [4] Forte.   [5] ecco più.

TOLSE 717 TONDA

Tolse. che la[1] seguio Dietro all' antico, che Lavina *tolse* . . . . *Par.* vi. 3.
Indi mi *tolse*, e bagnato m' offerse Dentro alla danza . . . . *Purg.* xxxi. 103.
Questo ne *tolse* gli occhi e l' aer puro . . . . *Purg.* xv. 145.
l' ultima parola La benedetta fiamma per dir *tolse* . . . . . *Par.* xii. 2.
Ella ti *tolse*, e come il dì fu chiaro, Sen venne súso . . . . . *Purg.* ix. 59.
il mezzo... Gli *tolse* il trapassar del più avanti . . . . *Par.* xxvii. 75.
la gran dote Provenzale Al sangue mio non *tolse* la vergogna. *Purg.* xx. 62.
Denar si *tolse*, e lasciolli di piano, Sì com' ei dice . . . . . *Inf.* xxii. 85.
Dinanzi mi si *tolse*, e fe' restarmi, Ecco Dite, dicendo . . . *Inf.* xxxiv. 19.
Come la navicella... In dietro, in dietro, sì quindi si *tolse* . . *Inf.* xvii. 101.
Sì tosto... Questi si *tolse* a me, e diessi altrui . . . . . . *Purg.* xxx. 126.
Tolsi. Tu se' solo colui da cui io *tolsi* Lo bello stile . . . . . *Inf.* i. 86.
sì soavi, Che dal secreto suo quasi ogni uom *tolsi* . . . . . *Inf.* xiii. 61.
Tolta. paura *Tolta* m' avea del subito abbarbaglio . . . . . . *Par.* xxvi. 20.
L' aspetto suo m' avea la vista *tolta* . . . . *Purg.* xxiv. 142.
s' ello è tanto Che da lui sia tutta l' anima *tolta* . . . . . . *Par.* xviii. 24.
quando il loglio Si lagnerà che l' arca gli sia *tolta* . . . . . *Par.* xii. 120.
E guarda ben la mal *tolta* moneta . . . . *Inf.* xix. 98.
Sorella fu, e così le fu *tolta* Di capo l' ombra . . . . *Par.* iii. 113.
Casella mio... Diss' io; ma a te com' è tanta ora[2] *tolta?* . . *Purg.* ii. 93.
Amor... Prese costui della bella persona Che mi fu *tolta* . . *Inf.* v. 102.
E, come perchè non gli fosse *tolta*, Vidi... un gigante . . . *Purg.* xxxii. 151.
Ma questa sonnolenza mi fu *tolta* Subitamente . . . . . . *Purg.* xviii. 88.
Tolte. mi apparve Quando le gambe mi furon sì *tolte* . . . . . *Purg.* xv. 126.
Tolti. Gli occhi, diss' io, mi fieno ancor qui *tolti* . . . . . . *Purg.* xiii. 133.
Tolto. Così ha *tolto* l' uno all' altro Guido La gloria . . . . . *Purg.* xi. 97.
su per lo ponte Hanno a passar la gente modo *tolto*[3] . . . *Inf.* xviii. 30.
Mal dare e mal tener lo mondo pulcro Ha *tolto* loro . . . *Inf.* vii. 59.
Veramente da tre mesi egli ha *tolto* Chi ha voluto . . . . *Purg.* ii. 98.
E da ogni altro intento s' era *tolto* . . . . *Par.* xxi. 3.
il corpo suo l' è *tolto* Da un demonio . . . . *Inf.* xxxiii. 130.
Napoli l' a, e da Brandizio è *tolto* . . . . *Purg.* iii. 27.
più mi duol... Che quando fui dell' altra vita *tolto* . . . . *Inf.* xxiv. 135.
Sì che, se loco m' è *tolto* più caro, Io non perdessi . . . . *Par.* xvii. 110.
Tarpeia, come *tolto* le fu il buono Metello . . . . *Purg.* ix. 137.
ancor che mi sia *tolto* Lo mover... Ho io il braccio . . . . *Inf.* xxx. 106.
insieme presi, Come suole esser *tolto* un uom solingo . . . *Inf.* xxiii. 106.
Perchè il veder dinanzi era lor *tolto* . . . . *Inf.* xx. 15.
Tomba. remoto Tanto, quanto la *tomba* si distende . . . . . *Inf.* xxxiv. 128.
Ciascun ritroverà la trista *tomba*, Ripiglierà sua carne . . . *Inf.* vi. 97.
Già eravamo alla seguente *tomba* Montati . . . . *Inf.* xix. 7.
Com' io[4] al piè della sua *tomba* fui, Guardommi un poco . . *Inf.* x. 40.
Tombe. Sopra i sepolti le *tombe* terragne Portan segnato . . . *Purg.* xii. 17.
e molto Più che non credi son le *tombe* carche . . . . . . *Inf.* ix. 129.
Tomi. Ma fino al centro pria convien ch' io *tomi* . . . . . . *Inf.* xvi. 63.
nè mostrerolti, Se mille fiate in sul capo mi *tomi* . . . . . *Inf.* xxxii. 102.
Tomma. di cui *Tomma* Dinanzi al mio venir fu sì cortese . . . *Par.* xii. 110.
Tommaso. sì come si tacque La gloriosa vita di *Tommaso* . . . *Par.* xiv. 6.
e poi Ripinse al ciel *Tommaso*, per ammenda . . . . . . *Purg.* xx. 69.
la... cortesia Di fra *Tommaso*, e il discreto latino . . . . *Par.* xii. 144.
il cui pregio La festa di *Tommaso* riconforta . . . . *Par.* xvi. 129.
Tonda. Perocchè come in sulla cerchia *tonda* Montereggion . . *Inf.* xxxi. 40.
E pur[5] iernotte fu la iuna *tonda* . . . . *Inf.* xx. 127.
Ond'[6] io : sì, ho,[7] sì lucida e sì *tonda* . . . . *Par.* xxiv. 86.

[1] ch' ella.   [2] terra.   [3] colto.   [4] Tosto ch'.   [5] già.   [6] Ed.   [7] l' ho.

Tonda. così mi parve Di sua lunghezza divenuta *tonda* . . . . . *Par.* xxx. 90.
    augelli... Fanno di sè or *tonda* or lunga schiera . . . . . . *Par.* xviii. 75.
    l' altr' ier, quando *tonda* Vi si mostrò la suora di colui . . . *Purg.* xxiii. 119.
Tonde. parvenza Delle sustanzie che t' appaion *tonde* . . . . . *Par.* xxviii. 75.
Tondo. Quel cinghio che rimane adunque è *tondo* . . . . *Inf.* xviii. 7.
    turba... Che lieta vien per questo etera *tondo* . . . . *Par.* xxii. 132.
    fori D' un largo tutti, e ciascuno era *tondo* . . . . *Inf.* xix. 15.
    Ed egli a me : tu sai che il luogo è *tondo* . . . . *Inf.* xiv. 124.
    io vidi delle cose belle... per un pertugio *tondo* . . . . . . *Inf.* xxxiv. 138.
    E vidi gente per lo vallon *tondo* Venir tacendo . . . . *Inf.* xx. 7.
    Noi aggirammo a *tondo* quella strada, Parlando più assai . . *Inf.* vi. 112.
    andavan... Disparmente angosciate tutte a *tondo* . . . . . . *Purg.* xi. 28.
    segno, Che fan giunture di quadranti in *tondo* . . . . *Par.* xiv. 102.
    credere e... dire Nel vero farsi come centro in *tondo* . . . . *Par.* xiii. 51.
    Che Rifeo Troiano in questo *tondo* Fosse la quinta . . . . . *Par.* xx. 68.
Topazii. il fiume, e li *topazii* Ch' entrano ed escono . . . . . *Par.* xxx. 76.
Topazio. Ben supplico io a te, vivo *topazio* . . . . *Par.* xv. 85.
Topo. favolo di Esopo... Dov' ei parlò della rana e del *topo* . . *Inf.* xxiii. 6.
Toppa. falla, Che non si volga dritta per la *toppa* . . . . . . *Purg.* ix. 122.
Toppo. sì non furo accorte Le gambe tue alle giostre del *Toppo* . *Inf.* xiii. 121.
Tor. Natura... fe' bene, Per *tor* cotali[1] esecutori a Marte . . . *Inf.* xxxi. 51.
    tanto chiaro, Che Lete nol può *tor*, nè farlo bigio . . . . *Purg.* xxvi. 108.
Torbid'. E già venìa su per le *torbid'*[2] onde Un fracasso . . . *Inf.* ix. 64.
Torbidi. vapor... Ch' è di *torbidi* nuvoli involuto . . . . . . *Inf.* xxiv. 146.
Torca. perchè il capo reo lo mondo *torca*, Sola va dritta . . . *Purg.* viii. 131.
    or convien che si *torca* La nostra via un poco . . . . . . *Inf.* xvii. 28.
Torce. s' inganna... Se guida o fren non *torce* suo amore . . . *Purg.* xvi. 93.
    Chè a sè *torce*[3] tutta la mia cura Quella materia . . . . . *Par.* x. 26.
    Ed a lor, disdegnosa, *torce* il muso . . . . *Purg.* xiv. 48.
    Chè là, dove appetito non si *torce*, Dico nel cielo . . . . . *Par.* xvi. 5.
    Ma, quando al mal si *torce*, o con più cura... corre . . . . *Purg.* xvii. 100.
    Posciachè mal si *torce* il ventre quindi . . . . *Purg.* xxxii. 45.
Torcendo. si partio, *Torcendo* e dibattendo il corno acuto . . . *Inf.* xxv. 132.
    sua coda guizzava, *Torcendo* in su la venenosa forca . . . *Inf.* xvii. 26.
    cadde giuso, Non *torcendo* però le lucerne empie . . . . . *Inf.* xxv. 122.
Torcer. Però ti china, e non *torcer* lo grifo . . . . *Inf.* xxxi. 126.
    luce... Da sè non lascia lor *torcer* li piedi . . . . *Par.* iii. 33.
    non può dalla salute Amor del suo suggetto *torcer*[4] viso . . *Purg.* xvii. 107.
    non si puote *Torcer* giammai ad alcuna nequizia . . . . . . *Par.* vi. 123.
Torcesse. se l' amor... *Torcesse* in suso il disiderio vostro . . . *Purg.* xv. 53.
Torcete. Che da sì fatto ben *torcete* i cori . . . . *Par.* ix. 11.
    Ma voi *torcete* alla religione Tal che fia nato . . . . . . *Par.* viii. 145.
Torceva. e non *torceva* gli occhi Dalla sembianza lor . . . . . *Inf.* xxi. 98.
Torello. entra Pasife, Perchè il *torello* a sua lussuria corra . . *Purg.* xxvi. 42.
Torma. si partiro, Correndo, d' una *torma* che passava . . . *Inf.* xvi. 5.
    sostenne, Per guadagnar la donna della *torma*, Falsificare . *Inf.* xxx. 43.
Tormenta. Ciò mi *tormenta* più che questo letto . . . . *Inf.* x. 78.
    Guastatori e predon, tutti *tormenta* Lo giron primo . . . . *Inf.* xi. 38.
Tormentarlo. nè colpa il mena, Rispose... a *tormentarlo* . . . *Inf.* xxviii. 47.
Tormentati. Nuovi tormenti e nuovi *tormentati*... veggio . . . *Inf.* vi. 4.
Tormenti. esti *tormenti* Cresceranno ei dopo la gran sentenza ? *Inf.* vi. 103.
    A sofferir *tormenti*, caldi e gieli, Simili corpi... dispone . . *Purg.* iii. 31.
    Nuovi *tormenti* e nuovi tormentati... veggio . . . . *Inf.* vi. 4.
    vidi... Nuovi *tormenti* e nuovi frustatori . . . . *Inf.* xviii. 23.

---

[1] *torre tali*   [2] *sucid'*.   [3] *ritorce*.   [4] *volger*.

Tormento. Qui può esser *tormento*, ma non morte . . . . *Purg.* xxvii. 21.
a così fatto *tormento* Enno dannati i peccator . . . . . . *Inf.* v. 37.
era più molta, E quella men, che giaceva al *tormento* . . . . *Inf.* xiv. 26.
il talento... Come fu al peccar, pone al *tormento* . . . . . . *Purg.* xxi. 66.
Troppa è più la paura... del *tormento* di sotto . . . . *Purg.* xiii. 137.
la grave condizione Di lor *tormento* a terra li rannicchia . . *Purg.* x. 116.
grande campagna Piena di duolo e di *tormento* rio . . . . . *Inf.* ix. 111.
Torna. vedi che *torna* Dal servigio del dì l' ancella sesta . . . *Purg.* xii. 80.
Salvo che... Volentier *torna* a ciò che la trastulla . . . . . *Purg.* xvi. 90.
facciovi accorti Che di fuor *torna* chi 'ndietro si guata . . . *Purg.* ix. 132.
si rifonde Così, come color *torna* per vetro . . . . *Par.* ii. 89.
si ride, Non della colpa, ch' a mente non *torna* . . . . . . *Par.* ix. 104.
Sì come *torna* colui che va giuso Talora a solver ancora . . *Inf.* xvi. 133.
Torna giustizia, e primo tempo umano . . . . *Purg.* xxii. 71.
il bene Per che il[1] mondo di su quel di giù *torna* . . . . . *Par.* ix. 108.
L' ombra sua *torna* ch' era dipartita . . . . *Inf.* iv. 81.
indarno... Perchè non *torna* tal qual ei si move . . . . . . *Par.* xiii. 122.
Chiron si volse... E disse a Nesso : *torna*, e sì li guida . . . *Inf.* xii. 98.
andavam... Com' uom che *torna* alla perduta[2] strada . . . . *Purg.* i. 119.
Torna'. Ed io... *Torna'* mi indietro dall' anime lasse . . . . . *Inf.* xvii. 78.
Tal *torna'* io, e vidi quella pia Sopra me starsi . . . . . . *Purg.* xxxii. 82.
Tornai. Poi alla bella Donna *tornai* il viso . . . . *Purg.* xxviii. 148.
Tre volte... avvinsi, E tante mi *tornai* con esse al petto . . *Purg.* ii. 81.
Tornan. E *tornan* lagrimando ai primi canti Ed al gridar . . . *Purg.* xxvi. 47.
le pecorelle... *Tornan* dal pasco pasciute di vento . . . . *Par.* xxix. 107.
Tornan dei nostri visi le postille Debili sì . . . . *Par.* iii. 13.
Tornand'. Questi m' apparve, *tornand'* io in quella . . . . . . *Inf.* xv. 53.
Tornando. Mover si volle, *tornando* al suo regno . . . . . . *Par.* xi. 116.
più grati, Quanto *tornando* albergan più[3] lontani. . . . . . *Purg.* xxvii. 111.
Tornano. Più *tornano* all' ovil di latte vote . . . . *Par.* xi. 129.
Tornar. S' ei fur cacciati, ei *tornar* d' ogni parte . . . . *Inf.* x. 49.
Indi alle rote si *tornar* le donne, E il grifon mosse . . . . . *Purg.* xxxii. 25.
in questo centro Dall' ampio loco ove *tornar* tu ardi . . . *Inf.* ii. 84.
Per che *tornar* con gli occhi a Beatrice... mi costrinse . . . *Par.* xxx. 14.
Sì che in Inferno io credea *tornar* anche . . . . *Inf.* xxxiv. 81.
Io son Beatrice... Vegno di loco ove *tornar* disio . . . . . *Inf.* ii. 71.
fama rinfreschi Nel mondo su, dove *tornar* gli lece . . . . *Inf.* xiii. 54.
non si perde, Che non possa *tornar* l' eterno amore . . . . *Purg.* iii. 134.
pianger matura Quel senza il quale a Dio *tornar* non puossi . *Purg.* xix. 92.
Prima che sii lassu, *tornar* vedrai Colui . . . . *Purg.* vi. 55.
risalire insuso, Pur come peregrin che *tornar* vuole . . . . *Par.* i. 51.
mai non vide... Uomo, che di *tornar* sia poscia esperto . . . *Purg.* i. 132.
ti mondi, Per *tornar* bella a colui che ti fece . . . . . . *Purg.* xvi. 92.
Ma già non fia il *tornar* mio tanto tosto . . . . *Purg.* xxiv. 77.
Al *tornar* della mente, che si chiuse Dinanzi alla pietà . . *Inf.* vi. 1.
se... tu il vedessi, Nulla sarebbe del *tornar* mai suso . . . . *Inf.* ix. 57.
Tornare. S' egl' intende *tornare* a queste rote L' onor . . . . . *Par.* iv. 58.
Ben si porìa con lei *tornare* in giuso . . . . *Purg.* vii. 58.
Veggendo il Duca mio *tornare* in volta . . . . *Inf.* ix. 2.
E vidi lui *tornare* a tutti i lumi Della sua strada . . . . . *Par.* xxvi. 121.
Casella mio, per *tornare* altra volta Là dove son . . . . . *Purg.* ii. 91.
Chè, per *tornare* alquanto a mia memoria, E per sonare . . *Par.* xxxiii. 73.
Tornaro. infiammar sì... Che i lieti onor *tornaro* in tristi lutti . *Inf.* xiii. 69.
Tornarsi. ti da cagione Parer *tornarsi* l' anime alle stelle . . . . *Par.* iv. 23.

---

[1] Perchè al.   [2] smarrita.   [3] men.

Tornarsi.	Vidi... esser rivolto Lo glorioso esercito, e *tornarsi* .	. *Purg.* xxxii. 17.
Tornasse.	che... fosse A persona che mai *tornasse* al mondo .	. *Inf.* xxvii. 62.
Tornasser.	Che color non *tornasser* suso in meno	. *Purg.* v. 40.
Tornassero.	Che lagrimando non *tornassero* atre	. *Purg.* xxx. 54.
Tornata.	L' anima... *Tornata* nella carne, in che fu poco . . .	. *Par.* xx. 113.
Tornate.	*Tornate*, disse, intrate innanzi dunque	. *Purg.* iii. 101.
	Tornate a riveder li vostri liti, Non vi mettete	. *Par.* ii. 4.
	l' ombre... *Tornate* già in sull' usato pianto	. *Purg.* xx. 144.
Tornati.	O Romagnuoli *tornati* in bastardi !	. *Purg.* xiv. 99.
Tornato.	ciascuno fu *tornato* ne lo Punto del cerchio	. *Par.* xi. 13.
	Ch' io son *tornato* nel primo proposto	. *Inf.* ii. 138.
	Deh, quando tu sarai *tornato* al mondo... Ricorditi di me .	. *Purg.* v. 130.
	Chè dalle reni era *tornato* il volto	. *Inf.* xx. 13.
Tornavan.	Così *tornavan* per lo cerchio tetro	. *Inf.* vii. 31.
Tornavano.	Indi al cantar *tornavano*; indi donne Gridavano .	. *Purg.* xxv. 133.
Torneamenti.	Ferir *torneamenti*, e correr giostra	. *Inf.* xxii. 6.
Tornear.	mostrar nuova gioia Nel *tornear* e nella mira nota .	. *Par.* xiv. 24.
Tornerai.	per lo mortal pondo Ancor giù *tornerai*	. *Par.* xxvii. 65.
Torneranno.	Quando di Josaffàt qui *torneranno*	. *Inf.* x. 11.
Torni.	S' io *torni* mai, lettore, a quel devoto Trionfo	. *Par.* xxii. 106.
	specchi accenda, E *torni* a te da tutti ripercosso	. *Par.* ii. 102.
	se campi... E *torni* a riveder le belle stelle	. *Inf.* xvi. 83.
	Rimembriti... Se mai *torni* a veder lo dolce piano	. *Inf.* xxviii. 74.
	Ed egli a lei rispondere : ora aspetta Tanto ch' io *torni* .	. *Purg.* x. 86.
	e quella : Signor mio... Se tu non *torni*?	. *Purg.* x. 88.
	Mentre che *torni* parlerò con questa, Che ne conceda . .	. *Inf.* xvii. 41.
Torno.	Mettetel sotto, ch' io *torno* per anche A quella terra . .	. *Inf.* xxi. 39.
Tornò.	giammai di questo fondo Non *tornò* vivo alcun	. *Inf.* xxvii. 65.
	Quando l' anima mia *tornò* di fuori Alle cose	. *Purg.* xv. 115.
	Così *tornò*,[1] e più non volle udirmi	. *Purg.* xvi. 145.
	Quei s' attuffò, e *tornò* su convolto	. *Inf.* xxi. 46.
	Chè l' una dello[2] Inferno, u' non si riede... *tornò* all' ossa	. *Par.* xx. 107.
	Noi ci allegrammo, e tosto *tornò* in pianto	. *Inf.* xxvi. 136.
	riguardommi ; Poi si *tornò* all' eterna fontana	. *Par.* xxxi. 93.
Toro.	E cieco *toro* più avaccio cade Che 'l cieco agnello . . .	. *Par.* xvi. 70.
	Qual è quel *toro* che si slaccia in quella Che ha ricevuto .	. *Inf.* xii. 22.
Torpente.	Nè prima quasi *torpente* si giacque	. *Par.* xxix. 19.
Torquato.	Onde *Torquato*, e Quinzio che dal cirro... fu nomato	. *Par.* vi. 46.
Torrà.	pienamente Ti *torrà* questa e ciascun' altra brama . . .	. *Purg.* xv. 78.
	poter ch' egli abbia, Non ti *torrà*[3] lo scender questa roccia	. *Inf.* vii. 6.
1. Torre.	Sta come *torre* ferma,[4] che non crolla Giammai la cima	. *Purg.* v. 14.
	discernesse Della vera cittade almen la *torre*	. *Purg.* xvi. 96.
	tanto rubesto, Che scotesse una *torre* così forte	. *Inf.* xxxi. 107.
	Ed io sentii chiavar l' uscio di sotto All' orribile *torre* . . .	. *Inf.* xxxiii. 47.
	Venimmo appiè d' una *torre* al dassezzo	. *Inf.* vii. 130.
	assai prima Che noi fussimo al piè dell' alta *torre*	. *Inf.* viii. 2.
	m' avea tutto tratto Ver l' alta *torre* alla cima rovente . .	. *Inf.* ix. 36.
2. Torre.	libito fe' licito in sua legge, Per *torre* il biasmo . . .	. *Inf.* v. 57.
	Per lo qual non temesti *torre* a inganno La bella Donna .	. *Inf.* xix. 56.
	Natura... fe' bene, Per *torre* tali esecutori a Marte	. *Inf.* xxxi. 51.
	colà, dove sofferto Fu per ciascun di *torre*[5] via Fiorenza .	. *Inf.* x. 92.
	da lungi... Tanto ch' a pena il potea l' occhio *torre* . . .	. *Inf.* viii. 6.
	non temer, chè il nostro passo Non ci può *torre* alcun . .	. *Inf.* viii. 105.
Torreggiavan.	*Torreggiavan* di mezza la persona Gli... giganti	. *Inf.* xxxi. 43.

[1] parlò. [2] dallo. [3] terrà. [4] fermo. [5] toglièr.

Torrente.	si mosse, Quasi *torrente* ch' alta vena preme	*Par.* xii. 99.
Torri.	Sappi che non son *torri*, ma giganti, E son nel pozzo	*Inf.* xxxi. 31.
	Poco portai... la testa, Che mi parve veder molte alte *torri*	*Inf.* xxxi. 20.
	Perocchè come... Montereggion di *torri* si corona	*Inf.* xxxi. 41.
Torrien.	vedrai Cose che *torrien*[1] fede al mio sermone	*Inf.* xiii. 21.
Torse.	di tutt' altre cose, qual mi *torse* Più nel suo amor	*Purg.* xxxi. 86.
	Questo principio male inteso *torse* Già tutto il mondo	*Par.* iv. 61.
	Gli diritti occhi *torse* allora in biechi; Guardommi un poco	*Inf.* vi. 91.
	dall' ospizio Di Cesare non *torse* gli occhi putti	*Inf.* xiii. 65.
	Fece... al mover centro, E la sinistra parte di sè *torse*	*Purg.* xiii. 15.
	Qual cagion, disse, in giù così ti *torse*?	*Purg.* xix. 130.
	Giunto mi vidi ove mirabil cosa Mi *torse* il viso a sè	*Par.* ii. 26.
	Al suon di lei ciascun di noi si *torse*	*Purg.* iv. 100.
	Quando la Donna tutta a me si *torse*, Dicendo	*Purg.* xxix. 14.
	sbandita Di Paradiso, perocchè si *torse* Da via di verità	*Par.* vii. 38.
	Ed un di lor... Si *torse* sotto il peso che lo impaccia	*Purg.* xi. 75.
	Posciachè mal si *torse*[2] il ventre quindi	*Purg.* xxxii. 45.
Torsi.	Per veder di cui fosser, gli occhi *torsi*	*Par.* iii. 21.
Torso.	Dal *Torso* fu, e purga per digiuno L' anguille	*Purg.* xxiv. 23.
Torta.	Se dritta o *torta*[3] va, non è suo merto	*Purg.* xviii. 45.
	Io vidi un' ampia fossa in arco *torta*	*Inf.* xii. 52.
	Quando la nostra imagine da presso Vidi sì *torta*	*Inf.* xx. 23.
	La faccia tua... Rispos' io lui, veggendola sì *torta*	*Purg.* xxiii. 57.
	latrò sì come cane; Tanto il dolor le fe' la mente *torta*	*Inf.* xxx. 21.
	quando è posposta La divina scrittura, o[4] quando è *torta*	*Par.* xxix. 90.
	E se la strada lor non fosse *torta*... sarebbe in vano	*Par.* x. 16.
	Perchè fa parer dritta la via *torta*	*Purg.* x. 3.
Torte.	Così si veggion qui diritte e *torte*... Le minuzie	*Par.* xiv. 112.
	pur nove anni Son queste rote intorno di lui *torte*	*Par.* xvii. 81.
1. **Torti.**	con gli occhi *torti*, Riprese il teschio misero	*Inf.* xxxiii. 76.
	la montagna Che drizza voi che il mondo fece *torti*	*Purg.* xxiii. 126.
	come spade... In render *torti* li diritti volti	*Par.* xiii. 129.
2. **Torti.**	Da lui saprai di sè e de' suoi *torti*	*Inf.* xix. 36.
1. **Torto.**	Al cerchio che più tardi in cielo è *torto*	*Purg.* xi. 108.
	E il sole er' alto... E il viso m' era alla marina *torto*	*Purg.* ix. 45.
	Chi è quel grande, che... giace dispettoso e *torto*?	*Inf.* xiv. 47.
	se l' impeto primo L' atterra, *torto*[5] da falso piacere	*Par.* i. 135.
	Tratto m' hanno del mar dell' amor *torto*	*Par.* xxvi. 62.
2. **Torto.**	io sono Presso a colui ch' ogni *torto* disgrava	*Par.* xviii. 6.
	ma un... Gli disse: nol portar; non mi far *torto*	*Inf.* xxvii. 114.
	Dandole biasmo a *torto* e mala voce	*Inf.* vii. 93.
3. **Torto.**	Se dritto o *torto*[6] va, non è suo merto	*Purg.* xviii. 45.
Tortura.	E già venuto all' ultima *tortura* S' era per noi	*Purg.* xxv. 109.
*****Torza.**	in foco, Se mille volte violenza il *torza*	*Par.* iv. 78.
Tosca.	Che fu il mal seme per la gente *tosca*	*Inf.* xxviii. 108.
	Ed un, che intese la parola *Tosca*, Dietro a noi gridò	*Inf.* xxiii. 76.
Toscana.	*Toscana* sonò tutta, Ed ora a pena... sen pispiglia	*Purg.* xi. 110.
	E chieggioti... Se mai calchi la terra di *Toscana*	*Purg.* xiii. 149.
	Perch' ei rispose: io piovvi di *Toscana*, Poco tempo è	*Inf.* xxiv. 122.
	Ed io: per mezza *Toscana* si spazia Un fiumicel	*Purg.* xiv. 16.
Toscano.	per cammin corto Lo Genovese parte dal *Toscano*	*Par.* ix. 90.
Toschi.	Se voi volete... *Toschi* o Lombardi, io ne farò venire	*Inf.* xxii. 99.
*****1. Tosco.**	Elice... Che di Venere avea sentito il *tosco*	*Purg.* xxv. 132.
	Non pomi v' eran, ma stecchi con *tosco*	*Inf.* xiii. 6.

[1] daran. [2] *torce*. [3] dritto o torto. [4] e. [5] A terra è torto. [6] *dritta o torta*.

2. **Tosco.** Quand' io senti' da prima l' aer *Tosco* . . . . *Par.* xxii. 117.
    Se *Tosco* se', ben sa' omai chi fu . . . . *Inf.* xxxii. 66.
    O *Tosco*, che per la città del foco Vivo ten vai . . . . *Inf.* x. 22.
    o *Tosco*, ch' al collegio Degl' ipocriti tristi se' venuto . . . . *Inf.* xxiii. 91.
    Non ti maravigliar, s' io piango, *Tosco*, Quando rimembro . *Purg.* xiv. 103.
    Ma va via, *Tosco*, omai, ch' or mi diletta... di pianger . . . *Purg.* xiv. 124.
    Io fui Latino, e nato d' un gran *Tosco* . . . . *Purg.* xi. 58.
    parlandomi *Tosco*, Par che il buon Gherardo nulla senta . *Purg.* xiv. 137.
*Tossio. Beatrice... Ridendo, parve quella che *tossio* . . . . . *Par.* xvi. 14.
Tosta. consumai la impresa, Che fu nel cominciar cotanto *tosta* . *Inf.* ii. 42.
    Nè la nostra partita fu men *tosta* . . . . *Purg.* ii. 133.
    Quella ne insegnerà la via più *tosta* . . . . *Purg.* vi. 60.
    Mal fu la voglia tua sempre sì *tosta* . . . . *Inf.* xii. 66.
Tostamęnte. se non celi Te e me *tostamente*, i' ho pavento . . . *Inf.* xxiii. 22.
1. **Tosto.** Deh metti al mio voler *tosto* compenso, Beato spirto . . *Par.* ix. 19.
    E sappi che il suo movere è sì *tosto* Per l'... amore . . . . . *Par.* xxviii. 44.
    Ma già non fia il tornar mio tanto *tosto* . . . . *Purg.* xxiv. 77.
2. **Tosto.** le spire In che più *tosto* ognora s' appresenta . . . . *Par.* x. 33.
    stupore... Lo qual negli alti cor *tosto* s' attuta . . . . . . *Purg.* xxvi. 72.
    avria vinto Quel moto, che più *tosto* il mondo cigne . . . . *Par.* xxviii. 27.
    sì *tosto* m' ha condotto A ber lo dolce assenzio . . . . *Purg.* xxiii. 85.
    Non corse mai sì *tosto* acqua per doccia A volger rota . . . *Inf.* xxiii. 46.
    digli *tosto*, Non son colui, non soñ colui che credi . . . . . *Inf.* xix. 61.
    Un ammen non saria potuto dirsi *Tosto* così . . . . *Inf.* xvi. 89.
    Deh! se giustizia e pietà vi disgrevi *Tosto* . . . . *Purg.* xi. 38.
    ed io sì *tosto* dissi: Di già veder costui non son digiuno . . *Inf.* xviii. 41.
    sazia *Tosto* divenga, sì che il ciel v' alberghi . . . . *Purg.* xxvi. 62.
    Vapori accesi non vid' io sì *tosto*... mai fender sereno . . . *Purg.* v. 37.
    di tanto peso Che *tosto* fia giattura della barca . . . . *Par.* xvi. 96.
    Ma *tosto* fia che Padova al palude Cangerà l' acqua . . . . . *Par.* ix. 46.
    Ma *tosto* fien li fatti le Naiade, Che solveranno . . . . . . *Purg.* xxxiii. 49.
    l' altre parti... *Tosto* libere fien dell' adulterio . . . . . . *Par.* ix. 142.
    Tosto fur sopra noi, perchè correndo Si movea . . . . . . *Purg.* xviii. 97.
    Nè giugneriesi, numerando, al venti Sì *tosto* . . . . *Par.* xxix. 50.
    E così *tosto* al mal giunse lo impiastro . . . . *Inf.* xxiv. 18.
    la vigna, Che *tosto* imbianca, se il vignaio è reo . . . . . . *Par.* xii. 87.
    render lode A quel Signor, che *tosto* su gl' invii . . . . . . *Purg.* xxi. 72.
    Così diretro a noi, più *tosto* mota, Venendo . . . . *Purg.* xxiii. 19.
    Lì si vedrà... Quella che *tosto* moverà la penna . . . . . *Par.* xix. 116.
    E tale ha già... Che *tosto* piangerà quel monastero . . . . *Purg.* xviii. 122.
    come la primaia, Se non che l' arco suo più *tosto* piega . . *Purg.* xiii. 6.
    Perchè in altrui pietà *tosto* si pogna . . . . *Purg.* xiii. 64.
    Ben sei tu manto che *tosto* raccorce . . . . *Par.* xvi. 7.
    Se *tosto* grazia risolva le schiume Di vostra coscienza . . . *Purg.* xiii. 88.
    Quel color... Più *tosto* dentro il suo nuovo ristrinse . . . . *Inf.* ix. 3.
    è fatto vano, Sì che *tosto* convien che si riveli . . . . . . *Par.* xxi. 120.
    Ma *tosto* ruppe le dolci ragioni Un arbor . . . . *Purg.* xxii. 130.
    Tosto sarà che a veder queste cose Non ti fia grave . . . . *Purg.* xv. 31.
    Ma, se... Potesser, *tosto* ne saria vendetta . . . . *Purg.* xx. 47.
    alla dimanda... Quinc' entro satisfatto sarai *tosto* . . . . . *Inf.* x. 17.
    Se' tu sì *tosto* di quell' aver sazio, Per lo qual non temesti? . *Inf.* xix. 55.
    Tosto convien ch' al tuo viso si scopra . . . . *Inf.* xvi. 123.
    Nè O sì *tosto* mai, nè I si scrisse, Com' ei s' accese . . . *Inf.* xxiv. 100.
    sì gran fracasso, Che somigliò tuonar che *tosto* segua . . . *Purg.* xiv. 138.
    che s' armi... S' egli non vuol qui *tosto* seguitarmi . . . . *Inf.* xxviii. 57.

2. **Tosto.** l' alta provvidenza... Soccorrà *tosto*, sì com' io concipio . . *Par.* xxvii. 63.
Ma io ti solverò *tosto* la mente; E tu ascolta . . . . *Par.* vii. 22.
Procaccia pur, che *tosto* sieno spente... le cinque piaghe . . *Purg.* xv. 79.
Noi ci allegrammo, e *tosto* tornò in pianto . . . . *Inf.* xxvi. 136.
L' imagine di fuor tua non trarrei Più *tosto* a me . . . . . . *Inf.* xxiii. 27.
Se voi venite... E volete trovar la via più *tosto* . . . . . . *Purg.* xix. 80.
E tu cortese, che ubbidisti *tosto* Alle vere parole . . . . . . *Inf.* ii. 134.
tu vedi a mia voglia, E, per udirti *tosto*, non la dico . . . . *Par.* xxvi. 96.
E *tosto* si vedrà della ricolta Della mala coltura . . . . . *Par.* xii. 118.
Io dissi : al suo piacere e *tosto* e tardo Vegna rimedio . . . *Par.* xxvi. 13.
alcuno indizio Dà noi, perchè venir possiam più *tosto* . . . *Purg.* vii. 38.
Non fur più *tosto* dentro a me venute Queste parole . . . . *Par.* xxx. 55.
Ei disse a me : *tosto* verrà di sopra Ciò ch' io attendo . . . *Inf.* xvi. 121.
E *tosto* verrà fatto a chi ciò pensa . . . . *Par.* xvii. 50.
perla... Non vien men *tosto*[1] alle nostre pupille . . . . . . *Par.* iii. 15.
E con tranquillo aspetto: vien più *tosto*, Mi disse . . . . . *Purg.* xxxiii. 19.
Io volsi il viso, e il passo non men *tosto* . . . . *Purg.* xxiii. 7.
Tosto che loco lì la circonscrive, La virtù... raggia . . . . . *Purg.* xxv. 88.
Tosto ch' ell' è per segno fuor dischiusa . . . . *Purg.* xxxiii. 132.
Tosto che questo mio Signor mi disse Parole . . . . *Inf.* xvi. 55.
è mobile... *Tosto* che dal piacere in atto è desto . . . . . *Purg.* xviii. 21.
Tosto che fu là dove l' erbe sono Bagnate già . . . . *Purg.* xxviii. 61.
Tosto che il Duca ed io nel legno fui, Secando se ne va . . . *Inf.* viii. 28.
Tosto ch'[2] al piè della sua tomba fui, Guardommi un poco . *Inf.* x. 40.
io m' accorsi, *Tosto* ch' io fui là 've il fondo parea . . . . . *Inf.* xxvi. 33.
E *tosto* ch' io al primo grado fui, Senti'mi presso . . . . . *Purg.* xvii. 66.
Posasi... *Tosto* che giunto l' ha ; e giugner puollo . . . . . *Par.* iv. 128.
Tosto che l' acqua a correr mette co... Mincio si chiama . . *Inf.* xx. 76.
tosto ch' io montai, Con le braccia m' avvinse . . . . . . *Inf.* xvii. 95.
Tosto che con la chiesa mossi i piedi, A Dio... piacque . . *Par.* vi. 22.
volser miei passi, *Tosto* che il vostro viso si nascose . . . . *Purg.* xxxi. 36.
Tosto che parton l' accoglienza amica... ciascuna s' affatica . *Purg.* xxvi. 37.
cadde giuso, *Tosto* ch' un lume il volto mi percosse . . . *Purg.* xvii. 44.
Tosto che nella vista mi percosse L' alta virtù . . . . . . *Purg.* xxx. 40.
in acqua riede, *Tosto* che sale dove il freddo il coglie . . . *Purg.* v. 111.
Da indi abbraccia il servo... *tosto* ch' ei si tace . . . . . . *Par.* xxiv. 150.
Sappi che *tosto* che l' anima trade, Come fec' io . . . . . *Inf.* xxxiii. 129.
ricominciò diletto, *Tosto* ch' i' uscii fuor dell' aura morta . . *Purg.* i. 17.
Onde, sì *tosto* come l' occhio aperse In questo ciel . . . . *Par.* xxviii. 134.
Sì *tosto* come in sulla soglia fui Di mia seconda etade . . . *Purg.* xxx. 124.
E sappi che, sì *tosto* come al feto L' articular . . . . *Purg.* xxv. 68.
Sì *tosto* come il vento a noi li piega, Mossi la voce . . . . . *Inf.* v. 79.
Sì *tosto* come l' ultima parola... per dir tolse . . . . *Par.* xii. 1.
*****Tota.** aspetti Che la prima cagion non veggion *tota* . . . *Par.* xx. 132.
Vostra natura, quando peccò *tota* Nel seme suo . . . . . . *Par.* vii. 85.
Tr'. *Tr'* ambo li primi gli occhi tuoi ritrovi . . . . *Par.* ii. 99.
parve... che la terra s' aprisse *Tr'* ambo le rote . . . . . . *Purg.* xxxii. 131.
Tra ; tra'. *Sovente.*
Trabocca. è piena D' invidia sì, che già *trabocca* il sacco . . . *Inf.* vi. 50.
Traccia. Ritorna indietro, e lascia andar la *traccia* . . . . . *Inf.* xv. 33.
Onde la *traccia* vostra è fuor di strada . . . . *Par.* viii. 148.
Dal[3] vecchio ponte guardavam la *traccia* Che venia . . . *Inf.* xviii. 79.
in *traccia* Correan Centauri armati di saette . . . . *Inf.* xii. 55.
Tracotanza. Questa lor *tracotanza* non è nuova . . . . *Inf.* viii. 124.

[1] forte.   [2] *Com' io.*   [3] *Del.*

Trade.	Sappi che tosto che l' anima *trade*, Come fec' io	*Inf.* xxxiii. 129.
	nel cerchio minore... Qualunque *trade* in eterno è consunto .	*Inf.* xi. 66.
Tradimento.	Che il *tradimento* insieme con lui fece	*Inf.* xxxiii. 147.
	E mazzerati... Per *tradimento* d' un tiranno fello	*Inf.* xxviii. 81.
Tradita.	aveva voce D' aver *tradita* te delle castella	*Inf.* xxxiii. 86.
Traditor.	Quel *traditor* che vede pur con l' uno	*Inf.* xxviii. 85.
	Omai... non vo' che tu favelle, Malvagio *traditor*	*Inf.* xxxii. 110.
	seme, Che frutti infamia al *traditor* ch' io rodo	*Inf.* xxxiii. 8.
Traditore.	Cui *traditore* e ladro e patricida Fece	*Purg.* xx. 104.
Traeali.	lo santo riso A sè *traeali* con l' antica rete	*Purg.* xxxii. 6.
Traean.	ammirazione *Traean* di me, di mio vivere accorte . . .	*Purg.* xxiv. 6.
	veste, che... Percosse *traean* dietro e ventilate	*Purg.* viii. 30.
Traemmo.	Là ci *traemmo*; ed ivi eran persone	*Purg.* iv. 103.
Traemmoci.	*Traemmoci* così dall' un de' canti In loco aperto. .	*Inf.* iv. 115.
Traendo.	Lo carro e i buoi *traendo* l' arca santa	*Purg.* x. 56.
	L' altra, *traendo* alla rocca la chioma, Favoleggiava	*Par.* xv. 124.
	A sè *traendo* la coda maligna, Trasse del fondo	*Purg.* xxxii. 134.
	ridea... *Traendo* più color con le sue mani	*Purg.* xxviii. 68.
	Così vid' io venir, *traendo* guai, Ombre portate	*Inf.* v. 48.
Traer.	Io sentia da ogni parte *traer*[1] guai, E non vedea persona.	*Inf.* xiii. 22.
Traesti.	quando Marsia *traesti* Della vagina delle membra sue .	*Par.* i. 20.
Traeva.	io *traeva* la parola tronca Forse a peggior sentenza . .	*Inf.* ix. 14.
Traevan.	E sì *traevan* giù l' unghie la scabbia	*Inf.* xxix. 82.
Trafigge.	Ma vassi... Se di bisogno stimolo il *trafigge*	*Purg.* xxv. 6.
Trafisse.	ad un... S' avventò un serpente, che il *trafisse* . . .	*Inf.* xxiv. 98.
	E quella parte... all' un di lor *trafisse*	*Inf.* xxv. 86.
Trafitta.	Sotto le ciglia a Venere *trafitta* Dal figlio	*Purg.* xxviii. 65.
Trafitto.	L' alta virtù che già m' avea *trafitto*	*Purg.* xxx. 41.
	Mugghiava... Sì che... Pure e' pareva dal dolor *trafitto* . . .	*Inf.* xxvii. 12.
	Lo *trafitto* il mirò, ma nulla disse	*Inf.* xxv. 88.
Trafugò.	da Chiron a Schiro *Trafugò* lui dormendo	*Purg.* ix. 38.
Tragedia.	così il canta L' alta mia *Tragedia* in alcun loco . .	*Inf.* xx. 113.
Tragedo.	Più che giammai... Suprato fosse comico o *tragedo* .	*Par.* xxx. 24.
Tragetto.	arco, Che dal quarto al quinto argine è *tragetto* . .	*Inf.* xix. 129.
Tragga.	tanto pesa Per suo valor, che *tragga* ogni bilancia . .	*Par.* v. 62.
Traggasi.	*Traggasi* avanti alcun di voi che m' oda	*Inf.* xxi. 74.
Tragge.	giustizia... *Tragge* cagion del loco ov' io peccai	*Inf.* xxx. 71.
	Tempo... Che *tragge* un altro Carlo fuor di Francia	*Purg.* xx. 71.
	apprensiva... *Tragge* intenzione, e dentro a voi la spiega . .	*Purg.* xviii. 23.
	L' amor... Mi *tragge* a ragionar dell' altro duca	*Par.* xii. 32.
	quel disio Di compia che ti *tragge* al' alto monte	*Purg.* v. 86.
	Tragge Marte vapor di val di Magra, Ch' è... involuto . .	*Inf.* xxiv. 145.
	a messaggier... *Tragge* la gente per udir novelle	*Purg.* ii. 71.
Tragger.	Io sentia da ogni parte *tragger*[2] guai, E non vedea .	*Inf.* xiii. 22.
Traggi.	Nel proprio lume, e che dagli occhi il *traggi*	*Par.* v. 125.
Traggon.	Come a color... Che non *traggon* la voce viva ai denti.	*Purg.* xxxiii. 27.
	il punto Al qual si *traggon* d' ogni parte i pesi	*Inf.* xxxiv. 111.
Traggonsi.	*Traggonsi*[3] i pesci a ciò che vien di fuori	*Par.* v. 101.
Tragitto.	e come... Da sera a mane ha fatto il sol *tragitto?* . .	*Inf.* xxxiv. 105.
Trai; tral.	*Sovente.*	
Traiano.	Io dico di *Traiano* imperadore	*Purg.* x. 76.
Traligna.	Ma per colui che siede, che[4] *traligna*	*Par.* xii. 90.
	Se la gente, ch' al mondo più *traligna*, Non fosse	*Par.* xvi. 58.
Tralignando.	Chi far lo possa *tralignando* oscuro	*Purg.* xiv. 123.

[1] tragger. [2] *traer.* [3] Traggono. [4] e che.

Traluca. Dio in te vuol che *traluca* Tanta sua grazia . . . . . . *Purg.* xiv. 79.
Traluce. Di color d' oro, in che raggio *traluce* . . . . *Par.* xxi. 28.
    sotto il segno Ideale poi più e men *traluce* . . . . *Par.* xiii. 69.
    di quella alcun vestigio Mal conosciuto, che quivi *traluce* . . *Par.* v. 12.
Trama. metter la *trama* In quella tela ch' io le porsi . . . . . . *Par.* xvii. 101.
Trammene. *trammene*[1] Stricca, Che seppe far le temperate spese. *Inf.* xxix. 125.
Tramortita. La *tramortita* sua virtù ravviva . . . . *Purg.* xxxiii. 129.
Tramutar. Lo suo tacere[2] e il *tramutar*[3] sembiante . . . . . . *Par.* v. 88.
Tramuti. E pare stella che *tramuti* loco . . . . *Par.* xv. 16.
Trangugia. sacco Che merda fa di quel che si *trangugia* . . . . *Inf.* xxviii. 27.
Trani. se tu l' occhio della mente *trani* Di luce in luce . . . . *Par.* x. 121.
Tranne. E *tranne* la brigata, in che disperse Caccia d' Ascian . *Inf.* xxix. 130.
    Tranne lo[4] Stricca, Che seppe far le temperate spese . . . . *Inf.* xxix. 125.
1. **Tranquilla.** in peschiera, ch' è *tranquilla* e pura . . . . . . *Par.* v. 100.
2. **Tranquilla.** Or sappi che là entro si *tranquilla* Raab . . . . *Par.* ix. 115.
Tranquillar. Buon ti sarà, per *tranquillar*[5] la via . . . . *Purg.* xii. 14.
Tranquille. O ver per acque nitide e *tranquille* . . . . *Par.* iii. 11.
Tranquilli. Quale per li seren *tranquilli* e puri Discorre . . . . *Par.* xv. 13.
Tranquillo. E con *tranquillo* aspetto: vien più tosto . . . . . . *Purg.* xxxiii. 19.
Transito. flette la cima Nel *transito* del vento, e poi si leva . . *Par.* xxvi. 86.
Translato. e vidimi *translato* Sol con mia Donna . . . . *Par.* xiv. 83.
Trapassammo. Sì *trapassammo* per sozza mistura . . . . *Inf.* vi. 100.
Trapassando. Venendo e *trapassando*, ci ammirava . . . . . *Purg.* xxiii. 20.
Trapassar. Sì lasciò *trapassar* la santa greggia Forese . . . . . *Purg.* xxiv. 73.
    E pronti sono a *trapassar* lo rio, Chè... giustizia gli sprona . *Inf.* iii. 124.
    qual costume Le fa di *trapassar* parer sì pronte . . . . . . *Inf.* iii. 74.
    tanto sottile, Certo, che il *trapassar* dentro è leggiero . . . *Purg.* viii. 21.
    non il gustar... Ma solamente il *trapassar* del segno . . . . *Par.* xxvi. 117.
    il mezzo... Gli tolse il *trapassar* del più avanti . . . . *Par.* xxvii. 75.
    non dava loco, Per lo mio corpo, al *trapassar* de' raggi . . . *Purg.* v. 26.
Trapassate. *Trapassate* oltre senza farvi presso . . . . *Purg.* xxiv. 115.
Trapassi. S' egli è che questo raro non *trapassi* . . . . *Par.* ii. 85.
Trapasso. Nel congiungersi insieme e nel *trapasso* . . . . . . *Par.* xiv. 111.
*Trapassonne. Quella milizia... tutta *trapassonne* . . . . . . *Purg.* xxxii. 23.
Trapela. si congela... Poi liquefatta in sè stessa *trapela* . . . *Purg.* xxx. 88.
Trapunta. quella faccia... più che l' altre *trapunta* . . . . . . *Purg.* xxiv. 21.
Trar. E quanto l' occhio mio potea *trar* d' ale... parea cotale . *Purg.* x. 25.
    gioie care... Tanto, che non si posson *trar* del regno . . . *Par.* x. 72.
    E lì, per *trar* l' amico suo di pena... Si condusse . . . . . *Purg.* xi. 136.
    ed al *trar* d' un balestro Trovammo l' altro assai più fiero . *Inf.* xxxi. 83.
Trarlo. Quando... Piacque di *trarlo* suso alla mercede . . . . *Par.* xi. 110.
Trarmi. A *trarmi* d' erro un poco mi favella . . . . *Inf.* xxxiv. 102.
Trarne. Per *trarne* un spirto del cerchio di Giuda . . . . . . *Inf.* ix. 27.
Trarre. potere Di *trarre* gli occhi fuor delle tue onde . . . . *Par.* xxvii. 123.
    qual cosa mortale Dovea poi *trarre* te nel suo disio ? . . . *Purg.* xxxi. 54.
Trarrei. L' imagine di fuor tua non *trarrei* Più tosto a me . . *Inf.* xxiii. 26.
Trarreti. Vegnati in voglia[6] di *trarreti* avanti . . . . *Purg.* xxviii. 46.
Trarria. Quanto un buon gittator *trarria* con mano . . . . . *Purg.* iii. 69.
Trarrotti. E *trarrotti* di qui per loco eterno . . . . *Inf.* i. 114.
Trarsi. Sì vid' io ben più di mille splendori *Trarsi* ver noi . . *Par.* v. 104.
    Io vidi una di lor *trarsi* davante Per abbracciarmi . . . . . *Purg.* ii. 76.
Trascenda. ammiro Com' io *trascenda* questi corpi lievi . . . . *Par.* i. 99.
Trascende. Letizia che *trascende* ogni dolzore . . . . *Par.* xxx. 42.
    Colui, lo cui saper tutto *trascende*, Fece li cieli . . . . . . *Inf.* vii. 73.

---
[1] tranne lo.   [2] piacere.   [3] *trasmutar*.   [4] *Trammene*.   [5] alleggiar.   [6] Vegnati voglia.

| TRASCOLORAR | 726 | TRASSE |

†**Trascolorar.** Vedrai *trascolorar* tutti costoro . . . . *Par.* xxvii. 21.
†**Trascoloro.** se io mi *trascoloro*, Non ti maravigliar . . . . . . *Par.* xxvii. 19.
Trascorra. Prima che il primo passo lì *trascorra* . . . . *Purg.* xxvi. 38.
Trascorrer. ragione Possa *trascorrer* la infinita via . . . . . . *Purg.* iii. 35.
Trascorri. però che tu *trascorri* Per le tenebre troppo . . . . . *Inf.* xxxi. 22.
Trascorro. Però *trascorro* a quando mi svegliai . . . . *Purg.* xxxii. 70.
Trascorsa. bene è *trascorsa* D' esta moneta già la lega . . . . . *Par.* xxiv. 83.
Trascorse. Mentre che sì parlava, ed ei *trascorse* . . . . *Inf.* xxv. 34.
   Nè si partì... Ma per la lista radial *trascorse* . . . . *Par.* xv. 23.
   Ed ecco un lustro subito *trascorse*... per la... foresta . . . . *Purg.* xxix. 16.
   sì che Giove, Mercurio, e Marte a nominar *trascorse* . . . . *Par.* iv. 63.
   son *trascorse* Dai predicanti, e il Vangelio si tace . . . . . *Par.* xxix. 95.
Trascorso. Poscia riguardi là dov' è *trascorso* . . . . *Par.* xxii. 92.
   Tant' era già di là da noi *trascorso* . . . . *Purg.* xviii. 128.
Trasformato. *Trasformato* così il dificio santo . . . . *Purg.* xxxii. 142.
Traslatò. cantor... Che l' arca *traslatò* di villa in villa . . . . . *Par.* xx. 39.
Trasmoda. La bellezza ch' io vidi si *trasmoda* . . . . *Par.* xxx. 19.
Trasmuta. cera... Che la figura impressa non *trasmuta* . . . *Purg.* xxxiii. 80.
   non so che divino, Che vi *trasmuta* dai primi concetti . . . *Par.* iii. 60.
   Ora conosce che il giudizio eterno Non si *trasmuta* . . . *Par.* xx. 53.
Trasmutabile. di mia natura *Trasmutabile* son . . . . *Par.* v. 99.
Trasmutai. E il pensamento in sogno *trasmutai* . . . . *Purg.* xviii. 145.
   Quand' io mi *trasmutai* ad altra cura . . . . *Par.* xxi. 21.
Trasmutar. Lo suo tacere[1] e il *trasmutar*[2] sembiante . . . . . *Par.* v. 88.
Trasmutare. il *trasmutare* in picciol varco Di tempo . . . . . *Par.* xviii. 64.
   Così vid' io la settima zavorra Mutare e *trasmutare* . . . *Inf.* xxv. 143.
Trasmutarsi. Le condizion di quaggiù *trasmutarsi* . . . . . . *Purg.* xx. 14.
Trasmutata. Per lui fia *trasmutata* molta gente . . . . *Par.* xvii. 89.
   procedetter... Con voce tanto da sè *trasmutata* . . . . . . *Par.* xxvii. 38.
Trasmutato. Come t' avrebbe *trasmutato* il canto . . . . . . *Par.* xxii. 10.
   Colui... che... Fu *trasmutato* d' Arno in Bacchiglione . . *Inf.* xv. 113.
Trasmutava. E nell' idolo suo si *trasmutava* . . . . *Purg.* xxxi. 126.
   e qual carpone Si *trasmutava* per lo tristo calle . . . . . *Inf.* xxix. 69.
Trasmuti. Che Dio *trasmuti* l' arme[3] per suoi gigli . . . . . *Par.* vi. 111.
   Ma non *trasmuti* carco alla sua spalla Per suo arbitrio . . . *Par.* v. 55.
Trasmutò. Poscia che *trasmutò* le bianche bende . . . . . . *Purg.* viii. 74.
   lungo il Verde, Dov' ei le *trasmutò* a lume spento . . . . *Purg.* iii. 132.
   Chè due nature mai a fronte a fronte Non *trasmutò* . . . *Inf.* xxv. 101.
   come donna onesta... Così Beatrice *trasmutò* sembianza . . *Par.* xxvii. 34.
Trasparea. *trasparea* La lucente sustanzia . . . . *Par.* xxiii. 31.
Trasparean. E *trasparean* come festuca in vetro . . . . . . *Inf.* xxxiv. 12.
Trasparenti. Quali per vetri *trasparenti* e tersi . . . . . . *Par.* iii. 10.
Trasparer. Mi facea *trasparer* per la coperta . . . . *Par.* xxvi. 101.
Trasparere. fora manifesto... per *trasparere* Lo lume . . . . *Par.* ii. 80.
Trasporta. tanto vi *trasporta* L' amor dell' apparenza . . . . *Par.* xxix. 86.
Trasportato. Già m' avean *trasportato* i lenti passi . . . . . *Purg.* xxviii. 22.
Trasse. E di sotto da quel *trasse* due chiavi . . . . *Purg.* ix. 117.
   Ma in sulla riva non *trasse* la coda . . . . *Inf.* xvii. 9.
   Anastasio papa... Lo qual *trasse* Fotin della via dritta . . *Inf.* xi. 9.
   Quel ch' era dritto, il *trasse* ver le tempie . . . . *Inf.* xxv. 124.
   Com' io[4] parlava, e Sordello a sè il *trasse*, Dicendo . . . *Purg.* viii. 94.
   Qui distorse la bocca, e di fuor *trasse* La lingua . . . . . *Inf.* xvii. 74.
   su per le scalee... Rimontò il Duca mio, e *trasse* mee . . . *Inf.* xxvi. 15.
   Mi *trasse* Beatrice, e disse: mira Quanto è . . . . *Par.* xxx. 128.

[1] piacere.   [2] tramutar.   [3] armi.   [4] ei.

TRASSE 727 TRATTO

Trasse. La bella donna che mi *trasse* al varco E Stazio ed io . . *Purg.* xxxii. 28.
   Lo Duca mio... Mi *trasse* a sè del loco dov' io stava . . . . *Inf.* xxi. 24.
   Per li tre gradi su di buona voglia Mi *trasse* il Duca . . . . *Purg.* ix. 107.
   Tanto fu dolce... Che, Tolosano, a sè mi *trasse* Roma . . . *Purg.* xxi. 89.
   Ma di' s' io veggio qui colui che fuore *Trasse*... rime . . . . *Purg.* xxiv. 50.
   la tela Onde non *trasse* infino a co la spola . . . . *Par.* iii. 96.
   smeraldi, Ond' Amor già ti *trasse* le sue armi . . . . *Purg.* xxxi. 117.
   Poscia *trasse* Guiglielmo, e Rinoardo... la mia vista . . . . *Par.* xviii. 46.
   come vespa... *Trasse* del fondo, e gissen vago vago . . . . *Purg.* xxxii. 135.
   la costa Si *trasse* per formar la bella guancia . . . . *Par.* iii. 38.
   Sordel si *trasse*, e disse : voi chi siete ? . . . . *Purg.* vii. 3.
   Pur Virgilio si *trasse* a lei, pregando Che ne mostrasse . . *Purg.* vi. 67.
Trasseci. *Trasseci* l' ombra del primo parente . . . . *Inf.* iv. 55.
Trassel. E Graffiacan... *trassel* su, che mi parve una lontra . . . *Inf.* xxii. 36.
   Disciolse il mostro, e *trassel* per la selva Tanto . . . . . . *Purg.* xxxii. 158.
Trasselo. *Trasselo* al piè della vedova frasca . . . . *Purg.* xxxii. 50.
Trasser. artigli Ch' a più alto leon *trasser* lo vello . . . . . *Par.* vi. 108.
   Restaro, e *trasser* sè in retro alquanto . . . . *Purg.* iii. 91.
Trassi. Infino al fiume di parlar mi *trassi* . . . . *Inf.* iii. 81.
   io mi *trassi* oltre per aver contezza Di quello spirto . . . *Purg.* xx. 29.
   per piacerli, *Trassi* dell' acqua non sazia la spugna . . . *Purg.* xx. 3.
   D' entro le[1] leggi *trassi* il troppo e il vano . . . . *Par.* vi. 12.
   Io *trassi*[2] Ulisse del suo cammin vago Al[3] canto mio . . . . *Purg.* xix. 22.
   Ma veggendomi in esso, i[4] *trassi* all' erba . . . . *Purg.* xxx. 77.
Trassimi. *Trassimi* sopra quella creatura . . . . *Purg.* xix. 89.
Trastulla. la voce tua, che il ciel *trastulla* Sempre . . . . . *Par.* ix. 76.
   Salvo che... Volentier torna a ciò che la *trastulla* . . . . *Purg.* xvi. 90.
   l' idioma Che prima i padri e le madri *trastulla* . . . . . *Par.* xv. 123.
Trastullo. Del ben richiesto al vero ed al *trastullo* . . . . . *Purg.* xiv. 93.
†**Trasumanar.** *Trasumanar* significar per verba Non si poria . . *Par.* i. 70.
Trasvolar. allegrezza... Creata a *trasvolar* per quella altezza . . *Par.* xxxii. 90.
1. Tratta. E dietro le venia sì lunga *tratta* Di gente . . . . . . *Inf.* iii. 55.
   Dopo la *tratta* d' un sospiro amaro, A pena ebbi . . . . *Purg.* xxxi. 31.
   tanto si diparte Dal cader della pietra in egual *tratta* . . *Purg.* xv. 20.
2. Tratta. Non gli avea *tratta* ancora la conocchia . . . . . . *Purg.* xxi. 26.
3. Tratta. Là dove *tratta* delle bianche stole... ci manifesta . . *Par.* xxv. 95.
Trattando. *Trattando* l' aere con l' eterne penne . . . . *Purg.* ii. 35.
   dismento... *Trattando* l' ombre come cosa salda . . . . . *Purg.* xxi. 136.
Trattar. Ma per *trattar* del ben ch' i' vi trovai, Dirò . . . . . *Inf.* i. 8.
Tratte. però sono *Tratte* d' amor le corde della ferza . . . . . *Purg.* xiii. 39.
   Ed or parevan dalla bianca *tratte*, Or dalla rossa . . . . *Purg.* xxix. 127.
   Così le avria ripinte per la strada Ond' eran *tratte* . . . . *Par.* iv. 86.
Tratterò. pria *Tratterò* quella che più ha di felle . . . . . . *Par.* iv. 27.
1. Tratti. tutti i miei consorti Ha ella *tratti* seco . . . . . . *Purg.* xi. 69.
   E *tratti* glien' avea piu d' una ciocca . . . . *Inf.* xxxii. 104.
   Di sotto al capo mio son gli altri *tratti* Che precedetter me . *Inf.* xix. 73.
   E di *tratti* pennelli avean sembiante . . . . *Purg.* xxix. 75.
   Come da più letizia pinti e *tratti* Alla fiata . . . . *Par.* xiv. 19.
   già eran *tratti* Alle curule Sizii ed Arrigucci . . . . . . *Par.* xvi. 107.
2. Tratti. Qual... fu maestro... Che ritraesse l' ombre e i *tratti*? *Purg.* xii. 65.
3. Tratti. *Tratti* avanti, Alichino e Calcabrina . . . . *Inf.* xxi. 118.
1. Tratto. L' arco del dir che infino al ferro hai *tratto* . . . . *Purg.* xxv. 18.
   Tu non avresti in tanto *tratto* e messo Nel foco il dito . . *Par.* xxii. 109.
   Come io l' ho *tratto*, saria lungo a dirti . . . . *Purg.* i. 67.

[1] Dentr' alle.   [2] *volsi.*   [3] Col.   [4] io.

TRATTO 728 TRE

Tratto. di ramo in ramo, Esaminando, già *tratto* m' avea . . . . *Par.* xxiv. 116.
Chi m' avria *tratto* su per la montagna ? . . . . *Purg.* iii. 6.
Indi m' han *tratto* su li suoi conforti, Salendo e rigirando . *Purg.* xxiii. 124.
Tratto m' hanno del mar dell' amor torto . . . . *Par.* xxvi. 62.
Tratto m' avea nel fiume infino a gola . . . . *Purg.* xxxi. 94.
Con suoi preghi... *Tratto* m' ha della costa ove s' aspetta . *Purg.* xxiii. 89.
Perocchè l' occhio m' avea tutto *tratto* Ver l' alta torre . . . *Inf.* ix. 35.
Poscia ch' hai lo mio sangue a te sì *tratto* . . . . *Purg.* xx. 83.
Tu m' hai di servo *tratto* a libertate Per tutte quelle vie . . *Par.* xxxi. 85.
m' hai sicurtà renduta, e *tratto* D' alto periglio . . . . . . *Inf.* viii. 98.
Tratto t' ho qui con ingegno e con arte . . . . *Purg.* xxvii. 130.
colui... che per salti fu *tratto* al martiro . . . . *Par.* xviii. 135.
digiuno, *Tratto* leggendo nel magno[1] volume . . . . *Par.* xv. 50.
Ond' io fui *tratto* fuor dell' ampia gola D' inferno . . . . . *Purg.* xxi. 31.
Quando fui chiesto e *tratto* a quel cappello . . . . *Par.* xxi. 125.
Ivi mi parve in una visione Estatica... esser *tratto* . . . . . *Purg.* xv. 86.
Io vidi per la croce un lume *tratto* Dal nomar Josuè . . . . *Par.* xviii. 37.
quei... Vegg' io a coda d' una bestia *tratto* . . . . *Purg.* xxiv. 83.
O tu, che se' per questo Inferno *tratto*, Mi disse . . . . . . *Inf.* vi. 40.
2. **Tratto.**   Falsava nel parere il lungo *tratto* Del mezzo . . . . *Purg.* xxix. 44.
Jeronimo vi scrisse lungo *tratto* Di[2] secoli . . . . *Par.* xxix. 37.
fiede A mezzo il *tratto* le due discrezioni . . . . *Par.* xxxii. 41.
Travagliato.   E s' io divenni allora *travagliato* . . . . *Inf.* xxxiv. 91.
Travagliava.   Mi *travagliava*, e pungiami la fretta . . . . . . *Purg.* xxi. 4.
una sola parvenza, Mutandom' io, a me si *travagliava* . . . *Par.* xxxiii. 114.
Travaglie.   tante chi stipa Nuove *travaglie* e pene ? . . . . . *Inf.* vii. 20.
Travasa.   cappello, Che pur di male in peggio si *travasa* . . . *Par.* xxi. 126.
Traversa.   *Traversa* un' acqua che ha nome l' Archiano . . . *Purg.* v. 95.
Traversara.   La casa *Traversara*, e gli Anastagi . . . . *Purg.* xiv. 107.
Traversaro.   Ov' è... Pier *Traversaro*, e Guido di Carpigna . . . *Purg.* xiv. 98.
Traverso.   E men[3] d' un mezzo di *traverso* non ci ha . . . . . *Inf.* xxx. 87.
E intanto per la costa di *traverso* Venivan genti . . . . . . *Purg.* v. 22.
una petrina... Crepata per lo lungo e per *traverso* . . . . *Purg.* ix. 99.
Travi.   Sì come neve, tra le vive *travi*... si congela . . . . . *Purg.* xxx. 85.
Traviò.   qual ventura Ti *traviò* sì fuor di Campaldino? . . . . *Purg.* v. 92.
Travolse.   di parlasìa Si *travolse* così alcun del tutto . . . . . *Inf.* xx. 17.
Travolta.   eccelsa Lei tanto, e sì *travolta* nella cima . . . . . *Purg.* xxxiii. 66.
Travolto.   Mirabilmente apparve esser *travolto* Ciascun . . . *Inf.* xx. 11.
Tre.   sì che spenti Nel tuo disio già sono *tre* ardori . . . . . *Par.* xxix. 48.
i fiorini, Che avean ben *tre* carati di mondiglia . . . . . *Inf.* xxx. 90.
E della schiera *tre* si dipartiro Con archi ed asticciuole . *Inf.* xii. 59.
l' amor... Di sopra noi si piange per *tre* cerchi . . . . . *Purg.* xvii. 137.
dentro... son *tre* cerchietti Di grado in grado . . . . . . *Inf.* xi. 17.
Ed era quei che sol de' *tre* compagni... non era mutato . . . *Inf.* xxv. 149.
da quella, Che quattro cerchi giunge con *tre* croci . . . . . *Par.* i. 39.
In essa gerarchia son le *tre*[4] Dee, Prima Dominazioni . . . *Par.* xxviii. 121.
pertratta Le *tre* disposizion che il ciel non vuole . . . . . *Inf.* xi. 81.
Poscia che tai *tre* donne benedette Curan di te . . . . . *Inf.* ii. 124.
Quelle *tre* donne gli fur per battesmo, Che tu vedesti . . . *Par.* xx. 127.
Tre donne in giro, dalla destra rota, Venian danzando . . *Purg.* xxix. 121.
aguzzeranno i tuoi Le *tre* di là, che miran più profondo . . *Purg.* xxxi. 111.
l' altre *tre* si fero avanti, Danzando al loro... carribo . . . . *Purg.* xxxi. 131.
alternando, Or *tre* or quattro... incominciaro . . . . . . *Purg.* xxxiii. 2.
O quanto parve... Quando vidi *tre* facce alla sua testa ! . . *Inf.* xxxiv. 38.

[1] maggior.   [2] De'.   [3] più.   [4] l' altre.

Tre. a quelle *tre* facelle, Di che il polo... arde . . . . *Purg.* viii. 89.
sono Le *tre* faville che hanno i cori accesi . . . . *Inf.* vi. 75.
Ma pria nel petto *tre* fiate mi diedi . . . . *Purg.* ix. 111.
E *tre* fiate intorno di Beatrice Si volse . . . . *Par.* xxiv. 22.
Vid'. io cascar li *tre* ad uno ad uno Tra il quinto dì . . . *Inf.* xxxiii. 71.
di giungere... *Tre* Frison s' averian dato mal vanto . . . *Inf.* xxxi. 64.
furon dritte ratto *Tre* furie infernal di sangue tinte . . . *Inf.* ix. 38.
parvemi *tre* giri Di *tre* colori e d' una continenza . . . . *Par.* xxxiii. 116.
il primo cerchio... In *tre* gironi è distinto e costrutto . . . *Inf.* xi. 30.
Cerbero... Con *tre* gole caninamente latra . . . . *Inf.* vi. 14.
Per li *tre* gradi su di buona voglia Mi trasse il Duca . . . . *Purg.* ix. 106.
Vidi una porta, e *tre* gradi di sotto Per gire ad essa . . . *Purg.* ix. 76.
non... più su cade, Che la scaletta dei *tre* gradi breve . . . *Purg.* xxi. 48.
non... più avante Ch' al sommo dei *tre* gradi ch' io parlai . *Purg.* xxi. 53.
tendea... ale Tra la mezzana e le *tre* e *tre* liste . . . . . . *Purg.* xxix. 110.
Perpetualemente Osanna sverna Con *tre* melode . . . . . . *Par.* xxviii. 119.
per *tre* menti Gocciava il pianto e sanguinosa bava . . . *Inf.* xxxiv. 53.
Veramente da *tre* mesi egli ha tolto Chi ha voluto . . . . . *Purg.* ii. 98.
esso Amor nasce in *tre* modi in vostro limo . . . . *Purg.* xvii. 114.
Tali eravamo tutti e *tre* allotta, Io come capra . . . . . . *Purg.* xxvii. 85.
al modo D' una di lor, ch' avea *tre* occhi in testa . . . . *Purg.* xxix. 132.
Quando *tre* ombre insieme si partiro, Correndo . . . . . . *Inf.* xvi. 4.
all' occhio mi corse Un, crocifisso in terra con *tre* pali . . *Inf.* xxiii. 111.
Tre passi ci facea il fiume lontani . . . . *Purg.* xxviii. 70.
Solo *tre* passi credo ch' io scendesse, E fui di sotto . . . *Purg.* viii. 46.
Da ogni bocca dirompea... Sì che *tre* ne facea così dolenti . *Inf.* xxxiv. 57.
escon... Ad una, a due, a *tre*, e l' altre stanno Timidette . . *Purg.* iii. 80.
Ma perchè si fa forza a *tre* persone, In tre gironi . . . . *Inf.* xi. 29.
via, Che tiene una sustanzia in *tre* persone . . . . *Purg.* iii. 36.
non Peana, Ma *tre* persone in divina natura . . . . *Par.* xiii. 26.
E credo in *tre* persone eterne, e queste Credo una . . . . . *Par.* xxiv. 139.
Usciro ad esser... Come d' arco tricorde *tre* saette . . . . *Par.* xxix. 24.
Poi appresso convien che questa caggia Infra *tre* soli . . . *Inf.* vi. 68.
Tre specchi prenderai, e due rimovi Da te d' un modo . . . *Par.* ii. 97.
dopo il dosso Ti stea un lume che i *tre* specchi accenda . . *Par.* ii. 101.
Mentre che sì parlava... E *tre* spiriti venner sotto noi . . *Inf.* xxv. 35.
teste... *Tre* sopra il temo, ed una in ciascun canto . . . . *Purg.* xxxii. 144.
Ben v' en *tre* vecchi ancora, in cui rampogna L' antica età . *Purg.* xvi. 121.
e quelle svolazzava, Sì che *tre* venti si movean da ello . . . *Inf.* xxxiv. 51.
quei che le *tre* sante Virtù non si vestiro . . . . *Purg.* vii. 34.
Virgilio: almen *tre* Voci t' ho messe, dicea . . . . *Purg.* xix. 34.
Che andate pensando sì voi sol *tre*? Subita voce disse . . . *Purg.* xxiv. 133.
Forse in *tre* voli tanto spazio prese Disfrenata saetta . . . *Purg.* xxxii. 34.
Tre volte retro a lei le mani avvinsi, E tante mi tornai . . *Purg.* ii. 80.
Tre volte era cantato da ciascuno Di quegli spiriti . . . . *Par.* xiv. 31.
Tre volte cinse me, sì com' io tacqui, L' apostolico lume . . *Par.* xxiv. 152.
Tre volte il fe' girar con tutte l' acque, Alla quarta levar . *Inf.* xxvi. 139.
quegli... soli Si fur girati intorno a noi *tre* volte . . . . *Par.* x. 77.
cantando, Gridò *tre* volte; e tutti gli altri appresso . . . *Purg.* xxx. 12.
l' accoglienze... Furo iterate *tre* e quattro volte . . . . *Purg.* vii. 2.
Misurrebbe in *tre* volte un corpo umano . . . . *Purg.* x. 24.
Quell' uno e due e *tre* che sempre vive, E regna . . . . . . *Par.* xiv. 28.
E i *tre*, che ciò inteser per risposta, Guatar[1] l' un l' altro . *Inf.* xvi. 77.
infino al fine Che i *tre* ai[2] tre pugnar per lui ancora . . . *Par.* vi. 39.

[1] Guardar.   [2] a.

Tre.	Nuovo augelletto due o *tre* aspetta	*Purg.* xxxi. 61.
	Non dispensare o due o *tre* per sei... Addomandò	*Par.* xii. 91.
	Mira colui... Che vien dinanzi a' *tre* sì come sire	*Inf.* iv. 87.
	tante volte... Quanto Jesù[1] ai *tre* fe' più chiarezza	*Par.* xxv. 33.
	sì concetta Pareva in *tre*,[2] come lume riflesso	*Par.* xxxiii. 128.
	sempre vive, E regna sempre in *tre* e due ed uno	*Par.* xiv. 29.
Trecce.	ricopre le mammelle... con le *trecce* sciolte	*Inf.* xx. 53.
Trecent'.	fece in Alba sua dimora Per *trecent'* anni	*Par.* vi. 38.
Trecento.	Quattromila *trecento* e due volumi Di sol	*Par.* xxvi. 119.
*Tree.	tre melode, che suonano in *tree* Ordini di letizia	*Par.* xxviii. 119.
Tregua.	Come da lei l' udir nostro ebbe *tregua*	*Purg.* xiv. 136.
Tregue.	mi sentiva La possa delle gambe posta in *tregue*	*Purg.* xvii. 75.
*Trei.	quando... fur giunti, Fenno una rota di sè tutti e *trei*	*Inf.* xvi. 21.
Trema.	mi mena... Fuor della queta nell' aura che *trema*	*Inf.* iv. 150.
	E *trema* tutto, pur guardando il rezzo	*Inf.* xvii. 87.
	artista, Ch' ha l' abito dell' arte, e man che *trema*	*Par.* xiii. 78.
	chi pensasse... Nol biasmerebbe, se sott' esso *trema*	*Par.* xxiii. 66.
	Chè, come sole in[3] viso che più *trema*, Così lo rimembrar	*Par.* xxx. 25.
	Trema forse più giù poco od assai	*Purg.* xxi. 55.
	Omai veggio... Per che ci *trema*, e di che congaudete	*Purg.* xxi. 78.
Tremaci.	*Tremaci* quando alcuna anima monda Sentesi	*Purg.* xxi. 58.
Tremando.	E l' Aretin, che rimase *tremando*, Mi disse	*Inf.* xxx. 31.
	E *tremando* ciascuno a me si volse Con altri	*Inf.* xxix. 98.
	io vidi fochi... Ond' io *tremando* tutto mi raccoscio	*Inf.* xvii. 123.
	alla sua presenza Non era di stupor, *tremando*, affranto	*Purg.* xxx. 36
Tremante.	Questi... La bocca mi baciò tutto *tremante*	*Inf.* v. 136.
Tremar.	Ch' ella mi fa *tremar* le vene e i polsi	*Inf.* i. 90.
	io senti'... *Tremar* lo monte ; onde mi prese un gielo	*Purg.* xx. 128.
	E lì... Si condusse a *tremar* per ogni vena	*Purg.* xi. 138.
	Fin che il *tremar* cessò, ed ei compièsi	*Purg.* xx. 141.
Tremare.	sospiri, Che l' aura eterna facevan *tremare*	*Inf.* iv. 27.
Tremava.	Ed io *tremava* nell' eterno rezzo	*Inf.* xxxii. 75.
Tremavano.	Per cui *tremavano* ambo e due le sponde	*Inf.* ix. 66.
Tremi.	men che dramma Di sangue m' è rimaso, che non *tremi*	*Purg.* xxx. 47.
Tremò.	Finito questo, la buia campagna *Tremò* sì forte	*Inf.* iii. 131.
	Per lei *tremò* la terra e il ciel s' aperse	*Par.* vii. 48.
	Tremò sì, ch' io pensai che l' universo Sentisse amor	*Inf.* xii. 41.
	Ma per vento... quassù non *tremò* mai	*Purg.* xxi. 57.
Tremolando.	Per cui le fronde, *tremolando* pronte	*Purg.* xxviii. 10.
	nella faccia quale Par *tremolando* mattutina stella	*Purg.* xii. 90.
Tremolar.	di lontano Conobbi il *tremolar* della marina	*Purg.* i. 117.
Tremolava.	*tremolava* un lampo Subito e spesso	*Par.* xxv. 80.
Tremolerà.	Che il *tremolerà* nel suo aspetto	*Par.* ii. 111.
Tremoto.	Non fu *tremoto* già tanto rubesto	*Inf.* xxxi. 106.
	Però sentisti il *tremoto*, e li pii Spiriti	*Purg.* xxi. 70.
Tremuoto.	percosse O per *tremuoto* o per sostegno manco	*Inf.* xii. 6.
Trenta.	cinquecento cinquanta E *trenta*[4] fiate venne	*Par.* xvi. 38.
	E vidi lui tornare... novecento *trenta* Fiate	*Par.* xxvi. 122.
	Perocch' io ne vedea *trenta* gran palmi Dal loco in giù	*Inf.* xxxi. 65.
	Per ogni tempo, ch' egli è stato, *trenta*, In sua presunzion	*Purg.* iii. 139.
Trentino.	Loco... dove il *Trentino* Pastore e quel di Brescia	*Inf.* xx. 67.
Trento.	nel fianco Di qua da *Trento* l' Adice percosse	*Inf.* xii. 5.
Tresca.	Senza riposo mai era la *tresca* Delle misere mani	*Inf.* xiv. 40.
Trescando.	*Trescando* alzato, l' umile Salmista	*Purg.* x. 65.

[1] Quante Gesù.   [2] te.   [3] il.   [4] tre.

Trespiano. Ed a *Trespiano* aver vostro confine	*Par.* xvi. 54.
Triangol. far si puote *triangol* sì, ch' un retto non avesse	*Par.* xiii. 102.
Triangolo. veggion... Non capere in *triangolo* due ottusi	*Par.* xvii. 15.
Tribaldello. Più là con Ganellone e *Tribaldello*	*Inf.* xxxii. 122.
Tribo. Sè dimostrando di[1] più alto *tribo* Negli atti	*Purg.* xxxi. 130.
Tricorde. Come d' arco *tricorde* tre saette	*Par.* xxix. 24.
Triegue. Le sue permutazion non hanno *triegue*	*Inf.* vii. 88.
Triforme. Questo *triforme* amor quaggiù disotto Si piange	*Purg.* xvii. 124.
Così il *triforme* effetto del[2] suo Sire... raggiò	*Par.* xxix. 28.
Trina. e queste Credo una essenza sì una e sì *trina*	*Par.* xxiv. 140.
O *trina* luce, che in unica stella Scintillando !	*Par.* xxxi. 28.
Trinacria. E la bella *Trinacria*, che caliga	*Par.* viii. 67.
Trino. dolce mischio, Che si facea del[3] suon del *trino* spiro	*Par.* xxv. 132.
La prima cosa... Benedetto sie tu, fu, *trino* ed uno	*Par.* xv. 47.
Trionfa. Quivi *trionfa*, sotto l' alto Filio Di Dio	*Par.* xxiii. 136.
La mia sorella, che tra bella e buona... *trionfa* lieta	*Purg.* xxiv. 14.
Trionfal. nella cuna Del *trionfal* veiculo una volpe	*Purg.* xxxii. 119.
Trionfale. Un carro, in su due rote, *trionfale*	*Purg.* xxix. 107.
Trionfando. Di ciò, per che già Cesar, *trionfando*	*Purg.* xxvi. 77.
Trionfante. S' appresenti alla turba *trionfante*	*Par.* xxii. 131.
Trionfanti. l' etere... fioccar di vapor *trionfanti*	*Par.* xxvii. 71.
Trionfar. Lunga promessa... Ti farà *trionfar* nell' alto seggio	*Inf.* xxvii. 111.
Trionfare. Per *trionfare* o Cesare o Poeta	*Par.* i. 29.
Trionfaro. Sott' esso giovinetti *trionfaro* Scipione e Pompeio	*Par.* vi. 52.
Trionfo. Non altrimenti il *trionfo*, che lude Sempre	*Par.* xxx. 10.
io vidi L' alto *trionfo* del regno verace	*Par.* xxx. 98.
S' io torni mai, lettore, a quel devoto *Trionfo*	*Par.* xxii. 107.
ecco le schiere Del *trionfo* di Cristo	*Par.* xxiii. 20.
veder li troni Del *trionfo* eternal concede grazia	*Par.* v. 116.
pria ch' altr' alma Del *trionfo* di Cristo fu assunta	*Par.* ix. 120.
Tripartito. Ma, come *tripartito*, si ragiona	*Purg.* xvii. 138.
Tripudi. Poscia nei due penultimi *tripudi*	*Par.* xxviii. 124.
Tripudio. Poichè il *tripudio* e l' alta[4] festa grande	*Par.* xii. 22.
Trista. Ed io anima *trista* non son sola	*Inf.* vi. 55.
O qual che se'... Anima *trista*, come pal commessa !	*Inf.* xix. 47.
Ma s' io vedessi qui l' anima *trista* Di Guido	*Inf.* xxx. 76.
Così vid' io l' altr' anima... turbarsi e farsi *trista*	*Purg.* xiv. 71.
Aragne... *trista* in su gli stracci Dell' opera	*Purg.* xii. 44.
Piangene ancor la *trista* Cleopatra, Che... La morte prese	*Par.* vi. 76.
In questo fondo della *trista* conca Discende mai alcun ?	*Inf.* ix. 16.
Micol ammirava, Sì come donna dispettosa e *trista*	*Purg.* x. 69.
Ecuba, *trista*, misera e cattiva... latrò sì come cane	*Inf.* xxx. 16.
sì come Andavan gli altri della *trista* greggia	*Inf.* xxviii. 120.
Deifile, ed Argia, Ed Ismene sì *trista* come fue	*Purg.* xxii. 111.
ei per questo Sempre con l' arte sua la farà *trista*	*Inf.* xiii. 145.
esser cagione Prima di *trista* e poi di buona mancia	*Inf.* xxxi. 6.
giù s' abbuia L' ombra di fuor, come la mente è *trista*	*Par.* ix. 72.
accumulando duol... Sen gìo come persona *trista* e matta	*Inf.* xxviii. 111.
fermerem li nostri passi Sulla *trista* riviera d' Acheronte	*Inf.* iii. 78.
di ben si spolpa, Ed a *trista* ruina par disposto	*Purg.* xxiv. 81.
Sanguinoso esce della *trista* selva ; Lasciala tal	*Purg.* xiv. 64.
Sembianza avevan nè *trista* nè lieta	*Inf.* iv. 84.
la cagione... Di lor magrezza e di lor *trista* squama	*Purg.* xxiii. 39.
Ciascun ritroverà la *trista* tomba, Ripiglierà sua carne	*Inf.* vi. 97.

[1] del.   [2] dal.   [3] nel.   [4] altra.

Trista.	E il peccator... di *trista* vergogna si dipinse	*Inf.* xxiv. 132.
Tristano.	Vidi[1] Paris, *Tristano* ; e più di mille Ombre	*Inf.* v. 67.
Triste.	l' anime *triste* di coloro Che visser senza infamia	*Inf.* iii. 35.
	Rispondi a me ; chè le memorie *triste*... non sono... offense.	*Purg.* xxxi. 11.
	Perchè... si soffolge Laggiù tra l' ombre *triste* smozzicate?	*Inf.* xxix. 6.
	Prima fien *triste* che le guance impeli Colui	*Purg.* xxiii. 110.
	Vedi le *triste* che lasciaron l' ago, La spuola, e il fuso	*Inf.* xx. 121.
Tristi.	Color già *tristi*, e questi con sospetti	*Purg.* vi. 108.
	o Tosco, ch' al collegio Degl' ipocriti *tristi* se' venuto	*Inf.* xxiii. 92.
	Nell' ora che comincia i *tristi* lai La rondinella	*Purg.* ix. 13.
	Queta' mi allor per non farli più *tristi*	*Inf.* xxxiii. 64.
	O, diss' io lui, per entro i lochi *tristi* Venni stamane	*Purg.* viii. 58.
	infiammar sì Augusto, Che i lieti onor tornaro in *tristi* lutti	*Inf.* xiii. 69.
	Molti sarebbon lieti, che son *tristi*, Se Dio t' avesse	*Par.* xvi. 142.
	tristi fummo Nell' aer dolce che dal sol s' allegra	*Inf.* vii. 121.
	Ed un de' *tristi* della fredda crosta Gridò a noi	*Inf.* xxxiii. 109.
Tristissima.	Tra questa cruda e *tristissima* copia	*Inf.* xxiv. 91.
Tristizia.	Se non come *tristizia*, o sete, o fame	*Par.* xxxii. 54.
	malizioso son... Quand' io procuro a' miei maggior *tristizia*	*Inf.* xxii. 111.
	Non credo che a veder maggior *tristizia* Fosse in Egina	*Inf.* xxix. 58.
	Però d' ogni *tristizia* ti disgrava	*Inf.* xxx. 144.
	le crude armi Della doppia *tristizia* di Jocasta	*Purg.* xxii. 56.
	Dinanzi alla pietà... Che di *tristizia* tutto mi confuse	*Inf.* vi. 3.
	Quali nella *tristizia* di Licurgo Si fer due figli	*Purg.* xxvi. 94.
Tristo.	Con *tristo* annunzio di futuro danno	*Inf.* xiii. 12.
	le rime aspre... Come si converrebbe al *tristo* buco	*Inf.* xxxii. 2.
	e qual carpone Si trasmutava per lo *tristo* calle	*Inf.* xxix. 69.
	o anime... Raccoglietele al piè del *tristo* cesto	*Inf.* xiii. 142.
	si riman dolente, Ripetendo le volte, e *tristo* impara	*Purg.* vi. 3.
	dagli occhi il cor *tristo*... testimonianza si procaccia	*Inf.* xxxii. 38.
	Sì che s' ausi un poco prima il senso Al *tristo* fiato	*Inf.* xi. 12.
	l' è ghirlanda Intorno, come il fosso *tristo* ad essa	*Inf.* xiv. 11.
	Loco è laggiù non *tristo* da martiri, Ma di tenebre solo	*Purg.* vii. 28.
	i tuoi martiri Al lagrimar mi fanno *tristo* e pio	*Inf.* v. 117.
	Noi ci volgemmo... Con loro insieme, intenti al *tristo* pianto.	*Inf.* xxiii. 69.
	Una palude fa, che ha nome Stige, Questo *tristo* ruscel	*Inf.* vii. 107.
	La corata[2] pareva, e il *tristo* sacco Che merda fa	*Inf.* xxviii. 26.
	E *tristo* fia d' averne avuto possa	*Purg.* xviii. 123.
Trita.	L' altro che appresso me l' arena *trita* È Tegghiaio	*Inf.* xvi. 40.
	E disse : quando l' una paglia è *trita*	*Par.* xiii. 34.
Trivia.	Quale... *Trivia* ride tra le ninfe eterne	*Par.* xxiii. 26.
Troia.	Vedeva *Troia* in cenere e in caverne	*Purg.* xii. 61.
	non fosti sì ver... Là 've del ver a *Troia* fosti richiesto	*Inf.* xxx. 114.
	L' altro è il falso Sinon greco da *Troia*	*Inf.* xxx. 98.
	quel giusto Figliuol d' Anchise, che venne da *Troia*	*Inf.* i. 74.
Troian.	volse in basso L' altezza de' *Troian* che tutto ardiva	*Inf.* xxx. 14.
Troiane.	Ma nè di Tebe furie nè *Troiane* Si veder	*Inf.* xxx. 22.
Troiani.	Arpìe... Che cacciar delle Strofade i *Troiani*	*Inf.* xiii. 11.
	Favoleggiava... De' *Troiani*, di Fiesole, e di Roma	*Par.* xv. 126.
	gente Che... fu del suo sangue dolente Per li *Troiani*	*Inf.* xxviii. 10.
Troiano.	Che Rifeo *Troiano* in questo tondo Fosse la quinta	*Par.* xx. 68.
Tromba.	Or convien che per voi suoni la *tromba*	*Inf.* xix. 5.
	non si desta Di qua dal suon dell' angelica *tromba*	*Inf.* vi. 95.
Trombe.	Quando con *trombe* e quando con campane	*Inf.* xxii. 7.

[1] Vedi. [2] curata.

Trombetta. Ed egli avea del cul fatto *trombetta*	. . . .	*Inf.* xxi. 139.
Tronca. recidean... Infino al pozzo, che i *tronca* e raccogli	. . .	*Inf.* xviii. 18.
l' anguinaia *Tronca* dal lato, che l' uomo ha forcuto	. . . .	*Inf.* xxx. 51.
io traeva la parola *tronca* Forse a peggior sentenza	. . . . .	*Inf.* ix. 14.
onde a guardar... il mar non gli era la veduta *tronca*	. . . .	*Inf.* xx. 51.
Troncandosi. *Troncandosi* coi denti a brano a brano	. . . . .	*Inf.* vii. 114.
Tronche. spade affocate, *Tronche* e private delle punte sue	. . .	*Purg.* viii. 27.
Tronchi. se tu *tronchi* Qualche fraschetta d' una d' este piante	.	*Inf.* xiii. 28.
1. **Tronco.** E il capo *tronco* tenea per le chiome	. . . .	*Inf.* xxviii. 121.
forata avea la gola, E *tronco* il naso infin sotto le ciglia	. . .	*Inf.* xxviii. 65.
è sì pregno L' alpestro monte, ond' è *tronco* Peloro	. . . .	*Purg.* xiv. 32.
2. **Tronco.** E il *tronco* suo gridò: perchè mi schiante?	. . . . .	*Inf.* xiii. 33.
E il *tronco:* sì con dolce dir m' adeschi, Ch' io non posso	.	*Inf.* xiii. 55.
Allor soffiò lo *tronco* forte, e poi Si convertì Quel vento	. . .	*Inf.* xiii. 91.
Noi eravamo ancora al *tronco* attesi, Credendo ch' altro	. .	*Inf.* xiii. 109.
Troncone. Partito... Dal suo principio, ch' è in questo *troncone*	.	*Inf.* xxviii. 141.
Troni. Quegli altri... Si chiaman *Troni* del divino aspetto	. . .	*Par.* xxviii. 104.
Su sono specchi, voi dicete *Troni*, Onde rifulge a noi Dio	.	*Par.* ix. 61.
O bene nato, a cui veder li *troni*... concede grazia	. . . . .	*Par.* v. 115.
Trono. tu la rivedrai Nel *trono* che i suoi merti le sortiro	. .	*Par.* xxxi. 69.
Tronto. Da ove[1] *Tronto* e Verde in mare sgorga	. . . .	*Par.* viii. 63.
Tropp'. Forse la mia parola par *tropp'* osa, Posponendo	. . . .	*Par.* xiv. 130.
cotal moneta rende A satisfar chi è di là *tropp'* oso	. . . .	*Purg.* xi. 126.
1. **Troppa.** vermiglie guance... Per *troppa* etate divenivan rance.		*Purg.* ii. 9.
Qui vid' io gente più che altrove *troppa*... Voltando pesi	. .	*Inf.* vii. 25.
Sì come il sol, che si cela egli stessi Per *troppa* luce	. . . .	*Par.* v. 134.
E di *troppa* materia che in là venne, Uscir gli orecchi	. . .	*Par.* xxv. 125.
Troppa è più la paura... del tormento di sotto	. . . .	*Purg.* xiii. 136.
mi perdona Se *troppa* sicurtà m' allarga il freno	. . . . .	*Purg.* xxii. 20.
cui io vidi su... Se *troppa* simiglianza non m' inganna	. . .	*Inf.* xxviii. 72.
Come balestro frange, quando scocca Da *troppa* tesa ;	. . .	*Purg.* xxxi. 17.
cominciai, Quasi com' uom cui *troppa* voglia ismaga	. . . .	*Par.* iii. 36.
*2. **Troppa.** Più cara è l' una; ma l' altra vuol *troppa* D' arte	.	*Purg.* ix. 124.
1. **Troppo.** Nel petto lor *troppo* disir non fuma	. . . .	*Purg.* xxiv. 153.
forse Lo *troppo* domandar, ch' io fo, gli grava	. . . . . .	*Purg.* xviii. 6.
ai monti, Che gl' incurvaron pria col *troppo* pondo	. . ., .	*Par.* xxv. 39.
il tempo è caro In questo regno sì, ch' io perdo *troppo*	. .	*Purg.* xxiv. 92.
2. **Troppo.** Percotendo... Sì che, se fossi vivo, *troppo* fora	. .	*Inf.* xxxii. 90.
temo... Che *troppo* avrà d' indugio nostra eletta	. . . . . .	*Purg.* xiii. 12.
D' entro le[2] leggi trassi il *troppo* e il vano	. . . .	*Par.* vi. 12.
l' occhio si smarria, Come virtù che al *troppo* si confonda	.	*Purg.* viii. 36.
non s' attenta Del domandar, sì del *troppo* si teme	. . . .	*Par.* xxii. 27.
per malo obbietto, O per poco,[3] o per *troppo*[4] di vigore	.	*Purg.* xvii. 96.
3. **Troppo.** L' amor, ch' ad esso *troppo* s' abbandona... si piange.		*Purg.* xvii. 136.
E per trovare a conversione acerba *Troppo* la gente	. . . .	*Par.* xi. 104.
la gente... Dall' altra parte in fuor *troppo* s' approccia	. . .	*Purg.* xx. 9.
Allor m' accorsi che *troppo* aprir l' ali Potean	. . . . . .	*Purg.* xxii. 43.
Ma perch' io non proceda *troppo* chiuso	. . . .	*Par.* xi. 73.
Perchè volle veder *troppo* davante, Diretro guarda	. . . .	*Inf.* xx. 38.
Perch' io udia da loro un : *troppo* fiso	. . . .	*Purg.* xxxii. 9.
Io non so s' io mi fui qui *troppo* folle, Ch' io pur risposi	.	*Inf.* xix. 88.
Troppo sarebbe larga la bigoncia Che ricevesse il sangue	.	*Par.* ix. 55.
la sua circonferenza Sarebbe al sol *troppo* larga cintura	.	*Par.* xxx. 105.
però che tu trascorri Per le tenebre *troppo* dalla lungi	. .	*Inf.* xxxi. 23.

[1] Là dove.   [2] Dentr' alle.   [3] troppo.   [4] poco.

Troppo. Ond' ei... Rispose : malizioso son io *troppo* . . . . . . *Inf.* xxii. 110.
quella nobil patria... Alla qual forse io fui[1] *troppo* molesto . *Inf.* x. 27.
Or sappi ch' avarizia fu partita *Troppo* da me . . . . *Purg.* xxii. 35.
mi diletta *Troppo* di pianger più che di parlare . . . . . . *Purg.* xiv. 125.
Ed esser mi parea *troppo* più lieve, Che... davanti . . . . . *Purg.* xii. 116.
Ma così salda voglia è *troppo* rada . . . . *Par.* iv. 87.
Come a color, che *troppo* reverenti... sono . . . . *Purg.* xxxiii. 25.
Non sien le genti ancor *troppo* sicure A giudicar . . . . . . *Par.* xiii. 130.
E Libicocco : *troppo* avem sofferto, Disse . . . . *Inf.* xxii. 70.
Già ogni stella cade... e il *troppo* star si vieta . . . . . . *Inf.* vii. 99.
E l' altro, a cui pareva tardar *troppo*, Gridava . . . . . . *Inf.* xiii. 119.
l' immaginar... Non che il parlare, è *troppo* color vivo . . . *Par.* xxiv. 27.
Trottare. E come l' uom che di *trottare* è lasso . . . . *Purg.* xxiv. 70.
Trova. Tanto si dà, quanto *trova* d' ardore . . . . *Purg.* xv. 70.
Botoli *trova* poi, venendo giuso, Ringhiosi . . . . *Purg.* xiv. 46.
Convien saltar... Come chi *trova* suo cammin reciso . . . . *Par.* xxiii. 63.
Tanto più *trova* di can farsi lupi La... fossa . . . . *Purg.* xiv. 50.
ciò che *trova* attivo quivi, tira In sua sustanzia . . . . . *Purg.* xxv. 73.
alcun compenso... *trova*, che il tempo non passi Perduto . . *Inf.* xi. 14.
Sempre natura, se fortuna *trova* Discorde a sè . . . . . . *Par.* viii. 139.
Non molto ha corso, che *trova* una lama . . . . *Inf.* xx. 79.
s' affigge... Se *trova* novitate, o[2] sue vestigge . . . . . . *Purg.* xxxiii. 108.
E il duol, che *trova* in sugli occhi rintoppo, Si volve . . . *Inf.* xxxiii. 95.
Trova le volpi sì piene di froda, Che non temono . . . . . *Purg.* xiv. 53.
Per che la mano ad accertar s' aiuta, E cerca e *trova* . . . *Purg.* xii. 131.
ciascun ben che fuor di lei si *trova* Altro non è . . . . . . *Par.* xxvi. 32.
Maestro, ove si *trova* Flegetonta e Letè ? chè dell' un taci . *Inf.* xiv. 130.
visibile parlare, Novello a noi, perchè qui non si *trova* . . *Purg.* x. 96.
men segreta porta, La qual senza serrame ancor si *trova* . . *Inf.* viii. 126.
nel loco Dove si *trova* pria l' ultimo sesto . . . . *Par.* xvi. 41.
Trovai. Ma per trattar del ben ch' i' vi *trovai*, Dirò . . . . . *Inf.* i. 8.
Tra li ladron *trovai* cinque cotali Tuoi cittadini . . . . . . *Inf.* xxvi. 4.
Trovai lo Duca mio ch' era salito Già in sulla groppa . . . *Inf.* xvii. 79.
Trovai pur sei le lettere, che incise Quel dalle chiavi . . . *Purg.* xii. 134.
Qui li *trovai*, e poi volta non dierno, Rispose . . . . . . *Inf.* xxx. 94.
Vero è che in su la proda mi *trovai* Della valle . . . . . . *Inf.* iv. 7.
Chè col peggiore spirto di Romagna *Trovai* un tal di voi . . *Inf.* xxxiii. 155.
La luce in che rideva il mio tesoro, Ch' io *trovai* lì . . . *Par.* xvii. 122.
Trovaimi. *Trovaimi* stretto nelle mani il freno . . . . *Purg.* xx. 55.
Trovammo. Così... *Trovammo*[3] risonar quell' acqua tinta . . *Inf.* xvi. 104.
Trovammo l' altro assai più fiero e maggio . . . . *Inf.* xxxi. 84.
Un arbor che *trovammo* in mezza strada . . . . *Purg.* xxii. 131.
Laggiù *trovammo* una gente dipinta, Che giva intorno . . . *Inf.* xxiii. 58.
Quivi *trovammo* Pluto il gran nemico . . . . *Inf.* vi. 115.
Quivi *trovammo* la roccia sì erta, Che indarno vi sarien . . *Purg.* iii. 47.
Trovammoci. dalla schiena scossi Di Gerion, *trovammoci* . . . *Inf.* xviii. 20.
Trovan. Si *trovan* molte gioie care e belle Tanto . . . . *Par.* x. 71.
Trovandogli. Non *trovandogli* in terra cibo alcuno . . . . . . *Par.* xix. 27.
Trovar. per veder gli aspetti... E per *trovar* lo cibo onde li pasca. *Par.* xxiii. 5.
e perderagli Più di speranza, che a *trovar* la Diana . . . . *Purg.* xiii. 153.
Come potè *trovar* dentro al tuo seno Loco avarizia ? . . . . *Purg.* xxii. 22.
inferma, Che non può *trovar* posa in sulle piume . . . . . *Purg.* vi. 150.
ancora Io ti credea *trovar* laggiù di sotto . . . . *Purg.* xxiii. 83.
Se voi venite... E volete *trovar* la via più tosto . . . . . . *Purg.* xix. 80.

[1] forse fui.   [2] in.   [3] Sentimmo.

Trovare.	Sì ch' io non so *trovare* esemplo degno	*Par.* xiv. 105.
	E per *trovare* a conversione acerba Troppo la gente	*Par.* xi. 103.
Trovarsi.	In sul paese... Solea valore e cortesia *trovarsi*	*Purg.* xvi. 116.
Trovasti.	Quai fossi attraversati, o quai catene *Trovasti?*	*Purg.* xxxi. 26.
Trovata.	La Donna ch' io avea *trovata* sola, Sopra me vidi	*Purg.* xxxi. 92.
Trovato.	fu... desto *Trovato* in terra dalla sua nutrice	*Par.* xii. 77.
Troverai.	vieni Diretro a noi, e[1] *troverai* la buca	*Purg.* xviii. 114.
	E quali i *troverai* nelle sue carte, Tali eran quivi	*Purg.* xxix. 103.
	non *troverai* ombra Degna più d' esser fitta in gelatina	*Inf.* xxxii. 59.
	Cercati al collo, e *troverai* la soga Che il tien legato	*Inf.* xxxi. 73.
	Tu *troverai*, non dopo molte carte, Che l' arte vostra	*Inf.* xi. 102.
Troverete.	Con noi venite, e *troverete* il passo Possibile	*Purg.* xi. 50.
Troveria.	chi cercasse... ancor *troveria* carta	*Par.* xii. 122.
Trovi.	fa che tu *trovi* Alcun, ch' al fatto... si conosca	*Inf.* xxiii. 73.
	Se la lucerna... *Trovi* nel tuo arbitrio tanta cera	*Purg.* viii. 113.
Troviam.	vieni, *Troviam* l' aperta[2] per la qual tu entre	*Purg.* xix. 36.
Trovò.	Lo corpo mio gelato... *Trovò* l' Archian rubesto	*Purg.* v. 125.
	Nè valse udir che la *trovò* sicura Con Amiclate	*Par.* xi. 67.
Trulla.	vidi un... Rotto dal mento infin dove si *trulla*	*Inf.* xxviii. 24.
Tu; tua.	*Sovente.*	
*****Tuba.**	nel vostro occidente, Dove sentia la Pompeiana *tuba*	*Par.* vi. 72.
	la lascio a maggior bando, Che quel della mia *tuba*	*Par.* xxx. 35.
*****Tube.**	non s' accorge, Perchè d' intorno suonin mille *tube*	*Purg.* xvii. 15.
	tanto vince... Nostre Sirene in quelle dolci *tube*	*Par.* xii. 8.
1. **Tue**	(*pronome possessivo*). *Sovente.*	
*****2. Tue.**	benedetta *tue* Nelle figlie d' Adamo	*Purg.* xxix. 85.
	come se *tue* Partissi ancor lo tempo per calendi	*Purg.* xvi. 26.
	Entra nel petto mio, e spira *tue* Sì	*Par.* i. 19.
*****Tui.**	Mi dimandò: chi fur li maggior *tui?*	*Inf.* x. 42.
Tullio.	vidi Orfeo, *Tullio* e Lino e Seneca morale	*Inf.* iv. 141.
Tumor.	m' incora Buona umiltà, e gran *tumor* m' appiani	*Purg.* xi. 119.
Tumulto.	Facevano un *tumulto*, il qual s' aggira Sempre	*Inf.* iii. 28.
Tuon.	E fuggì, come *tuon* che si dilegua	*Purg.* xiv. 134.
	E quando il carro a me fu a rimpetto, Un *tuon* s' udì	*Purg.* xxix. 152.
	un alto corno, Tanto ch' avrebbe ogni *tuon* fatto fioco	*Inf.* xxxi. 13.
Tuona.	minaccia Giove del cielo ancora, quando *tuona*	*Inf.* xxxi. 45.
	melodia... Parrebbe nube che squarciata *tuona*	*Par.* xxiii. 99.
	Da quella region, che più su *tuona*... tanto non dista	*Par.* xxxi. 73.
Tuonar.	fracasso, Che somigliò *tuonar* che tosto segua	*Purg.* xiv. 138.
Tuoni.	surgon... Tanto, che i *tuoni* assai suonan più bassi	*Par.* xxi. 108.
Tuono.	Ruppemi l' alto sonno nella testa Un greve *tuono*	*Inf.* iv. 2.
	al suo fulgore Sarebbe[3] fronda che *tuono* scoscende	*Par.* xxi. 12.
	Nè io lo intesi, sì mi vinse il *tuono*	*Par.* xxi. 142.
	Della valle... dolorosa, Che *tuono* accoglie d' infiniti guai	*Inf.* iv. 9.
	Io mi rivolsi attento al primo *tuono*, E... mi parea Udir	*Purg.* ix. 139.
Tupino.	Intra *Tupino*, e l' acqua che discende Del colle	*Par.* xi. 43.
Tura.	roccia, Che l' un dei lati all' altra bolgia *tura*	*Inf.* xxiii. 45.
1. **Turba.**	ci ammirava D' anime *turba* tacita e devota	*Purg.* xxiii. 21.
	Chi siete voi, e chi è quella *turba* Che se ne va?	*Purg.* xxvi. 65.
	correndo, Si movea tutta quella *turba* magna	*Purg.* xviii. 98.
	La *turba*, che rimase lì, selvaggia Parea del loco	*Purg.* ii. 52.
	E ciò non pensa la *turba* presente	*Par.* ix. 43.
	venia Da piè guardando la *turba* che giace	*Purg.* xxi. 11.
	giocondo S' appresenti alla *turba* trionfante	*Par.* xxii. 131.

[1] che.   [2] la porta.   [3] Parrebbe.

Turba. Priscian sen va con quella *turba* grama, E Francesco . . *Inf.* xv. 109.
    Tal era io in quella *turba* spessa, Volgendo a loro . . . . . *Purg.* vi. 10.
    Più gaudioso... Che alcun altro in questa *turba* gaia . . . . *Par.* xv. 60.
2. **Turba.** Non altrimenti stupido si *turba* Lo montanaro . . . *Purg.* xxvi. 67
    Lume non è, se non vien dal sereno Che non si *turba* mai . . *Par.* xix. 65.
    Si *turba* il viso di colui che ascolta . . . . *Purg.* xiv. 68.
Turbar. Quand' io gli vidi sì *turbar* la fronte . . . . *Inf.* xxiv. 17.
    Perchè il *turbar*, che sotto da sè fanno L' esalazion . . . . *Purg.* xxviii. 97
Turbarsi. l' altr' anima... *turbarsi* e farsi trista . . . . *Purg.* xiv. 71.
Turbata. O Sol che sani ogni vista *turbata*, Tu mi contenti sì . *Inf.* xi. 91.
Turbato. sen gì, *Turbato* un poco d' ira nel sembiante . . . . . *Inf.* xxiii. 146.
    chinò la fronte; E più non disse, e rimase *turbato* . . . . . *Purg.* iii. 45.
    Turbato un poco, disse : or vedi, figlio . . . . *Purg.* xxvii. 35.
Turbava. si purga e risolve la roffia Che pria *turbava* . . . . *Par.* xxviii. 83.
Turbe. duol... Ch' avean le *turbe*, ch' eran molte e grandi . . . *Inf.* iv. 29.
    Vid' io così più *turbe* di splendori, Folgorati di su . . . . *Par.* xxiii. 82.
Turbia. Tra Lerici e *Turbìa* la più diserta... via è una scala . . *Purg.* iii. 49.
1. **Turbo.** Poi, come *turbo*, tutto in su[1] s' accolse . . . . . . *Par.* xxii. 99.
    Chè dalla nuova terra un *turbo* nacque, E percosse . . . . *Inf.* xxvi. 137.
    s' aggira... Come la rena quando a[2] *turbo* spira . . . . . . *Inf.* iii. 30.
2. **Turbo.** produce, Conforme a sua bontà, lo *turbo* e il chiaro . *Par.* ii. 148.
Turbò. parte *Turbò* il suggetto dei vostri elementi . . . . . . *Par.* xxix. 51.
Turchi. Con più color... Non fer mai[3] drappo Tartari nè *Turchi*. *Inf.* xvii. 17.
*†**Turge.** disio... Tanto mi piace più, quanto più *turge* . . . . . *Par.* xxx. 72.
    sì dolce nota, Che il ben disposto spirto d' amor *turge* . . . *Par.* x. 144.
Turgide. *Turgide* fansi, e poi si rinnovella Di suo color . . . . *Purg.* xxxii. 55.
Turno. Italia... Per cui morì... Eurialo, e *Turno*, e Niso . . . . *Inf.* i. 108.
Turpa. Quivi fu' io da quella gente *turpa* Disviluppato . . . . *Par.* xv. 145.
*†**Tute.** Dall' odio proprio son le cose *tute* . . . . *Purg.* xvii. 108.
Tutt'; tutta ; tutte ; tutti ; tutto. *Sovente.*
Tuttavia. Non lasciavam l' andar... Ma passavam la selva *tuttavia*.*Inf.* iv. 65.
    Tuttavia, perchè mo[4] vergogna porte Del tuo errore . . . . *Purg.* xxxi. 43.
    e scusava Me *tuttavia*, e nol mi credea fare . . . . *Inf.* xxx. 141.
Tuttochè. *Tuttochè*... In vera perfezion giammai non vada . . . *Inf.* vi. 109.

U'. *Sovente.*
Ubaldin. Vidi per fame a vôto usar li denti *Ubaldin* dalla Pila . *Purg.* xxiv. 29.
Ubaldo. discende Del colle eletto del[5] beato *Ubaldo* . . . . . . *Par.* xi. 44.
Ubbidia. Che, là dove *ubbidia* la terra e il cielo . . . . *Purg.* xxix. 25.
Ubbidiente. l' ombra... Di Moisè legista e *ubbidiente* . . . . *Inf.* iv. 57.
Ubbidir. Io, ch' era d' *ubbidir* desideroso, Non gliel celai . . . *Inf.* x. 43.
    Tanto m' aggrada... Che l' *ubbidir*, se già fosse, m' è tardi . *Inf.* ii. 80.
Ubbidire. *Ubbidire* alla mia celeste scorta . . . . *Par.* xxi. 23.
Ubbidisti. E tu cortese, che *ubbidisti* tosto Alle vere parole . . *Inf.* ii. 134.
Ubertà. Oh quanta è l' *ubertà* che si soffolce In quell' arche ! . *Par.* xxiii. 130.
    fiume... Mostrando l' *ubertà* del suo cacume . . . . *Par.* xx. 21.
Ubertin. Sì che non piacque ad *Ubertin* Donato . . . . *Par.* xvi. 119.
Ubi. l' ho visto Dove s' appunta ogni *ubi* ed ogni quando . . . *Par.* xxix. 12.
    di coro in coro Al punto fisso che li tiene all' *ubi* . . . . *Par.* xxviii. 95.
Uccel. Ma tale *uccel* nel becchetto s' annida . . . . *Par.* xxix. 118.
    Com' io vidi calar l' *uccel* di Giove Per l' arbor giù . . . . *Purg.* xxxii. 112.
    L' *uccel*[6] di Dio che siede in sulla porta . . . . *Par.* iv. 129.
    Cento e cent' anni e più l' *uccel* di Dio... si ritenne . . . . *Par.* vi. 4.
    Poi come più e più verso noi venne L' *uccel* divino . . . . *Purg.* ii. 38.

[1] sè.   [2] 'l.   [3] ma' in.   [4] me'.   [5] dal.   [6] angel.

Uccel.	mutò forma Nell' *uccel* che a cantar più si diletta	*Purg.* xvii. 20.
Uccellatoio.	Non era vinto... Dal vostro *Uccellatoio*	*Par.* xv. 110.
Uccellin.	Chi retro agli *uccellin* sua vita perde	*Purg.* xxiii. 3.
Uccello.	Le membra d' oro avea, quanto era *uccello*	*Purg.* xxix. 113.
	il gran proposto... Disse : fatti in costà, malvagio *uccello*	*Inf.* xxii. 96.
	Lombardo, Che in sulla Scala porta il santo *uccello*	*Par.* xvii. 72.
	il falcon... Che senza veder logoro o *uccello*	*Inf.* xvii. 128.
	due grandi ali, Quanto si convenia a tanto *uccello*	*Inf.* xxxiv. 47.
Uccida.	par che *uccida* Pur lo vinco[1] d' amor	*Inf.* xi. 55.
Uccide.	questa bestia... tanto lo impedisce che l' *uccide*	*Inf.* i. 96.
Udendo.	Passammo, *udendo* colpe della gola	*Purg.* xxiv. 128.
	Mi volsi al savio Duca, *udendo* il nome	*Purg.* xxvii. 41.
	perchè altra volta *Udendo* le Sirene sie più forte	*Purg.* xxxi. 45.
	ebb' io esperienza... *Udendo* quello spirto ed ammirando	*Purg.* iv. 14.
	come assonnaro Gli occhi spietati, *udendo* di Siringa	*Purg.* xxxii. 65.
Udi.	Ed *udi* 'l nominar Geri del Bello	*Inf.* xxix. 27.
Udì.	E quando il carro a me fu a rimpetto, Un tuon s' *udì*	*Purg.* xxix. 152.
	E prima... Sperent in te, di sopra noi s' *udì*	*Par.* xxv. 98.
Udi'.	E per ventura *udi':* dolce Maria... chiamar	*Purg.* xx. 19.
	Ed io *udi':* per intelletto umano, E per autoritadi	*Par.* xxvi. 46.
	Quand' io *udi':* se io mi trascoloro, Non ti maravigliar	*Par.* xxvii. 19.
	Poi dentro a lei *udi':* se tu vedessi, Com' io	*Par.* xxii. 31.
	Quand' io *udi':* venite, qui si varca, Parlare	*Purg.* xix. 43.
	Udi' gridar : Maria, ora per noi ; Gridar : Michele	*Purg.* xiii. 50.
	novella fede Di cosa, ch' io *udi'* contraria a questa	*Purg.* xxviii. 87.
	Quando io *udi'* questa profferta, degna Di tanto grado	*Par.* xxiii. 52.
	io *udi'* già dire a Bologna Del Diavol vizii assai	*Inf.* xxiii. 142.
	Quando i' *udi'*[2] nomar sè stesso il padre Mio	*Purg.* xxvi. 97.
	vizii assai, tra i quali *udi'* Ch' egli è bugiardo	*Inf.* xxiii. 143.
	Ed io *udi'* nella luce più dia Del minor cerchio	*Par.* xiv. 34.
Udia.	Perch' io *udia* da loro un : troppo fiso	*Purg.* xxxii. 9.
	ed in ciascun s' *udia:* Ecco chi crescerà li nostri amori	*Par.* v. 104.
	Già era in loco ove s' *udia* il rimbombo Dell' acqua	*Inf.* xvi. 1.
*****Udìe.**	Ed ecco piangere e cantar s' *udìe:* Labia mea	*Purg.* xxiii. 10.
Udii.	Io *udii* poi : l' antica e la novella Proposizion	*Par.* xxiv. 97.
	Allora *udii:* dirittamente senti, Se bene intendi	*Par.* xxiv. 67.
	Allora *udii:* se quantunque s' acquista Giù per dottrina	*Par.* xxiv. 79.
	nel seno Al grande ardore allora *udii* cantando	*Purg.* xxv. 122.
	Ch' io vidi, ed anco *udii* parlar lo rostro	*Par.* xix. 10.
Udimmi.	Dicere *udimmi:* guarda, come passi	*Inf.* xxxii. 19.
Udimmo.	*Udimmo* dire : o tu, a cui io drizzo La voce	*Inf.* xxvii. 19.
Udio.	mi volsi a Beatrice, e quella *udio* Pria ch' io parlassi	*Par.* xv. 70.
Udir.	E, Te Deum laudamus, mi parea *Udir*	*Purg.* ix. 141.
	Di' s' altro vuoi *udir*, ch' io venni, presta	*Purg.* xxviii. 83.
	Come i pastor che prima *udir* quel canto	*Purg.* xx. 140.
	da questi M' era in disio d' *udir* lor condizioni	*Par.* v. 113.
	Udir mi parve un mormorar di fiume, Che scende chiaro	*Par.* xx. 19.
	a messaggier... Tragge la gente per *udir* novelle	*Purg.* ii. 71.
	S' io son d' *udir* le tue parole degno, Dimmi	*Purg.* vii. 20.
	Udir non pote' quel ch' a lor si porse	*Inf.* viii. 112.
	Ed attenda ad *udir* quel ch' or si scocca	*Inf.* xxv. 96.
	io dico, non domando Quel che tu vuoli *udir*	*Par.* xxix. 11.
	i savi, Ch' *udir* parlar di così fatto colto	*Par.* v. 72.
	Nè valse *udir* che la trovò sicura Con Amiclate	*Par.* xi. 67.

[1] vincol.   [2] odo.

| UDIR | 738 | UFICIO |

Udir. *Udir* come le schiatte si disfanno, Non ti parra . . . . . *Par.* xvi. 76.
    Udir conviemmi ancor perchè[1] l' esemplo E l' esemplare . . *Par.* xxviii. 55.
    Tu vuoi *udir*[2] quant' è che Dio mi pose Nell'... giardino . . *Par.* xxvi. 109.
    Or questa è ad *udir* sì cosa nuova, Rispose . . . . *Purg.* xiii. 145.
    vid' io l' altr' anima, che volta Stava ad *udir* . . . . *Purg.* xiv. 71.
    quando Per *udir* sei dolente, alza la barba . . . . *Purg.* xxxi. 68.
    Come da lei l' *udir* nostro ebbe tregua, Ed ecco l' altra . . *Purg.* xiv. 136.
    L' *udir* ci terrà giunti in quella vece . . . . *Purg.* xvi. 36.
    Tu hai l' *udir* mortal, sì come il viso, Rispose a me . . . . *Par.* xxi. 61.
Udirà. Ciascun... *Udirà* quel che in eterno rimbomba . . . . . *Inf.* vi. 99.
Udirai. Credo che l' *udirai*, per mio avviso . . . . *Purg.* xiii. 41.
    O tu, che leggi, *udirai* nuovo ludo . . . . *Inf.* xxii. 118.
    o creatura... Maraviglia *udirai* se mi secondi . . . . . . *Purg.* xvi. 33.
    loco eterno, Ov' *udirai* le disperate strida . . . . *Inf.* i. 115.
    Sì *udirai* come in contraria parte Mover doveati . . . . . . *Purg.* xxxi. 47.
    Come *udirai* con aperta ragione . . . . *Inf.* xi. 33.
    Però quel... *Udirai*, e saprai se m' ha offeso . . . . *Inf.* xxxiii. 21.
Udire. Chè voler ciò *udire* è bassa voglia . . . . *Inf.* xxx. 148.
    Di quel che *udire* e che parlar ti piace Noi udiremo . . . *Inf.* v. 94.
    Questo mi parve per risposta *udire* Più là alquanto . . . . *Purg.* xiii. 97.
    Se voi volete vedere o *udire*... Toschi o Lombardi . . . . . *Inf.* xxii. 97.
    E poi potesti da Piccarda *udire*, Che l' affezion . . . . . . *Par.* iv. 97.
    Non vo'... che tu ti smaghi... per *udire* Come Dio vuol . . *Purg.* x. 107.
    Indi, ad *udire* ed a veder giocondo, Giunse lo spirto . . . . *Par.* xv. 37.
    E senza *udire* e dir pensoso andai... rimirando lui . . . . *Purg.* xxvi. 100.
    mi facea Libito il[3] non *udire*, e starmi muto . . . . . . *Par.* xxxi. 42.
    Quand' io incominciai a render vano L' *udire* . . . . *Purg.* viii. 8.
    per che mia ebbrezza Entrava per l' *udire* e per lo viso . . . *Par.* xxvii. 6.
Udiremo. Noi *udiremo* e parleremo a vui . . . . *Inf.* v. 95.
Udirmi. Così tornò,[4] e più non volle *udirmi* . . . . *Purg.* xvi. 145.
Udirne. Basti de' miei maggiori *udirne* questo . . . . *Par.* xvi. 43.
Udiro. Più fur di cento che, quando l' *udiro*, S' arrestaron . . *Inf.* xxviii. 52.
Udiron. si volse Con altri che l' *udiron* di rimbalzo . . . . . *Inf.* xxix. 99.
Udirti. m' aiuta Conducerlo a vederti ed a *udirti* . . . . . . *Purg.* i. 69.
    Maestro mio, rispos' io, per *udirti* Son io più certo . . . *Inf.* xxvi. 49.
    tu vedi mia voglia, E, per *udirti* tosto, non la dico . . . . *Par.* xxvi. 96.
Udisse. E prima che del tutto non s' *udisse* . . . . *Purg.* xiii. 31.
1. Udissi. Asperges me, sì dolcemente *udissi* . . . . *Purg.* xxxi. 98.
2. Udissi. Ed io attesi un poco s' io *udissi* Alcuna cosa . . . . *Purg.* xvii. 79.
Udita. L' altra che val, che in ciel non è *udita*? . . . . . . *Purg.* iv. 135.
    E come fu la mia risposta *udita*... si raccolse . . . . . . *Purg.* viii. 61.
    Intanto voce fu per me *udita:* Onorate l' altissimo poeta . *Inf.* iv. 79.
Uditi. sì vicino, Che, per parlar, saremmo appena *uditi* . . . *Inf.* xvi. 93.
Udito. accertarsi Di ciò ch' avea incontro a sè *udito* . . . . . *Par.* xvii. 2.
    e vidi che con riso *Udito* avevan l' ultimo costrutto . . . *Purg.* xxviii. 147.
    tuo parlare onesto, Che onora te e quei che *udito* l' hanno . *Inf.* ii. 114.
    parlò di forza Tanto ch' io non l' avea sì forte *udito* . . . . *Inf.* xiv. 62.
    Per quel ch' io ho di lui nel Cielo *udito* . . . . *Inf.* ii. 66.
    La mente tua conservi quel ch' *udito* Hai contra te . . . . . *Inf.* x. 127.
    io ebbi il mio dottore *udito* Nomar le donne . . . . *Inf.* v. 70.
    Però si parton... Rimproverando a sè, com' hai *udito* . . . *Purg.* xxvi. 80.
    Non parrebbe di là poi maraviglia, *Udito* questo . . . . . . *Purg.* xxviii. 116.
Udiva. Tale imagine appunto mi rendea Ciò ch' io *udiva* . . . *Purg.* ix. 143.
Uficio. Tal si partì... Che mi commise quest' *uficio* nuovo . . *Inf.* xii. 89.

---

[1] come.   [2] *voi saper*.   [3] Libito.   [4] parlò.

Uficio. *Vedi* Offizio.
Ufizio. Minos... Lasciando l' atto di cotanto *ufizio* . . . . *Inf.* v. 18.
Ughi. Io vidi gli *Ughi*, e vidi i Catellini, Filippi, Greci . . . . *Par.* xvi. 88.
1. Ugo. Chiamato fui di là *Ugo* Ciapetta . . . . *Purg.* xx. 49.
2. Ugo. *Ugo* da San Vittore è qui con elli, E Pietro . . . . . . *Par.* xii. 133.
1. Ugolin. rimembro... *Ugolin* d' Azzo, che vivette nosco . . . *Purg.* xiv. 105.
2. Ugolin. O *Ugolin* de' Fantolin, sicuro E il nome tuo . . . . *Purg.* xiv. 121.
Ugolino. Tu dei saper ch' io fui Conte *Ugolino* . . . . *Inf.* xxxiii. 13.
 Chè se il Conte *Ugolino* aveva voce D' aver tradita te . . . *Inf.* xxxiii. 85.
Ugualmente. splende, Distribuendo *ugualmente* la luce . . . . *Inf.* vii. 76.
Uguccione. Innocenti facea l' età... *Uguccione* e il Brigata . . . *Inf.* xxxiii. 89.
Ulisse. Risposemi: là entro si martira *Ulisse* e Diomede . . . . *Inf.* xxvi. 56.
 Io volsi[1] *Ulisse* del suo cammin vago Col[2] canto mio . . . . *Purg.* xix. 22.
 Sì ch' io vedea di là da Gade il varco Folle d' *Ulisse* . . . . *Par.* xxvii. 83.
Ulivi. con cibi di liquor d' *ulivi* Lievemente passava . . . . . *Par.* xxi. 115.
Ultim'. Noi fummo... peccatori infino all' *ultim*' ora . . . . . . *Purg.* v. 53.
Ultima. Ma nell' *ultima* bolgia delle diece Me... Dannò Minos . *Inf.* xxix. 118.
 Quando noi fummo in sull' *ultima* chiostra Di Malebolge . . *Inf.* xxix. 40.
 Quest' *ultima* giammai non si cancella, Se non servata . . . *Par.* v. 46.
 allodetta... contenta Dell' *ultima* dolcezza che la sazia . . . *Par.* xx. 75.
 Volgeansi... E sì l' estrema d' *ultima*[3] rispose . . . . . . *Par.* xii. 21.
 in quegli aspetti Che tu vedrai all' *ultima* giustizia . . . . *Par.* xxx. 45.
 Nè tra l' *ultima* notte e il primo die Sì alto... processo . . . *Par.* vii. 112.
 Sì tosto come l' *ultima* parola... per dir tolse . . . . . . *Par.* xii. 1.
 Nè[4] venni prima all' *ultima* parola . . . . *Par.* xxi. 79.
 in sulla punta, Onde l' *ultima* pietra si scoscende . . . . . *Inf.* xxiv. 42.
 del secondo vento... Generò il terzo, e l' *ultima* possanza . *Par.* iii. 120.
 o anime crudeli Tanto, che data v' è l' *ultima* posta . . . . *Inf.* xxxiii. 111.
 Quest' *ultima* preghiera, Signor caro, Già non si fa per noi . *Purg.* xi. 22.
 Noi discendemmo in sull' *ultima* riva Del lungo scoglio . . *Inf.* xxix. 52.
 Tu sei sì presso all' *ultima* salute, Cominciò Beatrice . . . *Par.* xxii. 124.
 con gli occhi levarsi Più alto verso l' *ultima* salute . . . . *Par.* xxxiii. 27.
 Questi non vide mai l' *ultima* sera, Ma... le fu sì presso . . *Purg.* i. 58.
 il tuo... disio S' adempierà in sull' *ultima* spera . . . . . . *Par.* xxii. 62.
 E già venuto all' *ultima* tortura S' era per noi . . . . *Purg.* xxv. 109.
Ultimamente. *Ultimamente* ci si grida: Crasso, Dicci . . . . *Purg.* xx. 116.
Ultimar. tra l' *ultimar* dell' ora terza, E il principio . . . . . . *Purg.* v. 1.
Ultime. E nardo e mirra son l' *ultime* fasce . . . . *Inf.* xxiv. 111.
 sì di ramo in ramo... Che all' *ultime* fronde appressavamo . *Par.* xxiv. 117.
 Quindi discende all' *ultime* potenze Giù... divenendo . . . *Par.* xiii. 61.
Ultimi. Già eran sopra noi tanto levati Gli *ultimi* raggi . . . . *Purg.* xvii. 71.
Ultimo. cittadinanza... Pura vedeasi nell' *ultimo* artista . . . . *Par.* xvi. 51.
 sì che il primo... Quieto pare, e l' *ultimo* che voli . . . . . *Par.* xxiv. 15.
 e vidi che con riso Udito avevan l' *ultimo* costrutto . . . . *Purg.* xxviii. 147.
 la folgore acuta, Onde l' *ultimo* dì percosso fui . . . . . . *Inf.* xiv. 54.
 qual fortuna... Anzi l' *ultimo* dì quaggiù ti mena? . . . . . *Inf.* xv. 47.
 Tal mi fec' io a quell' *ultimo* foco, Mentrechè detto fu . . . *Par.* xxv. 121.
 O buono Apollo, all' *ultimo* lavoro Fammi del tuo valor . . *Par.* i. 13.
 nel loco Dove si trova pria l' *ultimo* sesto . . . . *Par.* xvi. 41.
 Nel crudo sasso... Da Cristo prese l' *ultimo* sigillo . . . . *Par.* xi. 107.
 la sua sembianza Vinceva gli altri, e l' *ultimo* solere . . . . *Par.* xviii. 57.
 L' *ultimo* è tutto d' Angelici ludi . . . . *Par.* xxviii. 126.
 Ovidio è il terzo, e l' *ultimo* Lucano . . . . *Inf.* iv. 90.
 Come all' *ultimo* suo ciascuno artista . . . . *Par.* xxx. 33.

[1] trassi. [2] Al. [3] intima. [4] Non.

| UMAN | 740 | UMBILICO |

Uman. confesso Che questo è corpo *uman* che voi vedete . . . *Purg.* iii. 95.
Per lo piacere *uman*, che rinnovella, Seguendo il cielo . . . *Par.* xxvi. 128.
sterco, Che dagli *uman* privati parea mosso . . . . *Inf.* xviii. 114.
più degni di galle, Che d' altro cibo fatto in *uman* uso . . . *Purg.* xiv. 44.
Umana. se tu ripensi Come l' *umana* carne fessi allora . . . . *Par.* vii. 147.
fe' pasture... In carne *umana*, o nelle sue pitture . . . . . *Par.* xxvii. 93.
morsi... avante Che fosser dall' *umana* colpa esenti . . . . *Purg.* vii. 33.
Di tutte queste cose s' avvantaggia L' *umana* creatura . . . *Par.* vii. 77.
non è chi governi; Onde sì[1] svia l' *umana* famiglia . . . . *Par.* xxvii. 141.
buffa De' ben... Perchè l' *umana* gente si rabbuffa . . . . . *Inf.* vii. 63.
State contenti, *umana* gente, al quia . . . . *Purg.* iii. 37.
O gente *umana*, per volar su nata, Perchè... così cadi? . . . *Purg.* xii. 95.
O gente *umana*, perchè poni il core Là 'v' è mestier? . . . *Purg.* xiv. 86.
O luce, o gloria della gente *umana*, Che acqua è questa? . . *Purg.* xxxiii. 115.
Ma perchè non servammo *umana* legge, Seguendo... appetito. *Purg.* xxvi. 83.
Che l' *umana* natura mai non fue, Nè fia, qual fu . . . . . *Par.* xxxiii. 86.
Tu se' colei che l' *umana* natura Nobilitasti sì . . . . *Par.* xxxiii. 4.
tu esclame, Crucciato quasi all' *umana* natura . . . . . . *Purg.* xxii. 39.
questo loco eletto All' *umana* natura per suo nido . . . . *Purg.* xxviii. 78.
Quantunque alla natura *umana* lece Aver di lume . . . . . *Par.* xiii. 43.
non sareste ancora Dell' *umana* natura posto in bando . . . *Inf.* xv. 81.
tre persone... Ed in una persona essa e l' *umana* . . . . . *Par.* xiii. 27.
Rade volte risurge per li rami L' *umana* probitate . . . . . *Purg.* vii. 122.
Qui fu innocente l' *umana* radice; Qui primavera è . . . . *Purg.* xxviii. 142.
buoni Sono, quanto ragione *umana* vede . . . . *Par.* xix. 74.
mercè del loco Fatto per proprio dell' *umana* spece . . . . *Par.* i. 57.
L' *umana* specie eccede ogni contento Da quel ciel . . . . *Inf.* ii. 77.
Onde l' *umana* specie inferma giacque Giù per secoli . . . . *Par.* vii. 28.
per lo cui... gusto L' *umana* specie tanto amaro gusta . . . *Par.* xxxii. 123.
Bestemmiavano Iddio e lor parenti, L' *umana* specie . . . *Inf.* iii. 104.
Vita bestial mi piacque, e non *umana*, Sì come a mul . . . *Inf.* xxiv. 124.
Umane. Non punger bestie, non che membra *umane* . . . . . *Inf.* xxx. 24.
Prende nel core a tutte membra *umane* Virtute . . . . . *Purg.* xxv. 40.
Se... non s' imboli Nel primo mondo dall' *umane* menti . *Inf.* xxix. 104.
O vanagloria dell' *umane* posse, Com' poco verde... dura! . *Purg.* xi. 91.
Colpa e vergogna delle *umane* voglie . . . . *Par.* i. 30.
Umani. Vedi che sdegna gli argomenti *umani* . . . . *Purg.* ii. 31.
immaginando forte *Umani* corpi già veduti accesi . . . . *Purg.* xxvii. 18.
Vinca tua guardia i movimenti *umani* . . . . *Par.* xxxiii. 37.
Ellesponto... Ancora freno a tutti orgogli *umani* . . . . . *Purg.* xxviii. 72.
Oltre la difension de' senni *umani* . . . . *Inf.* vii. 81.
dinanzi ad essi, Spiriti *umani* non eran salvati . . . . . *Inf.* iv. 63.
Ale hanno late, e colli e visi *umani*, Piè con artigli . . . *Inf.* xiii. 13.
del mondo esperto, E degli vizii *umani* e del valore . . . *Inf.* xxvi. 99.
Umano. Chiesa con aspetto *umano* Gabriel... rappresenta . . *Par.* iv. 46.
Lì, per fuggire ogni consorzio *umano*, Ristette . . . . . . *Inf.* xx. 85.
Dalla sua sponda... Misurrebbe in tre volte un corpo *umano*. *Purg.* x. 24.
Ed io udi': per intelletto *umano*, E per autoritadi . . . . *Par.* xxvi. 46.
s' altri nol ci apporta, Nulla sapem di vostro stato *umano*. *Inf.* x. 105.
quel secondo regno, Dove l' *umano* spirito si purga . . . *Purg.* i. 5.
secol si rinnuova; Torna giustizia, e primo tempo *umano* . *Purg.* xxii. 71.
in virtute Ne porta seco e l' *umano* e il divino . . . . . . *Purg.* xxv. 81.
Io, che al divino dall' *umano*... era venuto . . . . *Par.* xxxi. 37.
Umbilico. Dall' *umbilico* in giuso tutti e quanti . . . . *Inf.* xxxi. 33.

[1] si.

Umidi.	i vapori *umidi* e spessi A diradar cominciansi	*Purg.* xvii. 4.
Umido.	Quell' *umido* vapor che in acqua riede	*Purg.* v. 110.
Umile.	quella famiglia Che già legava l' *umile* capestro	*Par.* xi. 87.
	riguardare in sue, Quasi aspettando pallido[1] ed *umile*	*Purg.* viii. 24.
	Di quell' *umile* Italia fia salute, Per cui morì... Cammilla	*Inf.* i. 106.
	Poi vidi quattro in *umile* paruta	*Purg.* xxix. 142.
	e ciò gli fece Romeo persona *umile* e peregrina	*Par.* vi. 135.
	qual egli scelse L' *umile* pianta, cotal si rinacque	*Purg.* i. 135.
	Lì precedeva... Trescando alzato, l' *umile* Salmista	*Purg.* x. 65.
	Vergine madre... *Umile* ed alta più che creatura	*Par.* xxxiii. 2.
Umilemente.	chiedi *Umilemente* che il serrame scioglia	*Purg.* ix. 108.
Umiliato.	se... Non fosse *umiliato* ad incarnarsi	*Par.* vii. 120.
Umilitadi.	guardare Le imagini di tante *umilitadi*	*Purg.* x. 98.
Umilmente.	Chi *umilmente* con essa s' accosta	*Par.* xxix. 93.
	Pier cominciò... E Francesco *umilmente* il suo convento	*Par.* xxii. 90.
	Quand' io mi fui *umilmente* disdetto D' averlo visto	*Purg.* iii. 109.
	e mi ritrassi A domandarle *umilmente* chi fue	*Par.* xxi. 105.
	chinò le ciglia, Ed *umilmente* ritornò ver lui	*Purg.* vii. 14.
Umiltà.	m' incora Buona *umiltà*, e gran tumor m' appiani	*Purg.* xi. 119.
Umiltate.	per non poter ir giuso Con *umiltate*	*Par.* vii. 99.
Umor.	Chè s' i' ho sete, ed *umor* mi rinfarcia, Tu hai l' arsura	*Inf.* xxx. 126.
	il calor... Giunto all' *umor* che dalla vite cola	*Purg.* xxv. 78.
	sì dispaia Le membra con l' *umor* che mal converte	*Inf.* xxx. 53.
Un; una.	*Sovente.*	
Uncin.	Innanzi che l' *uncin* vostro mi pigli, Traggasi	*Inf.* xxi. 73.
	Fanno attuffare in mezzo la caldaia La carne cogli *uncin*	*Inf.* xxi. 57.
Uncina.	Mal contava... Colui che i peccator di là *uncina*	*Inf.* xxiii. 141.
Uncini.	Porser gli *uncini* verso gl' impaniati	*Inf.* xxii. 149.
Uncino.	sì caduto, Che si lasciò cascar l' *uncino* ai piedi	*Inf.* xxi. 86.
	Così foss' io... coperto, Ch' io non temerei unghia nè *uncino*.	*Inf.* xxii. 69.
Undici.	Con tutto ch' ella volge *undici* miglia	*Inf.* xxx. 86.
Ungaria.	O beata *Ungaria*,[2] se non si lascia Più malmenare!	*Par.* xix. 142.
Unghia.	se l' *unghia* ti basti Eternalmente a cotesto lavoro	*Inf.* xxix. 89.
	Così foss' io... coperto, Ch' io non temerei *unghia* nè uncino.	*Inf.* xxii. 69.
Unghiate.	E il ventre largo, e *unghiate* le mani	*Inf.* vi. 17.
Unghie.	E sì traevan giù l' *unghie* la scabbia	*Inf.* xxix. 82.
	il pastor... Ruminar può, ma non ha l' *unghie* fesse	*Purg.* xvi. 99.
	ha sì presso il riprezzo... ch' ha già l' *unghie* smorte	*Inf.* xvii. 86.
	Con l' *unghie* si fendea ciascuna il petto	*Inf.* ix. 49.
	fante, Che là si graffia con l' *unghie* merdose	*Inf.* xviii. 131.
	menava spesso il morso Dell' *unghie* sopra sè	*Inf.* xxix. 80.
Unghioni.	fa che tu gli metti Gli *unghioni* addosso	*Inf.* xxii. 41.
Uni.	raggiava, Or con *uni*, or con altri reggimenti	*Purg.* xxxi. 123.
Unica.	dicea di quell' *unica* sposa Dello Spirito Santo	*Purg.* xx. 97.
	O trina luce, che in *unica* stella Scintillando!	*Par.* xxxi. 28.
Uniformi.	Le parti sue vivissime[3]... Sì *uniformi* son	*Par.* xxvii. 101.
Unio.	la natura, che... S' era allungata, *unio* a sè in persona	*Par.* vii. 32.
	essenza, in che si vede Come nostra natura e Dio s' *unio*	*Par.* ii. 42.
Unita.	acqua recepe Raggio di luce, permanendo *unita*	*Par.* ii. 36.
	forma... che setta È da materia, ed è con lei *unita*	*Purg.* xviii. 50.
	E la lingua, che avea *unita* e presta Prima a parlar	*Inf.* xxv. 133.
	lo splendor... Mia mente *unita* in più cose divise	*Par.* x. 63.
	Questa natura al suo Fattore *unita*... fu sincera	*Par.* vii. 35.
***Unitate.**	Girando sè sopra sua *unitate*	*Par.* ii. 138.

[1] pavido. [2] Ungheria. [3] *vicissime*.

Unito. Et coram patre le si fece *unito*		*Par.* xi. 62.
Universal. La forma *universal* di questo nodo		*Par.* xxxiii. 91.
Universo. io pensai che l' *universo* Sentisse amor		*Inf.* xii. 41.

 e questo è forma Che l' *universo* a Dio fa simigliante . . . *Par.* i. 105.
 tutto quanto rape L' altro *universo* seco . . . . *Par.* xxviii. 71.
 non è impresa... Descriver fondo a tutto l' *universo* . . . . *Inf.* xxxii. 8.
 dall' infima lacuna Dell' *universo* infin qui . . . . *Par.* xxxiii. 23.
 della dolente ripa, Che il mal dell' *universo* tutto insacca . . *Inf.* vii. 18.
 il punto Dell' *universo*, in su che Dite siede . . . . *Inf.* xi. 65.
 Se fosse amico il re dell' *universo*, Noi pregheremmo lui . . *Inf.* v. 91.
 Ciò ch' io vedeva, mi sembiava un riso Dell' *universo* . . . *Par.* xxvii. 5.
 Non potè suo valor sì fare impresso In tutto l' *universo* . . . *Par.* xix. 44.
 La gloria di Colui che tutto move Per l' *universo* penetra . . *Par.* i. 2.
 Chè la luce divina è penetrante Per l' *universo* . . . . . . *Par.* xxxi. 23.
 s' interna... Ciò che per l' *universo* si squaderna . . . . . . *Par.* xxxiii. 87.

Uno.   *Sovente.*
Unquam.   sicut tibi, cui Bis *unquam* coeli janua reclusa ? . . . . *Par.* xv. 30.
Unquanche.   Chè Branca d' Oria non morì *unquanche* . . . . . *Inf.* xxxiii. 140.
Unquanco.   Aquila sì non gli s' affisse *unquanco* . . . . *Par.* i. 48.
 unquanco Non vidi chiaro sì, com' io discerno . . . . *Purg.* iv. 76.
Unque.   *unque* poi Di riudir non fui senza disiro . . . . *Par.* viii. 29.
 Pon mente, se di là mi vedesti *unque* . . . . *Purg.* iii. 105.
 Guarda, se alcun di noi *unque* vedesti . . . . *Purg.* v. 49.
Unse.   La piaga, che Maria richiuse ed *unse* . . . . *Par.* xxxii. 4.
Unta.   Gli occhi ha vermigli, la barba *unta* ed atra . . . . . . *Inf.* vi. 16.
Unte.   Qual suole il fiammeggiar delle cose *unte* Moversi . . . *Inf.* xix. 28.
Unti.   Qual soleano i campion far nudi ed *unti* . . . . *Inf.* xvi. 22.
Uom.   l' *uom* di giorno in giorno S' accorge che... avanza . . . *Par.* xviii. 59.
 Non m' accors' io, se non com' *uom* s' accorge . . . . . *Par.* x. 35.
 ne rube Tal volta sì di fuor, ch' *uom* non s' accorge . . . *Purg.* xvii. 14.
 Dal loco in giù, dov' *uom* s' affibbia[1] il manto . . . . . . *Inf.* xxxi. 66.
 Ed aggrappossi al pel come *uom* che sale . . . . *Inf.* xxxiv. 80.
 Attienti ben... Disse il Maestro, ansando com' *uom* lasso . . *Inf.* xxxiv. 83.
 Vassene il tempo, e l' *uom* non se n' avvede . . . . . . *Purg.* iv. 9.
 E caddi, come l' *uom* cui sonno piglia . . . . *Inf.* iii. 136.
 li piè diretro... Diventaron lo membro che l' *uom* cela . . *Inf.* xxv. 116.
 cominciai, Quasi com' *uom* cui troppa voglia ismaga . . . *Par.* iii. 36.
 consunto Fu l' *uom* che nacque e visse senza pecca . . . . *Inf.* xxxiv. 115.
 E, sì com' *uom* che suo parlar non spezza, Continuò così . . *Par.* v. 17.
 per sè noto, A guisa del ver primo che l' *uom* crede . . . . *Par.* ii. 45.
 quell' *uom* che non nacque... dannò tutta sua prole . . . . . *Par.* vii. 26.
 a quel ver... De' l' *uom* chiuder le labbra finch'[2] ei puote . . *Inf.* xvi. 125.
 E questa è la cagion[3] per che l' *uom* fue... dischiuso . . . . *Par.* vii. 101.
 Ogni *uom*[4] v' è barattier, fuor che Bonturo . . . . *Inf.* xxi. 41.
 Non sapei tu, che qui è l' *uom* felice ? . . . . *Purg.* xxx. 75.
 nel mondo... M' insegnavate come l' *uom* s' eterna . . . . *Inf.* xv. 85.
 se l' *uom* ti faccia... ciò che il tuo dir prega . . . . *Inf.* xiii. 85.
 Fu... sì riarso, Che se veduto avessi *uom* farsi lieto . . . *Purg.* xiv. 83.
 Opera naturale è ch' *uom* favella . . . . *Par.* xxvi. 130.
 Attento si fermò com' *uom* che ascolta . . . . *Inf.* ix. 4.
 Io fui *uom* d' arme, e poi fui cordelliero . . . . *Inf.* xxvii. 67.
 perchè nascose Questi... Pur com' *uom* fa dell' orribili cose ? *Purg.* xiv. 27.
 Come fa l' *uom* che spaventato agghiaccia[5] . . . . *Purg.* ix. 42.
 Per che, come fa l' *uom* che non s' affigge, Ma vassi . . . *Purg.* xxv. 4.

   - *uomo affibbia.*   [2] quant'.   [3] ragion.   [4] *Ognun.*   [5] accaccia; ha caccia.

UOM   743   UOMINI

Uom. mi potea vedere Far sì com' *uom* che dal sonno si slega . *Purg.* xv. 119.
Sì fa con noi, come l' *uom* si fa sego . . . . *Purg.* xvii. 58.
gire in ver la costa, Come *uom* che va, nè sa dove riesca . . *Purg.* ii. 132.
impruna... L' *uom* della villa, quando l' uva imbruna . . . . *Purg.* iv. 21.
E come l' *uom* che di trottare è lasso Lascia andar . . . . . *Purg.* xxiv. 70.
perchè t' ausi A dir la sete, sì che l' *uom* ti mesca . . . . . *Par.* xvii. 12.
Ercole segnò... Acciocchè l' *uom* più oltre non si metta . . . *Inf.* xxvi. 109.
piombo ai piedi, Per farti mover lento, com' *uom* lasso . . . *Par.* xiii. 113.
Chè tu dicevi : un *uom* nasce alla riva Dell' Indo . . . . . *Par.* xix. 70.
Sì che non parli più com' *uom* che sogna . . . . *Purg.* xxxiii. 33.
stavano... Com' *uom* per negligenza a star si pone . . . . . *Purg.* iv. 105.
d' ambo... Si dice l' un pregiando, qual ch' *uom* prende . . *Par.* xi. 41.
Io vo' saper se l' *uom* può satisfarvi Ai voti manchi . . . . *Par.* iv. 136.
ti farà piacere La mia città, come ch' *uom* la riprenda . . . *Purg.* xxiv. 45.
Messo è, che viene ad invitar ch' *uom* saglia . . . . *Purg.* xv. 30.
o che l' *uom* per sè isso Avesse satisfatto a sua follia . . . . *Par.* vii. 92.
Vedesti come l' *uom* da lei si slega ? . . . . *Purg.* xix. 60.
Io pur sorrisi, come l' *uom* ch' ammicca . . . . *Purg.* xxi. 109.
lasciai la cima Cadere, e stetti come l' *uom* che teme . . . . *Inf.* xiii. 45.
Perch' io... Stava com' *uom* che sonnolento vana . . . . . *Purg.* xviii. 87.
insieme presi, Come suole esser tolto un *uom* solingo . . . . *Inf.* xxiii. 106.
il capo chino Tenea, come *uom* che reverente vada . . . . . *Inf.* xv. 45.
Chè non è giusto aver ciò ch' *uom* si toglie . . . . *Inf.* xiii. 105.
E quanto *uom* più va su, e men fa male . . . . *Purg.* iv. 90.
andavam... Com' *uom* che torna alla perduta[1] strada . . . . *Purg.* i. 119.
ma qui convien ch' *uom* voli, Dico con l' ali snelli . . . . . *Purg.* iv. 27.
Allor mi volsi come l' *uom* cui tarda Di veder . . . . . . *Inf.* xxi. 25.
mi volsi... Com' *uom* che va secondo ch' egli ascolta . . . . *Purg.* xxiv. 144.
Vieni a veder Montecchi... *uom* senza cura . . . . *Purg.* vi. 107.
riva malvagia, Che attende Ciascun *uom* che Dio non teme . *Inf.* iii. 108.
color... Che fa l' *uom* di perdon tal volta degno . . . . . . *Purg.* v. 21.
Altro ben è che non fa l' *uom* felice . . . . *Purg.* xvii. 133.
dar sè stesso, A[2] far l' *uom* sufficiente a rilevarsi . . . . . . *Par.* vii. 116.
un riso Tal, che nel foco faria l' *uom* felice . . . . *Par.* vii. 18.
Lo sommo Ben... Fece l' *uom* buono, e a bene . . . . . . *Purg.* xxviii. 92.
coscienza... La buona compagnia che l' *uom* francheggia . . *Inf.* xxviii. 116.
convenia Porre un *uom* per lo popolo a' martiri . . . . . *Inf.* xxiii. 117.
riverenza... Mi richinava come l' *uom* ch' assonna . . . . . *Par.* vii. 15.
duro camo, Che dovria l' *uom* tener dentro a sua meta . . . *Purg.* xiv. 144.
sì soavi, Che dal secreto suo quasi ogni *uom* tolsi . . . . . *Inf.* xiii. 61.
Ch' io il vidi *uom* già[3] di sangue e di corrucci[4] . . . . . . *Inf.* xxiv. 129.
Lo sol tal volta ad ogni *uom* si nasconde . . . . *Par.* xii. 51.
Non a guisa che l' uomo all' *uom* sopranza . . . . *Par.* xx. 97.
La faccia sua era faccia d' *uom* giusto . . . . *Inf.* xvii. 10.
A guisa d' *uom* che in dubbio si raccerta... Mi cambia' io . *Purg.* ix. 64.
Ma perchè frode è dell' *uom* proprio male, Più spiace a Dio. *Inf.* xi. 25.
Uomini.   Gli *uomini* poi, che intorno erano sparti, S' accolsero *Inf.* xx. 88.
Ahi quanto cauti gli *uomini* esser denno Presso a color ! . . *Inf.* xvi. 118.
Come... gli angeli tuoi... Così facciano gli *uomini* de' suoi . *Purg.* xi. 12.
Uomini fummo, ed or sem fatti sterpi . . . . *Inf.* xiii. 37.
Questi altri fochi tutti contemplanti *Uomini* furo . . . . . *Par.* xxii. 47.
Uomini poi, a mal più ch' al[5] bene usi, Fuor mi rapiron . . *Par.* iii. 106.
Se... altro vi grida, *Uomini* siate, e non pecore matte . . . *Par.* v. 80.
Ahi Genovesi, *uomini* diversi D' ogni costume ! . . . . . . *Inf.* xxxiii. 151.

[1] smarrita.   [2] In.   [3] *uomo*.   [4] *crucci*.   [5] a.

Uomini. Chi nel viso degli *uomini* legge omo . . . . *Purg.* xxiii. 32.
 togliesti Forza[1] a cantar degli *uomini* e de' Dei . . . . . *Purg.* xxi. 126.
 Ben fiorisce negli *uomini* il volere . . . . *Par.* xxvii. 124.
Uomo. Dal loco in giù, dov' *uomo* affibbia[2] il manto . . . . . . *Inf.* xxxi. 66.
 Vedi se far si dee l' *uomo* eccellente! . . . . *Par.* ix. 41.
 Chè sempre l' *uomo*... da sè dilunga il segno . . . . *Purg.* v. 16.
 Risposemi : non *uomo, uomo* già fui . . . . *Inf.* i. 67.
 l' anguinaia Tronca dal lato, che l' *uomo* ha forcuto . . . . *Inf.* xxx. 51.
 Non potea l' *uomo* nei termini suoi Mai satisfar . . . . . . *Par.* vii. 97.
 La frode... Può l' *uomo* usare in colui che 'n lui[3] fida . . . *Inf.* xi. 53.
 Puote *uomo* avere in sè man violenta E ne' suoi beni . . . . *Inf.* xi. 40.
 prima si morria... Che liber *uomo* l' un recasse ai denti . . *Par.* iv. 3.
 là onde vegna lo intelletto... *uomo* non sape . . . . *Purg.* xviii. 56.
 Miserere di me... Qual che tu sii, od ombra, od *uomo* certo . *Inf.* i. 66.
 Non a guisa che l' *uomo* all' uom sopranza . . . . *Par.* xx. 97.
 Uomo sì duro, che non fosse punto Per compassion . . . *Purg.* xiii. 53.
 Ogni *uomo* ebbi in dispetto tanto avante Ch' io ne mori' . . *Purg.* xi. 64.
 viltate... La qual molte fiate l' *uomo* ingombra . . . . . . *Inf.* ii. 46.
 Per forza di demon... O d' altra oppilazion che lega l' *uomo*. *Inf.* xxiv. 114.
 a Dio convenia... Riparar l' *uomo* a sua intera vita . . . . . *Par.* vii. 104.
 E questo fia suggel ch' ogni *uomo* sganni . . . . *Inf.* xix. 21.
 mai non vide... *Uomo*, che di tornar sia poscia esperto . . . *Purg.* i. 132.
 Ch' io il vidi *uomo*[4] di sangue e di crucci[5] . . . . *Inf.* xxiv. 129.
 Non pare indegno ad *uomo* d' intelletto . . . . *Inf.* ii. 19.
 Perchè il turbar... All' *uomo* non facesse alcuna guerra . . . *Purg.* xxviii. 100.
 sembiante D' *uomo* cui altra cura stringa e morda . . . . . . *Inf.* ix. 102.
 sarebbe il peggio Per l' *uomo* in terra se non fosse cive? . . *Par.* viii. 116.
 A quel ch' accese amor tra l' *uomo* e il fonte . . . . . . *Par.* iii. 18.
 Chè, nel fermar tra Dio e l' *uomo* il patto, Vittima fassi . . *Par.* v. 28.
Uopo. Nè solo a me la tua risposta è *uopo* . . . . *Purg.* xxvi. 19.
 Più non t' è *uopo* aprirmi il tuo talento . . . . *Inf.* ii. 81.
 con ambo e due M' è *uopo* entrar nell' aringo rimaso . . . *Par.* i. 18.
 E qui è *uopo* che ben si distingua . . . . *Par.* xi. 27.
 impossibil veggio Che la natura, in quel ch' è *uopo*, stanchi . *Par.* viii. 114.
 E quei, che m' era ad ogni *uopo* soccorso, Disse . . . . . . *Purg.* xviii. 130.
 far magro Là dove l' *uopo* di nutrir non tocca . . . . . . *Purg.* xxv. 21.
 vide... calca, Pur che i Teban di Bacco avesser *uopo* . . . *Purg.* xviii. 93.
 Chè quale aspetta prego, e l' *uopo* vede... si mette al nego . *Purg.* xvii. 59.
Urania. Ed *Urania* m' aiuti col suo coro, Forti cose a pensar . . *Purg.* xxix. 41.
Urbano. e Pio e Calisto ed *Urbano* Sparser lo sangue . . . . . *Par.* xxvii. 44.
Urbino. Ch' io fui de' monti là intra *Urbino* E il giogo . . . . . *Inf.* xxvii. 29.
Urbisaglia. Se tu riguardi Luni ed *Urbisaglia* . . . . *Par.* xiii. 73.
Urge. Che l' una parte l'[6] altra tira ed *urge*, Tin tin sonando . *Par.* x. 142.
 L' alto disio che mo t' infiamma ed *urge* . . . . *Par.* xxx. 70.
Urlar. *Urlar* gli fa la pioggia come cani . . . . *Inf.* vi. 19.
Urlare. Già per *urlare* avrian le bocche aperte . . . . *Purg.* xxiii. 108.
Urli. E d' una parte e d' altra, con grand' *urli*, Voltando pesi . *Inf.* vii. 26.
Urto. Caduto sarei giù senza esser *urto* . . . . *Inf.* xxvi. 45.
Usa. Papi e Cardinali, In cui *usa*[7] avarizia il suo soperchio . . *Inf.* vii. 48.
 Usa con esso donno Michel Zanche Di Logodoro . . . . . . *Inf.* xxii. 88.
 Pure un linguaggio nel mondo non s' *usa* . . . . *Inf.* xxxi. 78.
 come tu sei *usa*, La tramortita sua virtù ravviva . . . . . *Purg.* xxxiii. 128.
Usai. Me, per alchimia che nel mondo *usai*, Dannò Minos . . . *Inf.* xxix. 119.
 Tu vuoi saper... l' idioma ch' *usai* e ch' io fei . . . . *Par.* xxvi. 114.

[1] Forte.   [2] uom s' affibia.   [3] che si.   [4] uom già.   [5] corrucci.   [6] e l'.   [7] usò.

| USANZA | 745 | USCINNE |

Usanza. Così l' *usanza* fu lì nostra insegna . . . . *Purg.* xxii. 124.
    fu rivolta Contra suo grato e contra buona *usanza* . . . . *Par.* iii. 116.
    cosa non è... che sia fuor d' *usanza* . . . . *Purg.* xxi. 42.
    Poi ch' è tanto di là da nostra *usanza*, Quanto di là . . . *Par.* xiii. 22.
    se si svegli Molto tardato dall' *usanza* sua . . . . *Par.* xxx. 84.
Usar. Vidi per fame a vôto *usar* li denti Ubaldin . . . . *Purg.* xxiv. 28.
    Se credi bene *usar* quel ch' hai offerto . . . . *Par.* v. 32.
    miei miglior, che mai Rime d' amore *usar* dolci e leggiadre . *Purg.* xxvi. 99.
    i pigri, lenti Ad *usar* lor vigilia quando riede . . . . *Purg.* xv. 138.
Usare. La frode... Può l' uomo *usare* in colui che 'n lui[1] fida . . *Inf.* xi. 53.
    Qui si convien *usare* un poco d' arte, Cominciò il Duca . . . *Purg.* x. 10.
Usaro. Chè già l' *usaro* a men segreta porta . . . . *Inf.* viii. 125.
1. Usata. allevata... Per essere ad acquisto d' oro *usata* . . . . *Par.* xxvii. 42.
2. Usata. Ond' io a visitarli presi *usata* . . . . *Purg.* xxii. 81.
Usato. O pur lo modo *usato* t' hai ripriso? . . . . *Purg.* iv. 126.
    Li colombi... Queti senza mostrar l' *usato* orgoglio . . . . . *Purg.* ii. 126.
    l' ombre... Tornate già in sull' *usato* pianto . . . . *Purg.* xx. 144.
    riso della stella, Che mi parea più roggio che l' *usato* . . *Par.* xiv. 87.
Usava. E consolando *usava* l' idioma Che... trastulla . . . . . *Par.* xv. 122.
Uscendo. Qual' il[2] falcon ch' *uscendo* del[3] cappello . . . . . *Par.* xix. 34.
    chi vi fu lucerna, *Uscendo* fuor della profonda notte? . . . . *Purg.* i. 44.
Usci. L' altro, che già *uscì* preso di nave, Veggio vender . . . *Purg.* xx. 79.
    Quel che fe' poi ch' egli *uscì* di Ravenna . . . . *Par.* vi. 61.
    con angoscia Per la bocca e per gli occhi *uscì* del petto . . . *Purg.* xxx. 99.
    quella spera, ond' *uscì* la primizia Che lasciò Cristo . . . . *Par.* xxv. 14.
    Appresso *uscì* della luce profonda, Che lì splendeva . . . . *Par.* xxiv. 88.
    santo rio, Ch' *uscì* del fonte ond' ogni ver deriva . . . . . *Par.* iv. 116.
    le fora, Ond' *uscì* il sangue per Giuda venduto . . . . *Purg.* xxi. 84.
    fori, Onde *uscì* il sangue, in sul qual io sedea . . . . . . *Purg.* v. 74.
    la porta, Ond' *uscì* de' Romani il gentil seme . . . . *Inf.* xxvi. 60.
    Della fulgida fiamma... *Uscì* un spiro che mi fece attento . . *Par.* xxvi. 3.
    Te lucis ante, sì devotamente Le *uscì* di bocca . . . . . . *Purg.* viii. 14.
    Poi *uscì* fuor per lo foro d' un sasso, E pose me . . . . . *Inf.* xxxiv. 85.
    Tal voce *uscì* del cielo, e cotal disse: O navicella . . . . *Purg.* xxxii. 128.
Uscia. E, s' una entrava, un' altra n' *uscia* fuori . . . . . . *Par.* xxx. 69.
    cinqu' alle, Senza la testa, *uscia* fuor della grotta . . . . *Inf.* xxxi. 114.
    Vedeasi l' ombra... Nel folgor chiaro che da[4] lei *uscia* . . *Par.* v. 108.
    Lo imperador... Da mezzo il petto *uscia* fuor della ghiaccia . *Inf.* xxxiv. 29.
    tanto di gravezza, Con la paura Che *uscia* di sua vista . . . *Inf.* i. 53.
    Quel mi svegliò col puzzo che n' *uscia* . . . . *Purg.* xix. 33.
    E Ciriatto, a cui di bocca *uscia*... una sanna . . . . *Inf.* xxii. 55.
    divenimmo Là, dove un[5] scoglio della ripa *uscia* . . . . . *Inf.* xviii. 69.
    Ne fece volger... Per un confuso suon che fuor n' *uscia* . . *Inf.* xxvii. 6.
    E la notte... *Uscia* di Gange fuor colle bilance . . . . . . *Purg.* ii. 5.
Uscian. Di tal fiumana *uscian* faville vive . . . . *Par.* xxx. 64.
Uscicci. *Uscicci*[6] mai alcuno... che poi fosse beato? . . . . . *Inf.* iv. 49.
*Uscie. sì menai... Ch' al fine della terra il suono *uscie* . . *Inf.* xxvii. 78.
Uscii. Tosto ch' i' *uscii* fuor dell' aura morta . . . . *Purg.* i. 17.
    uscii fuor di tal nube Ai raggi, morti già . . . . *Purg.* xvii. 11.
    quella legge Che fatta fu quando me n' *uscii* fuora . . . . . *Purg.* i. 90.
Uscimmo. E quindi *uscimmo* a riveder le stelle . . . . *Inf.* xxxiv. 139.
    fuora Di vita *uscimmo* a Dio pacificati . . . . *Purg.* v. 56.
*Uscinci. Che all' entrar della porta incontra *uscinci* . . . . *Inf.* xiv. 45.
Uscinne. *Uscinne*[7] mai alcuno... che poi fosse beato? . . . . . *Inf.* iv. 49.

[1] che si.   [2] Quasi.   [3] esce di.   [4] di.   [5] Dove uno.   [6] Uscinne.   [7] *Uscicci*.

Uscio. sentii chiavar l' *uscio* di sotto All' orribile torre . . . . . *Inf.* xxxiii. 46.
      Poi pinse l' *uscio* alla porta[1] sacrata,[2] Dicendo: intrate . . *Purg.* ix. 130.
      Per questo visitai l' *uscio* dei morti . . . . *Purg.* xxx. 139.
Uscìo. e di sotto A poco a poco un altro a lui *uscìo* . . . . *Purg.* ii. 24.
      rio, Che... Piegava l' erba che in sua riva *uscìo* . . . . . *Purg.* xxviii. 27.
      La mente mia così... di sè stessa *uscìo* . . . . *Par.* xxiii. 44.
      Poscia che il padre suo di vita *uscìo*, E venne serva la città . *Inf.* xx. 58.
      t' amò tanto Che *uscìo* per te della volgare schiera . . . . . *Inf.* ii. 105.
      nè rispos' io... Infin che l' altro sol nel mondo *uscìo* . . . *Inf.* xxxiii. 54.
      Subitamente questo suono *uscìo* D' una dell' arche . . . . *Inf.* x. 28.
      si ritenne, Vicino ai monti de' quai prima *uscìo* . . . . . *Par.* vi. 6.
      Ed una voce *uscìo* dall' altro fosso... disconvenevole . . . *Inf.* xxiv. 65.
Uscir. Però d' un atto *uscir* cose diverse . . . . *Par.* vii. 46.
      Cotali *uscir* della schiera ov' è Dido, A noi venendo . . . . *Inf.* v. 85.
      Dei corpi suoi non *uscir*, come credi, Gentili . . . . *Par.* xx. 103.
      di troppa materia... *Uscir* gli orecchi delle gote scempie . . *Inf.* xxv. 126.
      pensando l' alto effetto Che *uscir* dovea di lui . . . . . . *Inf.* ii. 18.
      il... frutto Ch' *uscir* dovea di lui e delle erede . . . . . . *Par.* xii. 66.
      con sì dolci note, Che fece me a me *uscir* di mente . . . . . *Purg.* viii. 15.
      mi fa chiaro... Come *uscir* può di dolce seme amaro . . . . *Par.* viii. 93.
      tal puzzo n' usciva, Qual suole *uscir*[3] delle marcite membre . *Inf.* xxix. 51.
      E sì come 'l secondo raggio suole *Uscir* del primo . . . . . *Par.* i. 50.
      Eufrates e Tigri Veder mi parve *uscir* d' una fontana . . . *Purg.* xxxiii. 113.
      E vidi *uscir* dell' alto, e scender giue Due angeli . . . . *Purg.* viii. 25.
      sempre con riguardo Di non *uscir* dove non fossero arsi . . *Purg.* xxvi. 15.
      assentirei un sole Più... al mio *uscir* di bando . . . . . . *Purg.* xxi. 102.
      mi seguette Infin la palma, ed all' *uscir* del campo . . . . *Par.* xxv. 84.
Uscirci. foce, Onde noi ambo e due possiamo *uscirci* . . . . *Inf.* xxiii. 130.
Uscire. sì che... Possano *uscire* alle stellate rote . . . . *Purg.* xi. 36.
      Di quella... Vid' io *uscire* un foco sì felice . . . . *Par.* xxiv. 20.
Usciresti. tal, che per te stesso Non *usciresti*[4] . . . . *Par.* iv. 93.
Uscirne. e vidi *uscirne* un drago, Che... la coda fisse . . . . . *Purg.* xxxii. 131.
Usciro. D' un corpo *usciro*; e tutta la Caina Potrai cercare . . . *Inf.* xxxii. 58.
      Forma e materia... *Usciro* ad esser[5] che non avea fallo . . *Par.* xxix. 23.
Usciron. *Usciron* quei di sotto il ponticello, E volser . . . . *Inf.* xxi. 70.
Uscisse. infino alla gola Parea che di quel bulicame *uscisse* . . *Inf.* xii. 117.
      Tu vederesti... Se non *uscisse* fuor del cammin vecchio . . *Purg.* iv. 66.
Uscisser. bramose... Come veltri che *uscisser* di catena . . . . *Inf.* xiii. 126.
      voci *uscisser*... Da gente che per noi si nascondesse . . . *Inf.* xiii. 26.
Uscissi. *uscissi* Per lo suo becco in forma di parole . . . . . *Par.* xx. 28.
Uscissimo. Prima che noi *uscissimo* del lago . . . . *Inf.* viii. 54.
1. **Uscita.** apprensta Della bontà del core ond' è *uscita* . . . *Par.* vii. 108.
2. **Uscita.** Questi ha ne' rami suoi migliore *uscita* . . . . . . *Purg.* vii. 132.
Uscite. il nocchier, forte, *Uscite*, ci gridò, qui è l' entrata . . *Inf.* viii. 81.
      meschite... Vermiglie, come se di foco *uscite* Fossero . . . *Inf.* viii. 72.
Usciti. noi semo *usciti* fuore Del maggior corpo . . . . *Par.* xxx. 38.
Uscito. con lena affannata *Uscito* fuor del pelago alla riva . . . *Inf.* i. 23.
Usciva. Sì della scheggia... *usciva* insieme Parole e sangue . . *Inf.* xiii. 43.
      Tal era quivi, e tal puzzo n' *usciva*, Qual suol venir[6] . . . *Inf.* xxix. 50.
      Quel mi svegliò col puzzo che n' *usciva*[7] . . . . *Purg.* xix. 33.
      di molti amori *Usciva* solo un suon di quella image . . . . *Par.* xix. 21.
Uscivan. Sotto ciascuna *uscivan* due grandi ali . . . . *Inf.* xxxiv. 46.
      li fanti Ch' *uscivan* patteggiati di Caprona . . . . *Inf.* xxi. 95.
      E fuor n' *uscivan* sì duri lamenti, Che ben parean . . . . *Inf.* ix. 122.

[1] parte. [2] serrata. [3] *suol venir*. [4] n' usciresti. [5] atto. [6] suole uscir. [7] *uscia*.

Userei.	I' *userei* parole ancor più gravi	*Inf.* xix. 103.
Usi.	Uomini poi, a mal più ch' al[1] bene *usi*, Fuor mi rapiron	*Par.* iii. 106.
1. Uso.	quanto durerà l' *uso* moderno, Faranno cari ancora	*Purg.* xxvi. 113.
	Chè l' *uso* de' mortali è come fronda In ramo	*Par.* xxvi. 137.
	Quand' io sufolerò, com' è nostr' *uso* Di fare	*Inf.* xxii. 104.
	Uso e natura sì la privilegia, Che... Sola va dritta	*Purg.* viii. 130.
	Perch' io lo ingegno, l'[2] arte e l' *uso* chiami	*Par.* x. 43.
	Se... non ti toglie Memoria o *uso* all' amoroso canto	*Purg.* ii. 107.
	E fissi gli occhi al sole oltre a nostr' *uso*	*Par.* i. 54.
	Dio, Che solo all' *uso* suo la creò santa	*Purg.* xxxiii. 60.
	o pargoletta, O altra vanità con sì breve *uso*	*Purg.* xxxi. 60.
	ch' io veggia... Per modo tutto fuor del modern' *uso*	*Purg.* xvi. 42.
	un lume... Maggiore assai, che quel ch' è in nostr' *uso*	*Purg.* xvii. 45.
	più degni di galle, Che d' altro cibo fatto in uman *uso*	*Purg.* xiv. 44.
	Fra me pensava: forse questa fiede Pur qui per *uso*	*Purg.* ix. 26.
	o per sventura Del loco, o per mal *uso* che li fruga	*Purg.* xiv. 39.
2. Uso.	Io era ben del suo ammonir *uso*, Pur di non perder tempo.	*Purg.* xii. 85.
Usò.	Virgilio inverso me queste cotali Parole *usò*	*Purg.* xxvii. 119.
Usura.	là dove di' che *usura*[3] offende La divina bontade	*Inf.* xi. 95.
	Ma grave *usura* tanto non si tolle Contra il piacer	*Par.* xxii. 79.
Usuriere.	Ma[4] perchè l' *usuriere* altra via tiene	*Inf.* xi. 109.
Usurpa.	il cui popolo *usurpa*... vostra giustizia	*Par.* xv. 143.
	Quegli ch' *usurpa* in terra il loco mio, Il loco mio	*Par.* xxvii. 22.
Utica.	chè non ti fu per lei amara In *Utica* la morte	*Purg.* i. 74.
Utilmente.	Più *utilmente* compartir si vuole	*Purg.* xxiii. 6.
Uva.	impruna... L' uom della villa, quando l' *uva* imbruna	*Purg.* iv. 21.

V'.	*Sovente*.	
'V'.	poni il core Là *'v'* è mestier di consorto divieto	*Purg.* xiv. 87.
	Non era camminata di palagio Là *'v'* eravam	*Inf.* xxxiv. 98.
Va.	voce si discerna, Quando una è ferma e l' altra *va* e riede	*Par.* viii. 18.
	E l' anima non *va* con altro piede	*Purg.* xviii. 44.
	Se dritta o torta *va*, non è suo merto	*Purg.* xviii. 45.
	La bestia ad ogni passo *va* più ratto, Crescendo sempre	*Purg.* xxiv. 85.
	Guglielmo Borsiere, il qual... *va* là coi compagni	*Inf.* xvi. 71.
	Non *va* co' suoi fratei per un cammino Per lo furar	*Inf.* xxv. 28.
	esce... E *va* per farsi onor del primo intoppo	*Purg.* xxiv. 96.
	per questo aspro diserto A retro *va* chi più di gir s' affanna.	*Purg.* xi. 15.
	come s' affigge Chi *va* dinanzi a gente[5] per iscorta	*Purg.* xxxiii. 107.
	stetter... Come a guardar, chi *va* dubbiando, stassi	*Purg.* iii. 72.
	quanto si fende La roccia per dar via a chi *va* suso	*Purg.* xix. 68.
	la costa cala... Sì che possa salir chi *va* senz' ala	*Purg.* iii. 54.
	Quinci si *va* chi vuole andar per pace	*Purg.* xxiv. 141.
	Sì come cieco *va* dietro a sua guida Per non smarrirsi	*Purg.* xvi. 10.
	Ond' hanno i fiumi ciò che *va* con loro	*Purg.* xiv. 36.
	La vostra nominanza è color d' erba, Che viene e *va*	*Purg.* xi. 116.
	Sì come torna colui che *va* giuso Talora a solver ancora	*Inf.* xvi. 133.
	quando piove Da quel confine che più *va*[6] remoto	*Purg.* xxxii. 111.
	Di quella vita mi volse costui Che mi *va* innanzi	*Purg.* xxiii. 119.
	senza morte *Va* per lo regno della morta gente	*Inf.* viii. 85.
	dolce pome, che... Cercando *va* la cura dei mortali	*Purg.* xxvii. 116.
	Libertà *va* cercando, che è sì cara, Come sa chi... rifiuta	*Purg.* i. 71.
	Come gente... Che *va* col core, e col corpo dimora	*Purg.* ii. 12.
	Sola *va* dritta, e il mal cammin dispregia	*Purg.* viii. 132.

[1] a.　　[2] e l'.　　[3] di' Caorsa.　　[4] E.　　[5] schiera.　　[6] è.

Va. la mia masnada, Che *va* piangendo i suoi eterni danni . . . *Inf.* xv. 42.
Qual *va* dinanzi, e qual di retro il prende . . . . *Purg.* vi. 5.
Facesti come quei che *va* di notte, Che porta il lume . . . . *Purg.* xxii. 67.
Quel che fendendo *va* l' ardita prora . . . . *Par.* xxiii. 68.
punta dello stelo A cui la prima rota *va* dintorno . . . . . . *Par.* xiii. 12.
Ito è così, e *va* senza riposo, Poi che morì . . . . *Purg.* xi. 124.
all' altro scheggio, Che tutto intero *va* sopra le tane . . . . *Inf.* xxi. 126.
è Gianni Schicchi, E *va* rabbioso altrui così conciando . . . *Inf.* xxx. 33.
ricorre Allo splendor che *va* di gonna in gonna . . . . . . *Par.* xxvi. 72.
Tal signoreggia e *va* con la testa alta . . . . *Par.* ix. 50.
se non s' appon... Lo tempo *va* dintorno con le force . . . . *Par.* xvi. 9.
Or *va*, chè un sol volere è d' ambo e due . . . . *Inf.* ii. 139.
Però *va* oltre ; io ti verrò a' panni, E poi rigiugnerò . . . . *Inf.* xv. 40.
il Maestro... Mi disse : or *va*, e vedi la lor mena . . . . . . *Inf.* xvii. 39.
Va via, rispose, e ciò che tu vuoi, conta . . . . *Inf.* xxxii. 112.
E disse : or *va* su tu, che se' valente . . . . *Purg.* iv. 114.
Però pur *va*, ed in andando ascolta . . . . *Purg.* v. 45.
Ed egli : or *va*, chè il sol non si ricorca Sette volte . . . . *Purg.* viii. 133.
Or *va*, diss' ei, chè quei che più n' ha colpa Vegg' io . . . *Purg.* xxiv. 82.
Ma *va* via, Tosco, omai, ch' or mi diletta... di pianger . . . *Purg.* xiv. 124.
Leva'mi allor... E dissi : *va*, ch' io son forte ed ardito . . . *Inf.* xxiv. 60.
Va dunque, e fa che tu costui ricinghe D' un giunco . . . . *Purg.* i. 94.
E quanto uom più *va* su, e men fa male . . . . *Purg.* iv. 90.
gire in ver la costa, Come uom che *va*, nè sa dove riesca . . *Purg.* ii. 132.
mi volsi... Com' uom che *va* secondo ch' egli ascolta . . . . *Purg.* xxiv. 144.
Dinanzi polveroso *va* superbo, E fa fuggir le fiere . . . . . *Inf.* ix. 71.
un stizzo verde, che... cigola per vento che *va* via . . . . . *Inf.* xiii. 42.
E come surge, e *va*, ed entra in ballo Vergine lieta . . . . *Par.* xxv. 103.
Per me si *va* nella città dolente . . . . *Inf.* iii. 1.
Per me si *va* nell' eterno dolore . . . . *Inf.* iii. 2.
Per me si *va* tra la perduta gente . . . . *Inf.* iii. 3.
Mostrate da qual mano in ver la scala Si *va* più corto . . . *Purg.* xi. 41.
rispondi, E domanda se quinci si *va* sue . . . . *Purg.* xvi. 30.
si mosse... Come si *va* per muro stretto ai merli . . . . . . *Purg.* xx. 6.
Poscia : più non si *va*, se pria non morde... il foco . . . . . *Purg.* xxvii. 10.
Ora si *va* con motti e con iscede A predicare . . . . *Par.* xxix. 115.
Dinanzi a me sen *va* piangendo Alì, Fesso nel volto . . . *Inf.* xxviii. 32.
Come l' altro, che là sen *va*, sostenne... Falsificare . . . . *Inf.* xxx. 42.
Con lui sen *va* chi da tal parte inganna . . . . *Inf.* xviii. 97.
Poi sen *va*[1] giù per questa stretta doccia Infin là . . . . . . *Inf.* xiv. 117.
Ella sen *va* nuotando lenta lenta ; Rota e discende . . . *Inf.* xvii. 115.
Dissi : ella sen *va* su forse più tarda Che non farebbe . . . *Purg.* xxiv. 8.
come fronda In ramo, che sen *va*, ed altra viene . . . . . . *Par.* xxvi. 138.
L' una gente sen *va*, l' altra sen viene, E tornan . . . . . . *Purg.* xxvi. 46.
Con l' altro se ne *va* tutta la gente . . . . *Purg.* vi. 4.
Ora sen *va* per un secreto calle... Lo mio Maestro . . . . *Inf.* x. 1.
Indi sen *va* quel padre e quel maestro Con la sua donna . . *Par.* xi. 85.
Così sen *va*, e quivi m' abbandona Lo dolce Padre . . . . . *Inf.* viii. 109.
Priscian sen *va* con quella turba grama, E Francesco . . . *Inf.* xv. 109.
Secando se ne *va* l' antica prora Dell' acqua più . . . . . . *Inf.* viii. 29.
Lo sol sen *va*, soggiunse, e vien la sera . . . . *Purg.* xxvii. 61.
parlavi... Dicendo : ista[2] ten *va*, più non t' adizzo . . . . . *Inf.* xxvii. 21.
Mi disse : che fai tu in questa fossa ? Or te ne *va* . . . . . *Inf.* xvii. 67.
turba Che se[3] ne *va* dirietro ai vostri terghi . . . . *Purg.* xxvi. 66.

[1] van.   [2] *istra;* issa.   [3] si.

Va.	contra il sole Tanto sen *va* che fa meridiano	*Par.* ix. 86.
Vaca.	sempre che la vostra chiesa *vaca*, Si fanno grassi	*Par.* xvi. 113.
	loco mio, che *vaca* Nella presenza del Figliuol di Dio	*Par.* xxvii. 23.
Vacante.	Ed a Forlì di quel nome è *vacante*	*Inf.* xvi. 99.
	Non la fortuna di prima *vacante*... Addomandò	*Par.* xii. 92.
Vacca.	L' infamia... Che fu concetta nella falsa *vacca*	*Inf.* xii. 13.
	E l' altra: nella *vacca* entra Pasife	*Purg.* xxvi. 41.
Vada.	ogni aspetto Creato è vinto pria che *vada* al fondo	*Par.* xi. 30.
	un gielo, Qual prender suol colui che a morte *vada*	*Purg.* xx. 129.
	la strada... Vedrai come a costui convien che *vada*	*Purg.* iv. 73.
	questa gente maledetta In vera perfezion giammai non *vada*.	*Inf.* vi. 110.
	Ed io vi giuro, s' io di sopra *vada*	*Purg.* viii. 127.
	mai non fu loquela, Nè concetto mortal, che tanto *vada*	*Par.* xxix. 132.
	Tutti gridaron : *vada* Malacoda ; Perchè un si mosse	*Inf.* xxi. 76.
	la Carisenda... quando un nuvol *vada* Sopr' essa	*Inf.* xxxi. 137.
	si digrada... Cred' io perchè persona su non *vada*	*Purg.* xxii. 135.
	Tutto che nudo e dipelato *vada*, Fu di grado maggior	*Inf.* xvi. 35.
	Chè non è spirto che per l' aer *vada*	*Inf.* xii. 96.
	e l' un con l' altro insieme... mal convien che *vada*	*Purg.* xvi. 111.
	il capo chino Tenea, come uom che reverente *vada*	*Inf.* xv. 45.
	Non credo che per terra *vada* ancoi Uomo sì duro	*Purg.* xiii. 52.
	E disser : vien tu solo, e quei sen *vada*	*Inf.* viii. 89.
	Dante perchè Virgilio se ne *vada*, Non pianger anco	*Purg.* xxx. 55.
Vadi.	*Vadi* a mia bella figlia, genitrice Dell' onor	*Purg.* iii. 115.
Vado.	di rado... Faccia il cammino alcun per quale io *vado*	*Inf.* ix. 21.
	Riguarda bene omai[1] sì com' io *vado* Per questo loco	*Par.* ii. 124.
Vaga.	O anima, diss' io, che par sì *vaga* Di parlar meco	*Purg.* xxiv. 40.
	Elice... Rotante col suo figlio ond' ell' è *vaga*	*Par.* xxxi. 33.
	Ell' è de' suoi begli occhi veder *vaga*	*Purg.* xxvii. 106.
	Sì che veggendola io sospesa e *vaga*, Fecimi quale	*Par.* xxiii. 13.
	La mente mia... Lo intento rallargò, sì come *vaga*	*Purg.* iii. 13.
	Ed io all' ombra, che parea più *vaga* Di ragionar	*Par.* iii. 34.
	Nascendo... A guisa del parlar di quella *vaga*	*Par.* xii. 14.
Vagabonde.	remote E *vagabonde* più da esso vanno	*Par.* xi. 128.
Vagante.	l' occhio cupido e *vagante* A me rivolse	*Purg.* xxxii. 154.
Vaghe.	Sì che tacer mi fer le luci *vaghe*	*Purg.* xv. 84.
	Avean... sì inebriate, Che dello stare a piangere eran *vaghe*.	*Inf.* xxix. 3.
Vagheggia.	ghirlanda, che intorno *vagheggia* La bella donna	*Par.* x. 92.
	dentro... *Vagheggia* il suo fattor l' anima prima	*Par.* xxvi. 83.
	la *vagheggia*, Prima che sia, a guisa di fanciulla	*Purg.* xvi. 85.
	la stella Che il sol *vagheggia* or da coppa or da ciglio	*Par.* viii. 12.
Vagheggiar.	E lì comincia a *vagheggiar* nell' arte	*Par.* x. 10.
Vaghezza.	E quei che avea *vaghezza* e senno poco	*Inf.* xxix. 114.
	tanto... Che gli occhi per *vaghezza* ricopersi	*Purg.* xviii. 144.
Vaghi.	erano intenti,[2] Per veder novitadi, onde son *vaghi*	*Purg.* x. 104.
Vagina.	Marsia traesti Della *vagina* delle membra sue	*Par.* i. 21.
Vaglia.	non posso Schermar lo viso tanto, che mi *vaglia*	*Purg.* xv. 26.
	Se tu m' intendi, or fa sì che ti *vaglia*	*Inf.* xxiv. 57.
	assai ten prego E riprego, che il prego *vaglia* mille	*Inf.* xxvi. 66.
Vagliami.	*Vagliami* il lungo studio e il grande amore	*Inf.* i. 83.
Vaglio.	certo a più angusto *vaglio* Ti conviene schiarar	*Par.* xxvi. 22.
Vago.	Io volsi[3] Ulisse del suo cammin *vago* Col[4] canto mio	*Purg.* xix. 22.
	molto sarei *vago* Di vederlo attuffare in questa broda	*Inf.* viii. 52.
	Vago già di cercar dentro e dintorno La divina foresta	*Purg.* xxviii. 1.

[1] a me.   [2] *eran contenti.*   [3] trassi.   [4] Al.

| VAGO | 750 | VALLE |

Vago. come vespa... Trasse del fondo, e gissen *vago vago* . . . *Purg.* xxxii. 135.
Vai. O animal... Che visitando *vai* per l' aer perso Noi . . . . *Inf.* v. 89.
    se per questo cieco Carcere *vai* per altezza d' ingegno . . . *Inf.* x. 59.
    or vedi... Tu che, spirando, *vai* veggendo i morti . . . . . *Inf.* xxviii. 131.
    Or tu chi se', che *vai* per l' Antenora Percotendo? . . . . *Inf.* xxxii. 88.
    Però m' arresto ; ma tu perchè *vai?* . . . . *Purg.* ii. 90.
    O anima, che *vai* per esser lieta Con quelle membra . . . . *Purg.* v. 46.
    Deh perchè *vai?* deh perchè non t' arresti ? . . . . *Purg.* v. 51.
    Ma tu chi se', che nostre condizioni *Vai* domandando? . . . *Purg.* xiii. 131.
    Per montar su dirittamente *vai* . . . . *Purg.* xvi. 49.
    O tu, che *vai*, non per esser più tardo... agli altri dopo . . . *Purg.* xxvi. 16.
    O Tosco, che per la città del foco Vivo ten *vai* . . . . . . *Inf.* x. 23.
    fitta Nel corpo ancora, in ver lo ciel ten *vai* . . . . *Purg.* xiv. 11.
    Je sui Arnaut, que plor, e *vai* cantan, Consiros vei . . . . . *Purg.* xxvi. 142.
Vaio. Grandi eran già la colonna del *Vaio*, Sacchetti . . . . . *Par.* xvi. 103.
1. Val. si bagna, Tra Garda e *val* Camonica, Apennino . . . *Inf.* xx. 65.
    Tragge Marte vapor di *val* di Magra, Ch' è... involuto . . . *Inf.* xxiv. 145.
    Mia donna venne a me di *val* di Pado . . . . *Par.* xv. 137.
2. Val. Ma che mi *val*, ch' ho le membra legate ? . . . . . . *Inf.* xxx. 81.
    E però poco *val* freno o richiamo . . . . *Purg.* xiv. 147.
    L' altra che *val*, che in ciel non è udita ? . . . . *Purg.* iv. 135.
    Che *val*, perchè ti racconciasse il freno Giustiniano? . . . . *Purg.* vi. 88.
    Giovanna, Se interpretata *val* come si dice . . . . *Par.* xii. 81.
Valchi. Tal si partì da noi con maggior *valchi* . . . . *Purg.* xxiv. 97.
Valdichiana. Qual dolor fora, se degli spedali Di *Valdichiana* . *Inf.* xxix. 47.
Valdigreve. E forse in *Valdigreve*[1] i Buondelmonti . . . . . *Par.* xvi. 66.
Valdimacra. se novella vera di *Valdimacra*[2]... Sai . . . . . . *Purg.* viii. 116.
Valea. Poco *valea*, ma pur non facea male . . . . *Purg.* xx. 63.
Valente. E disse : or va su tu, che se' *valente* . . . . *Purg.* iv. 114.
Vali. Donna, sei tanto grande, e tanto *vali* . . . . *Par.* xxxiii. 13.
    sia la ripa scudo A veder se tu sol più di noi *vali* . . . . *Inf.* xxii. 117.
Vallan. fosse, Che *vallan* quella terra sconsolata . . . . . . *Inf.* viii. 77.
Valle. La *valle*, onde Bisenzio si dichina... di lor fue . . . . *Inf.* xxxii. 56.
    al piè d' un colle... Là dove terminava quella *valle* . . . . *Inf.* i. 14.
    Da tutte parti l' alta *valle* feda Tremò sì . . . . *Inf.* xii. 40.
    La maggior *valle* in che l' acqua si spanda . . . . *Par.* ix. 82.
    Pensa... Che miglia ventidue la *valle* volge . . . . *Inf.* xxix. 9.
    Indi la *valle*... Da Pratomagno... coperse Di nebbia . . . . *Purg.* v. 115.
    della profonda notte Che sempre nera fa la *valle* inferna . . *Purg.* i. 45.
    loco primo Che dello scoglio l' altra *valle* mostra . . . . . *Inf.* xxix. 38.
    sì soletto Mostrarli mi convien la *valle* buia . . . . *Inf.* xii. 86.
    vide Senna, Ed ogni *valle* onde Rodano[3] è pieno . . . . . . *Par.* vi. 60.
    Ma ficca gli occhi a *valle* ; chè s' approccia La riviera . . . *Inf.* xii. 46.
    E non restò di ruinare a *valle* Fino a Minòs . . . . *Inf.* xx. 35.
    e gimmo... Per un sentier ch' ad una *valle* fiede . . . . . . *Inf.* x. 135.
    Ond' hanno sì mutata... Gli abitator della misera *valle* . . . *Purg.* xiv. 41.
    Ambo vegnon... Disse Sordello, a guardia della *valle* . . . *Purg.* viii. 38.
    in su la proda mi trovai Della *valle* d' abisso dolorosa . . . *Inf.* iv. 8.
    E questo basti della prima *valle* Sapere . . . . *Inf.* xviii. 98.
    Di quella *valle* fu' io littorano, Tra Ebro e Macra . . . . . *Par.* ix. 88.
    degno Ben è che il nome di tal *valle* pera . . . . *Purg.* xiv. 30.
    Lo sito di ciascuna *valle* porta Che l' una costa surge . . . *Inf.* xxiv. 39.
    Così, quasi di *valle* andando a monte... vidi parte . . . . . *Par.* xxxi. 121.
    la compagnia... Con la qual tu cadrai in questa *valle* . . . . *Par.* xvii. 63.

---

[1] Valdigrieve.   [2] Valdimagra.   [3] il Rodano.

Valle. Lor corso in questa *valle* si diroccia	. . . .	*Inf.* xiv. 115.
Là su di sopra... mi smarri' in una *valle*	. . . .	*Inf.* xv. 50.
meschite Là entro certo nella *valle* cerno Vermiglie	. . . .	*Inf.* viii. 71.
in queste rote, Nel monte, e nella *valle* dolorosa	. . . . . .	*Par.* xvii. 137.
O tu, che nella fortunata *valle*... Recasti già mille leon	. . .	*Inf.* xxxi. 115.
anime vidi, Che per la *valle* non parean di fuori	. . . . . .	*Purg.* vii. 84.
L' anima... Si fuggì sufolando per la *valle*	. . . .	*Inf.* xxv. 137.
Ch' era a veder per quella oscura *valle* Languir	. . . . . .	*Inf.* xxix. 65.
tratto In ver la *valle*, ove mai non si scolpa	. . . .	*Purg.* xxiv. 84.
Vallea. parte, onde non ha riparo La picciola *vallea*	. . . . . .	*Purg.* viii. 98.
Quante il villan... Vede lucciole giù per la *vallea*	. . . .	*Inf.* xxvi. 29.
Valli. Ed ha distinto in dieci *valli* il fondo	. . . .	*Inf.* xviii. 9.
Vallon. era scemo A guisa che i *vallon* li sceman quici	. . . . .	*Purg.* vii. 66.
Indi un altro *vallon* mi fu scoperto	. . . .	*Inf.* xix. 133.
dalla gran cerchia Si move, e varca tutti i *vallon* feri	. . .	*Inf.* xxiii. 135.
E vidi gente per lo *vallon* tondo Venir tacendo	. . . . . .	*Inf.* xx. 7.
Vallone. Noi demmo il dosso al misero *vallone* Su per la ripa	.	*Inf.* xxxi. 7.
Valor. Bene andava il *valor* di vaso in vaso	. . . .	*Purg.* vii. 117.
Cortesia e *valor*, di', se dimora Nella nostra città	. . . .	*Inf.* xvi. 67.
Or ti parrà... L' alto *valor* del voto, s' è sì fatto	. . . . . .	*Par.* v. 26.
Non potè suo *valor* sì fare impresso In tutto l' universo	. .	*Par.* xix. 43.
quel di Buemme, Che mai *valor* non conobbe, nè volle	. . .	*Par.* xix. 126.
io giunsi L' aspetto mio col *valor* infinito	. . . .	*Par.* xxxiii. 81.
Quel... D' ogni *valor* portò cinta la corda	. . . .	*Purg.* vii. 114.
infuso Da quel *valor* che l' uno e l' altro fece	. . . . . .	*Par.* xiii. 45.
all' ultimo lavoro Fammi del tuo *valor* sì fatto vaso	. . .	*Par.* i. 14.
Lo ministro... Che del *valor* del cielo il mondo imprenta	. .	*Par.* x. 29.
Vedi l' eccelso omai, e la larghezza Dell' eterno *valor*	. . .	*Par.* xxix. 143.
tanto pesa Per suo *valor*, che tragga ogni bilancia	. . . . .	*Par.* v. 62.
Ara vos prec per aquella *valor*, Que vos guida	. . . .	*Purg.* xxvi. 145.
Valore. Cresce sopr' essa l' eterno *valore*	. . . .	*Purg.* xv. 72.
Lo primo ed ineffabile *valore*... Con tanto ordine fe'	. . . .	*Par.* x. 3.
Laudato sia il tuo nome e il tuo *valore* Da ogni creatura	. .	*Purg.* xi. 4.
roman principato, il cui *valore* Mosse Gregorio	. . . . . .	*Purg.* vi. 74.
In sul paese... Solea *valore* e cortesia trovarsi	. . . . . .	*Purg.* xvi. 116.
quel *valore* amai,[1] Al quale ha or ciascun disteso l' arco	. .	*Purg.* xvi. 47.
dice a Moisè... Io ti farò vedere ogni *valore*	. . . .	*Par.* xxvi. 42.
ti fiammeggio... Sì che degli occhi tuoi vinco il *valore*	. . .	*Par.* v. 3.
nullo Fatto s' è erede poi del suo *valore*	. . . .	*Purg.* xiv. 90.
del mondo esperto, E degli vizii umani e del *valore*	. . . .	*Inf.* xxvi. 99.
splendore, Che... Raggia mo misto giù del suo *valore*	. . .	*Par.* xx. 15.
Non della colpa... Ma del *valore*[2] ch' ordinò e provide	. . .	*Par.* ix. 70.
l' orma Dell' eterno *valore*, il quale è fine	. . . .	*Par.* i. 107.
Perocchè genti di molto *valore* Conobbi	. . . .	*Inf.* iv. 44.
tanta, Quanta ha di grazia sopra il suo[3] *valore*	. . . . . .	*Par.* xiv. 42.
Valse. celar si credette Bassando il viso; ma poco gli *valse*	.	*Inf.* xviii. 47.
Ma poco i *valse*; chè l' ale al sospetto Non potero avanzar	.	*Inf.* xxii. 127.
Nè impetrare ispirazion mi *valse*	. . . .	*Purg.* xxx. 133.
Nè... *Valse* alle guance nette di rugiada	. . . .	*Purg.* xxx. 53.
Nè *valse* esser costante, nè feroce, Sì che... pianse	. . . .	*Par.* xi. 70.
Nè *valse* udir che la trovò sicura Con Amiclate	. . . . . .	*Par.* xi. 67.
Vampa. manda fuor la *vampa* Del tuo disio, mi disse	. . . .	*Par.* xvii. 7.
Van. Poi sen *van*[4] giù per questa stretta doccia Infin là	. . .	*Inf.* xiv. 117.
Sì che due bestie *van* sott' una pelle	. . . .	*Par.* xxi. 134.

[1] usai.   [2] valor.   [3] sopra suo.   [4] va.

Van. E come i gru *van* cantando lor lai, Facendo... lunga riga . *Inf.* v. 46.
se l' arrabbiate Ombre che *van* dintorno dicon vero . . . . *Inf.* xxx. 80.
E d' iracondia *van* solvendo il nodo . . . . *Purg.* xvi. 24.
sì alti vapori... Che nostre viste là non *van* vicine . . . . . *Purg.* xxx. 114.
1. **Vana.** Tu li vedrai tra quella gente *vana* Che spera . . . . . *Purg.* xiii. 151.
or fu giammai Gente sì *vana* come la sanese ? . . . . *Inf.* xxix. 122.
Sarebbe dunque loro speme *vana*? . . . . *Purg.* vi. 32.
*2. **Vana.** Stava com' uom che sonnolento *vana* . . . . *Purg.* xviii. 87.
Vanagloria. O *vanagloria* dell' umane posse, Com' poco... dura !.*Purg.* xi. 91.
1. **Vane.** O ombre *vane*, fuor che nell' aspetto ! . . . . *Purg.* ii. 79.
*2. **Vane.** quello Ch' a farsi quelle per le vene *vane* . . . . . . *Purg.* xxv. 42.
Vaneggia. Quando noi fummo là, dov' ei *vaneggia* . . . . . . *Inf.* xviii. 73.
Nel dritto mezzo... *Vaneggia* un pozzo assai largo e profondo.*Inf.* xviii. 5.
cammino, U' ben s' impingua se non si *vaneggia* . . . . . *Par.* x. 96.
argomenta : U' ben s' impingua se non si *vaneggia* . . . . *Par.* xi. 139.
Vaneggiai. E tanto d' uno in altro *vaneggiai* . . . . *Purg.* xviii. 143.
Vaneggio. E non so che, sì nel veder *vaneggio* . . . . *Purg.* x. 114.
Vangelio. son trascorse... e il *Vangelio* si tace . . . . *Par.* xxix. 96.
Vangelista. Di voi pastor s' accorse il *Vangelista* . . . . . . *Inf.* xix. 106.
Vani. duce, Che permutasse a tempo li ben *vani* . . . . . . *Inf.* vii. 79.
gridar... Quasi bramosi fantolini e *vani*, Che pregano . . *Purg.* xxiv. 108.
E, se stati non fossero acqua d' Elsa Li pensier *vani* . . . *Purg.* xxxiii. 68.
Ristemmo per veder... gli altri pianti *vani* . . . . *Inf.* xxi. 5.
Vanio. cominciò : ave, Maria, cantando ; e cantando *vanio* . . . *Par.* xiii. 122.
Vanità. o pargoletta, O altra *vanità* con sì breve uso . . . . *Purg.* xxxi. 60.
torcete i cori, Drizzando in *vanità* le vostre tempie . . . *Par.* ix. 12.
ponevam le piante Sopra lor *vanità* che par persona . . . *Inf.* vi. 36.
***Vanitate.** Quando dismento nostra *vanitate* . . . . *Purg.* xxi. 135.
*1. **Vanni.** Sì che Cervia ricopre co' suoi *vanni* . . . . *Inf.* xxvii. 42.
2. **Vanni.** son *Vanni* Fucci Bestia, e Pistoia mi fu degna tana . *Inf.* xxiv. 125.
Vanno. Poi altre *vanno* via senza ritorno, Altre rivolgon sè . . *Par.* xxi. 37.
Letè vedrai... Là dove[1] *vanno* l' anime a lavarsi . . . . . *Inf.* xiv. 137.
fanno schiera, Poi volan più in fretta e *vanno* in filo . . *Purg.* xxiv. 66.
Di pari, come buoi che *vanno* a giogo, M' andava . . . . *Purg.* xii. 1.
D' intorno al fosso *vanno* a mille a mille, Saettando . . . *Inf.* xii. 73.
se ne *vanno* Diretro ad esse Chiusi e Sinigaglia . . . . . *Par.* xvi. 74.
Allor fec' io come color che *vanno* Con cosa in capo . . . *Purg.* xii. 127.
volentieri Parlerei a que' due che insieme *vanno* . . . . . !.*Inf.* v. 74.
per qual privilegio *Vanno* scoperti della grave stola? . . . . *Inf.* xxiii. 90.
L' esalazion... Che, quanto posson, retro al calor *vanno* . . *Purg.* xxviii. 99.
l' esemplo E l' esemplare non *vanno* d' un modo . . . . . *Par.* xxviii. 56.
N' andavam... Come frati minor *vanno* per via . . . . . *Inf.* xxiii. 3.
Vanno a vicenda ciascuna al giudizio ; Dico e odono . . . *Inf.* v. 14.
se l' arrabbiate Ombre che *vanno* intorno[2] dicon vero . . *Inf.* xxx. 80.
ombre che *vanno*, Forse di lor dover solvendo il nodo . . *Purg.* xxiii. 14.
Questi organi del mondo così *vanno*... di grado in grado . . *Par.* ii. 121.
Anche al Nasuto *vanno* mie parole, Non men ch' all' altro . *Purg.* vii. 124.
le sue pecore remote E vagabonde più da esso *vanno* . . . *Par.* xi. 128.
Non *vanno* i lor pensieri a Nazzarette . . . . *Par.* ix. 137.
pinti e tratti Alla fiata quei che *vanno* a rota . . . . . . *Par.* xiv. 20.
la virtù... In queste stelle, che intorno a lor *vanno* . . . . . *Par.* vii. 138.
Che dall' un lato tutti... *vanno* a santo Pietro . . . . *Inf.* xviii. 32.
Dall' altra sponda *vanno* verso il monte . . . . *Inf.* xviii. 33.
e così insieme Alla vendetta *vanno*[3] come all' ira . . . . . *Inf.* xxvi. 57.

[1] ove. [2] van dintorno. [3] corron.

VANNO	753	VARCO

Vanno. Gli altri dopo il grifon sen *vanno* suso . . . . *Purg.* xxxii. 89.
E già le notti al mezzo dì sen *vanno* . . . . *Inf.* xxiv. 3.
le vostre penne Diretro al dittator sen *vanno* strette . . . . *Purg.* xxiv. 59.
Così sen *vanno* su per l' onda bruna . . . . *Inf.* iii. 118.
Vano. se l' antiveder qui non è *vano*, Gittati saran fuor . . . . *Inf.* xxviii. 78.
Render solea... Fertilemente, ed ora è fatto *vano* . . . . . *Par.* xxi. 119.
Lì... Ristette... E visse, e vi lasciò suo corpo *vano* . . . . . *Inf.* xx. 87.
Quando s' appressano, o son, tutto è *vano* Nostro intelletto . *Inf.* x. 103.
Ed egli a me: *vano* pensiero aduni . . . . *Inf.* vii. 52.
Quand' io incominciai a render *vano* L' udire . . . . *Purg.* viii. 7.
Dove il vocabol suo diventa *vano*, Arriva' io . . . . . . *Purg.* v. 97.
Dalla sua sponda, ove confina il *vano*, Al piè . . . . . . *Purg.* x. 22.
D' entro le[1] leggi trassi il troppo e il *vano* . . . . *Par.* vi. 12.
Ch' io dirizzava spesso il viso in *vano* . . . . *Purg.* ix. 84.
Com' uom... Che infino ad essa gli par ire in *vano* . . . . . *Purg.* i. 120.
Molta virtù nel ciel sarebbe in *vano* . . . . *Par.* x. 17.
Nel *vano* tutta sua coda guizzava, Torcendo in su . . . . *Inf.* xvii. 25.
Vanta. Costanza di marito ancor si *vanta* . . . . *Purg.* vii. 129.
Vantaggio. Avvisando lor presa e lor *vantaggio* . . . . *Inf.* xvi. 23.
Cotal *vantaggio* ha questa Tolomea . . . . *Inf.* xxxiii. 124.
Vanti. Più non si *vanti* Libia con sua rena . . . . *Inf.* xxiv. 85.
Vanto. Per questa andata, onde gli dai tu *vanto*, Intese cose . . *Inf.* ii. 25.
di giungere... Tre Frison s' averian dato mal *vanto* . . . *Inf.* xxxi. 64.
il combatte Su la fiumana ove il mar non ha *vanto* . . . . *Inf.* ii. 108.
Vapor. raffigura Ciò che cela il *vapor* che l' aere stipa . . . . *Inf.* xxxi. 36.
Quando il *vapor*, che il porta, più è spesso . . . . *Par.* xxviii. 24.
si raccoglie Quell' umido *vapor* che in acqua riede . . . . *Purg.* v. 110.
vena Che ristori *vapor*, che giel converta . . . . *Purg.* xxviii. 122.
E sopra loro ogni *vapor* si spegne . . . . *Inf.* xiv. 142.
Secco *vapor* non surge più avante Ch' al sommo . . . . . *Purg.* xxi. 52.
Tragge Marte *vapor* di val di Magra, Ch' è... involuto . . *Inf.* xxiv. 145.
Sì come di *vapor* gelati fiocca In giuso l' aer nostro . . . *Par.* xxvii. 67.
l' etere adorno Farsi, e fioccar di *vapor* trionfanti . . . . *Par.* xxvii. 71.
Per li grossi *vapor* Marte rosseggia Giù nel ponente . . . *Purg.* ii. 14.
Vapore. Non è quaggiù ogni *vapore* spento? . . . . *Inf.* xxxiii. 105.
il *vapore* Me' si stingeva[2] mentre ch' era solo . . . . . . *Inf.* xiv. 35.
è degno Di render grazie al tuo dolce *vapore* . . . . . . *Purg.* xi. 6.
Vapori. i *vapori* umidi e spessi A diradar cominciansi . . . . *Purg.* xvii. 4.
Vapori accesi non vid' io sì tosto... mai fender sereno . . *Purg.* v. 37.
quella vaga, Ch' amor consunse come sol *vapori* . . . . . *Par.* xii. 15.
grazie divine, Che sì alti *vapori* hanno a lor piova . . . . *Purg.* xxx. 113.
soccorrien... Quando a' *vapori*, quando al caldo suolo . . *Inf.* xvii. 48.
il caldo ha rose Le temperanze dei *vapori* spessi . . . . . *Par.* v. 135.
per temperanza di *vapori*, L' occhio la sostenea . . . . . *Purg.* xxx. 26.
Varca. Si move, e *varca* tutti i vallon feri . . . . *Inf.* xxiii. 135.
sopra il dosso Fossi dell' arco già che *varca* quivi . . . . *Inf.* xxiv. 68.
seguiti Retro al mio legno che cantando *varca* . . . . . . *Par.* ii. 3.
E nostra scala infino ad essa *varca* . . . . *Par.* xxii. 68.
Ma quando disse: lascia lui, e *varca*, Chè qui è buon . . . *Purg.* xii. 4.
Quand' io udi': venite, qui si *varca;* Parlare . . . . . . *Purg.* xix. 43.
Varcai. Perch' io *varcai* Virgilio, e femmi presso . . . . . . *Purg.* x. 53.
Varcheresti. sola questa riga Non *varcheresti* . . . . *Purg.* vii. 54.
Varco. scoglio, Che sarebbe alle capre duro *varco* . . . . . . *Inf.* xix. 132.
Sì ch' io vedea di là da Gade il *varco* Folle d' Ulisse . . . *Par.* xxvii. 82.

---

[1] Dentr' alle.   [2] stingueva.

Varco. E quegli accorto gridò : corri al *varco* . . . . *Inf.* xii. 26.
ch' io pigli La leonessa e i leoncini al *varco* . . . . *Inf.* xxx. 8.
La bella donna che mi trasse al *varco* E Stazio ed io . . . . *Purg.* xxxii. 28.
Ma dilmi, e dimmi s' io vo bene al *varco* . . . . *Purg.* xvi. 44.
e se c' è più d' un *varco*, Quel ne insegnate . . . . *Purg.* xi. 41.
E quale è il trasmutare in picciol *varco* Di tempo . . . . . *Par.* xviii. 64.
E la voce allentò per lo suo *varco* . . . . *Purg.* xxxi. 21.
Variar. mi fu chiaro Il *variar* che fanno di lor dove . . . . . . *Par.* xxii. 147.
Variazion. La gran *variazion* dei freschi mai . . . . *Purg.* xxviii. 36.
Varie. Gli altri giron per *varie* differenze... Dispongono . . . . *Par.* ii. 118.
*1. **Varo.** Fanno i sepolcri tutto il loco *varo* . . . . *Inf.* ix. 115.
2. **Varo.** E quel che fe' da *Varo* infino al Reno, Isara vide . . . *Par.* vi. 58.
Varro. Dimmi dov' è... Plauto e *Varro*, se lo sai . . . . *Purg.* xxii. 98.
Vas. Andovvi poi lo *Vas* d' elezione Per recarne conforto . . . *Inf.* ii. 28.
Vasel. frate Gomita, Quel di Gallura, *vasel* d' ogni froda . . . *Inf.* xxii. 82.
Vasello. e venne il gran *vasello* Dello Spirito Santo . . . . . . *Par.* xxi. 127.
sen venne a riva Con un *vasello* snelletto e leggiero . . . *Purg.* ii. 41.
Gittati saran fuor di lor *vasello*, E mazzerati . . . . *Inf.* xxviii. 79.
poscia geme Sopr' altrui sangue in natural *vasello* . . . . *Purg.* xxv. 45.
Vaso. Sappi che il *vaso* che il serpente ruppe, Fu, e non è . . . *Purg.* xxxiii. 34.
all' ultimo lavoro Fammi del tuo valor sì fatto *vaso* . . . . *Par.* i. 14.
Lì precedeva al benedetto *vaso*... l' umile Salmista . . . . *Purg.* x. 64.
Bene andava il valor di *vaso* in *vaso* . . . . *Purg.* vii. 117.
Dal centro... Movesi l' acqua in un ritondo *vaso* . . . . . *Par.* xiv. 2.
Vassalli. Non altrimenti i cuochi ai lor *vassalli* . . . . *Inf.* xxi. 55.
Vassene. *Vassene* il tempo, e l' uom non se n' avvede . . . . *Purg.* iv. 9.
Vassi. *Vassi* cadendo, e quanto ella più ingrossa . . . . . . *Purg.* xiv. 49.
Ma *vassi* per veder le vostre pene . . . . *Inf.* xii. 21.
Ma *vassi* alla via sua, checchè gli appaia . . . . *Purg.* xxv. 5.
Vassi in Sanleo, e discendesi in Noli . . . . *Purg.* iv. 25.
Vaticano. Ma *Vaticano*, e l' altre parti elette Di Roma . . . . *Par.* ix. 139.
Vattene. *Vattene* omai ; non vo' che più t' arresti . . . . . . *Purg.* xix. 139.
Ve. questa cornice, Dopo giusto penter, ve ne martira . . . . *Purg.* xvii. 132.
'Ve. *Sovente.*
Ve'. Una gridò : *ve'*, che non par che luca Lo raggio . . . . *Purg.* v. 4.
Vecchi. Ben v' en tre *vecchi* ancora, in cui rampogna . . . . *Purg.* xvi. 121.
Io e i compagni eravam *vecchi* e tardi, Quando venimmo . . *Inf.* xxvi. 106.
Vidi due *vecchi* in abito dispari, Ma pari in atto . . . . . . *Purg.* xxix. 134.
Vecchia. Che fama avrai... se *vecchia* scindi Da te la carne ? . . *Purg.* xi. 103.
Vecchia fama nel mondo li chiama orbi . . . . *Inf.* xv. 67.
Ed in quel punto questa *vecchia* roccia... fece riverso . . . *Inf.* xii. 44.
Vecchie. è diffusa In sulle *vecchie*, e in sulle nuove cuoia . . *Par.* xxiv. 93.
che piaghe vidi... Recenti e *vecchie* dalle fiamme incese ! . . *Inf.* xvi. 11.
1. **Vecchio.** Tagliacozzo, Ove senz' arme vinse il *vecchio* Alardo. *Inf.* xxviii. 18.
Tu vederesti... Se non uscisse fuor del cammin *vecchio* . . . *Purg.* iv. 66.
quello Dubbio, che m' è digiun cotanto *vecchio* . . . . . . *Par.* xix. 33.
Il Mastin *vecchio*, e il nuovo da Verrucchio . . . . *Inf.* xxvii. 46.
Nè dolcezza di figlio, nè la pieta Del *vecchio* padre . . . . . *Inf.* xxvi. 95.
Dal¹ *vecchio* ponte guardavam la traccia Che venia . . . . . *Inf.* xviii. 79.
aguzzavan le ciglia, Come 'l *vecchio* sartor fa nella cruna . . *Inf.* xv. 21.
Avete il *vecchio* e il nuovo Testamento, E il pastor . . . . . *Par.* v. 76.
Ed ecco Un *vecchio* bianco per antico pelo, Gridando . . . . *Inf.* iii. 83.
2. **Vecchio.** E vidi quel de' Nerli e quel del *Vecchio* . . . . . *Par.* xv. 115.
Vece. in *vece* D' alcuna ammenda, tua fama rinfreschi . . . . . *Inf.* xiii. 52.

¹*Del.*

Vece. Che navicar non ponno, e in quella *vece* Chi fa suo legno . *Inf.* xxi. 10.
L' udir ci terrà giunti in quella *vece* . . . . *Purg.* xvi. 36.
Contrario suon prendemo in quella *vece* . . . . *Purg.* xx. 102.
Che questi lasciò il diavolo in sua *vece* Nel corpo suo . . . *Inf.* xxxiii. 145.
Vede. E lo svegliato ciò che *vede* abborre, Sì nescia è . . . . . *Par.* xxvi. 73.
Qual è colui che cosa innanzi sè Subita *vede* . . . . *Purg.* vii. 11.
fiamma di doppiero *Vede* colui che se n' alluma retro . . . . *Par.* xxviii. 5.
Come la madre... *vede* presso a sè le fiamme accese . . . . *Inf.* xxiii. 39.
Ma l' altra, che volando *vede* e canta La gloria . . . . . . *Par.* xxxi. 4.
quel da Roma Tra i Sardi e i Corsi il *vede* quando cade . . *Purg.* xviii. 81.
Ed anche la ragione il *vede* alquanto . . . . *Par.* xxix. 43.
benchè dalla proda veggia il fondo, In pelago nol *vede* . . . *Par.* xix. 62.
fa del non ver vera rancura Nascere a chi la *vede* . . . . . *Purg.* x. 134.
E quel conoscitor... *Vede* qual loco d' Inferno è da essa . . . *Inf.* v. 10.
Quante il villan... *Vede* lucciole giù per la vallea . . . . . . *Inf.* xxvi. 29.
La gente grossa... che non *vede* Qual è quel punto . . . . . *Inf.* xxxiv. 92.
Ed egli a me: quanto ragion qui *vede* Dirti poss' io . . . . *Purg.* xviii. 46.
buoni Sono, quanto ragione umana *vede* . . . . *Par.* xix. 74.
infin che il ramo *Vede*[1] alla terra tutte le sue spoglie . . . . *Inf.* iii. 114.
Dio *vede* tutto, e tuo veder s' inluia, Diss' io . . . . *Par.* ix. 73.
vedeva... Nel veder di colui che tutto *vede* . . . . *Par.* xxi. 50.
raggio Di quella, il cui bell' occhio tutto *vede* . . . . *Inf.* x. 131.
Chè quale aspetta prego, e l' uopo *vede*... si mette al nego . *Purg.* xvii. 59.
Si leva e guarda, e *vede* la campagna Biancheggiar . . . *Inf.* xxiv. 8.
Per che la gente, che sua guida *vede* Pure a quel ben ferire . *Purg.* xvi. 100.
e *vede* ch' el s' accorda Con esso, come nota . . . . *Par.* xxviii. 8.
Non *vede* più dall' uno all' altro stilo . . . . *Purg.* xxiv. 62.
come si fonda L' esser beato nell' atto che *vede* . . . . . . *Par.* xxviii. 110.
Qual è colui che sognando *vede* . . . . *Par.* xxxiii. 58.
Chi guarda pur con l' occhio, che non *vede* . . . . *Purg.* xv. 134.
La parte in me che *vede*, e pate il sole Nell' aquile . . . . . *Par.* xx. 31.
persona Che *vede*, e vuol dirittamente, ed ama . . . . . . *Par.* xvii. 105.
Ma quei che *vede* e puote, a ciò risponda . . . . *Par.* iv. 123.
Quel traditor che *vede* pur con l' uno, E tien la terra . . . . *Inf.* xxviii. 85.
Come si *vede* qui alcuna volta L' affetto nella vista . . . . . *Par.* xviii. 22.
e dove Si *vede* di giustizia orribil arte . . . . *Inf.* xiv. 6.
il viso hai quivi, Dov'[2] ogni cosa dipinta si *vede* . . . . . . *Par.* xxiv. 42.
E però, quando s' ode cosa o *vede*... Vassene il tempo . . . *Purg.* iv. 7.
Quel che... argomenta Non è simile a ciò che qui si *vede* . . *Par.* iv. 50.
novelle fronde, Di che si *vede* Europa rivestire . . . . . *Par.* xii. 48.
E come in fiamma favilla si *vede*, E come in voce . . . . *Par.* viii. 16.
una figura Si *vede* giunger le ginocchia al petto . . . . . . *Purg.* x. 132.
ti fiammeggio... Di là dal modo che in terra si *vede* . . . *Par.* v. 2.
essenza, in che si *vede* Come nostra natura e Dio s' unio . . *Par.* ii. 41.
Vedea. *Vedea* colui che fu nobil creato Più ch'[3] altra . . . . . *Purg.* xii. 25.
Ch' io 'l *vedea* come il sol fosse davante . . . . *Purg.* i. 39.
E vidi poi, chè nol *vedea* davanti, Lo scendere . . . . . . *Inf.* xvii. 124.
Io *vedea* lei, ma non vedeva in essa Ma' che le bolle . . . . *Inf.* xxi. 19.
Ond' ella, che *vedea* me, sì com' io... la bocca aprio . . . *Par.* i. 85.
Vedea Nembrot appiè del gran lavoro, Quasi smarrito . . . *Purg.* xii. 34.
Perocch' io ne *vedea* trenta gran palmi Dal loco in giù . . . *Inf.* xxxi. 65.
Io sentia... traer guai, E non *vedea* persona che il facesse . . *Inf.* xiii. 23.
Tutte le stelle già dell' altro polo *Vedea* la notte . . . . . . *Inf.* xxvi. 128.
Perch' io mi mossi col viso, e *vedea* Diretro da Maria . . . *Purg.* x. 49.

[1] Rende. [2] Ov'. [3] d'.

VEDEA 756 VEDER

Vedea. O folle Aragne, sì *vedea* io te Già mezza aragna . . . . *Purg.* xii. 43.
Vedea Timbreo, *vedea* Pallade e Marte, Armati ancora . . . *Purg.* xii. 31.
Sì ch' io *vedea* di là da Gade il varco Folle d' Ulisse . . . . *Par.* xxvii. 82.
Vedea di carità visi[1] suadi, D' altrui lume fregiati . . . . . *Par.* xxxi. 49.
E lui *vedea* chinarsi per la morte... in ver la terra . . . . . *Purg.* xv. 109.
mi maravigliava, Quando *vedea* la cosa in sè star queta . . . *Purg.* xxxi. 125.
Vedeasi. cittadinanza... Pura *vedeasi* nell' ultimo artista . . . . *Par.* xvi. 51.
Vedeasi l' ombra piena di letizia Nel folgor chiaro . . . . . *Par.* v. 107.
Vedem. letizia, Perchè non li *vedem* minor nè maggi . . . . . . *Par.* vi. 120.
Così cinger la figlia di Latona *Vedem* tal volta . . . . *Par.* x. 68.
Vedemmo. E *vedemmo* a mancina un gran petrone . . . . *Purg.* iv. 101.
n' andar suso... Per due fiammette che i' *vedemmo* porre . . *Inf.* viii. 4.
Vedemo. noi, che Dio *vedemo*, Non conosciamo ancor tutti . . . *Par.* xx. 134.
Vedendo. *Vedendo*[2] altrui, non essendo veduto . . . . *Purg.* xiii. 74.
Vedendo[3] Roma e l' ardua sua opra Stupeface'nsi . . . . . *Par.* xxxi. 34.
mi scuserà... *Vedendo* in quell' albor balenar Cristo . . . . *Par.* xiv. 108.
Vedendoci. *Vedendoci* calar ciascun ristette . . . . *Inf.* xii. 58.
Vedente. Quale è colui... Che per veder non *vedente* diventa . . *Par.* xxv. 120.
Veder. In sogno mi parea *veder* sospesa Un' aquila . . . . . *Purg.* ix. 19.
l' augello... Che, per *veder* gli aspetti disiati . . . . . . *Par.* xxiii. 41.
Credea *veder* Beatrice, e vidi un Sene Vestito . . . . *Par.* xxxi. 59.
mi commossi, Quando mi volsi per *veder* Beatrice . . . . *Par.* xxv. 137.
Or puoi, figliuol, *veder* la corta buffa De' ben . . . . . . *Inf.* vii. 61.
guai a voi, anime prave ; Non isperate mai *veder* lo cielo ! . *Inf.* iii. 85.
era la mia intesa, Per *veder* della bolgia ogni contegno . . *Inf.* xxii. 17.
perchè t' abbagli Per *veder* cosa, che qui non ha loco ? . . . *Par.* xxv. 123.
Tosto sarà che a *veder* queste cose Non ti fia grave . . . . *Purg.* xv. 31.
io sì tosto dissi : Di già[4] *veder* costui non son digiuno . . . *Inf.* xviii. 42.
la sua chiarezza Sola ti può disporre a *veder* Cristo . . . . *Par.* xxxii. 87.
E non le scusa non *veder* lo[5] danno . . . . *Par.* xxix. 108.
Veder mi parve un tal 'dificio allotta . . . . *Inf.* xxxiv. 7.
Accender ne dovria più il disio Di *veder* quella essenza . . *Par.* ii. 41.
Ristemmo per *veder* l' altra fessura Di Malebolge . . . . . *Inf.* xxi. 4.
Quale a *veder* dei fioretti del melo . . . . *Purg.* xxxii. 73.
ammiraglio, che... Viene a *veder* la gente che ministra . . . *Purg.* xxx. 59.
Vieni a *veder* la gente quanto s' ama . . . . *Purg.* vi. 115.
Buon ti sarà... *Veder* lo letto delle piante tue . . . . . . *Purg.* xii. 15.
il falcon... Che senza *veder* logoro o uccello . . . . *Inf.* xvii. 128.
al monte, Per che i Pisan *veder* Lucca non ponno . . . . *Inf.* xxxiii. 30.
Chè *veder* lui t' acconcerà lo sguardo Più al montar . . . *Par.* xxxi. 98.
Lume ch' a lui *veder* ne condiziona . . . . *Par.* xiv. 48.
Mentre che tutto in lui *veder* m' attacco, Guardommi . . . *Inf.* xxviii. 28.
Se lento amore in lui *veder* vi tira, O a lui acquistar . . . . *Purg.* xvii. 130.
o gente sicura, Incominciai, di *veder* l' alto lume . . . . . . *Purg.* xiii. 86.
Vieni a *veder* Montecchi e Cappelletti, Monaldi e Filippeschi.*Purg.* vi. 106.
erano intenti,[6] Per *veder* novitadi, onde son vaghi . . . . . *Purg.* x. 104.
andava, Dicendo: gli occhi suoi già *veder* parmi . . . . *Purg.* xxvii. 54.
Ell' è de' suoi begli occhi *veder* vaga . . . . *Purg.* xxvii. 106.
Se per *veder* la sua ombra restaro, Com' io avviso . . . . . *Purg.* v. 34.
Ma vassi per *veder* le vostre pene . . . . *Inf.* xii. 21.
Rimembriti... Se mai torni a *veder* lo dolce piano . . . . *Inf.* xxviii. 74.
Vid' io... Senza *veder* principio dei[7] fulgori . . . . *Par.* xxiii. 84.
l' uom cui tarda Di *veder* quel che gli convien fuggire . . . *Inf.* xxi. 26.

[1] Vedeva visi a carità. [2] *Veggendo*. [3] *Veggendo*. [4] Già di.
[5] lor. [6] *eran contenti*. [7] di.

VEDER 757 VEDER

Veder. Quel che tu vuoi *veder*, più là è molto, Ed è legato . . . *Inf.* xxxi. 103.
quel che il mondo *Veder* non può della divina grazia . . . . *Par.* xx. 71.
la sua quiditate *Veder* non può, se altri non la prome . . *Par.* xx. 93.
Vieni a *veder* la tua Roma che piagne, Vedova e sola . . . *Purg.* vi. 112.
Dio... Che del disio di sè *veder* n' accora . . . . *Purg.* v. 57.
ho i' perduto Di *veder* l' alto Sol che tu disiri . . . . . . *Purg.* vii. 26.
ninfe... disiando Qual di *veder*, qual di fuggir lo sole . . . *Purg.* xxix. 6.
o anime, che giunte Siete a *veder* lo strazio disonesto . . *Inf.* xiii. 140.
se il vero è vero, A *veder* tanto non surse il secondo . . . *Par.* x. 114.
Poco portai... Che mi parve *veder* molte alte torri . . . . . *Inf.* xxxi. 20.
O bene nato, a cui *veder* li troni... concede grazia . . . . *Par.* v. 115.
Dio vede tutto, e tuo *veder* s' inluia, Diss' io . . . . . . *Par.* ix. 73.
Chè se potuto aveste *veder* tutto, Mestier non era . . . . *Purg.* iii. 38.
O Signor mio, quando sarò io lieto A *veder* la vendetta? . . *Purg.* xx. 95.
forse di Croazia Viene a *veder* la Veronica nostra . . . . . *Par.* xxxi. 104.
posse Ben *veder* ch' ei fu re, che chiese senno . . . . *Par.* xiii. 95.
Ben puoi *veder* che la mala condotta È la cagion . . . . . *Purg.* xvi. 103.
su, Corrado, Vieni a *veder* che Dio per grazia volse . . . . *Purg.* viii. 66.
Drizzai la testa per *veder* chi fossi . . . . *Purg.* xxiv. 136.
Veder voleva, come si convenne L' imago al cerchio . . . . *Par.* xxxiii. 137.
Per *veder* di cui fosser, gli occhi torsi . . . . *Par.* iii. 21.
Ben puoi *veder* perch' io così ragiono . . . . *Purg.* xix. 138.
come talento Avesse di *veder* s' altri era meco . . . . . . *Inf.* x. 56.
Cotesti... Guardare' io, per *veder* s' io 'l conosco . . . . *Purg.* xi. 56.
E sè rivolge, per *veder* se il vetro Gli dice il vero . . . . *Par.* xxviii. 7.
sia la ripa scudo A *veder* se tu sol più di noi vali . . . . *Inf.* xxii. 117.
Puoi tu *veder* così di soglia in soglia Giù digradar . . . . *Par.* xxxii. 13.
con l' acute scane Mi parea lor *veder* fender li fianchi . . *Inf.* xxxiii. 36.
Ch' era a *veder* per quella oscura valle Languir . . . . . *Inf.* xxix. 65.
Eufrates e Tigri *Veder* mi parve uscir d' una fontana . . . *Purg.* xxxiii. 113.
se *veder* fummo non lascia, L' udir ci terrà giunti . . . . *Purg.* xvi. 35.
Perchè volle *veder* troppo davante, Diretro guarda . . . . *Inf.* xx. 38.
non ci basta Loco[1] a *veder* senza montare al dosso . . . . *Inf.* xviii. 110.
Le imagini... per lo fabbro loro a *veder* care . . . . . . *Purg.* x. 99.
E la disposizion ch' a *veder* ee Negli occhi . . . . *Purg.* xxxii. 10.
Sì che forte a *veder* è chi[2] più falli . . . . *Par.* vi. 102.
Non credo che a *veder* maggior tristizia Fosse in Egina . . *Inf.* xxix. 58.
non cintura Che fosse a *veder* più che la persona . . . . . *Par.* xv. 102.
Indi, ad udire ed a *veder* giocondo, Giunse lo spirto . . . *Par.* xv. 37.
E fia la tua imagine leggiera In giugnere a *veder* . . . . . *Purg.* xvii. 8.
Più fu... Mirabile a *veder*, che qui il soccorso . . . . . *Par.* xxii. 96.
E posson quanto a *veder* son sublimi . . . . *Par.* xxviii. 102.
Io stava sopra il ponte a *veder* surto . . . . *Inf.* xxvi. 43.
Lo tempo è poco... Ed altro è da *veder* che tu non vedi . . *Inf.* xxix. 12.
Ma creder puossi, e di *veder* si brami . . . . *Par.* x. 45.
Per *veder* meglio ai passi diedi sosta . . . . *Purg.* xxix. 72.
Quale è colui... Che per *veder* non vedente diventa . . . . *Par.* xxv. 120.
come l' uom... Che, per *veder*, non indugia il partire . . . *Inf.* xxi. 28.
E sì come *veder* si può cadere Foco di nube . . . . *Par.* i. 133.
La gente, che per li sepolcri giace, Potrebbesi *veder*? . . . *Inf.* x. 8.
loco aperto... Sì che *veder* poteansi tutti e quanti . . . . *Inf.* iv. 117.
fur... tanto divise Quell' ombre, che *veder* più non potersi . *Purg.* xviii. 140.
avanti che la proda Ti si lasci *veder*, tu sarai sazio . . . *Inf.* viii. 56.
tanto, Quanto *veder* si può per quell' ospizio . . . . . . *Purg.* xx. 23.

[1] L' occhio.   [2] qual.

Veder. si puote *Veder* le volte tanto più divine . . . . *Par.* xxviii. 50.
Quinci si può *veder* come si fonda L'esser beato . . . . . . *Par.* xxviii. 109.
Maestro, il mio *veder* s'avviva Sì nel tuo lume . . . . . . *Purg.* xviii. 10.
Da quinci innanzi il mio *veder* fu maggio Che... mostra . . . *Par.* xxxiii. 55.
lo rivolve, Come falso *veder* bestia, quand' ombra . . . . . *Inf.* ii. 48.
Perchè il *veder* dinanzi era lor tolto . . . . *Inf.* xx. 15.
il trionfo... A poco a poco al mio *veder* sì estinse . . . . . *Par.* xxx. 13.
dite come... Esser potrà ch' al *veder* non vi noi . . . . . . *Par.* xiv. 18.
La cui virtù, col[1] mio *veder* congiunta, Mi leva . . . . . . *Par.* xxi. 85.
Non ti maravigliar; chè ciò procede Da perfetto *veder* . . . *Par.* v. 5.
conservi sani, Dopo tanto *veder*, gli affetti suoi . . . . . . *Par.* xxxiii. 36.
non... persone, E non so che, sì nel *veder* vaneggio . . . . *Purg.* x. 114.
vedeva... Nel *veder* di colui che tutto vede . . . . *Par.* xxi. 50.
mai per mio *veder* non arsi Più ch' io fo per lo suo . . . . *Par.* xxxiii. 28.
Vederai. Tu *vederai* del bianco fatto bruno . . . . *Par.* xxiii. 93.
E *vederai*[2] color che son contenti Nel fuoco . . . . *Inf.* i. 119.
Tu *vederai* mirabil conseguenza Di maggio a più . . . . *Par.* xxviii. 76.
siam venuti al loco... Che *vederai*[3] le genti dolorose . . . *Inf.* iii. 17.
Fanno Cocito; e qual sia quello stagno, Tu il *vederai* . . . *Inf.* xiv. 120.
E tu lo *vederai*,[4] se bene guati[5] . . . . *Par.* xxix. 42.
Qui *vederai* l' una e l' altra milizia Di Paradiso . . . . . *Par.* xxx. 43.
E per te *vederai*, come da questi M'era in disio d' udir . . . *Par.* v. 112.
Vedere. Questo non è; però è da *vedere* Dell' altro . . . . . *Par.* ii. 82.
Per *vedere* ogni ben dentro vi gode L'anima santa . . . . *Par.* x. 124.
Nè per me li potea cosa *vedere* . . . . *Purg.* xx. 150.
Per *vedere* in Beatrice il mio dovere... segnato . . . . . . *Par.* xviii. 53.
ed al sembiante Del suo fulgore il fa *vedere* ancora . . . *Par.* xx. 66.
Se tanto scendi, li potrai *vedere* . . . . *Inf.* vi. 87.
Io levai gli occhi, e credetti *vedere* Lucifero . . . . *Inf.* xxxiv. 88.
quella creatura, Che solo in lui *vedere* ha la sua pace . . . *Par.* xxx. 102.
tornar... Nulla *vedere* ed amor mi constrinse . . . . *Par.* xxx. 15.
Ivi mi parve... *vedere* in un tempio più persone . . . . . *Purg.* xv. 87.
più alto loco Per più *vedere*, o per più farvi amici . . . . *Par.* iii. 66.
Due Soli... che l' una e l' altra strada Facean *vedere* . . . *Purg.* xvi. 108.
Parvemi lì novelle sussistenze Cominciar a *vedere* . . . . . *Par.* xiv. 74.
la terra che... Vorrebbe di *vedere* esser digiuno . . . . . . *Inf.* xxviii. 87.
Se voi volete *vedere* o udire... Toschi o Lombardi . . . . *Inf.* xxii. 97.
dice a Moisè... Io ti farò *vedere* ogni valore . . . . *Par.* xxvi. 42.
mi parea Donna *vedere* andar per una landa . . . . *Purg.* xxvii. 98.
s' argomenta Di *vedere* eclissar lo sole un poco . . . . . . *Par.* xxv. 119.
Lo Duca mio, che mi potea *vedere* Far sì . . . . *Purg.* xv. 118.
Non creda... Per *vedere* un furare, altro offerere . . . . . *Par.* xiii. 140.
Del mio attender, dico, e del *vedere* Lo ciel venir . . . . . *Par.* xxiii. 17.
nella mente mi commossi... Per non poter *vedere*[6] . . . . *Par.* xxv. 138.
La sinistra a *vedere* era tal, quali Vengon di là . . . . . *Inf.* xxxiv. 44.
che d' Egitto Venga in Jerusalemme per *vedere* . . . . . *Par.* xxv. 56.
Io mi volgea per *vedere* ov' io fosse . . . . *Purg.* xvii. 46.
Lei lo *vedere*, e me l' oprare appaga . . . . *Purg.* xxvii. 108.
Regal prudenza e[7] quel *vedere* impari . . . . *Par.* xiii. 104.
Però non hanno *vedere* interciso Da nuovo obbietto . . . . *Par.* xxix. 79.
E del *vedere* è misura mercede, Che grazia partorisce . . . *Par.* xxviii. 112.
Vederebbe. *vederebbe* La perdonanza di che si confida . . . . *Par.* xxix. 119.
Vederesti. Tu *vederesti* il Zodiaco rubecchio . . . . *Purg.* iv. 64.
Vedergli. Non creda... *Vedergli* dentro al consiglio divino . . . *Par.* xiii. 141.

[1] con. [2] *poi vedrai*. [3] *tu vedrai*. [4] *ten' avvedrai*. [5] *agguati*. [6] *vederla*. [7] è.

Vederla. nella mente mi commossi... Per non poter *vederla*[1]		Par. xxv. 138.
con loquela intera, Disira poi di *vederla* sepolta		Par. xxvii. 135.
Vederli. spiriti... Che del[2] *vederli* in me stesso n' esalto		Inf. iv. 120.
Vederlo. sarei vago Di *vederlo* attuffare in questa broda		Inf. viii. 53.
Tal parve... a me, che stava a bada Di *vederlo* chinare		Inf. xxxi. 140.
Vedermi. Credi tu, Malacoda, qui *vedermi* Esser venuto?		Inf. xxi. 79.
Escusar puommi di quel... e *vedermi* dir vero		Par. xiv. 137.
Vedersi. Si specchia, quasi per *vedersi* adorno		Par. xxx. 110.
vision... che ritenne A sè me tanto stretto per *vedersi*		Par. iii. 8.
Vederti. m' aiuta Conducerlo a *vederti* ed a udirti		Purg. i. 69.
tuo fedele, Che, per *vederti*, ha mossi passi tanti		Purg. xxxi. 135.
Vedervi. anco[3] *vedervi*, S' avessi avuto di tal tigna brama		Inf. xv. 110.
parleremo ad esse ; Grazioso fia lor *vedervi* assai		Purg. viii. 45.
Vedesi. *Vedesi* quella che mostrò Langia		Purg. xxii. 112.
Vedesse. prima... Che *vedesse* Jordan le erede sue		Purg. xviii. 135.
se il vulgo il *vedesse*, vederebbe La perdonanza		Par. xxix. 119.
Ch' ei *vedesse* altro che la fiamma sola... in su salire		Inf. xxvi. 38.
Vedessi. Ma s' io *vedessi* qui l' anima trista Di Guido		Inf. xxx. 76.
se tu *vedessi*, Com' io, la carità che tra noi arde		Par. xxii. 31.
Chè se il Gorgon si mostra, e tu il *vedessi*, Nulla sarebbe		Inf. ix. 56.
Sì che non par ch' io ti *vedessi* mai		Inf. vi. 45.
nè sì poco, Ch' io nol *vedessi* sfavillar dintorno		Par. i. 59.
vedessi Non altrimenti, che per pelle talpe		Purg. xvii. 2.
Vedeste. E disiar *vedeste* senza frutto Tai		Purg. iii. 40.
Vedesti. Guarda, se alcun di noi unque *vedesti*		Purg. v. 49.
Ciò che *vedesti* fu, perchè non scuse D' aprir lo core		Purg. xv. 130.
che tu *vedesti* Da tutti i pesi del mondo costretto		Par. xxix. 56.
Quelle tre donne... Che tu *vedesti* dalla destra rota		Par. xx. 128.
mal nati, A' quali ancor non *vedesti* la faccia		Inf. xviii. 77.
chiunque Tu se'... Pon mente, se di là mi *vedesti* unque		Purg. iii. 105.
Vedesti, disse, quella antica strega, Che sola... si piagne ?		Purg. xix. 58.
Vedesti come l' uom da lei si slega ?		Purg. xix. 60.
Vedestù. Sopr' essa *vedestù* la scritta morta		Inf. viii. 127.
Vedete. O me ! *vedete* l' altro che digrigna		Inf. xxii. 91.
L' altro *vedete* ch' ha fatto alla guancia Della sua palma		Purg. vii. 107.
cen portava Veloci, quasi, come il ciel *vedete*		Par. ii. 21.
confesso Che questo è corpo uman che voi *vedete*		Purg. iii. 95.
Vedete il re della semplice vita Seder là solo		Purg. vii. 130.
Vedev'. per quel poco *vedev'* io le stelle... piu chiare		Purg. xxvii. 89.
Vedeva. Io vedea lei, ma non *vedeva* in essa Ma' che le bolle		Inf. xxi. 19.
Vedeva Briareo, fitto dal telo Celestial		Purg. xii. 28.
Ciò ch' io *vedeva*, mi sembiava un riso Dell' universo		Par. xxvii. 4.
Ma ella, che *vedeva* il mio disire, Incominciò		Par. xxvii. 103.
La Donna mia, che mi *vedeva* in cura Forte sospeso, disse		Par. xxviii. 40.
E quella, che *vedeva* i pensier dubi Nella mia mente		Par. xxviii. 97.
Perch' ella, che *vedeva* il tacer mio Nel veder di colui		Par. xxi. 49.
O Niobè, con che occhi dolenti *Vedeva* io te !		Purg. xii. 38.
Vedeva Troia in cenere e in caverne		Purg. xii. 61.
Vedeva visi a carità[4] suadi, D' altrui lume fregiati		Par. xxxi. 49.
Vedevan. gli Ebrei *Vedevan* lui verso la calda parte		Purg. iv. 84.
Vedevi. le... stelle Che *vedevi* staman son di là basse		Purg. viii. 92.
Vedi. L' acqua che *vedi* non surge di vena Che ristori vapor		Purg. xxviii. 121.
Ma dimmi... Se tu ne *vedi* alcun degno di nota		Inf. xx. 104.
E tutti gli altri, che tu *vedi* qui, Seminator... di scisma Fur		Inf. xxviii. 34.

[1] *vedere*. [2] di. [3] anco, e. [4] *l'edea di carità visi*.

Vedi. Lo tempo è poco... Ed altro è da veder che tu non *vedi* . . *Inf.* xxix. 12.
Vedi colà un Angel che s' appresta Per venir verso noi . . . *Purg.* xii. 79.
Ma *vedi* là un' anima, che... verso noi riguarda . . . . . . *Purg.* vi. 58.
figlio, or *vedi* L' anime di color cui vinse l' ira . . . . *Inf.* vii. 115.
a sè il trasse, Dicendo : *vedi* là il nostro avversaro . . . . . *Purg.* viii. 95.
Vedi là il balzo che il chiude d' intorno . . . . *Purg.* ix. 50.
Vedi Beatrice con quanti Beati... ti chiudon le mani . . . . *Par.* xxxiii. 38.
Vedi la bestia per cui io mi volsi ; Aiutami da lei . . . . . *Inf.* i. 88.
Vedi Guido Bonatti, *vedi* Asdente, Che... Ora vorrebbe . . *Inf.* xx. 118.
Sì come tu da questa parte *vedi* Lo bulicame . . . . . . *Inf.* xii. 127.
O santo patre, spirito che *vedi* Ciò che credesti sì . . . . . *Par.* xxiv. 124.
non *vedi* Ciò che vedresti, se l' avessi scosso . . . . *Par.* i. 89.
Vere sustanzie son ciò che tu *vedi*, Qui rilegate . . . . . . *Par.* iii. 29.
Vedi nostra città quanto ella gira ! . . . . *Par.* xxx. 130.
Vedi la compagnia che la circonda . . . . *Purg.* xxxii. 88.
Veggio ora chiaro, sì come tu *vedi* Ogni contraddizion . . . *Par.* vi. 20.
Così *vedi* le cose contingenti, Anzi che sieno in sè . . . . *Par.* xvii. 16.
Vedi l' eccelso omai, e la larghezza Dell' eterno valor . . . *Par.* xxix. 142.
Vedi l' entrata là 've par disgiunto . . . . *Purg.* ix. 51.
Vedi l' erbetta, i fiori e gli arbuscelli, Che qui... produce . . *Purg.* xxvii. 134.
Ma *vedi* Eunoè che là deriva ; Menalo ad esso . . . . . . *Purg.* xxxiii. 127.
volgiti ; che fai ? *Vedi* là Farinata che s' è dritto . . . . *Inf.* x. 32.
Ond' ella : *vedi* lei sotto la fronda Nuova sedere . . . . . *Purg.* xxxii. 86.
E *vedi* lui che il gran petto ti doga . . . . *Inf.* xxxi. 75.
E se ben ti ricordi, e *vedi* lume, Vedrai . . . . *Purg.* vi. 148.
Appresso *vedi* il lume di quel cero Che... addentro vide . . *Par.* x. 115.
E quella che ricopre le mammelle, Che tu non *vedi* . . . . *Inf.* xx. 53.
il Maestro... Mi disse : or va, e *vedi* la lor mena . . . . . *Inf.* xvii. 39.
che tu m' hai colto Nella miseria, dove tu mi *vedi* . . . . *Inf.* xxiv. 134.
come tu mi *vedi*, Vid' io cascar li tre . . . . *Inf.* xxxiii. 70.
Non *vedi* tu la morte che il combatte Su la fiumana ? . . . *Inf.* ii. 107.
lento... Ed al sì ed al no, che tu non *vedi* . . . . *Par.* xiii. 114.
Latin sem noi, che tu *vedi* sì guasti Qui . . . . *Inf.* xxix. 91.
frate, Non far, chè tu se' ombra, ed ombra *vedi* . . . . . *Purg.* xxi. 132.
Dal destro *vedi* quel Padre vetusto Di santa Chiesa . . . . *Par.* xxxii. 124.
Ti prego, se mai *vedi* quel paese Che siede . . . . *Purg.* v. 68.
le parole sue, Che furon : or *vedi* la pena molesta . . . . . *Inf.* xxviii. 130.
Vien, crudel, vieni, e *vedi* la pressura De' tuoi gentili . . . *Purg.* vi. 109.
Chè per eterna legge è stabilito Quantunque *vedi* . . . . . *Par.* xxxii. 56.
e quel che *vedi*, Ritornato di là, fa che tu scrive . . . . . *Purg.* xxxii. 104.
E quel che *vedi* nell' arco declivo, Guiglielmo fu . . . . . *Par.* xx. 61.
Quelli, che *vedi* qui, furon modesti A riconoscer sè . . . . *Par.* xxix. 58.
tu non dimandi Che spiriti son questi che tu *vedi* ? . . . . *Inf.* iv. 32.
perchè ne *vedi* La region degli Angeli dipinta . . . . *Par.* xx. 101.
Vedi li nostri scanni sì ripieni, Che poca... si disira . . . . *Par.* xxx. 131.
Vedi là il sol che in fronte ti riluce . . . . *Purg.* xxvii. 133.
Vedi Tiresia, che mutò sembiante . . . . *Inf.* xx. 40.
Vedi le triste che lasciaron l' ago, La spuola, e il fuso . . . *Inf.* xx. 121.
tu *vedi* mia voglia, E, per udirti tosto, non la dico . . . . *Par.* xxvi. 95.
vienne omai, *vedi* ch' è tocco Meridian dal sole . . . . . *Purg.* iv. 137.
Non *vedi* tu ch' ei digrignan li denti, E... minaccian duoli ? *Inf.* xxi. 131.
alcun compenso... trova... ed egli : *vedi* che a ciò penso . . *Inf.* xi. 15.
Vedi che del disio ver lei mi piego . . . . *Inf.* xxvi. 69.
Vedi che già non sei nè due nè uno . . . . *Inf.* xxv. 69.
E *vedi* omai che il poggio l' ombra getta . . . . *Purg.* vi. 51.

VEDI	761	VEDRAI

Vedi. poi retro ai sensi *Vedi* che la ragione ha corte l' ali . . . *Par.* ii. 57.
Non t' incresca... *Vedi* che non incresce a me, ed ardo . . . *Inf.* xxvii. 24.
Vedi che non pur io, ma questa gente Tutta rimira là . . . *Purg.* xxiii. 113.
Vedi che sdegna gli argomenti umani, Sì che remo non vuol. *Purg.* ii. 31.
Rispose : *vedi* che son un che piango . . . . *Inf.* viii. 36.
vedi che torna Dal servigio del dì l' ancella sesta . . . . . *Purg.* xii. 80.
vedi a cui S' aperse agli occhi de' Teban la terra . . . . . *Inf.* xx. 31.
Lettor, tu *vedi* ben com' io innalzo La mia materia . . . . . *Purg.* ix. 70.
Ma, come d' animal divenga fante, Non *vedi* tu ancor . . . *Purg.* xxv. 61.
Vedi come da indi si dirama L' obbliquo cerchio . . . . . *Par.* x. 13.
Ma *vedi* già come dichina il giorno . . . . *Purg.* vii. 43.
s' aperse il petto, Dicendo : or *vedi* come io mi dilacco . . *Inf.* xxviii. 30.
Vedi come l' ha dritte verso il cielo, Trattando l' aere . . . *Purg.* ii. 34.
Vedi come si storce, e non fa motto . . . . *Inf.* xxxiv. 66.
Vedi come storpiato è Maometto . . . . *Inf.* xxviii. 31.
tu credi... Perch' io le dico, ma non *vedi* come . . . . . . *Par.* xx. 89.
Vedi oramai quant' esser dee quel tutto . . . . *Inf.* xxxiv. 32.
Vedi quanta virtù l' ha fatto degno Di riverenza . . . . . *Par.* vi. 34.
vedi quanto mondo Sotto li piedi già esser ti fei . . . . . *Par.* xxii. 128.
Vedi se alcuna è grande come questa . . . . *Inf.* xxviii. 132.
Vedi se far si dee l' uomo eccellente . . . . *Par.* ix. 41.
Vedi oramai se tu mi puoi far lieto, Rivelando . . . . . . *Purg.* iii. 142.
Vedi l' albòr, che per lo fummo raia, Già biancheggiare . . *Purg.* xvi. 142.
Vedi oltre fiammeggiar l' ardente spiro D' Isidoro . . . . *Par.* x. 130.
Questi, l' orme di cui pestar mi *vedi*... Fu di grado maggior *Inf.* xvi. 34.
Di contro a Pietro *vedi* sedere Anna, Tanto contenta . . . . *Par.* xxxii. 133.
or *vedi*, figlio, Tra Beatrice e te è questo muro . . . . . *Purg.* xxvii. 35.
Ma *vedi*, molti gridan Cristo, Cristo . . . . *Par.* xix. 106.
Dicendo : *vedi*, sola questa riga Non varcheresti . . . . . *Purg.* vii. 53.
ei disse : or *vedi*; E mostrommi una piaga . . . . *Purg.* iii. 110.
Perch' io là dove *vedi* son perduto, E... mi rancuro . . . *Inf.* xxvii. 128.
le dimostra rosse, Come tu *vedi* in questo basso Inferno . . *Inf.* viii. 75.
così vanno, Come tu *vedi* omai, di grado in grado . . . . *Par.* ii. 122.
Per la dannosa colpa... Come tu *vedi*, alla pioggia mi fiacco . *Inf.* vi. 54.
Attraversato e nudo è nella via, Come tu *vedi* . . . . . . *Inf.* xxiii. 119.
Siede Rachel... Con Beatrice, sì come tu *vedi* . . . . . . *Par.* xxxii. 9.
Amor... Che, come *vedi*, ancor non mi abbandona . . . . . *Inf.* v. 105.
Or, come *vedi*, qui ne son punita . . . . *Purg.* xix. 114.
Vedine. Disse : volgiti in qua, *vedine* duo Venire . . . . . . *Purg.* xviii. 131.
Vedova. piagne, *Vedova* e sola, e dì e notte chiama . . . . . *Purg.* vi. 113.
alla corona *vedova* promossa La testa di mio figlio fu . . . *Purg.* xx. 58.
Trasselo al piè della *vedova* frasca . . . . *Purg.* xxxii. 50.
Vedovella. La *vedovella* mia, che molto amai . . . . *Purg.* xxiii. 92.
Ed una *vedovella* gli era al freno, Di lagrime atteggiata . . *Purg.* x. 77.
Colui... La *vedovella* consolò del figlio . . . . *Par.* xx. 45.
Vedovo. O settentrional *vedovo* sito, Poichè privato sei ! . . . *Purg.* i. 26.
Vedrà. Lì si *vedrà* ciò che tenem per fede, Non dimostrato . . . *Par.* ii. 43.
Lì si *vedrà* il duol che sopra Senna Induce . . . . *Par.* xix. 118.
Lì si *vedrà* tra l' opere d' Alberto Quella . . . . *Par.* xix. 115.
E tosto si *vedrà*[1] della ricolta Della mala coltura . . . . . *Par.* xii. 118.
Lì si *vedrà* la superbia ch' asseta, Che fa lo Scotto . . . . *Par.* xix. 121.
Vedrai. tu *vedrai* Anteo Presso di qui, che parla . . . . . . *Inf.* xxxi. 100.
in quegli aspetti Che tu *vedrai* all' ultima giustizia . . . . *Par.* xxx. 45.
E se la mia ragion non ti disfama, *Vedrai* Beatrice . . . . . *Purg.* xv. 77.

[1] s' avvedrà.

Vedrai.	E poi *vedrai*[1] color che son contenti Nel fuoco	*Inf.* i. 118.
	Con lui *vedrai* colui che impresso fue, Nascendo, sì	*Par.* xvii. 76.
	E *vedrai* il coreggier che argomenta[2] : U' ben s' impingua	*Par.* xi. 138.
	Però riguarda bene, e sì *vedrai* Cose	*Inf.* xiii. 20.
	certo assai *vedrai* sommerso Nel falso il creder tuo	*Par.* ii. 61.
	Ma ficca gli occhi... E *vedrai* gente innanzi a noi sedersi	*Purg.* xiii. 44.
	Che tu *vedrai* le genti dolorose, Ch' hanno perduto il ben	*Inf.* iii. 17.
	Vedi là Farinata... Dalla cintura[3] in su tutto il *vedrai*	*Inf.* x. 33.
	Tu la *vedrai* di sopra, in sulla vetta Di questo monte	*Purg.* vi. 47.
	Letè *vedrai*, ma fuor di questa fossa, Là dove vanno	*Inf.* xiv. 136.
	Tu li *vedrai* tra quella gente vana Che spera	*Purg.* xiii. 151.
	piega le mani ; Omai *vedrai* di sì fatti offiziali	*Purg.* ii. 30.
	Perchè *vedrai* la pianta onde si scheggia	*Par.* xi. 137.
	Vien, crudel... E *vedrai* Santafior com' è oscura[4]	*Purg.* vi. 111.
	Or di' a Fra Dolcin... Tu che forse *vedrai* lo sole in breve	*Inf.* xxviii. 56.
	Vedrai gli antichi spiriti dolenti, Che... ciascun grida	*Inf.* i. 116.
	Ch' assai illustri spiriti *vedrai*, Se... l' aspetto[5] ridui	*Par.* xxii. 20.
	Vedrai te simigliante a quella inferma, Che non può	*Purg.* vi. 149.
	la vendetta, Che tu[6] *vedrai* innanzi che tu muoi	*Par.* xxii. 15.
	Sì *vedrai* ch' io son l' ombra di Capocchio, Che falsai li metalli.*Inf.* xxix. 136.
	Ben *vedrai* che coi buon convien ch' ei regni	*Purg.* xxi. 24.
	vedrai che in sue migliaia Determinato numero si cela	*Par.* xxix. 134.
	la strada... *Vedrai* come a costui convien che vada	*Purg.* iv. 73.
	lì *vedrai* Come convien ch' egualmente risplenda	*Par.* ii. 104.
	Tu *vedrai* ben, perchè da questi felli Sien dipartiti	*Inf.* xi. 88.
	Tu *vedrai* ben, se tu là ti congiungi, Quanto... s' inganna	*Inf.* xxxi. 25.
	Vedrai aver solamente rispetto Ai regi	*Par.* xiii. 107.
	Foran discordi... Che *vedrai* non capere in questi giri	*Par.* iii. 76.
	E *vedrai* il tuo credere e il mio dire Nel vero farsi	*Par.* xiii. 50.
	Parlare e lagrimar *vedrai* insieme	*Inf.* xxxiii. 9.
	Prima che sii lassù, tornar *vedrai* Colui	*Purg.* vi. 55.
	chè, dicend' io, *Vedrai* trascolorar tutti costoro	*Par.* xxvii. 21.
	Ed egli a me : *vedrai* quando saranno Più presso a noi	*Inf.* v. 76.
Vedra'mi.	Venir *vedra'mi* al tuo diletto legno	*Par.* i. 25.
Vedranno.	Come[7] *vedranno* quel volume aperto	*Par.* xix. 113.
Vedrassi.	*Vedrassi* l' avarizia e la viltate Di quel	*Par.* xix. 130.
	Vedrassi al Ciotto di Jerusalemme Segnata con un I	*Par.* xix. 127.
	Vedrassi la lussuria e il viver molle Di quel di Spagna	*Par.* xix. 124.
Vedresti.	non vedi Ciò che *vedresti*, se l' avessi scosso	*Par.* i. 90.
1. Veduta.	alta tanto, Quanto *veduta* non n' aveva alcuna	*Inf.* xxvi. 135.
2. Veduta.	Quanto la sua *veduta* si profonda Nel vero	*Par.* xxviii. 107.
	Dunque nostra[8] *veduta*... Non può... esser possente	*Par.* xix. 52.
	onde a guardar le stelle... non gli era la *veduta* tronca	*Inf.* xx. 57.
	Ficcar lo viso... Tanto, che la *veduta* vi consunsi	*Par.* xxxiii. 84.
	Se la *veduta* eterna gli dislego, Rispose Stazio	*Purg.* xxv. 31.
	e vidi spenta Ogni *veduta*, fuor che della fiera	*Inf.* xvii. 114.
	sì che i suoi conversi Potean parere alla *veduta* nostra	*Inf.* xxix. 42.
	organa poi Ciascun sentire infino alla *veduta*	*Purg.* xxv. 102.
	giudicar... Con la *veduta* corta d' una spanna	*Par.* xix. 81.
	dimostrami e dichiara... Chi è colui dalla *veduta* amara	*Inf.* xxviii. 93.
	offizio adempie Che non si può fornir per la *veduta*	*Purg.* xii. 132.
	Ma perchè tanto sopra mia *veduta* Vostra parola... vola ?	*Purg.* xxxiii. 82.
1. Vedute.	Tu hai *vedute* cose, che possente Sei fatto	*Par.* xxiii. 47.

[1] E vederai. [2] s' argomenta. [3] cintola. [4] sicura ; come si cura.
[5] la vista. [6] La qual. [7] Com' e'. [8] vostra.

Vedute.	Di tante cose, quante io ho *vedute*	*Par.* xxxi. 82.
	ha *vedute* Le vite spirituali ad una ad una	*Par.* xxxiii. 23.
2. **Vedute.**	Lo ciel seguente, ch' ha tante *vedute*	*Par.* ii. 115.
	tra quelle[1] *vedute* Si vuol lasciar che non seguir la mente	*Par.* xiv. 80.
Veduti.	lenti A chi avesse quei lumi divini *Veduti*[2] a noi venir	*Par.* viii. 26.
	immaginando forte Umani corpi già *veduti* accesi	*Purg.* xxvii. 18.
Veduto.	creder... Ciò ch' ha *veduto* pur con la mia rima	*Inf.* xiii. 48.
	il temporal foco e l' eterno *Veduto* hai, figlio	*Purg.* xxvii. 128.
	lenti A chi avesse quei lumi divini *Veduto*[3] a noi venir	*Par.* viii. 26.
	perchè... Già t' ho *veduto* coi capelli asciutti	*Inf.* xviii. 121.
	ed oramai È da partir, che tutto avèm *veduto*	*Inf.* xxxiv. 69.
	hai ben *veduto*, come il sole... il carro mena?	*Purg.* iv. 119.
	Che se *veduto* avessi uom farsi lieto, Visto m' avresti	*Purg.* xiv. 83.
	Ch' io ho *veduto* tutto il verno prima Il prun mostrarsi	*Par.* xiii. 133.
	più s' accende, Com' hai *veduto*, quanto più si sale	*Par.* xxi. 9.
	pareva... oltraggio, Veggendo altrui, non essendo *veduto*	*Purg.* xiii. 74.
	Sì che, *veduto* il ver di questa corte... conforte	*Par.* xxv. 43.
Vegg'.	letizia... Per te si veggia, come la *vegg'* io	*Par.* viii. 88.
	quei... *Vegg'* io a coda d' una bestia tratto	*Purg.* xxiv. 83.
	Tempo *vegg'* io, non molto dopo ancoi, Che tragge	*Purg.* xx. 70.
Vegga.	Sì ch' io *vegga* la porta di san Pietro	*Inf.* i. 134.
Veggendo.	*Veggendo*[4] altrui, non essendo veduto	*Purg.* xiii. 74.
	veggendo la caccia, Letizia presi a tutte altre[5] dispari	*Purg.* xiii. 119.
	Veggendo la cagion che il fiato piove	*Inf.* xxxiii. 108.
	Veggendo il cielo a te così benigno, Dato t' avrei... conforto.	*Inf.* xv. 59.
	Veggendo il Duca mio tornare in volta	*Inf.* ix. 2.
	ond' io leva'mi, *Veggendo* i gran maestri già levati	*Purg.* xxvii. 114.
	m' accors' io... *Veggendo* quel miracol più[6] adorno	*Par.* xviii. 63.
	veggendo la moglie con due figli Andar carcata	*Inf.* xxx. 5.
	Veggendo il mondo aver cangiata faccia In poco d' ora	*Inf.* xxiv. 13.
	or vedi... Tu che, spirando, vai *veggendo* i morti	*Inf.* xxviii. 131.
	Veggendo[7] Roma e l' ardua sua opra Stupeface'nsi	*Par.* xxxi. 34.
	li fanti... *Veggendo* sè tra nimici cotanti	*Inf.* xxi. 96.
Veggendola.	Rispos' io lui, *veggendola* sì torta	*Purg.* xxiii. 57.
	Sì che *veggendola* io sospesa e vaga, Fecimi quale	*Par.* xxiii. 13.
Veggendomi.	Ma *veggendomi* in esso, i[8] trassi all' erba	*Purg.* xxx. 77.
Vegghi.	Perchè... si *vegghi* e dorma Con quello sposo	*Par.* iii. 100.
Vegghia.	Da ragazzo... Nè da colui che mal volentier *vegghia*	*Inf.* xxix. 78.
Vegghiar.	Gli occhi a cui più[9] *vegghiar* costò sì caro	*Purg.* xxxii. 66.
Vegghiava.	L' una *vegghiava* a studio della culla	*Par.* xv. 121.
Veggi.	Ma perchè *veggi* mei ciò ch' io disegno	*Purg.* xxii. 74.
	e *veggi* sua dottrina Come può seguitar la mia parola	*Purg.* xxxiii. 86.
	Ancor dirò, perchè tu *veggi* pura La verità	*Par.* xxix. 73.
	Perchè tu *veggi* con quanta ragione Si move	*Par.* vi. 31.
	E *veggi* vostra via dalla divina Distar cotanto	*Purg.* xxxiii. 88.
	guarda i cerchi... Tanto che *veggi* seder la Regina	*Par.* xxxi. 116.
	Ritorno a dichiarare... Perchè tu *veggi* lì così com' io	*Par.* vii. 123.
Veggi'.	Ma io *veggi'* or la tua mente ristretta Di pensier	*Par.* vii. 52.
1. **Veggia.**	Già *veggia* per mezzul perdere o lulla	*Inf.* xxviii. 22.
2. **Veggia.**	Tanto che vuol ch' io *veggia* la sua corte	*Purg.* xvi. 41.
	benchè dalla proda *veggia* il fondo, In pelago nol vede	*Par.* xix. 61.
	Ma prego che m' additi la cagione, Sì ch' io la *veggia*	*Purg.* xvi. 62.
	Cotal m' apparve, s' io ancor lo *veggia*, Un lume	*Purg.* ii. 16.

[1] l' altre. [2] Veduto. [3] Veduti. [4] Vedendo. [5] od ogni altra.
[6] sì. [7] Vedendo. [8] io. [9] pur.

Veggia.	Io vidi certo, ed ancor par ch' io 'l *veggia*, Un busto	*Inf.* xxviii. 118.
	ti prego... ch' io Ti *veggia* con imagine scoperta	*Par.* xxii. 60.
	l' alta letizia... Per te si *veggia*, come la vegg' io	*Par.* viii. 88.
Veggiam.	Noi *veggiam*, come quei ch' ha mala luce, Le cose	*Inf.* x. 100.
Veggiate.	Sì che *veggiate* il vostro mal sentiero	*Purg.* xii. 72.
	E' par che voi *veggiate*, se ben odo, Dinanzi	*Inf.* x. 97.
Veggio.	Tu dici : io *veggio* l' acqua, io *veggio* il foco	*Par.* vii. 124.
	Io *veggio* ben l' amor che tu m' accenne	*Par.* xxi. 45.
	E *veggio* ad ogni man grande campagna Piena di duolo	*Inf.* ix. 110.
	Veggio ora chiaro, sì come tu vedi Ogni contraddizion	*Par.* vi. 20.
	Ma di' s' io *veggio* qui colui che fuore Trasse... rime	*Purg.* xxiv. 49.
	Mi leva sopra me tanto, ch' io *veggio* La somma essenza	*Par.* xxi. 86.
	Perch' io la *veggio* nel verace speglio Che fa di sè	*Par.* xxvi. 106.
	Io *veggio* tuo nipote, che diventa Cacciator	*Purg.* xiv. 58.
	O frate, issa *veggio*, disse, il nodo Che... me ritenne	*Purg.* xxiv. 55.
	posto Con l' ordine, ch' io *veggio* in quelle rote	*Par.* xxviii. 47.
	Dimmi s' io *veggio* da notar persona Tra questa gente	*Purg.* xxiv. 11.
	Veggio il nuovo Pilato sì crudele, Che ciò nol sazia	*Purg.* xx. 91.
	chi siete, a cui tanto distilla, Quant' io *veggio*, dolor?	*Inf.* xxiii. 98.
	O me ! Maestro, che è quel che io *veggio?*	*Inf.* xxi. 127.
	veggio la rete Che qui vi piglia, e come si scalappia	*Purg.* xxi. 76.
	sembianza Ch' io *veggio* e noto in tutti gli ardor vostri	*Par.* xxii. 54.
	Ch' io *veggio* certamente, e però il narro... stelle	*Purg.* xxxiii. 40.
	Ma, perchè io *veggio* te nello intelletto Fatto di pietra	*Purg.* xxxiii. 73.
	Nuovi tormenti e nuovi tormentati Mi *veggio* intorno	*Inf.* vi. 5.
	Io *veggio* ben che giammai non si sazia Nostro intelletto	*Par.* iv. 124.
	Non già, perchè impossibil *veggio* Che la natura... stanchi	*Par.* viii. 113.
	Io *veggio* che tu credi queste cose, Perch' io le dico	*Par.* xx. 88.
	Io *veggio* ben, diss' io, sacra lucerna, Come... Basta	*Par.* xxi. 73.
	Io *veggio* ben come le vostre penne Diretro al dittator	*Purg.* xxiv. 58.
	E disse : io *veggio* ben come ti tira Uno ed altro disio	*Par.* iv. 16.
	Io *veggio* ben sì come già risplende... l' eterna luce	*Par.* v. 7.
	Ben *veggio*, padre mio, sì come sprona Lo tempo verso me	*Par.* xvii. 106.
	Io *veggio* ben sì come tu t' annidi Nel proprio lume	*Par.* v. 124.
	Veggio in Anagna entrar lo fiordaliso	*Purg.* xx. 86.
	Lì *veggio* d' ogni parte farsi presta Ciascun' ombra	*Purg.* xxvi. 31.
	quel ch' io *veggio* Mover a noi, non mi sembran persone	*Purg.* x. 112.
	Veggio rinnovellar l' aceto e il fele	*Purg.* xx. 89.
	Poco più oltre *veggio* in sulla rena Gente seder	*Inf.* xvii. 35.
	io *veggio* Là surger nuovo fummo del[1] sabbione	*Inf.* xv. 116.
	L' altro... *Veggio* vender sua figlia, e patteggiarne	*Purg.* xx. 80.
	com' i' odo... Così giù *veggio*, e niente affiguro	*Inf.* xxiv. 75.
	m' ingombra Col capo sì, ch' io non *veggio* oltre più	*Inf.* xxxii. 64.
Veggiolo.	*Veggiolo* un' altra volta esser deriso	*Purg.* xx. 88.
Veggion.	aspetti Che la prima cagion non *veggion* tota	*Par.* xx. 132.
	Qui *veggion* l' alte creature l' orma Dell' eterno valore	*Par.* i. 106.
	come *veggion* le terrene menti Non capere in triangolo	*Par.* xvii. 14.
	Quivi si *veggion* delle genti tue Antigone, Deifile	*Purg.* xxii. 109.
	lupi rapaci Si *veggion* di quassù per tutti i paschi	*Par.* xxvii. 56.
	Così si *veggion* qui diritte e torte... Le minuzie	*Par.* xiv. 112.
Veggiono.	geomanti... *Veggiono* in oriente, innanzi all' alba	*Purg.* xix. 5.
Veggon.	color, che non *veggon* pur l' opra, Ma per entro	*Inf.* xvi. 119.
1. Veglio.	ed ecco il *veglio* onesto, Gridando: che è ciò?	*Purg.* ii. 119.
	Dentro dal monte sta dritto un gran *veglio*	*Inf.* xiv. 103.

[1] dal.

VEGLIO 765 VELEN

Veglio. E diretro da tutti un *veglio* solo Venir, dormendo . . . *Purg.* xxix. 143.
Vidi presso di me un *veglio* solo, Degno di... riverenza . . *Purg.* i. 31.
2. **Veglio.** amore, in che io *veglio* Con perpetua vista . . . . *Par.* xv. 64.
Vegna. Gridando : *vegna* il cavalier soprano, Che recherà . . . *Inf.* xvii. 72.
Finchè la fiamma cornuta qua *vegna* . . . . *Inf.* xxvi. 68.
là onde *vegna* lo intelletto Delle prime notizie . . . . *Purg.* xviii. 55.
Libicocco *vegna* oltre, e Draghignazzo, Ciriatto sannuto . . *Inf.* xxi. 121.
Vegna ver noi la pace del tuo regno, Chè noi... non potem . *Purg.* xi. 7.
al suo piacere... *Vegna* rimedio agli occhi che fur porte . . . *Par.* xxvi. 14.
ma credete, Che non senza virtù che dal ciel *vegna* . . . . *Purg.* iii. 98.
Non vuol che in sua città per me si *vegna* . . . . *Inf.* i. 126.
Vegnan. Mentre che *vegnan* lieti gli occhi belli . . . . *Purg.* xxvii. 136.
costringer... Che *vegnan* d' esto fondo a dipartirci . . . . *Inf.* xxiii. 132.
Vegnati. *Vegnati* in voglia¹ di trarreti avanti, Diss' io . . . . . *Purg.* xxviii. 46.
***Vegne.** è tempo da scostarsi... fa che diretro a me *vegne* . . . *Inf.* xiv. 140.
Vegno. Io son Beatrice... *Vegno* di loco ove tornar disio . . . *Inf.* ii. 71.
I' *vegno* per menarvi all' altra riva, Nelle tenebre eterne . . *Inf.* iii. 86.
Ed io a lui : s' io *vegno*, non rimango . . . . *Inf.* viii. 34.
Ed io a lui : da me stesso non *vegno*; Colui... mi mena . *Inf.* x. 61.
E com' io riguardando tra lor *vegno*... vidi azzurro . . . . *Inf.* xvii. 58.
Che poteva io ridir, se non : io *vegno*? Dissilo . . . . . *Purg.* v. 19.
Virtù del ciel mi mosse, e con lei *vegno* . . . . *Purg.* vii. 24.
Dio sia con voi, chè più non *vegno* vosco . . . . *Purg.* xvi. 141.
Vegnon. Ambo *vegnon* del grembo di Maria, Disse Sordello . . *Purg.* viii. 37.
Rispose : andiamo in là, ch' ei *vegnon* piano . . . . . . *Purg.* iii. 65.
Acquasparta, Là onde *vegnon* tali alla scrittura . . . . . *Par.* xii. 125.
*1. **Vei.** t' infiamma... D' aver notizia di ciò che tu *vei* . . . . *Par.* xxx. 71.
2. **Vei.** Consiros *vei* la passada folor . . . . *Purg.* xxvi. 143.
E *vei* iauzen la ioi qu' esper, denan . . . . *Purg.* xxvi. 144.
Veiculo. nella cuna Del trionfal *veiculo* una volpe . . . . . . *Purg.* xxxii. 119.
Vel. Tutto che il *vel* che le scendea di testa Cerchiato . . . . *Purg.* xxx. 67.
Non fu dal *vel* del cor giammai disciolta . . . . *Par.* iii. 117.
potesti... udire, Che l' affezion del *vel* Constanza tenne . . *Par.* iv. 98.
Sopra candido *vel* cinta d' oliva Donna m' apparve . . . . *Purg.* xxx. 31.
1. **Vela.** Chè qui è buon con la *vela* e coi remi... pinger . . . *Purg.* xii. 5.
2. **Vela.** sol, che... per soperchio sua figura *vela* . . . . *Purg.* xvii. 53.
Mentre che il fummo l' uno e l' altro *vela* Di color . . . . *Inf.* xxv. 118.
spera, Che si *vela* ai mortal con² altrui raggi . . . . . . *Par.* v. 129.
alla cui norma Nel vostro mondo giù si veste e *vela* . . . . *Par.* iii. 99.
Velame. sonno, Che del futuro mi squarciò il *velame* . . . . *Inf.* xxxiii. 27.
Ben so... Che 'l vostro non l' apprende con *velame* . . . . *Par.* xix. 30.
la dottrina che s' asconde Sotto il *velame* degli versi strani . *Inf.* ix. 63.
Velando. se' venuto più che mezza lega *Velando* gli occhi . . . *Purg.* xv. 122.
Velando i pesci ch' erano in sua scorta . . . . *Purg.* i. 21.
Velar. quasi... faville, Mi si *velar* di subita distanza . . . . . *Par.* vii. 9.
Velata. pria m' appario *Velata* sotto l' angelica festa . . . . . *Purg.* xxx. 65.
Vele. Quali dal vento le gonfiate *vele* Caggiono avvolte . . . *Inf.* vii. 13.
alza le *vele* Omai la navicella del mio ingegno . . . . . . *Purg.* i. 1.
ove ciascun dovrebbe Calar le *vele* e raccoglier le sarte . . . *Inf.* xxvii. 81.
tu drizzasti Poscia diretro al pescator le *vele* . . . . . . *Purg.* xxii. 63.
senza decreto Porta nel tempio le cupide *vele* . . . . . . *Purg.* xx. 93.
Vele di mar non vid' io mai cotali . . . . *Inf.* xxxiv. 48.
Velen. Ben conobbi il *velen* dell' argomento . . . . *Purg.* xxxi. 75.
L' altra dubitazion che ti commove Ha men *velen* . . . . . *Par.* iv. 65.

¹ Vegnati voglia. ² con gli.

VELENO 766 VENDETTA

Veleno. tenebra, Od ombra della carne, o suo *veleno*[1] . . . . . *Par.* xix. 66.
1. Veli. o anime... Levatemi dal viso i duri *veli* . . . . *Inf.* xxxiii. 112.
2. Veli. questa gente Tutta rimira là dove il sol *veli* . . . . . . *Purg.* xxiii. 114.
*Velle. Ma già volgeva il mio disiro e il *velle*... L' amor . . . . *Par.* xxxiii. 143.
  Queste son le question che nel tuo *velle* Pontano . . . . . . *Par.* iv. 25.
Vello. artigli Ch' a più alto leon trasser lo *vello* . . . . *Par.* vi. 108.
  Con altra voce omai, con altro *vello* Ritornerò poeta . . . . *Par.* xxv. 7.
  Di *vello* in *vello* giù discese poscia Tra il folto pelo . . . *Inf.* xxxiv. 74.
Vellute. Appigliò sè alle *vellute* coste . . . . *Inf.* xxxiv. 73.
Velo. Chè il *velo* è ora ben tanto sottile, Certo . . . . *Purg.* viii. 20.
  la terra... Per paura di lui fe' del mar *velo* . . . . *Inf.* xxxiv. 123.
  Non fece al corso suo sì grosso *velo*... la Danoia . . . . . . *Inf.* xxxii. 25.
  Buio d' inferno... Non fece al viso mio sì grosso *velo* . . . . *Purg.* xvi. 4.
  seppe nè orto, Nè d' altra nebbia, che di colpa *velo* . . . . *Purg.* xxx. 3.
  E dico ch' un splendor mi squarciò il *velo* Del sonno . . . . *Purg.* xxxii. 71.
  remo non vuol, nè altro *velo* Che l' ale sue . . . . *Purg.* ii. 32.
  E lasciommi fasciato di tal *velo* Del suo fulgor . . . . . . *Par.* xxx. 50.
  Femmina sola... Non sofferse di star sotto alcun *velo* . . . *Purg.* xxix. 27.
  Sotto suo *velo*, ed oltre la riviera Vincer[2] pareami . . . . *Purg.* xxxi. 82.
Veloce. certe Di quel che il ciel *veloce* loro ammanna . . . . . *Purg.* xxiii. 107.
  l' atto Che fa in nube il suo foco *veloce* . . . . *Par.* xviii. 36.
  Necessità le[3] fa esser *veloce*, Sì spesso vien . . . . *Inf.* vii. 89.
  E legno vidi già dritto e *veloce* Correr lo mar . . . . *Par.* xiii. 136.
  fece il lume centro, Girando sè, come *veloce* mola . . . . . *Par.* xxi. 81.
  Non scese mai con sì *veloce* moto Foco di spessa nube . . . *Purg.* xxxii. 109.
  Ed ei sen gì, come venne, *veloce* . . . . *Purg.* ii. 51.
  Ver lo fiume real tanto *veloce* Si ruinò . . . . *Purg.* v. 122.
Veloci. Mi si facean stimar *veloci* e lente . . . . *Par.* xxiv. 18.
  cen portava *Veloci*, quasi, come il ciel vedete . . . . *Par.* ii. 21.
  Veloci e tarde, rinnovando vista, Le minuzie . . . . *Par.* xiv. 113.
  senza alcun labore Seguiva in su gli spiriti *veloci* . . . . . *Purg.* xxii. 9.
  si dimostraro Quanto son grandi, e quanto son *veloci* . . . . *Par.* xxii. 149.
  Così *veloci* seguono i suoi vimi, Per simigliarsi . . . . . . *Par.* xxviii. 100.
Velocissime. quasi *velocissime* faville, Mi si velar . . . . . . *Par.* vii. 8.
Velocissimo. E nel ciel *velocissimo* m' impulse . . . . *Par.* xxvii. 99.
Veltri. correnti, Come *veltri* che uscisser di catena . . . . . *Inf.* xiii. 126.
Veltro. E più saranno ancora infin che il *veltro* Verrà . . . . *Inf.* i. 101.
Ven. Io dissi a lui[4]: quanto posso *ven* preco . . . . *Inf.* xv. 34.
Vena. si mosse, Quasi torrente ch' alta *vena* preme . . . . . . *Par.* xii. 99.
  Cristo... Quando ne liberò con la sua *vena* . . . . *Purg.* xxiii. 75.
  L' acqua che vedi non surge di *vena* Che ristori vapor . . *Purg.* xxviii. 121.
  fiammeggiante, Come sangue che fuor di *vena* spiccia . . . *Purg.* ix. 102.
  E lì... Si condusse a tremar per ogni *vena* . . . . *Purg.* xi. 138.
Vende. *Vende* la carne loro, essendo viva; Poscia gli ancide . . *Purg.* xiv. 61.
Vendemmia. Forse colà dove *vendemmia* ed ara . . . . . . *Inf.* xxvi. 30.
Vender. s' adiri Del comperare e *vender* dentro al templo . . . *Par.* xviii. 122.
  L' altro... Veggio *vender* sua figlia, e patteggiarne . . . . . *Purg.* xx. 80.
Vendetta. Ed anco di Medea si fa *vendetta* . . . . *Inf.* xviii. 96.
  ma la *vendetta* Fia testimonio al ver che la dispensa . . . . *Par.* xvii. 53.
  perchè men crucciata La divina *vendetta*[5] gli martelli . . . . *Inf.* xi. 90.
  se inteso avessi... Già ti sarebbe nota la *vendetta* . . . . . *Par.* xxii. 14.
  Ma, se... Potesser, tosto ne saria *vendetta* . . . . *Purg.* xx. 47.
  creda Che *vendetta* di Dio non teme suppe . . . . *Purg.* xxxiii. 36.
  Come giusta *vendetta* giustamente Vengiata[6] fosse . . . . . *Par.* vii. 20.

---
[1] veneno. [2] Verde. [3] la. [4] dissi lui. [5] giustizia. [6] Punita.

Vendetta. Quando si dice che giusta *vendetta* Poscia vengiata fu *Par.* vii. 50.
O *vendetta* di Dio, quanto tu dei Esser temuta! . . . . . . *Inf.* xiv. 16.
Non ne potrebbe aver *vendetta* allegra . . . . *Inf.* xiv. 60.
Se tu non vieni a crescer la *vendetta* Di Mont' Aperti . . . *Inf.* xxxii. 80.
Parea dicer: Signor, fammi *vendetta* Di mio figliuol . . . . *Purg.* x. 83.
Poscia con Tito a far *vendetta* corse Della vendetta . . . . *Par.* vi. 92.
Gli concedette... Gloria di far *vendetta* alla sua ira . . . . . *Par.* vi. 90.
là dove Michele Fe' la *vendetta* del superbo strupo . . . . . *Inf.* vii. 12.
Nesso, Che... fe' di sè la *vendetta* egli stesso . . . . *Inf.* xii. 69.
O Signor mio, quando sarò io lieto A veder la *vendetta?* . . *Purg.* xx. 95.
E condoleami alla giusta *vendetta* . . . . *Purg.* xx. 6.
e così insieme Alla *vendetta* vanno[1] come all' ira . . . . . *Inf.* xxvi. 57.
a far vendetta corse Della *vendetta* del peccato antico . . . *Par.* vi. 93.
adonti Sì, che si fa della *vendetta* ghiotto . . . . *Purg.* xvii. 122.
O potenzia[2] di Dio... Che cotai colpi per *vendetta* croscia . . *Inf.* xxiv. 120.
Vendette. Sì ch' ei non teman delle lor *vendette* . . . . *Inf.* xxii. 101.
Vendica. *Vendica* te di quelle braccia ardite... o Pisistrato . . . *Purg.* xv. 100.
Vendicata. morte Che non gli è *vendicata* ancor . . . . *Inf.* xxix. 32.
Vendicò. Tito con l' aiuto Del sommo Rege *vendicò* le fora . . . *Purg.* xxi. 83.
Venduti. figura di sigillo Ai[3] privilegi *venduti* e mendaci . . . . *Par.* xxvii. 53.
Venduto. le fora, Ond' uscì il sangue per Giuda *venduto* . . . *Purg.* xxi. 84.
Vene. Ch' ella mi fa tremar le *vene* e i polsi . . . . *Inf.* i. 90.
Fede... Tanto ch' io ne perdei le *vene*[4] e i polsi . . . . . *Inf.* xiii. 63.
Sangue... che mai non si beve Dall' assetate *vene* . . . . *Purg.* xxv. 38.
e lì vid' io Delle mie *vene* farsi in terra lago . . . . *Purg.* v. 84.
come quello Ch' a farsi quelle per le *vene* vane . . . . . *Purg.* xxv. 42.
Venedico. *Venedico* se' tu Caccianimico . . . . *Inf.* xviii. 50.
Venendo. L' anima mia, che con la sua persona *Venendo* qui . . *Purg.* ii. 111.
L' anima sua... *Venendo* su, non potea venir sola . . . . . *Purg.* xxi. 29.
Botoli trova poi, *venendo* giuso, Ringhiosi . . . . *Purg.* xiv. 46.
Se i Barbari, *venendo* da tal plaga... Stupeface'nsi . . . . . *Par.* xxxi. 31.
Cotal[5] per quel giron suo passo falca... *venendo* . . . . . *Purg.* xviii. 95.
Cotal uscir... A noi *venendo* per l' aer maligno . . . . . . *Inf.* v. 86.
perdo troppo *Venendo* teco sì a paro a paro . . . . *Purg.* xxiv. 93.
venendo infino all' atto Che fa colui ch' a dicer . . . . . . *Purg.* xxv. 14.
Così parea, *venendo* verso l' epe... un serpentello . . . . . *Inf.* xxv. 82.
ti attenti A domandarmi omai *venendo* meco . . . . *Purg.* xxxiii. 24.
Venendo e trapassando, ci ammirava D' anime turba . . . *Purg.* xxiii. 20.
Chè la mia vista, *venendo* sincera, E più e più entrava . . . *Par.* xxxiii. 52.
Venendomi. *venendomi* incontro, a poco a poco Mi ripingeva . . *Inf.* i. 59.
Veneno. tenebra, Od ombra della carne, o suo *veneno*[6] . . . . *Par.* xix. 66.
Venenosa. Torcendo in su la *venenosa* forca . . . . *Inf.* xvii. 26.
Venenosi. Chè dentro... è ripieno Di *venenosi* sterpi . . . . . . *Purg.* xiv. 95.
Venerabil. facean... quei rai il *venerabil* segno . . . . *Par.* xiv. 101.
Venerabile. il *venerabile* Bernardo Si scalzò prima . . . . . *Par.* xi. 79.
Venerati. Gli occhi da Dio diletti e *venerati* . . . . *Par.* xxxiii. 40.
Venere. Sotto le ciglia a *Venere* trafitta Dal figlio . . . . . . *Purg.* xxviii. 65.
Elice... Che di *Venere* avea sentito il tosco . . . . *Purg.* xxv. 132.
Venerunt. Deus, *venerunt* gentes... Le donne incominciaro . . . *Purg.* xxxiii. 1.
***Venesse.** Questi parea che contra me *venesse* . . . . *Inf.* i. 46.
Venga. che d' Egitto *Venga* in Jerusalemme per vedere . . . . *Par.* xxv. 56.
Venga Medusa; sì 'l farem di smalto, Dicevan tutte . . . . *Inf.* ix. 52.
Mettine giù, e non ten *venga* schifo . . . . *Inf.* xxxi. 122.
Vengiammo. Mal non *vengiammo* in Teseo l' assalto . . . . . *Inf.* ix. 54.

[1] corron.   [2] giustizia.   [3] A.   [4] lo sonno.   [5] Tale.   [6] *veleno.*

Vengiata. giusta vendetta giustamente *Vengiata*[1] fosse	*Par.* vii. 21.
giusta vendetta Poscia *vengiata* fu da giusta corte	*Par.* vii. 51.
Vengiò. E qual colui che si *vengiò* con gli orsi Vide	*Inf.* xxvi. 34.
Vengo. E *vengo* in parte ove non è che luca	*Inf.* iv. 151.
Vengon. tal, quali *Vengon* di là, onde il Nilo s' avvalla	*Inf.* xxxiv. 45.
A questo invito[2] *vengon* molto radi	*Purg.* xii. 94.
Vengono. Quando *vengono* a' due punti del cerchio	*Inf.* vii. 44.
Vengonti. E *vengonti* a pregar, disse il Poeta	*Purg.* v. 44.
Veni. *Veni*, sponsa, de Libano, cantando, Gridò tre volte	*Purg.* xxx. 11.
Venia. Quando un' altra, che dietro a lei *venia*, Ne fece volger	*Inf.* xxvii. 4.
E sì come ciascuno a noi *venia*, Vedeasi l' ombra	*Par.* v. 106.
di fuor non *venia* Cosa che fosse allor da lei recetta	*Purg.* xvii. 23.
A noi *venia* la creatura bella Bianco vestita	*Purg.* xii. 88.
ed ei *venia*[3] Con gli occhi fitti pure in quella onesta	*Purg.* xix. 29.
facea trasparer... Quant' ella a compiacermi *venia* gaia	*Par.* xxvi. 102.
E già *venia* su per le torbid' onde Un fracasso	*Inf.* ix. 64.
Ma per lo peso quella gente stanca *Venia* sì pian	*Inf.* xxiii. 71.
Venia gente col viso incontro a questa	*Purg.* xxvi. 29.
Ci apparve un' ombra, e retro a noi *venia*	*Purg.* xxi. 10.
m' accors' io... Perocchè a me *venia:* risurgi e vinci	*Par.* xiv. 125.
schiatta... Già *venia* su, ma di picciola gente	*Par.* xvi. 118.
d' anime una schiera, Che *venia* lungo l' argine	*Inf.* xv. 17.
Tra l' erba e i fior *venia* la mala striscia	*Purg.* viii. 100.
la traccia Che *venia* verso noi dall' altra banda	*Inf.* xviii. 80.
E dietro le *venia* sì lunga tratta Di gente	*Inf.* iii. 55.
Virgilio mi *venia* da quella banda Della cornice	*Purg.* xiii. 79.
Venian. Tre donne in giro... *Venian* danzando	*Purg.* xxix. 122.
O anima... *Venian* gridando, un poco il passo queta	*Purg.* v. 48.
Venian ver noi, e ciascuna gridava: Sostati tu	*Inf.* xvi. 7.
Dal mezzo in qua ci *venian* verso il volto	*Inf.* xviii. 26.
Pur mo *venian* li[4] tuoi pensier tra i miei	*Inf.* xxiii. 28.
a due a due Coronati *venian* di fiordaliso	*Purg.* xxix. 84.
Venieno. E tutti gli altri che *venieno* appresso	*Purg.* iii. 92.
Venimmo. *Venimmo* al piè d' un nobile castello	*Inf.* iv. 106.
Venimmo al punto dove si digrada; Quivi trovammo Pluto	*Inf.* vi. 114.
Venimmo appiè d' una torre al dassezzo	*Inf.* vii. 130.
Venimmo in parte dove il nocchier forte... ci gridò	*Inf.* viii. 80.
Venimmo sopra più crudele stipa	*Inf.* xi. 3.
Era lo loco, ove a scender la riva *Venimmo*, alpestro	*Inf.* xii. 2.
Indi *venimmo* al fine, ove si parte Lo secondo giron	*Inf.* xiv. 4.
Tacendo ne *venimmo*[5] là ove spiccia Fuor della selva	*Inf.* xiv. 76.
Quivi *venimmo*, e quindi giù nel fosso Vidi gente	*Inf.* xviii. 112.
Allor *venimmo* sull' argine quarto	*Inf.* xix. 40.
Chè come noi *venimmo* al guasto ponte, Lo Duca... si volse	*Inf.* xxiv. 19.
Noi pur *venimmo* alfine in sulla punta Onde... si scoscende	*Inf.* xxiv. 41.
Così, di ponte in ponte, altro parlando... *Venimmo*	*Inf.* xxi. 3.
eravam vecchi... Quando *venimmo* a quella foce stretta	*Inf.* xxvi. 107.
E *venimmo* ad Anteo, che ben cinqu' alle... uscia fuor	*Inf.* xxxi. 113.
Venimmo poi in sul lito diserto, Che mai non vide	*Purg.* i. 130.
Dianzi *venimmo* innanzi a voi un poco	*Purg.* ii. 64.
Venimmo dove quell' anime ad una Gridaro	*Purg.* iv. 17.
Venimmo a lei; o anima Lombarda, Come ti stavi!	*Purg.* vi. 61.
Là 've[6] *venimmo*, allo[7] scaglion primaio, Bianco marmo era	*Purg.* ix. 94.
E noi *venimmo* al grande arbore adesso	*Purg.* xxiv. 113.

[1] Punita. [2] annunzio. [3] veniva. [4] venieno i. [5] *Tacendo divennimo*. [6] ne. [7] e lo.

| | VENIMMO | 769 | VENISSE |

Venimmo. attenti pure a lei, *Venimmo* fuor là dove si montana . *Purg.* xxvii. 57.
Venir. vidi un Centauro pien di rabbia *Venir* chiamando . . . . *Inf.* xxv. 18.
    del vedere Lo ciel *venir* più e più rischiarando . . . . . . *Par.* xxiii. 18.
    venir dallo specchio La donna sua senza il volto[1] dipinto . . *Par.* xv. 113.
    io vidi... *Venir* notando una figura in suso . . . . *Inf.* xvi. 131.
    E vidi' gente per lo vallon... *Venir* tacendo e lagrimando . . *Inf.* xx. 8.
    Già non compiè... Ch' io gli vidi *venir* con l' ali tese . . . *Inf.* xxiii. 35.
    era tornato il volto, Ed indietro *venir* gli convenia . . . . . *Inf.* xx. 14.
    li vide... *Venir* con vento, con nube, e con igne . . . . . . *Purg.* xxix. 102.
    m' apparve... Un lume per lo mar *venir* sì ratto . . . . . . *Purg.* ii. 17.
    lenti A chi avesse quei lumi divini Veduti a noi *venir* . . . *Par.* viii. 26.
    gli occhi belli, Che lagrimando a te *venir* mi fenno . . . . . *Purg.* xxvii. 137.
    Venir vedra'mi al tuo diletto legno, E coronarmi . . . . . . *Par.* i. 25.
    snella, Com' io vidi una nave piccioletta *Venir* per l' acqua . *Inf.* viii. 16.
    Così vid' io *venir*, traendo guai, Ombre portate . . . . . . *Inf.* v. 48.
    Per un ch' io son, ne farò *venir* sette . . . . *Inf.* xxii. 103.
    Ed ecco verso noi *venir* per nave Un vecchio bianco . . . . *Inf.* iii. 82.
    un veglio solo *Venir*, dormendo, con la faccia arguta . . . . *Purg.* xxix. 144.
    Venir sen dee là giù tra' miei meschini . . . . *Inf.* xxvii. 115.
    in pensieri Gravi, a morir gli parve *venir*[2] tardo . . . . . . *Par.* x. 135.
    alcuno indizio Dà noi, perchè *venir* possiam più tosto . . . *Purg.* vii. 38.
    L' anima sua... Venendo su, non potea *venir* sola . . . . . *Purg.* xxi. 29.
    tal puzzo n' usciva, Qual suol *venir*[3] delle marcite membre . *Inf.* xxix. 51.
    Sì vid' io movere a *venir* la testa Di quella mandria . . . . *Purg.* iii. 85.
    Dirotti... Perch' io non temo di *venir* qua entro . . . . . . *Inf.* ii. 87.
    Vedi colà un Angel che s' appresta Per *venir* verso noi . . *Purg.* xii. 80.
    tardi scocca, Per non *venir* senza consiglio all' arco . . . *Purg.* vi. 131.
    Guardate che il *venir* su non vi noi ! . . . . *Purg.* ix. 87.
    ma il *venir* e il sermone Più lungo esser non può . . . . . *Inf.* xv. 115.
    Tu m' hai con desiderio il cor disposto Sì al *venir* . . . . *Inf.* ii. 137.
    di cui Tomma Dinanzi al mio *venir* fu sì cortese . . . . . . *Par.* xii. 111.
    Perchè mi fece del *venir* più presto . . . . *Inf.* ii. 117.
Venire. io veggio l' acqua... *Venire* a corruzione . . . . . . *Par.* vii. 126.
    vidi... un diavol nero Correndo su per lo scoglio *venire* . . *Inf.* xxi. 30.
    E quei... Disse: volgiti in qua, vedine duo *Venire* . . . . . *Purg.* xviii. 132.
    Genti vid' io... *Venire* appresso, vestite di bianco . . . . . *Purg.* xxix. 65.
    Se voi volete... Toschi o Lombardi, io ne farò *venire* . . . *Inf.* xxii. 99.
    Vidi quattro grand' ombre a noi *venire* . . . . *Inf.* iv. 83.
    che *venire* Sente il porco e la caccia alla sua posta . . . . *Inf.* xiii. 112.
    io era nuovo... Quando ci vidi *venire* un possente . . . . . *Inf.* iv. 53.
    lo... splendor *Venire* ai due, che si volgeano a rota . . . . *Par.* xxv. 107.
    alla morte seconda Fu degna di *venire* a questo gioco . . . *Par.* xx. 117.
    speran di *venire*, Quando che sia, alle beate genti . . . . *Inf.* i. 119.
    mala partita Di' che facesti per *venire* a proda . . . . . . *Inf.* xxii. 80.
    Qual timon gira per *venire* a porto . . . . *Purg.* xxx. 6.
    dal *venire* All' esser tutto non è intervallo . . . . *Par.* xxix. 26.
    s' accorge, Anzi il primo pensier, del suo *venire* . . . . . *Par.* x. 36.
    Perchè se del *venire* i' m' abbandono, Temo . . . . . . *Inf.* ii. 34.
Venirli. Quel traditor... Farà *venirli* a parlamento seco . . . *Inf.* xxviii. 88.
Venirvi. Ma io perchè *venirvi*? o chi 'l concede? . . . . . . *Inf.* ii. 31.
Venis. Tutti dicean : benedictus, qui *venis* . . . . *Purg.* xxx. 19.
Venisse. Ma certo poco pria... Che *venisse* colui . . . . . . *Inf.* xii. 38.
    io mi pensai Che, qual voi siete, tal gente *venisse* . . . . *Inf.* xvi. 57.
    Ed accennolle che *venisse* a proda, Vicino al fin . . . . . . *Inf.* xvii. 5.

[1] viso.   [2] esser.   [3] suole uscir.

Venisse.	Pregando Stazio che *venisse* retro, Che... ci divise	*Purg.* xxvii. 47.
Venisser.	parole... Non fur da cui *venisser* manifeste	*Purg.* xi. 48.
Venissero.	prima Che *venissero* al ciel, fur di gran voce	*Par.* xviii. 32.
Venisti.	La prima volta che a città *venisti*	*Par.* xvi. 144.
	Poi domandò: quant' è, che tu *venisti* Appiè del monte?	*Purg.* viii. 56.
Venite.	*Venite* a noi parlar, s' altri nol niega	*Inf.* v. 81.
	a qual martiro *Venite* voi, che scendete la costa?	*Inf.* xii. 62.
	è mutato... consiglio, Che dannati *venite* alle mie grotte?	*Purg.* i. 48.
	Venite dunque a' nostri gradi innanzi	*Purg.* ix. 93.
	Con noi *venite*, e troverete il passo Possibile	*Purg.* xi. 50.
	Disse: *venite;* qui son presso i gradi	*Purg.* xii. 92.
	Quand' io udì': *venite*, qui si varca, Parlare in modo	*Purg.* xix. 43.
	Se voi *venite* dal giacer sicuri, E volete trovar	*Purg.* xix. 79.
	Venite, benedicti patris mei, Sonò dentro ad un lume	*Purg.* xxvii. 58.
Veniva.	E certo il creder mio *veniva* intero	*Inf.* xxvii. 69.
	ed ei *veniva*[1] Con gli occhi fitti pure in quella onesta	*Purg.* xix. 29.
	il dolce suono *Veniva* a me co' suoi intendimenti	*Purg.* xxviii. 60.
	lasciò trapassar... Forese, e retro meco sen *veniva*	*Purg.* xxiv. 74.
Venivan.	sì presso... Che gli atti loro a me *venivan* certi	*Purg.* xiii. 56.
	E intanto... *Venivan* genti innanzi a noi un poco	*Purg.* v. 23.
	movieno i piè... E non parevan,[2] sì *venivan* lente	*Purg.* iii. 60.
Venne.	ricoperse Lo cominciar con l' altro che poi *venne*	*Inf.* ix. 11.
	L' angel che *venne* in terra col decreto Della... pace	*Purg.* x. 34.
	Da onde *venne*[3] folgorando a Juba	*Par.* vi. 70.
	E quest' atto del ciel mi *venne* a mente	*Par.* xx. 7.
	Carlo *venne* in Italia, e per ammenda, Vittima fe'	*Purg.* xx. 67.
	Un carro... Ch' al collo d' un grifon tirato *venne*	*Purg.* xxix. 108.
	Venne Cephas, e *venne* il gran vasello Dello Spirito	*Par.* xxi. 127.
	La pioggia cadde, ed ai fossati *venne* Di lei ciò	*Purg.* v. 119.
	E *venne* serva la città di Baco	*Inf.* xx. 59.
	Questo conforto dal[4] foco secondo Mi *venne*	*Par.* xxv. 38.
	Venne una donna, e disse: io son Lucìa	*Purg.* ix. 55.
	Mia donna *venne* a me di val di Pado	*Par.* xv. 137.
	Ed ei sen gì, come *venne*, veloce	*Purg.* ii. 51.
	ed essa da martiro E da esilio *venne* a questa pace	*Par.* x. 129.
	Mi *venne* in sogno una femmina balba, Negli occhi guercia	*Purg.* xix. 7.
	quel giusto Figliuol d' Anchise che *venne* da Troia	*Inf.* i. 74.
	cinquecento cinquanta E trenta fiate *venne* questo foco	*Par.* xvi. 38.
	Francesco *venne* poi, com' io fui morto, Per me	*Inf.* xxvii. 112.
	questa cara gioia... Onde ti *venne?*	*Par.* xxiv. 91.
	Lucìa... Si mosse, e *venne* al loco dov' io era	*Inf.* ii. 101.
	E *venne* a lui dicendo: che gli approda?	*Inf.* xxi. 78.
	Sì *venne* deducendo infino a quici; Poscia conchiuse	*Par.* viii. 121.
	E di troppa materia che in là *venne*, Uscir gli orecchi	*Inf.* xxv. 125.
	Venne[5] alla porta e con una verghetta L' aperse	*Inf.* ix. 89.
	Qual *venne* a Climenè, per accertarsi Di ciò	*Par.* xvii. 1.
	e quella che prima *venne* Incominciò a farsi più vivace	*Par.* xxvii. 11.
	Questa a peccar con esso così *venne*, Falsificando sè	*Inf.* xxx. 40.
	che quivi fosse In quello sfavillar che insieme *venne*	*Par.* xxi. 41.
	come se ne infiora La mente tua, e di' onde a te *venne*	*Par.* xxv. 47.
	Ma, poichè il tempo della grazia *venne*... si ritenne	*Par.* xxxii. 82.
	fe' del mar velo, E *venne* all' emisperio vostro[6]	*Inf.* xxxiv. 124.
	Poi come più e più verso noi *venne* L' uccel divino	*Purg.* ii. 37.
	volli dir, ma la voce non *venne* Com' io credetti	*Inf.* xvii. 92.

[1] *venia*.   [2] *pareva*.   [3] *indi scese*.   [4] *del*.   [5] *Giunse*.   [6] *nostro*.

Venne.	fu percossa Da un fulgore, in che sua voglia *venne* . . .	*Par.* xxxiii. 141.
	Tanto voler sopra voler mi *venne* Dell' esser su	*Purg.* xxvii. 121.
	L' un poco sopra noi a star si *venne*, E l' altro scese	*Purg.* viii. 31.
	Sen *venne* suso, ed io per le sue orme	*Purg.* ix. 60.
	E quella sozza imagine di froda Sen *venne*	*Inf.* xvii. 8.
	e quei sen *venne* a riva Con un vasello snelletto	*Purg.* ii. 40.
Venner.	Ed era sol, de' tre compagni Che *venner* prima	*Inf.* xxv. 150.
	Chi ei si furo, ed onde *venner* quivi, Più è tacer	*Par.* xvi. 44.
	Quando li regi antichi *venner* meno Tutti	*Purg.* xx. 53.
	Mentre che sì parlava... E tre spiriti *venner* sotto noi . . .	*Inf.* xxv. 35.
Vennermi.	*Vennermi* poi parendo tanto santi	*Purg.* xxii. 82.
Vennero.	*Vennero* appresso lor quattro animali	*Purg.* xxix. 92.
	Dintorno a questa *vennero*, e fermarsi, E fero un grido . . .	*Par.* xxi. 139.
Venni.	Dirotti perch' io *venni* e quel che intesi[1]	*Inf.* ii. 50.
	Com' io... *Venni* quaggiù dal mio beato scanno	*Inf.* ii. 112.
	E *venni* a te così com' ella volse	*Inf.* ii. 118.
	Io *venni* in loco d' ogni luce muto, Che mugghia	*Inf.* v. 28.
	di pietade Io *venni* meno sì[2] com' io morisse	*Inf.* v. 141.
	Perch' io mi mossi, ed a lui *venni* ratto	*Inf.* xxi. 91.
	Poscia rispose lui: da me non *venni*; Donna scese del ciel .	*Purg.* i. 52.
	O, diss' io lui, per entro i lochi tristi *Venni* stamane	*Purg.* viii. 59.
	E *venni* qui per la infernale ambascia	*Purg.* xvi. 39.
	Di' s' altro vuoi udir, ch' io *venni*, presta	*Purg.* xxviii. 83.
	mi cinse... Tanto per bene oprar gli *venni* in grado	*Par.* xv. 141.
	E *venni* dal martiro a questa pace	*Par.* xv. 148.
	Nè[3] *venni* prima all' ultima parola, Che... fece il lume centro.	*Par.* xxi. 79.
Venta.	Se non ch' al viso e disotto mi *venta*	*Inf.* xvii. 117.
Ventarmi.	un mover d' ala, E *ventarmi* nel viso[4]	*Purg.* xvii. 68.
Ventesimo.	materia al *ventesimo* canto Della prima canzon . . .	*Inf.* xx. 2.
1. Venti.	Di fredda nube non disceser *venti*	*Par.* viii. 22.
	e quelle svolazzava, Sì che tre *venti* si movean da ello . . .	*Inf.* xxxiv. 51.
	come fa mar... Se da contrari *venti* è combattuto	*Inf.* v. 30.
	si congela Soffiata e stretta dagli *venti* schiavi	*Purg.* xxx. 87.
	non crolla Giammai la cima per soffiar de' *venti*	*Purg.* v. 15.
	Come s' avviva allo spirar dei *venti* Carbone in fiamma . .	*Par.* xvi. 28.
2. Venti.	Nè giugneriesi, numerando, al *venti* Sì tosto	*Par.* xxix. 49.
Venticinque.	maggior letargo, Che *venticinque* secoli	*Par.* xxxiii. 95.
Ventidue.	Pensa... Che miglia *ventidue* la valle volge	*Inf.* xxix. 9.
Ventilando.	Ch' egli acquistavan *ventilando* il fianco	*Par.* xxxi. 18.
Ventilate.	veste... Percosse traean dietro e *ventilate*	*Purg.* viii. 30.
***Ventilonne.**	Mosse le penne poi e *ventilonne*	*Purg.* xix. 49.
Ventiquattro.	Del qual ti fascian *ventiquattro* piante	*Par.* xii. 96.
	Ventiquattro seniori, a due a due, Coronati venian	*Purg.* xxix. 83.
Vento.	mormorando, Pur come quella cui *vento* affatica . . .	*Inf.* xxvi. 87.
	e poi Si convertì quel *vento* in cotal voce	*Inf.* xiii. 92.
	Tal mi sentii un *vento* dar per mezza La fronte	*Purg.* xxiv. 148.
	Questo tuo grido farà come il *vento*,[5] Che... percote	*Par.* xvii. 133.
	mi feria... Non di più colpo, che soave *vento*	*Purg.* xxviii. 9.
	Par da lungi un molin che il *vento* gira	*Inf.* xxxiv. 6.
	quei... Che mena il *vento* e che batte la pioggia	*Inf.* xi. 71.
	Or le bagna la pioggia e move il *vento* Di fuor del regno . .	*Purg.* iii. 130.
	Sì tosto come il *vento* a noi li piega, Mossi la voce	*Inf.* v. 79.
	e sì come al pertugio Della sampogna *vento* che penetra . .	*Par.* xx. 24.
	Noi udiremo... Mentrechè il *vento*, come fa, si tace	*Inf.* v. 96.

[1] ch' io 'ntesi.   [2] men così.   [3] Non.   [4] volto.   [5] come vento.

Vento.	La terra lagrimosa diede *vento*, Che balenò	*Inf.* iii. 133.
	e mosse il fummo e il *vento* Per la virtù	*Purg.* v. 113.
	Già mi parea sentire alquanto *vento*	*Inf.* xxxiii. 103.
	O gente umana... Perchè a poco *vento* così cadi?	*Purg.* xii. 96.
	Non siate come penna ad ogni *vento*, E non crediate	*Par.* v. 74.
	si dibarba Robusto cerro, o vero al nostral *vento*	*Purg.* xxxi. 71.
	insieme vanno, E paion sì al *vento* esser leggieri	*Inf.* v. 75.
	l' aquile... Sopr' esso in vista al *vento* si movieno	*Purg.* x. 81.
	Così al *vento* nelle foglie lievi Si perdea	*Par.* xxxiii. 65.
	Poi farà sì, che al *vento* di Focara Non farà lor mestier	*Inf.* xxviii. 89.
	li vide... Venir con *vento*, con nube, e con igne	*Purg.* xxix. 102.
	Non altrimenti fatto che d' un *vento* Impetuoso	*Inf.* ix. 67.
	andavam forte, Sì come nave pinta da buon *vento*	*Purg.* xxiv. 3.
	Quali dal *vento* le gonfiate vele Caggiono avvolte	*Inf.* vii. 13.
	flette la cima Nel transito del *vento*, e poi si leva	*Par.* xxvi. 86.
	Constanza, Che del secondo *vento* di Suave Generò il terzo	*Par.* iii. 119.
	un fiato Di *vento*, che or vien quinci ed or vien quindi	*Purg.* xi. 101.
	le pecorelle... Tornan dal pasco pasciute di *vento*	*Par.* xxix. 107.
	un stizzo verde, che... cigola per *vento* che va via	*Inf.* xiii. 42.
	Poi per lo *vento* mi ristrinsi retro Al Duca mio	*Inf.* xxxiv. 8.
	Ma, per *vento* che in terra si nasconda, Non so come	*Purg.* xxi. 56.
	dilatate falde, Come di neve in alpe senza *vento*	*Inf.* xiv. 30.
Ventraia.	sì... Che il viso non risponde alla *ventraia*	*Inf.* xxx. 54.
Ventre.	Le cosce con le gambe, il *ventre* e il casso	*Inf.* xxv. 74.
	tirando, Grattar gli fece il *ventre* al fondo sodo	*Inf.* xxx. 30.
	Posciachè mal si torce il *ventre* quindi	*Purg.* xxxii. 45.
	l' acqua marcia Che il *ventre* innanzi gli occhi sì t' assiepa	*Inf.* xxx. 123.
	E il *ventre* largo, e unghiate le mani	*Inf.* vi. 17.
	hanno... Piè con artigli, e pennuto il gran *ventre*	*Inf.* xiii. 14.
	l' apria Fendendo i drappi, e mostrandomi il *ventre*	*Purg.* xix. 32.
	Aronta è quel che al *ventre* gli s' atterga	*Inf.* xx. 46.
	scorgeva... Le spalle e il petto e del *ventre* gran parte	*Inf.* xxxi. 47.
	giro L' alta letizia che spira del *ventre*	*Par.* xxiii. 104.
	Vergine madre... Nel *ventre* tuo si raccese l' amore	*Par.* xxxiii. 7.
	Qual sopra il *ventre*, e qual sopra le spalle... giacea	*Inf.* xxix. 67.
Ventura.	qual forza, o qual *ventura* Ti traviò?	*Purg.* v. 91.
	L' amico mio, e non della *ventura*... è impedito Sì	*Inf.* ii. 61.
	io mi senta Ben tetragono ai colpi di *ventura*	*Par.* xvii. 24.
	degli altrui danni Più lieta... che di *ventura* mia	*Purg.* xiii. 111.
	E per *ventura* udi': dolce Maria... chiamar	*Purg.* xx. 19.
Venturo.	Quei che credettero in Cristo *venturo*	*Par.* xxxii. 24.
Venusto.	le chiavi Raccomandò di questo fior *venusto*	*Par.* xxxii. 126.
1. Venuta.	Poscia, per indi ond' era pria *venuta*	*Purg.* xxxii. 124.
	Poichè la fiamma fu *venuta* quivi... lui parlare audivi	*Inf.* xxvi. 76.
	la gente... *Venuta* prima tra il grifone ed esso	*Purg.* xxx. 8.
2. Venuta.	Come fu la *venuta* a lui largita?	*Purg.* xi. 132.
	Temo che la *venuta* non sia folle	*Inf.* ii. 35.
	Or ti piaccia gradir la sua *venuta;* Libertà va cercando	*Purg.* i. 70.
Venute.	Non fur più tosto dentro a me *venute* Queste parole	*Par.* xxx. 55.
	contezza Di quello spirto, onde parean *venute*	*Purg.* xx. 30.
Venuti.	Noi siam[1] *venuti* al luogo ov' io t' ho detto	*Inf.* iii. 16.
	E quando noi a lei *venuti* semo... veggio... Gente seder	*Inf.* xvii. 34.
	Posciachè fummo al quarto dì *venuti*, Gaddo mi si gittò	*Inf.* xxxiii. 67.
Venuto.	Quei ch' a Cristo *venuto* ebber li visi	*Par.* xxxii. 27.

[1] sem.

Venuto.	or son *venuto* Là dove molto pianto mi percote	*Inf.* v. 26.
	Per tutti i cerchi... Rispose lui, son io di qua *venuto*	*Purg.* vii. 23.
	fu... Trovato... Come dicesse: io son *venuto* a questo	*Par.* xii. 78.
	al divino dall' umano, All' eterno dal tempo era *venuto*	*Par.* xxxi. 38.
	Credi tu, Malacoda, qui vedermi Esser *venuto?*	*Inf.* xxi. 80.
	lo sciagurato *Venuto* a man degli avversari suoi	*Inf.* xxii. 45.
	Tra male gatte[1] era *venuto* il sorco	*Inf.* xxii. 58.
	E tutto che tu sii *venuto* molto Più[2] a sinistra	*Inf.* xiv. 125.
	o Tosco, ch' al collegio Degl' ipocriti tristi se' *venuto*	*Inf.* xxiii. 92.
	I' non so chi tu sei, nè per che modo *Venuto* se' quaggiù	*Inf.* xxxiii. 11.
	se' *venuto* più che mezza lega Velando gli occhi	*Purg.* xv. 121.
	Se prima fu la possa... Come se' tu quassù *venuto?*	*Purg.* xxiii. 82.
	sei *venuto* in parte Dov' io per me più oltre non discerno	*Purg.* xxvii. 128.
	E già *venuto* all' ultima tortura S' era per noi	*Purg.* xxv. 109.
1. **Ver.**	lo tuo *ver* dir m' incora Buona umiltà	*Purg.* xi. 118.
	E questo è *ver* così com' io ti parlo	*Inf.* xxviii. 51.
	Ma tu non fosti sì *ver* testimonio Là 've... fosti richiesto	*Inf.* xxx. 113.
	Ver è ch' altra fiata quaggiù fui, Congiurato	*Inf.* ix. 22.
	Ver è ch' io dissi a lui, parlando a gioco, Io mi saprei levar	*Inf.* xxix. 112.
	Ver è che, come forma non s' accorda... alla intenzion	*Par.* i. 127.
	Ver è che più e meno eran contratti	*Purg.* x. 136.
	Ver è che quale in contumacia more Di santa Chiesa	*Purg.* iii. 136.
2. **Ver.**	rio, Ch' uscì del fonte ond' ogni *ver* deriva	*Par.* iv. 116.
	non si sazia Nostro intelletto, se il *ver* non lo illustra	*Par.* iv. 125.
	Vuoi tu che questo *ver* più ti s' imbianchi?	*Par.* viii. 112.
	Ma se presso al mattin il *ver* si sogna, Tu sentirai	*Inf.* xxvi. 7.
	Sì che, veduto il *ver* di questa corte... conforte	*Par.* xxv. 43.
	E, come stella in cielo, il *ver* si vide	*Par.* xxviii. 87.
	Fin che l' ha vinto il *ver* con più persone	*Purg.* xxvi. 126.
	E l' idropico: tu di' *ver* di questo	*Inf.* xxx. 112.
	ed io Dell' altra, sì che *ver* diciamo insieme	*Par.* iv. 114.
	S' io dico 'l *ver*, l' effetto nol nasconde	*Purg.* vi. 138.
	Ma dimmi il *ver* di te, e chi son quelle Due anime	*Purg.* xxiii. 52.
	la prova che il *ver* mi dischiude Son l' opere seguite	*Par.* xxiv. 100.
	Ma, se le tue parole or *ver* giuraro, Dimmi	*Purg.* xxvi. 109.
	E se tanto segreto *ver* proferse Mortale in terra	*Par.* xxviii. 136.
	Sempre a quel *ver* ch' ha faccia di menzogna De' l' uom	*Inf.* xvi. 124.
	A voce più ch' al *ver* drizzan li volti	*Purg.* xxvi. 121
	ma la vendetta Fia testimonio al *ver* che la dispensa	*Par.* xvii. 54.
	E i tre... Guatar l' un l' altro, come al *ver* si guata	*Inf.* xvi. 78.
	com' io vado Per questo loco al *ver* che tu disiri	*Par.* ii. 125.
	in ciò dispensa, Che par contra lo *ver* ch' io t' ho scoperto	*Par.* v. 36.
	gliel discoperse Con altro assai del *ver* di questi giri	*Par.* xxviii. 139.
	per sè noto, A guisa del *ver* primo che l' uom crede	*Par.* ii. 45.
	La qual fa del non *ver* vera rancura Nascere	*Purg.* x. 133.
	non fosti sì ver... Là 've del *ver* a Troia fosti richiesto	*Inf.* xxx. 114.
3. **Ver.**	Dico con l' una, o *ver* con ambo e due	*Par.* vii. 105.
	a chi mostra il dente O *ver* la borsa com' agnel si placa	*Par.* xvi. 117.
	O *ver* per acque nitide e tranquille... Tornan... le postille	*Par.* iii. 11.
4. **Ver** (*preposizione*).	Sovente.	
Vera.	E ritrarre... Che il corpo di costui è *vera* carne	*Purg.* v. 33.
	menato m' ha... Con questa *vera* carne che il seconda	*Purg.* xxiii. 123
	O frate mio, ciascuna è cittadina D' una *vera* città	*Purg.* xiii. 95.
	discernesse Della *vera* cittad almen la torre	*Purg.* xvi. 96.

[1] branche.   [2] Pur.

Vera. sì come tu vedi Ogni contraddizion e falsa e *vera*	. . . .	*Par.* vi. 21.
Io dirò cosa incredibile e *vera*		*Par.* xvi. 124.
Ed avrà quasi l' ombra della *vera* Costellazion	. . . . . .	*Par.* xiii. 19.
Già era il mondo... pregno Della *vera* credenza	. . . . . .	*Purg.* xxii. 77.
si spieghi Di nostra condizion, com' ella è *vera*	. . . . . .	*Purg.* i. 56.
Di ciò ebb' io esperienza *vera*, Udendo quello spirto	. . .	*Purg.* iv. 13.
Lasciala per non *vera* esser, e credi Quelle parole	. . . . .	*Purg.* xxi. 128.
Beatrice, loda di Dio *vera*, Chè non soccorri quei?	. . . . .	*Inf.* ii. 103.
Di *vera* luce tenebre dispicchi		*Purg.* xv. 66.
per lo raggio Dell' alta luce, che da sè è *vera*	. . . . . .	*Par.* xxxiii. 54.
se novella *vera* di Valdimacra,[1] o di parte vicina Sai	. . .	*Purg.* viii. 115.
E quel... Morte indugiò per *vera* penitenza	. . . .	*Par.* xx. 51.
O potenzia[2] di Dio quanto se' *vera*[3]*!*		*Inf.* xxiv. 119.
questa gente maledetta In *vera* perfezion giammai non vada	.	*Inf.* vi. 110.
La qual fa del non ver *vera* rancura Nascere	. . . .	*Purg.* x. 133.
Ed io te ne sarò or *vera* spia		*Purg.* xvi. 84.
Sola sedeasi in sulla terra *vera*, Come guardia	. . . .	*Purg.* xxxii. 94.
E volse i passi suoi per via non *vera*		*Purg.* xxx. 130.
nuove parvenze, Sì che la vista[4] pare e non par *vera*	. . . .	*Par.* xiv. 72.
E però questa festinata gente A *vera* vita		*Par.* xxxii. 59.
Verace. raggio della grazia, onde s' accende *Verace* amore	. . .	*Par.* x. 84.
L' angel... Dinanzi a noi pareva sì *verace* Quivi intagliato	.	*Purg.* x. 37.
Sternel la voce del *verace* autore, Che dice a Moisè	. . . .	*Par.* xxvi. 40.
O ignota ricchezza, o ben *verace*[5]*!*		*Par.* xi. 82.
Nel beato concilio Ti ponga in pace la *verace* corte	. . .	*Purg.* xxi. 17.
Signor mio Gesù Cristo, Dio *verace*, Or fu sì fatta?	. . . .	*Par.* xxxi. 107.
dolci pomi Promessi a me per lo *verace* Duca	. . . . . .	*Inf.* xvi. 62.
Vostra apprensiva da esser *verace* Tragge intenzione	. . . .	*Purg.* xviii. 22.
questo regno ha fatto civi Per la *verace* fede		*Par.* xxiv. 44.
Ma diede lor *verace* fondamento		*Par.* xxix. 111.
la gente *verace*... Al carro volse sè, come a sua pace	. . . .	*Purg.* xxx. 7.
Chè la *verace* luce che le appaga Da sè non lascia lor	. .	*Par.* iii. 32.
Non per lo mondo... Ma per amor della *verace* manna	. . .	*Par.* xii. 84.
Ma quel padre *verace*, che s' accorse Del timido voler	. . .	*Purg.* xviii. 7.
io vidi L' alto trionfo del regno *verace*		*Par.* xxx. 98.
Perch' io la veggio nel *verace* speglio Che fa di sè	. . . .	*Par.* xxvi. 106.
E seguitai: come il *verace* stilo Ne scrisse, patre	. . . .	*Par.* xxiv. 61.
Tant' era pien di sonno... Che la *verace* via abbandonai	. .	*Inf.* i. 12.
Veracemente. Chiamar si può *veracemente*[6] probo	. . . . . .	*Par.* xxii. 138.
Veraci. tanto... Che men seguon voler nei più *veraci*	. . . . .	*Purg.* xxi. 108.
Veramente. *Veramente* più volte appaion cose	. . . .	*Purg.* xxii. 28.
Chè *veramente* provveder bisogna Per lui, o per altrui	. . .	*Par.* viii. 79.
chi ad altro pensa Chiamar si puote *veramente*[7] probo	. . .	*Par.* xxii. 137.
Veramente, nè forse tu t' arretri Movendo l' ali tue	. . . .	*Par.* xxxii. 145.
Veramente, però ch' a questo segno Molto si mira	. . . .	*Par.* vii. 61.
O padre suo *veramente* Felice! O madre sua... Giovanna!	.	*Par.* xii. 79.
Veramente a così alto sospetto Non ti fermar	. . . .	*Purg.* vi. 43.
E *veramente* fui figliuol dell' orsa, Cupido sì	. . . . . .	*Inf.* xix. 70.
O madre sua *veramente* Giovanna, Se interpretata val!	. . .	*Par.* xii. 80.
Veramente quant' io del regno santo... potei far tesoro	. . .	*Par.* i. 10.
Veramente oramai saranno nude Le mie parole	. . . . . .	*Purg.* xxxiii. 100.
ma Fiorentino Mi sembri *veramente*, quand' io t' odo	. . .	*Inf.* xxxiii. 12.
veramente Delle magiche frode seppe il gioco	. . . . . .	*Inf.* xx. 116.

[1] Valdimagra.   [2] giustizia.   [3] è severa.   [4] cosa.
[5] *ferace*.   [6] puote veramente.   [7] *può veracemente*.

Veramente.	*Veramente* da tre mesi egli ha tolto Chi ha voluto	*Purg.* ii. 98.
	Veramente Giordan volto è retrorso	*Par.* xxii. 94.
***Verba.**	Trasumanar significar per *verba* Non si poria	*Par.* i. 70.
Verbo.	primai Fur *verbo* e nome di tutto il dipinto	*Par.* xviii. 92.
	che il suo *verbo* Non rimanesse in infinito eccesso	*Par.* xix. 44.
	Ei si fuggì, che non parlò più *verbo*	*Inf.* xxv. 16.
	Già si godeva solo del suo *verbo* Quello specchio[1] beato	*Par.* xviii. 1.
	Quivi è la rosa in che il *Verbo* Divino Carne si fece	*Par.* xxiii. 73.
	giacque... Fin ch' al *Verbo* di Dio di scender piacque	*Par.* vii. 30.
Vercelli.	piano... Che da *Vercelli* a Marcabò dichina	*Inf.* xxviii. 75.
1. **Verde.**	coloro Che corrono a Verona il drappo *verde*	*Inf.* xv. 122.
	quattro animali, Coronato ciascun di *verde* fronda	*Purg.* xxix. 93.
	Mentre che gli occhi per la fronda *verde* Ficcava io	*Purg.* xxiii. 1.
	Donna m' apparve, sotto *verde* manto, Vestita di color	*Purg.* xxx. 32.
	oltre la riviera *Verde*[2] pareami più sè stessa antica	*Purg.* xxxi. 83.
	Colà diritto, sopra il *verde* smalto, Mi fur mostrati	*Inf.* iv. 118.
	Come d' un stizzo *verde*, che arso sia Dall' un de' capi	*Inf.* xiii. 40.
	O vanagloria... Com' poco *verde* in sulla cima dura!	*Purg.* xi. 92.
	la colpa... Con esso insieme qui suo *verde* secca	*Purg.* xxii. 51.
	Mentre che la speranza ha fior del *verde*	*Purg.* iii. 135.
	Quando è nel *verde*[3] e nei fioretti opimo	*Par.* xxx. 111.
	in sul *verde* e in su i fiori Quivi[4] seder... anime vidi	*Purg.* vii. 82.
2. **Verde.**	Da ove[5] Tronto e *Verde* in mare sgorga	*Par.* viii. 63.
	Di fuor del regno, quasi lungo il *Verde*	*Purg.* iii. 131.
Verdi.	Sentendo fender l' aere alle *verdi* ali	*Purg.* viii. 106.
	Verdi, come fogliette pur mo nate, Erano in veste	*Purg.* viii. 28.
	La terra... Sotto le branche *verdi* si ritrova	*Inf.* xxvii. 45.
	Li ruscelletti, che dei *verdi* colli Del Casentin	*Inf.* xxx. 64.
	ombra... Qual sotto foglie *verdi* e rami nigri... l' Alpe porta.	*Purg.* xxxiii. 110.
	Non frondi *verdi*, ma di color fosco, Non rami schietti	*Inf.* xiii. 4.
	Come per *verdi* fronde in pianta vita	*Purg.* xviii. 54.
	E fassi fiume giù pei *verdi* paschi	*Inf.* xx. 75.
	veste, che da *verdi* penne Percosse traean dietro	*Purg.* viii. 29.
	tal... Ci si fe' l' aer, sotto i *verdi* rami	*Purg.* xxix. 35.
Verdissime.	E con idre *verdissime* eran cinte	*Inf.* ix. 40.
Verdura.	Giugnemmo in prato di fresca *verdura*	*Inf.* iv. 111.
	e dello sprazzo Che si distende su per la *verdura*	*Purg.* xxiii. 69.
Vere.	Dichiariranti ancor le cose *vere*	*Purg.* xxiv. 48.
	tornò di fuori Alle cose, che son fuor di lei *vere*	*Purg.* xv. 116.
	spiriti assolti Prima ch' avesser *vere* elezioni	*Par.* xxxii. 45.
	chè alla tua onta Io porterò di te *vere* novelle	*Inf.* xxxii. 111.
	E tu cortese, che ubbidisti tosto Alle *vere* parole	*Inf.* ii. 135.
	sempre attese Lo suon delle parole *vere* espresse	*Inf.* xix. 123.
	falsa matera... Per le *vere* ragion[6] che sono ascose[7]	*Purg.* xxii. 30.
	Ma la pioggia... converte In bozzacchioni le susine *vere*	*Par.* xxvii. 126.
	Vere sustanzie son ciò che tu vedi, Qui rilegate	*Par.* iii. 29.
Verga.	Bernardin di Fosco, *Verga* gentil di picciola gramigna	*Purg.* xiv. 102.
	ribatter... Li due serpenti avvolti con la *verga*	*Inf.* xx. 44.
	Guardate dal pastor, che in sulla *verga* Poggiato s' è	*Purg.* xxvii. 80.
Verghetta.	Venne[8] alla porta, e con una *verghetta* L' aperse	*Inf.* ix. 89.
Verghi.	Ditemi, acciocchè ancor carte ne *verghi*	*Purg.* xxvi. 64.
Vergine.	Io fui nel mondo *vergine* sorella	*Par.* iii. 46.
	Italia... Per cui morì la *vergine* Cammilla, Eurialo, e Turno	*Inf.* i. 107.

[1] spirto. [2] *Vincer.* [3] *Quanto è nell' erbe.* [4] Quindi. [5] Là dove.
[6] cagion. [7] son nascose. [8] Giunse.

Vergine. E come surge, e va, ed entra in ballo *Vergine* lieta . . *Par.* xxv. 104.
Quindi passando la *vergine* cruda Vide terra . . . . *Inf.* xx. 82.
non altrimenti Che *vergine*, che gli occhi onesti avvalli . . . *Purg.* xxviii. 57.
Così fu fatta la *Vergine* pregna . . . . *Par.* xiii. 84.
Vergine madre, figlia del tuo figlio, Umile ed alta . . . . . *Par.* xxxiii. 1.
Vergini. l' altre *vergini* dier loco A lei di dir . . . . *Purg.* xxxiii. 7.
O sacrosante *vergini*, se fami... mai per voi soffersi . . . . *Purg.* xxix. 37.
Vergogna. Livide insin là dove appar *vergogna* Eran l' ombre . *Inf.* xxxii. 34.
nel campo... Ogni *vergogna* deposta, s' affisse . . . . *Purg.* xi. 135.
Ma nell' uno è più colpa e più *vergogna* . . . . *Par.* xxix. 84.
Senz' esso fora la *vergogna* meno . . . . *Purg.* vi. 90.
i trassi all' erba, Tanta *vergogna* mi gravò la fronte . . . . *Purg.* xxx. 78.
Maggior difetto men *vergogna* lava, Disse il Maestro . . . . *Inf.* xxx. 142.
cinque cotali Tuoi cittadini, onde mi vien *vergogna* . . . . *Inf.* xxvi. 5.
Colpa e *vergogna* delle umane voglie . . . . *Par.* i. 30.
Però che senza colpa fa *vergogna* . . . . *Inf.* xvi. 126.
Ma *vergogna* mi fer le sue minacce . . . . *Inf.* xvii. 89.
Tuttavia, perchè mo[1] *vergogna* porte Del tuo errore . . . . *Purg.* xxxi. 43.
la gran dote... Al sangue mio non tolse la *vergogna* . . . . *Purg.* xx. 62.
Volsimi verso lui con tal *vergogna* . . . . *Inf.* xxx. 134.
da tema e da *vergogna* Voglio che... ti disviluppe . . . . . *Purg.* xxxiii. 31.
coscienza fusca O della propria o dell' altrui *vergogna* . . . *Par.* xvii. 125.
quando il volto Suo si discarca di *vergogna* il carco . . . . *Par.* xviii. 66.
E il peccator... di trista *vergogna* si dipinse . . . . *Inf.* xxiv. 132.
qualunque lasciasse, per *vergogna*, Di ragionar coi buoni . . *Purg.* xvi. 119.
Vergognando. Quali i fanciulli *vergognando* muti . . . . . . *Purg.* xxxi. 64.
Ed aiutan l' arsura *vergognando* . . . . *Purg.* xxvi. 81.
Vergognar. A *vergognar* ti vien della tua fama . . . . *Purg.* vi. 117.
Vergognosa. Risposi lui con *vergognosa* fronte . . . . *Inf.* i. 81.
Vergognosi. Allor con gli occhi *vergognosi* e bassi . . . . . . *Inf.* iii. 79.
Veri. per la profonda Notte menato m' ha da' *veri* morti . . . *Purg.* xxiii. 122.
Sigieri, Che... Sillogizzò invidiosi *veri* . . . . *Par.* x. 138.
Verità. dalmi Anco la *verità* che quinci piove Per Moisè . . . *Par.* xxiv. 135.
muta... sua paura, Poi che la *verità* gli è discoperta . . . *Purg.* ix. 66.
in terra addusse La *verità*, che tanto ci sublima . . . . . *Par.* xxii. 42.
t' assenno, che... La *verità* nulla menzogna frodi . . . . *Inf.* xx. 99.
veggi pura La *verità* che laggiù si confonde . . . . *Par.* xxix. 74.
Apri alla *verità* che viene il petto, E sappi . . . . *Purg.* xxv. 67.
a domandarvi D' un' altra *verità* che m' è oscura . . . . *Par.* iv. 135.
Di bella *verità* m' avea scoperto... il dolce aspetto . . . . *Par.* iii. 2.
perocchè si torse Da via di *verità* e da sua vita . . . . . *Par.* vii. 39.
Veritade. è nascosa La *veritade* alla gente ch' avvera . . . . *Purg.* xviii. 35.
*Veritate. Ben penetrare a questa *veritate* . . . . *Par.* iv. 71.
Vermena. Surge in *vermena*, ed in pianta silvestra . . . . . *Inf.* xiii. 100.
Vermi. Non v' accorgete voi, che noi siam *vermi*? . . . . . . *Purg.* x. 124.
ai lor piedi Da fastidiosi *vermi* era ricolto . . . . *Inf.* iii. 69.
Vermigli. Anzi di rose e d' altri fior *vermigli* . . . . *Purg.* xxix. 148.
Volsesi in sui *vermigli* ed in sui gialli Fioretti . . . . . . *Purg.* xxviii. 55.
Gli occhi ha *vermigli*, la barba unta ed atra . . . . *Inf.* vi. 16.
Vermiglia. vento, Che[2] balenò una luce *vermiglia* . . . . . . *Inf.* iii. 134.
la canna, Ch' era di fuor d' ogni parte *vermiglia* . . . . . *Inf.* xxviii. 69.
L' una dinanzi, e quella era *vermiglia* . . . . *Inf.* xxxiv. 39.
Vermiglie. le bianche e le *vermiglie* guance . . . . *Purg.* ii. 7.
meschite Là entro certo nella valle cerno *Vermiglie* . . . *Inf.* viii. 72.

[1] me'. [2] E.

Vermiglio.	Lungo la proda del bollor *vermiglio*	*Inf.* xii. 101.
	riguardolla, Allor che il gelso diventò *vermiglio*	*Purg.* xxvii. 39.
	Non era... posto a ritroso, Nè per division fatto *vermiglio*	*Par.* xvi. 154.
	E bianche l' altre di *vermiglio* miste	*Purg.* xxix. 114.
Vermo.	Quando ci scorse Cerbero, il gran *vermo*, Le bocche aperse.	*Inf.* vi. 22.
	Sì come *vermo*, in cui formazion falla	*Purg.* x. 129.
	Che gli animali infino al picciol *vermo* Cascaron tutti	*Inf.* xxix. 61.
	io m' appresi[1] Al pel del *vermo* reo che il mondo fora	*Inf.* xxxiv. 108.
Verna.	Io corpo... Dell' ombra che di qua retro[2] mi *verna*	*Inf.* xxxiii. 135.
	redole Odor di lode al sol che sempre *verna*	*Par.* xxx. 126.
Vernaccia.	purga... L' anguille di Bolsena e la *vernaccia*	*Purg.* xxiv. 24.
Vernan.	Come gli augei che *vernan* lungo il Nilo	*Purg.* xxiv. 64.
Verno.	Il *verno*[3] avrebbe·un mese d' un sol dì	*Par.* xxv. 102.
	li due tapini, Che fuman come man bagnate il *verno*	*Inf.* xxx. 92.
	Ch' io ho veduto tutto il *verno* prima Il prun mostrarsi	*Par.* xiii. 133.
	il leoncel... Che muta parte dalla state al *verno*	*Inf.* xxvii. 51.
	Non fece... sì grosso velo Di *verno*[4] la Danoia	*Inf.* xxxii. 26.
	cerchio... che sempre riman tra il sole e il *verno*	*Purg.* iv. 81.
1. **Vero.**	E credendo s' accese in tanto foco Di *vero* amor	*Par.* xx. 116.
	che i raggi Del *vero* amore in su poggin men vivi	*Par.* vi. 117.
	Amor di *vero* ben pien di letizia, Letizia che trascende	*Par.* xxx. 41.
	Per che, se ciò ch' ho detto è stato *vero*, Esser dovrien	*Par.* vii. 128.
	E *vero* frutto verrà dopo il fiore	*Par.* xxvii. 148.
	O *vero* isfavillar del santo spiro, Come si fece subito!	*Par.* xiv. 76.
	suo figlio... Ha posto in loco di suo pastor *vero*	*Purg.* xviii. 126.
	Di', di', se questo è *vero*; a tanta accusa... conviene	*Purg.* xxxi. 5.
	s' ammenta Di ciò, che *vero* spirto mi disnoda	*Purg.* xiv. 57.
	se il vero è *vero*, A veder tanto non surse il secondo	*Par.* x. 113.
	Vero è che in su la proda mi trovai Della valle	*Inf.* iv. 7.
2. **Vero.**	se il *vero* è vero, A veder tanto non surse il secondo	*Par.* x. 113.
	Ma questo *vero* è scritto in molti lati Dagli scrittor	*Par.* xxix. 40.
	il ver... Di fuor dal qual nessun *vero* si spazia	*Par.* iv. 126.
	contro alla vita presente... aperse il *vero* Quella	*Par.* xxviii. 2.
	sono spirti... Diss' io; ed egli a me : tu *vero* apprendi	*Purg.* xvi. 23.
	cerne Lo *vero*, in che si fonda questa prova	*Par.* xxvi. 36.
	Tu credi il *vero;* chè minori e grandi... miran	*Par.* xv. 61.
	E sè rivolge, per veder se il vetro Gli dice il *vero*	*Par.* xxviii. 8.
	si sogna, Credendo e non credendo dicer *vero*	*Par.* xxix. 83.
	E dichi il *vero* a lei, s' altro si dice	*Purg.* iii. 117.
	se l' arrabbiate Ombre che van dintorno dicon *vero*	*Inf.* xxx. 80.
	La quale e il quale (a voler dir lo *vero*) Fur stabiliti	*Inf.* ii. 22.
	Escusar puommi di quel... e vedermi dir *vero*	*Par.* xiv. 137.
	Io dirò il *vero*, e tu il ridi' tra i vivi	*Purg.* v. 103.
	s' io posso Mostrarti un *vero*... Terrai il viso	*Par.* viii. 95.
	giammai... Non tornò vivo alcun, s' i' odo il *vero*	*Inf.* xxvii. 65.
	Tal *vero* allo intelletto mio sterne Colui	*Par.* xxvi. 37.
	Non vide me' di me chi vide il *vero*, Quant' io calcai	*Purg.* xii. 68.
	Aguzza qui, Lettor, ben gli occhi al *vero*	*Purg.* viii. 19.
	E, s' io al *vero* son timido amico, Temo di perder vita[5]	*Par.* xvii. 118.
	è fatto brullo... Del ben richiesto al *vero* ed al trastullo	*Purg.* xiv. 93.
	non poria mentire, Perocch' è sempre primo *vero* appresso.	*Par.* iv. 96.
	fa mestieri... D' un altro *vero* andare alla radice	*Par.* xiv. 12.
	al millesmo del *vero* Non si verria, cantando il... riso	*Par.* xxiii. 58.
	Nasce... a guisa di rampollo, Appiè del *vero* il dubbio	*Par.* iv. 131.

[1] mi presi.   [2] dietro.   [3] *L' inverno.*   [4] *D' inverno.*   [5] viver.

Vero. il fiume e li topazii... Son di lor *vero* ombriferi prefazii		*Par.* xxx. 78.
forse In alcun *vero* suo arco percote		*Par.* iv. 60.
credere e... dire Nel *vero* farsi come centro in tondo		*Par.* xiii. 51.
si profonda Nel *vero*, in che si queta ogn' intelletto		*Par.* xxviii. 108.
indarno... Chi pesca per lo *vero* e non ha l' arte		*Par.* xiii. 123.
Più non rispondo, e questo so per *vero*		*Purg.* iv. 96.
È Opizzo[1] da Esti, il qual per *vero* Fu spento		*Inf.* xii. 111.
Poi sopra il *vero* ancor lo piè non fida		*Par.* iii. 27.
quella... Che lume fia tra il *vero* e l' intelletto		*Purg.* vi. 45.
3. **Vero.** Non che... Rallegrasse Affricano, o *vero* Augusto		*Purg.* xxix. 116.
si dibarba Robusto cerro, o *vero* al nostral vento		*Purg.* xxxi. 71.
al nostral vento, O *vero* a quel della terra di Iarba		*Purg.* xxxi. 72.
Verona. coloro Che corrono a *Verona* il drappo verde		*Inf.* xv. 122.
Io fui abate in san Zeno a *Verona*		*Purg.* xviii. 118.
Veronese. il Trentino Pastore e quel di Brescia e il *Veronese*		*Inf.* xx. 68.
Veronica. Viene a veder la *Veronica* nostra		*Par.* xxxi. 104.
Verrà. *Verrà* in prima, che ella sia disposta		*Par.* xxx. 138.
Ei disse a me : tosto *verrà* di sopra Ciò ch' io attendo		*Inf.* xvi. 121.
quando *Verrà* colui ch' io credea che tu fossi		*Inf.* xix. 77.
E vero frutto *verrà* dopo il fiore		*Par.* xxvii. 148.
Chè dopo lui *verrà*, di più laid' opra... un pastor		*Inf.* xix. 82.
pianto Giusto *verrà* diretro ai vostri danni		*Par.* ix. 6.
Quando *verrà* la nimica podesta, Ciascun ritroverà		*Inf.* vi. 96.
mi vien riprezzo, E *verrà* sempre, de' gelati guazzi		*Inf.* xxxii. 72.
Ambo vegnon... Per lo serpente che *verrà* via via		*Purg.* viii. 38.
E più saranno ancora infin che il veltro *Verrà*		*Inf.* i. 102.
Questo si vuole... E tosto *verrà* fatto a chi ciò pensa		*Par.* xvii. 50.
O ciel... Quando *verrà* per cui questa disceda?		*Purg.* xx. 15.
Verrai. per altri porti *Verrai* a piaggia, non qui, per passare		*Inf.* iii. 92.
e sarai, mentre Che tu *verrai* nell' orribil sabbione		*Inf.* xiii. 19.
Verranno. a che *verranno* Li cittadin della città partita?		*Inf.* vi. 60.
Ed egli a me : dopo lunga tenzone *Verranno* al sangue		*Inf.* vi. 65.
Ei ne *verranno* dietro più crudeli Che 'l cane		*Inf.* xxiii. 17.
e tu allor li prega Per quell' amor... e quei *verranno*		*Inf.* v. 78.
In eterno *verranno* alli due cozzi		*Inf.* vii. 55.
Verrebber. tardi Per coltivare omai *verrebber* meno		*Purg.* xiv. 96.
Verrem. Come l' altre, *verrem* per nostre spoglie		*Inf.* xiii. 103.
Verria. Ogni lingua per certo *verria* meno		*Inf.* xxviii. 4.
al millesmo del vero Non si *verria*, cantando il... riso		*Par.* xxiii. 59.
Verrò. Ed io... Dissi : come *verrò* se tu paventi?		*Inf.* iv. 17.
Però va oltre ; io ti *verrò* a' panni, E poi rigiugnerò		*Inf.* xv. 40.
se tu ti cali, Io non ti *verrò* dietro di galoppo		*Inf.* xxii. 114.
Verrucchio. Il Mastin vecchio, e il nuovo da *Verrucchio*		*Inf.* xxvii. 46.
Versa. tanto... Quant' ella *versa*, da due parti aperta		*Purg.* xxviii. 126.
1. **Versi.** Di nuova pena mi convien far *versi*		*Inf.* xx. 1.
S' io meritai... Quando nel mondo gli alti *versi* scrissi		*Inf.* xxvi. 82.
Versi d' amore e prose di romanzi Soperchiò tutti		*Purg.* xxvi. 118.
s' asconde Sotto il velame degli *versi* strani		*Inf.* ix. 63.
m' aiuti... Forti cose a pensar, mettere in *versi*		*Purg.* xxix. 42.
Paia tua possa in questi *versi* brevi		*Par.* xviii. 87.
E per sonare un poco in questi *versi*, Più si concepirà		*Par.* xxxiii. 74.
2. **Versi.** Or convien ch' Elicona per me *versi*		*Purg.* xxix. 40.
1. **Verso.** Ma quelle donne aiutino il mio *verso*		*Inf.* xxxii. 10.
Venivan... Cantando Miserere a *verso* a *verso*		*Purg.* v. 24.

[1] Obizzo.

Verso.	Ricominciar, come noi ristemmo, ei L' antico *verso*	*Inf.* xvi. 20.
2. **Verso** (*preposizione*). Sovente.		
	quivi si ricoglie Qual *verso* d' Acheronte non si cala	*Purg.* ii. 105.
	Vexilla Regis prodeunt inferni *Verso* di noi	*Inf.* xxxiv. 2.
	un fummo farsi *Verso* di noi, come la notte, oscuro	*Purg.* xv. 143.
3. **Verso.**	il mordere era nulla, *Verso* il graffiar	*Inf.* xxxiv. 59.
	in *verso* d' ella Ogni dimostrazion mi pare ottusa	*Par.* xxiv. 95.
	Tutte l' acque... *Verso* di quella che nulla nasconde	*Purg.* xxviii. 30.
	una scala, *Verso* di quella, agevole ed aperta	*Purg.* iii. 51.
	Fecero al viver bene un picciol cenno *Verso* di te	*Purg.* vi. 142.
Verun'.	sì... accesi, Che ferro più non chiede *verun'* arte	*Inf.* ix. 120.
Veruna.	Io non vi discernea *veruna*[1] cosa	*Inf.* iv. 12.
Veso.	ha proprio cammino Prima da monte *Veso* in ver levante	*Inf.* xvi. 95.
Vespa.	E, come *vespa* che ritragge l' ago... Trasse del fondo	*Purg.* xxxii. 133.
Vespe.	stimolati molto Da mosconi e da *vespe* ch' erano ivi	*Inf.* iii. 66.
Vespero.	*Vespero* è già colà, dov' è sepolto Lo corpo	*Purg.* iii. 25.
	Vespero là, e qui mezza notte era	*Purg.* xv. 6.
	Noi andavam per lo *vespero* attenti Oltre	*Purg.* xv. 139.
Vessillo.	le chiavi... Divenisser segnacolo in *vessillo*	*Par.* xxvii. 50.
1. **Vesta.**	lasciasti La *vesta* che al gran dì sarà sì chiara	*Purg.* i. 75.
	ciascuna vestita Nella sua terra fia di doppia *vesta*	*Par.* xxv. 92.
	Tanto il nostro amore Si raggerà dintorno cotal *vesta*	*Par.* xiv. 39.
	In *vesta* di pastor lupi rapaci Si veggion di quassù	*Par.* xxvii. 55.
2. **Vesta.**	la madre... Tanto che solo una camicia *vesta*	*Inf.* xxiii. 42.
1. **Veste.**	Verdi, come fogliette pur mo nate, Erano in *veste*	*Purg.* viii. 29.
2. **Veste.**	Lì quasi vetro allo color che il *veste*	*Par.* xx. 80.
	E mangia e bee e dorme e *veste* panni	*Inf.* xxxiii. 141.
	per l' incarco Della carne d' Adamo, ond' ei si *veste*	*Purg.* xi. 44.
	alla cui norma Nel vostro mondo giù si *veste* e vela	*Par.* iii. 99.
Vestì.	colei Ch' all' alto volo ti *vestì* le piume	*Par.* xv. 54.
*****Vestige.**	soffristi... In Inferno lasciar le tue *vestige*	*Par.* xxxi. 81.
*****Vestigge.**	Se trova novitate, o[2] sue *vestigge*	*Purg.* xxxiii. 108.
Vestigio.	se non di quella alcun *vestigio* Mal conosciuto	*Par.* v. 11.
	tu lasci tal *vestigio*, Per quel ch' i' odo	*Purg.* xxvi. 106.
	Cotal *vestigio* in terra di sè lascia, Qual fummo in aer	*Inf.* xxiv. 50.
Vestimento.	D' un color fora col suo *vestimento*	*Purg.* ix. 116.
Vestiro.	quei che le tre sante Virtù non si *vestiro*	*Purg.* vii. 35.
Vestisti.	tu ne *vestisti* Queste misere carni, e tu le spoglia	*Inf.* xxxiii. 62.
Vestita.	che ciascuna *vestita* Nella sua terra fia	*Par.* xxv. 91.
	A noi venia la creatura bella Bianco *vestita*	*Purg.* xii. 89.
	Donna m' apparve... *Vestita* di color di fiamma viva	*Purg.* xxx. 33.
Vestite.	Genti... Venire appresso, *vestite* di bianco	*Purg.* xxix. 65.
	Dalla sinistra quattro facean festa, In porpora *vestite*	*Purg.* xxix. 131.
	vidi le sue spalle *Vestite* già de' raggi del pianeta	*Inf.* i. 17.
Vestito.	Sappi ch' io fui *vestito* del gran manto	*Inf.* xix. 69.
	son perduto, E sì *vestito* andando mi rancuro	*Inf.* xxvii. 129.
	vidi un Sene *Vestito* con le genti gloriose	*Par.* xxxi. 60.
	Non era via da *vestito* di cappa	*Inf.* xxiv. 31.
Vetri.	*Vetri* o metalli sì lucenti e rossi	*Purg.* xxiv. 138.
	Quali per *vetri* trasparenti e tersi... Tornan	*Par.* iii. 10.
Vetro.	E sè rivolge, per veder se il *vetro* Gli dice il vero	*Par.* xxviii. 7.
	al dubbiar mio Lì quasi *vetro* allo color che il veste	*Par.* xx. 80.
	E quei: s' io fossi d' impiombato *vetro*	*Inf.* xxiii. 25.
	per gelo Avea di *vetro* e non d' acqua sembiante	*Inf.* xxxii. 24.

[1] *discerneva alcuna.*   [2] in.

Vetro. in un bogliente *vetro* Gittato mi sarei per rinfrescarmi	.	*Purg.* xxvii. 49.
E come in *vetro*, in ambra od in cristallo Raggio		*Par.* xxix. 25.
E trasparean come festuca in *vetro*		*Inf.* xxxiv. 12.
si rifonde Così, come color torna per *vetro*		*Par.* ii. 89.
Vetta. Tu la vedrai di sopra, in sulla *vetta* Di questo monte		*Purg.* vi. 47.
Vetusto. vedi quel Padre *vetusto* Di santa Chiesa		*Par.* xxxii. 124.
Indi partissi povero e *vetusto*		*Par.* vi. 139.
Vexilla. *Vexilla* Regis prodeunt inferni Verso di noi		*Inf.* xxxiv. 1.
Vi. *Sovente.*		
1. **Via.** E veggi vostra *via* dalla divina Distar cotanto		*Purg.* xxxiii. 88.
La *via* è lunga, e il cammino è malvagio		*Inf.* xxxiv. 95.
La più romita *via*[1] è una scala, Verso di quella		*Purg.* iii. 50.
Non era lunga ancor la nostra *via* Di qua dal sonno[2]		*Inf.* iv. 67.
e non v' era altra *via* Che questa		*Purg.* i. 62.
Non era *via* da vestito di cappa		*Inf.* xxiv. 31.
Nè ancor fu così nostra *via* molta, Quando... si torse		*Purg.* xxix. 13.
Par sì la ripa, e par sì la *via* schietta Col livido color		*Purg.* xiii. 8.
il malo amor... Perchè fa parer dritta la *via* torta		*Purg.* x. 3.
fiore, Ond' era pinta tutta la sua *via*		*Purg.* xxviii. 42.
ritorci Gli occhi... Sì che la *via* col tempo si raccorci		*Par.* xxix. 129.
Mille dugento... Anni compiè, che qui la *via* fu rotta		*Inf.* xxi. 114.
Dritta salia la *via* per entro il sasso		*Purg.* xxvii. 64.
Chè la diritta *via* era smarrita		*Inf.* i. 3.
Andiam, chè la *via* lunga ne sospigne		*Inf.* iv. 22.
Ma tardavagli il carco e la *via* stretta		*Inf.* xxiii. 84.
or convien che si torca La nostra *via* un poco		*Inf.* xviii. 29.
Tant' era pien di sonno... Che la verace *via* abbandonai		*Inf.* i. 12.
Come il ramarro... Folgore par, se la *via* attraversa		*Inf.* xxv. 81.
Così, per non aver *via* nè forame Dal principio nel[3] foco		*Inf.* xxvii. 13.
quanto si fende La roccia per dar *via* a chi va suso		*Purg.* xix. 68.
sì... discoscesa, Ch' alcuna *via* darebbe a chi su fosse		*Inf.* xii. 9.
S' ammusa... Forse ad espiar lor *via* e lor fortuna		*Purg.* xxvi. 36.
Presso è un altro scoglio che *via* face		*Inf.* xxi. 111.
Li margini fan *via*, che non son arsi		*Inf.* xiv. 141.
Maestro mio, diss' io, che *via* faremo?		*Purg.* iv. 36.
Quella ne insegnerà la *via* più tosta		*Purg.* vi. 60.
se voi sapete, Mostratene la *via* di gire al monte		*Purg.* ii. 60.
Così prendemmo *via* giù per lo scarco Di quelle pietre		*Inf.* xii. 28.
Su per lo scoglio prendemmo la *via*, Ch' era ronchioso		*Inf.* xxiv. 61.
E prendemmo la *via* con men sospetto Per l' assentir		*Purg.* xxii. 125.
giovinetta Fuggi'mi... E promisi la *via* della sua setta		*Par.* iii. 105.
E proseguendo la solinga *via* Tra le schegge		*Inf.* xxvi. 16.
Ripresi *via* per la piaggia diserta		*Inf.* i. 29.
un alto corno... Che, contra sè la sua *via* seguitando		*Inf.* xxxi. 14.
Ma[4] perchè l' usuriere altra *via* tiene... natura... Dispregia		*Inf.* xi. 109.
Icaro... Gridando il padre a lui: mala *via* tieni		*Inf.* xvii. 111.
Buon ti sarà, per tranquillar[5] la *via*, Veder lo letto		*Purg.* xii. 14.
che nostra ragione Possa trascorrer la infinita *via*		*Purg.* iii. 35.
Se voi venite... E volete trovar la *via* più tosto		*Purg.* xix. 80.
quella fede Ch' è principio alla *via* di salvazione		*Inf.* ii. 30.
Ma vassi alla *via* sua, checchè gli appaia		*Purg.* v. 5.
perocchè si torse Da *via* di verità e da sua vita		*Par.* vii. 39.
quando tu sarai... riposato della lunga *via*		*Purg.* v. 131.
Anastasio... Lo qual trasse Fotin della *via* dritta		*Inf.* xi. 9.

[1] rotta ruina.   [2] sommo.   [3] del.   [4] E.   [5] alleggiar.

Via.	Io stancato, ed ambo e due incerti Di nostra *via*	*Purg.* x. 20.
	Ma caddi in *via* con la seconda soma	*Purg.* xxi. 93.
	differente, Che quest' è in *via*, e quella è già a riva	*Purg.* xxv. 54.
	scrive Luca, Che Cristo apparve ai due ch' erano in *via*	*Purg.* xxi. 8.
	Ed io rimasi in *via* con esso i due, Che fur... maliscalchi	*Purg.* xxiv. 98.
	ne la *Via* d' andar su ne drizza senza prego	*Purg.* xvii. 56.
	Attraversato e nudo è nella *via*, Come tu vedi	*Inf.* xxiii. 118.
	Sì l' agevolerò per la sua *via*	*Purg.* ix. 57.
	figurato Quanto per *via* di fuor dal monte avanza	*Purg.* xii. 24.
	E noi... Entrammo giù per una *via* diversa	*Inf.* vii. 105.
	Per altra *via* mi mena il savio Duca, Fuor della queta	*Inf.* iv. 149.
	questa bestia... Non lascia altrui passar per la sua *via*	*Inf.* i. 95.
	pungiami... Per la impacciata *via* retro al mio Duca	*Purg.* xxi. 5.
	Nè ricovrar poteansi, se tu badi... per alcuna *via*	*Par.* vii. 89.
	mi prese, E... Rimontò per la *via* onde discese	*Inf.* xix. 126.
	Veggiono... Surger per *via* che poco le sta bruna	*Purg.* xix. 6.
	N' andavam... Come frati minor vanno per *via*	*Inf.* xxiii. 3.
	venimmo... Per altra *via* che fu sì aspra e forte	*Purg.* ii. 65.
	per altra *via*, per altri porti Verrai a piaggia	*Inf.* iii. 91.
	E volse i passi suoi per *via* non vera	*Purg.* xxx. 130.
2. Via.	fantolino, Che muor di fame, e caccia *via* la balia	*Par.* xxx. 141.
	saetta, Che sì corresse *via* per l' aere snella	*Inf.* viii. 14.
	E il balzo *via* là oltra[1] si dismonta	*Inf.* xi. 115.
	O Brettinoro, chè non fuggi *via*, Poichè gita se n' è?	*Purg.* xiv. 112.
	da ch' è sì munta Nostra sembianza *via* per la dieta	*Purg.* xxiv. 18.
	fiato... Che la reflette, e *via* da lei sequestra	*Purg.* xxv. 114.
	sofferto Fu per ciascun di toglier[2] *via* Fiorenza	*Inf.* x. 92.
	un stizzo verde, che... cigola per vento che va *via*	*Inf.* xiii. 42.
	Va *via*, rispose, e ciò che tu vuoi, conta; Ma non tacer	*Inf.* xxxii. 112.
	Ma va *via*, Tosco, omai, ch' or mi diletta... di pianger	*Purg.* xiv. 124.
	Poi altre vanno *via* senza ritorno, Altre rivolgon sè	*Par.* xxi. 37.
	Ambo vegnon... Per lo serpente che verrà *via via*	*Purg.* viii. 38.
	Or superbite, e *via* col viso altiero, Figliuoli d' Eva	*Purg.* xii. 70.
	lo sospinse, Dicendo: *via* costà con gli altri cani	*Inf.* viii. 42.
	e disse: *via*, Ruffian, qui non son femmine da conio	*Inf.* xviii. 65.
	s' infutura... *Via*[3] più là che il punir di lor perfidie	*Par.* xvii. 99.
	Chè l' imagine lor *via*[4] più m' asciuga Che il male	*Inf.* xxx. 68.
Viaggi.	ristoppa Le coste a quel che più *viaggi* fece	*Inf.* xxi. 12.
Viaggio.	Ma poscia ch' ebber colto lor *viaggio*	*Inf.* xxvii. 16.
	in contrario il collo Faceva a' piè continuo *viaggio*	*Inf.* xvi. 27.
	Facemmo adunque più lungo *viaggio* Volti a sinistra	*Inf.* xxxi. 82.
	per tornare... Là dove son, fo io questo *viaggio*	*Purg.* ii. 92.
	Da lei saprai di tua vita il *viaggio*	*Inf.* x. 132.
	A te convien tenere altro *viaggio*, Rispose	*Inf.* i. 91.
Vibra.	Sì come quando i primi raggi *vibra*	*Purg.* xxvii. 1.
Vicari.	la primizia Che lasciò Cristo dei *vicari* suoi	*Par.* xxv. 15.
Vicario.	Ov' ha il *vicario* di Pietro le piante	*Purg.* xxi. 54.
	Veggio... nel *vicario* suo Cristo esser catto	*Purg.* xx. 87.
Vice.	La provvidenza, che quivi comparte *Vice* ed offizio	*Par.* xxvii. 17.
	Poca sarebbe a fornir questa *vice*	*Par.* xxx. 18.
Vicenda.	Sì spesso vien chi *vicenda* consegue	*Inf.* vii. 90.
	Vanno a *vicenda* ciascuna al giudizio; Dicono e odono	*Inf.* v. 14.
Vicenza.	Padova... Cangerà l' acqua che *Vicenza* bagna	*Par.* ix. 47.
Vicin.	Così l' aer *vicin* quivi si mette In quella forma	*Purg.* xxv. 94.

[1] oltre.   [2] torre.   [3] *Vie.*   [4] *vie.*

Vicin. E chi, per esser suo *vicin* soppresso, Spera eccellenza	*Purg.* xvii. 115.
Sappi che il mio *vicin* Vitaliano Sederà qui	*Inf.* xvii. 68.
Gloria... Dicean, per quel ch' io da *vicin* compresi	*Purg.* xx. 137.
saria... più quieto, Se di nuovi *vicin* fosser digiuni	*Par.* xvi. 135.
Vicina. novella vera Di Valdimacra,[1] o di parte *vicina*	*Purg.* viii. 116.
Vicine. Vincendo intorno le genti *vicine*	*Par.* vi. 42.
O quanto fora meglio esser *vicine* Quelle genti!	*Par.* xvi. 52.
Tutte nature... Più al principio loro e men *vicine*	*Par.* i. 111.
Si fur girati... Come stelle *vicine* ai fermi poli	*Par.* x. 78.
sì alti vapori... Che nostre viste là non van *vicine*	*Purg.* xxx. 114.
Vicini. i tuoi *vicini* Faranno sì, che tu potrai chiosarlo	*Purg.* xi. 140.
Poi che i *vicini* a te punir son lenti, Movasi la Caprara	*Inf.* xxxiii. 81.
Non vo' però ch' a' tuoi *vicini* invidie	*Par.* xvii. 97.
Vicino. *Vicino* ai monti de' quai prima uscio	*Par.* vi. 6.
Or ti dirò perch' io son tal *vicino*	*Inf.* xxxiii. 15.
Questi, che m' è a destra più *vicino*, Frate... fummi	*Par.* x. 97.
Che il suon dell' acqua n' era sì *vicino*	*Inf.* xvi. 92.
io mi partii Poco è da un, che fu di là *vicino*	*Inf.* xxii. 67.
a proda, *Vicino* al fin de' passeggiati marmi	*Inf.* xvii. 6.
e vidi com' si move Circa e *vicino* a lui Maia e Dione	*Par.* xxii. 144.
lo furar... Del grande armento, ch' egli ebbe a *vicino*	*Inf.* xxv. 30.
Vicissime. Le parti sue *vicissime*[2] ed eccelse	*Par.* xxvii. 100.
Vico. Dimmi se son dannati, ed in qual *vico*	*Purg.* xxii. 99.
Sigieri, Che, leggendo nel *vico* degli strami, Sillogizzò	*Par.* x. 137.
Vid'. Di quel color... *Vid'* io allora tutto il ciel cosperso	*Par.* xxvii. 30.
così fatti *Vid'* io color, quando posi ben cura	*Purg.* x. 135.
Quivi la Donna mia *vid'* io sì lieta	*Par.* v. 94.
Tali *vid'* io più facce a parlar pronte	*Par.* iii. 16.
Con queste genti... *Vid'* io Fiorenza in sì fatto riposo	*Par.* xvi. 149.
Qui *vid'* io gente più che altrove troppa... Voltando pesi	*Inf.* vii. 25.
Queste parole... *Vid'* io scritte al sommo d' una porta	*Inf.* iii. 11.
Con queste genti *vid'* io glorioso E giusto il popol suo	*Par.* xvi. 151.
Sì *vid'* io lì, ma di miglior sembianza... figurato	*Purg.* xii. 22.
Vid' io uno scaleo eretto in susó Tanto	*Par.* xxi. 29.
Quivi *vid'* io Socrate[3] e Platone	*Inf.* iv. 134.
Vid' io, sopra migliaia di lucerne, Un sol	*Par.* xxiii. 28.
Vid' io così più turbe di splendori, Folgorati di su	*Par.* xxiii. 82.
Vele di mar non *vid'* io mai cotali	*Inf.* xxxiv. 48.
Poscia *vid'* io mille visi, cagnazzi Fatti per freddo	*Inf.* xxxii. 70.
Così *vid'* io l' un dall' altro grande Principe glorioso	*Par.* xxv. 22.
Bellincion Berti *vid'* io andar cinto Di cuoio e d' osso	*Par.* xv. 112.
Vid' io cascar li tre ad uno ad uno Tra il quinto dì	*Inf.* xxxiii. 71.
Qual è quel toro... *Vid'* io lo Minotauro far cotale	*Inf.* xii. 25.
E quanta e quale *vid'* io lei far piùe Per allegrezza	*Par.* viii. 46.
In su *vid'* io così l' etere adorno Farsi	*Par.* xxvii. 70.
e lì *vid'* io Delle mie vene farsi in terra lago	*Purg.* v. 83.
Qual' il falcon... *Vid'* io farsi quel segno	*Par.* xix. 37.
Vapori accesi non *vid'* io sì tosto... mai fender sereno	*Purg.* v. 37.
Vid' io più di mille anime distrutte Fuggir	*Inf.* ix. 79.
Così *vid'* io quella masnada fresca Lasciar lo canto	*Purg.* ii. 130.
Allor *vid'* io maravigliar Virgilio Sopra colui	*Inf.* xxiii. 124.
Sì *vid'* io movere a venir la testa Di quella mandria	*Purg.* iii. 85.
Vid' io in essa luce altre lucerne Moversi in giro	*Par.* viii. 19.
Così *vid'* io la gloriosa rota Moversi	*Par.* x. 145.

[1] Valdimagra. [2] vivissime. [3] e Socrate.

Vid'. Così *vid'* io la settima zavorra Mutare e trasmutare	. . . .	*Inf.* xxv. 142.
Vid' io molt' ombre, andando, poner mente	. . . .	*Purg.* xxvi. 9.
A questa voce *vid'* io più fiammelle... scendere	. . . . . .	*Par.* xxi. 136.
E così *vid'* io già temer li fanti Ch' uscivan	. . . .	*Inf.* xxi. 94.
Sì *vid'* io ben più di mille splendori Trarsi ver noi	. . . . .	*Par.* v. 103.
Così *vid'* io l' altr' anima... turbarsi e farsi trista	. . . . .	*Purg.* xiv. 70.
Di quella... *Vid'* io uscire un foco sì felice	. . . .	*Par.* xxiv. 20.
Così *vid'* io venir, traendo guai, Ombre portate	. . . . . .	*Inf.* v. 48.
Così *vid'* io lo schiarato splendore Venire ai due	. . . . . .	*Par.* xxv. 106.
Genti *vid'* io allor, com' a lor duci, Venire appresso	. . .	*Purg.* xxix. 64.
*Viddi. tante... Nuove travaglie e pene quante io *viddi*	. . .	*Inf.* vii. 20.
Vide. E qual colui... *Vide* il carro d' Elia al dipartire	. . . .	*Inf.* xxvi. 35.
Colui, che mai non *vide* cosa nuova, Produsse esto	. . . . .	*Purg.* x. 94.
Non *vide* mai sì gran fallo Nettuno, Non da pirati	. . . . .	*Inf.* xxviii. 83.
Vide nel sonno il mirabile frutto Ch' uscir dovea	. . . . . .	*Par.* xii. 65.
E quale Ismeno già *vide* ed Asopo... furia e calca	. . . . .	*Purg.* xviii. 91.
Chè chi il *vide* quassù gliel discoperse Con altro	. . . . . .	*Par.* xxviii. 138.
Onde la Donna, che mi *vide* assolto Dell' attendere in su	. .	*Par.* xxvii. 76.
E il Duca, che mi *vide* tanto atteso, Disse	. . . .	*Inf.* xxvi. 46.
O tu... Disse[1] Minos a me, quando mi *vide*	. . . .	*Inf.* v. 17.
Quando mi *vide*, tutto si distorse, Soffiando nella barba	. . .	*Inf.* xxiii. 112.
E quando *vide* noi, sè stesso morse, Sì come quei	. . . .	*Inf.* xii. 14.
Bernardo, come *vide* gli occhi miei... fissi ed attenti	. . . .	*Par.* xxxi. 139.
Perchè da lui non *vide* organo assunto	. . . :	*Purg.* xxv. 66.
Ecuba trista... Poscia che *vide* Polissena morta	. . . . .	*Inf.* xxx. 17.
quel che fe'... Isara *vide* ed Era, e *vide* Senna	. . . . . .	*Par.* vi. 59.
non *vide* quivi Lo refrigerio dell' eterna ploia	. . . . . .	*Par.* xiv. 26.
Questi non *vide* mai l' ultima sera, Ma... le fu sì presso	. .	*Purg.* i. 58.
E quei che *vide* tutt' i tempi gravi, Pria che morisse	. . . .	*Par.* xxxii. 127.
la vergine cruda *Vide* terra nel mezzo del pantano	. . . . .	*Inf.* xx. 83.
Non *vide* me' di me chi *vide* il vero, Quant' io calcai	. . .	*Purg.* xii. 68.
Ma poi ch' ei *vide* ch' io non mi partiva, Disse	. . . . .	*Inf.* iii. 90.
Alessandro... *vide* sopra lo suo stuolo Fiamme cadere	. .	*Inf.* xiv. 32.
A te convien... Rispose, poi che lagrimar mi *vide*	. . . .	*Inf.* i. 92.
lito... Che mai non *vide* navicar sue acque Uomo	. . . . .	*Purg.* i. 131.
a seder si levò, ratto Ch' ella ci *vide* passarsi davante	. .	*Inf.* vi. 39.
Infin lassù la *vide* il patriarca Jacob porgere	. . . .	*Par.* xxii. 70.
Quando mi *vide* star pur fermo e duro... disse	. . . . . .	*Purg.* xxvii. 34.
li dipigne Come li *vide* dalla fredda parte Venir	. . . . .	*Purg.* xxix. 101.
piu addentro *vide* L' angelica natura e il ministero	. . . .	*Par.* x. 116.
E, come stella in cielo, in ver si *vide*		*Par.* xxviii. 87.
Videbitis. Rispose... Modicum, et non *videbitis* me	. . . .	*Purg.* xxxiii. 10.
Et iterum... Modicum, et vos *videbitis* me	. . . .	*Purg.* xxxiii. 12.
Videmi. e come senza cura *Videmi* il Duca mio	. . . . . .	*Purg.* ix. 68.
. E *videmi* e conobbemi e chiamava, Tenendo gli occhi	. . .	*Purg.* xi. 76.
Vider. le mie luci... *Vider* Beatrice volta in sulla fiera	. . . .	*Purg.* xxxi. 80.
Non s' ammiraron... Quando Jason *vider* fatto bifolco	. . .	*Par.* ii. 18.
Come color dinanzi *vider* rotta La luce in terra	. . . . . .	*Purg.* iii. 88.
prato di fiori *Vider*, coperti[2] d' ombra, gli occhi miei	. . . .	*Par.* xxiii. 81.
Ma nè... furie... Si *vider* mai in alcun tanto crude	. . . . .	*Inf.* xxx. 23.
Videro. E *videro* scemata loro scuola, Così di Moisè	. . . .	*Purg.* xxxii. 79.
E giammai non si *videro* in fornace Vetri o metalli	. . . . .	*Purg.* xxiv. 137.
Vidi. E *vidi* il buono accoglitor del quale, Dioscoride dico	. . .	*Inf.* iv. 139.
e *vidi*[3] il grande Achille, Che con amore... combatteo	. . .	*Inf.* v. 65.

---

[1] Gridò.   [2] coperto.   [3] vedi.

Vidi. quale io allor *vidi* Negli occhi santi amor . . . . *Par.* xviii. 8.
contenti, Sì ch' io però non *vidi* un atto bruno . . . . *Purg.* xxiv. 27.
E com' io... vegno, In una borsa gialla *vidi* azzurro . . . . *Inf.* xvii. 59.
Quando Beatrice in sul sinistro fianco *Vidi* rivolta . . . . . *Par.* i. 47.
La bellezza ch' io *vidi* si trasmoda... di là da noi . . . . . *Par.* xxx. 19.
Vidi quel Bruto che cacciò Tarquino, Lucrezia, Julia . . . . *Inf.* iv. 127.
Io *vidi* certo, ed ancor par ch' io 'l veggia, Un busto . . . . *Inf.* xxviii. 118.
Vidi Cammilla e la Pentesilea Dall' altra parte . . . . . . *Inf.* iv. 124.
O mente, che scrivesti ciò ch' io *vidi*, Qui si parrà . . . . . *Inf.* ii. 8.
mi ridoglio, Quand' io drizzo la mente a ciò ch' io *vidi* . . . *Inf.* xxvi. 20.
Corridor *vidi* per la terra vostra, O Aretini . . . . *Inf.* xxii. 4.
sì ch' io *vidi* Ambo le corti del ciel manifeste . . . . *Par.* xxx. 95.
E *vidi* cosa ch' io avrei paura... di contarla solo . . . . . . *Inf.* xxviii. 113.
vidi cose che ridire Nè sa... chi[1] di lassù discende . . . . . *Par.* i. 5.
Quand' io *vidi*[2] costui nel gran diserto... gridai a lui . . . . *Inf.* i. 64.
Vidi demon cornuti con gran ferze, Che li battean . . . . . *Inf.* xviii. 35.
Vidi la Donna, che pria m' appario Velata . . . . *Purg.* xxx. 64.
La Donna... Sopra me *vidi*, e dicea: tiemmi, tiemmi . . . . *Purg.* xxxi. 93.
Volsimi a' piedi, e *vidi* due sì stretti . . . . *Inf.* xxxii. 41.
eravam partiti... Ch' io *vidi* duo ghiacciati in una buca . . . *Inf.* xxxii. 125.
Elena *vidi*,[3] per cui tanto reo Tempo si volse . . . . . . *Inf.* v. 64.
Io *vidi* Elettra con molti compagni, Tra' quai conobbi . . . *Inf.* iv. 121.
O quanto parve... Quando *vidi* tre facce alla sua testa ! . . . *Inf.* xxxiv. 38.
Per ch' io di corruscar *vidi* gran feste . . . . *Par.* xx. 84.
Vidi la figlia di Latona incensa Senza quell' ombra . . . . *Par.* xxii. 139.
Perocch' io *vidi* fochi, e sentii pianti . . . . *Inf.* xvii. 122.
La forma universal di questo nodo Credo ch' io *vidi* . . . . *Par.* xxxiii. 92.
Io *vidi* un' ampia fossa in arco torta, Come quella . . . . . *Inf.* xii. 52.
vidi un fuoco, Ch' emisperio di tenebre vincia . . . . *Inf.* iv. 68.
Vidi gente alla riva d' un gran fiume . . . . *Inf.* iii. 71.
giù nel fosso *Vidi* gente attuffata in uno sterco . . . . . *Inf.* xviii. 113.
Poi *vidi* gente[4] che di fuor del rio Tenea[5] la testa . . . . *Inf.* xii. 121.
Vidi gente per esso che piangea, Giacendo a terra . . . . . *Purg.* xix. 71.
Io *vidi* gente sotto infino al ciglio, ... *Inf.* xii. 103.
Vidi genti fangose in quel pantano, Ignude tutte . . . . . *Inf.* vii. 110.
Vidi di costa a lei dritto un gigante, E baciavansi . . . . *Purg.* xxxii. 152.
e *vidi* questo globo Tal, ch' io sorrisi . . . . *Par.* xxii. 134.
D' anime nude *vidi* molte gregge, Che piangean . . . . . . *Inf.* xiv. 19.
Chè io, che il *vidi*, appena il mi consento . . . . *Inf.* xxv. 48.
Ch' io il *vidi* uomo di sangue e di crucci . . . . *Inf.* xxiv. 129.
Quando la nostra imagine da presso *Vidi* sì torta . . . . . *Inf.* xx. 23.
Ed io, che riguardai, *vidi* una insegna, Che... correva . . . *Inf.* iii. 52.
Ma io nol *vidi*, nè credo che sia . . . . *Inf.* xx. 18.
e *vidi* il re Latino, Che con Lavinia... sedea . . . . *Inf.* iv. 125.
gli occhi su levai, E *vidi* lei che si facea corona . . . . . *Par.* xxxi. 71.
L' un lito e l' altro *vidi* infin la Spagna, Fin nel Morrocco . *Inf.* xxvi. 103.
O isplendor di Dio... Dammi virtù a dir com' io lo *vidi* . . *Par.* xxx. 99.
mi ricorda Ch' io *vidi* le due luci benedette . . . . *Par.* xx. 146.
E *vidi* le sue luci tanto mere, Tanto gioconde . . . . *Par.* xviii. 55.
E *vidi* lume in forma di riviera Fulgido di fulgore . . . . *Par.* xxx. 61.
Io *vidi* per la croce un lume tratto Dal nomar Josuè . . . . *Par.* xviii. 37.
domandai D' un quarto lume, ch' io *vidi* con noi . . . . . . *Par.* xxvi. 81.
lapilli, Ond' io *vidi* ingemmato il sesto lume . . . . *Par.* xx. 17.
Vidi messer Marchese, ch' ebbe spazio Già di bere . . . . *Purg.* xxiv. 31.

[1] qual. [2] Quando vidi. [3] vedi. [4] genti. [5] Tenean.

Vidi. Io *vidi* mosso me per tutto l' arco Che fa dal mezzo . . . . *Par.* xxvii. 80.
Quando mi *vidi* giunto in quella parte Di mia etade . . . . *Inf.* xxvii. 79.
Giunto mi *vidi* ove mirabil cosa Mi torse il viso a sè . . . . *Par.* ii. 25.
E nulla *vidi*, e ritorsili avanti Dritti nel lume . . . . *Par.* iii. 22.
Tra l' altre *vidi* un' ombra che aspettava In vista . . . . . *Purg.* xiii. 100.
Vidi e conobbi[1] l' ombra di colui Che fece... rifiuto . . . . . *Inf.* iii. 59.
Guarda'mi innanzi, e *vidi* ombre con manti . . . . *Purg.* xiii. 47.
e *vidi* Orfeo, Tullio e Lino e Seneca morale . . . . *Inf.* iv. 140.
Vidi Cont' Orso, e l' anima divisa Dal corpo suo . . . . . . *Purg.* vi. 19.
Vidi[2] Paris, Tristano; e più di mille Ombre mostrommi . . *Inf.* v. 67.
Io *vidi* già nel cominciar del giorno La parte oriental . . . *Purg.* xxx. 22.
Aimè, che piaghe *vidi* ne' lor membri Recenti e vecchie! . . *Inf.* xvi. 10.
vidi nuova pieta, Nuovi tormenti e nuovi frustatori . . . . *Inf.* xviii. 22.
Io *vidi* per le coste e per lo fondo Piena la pietra . . . . . *Inf.* xix. 13.
quel piglio Dolce, ch' io *vidi* prima a piè del monte . . . . *Inf.* xxiv. 21.
Vidi più di mille Angeli festanti, Ciascun distinto . . . . . *Par.* xxxi. 131.
Io *vidi* più di mille in sulle porte Da' ciel piovuti . . . . . *Inf.* viii. 82.
Vidi una porta, e tre gradi di sotto Per gire ad essa . . . . *Purg.* ix. 76.
Un punto *vidi* che raggiava lume Acuto sì . . . . *Par.* xxviii. 16.
Quant' io *vidi* in due ombre smorte e nude . . . . *Inf.* xxx. 25.
Poi *vidi* quattro in umile paruta, E... un veglio solo Venir . *Purg.* xxix. 142.
O quali io *vidi* quei che son disfatti Per lor superbia! . . . *Par.* xvi. 109.
Io *vidi*, potrai dir, quel da Duera Là . . . . *Inf.* xxxii. 116.
E *vidi* così grandi come antichi... quel dell' Arca . . . . . *Par.* xvi. 91.
suo passo falca, Per quel ch' io *vidi* di color, venendo . . . *Purg.* xviii. 95.
e questo, a quel ch' io *vidi*, E tanto, che non basta . . . . . *Par.* xxxiii. 122.
punto Per compassion di quel ch' io *vidi* poi . . . . . . *Purg.* xiii. 54.
Immagini chi bene intender cupe Quel ch' io or *vidi* . . . *Par.* xiii. 2.
E solo in parte *vidi* il Saladino . . . . *Inf.* iv. 129.
Dicer del sangue e delle piaghe appieno, Ch' i' ora *vidi* . . *Inf.* xxviii. 3.
E *vidi* poi, chè nol vedea davanti, Lo scendere . . . . . . *Inf.* xvii. 124.
D' un grande avello, ov' io *vidi* una scritta Che diceva . . . *Inf.* xi. 7.
in quanto io *vidi* il segno Che segue il Tauro . . . . *Par.* xxii. 110.
Credea veder Beatrice, e *vidi* un Sene Vestito . . . . *Par.* xxxi. 59.
Io *vidi* in quella giovial facella Lo sfavillar . . . . *Par.* xviii. 70.
vidi le sue spalle Vestite già de' raggi del pianeta . . . . . *Inf.* i. 16.
E *vidi* cento sperule, che insieme Più s' abbellivan . . . . *Par.* xxii. 23.
E *vidi* spirti per la fiamma andando . . . . *Purg.* xxv. 124.
Per tutti i cerchi... Non *vidi* spirto in Dio tanto superbo . . *Inf.* xxv. 14.
posi mente All' altro polo, e *vidi* quattro stelle . . . . . . *Purg.* i. 23.
Tanto ch' io *vidi* delle cose belle Che porta il ciel . . . . . *Inf.* xxxiv. 137.
vidi Solo dinanzi a me la terra oscura . . . . *Purg.* iii. 20.
O isplendor di Dio, per cu' io *vidi* L' alto trionfo! . . . . . *Par.* xxx. 97.
tu... cui io *vidi* su in terra Latina... Rimembriti . . . . . *Inf.* xxviii. 71.
Io *vidi* gli Ughi, e *vidi* i Catellini, Filippi, Greci . . . . . *Par.* xvi. 88.
sì lucenti e rossi, Com' io *vidi* un che dicea . . . . *Purg.* xxiv. 139.
vidi un che mirava Pur me, come conoscer mi volesse . . . *Purg.* viii. 47.
Vidi un col capo sì di merda lordo, Che non parea . . . . *Inf.* xviii. 116.
Già veggia... Com' io *vidi* un, così non si pertugia . . . . *Inf.* xxviii. 23.
Io *vidi* un, fatto a guisa di liuto . . . . *Inf.* xxx. 49.
Ma *vidi* bene l' uno e l' altro mosso . . . . *Purg.* viii. 105.
Vidi due vecchi in abito dispari, Ma pari in atto . . . . . *Purg.* xxix. 134.
e *vidi* spenta Ogni veduta, fuor che della fiera . . . . . . *Inf.* xvii. 113.
Vidi presso di me un veglio solo, Degno di... riverenza . . . *Purg.* i. 31.

[1] Guardai e vidi.   [2] Vedi.

Vidi. Dal primo giorno ch' io *vidi* il suo viso In questa vita . . *Par.* xxx. 28.
quando *vidi* ch' i' era Nell' aer d' ogni parte . . . . *Inf.* xvii. 112.
e *vidi* che con riso Udito avevan l' ultimo costrutto . . . . *Purg.* xxviii. 146.
Io *vidi* ben... Che fur parole alle prime diverse . . . . . . *Inf.* ix. 10.
Vidi che lì non si quetava il core . . . . *Purg.* xix. 109.
Nel suo profondo *vidi* che s' interna, Legato . . . . *Par.* xxxiii. 85.
e *vidi* com' si move Circa e vicino a lui Maia e Dione . . . *Par.* xxii. 143.
Io non[1] *vidi*, e però dicer non[1] posso, Come mosser . . . . *Purg.* viii. 103.
Così *vidi* adunar la bella scuola Di quei signor . . . . . . *Inf.* iv. 94.
Vidi gente sott' esso alzar le mani, E gridar . . . . *Purg.* xxiv. 106.
Poi vidi genti accese in foco d' ira... ancider . . . . . . *Purg.* xv. 106.
E *vidi* le fiammelle andar davante, Lasciando... l' aer . . . *Purg.* xxix. 73.
Io *vidi*... Uno aspettar così, com' egli incontra . . . . *Inf.* xxii. 31.
Poscia *vidi* avventarsi nella cuna... una volpe . . . . . . *Purg.* xxxii. 118.
Com' io *vidi* calar l' uccel di Giove Per l' arbor giù . . . . *Purg.* xxxii. 112.
E legno *vidi* già dritto e veloce Correr lo mar . . . . *Par.* xiii. 136.
Io *vidi* entrar le braccia per l' ascelle . . . . *Inf.* xxv. 112.
E *vidi* quel de' Nerli e quel del Vecchio Esser contenti . . *Par.* xv. 115.
quanto mi piacque, Quando ti *vidi* non esser tra i rei! . . . *Purg.* viii. 54.
Dopo ciò poco *vidi* quello strazio Far di costui . . . . . . *Inf.* viii. 58.
Io *vidi* più fulgor vivi e vincenti Far di noi centro . . . . *Par.* x. 64.
mi fece... fede La Donna mia, ch' io *vidi* far più bella . . . *Par.* viii. 15.
e *vidi* gir gualdane, Ferir torneamenti, e correr giostra . . *Inf.* xxii. 5.
del plaustro, Che legar *vidi* alla biforme fiera . . . . . . *Purg.* xxxii. 96.
E non *vidi* giammai menare stregghia Da ragazzo . . . . . *Inf.* xxix. 76.
Ristetti, e *vidi* due mostrar gran fretta Dell' animo . . . *Inf.* xxiii. 82.
Ch' io *vidi* lui a piè del ponticello Mostrarti . . . . *Inf.* xxix. 25.
Nè già... Cavalier *vidi* mover, nè pedoni . . . . *Inf.* xxii. 11.
Ed al nome... *Vidi* moversi un altro roteando . . . . . . *Par.* xviii. 41.
Io *vidi* già cavalier muover campo, E cominciare stormo . . *Inf.* xxii. 1.
Ch' io *vidi*, ed anco udii parlar lo rostro . . . . *Par.* xix. 10.
Io *vidi* sopra lei tanta allegrezza Piover . . . . *Par.* xxxii. 88.
La testa e il collo d' un' aquila *vidi* Rappresentare . . . . *Par.* xviii. 107.
Vidi quivi ai lor giochi ed ai lor canti Ridere . . . . . . *Par.* xxxi. 133.
Io *vidi* quello esercito gentile... riguardare in sue . . . *Purg.* viii. 22.
così *vidi* quella Luce risplendere a' miei blandimenti . . *Par.* xvi. 29.
Vidi in sul braccio destro esser rivolto Lo... esercito . . *Purg.* xxxii. 16.
L' aquila *vidi* scender giù nell' arca Del carro . . . . . . *Purg.* xxxii. 125.
Vidi anco per li gradi scender giuso Tanti splendor . . . . *Par.* xxi. 31.
E *vidi* scendere altre luci dove Era il colmo dell' M . . . *Par.* xviii. 97.
Salve, Regina... Quivi seder cantando anime *vidi* . . . . *Purg.* vii. 83.
Vidi il maestro di color che sanno Seder . . . . *Inf.* iv. 131.
Io *vidi* due sedere a sè poggiati, Come... tegghia . . . . *Inf.* xxix. 73.
Vidi specchiarsi in più di mille soglie . . . . *Par.* xxx. 113.
Tal torna' io, e *vidi* quella pia Sopra me starsi . . . . . *Purg.* xxxii. 82.
E *vidi* lui tornare a tutti i lumi Della sua strada . . . . *Par.* xxvi. 121.
Io *vidi* una di lor trarsi davante Per abbracciarmi . . . . *Purg.* ii. 76.
mi fece sbigottir... Quand' io gli *vidi* sì turbar la fronte . . *Inf.* xxiv. 17.
Vidi per fame a vôto usar li denti Ubaldin dalla Pila . . . *Purg.* xxiv. 28.
E *vidi* uscir dell' alto, e scender giue Due angeli . . . . *Purg.* viii. 25.
e *vidi* uscirne un drago, Che... la coda fisse . . . . . . *Purg.* xxxii. 131.
Ed io *vidi* un Centauro pien di rabbia Venir . . . . *Inf.* xxv. 17.
E *vidi* gente per lo vallon tondo Venir . . . . *Inf.* xx. 7.
snella, Com' io *vidi* una nave piccioletta Venir . . . . . . *Inf.* viii. 15.

[1] nol.

Vidi.	non compiè... Ch' io gli *vidi* venir con l' ali tese	*Inf.* xxiii. 35.
	io *vidi*... Venir notando una figura in suso	*Inf.* xvi. 130.
	E *vidi* dietro a noi un diavol nero Correndo... venire	*Inf.* xxi. 29.
	Vidi quattro grand' ombre a noi venire	*Inf.* iv. 83.
	io era nuovo... Quando ci *vidi* venire un possente	*Inf.* iv. 53.
	Con gli occhi *vidi* parte nello estremo Vincer	*Par.* xxxi. 122.
	unquanco Non *vidi* chiaro sì, com' io discerno	*Purg.* iv. 77.
	Onde, me' che dinanzi, *vidi* poi	*Par.* xxvi. 79.
Vidil.	*Vidil* seder sopra il grado soprano	*Purg.* ix. 80.
Vidila.	E *vidila* mirabilmente oscura	*Inf.* xxi. 6.
Vidile.	E *vidile* guardar per maraviglia Pur me, pur me	*Purg.* v. 8.
Vidili.	E *vidili* le gambe in su tenere	*Inf.* xxxiv. 90.
Vidimi.	Perch' io mi volsi, e *vidimi* davante... un lago	*Inf.* xxxii. 22.
	Vidimi giunto in sull' altro girone	*Purg.* xv. 83.
	e *vidimi* translato Sol con mia Donna in[1] più alta salute	*Par.* xiv. 83.
Vidine.	*Vidine* un' altra come[2] sangue rossa Mostrare	*Inf.* xvii. 62.
Vidivi.	E *vidivi* entro terribile stipa Di serpenti	*Inf.* xxiv. 82.
1. **Vie.**	Gli accorgimenti e le coperte *vie* Io seppi tutte	*Inf.* xxvii. 76.
	Dunque a Dio convenia con le *vie* sue Riparar l' uomo	*Par.* vii. 103.
	Fuor sei dell' erte *vie*, fuor sei dell' arte	*Purg.* xxvii. 132.
	m' hai... tratto... Per tutte quelle *vie*, per tutti i modi	*Par.* xxxi. 86.
	Di proceder per tutte le sue *vie*... fu contenta	*Par.* vii. 110.
	non fura Passo, che faccia il secol per sue *vie*	*Purg.* xxx. 105.
2. **Vie.**	entrate quinci Ad un scaleo *vie* men che gli altri eretto	*Purg.* xv. 36.
	Vie più che indarno da riva si parte... Chi pesca	*Par.* xiii. 121.
	L' acqua era buia assai *vie*[3] più che persa	*Inf.* vii. 103.
	E il tuo fratello assai *vie* più digesta... manifesta	*Par.* xxv. 94.
	s' infutura... *Vie*[4] più là che il punir di lor perfidie	*Par.* xvii. 99.
	quelle vive luci, *Vie* più lucenti,[5] cominciaron canti	*Par.* xx. 11.
	Chè l' imagine lor *vie*[6] più m' asciuga	*Inf.* xxx. 68.
Viemmi.	Certo non chiese se non: *viemmi* retro	*Inf.* xix. 93.
Vien.	Quinci *vien* l' allegrezza ond' io fiammeggio	*Par.* xxi. 88.
	E come *vien* la chiarissima ancella Del sol più oltre	*Par.* xxx. 7.
	quando l' anima mal nata Li *vien* dinanzi... si confessa	*Inf.* v. 8.
	Ma perchè il balenar, come *vien*, resta	*Purg.* xxix. 19.
	Sì ch' al volger del tempo non *vien* meno	*Par.* xiii. 9.
	Sì spesso *vien* chi vicenda consegue	*Inf.* vii. 90.
	Da essa *vien* ciò che da luce a luce Par differente	*Par.* ii. 145.
	E ciò che ci si fa *vien* da buon zelo	*Par.* xxii. 9.
	Traggonsi i pesci a ciò che *vien* di fuori	*Par.* v. 101.
	E ciò che *vien* diretro a lor non guardi	*Purg.* xxix. 63.
	Chè ciò che *vien* quassù dal[7] mortal mondo... si maturi	*Par.* xxv. 35.
	Mira colui... Che *vien* dinanzi a' tre sì come sire	*Inf.* iv. 87.
	Che molte volte al fatto il dir *vien* meno	*Inf.* iv. 147.
	non potem... S' ella non *vien*, con tutto nostro ingegno	*Purg.* xi. 9.
	un fiato Di vento, che or *vien* quinci ed or *vien* quindi	*Purg.* xi. 101.
	Chi è in quel foco, che *vien* sì diviso Di sopra?	*Inf.* xxvi. 52.
	Gente *vien* con la quale esser non deggio	*Inf.* xv. 118.
	La gente, che non *vien* con noi, offese Di ciò	*Purg.* xxvi. 76.
	il sommo bene, Onde *vien* la letizia che mi fascia	*Par.* xxvi. 135.
	Da molte stelle mi *vien* questa luce	*Par.* xxv. 70.
	Lume non è, se non *vien* dal sereno Che non si turba mai	*Par.* xix. 64.
	perla... Non *vien* men tosto[8] alle nostre pupille	*Par.* iii. 15.

[1] a. [2] più che [3] molto. [4] Via. [5] lucendo.
[6] via. [7] del. [8] forte.

Vien. voi bevete Sempre del fonte onde *vien* quel ch' ei pensa . . *Par.* xxiv. 9.
disviticchia Col viso quel che *vien* sotto a quei sassi . . . . *Purg.* x. 119.
Chè questi che *vien* meco, per l' incarco Della carne . . . . *Purg.* xi. 43.
e *vien* Quirino Da sì vil padre che si rende a Marte . . . . *Par.* viii. 131.
mi *vien* riprezzo, E verrà sempre, de' gelati guazzi . . . . . *Inf.* xxxii. 71.
Chè saetta previsa *vien* più lenta . . . . *Par.* xvii. 27.
Lo sol sen va, soggiunse, e *vien* la sera . . . . *Purg.* xxvii. 61.
frate, Lo mondo è cieco, e tu *vien* ben da lui . . . . . . *Purg.* xvi. 66.
Dimmi se *vien* d' inferno, e di qual chiostra . . . . *Purg.* vii. 21.
Tu il dei saper, se tu *vien* pur mo giuso . . . . *Inf.* xxxiii. 136.
a Stazio Donnescamente disse: *vien* con lui . . . . *Purg.* xxxiii. 135.
Vien, crudel, vieni, e vedi la pressura De' tuoi gentili . . . *Purg.* vi. 109.
Or mi *vien* dietro, e guarda che non metti Ancor . . . . . *Inf.* xiv. 73.
E con tranquillo aspetto: *vien* più tosto, Mi disse . . . . . *Purg.* xxxiii. 19.
Vien retro a me, e lascia dir le genti . . . . *Purg.* v. 13.
E disser: *vien* tu solo, e quei sen vada . . . . *Inf.* viii. 89.
A vergognar ti *vien* della tua fama . . . . *Purg.* vi. 117.
Diretro al mio parlar ten *vien* col viso Girando su . . . . *Par.* x. 101.
turba... Che lieta *vien* per questo etera tondo . . . . . . *Par.* xxii. 132.
cinque cotali Tuoi cittadini, onde mi *vien* vergogna . . . *Inf.* xxvi. 5.
sedendo in piuma, In fama non si *vien*, nè sotto coltre . . . *Inf.* xxiv. 48.
pan... del quale Vivesi qui, ma non sen *vien* satollo . . . . *Par.* ii. 12.
Viene. come fronda In ramo, che sen va, ed altra *viene* . . . *Par.* xxvi. 138.
ammiraglio, che... *Viene* a veder la gente che ministra . . . *Purg.* xxx. 59.
sì come *viene* ad orecchia Dolce armonia da organo . . . *Par.* xvii. 43.
La vostra nominanza è color d' erba, Che *viene* e va . . . *Purg.* xi. 116.
forse di Croazia *Viene* a veder la Veronica nostra . . . . . *Par.* xxxi. 104.
E quindi *viene* il duol che sì li lancia . . . . *Purg.* vii. 111.
Mi disse: guarda quel grande che *viene* . . . . *Inf.* xviii. 83.
Messo è, che *viene* ad invitar ch' uom saglia . . . . *Purg.* xv. 30.
L' altro è Orazio satiro, che *viene* . . . . *Inf.* iv. 89.
questi non *viene* Ammaestrato dalla tua sorella . . . . . *Inf.* xii. 19.
conviene... Crescer lo raggio che da esso *viene* . . . . . *Par.* xiv. 51.
corre ad amore Come a lucido corpo raggio *viene* . . . . *Purg.* xv. 69.
mi *viene* A vista il tempo che ti s' apparecchia . . . . . *Par.* xvii. 44.
Apri alla verità che *viene* il petto, E sappi . . . . *Purg.* xxv. 67.
un Marcel diventa Ogni villan che parteggiando *viene* . . . *Purg.* vi. 126.
L' una gente sen va, l' altra sen *viene* . . . . *Purg.* xxvi. 46.
Vieni. ne consola, e ne ditta Onde *vieni*, e chi sei . . . . . *Purg.* xiv. 13.
O tu che *vieni* al doloroso ospizio, Disse[1] Minos . . . . . *Inf.* v. 16.
E disse: chi se' tu che *vieni* anzi ora? . . . . *Inf.* viii. 33.
Vien, crudel, *vieni*, e vedi la pressura De' tuoi gentili . . . *Purg.* vi. 109.
almen tre Voci t' ho messe, dicea; surgi e *vieni* . . . . *Purg.* xix. 35.
Se tu non *vieni* a crescer la vendetta Di Mont' Aperti . . . *Inf.* xxxii. 80.
Vieni a veder la gente quanto s' ama . . . . *Purg.* vi. 115.
Vieni a veder Montecchi e Cappelletti . . . . *Purg.* vi. 106.
Vieni a veder la tua Roma che piagne, Vedova e sola . . . *Purg.* vi. 112.
su, Corrado, *Vieni* a veder che Dio per grazia volse . . . . *Purg.* viii. 66.
vieni Diretro a noi, e[2] troverai la buca . . . . *Purg.* xviii. 113.
Volgiti in qua, e *vieni* oltre sicuro . . . . *Purg.* xxvii. 32.
Ma *vieni*[3] omai con gli occhi, sì com' io Andrò parlando . . *Par.* xxxii. 115.
Vienne. Ma *vienne* omai, chè già tiene il confine... Caino . . . *Inf.* xx. 124.
E dicea: *vienne* omai, vedi ch' è tocco Meridian . . . . . *Purg.* iv. 137.
Ma *vienne*[4] omai con gli occhi, sì com' io Andrò parlando . . *Par.* xxxii. 115.

[1] Gridò.   [2] che.   [3] vienne.   [4] *vieni*.

Vienne. Lo più che padre mi dicea: figliuole, *Vienne* oramai . . *Purg.* xxiii. 5.
1. **Vieta.** si chiamò Ida; Ora è diserta come cosa *vieta* . . . . . *Inf.* xiv. 99.
2. **Vieta.** lo mi *vieta* La riverenza delle somme chiavi . . . . . . *Inf.* xix. 100.
   qui non si *vieta* Di nominar ciascun . . . . *Purg.* xxiv. 16.
   Già ogni stella cade... e il troppo star si *vieta* . . . . *Inf.* vii. 99.
Vige. O Donna, in cui la mia speranza *vige!* . . . . *Par.* xxxi. 79.
Vigilate. Voi *vigilate* nell' eterno die . . . . *Purg.* xxx. 103.
Vigilia. ciò che vede abborre, Sì nescia è la sua subita *vigilia* . *Par.* xxvi. 74.
   i pigri, lenti Ad usar lor *vigilia* quando riede . . . . . . *Purg.* xv. 138.
   A questa tanto picciola *vigilia* De' vostri sensi . . . . . . *Inf.* xxvi. 114.
Vigilie. Freddi, o *vigilie* mai per voi soffersi . . . . *Purg.* xxix. 38.
Viglia. secondo Che buoni e rei amori accoglie e *viglia* . . . *Purg.* xviii. 66.
Vigna. gran dottor si feo, Tal che si mise a circuir la *vigna* . . *Par.* xii. 86.
   disperse Caccia d' Ascian la *vigna* e la gran fronda . . . . *Inf.* xxix. 131.
   Pietro e Polo,[1] che moriro Per la *vigna* che guasti . . . . . *Par.* xviii. 132.
Vignaio. la vigna, Che tosto imbianca, se il *vignaio* è reo . . . . *Par.* xii. 87.
Vigor. Quant' egli ha più del buon *vigor* terrestro . . . . . . *Purg.* xxx. 120.
Vigore. Non stringer, ma rallarga ogni *vigore* . . . . *Purg.* ix. 48.
   per malo obbietto, O per poco,[2] o per troppo[3] di *vigore* . . *Purg.* xvii. 96.
Vil. Di *vil* cilicio mi parean coperti . . . . *Purg.* xiii. 58.
   o buon principio, A che *vil* fine convien che tu caschi! . . . *Par.* xxvii. 60.
   e vien Quirino Da sì *vil* padre che si rende a Marte . . . . *Par.* viii. 132.
   questo globo Tal, ch' io sorrisi del suo *vil* sembiante . . . . *Par.* xxii. 135.
Vile. O Ilion, come te basso e *vile* Mostrava il segno! . . . . . *Purg.* xii. 62.
Villa. si noma Pietola più che *villa* Mantovana . . . . *Purg.* xviii. 83.
   fui nato... Sopra il gran fiume d' Arno alla gran *villa* . . . *Inf.* xxiii. 95.
   E dir: se tu se' sire della *villa*... Vendica te . . . . *Purg.* xv. 97.
   impruna... L' uom della *villa*, quando l' uva imbruna . . . *Purg.* iv. 21.
   il cantor... Che l' arca traslatò di *villa* in *villa* . . . . . . *Par.* xx. 39.
   Questi la caccerà per ogni *villa* . . . . *Inf.* i. 109.
Villan. Ogni *villan* che parteggiando viene . . . . *Purg.* vi. 126.
   giri fortuna la sua rota... e il *villan* la sua marra . . . . . *Inf.* xv. 96.
   Quante il *villan*, ch' al poggio si riposa... Vede lucciole . . *Inf.* xxvi. 25.
   lo puzzo Del *villan* d' Aguglion, di quel da Signa . . . . . *Par.* xvi. 56.
Villana. quando sogna Di spigolar sovente la *villana* . . . . . *Inf.* xxxii. 33.
Villanello. Lo *villanello*, a cui la roba manca, Si leva . . . . . *Inf.* xxiv. 7.
Villania. Se *villania* nostra giustizia tieni . . . . *Purg.* xviii. 117.
Villano. E cortesia fu, in lui esser *villano* . . . . *Inf.* xxxiii. 150.
Ville. i Padovan... Per difender lor *ville* e lor castelli . . . . *Inf.* xv. 8.
   ritrassi le *ville* circostanti Dall' impio culto . . . . *Par.* xxii. 44.
Vilmente. E lascia il corpo *vilmente* disfatto . . . . *Purg.* xxiv. 87.
   disteso in croce Tanto *vilmente* nell' eterno esilio . . . . *Inf.* xxiii. 126.
Viltà. Nè gli gravò *viltà* di cor le ciglia, Per esser fi' . . . . *Par.* xi. 88.
   Quel color che *viltà* di fuor mi pinse . . . . *Inf.* ix. 1.
   Ogni *viltà* convien che qui sia morta . . . . *Inf.* iii. 15.
   perchè ristai? Perchè tanta *viltà* nel core allette? . . . . . *Inf.* ii. 122.
Viltate. Vedrassi l' avarizia e la *viltate* Di quel . . . . *Par.* xix. 130.
   Se io ho ben... intesa... L' anima tua è da *viltate* offesa . . . *Inf.* ii. 45.
   l' ombra di colui Che fece per *viltate* il gran rifiuto . . . . *Inf.* iii. 60.
Vime. strinse... Tal *vime*, che giammai non si divima . . . . *Par.* xxix. 36.
Vimi. Così veloci seguono i suoi *vimi*, Per simigliarsi . . . . *Par.* xxviii. 100.
Vin. Qual ti negasse il *vin* della sua fiala Per la tua sete . . . *Par.* x. 88.
Vinca. contingа che il poema sacro... *Vinca* la crudeltà . . . *Par.* xxv. 4.
   Vinca tua guardia i movimenti umani . . . . *Par.* xxxiii. 37.

---

[1] Paolo.   [2] troppo.   [3] poco.

Vincastro. prende suo *vincastro*, E fuor le pecorelle... caccia	. .	*Inf.* xxiv. 14.
Vince. vinci... Con l' animo che *vince* ogni battaglia	. . . . .	*Inf.* xxiv. 53.
tanto satisfece, Che d' ogni colpa *vince* la bilancia	. . . .	*Par.* xiii. 42.
esser certo Di quella fede che *vince* ogni errore	. . . . .	*Inf.* iv. 48.
Qui *vince* la memoria mia lo ingegno	. . . .	*Par.* xiv. 103.
Ma *vince* lei, perchè vuole esser vinta, E vinta vince	. . .	*Par.* xx. 98.
Canto, che tanto *vince* nostre Muse, Nostre Sirene	. . . .	*Par.* xii. 7.
libero voler... Poi *vince* tutto, se ben si nutrica	. . . .	*Purg.* xvi. 78.
viva speranza, Che *vince* la divina volontate	. . . . . .	*Par.* xx. 96.
Ma vince lei... E vinta *vince* con sua beninanza	. . . . .	*Par.* xx. 99.
e parve... Quegli che *vince* e non colui che perde	. . . .	*Inf.* xv. 124.
stella, Che lassù *vince*, come quaggiù vinse	. . . . . .	*Par.* xxiii. 93.
Vincea. Lo sommo er' alto che *vincea* la vista	. . . .	*Purg.* iv. 40.
Vincendo. *Vincendo* intorno le genti vicine	. . . .	*Par.* vi. 42.
Vincendo me col lume d' un sorriso, Ella mi disse	. . . .	*Par.* xviii. 19.
sotto alle sue ali Carlo Magno, *vincendo*, la soccorse	. . .	*Par.* vi. 96.
Vincenti. Io vidi più fulgor vivi e *vincenti*	. . . .	*Par.* x. 64.
Vincer. E nessuno era stato a *vincer* Acri	. . . .	*Inf.* xxvii. 89.
nè... *Vincer* poter dentro da me l' ardore Ch' i' ebbi	. . .	*Inf.* xxvi. 97.
vidi parte... *Vincer* di lume tutta l' altra fronte	. . . . .	*Par.* xxxi. 123.
Pure a noi converrà *vincer* la punga, Cominciò egli	. . .	*Inf.* ix. 7.
Vincer pareami più sè stessa antica... che l' altre qui	. . .	*Purg.* xxxi. 83.
più... *Vincer* che l' altre qui, quand' ella c' era	. . . . .	*Purg.* xxxi. 84.
Vincere. gloria, Che non si lascia *vincere* a disio	. . . . .	*Par.* xix. 15.
Vincerò. Non sbigottir, ch' io *vincerò* la prova	. . . . . .	*Inf.* viii. 122.
Vincesse. Se non *vincesse* il provveder divino	. . . .	*Par.* viii. 135.
Vincesti. *vincesti* Ver lo sepolcro i più giovani piedi	. . . .	*Par.* xxiv. 125.
Vinceva. la sua sembianza *Vinceva* gli altri	. . . .	*Par.* xviii. 57.
L' alba *vinceva* l' ora mattutina Che fuggia innanzi	. . .	*Purg.* i. 115.
ciascun s' affisse, Ignito sì, che *vinceva* il mio volto	. . .	*Par.* xxv. 27.
*1. **Vinci.** cosa Che mi legasse con sì dolci *vinci*	. . . . .	*Par.* xiv. 129.
2. **Vinci.** E però leva su, *vinci* l' ambascia	. . . .	*Inf.* xxiv. 52.
tu che *vinci* Tutte le cose, fuor che i demon duri	. . . .	*Inf.* x.iv. 43.
Beati... fue Cantato retro, e: godi tu che *vinci*	. . . .	*Purg.* xv. 39.
✝ m' accors' io... Perocchè a me venia: risurgi e *vinci*	. . .	*Par.* xiv. 125.
***Vincia.** vidi un fuoco, Ch' emisperio di tenebre *vincia*	. . .	*Inf.* iv. 69.
Vincislao. Fu meglio assai, che *Vincislao* suo figlio	. . . . .	*Purg.* vii. 101.
1. **Vinco.** uccida Pur lo *vinco*[1] d' amor che fa natura	. . . . .	*Inf.* xi. 56.
2. **Vinco.** Sì che degli occhi tuoi *vinco* il valore	. . . . . .	*Par.* v. 3.
Vincon. *vincon* sì, che verso Dio Tutti tirati sono	. . . . .	*Par.* xxviii. 128.
***Vinegia.** Che mal ha visto il conio di *Vinegia*	. . . .	*Par.* xix. 141.
Viniziani. Quale nell' Arzanà de' *Viniziani* Bolle	. . . . . .	*Inf.* xxi. 7.
Vino. Guarda il calor del sol che si fa *vino*	. . . .	*Purg.* xxv. 77.
con le gambe avvolte A guisa di cui *vino* o sonno piega	. . .	*Purg.* xv. 123.
Vinse. si difese, E *vinse* in campo la sua civil briga	. . . . .	*Par.* xii. 108.
Ma solo un punto fu quel che ci *vinse*	. . . .	*Inf.* v. 132.
or vedi L' anime di color cui *vinse* l' ira	. . . .	*Inf.* vii. 116.
la croce, Ch' io fei di me quando il dolor mi *vinse*	. . .	*Purg.* v. 127.
qui refulgo, Perchè mi *vinse* il lume d' esta stella	. . . .	*Par.* ix. 33.
un lume... Tal, che mi *vinse*, e guardar nol potei	. . . .	*Purg.* xxvii. 60.
Pietà mi *vinse*,[2] e fui quasi smarrito	. . . .	*Inf.* v. 72.
lude Sempre dintorno al punto che mi *vinse*	. . . . . .	*Par.* xxx. 11.
Nè io lo intesi, sì mi *vinse* il tuono	. . . .	*Par.* xxi. 142.
Sì sua virtù la mia natura *vinse*	. . . .	*Par.* xxii. 102.

---

[1] vincol.

[2] *giunse*.

Vinse. Una luce... La qual mi *vinse* ciascun sentimento . . . . *Inf.* iii. 135.
Vinse paura la mia buona voglia . . . . *Inf.* xvi. 50.
Tagliacozzo, Ove senz' arme *vinse* il vecchio Alardo . . . . *Inf.* xxviii. 18.
stella, Che lassù vince, come quaggiù *vinse* . . . . *Par.* xxiii. 93.
Vinta. E che gent' è che par nel duol sì *vinta?* . . . . *Inf.* iii. 33.
una gente dipinta... e nel sembiante stanca e *vinta* . . . . . *Inf.* xxiii. 60.
Ma vince lei, perchè vuole esser *vinta,* E *vinta* vince . . . . *Par.* xx. 98.
nave... *Vinta* dall' onda, or da poggia or da orza . . . . . *Purg.* xxxii. 117.
così divini, Che, *vinta,* mia virtù diede[1] le reni . . . . . . *Par.* iv. 141.
Vinte. sì tardi, Che foran *vinte* da novelle spose . . . . *Purg.* xxix. 60.
Vinti. Agli occhi miei che *vinti* non[2] soffriro . . . . *Par.* xiv. 78.
Fien li tuoi piè dal buon voler sì *vinti* . . . . *Purg.* xii. 124.
Pietro e Giovanni... *vinti* ritornaro alla parola . . . . *Purg.* xxxii. 77.
Vinto. si creda Che avrebber *vinto* i figli della terra . . . . . . *Inf.* xxxi. 121.
Fin che l' ha *vinto* il ver con più persone . . . . *Purg.* xxvi. 126.
riguardando Fisso nel punto che m' aveva *vinto* . . . . . . *Par.* xxix. 9.
Si girava sì ratto, ch' avria *vinto* Quel moto . . . . *Par.* xxviii. 26.
ogni aspetto Creato è *vinto* pria che vada al fondo . . . . . *Par.* xi. 30.
il calor diurno... *Vinto* da terra o talor da Saturno . . . . . *Purg.* xix. 3.
sorrise, Come al fanciul si fa ch' è *vinto* al pomo . . . . . . *Purg.* xxvii. 45.
questo fulgor... Fia *vinto* in apparenza dalla carne . . . . . *Par.* xiv. 56.
Tanta riconoscenza il cor mi morse, Ch' io caddi *vinto* . . . *Purg.* xxxi. 89.
Vinto dal sonno, in sull' erba inchinai, Ove... sedevamo . . *Purg.* ix. 11.
Non so di lui, ma io sarei ben *vinto* . . . . *Inf.* xxiv. 36.
Da questo passo *vinto* mi concedo . . . . *Par.* xxx. 22.
Non era *vinto* ancora Montemalo Dal vostro Uccellatoio . . *Par.* xv. 109.
com' è *vinto* Nel montar su, così sarà nel calo . . . . *Par.* xv. 110.
Oro ed argento... ciascun saria di color *vinto* . . . . *Purg.* vii. 77.
saria... vinto, Come dal suo maggiore è *vinto* il meno . . . *Purg.* vii. 78.
Vinum. La prima voce... *Vinum* non habent, altamente disse . . *Purg.* xiii. 29.
Viole. Men che di rose, e più che di *viole* . . . . *Purg.* xxxii. 58.
Violenta. Puote uomo avere in sè man *violenta* . . . . *Inf.* xi. 40.
la *violenta* morte, Che non gli è vendicata ancor . . . . . *Inf.* xxix. 31.
Violenti. De' *violenti* il primo cerchio è tutto . . . . *Inf.* xi. 28.
Violenza. Se *violenza* è quando quel che pate . . . . *Par.* iv. 73.
La *violenza* altrui per qual ragione... mi scema ? . . . . . *Par.* iv. 20.
come natura... in foco, Se mille volte *violenza* il torza . . . *Par.* iv. 78.
Regnum coelorum *violenza* pate Da caldo amore . . . . . *Par.* xx. 94.
bolle Qual che per *violenza* in altrui noccia . . . . *Inf.* xii. 48.
Vipera. Non le farà... La *vipera* che i Milanesi accampa . . . . *Purg.* viii. 80.
Vipistrello. ma di *vipistrello*[3] Era lor modo . . . . *Inf.* xxxiv. 49.
Virgilio. Per che *Virgilio* e Stazio ed io ristretti . . . . *Purg.* xxiv. 119.
Quando *Virgilio* cominciò : amore... altro accese . . . . *Purg.* xxii. 10.
Io mossi[4] gli occhi, e il buon *Virgilio :* almen tre Voci . . . *Purg.* xix. 34.
Ma *Virgilio* mi disse : che pur guate ? . . . . *Inf.* xxix. 4.
Allor *Virgilio* disse : digli tosto, Non son colui . . . . . . *Inf.* xix. 61.
Virgilio, quando prender si sentio, Disse a me . . . . . . *Inf.* xxxi. 133.
E *Virgilio* mi disse : figliuol mio, Qui può esser . . . . . . *Purg.* xxvii. 20.
Virgilio è questi che così mi dice ; E addita' lo . . . . . . *Purg.* xxiii. 130.
E quel *Virgilio,* dal qual tu togliesti Forza[5] a cantar . . . . *Purg.* xxi. 125.
In me ficcò *Virgilio* gli occhi suoi, E disse . . . . *Purg.* xxvii. 126.
O ben finiti, o già spiriti eletti, *Virgilio* incominciò . . . . *Purg.* iii. 74.
Ma *Virgilio* n' avea lasciati scemi Di sè . . . . *Purg.* xxx. 49.
Virgilio dolcissimo padre, *Virgilio* a cui... die' mi . . . . . *Purg.* xxx. 50, 51.

[1] diedi ; die'.   [2] nol.   [3] vispistrello ; vilpistrello.   [4] volsi.   [5] Forte.

Virgilio. Allor vid' io maravigliar *Virgilio* Sopra colui . . . . . *Inf.* xxiii. 124.
Virgilio Rende' gli il cenno ch' a ciò si conface . . . . . *Purg.* xxi. 14.
E *Virgilio* rispose : voi credete Forse . . . . *Purg.* ii. 61.
Or se' tu quel *Virgilio* e quella fonte ? . . . . *Inf.* i. 79.
Io son *Virgilio*; e per null' altro rio Lo ciel perdei . . . . . *Purg.* vii. 7.
Pur *Virgilio* si trasse a lei, pregando Che ne mostrasse . . . *Purg.* vi. 67.
Virgilio inverso me queste cotali Parole usò . . . . *Purg.* xxvii. 118.
Dante, perchè *Virgilio* se ne vada, Non pianger anco . . . *Purg.* xxx. 55.
Virgilio mi venia da quella banda Della cornice . . . . . *Purg.* xiii. 79.
E, per esser vivuto di là, quando Visse *Virgilio* . . . . . *Purg.* xxi. 101.
O *Virgilio*, o *Virgilio*, chi è questa ? Fieramente diceva . . *Purg.* xix. 28.
Quindi, onde mosse tua Donna *Virgilio*... desíderaí . . . . *Par.* xxvi. 118.
Perch' io varcai *Virgilio*, e femmi presso . . . . *Purg.* x. 53.
Volser *Virgilio* a me queste parole Con viso . . . . *Purg.* xxi. 103.
Mentre ch' io era a *Virgilio* congiunto Su per lo monte . . . *Par.* xvii. 19.
Volsimi... Per dicere a *Virgilio* : men che dramma . . . . *Purg.* xxx. 46.
L' uno a *Virgilio*, e l' altro ad un sì volse Che sedea lì . . . *Purg.* viii. 64.
mi rivolsi... Al buon *Virgilio*, ed esso mi rispose . . . . . *Purg.* xxix. 56.
*Viri. le turbe... D' infanti e di femmine e di *viri* . . . . . . *Inf.* iv. 30.
*Viro. Riccardo, Che a considerar fu più che *viro* . . . . . . *Par.* x. 132.
Ed ella : o luce eterna del gran *viro* ! . . . . *Par.* xxiv. 34.
Virtù. L' amor che il volge e la *virtù* ch' ei piove . . . . . . *Par.* xxvii. 111.
La *virtù*, ch' a ragion discorso ammanna... apprese . . . . *Purg.* xxix. 49.
dell' eterno consiglio Cade *virtù* nell' acqua . . . . *Purg.* xxiii. 62.
quanta è l' arte... E quanto giusto tua *virtù* comparte ! . . . *Inf.* xix. 12.
doglie, Che alcuna *virtù* nostra comprenda . . . . *Purg.* iv. 2.
Virtù diverse esser convengon frutti Di principii formali . . *Par.* ii. 70.
l' anima prima, Che la prima *virtù* creasse mai . . . . . . *Par.* xxvi. 84.
Creata fu la *virtù* informante In queste stelle . . . . . . *Par.* vii. 137.
Quando... era salita, E bellezza e *virtù* cresciuta m' era . . *Purg.* xxx. 128.
così divini, Che, vinta, mia *virtù* diede[1] le reni . . . . . *Par.* iv. 141.
A sofferir tormenti... Simili corpi la *virtù* dispone . . . . . *Purg.* iii. 32.
or si distende La *virtù* ch' è dal cor del generante . . . . *Purg.* xxv. 59.
E la *virtù*, che lo sguardo m' indulse... mi divelse . . . . *Par.* xxvii. 97.
quel che ti sopranza E *virtù*, da cui nulla si ripara . . . . *Par.* xxiii. 36.
Or... Innata v' è la *virtù* che consiglia . . . . *Purg.* xviii. 62.
ma perchè[2] rapporti Quanto questa *virtù* t'[3] è in piacere . . *Par.* xxv. 60.
Era la mia *virtù* tanto confusa, Che la voce si mosse . . . . *Purg.* xxxi. 7.
Virtù diversa fa diversa lega Col prezioso corpo . . . . . *Par.* ii. 139.
Vedi quanta *virtù* l' ha fatto degno Di riverenza . . . . . *Par.* vi. 34.
cara gioia, Sopra la quale ogni *virtù* si fonda . . . . . . *Par.* xxiv. 90.
Virtù così per nimica si fuga Da tutti, come biscia . . . . *Purg.* xiv. 37.
lo ingegno affreno... Perchè non corra, che *virtù* nol guidi . *Inf.* xxvi. 22.
La cui *virtù*, col[4] mio veder congiunta, Mi leva . . . . . *Par.* xxi. 85.
La *virtù* mista per lo corpo luce, Come letizia . . . . . . *Par.* ii. 143.
Ma come al sol... Così la mia *virtù* quivi mancava . . . . *Purg.* xvii. 54.
Virtù del ciel mi mosse, e con lei vegno . . . . *Purg.* vii. 24.
Tosto che nella vista mi percosse L' alta *virtù* . . . . . . *Purg.* xxx. 41.
Ed ora lì... Cen porta la *virtù* di quella corda . . . . . . *Par.* i. 125.
Ma non può tutto la *virtù* che vuole . . . . *Purg.* xxi. 105.
Virtù di carità, che fa volerne Sol quel ch' avemo . . . . *Par.* iii. 71.
Tosto... La *virtù* formativa raggia intorno . . . . *Purg.* xxv. 89.
da lui si rammenta Quella *virtù* ch' è[5] forma per li nidi . . . *Par.* xviii. 111.
Una sola *virtù* sarebbe in tutti, Più e men distributa . . . . *Par.* ii. 68.

[1] diedi; die'. [2] perch' ei. [3] c'. [4] con. [5] ei.

VIRTU 793 VIRTUTE

Virtù. Molta *virtù* nel ciel sarebbe in vano . . . . *Par.* x. 17.
Dell' alto scende *virtù* che m' aiuta Conducerlo . . . . . . *Purg.* i. 68.
l' occhio si smarria, Come *virtù* che al troppo si confonda . *Purg.* viii. 36.
Lo moto e la *virtù* dei santi giri... Dai beati motor . . . . . *Par.* ii. 127.
quei che le tre sante *Virtù* non si vestiro . . . . *Purg.* vii. 35.
Sì sua *virtù* la mia natura vinse . . . . *Par.* xxii. 102.
O benigna *virtù* che sì gl' imprenti, Su t' esaltasti . . . . . *Par.* xxiii. 85.
O divina *virtù*, se[1] mi ti presti Tanto . . . . *Par.* i. 22.
O *virtù* mia, perchè sì ti dilegue ? . . . . *Purg.* xvii. 73.
O *virtù* somma, che per gli empi giri Mi volvi ! . . . . . . *Inf.* x. 4.
Quando giungon... Bestemmian quivi la *virtù* divina . . . . *Inf.* v. 36.
Ogni forma... Specifica *virtù* ha in sè colletta . . . . . . *Purg.* xviii. 51.
O isplendor di Dio... Dammi *virtù* a dir com' io lo vidi . . *Par.* xxx. 99.
Poeta... Guarda la mia *virtù*, s' ella è possente . . . . . . *Inf.* ii. 11.
ha nello sguardo La *virtù* ch' ebbe la man d' Anania . . . *Par.* xxvi. 12.
La nobile *virtù* Beatrice intende Per lo libero arbitrio . . . *Purg.* xviii. 73.
come tu sei usa, La tramortita sua *virtù* ravviva . . . . . *Purg.* xxxiii. 129.
Poi, quando il cor di fuor *virtù* rendemmi . . . . *Purg.* xxxi. 91.
Nostra *virtù*, che di leggier s' adona, Non spermentar . . *Purg.* xi. 19.
Per che, se tu alla *virtù* circonde La tua misura . . . . . *Par.* xxviii. 73.
Per non soffrire alla *virtù* che vuole Freno a suo prode . . *Par.* vii. 25.
Molto è licito là, che qui non lece Alle nostre *virtù* . . . . *Par.* i. 56.
Da questa parte con *virtù* discende, Che toglie . . . . . *Purg.* xxviii. 127.
gli elementi... Da creata *virtù* sono informati . . . . . . *Par.* vii. 135.
la chiara vista Della prima *virtù* dispone e segna . . . . *Par.* xiii. 80.
O donna di *virtù*, sola per cui L' umana spezie eccede ! . . *Inf.* ii. 76.
amore, Acceso di *virtù*, sempre altro accese . . . . *Purg.* xxii. 11.
O gloriose stelle, o lume pregno Di gran *virtù!* . . . . . . *Par.* xxii. 113.
e spira Spirito nuovo di *virtù* repleto . . . . *Purg.* xxv. 72.
concepe e figlia Di diverse *virtù* diverse legna . . . . . *Purg.* xxviii. 114.
E fosse il cielo in sua *virtù* suprema, La luce... parrebbe . . *Par.* xiii. 74.
e mosse... Per la *virtù*, che sua natura diede . . . . . . *Purg.* v. 114.
Per occulta *virtù* che da lei mosse... sentì la... potenza . . *Purg.* xxx. 38.
e poi si leva Per la propria *virtù* che la sublima . . . . . *Par.* xxvi. 87.
Ma per quella *virtù*, per cui io movo Li passi miei . . . . *Inf.* xii. 91.
credete Che non senza *virtù*, che dal ciel vegna, Cerchi . . *Purg.* iii. 98.
l' amore ond' io avvampo Ancor ver la *virtù*... Vuol . . . . *Par.* xxv. 83.
Virtualmente. Questi fu tal nella sua vita... *Virtualmente* . . . *Purg.* xxx. 116.
suggella, *Virtualmente*, l' alma che ristette . . . . *Purg.* xxv. 96.
Virtude. Specifica *virtude*[2] ha in sè colletta . . . . *Purg.* xviii. 51.
Virtudi. le tre Dee, Prima Dominazioni, e poi *Virtudi* . . . . *Par.* xxviii. 122.
Virtute. S' accorge che la sua *virtute* avanza . . . . *Par.* xviii. 60.
fa esser *virtute* Sua provvidenza in questi corpi grandi . . . *Par.* viii. 98.
Anima fatta la *virtute* attiva, Qual d' una pianta . . . . . *Purg.* xxv. 52.
casti, Come *virtute* e matrimonio imponne . . . . *Purg.* xxv. 135.
la mente, in che s' inizia Tuo moto e tua *virtute* . . . . . *Par.* xviii. 119.
ebbe argomento, Fin che *virtute* al suo marito piacque . . . *Inf.* xix. 111.
acquistar *virtute* Al passo forte, che a sè la tira . . . . . *Par.* xxii. 122.
all' innocenti penne, Per circoncidere, acquistar *virtute* . . *Par.* xxxii. 81.
non ciberà... peltro, Ma sapienza e amore e *virtute* . . . . *Inf.* i. 104.
Prende nel core a tutte membra... *Virtute* informativa . . . *Purg.* xxv. 41.
dalla tua bontate Riconosco la grazia e la *virtute* . . . . *Par.* xxxi. 84.
Quindi ripreser gli occhi miei *virtute* A rilevarsi . . . . . . *Par.* xiv. 82.
Fatti non foste... Ma per seguir *virtute* e conoscenza . . . . *Inf.* xxvi. 120.

[1] sì.   [2] *virtù.*

VIRTUTE 794 VISO

Virtute. Fabbrizio, Con povertà volesti anzi *virtute* . . . . . . *Purg.* xx. 26.
io compresi Me sormontar di sopra a mia *virtute* . . . . . . *Par.* xxx. 57.
non soggiace Alla *virtute* delle cose nuove . . . . *Par.* vii. 72.
esser conviene Amor sementa in voi d' ogni *virtute* . . . . *Purg.* xvii. 104.
Lo mondo è ben così tutto diserto D' ogni *virtute* . . . . . *Purg.* xvi. 59.
far sentir... Della sua gran *virtute* alcun conforto . . . . . *Par.* xi. 57.
Parran faville della sua *virtute* In non curar . . . . *Par.* xvii. 83.
ampi ed arti, Secondo il più e il men della *virtute* . . . . . *Par.* xxviii. 65.
tanto puote, Che della sua *virtute* l' aura impregna . . . *Purg.* xxviii. 110.
Supplica a te, per grazia, di *virtute* Tanto . . . . *Par.* xxxiii. 25.
fu repleta Sì la sua mente di viva *virtute* . . . . *Par.* xii. 59.
Tal mi fec' io, di mia *virtute* stanca . . . . *Inf.* ii. 130.
in *virtute* Ne porta seco e l' umano e il divino . . . . *Purg.* xxv. 80.
Si gira un corpo, nella cui *virtute* L' esser... giace . . . . . *Par.* ii. 113.
Virum. Gridavano alto : *virum* non cognosco . . . . *Purg.* xxv. 128.
Visaggio. Così... ciascuno il *visaggio* Drizzava a me . . . . . *Inf.* xvi. 25.
Visi. E poi ch' ebber li *visi* a me eretti, Gli occhi lor... Gocciar . *Inf.* xxxii. 45.
Ragionavan di me... Poi fer li *visi*, per dirmi, supini . . . *Purg.* xiv. 9.
Ale hanno late, e colli e *visi* umani, Piè con artigli . . . . *Inf.* xiii. 13.
Vedea di carità *visi*[1] suadi, D' altrui lume fregiati . . . . . *Par.* xxxi. 49.
Poscia vid' io mille *visi*, cagnazzi Fatti per freddo . . . . *Inf.* xxxii. 70.
Tornan dei nostri *visi* le postille Debili sì . . . . *Par.* iii. 13.
perchè ne' vostri *visi* guati, Non riconosco alcun . . . . . *Purg.* v. 58.
ed io scorsi Per quattro *visi* il mio aspetto stesso . . . . *Inf.* xxxiii. 57.
si stanno Quei ch' a Cristo venuto ebber li *visi* . . . . . *Par.* xxxii. 27.
Visibile. Lume... che *visibile* face Lo Creatore . . . . *Par.* xxx. 100.
Colui... Produsse esto *visibile* parlare, Novello a noi . . . *Purg.* x. 95.
il solecchio, Che del soperchio *visibile* lima . . . . *Purg.* xv. 15.
Visibili. poi Che sarete *visibili* rifatti . . . . *Par.* xiv. 17.
non disceser venti, O *visibili* o no, tanto festini . . . . . *Par.* viii. 23.
Visiere. le lagrime prime... sì come *visiere* di cristallo . . . . *Inf.* xxxiii. 98.
Vision. Ma *vision* m' apparve,[2] che ritenne A sè me . . . . . *Par.* iii. 7.
Onde la *vision* crescer conviene, Crescer l' ardor . . . . . *Par.* xiv. 49.
fa irmi Novella *vision* ch' a sè mi piega . . . . *Purg.* xix. 56.
Ma nondimen... Tutta tua *vision* fa manifesta . . . . . . *Par.* xvii. 128.
la mente nostra... Alle sue *vision* quasi è divina . . . . . *Purg.* ix. 18.
Io era come quei, che si risente Di *vision* obblita . . . . . *Par.* xxiii. 50.
Visione. chè quasi tutta cessa Mia *visione* . . . . *Par.* xxxiii. 62.
La sua chiarezza seguirà l' ardore, L' ardor la *visione* . . . *Par.* xiv. 41.
Ivi mi parve in una *visione* Estatica... esser tratto . . . . *Purg.* xv. 85.
Surse in mia *visione* una fanciulla, Piangendo forte . . . . *Purg.* xvii. 34.
Visita. il Barone, Per cui laggiù si *visita* Galizia . . . . . . *Par.* xxv. 18.
Visitai. Per questo *visitai* l' uscio dei morti . . . . *Purg.* xxx. 139.
Visitando. *visitando* vai per l' aer perso Noi . . . . *Inf.* v. 89.
Visitarli. Ond' io a *visitarli* presi usata . . . . *Purg.* xxii. 81.
Visivi. subito lampo che discetti Gli spiriti *visivi* . . . . . . *Par.* xxx. 47.
Visivo. si dissonna Per lo spirto *visivo* che ricorre . . . . . . *Par.* xxvi. 71.
1. Viso. Pareami che il suo *viso* ardesse tutto . . . . *Par.* xxiii. 22.
il *viso* abbruciato non difese La conoscenza sua . . . . . *Inf.* xv. 27.
volser miei passi, Tosto che il vostro *viso* si nascose . . . *Purg.* xxxi. 36.
sì dispaia... Che il *viso* non risponde alla ventraia . . . . *Inf.* xxx. 54.
all' annunzio... Si turba il *viso* di colui che ascolta . . . . *Purg.* xiv. 68.
Di riverenza gli atti e il *viso* adorna . . . . *Purg.* xii. 82.
E quel frustato celar si credette Bassando il *viso* . . . . . *Inf.* xviii. 47.

[1] Vedeva visi a carità.   [2] visione apparve.

Viso. E quando per la barba il *viso* chiese, Ben conobbi	*Purg.* xxxi. 74.
Da che io intesi... Chinai 'l *viso*, e tanto il tenni basso	*Inf.* v. 110.
fa che tu costui ricinghe... e che gli lavi il *viso*	*Purg.* i. 95.
Onde portar convienmi il *viso* basso	*Purg.* xi. 54.
fa che pinghe, Mi disse, il *viso* un poco[1] più avante	*Inf.* xviii. 128.
ci sospinse Quella lettura e scolorocci il *viso*	*Inf.* v. 131.
Sedeva... Tenendo il *viso* giù tra esse basso	*Purg.* iv. 108.
or pensa... Com' io potea tener lo *viso* asciutto	*Inf.* xx. 21.
a quel che tu domandi Terrai il *viso* come tieni il dosso	*Par.* viii. 96.
Dal primo giorno ch' io vidi il suo *viso* In questa vita	*Par.* xxx. 28.
tutta la gente... Volgendo il *viso*, raffrettò suo passo	*Purg.* xxiv. 68.
Volse il *viso* ver me, ed : ora aspetta, Disse	*Inf.* xvi. 14.
Io volsi il *viso*, e il passo non men tosto Appresso ai savi	*Purg.* xxiii. 7.
Ma fu' io sol... Colui che la difesi[2] a *viso* aperto	*Inf.* x. 93.
Mai non l' avrei riconosciuto al *viso*	*Purg.* xxiii. 43.
non me n' accorgo, Se non ch' al *viso* e disotto mi venta	*Inf.* xvii. 117.
mi rifulse, Quando mi volsi al suo *viso* ridente	*Par.* xxvii. 96.
Ed un... pur col *viso* in giue Mi disse	*Inf.* xxxii. 53.
mostrar gran fretta Dell' animo, col *viso*, d' esser meco	*Inf.* xxiii. 83.
per lo mezzo... Venia gente col *viso* incontro a questa	*Purg.* xxvi. 29.
Or superbite, e via col *viso* altiero, Figliuoli d' Eva	*Purg.* xii. 70.
benigno e mite Risponder lei con *viso* temperato	*Purg.* xv. 103.
Volser Virgilio... Con *viso* che, tacendo, disse[3] : taci	*Purg.* xxi. 104.
L' angel... Avendomi dal *viso* un colpo raso	*Purg.* xxii. 3.
del[4] bel *viso* Mi contentava col secondo aspetto	*Par.* xviii. 17.
ciascun sentimento Cessato avesse del mio *viso* stallo	*Inf.* xxxiii. 102.
l' angoscia delle genti... nel *viso* mi dipigne Quella pietà	*Inf.* iv. 20.
Io mi tacea, ma il mio disir dipinto M' era nel *viso*	*Par.* iv. 11.
ond' io guardai Nel *viso* a' miei figliuoi senza far motto	*Inf.* xxxiii. 48.
Chi nel *viso* degli uomini legge omo	*Purg.* xxiii. 32.
passeggiando... Forte percossi il piè nel *viso* ad una	*Inf.* xxxii. 78.
Poi che nel *viso* a certi gli occhi porsi... Non ne conobbi	*Inf.* xvii. 52.
un mover d' ala, E ventarmi nel *viso*,[5] e dir	*Purg.* xvii. 68.
venir dallo specchio La donna sua senza il *viso*[6] dipinto	*Par.* xv. 114.
Sì che il *viso* m' andava innanzi poco	*Inf.* xxxi. 11.
il *viso*, ch' egli affoca, Chiuder conviensi	*Par.* xxviii. 17.
feggia Lo *viso* in te di questi altri mal nati	*Inf.* xviii. 76.
Per che il mio *viso* in lei tutto era messo	*Par.* xxxiii. 132.
Ma poi che al poco il *viso* riformossi... Vidi	*Purg.* xxxii. 13.
Come il *viso* mi scese in lor più basso... apparve	*Inf.* xx. 10.
Lo *viso* mio seguiva i suoi sembianti, E seguì	*Par.* xxvii. 73.
quella folgorò... Sì, che da prima il *viso* non sofferse	*Par.* iii. 129.
E il *viso* m' era alla marina torto	*Purg.* ix. 45.
Quando per forza mi fu volto il *viso* Ver la sinistra	*Purg.* xxxii. 7.
adima Il *viso*, e guarda come tu sei volto	*Par.* xxvii. 78.
Questo... regno... *Viso* ed amore avea tutto ad un segno	*Par.* xxxi. 27.
E diedi il *viso* mio incontro al poggio, Che... si dislaga	*Purg.* iii. 14.
Ch' io dirizzava spesso il *viso* in vano	*Purg.* ix. 84.
Or drizza il *viso* a quel ch' or si[7] ragiona	*Par.* vii. 34.
mio sguardo avea... in nulla parte ancor fermato il *viso*[8]	*Par.* xxxi. 54.
io presunsi Ficcar lo *viso* per la luce eterna Tanto	*Par.* xxxiii. 83.
per ficcar lo *viso* al fondo Io non vi discerneva	*Inf.* iv. 11.
I' avea già il mio *viso* nel suo fitto	*Inf.* x. 34.

[1] un poco il viso.   [2] difese.   [3] dicea.   [4] dal.   [5] volto.
[6] *volto*.   [7] che si.   [8] fermato fiso.

| VISO | 796 | VISTA |

Viso. Non t'è occulto, perchè il *viso* hai quivi . . . . *Par.* xxiv. 41.
Tu hai l'udir mortal, sì come il *viso*, Rispose a me . . . . *Par.* xxi. 61.
pose mente, Movendo il *viso* pur su per la coscia . . . . . . *Purg.* iv. 113.
di butto Nuova luce percote il *viso* chiuso . . . . *Purg.* xvii. 41.
Quinci rivolse inver lo cielo il *viso* . . . . *Par.* i. 142.
Poscia rivolsi alla mia Donna il *viso* . . . . *Par.* xv. 32.
non posso Schermar lo *viso* tanto, che mi vaglia . . . . . . *Purg.* xv. 26.
E mentre ch'ei teneva 'l¹ *viso* basso, Esaminando . . . . . *Purg.* iii. 55.
Volgiti indietro, e tien lo *viso* chiuso . . . . *Inf.* ix. 55.
non può dalla salute Amor del suo suggetto torcer *viso* . . . *Purg.* xvii. 107.
Poi alla bella Donna tornai il *viso* . . . . *Purg.* xxviii. 148.
Giunto mi vidi ove mirabil cosa Mi torse il *viso* a sè . . . . *Par.* ii. 26.
chiunque Tu se', così andando volgi il *viso* . . . . *Purg.* iii. 104.
non volser *viso* Da essa, da cui nulla si nasconde . . . . . *Par.* xxix. 77.
Così al *viso* mio s'affissar quelle Anime fortunate . . . . . *Purg.* ii. 73.
Buio d'inferno... Non fece al *viso* mio sì grosso velo . . . *Purg.* xvi. 4.
Tosto convien ch'al tuo *viso* si scopra . . . . *Inf.* xvi. 123.
disviticchia Col *viso* quel che vien sotto a quei sassi . . . . *Purg.* x. 119.
Perch' io mi mossi col *viso*, e vedea Diretro da Maria . . . *Purg.* x. 49.
Col *viso* ritornai per tutte e quante Le sette spere . . . . . *Par.* xxii. 133.
ten vien col *viso* Girando su per lo beato serto . . . . . . *Par.* x. 101.
ad essa varca, Onde così dal *viso* ti s'invola . . . . *Par.* xxii. 69.
o anime crudeli... Levatemi dal *viso* i duri veli . . . . . . *Inf.* xxxiii. 112.
Se non come dal *viso*, in che si specchia, Nave . . . . . . *Par.* xvii. 41.
drizza il nerbo Del *viso* su per quella schiuma . . . . . . *Inf.* ix. 74.
la pastura Del *viso* mio nell' aspetto beato . . . . *Par.* xx. 20.
Chè, come sole in² *viso* che più trema, Così lo rimembrar . . *Par.* xxx. 25.
trasparea... Nel *viso* mio, che non la sostenea . . . . . . *Par.* xxiii. 33.
Mentr' io dubbiava per lo *viso* spento... Uscì un spiro . . . *Par.* xxvi. 1.
per che mia ebbrezza Entrava per l'udire e per lo *viso* . . . *Par.* xxvii. 6.
2. Viso. volgendosi... Fu *viso* a me cantare essa sustanza . . . *Par.* vii. 5.
Vispistrello. ma di *vispistrello*³ Era lor modo . . . . *Inf.* xxxiv. 49.
Visse. Duca, sotto cui *visse* di manna La gente ingrata . . . . *Par.* xxxii. 131.
Lì... Ristette... E *visse*, e vi lasciò suo corpo vano . . . . *Inf.* xx. 87.
non ascende... Prima che passi tempo, quanto *visse* . . . . *Purg.* xi. 131.
consunto Fu l'uom che nacque e *visse* senza pecca . . . . *Inf.* xxxiv. 115.
E, per esser vivuto di là, quando *Visse* Virgilio . . . . . *Purg.* xxi. 101.
Visser. coloro, Che *visser* senza infamia e senza lodo . . . . *Inf.* iii. 36.
Vissi. E *vissi* a Roma sotto il buono Augusto . . . . *Inf.* i. 71.
S'io meritai di voi mentre ch'io *vissi*, S'io meritai . . . *Inf.* xxvi. 80.
Ben non sare' io stato sì cortese Mentre ch'io *vissi* . . . *Purg.* xi. 86.
1. Vista. Ma perchè poi ti basti pur la *vista* . . . . *Inf.* xi. 20.
m' assentì... Ciò che chiedea la *vista* del disio . . . . . . *Purg.* xix. 87.
La *vista*, che mi apparve, d'un leone . . . . *Inf.* i. 45.
Lo dir dell'una, e dell'altra la *vista* . . . . *Purg.* xiv. 73.
nuove parvenze, Sì che la *vista*⁴ pare e non par vera . . . . *Par.* xiv. 72.
ci conviene Sillogizzar, senza avere altra *vista* . . . . . . *Par.* xxiv. 77.
Ma s' io vedessi... Per fonte Branda non darei la *vista* . . . *Inf.* xxx. 78.
Nè lo interporsi... Impediva la *vista* e lo splendore . . . . *Par.* xxxi. 21.
dir Veloci e tarde, rinnovando *vista*, Le minuzie . . . . . . *Par.* xiv. 113.
a tal *vista* cede, E cede la memoria a tanto oltraggio . . . . *Par.* xxxiii. 56.
Tale era io a quella *vista* nuova; Veder voleva . . . . . . *Par.* xxxiii. 136.
Dal primo giorno ch'io vidi... infino a questa *vista* . . . *Par.* xxx. 29.
sì s'inoltra... Che da ogni creata *vista* è scisso . . . . . *Par.* xxi. 96.

¹ che tenendo il. ² il. ³ *vipistrello;* vilpistrello. ⁴ cosa.

Vista. si chiude Di *vista* in *vista* infino alla più bella	*Par.* xxx. 9.
Ma perchè di tal *vista* tu non godi... Apri gli orecchi	*Inf.* xxiv. 140.
mi porse... gravezza Con la paura che uscia di sua *vista*	*Inf.* i. 53.
Tra l' altre vidi un' ombra che aspettava In *vista*	*Purg.* xiii. 101.
un veglio... Degno di tanta riverenza in *vista*	*Purg.* i. 32.
fulgor vivi... Più dolci in voce che in *vista* lucenti	*Par.* x. 66.
l' aquile... Sopr' esso in *vista* al vento si movieno	*Purg.* x. 81.
Marzia tua, che in *vista* ancor ti prega, O santo petto	*Purg.* i. 79.
L' altro, che nella *vista* lui conforta, Resse la terra	*Purg.* vii. 97.
Non pur per lo sonar... Ma per la *vista* che non meno agogna.	*Purg.* xiii. 66.
conosce assai... Benchè sua *vista* non discerna il fondo	*Par.* xx. 72.
tanto non dista... Quanto lì da Beatrice la mia *vista*	*Par.* xxxi. 76.
Questi ostendali Dietro eran maggiori Che la mia *vista*	*Purg.* xxix. 80.
Chè la mia *vista*, venendo sincera, E più e più entrava	*Par.* xxxiii. 52.
Perchè a fuggir la mia *vista* fu ratta	*Purg.* xv. 24.
Ed allor fu la mia *vista* più viva Giù ver lo fondo	*Inf.* xxix. 54.
La *vista* che riceve il vostro mondo... dentro s' interna	*Par.* xix. 59.
Era lo loco... Tal ch' ogni *vista* ne sarebbe schiva	*Inf.* xii. 3.
che sia La *vista* in te smarrita e non defunta	*Par.* xxvi. 9.
La *vista* mia nell' ampio e nell' altezza Non si smarriva	*Par.* xxx. 118.
Perchè la *vista* tua pur si soffolge Laggiù ?	*Inf.* xxix. 5.
nel quanto tanto non si stenda La *vista* più lontana	*Par.* ii. 104.
La *vista* mia, che tanto la seguio, Quanto possibil fu	*Par.* iii. 124.
Compartendo la *vista* a quando a quando	*Purg.* xxv. 126.
Però se il caldo amor la chiara *vista*... dispone	*Par.* xxxiii. 79.
Per farmi chiara la mia corta *vista*, Data mi fu	*Par.* xx. 140.
Ma come al sol, che nostra *vista* grava	*Purg.* xvii. 52.
Leva... Meco la *vista* dritto a quella parte	*Par.* x. 8.
nè però piùe Mosse la *vista* sua di stare attenta	*Par.* xxv. 116.
Quivi perdei la *vista*, e la parola... finii	*Purg.* v. 100.
spiriti vedrai, Se com' io dico la *vista*[1] ridui	*Par.* xxii. 21.
O Sol che sani ogni *vista* turbata, Tu mi contenti sì	*Inf.* xi. 91.
L' aspetto suo m' avea la *vista* tolta	*Purg.* xxiv. 142.
trasse... il duca Gottifredi la mia *vista* Per quella croce	*Par.* xviii. 47.
Lo sommo er' alto che vincea la *vista*	*Purg.* iv. 40.
in unica stella Scintillando a lor *vista* sì gli appaga	*Par.* xxxi. 29.
mi viene A *vista* il tempo che ti s' apparecchia	*Par.* xvii. 45.
Perchè alla[2] *vista* mia, quant' ella è chiara... pareggio	*Par.* xxi. 89.
quanto converrassi Quelle scoprire alla tua *vista* rude	*Purg.* xxxiii. 102.
Allor surse alla *vista* scoperchiata Un' ombra	*Inf.* x. 52.
mi rispose Con *vista* carca di stupor non meno	*Purg.* xxix. 57.
il sacro amore, in che io veglio Con perpetua *vista*	*Purg.* xv. 65.
della *vista* della mente infermi, Fidanza avete	*Purg.* x. 122.
tu ti risense Della *vista* che hai in me consunta	*Par.* xxvi. 5.
E di novella *vista* mi raccesi Tale	*Par.* xxx. 58.
Vede... Prima che l' abbia in *vista* o in pensiero	*Par.* xxviii. 6.
L' altra letizia... mi si fece in *vista* Qual... balascio	*Par.* ix. 68.
Simile mostro in *vista* mai[3] non fue	*Purg.* xxxii. 147.
Tosto che nella *vista* mi percosse L' alta virtù	*Purg.* xxx. 40.
Ma per la *vista* che s' avvalorava In me, guardando	*Par.* xxxiii. 112.
Loco... Che non per *vista*, ma per suono è noto	*Inf.* xxxiv. 129.
Senza la *vista* alquanto esser mi fee	*Purg.* xxxii. 12.
Rispose... Sì ch' ogni *vista* sen fe' più serena	*Par.* xxxii. 99.
Un crocifisso dispettoso e fiero Nella sua *vista*	*Purg.* xvii. 27.

[1] *l' aspetto.* [2] *la.* [3] *visto ancor.*

| VISTA | 798 | VITA |

Vista. attento guardava Nella mia *vista* s' io parea contento . . *Purg.* xviii. 3.
Come si vede qui alcuna volta L' affetto nella *vista* . . . . . *Par.* xviii. 23.
in sul passo d' Arno Rimane ancor di lui alcuna *vista* . . . *Inf.* xiii. 147.
ad una *vista* D' un gran palazzo Micol ammirava . . . . . . *Purg.* x. 67.
2. Vista. Di non celar qual hai *vista* la pianta . . . . *Purg.* xxxiii. 56.
colei... Puttaneggiar co' regi a lui fu *vista* . . . . *Inf.* xix. 108.
luce, Che, *vista* sola, sempre amore accende . . . . *Par.* v. 9.
quale Più strinse mai di non *vista* persona . . . . *Purg.* xxii. 17.
1. Viste. Al quale intender fur mestier le *viste* . . . . *Purg.* xxxi. 15.
l' accendea, Come fa il nostro le *viste* superne . . . . . . *Par.* xxiii. 30.
Per che le *viste* lor furo esaltate Con grazia . . . . *Par.* xxix. 61.
E quinci sien le nostre *viste* sazie . . . . *Inf.* xviii. 136.
sì alti vapori... Che nostre *viste* là non van vicine . . . . *Purg.* xxx. 114.
è difetto... Che non hai *viste* ancor tanto superbe . . . . *Par.* xxx. 81.
Disser : fa che le *viste* non risparmi . . . . *Purg.* xxxi. 115.
più e men correnti, Al modo, credo, di lor *viste* interne[1] . . *Par.* viii. 21.
2. Viste. S' io non avessi *viste* le ritorte . . . . *Inf.* xxxi. 111.
Tanto salivan, che non eran *viste* . . . . *Purg.* xxix. 112.
Divenner membra che non fur mai *viste* . . . . *Inf.* xxv. 75.
quattro stelle Non *viste* mai fuor che alla prima gente . . . *Purg.* i. 24.
Visti. volar furon sentiti, Non però *visti*, spiriti . . . . *Purg.* xiii. 26.
Visto. Che mal ha *visto* il conio di Vinegia . . . . *Par.* xix. 141.
Io, che due volte avea *visto* lor grato, Incominciai . . . . . *Purg.* xxvi. 52.
l' ho *visto* Dove s' appunta ogni ubi ed ogni quando . . . . *Par.* xxix. 11.
mi fui umilmente disdetto D' averlo *visto* mai . . . . . . *Purg.* iii. 110.
Rivelando... Come m' hai *visto*, ed anco esto divieto . . . . *Purg.* iii. 144.
Visto m' avresti di livore sparso . . . . *Purg.* xiv. 84.
Che quantunque io avea *visto* davante... non mi sospese . . *Par.* xxxii. 91.
rimossi Tanto, ch' io non avrei *visto* dov' era . . . . *Inf.* xv. 14.
Quand' io ebbi d' intorno alquanto *visto*, Volsimi a' piedi . *Inf.* xxxii. 40.
Simile mostro *visto* ancor[2] non fue . . . . *Purg.* xxxii. 147.
Vita. Come per verdi fronde in pianta *vita* . . . . *Purg.* xviii. 54.
Poscia che s' infutura la tua *vita* Vie più là . . . . *Par.* xvii. 98.
corpo... Nel qual, sì come *vita* in voi,[3] si lega . . . . . . *Par.* ii. 141.
Poca *vita* mortal m' era rimasa, Quando fui chiesto . . . . *Par.* xxi. 124.
Ch' ei vive, e lunga *vita* ancor aspetta . . . . *Inf.* xxxi. 128.
Null' altra pianta che facesse fronda... vi puote aver *vita* . *Purg.* i. 104.
fama... Senza la qual chi sua *vita* consuma . . . . *Inf.* xxiv. 49.
in sulla soglia fui Di mia seconda etade, e mutai *vita* . . *Purg.* xxx. 125.
come far suole Chi retro agli uccellin sua *vita* perde . . . . *Purg.* xxiii. 3.
Temo di perder *vita*[4] tra coloro Che questo tempo . . . . . *Par.* xvii. 119.
far si dee... eccellente, Sì ch' altra *vita* la prima relinqua . *Par.* ix. 42.
Libertà... che è sì cara, Come sa chi per lei *vita* rifiuta . . . *Purg.* i. 72.
Caina attende chi[5] *vita* ci spense . . . . *Inf.* v. 107.
Ma vostra[6] *vita* senza mezzo spira La somma beninanza . . *Par.* vii. 142.
Poscia che contro alla *vita* presente Dei miseri . . . . . . *Par.* xxviii. 1.
Con voi nasceva... Quegli ch' è padre d' ogni mortal *vita* . . *Par.* xxii. 116.
più mi duol... Che quando fui dell' altra *vita* tolto . . . . *Inf.* xxiv. 135.
Pace volli con Dio in sull' estremo Della mia *vita* . . . . . *Purg.* xiii. 125.
attende, Pria che si penta, l' orlo della *vita* . . . . *Purg.* xi. 128.
Ombre mostrommi... Che amor di nostra *vita* dipartille . . . *Inf.* v. 69.
Nel mezzo del cammin di nostra *vita* Mi ritrovai . . . . . . *Inf.* i. 1.
lo cammin corto Di quella *vita* che al termine vola . . . . *Purg.* xx. 39.
Molti di *vita*, e sè di pregio priva . . . . *Purg.* xiv. 63.

[1] eterne.   [2] in vista mai.   [3] lui.   [4] viver.   [5] chi 'n.   [6] nostra.

VITA 799 VITA

Vita. Poscia che il padre suo di *vita* uscìo... per lo mondo giò . *Inf.* xx. 58.
fuora Di *vita* uscimmo a Dio pacificati . . . . *Purg.* v. 56.
tanto... m' aggiri Di fuor da essa, quanto fece in *vita* . . . *Purg.* iv. 131.
in sua *vita* Fece col senno assai e con la spada . . . . . . *Inf.* xvi. 38.
creder... Esser ch' io fossi avaro in l' altra *vita* . . . . . . *Purg.* xxii. 32.
fur guerci Sì della mente in la *vita* primaia . . . . *Inf.* vii. 41.
Erba nè biado in sua *vita* non pasce . . . . *Inf.* xxiv. 109.
Così diversi scanni in nostra *vita* Rendon dolce armonia . . *Par.* vi. 125.
Nè più salir poteasi in quella *vita* . . . . *Purg.* xix. 110.
Là su di sopra in la *vita* serena... mi smarri' . . . . *Inf.* xv. 49.
sono in prima *vita*, Ancor che l' altra sì andando acquisti . . *Purg.* viii. 59.
la tua città... Seco mi tenne in la *vita* serena . . . . . . *Inf.* vi. 51.
Dal primo giorno ch' io vidi il suo viso In questa *vita* . . . *Par.* xxx. 29.
Non puoi fallire... Se ben m' accorsi nella *vita* bella . . . *Inf.* xv. 57.
cupidigia... Che sì ci sproni nella *vita* corta . . . . *Inf.* xii. 50.
l' onrata nominanza Che di lor suona su nella tua *vita* . . . *Inf.* iv. 77.
delle somme chiavi, Che tu tenesti nella *vita* lieta . . . . . *Inf.* xix. 102.
costui, la cui mirabil *vita* Meglio... si canterebbe . . . . . *Par.* xi. 95.
E la lor cieca *vita* è tanto bassa, Che invidiosi son . . . . *Inf.* iii. 47.
La sconoscente *vita*, che i fe' sozzi... or li fa bruni . . . *Inf.* vii. 53.
Fuor mi rapiron... E Dio si[1] sa qual poi mia *vita* fusi . . *Par.* iii. 108.
Perfetta *vita* ed alto merto inciela Donna più su, mi disse . *Par.* iii. 97.
la luce, in cui[2] mirabil *vita*... narrata fumi . . . . *Par.* xiii. 32.
Vita bestial mi piacque, e non umana, Sì come a mul . . . . *Inf.* xxiv. 124.
conviene Prender sua *vita* ed avanzar la gente . . . . . . *Inf.* xi. 108.
con questi Altri rimondo qui la *vita* ria . . . . *Purg.* xiii. 107.
Sanno la *vita* sua viziata e lorda . . . . *Purg.* vii. 110.
come fatto fui... pastore, Così scopersi la *vita* bugiarda . . *Purg.* xix. 108.
E quella... Sè stessa a *vita* senza gloria offerse . . . . . . *Purg.* xviii. 138.
a Dio convenia... Riparar l' uomo a sua intera *vita* . . . . *Par.* vii. 104.
Nel monte... Fu' io, con *vita* pura, e disonesta . . . . . *Par.* xxvi. 140.
perocchè si torse Da via di verità e da sua *vita* . . . . . *Par.* vii. 39.
Che colpa ho io della tua *vita* rea? . . . . *Inf.* xiii. 135.
Vedete il re della semplice *vita* Seder là solo . . . . *Purg.* vii. 130.
Ma di nostro paese e della *vita* C' inchiese . . . . *Purg.* vi. 70.
Dette mi fur di mia *vita* futura Parole gravi . . . . *Par.* xvii. 22.
Da lei saprai di tua *vita* il viaggio . . . . *Inf.* x. 132.
Di quella *vita* mi volse costui Che mi va innanzi . . . . . *Purg.* xxiii. 118.
buoni Sono... Senza peccato in *vita* o in sermoni . . . . . *Par.* xix. 75.
Questi fu tal nella sua *vita* nuova Virtualmente . . . . . *Purg.* xxx. 115.
il cor ch' egli ebbe Mendicando sua *vita* a frusto a frusto . . *Par.* vi. 141.
La prima *vita* del ciglio e la quinta Ti fa maravigliar . . . *Par.* xx. 100.
E già la *vita*[3] di quel lume santo Rivolta s' era al sol . . . *Par.* ix. 7.
Io son la *vita* di Bonaventura Da Bagnoregio . . . . *Par.* xii. 127.
sì come si tacque La gloriosa *vita* di Tommaso . . . . . . *Par.* xiv. 6.
Vita beata, che ti stai nascosta Dentro . . . . *Par.* xxi. 55.
Inclita *vita*, per cui l' allegrezza[4]... si scrisse . . . . . *Par.* xxv. 29.
E la sua terra è questa dolce *vita* . . . . *Par.* xxv. 93.
O *vita* intera d' amore e di pace! O... sicura ricchezza! . . *Par.* xxvii. 8.
E differentemente han dolce *vita*, Per sentir più e men . . *Par.* iv. 35.
Sì trapassammo... Toccando un poco la *vita* futura . . . . *Inf.* vi. 102.
E però questa festinata gente A vera *vita* . . . . *Par.* xxxii. 59.
quel dì Nel qual mutasti mondo a miglior *vita* . . . . . . *Purg.* xxiii. 77.
e par lor tardo Che Dio a miglior *vita* li ripogna . . . . . *Purg.* xvi. 123.

[1] lo si. [2] che. [3] vista. [4] la larghezza.

Vita. per l' esperienza Di questa dolce *vita*, e dell' opposta . . *Par.* xx. 48.
    minori e grandi Di questa *vita* miran nello speglio . . . . . *Par.* xv. 62.
    Si levar... Ministri e messaggier di *vita* eterna . . . . *Purg.* xxx. 18.
    a' rai Di *vita* eterna la dolcezza senti . . . . *Par.* iii. 38.
Vital. *vital* nutrimento Lascerà poi quando sarà digesta . . . . *Par.* xvii. 131.
Vitaliano. il mio vicin *Vitaliano* Sederà qui . . . . *Inf.* xvii. 68.
1. Vite. in alcuna Che dura molto, e le *vite* son corte . . . . . *Par.* xvi. 81.
    ha vedute Le *vite* spirituali ad una ad una · . . . . *Par.* xxxiii. 24.
2. Vite. la buona pianta, Che fu già *vite*, ed ora è fatta pruno . . *Par.* xxiv. 111.
    il calor... Giunto all' umor che dalla *vite* cola . . . . . . *Purg.* xxv. 78.
Vittima. *Vittima* fassi di questo tesoro, Tal qual io dico . . . . *Par.* v. 29.
    e, per ammenda, *Vittima* fe' di Corradino . . . . *Purg.* xx. 68.
    che Fiorenza fesse *Vittima* nella sua pace postrema . . . *Par.* xvi. 147.
Vittore. Ugo da San *Vittore* è qui con elli . . . . *Par.* xii. 133.
Vittoria. che stretta di neve Non rechi la *vittoria* al Noarese . . *Inf.* xxviii. 59.
    il cui valore Mosse Gregorio alla sua gran *vittoria* . . . . *Purg.* x. 75.
    lei lasciar per palma In alcun cielo dell' alta *vittoria* . . . . *Par.* ix. 122.
    Intese cose che furon cagione Di sua *vittoria* . . . . . . *Inf.* ii. 27.
    vidi venire un possente Con segno di *vittoria* coronato[1] . . *Inf.* iv. 54.
    per sonare... Più si concepirà di tua *vittoria* . . . . . . *Par.* xxxiii. 75.
    Quivi trionfa... di sua *vittoria*... Colui che tien . . . . . *Par.* xxiii. 137.
Vituperio. Ahi Pisa, *vituperio* delle genti ! . . . . *Inf.* xxxiii. 79.
Viv'. come Dicesti : egli ebbe ? non *viv'* egli ancora ? . . . . . *Inf.* x. 68.
1. Viva. E tu che se' costì, anima *viva*, Partiti da cotesti . . . *Inf.* iii. 88.
    Vende la carne loro, essendo *viva* ; Poscia gli ancide . . . . *Purg.* xiv. 61.
    quel che spera... Con la predetta conoscenza *viva* . . . . *Par.* xxvi. 61.
    Donna m' apparve... Vestita di color di fiamma *viva* . . . *Purg.* xxx. 33.
    Le facce tutte avean di fiamma *viva*, E l' ali d' oro . . . . *Par.* xxxi. 13.
    dentro e dintorno La divina foresta spessa e *viva* . . . . *Purg.* xxviii. 2.
    insieme Per *viva* forza mal convien che vada . . . . . . *Purg.* xvi. 111.
    Chè la *viva* giustizia che mi spira Gli concedette . . . . *Par.* vi. 88.
    Quindi addolcisce la *viva* giustizia In noi l' affetto . . . . *Par.* vi. 121.
    la latebra, Che t' asconderà la giustizia *viva* . . . . . . *Par.* xix. 68.
    Così mi circonfulse luce *viva*, E lasciommi fasciato . . . . *Par.* xxx. 49.
    Chè quella *viva*[2] luce che sì mea[3] Dal suo lucente . . . . *Par.* xiii. 55.
    O isplendor di *viva* luce eterna ! . . . . *Purg.* xxxi. 139.
    Sì per la *viva* luce passeggiando, Menava io gli occhi . . *Par.* xxxi. 46.
    E per la *viva* luce trasparea La lucente sustanzia . . . . *Par.* xxiii. 31.
    lo passo, Che non lasciò giammai persona *viva* . . . . . *Inf.* i. 27.
    troverete il passo Possibile a salir persona *viva* . . . . . *Purg.* xi. 51.
    per lo corpo luce, Come letizia per pupilla *viva* . . . . . *Par.* ii. 144.
    tornò all' ossa, E ciò di *viva* speme fu mercede . . . . . *Par.* xx. 108.
    Di *viva* speme, che mise la[4] possa Ne' preghi fatti . . . . *Par.* xx. 109.
    violenza pate Da caldo amore, e da *viva* speranza . . . . *Par.* xx. 95.
    mi dipinse Il quale e il quanto della *viva* stella . . . . . . *Par.* xxiii. 92.
    fu repleta Sì la sua mente di *viva* virtute . . . . *Par.* xix. 59.
    Ed allor fu la mia vista più *viva* Giù ver lo fondo . . . . *Inf.* xxix. 54.
    Come a color... Che non traggon la voce *viva* ai denti . . . *Purg.* xxxiii. 27.
    cantava... In voce assai più che la nostra *viva* . . . . . . *Purg.* xxvii. 9.
2. Viva. orazione... Che surga su di cor che in grazia *viva* . . *Purg.* iv. 134.
    Se... non s' imboli... Ma s' ella *viva* sotto molti soli . . . . *Inf.* xxix. 105.
    La morte ch' ei sostenne perch' io *viva* . . . . *Par.* xxvi. 59.
    Non so, rispos' io lui, quant' io mi *viva* . . . . *Purg.* xxiv. 76.
Vivace. l' ardor... Nella più simigliante è più *vivace* . . . . . *Par.* vii. 75.

[1] incoronato.   [2] vera.   [3] s' innea.   [4] sua.

Vivace. Tale era io mirando la *vivace* Carità di colui		*Par.* xxxi. 109.
la favilla Che si dilata in fiamma poi *vivace*		*Par.* xxiv. 146.
e giuso... Sei di speranza fontana *vivace*		*Par.* xxxiii. 12.
Così rimaso te... Voglio informar di luce sì *vivace*		*Par.* ii. 110.
e quella che pria venne Incominciò a farsi più *vivace*		*Par.* xxvii. 12.
come di gramigna *Vivace* terra... Si ricoperse		*Purg.* xxxii. 137.
Vivaci. Parvem' i rami gravidi e *vivaci*		*Purg.* xxiv. 103.
Vivagni. Si studia sì, che pare ai lor *vivagni*		*Par.* ix. 135.
Sì, accostati all' un de' due *vivagni*, Passammo		*Purg.* xxiv. 127.
Vivagno. Perchè ci appar pur da[1] questo *vivagno*?		*Inf.* xiv. 123.
Non... sì tosto... Come il Maestro mio per quel *vivagno*		*Inf.* xxiii. 49.
Vivamente. percosse L' impeto suo più *vivamente* quivi		*Par.* xii. 101.
Vivanda. *vivanda* Fosse gustata senza alcuno scotto		*Purg.* xxx. 143.
s' armi... Sì di *vivanda*, che stretta di neve Non rechi		*Inf.* xxviii. 58.
Ma il suo peculio di nuova *vivanda* È fatto ghiotto sì		*Par.* xi. 124.
Vivande. Mele e locuste furon le *vivande*, Che nutriro		*Purg.* xxii. 151.
1. Vive. Di tal fiumana uscian faville *vive*		*Par.* xxx. 64.
Però che tutte quelle *vive* luci, Vie più lucenti		*Par.* xx. 10.
perchè pur ardi Sì nell' aspetto[2] delle *vive* luci?		*Purg.* xxix. 62.
raggia intorno, Così e quanto nelle membra *vive*		*Purg.* xxv. 90.
Sì come neve, tra le *vive* travi... si congela		*Purg.* xxx. 85.
2. Vive. un' alma sola, Che *vive* e sente, e sè in sè rigira		*Purg.* xxv. 75.
quinta soglia Dell' arbore che *vive* della cima		*Par.* xviii. 29.
Cotesti che ancor *vive*, e non si noma, Guardare' io		*Purg.* xi. 55.
Ch' ei *vive*, e lunga vita ancor aspetta		*Inf.* xxxi. 128.
Però, in pro del mondo che mal *vive*, Al carro tieni		*Purg.* xxxii. 103.
Qui *vive* la pietà quando è ben morta		*Inf.* xx. 28.
Chè questi *vive*, e Minos me non lega		*Purg.* i. 77.
Questi che *vive*, e certo io non vi bugio, Vuole andar su		*Purg.* xviii. 109.
Quell' uno e due e tre che sempre *vive*, E regna		*Par.* xiv. 28.
E quella... Tra tirannia si *vive* e stato franco		*Inf.* xxvii. 54.
E può egli esser, se giù non si *vive* Diversamente?		*Par.* viii. 118.
Quivi si *vive* e gode del tesoro Che s' acquistò		*Par.* xxiii. 133.
Vivea. Quando *vivea* più glorioso, disse... s' affisse		*Purg.* xi. 133.
Vivemo. di tanto offesi, Che senza speme *vivemo* in disio		*Inf.* iv. 42.
Vivendo. Cosa di là ond' io *vivendo* mossi		*Purg.* xix. 96.
ignoranza... Toglie il penter *vivendo*, e negli estremi		*Purg.* xxii. 48.
Viver. una lupa che... Molte genti fe' già *viver* grame		*Inf.* i. 51.
ho fermo il disiro Sì a colui che volle *viver* solo		*Par.* xviii. 134.
Fatti non foste a *viver* come bruti, Ma per seguir virtute		*Inf.* xxvi. 119.
Perocchè il loco, u' fui a *viver* posto... di ben si spolpa		*Purg.* xxiv. 79.
Beato te, che Per *viver*[3] meglio esperienza imbarche!		*Purg.* xxvi. 75.
Qual si lamenta perchè qui si moia, Per *viver* colassù		*Par.* xiv. 26.
Vedrassi la lussuria e il *viver* molle Di quel di Spagna		*Par.* xix. 124.
A così riposato, a così bello *Viver* di cittadini		*Par.* xv. 131.
e cotai doni Conformi fieno al *viver* del paese		*Par.* ix. 60.
Fecero al *viver* bene un picciol cenno Verso di te		*Purg.* vi. 141.
v' ha morti, E posto fine al vostro *viver* lieto		*Par.* xvi. 138.
Ma per acquisto d' esto *viver* lieto... Sparser		*Par.* xxvii. 43.
segna ai vivi Del *viver* ch' è un correre alla morte		*Purg.* xxxiii. 54.
Vivere. Mobile primo, Che prende quindi *vivere* e potenza		*Par.* xxx. 108.
ammirazione Traean di me, di mio *vivere* accorte		*Purg.* xxiv. 6.
Vivesi. del quale *Vivesi* qui, ma non sen vien satollo		*Par.* ii. 12.
Vivesse. tu vuoi dire, Che *vivesse* in Italia peregrina		*Purg.* xiii. 96.

[1] pure a. [2] affetto. [3] morir.

Vivete.	Voi, che *vivete*, ogni cagion recate Pur suso al ciel	*Purg.* xvi. 67.
Vivette.	rimembro... Ugolin d' Azzo, che *vivette* nosco	*Purg.* xiv. 105.
Vivi.	si riga, Sì che i suoi arbuscelli stan più *vivi*	*Par.* xii. 105.
	Io vidi più fulgor *vivi* e vincenti Far di noi centro	*Par.* x. 64.
	Veggiolo... tra *vivi* ladroni esser anciso	*Purg.* xx. 90.
	ma gli occhi *vivi* Non potean ire al fondo	*Inf.* xxiv. 70.
	e gli occhi d' Argo, Se fosser *vivi*, sarebber cotali	*Purg.* xxix. 96.
	che i *vivi* piedi Così sicuro per lo Inferno freghi	*Inf.* xvi. 32.
	Pensa che Pietro e Polo... ancor son *vivi*	*Par.* xviii. 132.
	Tutti color... Erano il quinto di quei che son *vivi*	*Par.* xvi. 48.
	che i raggi Del vero amore in su poggin men *vivi*	*Par.* vi. 117.
	Questi sciaurati,[1] che mai non fur *vivi*, Erano ignudi	*Inf.* iii. 64.
	Seminator di scandalo e di scisma Fur *vivi*	*Inf.* xxviii. 36.
	i *vivi* suggelli D' ogni bellezza più fanno più suso	*Par.* xiv. 133.
	Morti li morti, e i *vivi* parean *vivi*	*Purg.* xii. 67.
	Ed ora in te non stanno senza guerra Li *vivi* tuoi	*Purg.* vi. 83.
	segna ai *vivi* Del viver ch' è un correre alla morte	*Purg.* xxxiii. 53.
	Or direte... Che il suo nato è co' *vivi* ancor congiunto	*Inf.* x. 111.
	Io dirò il vero, e tu il ridi' tra i *vivi*	*Purg.* v. 103.
	peso porti... Poi ch' io nol fei tra' *vivi*, qui tra' morti	*Purg.* xi. 72.
Vivissime.	Le parti sue *vivissime*[2] ed eccelse	*Par.* xxvii. 100.
1. Vivo.	altezza, che in tutto è disciolta Nell' aer *vivo*	*Purg.* xxviii. 107.
	giammai di questo fondo Non tornò *vivo* alcun	*Inf.* xxvii. 65.
	fiamma rende, E per *vivo* candor quella soperchia Sì	*Par.* xiv. 53.
	intorno... Si volse con un canto tanto *vivo*[3]	*Par.* xxiv. 23.
	quella terra... Che piange Carlo e Federico *vivo*	*Par.* xx. 63.
	l' immaginar... Non che il parlare, è troppo color *vivo*	*Par.* xxiv. 27.
	costui ch' è meco, e non fa motto; E *vivo* sono	*Purg.* xiii. 142.
	Costui par *vivo* all' atto della gola	*Inf.* xxiii. 88.
	Maraviglia sarebbe... Come in[4] terra quiete in[5] foco *vivo*	*Par.* i. 141.
	E quel medesimo... Gridò: qual io fui *vivo*, tal son morto	*Inf.* xiv. 51.
	Io ebbi, *vivo*, assai di quel ch' io volli, Ed ora... bramo	*Inf.* xxx. 62.
	Percotendo... Sì che, se fossi *vivo*, troppo fora	*Inf.* xxxii. 90.
	Vivo son io, e caro esser ti puote, Fu mia risposta	*Inf.* xxxii. 91.
	Io non morii, e non rimasi *vivo*	*Inf.* xxxiv. 25.
	accorte, Per lo spirare, ch' io era ancor *vivo*	*Purg.* ii. 68.
	un semplice sembiante Fosse nel *vivo* lume ch' io mirava	*Par.* xxxiii. 110.
	si rivolse... A quella parte ove il mondo è più *vivo*	*Par.* v. 87.
	E come *vivo* par che si conduca	*Purg.* v. 6.
	ben è *vivo*, e sì soletto Mostrarli mi convien	*Inf.* xii. 85.
	per l' acume ch' io soffersi Del *vivo* raggio	*Par.* xxxiii. 77.
	dentro al *vivo* seno Di quello incendio tremolava	*Par.* xxv. 79.
	Ed in corpo par *vivo* ancor di sopra	*Inf.* xxxiii. 157.
	Ben supplico io a te, *vivo* topazio, Che... ingemmi	*Par.* xv. 85.
	O Tosco, che per la città del foco *Vivo* ten vai!	*Inf.* x. 23.
	Or te ne va; e perchè se' *vivo* anco, Sappi	*Inf.* xvii. 67.
	discendo Con questo *vivo* giù di balzo in balzo	*Inf.* xxix. 95.
2. Vivo.	Mentre io *vivo* Convien che... si scerna	*Inf.* xv. 86.
	il mio Tesoro Nel quale io *vivo* ancora	*Inf.* xv. 120.
Vivuto.	per esser *vivuto* di là, quando Visse Virgilio	*Purg.* xxi. 100.
Vizia.	Ond' esce il fummo che il tuo raggio *vizia*	*Par.* xviii. 120.
Viziata.	Sanno la vita sua *viziata* e lorda	*Purg.* vii. 110.
Vizii.	io udi' già dire a Bologna Del Diavol *vizii* assai	*Inf.* xxiii. 143.
	del mondo esperto, E degli *vizii* umani e del valore	*Inf.* xxvi. 99.

---

[1] sciagurati.   [2] vicissime.   [3] divo.   [4] a.   [5] quieto.

Vizio. La meretrice... Morte comune, e delle corti *vizio* . . . . *Inf.* xiii. 66.
A *vizio* di lussuria fu sì rotta Che libito fe' licito . . . . . . *Inf.* v. 55.
anzi virtute, Che gran ricchezza posseder con *vizio* . . . . . *Purg.* xx. 27.
senza *vizio* Conobber l' altre, e seguir tutte e quante . . . . *Purg.* vii. 35.
Vizzo. Ciò che par duro ti parrebbe *vizzo* . . . . *Purg.* xxv. 27.
Vo. Ma dilmi, e dimmi s' io *vo* bene al varco . . . . *Purg.* xvi. 44.
io mi son Lia, e *vo* movendo intorno Le belle mani . . . *Purg.* xxvii. 101.
Lascio lo fele, e *vo* per[1] dolci pomi Promessi a me . . . . . *Inf.* xvi. 61.
a proprio nome *Vo* per la rosa giù di foglia in foglia . . . . *Par.* xxxii. 15.
Quinci su *vo* per non esser più cieco . . . . *Purg.* xxvi. 58.
se volete... Faròl, se piace a costui, chè *vo* seco . . . . . . *Inf.* xv. 36.
a quel modo Che ditta dentro, *vo* significando . . . . *Purg.* xxiv. 54.
Perch' io *vo* tra costor con bassa fronte . . . . *Purg.* v. 90.
con quella fascia Che la morte dissolve men *vo* suso . . . . *Purg.* xvi. 38.
Vo'. Vattene omai: non *vo'* che più t' arresti . . . . *Purg.* xix. 139.
io *vo'* che Buoso corra, Com' ho fatt' io, carpon . . . . . . *Inf.* xxv. 140.
Ed anche *vo'* che tu per certo credi, Che... ha gente . . . *Inf.* vii. 117.
s' avvolse...: al collo, Come dicesse: io non *vo'* che più diche. *Inf.* xxv. 6.
Omai, diss' io, non *vo'* che tu favelle, Malvagio traditor . . *Inf.* xxxii. 109.
Or *vo'* che tu mia sentenza ne imbocche . . . . *Inf.* vii. 72.
or *vo'* che tu dell' altro intende, Che corre al ben . . . . . *Purg.* xvii. 125.
Non *vo'* però ch' a' tuoi vicini invidie . . . . *Par.* xvii. 97.
Ed io a lui: ancor *vo'* che m' insegni . . . . *Inf.* vi. 77.
Ed egli a me: non *vo'* che tu paventi; Lasciali digrignar . . *Inf.* xxi. 133.
Ma più d' ammirazion *vo'* che ti pigli . . . . *Purg.* xxi. 123.
Or *vo'* che sappi, innanzi che più andi, Ch' ei non peccaro . *Inf.* iv. 33.
E *vo'* che sappi che, dinanzi ad essi... non eran salvati . . *Inf.* iv. 62.
Non *vo'* però, Lettor, che tu ti smaghi Di... proponimento . *Purg.* x. 106.
ai raggi... Ti scaldi, s' io *vo'* credere ai sembianti . . . . . *Purg.* xxviii. 44.
Io *vo'* saper se l' uom può satisfarvi Ai voti manchi . . . . *Par.* iv. 136.
Vocabol. Dove il *vocabol* suo diventa vano, Arriva' io . . . . *Purg.* v. 97.
perchè nascose Questi il *vocabol* di quella riviera ? . . . . . *Purg.* xiv. 26.
E da costei... Pigliavano il *vocabol* della stella . . . . . . *Par.* xxi. 11.
cristallo, che il *vocabol* porta... del suo chiaro[2] duce . . . *Par.* xxv. 13.
Poscia nell' M del *vocabol* quinto Rimasero ordinate . . . . *Par.* xviii. 94.
Vocale. Tanto fu dolce mio *vocale* spirto Che... mi trasse Roma . *Purg.* xxi. 88.
Vocali. in cinque volte sette *Vocali* e consonanti . . . . *Par.* xviii. 89.
Voce. Assai la *voce* lor chiaro l' abbaia, Quando vengono . . . *Inf.* vii. 43.
Surgeran... La rivestita *voce* alleluiando[3] . . . . *Purg.* xxx. 15.
E la *voce* allentò per lo suo varco . . . . *Purg.* xxxi. 21.
E come in *voce voce* si discerne, Quando una è ferma . . . . *Par.* viii. 17.
La prima *voce* che passò volando... altamente disse . . . . *Purg.* xiii. 28.
Io mi volgea... Quand' una *voce* disse: qui si monta . . . . *Purg.* xvii. 47.
Che andate pensando sì voi sol tre ? Subita *voce* disse . . *Purg.* xxiv. 134.
Fecesi *voce* quivi, e quindi uscissi Per lo suo becco . . . . *Par.* xx. 28.
Poichè la *voce* fu restata e queta, Vidi quattro... ombre . . *Inf.* iv. 82.
Ed una *voce* per entro le fronde Gridò . . . . *Purg.* xxii. 140.
Guidavaci una *voce* che cantava Di là . . . . *Purg.* xxvii. 55.
fue La *voce* mia di grande affetto impressa . . . . *Par.* viii. 45.
Quella medesma *voce*, che paura Tolta m' avea . . . . *Par.* xxvi. 19.
la *voce* si mosse, e pria si spense, Che... fosse dischiusa . . *Purg.* xxxi. 8.
Del cor dell' una delle luci nuove Si mosse *voce* . . . . . *Par.* xii. 29.
Folgore parve... *Voce* che giunse d' incontra, dicendo . . . *Purg.* xiv. 132.
E quel... Non portò *voce* mai, nè scrisse inchiostro . . . . . *Par.* xix. 8.

---
[1] pe'.   [2] caro.   [3] carne alleviando.

Voce. Ed io udi'... una *voce* modesta... Risponder	. . . . .	*Par.* xiv. 35.
Chè, se la *voce* tua sarà molesta Nel primo gusto	. . . . .	*Par.* xvii. 130.
Dunque la *voce* tua, che il ciel trastulla Sempre	. . . . .	*Par.* ix. 76.
meco si conviene Nel nome che sonò la *voce* sola	. . . . .	*Inf.* iv. 92.
Una *voce* di presso sonò: forse Che... avrai distretta	. . . .	*Purg.* iv. 98.
Sternel la *voce* del verace autore, Che dice a Moisè	. . . .	*Par.* xxvi. 40.
sua sentenza è d'altra guisa, Che la *voce* non suona	. . . .	*Par.* iv. 56.
La *voce* tua sicura, balda e lieta Suoni la volontà	. . . . .	*Par.* xv. 67.
Intanto *voce* fu per me udita: Onorate... poeta	. . . . .	*Inf.* iv. 79.
Tal *voce* uscì del cielo, e cotal disse: O navicella	. . . .	*Purg.* xxxii. 128.
Ed una *voce* uscìo dall'altro fosso... disconvenevole	. . . .	*Inf.* xxiv. 65.
volli dir, ma la *voce* non venne Com' io credetti	. . . . .	*Inf.* xvii. 92.
qui da presso Non alzava la *voce* altra persona	. . . . . .	*Purg.* xx. 123.
Udimmo dire: o tu, a cui io drizzo La *voce*	. . . . . .	*Inf.* xxvii. 20.
Poscia drizzò al frate cotal *voce*: Non vi dispiaccia	. . .	*Inf.* xxiii. 127.
A pena ebbi la *voce* che rispose, E le labbra a fatica	. . .	*Purg.* xxxi. 32.
Gittò *voce* di fuori, e disse: quando Mi diparti'	. . . . .	*Inf.* xxvi. 90.
Levan la *voce*, e rallegrano gli atti	. . . .	*Par.* xiv. 21.
Mossi la *voce*: o anime affannate, Venite a noi parlar	. . .	*Inf.* v. 80.
e render *voce* a *voce* in tempra Ed in dolcezza	. . . . .	*Par.* x. 146.
Come a color... Che non traggon la *voce* viva ai denti	. . .	*Purg.* xxxiii. 27.
A questa *voce* l' infiammato giro Si quietò	. . . .	*Par.* xxv. 130.
A questa *voce* vid' io più fiammelle... scendere	. . . . .	*Par.* xxi. 136.
In exitu Israel... Cantavan tutti insieme ad una *voce*	. . .	*Purg.* ii. 47.
Pape Satan... Cominciò Pluto colla *voce* chioccia	. . . . .	*Inf.* vii. 2.
nol vi dice Nè con la *voce*, nè pensando ancora	. . . . .	*Par.* xiv. 11.
E cominciommi a dir... Con angelica *voce* in sua favella	. .	*Inf.* ii. 57.
Poi sospirando, e con *voce* di pianto, Mi disse	. . . . .	*Inf.* xix. 65.
Con lieta *voce* disse: entrate quinci Ad un scaleo	. . . .	*Purg.* xv. 35.
Così con *voce* più dolce e soave... Dissemi	. . . .	*Par.* xvi. 32.
il bue Ciciliàn... Mugghiava con la *voce* dell' afflitto	. . .	*Inf.* xxvii. 10.
procedetter... Con *voce* tanto da sè trasmutata	. . . . . .	*Par.* xxvii. 38.
Con atto e *voce* d'espedito duce Ricominciò	. . . .	*Par.* xxx. 37.
Con altra *voce* omai, con altro vello Ritornerò poeta	. . .	*Par.* xxv. 7.
soccorre... Con la sua *voce*, che il suol ben disporre	. . .	*Par.* xxii. 6.
la trovò sicura Con Amiclate, al suon della sua *voce*	. . .	*Par.* xi. 68.
cantava... In *voce* assai più che la nostra viva	. . . . .	*Purg.* xxvii. 9.
e poi Si convertì quel vento in cotal *voce*	. . . .	*Inf.* xiii. 92.
E come in *voce voce* si discerne, Quando una è ferma	. . .	*Par.* viii. 17.
fulgor vivi... Più dolci in *voce* che in vista lucenti	. . .	*Par.* x. 66.
mi parea Udir in *voce* mista al dolce suono	. . . .	*Purg.* ix. 141.
Ma nella *voce* sua mi fu palese Ciò	. . . .	*Purg.* xliii. 44.
parlar lo rostro, E sonar nella *voce* ed Io e Mio	. . . .	*Par.* xix. 11.
Così per una *voce* detto fue	. . . .	*Purg.* xvi. 28.
Aldobrandi, la cui *voce*... dovria[1] esser gradita	. . . .	*Inf.* xvi. 41.
Chè se il Conte Ugolino aveva *voce* D' aver tradita te	. . .	*Inf.* xxxiii. 85.
Dandole biasmo a torto e mala *voce*	. . . .	*Inf.* vii. 93.
A *voce* più ch' al ver drizzan li volti	. . . .	*Purg.* xxvi. 121.
prima Che venissero al ciel, fur di gran *voce*	. . . . . .	*Par.* xviii. 32.
Vocem. Cotali... Si levar cento, ad *vocem* tanti senis	. . .	*Purg.* xxx. 17.
Voci. *voci* Cantaron sì che nol diria sermonè	. . . . .	*Purg.* xii. 110.
Voci alte e fioche, e suon di man con elle	. . . .	*Inf.* iii. 27.
Diverse *voci* fan giù[2] dolci note; Così diversi scanni	. . .	*Par.* vi. 124.
e le sue *voci* Con sitio, e senz' altro, ciò forniro	. . . .	*Purg.* xxii. 5.

[1] dovrebbe. [2] fanno.

| VOCI | 805 | VOGLIA |

Voci. O, diss' io, Padre, che *voci* son queste?	*Purg.* xiii. 34.
Che tante *voci* uscisser... Da gente che... si nascondesse	*Inf.* xiii. 26.
almen tre *Voci* t' ho messe, dicea; surgi e vieni	*Purg.* xix. 35.
Io sentia *voci*, e ciascuna pareva Pregar	*Purg.* xvi. 16.
per li volti, Ed anco per le *voci* puerili	*Par.* xxxii. 47.
Parlavan rado, con *voci* soavi	*Inf.* iv. 114.
Forse retro da me con miglior *voci* Si pregherà	*Par.* i. 35.
E nelle *voci* del cantare, Osanna	*Purg.* xxix. 51.
Vogl'. Tanto *vogl'* io che vi sia manifesto	*Inf.* xv. 91.
Voglia. questa prima *voglia* Merto di lode... non cape	*Purg.* xviii. 59.
e come volle Beatrice, fu la mia *voglia* confessa	*Par.* xvii. 30.
Voglia assoluta non consente al danno, Ma consentevi	*Par.* iv. 109.
Ma se la vostra maggior *voglia* sazia Tosto divenga	*Purg.* xxvi. 61.
Ma così salda *voglia* è troppo rada	*Par.* iv. 87.
vi ciba Sì, che la vostra *voglia* è sempre piena	*Par.* xxiv. 3.
Chè voler ciò udire è bassa *voglia*	*Inf.* xxx. 148.
patricida Fece la *voglia* sua dell' oro ghiotta	*Purg.* xx. 105.
In parte fia la tua *voglia* contenta, Perchè vedrai	*Par.* xi. 136.
Mal fu la *voglia* tua sempre sì tosta	*Inf.* xii. 66.
cominciai, Quasi com' uom cui troppa *voglia* ismaga	*Par.* iii. 36.
Chè quella *voglia* all' arbore ci mena, Che menò Cristo	*Purg.* xxiii. 73.
Sì che potesse sua *voglia* esser mossa	*Par.* xx. 111.
sì che nulla *Voglia* di sè a te puote esser fuia	*Par.* ix. 75.
redimita Fu... La santa *voglia* d' esto archimandrita	*Par.* xi. 99.
Per che la *voglia* mia saria contenta D' intender	*Par.* xvii. 25.
Ma *voglia* ed argomento nei mortali... Diversamente	*Par.* xv. 79.
fu percossa Da un fulgore, in che sua *voglia* venne	*Par.* xxxiii. 141.
conobbi la *voglia* In lui di ragionarmi ancora alquanto	*Par.* xviii. 26.
Quelle sustanzie che, per darmi *voglia* Ch' io le pregassi	*Par.* xv. 8.
senz' essermi profferta, Dante,[1] la *voglia* tua, discerno	*Par.* xxvi. 104.
sì malvagia... Che mai non empie la bramosa *voglia*	*Inf.* i. 98.
non fa scusa, Ma fa sua *voglia* della *voglia* altrui	*Purg.* xxxiii. 131.
Ghisola... Condussi a far la *voglia* del Marchese	*Inf.* xviii. 56.
innanzi fessi, Per far di sè la mia *voglia* contenta	*Par.* xxii. 30.
Ma per fare esser ben la *voglia* acuta, Tien alto	*Purg.* xxiv. 110.
E fece la mia *voglia* tanto pronta Di riguardar	*Purg.* xvii. 49.
Quella col non poter la *voglia* intriga	*Purg.* vii. 57.
Move la testa... *Voglia* mostrando, e facendosi bello	*Par.* xix. 36.
mercede, Che grazia partorisce e buona *voglia*	*Par.* xxviii. 113.
tu vedi mia *voglia*, E, per udirti tosto, non la dico	*Par.* xxvi. 95.
Vinse paura la mia buona *voglia*	*Inf.* xvi. 50.
Ed apre gli occhi a sua *voglia* e coperchia	*Purg.* xiv. 3.
a quella *voglia*, A cui non puote il fin mai esser mozzo	*Inf.* ix. 94.
non serra porte A giusta *voglia*, se non come quella	*Par.* iii. 44.
Ponete mente alla sua *voglia*[2] immensa, E roratelo alquanto	*Par.* xxiv. 7.
è formale... Tenersi dentro alla divina *voglia*	*Par.* iii. 80.
Tal era io, con *voglia* accesa e spenta Di domandar	*Purg.* xxv. 13.
E volgeami con *voglia* riaccesa Per domandar	*Par.* xxxi. 55.
Chè questi... Al montar su, contra sua *voglia*, è parco	*Purg.* xi. 45.
il talento, Che divina giustizia contra *voglia*... pone	*Purg.* xxi. 65.
Chè mal può dir chi è pien d' altra *voglia*	*Purg.* xxiii. 60.
non fa scusa, Ma fa sua *voglia* della *voglia* altrui	*Purg.* xxxiii. 131.
Della *voglia* assoluta intende, ed io Dell' altra	*Par.* iv. 113.
noi siam di *voglia* a moverci sì pieni	*Purg.* xviii. 115.

[1] Da te.   [2] all' affezione.

Voglia. Per li tre gradi su di buona *voglia* Mi trasse il Duca . . *Purg.* ix. 106.
Vegnati in *voglia*[1] di trarreti avanti Diss' io a lei . . . . . *Purg.* xxviii. 46.
chiaro conchiude Colpa nella tua *voglia* altrove attenta . . . *Purg.* xxxiii. 99.
pensando ch' io 'l fessi per *voglia* Di manicar . . . . *Inf.* xxxiii. 59.
Tanto... iti, Con poco tempo, per la *voglia* pronta . . . . . *Purg.* xiii. 24.
il cicognin che leva l' ala Per *voglia* di volare . . . . *Purg.* xxv. 11.
Vogliate. Tra costor non *vogliate* ch' io vi guidi . . . . *Purg.* vii. 87.
Non *vogliate* negar l' esperienza... del mondo senza gente . *Inf.* xxvi. 116.
Voglie. Per ch' una fansi nostre *voglie* stesse . . . . *Par.* iii. 81.
canto, Che mi solea quetar tutte mie *voglie* . . . . *Purg.* ii. 108.
Ma perchè le tue *voglie* tutte piene Ten porti . . . . *Par.* ix. 109.
Colpa e vergogna delle umane *voglie* . . . . *Par.* i. 30.
Voglio. Un corollario *voglio* che t' ammanti . . . . *Par.* viii. 138.
E se tanto segreto ver proferse... non *voglio* ch' ammiri . . *Par.* xxviii. 137.
voglio che tu credi Che... più a più giù prema Lo fondo . . *Inf.* xii. 129.
da vergogna *Voglio* che tu omai ti disviluppe . . . . *Purg.* xxxiii. 32.
E non *voglio* che dubbi, ma sie certo . . . . *Par.* xxix. 64.
E come e quare *voglio* che m' intenda . . . . *Inf.* xxvii. 72.
A questo punto *voglio* che tu pense Che la forza . . . . . . *Par.* iv. 106.
Voglio anco... Che il te ne porti dentro a te . . . . *Purg.* xxxiii. 76.
Monta dinanzi, ch' io *voglio* esser mezzo . . . . *Inf.* xvii. 83.
Così rimaso te... *Voglio* informar di luce sì vivace . . . . . *Par.* ii. 110.
Voglion. Or *voglion* quinci e quindi chi rincalzi . . . . *Par.* xxi. 130.
Voglioso. la vista Mi fe' *voglioso* di saper lor nomi . . . . *Purg.* xiv. 74.
1. **Voi** (*pronome*). *Sovente.*
Dal *Voi*, che prima Roma sofferie... Ricominciaron . . . *Par.* xvi. 10.
2. **Voi.** Tu *voi* saper[2] quant' è che Dio mi pose . . . . *Par.* xxvi. 109.
Vola. farfalla, Che *vola* alla giustizia senza schermi . . . . . *Purg.* x. 126.
tanto sopra mia veduta Vostra parola disiata *vola* . . . . *Purg.* xxxiii. 83.
un quadrel posa, E *vola*, e dalla noce si dischiava . . . . *Par.* ii. 24.
quei signor... Che sopra gli altri com' aquila *vola* . . . . *Inf.* iv. 96.
Vola con gli occhi per questo giardino . . . . *Par.* xxxi. 97.
lo cammin corto Di quella vita che al termine *vola* . . . . *Purg.* xx. 39.
Volan. Poi *volan* più in fretta e vanno in filo . . . . *Purg.* xxiv. 66.
Quali colombe... *Volan* per l' aer, dal voler portate . . . *Inf.* v. 84.
Volando. l' altra, che *volando* vede e canta La gloria . . . . *Par.* xxxi. 4.
ed altro quello Che, *volando* per l' aere, il figlio perse . . *Par.* viii. 126.
Irato Calcabrina della buffa, *Volando* dietro gli tenne . . . *Inf.* xxii. 134.
Due ne seguì... Com' occhio segue suo falcon *volando* . . . *Par.* xviii. 45.
quegli andò sotto, E quei drizzò, *volando*, suso il petto . . . *Inf.* xxii. 129.
La prima voce che passò *volando*... altamente disse . . . . *Purg.* xiii. 28.
Volante. Nè lo interporsi... Di tanta plenitudine *volante* . . . . *Par.* xxxi. 20.
Volar. Quattro ne fe' *volar* dall' altra costa . . . . *Inf.* xxii. 146.
E verso noi *volar* furon sentiti... spiriti . . . . *Purg.* xiii. 25.
qual vuol grazia... Sua disianza vuol *volar* senz' ali . . . . *Par.* xxxiii. 15.
L' alma sorprende, e di *volar*[3] le giova . . . . *Purg.* xxi. 63.
O gente umana, per *volar* su nata, Perchè... così cadi ? . . *Purg.* xii. 95.
sì ratto, Che il mover suo nessun *volar* pareggia . . . . . *Purg.* ii. 18.
Volare. il cicognin che leva l' ala Per voglia di *volare* . . . . *Purg.* xxv. 11.
Volasser. *Volasser* parte, e parte inver l' arene . . . . *Purg.* xxvi. 44.
Volea. Ora era onde il salir non *volea* storpio . . . . *Purg.* xxv. 1.
Ben sapev' ei, che *volea* dir lo muto . . . . *Purg.* xiii. 76.
Io m' era inginocchiato, e *volea* dire . . . . *Purg.* xix. 127.
anzi m' accorsi Dove[4] *volea* menar mia professione . . . . *Par.* xxvi. 54.

---

[1] Vegnati voglia. [2] vuoi udir. [3] voler. [4] Ove.

VOLEA 807 VOLER

Volea. m' avea in ira Assai più là che 'l dritto non *volea* . . . . *Purg.* v. 78.
ma io era Già per me stesso tal qual ei *volea*[1] . . . . *Par.* xxxiii. 51.
Volem. baldezza... Tutta è in lui, e sì *volem* che sia . . . . . . *Par.* xxxii. 111.
Volemci. come ? *Volemci* star di qua ? indi sorrise . . . . . . *Purg.* xxvii. 44.
Volemo. Chè quel che vuole Iddio e noi *volemo* . . . . *Par.* xx. 138.
Volentier. Ed egli a me : mal *volentier* lo dico . . . . *Inf.* xviii. 52.
mi rendei Piangendo a quei che *volentier* perdona . . . . *Purg.* iii. 120.
E perchè tu più *volentier* mi rade Le... lagrime . . . . . . *Inf.* xxxiii. 127.
volentier saprei Quanto avemo ad andar . . . . *Purg.* iv. 85.
Volentier torna a ciò che la trastulla . . . . *Purg.* xvi. 90.
Da ragazzo... Nè da colui che mal *volentier* vegghia . . . . *Inf.* xxix. 78.
Vedi **Volontier.**
Volentieri. Poeta, *volentieri* Parlerei a que' due . . . . *Inf.* v. 73.
Io m' era mosso, e seguia *volentieri*... i passi . . . . . . *Purg.* xii. 10.
Voler. La quale e il quale (a *voler* dir lo vero) Fur stabiliti . . . *Inf.* ii. 22.
L' alma sorprende, e di *voler*[2] le giova . . . . *Purg.* xxi. 63.
fece segno Di *voler* lor parlar segretamente . . . . *Inf.* viii. 87.
Lume v' è dato a bene ed a milizia, E libero *voler* . . . . *Purg.* xvi. 76.
Tu argomenti : se il buon *voler* dura . . . . *Par.* iv. 19.
Ma da ch' è tuo *voler* che più si spieghi Di nostra condizion. *Purg.* i. 55.
Chè *voler* ciò udire è bassa voglia . . . . *Inf.* xxx. 148.
Della mondizia sol *voler* fa prova . . . . *Purg.* xxi. 61.
Se *voler* fu, o destino, o fortuna, Non so . . . . *Inf.* xxxii. 76.
Contra miglior *voler voler* mal pugna . . . . *Purg.* xx. 1.
Tanto *voler* sopra *voler* mi venne Dell' esser su . . . . . *Purg.* xxvii. 121.
Giunse quel mal *voler*, che pur mal chiede . . . . *Purg.* v. 112.
Tu dubbi, ed hai *voler* che si discerna[3]... Lo dicer mio . . . *Par.* xi. 22.
Ciascun si fida... Pur che il *voler* nonpossa non ricida . . . *Purg.* v. 66.
tanto... Che men seguon *voler* nei più veraci . . . . *Purg.* xxi. 108.
e il suo *voler* piacermi Significava nel chiarir di fuori . . . *Par.* ix. 14.
piace, Com' allo re ch' a suo *voler* ne invoglia . . . . . . *Par.* iii. 84.
Insieme a punto ed a *voler* quetarsi . . . . *Par.* xii. 25.
dello Inferno, u' non si riede Giammai a buon *voler* . . . . *Par.* xx. 107.
Ma perchè dentro a tuo *voler* t' adage, Ecco qui Stazio . . . *Purg.* xxv. 28.
un cenno Che fece crescer l' ali al *voler* mio . . . . *Par.* xv. 72.
che... si puote Da quei, ch' hanno al *voler* buona radice ? . . *Purg.* xi. 33.
Deh metti al mio *voler* tosto compenso, Beato spirto . . . . *Par.* ix. 19.
voglio che tu pense Che la forza al *voler* si mischia . . . . *Par.* iv. 107.
non... tanto tosto, Ch' io non sia col *voler* prima alla riva . . *Purg.* xxiv. 78.
Contra miglior *voler voler* mal pugna . . . . *Purg.* xx. 1.
Foran discordi... Dal *voler* di colui che qui ne cerne . . . . *Par.* iii. 75.
Quali colombe... Volan per l' aer, dal *voler* portate . . . . . *Inf.* v. 84.
fontana... Che tanto dal *voler* di Dio riprende . . . . . . *Purg.* xxviii. 125.
Fien li tuoi piè dal buon *voler* sì vinti . . . . *Purg.* xii. 124.
s' accorse Del timido *voler* che non s' apriva . . . . *Purg.* xviii. 8.
Come del suo *voler* gli angeli tuoi Fan sacrificio a te . . . *Purg.* xi. 10.
Chè di giusto *voler* lo suo si face . . . . *Purg.* ii. 97.
per *voler* esser certo Di quella fede che vince ogni errore . *Inf.* iv. 47.
s' informa Per sè, o per *voler* che giù lo scorge . . . . . *Purg.* xvii. 18.
la gente... E per magrezza e per *voler* leggiera . . . . . . *Purg.* xxiv. 69.
Poi... Cesare per *voler* di Roma il tolle . . . . *Par.* vi. 57.
Giustiniano, Che, per *voler* del primo amor ch' io sento . . *Par.* vi. 11.
Esser venuto... Senza *voler* divino e fato destro . . . . . *Inf.* xxi. 82.
Se l' ira sopra il mal *voler* s' agguefta, Ei ne verranno . . . *Inf.* xxiii. 16.

[1] voleva.   [2] volar.   [3] ricerna.

Voler. Tanto *voler* sopra *voler* mi venne Dell' esser su . . . . . *Purg.* xxvii. 121.
Volere. Farotti ben di me *volere* scemo; Son Guido . . . . . . *Purg.* xxvi. 91.
   suo passo falca... Cui buon *volere* e giusto amor cavalca . . *Par.* xviii. 96.
   Or va, chè un sol *volere* è d' ambo e due . . . . *Inf.* ii. 139.
   Ben fiorisce negli uomini il *volere* . . . . *Par.* xxvii. 124.
   Nè pentere e *volere* insieme puossi, Per la contraddizion . . *Inf.* xxvii. 119.
   Se fosse stato lor *volere* intero, Come tenne Lorenzo . . . . *Par.* iv. 82.
   dove... S' aggiunge al mal *volere* ed alla possa . . . . *Inf.* xxxi. 56.
   Poi con dottrina e con *volere* insieme... si mosse . . . . . . *Par.* xii. 97.
   e sai ch' io non mi parto Dal tuo *volere* . . . . *Inf.* xix. 39.
   il ben, ch' è del *volere* obbietto, Tutto s' accoglie in lei . . . *Par.* xxxiii. 103.
Voleri. E tutti i suoi *voleri* ed atti buoni Sono . . . . *Par.* xix. 73.
Volerne. carità, che fa *volerne* Sol quel ch' avemo . . . . . . *Par.* iii. 71.
   gli vidi venir... Non molto lungi, per *volerne* prendere . . . *Inf.* xxiii. 36.
Volesse. Ma, perchè Dio *volesse*, m' è occulto . . . . *Par.* vii. 56.
   mirava Pur me, come conoscer mi *volesse* . . . . *Purg.* viii. 48.
   e se *volesse* alcun dir: come? Lo mento... in su levava . . *Purg.* xiii. 101.
   eravamo... attesi, Credendo ch' altro ne *volesse* dire . . . . *Inf.* xiii. 110.
   chi *volesse* Salir di notte, fora egli impedito? . . . . . . *Purg.* vii. 49.
Volesti. Fabbrizio, Con povertà *volesti* anzi virtute . . . . . *Purg.* xx. 26.
Volete. Dite costinci, che *volete* voi? Cominciò egli . . . . *Purg.* ix. 85.
   E se *volete* che con voi m' asseggia, Faròl . . . . *Inf.* xv. 35.
   Se voi venite... E *volete* trovar la via più tosto . . . . *Purg.* xix. 80.
   Se voi *volete* vedere o udire... Toschi o Lombardi . . . . *Inf.* xxii. 97.
Voleva. E piedi e man *voleva* il suol di sotto . . . . *Purg.* iv. 33.
   ma io era Già per me stesso tal qual ei *voleva*[1] . . . . *Par.* xxxiii. 51.
   Com' io *voleva* dicer: tu m' appaghe; Vidimi giunto . . *Purg.* xv. 82.
   e già *voleva* dirti: Chi è in quel foco? . . . . *Inf.* xxvi. 51.
   Veder *voleva*, come si convenne L' imago al cerchio . . . . *Par.* xxxiii. 137.
Volga. come ch' io mi mova, E ch'[2] io mi *volga* . . . . *Inf.* vi. 6.
   falla, Che non si *volga* dritta per la toppa . . . . *Purg.* ix. 122.
Volgare. t' amò tanto Che uscìo per te della *volgare* schiera . . *Inf.* ii. 105.
Volge. tutto il regno che tu scandi *Volge* e contenta . . . . . *Par.* viii. 98.
   Era già l' ora che *volge* il disio Ai naviganti . . . . *Purg.* viii. 1.
   s' accende L' amor che il *volge* e la virtù ch' ei piove . . . *Par.* xxvii. 111.
   Altri fa remi, ed altri *volge* sarte . . . . *Inf.* xxi. 14.
   Con tutto ch' ella *volge* undici miglia . . . . *Inf.* xxx. 86.
   Come la cerchia che d' intorno il *volge* . . . . *Inf.* xviii. 3.
   Pensa... Che miglia ventidue la valle *volge* . . . . *Inf.* xxix. 9.
   in circuito... L' aer si *volge* con la prima volta . . . . . . *Purg.* xxviii. 104.
   Quando noi fummo là dove la coscia Si *volge* . . . . . . *Inf.* xxxiv. 77.
   Come si *volge* con le piante strette A terra . . . . *Purg.* xxviii. 52.
   il falcon... Indi si *volge* al grido, e si protende . . . . . . *Purg.* xix. 65.
   Lo Motor primo a lui si *volge* lieto Sopra tanta arte . . . *Purg.* xxv. 70.
   E come quei... Si *volge* all' acqua perigliosa, e guata . . . . *Inf.* i. 24.
   il ciel... Nel qual si *volge* quel' ch' ha maggior fretta . . . . *Par.* i. 123.
   gli sprona Sì che la tema si *volge* in disio . . . . *Inf.* iii. 126.
Volgea. Io mi *volgea* per vedere ov' io fosse . . . . *Purg.* xvii. 46.
   Poi si *volgea* ciascun, quando era giunto . . . . *Inf.* vii. 34.
   E 'l... spirito bizzarro In sè medesmo si *volgea* co' denti . . *Inf.* viii. 63.
Volgeami. E *volgeami* con voglia riaccesa . . . . *Par.* xxxi. 55.
Volgeano. Venire ai due, che si *volgeano* a rota . . . . *Par.* xxv. 107.
Volgeansi. *Volgeansi* circa noi le due ghirlande . . . . *Par.* xii. 20.
Volgemmo. *Volgemmo* i nostri passi ad una scala . . . . . . *Purg.* xvii. 65.

[1] *volea*.   [2] *come ch'*.

Volgemmo.	*Volgemmo*, e discendemmo a mano stanca Laggiù	*Inf.* xix. 41.
	Noi ci *volgemmo* ancor pure a man manca Con loro	*Inf.* xxiii. 68.
	Noi ci *volgemmo* subito, e Virgilio Rende' gli il cenno	*Purg.* xxi. 14.
Volgendo.	*Volgendo* a loro e qua e là la faccia	*Purg.* vi. 11.
	fui partito, Un poco me *volgendo* all' altro polo	*Purg.* i. 29.
	Volgendo suo parlare a me per punta... Ricominciò	*Purg.* xxxi. 2.
	Noi *volgendo* ivi le nostre persone... voci Cantaron	*Purg.* xii. 109.
	venia... *Volgendo* ad or ad or la testa al[1] dosso	*Purg.* viii. 101.
	la gente... *Volgendo* il viso, raffrettò suo passo	*Purg.* xxiv. 68.
Volgendom'.	*Volgendom'* io con gli eterni Gemelli	*Par.* xxii. 152.
Volgendosi.	Gli occhi miei... *Volgendosi* ver lui	*Purg.* x. 105.
	Così, *volgendosi* alla nota sua, Fu viso a me cantare	*Par.* vii. 4.
Volger.	Ne fece *volger* gli occhi alla sua cima	*Inf.* xxvii. 5.
	allo estremo Le destre spalle *volger* ci convegna	*Purg.* xxii. 122.
	non può dalla salute Amor del suo suggetto *volger*[2] viso	*Purg.* xvii. 107.
	la spiega, Sì che l' animo ad essa *volger* face	*Purg.* xviii. 24.
	Ma disse: taci, e lascia *volger* gli anni	*Par.* ix. 4.
	quei morsi, Che posson far lo cor *volger* a Dio	*Par.* xxvi. 56.
	ti fece Verso me *volger* per alcuna chiosa	*Purg.* xx. 99.
	acqua per doccia A *volger* rota di molin terragno	*Inf.* xxiii. 47.
	Non hanno molto a *volger* quelle rote	*Purg.* xxiv. 88.
	sì presso, Che molto poco tempo a *volger* era	*Purg.* i. 60.
	udii cantando, Che di *volger* mi fe' caler non meno	*Purg.* xxv. 123.
	Compiè il cantare e il *volger* sua misura	*Par.* xiii. 28.
	E come il *volger* del ciel della luna Copre ed iscopre	*Par.* xvi. 82.
	Sì ch' al *volger* del temo non vien meno	*Par.* xiii. 9.
Volgerà.	la fortuna... Le poppe *volgerà* in sulle[3] prore	*Par.* xxvii. 146.
Volgermi.	l' ago... Parer mi fece in *volgermi* al suo dove	*Par.* xii. 30.
Volgersi.	*volgersi* da lei per altro aspetto È impossibil	*Par.* xxxiii. 101.
Volgesi.	per salvarsi *Volgesi* schiera, e sè gira	*Purg.* xxxi. 20.
Volgeva.	Ma già *volgeva* il mio disiro e il velle	*Par.* xxxiii. 143.
Volgi.	*Volgi* la mente a me, e prenderai Alcun buon frutto	*Purg.* xvii. 89.
	Quando mi disse: *volgi* gli occhi in giue	*Purg.* xii. 13.
	Volgi, Beatrice, *volgi* gli occhi santi... al tuo fedele	*Purg.* xxxi. 133.
	chiunque Tu se', così andando *volgi* il viso	*Purg.* iii. 104.
Volgiam.	Noi ci *volgiam* coi principi celesti D' un giro	*Par.* viii. 34.
Volgiamci.	*Volgiamci* indietro, chè di qua dichina	*Purg.* i. 113.
Volgiti.	*Volgiti* indietro, e tien lo viso chiuso	*Inf.* ix. 55.
	volgiti; che fai? Vedi là Farinata che s' è dritto	*Inf.* x. 31.
	O dolce padre, *volgiti*, e rimira Com' io rimango sol	*Purg.* iv. 44.
	Ella mi disse: *volgiti* ed ascolta	*Par.* xviii. 20.
	E quei... Disse: *volgiti* in qua, vedine duo Venire	*Purg.* xviii. 131.
	Volgiti in qua, e vieni oltre sicuro	*Purg.* xxvii. 32.
Volgon.	Come si *volgon* per tenera nube Due archi	*Par.* xii. 10.
Volgono.	Che si *volgono* ad essa e non ristanno	*Purg.* xxiii. 18.
Volgonsi.	*Volgonsi* spesso i miseri profani	*Inf.* vi. 21.
1. **Voli.**	in tre *voli* tanto spazio prese Disfrenata saetta	*Purg.* xxxii. 34.
2. **Voli.**	Chi non s' impenna sì, che lassù *voli*	*Par.* x. 74.
	sì che il primo... Quieto pare, e l' ultimo che *voli*	*Par.* xxiv. 15.
	ma qui convien ch' uom *voli*, Dico con l' ali snelli	*Purg.* iv. 27.
†**Volitando.**	sante creature *Volitando* cantavano	*Par.* xviii. 77.
Voll'.	Questo superbo *voll'* esser esperto Di sua potenza	*Inf.* xxxi. 91.
Volle.	Ed al suo corpo non *volle* altra bara	*Par.* xi. 117.
	E quale è quei che disvuol ciò che *volle*	*Inf.* ii. 37.

[1] e 'l.   [2] *torcer.*   [3] u' son le.

Volle. Per che no' i *volle*[1] Gedeon compagni . . . . *Purg.* xxiv. 125.
piacque tanto... Che quante grazie *volle*[2] da me, fei . . . . *Purg.* i. 87.
Ed io pregai Iddio di quel ch' ei *volle* . . . . *Purg.* xiii. 117.
quanto tesoro *volle* Nostro Signore... da san Pietro ? . . . . *Inf.* xix. 90.
quel di Buemme, Che mai valor non conobbe, nè *volle* . . . *Par.* xix. 126.
E quei... *Volle* ch' io gli mostrassi l' arte . . . . *Inf.* xxix. 115.
il Figliuol di Dio Carcar si *volle*[3] della nostra salma . . . . *Par.* xxxii. 114.
Draghignazzo anco i *volle* dar di piglio Giuso alle gambe . . *Inf.* xxii. 73.
Che *volle* dir lo spirto di Romagna ? . . . . *Purg.* xv. 44.
l' anima preclara Mover si *volle*, tornando al suo regno . . . *Par.* xi. 116.
Chè l' alta provvidenza, che lor *volle* Porre ministri . . . . *Inf.* xxiii. 55.
tutto, il ciel *volle* Ridur lo mondo a suo modo sereno . . . . *Par.* vi. 55.
Così tornò,[4] e più non *volle* udirmi . . . . *Purg.* xvi. 145.
Perchè *volle* veder troppo davante, Diretro guarda . . . . *Inf.* xx. 38.
ho fermo il disiro Sì a colui che *volle* viver solo . . . . . *Par.* xviii. 134.
e come *volle* Beatrice, fu la mia voglia confessa . . . . . *Par.* xvii. 29.
La mente e gli occhi, ov' ella *volle*, diedi . . . . *Purg.* xxxii. 108.
Volli. Pace *volli* con Dio in sull' estremo Della mia vita . . . *Purg.* xiii. 124.
Io ebbi, vivo, assai di quel ch' io *volli*, Ed ora... bramo . . *Inf.* xxx. 62.
volli dir, ma la voce non venne Com' io credetti . . . . . *Inf.* xvii. 92.
Volo. monte cerchia, Prima che morte gli abbia dato il *volo* . . *Purg.* xiv. 2.
io dissi... Io mi saprei levar per l' aere a *volo* . . . . *Inf.* xxix. 113.
guidò le penne Delle mie ali a così alto *volo* . . . . *Par.* xxv. 50.
De' remi facemmo ale al folle *volo* . . . . *Inf.* xxvi. 125.
ad ogni passo poi Al *volo* mi sentia crescer le penne . . . . *Purg.* xxvii. 123.
mercè di colei Ch' all' alto *volo* ti vestì le piume . . . . . . *Par.* xv. 54.
fu di tal *volo* Che nol seguiteria lingua nè penna . . . . . *Par.* vi. 62.
Volontà. Chè *volontà*, se non vuol, non si ammorza . . . . . *Par.* iv. 76.
pur mo sentii Libera *volontà* di miglior soglia . . . . *Purg.* xxi. 69.
tanto diletto, Che nulla *volontà*[5] è di più ausa . . . . *Par.* xxxii. 63.
La prima *volontà*, ch' è per sè buona... non si mosse . . . *Par.* xix. 86.
Frate, la nostra *volontà* quieta Virtù di carità . . . . . . *Par.* iii. 70.
La voce tua... Suoni la *volontà*, suoni il disio . . . . . . *Par.* xv. 68.
Lo maggior don... Fu della *volontà* la libertate . . . . . . *Par.* v. 22.
Volontade. Che nulla *volontade*[6] è di più ausa . . . . *Par.* xxxii. 63.
Memoria, intelligenza, e *volontade*... più che prima . . . . *Purg.* xxv. 83.
Benigna *volontade*, in cui si liqua Sempre l' amor . . . . . *Par.* xv. 1.
Volontate. E la sua *volontate* è nostra pace . . . . *Par.* iii. 85.
furo esaltate... Sì ch' hanno piena e ferma *volontate* . . . *Par.* xxix. 63.
viva speranza, Che vince la divina *volontate* . . . . *Par.* xx. 96.
Volontier. Ebber la fama che *volontier* mirro . . . . *Par.* vi. 48.
Vedi **Volentier.**
Volontieri. E quale è quei che *volontieri* acquista . . . . *Inf.* i. 55.
Volpe. avventarsi nella cuna Del trionfal veiculo una *volpe* . . *Purg.* xxxii. 119.
l' opere mie Non furon leonine, ma di *volpe* . . . . *Inf.* xxvii. 75.
Volpi. Trova le *volpi* sì piene di froda, Che non temono . . . *Purg.* xiv. 53.
*1. **Volse.** Più fu il mar fuggir, quando Dio *volse*, Mirabile . . *Par.* xxii. 95.
su, Corrado, Vieni a veder che Dio per grazia *volse* . . . . *Purg.* viii. 66.
Ed io incominciai, poscia ch' ei *volse* . . . . *Inf.* xxix. 102.
E venni a te così com' ella *volse* . . . . *Inf.* ii. 118.
il Figliuol di Dio Carcar si *volse*[7] della nostra salma . . . . *Par.* xxxii. 114.
2. **Volse.** la fortuna *volse* in basso L' altezza de' Troian . . . *Inf.* xxx. 13.
Posciachè Constantin l' aquila *volse* Contra il corso . . . . *Par.* vi. 1.
Così *volse* gli artigli al suo compagno . . . . *Inf.* xxii. 137.

---
[1] non gli ebbe. [2] *volse.* [3] volse. [4] parlò. [5] volontade. [6] *volontà.* [7] *volle.*

Volse. quella Che ad aprir l' alto amor *volse* la chiave . . . . . *Purg.* x. 42.
Ed al Maestro mio *volse* la faccia . . . . *Inf.* xxii. 61.
piacque tanto... Che quante grazie *volse* da me, fei . . . . . *Purg.* i. 87.
La Donna mia la *volse* in tanta futa, Quanto sofferson . . . *Purg.* xxxii. 122.
Di quella vita mi *volse* costui Che mi va innanzi . . . . . . *Purg.* xxiii. 118.
egli stessi Mi *volse*, e non si tenne alle mie mani . . . . . . *Inf.* ix. 59.
Gli occhi lucenti lagrimando *volse* . . . . *Inf.* ii. 116.
Bernardo... Li suoi con tanto affetto *volse* a lei . . . . . . *Par.* xxxi. 141.
Ciascun dall' altra costa gli occhi *volse* . . . . *Inf.* xxii. 119.
Volse a me gli occhi un' ombra, e guardò fiso . . . . *Purg.* xxiii. 41.
alle sustanzie pie *Volse* le sue parole così poscia . . . . . . *Purg.* xxx. 102.
E *volse* i passi suoi per via non vera . . . . *Purg.* xxx. 130.
Appresso *volse* a man sinistra il piede ; Lasciammo il muro . *Inf.* x. 133.
colui che *volse* il sesto All' estremo del mondo . . . . *Par.* xix. 40.
colui... Che pria *volse* le spalle al suo fattore . . . . *Par.* ix. 128.
Poscia gli *volse* le novelle spalle, E disse all' altro . . . . . *Inf.* xxv. 139.
Volse il viso ver me, ed : ora aspetta, Disse . . . . *Inf.* xvi. 14.
Lo Duca... *Volse* la testa ov' egli avea le zanche . . . . . . *Inf.* xxxiv. 79.
L' uno a Virgilio, e l' altro ad un si *volse* Che sedea lì . . . *Purg.* viii. 64.
Poscia si *volse*[1] nel vostro occidente . . . . *Par.* vi. 71.
Allor si *volse* a noi, e pose mente, Movendo il viso . . . . . *Purg.* iv. 112.
Chiron si *volse* in sulla destra poppa, E disse . . . . *Inf.* xii. 97.
E tremando ciascuno a me si *volse* Con altri . . . . *Inf.* xxix. 98.
onde il decurio loro Si *volse* intorno intorno . . . . *Inf.* xxii. 75.
Ma quel demonio... si *volse* tutto presto E disse . . . . . . *Inf.* xxi. 104.
Laggiù il buttò, e per lo scoglio duro Si *volse* . . . . *Inf.* xxi. 43.
Onde il Duca si *volse*, e disse : aspetta, E poi... procedi . . *Inf.* xxiii. 80.
Lo Duca a me si *volse* con quel piglio Dolce . . . . *Inf.* xxiv. 20.
Ond' ei si *volse* inver lo destro lato, Ed... La gittò . . . . . *Inf.* xvi. 112.
E nel suo giro tutta non si *volse* Prima ch' un' altra . . . *Par.* xii. 4.
la gente... Al carro *volse* sè, come a sua pace . . . . . . *Purg.* xxx. 9.
allora in sulla gota Destra si *volse* indietro . . . . *Inf.* xv. 98.
intorno... Si *volse* con un canto tanto divo[2] . . . . *Par.* xxiv. 23.
Così l' anima... Si *volse* indietro a rimirar lo passo . . . . . *Inf.* i. 26.
Elena vidi,[3] per cui tanto reo Tempo si *volse* . . . . . . *Inf.* v. 65.
Volseci. *Volseci* in su colui che sì parlonne . . . . *Purg.* xix. 47.
Volser. Col falso lor piacer *volser* miei passi . . . . *Purg.* xxxi. 35.
Usciron... E *volser* contra lui tutti i roncigli . . . . *Inf.* xxi. 71.
Volser Virgilio a me queste parole Con viso . . . . *Purg.* xxi. 103.
non *volser* viso Da essa, da cui nulla si nasconde . . . . *Par.* xxix. 77.
Volsero. Poi si *volsero* in sè, e dicean seco : Costui par vivo . . *Inf.* xxiii. 87.
Volsersi. *Volsersi* verso me le buone scorte . . . . *Purg.* xxvii. 19.
Volsersi a me con salutevol cenno . . . . *Inf.* iv. 98.
Volsesi. *Volsesi* in sui vermigli ed in sui gialli Fioretti . . . . *Purg.* xxviii. 55.
La vista mia... *Volsesi* al segno di maggior disio . . . . . *Par.* iii. 126.
Volsi. Tanto ch' io *volsi*[4] in su l' ardita faccia . . . . *Purg.* xiii. 121.
le *volsi* Serrando e disserrando sì soavi . . . . *Inf.* xiii. 59.
Io mi *volsi* a Beatrice, e quella udio Pria ch' io parlassi . *Par.* xv. 70.
Poi mi *volsi* a Beatrice, ed essa[5] pronte Sembianze femmi . *Par.* xxiv. 55.
se non fosse Che, possendo peccar, mi *volsi* a Dio . . . . . *Purg.* xi. 90.
Io mi *volsi* a man destra, e posi mente All' altro polo . . . *Purg.* i. 22.
Poi mi *volsi*[6] al Maestro mio, e dissi : Dolce mio Padre . . *Purg.* xvii. 81.
Ed io mi *volsi*[7] al mar di tutto il senno . . . . *Inf.* viii. 7.
Perch' io mi *volsi* al mio consiglio saggio . . . . *Purg.* xiii. 75.

---

[1] Poi si rivolse. [2] vivo. [3] vedi. [4] i' levai. [5] e quella. [6] rivolsi. [7] io rivolto.

Volsi. Allor mi *volsi* al Poeta, e quei disse: Questi ti sia . . . . *Inf.* xii. 113.
Mi *volsi* al savio Duca, udendo il nome Che... mi rampolla . *Purg.* xxvii. 41.
mi rifulse, Quando mi *volsi* al suo viso ridente . . . . *Par.* xxvii. 96.
Quando mi *volsi* al suon del nome mio... Vidi la Donna . . *Purg.* xxx. 62.
Allor mi *volsi* come l' uom cui tarda Di veder . . . . *Inf.* xxi. 25.
alla mia guida Mi *volsi*, come parvol, che ricorre . . . . . . *Par.* xxii. 2.
mi *volsi* dallato con paura D' esser abbandonato . . . . . . *Purg.* iii. 19.
Io mi *volsi* diretro[1] allora tutto A' miei Poeti . . . . *Purg.* xxviii. 145.
Perch' io mi *volsi*, e vidimi davante... un lago . . . . *Inf.* xxxii. 22.
Mi *volsi* intorno, e stretto m' accostai... alle fidate spalle . . *Purg.* viii. 41.
mi commossi, Quando mi *volsi* per veder Beatrice . . . . . *Par.* xxv. 137.
Perch' io mi *volsi* retro a' miei dottori . . . . *Purg.* xxiv. 143.
Quando mi *volsi*, tu passasti il punto Al qual si traggon . . *Inf.* xxxiv. 110.
Io mi *volsi* ver lui, e guardail fiso; Biondo era e bello . . . *Purg.* iii. 106.
Vedi la bestia per cui io mi *volsi*; Aiutami da lei . . . . . *Inf.* i. 88.
Così nel fiammeggiar del fulgor santo, A ch' io[2] mi *volsi* . . *Par.* xviii. 26.
Io *volsi*[3] gli occhi, e il buon Virgilio: almen tre Voci . . . *Purg.* xix. 34.
E *volsi* gli occhi allora[4] al Signor mio . . . . *Purg.* xix. 85.
ed io in ver l' antico Poeta *volsi* i passi, ripensando . . . *Inf.* x. 122.
Pure ier mattina le *volsi* le spalle; Questi m' apparve . . . *Inf.* xv. 52.
Io *volsi*[5] Ulisse del suo cammin vago Col[6] canto mio . . . *Purg.* xix. 22.
Io *volsi* il viso, e il passo non men tosto . . . . *Purg.* xxiii. 7.
Volsimi. *Volsimi* a loro, ed: o gente sicura, Incominciai . . . *Purg.* xiii. 85.
Volsimi a' piedi, e vidi due sì stretti . . . . *Inf.* xxxii. 41.
E *volsimi* al Maestro; ed ei fe' segno, Ch' io stessi cheto . . *Inf.* ix. 86.
Volsimi alla sinistra col rispitto Col quale il fantolin . . . . *Purg.* xxx. 43.
Volsimi verso lui con tal vergogna Ch' ancor... si gira . . . *Inf.* xxx. 134.
1. Volta. Quando avem *volta* la dolente strada . . . . *Inf.* xxviii. 40.
quando s' ode cosa... Che tenga forte a sè l' anima *volta* . . *Purg.* iv. 8.
vid' io l' altr' anima, che *volta* Stava ad udir . . . . . . *Purg.* xiv. 70.
seco menarmi, Ove Beatrice stava *volta* a noi . . . . . . *Purg.* xxxi. 114.
le mie luci... Vider Beatrice *volta* in sulla fiera . . . . . . *Purg.* xxxi. 80.
il folle amore Raggiasse, *volta* nel terzo epiciclo . . . . . *Par.* viii. 3.
Ognuna in giù tenea *volta* la faccia . . . . *Inf.* xxxii. 37.
La sua famiglia, che si mosse dritta... è tanto *volta* . . . *Par.* xii. 116.
gente... Non più in giù, ma tutta riversata . . . . *Inf.* xxxiii. 93.
gente, che dopo Le nostre spalle a noi era già *volta* . . . *Purg.* xviii. 90.
gente... Giacendo a terra tutta *volta* in giuso . . . . . . *Purg.* xix. 72.
e fecemi sembiante Che fosse ad altro *volta* . . . . *Par.* ix. 65.
E, *volta* nostra poppa nel mattino... facemmo ale . . . . *Inf.* xxvi. 124.
e però quella... *Volta* ver me sì lieta come bella . . . . . *Par.* ii. 28.
Poco portai in là *volta* la testa, Che mi parve veder . . . *Inf.* xxxi. 19.
2. Volta. s' a voi piace Montare... qui si convien dar *volta* . . *Purg.* xxiv. 140.
Ma con dar *volta* suo dolore scherma . . . . *Purg.* vi. 151.
Per l' argine sinistro *volta* dienno . . . . *Inf.* xxi. 136.
Fuggì 'l serpente, e gli angeli dier *volta* . . . . *Purg.* viii. 107.
E giunti là, con gli altri a noi dier *volta* . . . . *Purg.* v. 41.
Non eran cento... Quando le ripe igualmente dier *volta* . . *Purg.* xxix. 11.
Qui li trovai, e poi *volta* non dierno, Rispose . . . . . . *Inf.* xxx. 94.
E baciavansi insieme alcuna *volta* . . . . *Purg.* xxxii. 153.
Qual esce alcuna *volta* di galoppo Lo cavalier . . . . . *Purg.* xxiv. 94.
gli augei... Alcuna *volta* in aer fanno schiera . . . . . . *Purg.* xxiv. 65.
non ti nocque Alcuna *volta* per la selva fonda . . . . . *Inf.* xx. 129.
E con essa pensai alcuna *volta* Prender la lonza . . . . . *Inf.* xvi. 107.

[1] rivolsi addietro.   [2] cui.   [3] *mossi*.   [4] agli occhi.   [5] trassi.   [6] Al.

Volta.	Come si vede qui alcuna *volta* L' affetto nella vista	*Par.* xviii. 22.
	ho le cose conte, Perchè altra *volta* fui a tal baratta	*Inf.* xxi. 63.
	Ma esso, che altra *volta* mi sovvenne Ad altro forse[1]	*Inf.* xvii. 94.
	Casella mio, per tornare altra *volta* Là dove son	*Purg.* ii. 91.
	perchè altra *volta* Udendo le Sirene sie più forte	*Purg.* xxxi. 44.
	Veggiolo un' altra *volta* esser deriso; Veggio rinnovellar	*Purg.* xx. 88.
	La prima *volta* che a città venisti	*Par.* xvi. 144.
	Tal *volta* un animal coperto broglia Sì	*Par.* xxvi. 97.
	color... Che fa l' uom di perdon tal *volta* degno	*Purg.* v. 21.
	nacque... un sole, Come fa questo tal *volta* di Gange	*Par.* xi. 51.
	O tu... che fai d' esse tal *volta* tanaglie	*Inf.* xxix. 87.
	lo raggio, onde si lista Tal *volta* l' ombra	*Par.* xiv. 116.
	Lo sol tal *volta* ad ogni uom si nasconde	*Par.* xii. 51.
	tal *volta* la schiena Rimanea della pelle tutta brulla	*Inf.* xxxiv. 59.
	O immaginativa, che ne rube Tal *volta* sì di fuor!	*Purg.* xvii. 14.
	Come tal *volta* stanno a riva i burchi	*Inf.* xvii. 19.
	Così cinger la figlia di Latona Vedem tal *volta*	*Par.* x. 68.
	E non pure una *volta*... si rinfresca nostra pena	*Purg.* xxiii. 70.
	Flegiàs, Flegiàs, tu gridi a voto... a questa *volta*	*Inf.* viii. 20.
	in circuito... L' aer si volge con la prima *volta*	*Purg.* xxviii. 104.
	Veggendo il Duca mio tornare in *volta*	*Inf.* ix. 2.
	senza la *volta* E della chiave bianca e della gialla	*Par.* v. 56.
Voltando.	La bufera... *Voltando* e percotendo li molesta	*Inf.* v. 33.
	gente... *Voltando* pesi per forza di poppa	*Inf.* vii. 27.
	pur li Si rivolgea ciascun, *voltando* a retro	*Inf.* vii. 29.
	Voltando sentirei le giostre grame	*Purg.* xxii. 42.
1. **Volte.**	Prima che a questo monte fosser *volte* L' anime	*Purg.* vii. 4.
	Dicono, e odono, e poi son giù *volte*	*Inf.* v. 15.
	veglio, Che tien *volte* le spalle inver Damiata	*Inf.* xiv. 104.
2. **Volte.**	si riman dolente, Ripetendo le *volte*	*Purg.* vi. 3.
	si puote Veder le *volte* tanto più divine	*Par.* xxviii. 50.
	la pianta, Ch' è or due *volte* dirubata quivi	*Purg.* xxxiii. 57.
	Io, che due *volte* avea visto lor grato, Incominciai	*Purg.* xxvi. 52.
	Tre *volte* retro a lei le mani avvinsi, E tante mi tornai	*Purg.* ii. 80.
	Tre *volte* era cantato da ciascuno Di quegli spirti	*Par.* xiv. 31.
	Tre *volte* cinse me, sì com' io tacqui, L' apostolico lume	*Par.* xxiv. 152.
	Tre *volte* il fe' girar con tutte l' acque	*Inf.* xxvi. 139.
	quegli... soli Si fur girati intorno a noi tre *volte*	*Par.* x. 77.
	cantando, Gridò tre *volte*, e tutti gli altri appresso	*Purg.* xxx. 12.
	l' accoglienze... Furo iterate tre e quattro *volte*	*Purg.* vii. 2.
	Misurrebbe in tre *volte* un corpo umano	*Purg.* x. 24.
	Mostrarsi... in cinque *volte* sette Vocali e consonanti	*Par.* xviii. 88.
	Cinque *volte* racceso e tante casso Lo lume era	*Inf.* xxvi. 130.
	un nobile castello, Sette *volte* cerchiato d' alte mura	*Inf.* iv. 107.
	il sol non si ricorca Sette *volte* nel letto	*Purg.* viii. 134.
	più di sette *Volte* m' hai sicurtà renduta	*Inf.* viii. 98.
	e quegli attorse Otto *volte* la coda al dosso duro	*Inf.* xxvii. 125.
	Ma non cinquanta *volte* fia raccesa La faccia	*Inf.* x. 79.
	come natura... in foco, Se mille *volte* violenza il torza	*Par.* iv. 78.
	Se l' altre *volte* sì poco ti costa... il satisfare altrui	*Inf.* xvi. 79.
	Maggiore aperta molte *volte* impruna... L' uom	*Purg.* iv. 19.
	Onde lì molte *volte* se ne piagne Per la puntura	*Purg.* xii. 19.
	molte *volte* taglia Più e meglio una che le cinque spade	*Par.* xvi. 71.
	sì mi caccia... Che molte *volte* al fatto il dir vien meno	*Inf.* iv. 147.

[1] alto forte.

Volte. Veramente più *volte* appaion cose, Che danno a dubitar . *Purg.* xxii. 28.
è chi creda Più *volte* il mondo in Caos converso . . . . . . *Inf.* xii. 43.
quella voglia... che più *volte* v' ha cresciuta doglia . . . . . *Inf.* ix. 96.
l' argomento... Che t' avria fatto noia ancor più *volte* . . . . *Par.* iv. 90.
Chi poria mai... Dicer... per narrar più *volte?* . . . . *Inf.* xxviii. 3.
Se quei... Più *volte* m' ha negato esto passaggio . . . . . . *Purg.* ii. 96.
Perch' egl' incontra che più *volte* piega L' opinion . . . . . *Par.* xiii. 118.
mi sigilla Più *volte* l' evangelica dottrina . . . . *Par.* xxiv. 144.
impediva tanto... Ch' io fui per ritornar più *volte* volto . . . *Inf.* i. 36.
Quante *volte* del tempo che rimembre... Hai tu mutato . . . *Purg.* vi. 145.
Sì rade *volte*, padre, se ne coglie, Per trionfare . . . . . . *Par.* i. 28.
Rade *volte* risurge per li rami L' umana probitate . . . . . *Purg.* vii. 121.
Cotal vantaggio ha... Che spesse *volte* l' anima ci cade . . . *Inf.* xxxiii. 125.
Caco, Che... Di sangue fece spesse *volte* laco . . . . *Inf.* xxv. 27.
maggior cura, Che spesse *volte* la memoria priva . . . . . . *Purg.* xxxiii. 125.
Cignesi colla coda tante *volte* Quantunque gradi vuol . . . . *Inf.* v. 11.
Tu sai che tante *volte* la figuri Quanto[1] Jesù ai tre . . . . . *Par.* xxv. 32.
1. **Volti.** meglio gli atti e i *volti* Conoscerete . . . . *Purg.* vii. 88.
A voce più ch' al ver drizzan li *volti* . . . . *Purg.* xxvi. 121.
come spade... In render torti li diritti *volti* . . . . *Par.* xiii. 129.
Lumi, li quali... Notar si posson di diversi *volti* . . . . . . *Par.* ii. 66.
Ben te ne puoi accorger per li *volti*, Ed anco per le voci . . *Par.* xxxii. 46.
2. **Volti.** Cominciò il Mantovan che ci avea *volti* . . . . *Purg.* vii. 86.
Chi fosti, e perchè *volti* avete i dossi Al su, mi di' . . . . . *Purg.* xix. 94.
Già era... rimaso L' angel che n' avea *volti* al sesto giro . . *Purg.* xxii. 2.
E s' io avessi gli occhi *volti* ad essa, Qual fora... scusa ? . *Purg.* x. 5.
da quel dì... Cinqu' anni non son *volti* infino a qui . . . . *Purg.* xxiii. 78.
Rotti fur quivi, e *volti* negli amari Passi di fuga . . . . . *Purg.* xiii. 118.
Facemmo adunque più lungo viaggio *Volti* a sinistra . . . . *Inf.* xxxi. 83.
E *volti* a destra su per[2] la sua scheggia... ci partimmo . . . *Inf.* xviii. 71.
A seder ci ponemmo... *Volti* a levante, ond' eravam saliti . *Purg.* iv. 53.
Così girammo... Con gli occhi *volti* a chi del fango ingozza . *Inf.* vii. 129.
poca è l' offesa Fatta per esser con invidia *volti* . . . . . . *Purg.* xiii. 135.
1. **Volto.** il *volto* Suo si discarca di vergogna il carco . . . . *Par.* xviii. 65.
Ma i demon... Gridar: qui non ha loco il santo *volto* . . . *Inf.* xxi. 48.
Chè dalle reni era tornato il *volto*, Ed indietro venir . . . . *Inf.* xx. 13.
Baciommi il *volto*, e disse: alma sdegnosa, Benedetta colei . *Inf.* viii. 44.
Or superbite... Figliuoli d' Eva, e non chinate il *volto* . . . *Purg.* xii. 71.
lo smarrito *volto*, Come amor vuol, così lo[3] colorava . . . *Purg.* xix. 14.
E il peccator... drizzò verso me l' animo e il *volto* . . . . *Inf.* xxiv. 131.
Altra, com' arco, il *volto* a' piedi inverte . . . . *Inf.* xxxiv. 15.
E mastro Adamo gli percosse il *volto* Col braccio suo . . . *Inf.* xxx. 104.
cadde giuso, Tosto ch' un lume il *volto* mi percosse . . . . *Purg.* xvii. 44.
Onde pianse Ifigenia il suo bel *volto*, E fe' pianger . . . . *Par.* v. 70.
Elle rigavan lor di sangue il *volto*, Che... era ricolto . . . . *Inf.* iii. 67.
ciascun s' affisse, Ignito sì, che vinceva il mio *volto* . . . . *Par.* xxv. 27.
Non dee addur maraviglia al tuo *volto* . . . . *Inf.* xiv. 129.
Già eran gli occhi miei rifissi al *volto* Della mia Donna . . . *Par.* xxi. 1.
e tornarsi Col sole e con le sette fiamme al *volto* . . . . . *Purg.* xxxii. 18.
E non mi si partia dinanzi al *volto*; Anzi impediva . . . . *Inf.* i. 34.
fantin che sì subito rua Col *volto* verso il latte . . . . . . *Par.* xxx. 83.
Alcun tempo il sostenni col mio *volto* . . . . *Purg.* xxx. 121.
Tanto, col *volto* di riso dipinto, Si tacque Beatrice . . . . *Par.* xxix. 7.
E poichè la sua mano alla mia pose Con lieto *volto* . . . . *Inf.* iii. 20.

[1] Quante.   [2] sopra.   [3] le; la.

Volto. mi rade Le invetriate lagrime dal *volto* . . . . *Inf.* xxxiii. 128.
Dal *volto* rimovea quell' aer grasso, Menando la sinistra . . *Inf.* ix. 82.
più m' asciuga, Che il male ond' io nel *volto* mi discarno . . *Inf.* xxx. 69.
sen va... Alì, Fesso nel *volto* dal mento al ciuffetto . . . . *Inf.* xxviii. 33.
è... come questo, Salvo che più feroce par nel *volto* . . . . *Inf.* xxxi. 105.
tanto lieta, Che Dio parea nel suo *volto* gioire . . . . *Par.* xxvii. 105.
son rimasi Ancor nel *volto* tuo presso ch' estinti . . . . . . *Purg.* xii. 122.
un mover d' ala, E ventarmi nel *volto*,[1] e dir . . . . *Purg.* xvii. 68.
venir dallo specchio La donna sua senza il *volto*[2] dipinto . . *Par.* xv. 114.
Dal mezzo in qua ci venian verso il *volto* . . . . *Inf.* xviii. 26.
2. **Volto.** E poi ch' alla man destra si fu *volto* . . . . *Inf.* ix. 132.
Tal... Che si sarebbe *volto* a Simifonti . . . . *Par.* xvi. 62.
è impedito Sì nel cammin che *volto* è per paura . . . . . . *Inf.* ii. 63.
Veramente Giordan *volto* è retrorso . . . . *Par.* xxii. 94.
E *volto* al temo ch' egli avea tirato, Trasselo al piè . . . . *Purg.* xxxii. 49.
Meco il menava in dritta parte *volto* . . . . *Purg.* xxx. 123.
impediva tanto... Ch' io fui per ritornar più volte *volto* . . *Inf.* i. 36.
Io era *volto* in giù; ma gli occhi vivi Non potean ire . . . . *Inf.* xxiv. 70.
Ond' io, che era ora alla marina *volto*... fui... ricolto . . . . *Purg.* ii. 100.
Tal fu negli occhi miei, quando fui *volto* . . . . *Par.* xviii. 67.
non molto lontani, Per esser pure allora *volto* in làci . . . . *Purg.* xxiv. 105.
Poi *volto* a me : per quel singular grado, Che tu dei a colui . *Purg.* viii. 67.
Volto era in sulla favola di Esopo Lo mio pensier . . . . . *Inf.* xxiii. 4.
E il gran proposto, *volto* a Farfarello... Disse . . . . *Inf.* xxii. 94.
il governa Mentre che il tempo suo tutto sia *volto* . . . . *Inf.* xxxiii. 132.
adima Il viso, e guarda come tu sei *volto* . . . . *Par.* xxvii. 78.
Non se' ancor per tutto il cerchio *volto* . . . . *Inf.* xiv. 127.
Quando per forza mi fu *volto* il viso Ver la sinistra . . . . . *Purg.* xxxii. 7.
Più era già per noi del monte *volto*, E del cammin . . . . . *Purg.* xii. 73.
venuto... S' era per noi, e *volto* alla man destra . . . . . *Purg.* xxv. 110.
Voltommi. *Voltommi* per le ripe e per lo fondo . . . . . . *Purg.* v. 128.
Volume. amore, Che m' ha fatto cercar lo tuo *volume* . . . . *Inf.* i. 84.
Ben dico, chi cercasse a foglio a foglio Nostro *volume* . . . . *Par.* xii. 122.
Che potran dir... Come[3] vedranno quel *volume* aperto ? . . . *Par.* xix. 113.
così questo Nel suo *volume* cangerebbe carte . . . . *Par.* ii. 78.
digiuno, Tratto leggendo nel magno[4] *volume* . . . . *Par.* xv. 50.
s' interna, Legato con amore in un *volume* . . . . *Par.* xxxiii. 86.
furon tocchi Li miei da ciò che pare in quel *volume* . . . *Par.* xxviii. 14.
Volumi. Quattromila trecento e due *volumi* Di sol . . . . . *Par.* xxvi. 119.
Lo real manto di tutti i *volumi* Del mondo . . . . *Par.* xxiii. 112.
Volut'. Ch' io avrei *volut'* ir per altra strada . . . . *Inf.* xxxi. 141.
Voluto. ha tolto Chi ha *voluto* entrar con tutta pace . . . . *Purg.* ii. 99.
o regina, Perchè per ira hai *voluto* esser nulla ? . . . . . . *Purg.* xvii. 36.
Lasciane[5] andar, chè nel cielo è *voluto* Ch' io mostri . . . *Inf.* xxi. 83.
Volve. Dalla mente profonda che lui *volve* Prende l' image . . *Par.* ii. 131.
lieta *Volve* sua spera, e beata si gode . . . . *Inf.* vii. 96.
E il duol... Si *volve* in entro a far[6] crescer l' ambascia . . *Inf.* xxxiii. 96.
Volvi. O virtù somma, che per gli empi giri Mi *volvi* ! . . . . *Inf.* x. 5.
***Vommi.** Nè per tanto di men parlando *vommi* . . . . *Inf.* xv. 100.
***Vonno.** Quegli altri amor, che intorno a lor *vonno* . . . . . *Par.* xxviii. 103.
Vorrai. Alle qua' poi se tu *vorrai* salire, Anima fia a ciò . . . *Inf.* i. 121.
Poi mi farai, quantunque *vorrai*, fretta . . . . *Inf.* xxxii. 84.
Vorrebbe. avere inteso al cuoio ed allo spago Ora *vorrebbe* . . . *Inf.* xx. 120.
la terra che... *Vorrebbe* di vedere esser digiuno . . . . . . *Inf.* xxviii. 87.

---

[1] *viso*. [2] viso. [3] Com' e'. [4] maggior. [5] Lasciami. [6] e fa.

Vorrebber. introna L' anime sì ch' esser *vorrebber* sorde	....	*Inf.* vi. 33.
Vorrei. s' esser puote, io *vorrei* Che dello ismisurato Briareo	..	*Inf.* xxxi. 97.
Vorresti. per leccar... Non *vorresti* a invitar molte parole	...	*Inf.* xxx. 129.
Vorria. disiando Altro *vorria*, e sperando s' appaga	......	*Par.* xxiii. 15.
Vos. Et iterum... Modicum, et *vos* videbitis me	....	*Purg.* xxxiii. 12.
Ara *vos* prec per aquella valor, Que *vos* guida al som	....	*Purg.* xxvi. 145.
Sovenha *vos* a temps de ma dolor	....	*Purg.* xxvi. 147.
Qu' ieu no-m puesc, ni-m vueil a *vos* cobrire	....	*Purg.* xxvi. 141.
***Vosco.** Con voi nasceva e s' ascondeva *vosco* Quegli	.....	*Par.* xxii. 115.
Non so se il nome suo giammai fu *vosco*	....	*Purg.* xi. 60.
Dio sia con voi, chè più non vegno *vosco*	....	*Purg.* xvi. 141.
Vostr'; vostra; vostre; vostri; vostro. *Sovente.*		
1. **Vota.** di maschi *vota* Sì che appena rimaser per le cune	...	*Inf.* xx. 108.
Che val perchè ti racconciasse... se la sella è *vota*?	....	*Purg.* vi. 89.
Sì passeggiando l' alta selva *vota*, Colpa di quella	....	*Purg.* xxxii. 31.
2. **Vota.** Se non riempie dove colpa *vota*... con giuste pene	...	*Par.* vii. 83.
Vote. Non avea case di famiglia *vote*	....	*Par.* xv. 106.
ti giuro, S' elle non sien di lunga grazia *vote*	....	*Inf.* xvi. 129.
E quanto... vanno, Più tornano all' ovil di latte *vote*	....	*Par.* xi. 129.
1. **Voti.** fur negletti Li nostri *voti*, e voti in alcun canto	...	*Par.* iii. 57.
se... può satisfarvi Ai *voti* manchi sì con altri beni	.....	*Par.* iv. 137.
2. **Voti.** fur negletti Li nostri voti, e *voti* in alcun canto	....	*Par.* iii. 57.
3. **Voti.** Dall' altra parte, onde sono intercisi Di *voti*[1]	.....	*Par.* xxxii. 26.
Votivo. facean onore Di sacrificio e di *votivo* grido	.....	*Par.* viii. 5.
1. **Voto.** Non farà lor mestier *voto* nè preco	....	*Inf.* xxviii. 90.
si vegghi e dorma Con quello sposo ch' ogni *voto* accetta	..	*Par.* iii. 101.
Non prendan li mortali il *voto* a ciancia	....	*Par.* v. 64.
Or ti parrà... L' alto valor del *voto*, s' è sì fatto	.....	*Par.* v. 26.
si ricrea Nel tempio del suo *voto*, riguardando	....	*Par.* xxxi. 44.
Vere sustanzie... Qui rilegate per manco di *voto*	.....	*Par.* iii. 30.
vuoi saper, se... Per manco *voto*, si può render tanto	...	*Par.* v. 14.
2. **Voto.** e forse Per fuggir lui lasciò qui il loco *voto*	.....	*Inf.* xxxiv. 125.
3. **Voto.** Flegiàs, Flegiàs, tu gridi a *voto*... a questa volta	...	*Inf.* viii. 19.
Lasciamlo stare, e non parliamo a *voto*	....	*Inf.* xxxi. 79.
lo piè non fida, Ma ti rivolve, come suole, a *voto*	......	*Par.* iii. 28.
Vidi per fame a *voto* usar li denti Ubaldin dalla Pila	....	*Purg.* xxiv. 28.
parte, onde sono intercisi Di *voto*[2] i semicircoli	......	*Par.* xxxii. 26.
Vueil. Qu' ieu no-m puesc, ni-m *vueil* a vos cobrire	.....	*Purg.* xxvi. 141.
***Vui.** Di quel che... ti piace, Noi udiremo e parleremo a *vui*	..	*Inf.* v. 95.
Vulcano. Chiamando[3]: buon *Vulcano*, aiuta, aiuta	......	*Inf.* xiv. 57.
Vulgo. se il *vulgo* il vedesse, vederebbe La perdonanza	....	*Par.* xxix. 119.
e non mi noia, Che parria forse forte al vostro *vulgo*	....	*Par.* ix. 36.
'Vunque. fiammella Che segue il foco là *'vunque* si muta	....	*Purg.* xxv. 98.
Vuo'. Or *vuo'* che sappi, che l' altra fiata Ch' i' discesi	...	*Inf.* xii. 34.
Vuoi. Lascia parlare... ch' io ho concetto Ciò che tu *vuoi*	...	*Inf.* xxvi. 74.
Va via, rispose, e ciò che tu *vuoi*, conta; Ma non tacer	...	*Inf.* xxxii. 112.
Ancor ti prego, Regina, che puoi Ciò che tu *vuoi*[4]	....	*Par.* xxxiii. 35.
E se di ciò *vuoi* fede o testimonio, Recati a mente	.....	*Inf.* xviii. 62.
Però, se tu non *vuoi* de' nostri graffi, Non far	......	*Inf.* xxi. 50.
Tu *vuoi* ch' io mi deduca Nel fare a te ciò	....	*Purg.* xiv. 77.
O dolce frate, che *vuoi* tu ch' io dica?	....	*Purg.* xxiii. 97.
Vuoi tu che questo ver più ti s' imbianchi?	....	*Par.* viii. 112.
Chi fosti... mi di', e se *vuoi* ch' io t' impetri Cosa	....	*Purg.* xix. 95.
tu *vuoi* ch' io manifesti La forma qui del... creder mio	...	*Par.* xxiv. 127.

[1] voto. [2] voti. [3] Gridando. [4] vuoli.

Vuoi. mi richiedi, Spirito eletto, se tu *vuoi* ch' io mova . . . . *Purg.* xiii. 143.
se tu *vuoi* ch' io ti porti Laggiù per quella ripa . . . . . . *Inf.* xix. 34.
dichiara, Se *vuoi* ch' io porti su di te novella . . . . *Inf.* xxviii. 92.
Poi cominciò : tu *vuoi* ch' io rinnovelli Disperato dolor . . . *Inf.* xxxiii. 4.
se *vuoi* ch' io ti sovvegna, Dimmi chi sei . . . . *Inf.* xxxiii. 115.
vuoi che 'l tocchi, Diceva l' un con l' altro, in sul groppone ? *Inf.* xxi. 100.
Se *vuoi* campar d' esto loco selvaggio . . . . *Inf.* i. 93.
tu *vuoi* dire, Che vivesse in Italia peregrina . . . . *Purg.* xiii. 95.
Se sì[1] di tutti gli altri esser *vuoi* certo . . . . *Par.* x. 100.
S' esser *vuoi* lieto assai prima che stanco . . . . *Par.* x. 24.
Di mal tolletto *vuoi* far buon lavoro . . . . *Par.* v. 33.
Come ciò sia, se il *vuoi* poter pensare . . . . *Purg.* iv. 67.
Tu *vuoi* saper chi è in questa lumiera, Che qui... scintilla . . *Par.* ix. 112.
Se forse a nome *vuoi* saper chi semo, Tempo non è . . . . *Purg.* xxvi. 89.
Se *vuoi* saper chi son cotesti due . . . . *Inf.* xxxii. 55.
Da che tu *vuoi* saper cotanto addentro, Dirotti . . . . *Inf.* ii. 85.
La prima di color di cui novelle Tu *vuoi* saper . . . . *Inf.* v. 53.
Tu *vuoi* saper di quai piante s' infiora Questa ghirlanda . . *Par.* x. 91.
Tu *vuoi* saper, se con altro servigio, Per manco voto . . . . *Par.* v. 13.
piglia Quel ch' io ti dicerò, se *vuoi* saziarti . . . . *Par.* xxviii. 62.
Or tu chi sei, che *vuoi* sedere a scranna, Per giudicar ? . . . *Par.* xix. 79.
Di' s' altro *vuoi* udir, ch' io venni, presta . . . . *Purg.* xxviii. 83.
Tu *vuoi* udir[2] quant' è che Dio mi pose Nell' eccelso giardino. *Par.* xxvi. 109.
non domando Quel che tu *vuoi*[3] udir, perch' io l' ho visto . . *Par.* xxix. 11.
Quel che tu *vuoi* veder, più là è molto . . . . *Inf.* xxxi. 103.
Vuol. come quella Che *vuol* simile a sè tutta sua corte . . . . *Par.* iii. 45.
qual *vuol* grazia, ed a te non ricorre... vuol volar . . . . . . *Par.* xxxiii. 14.
remo non *vuol*, nè altro velo Che l' ale sue . . . . *Purg.* ii. 32.
Più cara è l' una ; ma l' altra *vuol* troppa D' arte . . . . *Purg.* ix. 124.
Poichè, per grazia, *vuol* che tu t' affronti . . . . *Par.* xxv. 40.
Cignesi... Quantunque gradi *vuol* che giù sia messa . . . . *Inf.* v. 12.
per udire Come Dio *vuol* che il debito si paghi . . . . . . *Purg.* x. 108.
l' amore... *Vuol* ch' io respiri a te, che ti dilette Di lei . . . *Par.* xxv. 85.
tua scienza, Che *vuol*, quanto la cosa è più perfetta . . . . *Inf.* vi. 107.
la virtù... Che, come fa, non *vuol* che a noi si sveli . . . . *Purg.* iii. 33.
Ma da che Dio in te *vuol* che traluca Tanta sua grazia . . . *Purg.* xiv. 79.
Tanto, che *vuol* ch' io veggia la sua corte . . . . *Purg.* xvi. 41.
quello imperador... Non *vuol* che in sua città per me si vegna. *Inf.* i. 126.
Lo fren *vuol* esser del contrario suono . . . . *Purg.* xiii. 40.
Maggior bontà *vuol* far maggior salute . . . . *Par.* xxviii. 67.
quel medesmo Che *vuoi* provarsi, non altri, il ti giura . . . *Par.* xxiv. 105.
che s' armi... S' egli non *vuol* qui tosto seguitarmi . . . . . *Inf.* xxviii. 57.
qual vuol grazia... Sua disianza *vuol* volar senz' ali . . . . *Par.* xxxiii. 15.
lo smarrito volto, Come amor *vuol*, così lo[4] colorava . . . . *Purg.* xix. 15.
Prima *vuol* ben ; ma non lascia il talento . . . . *Purg.* xxi. 64.
Tanto maravigliar... Quanto *vuol* cosa, che non fu più mai . *Purg.* xiv. 15.
Che alla fortuna, come *vuol*, son presto . . . . *Inf.* xv. 93.
persona Che vede, e *vuol* dirittamente, ed ama . . . . . . *Par.* xvii. 105.
Ma qual *vuol* sia che l' assonnar ben finga . . . . *Purg.* xxxii. 69.
Chè volontà, se non *vuol*, non si ammorza . . . . *Par.* iv. 76.
tu ne conduci... come condur si *vuol* quinc' entro . . . . . *Purg.* xiii. 18.
tra quelle[5] vedute Si *vuol* lasciar che non seguir la mente . . *Par.* xiv. 81.
Si *vuol* tenere agli occhi stretto il freno . . . . *Purg.* xxv. 119.
Vuole. pertratta Le tre disposizion che il ciel non *vuole* . . . . . *Inf.* xi. 81.

[1] tu.   [2] *voi saper*.   [3] *vuoli*.   [4] le; la.   [5] l' altre.

Vuole. Chè quel che *vuole* Iddio e noi volemo . . . . *Par.* xx. 138.
e questo *vuole* Quei che la dà, perchè da lui si chiami . . . *Purg.* vii. 122.
Quinci si va chi *vuole* andar per pace . . . . *Purg.* xxiv. 141.
Questi... *Vuole* andar su, purchè il sol ne riluca . . . . . *Purg.* xviii. 110.
Qual è colui che tace e dicer *vuole*, Mi trasse Beatrice . . . *Par.* xxx. 127.
Non dica Ascesi... Ma Oriente, se proprio dir *vuole* . . . . *Par.* xi. 54.
Ma vince lei, perchè *vuole* esser vinta, E vinta vince . . . . *Par.* xx. 98.
all' ombre... Luce del ciel di sè largir non *vuole* . . . . . . *Purg.* xiii. 69.
risalire insuso, Pur come peregrin che tornar *vuole* . . . . *Par.* i. 51.
Giustizia *vuole*, e pietà mi ritiene . . . . *Purg.* x. 93.
E tal, che intende, e si ricorda, e *vuole* . . . . *Par.* xxix. 72.
Ma non può tutto la virtù che *vuole* . . . . *Purg.* xxi. 105.
Per non soffrire alla virtù che *vuole* Freno a suo prode . . . *Par.* vii. 25.
il tempo... Più utilmente compartir si *vuole* . . . . *Purg.* xxiii. 6.
ora aspetta, Disse : a costor si *vuole* esser cortese . . . . *Inf.* xvi. 15.
Quel della Pressa sapeva già come Regger si *vuole* . . . . *Par.* xvi. 101.
La parte... Or fisamente riguardar si *vuole* . . . . *Par.* xx. 33.
Vuolsi così colà, dove si puote Ciò che si *vuole* . . . . . . *Inf.* iii. 96; v. 24.
Questo si *vuole*, questo già si cerca, E tosto verrà fatto . . *Par.* xvii. 49.
Vuoli. Dicendo: di' a lor ciò che tu *vuoli* . . . . *Inf.* xxix. 101.
Ancor ti prego, Regina, che puoi Ciò che tu *vuoli*[1] . . . . *Par.* xxxiii. 35.
Moisè, Samuel, e quel Giovanni, Qual prender *vuoli* . . . . *Par.* iv. 30.
non domando Quel che tu *vuoli*[1] udir, perch' io l' ho visto . *Par.* xxix. 11.
Vuolsi. Dritto sì, come andar *vuolsi*, rife' mi . . . . *Purg.* xii. 7.
Vuolsi così colà, dove si puote Ciò che si vuole . . . . . *Inf.* iii. 95; v. 23.
Vuolsi nell' alto là dove Michele Fe' la vendetta . . . . . *Inf.* vii. 11.
*****Vuo'mi.** Nel fare a te ciò, che tu far non *vuo'mi* . . . . . . *Purg.* xiv. 78.

Xerse. Per che un nasce Solone, ed altro *Xerse*[2] . . . . *Par.* viii. 124.
Ma Ellesponto, dove passò *Xerse*, Ancora freno . . . . . *Purg.* xxviii. 71.

Zabi. Rafel mai amech *zabi* almi, Cominciò a gridar . . . . . *Inf.* xxxi. 67.
Zaffiro. quella lira, Onde si coronava il bel *zaffiro* . . . . . . *Par.* xxiii. 101.
Dolce color d' oriental *zaffiro*, Che s' accoglieva . . . . . *Purg.* i. 13.
Zanca. al rotto Di quei che sì piangeva con la *zanca* . . . . . *Inf.* xix. 45.
1. **Zanche.** Volse la testa ov' egli avea le *zanche* . . . . . . *Inf.* xxxiv. 79.
2. **Zanche.** Non era giunto ancora Michel *Zanche* . . . . . . *Inf.* xxxiii. 144.
Usa con esso donno Michel *Zanche* Di Logodoro . . . . *Inf.* xxxiii. 88.
Zanzara. Come la mosca cede alla *zanzara*[3] . . . . *Inf.* xxvi. 28.
Zara. Quando si parte il giuoco della *zara* . . . . *Purg.* vi. 1.
Zavorra. Così vid' io la settima *zavorra* Mutare . . . . *Inf.* xxv. 142.
Zebe. Me' foste state qui pecore o *zebe* . . . . *Inf.* xxxii. 15.
Zeffiro. surge ad aprire *Zeffiro* dolce le novelle fronde . . . . *Par.* xii. 47.
Zelo. onde buon *zelo* Mi fe' riprender l' ardimento d' Eva . . *Purg.* xxix. 23.
E ciò che ci si fa vien da buon *zelo* . . . . *Par.* xxii. 9.
segnato della stampa Nel suo aspetto di quel dritto *zelo* . . *Purg.* viii. 83.
Zenit. Quant' è dal punto che il *zenit* inlibra[4] . . . . *Par.* xxix. 4.
Zeno. Io fui abate in san *Zeno* a Verona . . . . *Purg.* xviii. 118.
Zenone. Anassagora e Tale, Empedocles, Eraclito e *Zenone* . . *Inf.* iv. 138.
Zenzara. Come la mosca cede alla *zenzara*[5] . . . . *Inf.* xxvi. 28.
Zita. Ecco un degli anzian di santa *Zita* . . . . *Inf.* xxi. 38.
Zodiaco. Tu vedresti il *Zodiaco* rubecchio... rotare . . . . . . *Purg.* iv. 64.
Zona. è pregno Sì, che ritenga il fil che fa la *zona* . . . . . *Par.* x. 69.
i figli di Latona... Fanno dell' orizzonte insieme *zona* . . . *Par.* xxix. 3.

---

[1] vuoi.   [2] Serse.   [3] zenzara.   [4] che li tiene in libra.   [5] zanzara.

Zucca. Ed egli allor, battendosi la *zucca* . . . . *Inf.* xviii. 124.
Zuffa. Volando dietro gli tenne... per aver la *zuffa* . . . . . . *Inf.* xxii. 135.
  l' alito... Che con gli occhi e col naso facea *zuffa* . . . . . *Inf.* xviii. 108.
  Mal dare e mal tener... Ha... posti a questa *zuffa* . . . . . *Inf.* vii. 59.